Manual do Advogado

Manual do Advogado

Advocacia prática
civil, trabalhista e criminal

VALDEMAR P. DA LUZ

Advogado. Doutor em Direito Civil. Especialista em Direito Processual Civil. Ex-presidente do Instituto dos Advogados de Santa Catarina. Diretor do Instituto de Ciências Jurídicas em Florianópolis/SC. Comenda Osvaldo Vergara, por relevantes serviços prestados aos advogados e à OAB/RS. Professor universitário. Professor convidado da ESA/SC.

35ª edição

manole
editora

PRODUÇÃO EDITORIAL: Sônia Midori Fujiyoshi
PROJETO GRÁFICO: Leonardo Seiji Miyahara
REVISÃO DA ATUALIZAÇÃO LEGISLATIVA: Eugênia Taira Inácio Ferreira
CAPA: Ricardo Yoshiaki Nita Rodrigues

CIP-BRASIL. CATALOGAÇÃO NA PUBLICAÇÃO
SINDICATO NACIONAL DOS EDITORES DE LIVROS, RJ

Luz, Valdemar P. da
Manual do advogado : advocacia prática civil, trabalhista e criminal / Valdemar P. da Luz. – 35. ed. – Santana de Parnaíba [SP] : Manole, 2024.

Inclui bibliografia e índice
ISBN 978-65-5576-916-6

1. Advocacia - Brasil - Manuais, guias, etc. I. Título.

24-87718 CDU: 347.965.4(81)

Meri Gleice Rodrigues de Souza - Bibliotecária - CRB-7/6439

24ª edição – 2012; 25ª edição – 2013; 26ª edição – 2014; 27ª edição – 2015;
28ª edição – 2016; 29ª edição – 2017; 30ª edição – 2018; 31ª edição – 2019;
32ª edição – 2020; 33ª edição – 2021; 34ª edição – 2022; 35ª edição – 2024

Data de fechamento da edição: 15.01.2024.

Editora Manole Ltda.
Alameda América, 876 – Tamboré
06543-315 – Santana de Parnaíba – SP – Brasil
Tel.: (11) 4196-6000
www.manole.com.br | https://atendimento.manole.com.br/

Impresso no Brasil
Printed in Brazil

Autor, editor e livreiro formam uma trinca inseparável,
pela identidade de interesses culturais e econômicos.
Aquele que pense em se afastar dos outros vai se dar mal.

Carlos Drummond de Andrade

Obras do autor

As imperfeições legislativas e suas consequências: o problema da insegurança jurídica, OAB/SC, Florianópolis.

Código Civil e Código de Processo Civil, 3. ed., Sagra Luzzato, Porto Alegre.

CPC passo a passo: prática processual, 4. ed., Manole, Barueri.

Comentário ao Código Civil: direito de família, OAB/SC, Florianópolis.

Contratos, procurações, requerimentos, 12. ed., OAB/SC, Florianópolis.

Curso de contratos, 2. ed., Sagra Luzzato, Porto Alegre.

Curso de direito de família, 2. ed., LTr, São Paulo.

Direito imobiliário: fundamentos teóricos e práticos, 5. ed., OAB/SC, Florianópolis.

Estágio em direito: manual do estagiário, Manole, Barueri.

Manual de direito de família, Manole, Barueri.

Manual de iniciação à advocacia, 7. ed., OAB/SC, Florianópolis.

Manual prático das contestações judiciais, 7. ed., OAB/SC, Florianópolis.

Manual prático das petições judiciais, 14. ed., Sagra Luzzato, Porto Alegre.

Manual prático dos recursos judiciais, 2. ed., Manole, Barueri.

Resumos jurídicos: direito das sucessões, OAB/SC, Florianópolis.

Resumos jurídicos: direito de famíla, OAB/SC, Florianópolis.

Trânsito e veículos: responsabilidade civil e criminal, 6. ed., OAB/SC, Florianópolis.

Dicionário jurídico, 5.ed., Manole, Santana de Parnaíba.

Dicionário enciclopédico de direito, Manole, Barueri.

Prefácio

Trigésima quinta edição de uma das maiores obras destinada para a advocacia.

O Professor Doutor Valdemar P. da Luz sempre teve uma visão a frente dos padrões convencionais, esta obra comprova que seu legado ímpar, mesmo pós-morte, continuam vivos por meio de seus ensinamentos.

Dizem que os acadêmicos são imortais, em uma primeira reflexão parece prepotência, mas não é, por um fato incontroverso: morre somente sua matéria física, o corpo, porém sua alma intelectual permanece eternamente registrada nas obras que passam de mão em mão, em bibliotecas, em livrarias e em sebos do mundo inteiro, ultrapassando os limites da vida biológica.

Outro registro que não posso deixar de mencionar que o Professor Doutor Valdemar P. da Luz realizou foi o lendário Simpósio de Direito de Gramado, cujas edições perduraram por longos 26 anos e sua última edição foi feita em até seu último ano de vida. Um evento que teve a participação dos mais renomados juristas do Brasil e do mundo, tão disputado que todos aguardavam ansiosamente o convite para proferir sua conferência no ano seguinte.

Era um evento jurídico diferente, éramos recebidos por uma grande e linda família, nos sentíamos em casa, pois à frente de toda a gestão estava uma grande mulher, a Sra. Libera Morandi da Luz, 47 anos de casados, mas ela não era só a esposa do Professor Doutor Valdemar P. da Luz, mas uma sócia, parceira e companheira, que cuidava de todos os detalhes com um olhar de CEO, de águia, que com suas filhas gêmeas dominavam a organização e os bastidores para que saísse tudo perfeito.

O mais interessante e cômico, suas lindas filhas, gêmeas, deixavam os palestrantes loucos, pois quando estavam sozinhas pelos corredores, não sabíamos quem era quem, e eu, para não errar, não ousava chamá-las pelo nome, tratava-as como Doutora, ou seja, havia risco zero de errar e passar vergonha.

Aqui nota-se a importância da família, estou a dizer de suas duas filhas que ajudavam no congresso, viviam com grandes juristas e, obviamente, seguiram a carreira do papai e fizeram o curso de Direito. Ambas viraram duas grandes juristas, concursadas: a Dra. Daiana da Luz é delegada da Polícia Civil e a Dra. Crislaine da Luz é assistente jurídica do Governo do Estado de Santa Catarina.

Em resumo, o legado do grande Homem, o Professor Doutor Valdemar P. da Luz, para o Direito, foi fazer parte da formação de milhares de alunos que passaram em Gramado por esses 26 anos do Simpósio de Direito, deixar duas filhas formadas em Direito, seu maior patrimônio, a contribuir com a sociedade e esta maravilhosa obra.

Um título que não ensina somente como advogar, mas a importância da advocacia para a garantia do bem-estar social e do advogado para a manutenção da Justiça.

É um trabalho que resgata a alma da advocacia e nos molda à excelência na atuação do processo, com lições da prática nas áreas civil, trabalhista e criminal.

É um livro indispensável a quem deseja advogar, é um manual para estar na mesa de seu escritório, é a bíblia do advogado civil, trabalhista e criminal.

Enfim, a obra do saudoso Professor Doutor Valdemar P. da Luz é fundamental para quem deseja ter as boas práticas na advocacia.

Desejo uma boa leitura a todos, e, se estiver em Gramado, leve o livro para ler, sentado no hotel Serra Azul, na sala de piano para viver um pouco dessa nostalgia. Essa sala era onde nos encontrávamos para brindar o sucesso do evento jurídico regado a bons vinhos, aquecidos pela sua linda lareira ao maravilho som de piano.

Prof. Dr. Hélio Gustavo Alves

Ph.D., advogado e parecerista. Comentarista Nacional e Internacional em Direitos Humanos, Constitucionalismo Global e *Environmental, Social and Governance* (ESG) e Direito Previdenciário. Sócio do escritório Hélio Gustavo Alves – Advogados Associados. Mestre em Direito Previdenciário pela Pontifícia Universidade Católica de São Paulo (PUC/SP). Doutor em Direito das Relações Sociais pela PUC/SP. Pós-doutor em Direitos Humanos e Democracia pela IUS Gentium Conimbrigae, Centro de Direitos Humanos da Universidade de Coimbra em Portugal e coordenador do pós-doutorado em Direitos Humanos e Democracia nesta mesma instituição. Coordenador da pós-graduação em Direito e Processo Previdenciário do Complexo Jurídico Damásio Educacional. Professor de pós-graduação em Direito e Processo Previdenciário em diversas universidades. Coordenador da pós-graduação em Direitos Humanos e Constitucionalismo Global e ESG no IUS Gentium Conimbrigae, Centro de Direitos Humanos da Universidade de Coimbra em Portugal. Presidente de Honra do Conselho Federal do Instituto dos Advogados Previdenciários (IAPE). Membro da Academia de Letras de Direito Previdenciário – Cadeira n. 1. Membro da Academia Brasileira de Direito da Seguridade Social – Cadeira n. 2. Membro da Academia Brasileira de Direito – Cadeira n. 12. Escritor de artigos e livros em Direito Previdenciário, Constitucional e Relações Sociais. Recebeu título de Diploma de Mérito Acadêmico do Centro de Estudos de Direito Europeu por reconhecimento do Conselho de Mestres em Sintra, Portugal, em 2007. Diretor da Escola Superior da Advocacia da Academia Brasileira de Direito (ABD).

Nota à 35ª edição

Ao longo de 34 edições é notável o comprometimento com a excelência, a amplitude da obra e as atualizações constantes. O presente *Manual* consolidou-se como obra de referência nas bibliotecas jurídicas brasileiras, desempenhando papel crucial na formação dos acadêmicos e na orientação dos já profissionais, de maneira prática, clara e objetiva.

Nesse contexto, os posicionamentos jurisprudenciais e digestos sumulados de diferentes tribunais, com destaque especialmente para o STJ e o STF, foram cuidadosamente revisados e incorporados em diversos temas envolvidos. Atualizações visando a orientação precisa dos leitores, fornecendo referencial sólido para a adequação de suas peças jurídicas aos entendimentos consolidados na jurisdição colegiada.

Fez-se presente a necessidade de acrescentar à obra as atualizações do Código de Trânsito Brasileiro (CTB) publicadas em 20 de junho de 2023, as mudanças na Lei n. 14.365/2022, que promoveu importantes mudanças no Estatuto dos Advogados (Lei n. 8.906/94), e o Provimento n. 205/2021 da OAB: marketing jurídico.

Presentes nesta obra, os efeitos jurídicos da pandemia decorrentes da Covid-19, trazendo à colação os diplomas legais específicos e suas repercussões nos direitos materiais e processuais sobre o tema e as atualizações dos seguintes assuntos: a) **sentença e coisa julgada/efeitos da sentença:** a.1) tutela recursal suspensiva: conceitos e modelo de petição; b) **recursos cíveis**: b.1) atualização do regimento de custas do STJ; c) **teoria e prática das ações cíveis**: c.1) separação litigiosa; c.2) atualizações conceituais e jurisprudenciais; c.3) desfazimento da relação matrimonial homoafetiva – conceitos, jurisprudência e embasamentos normativos; c.4) formas coercitivas de exercer a obrigação alimentícia: atualizações jurisprudenciais decorrentes da Covid-19; c.5) guarda de filhos: atualizações jurisprudenciais decorrentes da Covid-19, embasamentos normativos; c.6) separação de corpos: atualização normativa decorrente da "Lei do Sinal Vermelho" (Lei n. 14.188/2021); c.7) reconhecimento de paternidade socioafetiva: conceitos e indicação normativa; c.8) ações no âmbito das uniões de fato/contrato de namoro: conceitos e definições, atualizações jurisprudenciais; c.9) ações possessórias: atualizações jurisprudenciais e súmulas superiores; c.10) inventários e partilhas: atualizações conceituais e jurisprudenciais; c.11) ação de execução por quantia certa: atualizações jurisprudenciais decorrentes da Covid-19, embasamentos normativos; c.12) exceção de pré-executividade: fundamentos, jurisprudência e modelo de petição; c.13) SisbaJud e penhora *on-line*: atualizações conceituais e normativas; c.14) leilão e alienação: atualizações jurisprudenciais decorrentes da Covid-19, embasamentos normativos; c.15) ações decorrentes da locação de imóveis: atualizações jurisprudenciais decorrentes da Covid-19, embasamentos normativos, consignação de chaves; c.16) ações de acidentes de trânsito: atualizações jurisprudenciais e sumuladas; c.17) efeitos da sentença penal no juízo cível: atualizações jurisprudenciais; c.18) cautelares de arresto/sequestro/arrolamento: atualizações jurisprudenciais; c.19) precatório: atualizações jurisprudenciais, conceituais e normativas; c.20) ações previdenciárias: atualizações jurisprudenciais e normativas; d) **advocacia trabalhista**: d.1) alterações da Lei n. 13.467/2017, conceitos e embasamentos normativos: honorários sucumbenciais; litigância de má-fé; requisitos da petição inicial; contagem de prazos; depósitos recursais alternativos; d.2) atualização dos modelos de sentenças nos termos da Lei n. 13.467/2017; d.3) Tabela de recursos repetitivos do TST; e) **notificações judiciais e extrajudiciais**: e.1) atualizações conceituais e jurisprudenciais; e.2) notificação pelo exercício do direito de resposta: conceitos e modelo; f) **pós-graduação em direito**: f.1) atualizações dos conceitos e valores de bolsas; g) **Provimento n. 205/2021 da OAB: marketing jurídico**; h) **ações autônomas impugnativas**: h.1) revisão criminal; h.2) *habeas corpus*; h.3) recurso ordinário em *habeas corpus*.

Por fim, os efeitos e os alinhamentos da chamada "Reforma Trabalhista", realizada pela Lei n. 13.467/2017, foram agregados à obra, com atualizações de seus modelos e conceitos, bem como outros temas de naturezas civil e criminal foram acrescidos e revisados.

Esperamos que esta 35ª edição do *Manual do advogado* possa ser mais uma vez prestigiado pelo público leitor e que seja de utilidade para aqueles que militam com o direito, sejam professores, magistrados, membros do Ministério Público, advogados, procuradores públicos, defensores públicos, delegados de polícia, estudantes e estudiosos.

Sumário

3
O advogado do réu

4
Formação do processo judicial cível

5
Audiência na Justiça comum

6
Participação de terceiros no processo

7
Sentença e coisa julgada

8
Recursos cíveis

9
Teoria e prática das ações cíveis

10
Petições intermediárias

11
Advocacia trabalhista

12
Advocacia criminal

13
Notificações judiciais e extrajudiciais

14
Pós-graduação em Direito: informações relevantes

15
Advocacia em tempos de covid-19

Autor: *Mauricio Schaun Jalil*

APÊNDICES

Decálogo do advogado

1. O advogado deve recusar o patrocínio de pleitos contrários à justiça, ao decoro ou à própria consciência.

2. Deve poupar aos clientes gastos excessivamente supérfluos.

3. Não deve utilizar, nos processos sob seu amparo, meios ilícitos ou injustos.

4. Tratar das causas como se fossem suas.

5. Não poupar trabalho nem tempo para obter a vitória da causa sob seus cuidados.

6. Não aceitar trabalhos além dos que seu tempo lhe permita.

7. Amar a justiça e a honra como a menina de seus olhos.

8. Indenizar o cliente dos prejuízos que, por culpa sua, porventura, venha ele a sofrer.

9. Ser sempre verdadeiro, sincero e lógico.

10. Implorar a Deus ajuda para o êxito de suas demandas, pois ele é o primeiro protetor da justiça.

Santo Ivo

Mandamentos do advogado

1. Estuda. O direito se transforma constantemente.

Se não seguires seus passos serás cada dia menos advogado.

2. Pensa. O direito se aprende estudando, porém se exerce pensando.

3. Trabalha. A advocacia é uma árdua fadiga posta ao serviço da justiça.

4. Luta. Teu dever é lutar pelo direito; porém, no dia em que encontrares em conflito o direito com a justiça, luta pela justiça.

5. Sê leal. Leal para com teu cliente, a quem não deves abandonar até que compreendas que é indigno de ti.

Leal para com o adversário, ainda quando ele seja desleal contigo.

Leal para com o juiz, que ignora os fatos e deve confiar naquilo que dizes; e que, em relação ao direito, alguma que outra vez, deve confiar naquilo que tu invocas.

6. Tolera. Tolera a verdade alheia na mesma medida em que queres que seja tolerada a tua.

7. Tem paciência. O tempo se vinga das coisas que se fazem sem a sua colaboração.

8. Tem fé. Tem fé no direito, como o melhor instrumento para a convivência humana; na justiça, como destino normal do direito; na paz, como substitutivo bondoso da justiça; e, sobretudo, tem fé na liberdade, sem a qual não há direito, nem justiça, nem paz.

9. Esquece. A advocacia é uma luta de paixões.

Se em cada batalha fores carregando tua alma de rancor, chegará um dia em que a vida será impossível para ti.

Concluído o combate, esquece tão prontamente tua vitória como tua derrota.

10. Ama a tua profissão. Trata de considerar a advocacia de tal maneira que, no dia em que teu filho pedir conselho sobre seu destino, consideres uma honra para ti propor-lhe que seja advogado.

Eduardo J. Couture

1

Exercício da advocacia

A PROFISSÃO DE ADVOGADO

O direito ao exercício da advocacia não se funda somente na existência do certificado de conclusão do curso universitário. Vale dizer: para alguém se tornar advogado não basta a conclusão do curso de Direito.

Assim, por exigência da lei (Estatuto da Advocacia), os bacharéis pretendentes ao exercício da profissão de advogado devem, obrigatoriamente, submeter-se ao *Exame de Ordem*, aplicado pela própria Ordem dos Advogados, e nele ser aprovados.

É o que determina o art. 8º do Estatuto da Advocacia (Lei n. 8.906/94), que também exige o preenchimento de outros requisitos:

> Art. 8º Para inscrição como advogado é necessário:
>
> I – capacidade civil;
>
> II – diploma ou certidão de graduação em direito, obtido em instituição de ensino oficialmente autorizada e credenciada;
>
> III – título de eleitor e quitação do serviço militar, se brasileiro;
>
> IV – aprovação em Exame de Ordem;
>
> V – não exercer atividade incompatível com a advocacia;
>
> VI – idoneidade moral;
>
> VII – prestar compromisso perante o conselho.[1]

1 O advogado deve prestar o seguinte compromisso: "Prometo exercer a advocacia com dignidade e independência, observar a ética, os deveres e prerrogativas profissionais e defender a Constituição, a ordem jurídica do Estado Democrático, os direitos humanos, a justiça social, a boa aplicação das

As regras para a realização do Exame de Ordem estão previstas no Provimento n. 144, de 13.06.2011, e suas respectivas alterações, expedido pelo Conselho Federal da OAB, que assim dispõe:

Provimento n. 144, de 13 de junho de 2011

Dispõe sobre o Exame de Ordem.

O CONSELHO FEDERAL DA ORDEM DOS ADVOGADOS DO BRASIL, no uso das atribuições que lhe são conferidas pelos arts. 8º, § 1º, e 54, V, da Lei n. 8.906, de 4 de julho de 1994 – Estatuto da Advocacia e da OAB, tendo em vista o decidido nos autos da Proposição n. 2011.19.02371-02,

RESOLVE:

CAPÍTULO I
DO EXAME DE ORDEM

Art. 1º O Exame de Ordem é preparado e realizado pelo Conselho Federal da Ordem dos Advogados do Brasil – CFOAB, mediante delegação dos Conselhos Seccionais.

§ 1º A preparação e a realização do Exame de Ordem poderão ser total ou parcialmente terceirizadas, ficando a cargo do CFOAB sua coordenação e fiscalização.

§ 2º Serão realizados 03 (três) Exames de Ordem por ano.

CAPÍTULO II
DA COORDENAÇÃO NACIONAL DE EXAME DE ORDEM

Art. 2º É criada a Coordenação Nacional de Exame de Ordem, competindo-lhe organizar o Exame de Ordem, elaborar-lhe o edital e zelar por sua boa aplicação, acompanhando e supervisionando todas as etapas de sua preparação e realização.

Parágrafo único. (*Revogado.*)

Art. 2º-A. A Coordenação Nacional de Exame de Ordem será designada pela Diretoria do Conselho Federal e será composta por:

I – 03 (três) Conselheiros Federais da OAB;

II – 03 (três) Presidentes de Conselhos Seccionais da OAB;

III – 01 (um) membro da Escola Nacional da Advocacia;

IV – 01 (um) membro da Comissão Nacional de Exame de Ordem;

V – 01 (um) membro da Comissão Nacional de Educação Jurídica;

VI – 02 (dois) Presidentes de Comissão de Estágio e Exame de Ordem de Conselhos Seccionais da OAB.

---

leis, a rápida administração da justiça e o aperfeiçoamento da cultura e das instituições jurídicas" (art. 20 do Regulamento Geral do Estatuto da Advocacia e da OAB).

Parágrafo único. A Coordenação Nacional de Exame de Ordem contará com ao menos 02 (dois) membros por região do País e será presidida por um dos seus membros, por designação da Diretoria do Conselho Federal.

CAPÍTULO III
DA COMISSÃO NACIONAL DE EXAME DE ORDEM, DA COMISSÃO NACIONAL DE EDUCAÇÃO JURÍDICA, DO COLÉGIO DE PRESIDENTES DE COMISSÕES DE ESTÁGIO E EXAME DE ORDEM E DAS COMISSÕES DE ESTÁGIO E EXAME DE ORDEM

Art. 3º À Comissão Nacional de Exame de Ordem e à Comissão Nacional de Educação Jurídica compete atuar como órgãos consultivos e de assessoramento da Diretoria do CFOAB.

Art. 4º Ao Colégio de Presidentes de Comissões de Estágio e Exame de Ordem compete atuar como órgão consultivo e de assessoramento da Coordenação Nacional de Exame de Ordem.

Art. 5º Às Comissões de Estágio e Exame de Ordem dos Conselhos Seccionais compete fiscalizar a aplicação da prova e verificar o preenchimento dos requisitos exigidos dos examinandos quando dos pedidos de inscrição, assim como difundir as diretrizes e defender a necessidade do Exame de Ordem.

CAPÍTULO IV
DOS EXAMINANDOS

Art. 6º A aprovação no Exame de Ordem é requisito necessário para a inscrição nos quadros da OAB como advogado, nos termos do art. 8º, IV, da Lei n. 8.906/1994.

§ 1º Ficam dispensados do Exame de Ordem os postulantes oriundos da Magistratura e do Ministério Público e os bacharéis alcançados pelo art. 7º da Resolução n. 2/1994, da Diretoria do CFOAB.

§ 2º Ficam dispensados do Exame de Ordem, igualmente, os advogados públicos aprovados em concurso público de provas e títulos realizado com a efetiva participação da OAB até a data da publicação do Provimento n. 174/2016 – CFOAB.

§ 3º Os advogados enquadrados no § 2º do presente artigo terão o prazo de 06 (seis) meses, contados a partir da data da publicação do Provimento n. 174/2016 – CFOAB, para regularização de suas inscrições perante a Ordem dos Advogados do Brasil.

Art. 7º O Exame de Ordem é prestado por bacharel em Direito, ainda que pendente sua colação de grau, formado em instituição regularmente credenciada.

§ 1º É facultado ao bacharel em Direito que detenha cargo ou exerça função incompatível com a advocacia prestar o Exame de Ordem, ainda que vedada a sua inscrição na OAB.

§ 2º Poderá prestar o Exame de Ordem o portador de diploma estrangeiro que tenha sido revalidado na forma prevista no art. 48, § 2º, da Lei n. 9.394, de 20 de dezembro de 1996.

§ 3º Poderão prestar o Exame de Ordem os estudantes de Direito dos últimos dois semestres ou do último ano do curso.

CAPÍTULO V
DA BANCA EXAMINADORA E DA BANCA RECURSAL

Art. 8º A Banca Examinadora da OAB será designada pelo Coordenador Nacional do Exame de Ordem.

Parágrafo único. Compete à Banca Examinadora elaborar o Exame de Ordem ou atuar em conjunto com a pessoa jurídica contratada para a preparação, realização e correção das provas, bem como homologar os respectivos gabaritos.

Art. 9º À Banca Recursal da OAB, designada pelo Coordenador Nacional do Exame de Ordem, compete decidir a respeito de recursos acerca de nulidade de questões, impugnação de gabaritos e pedidos de revisão de notas, em decisões de caráter irrecorrível, na forma do disposto em edital.

§ 1º É vedada, no mesmo certame, a participação de membro da Banca Examinadora na Banca Recursal.

§ 2º Aos Conselhos Seccionais da OAB são vedadas a correção e a revisão das provas.

§ 3º Apenas o interessado inscrito no certame ou seu advogado regularmente constituído poderá apresentar impugnações e recursos sobre o Exame de Ordem.

Art. 10. Serão publicados os nomes e nomes sociais daqueles que integram as Bancas Examinadora e Recursal designadas, bem como os dos coordenadores da pessoa jurídica contratada, mediante forma de divulgação definida pela Coordenação Nacional do Exame de Ordem.

§ 1º A publicação dos nomes referidos neste artigo ocorrerá até 05 (cinco) dias antes da efetiva aplicação das provas da primeira e da segunda fases.

§ 2º É vedada a participação de professores de cursos preparatórios para Exame de Ordem, bem como de parentes de examinandos, até o quarto grau, na Coordenação Nacional, na Banca Examinadora e na Banca Recursal.

CAPÍTULO VI
DAS PROVAS

Art. 11. O Exame de Ordem, conforme estabelecido no edital do certame, será composto de 02 (duas) provas:

I – prova objetiva, sem consulta, de caráter eliminatório;

II – prova prático-profissional, permitida, exclusivamente, a consulta a legislação, súmulas, enunciados, orientações jurisprudenciais e precedentes normativos sem qualquer anotação ou comentário, na área de opção do examinando, composta de 02 (duas) partes distintas:

a) redação de peça profissional;

b) questões práticas, sob a forma de situações-problema.

§ 1º A prova objetiva conterá no máximo 80 (oitenta) questões de múltipla escolha, sendo exigido o mínimo de 50% (cinquenta por cento) de acertos para habilitação à prova prático-profissional, vedado o aproveitamento do resultado nos exames seguintes.

§ 2º Será considerado aprovado o examinando que obtiver, na prova prático-profissional, nota igual ou superior a 06 (seis) inteiros, vedado o arredondamento.

§ 3º Ao examinando que não lograr aprovação na prova prático-profissional será facultado computar o resultado obtido na prova objetiva apenas quando se submeter ao Exame de Ordem imediatamente subsequente. O valor da taxa devida, em tal hipótese, será definido em edital, atendendo a essa peculiaridade.

§ 4º O conteúdo das provas do Exame de Ordem contemplará as disciplinas do Eixo de Formação Profissional, de Direitos Humanos, do Estatuto da Advocacia e da OAB e seu Regulamento Geral e do Código de Ética e Disciplina, podendo contemplar disciplinas do Eixo de Formação Fundamental.

§ 5º A prova objetiva conterá, no mínimo, 15% (quinze por cento) de questões versando sobre Estatuto da Advocacia e seu Regulamento Geral, Código de Ética e Disciplina, Filosofia do Direito e Direitos Humanos. [...]

Após o recebimento da Carteira da Ordem, que o credencia ao exercício da profissão, o advogado é obrigado a cumprir rigorosamente os deveres consignados no Código de Ética e Disciplina. O cometimento de infrações ao referido Código sujeita o advogado às penas de multa, censura, suspensão temporária de suas atividades ou exclusão dos quadros da OAB, conforme o caso.

Desse modo, constituem infrações disciplinares (art. 34 do Estatuto da Advocacia):

I – exercer a profissão, quando impedido de fazê-lo, ou facilitar, por qualquer meio, o seu exercício aos não inscritos, proibidos ou impedidos;

II – manter sociedade profissional fora das normas e preceitos estabelecidos nesta lei;

III – valer-se de agenciador de causas, mediante participação nos honorários a receber;

IV – angariar ou captar causas, com ou sem a intervenção de terceiros;

V – assinar qualquer escrito destinado a processo judicial ou para fim extrajudicial que não tenha feito, ou em que não tenha colaborado;

VI – advogar contra literal disposição de lei, presumindo-se a boa-fé quando fundamentado na inconstitucionalidade, na injustiça da lei ou em pronunciamento judicial anterior;

VII – violar, sem justa causa, sigilo profissional;

VIII – estabelecer entendimento com a parte adversa sem autorização do cliente ou ciência do advogado contrário;

IX – prejudicar, por culpa grave, interesse confiado ao seu patrocínio;

X – acarretar, conscientemente, por ato próprio, a anulação ou a nulidade do processo em que funcione;

XI – abandonar a causa sem justo motivo ou antes de decorridos dez dias da comunicação da renúncia;

XII – recusar-se a prestar, sem justo motivo, assistência jurídica, quando nomeado em virtude de impossibilidade da Defensoria Pública;

XIII – fazer publicar na imprensa, desnecessária e habitualmente, alegações forenses ou relativas a causas pendentes;

XIV – deturpar o teor de dispositivo de lei, de citação doutrinária ou de julgado, bem como de depoimentos, documentos e alegações da parte contrária, para confundir o adversário ou iludir o juiz da causa;

XV – fazer, em nome do constituinte, sem autorização escrita deste, imputação a terceiro de fato definido como crime;

XVI – deixar de cumprir, no prazo estabelecido, determinação emanada do órgão ou de autoridade da Ordem, em matéria da competência desta, depois de regularmente notificado;

XVII – prestar concurso a clientes ou a terceiros para realização de ato contrário à lei ou destinado a fraudá-la;

XVIII – solicitar ou receber de constituinte qualquer importância para aplicação ilícita ou desonesta;

XIX – receber valores, da parte contrária ou de terceiro, relacionados com o objeto do mandato, sem expressa autorização do constituinte;

XX – locupletar-se, por qualquer forma, à custa do cliente ou da parte adversa, por si ou interposta pessoa;

XXI – recusar-se, injustificadamente, a prestar contas ao cliente de quantias recebidas dele ou de terceiros por conta dele;

XXII – reter, abusivamente, ou extraviar autos recebidos com vista ou em confiança;

XXIII – deixar de pagar as contribuições, multas e preços de serviços devidos à OAB, depois de regularmente notificado a fazê-lo;

XXIV – incidir em erros reiterados que evidenciem inépcia profissional;

XXV – manter conduta incompatível com a advocacia;

XXVI – fazer falsa prova de qualquer dos requisitos para inscrição na OAB;

XXVII – tornar-se moralmente inidôneo para o exercício da advocacia;

XXVIII – praticar crime infamante;

XXIX – praticar, o estagiário, ato excedente de sua habilitação;

XXX – praticar assédio moral, assédio sexual ou discriminação.

§ 1º Inclui-se na conduta incompatível:

a) prática reiterada de jogo de azar, não autorizado por lei;

b) incontinência pública e escandalosa;

c) embriaguez ou toxicomania habituais. [...]

MISSÃO DO ADVOGADO

A palavra *advogado* deriva da expressão latina *ad-vocatus,* o que é chamado em defesa. Assim, com fundamento na história e na própria etimologia, é possível definir o advogado como aquele que é chamado para defender uma causa ou uma pessoa, buscando mais a realização da justiça do que os honorários, embora estes lhe sejam legalmente devidos. Outras expressões costumam ser usadas para designar o advogado, como: *causídico, patrono, procurador.* Já *rábula* significa indivíduo que advoga sem possuir o diploma.

Revela a História que, nos primórdios, a defesa dos necessitados era exercida por mero espírito de solidariedade, sem outra compensação que não fosse a satisfação de ajudar os fracos e servir à justiça. Pode-se, assim, afirmar que a advocacia nasceu da necessidade moral de defender os fracos e justos e foi exercida, inicialmente, por homens livres e bons que, desprezando a vil pecúnia, apenas se norteavam pelo generoso espírito de servir à verdade, ao direito e à justiça, os três grandes pilares em que, ainda hoje, se assenta a dignidade da profissão de advogado.

No Direito brasileiro, ficou assente, pela Constituição Federal, art. 133, que "o advogado é indispensável à administração da justiça, sendo inviolável por seus atos e manifestações no exercício da profissão, nos limites da lei". Quer isso significar que, como forma de salvaguardar as melhores condições de pleitear ou defender seus direitos, nenhum cidadão pode prescindir do auxílio de um advogado, pois somente este está efetivamente preparado para esse fim.

Nem mesmo das pessoas sem recursos para contratar advogado se descurou a Constituição, propugnando, nesse caso, que a Defensoria Pública é instituição permanente, essencial à função jurisdicional do Estado, incumbindo-lhe, como expressão e instrumento do regime democrático, fundamentalmente, a orientação jurídica, a promoção dos direitos humanos e a defesa, em todos os graus, judicial e extrajudicial, dos direitos individuais e coletivos, de forma integral e gratuita, aos necessitados, na forma do inciso LXXIV do art. 5º desta Constituição Federal (art. 134 da CF).

No tocante às demais autoridades judiciárias, cabe ressaltar que, no exercício de suas funções, não há hierarquia nem subordinação entre advogados, magistrados e membros do Ministério Público, devendo todos se tratarem com consideração e respeito (art. 6º do Estatuto da Advocacia). Assim, se no dizer de Piero Calamandrei "o juiz é o direito tornado homem", porque lhe cumpre aplicar a lei, o advogado deve ser a personificação da justiça, por isso lhe compete trazer ao processo a verdade e a razão do seu constituinte, e dar ao direito um sentido humanista.[2]

Em outras palavras, como propugna o Estatuto da Advocacia, o advogado, no exercício da profissão, deve manter independência em qualquer circunstância, sem nenhum receio de desagradar ao magistrado ou a qualquer autoridade, nem de incorrer em impopularidade (art. 31, §§ 1º e 2º). Além disso, o advogado é inviolável por seus atos e manifestações, nos limites exigidos pela ética. Significa dizer que lhe é permitido o emprego de expressões mais ou menos enérgicas e veementes, condizentes com a natureza do assunto e com o seu temperamento emocional, ressalvado o respeito a quem tem a função de julgar.

O mesmo se pode dizer a respeito do relacionamento dos advogados entre si. Conquanto o causídico tenha de envidar todos os esforços em prol da causa do cliente, não quer isso significar que o empenho deva ser tanto que o conduza a

2 ARNAUT, António. *Iniciação à advocacia*, p. 83.

desmedida paixão pela causa, a ponto de levá-lo a travar batalhas de cunho pessoal com o advogado da parte adversa. Nesse particular, é de todo pertinente lembrar que os clientes são passageiros, eis que muitos deles jamais retornam após o término da causa. Já os colegas de profissão, estes permanecem, razão pela qual se evitam os duros embates, que poderão ser causa de frequentes e inevitáveis constrangimentos nas muitas vezes que ainda deverão se cruzar nos corredores e cartórios dos fóruns no dia a dia forense.

INCOMPATIBILIDADES E IMPEDIMENTOS PARA O EXERCÍCIO DA ADVOCACIA

A questão das incompatibilidades e dos impedimentos para o exercício da advocacia está diretamente relacionada com a independência e a dignidade da própria advocacia.

As profissões liberais são assim chamadas não apenas por exigência do título acadêmico ou pela vocação intelectual, mas também por decorrência lógica e etimológica, pois devem ser exercidas em plena liberdade. Só a liberdade alimenta a permanente rebeldia do advogado contra a injustiça, o arbítrio e a prepotência. Desse modo, qualquer circunstância que afete a liberdade e a independência deve ser impeditiva do exercício da advocacia. Não há independência sem liberdade de atuação e de expressão. O advogado não pode estar subordinado nem ao poder político, nem ao poder econômico, nem a terceiros, nem ao próprio cliente. Deve estar vinculado apenas à sua consciência. A advocacia não se compadece com hierarquias, nem com nenhuma forma de pressão, temor reverencial ou receio de represálias.[3]

A incompatibilidade determina a proibição total, e o impedimento, a proibição parcial do exercício da advocacia.

De acordo com o art. 28 do Estatuto da Advocacia, a profissão de advogado é incompatível, mesmo em causa própria, com as seguintes funções:

> I – chefe do Poder Executivo e membros da Mesa do Poder Legislativo e seus substitutos legais;
>
> II – membros de órgãos do Poder Judiciário, do Ministério Público, dos tribunais e conselhos de contas, dos juizados especiais, da justiça de paz, juízes classistas, bem como de todos os que exerçam função de julgamento em órgãos de deliberação coletiva da administração pública direta e indireta;[4]
>
> III – ocupantes de cargos ou funções de direção em Órgãos da Administração Pública direta ou indireta, em suas fundações e em suas empresas controladas ou concessionárias de serviço público;

---

3 Ibidem, p. 77-8.

4 Advogados públicos integrantes de comissões processantes (procedimentos administrativos disciplinares/sindicâncias) podem exercer normalmente, em paralelo a tais atividades, a advocacia pública e a privada, pois tais colegiados não exercem função julgadora.

IV – ocupantes de cargos ou funções vinculados direta ou indiretamente a qualquer órgão do Poder Judiciário e os que exercem serviços notariais e de registro;

V – ocupantes de cargos ou funções vinculados direta ou indiretamente a atividade policial de qualquer natureza;

VI – militares de qualquer natureza, na ativa;

VII – ocupantes de cargos ou funções que tenham competência de lançamento, arrecadação ou fiscalização de tributos e contribuições parafiscais;

VIII – ocupantes de funções de direção e gerência em instituições financeiras, inclusive privadas.

§ 1º A incompatibilidade permanece mesmo que o ocupante do cargo ou função deixe de exercê-lo temporariamente.

§ 2º Não se incluem nas hipóteses do inciso III os que não detenham poder de decisão relevante sobre interesses de terceiro, a juízo do conselho competente da OAB, bem como a administração acadêmica diretamente relacionada ao magistério jurídico.

§ 3º As causas de incompatibilidade previstas nas hipóteses dos incisos V e VI do *caput* deste artigo não se aplicam ao exercício da advocacia em causa própria, estritamente para fins de defesa e tutela de direitos pessoais, desde que mediante inscrição especial na OAB, vedada a participação em sociedade de advogados.

§ 4º A inscrição especial a que se refere o § 3º deste artigo deverá constar do documento profissional de registro na OAB e não isenta o profissional do pagamento da contribuição anual, de multas e de preços de serviços devidos à OAB, na forma por ela estabelecida, vedada cobrança em valor superior ao exigido para os demais membros inscritos.

Os procuradores-gerais, advogados-gerais, defensores-gerais e dirigentes de órgãos jurídicos da Administração Pública direta, indireta e fundacional são exclusivamente legitimados para o exercício da advocacia vinculada à função que exerçam, durante o período da investidura (art. 29 do Estatuto da Advocacia).

As pessoas impedidas de exercer a advocacia encontram-se relacionadas no art. 30 do mesmo Estatuto da Advocacia:

I – os servidores da administração direta, indireta e fundacional, contra a Fazenda Pública que os remunere ou à qual seja vinculada a entidade empregadora;[5]

II – os membros do Poder Legislativo, em seus diferentes níveis, contra ou a favor das pessoas jurídicas de direito público, empresas públicas, sociedades de economia mista, fundações públicas, entidades paraestatais ou empresas concessionárias ou permissionárias de serviço público.

Todavia, é facultado aos bacharéis em Direito que exercem cargos ou funções incompatíveis com a advocacia prestar Exame de Ordem, mesmo estando vedada sua inscrição na OAB (art. 7º, § 1º, do Provimento n. 144/2011).

5 Não se incluem aqui os docentes dos cursos jurídicos.

DIREITOS DO ADVOGADO

Consoante o art. 7º do Estatuto da Advocacia, são *direitos* do advogado:

I – exercer, com liberdade, a profissão em todo o território nacional;

II – a inviolabilidade de seu escritório ou local de trabalho, bem como de seus instrumentos de trabalho, de sua correspondência escrita, eletrônica, telefônica e telemática, desde que relativas ao exercício da advocacia;

III – comunicar-se com seus clientes, pessoal e reservadamente, mesmo sem procuração, quando estes se acharem presos, detidos ou recolhidos em estabelecimentos civis ou militares, ainda que considerados incomunicáveis;

IV – ter a presença de representante da OAB, quando preso em flagrante, por motivo ligado ao exercício da advocacia, para lavratura do auto respectivo, sob pena de nulidade e, nos demais casos, a comunicação expressa à seccional da OAB;

V – não ser recolhido preso, antes de sentença transitada em julgado, senão em sala do Estado Maior, com instalações e comodidades condignas, e, na sua falta, em prisão domiciliar; [redação de acordo com a ADIn n. 1.127-8]

VI – ingressar livremente:

a) nas salas de sessões dos tribunais, mesmo além dos cancelos que separam a parte reservada aos magistrados;

b) nas salas e dependências de audiências, secretarias, cartórios, ofícios de justiça, serviços notariais e de registro, e, no caso de delegacias e prisões, mesmo fora da hora de expediente e independentemente da presença de seus titulares;

c) em qualquer edifício ou recinto em que funcione repartição judicial ou outro serviço público onde o advogado deva praticar ato ou colher prova ou informação útil ao exercício da atividade profissional, dentro do expediente ou fora dele, e ser atendido, desde que se ache presente qualquer servidor ou empregado;

d) em qualquer assembleia ou reunião de que participe ou possa participar o seu cliente, ou perante a qual este deva comparecer, desde que munido de poderes especiais;

VII – permanecer sentado ou em pé e retirar-se de quaisquer locais indicados no inciso anterior, independentemente de licença;

VIII – dirigir-se diretamente aos magistrados nas salas e gabinetes de trabalho, independentemente de horário previamente marcado ou outra condição, observando-se a ordem de chegada;

IX – (*Vetado*)

X – usar da palavra, pela ordem, em qualquer tribunal judicial ou administrativo, órgão de deliberação coletiva da administração pública ou comissão parlamentar de inquérito, mediante intervenção pontual e sumária, para esclarecer equívoco ou dúvida surgida em relação a fatos, a documentos ou a afirmações que influam na decisão;

XI – reclamar, verbalmente ou por escrito, perante qualquer juízo, tribunal ou autoridade, contra a inobservância de preceito de lei, regulamento ou regimento;

XII – falar, sentado ou em pé, em juízo, tribunal ou órgão de deliberação coletiva da Administração Pública ou do Poder Legislativo;

XIII – examinar, em qualquer órgão dos Poderes Judiciário e Legislativo, ou da Administração Pública em geral, autos de processos findos ou em andamento, mesmo sem procuração, quando não estiverem sujeitos a sigilo ou segredo de justiça, assegurada a obtenção de cópias, com possibilidade de tomar apontamentos;

XIV – examinar, em qualquer instituição responsável por conduzir investigação, mesmo sem procuração, autos de flagrante e de investigações de qualquer natureza, findos ou em andamento, ainda que conclusos à autoridade, podendo copiar peças e tomar apontamentos, em meio físico ou digital;

XV – ter vista dos processos judiciais ou administrativos de qualquer natureza, em cartório ou na repartição competente, ou retirá-los pelos prazos legais;

XVI – retirar autos de processos findos, mesmo sem procuração, pelo prazo de dez dias;

XVII – ser publicamente desagravado, quando ofendido no exercício da profissão ou em razão dela;

XVIII – usar os símbolos privativos da profissão de advogado;

XIX – recusar-se a depor como testemunha em processo no qual funcionou ou deva funcionar, ou sobre fato relacionado com pessoa de quem seja ou foi advogado, mesmo quando autorizado ou solicitado pelo constituinte, bem como sobre fato que constitua sigilo profissional;

XX – retirar-se do recinto onde se encontre aguardando pregão para ato judicial, após trinta minutos do horário designado e ao qual ainda não tenha comparecido a autoridade que deva presidir a ele, mediante comunicação protocolizada em juízo;

XXI – assistir a seus clientes investigados durante a apuração de infrações, sob pena de nulidade absoluta do respectivo interrogatório ou depoimento e, subsequentemente, de todos os elementos investigatórios e probatórios dele decorrentes ou derivados, direta ou indiretamente, podendo, inclusive, no curso da respectiva apuração:

a) apresentar razões e quesitos;

b) (*Vetado.*)

§ 1º (*Revogado pela Lei n. 14.365, de 02.06.2022.*)

§ 2º (*Revogado pela Lei n. 14.365, de 02.06.2022.*)

§ 2º-A. (*Vetado.*)

§ 2º-B. Poderá o advogado realizar a sustentação oral no recurso interposto contra a decisão monocrática de relator que julgar o mérito ou não conhecer dos seguintes recursos ou ações:

I – recurso de apelação;

II – recurso ordinário;

III – recurso especial;

IV – recurso extraordinário;

V – embargos de divergência;

VI – ação rescisória, mandado de segurança, reclamação, habeas corpus e outras ações de competência originária. (*Parágrafo e incisos incluídos pela Lei n. 14.365, de 2022.*)

§ 3º O advogado somente poderá ser preso em flagrante, por motivo de exercício da profissão, em caso de crime inafiançável, observado o disposto no inciso IV deste artigo.

§ 4º O Poder Judiciário e o Poder Executivo devem instalar, em todos os juizados, fóruns, tribunais, delegacias de polícia e presídios, salas especiais permanentes para os advogados, com uso assegurado à OAB. [redação de acordo com a ADIn n. 1.127-8]

§ 5º No caso de ofensa a inscrito na OAB, no exercício da profissão ou de cargo ou função de órgão da OAB, o conselho competente deve promover o desagravo público do ofendido, sem prejuízo da responsabilidade criminal em que incorrer o infrator.

§ 6º Presentes indícios de autoria e materialidade da prática de crime por parte de advogado, a autoridade judiciária competente poderá decretar a quebra da inviolabilidade de que trata o inciso II do *caput* deste artigo, em decisão motivada, expedindo mandado de busca e apreensão, específico e pormenorizado, a ser cumprido na presença de representante da OAB, sendo, em qualquer hipótese, vedada a utilização dos documentos, das mídias e dos objetos pertencentes a clientes do advogado averiguado, bem como dos demais instrumentos de trabalho que contenham informações sobre clientes.

§ 6º-A. A medida judicial cautelar que importe na violação do escritório ou do local de trabalho do advogado será determinada em hipótese excepcional, desde que exista fundamento em indício, pelo órgão acusatório. (*Incluído pela Lei n. 14.365, de 2022.*)

§ 6º-B. É vedada a determinação da medida cautelar prevista no § 6º-A deste artigo se fundada exclusivamente em elementos produzidos em declarações do colaborador sem confirmação por outros meios de prova. (*Incluído pela Lei n. 14.365, de 2022.*)

§ 6º-C. O representante da OAB referido no § 6º deste artigo tem o direito a ser respeitado pelos agentes responsáveis pelo cumprimento do mandado de busca e apreensão, sob pena de abuso de autoridade, e o dever de zelar pelo fiel cumprimento do objeto da investigação, bem como de impedir que documentos, mídias e objetos não relacionados à investigação, especialmente de outros processos do mesmo cliente ou de outros clientes que não sejam pertinentes à persecução penal, sejam analisados, fotografados, filmados, retirados ou apreendidos do escritório de advocacia. (*Incluído pela Lei n. 14.365, de 2022.*)

§ 6º-D. No caso de inviabilidade técnica quanto à segregação da documentação, da mídia ou dos objetos não relacionados à investigação, em razão da sua natureza ou volume, no momento da execução da decisão judicial de apreensão ou de retirada do material, a cadeia de custódia preservará o sigilo do seu conteúdo, assegurada a presença do representante da OAB, nos termos dos §§ 6º-F e 6º-G deste artigo. (*Incluído pela Lei n. 14.365, de 2022.*)

§ 6º-E. Na hipótese de inobservância do § 6º-D deste artigo pelo agente público responsável pelo cumprimento do mandado de busca e apreensão, o representante da OAB fará o relatório do fato ocorrido, com a inclusão dos nomes dos servidores, dará conhecimento à autoridade judiciária e o encaminhará à OAB para a elaboração de notícia-crime. (*Incluído pela Lei n. 14.365, de 2022.*)

§ 6º-F. É garantido o direito de acompanhamento por representante da OAB e pelo profissional investigado durante a análise dos documentos e dos dispositivos de armazenamento de informação pertencentes a advogado, apreendidos ou interceptados, em todos os atos, para assegurar o cumprimento do disposto no inciso II do *caput* deste artigo. (*Incluído pela Lei n. 14.365, de 2022.*)

§ 6º-G. A autoridade responsável informará, com antecedência mínima de 24 (vinte e quatro) horas, à seccional da OAB a data, o horário e o local em que serão analisados os documentos e os equipamentos apreendidos, garantido o direito de acompanhamento, em todos os atos, pelo representante da OAB e pelo profissional investigado para assegurar o disposto no § 6º-C deste artigo. (*Incluído pela Lei n. 14.365, de 2022.*)

§ 6º-H. Em casos de urgência devidamente fundamentada pelo juiz, a análise dos documentos e dos equipamentos apreendidos poderá acontecer em prazo inferior a 24 (vinte e quatro) horas, garantido o direito de acompanhamento, em todos os atos, pelo representante da OAB e pelo profissional investigado para assegurar o disposto no § 6º-C deste artigo. (*Incluído pela Lei n. 14.365, de 2022.*)

§ 6º-I. É vedado ao advogado efetuar colaboração premiada contra quem seja ou tenha sido seu cliente, e a inobservância disso importará em processo disciplinar, que poderá culminar com a aplicação do disposto no inciso III do *caput* do art. 35 desta Lei, sem prejuízo das penas previstas no art. 154 do Decreto-lei n. 2.848, de 7 de dezembro de 1940 (Código Penal). (*Incluído pela Lei n. 14.365, de 2022.*)

§ 7º A ressalva constante do § 6º deste artigo não se estende a clientes do advogado averiguado que estejam sendo formalmente investigados como seus partícipes ou coautores pela prática do mesmo crime que deu causa à quebra da inviolabilidade.

§§ 8º e 9º *(Vetados.)*

§ 10. Nos autos sujeitos a sigilo, deve o advogado apresentar procuração para o exercício dos direitos de que trata o inciso XIV.

§ 11. No caso previsto no inciso XIV, a autoridade competente poderá delimitar o acesso do advogado aos elementos de prova relacionados a diligências em andamento e ainda não documentados nos autos, quando houver risco de comprometimento da eficiência, da eficácia ou da finalidade das diligências.

§ 12. A inobservância aos direitos estabelecidos no inciso XIV, o fornecimento incompleto de autos ou o fornecimento de autos em que houve a retirada de peças já incluídas no caderno investigativo implicará responsabilização criminal e funcional por abuso de autoridade do responsável que impedir o acesso do advogado com o intuito de prejudicar o exercício da defesa, sem prejuízo do direito subjetivo do advogado de requerer acesso aos autos ao juiz competente.

§ 13. O disposto nos incisos XIII e XIV do *caput* deste artigo aplica-se integralmente a processos e a procedimentos eletrônicos, ressalvado o disposto nos §§ 10 e 11 deste artigo.

§ 14. Cabe, privativamente, ao Conselho Federal da OAB, em processo disciplinar próprio, dispor, analisar e decidir sobre a prestação efetiva do serviço jurídico realizado pelo advogado. (*Incluído pela Lei n. 14.365, de 2022.*)

§ 15. Cabe ao Conselho Federal da OAB dispor, analisar e decidir sobre os honorários advocatícios dos serviços jurídicos realizados pelo advogado, resguardado o sigilo, nos termos do Capítulo VI desta Lei, e observado o disposto no inciso XXXV do *caput* do art. 5º da Constituição Federal. (*Incluído pela Lei n. 14.365, de 2022.*)

§ 16. É nulo, em qualquer esfera de responsabilização, o ato praticado com violação da competência privativa do Conselho Federal da OAB prevista no § 14 deste artigo. (*Incluído pela Lei n. 14.365, de 2022.*)

A advogada, por sua vez, desfruta de alguns direitos específicos. São eles:

Art. 7º-A. São direitos da advogada: *(Incluído pela Lei n. 13.363, de 2016)*

I – gestante: *(Incluído pela Lei n. 13.363, de 2016)*

a) entrada em tribunais sem ser submetida a detectores de metais e aparelhos de raios X; *(Incluído pela Lei n. 13.363, de 2016)*

b) reserva de vaga em garagens dos fóruns dos tribunais; *(Incluído pela Lei n. 13.363, de 2016)*

II – lactante, adotante ou que der à luz, acesso a creche, onde houver, ou a local adequado ao atendimento das necessidades do bebê; *(Incluído pela Lei n. 13.363, de 2016)*

III – gestante, lactante, adotante ou que der à luz, preferência na ordem das sustentações orais e das audiências a serem realizadas a cada dia, mediante comprovação de sua condição; *(Incluído pela Lei n. 13.363, de 2016)*

IV – adotante ou que der à luz, suspensão de prazos processuais quando for a única patrona da causa, desde que haja notificação por escrito ao cliente. *(Incluído pela Lei n. 13.363, de 2016)*

§ 1º Os direitos previstos à advogada gestante ou lactante aplicam-se enquanto perdurar, respectivamente, o estado gravídico ou o período de amamentação. (*Incluído pela Lei n. 13.363, de 2016)*

§ 2º Os direitos assegurados nos incisos II e III deste artigo à advogada adotante ou que der à luz serão concedidos pelo prazo previsto no art. 392 do Decreto-lei n. 5.452, de 1º de maio de 1943 (Consolidação das Leis do Trabalho). *(Incluído pela Lei n. 13.363, de 2016)*

§ 3º O direito assegurado no inciso IV deste artigo à advogada adotante ou que der à luz será concedido pelo prazo previsto no § 6º do art. 313 da Lei n. 13.105, de 16 de março de 2015 (Código de Processo Civil). *(Incluído pela Lei n. 13.363, de 2016)*

Importante destacarmos que, nos termos do art. 7º-B de referido Estatuto, constitui crime a violação de direito ou prerrogativa prevista nos incisos II, III, IV e V do *caput* do art. 7º do mesmo diploma.

DEVERES DO ADVOGADO

Deontologia, que deriva do grego *deon, deontos/logos,* significa estudo dos deveres.[6] Em outras palavras, indica o conjunto de regras ético-jurídicas pelas quais o advogado deve pautar o seu comportamento profissional.

Para os advogados brasileiros, as regras deontológicas, às quais devem submeter-se, encontram-se elencadas no Código de Ética e Disciplina da Ordem dos Advogados do Brasil (OAB). Entre outras regras, o referido Código, no parágrafo único do art. 2º, prescreve que são *deveres* do advogado:

I – preservar, em sua conduta, a honra, a nobreza e a dignidade da profissão, zelando pelo caráter de essencialidade e indispensabilidade da advocacia;

II – atuar com destemor, independência, honestidade, decoro, veracidade, lealdade, dignidade e boa-fé;

III – velar por sua reputação pessoal e profissional;

IV – empenhar-se, permanentemente, no aperfeiçoamento pessoal e profissional;

V – contribuir para o aprimoramento das instituições, do Direito e das leis;

VI – estimular, a qualquer tempo, a conciliação e a mediação entre os litigantes, prevenindo, sempre que possível, a instauração de litígios;

VII – desaconselhar lides temerárias, a partir de um juízo preliminar de viabilidade jurídica;

VIII – abster-se de:

a) utilizar de influência indevida, em seu benefício ou do cliente;

b) vincular seu nome a empreendimentos sabidamente escusos;

c) emprestar concurso aos que atentem contra a ética, a moral, a honestidade e a dignidade da pessoa humana;

d) entender-se diretamente com a parte adversa que tenha patrono constituído, sem o assentimento deste;

e) ingressar ou atuar em pleitos administrativos ou judiciais perante autoridades com as quais tenha vínculos negociais ou familiares;

f) contratar honorários advocatícios em valores aviltantes.

IX – pugnar pela solução dos problemas da cidadania e pela efetivação dos direitos individuais, coletivos e difusos;

X – adotar conduta consentânea com o papel de elemento indispensável à administração da Justiça;

XI – cumprir os encargos assumidos no âmbito da Ordem dos Advogados do Brasil ou na representação da classe;

XII – zelar pelos valores institucionais da OAB e da advocacia;

---

6 O surgimento da palavra deu-se em 1834, quando Bentham atribuiu à sua *"Science of Morality"* o título *"Deontology"*. Com o decorrer do tempo, passou-se a utilizar o termo como oposição a *ontologia,* ou seja, como antítese entre o *ser* e o *dever-ser.*

XIII – ater-se, quando no exercício da função de defensor público, à defesa dos necessitados.

FERRAMENTAS DA PROFISSÃO

Acervo jurídico

O meio de que se utiliza o advogado para exercer sua profissão e fazer valer os direitos do seu constituído é, sem dúvida, a palavra. A palavra oral ou escrita deve ter como embasamento, como suporte, não só a lei, mas também a doutrina e a jurisprudência. É justamente neste particular que reside a importância de o advogado cercar-se de uma boa biblioteca, de um bom acervo jurídico.

No que diz respeito às leis, mostram-se imprescindíveis na estante do causídico o Estatuto da Pessoa Idosa, a Lei Complementar n. 123, a Lei dos Juizados Especiais, a Lei da Justiça comum, leis previdenciárias, a Lei n. 12.813/2013 (anticorrupção/*compliance*), a Lei Geral de Proteção de Dados (LGPD), a Lei de Licitação, o Estatuto da OAB, a Consolidação das Leis do Trabalho, o Código Penal, o Código Civil, o Código de Processo Penal, o Código de Processo Civil, o Código Tributário Nacional e a Constituição Federal. Outras leis de relevância são o Código de Organização Judiciária do estado em que o advogado atua, o Estatuto da Terra, a Lei do Inquilinato, a Lei dos Registros Públicos, o Código de Defesa do Consumidor, o Código de Trânsito Brasileiro e o Estatuto da Criança e do Adolescente.

Doutrina

A *doutrina jurídica* é representada pelo conjunto de princípios originados de comentários, pareceres, opiniões e ensinamentos de autores ou juristas, de ilibado saber jurídico, constantes de obras jurídicas diversas. A doutrina representa, antes de tudo, a obra dos grandes mestres, dos grandes tratadistas do direito, que fornecem ao profissional da área, seja ele advogado, juiz ou promotor, a interpretação extratribunal de assuntos jurídicos, muitas vezes controvertidos. Na doutrina nacional, costumam ser consultadas obras de relevantes juristas (alguns já falecidos), como Clóvis Beviláqua, Pontes de Miranda, Orlando Gomes, Silvio Rodrigues, Washington de Barros Monteiro, Maria Helena Diniz, Manoel Gonçalves Ferreira Filho, José Afonso da Silva, Celso Ribeiro Bastos, André Ramos Tavares, Caio Mário da Silva Pereira (Direito Civil); Aliomar Baleeiro, Jorge Souto Maior, Roque Antonio Carraza, Sacha Calmon, Misabel Derzi, Heleno Taveira Torres (Direito Tributário); Hely Lopes Meirelles, João Eunápio Borges, Fran Martins, Maria Sylvia Zanella Di Pietro, Celso Antonio Bandeira de Mello, José dos Santos Carvalho Filho (Direito Administrativo); Nélson Hungria, Magalhães Noronha, Heleno Fragoso, Damásio E. de Jesus, Julio Fabbrini Mirabete, René Ariel Dotti, Miguel Reale Jr. (Direito Penal); Celso A. Barbi, Ovídio Batista da Silva, J. J. Calmon de Passos, Nelson Nery Jr., Cassio Scarpinella Bueno, J. C. Barbosa Moreira, Adroaldo Furtado Fabrício, Athos Gusmão Carneiro e Humberto Theodoro Júnior (Direito Processual Civil); José Frederico Marques, Ada Pellegrini Grinover, Antonio Scarance Fernandes, Antonio Magalhães Gomes Filho, Fernando da Costa Tourinho Filho, Aury Lopes Jr. e Gustavo Badaró (Processo Penal); Sergio Pinto Martins, Mauricio Godinho Delgado, Amauri Mascaro Nascimento, Arnaldo Süssekind, Délio Maranhão, Segadas Vianna e Lima Teixeira (Direito do Trabalho); e Wagner D. Giglio e Valentin Carrion (Processo do Trabalho).

Os autores supracitados destacaram-se principalmente pelo comentário aos diversos Códigos brasileiros. Entretanto, proliferam, a cada dia, as edições de monografias que esgotam temas jurídicos específicos ou comentam seções ou capítulos de um Código, ou mesmo uma nova lei. Fazem parte dessa coletânea de monografias temas como o procedimento sumaríssimo, as tutelas cautelares, a ação de alimentos, a ação de usucapião, a ação de divórcio, a responsabilidade civil, a ação de execução etc.

Jurisprudência

A *jurisprudência*, assim como a lei e a doutrina, também constitui fonte de direito de fundamental importância nas lides forenses. Ela representa o conjunto de soluções uniformes proferidas pelos tribunais às questões de direito que resultam de interpretações diferentes das sentenças oriundas de tribunais inferiores ou da Justiça de 1ª ou 2ª instância. Em outras palavras, a jurisprudência é o conjunto de decisões proferidas por tribunais de 2ª ou 3ª instância (juízo *ad quem*), ou seja, Tribunais de Justiça de um estado e Tribunal Regional Federal (2ª instância) ou Supremo Tribunal Federal e Superior Tribunal de Justiça (última instância), reformando ou confirmando sentenças exaradas por juízes das instâncias inferiores (1ª ou 2ª instâncias) ou juízo *a quo*.

A importância da jurisprudência reside no fato de que ela representa o entendimento de uma turma, câmara ou grupo de juízes experimentados e dotados de elevado saber jurídico (denominados desembargadores em Tribunal de Justiça Estadual e na Justiça Federal ou ministros no Supremo Tribunal Federal, Superior Tribunal de Justiça e Tribunal Superior do Trabalho) e não apenas de um único magistrado, como ocorre na Justiça comum ou em outra de 1ª instância.

Antigamente, o acesso à jurisprudência somente era possível consultando-se os "repertórios jurisprudenciais" – publicações oficiais dos tribunais – ou obras específicas com jurisprudência coletada dos diversos tribunais ou, ainda, a jurisprudência armazenada em CD-ROM. Hoje, todavia, a consulta à jurisprudência tornou-se facilitada em razão da disponibilidade propiciada pelos tribunais em seus *sites*, os quais permitem a consulta por assunto. Evidentemente, num primeiro momento, a jurisprudência que mais interessa ao advogado é a do Tribunal de

Justiça do Estado em que atua, uma vez que lhe servirá de embasamento em casos de interposição ou de apresentação de defesa em recursos perante os mesmos tribunais. Por meio dessa jurisprudência pode-se saber, com antecedência, o entendimento predominante em cada tribunal sobre determinada questão jurídica e, consequentemente, a chance que o advogado terá quando pensar em interpor determinado recurso em favor do seu cliente.

A consolidação da jurisprudência se materializa por meio da edição de súmulas, julgamentos de recursos submetidos a repercussão geral e recursos repetitivos (*vide* arts. 926 e ss., 976 e ss., 1.036 e ss., todos do CPC, e arts. 322 e ss. e 256 e ss., respectivamente, dos Regimentos Internos do STF e do STJ).

SOCIEDADE DE ADVOGADOS

É facultado aos advogados reunirem-se em sociedade simples de prestação de serviços de advocacia ou constituírem sociedade unipessoal de advocacia, desde que seja a sociedade regularmente registrada no Conselho Seccional da OAB em cuja base territorial tiver sede (art. 15 da Lei n. 8.906/94). No caso de sociedade unipessoal de advocacia a sociedade deve ser obrigatoriamente formada pelo nome do seu titular, completo ou parcial, com a expressão "Sociedade Individual de Advocacia".

A Lei Complementar n. 147/2014 incluiu as sociedades de advogados no Simples Nacional, ou "Supersimples", sistema de tributação diferenciado para as micro e pequenas empresas que unifica oito impostos em um único boleto e reduz a carga tributária (Lei Complementar n. 123/2006, art. 18, § 5º-C, VII). No regime simplificado, as bancas com faturamento de até R$ 4,8 milhões poderão pagar alíquota única variável de 4,50 a 33%, conforme a faixa de faturamento indicada na tabela do Anexo IV da Lei Complementar n. 123/2006.

Já o Provimento n. 170/2016 contém normas a respeito das Sociedades Unipessoais de Advocacia, mediante o uso da expressão "Sociedade Individual de Advocacia", vedada a utilização de sigla ou expressão de fantasia.

O Provimento n. 112/2006 prescreve os requisitos necessários à elaboração do contrato social de constituição da sociedade de advogados, facultando a sua celebração por instrumento público ou particular, porém vedando a adoção de qualquer das espécies de sociedade mercantil, inclusive na composição social. Abaixo reproduzimos, na íntegra, o referido Provimento, com os requisitos e normas atinentes à criação de uma sociedade de advogados.

Provimento n. 112, de 10 de setembro de 2006

(Redação atualizada pelo Provimento n. 187/2018.)

Dispõe sobre as Sociedades de Advogados.

O Conselho Federal da Ordem dos Advogados do Brasil, no uso das atribuições que lhe são conferidas pelo art. 54, V, da Lei n. 8.906, de 4 de julho de 1994 - Estatuto da Advocacia e da OAB, tendo em vista o que foi decidido na Sessão Extraordinária do Conselho Pleno, realizada no dia 10 de setembro de 2006, ao apreciar a Proposição n. 0024/2003/COP,

RESOLVE:

Art. 1º As Sociedades de Advogados são constituídas e reguladas segundo os arts. 15 a 17 do Estatuto da Advocacia e a Ordem dos Advogados do Brasil (OAB) - EAOAB, os arts. 37 a 43 do seu Regulamento Geral e as disposições deste Provimento.

Art. 2º O Contrato Social deve conter os elementos e atender aos requisitos e diretrizes indicados a seguir:

I – a razão social, constituída pelo nome completo, nome social ou sobrenome dos sócios ou, pelo menos, de um deles, assim como a previsão de sua alteração ou manutenção, por falecimento ou, em uma única sociedade, por afastamento permanente, nos termos do contrato social, de sócio que lhe tenha dado o nome, observado, ainda, o disposto nos parágrafos 1º, 3º e 4º deste artigo;

II – o objeto social, que consistirá, exclusivamente, no exercício da advocacia, podendo especificar o ramo do direito a que a sociedade se dedicará;

III – o prazo de duração, sendo que suas atividades terão início a partir da data de registro do ato constitutivo;

IV – o endereço em que irá atuar;

V – o valor do capital social, sua subscrição por todos os sócios, com a especificação da participação de cada qual, e a forma de sua integralização;

VI – o critério de distribuição dos resultados e dos prejuízos verificados nos períodos que indicar;

VII – a forma de cálculo e o modo de pagamento dos haveres e de eventuais honorários pendentes, devidos ao sócio falecido, assim como ao que se retirar da sociedade ou que dela for excluído;

VIII – a possibilidade, ou não, de o sócio exercer a advocacia autonomamente e de auferir, ou não, os respectivos honorários como receita pessoal;

IX – é permitido o uso do símbolo "&", como conjuntivo dos nomes ou nomes sociais de sócios que constarem da denominação social;

X – não são admitidas a registro, nem podem funcionar, Sociedades de Advogados que revistam a forma de sociedade empresária ou cooperativa, ou qualquer outra modalidade de cunho mercantil;

XI – é imprescindível a adoção de cláusula com a previsão expressa de que, além da sociedade, o sócio ou associado responderá subsidiária e ilimitadamente pelos danos causados aos clientes, por ação ou omissão, no exercício da advocacia;

XII – é admitida e recomendável a adoção de cláusula de mediação, conciliação e arbitragem;

XIII – não se admitirá o registro e arquivamento de Contrato Social, e de suas alterações, com cláusulas que suprimam o direito de voto de qualquer dos sócios, podendo, entretanto, estabelecer quotas de serviço ou quotas com direitos diferenciados, vedado o fracionamento de quotas;

XIV – (*Revogado.*)

XV – é permitida a constituição de Sociedades de Advogados entre cônjuges, qualquer que seja o regime de bens, desde que ambos sejam advogados regularmente inscritos no Conselho Seccional da OAB em que se deva promover o registro e arquivamento;

XVI – o Contrato Social pode determinar a apresentação de balanços mensais, com a efetiva distribuição dos resultados aos sócios a cada mês;

XVII – as alterações do Contrato Social podem ser decididas por maioria do capital social, salvo se o Contrato Social determinar a necessidade de *quorum* especial para deliberação;

XVIII – o Contrato Social pode prever a cessão total ou parcial de quotas, desde que se opere por intermédio de alteração aprovada pela maioria do capital social.

§ 1º Da razão social não poderá constar sigla ou expressão de fantasia ou das características mercantis, vedada a referência a "Sociedade Civil" ou "SC", "SS", "EPP", "ME" e similares, respeitando-se as razões sociais registradas anteriormente.

§ 2º As obrigações não oriundas de danos causados aos clientes, por ação ou omissão, no exercício da advocacia, devem receber tratamento previsto no art. 1.023 do Código Civil.

§ 3º Só será admitida a registro a Sociedade de Advogados que contenha em sua denominação social a expressão "Sociedade de Advogados", "Sociedades de Advogadas e Advogados" "Advogados", "Advocacia" ou "Advogados Associados", permitindo-se, em qualquer dos casos antecedentes, o emprego da palavra "Advogados" no gênero feminino. Na hipótese de sociedade unipessoal, obrigatoriamente deverá constar da denominação a expressão "Sociedade Individual de Advocacia".

§ 4º Em nenhuma hipótese pode compor a razão social da sociedade o patronímico de advogado dela excluído por decisão judicial ou arbitral, ou por deliberação dos demais sócios.

Art. 3º Somente os sócios respondem pela direção social, não podendo a responsabilidade profissional ser confiada a pessoas estranhas ao corpo social.

§ 1º O sócio administrador pode ser substituído no exercício de suas funções e os poderes a ele atribuídos podem ser revogados a qualquer tempo, conforme dispuser o Contrato Social, desde que assim decidido pela maioria do capital social.

§ 2º O sócio, ou sócios administradores, podem delegar funções próprias da administração operacional a profissionais contratados para esse fim.

Art. 4º A exclusão de sócio pode ser deliberada pela maioria do capital social, mediante alteração contratual, desde que observados os termos e condições expressamente previstos no Contrato Social.

Parágrafo único. O pedido de registro e arquivamento de alteração contratual, envolvendo a exclusão de sócio, deve estar instruído com a prova de comunicação feita pessoalmente ao interessado, ou, na sua impossibilidade, por declaração certificada por oficial de registro de títulos e documentos.

Art. 5º Nos casos em que houver redução do número de sócios à unipessoalidade, a pluralidade de sócios deverá ser reconstituída em até 180 (cento e oitenta) dias, sob pena de dissolução da sociedade.

Art. 6º As Sociedades de Advogados, no exercício de suas atividades, somente podem praticar os atos indispensáveis às suas finalidades, assim compreendidos, entre outros, os de sua administração regular, a celebração de contratos em geral para representação, consultoria, resolução extrajudicial de conflitos, assessoria e defesa de clientes por intermédio de seus sócios, associados e advogados empregados, ou serviços de advocacia por elas contratados.

Parágrafo único. Os atos privativos de advogado devem ser exercidos pelos sócios ou por advogados vinculados à sociedade, como associados ou como empregados, mesmo que os resultados revertam para o patrimônio social.

Art. 7º O registro de constituição das Sociedades de Advogados e o arquivamento de suas alterações contratuais devem ser feitos perante o Conselho Seccional da OAB em que for inscrita, mediante prévia deliberação do próprio Conselho ou de órgão a que delegar tais atribuições, na forma do respectivo Regimento Interno, devendo o Conselho Seccional, segundo o disposto no artigo 24-A do Regulamento Geral, evitar o registro de sociedades com razões sociais semelhantes ou idênticas, ou provocar a correção dos que tiverem sido efetuados em duplicidade, observado o critério da precedência.

§ 1º O Contrato Social que previr a criação de filial, bem assim o instrumento de alteração contratual para essa finalidade, deve ser registrado também no Conselho Seccional da OAB em cujo território deva funcionar, ficando os sócios obrigados a inscrição suplementar, dispensados os sócios de serviço que não venham a exercer a advocacia na respectiva base territorial (§ 5º do art. 15 da Lei n. 8.906/94).

§ 2º O número do registro da Sociedade de Advogados deve ser indicado em todos os contratos que esta celebrar.

Art. 8º Serão averbados à margem do registro da sociedade e, a juízo de cada Conselho Seccional, em livro próprio ou ficha de controle mantidos para tal fim:

I – o falecimento do sócio;

II – a declaração unilateral de retirada ou de rescisão, respectivamente, feita por sócios ou associados que nela não queiram mais continuar;

III – os ajustes e distratos de sua associação com advogados, sem vínculo de emprego, para atuação profissional e participação nos resultados;

IV – os ajustes e distratos de associação ou de colaboração com outras Sociedades de Advogados;

V – o requerimento de registro e autenticação de livros e documentos da sociedade;

VI – abertura de filial em outra Unidade da Federação;

VII – os demais atos que a sociedade julgar convenientes ou que possam envolver interesses de terceiros.

§ 1º As averbações de que tratam os incisos I e II deste artigo não afetam os direitos de apuração de haveres dos herdeiros do falecido, do sócio ou associado retirantes.

§ 2º Os Contratos de Associação com advogados sem vínculo empregatício devem ser apresentados para averbação em 3 (três) vias, mediante requerimento dirigido ao Presidente do Conselho Seccional, observado o seguinte:

I – uma via ficará arquivada no Conselho Seccional e as outras duas serão devolvidas para as partes, com a anotação da averbação realizada;

II – para cada advogado associado deverá ser apresentado um contrato em separado, contendo todas as cláusulas que irão reger as relações e condições da associação estabelecida pelas partes.

§ 3º As associações entre Sociedades de Advogados não podem conduzir a que uma passe a ser sócia de outra, cumprindo-lhes respeitar a regra de que somente advogados, pessoas naturais, podem constituir Sociedade de Advogados.

Art. 9º Os documentos e livros contábeis que venham a ser adotados pela Sociedade de Advogados, para conferir, em face de terceiros, eficácia ao respectivo conteúdo ou aos lançamentos neles realizados, podem ser registrados e autenticados no Conselho Seccional competente.

Parágrafo único. Os Conselhos Seccionais devem manter o controle dos registros de que trata este artigo mediante numeração sucessiva, conjugada ao número do registro de constituição da sociedade, anotando-os nos respectivos requerimentos de registro, averbados na forma do art. 8º, *caput*, inciso V.

Art. 10. O setor de registro das Sociedades de Advogados de cada Conselho Seccional da OAB deve manter um sistema de anotação de todos os atos relativos às Sociedades de Advogados que lhe incumba registrar, arquivar ou averbar, controlado por meio de livros, fichas ou outras modalidades análogas, que lhe permitam assegurar a veracidade dos lançamentos que efetuar, bem como a eficiência na prestação de informações e sua publicidade.

§ 1º O cancelamento de qualquer registro, averbação ou arquivamento dos atos de que trata este artigo deve ocorrer em virtude de decisão do Conselho Seccional ou do órgão respectivo a que sejam cometidas as atribuições de registro, de ofício ou por provocação de quem demonstre interesse.

§ 2º O Conselho Seccional é obrigado a fornecer, a qualquer pessoa, com presteza e independentemente de despacho ou autorização, certidões contendo as informações que lhe forem solicitadas, com a indicação dos nomes e nomes sociais dos advogados que figurarem, por qualquer modo, nesses livros ou fichas de registro.

Art. 11. Os pedidos de registro de qualquer ato societário relacionado a este Provimento serão instruídos com as certidões de quitação das obrigações legais junto à OAB, ficando dispensados de comprovação da quitação de tributos e contribuições sociais federais.

Parágrafo único. (*Revogado.*)

Art. 12. O Contrato de Associação firmado entre Sociedades de Advogados de Unidades da Federação diferentes tem a sua eficácia vinculada à respectiva averbação nos Conselhos Seccionais envolvidos, com a apresentação, em cada um deles, de certidões de breve relato, comprovando sua regularidade.

Art. 13. As Sociedades de Advogados constituídas na forma das regulamentações anteriores deverão adaptar-se às disposições deste Provimento até o dia 31 de julho de 2009.

§ 1º As Sociedades de Advogados deverão informar ao Conselho Seccional onde estiverem registradas, até 60 (sessenta) dias após a entrada em vigor deste Provimento, o seu número de inscrição no CNPJ, devendo a obrigação ser cumprida pelas novas sociedades e constar, inclusive, nas Alterações Contratuais.

§ 2º Os Conselhos Seccionais da OAB deverão criar a Comissão de Sociedades de Advogados, se inexistente, até o dia 31.03.2019.

§ 3º As Comissões de Sociedades de Advogados poderão, mediante delegação do respectivo Conselho Seccional, exercer funções cartorárias, inclusive registros e averbações dos atos das Sociedades de Advogados.

Art. 14. Este Provimento entra em vigor na data da sua publicação, revogado o Provimento n. 92/2000.

Brasília, 10 de setembro de 2006.

Roberto Antonio Busato, Presidente
Sergio Ferraz, Relator

MODELO DE CONTRATO DE SOCIEDADE

CONTRATO CONSTITUTIVO DA SOCIEDADE DE TRABALHO DENOMINADA "........................ – ADVOGADOS ASSOCIADOS"

........................, brasileiro, casado, portador da carteira de identidade .... – SSP/... e do CPF n. ...., residente na rua ...., n. ......, na cidade de ...., estado de ......, e ...., brasileiro, casado, portador da carteira de identidade .... – SSP/...... e do CPF n. ...., residente na rua ...., n. ...., na cidade de ...., estado de ......, inscritos na Ordem dos Advogados do Brasil, Seção do Estado de ...... sob os números .... e ...., respectivamente, abaixo assinados, contratam a constituição de uma Sociedade Civil de Trabalho, de acordo com os arts. 15 ao 17 da Lei federal n. 8.906/94, de 4 de julho de 1994, e conforme o Provimento n. 112/2006, do Conselho Federal da Ordem dos Advogados do Brasil, que regula a organização e o funcionamento das sociedades de advogados, a qual se regerá pelas cláusulas seguintes:

PRIMEIRA – A sociedade girará sob a denominação de "........................", com sede na av. ....

SEGUNDA – A sede e o foro da sociedade serão a cidade de ...., estado de ......, na rua ...., n. ......

TERCEIRA – A sociedade terá por objetivo, além de atos de sua administração regular, a prestação de serviços de advocacia relativos à celebração de contratos em geral para representação, consultoria, assessoria e defesa de clientes por intermédio dos advogados integrantes do quadro societário.

QUARTA – O prazo de duração é indeterminado, tendo seu início em ....

QUINTA – O capital social, integralmente realizado, é de R$ .... (............. ....), dividido em .... (......) cotas de R$ .... (........................), distribuindo-se em partes iguais entre os sócios, cada um deles sendo detentor de .... (......).

SEXTA – Respondem os sócios, pessoal, solidária e ilimitadamente, pelos danos que causarem aos clientes, por ação ou omissão, no exercício de suas atividades profissionais, sem prejuízo da responsabilidade disciplinar perante a Ordem dos Advogados do Brasil, em que incorrer o responsável direto pelo ato.

SÉTIMA – A venda, cessão ou transferência de cotas, na Sociedade, a terceiros depende do prévio consentimento do outro sócio.

OITAVA – A Sociedade será administrada e gerida pelo sócio ...., que terá as atribuições e os poderes conferidos em lei, a quem caberá o uso da denominação social em negócios de interesse da Sociedade, observando o disposto nos parágrafos desta cláusula.

§ 1º A Sociedade será representada judicial e extrajudicialmente, ativa e passivamente, pelo sócio-gerente.

§ 2º É lícito ao sócio-gerente, nos limites de suas atribuições e poderes, constituir, em nome da Sociedade e por prazo certo, mandatários ou procuradores para a prática de determinados atos e operações, que devem ser especificados no respectivo instrumento de mandato.

§ 3º É expressamente proibido ao sócio-gerente o uso da denominação social em negócios ou documentos de qualquer natureza alheios aos fins sociais, bem como avalizar ou afiançar obrigações de terceiros, só podendo prestar aval ou fiança em proveito da própria sociedade.

NONA – Os sócios poderão, excepcionalmente, advogar individualmente, sem que os honorários auferidos revertam em benefício da Sociedade, quando se tratarem de ações e clientes particulares e alheios à Sociedade, desde que com pleno conhecimento do outro sócio.

DÉCIMA – Os resultados patrimoniais auferidos pela Sociedade, na prestação de serviços que constituem seu objeto, serão partilhados metade para cada sócio, depois da dedução de 20% que serão mantidos em reserva, para atender a retirada de sócios, ou a outros fins, sempre respeitada a legislação em vigor, em particular a do Imposto de Renda.

Parágrafo único – Os prejuízos porventura havidos serão transferidos aos exercícios seguintes, observadas as disposições legais, e suportados pelos sócios proporcionalmente ao capital de cada um.

DÉCIMA PRIMEIRA – O sócio que desejar se retirar da Sociedade manifestará sua vontade com 30 (trinta) dias de antecedência, por carta protocolada ou por meio de cartório, à Sociedade, e a apuração de seus haveres se fará em balanço especial para o dia da saída do sócio, estimando-se seus haveres pelo seu valor real, e serão pagos pelo sócio remanescente na proporção de suas cotas, em 12 (doze) prestações mensais, iguais e consecutivas, acrescidas dos juros à taxa de 12% (doze por cento) ao ano, contados da data do balanço.

DÉCIMA SEGUNDA – A Sociedade não será dissolvida, nem consequentemente entrará em liquidação, por saída ou morte de qualquer dos sócios.

Parágrafo único – Em caso de morte de um dos sócios caberá ao remanescente decidir sobre a continuação da Sociedade com o herdeiro ou herdeiros do falecido, desde que tenham condições legais impostas pela Lei n. 8.906/94. Se a Sociedade não continuar com os herdeiros do *de cujus*, os haveres do sócio morto serão apurados da mesma forma estatuída na cláusula anterior para o sócio retirante.

DÉCIMA TERCEIRA – É lícita a exclusão de sócio da Sociedade, por comprovada falta de colaboração, ou por outra falta grave. O sócio excluído receberá da Sociedade, no prazo de 12 (doze) meses, a contar do término do mês da alteração do contrato social para ingresso de um ou mais sócios – que deverá ocorrer no prazo máximo de 60 (sessenta) dias –, o valor de suas cotas, calculadas de acordo com o estabelecido nas cláusulas décima e décima primeira.

DÉCIMA QUARTA – Estando o sócio .... impedido de exercer a advocacia contra pessoas de direito público em geral, por imperativo do art. ...... da Lei n. 8.906/94, constando de sua Carteira Profissional, não terá ele direito de participar dos honorários auferidos pelo outro sócio nas causas em que por ventura prevaleça aquele vínculo impeditivo.

DÉCIMA QUINTA – O exercício social coincidirá com o ano civil e a 31 de dezembro será levantado um balanço geral, cujos resultados serão creditados ou debitados aos sócios, em proporção às suas cotas, se outra decisão não tiver sido tomada, conforme mencionado na cláusula décima primeira deste contrato.

DÉCIMA SEXTA – Para todas as questões oriundas deste contrato, fica eleito, com exclusão de qualquer outro, o foro de ....

DÉCIMA SÉTIMA – Na eventual necessidade de dirimir controvérsias entre os sócios decorrentes da exclusão, retirada ou dissolução parcial ou total da Sociedade, a questão será submetida ao Tribunal de Ética e Disciplina, que funcionará como órgão de mediação e conciliação. E, por estarem de pleno acordo, assinam as partes o presente instrumento, em quatro vias de igual teor e forma, para que produzam os seus jurídicos e legais efeitos.

.........................., ... de .... de 20.....

Sócio: ....

Sócio: ....

MODELO
REQUERIMENTO DE REGISTRO DA SOCIEDADE

EXCELENTÍSSIMO SENHOR PRESIDENTE DA ORDEM DOS ADVOGADOS DO BRASIL SEÇÃO DE ....

.... ADVOGADOS ASSOCIADOS, sociedade devidamente registrada no Cartório de Registro de Títulos, Documentos e Pessoas Jurídicas de ...., no Livro ......, fls. ......, sob n. ...., neste ato representada por seus sócios ...., brasileiro, solteiro, advogado inscrito na OAB/......, sob n. ...., inscrito no CPF n. ...., e ...., brasileiro, solteiro, advogado inscrito na OAB/......, sob n. ...., inscrito no CPF n. ...., todos com endereço profissional na rua ...., n. ......, sala ......, vem, respeitosamente, perante Vossa Excelência para, com fulcro no art. 39 e seu parágrafo único do Regulamento Geral do Estatuto da Advocacia e da OAB, requerer inscrição do Contrato de Sociedade em anexo, para fins de Direito.

Termos em que
pede e espera deferimento.

........................, ... de .... de 20......

Sócio A ....

Sócio B ....

SOCIEDADES UNIPESSOAIS DE ADVOCACIA

Provimento n. 170, de 24 de fevereiro de 2016

Dispõe sobre as sociedades unipessoais de advocacia.

O Conselho Federal da Ordem dos Advogados do Brasil, no uso das atribuições que lhe são conferidas pelo art. 54, V, da Lei n. 8.906, de 4 de julho de 1994 – Estatuto da Advocacia e da Ordem dos Advogados do Brasil – OAB, tendo em vista o disposto na Lei n. 13.247, de 12 de janeiro de 2016, e considerando o decidido nos autos da Proposição n. 49.0000.2016.000773-1/COP, resolve:

Art. 1º A sociedade unipessoal de advocacia é constituída e regulada segundo os arts. 15 a 17 do Estatuto da Advocacia e da Ordem dos Advogados do Brasil – EAOAB, os arts. 37 a 43 do seu Regulamento Geral e as disposições deste Provimento.

Art. 2º O ato constitutivo da sociedade unipessoal de advocacia deve conter os elementos e atender aos requisitos e diretrizes indicados a seguir:

I – a razão social, obrigatoriamente formada pelo nome ou nome social do seu titular, completo ou parcial, com a expressão "Sociedade Individual de Advocacia", vedada a utilização de sigla ou expressão de fantasia;

II – o objeto social, que consistirá, exclusivamente, na prestação de serviços de advocacia, podendo especificar o ramo do Direito a que se dedicará;

III – o prazo de duração, sendo que suas atividades terão início a partir da data de registro do ato constitutivo;

IV – o endereço em que irá atuar;

V – o valor do capital social e a forma de sua integralização;

VI – não são admitidas a registro, nem podem funcionar, sociedades unipessoais de advocacia que apresentem forma ou características de sociedade empresária, que adotem denominação de fantasia, que realizem atividades estranhas à advocacia, ou que incluam como titular pessoa não inscrita como advogado ou sujeita à proibição total de advogar;

VII – é imprescindível declarar expressamente que, além da sociedade, o titular responderá subsidiária e ilimitadamente pelos danos causados aos clientes, por ação ou omissão, no exercício da advocacia, sem prejuízo da responsabilidade disciplinar em que possa incorrer;

VIII – não se admitirá o registro e o arquivamento de ato constitutivo ou de suas alterações com cláusulas que estabeleçam a admissão de qualquer outro sócio, ainda que de serviço;

IX – o mesmo advogado não poderá integrar mais de uma sociedade de advogados, constituir mais de uma sociedade unipessoal de advocacia, ou integrar, simultaneamente, uma sociedade de advogados e uma sociedade unipessoal de advocacia, com sede ou filial na mesma área territorial do respectivo Conselho Seccional;

X – o ato constitutivo pode determinar a apresentação de balanços mensais, com a efetiva distribuição dos resultados ao titular a cada mês.

Art. 3º Compete ao titular da sociedade unipessoal de advocacia:

I – responder pelos atos da sociedade, não podendo esta responsabilidade profissional ser confiada a outra pessoa, ainda que se trate de advogado associado ou empregado;

II – responder pelos atos de gestão, podendo, no entanto, delegar a execução de funções próprias da administração operacional a profissionais contratados para esse fim.

Art. 4º A sociedade extinguir-se-á pelo falecimento de seu titular, pela sua exclusão dos quadros da OAB ou diante da sua incompatibilidade definitiva.

Parágrafo único. Quando ocorrer a incompatibilidade temporária ou o impedimento do titular, inclusive por motivo de suspensão do exercício profissional, tal fato deve ser objeto de averbação no registro perante a OAB.

Art. 5º As sociedades unipessoais de advocacia, no exercício de suas atividades, somente podem praticar os atos indispensáveis às suas finalidades, assim compreendidos, dentre outros, os de sua administração regular, a celebração de contratos em geral para representação, consultoria, assessoria e defesa de clientes por intermédio do titular ou de advogados empregados ou associados.

Parágrafo único. Os atos privativos de advogado devem ser exercidos pelo titular, ou por advogados vinculados à sociedade, como associados ou como empregados, mesmo que os resultados revertam para o patrimônio social.

Art. 6º O registro do ato constitutivo das sociedades unipessoais de advocacia e o arquivamento de suas alterações devem ser feitos perante o Conselho Seccional da OAB em que for inscrito seu integrante, mediante prévia deliberação do próprio Conselho ou de órgão a que delegar tais atribuições, na forma do respectivo Regimento Interno, devendo o Conselho Seccional, na forma do disposto no art. 24-A do Regulamento Geral, evitar o registro de sociedades com denominações sociais semelhantes ou idênticas ou provocar a correção dos que tiverem sido efetuados em duplicidade, observado o critério da precedência.

§ 1º O ato constitutivo que preveja a criação de filial, bem assim o instrumento de alteração contratual para essa finalidade, deve ser registrado também no Conselho Seccional da OAB em cujo território deva funcionar a filial, ficando o titular obrigado a inscrição suplementar (§ 5º do art. 15 da Lei n. 8.906/94).

§ 2º O número do registro das sociedades unipessoais de advocacia deve ser indicado em todos os contratos que esta celebrar.

Art. 7º Serão averbados à margem do registro da sociedade e, a juízo de cada Conselho Seccional, em livro próprio ou ficha de controle mantidos para tal fim:

I – os ajustes de sua associação com advogados, sem vínculo de emprego, para atuação profissional e participação nos resultados, na forma do art. 39 do Regulamento Geral e do Provimento n. 169/2015 do Conselho Federal;

II – os ajustes de associação ou de colaboração com outras sociedades unipessoais de advocacia ou sociedades de advogados;

III – o requerimento de registro e autenticação de livros e documentos da sociedade;

IV – a abertura de filial em outra unidade da Federação;

V – os demais atos que a sociedade julgar convenientes ou que possam envolver interesses de terceiros.

§ 1º Os contratos de associação com advogados sem vínculo empregatício devem ser apresentados para averbação em 3 (três) vias, mediante requerimento dirigido ao Presidente da Comissão de Sociedades de Advogados, observado o seguinte:

I – 1 (uma) via ficará arquivada no Conselho Seccional e as outras 2 (duas) serão devolvidas para as partes, com a anotação da averbação realizada;

II – para cada advogado associado deverá ser apresentado um contrato em separado, contendo todas as cláusulas que irão reger as relações e condições da associação estabelecida pelas partes.

§ 2º As associações entre sociedades unipessoais de advocacia ou entre estas e sociedades de advogados não podem conduzir a que uma passe a ser sócia de outra, cumprindo-lhes respeitar a regra de que somente advogados, pessoas naturais, podem constituir sociedades unipessoais de advocacia ou sociedade de advogados.

§ 3º O contrato de associação firmado entre sociedades unipessoais de advocacia ou entre estas e sociedades de advogados de unidades da Federação diferentes tem a sua eficácia vinculada à respectiva averbação nos Conselhos Seccionais envolvidos, com a apresentação, em cada um deles, de certidões de breve relato, comprovando sua regularidade.

Art. 8º Os documentos e livros contábeis que venham a ser adotados pelas sociedades unipessoais de advocacia, para conferir, em face de terceiros, eficácia ao respectivo conteúdo ou aos lançamentos neles realizados, podem ser registrados e autenticados no Conselho Seccional competente.

Art. 9º O setor de registro das espécies de sociedades de advogados de cada Conselho Seccional da OAB deve manter um sistema de anotação de todos os atos relativos às sociedades unipessoais de advocacia que lhe incumba registrar, arquivar ou averbar, controlado por meio de livros, fichas ou outras modalidades análogas, que lhe permitam assegurar a veracidade dos lançamentos que efetuar, bem como a eficiência na prestação de informações e sua publicidade.

§ 1º O cancelamento de qualquer registro, averbação ou arquivamento dos atos de que trata este Provimento deve ocorrer em virtude de decisão do Conselho Seccional ou do órgão respectivo a que sejam delegadas as atribuições de registro, de ofício ou por provocação de quem demonstre interesse.

§ 2º O Conselho Seccional é obrigado a fornecer, a qualquer pessoa, com presteza e independentemente de despacho ou autorização, certidões contendo as informações que lhe forem solicitadas, com a indicação do nome e do nome social do advogado que figurar, por qualquer modo, nesses livros ou fichas de registro.

Art. 10. Os pedidos de registro de qualquer ato relacionado a este Provimento serão instruídos com as certidões de quitação das obrigações legais junto à OAB, ficando dispensados de comprovação da quitação de tributos e contribuições sociais federais.

Parágrafo único. Ficam dispensados da comprovação de quitação junto ao Fisco os pedidos de registro de encerramento de filiais, sucursais e outras dependências e os pedidos de registro de extinção de sociedades unipessoais de advocacia que nunca obtiveram sua inscrição junto à Secretaria da Receita Federal.

Art. 11. A sociedade de advogados poderá ser convertida em sociedade unipessoal de advocacia, bem como esta ser transformada em sociedade de advogados.

Art. 12. Este Provimento entra em vigor na data da sua publicação, revogadas as disposições em contrário.

Claudio Pacheco Prates Lamachia, Presidente do Conselho
Conselheiro Federal
Luiz Flávio Borges D'Urso, Relator
(*DOU*, S.1, 09.03.2016, p. 255-6)

ADVOCACIA *PRO BONO*

Nos termos do art. 1º do Provimento n. 166/2015, editado pela OAB, considera-se advocacia *pro bono* a prestação gratuita, eventual e voluntária de serviços jurídicos em favor de instituições sociais sem fins econômicos e aos seus assistidos, sempre que os beneficiários não dispuserem de recursos para a contratação de profissional. A advocacia *pro bono* pode ser exercida em favor de pessoas naturais que, igualmente, não dispuserem de recursos para, sem prejuízo do próprio sustento, contratar advogado. A seguir, o Provimento na íntegra.

Provimento n. 166,
de 09 de novembro de 2015

Dispõe sobre a advocacia pro bono.

O Conselho Federal da Ordem dos Advogados do Brasil, no uso das atribuições que lhe são conferidas pelo art. 54, V, da Lei n. 8.906, de 04 de julho de 1994 – Estatuto da Advocacia e da OAB, e considerando o decidido nos autos da Proposição n. 49.0000.2013.002310-8/COP, resolve:

Art. 1º Considera-se advocacia *pro bono* a prestação gratuita, eventual e voluntária de serviços jurídicos em favor de instituições sociais sem fins econômicos e aos seus assistidos, sempre que os beneficiários não dispuserem de recursos para a contratação de profissional.

Parágrafo único. A advocacia *pro bono* pode ser exercida em favor de pessoas naturais que, igualmente, não dispuserem de recursos para, sem prejuízo do próprio sustento, contratar advogado.

Art. 2º Aplicam-se à advocacia *pro bono* os dispositivos do Estatuto da Advocacia e da OAB, do Regulamento Geral, do Código de Ética e Disciplina da Ordem dos Advogados do Brasil e dos Provimentos do Conselho Federal da OAB.

Art. 3º Não se aplica este Provimento à assistência jurídica pública, prevista no art. 5º, LXXIV, e no art. 134 da Constituição da República, realizada, fundamentalmente, pela atuação das Defensorias Públicas da União e dos Estados. Também não se aplica este Provimento à assistência judiciária decorrente de convênios celebrados pela Ordem dos Advogados do Brasil.

Art. 4º Os advogados e os integrantes das sociedades de advogados e dos departamentos jurídicos de empresas que desempenharem a advocacia *pro bono* definida no art. 1º deste Provimento estão impedidos de exercer a advocacia remunerada, em qualquer esfera, para a pessoa natural ou jurídica que se utilize de seus serviços *pro bono*.

§ 1º O impedimento de que trará este artigo cessará uma vez decorridos 03 (três) anos do encerramento da prestação do serviço *pro bono*.

§ 2º É igualmente vedado vincular ou condicionar a prestação de serviços *pro bono* à contratação de serviços remunerados, em qualquer circunstância.

Art. 5º A advocacia *pro bono* não pode ser utilizada para fins político-partidários ou eleitorais, nem beneficiar instituições que visem a tais objetivos, ou como instrumento de publicidade para captação de clientela, permitida apenas a divulgação institucional e genérica da atividade.

Art. 6º No exercício da advocacia *pro bono*, o advogado empregará o zelo e a dedicação habituais, de forma que a parte por ele assistida se sinta amparada e confie no seu patrocínio.

Art. 7º Este Provimento entra em vigor na data de sua publicação, revogadas as disposições em contrário.

Brasília, 9 de novembro de 2015.

Marcus Vinicius Furtado Coêlho, Presidente do Conselho
Luiz Flávio Borges D'Urso, Relator

(*DOU*, S.1, 04.12.2015, p. 300)

HIERARQUIA DOS ÓRGÃOS DA JUSTIÇA

A hierarquia dos órgãos da Justiça diz respeito à sua distribuição em diversos níveis ou graus de jurisdição, denominados *instâncias.*

Assim, no primeiro nível, ou primeiro grau, encontram-se os *fóruns*, encarregados por seus juízes de exercer a jurisdição de primeira *instância* nas diversas Varas da Justiça Estadual e da Justiça Federal (nos âmbitos cível, criminal e trabalhista). Vale menção, ainda, à existência de Auditorias Militares no âmbito das Justiças Militares Estaduais e da União, bem como das Juntas Eleitorais, que representam a primeira instância da Justiça Eleitoral.

No segundo nível, situam-se os tribunais, os quais representam a jurisdição de segunda instância, ou instância superior, ou, ainda, a jurisdição de segundo grau. Na Justiça Estadual, são representados pelos Tribunais de Justiça, cuja atribuição é a de julgar os recursos interpostos contra as decisões proferidas pelos juízes de primeira instância (juízes *a quo*). O Tribunal de Justiça é composto de *desembargadores* (juízes *ad quem*), que são agrupados em diversas câmaras de julgamento.

Ainda em segundo grau encontram-se os Tribunais Regionais Federais (TRFs), aos quais compete julgar, além de outras causas de competência originária, em grau de recurso, as causas decididas pelos juízes federais e pelos juízes estaduais no exercício da competência federal da área de sua jurisdição, todos tidos como juízes de primeira instância.

Os TRFs surgiram com a Constituição Federal de 1988, que determinou a criação de cinco desses tribunais em substituição ao Tribunal Federal de Recursos. Posteriormente foram determinadas para sedes desses tribunais as cidades de Brasília, Rio de Janeiro, São Paulo, Porto Alegre e Recife. Cada um desses tribunais possui jurisdição sobre determinada região composta de diversos estados. Desse modo, Brasília sedia o TRF da 1ª Região, com jurisdição sobre os Estados de Goiás, Mato Grosso, Distrito Federal, Bahia, Tocantins, Piauí, Maranhão, Pará, Amazonas, Rondônia, Acre, Roraima e Amapá; Rio de Janeiro, a 2ª Região (Estados de Rio de Janeiro e Espírito Santo); São Paulo, a 3ª Região (Estados de São Paulo e Mato Grosso do Sul); Porto Alegre, a 4ª Região (Rio Grande do Sul, Paraná e Santa Catarina); Recife, a 5ª Região (Estados de Pernambuco, Alagoas, Ceará, Paraíba, Rio Grande do Norte e Sergipe). Em 2021 foi criado o sexto TRF (6ª Região), com sede em Belo Horizonte e que engloba o Estado de Minas Gerais somente.

A criação dos Tribunais Regionais Federais, em substituição ao Tribunal Federal de Recursos, trouxe inúmeras vantagens para os advogados que militam junto a esses órgãos, pois, além de eliminar a necessidade de que os interessados, independentemente de seu domicílio, se dirigissem obrigatoriamente a Brasília para ingressar com recurso perante o antigo Tribunal Federal de Recursos, permitiu maior agilização da Justiça Federal de 2ª instância, uma vez que, para os novos tribunais, foram nomeados juízes em número infinitamente superior aos 27 juízes que atuavam no antigo Tribunal Federal de Recursos.

Os TRFs compõem-se de, no mínimo, sete desembargadores federais, nomeados pelo presidente da República entre brasileiros com mais de 35 e menos de 65 anos de idade, da classe dos advogados, membros do Ministério Público Federal e juízes federais.

Segundo o art. 108 da Constituição Federal de 1988, compete aos TRFs:

> I – processar e julgar, originariamente:
>
> *a)* os juízes federais da área de sua jurisdição, incluídos os da Justiça Militar e da Justiça do Trabalho, nos crimes comuns e de responsabilidade, e os membros do Ministério Público da União, ressalvada a competência da Justiça Eleitoral;
>
> *b)* as revisões criminais e as ações rescisórias de julgados seus ou de juízes federais da região;
>
> *c)* os mandados de segurança e os *habeas data* contra ato do próprio Tribunal ou de juiz federal;
>
> *d)* os *habeas corpus*, quando a autoridade coatora for juiz federal;
>
> *e)* os conflitos de competência entre juízes federais vinculados ao Tribunal;
>
> II – julgar, em grau de recurso, as causas decididas pelos juízes federais e pelos juízes estaduais no exercício da competência federal da área de sua jurisdição.

Também constituem órgão judiciário de segundo grau os Tribunais Regionais do Trabalho (TRTs), distribuídos em 24 Regiões, todos com sede em capitais de estado, com competência para julgar, em grau de recurso, as causas decididas pelos juízes das Varas do Trabalho.

Os TRTs julgam recursos ordinários contra decisões de Varas do Trabalho, ações originárias (dissídios coletivos de categorias de sua área de jurisdição – sindicatos patronais ou de trabalhadores organizados em nível regional), ações rescisórias de decisões suas ou das Varas e os mandados de segurança contra atos de seus juízes.

A Justiça do Trabalho conta com 24 TRTs, e, segundo o art. 112 da Constituição Federal, "a lei criará varas da Justiça do Trabalho, podendo, nas comarcas não abrangidas por sua jurisdição, atribuí-las aos juízes de direito, com recurso para o respectivo Tribunal Regional do Trabalho".

Os Tribunais de Justiça Militares Estaduais e os Tribunais Regionais Eleitorais (com sede nas capitais de Estados e no DF) também são compostos por desembargadores.

No nível hierárquico mais elevado da Justiça situam-se os *Tribunais Superiores*: o Superior Tribunal de Justiça, o Supremo Tribunal Federal, o Tribunal Superior Eleitoral, o Superior Tribunal Militar e o Tribunal Superior do Trabalho. Esses tribunais podem ser considerados uma autêntica terceira instância, uma vez que julgam recursos oriundos dos TRFs, dos Tribunais dos Estados, do Distrito Federal, dos Tribunais Eleitorais, dos Tribunais Militares e dos TRTs, respectivamente, todos órgãos de segunda instância. A seguir explanaremos um pouco acerca do Superior Tribunal de Justiça (STJ) e do Supremo Tribunal Federal (STF).

O Superior Tribunal de Justiça (STJ), criado pela Constituição Federal de 1988, é composto de, no mínimo, 33 ministros nomeados pelo presidente da República, entre brasileiros com mais de 35 e menos de 70 anos, de notável saber jurídico e reputação ilibada, depois de aprovada a escolha pelo Senado Federal, entre desembargadores dos TRFs, desembargadores dos Tribunais de Justiça, advogados e membros do Ministério Público. É dividido em seis turmas, agrupadas em três seções especializadas, e tem por atribuição o exame de recursos especiais oriundos de todos os tribunais dos estados e TRFs, manifestando-se sobre questões que anteriormente eram submetidas à apreciação do Supremo Tribunal Federal (que hoje se ocupa exclusivamente com as questões constitucionais). Havendo repetição de julgamentos idênticos pelas turmas, a seção especializada edita uma súmula, que passa a servir de paradigma para julgamento a respeito de matéria semelhante. No que se refere a julgamentos divergentes, estes conduzem ao "incidente de uniformização de jurisprudência", em que, após aprofundados debates, também resulta sumulado o entendimento da maioria.

O STJ, além de sua competência originária e em recurso ordinário, julga em *recurso especial* as causas decididas em única ou última instância quando a decisão recorrida (art. 105, III, da CF):

a) contrariar tratado ou lei federal, ou negar-lhes vigência;

b) julgar válido ato de governo local contestado em face de lei federal;

c) der à lei federal interpretação divergente da que lhe haja atribuído outro tribunal.

O Supremo Tribunal Federal (STF), que funciona como autêntico guarda da Constituição, tem por competência o julgamento da ação direta de inconstitucionalidade, da ação declaratória de constitucionalidade e do recurso extraordinário, nos casos em que a decisão recorrida (art. 102, III, da CF):

a) contrariar dispositivo da Constituição;

b) declarar a inconstitucionalidade de tratado ou lei federal;

c) julgar válida lei ou ato de governo local contestado em face da Constituição;

d) julgar válida lei local contestada em face de lei federal.

O STF é composto de onze ministros, nomeados pelo presidente da República, depois de aprovada a escolha pela maioria absoluta do Senado Federal, entre cidadãos com mais de 35 e menos de 70 anos de idade, de notável saber jurídico e reputação ilibada.

O Tribunal Superior do Trabalho (TST), também com sede em Brasília, é composto de 27 ministros, escolhidos entre brasileiros com mais de 35 e menos de 70 anos de idade, nomeados pelo presidente da República, após aprovação pelo Senado Federal. São recrutados entre juízes de carreira da magistratura trabalhista, advogados e membros do Ministério Público do Trabalho.

O TST tem por principal função uniformizar a jurisprudência trabalhista. Julga recursos de revista, recursos ordinários e agravos de instrumento contra decisões de TRTs e dissídios coletivos de categorias organizadas em nível nacional, além de mandados de segurança, embargos opostos a suas decisões e ações rescisórias.

Para efeito de melhor entendimento em relação à composição e à função dos tribunais, disponibiliza-se a seguir uma síntese da atuação dos diversos tribunais.

Órgãos colegiados julgadores

Tribunais de Justiça

Os tribunais de justiça dos estados são compostos de câmaras cíveis e câmaras criminais isoladas, integradas por juízes de carreira de última instância (as primeiras) e por desembargadores (as segundas), além de advogados indicados pela OAB e membros oriundos do Ministério Público. Num segundo momento, dependendo da matéria a ser apreciada, as câmaras isoladas poderão reunir-se em grupos de câmaras. Já o Tribunal Pleno é constituído por todos os membros do Tribunal.

As câmaras cíveis e criminais isoladas, de composição variada, fixada no regimento interno de cada tribunal, compõem-se de três a cinco desembargadores, sob a presidência do desembargador mais antigo. Desses, geralmente, apenas três participam do julgamento do recurso. Um deles será nomeado relator, com a incumbência de ler, resumir e fazer o relatório do processo.

Tribunais Regionais Federais

Para efeito de exemplo, este livro limita-se a fornecer informações a respeito do Tribunal Regional Federal da 4ª Região (TRF4), com sede em Porto Alegre, que possui jurisdição no Estado do Rio Grande do Sul.

O TRF4 é composto por 27 desembargadores federais, que julgam recursos em causas decididas por juízes federais de primeiro grau em ações que envolvam a União Federal, autarquias e empresas públicas, bem como recursos de decisões proferidas por juízes de direito em causas que envolvam matéria previdenciária (art. 109, § 3º, CF).

Os desembargadores federais ainda têm competência originária (art. 108 da CF) para processar e julgar:

a) os juízes federais da sua área de jurisdição, incluídos os da Justiça Militar e da Justiça do Trabalho, nos crimes comuns e de responsabilidade, e os membros do Ministério Público da União, ressalvada a competência da Justiça Eleitoral;

b) as revisões criminais e as ações rescisórias de julgados seus ou dos juízes federais da região;

c) os mandados de segurança e os *habeas data*, contra ato do próprio Tribunal ou de juiz federal;

d) os *habeas corpus*, quando a autoridade coatora for juiz federal;

e) os conflitos de competência entre juízes federais vinculados ao Tribunal.

Por ser também um órgão colegiado, o TRF4 reúne-se em Plenário, em Corte Especial, em Seções e em Turmas:

- Plenário. O Plenário, constituído da totalidade dos desembargadores federais (27), é presidido pelo Presidente do Tribunal;
- Corte Especial. É constituída de quinze desembargadores, observado o quinto constitucional, presidida pelo Presidente do Tribunal;
- Seções. Há no Tribunal quatro Seções, integradas pelos componentes das Turmas das respectivas áreas de especialização. A competência das Seções está assim definida:

– 1ª Seção – competência tributária, composta pelos integrantes da 1ª e da 2ª Turmas;

– 2ª Seção – competência residual, ou seja, todas as matérias que não são afetas a 1ª, 3ª e 4ª Seções, composta pelos integrantes da 3ª e da 4ª Turmas;

– 3ª Seção – competência previdenciária, composta pelos integrantes da 5ª e da 6ª Turmas;

– 4ª Seção – competência penal, composta pelos integrantes da 7ª e da 8ª Turmas.

▪ Turmas. O tribunal possui oito Turmas, cada uma composta por três desembargadores.

Superior Tribunal de Justiça

Os órgãos julgadores no Superior Tribunal de Justiça são as Turmas (seis), as Sessões (três), a Corte Especial (quinze componentes) e o Plenário (todos os ministros).

Turmas. Nas Turmas, compostas por cinco ministros cada, são julgados os recursos especiais sem caráter repetitivo, *habeas corpus* criminais, recursos em *habeas corpus*, recursos em mandado de segurança, entre outros tipos de processo.

Seções. As três seções existentes são especializadas. Cada Seção reúne ministros de duas Turmas, ou seja, é composta por dez ministros. Dentro de cada especialidade, as Seções julgam mandados de segurança, reclamações e conflitos de competência, sendo também responsáveis pelo julgamento dos recursos repetitivos.

As Seções especializadas são distribuídas da seguinte forma:

	Matérias	Seções	Turmas
Direito público	Impostos, previdência, servidores públicos, indenizações do Estado, improbidade	1ª	1ª e 2ª
Direito privado	Comércio, consumo, contratos, família, sucessões	2ª	3ª e 4ª
Direito penal	Crimes em geral, federalização de crimes contra direitos humanos	3ª	5ª e 6ª

Corte Especial. É composta pelos quinze ministros mais antigos do Tribunal e julga as ações penais contra governadores e outras autoridades. A Corte também é responsável por decidir recursos quando há interpretação divergente entre os órgãos especializados do Tribunal.

Plenário. É composto por todos os ministros do STJ. Os magistrados convocados não participam de suas reuniões. O órgão possui competência administrativa: elege membros para os cargos diretivos e de representação, vota mudanças no regimento e elabora listas tríplices de indicados a compor o tribunal.

Supremo Tribunal Federal

O STF tem por atribuição exclusiva processar e julgar as ações de conteúdo constitucional, dentre elas a Ação Declaratória de Inconstitucionalidade (ADIn) e a Ação Declaratória de Constitucionalidade (Adecon). Os ministros do STF, em número de onze, dependendo da matéria em julgamento, julgam em turmas ou em Plenário.

Turmas. As Turmas reúnem-se com a presença, pelo menos, de três Ministros. O Presidente da Turma terá sempre direito a voto. Se ocorrer empate, será adiada a decisão até tomar-se o voto do Ministro que esteve ausente. Persistindo a ausência, ou havendo vaga, impedimento ou licença de Ministro da Turma, por mais de um mês, convocar-se-á Ministro da outra, na ordem decrescente de antiguidade. Terão prioridade, no julgamento, I – os *habeas corpus*; II – as causas criminais, dentre estas as de réu preso; III – as reclamações.

Plenário. O Plenário, que se reúne com a presença mínima de seis Ministros, é dirigido pelo Presidente do Tribunal. O quórum para votação de matéria constitucional e para a eleição do Presidente e do Vice-Presidente, dos membros do Conselho Nacional da Magistratura e do Tribunal Superior Eleitoral é de oito Ministros.

A seguir, disponibiliza-se um quadro demonstrativo pelo qual se pode vislumbrar a hierarquia dos órgãos de Justiça no Brasil e suas respectivas instâncias.

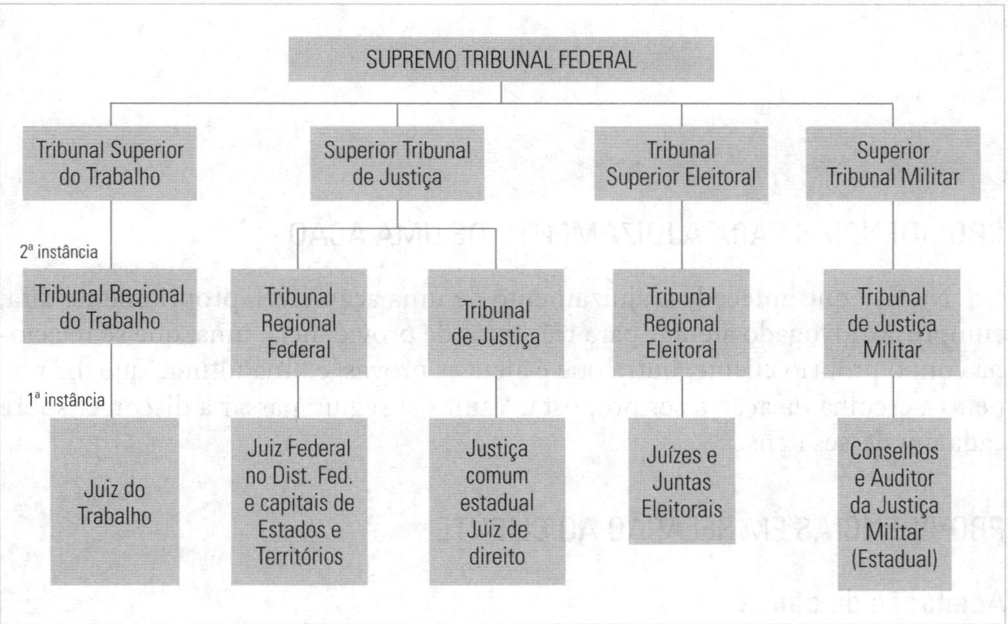

2

O advogado do autor

PROVIDÊNCIAS PARA AJUIZAMENTO DE UMA AÇÃO

Na fase que antecede o ajuizamento de uma ação cível, propriamente dita, cumpre ao advogado atentar para três tipos de providência: uma, que se relaciona com o próprio cliente; outra que é afeta às provas; e uma última, que diz respeito à escolha da ação a ser proposta. Vamos, a seguir, passar a discorrer sobre cada um desses itens.

PROVIDÊNCIAS EM RELAÇÃO AO CLIENTE

Aceitação da causa

Patrocinar causas justas e honestas é, antes de mais nada, dever do advogado no exercício da profissão. O causídico que assim proceder, além de gozar de alto prestígio na comunidade em que atua, estará também granjeando a simpatia dos clientes, colegas e magistrados. Assim sendo, recomenda-se ao advogado, no primeiro contato com o cliente, procurar inteirar-se de pormenores que poderão ajudá-lo a constatar se este está ou não imbuído de boa-fé. É o próprio Código de Ética e Disciplina (CED) que chama atenção para essa questão quando, no art. 6º, determina que "é defeso ao advogado expor os fatos em Juízo ou na via administrativa falseando deliberadamente a verdade e utilizando de má-fé".

Ainda sobre a aceitação da causa, o mesmo Código de Ética recomenda ao advogado informar o cliente, de forma clara e inequívoca, quanto aos eventuais riscos da sua pretensão e às consequências que poderão advir da demanda (art. 8º). Além disso, deve o advogado:

a) estimular a conciliação e a mediação entre os litigantes, prevenindo, sempre que possível, a instauração de litígios (art. 2º, parágrafo único, VI);

b) aconselhar o cliente a não ingressar em aventura judicial (art. 2º, parágrafo único, VII).

Contratação de honorários

Os honorários constituem direito do advogado e têm natureza alimentar, com os mesmos privilégios dos créditos oriundos da legislação do trabalho, sendo vedada a compensação em caso de sucumbência parcial (art. 85, § 14, do CPC). Desse modo, a prestação de serviço profissional assegura aos advogados o direito a recebimento de honorários, qualquer que seja a sua modalidade. Nesse sentido, o art. 22 do Estatuto da Advocacia permite inferir a existência de três modalidades de honorários, a saber:

a) **honorários convencionados:** referem-se aos honorários que são objeto de contrato entre o advogado e o cliente. Como em toda e qualquer prestação de serviços, é aconselhável que os serviços prestados pelo advogado também sejam objeto de prévio contrato escrito, como medida de segurança para ambas as partes, consoante recomendação do próprio Código de Ética e Disciplina (art. 48). Os Conselhos Seccionais da OAB possuem atribuições para fixar *Tabela de Honorários*, válida para o território de sua jurisdição. O objetivo da tabela é, antes de tudo, a fixação de honorários *mínimos*, para efeito de evitar o aviltamento (art. 48, § 6º, do CED). Sendo assim, ainda que o art. 49 do Código de Ética e Disciplina disponha que os honorários profissionais devem ser fixados com *moderação*, não existe óbice quanto à contratação de honorários superiores aos constantes da tabela, eis que, nesse caso, decorrem de acordo ou convenção e não de uma decisão unilateral do advogado. Nada obstante, nesse caso o advogado fixará os honorários em consonância com os seguintes elementos:

> I – a relevância, o vulto, a complexidade e a dificuldade das questões versadas;
>
> II – o trabalho e o tempo necessários;
>
> III – a possibilidade de ficar o advogado impedido de intervir em outros casos, ou de se desavir com outros clientes ou terceiros;
>
> IV – o valor da causa, a condição econômica do cliente e o proveito para ele resultante do serviço profissional;
>
> V – o caráter da intervenção, conforme se trate de serviço a cliente eventual, frequente ou constante;
>
> VI – o lugar da prestação dos serviços, conforme se trate do domicílio do advogado ou de outro;
>
> VII – a competência do profissional; o direito de receber igual tratamento das pessoas com as quais se relacione;
>
> VIII – a praxe do foro sobre trabalhos análogos.

Na hipótese da adoção de cláusula *quota litis*,[1] os honorários devem ser necessariamente representados por pecúnia[2] e, quando acrescidos dos honorários de sucumbência, não podem ser superiores às vantagens advindas em favor do constituinte ou do cliente (art. 50 do CED).

Anote-se ainda que, salvo estipulação ou acordo de forma diversa, um terço dos honorários é devido no início do serviço, outro terço, até a decisão de primeira instância e o restante, no final (§ 3º do art. 22 do Estatuto da Advocacia).

b) **honorários de sucumbência:** são os fixados pelo juiz, na sentença, os quais a parte vencida (sucumbente) na ação se obriga a pagar ao vencedor. No concernente ao tema, o Código de Processo Civil de 2015 consigna que "a sentença condenará o vencido a pagar honorários ao advogado do vencedor" (art. 85), bem como a pagar ao vencedor as despesas que antecipou (art. 82, § 2º). Essa verba honorária é devida, também, aos advogados públicos (art. 85, § 19, do CPC) e nos casos em que o advogado atuar em causa própria (art. 85, § 17, do CPC).

Os honorários de sucumbência serão fixados entre o mínimo de 10% e o máximo de 20% sobre o *valor da condenação* (art. 85, § 2º, do CPC),[3] considerando:

- o grau de zelo profissional;
- o lugar da prestação do serviço;
- a natureza e importância da causa;
- o trabalho realizado pelo advogado e o tempo exigido para o seu serviço.

As *despesas processuais*, que também se incluem no ônus da sucumbência, abrangem não só as custas do processo como também a indenização de viagens, diárias de testemunhas e remuneração do assistente técnico (art. 84 do CPC).

Verificar-se-á *sucumbência recíproca* quando cada parte for vencedora e vencida. Nesse caso, serão recíproca e proporcionalmente distribuídos e compensados entre elas os honorários e as despesas. Assim, se o autor formula mais de um pedido (exemplo: perdas e danos e lucros cessantes) e decai de um deles (somente é deferido o pedido de perdas e danos), caracteriza-se a sucumbência recípro-

1 Cláusula em virtude da qual o advogado passa a ter direito a determinada parte do resultado da causa.

2 Dinheiro ou moeda.

3 Trata-se, como se vê, de percentual de honorários calculados sobre o valor da condenação. Portanto, não havendo condenação, como no caso de extinção do processo sem resolução do mérito, o cálculo deve ser feito de outra forma: "Se o vencido foi simplesmente julgado carecedor da ação, com a extinção do processo, não houve condenação, não se podendo, conseguintemente, impor honorários entre 10 e 20% conforme a regra do art. 20, § 3º, do CPC [art. 85, § 2º, do CPC/2015], devendo os mesmos ser fixados equitativamente pelo juiz, segundo o disposto no § 4º do preceito referido" (TJMG, *apud* Yussef Said Cahali, *Honorários advocatícios*, p. 292). Conquanto o mesmo critério se aplique na causa em que for vencida a Fazenda Pública (§ 3º do art. 20) [art. 85, § 2º, do CPC/2015], "é de lembrar, entretanto, que, embora liberto dos parâmetros fixados no § 3º do art. 20 [art. 85, § 2º, do CPC/2015], nada impede que o juiz os admita e aplique contra a Fazenda Pública. É recomendável até que, em regra, o faça, de forma a mitigar a desigualdade dos litigantes, reservando tratamentos diferenciados a hipóteses em que a excepcionalidade justifique" (RTRF, 4ª R., n. 1, p. 158).

ca, uma vez que cada uma das partes é, ao mesmo tempo, vencedora e sucumbente em parte.

Caso a sentença ou o acórdão seja omisso na fixação dos honorários advocatícios, cabe à parte prejudicada interpor embargos de declaração; não havendo suprimento da omissão, verificar-se-á a coisa julgada, com a consequente perda do direito à verba honorária, que não mais poderá ser cobrada na execução ou mesmo em ação autônoma. Esse é o entendimento da Corte Especial do STJ ao editar Súmula n. 453, que consigna: "Os honorários sucumbenciais, quando omitidos em decisão transitada em julgado, não podem ser cobrados em execução ou em ação própria".

Por muito tempo se discutiu se os honorários de sucumbência pertenciam ao advogado ou à parte, em razão do dissenso que se criou sobre o verdadeiro sentido da expressão "vencedor" ("A sentença condenará o vencido a pagar ao vencedor [...]") que constava do CPC/73. Entretanto, o Código de Processo Civil de 2015, ao dispor que "a sentença condenará o vencido a pagar honorários ao advogado do vencedor" (art. 85) consolidou em definitivo o direito do advogado à verba de sucumbência, independentemente da existência de honorários convencionados. A Lei n. 8.906/94 (EA) também dispõe sobre o tema, ao prescrever que:

1. "Nas causas em que for parte o empregador, ou pessoa por este representada, os honorários de sucumbência são devidos aos advogados empregados" (art. 21).

2. "Os honorários incluídos na condenação, por arbitramento ou sucumbência, pertencem ao advogado [...]" (art. 23).

3. "Na hipótese de falecimento ou incapacidade civil do advogado, os honorários de sucumbência, proporcionais ao trabalho realizado, são recebidos por seus sucessores ou representantes legais" (art. 24, § 2º).

Portanto, além dos honorários convencionados, o advogado terá direito a receber os honorários de sucumbência, a serem pagos pela parte que for vencida na ação, como no exemplo a seguir:

Honorários convencionados: R$ 3.000,00

Honorários de sucumbência: hipoteticamente fixados pelo juiz em 10% sobre R$ 15.000,00 (valor da condenação) = R$ 1.500,00

Total dos honorários: R$ 4.500,00

c) **honorários arbitrados:** são aqueles fixados por arbitramento judicial, na hipótese de falta de estipulação ou acordo, por meio de ação própria a ser movida pelo advogado. Esses honorários, que não devem ser confundidos com os honorários de sucumbência, porquanto também fixados pelo juiz, em remuneração compatível com o trabalho e o valor econômico da questão, não podem ser inferiores aos estabelecidos na tabela organizada pelo Conselho Seccional da OAB do respectivo estado (art. 22, § 2º, do EA).

Arbitramento de honorários advocatícios. O valor da causa da ação de arbitramento de honorários deve corresponder ao valor pretendido pelo autor, o qual atua como estimador, não sendo correta a atribuição do valor de alçada. Negado provimento. (TJRS, Ag. n. 70.063.839.278, 15ª Câm. Cível, rel. Otávio Augusto de Freitas Barcellos, j. 15.04.2015)

Por pertinente, impende acrescentar que, tratando-se de processo em curso, o advogado que for procurado para substituir um colega, por substabelecimento com reserva de poderes, deve ajustar previamente os seus honorários com o colega substabelecente (art. 26, § 2º, do CED).

CONTRATO DE HONORÁRIOS DE ADVOGADO[4]

Pelo presente instrumento particular de honorários de advogado, ..., advogado, brasileiro, casado, residente e domiciliado em ...., com escritório profissional na rua ...., n. ......, conj. n. ......, inscrito na OAB/...... sob n. ...., CPF n. ...., convenciona e contrata com .... o seguinte:

PRIMEIRO

O advogado contratado obriga-se, diante de mandato judicial que lhe foi outorgado, a prestar seus serviços profissionais na defesa dos direitos do(s) contratante(s) na ação de ...., desincumbindo com zelo a atividade a seu encargo, em qualquer juízo, instância ou tribunal.

SEGUNDO

Em remuneração a esses serviços, o advogado contratado receberá do(s) contratante(s) os honorários líquidos e certos de R$ .... (........................), que deverão ser pagos da seguinte maneira:

a) 50%, ou seja, R$ .... no início da ação;

b) 25%, ou seja, R$ .... até a decisão de 1ª instância;

c) 25%, ou seja, R$ .... por ocasião da publicação da decisão de 2ª instância.

TERCEIRO

Ao(s) contratante(s) caberá o pagamento das custas e demais despesas que forem necessárias ao bom andamento da ação, bem como o fornecimento de documentos e informações que o contratado solicitar.

4 O contrato de honorários firmado entre advogado e cliente é título executivo, mesmo sem assinatura das testemunhas. O entendimento é da 4ª Turma do STJ e reafirma a regra contida no Estatuto da Ordem dos Advogados do Brasil (Leis ns. 4.215/63 e 8.906/94), também prevista no Código Civil (REsp n. 400.687).

QUARTO

No caso da obtenção de sentença favorável na presente ação, os honorários que a outra parte ficará obrigada a pagar pertencerão na sua totalidade ao advogado contratado, independentemente do pagamento, por parte do(s) contratante(s), do total dos honorários ajustados na cláusula segunda.

QUINTO

O total dos honorários poderá ser exigido imediatamente, se houver composição amigável realizada por qualquer das partes litigantes, ou no caso do não prosseguimento da ação por qualquer circunstância não determinada pelo advogado contratado ou, ainda, se lhe for cassado o mandato sem culpa.

SEXTO

As partes contratantes elegem o foro desta cidade para o fim de dirimir qualquer ação oriunda do presente contrato.

E, para firmeza e como prova de assim haverem contratado, fizeram este instrumento particular, impresso em duas vias de igual teor e forma, assinado pelas partes contratantes.

........................, ... de .... de 20......

Advogado(a)

OAB/...... n. ......

Cliente

Ação para cobrança de honorários

A decisão judicial que fixar ou arbitrar honorários e o contrato escrito que os estipular são considerados títulos executivos e constituem crédito privilegiado na falência, concordata [atual recuperação judicial e extrajudicial], concurso de credores, insolvência civil e liquidação extrajudicial (art. 24 do EA).

Temos, pois, que a cobrança de honorários advocatícios deve ser feita em consonância com o processo de *execução* (arts. 824 e segs. do CPC), com fundamento em sentença ou contrato, da seguinte forma:

a) **sentença judicial de arbitramento:** não havendo contrato de honorários por escrito e havendo recusa do cliente em pagar os honorários verbalmente convencionados, o advogado dependerá da sua fixação por arbitramento judicial para posteriormente requerer o cumprimento de sentença (arts. 523 e segs. do CPC);

b) **contrato escrito:** existindo contrato escrito, este constitui título executivo extrajudicial, podendo os honorários nele consignados serem executados diretamente, independentemente de arbitramento judicial anterior.

Já a cobrança dos honorários de sucumbência, fixados em sentença em favor da parte ré, poderá ser procedida nos mesmos autos da ação em que tenha atuado o advogado (art. 24, § 1º, do Estatuto da Advocacia) por meio de simples requerimento para efeito de cumprimento de sentença, nos termos do art. 523 do Código de Processo Civil.

Recomenda o Código de Ética (art. 54) que, havendo necessidade de arbitramento e cobrança judicial de honorários advocatícios, deve o advogado renunciar previamente ao mandato que recebera do cliente em débito. Ademais, se no curso do processo houver substabelecimento do advogado da causa a outro, com reserva de poderes, é vedado ao advogado substabelecido cobrar honorários sem a intervenção do advogado substabelecente (art. 26 do EA).

Por derradeiro, convém anotar que *prescreve* em cinco anos a ação de cobrança de honorários de advogado e a de prestação de contas pelas quantias recebidas pelo advogado de seu cliente, ou de terceiros por conta dele (arts. 25 e 25-A do EA), contado o prazo:

I – do vencimento do contrato, se houver;
II – do trânsito em julgado da decisão que os fixar;
III – da ultimação do serviço ou transação;
IV – da desistência ou transação;
V – da renúncia ou revogação do mandato.

PETIÇÃO PARA AÇÃO DE EXECUÇÃO DE HONORÁRIOS (Com base em arbitramento)[5]

AO JUÍZO DE DIREITO DA ...... VARA CÍVEL
Comarca de ....

........................, brasileiro, casado, advogado, inscrito na OAB/......, sob n. ......, com escritório profissional nesta cidade, sito na rua ...., n. ......, sala n. ......, endereço eletrônico ...., por seu procurador signatário (doc. 1), advogado inscrito na OAB ......, sob n. ...., endereço eletrônico ...., com escritório na rua ...., n. ......, nesta cidade, onde recebe intimações, vem, respeitosamente, perante este juízo para, atuando em causa própria, nos termos do art. 24 da Lei n. 8.906/94 e do art. 784, XII, do Código de Processo Civil, propor a presente

5 Esta ação é posterior à ação de arbitramento de honorários, se não houver contrato escrito.

AÇÃO DE EXECUÇÃO DE HONORÁRIOS

em desfavor de ...., brasileiro, casado, comerciante, domiciliado nesta cidade e residente na rua ...., n. ......, em face dos seguintes fatos e fundamentos:

1. Na data de ...., perante a ...... Vara Cível desta Comarca, ... propôs, contra o ora requerido, ação de ...., conforme faz prova o documento incluso (doc. 1).

2. O requerente, na qualidade de advogado do requerido (doc. 2), atuou no referido processo até decisão final, o que comprova com a inclusa certidão de sentença (doc. 3).

3. Embora tenha envidado todos os seus esforços na defesa dos direitos do seu cliente, este se negou, sem motivo justificado, a pagar as verbas honorárias pretendidas pelo requerente.

4. Haja vista o fato descrito no item anterior, o requerente viu-se compelido a ingressar com ação de arbitramento de honorários, tendo o preclaro julgador fixado-os em R$ .... (.........................), conforme prova a sentença inclusa (doc. 4).

Considerando o exposto, nos termos do art. 24 da Lei n. 8.906/94, e do art. 784, XII, do Código de Processo Civil, requer-se a citação do requerido para que pague, no prazo de 24 horas, a importância de R$ .... (.......................), acrescida de correção monetária, juros, despesas judiciais e honorários de advogado, ou nomeie bens à penhora e, não sendo feita esta ou não sendo aceita, que se proceda a penhora de tantos bens quantos bastarem para o pagamento do principal e demais cominações legais.

Valor da causa: R$ ....

P. deferimento.

......................., ... de .... de 20......

Advogado(a)

OAB/...... n. ......

Cliente

AÇÃO DE ARBITRAMENTO DE HONORÁRIOS

AO JUÍZO DE DIREITO DA ...... VARA CÍVEL
Comarca de ....

........................, brasileiro, casado, advogado, com escritório profissional nesta cidade, sito na rua ...., n. ......, sala n. ......, endereço eletrônico ...., vem, respeitosamente, perante este juízo para, atuando em causa própria, nos termos do art. 22 da Lei n. 8.906/94, propor a presente AÇÃO DE ARBITRAMENTO DE HO-

NORÁRIOS contra ...., brasileiro, casado, comerciante, domiciliado nesta cidade e residente na rua ...., n. ......, pelos seguintes fatos e fundamentos:

1. Na data de ...., perante este juízo, ... propôs, contra o ora requerido, ação de ...., conforme faz prova incluso documento (doc. 1).

2. O requerente, na qualidade de advogado do requerido (doc. 2), contestou a referida ação na data de .... (doc. 3).

3. O requerente participou da audiência de instrução e julgamento e acompanhou todos os trâmites do processo, até ser prolatada a sentença que julgou procedente a ação, na data de .... (doc. 4).

4. Dessa forma, o requerente prova que, sem medir esforços, envidou toda a sua diligência na defesa dos direitos e interesses do seu cliente, ora requerido.

5. Não obstante essa dedicação, o requerido se recusa, sem motivo justificado, a pagar ao requerente qualquer remuneração a título de honorários, embora insistentemente tenha sido instado a fazê-lo.

6. O requerente pretende, como forma de pagamento de seus honorários, a quantia de R$ .... (.........................), tendo em conta o grau de zelo despendido, a natureza da causa e o tempo exigido para a execução do serviço.

Em face de todo o exposto, nos termos dos arts. 85, § 2º, do Código de Processo Civil e 22, § 2º, da Lei n. 8.906/94, requer-se:

a) a citação do requerido para, se desejar, contestar a presente ação, pena de revelia e confissão;

b) a fixação, por arbitramento, dos honorários no percentual requerido;

c) a procedência do pedido, com a condenação do requerido ao pagamento do principal, de correção, juros, custas judiciais e honorários da presente ação.

Para efeitos legais, declara o demandante o seu DESINTERESSE pela eventual autocomposição e, consequentemente, pela não realização da audiência de conciliação ou de mediação.

Valor da causa: R$ ....

P. deferimento.

........................., ... de .... de 20......

Advogado(a)

OAB/...... n. ......

Cobrança de consultas

Como forma não só de valorização profissional, mas também de atendimento ao dever de zelar pela dignidade da profissão, recomenda-se ao advogado cobrar pelas consultas concedidas, de acordo com o mínimo estabelecido pela Tabela de Honorários da OAB ou do Sindicato de Advogados a que pertence. A cobrança acima da tabela também poderá ser feita, desde que se considere a condição econômico-financeira do cliente. Entretanto, é de todo recomendável que não seja cobrada consulta do cliente que, ato contínuo à mesma consulta, decida ajuizar a ação com o mesmo advogado.

Instrumento de procuração

A procuração nada mais é que o instrumento pelo qual determinada pessoa (outorgante ou mandante) autoriza a outra (outorgado, mandatário ou procurador) a realizar um ato ou negócio em seu nome. É também conhecida por mandato, de onde advém a designação de *mandante*, para quem outorga o mandato, e a de *mandatário*, para quem o recebe. Deve-se procurar evitar a confusão que muitas vezes ocorre no uso das palavras *mandato* e *mandado*, pois este se diferencia daquele por constituir-se numa ordem judicial (mandado de averbação, de citação, de intimação, de sustação de protesto, de prisão, de segurança etc.), emanada de autoridade judicial, determinando que alguém faça ou deixe de fazer alguma coisa.

Por meio da procuração, o outorgante confere ao outorgado poderes que o habilitam a realizar, em nome do primeiro, atos que por ele deveriam ser praticados, ficando esses atos entendidos como se praticados fossem pelo próprio outorgante. Dessa forma, por meio de uma procuração, pode-se autorizar alguém a receber salários, receber o pagamento de uma dívida, sacar valores em um banco, vender ou comprar um imóvel, prestar fiança, representar em juízo e, até mesmo, casar.

Pessoas aptas a passar procuração

Constitui regra do art. 654 do Código Civil que as pessoas maiores ou emancipadas, no gozo dos direitos civis, são aptas para dar procuração mediante instrumento particular. Isso significa que somente os maiores de 18 anos estão legalmente habilitados a passar procuração. Em nosso entendimento, essa mesma assertiva serve para a capacidade de ingressar em juízo e de contratar, uma vez que o art. 71 do Código de Processo Civil determina que "o incapaz será *representado* ou *assistido* por seus pais, por tutor ou por curador, na forma da lei" [grifo nosso]. Com essa determinação, o CPC/2015 acompanha a regra do art. 1.634 do Código Civil (com redação dada pela Lei n. 13.058/2014), que consigna: "Compete a ambos os pais, qualquer que seja a sua situação conjugal, o pleno exercício do poder familiar, que consiste em, quanto aos filhos: [...] VII – representá-los judicial e extrajudicialmente até os 16 (dezesseis) anos, nos atos da vida civil, e assisti-los, após essa idade, nos atos em que forem partes, suprindo-lhes o consentimento".

O que vêm a ser incapazes? Segundo se depreende dos arts. 3º ao 5º do Código Civil, a incapacidade pode resultar da insuficiência de idade (menor de 18 anos) ou de outras deficiências: enfermidade ou deficiência mental, impossibilidade de exprimir a vontade, alcoolismo, dependência de drogas, desenvolvimento mental incompleto e prodigalidade. Considerando-se, pois, a questão etária e as demais circunstâncias apontadas, o Código Civil distribui a incapacidade em duas categorias: a de absolutamente incapazes e a de relativamente incapazes.

São considerados *absolutamente incapazes* (art. 3º do CC): "São absolutamente incapazes de exercer pessoalmente os atos da vida civil os menores de 16 (dezesseis) anos".

Esses incapazes não podem praticar nenhum ato jurídico isoladamente, pois a lei exige que sejam *representados* por seus pais, tutores (no caso de órfão de pai e mãe) ou curadores (no caso de enfermidade ou doença mental), sob pena de os atos serem declarados *nulos*.

São considerados *relativamente incapazes* (art. 4º do CC):

> I – os maiores de dezesseis anos e menores de dezoito anos;
>
> II – os ébrios habituais e os viciados em tóxico;
>
> III – aqueles que, por causa transitória ou permanente, não puderem exprimir sua vontade;
>
> IV – os pródigos.

Essas pessoas podem praticar atos jurídicos, desde que *assistidas* por seus pais, tutores (para os órfãos de pai e mãe) ou curadores (para as pessoas arroladas nos incisos II até IV). Caso não tenham essa assistência, os atos por elas praticados poderão ser anulados.

Entretanto, há casos em que os menores de 18 anos também são considerados capazes para todos os atos, dispensando qualquer tipo de assistência. Isso pode ocorrer (art. 5º, parágrafo único, do CC):

> I – pela concessão dos pais, ou de um deles na falta do outro, mediante instrumento público, independentemente de homologação judicial, ou por sentença do juiz, ouvido o tutor, se o menor tiver dezesseis anos completos;
>
> II – pelo casamento;
>
> III – pelo exercício de emprego público efetivo;
>
> IV – pela colação de grau em curso de ensino superior;
>
> V – pelo estabelecimento civil ou comercial, ou pela existência de relação de emprego, desde que, em função deles, o menor com dezesseis anos completos tenha economia própria.

Assim, com a antecipação da maioridade civil para 18 anos, resta pacificado que tanto o emancipado como o maior de 18 anos poderão ingressar em juízo independentemente de representação ou assistência, desde que não incorram em outra modalidade de incapacidade que não seja a idade.

A *representação* do menor em um processo judicial exige que o pai ou o responsável assine a procuração pelo menor, por exemplo, em uma investigação de paternidade (assina a mãe) ou em um processo de inventário (assina o cônjuge sobrevivente pelos filhos menores de 16 anos). Por seu turno, na *assistência* vale dizer que o menor, com idade superior a 16 anos, poderá assinar a procuração, desde que o pai ou o responsável também a assine. Outra observação importante é que, para processos de inventário em que figuram menores, os magistrados, via de regra, costumam exigir procuração lavrada por instrumento público.

Procuração *ad judicia*

A petição inicial deve vir acompanhada de procuração, que conterá os endereços do advogado, eletrônico e não eletrônico (art. 287 do CPC). Todavia dispensa-se a juntada da procuração: para evitar preclusão, decadência ou prescrição, ou para praticar ato considerado urgente (art. 104 do CPC); se a parte estiver representada pela Defensoria Pública; se a representação decorrer diretamente de norma prevista na Constituição Federal ou em lei.

Trata-se a procuração *ad judicia* da procuração outorgada a advogado para que este represente o outorgante em atos judiciais, concedendo-lhe plenos poderes para o foro em geral. É também denominada procuração com cláusula *ad judicia*. Pode também ser concedida a interposta pessoa não habilitada a exercer os poderes de representação em juízo, para que esta substabeleça a advogado. Observe-se, contudo, que a procuração com a cláusula *ad judicia*, assinada pela parte, somente habilita o advogado para o foro em geral, ou seja, para praticar todos os atos do processo, não incluindo poderes como receber a citação inicial, confessar, reconhecer a procedência do pedido, transigir, desistir, renunciar ao direito sobre o qual se funda a ação, receber, dar quitação, firmar compromisso e assinar declaração de hipossuficiência econômica, considerados poderes especiais que devem constar em cláusula específica (*v.* art. 105 do CPC).

O art. 105 do atual Código de Processo Civil dissipou qualquer dúvida ou discussão a respeito da não exigência do reconhecimento de firma, ao prescrever:

> Art. 105. A procuração geral para o foro, outorgada por instrumento público ou particular assinado pela parte, habilita o advogado a praticar todos os atos do processo, exceto receber citação, confessar, reconhecer a procedência do pedido, transigir, desistir, renunciar ao direito sobre o qual se funda a ação, receber, dar quitação, firmar compromisso e assinar declaração de hipossuficiência econômica, que devem constar de cláusula específica.

A Lei n. 13.726/2018 reforçou essa orientação.

Legalmente constituído com poderes especiais para receber e dar quitação, o advogado tem direito, inclusive, à expedição de alvará em seu nome a fim de levantar depósitos judiciais e extrajudiciais. Assim, mesmo havendo determinação do diretor do foro coibindo essa prática, "não se pode, genericamente ou por meio de portaria, tolher o direito do advogado, expresso no art. 38 do CPC [art. 105 do CPC/2015] e art. 5º, § 2º, da Lei n. 8.906/94. Se o mandante lhe outorga o direito de receber e dar quitação, não será uma portaria que lhe poderá negar esse direito".[6]

O advogado postula, em juízo ou fora dele, fazendo prova do mandato. Entretanto, havendo urgência, pode o advogado atuar sem procuração, obrigando-se a apresentá-la no prazo de quinze dias, prorrogável por igual período (arts. 5º do EAOAB e 104, § 1º, do CPC).

Observe-se, ainda, que o advogado *não deve aceitar* procuração de quem já tenha patrono constituído, sem prévio conhecimento deste, salvo por motivo plenamente justificável ou para adoção de medidas judiciais urgentes e inadiáveis, conforme recomendação do Código de Ética da OAB (art. 14).

PROCURAÇÃO *AD JUDICIA*[7]

....

....

....

pelo presente instrumento particular de procuração, nomeia(m) e constitui(em) seu(s) bastante(s) procurador(es) o(s) advogado(s)[8] ....

....

....a

quem confere(m) amplos poderes para o foro em geral, com a cláusula *ad judicia*, em qualquer juízo, instância ou tribunal, especialmente para[9] ....

....

....

até final decisão, usando os recursos legais e acompanhando-os, conferindo-lhe(s), ainda, poderes especiais para confessar, desistir, transigir, firmar compromissos ou acordos, receber citação inicial, reconhecer a procedência do pedido, renunciar ao direito sobre o qual

6 STJ, RMS n. 6.423/SC, rel. Min. Edson Vidigal, j. 18.05.1999. Precedente citado: RMS n. 1.877/RJ, *RSTJ* 53/413.

7 Nome e qualificação do(s) outorgante(s): Fulano de tal, brasileiro, casado, comerciante, residente e domiciliado nesta cidade na rua ...., n. ....

8 Nome e endereço do(s) advogado(s) outorgado(s): Fulano de tal, brasileiro, casado, inscrito na OAB/...... sob n. ...., CPF n. ...., com escritório profissional na rua ....

9 Fazer constar: .... ajuizar ação de .... contra .... ou apresentar contestação na ação .... movida por ....

se funda a ação, receber e dar quitação,[10] ...., agindo em conjunto ou separadamente, podendo ainda substabelecer esta em outrem, com ou sem reservas de iguais poderes, dando tudo por bom, firme e valioso.

......................., ... de .... de 20......

Assinatura do outorgante[11]

Procuração *ad judicia et extra*

A procuração com a cláusula *ad judicia et extra*, além dos poderes contidos na procuração *ad judicia*, habilitará o advogado a praticar os atos extrajudiciais de representação e defesa perante:

a) quaisquer pessoas jurídicas de direito público, seus órgãos, ministérios, desdobramentos e repartições de qualquer natureza, inclusive autarquias e entidades paraestatais;

b) quaisquer pessoas jurídicas de direito privado, sociedades de economia mista ou pessoa física em geral.

Poderes extrajudiciais

Denominam-se extrajudiciais os poderes outorgados ao advogado que lhe possibilitam representar o cliente, ou o outorgante, em repartições públicas, cartórios, bancos e assembleias gerais, alienar ou adquirir bens imóveis etc. Citamos como exemplos desses poderes especiais os seguintes:

- abrir conta-corrente em banco;
- abonar solvência de credor;
- acompanhar falência;
- adotar;
- arrematar;
- adjudicar;

10 Neste espaço poderão ser acrescentados outros poderes especiais, que sejam específicos a uma determinada ação, ou mesmo poderes extrajudiciais. São exemplos de outros poderes especiais para o foro: prestar primeiras e últimas declarações em inventário, renunciar a quinhão em herança, proceder à partilha amigável, requerer falência, oferecer queixa-crime e outros.

11 Assinatura do(s) outorgante(s). O art. 105 do CPC/2015 não exige o reconhecimento de firma para os mandatos judiciais, acompanhando entendimento do STJ, no sentido de que o art. 38 (CPC/73) dispensa o reconhecimento de firma nas procurações *ad judicia* utilizadas em processo judicial, ainda que contenham poderes especiais (REsp n. 1.259.489).

- promover inscrição em concurso público;
- representar em assembleia de condôminos;
- aceitar recuperação judicial e extrajudicial;
- aceitar doação;
- aceitar quinhão em herança;
- prestar fiança;
- alienar imóveis;
- renunciar a direitos;
- doar bens ou valores;
- permutar;
- fazer dação em pagamento;
- transferir apólices, ações ou títulos de crédito;
- avalizar títulos de créditos;
- ceder direitos ou créditos;
- adquirir bens imóveis;
- confessar dívidas ou obrigações;
- constituir bem de família;
- representar em casamento civil;
- contrair empréstimo;
- dar penhor;
- receber e dar quitação;
- deliberar nas concordatas propostas por sociedades anônimas;
- emitir nota promissória;
- emitir e endossar cheques;
- empenhar;
- firmar compromisso;
- gravar bens;
- hipotecar;
- novar dívida;
- prestar contas;
- proceder à partilha amigável;
- prometer vender ou por qualquer forma alienar ou gravar;
- propor recuperação judicial e extrajudicial;
- protestar títulos;
- receber salários, vencimentos, soldos, aposentadorias, aluguéis, prestações, FGTS, PIS, Pasep, pagamentos em geral;
- renunciar a quinhão em herança;
- requerer falência ou recuperação judicial e extrajudicial;

- reconhecer filho;
- requerer abertura de inventário;
- requerer naturalização;
- requerer cancelamento de marcas de indústria ou de comércio ou de patentes;
- sacar letra de câmbio;
- tomar posse de cargo vago;
- votar ou ser votado em quaisquer assembleias, inclusive de condomínio.

Procuração de pessoa casada

Com exceção das pessoas casadas pelo regime de separação absoluta de bens, os cônjuges deverão outorgar *procuração conjunta* para a prática dos seguintes atos (art. 1.647 do CC):

> Art. 1.647. [...]
>
> I – alienar [, hipotecar] ou [de qualquer forma] gravar de ônus real bens imóveis [do casal];
>
> II – pleitear, como autor ou réu, acerca desses bens ou direitos;[12]
>
> III – prestar fiança ou aval;
>
> IV – fazer doação, não sendo remuneratória, de bens comuns, ou dos que possam integrar futura meação.

Todavia, qualquer dos cônjuges poderá, livre ou individualmente, qualquer que seja o regime de bens, ou seja, independentemente da assistência ou da outorga conjugal, constituir procurador para a realização dos seguintes atos (art. 1.642 do CC):

> I – praticar todos os atos de disposição e de administração necessários ao desempenho de sua profissão, com as limitações estabelecidas no inciso I do art. 1.647;
>
> II – administrar os bens próprios;
>
> III – desobrigar ou reivindicar os imóveis que tenham sido gravados ou alienados sem o seu consentimento ou sem suprimento judicial;
>
> IV – demandar a rescisão dos contratos de fiança e doação, ou a invalidação do aval, realizados pelo outro cônjuge com infração do disposto nos incisos III e IV do art. 1.647;
>
> V – reivindicar os bens comuns, móveis ou imóveis, doados ou transferidos pelo outro cônjuge ao concubino, desde que provado que os bens não foram adquiridos pelo esforço comum destes, se o casal estiver separado de fato por mais de cinco anos;
>
> VI – praticar todos os atos que não lhes forem vedados expressamente.

---

12 Ação de divisão e demarcação, ação de desapropriação, ações possessórias, ações contra o Sistema Financeiro da Habitação e outras. *Vide* também o art. 73 do CPC/2015.

Substabelecimento de procuração

Substabelecimento é o ato pelo qual o outorgado (mandatário ou *substabelecente*) transfere a outro advogado (*substabelecido*) os poderes que recebeu do outorgante (mandante) em determinada procuração.

O substabelecimento pode ser total (*sem reserva*) ou parcial (*com reserva*). É *sem reserva* quando o substabelecente transfere todos os poderes, afastando-se por completo do processo em que atuava; é *com reserva* quando o substabelecente transfere apenas alguns poderes ao substabelecido (como o de substituí-lo em uma audiência ou na prática de determinado ato judicial), reservando-se os poderes mais importantes, como os de acordar, transigir, receber, dar quitação etc.

O substabelecimento do mandato *sem reserva* de poderes exige o prévio e inequívoco conhecimento do cliente. Em se tratando de mandato *com reserva*, o substabelecido deve ajustar antecipadamente seus honorários com o substabelecente (art. 26, § 2º, do CED).

Recomenda-se cautela ao advogado que pretenda substabelecer *sem reserva*, pois, conforme julgado do antigo Tribunal Federal de Recursos,[13] "o substabelecimento sem reserva extingue o mandato, de sorte que o ex-advogado não pode substabelecer novamente poderes que já não tem". Por outro lado, caso resolva substabelecer em definitivo, por não se interessar mais em atuar no processo, é recomendável que o instrumento de substabelecimento seja juntado ao processo, mediante petição fundamentada. Assim agindo, estará se prevenindo de responsabilidades que poderão advir no caso de entregar o substabelecimento diretamente ao cliente e este demorar para entregá-lo ao novo constituído ou no caso de ele, por qualquer motivo, não vir a aceitar o mandato.

SUBSTABELECIMENTO DE PROCURAÇÃO

Pelo presente instrumento, substabeleço o Dr. ...., brasileiro, casado, advogado, OAB/...... n. ......, com escritório na rua ...., n. ......, sala ......, nesta cidade, nos poderes contidos na procuração que me foi outorgada por ...., nos autos da ação ...., processo n. ...., ajuizada por .... contra ...., perante a ...... Vara ...., sem reserva (ou com reserva).

......................., ... de .... de 20.....

Advogado(a)

OAB/...... n. ......

13 TFR, AC n. 67.335/RJ, 2ª T., j. 08.06.1982.

Revogação da procuração

Consoante assinala o art. 18 do Código de Ética e Disciplina da OAB, o mandato judicial não se extingue pelo decurso de tempo, desde que permaneça a confiança recíproca entre o outorgante e o seu patrono no interesse da causa. Por conseguinte, a extinção ou cassação de uma procuração somente se dará por ato de *revogação*, expresso ou tácito, na eventualidade de o outorgante não mais depositar confiança no advogado constituído. Trata-se, portanto, de ato unilateral de exclusiva iniciativa do cliente.

A revogação *expressa* verifica-se quando o outorgante se manifesta, por notificação judicial ou extrajudicial, ou de outra forma inequívoca, comunicando ao advogado o seu desinteresse na continuidade do mandato. No caso de a procuração ter sido lavrada em tabelionato, é também recomendável, *ad cautelam*, que este seja notificado da revogação.

Tratando-se de procuração com exclusivos poderes extrajudiciais, havendo risco de o outorgado iniciar o uso do nome do outorgante em benefício próprio ou negócios escusos, ou continuar a usá-lo, poderá o outorgante requerer que a notificação judicial se processe por edital, publicado em jornal, para que um maior número de pessoas tome conhecimento.

A revogação *tácita* manifesta-se nos seguintes casos:

a) quando o outorgante pratica pessoalmente os atos para os quais conferia poderes ao outorgado, salvo disposição em contrário na própria procuração;

b) quando o outorgante torna impossível, por ato pessoal, o cumprimento da procuração conferida;

c) quando o outorgante constitui novo outorgado para a prática dos mesmos atos. "A juntada de nova procuração aos autos, sem ressalva da anterior, envolve revogação de mandato."[14]

Ainda sobre revogação, determina o art. 111 do Código de Processo Civil que "a parte, que revogar o mandato outorgado a seu advogado, constituirá, no mesmo ato, outro que assuma o patrocínio da causa".

No concernente ao pagamento de honorários, a revogação do mandato judicial por vontade do cliente não o desobriga do pagamento das verbas contratadas, bem como não retira o direito do advogado de receber quanto lhe seja devido em eventual verba honorária de sucumbência, calculada proporcionalmente, em face do serviço efetivamente prestado (art. 17 do CED).

Renúncia da procuração

Trata-se de ato exclusivo do advogado. Portanto, é permitido a ele, a qualquer tempo, renunciar ao mandato, provando que cientificou o mandante, a fim de que

14 I TACSP, *RT* 516/138, *JTA* 56/48.

este nomeie sucessor (art. 112 do CPC). No entanto, durante os dez dias seguintes, deve o advogado continuar a representar o mandante, desde que necessário para lhe evitar prejuízo (art. 112, § 1º, do CPC). Em complementação, o art. 16 do Código de Ética e Disciplina assevera que a renúncia ao patrocínio dispensa a revelação do motivo, mas implica a continuidade da responsabilidade profissional do advogado ou escritório de advocacia durante o prazo estabelecido em lei; não exclui, todavia, a responsabilidade pelos danos causados dolosa ou culposamente aos clientes ou a terceiros.

RENÚNCIA NOS AUTOS

AO JUÍZO DE DIREITO DA ...... VARA ....

........................, advogado e procurador de .... nos autos da ação de .... que este move contra ...., processo n. ...., vem perante este juízo comunicar a sua renúncia ao mandato que lhe foi outorgado, pelo fato de estar transferindo residência para a cidade de .... [ou não interessar mais atuar no processo etc.], razão pela qual requer seja o mandante notificado para nomear novo procurador, nos termos do art. 112 do Código de Processo Civil.

E. deferimento.

........................, ... de .... de 20......

Advogado(a)

OAB/...... n. ......

PROVIDÊNCIAS EM RELAÇÃO ÀS PROVAS

Ao ajuizar ou mesmo contestar uma ação, recomenda-se ao advogado que, após colher do cliente as informações necessárias sobre a questão a ser posta em juízo, relacione e colha as provas que entender necessárias para comprovar o seu direito (caso seja o autor) ou para refutar o alegado pela parte contrária (caso seja o réu). Esclareça-se que somente independem de prova os fatos: notórios; afirmados por uma parte e confessados pela parte contrária; admitidos no processo como incontroversos; em cujo favor milita presunção legal de existência ou de veracidade (art. 374 do CPC).

Constituem provas admissíveis em juízo: o depoimento pessoal das partes, a confissão, a prova documental, a prova testemunhal, a prova pericial e a inspeção judicial.

Depoimento pessoal das partes

O art. 385 do Código de Processo Civil faculta à parte requerer o depoimento da outra, a fim de que esta seja interrogada sobre os fatos da causa. O mesmo direito é conferido ao juiz, que poderá ordená-lo de ofício. Trata-se de importante medida pois, ao interrogar a parte, o juiz terá a possibilidade de, além de obter informações importantes, provocar a sua confissão. Portanto, quando o juiz não o fizer, de ofício, caberá ao advogado verificar a conveniência ou não de requerer a intimação da outra parte para que deponha em juízo.

Confissão

A confissão, outro meio de prova processual, está diretamente relacionada ao depoimento pessoal e à própria contestação do réu, e ocorre quando este, em um ou outro, reconhece, direta ou indiretamente, o direito ou parte do direito do autor.

A *ficta confessio* (ou confissão tácita), que resulta da dedução de algum fato, da recusa em prestar depoimento ou da revelia, é cominada com a pena de confesso, que será aplicada pelo juiz, nos termos do art. 385, § 1º, do Código de Processo Civil.

Prova documental

Como o próprio nome está a indicar, considera-se documental toda prova embasada em documento, ou, em outras palavras, naquilo que está materializado por escrito, seja impresso, digitalizado ou manuscrito. Documento em sentido *lato* é todo registro escrito que representa uma declaração de vontade; em sentido *stricto*, quaisquer escritos, instrumentos ou papéis públicos ou particulares.

Nesse sentido, com base em prova escrita sem eficácia de título executivo, pode-se, por meio da *ação monitória*, requerer pagamento de soma em dinheiro, entrega de coisa fungível ou infungível, ou de determinado bem móvel ou imóvel (art. 700 do CPC).

Os documentos podem ser *públicos* ou *particulares*, conforme a origem. Pertencem aos primeiros: as certidões, os registros e os assentamentos efetivados ou expedidos por um órgão público, como os cartórios judiciais (das diversas varas do foro), cartórios extrajudiciais (de protesto, de registro de imóveis, de títulos e documentos, de registro de pessoas naturais e tabelionatos), prefeituras, exatorias, delegacias de polícia etc.

São exemplos de documentos *públicos*: as certidões de nascimento, de casamento, de óbito, de registro de imóveis, de ocorrência policial, de sentença, negativa de tributos, escrituras de adoção, de emancipação, de doação, de compra e venda de imóveis, termos judiciais, certificado de propriedade de veículos etc.

Faculta-se às partes, no processo, juntar documentos na sua forma original ou em cópia reprográfica, que terão o mesmo valor probante que o original, cabendo ao escrivão, intimadas as partes, proceder à conferência e certificar a conformidade entre a cópia e o original (art. 424 do CPC). No entanto, fazem a mesma prova que os originais (art. 425 do CPC):

> I – as certidões textuais de qualquer peça dos autos, do protocolo das audiências, ou de outro livro a cargo do escrivão, sendo extraídas por ele ou sob sua vigilância e por ele subscritas;
>
> II – os traslados e as certidões extraídas por oficial público, de instrumentos ou documentos lançados em suas notas;
>
> III – as reproduções dos documentos públicos, desde que autenticadas por oficial público ou conferidas em cartório, com os respectivos originais;
>
> IV – as cópias reprográficas de peças do próprio processo judicial declaradas autênticas pelo próprio advogado sob sua responsabilidade pessoal, se não lhes for impugnada a autenticidade;[15]
>
> V – os extratos digitais de bancos de dados, públicos e privados, desde que atestado pelo seu emitente, sob as penas da lei, que as informações conferem com o que consta na origem;
>
> VI – as reproduções digitalizadas de qualquer documento, público ou particular, quando juntados aos autos pelos órgãos da justiça e seus auxiliares, pelo Ministério Público e seus auxiliares, pela defensoria pública e seus auxiliares, pelas procuradorias, pelas repartições públicas em geral e por advogados públicos ou privados, ressalvada a alegação motivada e fundamentada de adulteração.

Constituem documentos ou escritos *particulares* aqueles redigidos sem a participação de um tabelião ou sem a chancela de um órgão oficial ou órgão público. Em princípio esses documentos possuem apenas validade entre as partes que o firmaram. Entretanto, a lei possibilita a sua validade perante terceiros, desde que se proceda ao seu registro no Cartório de Títulos e Documentos. Citamos como

15 A Seção II Especializada em Dissídios Individuais do Tribunal Superior do Trabalho decidiu por unanimidade, em 11.12.2009, que a inautenticidade da decisão rescindenda é vício processual intransponível, ou seja, que não podia ser superado para permitir o julgamento do mérito da causa de uma ação rescisória (Orientação Jurisprudencial n. 84 da SDI-2). Mesmo com a alegação da parte de que era possível aplicar ao caso o art. 365, IV, do CPC [art. 425, IV, do CPC/2015], que permite a autenticação de documentos pelo próprio advogado, e de que não houve impugnação pela parte contrária quanto à autenticidade do documento. Segundo o Ministro Renato Paiva, a ausência de autenticação da cópia da decisão rescindenda corresponde à sua inexistência nos autos, configurando deficiência de constituição e desenvolvimento válido e regular do processo – o que impede a análise do recurso do trabalhador. Para o relator, a exigência de autenticação dos documentos apresentados em cópia (conforme redação anterior do art. 830 da CLT) ainda estava em vigor na época da propositura da rescisória. Também de acordo com o Ministro Renato Paiva, a jurisprudência do TST não admite a autenticidade de peças sob a responsabilidade do advogado em sede de ação rescisória, mas somente em agravo de instrumento (A-ROAR n. 1.794/2008-000-01-00.9).

exemplo desses documentos os contratos em geral (de locação, de empreitada, de compra e venda, de edição, com reserva de domínio, alienação fiduciária e outros), títulos de crédito em geral (duplicata, nota promissória, letra de câmbio, cheque e outros), recibos, declarações, cartas, telegramas, extratos bancários, balanços, livros de escrituração, fotografias e as cópias autenticadas.

Cumpre, porém, observar que a utilização do documento particular como prova somente é admitida para os casos em que a lei não exige o instrumento público como condição para a validade do ato (art. 406 do CPC). Desse modo, considerando que a lei exige instrumento público para as alienações que tenham por objeto bens imóveis, o ato de alienação não terá validade, para efeito de registro no Registro Imobiliário, se a referida transação se processou por instrumento particular.

Diz-se, então, que um ato de compra e venda de imóveis é *ad solemnitatem*, porque para a sua realização a forma é essencial. Faz parte da substância do ato, não podendo ser suprida por outra prova. Entretanto, conquanto a preterição das formalidades prescritas acarrete a invalidade do instrumento, o mesmo não se dá em relação ao ato jurídico, podendo o instrumento defeituoso ser usado para produzir prova de outro gênero *ad probationem*, porquanto exprime a vontade da parte que o fez elaborar.

Prova testemunhal

A prova testemunhal constitui a prova ocular do fato *sub judice*, ou seja, da pessoa que presenciou ou ouviu algo que tenha relevância para a elucidação do fato posto em juízo, quer em favor quer em desfavor de uma das partes. Mesmo nos casos em que a lei exigir prova escrita da obrigação, é admissível a prova testemunhal quando houver começo de prova por escrito, emanado da parte contra a qual se pretende produzir a prova (art. 444 do CPC). Ela é ainda admissível: quando o credor não pode ou não podia, moral ou materialmente, obter a prova escrita da obrigação, em casos como o de parentesco, de depósito necessário ou de hospedagem em hotel ou em razão das práticas comerciais do local onde contraída a obrigação (art. 445 do CPC); para provar a divergência entre a vontade real e a vontade declarada; para provar os vícios de consentimento nos contratos em geral (art. 446 do CPC).

A prova testemunhal será indeferida em relação a fatos já provados: por documento; confissão da parte; que só por documento ou exame pericial puderem ser provados (art. 443, I e II, do CPC).

Determinadas pessoas, em razão de seus respectivos cargos, poderão ser inquiridas em sua residência ou no local em que exercem sua função (art. 454 do CPC):

> I – o presidente e o vice-presidente da República;
> II – os ministros de Estado;

III – os ministros do Supremo Tribunal Federal, os conselheiros do Conselho Nacional de Justiça e os ministros do Superior Tribunal de Justiça, do Superior Tribunal Militar, do Tribunal Superior Eleitoral, do Tribunal Superior do Trabalho e do Tribunal de Contas da União;

IV – o procurador-geral da República e os conselheiros do Conselho Nacional do Ministério Público;

V – o advogado-geral da União, o procurador-geral do Estado, o procurador-geral do Município, o defensor público-geral federal e o defensor público-geral do Estado;

VI – os senadores e os deputados federais;

VII – os governadores dos Estados e do Distrito Federal;

VIII – o prefeito;

IX – os deputados estaduais e distritais;

X – os desembargadores dos Tribunais de Justiça, dos Tribunais Regionais Federais, dos Tribunais Regionais do Trabalho e dos Tribunais Regionais Eleitorais e os conselheiros dos Tribunais de Contas dos Estados e do Distrito Federal;

XI – o procurador-geral de justiça;

XII – o embaixador de país que, por lei ou tratado, concede idêntica prerrogativa a agente diplomático do Brasil.

Pessoas que não podem atuar como testemunhas

Segundo o que determina o art. 447 do Código de Processo Civil, não podem depor como testemunhas as seguintes pessoas:

§ 1º […] incapazes:

I – o interdito por deformidade ou deficiência mental;

II – o que, acometido por enfermidade, ou debilidade mental, ao tempo em que ocorreram os fatos, não podia discerni-los; ou, ao tempo em que deve depor, não está habilitado a transmitir as percepções;

III – o que tiver menos de 16 (dezesseis) anos;

IV – o cego e o surdo, quando a ciência do fato depender dos sentidos que lhe faltam.

§ 2º […] impedidos:

I – o cônjuge, o companheiro, o ascendente e o descendente em qualquer grau, ou colateral, até o terceiro grau, de alguma das partes, por consanguinidade ou afinidade, salvo se o exigir o interesse público, ou, tratando-se de causa relativa ao estado da pessoa, não se puder obter de outro modo a prova que o juiz repute necessária ao julgamento do mérito;

II – o que é parte na causa;

III – o que intervém em nome de uma parte, como o tutor na causa do menor, o representante legal da pessoa jurídica, o juiz, o advogado e outros, que assistam ou tenham assistido as partes.

§ 3º [...] suspeitos:

I – o inimigo da parte ou o seu amigo íntimo;

II – o que tiver interesse no litígio.

A parte contrária poderá contraditar, isto é, opor-se à oitiva das testemunhas que se enquadrem nas hipóteses acima (art. 457, § 1°, do CPC).

Sendo estritamente necessário, o juiz poderá admitir o depoimento de testemunhas menores, impedidas ou suspeitas. Nesses casos, os depoimentos serão prestados independentemente de compromisso e o magistrado lhes atribuirá o valor que possam merecer (art. 447, §§ 4º e 5º, do CPC).

Substituição de testemunhas

Depois de apresentado o rol de testemunhas, a parte somente poderá requerer a substituição da testemunha: que falecer; que, por enfermidade, não estiver em condições de depor; que, tendo mudado de residência ou local de trabalho, não for encontrada (art. 451 do CPC).

PETIÇÃO PARA SUBSTITUIÇÃO DE TESTEMUNHA

AO JUÍZO DE DIREITO DA ...... VARA CÍVEL

Comarca de ....

Autos n. ....

........................, nos autos da ação de .... que promove perante esta Vara Cível contra ...., com audiência de instrução e julgamento designada para o dia ...... de .... do corrente ano, às ...... horas, tendo arrolado como testemunha o Sr. ...., por seu procurador infra-assinado, vem perante este juízo para, nos termos do art. 451, I, do Código de Processo Civil, requerer a sua substituição pelo Sr. ...., brasileiro, casado, funcionário público, residente nesta cidade, na rua ...., n. ......, que comparecerá à audiência independentemente de intimação, tendo em vista o falecimento da primeira testemunha na data de ...., conforme faz prova com a certidão de óbito inclusa.

T. em que

P. e E. deferimento.

..................., ... de .... de 20......

Advogado(a)

OAB/...... n. ......

Prova pericial

A prova pericial consiste no exame, na vistoria ou na avaliação, feita por técnicos ou profissionais de nível universitário especializados (peritos) em determinada matéria, devidamente inscritos no órgão de classe competente, com a finalidade de prestar informações e/ou atestar a respeito do que lhes for perguntado pelas partes (arts. 156, § 1º, 464, § 4º, e 465 do CPC).

A perícia é, por conseguinte, uma vistoria, um exame ou uma avaliação minuciosa realizada sobre uma prova material, alegada em juízo, sendo de grande valia para o juiz na análise dos fatos probatórios e, por consequência, na sua decisão em favor de uma ou de outra parte litigante.

A nomeação do perito, que depende do requerimento de perícia a ser feito por uma das partes, é atribuição do juiz que, ao fazê-lo, fixará de imediato o prazo para a entrega do laudo (art. 465 do CPC). A exceção, quanto à nomeação do perito, fica por conta do art. 471, o qual faculta às partes, de comum acordo, escolher o perito, desde que sejam plenamente capazes e a causa possa ser resolvida por autocomposição. De qualquer sorte, quando a nomeação for feita pelo juiz, cabe às partes requerer a perícia e indicar o *assistente técnico* (art. 465, § 1º, II, do CPC), que também deverá ser pessoa que possua conhecimentos técnicos sobre o objeto da perícia. A função do assistente técnico será praticamente a mesma do perito, ou seja, examinar, vistoriar ou avaliar e concluir mediante laudo individual ou em conjunto com o perito, no caso de haver acordo nas conclusões. Observe-se, pois, que, ao passo que o perito representa o juiz, os assistentes técnicos representam as partes na realização da perícia judicial.

O art. 472 do Código de Processo Civil faculta ao juiz a dispensa da prova pericial quando as partes, na inicial e na contestação, apresentarem, sobre as questões de fato, pareceres técnicos ou documentos elucidativos que considerar suficientes.

Citamos, a seguir, alguns exemplos de litígios, na área cível, que comportam perícias com os respectivos profissionais que podem atuar como assistentes técnicos:

Litígios	Assistente técnico ou perito
Ação revisional de aluguel (arbitramento)	Corretor de imóveis ou profissional ligado à administração de imóveis, imobiliária etc.
Ação de desapropriação (Decreto-lei n. 3.365/41, art. 14)	Corretor de imóveis para avaliação do imóvel desapropriado
Ação de divisão e/ou remarcação de terras	Agrimensores, topógrafos
Incidente de falsidade, exame de autenticidade de letra e firma, exame de autenticidade ou falsidade de documento (arts. 430 e 478 do CPC)	Grafólogo; técnicos dos estabelecimentos oficiais especializados (quadro da perícia técnica da polícia estadual)
Exame de natureza médico-legal (art. 478 do CPC)	Técnicos dos estabelecimentos oficiais especializados
Ação de despejo com base em: a) necessidade de demolição do prédio; b) reformas urgentes	Engenheiro civil
Ação de cobrança e fixação de honorários profissionais	Profissional que execute o mesmo tipo de serviço realizado pelo requerente

Apresentação de quesitos

Como determina o Código de Processo Civil, incumbe às partes, além da indicação de assistentes técnicos de sua confiança, a apresentação de *quesitos* que julgarem pertinentes. Estes nada mais são que perguntas ou indagações que deverão ser formuladas ao perito, destinadas a embasar os trabalhos de perícia. Dito de outro modo, o laudo pericial é a resposta do perito aos quesitos sobre questões fundamentais relativas ao objeto da perícia, o qual será utilizado como prova técnica para embasar a decisão do juiz da causa.

Para a apresentação dos quesitos é de todo recomendável que o advogado busque subsídios com o assistente técnico, pois ele, sem dúvida, possui maiores conhecimentos para formular as questões que sejam pertinentes à perícia.

Relacionamos a seguir alguns exemplos de perícias e seus respectivos quesitos.

Determinação de autenticidade de assinatura

A assinatura ...., lançada na nota promissória de fls. ......, é autêntica, com base nos padrões fornecidos pela pessoa homônima no documento .... de fls. ...... dos autos?

No caso de assinatura ilegível, pode-se formular o seguinte quesito:

A assinatura atribuída a ...., que figura no contrato de fls. ......, é autêntica, com base nos padrões fornecidos pela pessoa homônima na procuração de fls. ...... dos autos?

Comprovação da existência de moléstia grave e transmissível (ação de anulação de casamento)

a) A paciente é realmente portadora da doença indicada nas fls. ......?

b) Essa doença é hereditária?

c) Essa doença pode ser transmitida por contágio?

d) Há possibilidade de a doença ser transmitida aos filhos e ao cônjuge da paciente?

Autenticidade de documento

a) O contrato de fls. ...... foi impresso integralmente na data que nele consta?

b) O preenchimento da nota promissória foi realizado em um só momento e com a mesma caneta?

c) Há possibilidade de determinar se o texto do contrato de fls. ...... foi impresso antes ou após a assinatura de ....?

d) A nota promissória de fls. ...... apresenta alteração de qualquer natureza?

e) A expressão "................" foi enxertada no texto do contrato de fls. ......?

f) A nota promissória de fls. ...... apresenta alteração de qualquer natureza?

Acidente de trânsito

1. Houve acidente? Qual sua classificação? Como ocorreu ou parece ter ocorrido?

2. Quais foram as causas?

3. Quais as condições da pista e do tempo? (localização, pavimentação, inclinação, chuvoso, seco, neblina etc.)

4. Existem sinalizações de trânsito, verticais ou horizontais? Quais?

5. Existem sinais de frenagem? Qual é a extensão e o sentido?

6. Qual(is) a(s) velocidade(s) desenvolvida(s) pelo(s) veículo(s)?

7. Descrever minuciosamente o estado de conservação dos veículos, inclusive seus componentes elétricos, mecânicos, equipamentos de segurança e outros, como: pneus, faróis, luzes, sinais luminosos, retrovisores, sistema de direção, freios, transmissão, câmbio etc. se relacionados com o acidente.

8. Algum defeito ou desgaste dos componentes observados no item anterior concorreram para o acidente? Por quê?

9. O(s) veículo(s) reunia(m) condição(ões) para trafegar com segurança antes do acidente? Por quê?

10. Quais foram as deformações (danos) sofridos pelo(s) veículo(s) em razão do acidente?

11. Houve lesões corporais? Em que pessoas? Quais são suas identidades? Se não portarem documentos, colher suas impressões digitais.

Exame de DNA em investigação de paternidade[16]

Quesitos gerais:

1. Discorrer a respeito de sua experiência como perito judicial na área.

2. Possui o perito alguma publicação de investigação de paternidade? Em caso afirmativo, anexar cópia da publicação.

3. Quantos casos foram, até o momento, conduzidos pelo perito judicial, em que utilizou o método em questão?

4. Quais foram os cuidados tomados na identificação das pessoas periciadas?

5. Como foi conservado o material para análise?

6. Quais foram os cuidados tomados no transporte do material?

7. Quais foram as providências tomadas para garantir a inviolabilidade do material durante o eventual transporte?

8. Quais foram as providências tomadas para evitar a troca de material?

9. Quais foram as pessoas, e suas respectivas qualificações, que presenciaram a coleta? Isso foi documentado?

---

16 Cf. MATTOS FILHO, J. Lélio de ("Perito em investigação de paternidade", *IOB* 12/93, p. 231) e SOUZA, Antônio F. de. In: "Teste de paternidade pela análise do DNA" (Disponível em: www.ufv.br/B10240/TP103.htm, acesso em: 15.06.2005).

10. Houve identificação mútua entre as partes? Justifique.

11. As partes foram informadas de que a coleta poderia ser mutuamente presenciada caso desejassem?

12. Houve durante a coleta algum fato incomum ou inesperado que pudesse, de qualquer forma, despertar suspeita ou prejudicar o resultado final?

Quesitos específicos:

1. Há compatibilidade genética entre os alelos do filho e de sua mãe? Está confirmada a maternidade?

2. A paternidade foi excluída?

3. A paternidade foi confirmada?

4. Especificar a procedência e a atividade das enzimas de restrição utilizadas no teste.

5. Especificar a procedência e a atividade das sondas utilizadas. São sondas *multi-locus* ou *single-locus*?

6. Quantas sondas foram utilizadas? Julgou o perito suficiente esse número?

7. É possível o cálculo da probabilidade de paternidade (Pp)? Em caso afirmativo, comentar sobre a origem das frequências dos alelos encontrados e tecer considerações sobre a magnitude estatística da dita probabilidade.

8. Mencionar o responsável técnico pela execução do exame e sua qualificação científica.

9. Mencionar a entidade (nacional e/ou internacional) que controla e valida os métodos utilizados e os resultados obtidos.

10. Anexar fotografias de resultados de genes diagnósticos testados.

11. Anexar a documentação bibliográfica que fundamenta a metodologia e as conclusões do laudo.

Pagamento do perito e do assistente técnico

Por imposição do art. 95 do Código de Processo Civil, cada parte adiantará a remuneração do assistente técnico que houver indicado, sendo a do perito adiantada pela parte que houver requerido a perícia ou rateada quando a perícia for determinada de ofício ou requerida por ambas as partes.

Na hipótese de pagamento da perícia de responsabilidade de beneficiário de gratuidade da justiça, o valor poderá ser custeado com recursos alocados no orçamento do ente público e realizada por servidor do Poder Judiciário ou por órgão público conveniado ou pago com recursos alocados no orçamento da União, do Estado ou do Distrito Federal, no caso de ser realizada por particular, hipótese em que o valor será fixado conforme tabela do tribunal respectivo ou, em caso de sua omissão, do Conselho Nacional de Justiça (art. 95, § 3º, do CPC).

No que se refere ao assistente técnico, a parte vencedora da ação terá direito ao reembolso dos honorários a ele pagos, juntamente com as demais despesas do processo, que deverão ser pagas pela parte sucumbente (art. 84 do CPC).

INDICAÇÃO DE ASSISTENTE TÉCNICO E APRESENTAÇÃO DE QUESITOS

AO JUÍZO DE DIREITO DA ...... VARA CÍVEL

Comarca de ....

Autos n. ....

........................, nos autos da ação de .... que promove perante este juízo, em desfavor de ...., já tendo este juízo nomeado perito, vem indicar para assistente técnico ...., brasileiro, casado, engenheiro civil, com escritório profissional sito na rua ...., n. ......, nesta cidade.

Outrossim, o autor desde já apresenta os seus quesitos anexos.

.... de .... de 20......

Advogado(a)

OAB/...... n. ......

Juízo de Direito da ...... Vara Cível

Ação de ....

Autor: ....

Réu: ....

Quesitos apresentados pelo autor

1º) ....

2º) ....

3º) ....

Protesta pelo oferecimento de quesitos suplementares.

........................, ... de .... de 20......

Advogado(a)

OAB/...... n. ......

Inspeção judicial

Com o fim de esclarecer sobre fato que interesse à decisão da causa, o juiz pode, em qualquer fase do processo, inspecionar *pessoas* ou *coisas, de ofício* (por iniciativa própria) ou a *requerimento da parte* (art. 481 do CPC). Referida medida faz-se necessária principalmente quando a coisa não puder ser apresentada em juízo sem que ocasione alta despesa ou dificuldade. As inspeções judiciais são usuais em ações possessórias e de vizinhança.

Às partes é assegurado o direito de assistir à inspeção e prestar esclarecimentos (art. 483, parágrafo único, do CPC). Todavia, como já decidido pelo extinto Tribunal de Alçada de São Paulo, o indeferimento do pedido não constitui cerceamento de defesa, podendo o magistrado, em certos casos, até mesmo prejulgar a causa: "A inspeção judicial é matéria posta à discrição do magistrado, não constituindo seu indeferimento cerceamento de defesa".[17]

Casos que comportam a inspeção em pessoa

a) comparecimento do suposto filho e do indigitado pai, em audiência, para que o juiz verifique, pessoalmente, se há alguma semelhança entre ambos, em ação de investigação de paternidade;

b) comparecimento do interditando em audiência, ou deslocamento do juiz para o local onde estiver, para verificação pessoal de sua anomalia psíquica e capacidade para praticar atos da vida civil, em processo de interdição (art. 751 do CPC).

Casos que comportam a inspeção em coisa (*in loco*):

a) constatação da existência de esbulho praticado pelo réu em ação de reintegração de posse;

b) quando a presença do juiz, na área do litígio, se fizer necessária à efetivação da tutela jurisdicional, em litígio coletivo pela posse de imóvel (art. 565, § 3º, do CPC).

Exemplo prático de inspeção judicial, colhido de uma decisão judicial:

> A inspeção judicial realizada durante a audiência de justificação prévia comprova a posse do apelado sobre a gleba de terras em conflito, ficando consignadas no auto as seguintes observações:
>
> 1º) Que a cerca de arame próxima ao local onde foi construída uma casa (meia água), que ainda faltava alguns acabamentos, constatei que estava obstruída recentemente, há alguns dias, inclusive tendo alguns fios de arame farpado rebentado.

17 II TACSP, *RT* 633/134.

2º) Constatei, também, algumas árvores nativas que foram recentemente cortadas para dar acesso até a referida casa. Tais cortes ocorreram há alguns dias.

3º) Que alguns metros da estrada principal, a referida casa, que ainda faltam alguns acabamentos, observando-se que também foi construída há alguns dias.

4º) Que naquele local onde foi construída tal casa, e constatados tais indícios aduzidos acima trata-se de uma mata nativa, devidamente conservada pelos autores, inclusive com grama devidamente aparada, não só naquele local especificamente, mas em toda a propriedade dos autores.

5º) Que observei que naquela localidade, principalmente na área invadida está sendo utilizada para a criação de gado dos autores, observando-se que bem próximo daquele local há um açude (água) como bebedouro do gado. Enfim, toda aquela região, principalmente o local da área invadida, observa-se que os autores possuem a posse mansa e pacífica por muitos anos.

6º) Que por parte da demandada não existe qualquer indício de que tenha posse daquela área, constatando-se ainda que nem é conhecida dos moradores daquela localidade. Somente uma pessoa é que lembra do pai da demandada que há mais de 27 (vinte e sete) anos passou por aquela localidade, mas não como proprietário. Essa pessoa de nome J.P. disse ainda de que lembra vagamente da demandada, mas há muitos anos, sendo que nunca foi proprietária de qualquer área daquela localidade.

PETIÇÃO DE INSPEÇÃO JUDICIAL

AO JUÍZO DE DIREITO DA ...... VARA CÍVEL
Comarca de ....

........................, nos autos da ação .... que move contra ...., tendo em vista que .... [justificar o pedido] e que o conhecimento pessoal de Vossa Excelência do verdadeiro estado em que se encontra o referido prédio, objeto da presente ação, em muito poderá orientá-lo na aceitação do laudo de fls. ......, apresentado pelo autor, e na decisão da causa, vem perante este juízo para requerer se digne inspecionar o referido imóvel, sito na rua ...., n. ......, em conformidade com o disposto no art. 481 do Código de Processo Civil.

T. em que
P. deferimento.
..................., ... de .... de 20......
Advogado(a)
OAB/...... n. ......

Prova antecipada

Na previsão do art. 381 do Código de Processo Civil, qualquer interessado pode requerer a produção antecipada de prova quando pretender documentar ou provar algum fato cujo desaparecimento seja provável, com o objetivo de evitar eventual processo ou de utilizar essa prova em processo futuro. Nesse procedimento, não se admitirá defesa ou recurso, salvo contra decisão que indeferir totalmente a produção da prova pleiteada pelo requerente originário. Concedida a medida, os autos serão entregues ao requerente, que poderá conservá-la até o momento em que houver por bem utilizá-la em juízo.

A prova antecipada, também denominada *ad perpetuam rei memoriam*, pode consistir no interrogatório da parte, na inquirição de testemunhas ou em exame pericial (vistoria *ad perpetuam rei memoriam*).

Um dos casos que comporta a antecipação de provas para a constatação de danos ocorridos é a colisão de veículos. Nesse caso, a vistoria prévia dos danos materiais poderá ser utilizada como meio de prova em futura ação de indenização e possibilita que a parte interessada providencie, desde logo, o conserto do veículo, sem a necessidade de aguardar o início da ação para, só então, a perícia se realizar.

Tratando-se de interrogatório da parte (contra a qual poderá ser intentada a ação no futuro) e de testemunhas, sua antecipação se justifica quando qualquer dessas pessoas pretende ausentar-se do país por um longo período, ou o seu estado de saúde possa vir a agravar-se de tal forma que no futuro elas se tornem impossibilitadas de depor em juízo, ou, ainda, se vierem a faltar em decorrência de falecimento. Cite-se, como exemplo, a antecipação da inquirição de testemunha em idade avançada ou gravemente doente, cujo depoimento é de grande valia para o esclarecimento da paternidade de determinada criança recém-nascida. Colhendo desde logo o seu depoimento, a parte interessada poderá conservar essa prova para promover a respectiva ação de investigação de paternidade quando lhe aprouver, mesmo que na oportunidade não se encontre mais viva a pessoa que depôs.

REQUERIMENTO DE ANTECIPAÇÃO DE PROVAS

AO JUÍZO DE DIREITO DA ...... VARA CÍVEL

Comarca de ....

........................, brasileiro, casado, digitador, residente e domiciliado nesta cidade, na rua ...., n. ......, endereço eletrônico ...., por seu procurador firmatário, inscrito na OAB/......, sob n. ...., com escritório profissional na rua ...., n. ......, nesta cidade (doc. 1), endereço eletrônico ...., vem perante este juízo para requerer produção antecipada de prova, como lhe faculta o art. 381 do Código de Processo Civil, em face das seguintes razões de direito:

1. Na data de ...., às ...... horas, na rua ...., proximidades do ...., nesta cidade, ocorreu acidente de trânsito envolvendo os veículos ...., do requerente, e ...., de propriedade de ...., evento ocasionado por exclusiva culpa deste último (boletim de ocorrência incluso).

2. ...., brasileiro, solteiro, universitário, residente nesta cidade, na rua ...., n. ......, que dirigia logo atrás do veículo do requerente, foi a única testemunha ocular do referido acidente.

3. Ocorre que a referida testemunha, na data de ...., pretende viajar para a França, onde permanecerá por cerca de dois anos, com a finalidade de realizar curso de mestrado em ...., conforme faz prova com os documentos inclusos.

Assim, como em data futura pretende o requerente promover a competente ação de indenização, tem a presente a finalidade de obter o depoimento antecipado da testemunha, sob pena de prejuízo futuro.

Em face do exposto, com fundamento no art. 381, requer:

a) a inquirição antecipada de ...., acima qualificado, em razão de seu justificado afastamento do país;

b) o deferimento do presente pedido, dignando-se este juízo designar dia e hora para o referido depoimento;

c) a intimação de ...., acima qualificado, para acompanhar o depoimento da testemunha, podendo, por meio de procurador, inquiri-la e contraditá-la.

Valor da causa: R$ ....

E. deferimento.

........................, ... de .... de 20......

Advogado(a)

OAB/...... n. ......

Exibição de documento ou coisa

Exibição é a providência judicial requerida por quem tem interesse em que documento ou coisa móvel que se encontram em poder de outrem sejam mostrados em juízo (art. 396 do CPC). O pedido formulado pela parte conterá: a descrição, tão completa quanto possível, do documento ou da coisa, ou das categorias de documentos ou de coisas buscados; a finalidade da prova, com indicação dos fatos que se relacionam com o documento ou com a coisa, ou com suas categorias; as circunstâncias em que se funda o requerente para afirmar que o documento ou a coisa existe, ainda que a referência seja a categoria de documentos ou de coisas, e se acha em poder da parte contrária (art. 397 CPC).

Casos de cabimento do pedido de exibição cautelar:

a) exibição de coisa móvel que se encontre em poder de outrem e que o requerente repute sua ou tenha interesse em conhecer;

b) exibição de documento próprio ou comum em poder de cointeressado, sócio, condômino, credor ou devedor;

c) exibição de documento próprio ou comum em poder de terceiro que o tenha em sua guarda na condição de inventariante, testamenteiro, depositário ou administrador de bens alheios;

d) exibição de escrituração por inteiro, balanços e documentos de arquivo, nos casos expressos em lei.

Ao decidir o pedido, o juiz admitirá como verdadeiros os fatos que, por meio do documento ou da coisa, a parte pretendia provar se: o requerido não efetuar a exibição nem fizer nenhuma declaração no prazo do art. 398; a recusa for havida por ilegítima (art. 400, II, do CPC).

Anote-se, ainda, que o pedido de exibição também tem lugar quando o documento ou a coisa estiver em poder de terceiro, consoante permissivo do art. 401 do Código de Processo Civil.

É importante salientar, também, que, a teor do art. 420 do CPC, o juiz pode ordenar, a requerimento da parte, a exibição integral dos livros empresariais e dos documentos do arquivo: a) na liquidação de sociedade; b) na sucessão por morte de sócio; c) quando e como determinar a lei.

PEDIDO DE EXIBIÇÃO DE DOCUMENTO

AO JUÍZO DE DIREITO DA ...... VARA CÍVEL

Comarca de ....

........................., por seu procurador firmatário, nos autos da ação de exigir contas que lhe move ...., vem perante este juízo para requerer exibição de documento, em face das seguintes razões:

1. O réu tomou conhecimento, por meio de várias pessoas idôneas e que são empregados do autor, da existência de um Livro de Atas de Reuniões no qual consta ter havido por sua parte a prestação de contas dos valores reclamados pelo autor na presente ação.

2. A inclusão nos autos de tal documento, que se encontra na posse do autor, torna-se necessária, como meio de reforçar as demais provas e não deixar dúvida alguma do fato

de o réu já ter prestado contas de tudo o que seria obrigado em razão do cargo que ocupava na referida empresa.

Pelo exposto, requer a este juízo se digne intimar o autor a apresentar, neste juízo, o referido documento, no prazo de cinco dias, ou no que este juízo determinar, sendo admitidos como verdadeiros os fatos acima indicados, nos termos do art. 400 do Código de Processo Civil.

P. deferimento.

.................., ... de .... de 20......

Advogado(a)

OAB/...... n. ......

PROVIDÊNCIAS EM RELAÇÃO À AÇÃO A SER PROPOSTA

Condições da ação

Para postular em juízo, é necessário ter interesse e legitimidade (art. 17 do CPC). A inexistência de qualquer desses requisitos, além de outros previstos no Código de Processo Civil, culminará na extinção do processo sem resolução do mérito (art. 485 do CPC), porém não antes de o juiz conceder à parte oportunidade para, se possível, corrigir o vício (art. 317 do CPC).

De qualquer sorte, o pronunciamento judicial que não resolve o mérito não obsta a que a parte proponha de novo a ação (art. 486 do CPC). No caso de extinção em razão de litispendência e nos casos dos incisos I, IV, VI e VII do art. 485, a propositura da nova ação depende da correção do vício que levou à sentença sem resolução do mérito.

Legitimidade das partes (ou qualidade para agir)

Para postular em juízo é necessário ter interesse e legitimidade (art. 17 do CPC). Parte legítima é a pessoa autorizada por lei a demandar sobre o objeto da ação. A legitimidade das partes não constitui outra coisa senão a *legitimatio ad causam* (legitimação para a causa ou para ser parte no processo) que a parte deve possuir para ingressar em juízo (parte ativa ou legitimidade ativa), ou que deve ter para que se ingresse em juízo contra ela (parte passiva ou legitimidade passiva). A legitimidade corresponde ao fato de que somente o titular do direito pode pleiteá-lo em juízo. Ainda que esse titular seja um menor, ou incapaz, ele poderá ingressar em juízo, desde que representado ou assistido pelo responsável. Citamos, como exemplo de ilegitimidade, o fato de a mãe, em seu próprio nome, ajuizar ação de investigação de paternidade para ver reconhecido o direito do filho, estando este vivo. Nesse caso, é o sedizente filho a parte legítima para demandar em juízo. Sendo o filho maior de 18 anos, a mãe não terá nenhuma participação no processo. Entretanto, se tiver menos de 16 anos, deverá este ser *representado* por ela; se tiver entre 16 e 18 anos, deverá ser *assistido*.

A propósito do tema mostra-se oportuno referir que, em decisão unânime, a Terceira Turma do Superior Tribunal de Justiça negou provimento ao recurso especial interposto por um acionista que tentava anular negócio jurídico realizado entre a empresa e uma instituição bancária. No caso julgado, o acionista ajuizou, em nome próprio, ação contra o banco na qual alegou ter sido alterada a destinação dos recursos obtidos pela companhia por meio de debêntures. O relator, Ministro Villas Bôas Cueva, entendeu pela ilegitimidade ativa do acionista para, em nome próprio, ajuizar ação em defesa dos interesses da sociedade com o objetivo de anular atos supostamente irregulares praticados por terceiros. O ministro destacou a diferença entre interesse e legitimidade. Segundo ele, embora se possa admitir a existência de interesse econômico do acionista na destinação dos valores adquiridos pela empresa, o titular do direito é a pessoa jurídica, e os acionistas não estão autorizados por lei a atuar como substitutos processuais.

Afirmou o ministro (REsp n. 1.482.294):

> Eventual interesse econômico reflexo do acionista, decorrente da potencial diminuição de seus dividendos, por exemplo, não lhe confere por si só legitimidade ativa para a causa anulatória dos atos de administração da sociedade, sendo completamente descabido a quem quer que seja postular em juízo a defesa de interesses alheios.

Podem ainda ser citados, como exemplos de ilegitimidade da parte, os seguintes:

1. Ilegitimidade ativa:

▪ da administradora de condomínio que ingressa em juízo contra condômino (a legitimidade é do síndico);

▪ do neto, estando o pai vivo, que venha a requerer abertura de inventário decorrente do falecimento do avô (a legitimidade é do filho do *de cujus*);

▪ do presidente de uma sociedade recreativa que, em seu próprio nome, aciona devedor por dívida contraída perante a sociedade (a legitimidade é dele, porém representando a sociedade).

2. Ilegitimidade passiva:

▪ daquele que não é o legítimo proprietário do imóvel, quando contra ele for ajuizada ação de usucapião;

▪ do motorista de empresa de ônibus que tiver causado acidente, quando contra ele for movida ação de indenização (a legitimidade é da empresa);

▪ do fiador, quando este for demandado em ação de exoneração de fiança (a legitimidade é do locador).

Interesse de agir

Para postular em juízo é necessário que o autor, além de provar a legitimidade, demonstre interesse (art. 17 do CPC). Paradoxalmente, esta condição da ação nada tem a ver com a expressão "interesse". Assim, afirmam os mais doutos que diz ela respeito tão somente à *necessidade-utilidade* de obter, por meio do processo, a proteção ao interesse do autor. Ensina Allorio: "Se a parte sofre um prejuízo, não propondo a demanda, [...] necessita exatamente da intervenção dos órgãos jurisdicionais". No mesmo sentido está a ensinança de Liebman segundo a qual "interesse processual, ou interesse de agir, existe quando há para o autor utilidade ou necessidade de conseguir o recebimento de seu pedido, para obter, por esse meio, a satisfação do interesse (material) que ficou insatisfeito com a atitude de outra pessoa".[18] Logo, o interesse de agir deflui da necessidade da tutela jurisdicional, prestada pelo juiz, para que o autor obtenha a satisfação do direito alegado.

Destarte, depende o interesse de agir ou a necessidade de obter a tutela jurisdicional da violação do direito do autor, seja ele moral ou econômico. Enquadram-se nessa perspectiva as seguintes hipóteses:

- proprietário que, sendo privado ou despojado da posse de imóvel, necessita reintegrar-se na posse deste (ação de reintegração de posse, art. 560 do CPC);
- locador *necessita* que o locatário desocupe o imóvel locado para o fim de efetuar reparações urgentes (ação de despejo, art. 9º, IV, da Lei n. 8.245/91);
- credor *necessita* obter do devedor, que se nega a pagar, a satisfação de seu crédito (ação de execução por quantia certa, art. 824 do CPC).

Já na ação reivindicatória, o interesse de agir manifesta-se na necessidade de a parte recorrer ao Judiciário, para fazer valer o seu direito de propriedade, tutelado pelo art. 1.228 do Código Civil, diante da resistência dos possuidores, sem justo título, em entregar o imóvel reivindicado.

Em relação à possibilidade jurídica como condição da ação, anteriormente prevista no Código de 1973 e que diz respeito ao enquadramento do fato ou do direito pleiteado à norma jurídica existente no ordenamento jurídico, tema que havia sido mitigado pelo Superior Tribunal de Justiça,[19] o Código de Processo Civil de 2015 nada dispõe a respeito, ensejando a presunção de que, ora em diante, "tudo o que não é proibido é permitido".

---

18 LIEBMAN, Enrico Tullio. *Estudos sobre o processo civil brasileiro*, p. 125.

19 "A possibilidade jurídica do pedido, uma das condições da ação, está vinculada à inexistência de vedação explícita pelo ordenamento jurídico do pleito contido da demanda. Não havendo vedação expressa no ordenamento jurídico quanto ao pedido de declaração de união estável de pessoas do mesmo sexo, embora a união homoafetiva não configure união estável nos termos da lei de regência, devem ser aplicadas as regras deste instituto atendendo-se aos preceitos contidos nos arts. 4º da LICC [atual LINDB] e 126 do CPC [art. 140 do CPC/2015]" (REsp ns. 805.475 e 820.475).

Possibilidade jurídica do pedido

Escolha do procedimento

Concluído que a ação preenche os requisitos exigidos pela lei processual, o item seguinte a ser observado será o da determinação do *procedimento,* que, no entender de José Frederico Marques, "é a marcha dos atos processuais, coordenados sob formas e ritos, para que o processo alcance o seu escopo e objetivo" (*Manual de direito processual civil,* p. 9). Já o *processo* é tido como uma série ordenada e sucessiva de atos praticados pelas partes e pelo juiz, que tem início na propositura da ação.

Em relação aos procedimentos adotados pelo Código de 2015, o que mais chama a atenção é a simplificação em relação ao Código de 1973, porquanto limita-se a referir que, salvo disposições em contrário deste Código ou lei, o procedimento comum se aplica a todas as causas (art. 318). Assim, a regra geral é de que o procedimento é comum, ressalvada a existência dos procedimentos especiais e o de execução, como se infere da leitura do parágrafo único do art. 318.

Processo
- I – Conhecimento
  - 1. Procedimento comum
  - 2. Procedimentos especiais
    - a) jurisdição contenciosa
    - b) jurisdição voluntária
- II – Execução

Procedimento comum

Obedecem ao procedimento comum todas as causas, salvo disposição em contrário do Código de Processo Civil ou de lei e, subsidiariamente, aos demais procedimentos especiais e ao processo de execução (art. 318 do CPC).

Cada espécie de procedimento rege-se pelas disposições que lhe são próprias. Entretanto, o comum, por constituir-se no procedimento mais completo (cognição ampla), ainda que mais demorado, é aplicado, subsidiariamente, às demais espécies de procedimentos em relação àquilo em que forem omissos (art. 318 do CPC). Um exemplo da supletividade do procedimento comum é o art. 307, referente à tutela cautelar, quando no parágrafo único do art. 307 prescreve: "Contestado o pedido no prazo legal, observar-se-á o procedimento comum". Outro exemplo é o art. 578 do Código de Processo Civil (ação de demarcação): "Após o prazo de resposta do réu, observar-se-á o procedimento comum".

Roteiro de uma ação pelo procedimento comum

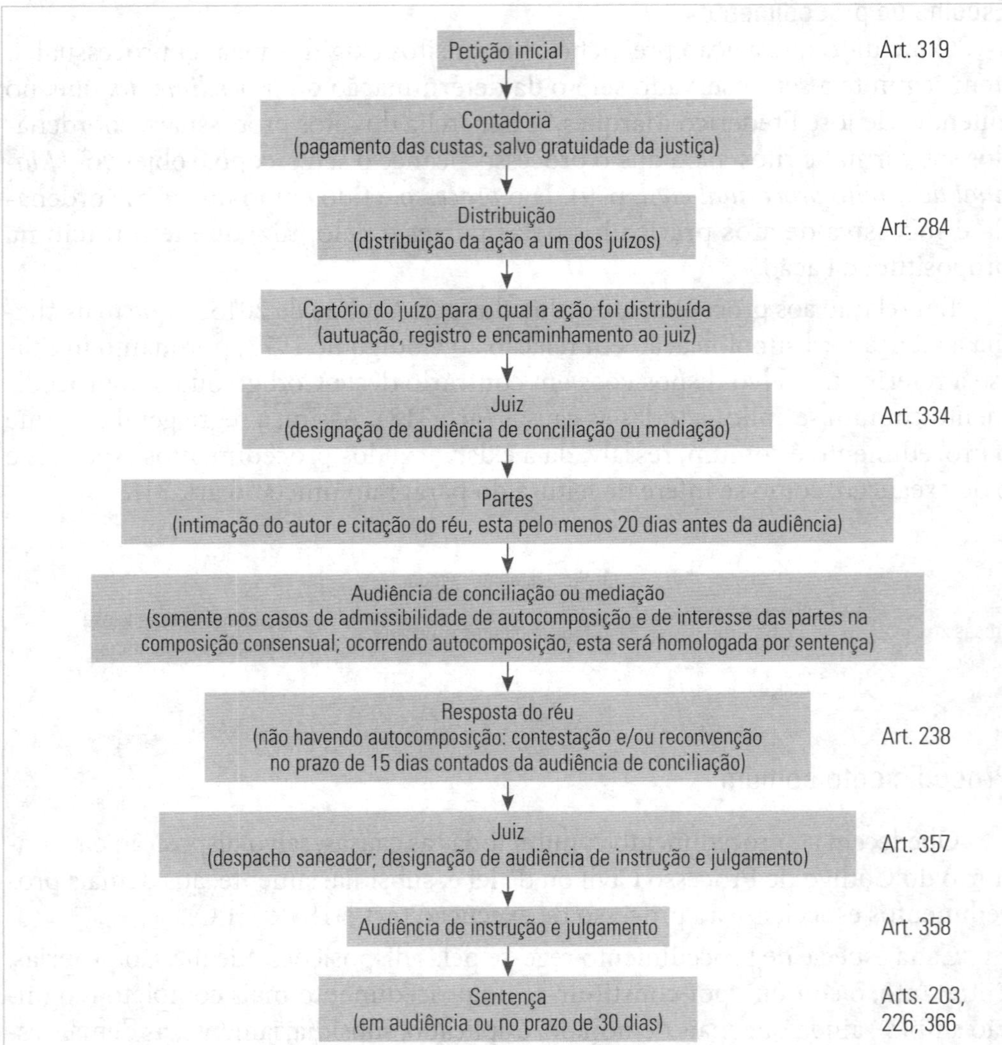

Procedimento sumaríssimo

Sumaríssimo significa algo mais que sumário, resumido, breve, conciso, sintético. Assim é que, consoante dispõe a lei, o referido procedimento será orientado pelos critérios da *oralidade*, *simplicidade*, *informalidade*, *economia processual* e *celeridade*, com o escopo de, sempre que possível, obter a conciliação ou a transação.

O procedimento sumaríssimo é de exclusiva aplicação aos feitos submetidos ao processo e julgamento dos Juizados Especiais Cíveis e Criminais, instituídos pelas Leis ns. 9.099/95 (Justiça comum) e 10.259/2001 (Justiça Federal).

Procedimento sumaríssimo na Justiça comum

Destina-se o Juizado Especial Cível, desde que não obtida a conciliação, a processar e julgar, pelo procedimento sumaríssimo, as causas cíveis de menor complexidade, assim consideradas (art. 3º da Lei n. 9.099/95):

I – as causas cujo valor não exceda a quarenta vezes o salário mínimo;

II – as causas enumeradas no art. 275, II, do Código de Processo Civil de 1973;[20]

III – a ação de despejo para uso próprio;

IV – as ações possessórias sobre bens imóveis de valor não excedente a quarenta vezes o salário mínimo;

V – a execução de seus próprios julgados ou dos títulos executivos extrajudiciais, no valor de até quarenta vezes o salário mínimo.

Afora isso, a lei possibilita à parte, nas causas de valor até vinte salários mínimos, ingressar em juízo sem a assistência de advogado (art. 9º). Desse modo, a obrigatoriedade da presença de procurador somente se dá nas seguintes hipóteses (art. 41, § 2º):

a) causas de valor superior a vinte salários mínimos;

b) interposição de recurso.

Procedimento sumaríssimo na Justiça do Trabalho

Na Justiça do Trabalho também foi implantado o procedimento sumaríssimo, pela Lei n. 9.957, de 12.01.2000, que acrescentou novos dispositivos ao art. 852 da Consolidação das Leis do Trabalho.

Os aspectos principais desse rito no processo do trabalho, de acordo com os arts. 852 e seguintes, são:

1. Julgamento de dissídios individuais cujo valor não exceda a quarenta vezes o salário mínimo vigente na data do ajuizamento da reclamação, com exclusão das demandas em que é parte a Administração Pública direta, autárquica e fundacional.

2. Nas reclamações enquadradas nesse procedimento:

a) o pedido deverá ser certo ou determinado e indicará o valor correspondente;

b) não se fará citação por edital, incumbindo ao autor a correta indicação do nome e endereço do reclamado;

c) a apreciação da reclamação deverá ocorrer no prazo máximo de quinze dias do seu ajuizamento, podendo constar de pauta especial, se necessário, de acordo com o movimento judiciário da Junta de Conciliação e Julgamento.

---

20 O CPC/2015 dispõe, em seu art. 1.063: "Até a edição de lei específica, os juizados especiais cíveis previstos na Lei n. 9.099, de 26 de setembro de 1995, continuam competentes para o processamento e julgamento das causas previstas no art. 275, inciso II, da Lei n. 5.869, de 11 de janeiro de 1973".

3. As demandas sujeitas a rito sumaríssimo serão instruídas e julgadas em audiência única, sob a direção de juiz presidente ou substituto, que poderá ser convocado para atuar simultaneamente com o titular.

4. O juiz dirigirá o processo com liberdade para determinar as provas a serem produzidas, considerado o ônus probatório de cada litigante, podendo limitar ou excluir as que considerar excessivas, impertinentes ou protelatórias, bem como para apreciá-las e dar especial valor às regras de experiência comum ou técnica.

Em relação à audiência, aplicam-se as seguintes regras:

1. Aberta a audiência, o juiz esclarecerá as partes presentes sobre as vantagens da conciliação e usará os meios adequados de persuasão para a solução conciliatória do litígio, em qualquer fase da audiência.

2. Serão decididos, de plano, todos os incidentes e exceções que possam interferir no prosseguimento da audiência e do processo. As demais questões serão decididas na sentença.

3. Todas as provas serão produzidas na audiência de instrução e julgamento, ainda que não requeridas previamente.

4. As testemunhas, até o máximo de duas para cada parte, comparecerão à audiência de instrução e julgamento independentemente de intimação.

Procedimento sumaríssimo na Justiça Federal

A Lei n. 10.259/2001, ao instituir os Juizados Especiais no âmbito da Justiça Federal, neles também implantou o procedimento sumaríssimo, à semelhança dos que ocorrem nos demais Juizados Especiais anteriormente criados.

No que se refere a *matéria criminal*, a sua competência é processar e julgar os feitos de abrangência da Justiça Federal relativos às infrações de menor potencial ofensivo, respeitadas as regras de conexão e continência.

Relativamente a *matéria cível*, compete ao Juizado Especial Federal Cível processar, conciliar e julgar causas de competência da Justiça Federal até o valor de sessenta salários mínimos, bem como executar as suas sentenças (art. 3º).

Consoante o § 1º do art. 3º, não se incluem na competência do Juizado Especial Cível as causas:

> I – referidas no art. 109, incisos II, III e XI, da Constituição Federal, as ações de mandado de segurança, de desapropriação, de divisão e demarcação, populares, execuções fiscais e por improbidade administrativa e as demandas sobre direitos ou interesses difusos, coletivos ou individuais homogêneos;
>
> II – sobre bens imóveis da União, autarquias e fundações públicas federais;
>
> III – para a anulação ou cancelamento de ato administrativo federal, salvo o de natureza previdenciária e o de lançamento fiscal;

IV – que tenham como objeto a impugnação da pena de demissão imposta a servidores públicos civis ou de sanções disciplinares aplicadas a militares.

Podem ser partes no Juizado Especial Federal Cível (art. 6º):

I – como autores, as pessoas físicas e as microempresas e empresas de pequeno porte, assim definidas na Lei n. 9.317, de 5 de dezembro de 1996;
II – como rés, a União, autarquias, fundações e empresas públicas federais.

Capacidade para ingressar em juízo

A capacidade para ingressar em juízo, também denominada *legitimatio ad processum*, não deve ser confundida com a capacidade para ser parte no processo. Todas as pessoas, após o nascimento, possuem capacidade para ser parte em processo, porém nem todas possuem capacidade para postular em juízo em seu próprio nome. Somente reúnem as duas condições as pessoas capazes, ou seja, as maiores de 18 anos e que estiverem na plena posse de seus direitos civis. Dessa forma, não possuem capacidade para ingressar em juízo, embora a possuam para ser parte, os menores de 18 anos, os ébrios habituais e os viciados em tóxico, aqueles que, por causa transitória ou permanente, não puderem exprimir sua vontade e os pródigos. Estes, por sua incapacidade, não poderão demandar individualmente em juízo, a menos que sejam *representados* – se menores de 16 anos – ou *assistidos* – se tiverem entre 16 e 18 anos – por seus pais ou responsáveis. Os órfãos deverão representar-se ou ser assistidos pelo tutor, enquanto os demais incapacitados deverão sê-lo por curador (art. 71 do CPC).

Cumulação de ações

Cumular significa juntar ou reunir diversas ações ou diversos pedidos em um só processo e contra um único réu. Exige-se, contudo, que os pedidos sejam compatíveis entre si, ou seja, pedidos que não se repilam ou não se apresentem antagônicos. Segundo a jurisprudência dominante, não se admite a cumulação pelo fato de se apresentarem pedidos incompatíveis entre si: ação de despejo por falta de pagamento com ação de rescisão de locação; ação de consignação em pagamento com ação de prestação de contas; ação de prestação de contas com ação de indenização;[21] ação de despejo rural com ação de consignação em pagamento.

---

21 "É inadmissível por absoluta incompatibilidade de procedimentos a cumulação de ação de prestação de contas, de rito especial contencioso e de natureza dúplice, com ações outras, de procedimento comum ordinário, pois aquela tem características próprias inerentes à apuração de dar ou receber contas e à apuração de contas, que não se harmoniza com outra" (TJPR, Ap. cível n. 85.788-3, rel. Des. Cordeiro Cleve).

Dependendo da ação a ser proposta, e desde que seja contra o mesmo réu, admite-se a cumulação de pedidos ou de ações (art. 327 do CPC). Os requisitos para a cumulação são:

a) que os pedidos sejam compatíveis entre si (art. 327, § 1º, I);

b) que o mesmo juízo seja competente para conhecer os pedidos (art. 327, § 1º, II);

c) que o tipo de procedimento seja adequado para todos os pedidos (art. 327, § 1º, III).

> Art. 327. [...] § 2º Quando, para cada pedido, corresponder tipo diverso de procedimento, será admitida a cumulação se o autor empregar o procedimento comum, sem prejuízo do emprego das técnicas processuais diferenciadas previstas nos procedimentos especiais a que se sujeitam um ou mais pedidos cumulados, que não forem incompatíveis com as disposições sobre o procedimento comum.

Embora já tenha havido referência a esse parágrafo, não será demais repetir: se houver duas ações cumuladas, sendo uma pelo procedimento comum e outra por procedimento diverso, será admitida a cumulação se o autor empregar o procedimento comum para ambas.

A inexistência de pedidos compatíveis origina a inépcia da inicial nos termos do art. 330, I.

Exemplos de pedidos compatíveis:

- cobrança de aluguéis atrasados com pedido de indenização por danos causados ao imóvel locado;
- reparação de dano causado em acidente de veículos com pedido de lucros cessantes;
- alimentos com separação judicial;
- alimentos com pedido de investigação de paternidade;
- alimentos com pedido de regulamentação do direito de visita a filhos do casal;
- execução e aluguéis com pedido de multa convencionada, custas e honorários da ação de despejo;
- rescisão de contrato com pedido de reintegração de posse;
- ação principal com tutela provisória (art. 668 do CPC);
- imissão na posse com pedido de busca e apreensão;
- despejo com cobrança de aluguéis (art. 62, I, da Lei n. 8.245/91);
- indenização de danos materiais com pedido de danos morais;
- pedido possessório com pedido de perdas e danos (art. 555 do CPC);
- pedido de divisão com pedido de demarcação de terras (art. 571 do CPC);
- inventário para partilha de pessoas diversas (art. 672 do CPC);
- rescisória com pedido de novo julgamento.

Decadência e prescrição da ação

A prescrição e a decadência são causas de improcedência liminar do pedido formulado pelo autor (art. 332, § 1º, do CPC) e, uma vez pronunciadas pelo juiz, extingue o processo com resolução do mérito (art. 487, II, do CPC).

Face à relevância do tema, cumpre assinalar as diferenças existentes entre prescrição, decadência, perempção e preclusão.

Violado o direito, nasce para o titular a pretensão, a qual se extingue, pela prescrição, nos prazos a que aludem os arts. 205 e 206 (art. 189 do CC).

Prescrição é, por conseguinte, o perecimento da ação, atribuída a um direito, pelo não uso dela em determinado prazo. Consiste na perda da possibilidade de agir (*facultas agendi*) para defender o direito. A prescrição elimina a exigibilidade via judicial que ao titular do direito era lícito exercer caso a prescrição não ocorresse. Há quem alegue que o que se perde na prescrição é a pretensão, porém, como a ação se funda na pretensão, esta também se esvai. Todavia, resta o débito que legitima o vínculo obrigacional. Considerada direito disponível, a prescrição pode ser arguida pela parte e declarada de ofício pelo juiz (art. 487, II, do CPC). Exemplo de prescrição, extrai-se do Código de Defesa do Consumidor: "Art. 27. Prescreve em cinco anos a pretensão à reparação pelos danos causados por fato do produto ou do serviço prevista na Seção II deste Capítulo, iniciando-se a contagem do prazo a partir do conhecimento do dano e de sua autoria".

A exceção quanto à relevância e aos efeitos da prescrição em juízo fica por conta dos títulos de crédito (cheque, nota promissória), os quais, embora percam a sua força executiva por não serem pagos no prazo de validade fixado em lei, podem ser exigidos em ação ordinária de cobrança ou ação monitória:[22]

> I – O cheque prescrito, embora não possua mais as características de um título executivo, goza de presunção *iuris tantum* da existência do débito ali consignado, cabendo ao devedor provar a sua insubsistência, caso em que se instalará o contraditório. Não tendo o apelante comprovado terem os cheques sua origem em prática de agiotagem e, por outro lado, tendo a apelada, via prova testemunhal, comprovado a causa *debendi* afirmada na exordial, há que prevalecer a força *probandi* das cártulas [...]. (TJDFT, Ap. Cível n. 20050710043086, 1ª T. Cível, rel. Natanael Caetano, j. 14.03.2007, *DJ* 03.04.2007, p. 147)

Decadência é o perecimento do direito em razão do decurso do prazo prefixado para o seu exercício. A decadência extingue o próprio direito em sua subs-

22 CPC/2015: "Art. 700. A ação monitória pode ser proposta por aquele que afirmar, com base em prova escrita sem eficácia de título executivo, ter direito de exigir do devedor capaz: I – o pagamento de quantia em dinheiro; II – a entrega de coisa fungível ou infungível ou de bem móvel ou imóvel; III – o adimplemento de obrigação de fazer ou de não fazer."

tância, nada mais restando dele. Resulta na extinção de um direito assegurado em lei, em face da existência de impedimento para exercê-lo. Nesse caso, há perda da pretensão e, também, do direito. Pode ser alegada pela parte ou pelo juiz, *ex officio*. Exemplo: o art. 26 do Código de Defesa do Consumidor, que prevê os prazos em que decai o direito de reclamar pelos vícios aparentes ou de fácil constatação.[23]

> CPC, art. 487. Haverá resolução de mérito quando o juiz: [...] II – decidir, de ofício ou a requerimento, sobre a ocorrência de decadência ou prescrição; [...] Parágrafo único. Ressalvada a hipótese do § 1º do art. 332, a prescrição e a decadência não serão reconhecidas sem que antes seja dada às partes oportunidade de manifestar-se.

Perempção é a extinção de uma relação processual decorrente da inércia da parte em praticar determinado ato no prazo assinalado na lei ou pelo juiz. É o resultado da não manifestação da parte no processo no prazo que lhe é concedido. A arguição pode ser feita pela parte ou pelo juiz. Exemplo: se o autor der causa por três vezes, a sentença fundada em abandono da causa, não poderá propor nova ação contra o réu com o mesmo objeto, ficando-lhe ressalvada, entretanto, a possibilidade de alegar em defesa o seu direito (art. 486, § 3º, do CPC).

Preclusão é a perda de determinada faculdade processual em face do seu não exercício no momento apropriado. Obsta o deferimento de um pedido ou de um ato promovido pela parte porque feito a destempo. A preclusão está ínsita no art. 223 do CPC: "Decorrido o prazo, extingue-se o direito de praticar ou de emendar o ato processual, independentemente de declaração judicial, ficando assegurado, porém, à parte provar que não o realizou por justa causa". Por conseguinte, a impugnação, discordância ou mesmo nulidade de um ato ou documento deve ser alegada na primeira oportunidade em que couber à parte falar nos autos, sob pena de preclusão (arts. 278 e 507 do CPC).[24] Exemplo: se o procurador do demandado não impugnar o valor da causa no momento da contestação, não poderá fazê-lo posteriormente, porque precluso o seu direito (art. 293 do CPC).[25] A preclusão poderá ser arguida pelo juiz ou pela parte.

Portanto, cumpre ao advogado, antes de peticionar, atentar aos prazos de prescrição e de decadência, entre eles os arrolados no Código Civil.

---

23 CDC: "Art. 26. O direito de reclamar pelos vícios aparentes ou de fácil constatação caduca em: I – trinta dias, tratando-se de fornecimento de serviço e de produtos não duráveis; II – noventa dias, tratando-se de fornecimento de serviço e de produtos duráveis. § 1º Inicia-se a contagem do prazo decadencial a partir da entrega efetiva do produto ou do término da execução dos serviços."

24 CPC: "Art. 507. É defeso à parte discutir, no curso do processo, as questões já decididas, a cujo respeito se operou a preclusão."

25 CPC: "Art. 342. Depois da contestação, só é lícito ao réu deduzir novas alegações quando: I – relativas a direito ou a fato superveniente; II – competir ao juiz conhecer delas de ofício; III – por expressa autorização legal, puderem ser formuladas em qualquer tempo e grau de jurisdição."

Prazos de prescrição (previstos pelo Código Civil e leis extravagantes)

Prescreve em noventa dias:

A cobrança de prêmios de loteria (art. 17, Decreto-lei n. 204/67).

Prescrevem em um ano (art. 206, § 1º, do CC):

1. A pretensão dos hospedeiros ou fornecedores de víveres destinados ao consumo no próprio estabelecimento, para o pagamento da hospedagem ou dos alimentos.

2. A pretensão do segurado contra o segurador, ou a deste contra aquele, contado o prazo:

a) para o segurado, no caso de seguro de responsabilidade civil, da data em que é citado para responder à ação de indenização proposta pelo terceiro prejudicado, ou da data que a este indeniza, com a anuência do segurador;

b) quanto aos demais seguros, da ciência do fato gerador da pretensão.

3. A pretensão dos tabeliães, auxiliares da Justiça, serventuários judiciais, árbitros e peritos, pela percepção de emolumentos, custas e honorários.

4. A pretensão contra os peritos, pela avaliação dos bens que entrarem para a formação do capital de sociedade anônima, contado da publicação da ata da assembleia que aprovar o laudo.

5. A pretensão dos credores não pagos contra os sócios ou acionistas e os liquidantes, contado o prazo da publicação da ata de encerramento da liquidação da sociedade.

6. O direito de ação contra quaisquer atos relativos a concurso para provimento de cargos e empregos na Administração Federal direta e nas autarquias federais (Lei n. 7.144/83).

7. A ação do segurador sub-rogado para haver indenização por extravio ou perda de carga transportada por navio (Súmula n. 151 do STF).

8. As ações de manutenção e reintegração de posse, a contar da data da turbação ou do esbulho, pelo procedimento especial dos arts. 554 e seguintes do Código de Processo Civil (art. 558 do CPC).

Prescrevem em dois anos:

1. A pretensão para haver prestações alimentares, a partir da data em que vencerem (art. 206, § 2º, do CC).

2. A ação do empregado contra o empregador para pleitear direitos trabalhistas; prazo contado da data da extinção do contrato (art. 11 da CLT).

3. A ação anulatória da decisão administrativa que denegar a restituição de tributo (art. 169 do CTN).

Prescrevem em três anos (art. 206, § 3º, do CC):

1. A pretensão relativa a aluguéis de prédios urbanos ou rústicos.

2. A pretensão para receber prestações vencidas de rendas temporárias ou vitalícias.

3. A pretensão para haver juros, dividendos ou quaisquer prestações acessórias, pagáveis, em períodos não maiores de um ano, com capitalização ou sem ela.

4. A pretensão de ressarcimento de enriquecimento sem causa.

5. A pretensão de reparação civil.

6. A pretensão de restituição dos lucros ou dividendos recebidos de má-fé, correndo o prazo da data em que foi deliberada a distribuição.

7. A pretensão contra as pessoas em seguida indicadas por violação da lei ou do estatuto, contado o prazo:

a) para os fundadores, da publicação dos atos constitutivos da sociedade anônima;

b) para os administradores ou fiscais, da apresentação, aos sócios, do balanço referente ao exercício em que a violação tenha sido praticada, ou da reunião ou assembleia geral que dela deva tomar conhecimento;

c) para os liquidantes, da primeira assembleia semestral posterior à violação.

8. A pretensão para haver o pagamento de título de crédito, a contar do vencimento, ressalvadas as disposições de lei especial.

9. A pretensão do beneficiário contra o segurador, e a do terceiro prejudicado, no caso de seguro de responsabilidade civil obrigatório.

Prescreve em quatro anos (art. 206, § 4º, do CC):

A pretensão relativa à tutela, a contar da data da aprovação das contas.

Prescrevem em cinco anos (art. 206, § 5º, do CC):

1. A pretensão de cobrança de dívidas líquidas constantes de instrumento público ou particular.

2. A pretensão dos profissionais liberais em geral, procuradores judiciais, curadores e professores pelos seus honorários, contado o prazo da conclusão dos serviços, da cessação dos respectivos contratos ou do mandato.

3. A ação de cobrança de honorários de advogado, contado o prazo (art. 25 do Estatuto da Advocacia):

I – do vencimento do contrato, se houver;

II – do trânsito em julgado da decisão que os fixar;

III – da ultimação do serviço extrajudicial;

IV – da desistência ou transação;

V – da renúncia ou revogação do mandato.

4. A pretensão do vencedor para haver do vencido o que despendeu em juízo.

5. A ação popular (art. 21 da Lei n. 4.717/65).

6. O direito de pleitear a restituição de tributo pago indevidamente (art. 168 da Lei n. 5.172/66).

7. As ações referentes a prestações por acidente do trabalho (art. 104 da Lei n. 8.213/91).

8. A ação para os trabalhadores urbanos e rurais reclamarem créditos trabalhistas, até o limite de dois anos após a extinção do contrato; prazo contado da data da violação do direito (art. 7º, XXIX, da CF).

9. A ação para pleitear reparação ou indenização por defeito de produto ou serviço (art. 27 da Lei n. 8.078/90 - CDC).

10. A ação dos representantes comerciais autônomos para cobrança de comissões (Lei n. 4.886/65).

11. Toda e qualquer ação para haver prestações vencidas ou quaisquer restituições ou diferenças devidas pela Previdência Social, a contar da data em que deveriam ter sido pagas, salvo o direito dos menores, incapazes e ausentes, na forma do Código Civil (parágrafo único do art. 103 da Lei n. 8.213/91).

Prescrevem em dez anos:

1. O prazo de decadência do direito ou da ação do segurado ou beneficiário para a revisão do ato de concessão, indeferimento, cancelamento ou cessação de benefício e do ato de deferimento, indeferimento ou não concessão de revisão de benefício é de 10 (dez) anos, contado do dia primeiro do mês subsequente ao do recebimento da primeira prestação ou data em que a prestação deveria ter sido paga com o valor revisto.

2. Os demais casos, quando a lei não lhes houver fixado prazo menor (art. 205 do CC).

Prazos de decadência

Decaem em trinta dias:

1. O direito de ação para obter a redibição ou o abatimento do preço da coisa móvel, recebida com vício redibitório (art. 445 do CC).

2. O direito de reclamar pelos vícios aparentes ou de fácil constatação, nos casos de fornecimento de serviço e de produtos não duráveis (art. 26, I, da Lei n. 8.078/90 - CDC).

Decai em noventa dias:

O direito de reclamar pelos vícios aparentes ou de fácil constatação, nos casos de fornecimento de serviço e de produtos duráveis (art. 26, II, da Lei n. 8.078/90 - CDC).

Decaem em um ano:

1. O direito do doador de propor ação para revogar a doação, contado o prazo da data em que souber do fato que o autorize a revogá-la (art. 559 do CC).

2. O direito de ação para obter a redibição ou o abatimento do preço da coisa imóvel, recebida com vício redibitório (art. 445 do CC).

3. A ação de anulação de partilha amigável, contado o prazo da data em que a sentença de partilha transitou em julgado (art. 2.027 do CC; art. 657, parágrafo único, do CPC).

4. O direito do proprietário do prédio desfalcado de propor ação contra o do prédio aumentado pela avulsão, contado o prazo da data em que ela ocorreu (art. 1.251 do CC).

Decaem em 180 dias:

1. O direito de promover a anulação do casamento do incapaz de consentir ou manifestar, de modo inequívoco, o seu consentimento (art. 1.560, I, do CC).

2. O direito de promover a anulação do casamento do menor em idade núbil por falta de autorização (art. 1.555 do CC).

Decaem em dois anos:

1. O direito de promover a anulação do casamento celebrado por autoridade incompetente (art. 1.560, II, do CC).

2. O direito do cônjuge ou de seus herdeiros necessários para promover ação para anular a doação feita pelo cônjuge adúltero ao seu cúmplice; contado o prazo da dissolução da sociedade conjugal (art. 550 do CC).

3. O direito do cônjuge ou de seus herdeiros de propor ação para anular atos do outro cônjuge, praticados sem o seu consentimento ou sem o suprimento do juiz, contado o prazo da data da dissolução da sociedade conjugal (art. 1.649 do CC).

4. O direito de propor a anulação de ato jurídico, quando a lei disser que determinado ato é anulável, sem estabelecer prazo para pleitear-se a anulação (art. 179 do CC).

5. O direito de propor ação rescisória de julgado (art. 975 do CPC).

Decai em três anos:

O direito de propor ação de anulação do casamento fundado em erro essencial quanto à pessoa (art. 1.560, III, do CC).

Decaem em quatro anos:

1. O direito de propor ação de anulação do casamento contraído mediante coação (art. 1.560, IV, do CC).

2. O direito de pleitear anulação do negócio jurídico, em casos de coação, erro, dolo, fraude contra credores, estado de perigo ou lesão e ato de incapaz (art. 178 do CC).

3. O direito de o filho reconhecido impugnar o reconhecimento, contado o prazo da maioridade ou emancipação (art. 1.614 do CC).

4. O direito de o interessado promover ação para pleitear a exclusão do herdeiro (art. 1.815, § 1º, do CC).

Decai em dez anos:

O direito da Previdência Social de anular os atos administrativos de que decorram efeitos favoráveis para os seus beneficiários, contados da data em que foram praticados, salvo comprovada má-fé (art. 103-A da Lei n. 8.213/91).

Escolha do tribunal ou Justiça competente

A espécie de pedido e a pessoa ou órgão contra quem será movida a ação nortearão a escolha do tribunal competente para julgá-la. Essa escolha, que deve preceder a determinação do foro competente, consiste em decidir entre a Justiça comum, no âmbito estadual ou federal, e as seguintes justiças especializadas: a Justiça Militar, também nas esferas estadual e federal, a Justiça Eleitoral e a Justiça do Trabalho. À Justiça comum, pelo critério de exclusão, pertencem todas as ações que a Constituição Federal não determina que sejam julgadas pelas Justiças especiais, ou seja, a Justiça Militar, a Justiça Eleitoral e a Justiça do Trabalho.

A Justiça comum, ou ordinária, pode ser federal ou estadual.

A *Justiça Federal* comum é integrada pelos juízes federais de 1ª instância, que atuam nas capitais dos estados e em algumas cidades do interior, e pelos Tribunais Regionais Federais, que funcionam como órgãos de 2ª instância, instalados em algumas capitais de estados (Brasília, São Paulo, Rio de Janeiro, Recife, Curitiba, Belo Horizonte, Salvador, Manaus e Porto Alegre).

Compete aos juízes federais de 1ª instância o julgamento das seguintes causas (art. 109 da CF):

> I – as causas em que a União, entidade autárquica ou empresa pública federal forem interessadas na condição de autoras, rés, assistentes ou oponentes, exceto as de falência, as de acidentes de trabalho e as sujeitas à Justiça Eleitoral e à Justiça do Trabalho;
>
> II – as causas entre Estado estrangeiro ou organismo internacional e Município ou pessoa domiciliada ou residente no País;
>
> III – as causas fundadas em tratado ou contrato da União com Estado estrangeiro ou organismo internacional;
>
> IV – os crimes políticos e as infrações penais praticadas em detrimento de bens, serviços ou interesse da União ou de suas entidades autárquicas ou empresas públi-

cas, excluídas as contravenções e ressalvada a competência da Justiça Militar e da Justiça Eleitoral;

V – os crimes previstos em tratado ou convenção internacional, quando, iniciada a execução no País, o resultado tenha ou devesse ter ocorrido no estrangeiro, ou reciprocamente;

V-A – as causas relativas a direitos humanos a que se refere o § 5º deste artigo;

VI – os crimes contra a organização do trabalho e, nos casos determinados por lei, contra o sistema financeiro e a ordem econômico-financeira;

VII – os *habeas corpus*, em matéria criminal de sua competência ou quando o constrangimento provier de autoridade cujos atos não estejam diretamente sujeitos a outra jurisdição;

VIII – os mandados de segurança e os *habeas data* contra ato de autoridade federal, excetuados os casos de competência dos tribunais federais;

IX – os crimes cometidos a bordo de navios ou aeronaves, ressalvada a competência da Justiça Militar;

X – os crimes de ingresso ou permanência irregular de estrangeiro, a execução de carta rogatória, após o *exequatur*, e de sentença estrangeira, após a homologação, as causas referentes à nacionalidade, inclusive a respectiva opção, e à naturalização;

XI – a disputa sobre direitos indígenas.

Os *juízes locais*, ou seja, juízes estaduais do interior, onde inexista Vara Federal, também poderão exercer funções de juízes federais em determinadas situações. É o que determina o § 3º do art. 109 da Constituição Federal:

> § 3º Lei poderá autorizar que as causas de competência da Justiça Federal em que forem parte instituição de previdência social e segurado possam ser processadas e julgadas na justiça estadual quando a comarca do domicílio do segurado não for sede de vara federal. (Redação dada pela Emenda Constitucional n. 103/2019.)

A *Justiça Estadual comum*, criada e organizada em cada estado da federação, por meio do Código de Organização Judiciária (COJE), está dividida em territórios delimitados, denominados *comarca* ou *foro*, onde promove a Justiça de 1ª instância. As comarcas são divididas em *entrâncias* (1ª, 2ª, 3ª e 4ª entrância ou entrância inicial, entrância intermediária e entrância final), de acordo com a extensão territorial, a população, o número de eleitores, a receita tributária e a demanda dos serviços forenses. Os juízes de carreira, após serem submetidos e aprovados em concurso público de provas e títulos, iniciam suas atividades numa comarca de 1ª entrância (a de menor expressão) para depois galgarem as demais entrâncias, até serem transferidos, por antiguidade ou merecimento, à comarca de 4ª entrância, que se constitui na capital do estado (ou entrância inicial, intermediária, final e especial, em alguns estados).

Nas capitais dos estados, localiza-se o órgão de 2ª instância de cada estado, representado pelo Tribunal de Justiça, destinado ao julgamento das causas em grau de recurso.

Em relação à competência da Justiça Estadual ou justiça local, considera-se que esta é competente para processar e julgar as causas não incluídas nas atribuições jurisdicionais da Justiça Federal.

Escolha do foro competente (competência territorial)

Embora, genericamente, a palavra *foro* seja empregada para designar o prédio no qual funciona o Poder Judiciário, juridicamente a expressão possui uma maior abrangência, uma vez que pode ser empregada como sinônimo de comarca ou de local de competência para o processamento e o julgamento de uma causa (competência em razão do território).

Tratando-se de Justiça comum, o Código de Processo Civil estabelece diversos critérios para a determinação do foro de competência, podendo este ser fixado pelo domicílio do réu, em razão da situação da coisa, em razão da pessoa ou em razão dos fatos. Considerando esses critérios e com o objetivo de auxiliar na fixação do foro competente para os diversos tipos de ações cíveis, elaborou-se o quadro demonstrativo que segue.

Ações		Foro competente
Inventário Partilha Arrecadação Cumprimento de disposições de última vontade Ações em que o espólio for réu		Domicílio do autor da herança (art. 48 do CPC)
Idem		O da situação dos bens, se o autor da herança não possuía domicílio certo (art. 48, parágrafo único, I, do CPC)
Inventário Partilha Arrecadação Cumprimento de disposições testamentárias	de ausente	Último domicílio (art. 49 do CPC)
Ações em que o ausente for réu		Último domicílio (art. 49 do CPC)
Ações em que o incapaz for réu		Domicílio de seu representante (art. 50 do CPC)
Ação de alimentos		Domicílio do alimentando (art. 53, II, do CPC)
Ação em que for ré a pessoa jurídica		O lugar da sede O lugar da agência ou sucursal se a obrigação foi contraída por uma destas (art. 53, III, *a* e *b*, do CPC)
Ação em que for ré a sociedade sem personalidade jurídica		Local onde exerce sua atividade principal (art. 53, III, *c*, do CPC)

(continua)

(continuação)

Ações	Foro competente
Ação em que se exigir o cumprimento de obrigação	Local onde a obrigação deve ser satisfeita (art. 53, III, *d*, do CPC)
Ação de reparação de dano Ação em que for réu o administrador ou gestor de negócios	Lugar do ato ou fato (art. 53, IV, *a* e *b*, do CPC)
Ação de reparação de dano sofrido em razão de delito ou acidente de veículos	Domicílio do autor ou local do fato (art. 53, V, do CPC)
Ação de separação e de divórcio Ação de anulação de casamento Reconhecimento e dissolução de união estável	Domicílio do guardião de filho incapaz; último domicílio do casal, caso não haja filho incapaz; domicílio do réu, se nenhuma das partes residir no antigo domicílio do casal; domicílio da vítima de violência doméstica e familiar, nos termos da Lei n. 11.340, de 7 de agosto de 2006 (Lei Maria da Penha) (art. 53, I, do CPC)
Ação em que a União for autora Ação em que a União for ré	Domicílio do réu (art. 51 do CPC) Domicílio do autor, local do fato, situação da coisa ou Distrito Federal (art. 51, parágrafo único, do CPC)
Ações fundadas em direito real sobre imóveis: direito de propriedade, vizinhança, servidão, posse, divisão e demarcação de terras, nunciação de obra nova, usucapião, adjudicação compulsória	Local da situação da coisa (imóvel) (art. 47 do CPC)
Ações em que o Estado ou o Distrito Federal forem autores Ações em que o Estado ou o Distrito Federal forem réus	Domicílio do réu (art. 52 do CPC) Domicílio do autor, local do fato, situação da coisa ou capital (art. 52, parágrafo único, do CPC)
Ações fundadas em direito pessoal: ação pauliana, petição de herança, exibitória, de nulidade em geral, que resultam de atos ilícitos, que resultam de declaração unilateral de vontades	Local de domicílio do réu (art. 46 do CPC)
Ações fundadas em direito real sobre bens móveis (ex.: usucapião de bem móvel; art. 1.260 do CC)	Local de domicílio do réu (art. 46 do CPC)
Ações referentes ao Estatuto da Pessoa Idosa	Domicílio da pessoa idosa (art. 53, II, *e*, do CPC)

Definição da competência ou do foro

A competência ou foro de processamento e julgamento da ação, bem como a determinação da prevenção do juízo, são determinados no momento do registro ou da distribuição da petição inicial (arts. 43 e 59 do CPC). Porém a ação é considerada proposta somente quando a petição inicial for protocolada, só produzindo efeito, quanto ao réu, depois que este for validamente citado (art. 312 do CPC). Sendo caso de incompetência relativa, cabe ao réu alegá-la em preliminar de contestação (art. 65 do CPC). Se assim não proceder, não mais poderá alegar ou arguir exceção de incompetência em razão do local (*ratione loci*) sob o argumento de que não mais reside na comarca em que a ação foi proposta. Exemplifiquemos: a ação foi proposta na cidade A, onde reside o réu; após a distribuição da ação, e antes de ser citado, o réu altera o domicílio, passando a residir na cidade B. Nesse caso, o réu deverá ser citado por carta precatória na cidade B, para vir a apresentar defesa na cidade A.

Foro de eleição

Denomina-se *foro de eleição* aquele escolhido de comum acordo pelas partes contratantes, para o fim de dirimir questões que poderão surgir em decorrência do incumprimento do contrato firmado. É comum isso ocorrer em contratos firmados entre pessoas jurídicas e pessoas físicas, sobretudo em contratos de adesão previamente impressos, nos quais os primeiros contratantes costumam estabelecer como foro de eleição o da comarca em que se localiza a sua sede principal. Para tanto, costuma ser usada a seguinte expressão: "Elegem as partes o foro da comarca de [...] para qualquer ação derivada do presente contrato, com exclusão de outro, por mais privilegiado que seja".

A prerrogativa de escolha ou eleição do foro decorre do art. 63 do Código de Processo Civil: "Art. 63. As partes podem modificar a competência em razão do valor e do território, elegendo foro onde será proposta ação oriunda de direitos e obrigações".

O enunciado do artigo é referendado pela Súmula n. 335 do STF: "É válida a cláusula de eleição do foro para os processos oriundos do contrato".

Determinado o foro de eleição de um contrato, pode uma ação que tenha por objeto o mesmo contrato ser proposta no domicílio do réu, quando este não coincide com aquele?

Há entendimento jurisprudencial no sentido de que "o foro de eleição não obsta à propositura de ação no foro do domicílio do réu, não cabendo a este excepcionar o juízo".[26]

Por outro lado, tratando-se de foro de eleição, constante de contrato de adesão, o Superior Tribunal de Justiça tem admitido a prevalência do foro do réu, mesmo que conste diferente, quando este se constituir na parte economicamente mais fraca. Nesse sentido, o art. 101 do Código de Defesa do Consumidor dispõe que ações de responsabilidade civil do fornecedor podem ser propostas no domicílio do autor.

Determinação do juízo competente

Competência são as atribuições ou poderes concedidos por lei ao juiz para processar e julgar certos feitos ou questões. A competência ou o juízo competente são determinados em razão da matéria (*ratione materiae*), compreendendo a

26 *RT* 508/31.

área cível e a área penal. A área ou matéria cível divide-se em *comum* e *especial* (trabalhista, militar e eleitoral).

A competência resulta da divisão ou da especialização das atividades judiciárias. Quando a comarca representa um município de população reduzida e possui apenas um juiz, este é o juiz competente para julgar todas as ações que nela forem propostas. Sendo hipótese de comarca de maior expressão populacional, onde há pluralidade de juízes, cada juiz responde por uma vara, tendo competência específica para determinada matéria processual, ou seja, matéria ou processo cível, ou matéria ou processo criminal. Daí resulta que um juiz de direito de uma vara cível terá competência restrita para julgar feitos de natureza civil. Já o juiz responsável pela vara criminal somente será competente para julgar processos de natureza criminal.

Quanto mais expressiva a comarca, maior será o número de juízes e, por consequência, maior o número de varas especializadas, por exemplo: Vara Cível (1ª, 2ª ou mais); Vara Criminal (1ª, 2ª ou mais); Vara de Família (trata das ações de natureza pessoal: separações, divórcios, alimentos, investigação de paternidade etc.); Vara das Sucessões (trata das ações de inventário, partilha, arrolamento, testamento); Vara de Família e Sucessões (engloba matéria das duas varas anteriores, reúne as atribuições das duas varas em uma só); Vara da Fazenda Pública (processa e julga as ações movidas contra o Estado e suas autarquias).

Uma vez que nas comarcas menores existe somente um juiz, a cautela na escolha do juiz competente somente se justifica nas comarcas maiores, onde existem, dentro do mesmo foro, juízes com competência diversa. Portanto, se a ação a ser proposta versa sobre *matéria cível*, a petição poderá ser dirigida:

a) ao juízo de direito da Vara Cível:

Ex.: AO JUÍZO DE DIREITO DA VARA CÍVEL

b) ao juízo de direito da Vara de Família (se houver e a matéria for pertinente):

Ex.: AO JUÍZO DE DIREITO DA VARA DE FAMÍLIA

c) ao juízo de direito da Vara da Fazenda Pública:

Ex.: AO JUÍZO DE DIREITO DA VARA DA FAZENDA PÚBLICA

Caso a ação verse sobre *matéria criminal*, a petição deverá ser dirigida ao juízo de direito da Vara Criminal:

Ex.: AO JUÍZO DE DIREITO DA VARA CRIMINAL

No caso de a ação a se propor ser uma reclamatória trabalhista, a petição deverá ser dirigida ao juízo de direito da Vara da Justiça do Trabalho:

Ex.: AO JUÍZO DA VARA DA JUSTIÇA DO TRABALHO

Na hipótese de a ação ser proposta em comarca de um único juiz, a petição inicial deverá ser dirigida ao juízo de direito da comarca:

Ex.: AO JUÍZO DE DIREITO DA COMARCA DE ....

Petição inicial

Petição inicial é o instrumento pelo qual o autor, por meio de advogado constituído, solicita ao juiz a prestação jurisdicional para o seu direito, propiciando o início da ação ou do processo judicial. Entretanto, para que a petição produza seus jurídicos e legais efeitos, é necessário que contenha certos requisitos, todos eles determinados pelo Código de Processo Civil (art. 319 do CPC).

Requisitos da petição inicial

1. O juízo ou tribunal a que é dirigida

AO JUÍZO DE DIREITO DA ...... VARA CÍVEL
Comarca de ....

Trata-se, aqui, do endereçamento ou do destinatário da petição inicial, o que tem tudo a ver com a competência da Justiça, competência do foro e competência do juiz.

Primeiramente, deve-se verificar qual a Justiça competente para processar e julgar a ação. Para essa finalidade, a pretensão haverá de enquadrar-se na competência da Justiça Estadual comum ou Justiça Federal, conforme assinalado na p. 76.

Como segundo passo, busca-se identificar o foro competente para receber a ação. Para esse efeito, considera-se foro o local onde se situa a comarca ou circunscrição territorial judiciária.[27] Dependendo de onde a comarca estiver localizada, esta pode abranger um ou mais municípios. Com exclusão de foro de eleição,[28] que se constitui no foro escolhido pelas partes contratantes para dirimir as dúvidas ou questões oriundas de um contrato, os demais são fixados pelos arts. 42 e seguintes do Código de Processo Civil.

Por último, procura-se identificar o juízo competente, que será o destinatário da petição inicial. Para esse desiderato, temos de considerar, inicialmente, que as comarcas das grandes cidades são constituídas por varas cíveis comuns e por varas especializadas por competência em razão da matéria (*ratione materiae*), *v. g.*, Vara de Família, Vara da Infância e da Juventude, Vara dos Registros Públicos, Vara das Falências e Concordatas, Juizados Especiais Cíveis e outras.

Em definitivo, impende lembrar que também se deverá considerar a *competência hierárquica* decorrente das várias instâncias de julgamento. Assim, será o juízo de direito de primeiro grau ou de *primeira instância* (juízo *a quo*) o destinatário da petição inicial; será o Tribunal de Justiça (ou Tribunal Federal) o destinatário da petição inicial, quando se tratar de ação de sua competência originária, ou das razões do recurso de apelação, onde será julgado pelos desembargadores que representam o juízo de segundo grau ou de *segunda instância* (juízo *ad quem*). Seguindo essa linha, na Justiça Federal, a Seção Judiciária constitui a primeira instância (juízes federais); o Tribunal Regional Federal, a segunda instância (desembargadores federais).

2. Os nomes, prenomes, estado civil, existência de união estável, profissão, número de inscrição no Cadastro de Pessoas Físicas ou no Cadastro Nacional da Pessoa Jurídica, endereço eletrônico, domicílio e residência do autor e do réu

---

27 *Comarca* para a Justiça comum, *Seção Judiciária* para a Justiça Federal e *Zona Eleitoral* para a Justiça Eleitoral.

28 O foro de eleição é, geralmente, instituído a favor de um dos contratantes, com a anuência do outro contratante. Por vezes, a benefício de ambos, cada um deles na previsão de que o outro possa eventualmente mudar seu domicílio e, assim, adquirir o direito de ser demandado no novo local de morada, quiçá em comarca longínqua. Se o réu, no entanto, for demandado não no foro de eleição, mas sim no do seu domicílio, em princípio *não terá interesse* em propor a *exceção de incompetência* pleiteando a observância fiel da cláusula contratual de eleição de foro. Mas essa regra pode admitir exceção ao razoavelmente alegar o demandado que na comarca de eleição poderá dispor de meios para sua defesa (cf. CARNEIRO, Athos Gusmão. *Jurisdição e competência*, p. 67).

........................, brasileiro, casado, funcionário público, CPF n. ...., endereço eletrônico ...., domiciliado nesta cidade e residente na rua ...., n. ......, por seu procurador signatário (doc. 1), advogado inscrito na OAB ......, sob n. ...., endereço eletrônico ...., com escritório na rua ...., n. ......, nesta cidade, onde recebe intimações, vem respeitosamente perante este juízo para propor a presente

AÇÃO DE RESSARCIMENTO POR DANOS CAUSADOS EM ACIDENTE DE VEÍCULO,[29]

em desfavor de .... (qualificação e endereço), tendo em vista os fatos e fundamentos jurídicos que seguem:

As partes deverão ser perfeitamente individuadas e com endereço certo, máxime tratando-se do réu, para efeito de possibilitar sua localização e possa o oficial de justiça promover-lhe a citação e eventuais intimações.

Advocacia em causa própria. Pode o advogado, sempre que lhe convier, litigar em causa própria, exercendo o denominado *jus postulandi*. Diz-se, nesse caso, que o autor da ação, por ser advogado (e não simples bacharel em Direito), fica dispensado de ser representado ou outorgar procuração para outro advogado. A postulação em causa própria é permitida pelo art. 103, parágrafo único, do Código de Processo Civil.

Na Justiça do Trabalho, o exercício do *jus postulandi* possui previsão no art. 791 da Consolidação das Leis do Trabalho (CLT), possibilitando ao trabalhador que for parte em processo perante aquela Justiça atuar em causa própria. Ao advogado, ainda que atue em causa própria, serão devidos honorários de sucumbência, fixados entre o mínimo de 5% (cinco por cento) e o máximo de 15% (quinze por cento) sobre o valor que resultar da liquidação da sentença, do proveito econômico obtido ou, não sendo possível mensurá-lo, sobre o valor atualizado da causa (art. 791-A da CLT, incluído pela Lei n. 13.467/2017). No entanto, referido direito limita-se às Varas do Trabalho e aos Tribunais Regionais do Trabalho, não alcançando a ação rescisória, a ação cautelar, o mandado de segurança e os recursos de competência do Tribunal Superior do Trabalho (Súmula n. 425 do TST, de 30.04.2010).

No que se refere à cobrança de honorários advocatícios pelo advogado, o art. 54 do Código de Ética da OAB faz a seguinte recomendação: "Havendo necessidade de promover arbitramento ou cobrança judicial de honorários, deve o advogado renunciar previamente ao mandato que recebera do cliente em débito".

29 Essa ação também pode ser ajuizada pelo rito sumaríssimo dos Juizados Especiais Cíveis (art. 3º, II, da Lei n. 9.099/95).

3. Descrição dos fatos

Neste item, cabe ao requerente historiar, de forma articulada e sequencial, todos os fatos ou acontecimentos que estão motivando a propositura da ação, bem como a prova de sua legitimidade para ajuizar a ação e a do réu para responder-lhe.

I – DOS FATOS

1. Na data de ...., às ...... horas, quando transitava pela rua ...., dirigindo o veículo ...., de sua propriedade, na esquina com a rua ...., o requerente teve seu veículo violentamente abalroado pelo veículo ...., dirigido pelo requerido, conforme demonstra com o croqui incluso.

2. Consoante informa o Boletim de Ocorrência emitido pela demandante de trânsito, que corrobora as referidas declarações, o requerido não respeitou a sinalização de PARE, existente no local, vindo a colidir com o requerente que trafegava normalmente em via preferencial.

3. Do referido acidente resultaram consideráveis danos materiais ao veículo do requerente, conforme revelam as fotografias inclusas, danos estes que foram orçados em R$ ...., conforme consta do orçamento de menor valor dentre os três à presente acostados.

4. Fundamentos jurídicos do pedido

II – DO DIREITO

4. A lei assegura àquele que sofreu prejuízos, valer-se do disposto no art. 927 do Código Civil para exigir do causador dos danos a devida indenização dos danos sofridos, tendo em vista terem sido os mesmos praticados por ato de negligência e imprudência do requerido.

Existe certa controvérsia a respeito de fundamento jurídico e fundamento legal. Na verdade, os fundamentos jurídicos se confundem com os próprios fatos narrados na inicial, a ponto de, se bem articulados, de maneira a configurar eficazmente o direito à pretensão do autor, restar desnecessária a referência ao fundamento legal. Tanto que a jurisprudência majoritária caminha neste sentido: a inexistência ou mesmo a indicação errônea do dispositivo legal não tornam inepta a inicial, até porque é dispensável essa referência. Assim estão os brocardos latinos: *iura novit curia* (o juiz conhece o direito) e *da mihi factum, dabo tibi ius* (exponha o fato, direi o direito).[30]

5. Pedido com suas especificações

III – DO PEDIDO

Pelo exposto, e em conformidade com os arts. 186 e 927 do Código Civil, requer:

a) a citação do requerido para, querendo, vir contestar a presente ação, sob pena de revelia e confissão;

b) o depoimento pessoal do réu;

c) a produção de prova testemunhal, na audiência designada, conforme rol ao final apresentado;

d) a procedência do pedido para o efeito de ser o requerido condenado ao pagamento de R$ .... (........................), neste valor incluso o prejuízo decorrente da indisponibilidade do veículo durante todo o tempo da demanda e da depreciação do seu valor, juros e correção monetária, contados desde a data do evento danoso (Súmula n. 54 do STJ), custas judiciais e honorários de advogado, tudo conforme demonstrativo discriminado e atualizado do crédito anexo.

No encerramento do texto principal da petição inicial insere-se a postulação ou o *pedido* (ou ainda, *requerimento*) com suas especificações, mediante a indicação precisa da tutela jurisdicional pretendida, com a especificação do alcance que esta deve ter. Trata-se do pedido ou pedidos que o demandante pretende ver satisfeito, que pode ser, dependendo do caso concreto, o de pagamento de quantia, a restituição de um bem, a reintegração de um bem imóvel, a dissolução do casamento ou outro qualquer. Porque marca a *pretensão* – exigência da subordinação do interesse alheio ao interesse próprio, a *conclusão* ou *pedido* limita a sentença, de tal forma que o juiz não poderá julgar além, ou fora do pedido (*ultra* ou *extra petita*). Decorre daí a necessidade de maior atenção na redação do pedido, sem a qual corre o autor o risco de não ver satisfeita, ou ver satisfeita apenas parcialmente a sua pretensão.[31]

O pedido pode ser *simples* (ex.: pedido de pagamento em dinheiro, na execução por quantia certa), *cumulado* (ex.: ação de investigação de paternidade cumulada com petição de herança) ou *alternativo* (ex.: pedido de demolição do prédio vizinho ou a reparação deste, quando ameace ruína) e, sob pena de indeferimento da inicial, por inépcia (art. 330, § 1º, do CPC), deverá constar expressamente da petição inicial. Mesmo porque, inexistindo pedido, a ação fica desprovida de

30 TEIXEIRA, Sálvio de Figueiredo. *Código de Processo Civil anotado*, p. 205.

31 Cf. CASTRO FILHO, José Olympio de. *Prática forense*, p. 156.

objeto, porquanto o juiz se vê impossibilitado de conceder a prestação jurisdicional. Assim, na hipótese eventual de o advogado formular pedido incompleto, isto é, requerer o principal (exemplo: a indenização de danos em valor X) porém se omitir em relação ao pedido de pagamento de lucros cessantes, no caso de procedência da ação, o juiz limitar-se-á a condenar o réu ao pagamento da indenização diante da ausência de pedido expresso de lucros cessantes. Daí a pertinência do provérbio: "O que não está nos autos não está no mundo".

Pedido de pagamento de juros e correção monetária.[32] Ao contrário do CPC anterior, que exigia que o autor que pleiteasse o pagamento de certa quantia acrescesse ao pedido o pagamento de juros e correção monetária, sob pena de não concessão pelo juiz, o CPC/2015 tornou implícitos esses pedidos, bem como os de pagamento de parcelas periódicas, os de verbas de sucumbência e honorários advocatícios (arts. 322 e 323).

De qualquer modo, é de consenso que a data de incidência ou de início do cálculo dos juros e da correção monetária varia de acordo com as seguintes hipóteses:

a) dívidas líquidas e certas: a partir do vencimento;

b) dívidas sem força executiva: a partir do ajuizamento da demanda;

c) quando não convencionado: a partir da citação.

A Lei n. 6.899/81 versa a respeito da matéria, consignando:

> Art. 1º A correção monetária incide sobre qualquer débito resultante de decisão judicial, inclusive sobre custas e honorários advocatícios.
>
> § 1º Nas execuções de títulos de dívida líquida e certa, a correção será calculada a contar do respectivo vencimento.
>
> § 2º Nos demais casos, o cálculo far-se-á a partir do ajuizamento da ação.

Já na hipótese de responsabilidade extracontratual, decorrente da prática de ato ilícito, o termo inicial dos juros de mora é a data do evento danoso, nos termos da Súmula n. 54 do STJ. Sendo caso de indenização do dano moral, a correção monetária do valor incide desde a data do arbitramento (Súmula n. 362 do STJ).

Assistência judiciária gratuita. Ainda no item relativo ao pedido, pode-se, quando for o caso, requerer a concessão do benefício da *assistência judiciária* gratuita, nos termos do art. 98 do Código de Processo Civil, quando evidentemente se trate de autor desprovido de recursos para custear a demanda.[33] A pessoa na-

32 Como já decidido pelo STJ, no pedido de correção monetária, ainda que o pedido não seja o de correção monetária plena, estão implícitos os índices de inflação, que a expressam integralmente, ou a correção monetária plena (REsp n. 215.003. In: *Notícias do STJ*, *site* do STJ, em 23.03.2001).

33 O STJ decidiu que o benefício da Justiça gratuita pode ser solicitado em qualquer etapa da demanda: "A gratuidade da Justiça não preclui (direito não se perde), podendo ser pleiteada a qualquer tempo.

tural ou jurídica, brasileira ou estrangeira, com insuficiência de recursos para pagar as custas, as despesas processuais e os honorários advocatícios tem direito à gratuidade da justiça, na forma da lei.

A gratuidade da justiça compreende:

- as taxas ou as custas judiciais;
- os selos postais;
- as despesas com publicação na imprensa oficial, dispensando-se a publicação em outros meios;
- a indenização devida à testemunha que, quando empregada, receberá do empregador salário integral, como se em serviço estivesse;
- as despesas com a realização de exame de código genético – DNA e de outros exames considerados essenciais;
- os honorários do advogado e do perito e a remuneração do intérprete ou do tradutor nomeado para apresentação de versão em português de documento redigido em língua estrangeira;
- o custo com a elaboração de memória de cálculo, quando exigida para instauração da execução;
- os depósitos previstos em lei para interposição de recurso, para propositura de ação e para a prática de outros atos processuais inerentes ao exercício da ampla defesa e do contraditório;
- os emolumentos devidos a notários ou registradores em decorrência da prática de registro, averbação ou qualquer outro ato notarial necessário à efetivação de decisão judicial ou à continuidade de processo judicial no qual o benefício tenha sido concedido.

Afora isso, o pedido, ainda que expresso, deve ser juridicamente possível (permitido por lei),[34] e, quando houver mais de um, deverão ser compatíveis entre si.

Pedido de liminar. A possibilidade de concessão de liminar, quando expressamente requerida, encontra-se prevista em diversos diplomas legais: na Lei do Mandado de Segurança; no § 2º do art. 3º do Decreto-lei n. 911/69, em relação à busca e apreensão de veículo submetido ao regime da alienação fiduciária; no Código de Processo Civil, em relação às ações possessórias (art. 562); e, no âmbito da tutela de urgência, para assegurar um direito, conforme dispõe o art. 300, § 2º, do Código de Processo Civil:

Logo, perfeitamente legítimo o seu requerimento em apelação, até mesmo porque a situação geradora de sua proteção pode ser decorrente de fatos supervenientes" (REsp n. 299.385. In: *Notícias do STJ*, *site* do STJ, em 31.10.2001).

34 São exemplos de pedidos juridicamente impossíveis a cobrança de dívida de jogo (art. 814 do CC) e a ação que tenha por objeto herança de pessoa viva (art. 426 do CC).

Art. 300. A tutela de urgência será concedida quando houver elementos que evidenciem a probabilidade do direito e o perigo de dano ou o risco ao resultado útil do processo.

§ 1º Para a concessão da tutela de urgência, o juiz pode, conforme o caso, exigir caução real ou fidejussória idônea para ressarcir os danos que a outra parte possa vir a sofrer, podendo a caução ser dispensada se a parte economicamente hipossuficiente não puder oferecê-la.

§ 2º A tutela de urgência pode ser concedida liminarmente ou após justificação prévia.

A tutela de urgência de natureza cautelar pode ser efetivada mediante arresto, sequestro, arrolamento de bens, registro de protesto contra alienação de bem e qualquer outra medida idônea para asseguração de direitos (art. 301 do CPC).

A liminar, face ao caráter de urgência, exige como pressupostos específicos e simultâneos o *fumus boni iuris* e o *periculum in mora*, ou seja, fumaça de um direito ainda não certificado e o perigo de o titular sofrer prejuízo, caso não seja atendido de imediato. Portanto, a concessão da liminar pelo juiz antes da oitiva da parte adversa (*inaudita altera pars*), como é comum ocorrer (*v.* art. 562 do CPC), somente se justifica quando presente o risco de o réu torná-la ineficaz, quando previamente citado.[35]

MODELO DE AÇÃO DE MANUTENÇÃO DE POSSE COM PEDIDO DE LIMINAR:

AO JUÍZO DE DIREITO DA VARA CÍVEL
Comarca de ....

......................., brasileiro, casado, funcionário público, RG n. ...., CPF n. ...., endereço eletrônico ...., e sua mulher ...., brasileira, comerciária, RG n. ...., CPF n. ...., endereço eletrônico ...., domiciliados nesta cidade e residentes na rua Frei Caneca, n. 180, por seu procurador abaixo as-

35 "Agravo de instrumento. Ação de busca e apreensão. Presença dos requisitos autorizadores para a concessão da liminar desde logo. Necessidade de retomada do bem dado em garantia fiduciária para a satisfação do crédito inadimplido. Incidência do § 2º do art. 3º do Decreto-lei n. 911/69, dada pela Lei n. 10.931/2004. Recurso provido. Satisfeitos os requisitos indispensáveis à propositura da ação de busca e apreensão, sob a égide da alienação fiduciária em garantia, e constatado que o devedor fiduciante vem usufruindo graciosamente do bem durante longo período, é de ser concedida, desde logo, a liminar" (TJSC, AI n. 2006.029016-4, rel. Des. Alcides Aguiar).

sinado (doc. 1), advogado inscrito na OAB ......, sob n. ......, endereço eletrônico ...., com escritório na rua ...., n. ......, nesta cidade, onde recebe intimações, vem respeitosamente à presença deste juízo para requerer

AÇÃO DE MANUTENÇÃO DE POSSE

em desfavor de ...., brasileiro, casado, domiciliado e residente neste município, na localidade denominada ...., nos termos do art. 1.210 do Código Civil e do art. 560 do CPC, pelos seguintes fatos e fundamentos:

1. Os requerentes são proprietários do imóvel rural, com área de ...... m^2, sito na localidade de ...., neste município, conforme prova com a cópia da escritura inclusa (doc. 2), onde mantêm uma área cultivada com hortaliças e pastagens.

2. Que, por ocasião da última visita à referida propriedade rural, ocorrida na data de ...., os requerentes constataram que a mesma havia sido invadida por cerca de cinco bovinos pertencentes ao requerido acima qualificado, cuja propriedade faz divisa com a dos requerentes.

3. Ocorre que os animais pertencentes ao requerido pisotearam e praticamente exterminaram a pastagem e as hortaliças existentes no local, com elevados prejuízos para os requerentes, conforme fazem prova com as fotografias inclusas (docs. 3 e 4).

4. Que, ainda que tenham tentado de todas as formas convencer o requerido a retirar seus animais e fazer um acerto amigável dos prejuízos, o mesmo se negou a atender qualquer das pretensões dos requerentes.

À vista do exposto, e com fundamento no art. 560 do CPC, requerem:

a) a citação do requerido para, querendo, contestar a presente, sob pena de revelia e confissão;

b) o depoimento pessoal do requerido;

c) a procedência do pedido e a concessão, desde já, da medida liminar prevista no art. 562, bem como a condenação do requerido na indenização decorrente dos danos e prejuízos constatados, custas judiciais e honorários de advogado;

d) a cominação de multa ao requerido, caso o mesmo volte a turbar a posse dos requerentes;

e) a produção de prova documental, pericial e testemunhal.

Valor da causa: R$ ....

E. deferimento.

......................., ... de .... de 20......

Advogado(a)

OAB/...... n. ......

Rol de testemunhas:

1. ...., brasileiro, casado, professor, ... anos de idade, RG n. ...., CPF n. ...., residente nesta cidade, na rua ...., n. ...., apto. ...... e com endereço profissional na rua ...., n. ...., nesta cidade.

2. ...., brasileiro, solteiro, motorista, ... anos de idade, RG n. ...., CPF n. ...., residente nesta cidade, na rua ...., n. ...., apto. ...... e com endereço profissional na rua ...., n. ...., nesta cidade.

Pedido de antecipação de tutela. Nas ações em que a lei processual não admite que o pedido do demandante seja concedido liminarmente, no início da ação e antes da citação do demandado, poderá o demandante utilizar de expediente com resultados equivalentes ao da liminar. Trata-se do pedido de **antecipação de tutela**, autorizado pelo art. 303 do Código de Processo Civil, que tem por objetivo obter a antecipação dos efeitos da sentença que o demandante procura obter por meio da ação. Consta do referido dispositivo que:

> Nos casos em que a urgência for contemporânea à propositura da ação, a petição inicial pode limitar-se ao requerimento da tutela antecipada e à indicação do pedido de tutela final, com a exposição da lide, do direito que se busca realizar e do perigo de dano ou do risco ao resultado útil do processo.

MODELO:

....

III – DA NECESSIDADE DE ANTECIPAÇÃO DE TUTELA

Os fatos acima expostos demonstram, cabalmente, mais do que a **verossimilhança** e a certeza do direito do demandante, o justo receio de dano irreparável ou de difícil reparação, o que justifica plenamente a antecipação da tutela nos precisos termos do art. 303 do Código de Processo Civil.

Ao comentar os requisitos para a concessão da tutela antecipada, o renomado Professor Luiz Guilherme Marinoni destaca que "é possível a concessão da tutela antecipatória não só quando o dano é apenas temido, mas igualmente quando o dano está sendo ou já foi produzido", como no caso presente.

IV – DO PEDIDO

DIANTE DO EXPOSTO, requer-se:

a) a concessão da TUTELA ANTECIPADA, *inaudita altera parte*, para efeito de determinar a busca, bem como a entrega imediata pelo demandado ao demandante, do veículo VOLKSWAGEN GOL, cor preta, placa MBO 2289, ano 2010, chassi 8A1LA00251L188095, o qual se encontra no endereço retromencionado, ou onde quer que o mesmo se encontre.

b) procedida a entrega do veículo, seja o demandado citado pessoalmente por oficial de justiça para que, querendo, no prazo legal, ofereça contestação, sob pena de revelia;

c) ....

6. Requerimento de citação

Citação é o ato pelo qual são convocados o réu, o executado ou o interessado para integrar a relação processual (art. 238 do CPC), sendo ato indispensável para a validade do processo (art. 239 do CPC).

Dependendo das circunstâncias, a citação poderá ser efetivada preferencialmente por meio eletrônico, no prazo de até 2 (dois) dias úteis, contado da decisão que a determinar, por meio dos endereços eletrônicos indicados pelo citando no banco de dados do Poder Judiciário, conforme regulamento do Conselho Nacional de Justiça (art. 246 do CPC). Ainda de acordo com o art. 246:

> § 1º As empresas públicas e privadas são obrigadas a manter cadastro nos sistemas de processo em autos eletrônicos, para efeito de recebimento de citações e intimações, as quais serão efetuadas preferencialmente por esse meio.
>
> § 1º-A. A ausência de confirmação, em até 3 (três) dias úteis, contados do recebimento da citação eletrônica, implicará a realização da citação:
>
> I – pelo correio;
>
> II – por oficial de justiça;
>
> III – pelo escrivão ou chefe de secretaria, se o citando comparecer em cartório;
>
> IV – por edital.

Poderá o autor optar entre a citação por oficial de justiça e pelo correio.[36] A citação será feita por meio eletrônico ou pelo correio para qualquer comarca do País, exceto (art. 247 do CPC):

a) nas ações de estado;

b) quando for ré pessoa incapaz;

c) quando for ré pessoa de direito público;

36 "Art. 248. Deferida a citação pelo correio, o escrivão ou o chefe de secretaria remeterá ao citando cópias da petição inicial e do despacho do juiz e comunicará o prazo para resposta, o endereço do juízo e o respectivo cartório."

d) quando o réu residir em local não atendido pela entrega domiciliar de correspondência;

e) quando o autor, justificadamente, a requerer de outra forma.

Quando frustrada a citação pelo correio, esta será efetivada por meio de oficial de justiça (art. 249 do CPC).

Relativamente à citação por edital, esta será obrigatoriamente utilizada (art. 256):

a) quando desconhecido ou incerto o réu;

b) quando ignorado, incerto ou inacessível o lugar em que se encontrar o réu;

c) nos casos expressos em lei.

Já na execução fiscal, a citação por edital é cabível quando frustradas as demais modalidades, como consta da Súmula n. 414 do Superior Tribunal de Justiça e dispõe o art. 8º, III, da Lei de Execução Fiscal.

Merece destaque o fato de que, hodiernamente, existem julgados no âmbito do processo penal cujo teor da ementa permite concluir que, inclusive, é admissível a citação por meio do aplicativo eletrônico WhatsApp, desde que seja possível verificar elementos indutivos do destinatário (p. ex., número do telefone, foto, confirmação escrita), ou seja, verificando-se, no caso concreto, que a mensagem chegou ao conhecimento inequívoco por parte de seu receptor (STJ, HC n. 641.877/DF, Rel. Min. Ribeiro Dantas, 5ª T., j. 09.03.2021, *DJE* 15.03.2021).

7. Provas com que pretende o autor demonstrar a verdade dos fatos

Cumpre ao advogado do autor, ao elaborar a petição inicial, relacionar as provas que entender necessárias para demonstrar a verdade dos fatos alegados (art. 319, VI, do CPC). Nesse particular, tanto autor como réu têm o direito de empregar todos os meios legais, bem como os moralmente legítimos, ainda que não especificados no CPC, para provar a verdade dos fatos em que se funda o pedido ou a defesa e influir eficazmente na convicção do juiz (art. 369 do CPC) (*v.* também p. 56).

A prova documental diz respeito não só aos documentos que comprovam a legitimidade para a ação (cópia da certidão de casamento para a ação de divórcio; cópia do contrato de locação para a ação de despejo, cópia do contrato social, quando autor ou réu estiver litigando em nome da empresa), como aos documentos que servirão para provar o alegado e justificar a pretensão do autor: o título de crédito não pago no vencimento, para uma ação de execução; a prova do dano, para uma ação de indenização; a nota fiscal de compra, para a ação em que se discute o defeito do produto; os títulos de propriedade, para a ação de demarcação de terras e assim por diante.

Outros documentos admitidos pelo Código de Processo Civil como prova são:

- telegrama (art. 413);
- radiograma (art. 413);

- cartas e registros domésticos (art. 415);
- nota escrita pelo credor em qualquer parte do documento representativo da dívida, ainda que não assinada (art. 416);
- livros empresariais (art. 417);
- fotos digitais e extraídas da internet (art. 422, § 1º);
- filmes, vídeos e gravações (art. 422);
- mensagem eletrônica impressa (art. 422, § 3º).

Faculta-se às partes juntar documentos na sua forma original ou em cópia reprográfica, que terão o mesmo valor probante que o original, cabendo ao escrivão, intimadas as partes, proceder à conferência e certificar a conformidade entre a cópia e o original (art. 424 do CPC). O mesmo se aplica às cópias reprográficas de peças do próprio processo judicial declaradas autênticas pelo advogado, sob sua responsabilidade pessoal, se não lhes for impugnada a autenticidade (art. 425, IV, do CPC).

Ressalte-se que em todos os atos e termos do processo é obrigatório o uso da língua portuguesa, de modo que o documento redigido em língua estrangeira somente poderá ser juntado aos autos quando acompanhado de versão para a língua portuguesa tramitada por via diplomática ou pela autoridade central, ou firmada por tradutor juramentado (art. 192 do CPC) (sobre a prova testemunhal, *v.* mais na p. 59).

Já quando a ação comportar a produção de prova testemunhal – que não é o caso da ação de despejo por falta de pagamento e da ação de execução –, a lei faculta o arrolamento de até dez testemunhas, por parte do autor ou do réu, sendo três no máximo para a prova de cada fato (art. 357, § 6º, do CPC).

A apresentação do rol de testemunhas deve ser feita oportunamente, quando for determinada a especificação de provas (art. 357, II, do CPC), precisando-lhes o nome, a profissão, o estado civil, a idade, o número de inscrição no Cadastro de Pessoas Físicas, o número de registro de identidade e o endereço completo da residência e do local de trabalho (art. 450 do CPC), muito embora no cotidiano forense só sejam indicados o nome, o número de identificação civil (RG) e o endereço. Ao advogado da parte caberá informar e intimar a testemunha por ele arrolada, apresentando referida pessoa na audiência designada, facultando-lhe a possibilidade, porém, de providenciar a intimação por meio de carta registrada com aviso de recebimento. Nesse caso deverá juntar aos autos, com antecedência mínima de três dias da data da audiência, cópia da correspondência de intimação e o respectivo comprovante (art. 455, § 1º, do CPC). Se a testemunha não comparecer na primeira hipótese, presume-se a desistência. Se ocorrer a segunda hipótese (testemunha intimada por carta com aviso de recebimento), poderá ser requerida a redesignação da audiência, desde que devidamente justificado.

Já nos Juizados Especiais Cíveis, a regra é a de que as testemunhas, até o máximo de três para cada parte, comparecerão à audiência de instrução e julgamento levadas pela parte que as tiver arrolado, independentemente de intimação (art. 34

da Lei n. 9.099/95). Havendo necessidade de intimação, o autor deverá requerer à secretaria no mínimo cinco dias antes da audiência de instrução e julgamento.

A intimação é importante para as partes e para o processo porque obriga a testemunha a comparecer à audiência, mesmo que seja contra a vontade, inclusive respondendo pelas despesas do adiamento da audiência a qual não compareceu (art. 455, § 5º, do CPC).

Comparecimento de testemunhas independentemente de intimação

Caso entenda desnecessária a intimação, uma vez que as testemunhas são de confiança da parte e se comprometem a comparecer à audiência, pode o advogado deixar de requerer a intimação empregando a expressão "testemunhas que comparecerão à audiência independentemente de intimação". Nesse caso, não ocorrendo o comparecimento das testemunhas, presume-se que a parte que as arrolou desistiu de ouvi-las (art. 455, § 2º, do CPC).

Ao passo que na Justiça comum a regra é de que as testemunhas sejam intimadas e a exceção é a dispensa de intimação, nos Juizados Especiais Cíveis ocorre o contrário, ou seja, a regra é a de que as testemunhas comparecerão à audiência de instrução e julgamento levadas pela parte que as tiver arrolado, independentemente de intimação, e a exceção é a de que, se julgar necessária a intimação, o autor deverá requerê-la à secretaria no mínimo cinco dias antes da audiência de instrução e julgamento (art. 34 da Lei n. 9.099/95).

ROL DE TESTEMUNHAS (NO CORPO DA PETIÇÃO)

1. Lauro Silva, brasileiro, casado, comerciante, 38 anos de idade, CPF n. ...., RG n. ...., residente nesta cidade, na rua 7 de Setembro, n. 1.050, e o local de trabalho sito na rua 20 de Julho, n. 405.

2. João Antunes, brasileiro, casado, industriário, 27 anos de idade, CPF n. ...., RG n. ...., residente nesta cidade, na rua das Palmeiras, n. 2.075, e o local de trabalho sito na rua Independência, n. 510.

3. Alfredo Silveira, brasileiro, casado, agricultor, 38 anos de idade, CPF n. ...., RG n. ...., residente nesta cidade, na rua José Bonifácio, n. 83, e o local de trabalho sito na rua D. Pedro II, n. 837.

Caso as testemunhas se comprometam a comparecer espontaneamente à audiência, sem necessidade de intimação, usa-se a seguinte expressão:

"Rol de testemunhas que comparecerão à audiência independentemente de intimação:"

Para efeito de referência às provas que pretende produzir, o advogado pode optar por uma das seguintes fórmulas:

> a) Protesta o autor pela produção da prova documental ora juntada, bem como da prova testemunhal ao final arrolada e do depoimento do réu que desde já requer.
>
> b) Protesta o autor pela produção de todas as provas em direito admitidas.

Trata a hipótese B do protesto genérico para futura especificação probatória. Nesse caso, após eventual contestação, o juiz chama à especificação das provas, que será guiada pelos pontos controvertidos na defesa (art. 348 do CPC). O silêncio da parte em responder ao despacho de especificação de provas faz precluir do direito à produção probatória, implicando desistência do pedido genérico formulado na inicial.[37] Já o julgamento antecipado da lide, sem oportunizar a especificação das provas, acarreta quebra do princípio da igualdade das partes.[38]

8. Opção pela realização ou não de audiência de conciliação ou de mediação (arts. 319, VII, e 334 do CPC)

> III – DA AUDIÊNCIA DE CONCILIAÇÃO OU DE MEDIAÇÃO
>
> Para efeitos legais, declara o demandante o seu DESINTERESSE em eventual autocomposição e, consequentemente, na não realização da audiência de conciliação ou de mediação.
>
> OU
>
> Para efeitos legais, declara o demandante o seu INTERESSE em eventual autocomposição e, consequentemente, na realização da audiência de conciliação ou de mediação.

Neste item deverá o autor manifestar-se a respeito da audiência de conciliação ou mediação, consignando se concorda ou não que ela seja realizada. O mesmo se aplica ao réu, ao promover a contestação. Vale dizer: se o autor estiver propenso a encerrar o processo mediante acordo ou autocomposição, poderá optar pela realização da audiência; caso entenda em hipótese alguma submeter-se a aceitar o acordo, optará por sua não realização. De qualquer modo, a manifestação do autor e do réu mostram-se decisivas para que o juiz proceda ou não à designação da audiência, vez que a audiência não será realizada se ambas as partes manifestarem, expressamente, desinteresse na composição consensual (art. 334, § 4º, I, do CPC).

---

37 STJ, REsp n. 329.034, 3ª T., rel. Min. Humberto Gomes de Barros, j. 14.02.2006.

38 STJ, REsp n. 235.196, 4ª T., rel. Min. Fernando Gonçalves, j. 26.10.2004.

9. Valor da causa

Dá-se à presente o valor de R$ ....

ou

VALOR DA CAUSA: R$ ....

A toda causa será atribuído um valor certo, ainda que não tenha conteúdo econômico imediato (art. 291 do CPC). O valor da causa corresponde, assim, à importância pecuniária atribuída à ação. Constitui requisito essencial da petição inicial, consoante exigência dos arts. 292 e 319, V, do diploma processual. Na falta do valor da causa, o juiz intimará a parte a fazê-lo; não sendo atendido o despacho, o juiz indeferirá a petição inicial (art. 321 do CPC).

Embora à maioria das ações possam ser atribuídos valores perfeitamente definidos pelo Código de Processo Civil, em razão da importância do próprio negócio ou do próprio bem sobre que versam, há um razoável número delas em que se torna difícil estabelecer um valor pecuniário, sendo o próprio Código de Processo Civil omisso na sua determinação. Cita-se, como exemplo, a ação de investigação de paternidade, que não envolve valores, mas tão somente o reconhecimento de um direito ou de um fato. Nesse caso e nos demais em que o valor não pode ser determinado de forma pacífica, circunstância em que as ações são consideradas de *valor inestimável*, cabe ao advogado calculá-lo por estimativa, na expectativa de que a outra parte não venha a impugná-lo (art. 293 do CPC).

O montante do valor da causa é importante, entre outras coisas, para a fixação da *alçada*, isto é, para determinar a possibilidade de recurso à 2ª instância e qual órgão colegiado deve julgá-lo. A Lei n. 6.830/80 não admite recurso para o segundo grau de jurisdição em causas cujo valor seja igual ou inferior a determinado número de OTNs.[39] A primeira tem como justificativa a maior celeridade das causas na Justiça Federal; a segunda refere-se às execuções fiscais, que não admitem apelação, sendo admitidos apenas, dentro do limite a que se refere (50 OTNs), embargos infringentes e declaratórios para o próprio juiz. Também não poderão ser objeto de recurso nos processos perante a Justiça do Trabalho as cau-

---

39 "Processo civil. Execução fiscal. Alçada recursal (art. 34 da Lei n. 6.830/80). Alçada de 50 ORTN, correspondente a 308,50 Ufir. Verificação do valor da execução à época da propositura para fins de alçada. Reexame do contexto fático-probatório (Súmula n. 7/STJ). 1 – [...]. 2 – Com a extinção da ORTN, o valor de alçada deve ser encontrado a partir da interpretação da norma que extinguiu um índice e o substituiu por outro, mantendo-se a paridade das unidades de referência, sem efetuar a conversão para moeda corrente, para evitar a perda do valor aquisitivo. 3 – 50 ORTN = 50 OTN = 308,50 BTN = 308,50 Ufir = R$ 328,27 (trezentos e vinte e oito reais e vinte e sete centavos) a partir de janeiro/2001, quando foi extinta a Ufir e desindexada a economia. 4 – A verificação do valor da execução fiscal, se superior ou não ao patamar estipulado, à época da propositura da ação, demandaria reexame do contexto fático-probatório dos autos, procedimento este vedado por força da Súmula n. 7/STJ. 5 – Agravo regimental não provido" (Ag. Reg. no Ag. n. 952.119/PR, 2ª T., rel. Min. Eliana Calmon, j. 19.02.2008, *DJ* 28.02.2008, p. 1).

sas fixadas em valor inferior a dois salários mínimos que não versarem sobre matéria constitucional (Lei n. 5.584/70).

> Incabível qualquer recurso, salvo se versarem sobre matéria constitucional, quando o valor da causa for aquém do dobro do salário mínimo de referência, a teor do § 4º do art. 2º da Lei n. 5.584/70, com a nova redação dada pela Lei n. 7.402/85 (*Adcoas* 121/111).

De qualquer forma, o Judiciário, de modo geral, vem admitindo a atribuição do valor de alçada quando os elementos necessários à quantificação do proveito econômico buscados na demanda são incertos e dependem da dilação probatória.

Desse modo, quando tratar-se de demanda de valor inestimável ou que não se possa atribuir um valor certo e determinado e não se tiver conhecimento do valor de alçada, recomenda-se, *ad cautelam*, que, em relação à alçada, consigne-se, no local destinado ao valor da causa, a expressão "Dá-se à presente causa por não ter conteúdo econômico imediato ou mediato, o valor de R$ 1.000,00". O valor de alçada geralmente é fixado pelo Código de Organização Judiciária de cada estado.

O valor atribuído à causa também tem reflexos na determinação do procedimento, no cálculo das custas judiciais e da taxa judiciária e na fixação dos honorários de sucumbência e da multa a ser imposta pelo juiz ao litigante de má-fé (art. 81 do CPC).

As causas a serem submetidas ao procedimento sumaríssimo têm seus valores limitados por lei. Assim, a Lei n. 9.099/95 (Juizados Especiais Cíveis), que dispõe sobre o procedimento sumaríssimo na Justiça Estadual comum, prescreve que o referido juizado tem competência para conciliação, processo e julgamento das causas "cujo valor não exceda a quarenta vezes o salário mínimo"; no que é seguida pela Lei n. 9.957/2000, que também fixou em "quarenta vezes o salário mínimo" o valor que limita os dissídios individuais submetidos ao procedimento sumaríssimo no âmbito da Justiça do Trabalho.

Já nos Juizados Especiais Federais Cíveis, criados pela Lei n. 10.259/2001, a competência foi estabelecida para processar, conciliar e julgar causas até o valor de "sessenta salários mínimos".

Em decorrência, muitas das causas que eram costumeiramente processadas mediante o procedimento ordinário, em razão da matéria, passaram a ser processadas pelo procedimento sumaríssimo, em razão do valor da causa, quando não excederem os valores expressamente previstos (20 ou 40 salários mínimos).

Ainda em relação ao valor da causa, releva observar que ela será determinada segundo os seguintes critérios:

a) se o objeto da ação contemplar benefício patrimonial, a quantia em dinheiro correspondente a esse benefício será o valor da causa;

b) na ação de cobrança de dívida, o valor da causa será a soma monetariamente corrigida do principal, dos juros de mora vencidos e de outras penalidades, se houver, até a data de propositura da ação (art. 292, I, do CPC);

c) na ação que tiver por objeto a existência, a validade, o cumprimento, a modificação, a resolução, a resilição ou a rescisão de ato jurídico, o valor do ato ou o de sua parte controvertida (art. 292, II, do CPC);

d) na ação de alimentos, a soma de doze prestações mensais pedidas pelo autor (art. 292, III, do CPC);

e) na ação de divisão, de demarcação e de reivindicação, o valor de avaliação da área ou do bem objeto do pedido (art. 292, IV, do CPC);

f) na ação indenizatória, inclusive a fundada em dano moral, o valor pretendido (art. 292, V, do CPC);

g) ocorrendo cumulação de pedidos, o valor da ação se constituirá pela quantia correspondente à soma dos valores de todos eles (art. 292, VI, do CPC);

h) na ação em que os pedidos são alternativos, o de maior valor (art. 292, VII, do CPC);

i) na ação em que houver pedido subsidiário, o valor do pedido principal (art. 292, VIII, do CPC);

j) no caso de se pedirem prestações vencidas e vincendas, tomar-se-á em consideração o valor de umas e outras. O valor das prestações vincendas será igual a uma prestação anual, se a obrigação for por tempo indeterminado ou superior a um ano; será igual à soma das prestações, se por tempo inferior a um ano (art. 292, §§ 1º e 2º, do CPC).

Síntese do valor da causa nos principais procedimentos:

Espécie de ação	Valor da causa
Acidente de trabalho Investigação de paternidade Dano estético Alteração de nome	Valor inestimável (valor da alçada)
Rescisão, existência, validade, cumprimento e modificação de contrato	O valor do contrato
Embargos de terceiros	Valor do bem sobre que versa
Declaratória	O valor do negócio a que corresponde a relação jurídica
Execução fiscal	O valor da dívida constante da certidão, com os encargos legais
Execução de título extrajudicial	O valor do título
Cumulação de pedidos	A soma dos valores dos diversos pedidos
Anulação de duplicata Anulação e substituição de título ao portador	O valor do título
Alimentos	A soma de doze prestações mensais
Rescisória	O valor da ação originária corrigido
Cobrança	A soma do valor principal corrigido e dos juros vencidos até a propositura da ação

(continua)

(continuação)

Espécie de ação	Valor da causa
Indenização por acidente de veículos e outras	O valor dos danos causados
Divisão Demarcação Reivindicatória	O valor do imóvel ou do objeto
Possessória cumulada com pedido de rescisão de contrato	O valor do contrato
Com pedidos alternativos	O do pedido de maior valor
Usucapião	O valor do bem usucapiendo
Despejo Revisional de aluguel Consignação de aluguel Renovatória de locação	O valor de doze meses de aluguel
Indenizatória	O valor pretendido

Número de vias da petição inicial: não sendo caso de processo eletrônico, a petição inicial deverá ser redigida em tantas vias quantos forem os réus ou pessoas a serem citadas, as quais passarão a integrar o mandado de citação (art. 250, IV, do CPC), acrescidas de uma cópia que permanecerá nos autos e de outra que será protocolada e ficará em poder do autor da ação. Sendo, no entanto, caso de processo eletrônico, a petição inicial, a procuração e os demais documentos que acompanham a petição serão escaneados no cartório e, após a petição inicial ser protocolada, devolvidos ao autor da ação.

10. Pedido de deferimento

Termos em que
E. deferimento.

11. Local, data e assinatura do(a) advogado(a)

......................., ... de .... de 20......
Advogado(a)
OAB/...... n. ......[40]

40 "Art. 14. É obrigatória a indicação do nome e do número de inscrição em todos os documentos assinados pelo advogado, no exercício de sua atividade" (Estatuto da Advocacia). Por exigência do CPC/2015 também devem constar o endereço profissional completo e o endereço eletrônico.

MODELO
PETIÇÃO INICIAL

1.1. O juízo ou tribunal a quem é dirigida	AO JUÍZO DE DIREITO DA ...... VARA CÍVEL Comarca de ....
1.2. Os nomes, prenomes, estado civil, profissão, domicílio e residência	CARLOS PONTES, brasileiro, casado, comerciante, RG n. 500.997/SC, residente e domiciliado nesta cidade, na rua 7 de Setembro, 410, endereço eletrônico ...., por seu procurador firmatário, com instrumento de procuração incluso (doc. 1), endereço na rua Ipiranga, 305, nesta cidade, endereço eletrônico ...., vem, perante este juízo, propor AÇÃO DE DESPEJO POR FALTA DE PAGAMENTO em desfavor de DUÍLIO MACHADO, brasileiro, casado, motorista, residente e domiciliado nesta cidade, na rua Padre Anchieta, 720, pelos seguintes fatos e fundamentos:
1.3. Os fatos: DOS FATOS	1. O requerente é locador e proprietário do imóvel onde reside o requerido, constituído por uma casa de alvenaria, parte térrea, o qual foi locado ao mesmo requerido desde 20 de março de 2012, conforme faz prova com o contrato incluso (doc. 2). 2. Ocorre que o último pagamento de aluguel efetuado pelo requerido refere-se ao mês de ...., encontrando-se, portanto, com ...... meses de atraso até a presente data, ou seja, meses de ...., importando o seu débito em R$ ....
1.4. Os fundamentos jurídicos do pedido: DO DIREITO	3. Por determinação do art. 23, I, da Lei n. 8.245/91, o locatário é obrigado a pagar pontualmente o aluguel e os encargos da locação no prazo estipulado, sendo que o não cumprimento da obrigação dá direito ao locador de desfazer a locação e promover o despejo, nos termos dos arts. 9º, III, e 47, I, da Lei n. 8.245/91. 4. Para efeitos legais o autor declara sua opção pela realização da audiência de conciliação ou de mediação, nos termos do art. 319, VII, do Código de Processo Civil.
1.5. O pedido com suas especificações: DO PEDIDO	Diante do exposto, e com fundamento nos arts. 9º, III, e 47, I, da Lei n. 8.245/91, requer que este juízo se digne mandar citar o requerido acima qualificado para, querendo, contestar a presente, sob pena de revelia e confissão, para, ao final, ser decretado o despejo, com a condenação nas custas e honorários de advogado na base de 20% do valor da causa e demais cominações legais.
1.6. As provas que pretende produzir	Protesta por todo gênero de prova em direito admitido.
1.7. O valor da causa	Valor da causa: R$ ....
1.8. O pedido de deferimento	Termos em que E. deferimento.
1.9. Local, data e assinatura do(a) advogado(a)	.................., ... de .... de 20..... _____________________________ OAB/SC 72.330

MODELO ALTERNATIVO

AO JUÍZO DE DIREITO DA ...... VARA CÍVEL

Comarca de ....

CARLOS PONTES, brasileiro, casado, comerciante, RG n. 500.997/SC, residente e domiciliado nesta cidade, na rua 7 de Setembro, n. 410, endereço eletrônico ...., por seu procurador infra-assinado (*ut* instrumento de procuração incluso), inscrito na OAB/......, sob n. ...., endereço eletrônico ...., com escritório profissional na rua ...., n. ......, nesta cidade, vem perante este juízo promover a presente

AÇÃO DE DESPEJO POR FALTA DE PAGAMENTO

contra DUÍLIO MACHADO, brasileiro, casado, motorista, residente e domiciliado nesta cidade, na rua Padre Anchieta, n. 740/42, endereço eletrônico ...., em face dos seguintes fatos e fundamentos:

I – DOS FATOS

1. O requerente é proprietário e locador do imóvel onde reside o requerido, constituído de uma casa de alvenaria, parte térrea, o qual se encontra locado desde a data de 20 de março de 2000, conforme faz prova com o contrato incluso (doc. 2).

2. Ocorre que o último pagamento de aluguel (atualmente de R$ .... mensais) efetuado pelo requerido refere-se ao mês de .... Sendo assim, este se encontra inadimplente em relação a ...... meses, importando o seu débito, até o presente momento, em R$ .... (........................).

II – DO DIREITO

3. Determina o art. 23 da Lei n. 8.245/91 que o locatário é obrigado a pagar pontualmente o aluguel e os encargos da locação no prazo estipulado, sob pena de ensejar ao locador o direito de desfazer a locação e promover o despejo, consoante os arts. 9º, III, e 47, I, da Lei n. 8.245/91.

III – DO PEDIDO

Em face de todo o exposto, e com fundamento nos dispositivos já citados, requer:

a) a citação do requerido para, querendo, contestar a presente, sob pena de revelia e confissão;

b) a decretação do despejo, com a condenação do requerido ao pagamento das custas e honorários de advogado, na base de 20% do valor da causa e demais cominações legais.

Protesta pela produção de todos os meios de prova em direito admitidos.

Valor da causa: R$ ....

T. em que
E. deferimento.
.................., ... de .... de 20......

p.p. Advogado(a)
OAB/...... n. ......

Requisitos especiais da petição inicial

Em determinados casos, a lei processual ou especial exige, para a petição inicial, requisitos específicos que se somam aos requisitos *stricto sensu* enumerados pelo art. 319 do Código de Processo Civil, como ocorre nas ações a seguir arroladas:

1) **Ação de execução** (art. 798 do CPC), com:

a) o título executivo extrajudicial;

b) a prova de que se verificou a condição, ou ocorreu o termo, se for o caso;

c) o demonstrativo do débito atualizado até a data de propositura da ação, quando se tratar de execução por quantia certa;

d) a prova, se for o caso, de que adimpliu a contraprestação que lhe corresponde ou que lhe assegura o cumprimento, se o executado não for obrigado a satisfazer a sua prestação senão mediante a contraprestação do exequente.

2) **Ação de consignação em pagamento** (art. 542 do CPC), com o requerimento: do depósito da quantia ou da coisa devida, a ser efetivado no prazo de cinco dias contados do deferimento; da citação do réu para levantar o depósito ou oferecer contestação.

3) **Ação de consignação de aluguéis** (art. 67, I, da Lei n. 8.245/91), com: a especificação dos aluguéis e acessórios da locação e a indicação dos respectivos valores.

4) **Ações de manutenção e de reintegração de posse** (art. 561 do CPC), com:

a) a prova da posse do autor;

b) a turbação ou o esbulho praticado pelo réu;

c) a data da turbação ou do esbulho;

d) a continuação da posse, embora turbada, na ação de manutenção, ou a perda da posse, na ação de reintegração.

5) **Ação de divisão de terras** (art. 588 do CPC), com:

a) a indicação da origem da comunhão e a denominação, situação, limites e características do imóvel;

b) o nome, o estado civil, a profissão e a residência de todos os condôminos, especificando-se os estabelecidos no imóvel com benfeitorias e culturas;

c) as benfeitorias comuns.

6) **Embargos de terceiros** (art. 677 do CPC), com:

a) a prova sumária da posse ou do domínio do requerente e a qualidade de terceiro, com documentos;

b) rol de testemunhas.

7) **Ação de divórcio e de separação consensuais, mediante petição assinada por ambos os cônjuges** (art. 731 do CPC), com:

a) a descrição dos bens comuns e a respectiva partilha;

b) o acordo relativo à guarda dos filhos incapazes e ao regime de visitas;

c) o valor da contribuição para criar e educar os filhos;

d) o valor da pensão alimentícia entre os cônjuges, do marido à mulher, se esta não possuir bens suficientes para se manter.

8) **Ação revisional de aluguel** (art. 68, I, da Lei n. 8.245/91), com a indicação do valor do aluguel cuja fixação é pretendida.

9) **Ação renovatória de locação** (art. 71 da Lei n. 8.245/91), com:

a) a prova do preenchimento dos requisitos dos incisos I, II e III do art. 51;

b) a prova do exato cumprimento do contrato em curso;

c) a prova da quitação dos impostos e taxas que incidiram sobre o imóvel e cujo pagamento lhe incumbia;

d) a indicação clara e precisa das condições oferecidas para a renovação da locação;

e) a indicação do fiador, quando houver, no contrato a renovar e, quando não for o mesmo, a indicação do nome ou denominação completa, número de sua inscrição no Ministério da Fazenda, endereço e, tratando-se de pessoa natural, a nacionalidade, o estado civil, a profissão e o número da carteira de identidade, comprovando, com qualquer caso e desde logo, a idoneidade financeira;

f) a prova de que o fiador do contrato ou o que o substituir na renovação aceita os encargos da fiança, autorizado por seu cônjuge, se casado for;

g) a prova, quando for o caso, de ser cessionário ou sucessor, em virtude de título oponível ao proprietário.

10) **Ação de recuperação judicial de empresa** (requerida pelo próprio empresário, art. 51 da Lei n. 11.101/2005), com:

I – a exposição das causas concretas da situação patrimonial de devedor e das razões da crise econômico-financeira;

II – as demonstrações contábeis relativas aos três últimos exercícios sociais e as levantadas especialmente para instruir o pedido, confeccionadas com estrita observância da legislação societária aplicável e compostas obrigatoriamente de:

a) balanço patrimonial;

b) demonstração de resultados acumulados;

c) demonstração do resultado desde o último exercício social;

d) relatório gerencial de fluxo de caixa e de sua projeção;

e) descrição das sociedades de grupo societário, de fato ou de direito;

III – a relação nominal completa dos credores, sujeitos ou não à recuperação judicial, inclusive aqueles por obrigação de fazer ou de dar, com a indicação do endereço físico e eletrônico de cada um, a natureza, conforme estabelecido nos arts. 83 e 84 desta Lei, e o valor atualizado do crédito, com a discriminação de sua origem, e o regime dos vencimentos;

IV – a relação integral dos empregados, em que constem as respectivas funções, salários, indenizações e outras parcelas a que têm direito, com o correspondente mês de competência, e a discriminação dos valores pendentes de pagamento;

V – a certidão de regularidade do devedor no Registro Público de Empresas, o ato constitutivo atualizado e as atas de nomeação dos atuais administradores;

VI – a relação dos bens particulares dos sócios controladores e dos administradores do devedor;

VII – os extratos atualizados das contas bancárias do devedor e de suas eventuais aplicações financeiras de qualquer modalidade, inclusive em fundos de investimento ou em bolsas de valores, emitidos pelas respectivas instituições financeiras;

VIII – certidões dos cartórios de protestos situados na comarca do domicílio ou sede do devedor e naquelas onde possui filial;

IX – a relação, subscrita pelo devedor, de todas as ações judiciais e procedimentos arbitrais em que este figure como parte, inclusive as de natureza trabalhista, com a estimativa dos respectivos valores demandados;

X – o relatório detalhado do passivo fiscal; e

XI – a relação de bens e direitos integrantes do ativo não circulante, incluídos aqueles não sujeitos à recuperação judicial, acompanhada dos negócios jurídicos celebrados com os credores de que trata o § 3º do art. 49 desta Lei.

11) **Ação de falência** (requerida pelo credor, art. 94 da Lei n. 11.101/2005), com:

a) prova de qualidade do credor;

b) juntada dos títulos executivos, exibidos no original ou por cópias autenticadas se estiverem juntados em outro processo;

c) instrumento de protesto.

12) **Ação de desapropriação de imóvel rural** (art. 5º da Lei Complementar n. 76/93), com:

a) o texto do decreto declaratório de interesse social para fins de reforma agrária, publicado no *DOU*;

b) certidões atualizadas de domínio e de ônus real do imóvel;

c) documento cadastral do imóvel;

d) laudo de vistoria e avaliação administrativa, que conterá, necessariamente:

- descrição do imóvel, por meio de suas plantas geral e de situação, e memorial descritivo da área objeto da ação;

▪ relação das benfeitorias úteis, necessárias e voluptuárias, das culturas e dos pastos naturais e artificiais, da cobertura vegetal, seja natural, seja decorrente de florestamento, e dos semoventes;

▪ discriminadamente, os valores de avaliação da terra nua e das benfeitorias indenizáveis.

e) comprovante de lançamento dos Títulos da Dívida Agrária correspondente ao valor ofertado para pagamento de terra nua;

f) comprovante de depósito em banco oficial, ou outro estabelecimento no caso de inexistência de agência na localidade, à disposição do juízo, correspondente ao valor ofertado para pagamento das benfeitorias úteis e necessárias.

13) **Ação de *habeas data*** (art. 8º da Lei n. 9.507/97), com a prova:

I – da recusa ao acesso às informações ou do decurso de mais de dez dias sem decisão;

II – da recusa em fazer-se a retificação ou do decurso de mais de quinze dias, sem decisão; ou

III – da recusa em fazer-se a anotação a que se refere o § 2º do art. 4º ou do decurso de mais de quinze dias sem decisão.

Alteração/emenda da petição

É atribuição do advogado, antes de distribuir a petição inicial no foro, promover uma última leitura para efeito de examinar que nenhum requisito ou informação essencial sobre a questão a ser posta em juízo seja omitida. Isso porque somente em restritas situações a lei processual permite que a petição inicial seja alterada ou emendada por iniciativa do autor na hipótese de omissão de algum dado importante. Essas situações são:

a) antes da citação do réu, sem consentimento deste;

b) após a citação do réu, desde que haja consentimento deste e que a modificação se verifique antes do saneamento do processo.

Não é outra a interpretação dos arts. 321 e 329 do Código de Processo Civil, a seguir transcritos:

> Art. 321. O juiz, ao verificar que a petição inicial não preenche os requisitos dos arts. 319 e 320 ou que apresenta defeitos e irregularidades capazes de dificultar o julgamento de mérito, determinará que o autor, no prazo de 15 (quinze) dias, a emende ou a complete, indicando com precisão o que deve ser corrigido ou completado.
>
> Art. 329. O autor poderá: I – até a citação, aditar ou alterar o pedido ou a causa de pedir, independentemente de consentimento do réu; II – até o saneamento do processo, aditar ou alterar o pedido e a causa de pedir, com consentimento do réu, assegurado o contraditório mediante a possibilidade de manifestação deste no prazo mínimo de 15 (quinze) dias, facultado o requerimento de prova suplementar. Parágrafo único. Aplica-se o disposto neste artigo à reconvenção e à respectiva causa de pedir.

Não obstante, a emenda inicial também pode ser determinada *ex officio* pelo juiz, para que o autor, no prazo de quinze dias, a emende ou complete, desde que esta apresente defeitos e irregularidades capazes de dificultar o julgamento do mérito ou não preencha os requisitos dos arts. 319 e 320 do Código de Processo Civil (art. 321). Não emendada ou não completada a petição no prazo concedido, o juiz indeferirá a petição inicial.[41]

De outra parte, deixando o juiz de oportunizar a emenda da inicial no prazo mencionado, configura-se ofensa ao art. 284 (que corresponde ao art. 321, CPC/2015): "Ofende o art. 284 do CPC o acórdão que declara extinto o processo, por deficiência da petição inicial, sem dar ao autor a oportunidade para suprir a falha" (STJ, REsp n. 114.092/SP, 1ª T., rel. Min. Humberto Gomes de Barros, j. 19.02.1990). No mesmo sentido está a Súmula n. 263 do TST:

> Salvo nas hipóteses do art. 295 do CPC [art. 319 do CPC/2015], o indeferimento da petição inicial, por encontrar-se desacompanhada de documento indispensável à propositura da ação ou não preencher outro requisito legal, somente é cabível se, após intimada para suprir a irregularidade em 15 (quinze) dias, a parte não o fizer.

De qualquer modo, seja a petição inicial indeferida pela ausência de intimação para emenda, seja por qualquer outro motivo que entenda ser improcedente (inépcia etc.), o autor poderá *apelar*, sendo facultado ao juiz, no prazo de cinco dias, retratar-se (art. 331 do CPC).

Processo eletrônico

O processo eletrônico, instituído pela Lei n. 11.419/2006 e referendado pelo Código de Processo Civil de 2015 (arts. 193 a 199), diz respeito à utilização de sistemas eletrônicos de processamento de ações judiciais por meio de autos total ou parcialmente digitais, utilizando, preferencialmente, a rede mundial de computadores e acesso por meio de redes internas e externas. Mediante esse processo to-

41 A 2ª Seção Especializada do Tribunal Pleno da 10ª Região negou provimento a agravo regimental contra decisão do juiz titular da 15ª Vara do Trabalho de Brasília que indeferiu emenda à petição inicial de mandado de segurança por ter sido entregue fora do prazo estipulado. A regra está inserida no art. 267, I, do Código de Processo Civil. Pela falta do endereço do litisconsorte passivo (a pessoa jurídica de que faz parte a autoridade coatora), o juiz determinou que a informação fosse acrescentada à inicial. O impetrante não cumpriu o prazo estabelecido e recorreu da decisão que extinguiu o processo sem julgamento do mérito. Segundo o relator do recurso, o juiz Mário Caron, de acordo com o art. 8° da Lei n. 1.533/51 [atual art. 10 da Lei n. 12.016/2009], a inicial teria de ser indeferida, de imediato, sem concessão de prazo algum, pois o impetrante se limitou a pedir a citação do litisconsorte "no endereço mencionado na reclamação trabalhista", mas sem anexar ao processo os documentos nos quais poderia ser encontrado o endereço. "É notório o descumprimento da norma que exige que a petição inicial venha acompanhada dos documentos que a instruírem, não se viabilizando emenda ou oportunidade para correção de irregularidades, conforme jurisprudência pacificada na Súmula n. 415 do TST", enfatizou (2ª Seção Especializada, Proc. n. 00286-2006-000-10-00-2/MS).

das as citações, intimações e notificações, inclusive da Fazenda Pública, deverão ser feitas por meio eletrônico mediante assinatura eletrônica.

Também se exige a assinatura eletrônica para envio de petições, de recursos e a prática de atos processuais em geral por meio eletrônico, sendo obrigatório o credenciamento prévio no Poder Judiciário, conforme disciplinado pelos órgãos respectivos.

Para efeito de facilitar a utilização do meio eletrônico, os órgãos do Poder Judiciário deverão manter equipamentos de digitalização e de acesso à rede mundial de computadores à disposição dos interessados para distribuição de peças processuais.

Dispositivos relevantes do Código de Processo Civil referentes ao processo eletrônico:

> Art. 224. Salvo disposição em contrário, os prazos serão contados excluindo o dia do começo e incluindo o dia do vencimento. [...] § 2º Considera-se como data de publicação o primeiro dia útil seguinte ao da disponibilização da informação no Diário da Justiça eletrônico. [...]
>
> Art. 231. Salvo disposição em sentido diverso, considera-se dia do começo do prazo: [...] V – o dia útil seguinte à consulta ao teor da citação ou da intimação ou ao término do prazo para que a consulta se dê, quando a citação ou a intimação for eletrônica; [...] VII – a data de publicação, quando a intimação se der pelo Diário da Justiça impresso ou eletrônico; [...] IX – o quinto dia útil seguinte à confirmação, na forma prevista na mensagem de citação, do recebimento da citação realizada por meio eletrônico. [...]
>
> Art. 254. Feita a citação com hora certa, o escrivão ou chefe de secretaria enviará ao réu, executado ou interessado, no prazo de 10 (dez) dias, contado da data da juntada do mandado aos autos, carta, telegrama ou correspondência eletrônica, dando-lhe de tudo ciência. [...]
>
> Art. 263. As cartas deverão, preferencialmente, ser expedidas por meio eletrônico, caso em que a assinatura do juiz deverá ser eletrônica, na forma da lei.
>
> Art. 264. A carta de ordem e a carta precatória por meio eletrônico, por telefone ou por telegrama conterão, em resumo substancial, os requisitos mencionados no art. 250, especialmente no que se refere à aferição da autenticidade. [...]
>
> Art. 270. As intimações realizam-se, sempre que possível, por meio eletrônico, na forma da lei. [...]
>
> Art. 272. Quando não realizadas por meio eletrônico, consideram-se feitas as intimações pela publicação dos atos no órgão oficial.
>
> Art. 273. Se inviável a intimação por meio eletrônico e não houver na localidade de publicação em órgão oficial, incumbirá ao escrivão ou chefe de secretaria intimar de todos os atos do processo os advogados das partes: I – pessoalmente, se tiverem domicílio na sede do juízo; II – por carta registrada, com aviso de recebimento, quando forem domiciliados fora do juízo. [...]

> Art. 275. A intimação será feita por oficial de justiça quando frustrada a realização por meio eletrônico ou pelo correio. [...]
>
> Art. 285. A distribuição, que poderá ser eletrônica, será alternada e aleatória, obedecendo-se rigorosa igualdade. [...]
>
> Art. 287. A petição inicial deve vir acompanhada de procuração, que conterá os endereços do advogado, eletrônico e não eletrônico.
>
> Art. 334. [...] § 7º A audiência de conciliação ou de mediação pode realizar-se por meio eletrônico, nos termos da lei. [...]
>
> Art. 513. O cumprimento da sentença será feito segundo as regras deste Título, observando-se, no que couber e conforme a natureza da obrigação, o disposto no Livro II da Parte Especial deste Código. [...] § 2º O devedor será intimado para cumprir a sentença: [...] III – por meio eletrônico, quando, no caso do § 1º do art. 246, não tiver procurador constituído nos autos. [...]
>
> Art. 535. A Fazenda Pública será intimada na pessoa de seu representante judicial, por carga, remessa ou meio eletrônico, para, querendo, no prazo de 30 (trinta) dias e nos próprios autos, impugnar a execução, podendo arguir: [...]

A Resolução n. 185, de 18 de dezembro de 2013, do Conselho Nacional de Justiça, bem como posteriores resoluções que a alteraram, também dispõem sobre o tema.

Peticionamento (processo) eletrônico

Peticionamento eletrônico é o recurso tecnológico do primeiro momento do processo eletrônico, que possibilita o envio de petições iniciais ou incidentais, eletronicamente, por meio do portal do tribunal, sem a intervenção da Secretaria Judiciária e sem a presença física do advogado. O peticionamento é regulamentado pela Lei n. 11.419/2006 e pelo CPC/2015, que recepcionou algumas de sua regras em seu texto.

Peticionamento

Cada tribunal criou sistema próprio de envio de petições, por meio do seu respectivo *website*. Em regra, é solicitado um cadastramento prévio feito pela internet. Seguindo as instruções específicas do sistema, será solicitado que o advogado utilize sua chave, conectando seu *smart card* ao leitor.

O arquivo eletrônico que representa a petição deverá ser gravado nos formatos aceitos pelo sistema do tribunal em questão, o que convém ser verificado com cada um deles, uma vez que esses detalhes técnicos podem ser frequentemente alterados.

Consideram-se realizados os atos processuais por meio eletrônico no dia e na hora do seu envio ao sistema do Poder Judiciário, do que deverá ser fornecido protocolo eletrônico. Quando a petição eletrônica for enviada para atender prazo processual, serão consideradas tempestivas as transmitidas até as 24 horas do seu último dia (art. 3º da Lei n. 11.419/2006).

Vantagens do peticionamento eletrônico

A utilização do peticionamento eletrônico proporciona as seguintes vantagens ao advogado:

- comodidade, pois o advogado poderá peticionar de onde estiver, sem a necessidade de se deslocar até o foro ou tribunal;
- economia com gastos de hospedagem e transporte;
- horário diferenciado para o protocolo de petições: até as 24 horas do dia em que vence o prazo;
- celeridade processual;
- significativa redução do fluxo de pessoas nas unidades dos tribunais, o que diminui as filas de espera para os que neles comparecem;
- diminuição do risco de incidentes no deslocamento físico dos documentos (furto de malotes, exemplificativamente);
- segurança jurídica proporcionada pela assinatura digital (autenticidade e integridade do documento);
- economia de tempo: os atos processuais das partes consideram-se realizados no dia e na hora de seu recebimento.

Anexação de documentos

Os documentos em papel podem ser anexados se forem previamente digitalizados utilizando-se um *scanner*. Entretanto, como o sistema informático de cada tribunal pode eventualmente operar de modo diverso, faz-se necessário conhecer suas instruções específicas sobre a juntada de documentos. Em geral, é estabelecido um limite, medido em *kilobytes* ou *megabytes*, para o tamanho do arquivo a ser enviado.

Intimações eletrônicas

A Lei n. 11.419/2006 também permite a realização de intimações eletrônicas. Um dos modos de fazê-las, que tem sido seguido pela maioria dos tribunais estaduais, e também pelos tribunais superiores, é por meio da publicação no Diário Eletrônico, para cumprimento do preceito constitucional de publicidade dos atos oficiais.

A maioria dos tribunais estaduais tem produzido seu próprio Diário Eletrônico, para proceder às suas intimações e às dos órgãos inferiores de sua respectiva jurisdição, deixando-o disponível para acesso ou *download* em seus *websites*. Nessa modalidade de intimação, a contagem de prazos passou a ser regida pelas regras do art. 4º, §§ 3º e 4º, da Lei n. 11.419/2006:

> Art. 4º [...]
>
> § 3º Considera-se como data da publicação o primeiro dia útil seguinte ao da disponibilização da informação no Diário da Justiça eletrônico.
>
> § 4º Os prazos processuais terão início no primeiro dia útil que seguir ao considerado como data da publicação.

Outra forma de intimação por meio eletrônico é a que é feita em portal próprio do Poder Judiciário aos que nele se cadastrarem como usuários, dispensando-se a publicação no órgão oficial, inclusive eletrônico (art. 5º). Considerar-se-á realizada a intimação no dia em que o intimando efetivar a consulta eletrônica ao teor da intimação, certificando-se nos autos a sua realização. Nos casos em que a consulta se opere em dia não útil, a intimação será considerada realizada no primeiro dia útil seguinte. A teor da lei, a consulta deverá ser feita em até dez dias corridos contados da data do envio da intimação, sob pena de considerar-se a intimação automaticamente realizada na data do término desse prazo.

Ressalva a lei que, nos casos urgentes, em que a intimação feita dessa forma possa causar prejuízo a quaisquer das partes ou nos casos em que for evidenciada qualquer tentativa de burla ao sistema, o ato processual deverá ser realizado por outro meio que atinja a sua finalidade, conforme determinado pelo juiz.

Assinatura digital ou eletrônica

Segundo a lei, para que o advogado possa promover o envio de petições é necessário possuir assinatura eletrônica, mediante o credenciamento prévio no Poder Judiciário, conforme disciplinado pelos órgãos respectivos, e que o documento seja enviado em formato pdf. Além disso, alguns tribunais passaram a exigir que a assinatura eletrônica seja feita por meio do certificado digital. A assinatura digital é, pois, semelhante à assinatura manuscrita: ela tem por função comprovar a autoria de determinado conjunto de dados, que, no caso do processo eletrônico, são as peças e os documentos que o instruem.

A assinatura digital não se confunde com a digitalização de uma assinatura manuscrita. Esta não tem nenhum significado como meio de comprovação de autoria de um documento porque, como se trata de mera imagem, pode ser facilmente copiada e colada em qualquer outro documento. Já a assinatura digital, como resultado de uma operação matemática que tem como uma das variáveis o resumo matemático do próprio documento assinado, não é passível de transferência para qualquer outro documento. Cada assinatura digital é única e exclusiva para aquele documento assinado.

A teor da Lei n. 11.419/2006, constituem assinatura eletrônica as seguintes formas de identificação inequívoca do signatário:

a) assinatura digital baseada em certificado digital emitido por autoridade certificadora credenciada, na forma de lei específica;

b) mediante cadastro de usuário no Poder Judiciário, conforme disciplinado pelos órgãos respectivos.

Utilidade da assinatura digital

A assinatura digital proporciona as seguintes vantagens:

- autenticação da identidade de quem assinou os dados, permitindo-se conhecer quem participou da transação, com a certeza de que não houve falsificação;

- proteção da integridade dos dados, garantindo a certeza de que a mensagem não foi alterada, acidental ou intencionalmente;
- obtenção da prova ou demonstração, a qualquer tempo, de quem participou da transação (capacidade essa chamada de não repúdio), impedindo que alguém negue a assinatura ou o recebimento dos dados;
- conceder e restringir acesso (garantia de impedimento para que pessoas não autorizadas não possam acessar transações e serviços);
- assegurar o cumprimento de prazos processuais sem a necessidade de comprovação nos autos da via original do documento protocolado digitalmente, como ocorre quando o protocolo é feito via fax.

Certificação digital. Certificação digital é a tecnologia que garante o sigilo de documentos e a privacidade nas comunicações das pessoas e das instituições públicas e privadas. Ela impede a adulteração dos documentos nos meios eletrônicos, entre eles a internet, e assegura-lhes curso legal.

A certificação digital é o equivalente eletrônico das carteiras de identidade, passaportes e cartões de associados, que identificam de maneira segura tanto pessoas físicas como jurídicas.

Certificado digital. O certificado digital, em linguagem técnica, é instrumento que combina duas chaves: uma pública e outra privada. A chave é um código utilizado, com um algoritmo criptográfico, para transformar, validar, autenticar, cifrar e decifrar dados. Assim, quando há coincidência entre as duas chaves, pública e privada, pode-se dizer que a informação enviada é íntegra e que a identidade de quem a transmitiu é autêntica.

O certificado digital, na prática, equivale a uma carteira de identidade virtual. Ele contém, como outros documentos, dados do seu titular, tais como nome, identidade civil e *e-mail*, além do nome e *e-mail* da autoridade certificadora que o emitiu. É por meio dele que as assinaturas digitais são certificadas.

O certificado digital da OAB é válido para qualquer manifestação de vontade, como assinatura de contratos, declaração de imposto de renda etc. Qualquer documento eletrônico assinado digitalmente por um advogado com certificação da OAB tem validade plena, equiparável a um documento em papel, com assinatura manuscrita.

Emissão do certificado digital

De posse do seu Cartão de Identificação Profissional contendo *chip*, o advogado deverá seguir os seguintes passos:

1º) adquirir, por meio do *site* do Conselho Federal (https://www.acoab.com.br/home), o Certificado Digital e o acessório de leitura que preferir (leitor USB, leitor PCMCIA);

2º) pagar o boleto gerado e aguardar ao menos 48 horas para a compensação do pagamento;

3º) agendar atendimento presencial (rotina de identificação e registro) por meio do endereço https://www.acoab.com.br/home.

Ao comparecer na data agendada, o advogado deverá portar os seguintes documentos originais, com respectivas cópias simples:

- cédula de identidade ou passaporte, se brasileiro;
- Carteira de Registro Nacional Migratório (CRNM), se estrangeiro domiciliado no Brasil; passaporte, se estrangeiro não domiciliado no Brasil;
- Carteira de Identidade Profissional de advogado;
- foto colorida recente ou documento de identidade com foto colorida, emitido há no máximo cinco anos da data da validação presencial;
- comprovante de residência ou domicílio, emitido há no máximo três meses da data da validação presencial.

Entregues os documentos, cerca de uma hora depois o advogado terá gravado o Certificado Digital no *chip* do Cartão de Identificação.

Em São Paulo, para adquirir o certificado digital, o advogado deve acessar o site https://www.acoab.com.br/home e formalizar o pedido com atendimento dos requisitos necessários. Após, para validar o certificado, poderá o inscrito fazê-lo diretamente na sede da seccional da OAB (Praça da Sé, n. 385) e, por ora, nas seguintes subseções: Bauru, Campinas, Guarulhos, Itaquera, Pinheiros, Piracicaba, Presidente Prudente, Ribeirão Preto, Santo Amaro, Santo André, Santos, São Carlos, São José do Rio Preto, São José dos Campos e Sorocaba, além de outros postos indicados no *site* da autoridade certificadora. As demais subseções serão alvo de futura implementação da validação da assinatura digital.

Custas judiciais

Após a entrega da petição inicial pelo advogado e antes de determinar qual juiz vai processar e julgar a ação, por meio da distribuição, o distribuidor-contador calculará o valor das custas, tendo por base o valor da causa. Para tanto, deverá aplicar sobre o referido valor a tabela ou o regimento de custas elaborados pelo tribunal do estado em que se situa a comarca.

O valor dessas custas, denominadas *custas iniciais* ou *custas prévias*, deverá ser consignado em formulário próprio, que servirá de comprovante de pagamento para a parte que ajuizar a ação. Esse formulário, preenchido em três vias (a primeira via fica nos autos do processo, a segunda com a parte que ajuíza a ação e a terceira com o distribuidor-contador), deve conter o nome das partes, a natureza da ação, o valor da causa, a data de ingresso da ação e o número do processo, além da discriminação de todas as despesas relativas à ação, tais como custas ao escrivão, custas ao oficial de justiça para promover citações, notificações ou intimações e custas ao distribuidor-contador.

Independentemente do recolhimento inicial, poderão haver ainda *custas intermediárias* e *custas finais*.

As *intermediárias* são aquelas devidas no andamento do processo, não incluídas nas custas prévias, ou, ainda, quando:

a) houver impugnação ao valor da causa e o juiz decidir pela alteração, devendo a parte ser intimada a pagar a diferença no prazo máximo de cinco dias;

b) o contador apurar diferença entre o valor devido e as custas prévias recolhidas, em razão de interpretação errônea da natureza da ação ou inclusão na faixa de valor diverso.

As *custas finais* são as apuradas antes do arquivamento do feito, referentes aos atos praticados durante o processo, e não recolhidas prévia ou intermediariamente.

Não incidência de custas judiciais

Não se sujeitam ao pagamento de custas judiciais:

a) as ações de competência dos Juizados Especiais estaduais[42] e federais, salvo os casos previstos em lei e recursos para as Turmas Recursais. No caso de recurso, o preparo compreenderá todas as despesas processuais, inclusive aquelas dispensadas em primeiro grau de jurisdição, ressalvada a hipótese de assistência judiciária gratuita;

b) os beneficiários da gratuidade da justiça (art. 98 do CPC);[43]

c) a União, os Estados, o Distrito Federal, os Municípios e suas respectivas autarquias e fundações;

d) o autor nas ações populares, nas ações civis públicas e nas ações coletivas de que trata a Lei federal n. 8.078, de 11.09.1990, que dispõe sobre o Código de Defesa do Consumidor, ressalvada a hipótese de litigância de má-fé;

---

42 "Art. 54. O acesso ao Juizado Especial independerá, em primeiro grau de jurisdição, do pagamento de custas, taxas ou despesas. [...] Art. 55. A sentença de primeiro grau não condenará o vencido em custas e honorários de advogado, ressalvados os casos de litigância de má-fé. Em segundo grau, o recorrente, vencido, pagará as custas e honorários de advogado, que serão fixados entre dez por cento e vinte por cento do valor de condenação ou, não havendo condenação, do valor corrigido da causa" (Lei n. 9.099/95).

43 "Art. 98. A pessoa natural ou jurídica, brasileira ou estrangeira, com insuficiência de recursos para pagar as custas, as despesas processuais e os honorários advocatícios tem direito à gratuidade da justiça, na forma da lei. § 1º A gratuidade da justiça compreende: I – as taxas ou as custas judiciais; II – os selos postais; III – as despesas com publicação na imprensa oficial, dispensando-se a publicação em outros meios; IV – a indenização devida à testemunha que, quando empregada, receberá do empregador salário integral, como se em serviço estivesse; V – as despesas com a realização de exame de código genético – DNA e de outros exames considerados essenciais; VI – os honorários do advogado e do perito e a remuneração do intérprete ou do tradutor nomeado para apresentação de versão em português de documento redigido em língua estrangeira; VII – o custo com a elaboração de memória de cálculo, quando exigida para instauração da execução; VIII – os depósitos previstos em lei para interposição de recurso, para propositura de ação e para a prática de outros atos processuais inerentes ao exercício da ampla defesa e do contraditório; IX – os emolumentos devidos a notários ou registradores em decorrência da prática de registro, averbação ou qualquer outro ato notarial necessário à efetivação de decisão judicial ou à continuidade de processo judicial no qual o benefício tenha sido concedido."

e) o autor da ação relativa aos benefícios da previdência social, até o valor previsto no art. 128 da Lei federal n. 8.213, de 24.07.1991, considerado o valor em relação a cada autor, quando houver litisconsórcio ativo;

f) o réu que cumprir o mandado de pagamento ou de entrega da coisa na ação monitória;

g) o Ministério Público;

h) a Defensoria Pública;

i) a Fazenda Pública, nos processos de execução fiscal, quando desistir da cobrança ou promover o arquivamento dos autos.

Responsabilidade pelo pagamento das despesas e honorários advocatícios

Ao final do processo, a sentença condenará o vencido a pagar ao vencedor as despesas que antecipou e os honorários advocatícios, mesmo que o advogado atue em causa própria (art. 85, § 17, do CPC). Se cada litigante for em parte vencedor e vencido, serão proporcionalmente distribuídos entre eles os honorários e as despesas (art. 86 do CPC). Vale lembrar, contudo, que: a) se um dos litigantes sucumbir em parte mínima do pedido, caberá a seu adversário arcar na integralidade com honorários advocatícios sucumbenciais e despesas (art. 86, parágrafo único, do CPC); b) não é possível a compensação de honorários em caso de sucumbência parcial (art. 85, § 14, do CPC); c) os honorários advocatícios sucumbenciais são devidos, inclusive, pelo beneficiário da gratuidade da justiça (art. 98, § 2°, do CPC), devendo ser observada, contudo, a suspensão de sua exigência, conforme regra do § 3º do art. 98 do CPC. Na área trabalhista, ressaltamos que os honorários advocatícios sucumbenciais não são devidos para os beneficiários da gratuidade da justiça. Nesse sentido, *vide* o julgamento do Supremo Tribunal Federal na ADI n. 5.766, afastando do nosso ordenamento jurídico, em razão de sua inconstitucionalidade, o *caput* e o § 4°, ambos do art. 790-B da Consolidação das Leis do Trabalho.

Pagamento das custas *on-line*

Hoje já é possível o pagamento das custas iniciais, inclusive de preparo de recursos, via *on-line*, evitando a perda de tempo dos advogados não só no deslocamento até os fóruns, enfrentando congestionamento de trânsito e a dificuldade para estacionar, mas também nas filas que se formam para a emissão das guias e posterior pagamento. Para a obtenção da Guia de Recolhimento de Custas Iniciais, basta acessar o sítio da maioria dos tribunais (TJDF, TJSC, TJPR, TJMG), o que pode ser feito em qualquer computador conectado à internet. Nesses casos é possível emitir diretamente a guia de recolhimento ou solicitar o envio da guia por *e-mail*.

Nas comarcas de menor expressão, um único funcionário, o distribuidor-contador, é responsável não só pelos cálculos das custas judiciais como também pela iniciativa da distribuição da ação. Nas capitais dos estados e nas comarcas das grandes cidades, devido ao grande número de processos que ingressam no foro diariamente, essas duas funções são executadas por dois setores separados e independentes: o setor de distribuição e o setor de contadoria. O funcionário responsável pelo primeiro setor é o *distribuidor* e o responsável pelo segundo é o *contador* (efetua os cálculos das ações, os de correção de valores e outros cálculos que forem solicitados pelo juiz ou pelas partes no transcorrer do processo).

Despesas do processo

Salvo as disposições concernentes à justiça gratuita, cabe às partes prover as despesas dos atos que realizam ou requerem no processo, antecipando-lhes o pagamento desde o início até a sentença final; e bem ainda, na execução, até a plena satisfação do direito reconhecido no título (art. 82 do CPC). Despesas não devem ser confundidas com custas, eis que estas consistem apenas em um item daquelas. Tanto que, a teor do art. 84 do Código de Processo Civil, as despesas abrangem as custas dos atos do processo, a indenização de viagem, a remuneração do assistente técnico e a diária de testemunha.

Incumbe ao autor adiantar as despesas relativas a ato cuja realização o juiz determinar de ofício ou a requerimento do Ministério Público, quando sua intervenção ocorrer como fiscal da ordem jurídica. Ao final do processo, a sentença condenará o vencido a pagar ao vencedor as despesas que antecipou.

As pessoas, naturais ou jurídicas, com insuficiência de recursos e com direito à gratuidade da justiça, são isentas do pagamento das custas, das despesas processuais e dos honorários advocatícios, consoante previsão do art. 98 do Código de Processo Civil.

Ainda sobre despesas judiciais se permite acrescentar:

- Se cada litigante for, em parte, vencedor e vencido, serão proporcionalmente distribuídas entre eles as despesas. Se um litigante sucumbir em parte mínima do pedido, o outro responderá, por inteiro, pelas despesas e pelos honorários (art. 86 do CPC).
- Concorrendo diversos autores ou diversos réus, os vencidos respondem proporcionalmente pelas despesas e pelos honorários (art. 87 do CPC).
- Havendo transação e nada tendo as partes disposto quanto às despesas, estas serão divididas igualmente (art. 90, § 2º, do CPC).
- As despesas dos atos processuais praticados a requerimento da Fazenda Pública, do Ministério Público ou da Defensoria Pública serão pagas ao final pelo vencido (art. 91 do CPC).
- Cada parte adiantará a remuneração do assistente técnico que houver indicado, sendo a do perito adiantada pela parte que houver requerido a perícia ou rateada quando a perícia for determinada de ofício ou requerida por ambas as partes (art. 95 do CPC).

A Lei n. 9.289/96, reproduzida a seguir, dispõe sobre as custas devidas à União, na Justiça Federal de primeiro e segundo graus:

Lei n. 9.289, de 04 de julho de 1996

Dispõe sobre as custas devidas à União, na Justiça Federal de primeiro e segundo graus e dá outras providências.

O PRESIDENTE DA REPÚBLICA

Faço saber que o Congresso Nacional decreta e eu sanciono a seguinte Lei:

Art. 1º As custas devidas à União, na Justiça Federal de primeiro e segundo graus, são cobradas de acordo com as normas estabelecidas nesta Lei.

§ 1º Rege-se pela legislação estadual respectiva a cobrança de custas nas causas ajuizadas perante a Justiça Estadual, no exercício da jurisdição federal.

§ 2º As custas previstas nas tabelas anexas não excluem as despesas estabelecidas na legislação processual não disciplinadas por esta Lei.

Art. 2º O pagamento das custas é feito mediante documento de arrecadação das receitas federais, na Caixa Econômica Federal – CEF, ou, não existindo agência desta instituição no local, em outro banco oficial.

Art. 3º Incumbe ao Diretor de Secretaria fiscalizar o exato recolhimento das custas.

Art. 4º São isentos de pagamento de custas:

I – a União, os Estados, os Municípios, os Territórios Federais, o Distrito Federal e as respectivas autarquias e fundações;

II – os que provarem insuficiência de recursos e os beneficiários da assistência judiciária gratuita;

III – o Ministério Público;

IV – os autores nas ações populares, nas ações civis públicas e nas ações coletivas de que trata o Código de Defesa do Consumidor, ressalvada a hipótese de litigância de má-fé.

Parágrafo único. A isenção prevista neste artigo não alcança as entidades fiscalizadoras do exercício profissional, nem exime as pessoas jurídicas referidas no inciso I da obrigação de reembolsar as despesas judiciais feitas pela parte vencedora.

Art. 5º Não são devidas custas nos processos de *habeas corpus* e *habeas data*.

Art. 6º Nas ações penais subdivididas, as custas são pagas a final pelo réu, se condenado.

Art. 7º A reconvenção e os embargos à execução não se sujeitam ao pagamento de custas.

Art. 8º Os recursos dependentes de instrumento sujeitam-se ao pagamento das despesas de traslado.

Parágrafo único. Se o recurso for unicamente de qualquer das pessoas jurídicas referidas no inciso I do art. 4º, o pagamento das custas e dos traslados será efetuado a final pelo vencido, salvo se este também for isento.

Art. 9º Em caso de incompetência, redistribuído o feito a outro juiz federal, não haverá novo pagamento de custas, nem haverá restituição quando se declinar da competência para outros órgãos jurisdicionais.

Art. 10. A remuneração do perito, do intérprete e do tradutor será fixada pelo juiz em despacho fundamentado, ouvidas as partes e à vista da proposta de honorários apresentada, considerados o local da prestação do serviço, a natureza, a complexidade e o tempo estimado do trabalho a realizar, aplicando-se, no que couber, o disposto no art. 33 do Código de Processo Civil.

Art. 11. Os depósitos de pedras e metais preciosos e de quantias em dinheiro e a amortização ou liquidação de dívida ativa serão recolhidos, sob responsabilidade da parte, diretamente na Caixa Econômica Federal, ou, na sua inexistência no local, em outro banco oficial, os quais manterão guias próprias para tal finalidade.

§ 1º Os depósitos efetuados em dinheiro observarão as mesmas regras das cadernetas de poupança, no que se refere à remuneração básica e ao prazo.

§ 2º O levantamento dos depósitos a que se refere este artigo dependerá de alvará ou de ofício do juiz.

Art. 12. A unidade utilizada para o cálculo das custas previstas nesta Lei é a mesma utilizada para os débitos de natureza fiscal, considerando-se o valor fixado no primeiro dia do mês.

Art. 13. Não se fará levantamento de caução ou de fiança sem o pagamento das custas.

Art. 14. O pagamento das custas e contribuições devidas e nos feitos e nos recursos que se processam nos próprios autos efetua-se da forma seguinte:

I – o autor ou requerente pagará metade das custas e contribuições tabeladas, por ocasião da distribuição do feito, ou, não havendo distribuição, logo após o despacho da inicial;

II – aquele que recorrer da sentença adiantará a outra metade das custas, comprovando o adiantamento no ato de interposição do recurso, sob pena de deserção, observado o disposto nos §§ 1º a 7º do art. 1.007 do Código de Processo Civil;

III – não havendo recurso, e cumprindo o vencido desde logo a sentença, reembolsará ao vencedor as custas e contribuições por este adiantadas, ficando obrigado ao pagamento previsto no inciso II;

IV – se o vencido, embora não recorrendo da sentença, oferecer defesa à sua execução, ou embaraçar seu cumprimento, deverá pagar a outra metade, no prazo marcado pelo juiz, não excedente de três dias, sob pena de não ter apreciada sua defesa ou impugnação.

§ 1º O abandono ou desistência de feito, ou a existência de transação que lhe ponha termo, em qualquer fase do processo, não dispensa o pagamento das custas e contribuições já exigíveis, nem dá direito à restituição.

§ 2º Somente com o pagamento de importância igual à paga até o momento pelo autor serão admitidos o assistente, o litisconsorte ativo voluntário e o oponente.

§ 3º Nas ações em que o valor estimado for inferior ao da liquidação, a parte não pode prosseguir na execução sem efetuar o pagamento da diferença de custas e contribuições recalculadas de acordo com a importância a final apurada ou resultante da condenação definitiva.

§ 4º As custas e contribuições serão reembolsadas a final pelo vencido, ainda que seja uma das entidades referidas no inciso I do art. 4º, nos termos da decisão que o condenar, ou pelas partes, na proporção de seus quinhões, nos processos divisórios e demarcatórios, ou suportadas por quem tiver dado causa ao procedimento judicial.

§ 5º Nos recursos a que se refere este artigo o pagamento efetuado por um recorrente não aproveita aos demais, salvo se representados pelo mesmo advogado.

Art. 15. A indenização de transporte, de que trata o art. 60 da Lei n. 8.112, de 11 de dezembro de 1990, destinada ao ressarcimento de despesas realizadas com a utilização do meio próprio de locomoção para execução de serviços externos, será paga aos Oficiais de Justiça Avaliadores da Justiça Federal de primeiro e segundo graus, de acordo com os critérios estabelecidos pelo Conselho da Justiça Federal, que fixará também o percentual correspondente.

Parágrafo único. Para efeito do disposto neste artigo, consideram-se como serviço externo as atividades exercidas no cumprimento das diligências fora das dependências dos Tribunais Regionais Federais ou das Seções Judiciárias em que os Oficiais de Justiça estejam lotados.

Art. 16. Extinto o processo, se a parte responsável pelas custas, devidamente intimada, não as pagar dentro de quinze dias, o Diretor da Secretaria encaminhará os elementos necessários à Procuradoria da Fazenda Nacional, para sua inscrição como dívida ativa da União.

Art. 17. Esta Lei entra em vigor na data de sua publicação.

Art. 18. Revogam-se as disposições em contrário, em especial a Lei n. 6.032, de 30 de abril de 1974, alterada pelas Leis n. 6.789, de 28 de maio de 1980, e 7.400, de 6 de novembro de 1985.

Brasília, 4 de julho de 1996; 175º da Independência e 108º da República.

FERNANDO HENRIQUE CARDOSO
Nelson A. Jobim

Distribuição da ação

"Todos os processos estão sujeitos a registro devendo ser distribuídos onde houver mais de um juiz" (art. 284 do CPC).

A *distribuição* é o setor do foro incumbido de *distribuir* as ações ou processos que ingressam ali, via contadoria, entre os juízes, onde houver mais de um. Assim, nas comarcas que possuírem mais de uma vara, e onde o contador não acumula a função de distribuidor, a contadoria constitui-se no primeiro passo, no primeiro contato do advogado com o foro e, consequentemente, com as lides ou serviços forenses.

Antes de protocolar a petição inicial junto à distribuição, cumpre ao autor dirigir-se ao contador com a petição inicial para que este proceda ao cálculo das custas judiciais iniciais que incidirá sobre a ação, com fundamento no valor da causa. Para tanto, deverá aplicar sobre o referido valor a tabela ou o regimento de custas do respectivo estado. De modo geral, o valor das custas é consignado em boleto bancário, o qual deverá ser pago pelo autor, anexado à petição e entregue à distribuição para protocolar e, após, distribuir a uma das varas do fórum. A distribuição, que poderá ser eletrônica, será alternada e aleatória, obedecendo-se rigorosa igualdade (art. 285 do CPC).

Não sendo hipótese de processo eletrônico, e tendo a petição inicial sido redigida em tantas vias quantos forem os réus ou pessoas a serem citadas, uma das vias, na qual é impresso o protocolo contendo o número do processo, é devolvida ao autor. Das demais cópias, uma passará a integrar o mandado de citação (art. 250, V, do CPC) e outra permanecerá nos autos. Sendo, no entanto, caso de processo eletrônico, a petição inicial, a procuração e os demais documentos que acompanham a petição serão escaneados na distribuição em que, após a petição inicial ser protocolada, serão devolvidos ao autor da ação. Posteriormente, o cartório ou vara ao qual foi distribuída a ação fornecerá uma senha ao advogado para que este possa consultar o andamento do processo via internet.

Portanto, nada justifica, nem a organização judiciária permite, que as petições iniciais sejam entregues diretamente a um cartório judicial sem antes passar pela contadoria e, após, pela distribuição, como, por vezes, ocorre com advogados principiantes.

Entende-se por *distribuir* processos o ato de repartir as petições judiciais entre os vários juízes de uma mesma comarca. Disso subentende-se que não haverá distribuição de processo na comarca ou no foro que contar com apenas um juiz, pois, nesse caso, todos os processos serão de sua exclusiva competência.

A distribuição, que poderá ser eletrônica, será alternada e aleatória, obedecendo-se rigorosa igualdade (art. 285 do CPC).

Acredita-se que a intenção do legislador em exigir a distribuição alternada de processos entre os juízes é fornecer a mesma carga de trabalho para cada um, de maneira a evitar que um juiz receba uma carga de trabalho maior do que outro.

Assim, numa comarca em que, hipoteticamente, haja cinco juízes com competência cível, a distribuição dos processos se dará da seguinte forma: a primeira ação cível tocará ao juiz da 1ª Vara Cível; a segunda ação cível, ao juiz da 2ª Vara Cível e assim por diante, até chegar a vez do juiz da 5ª Vara Cível, sendo que o próximo processo (6ª ação) será novamente distribuído à 1ª Vara Cível, reiniciando mais uma etapa de distribuição equitativa, como na ilustração a seguir:

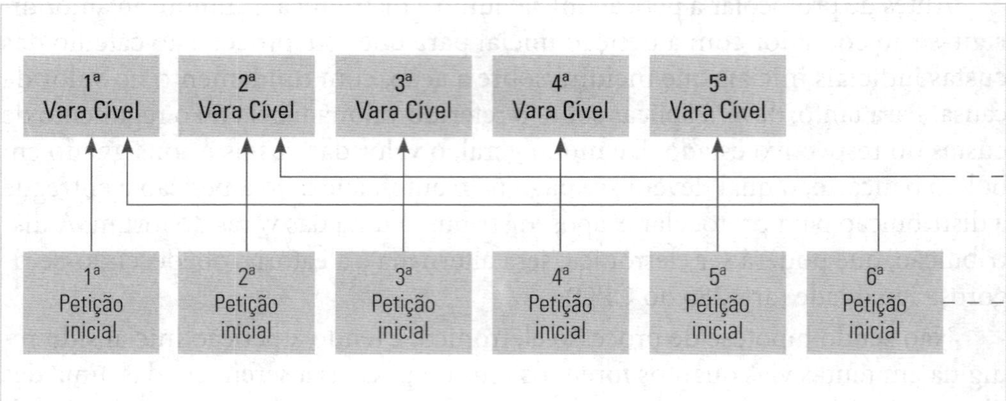

Constituem exceções a exigência de distribuição equitativa de determinadas ações consideradas acessórias às ações já propostas. Nesse caso, essas ações deverão ser distribuídas "por dependência" (art. 286 do CPC), isto é, deverão ser remetidas diretamente aos juízes aos quais estão afetas as ações principais ou as que a elas se relacionam por *conexão* ou *continência*. Diz-se, assim, que o segundo processo será *apenso* ou *apensado*, por dependência, ao primeiro.

A teor do art. 286 do Código de Processo Civil, além dos casos de conexão ou continência com outra ação já ajuizada, dar-se-á a distribuição *por dependência*: quando, tendo sido extinto o processo, sem resolução do mérito, for reiterado o pedido, ainda que em litisconsórcio com outros autores ou que sejam parcialmente alterados os réus da demanda e quando houver ajuizamento de ações nos termos do art. 55, § 3º, ao juízo prevento: "Art. 55. [...] § 3º Serão reunidos para julgamento conjunto os processos que possam gerar risco de prolação de decisões conflitantes ou contraditórias caso decididos separadamente, mesmo sem conexão entre eles".

Entende-se por *conexão* o fato de duas ações possuírem o mesmo objeto ou o mesmo pedido (art. 55 do CPC; exemplo: ação de despejo por falta de pagamento e ação de consignação em pagamento) e por *continência* a existência de duas ou mais ações que apresentem identidade das partes e da causa de pedir, mas o objeto de uma, por ser mais amplo, abrange o das outras (art. 56 do CPC; exemplo: ação de divórcio e ação de alimentos; o objeto da primeira, por ser mais amplo, abrange o da segunda).

Também poderão ser distribuídas por dependência as seguintes ações:

- ação para cumprimento de contrato e ação para anulação do mesmo contrato;
- ação de usucapião e ação demarcatória;
- ação de despejo por falta de pagamento e ação de usucapião proposta pelo réu;
- ação de busca e apreensão e ação de depósito (alienação fiduciária);
- ação de sustação de protesto e ação de anulação de título;

- ação principal e ação declaratória incidente;
- ação principal e ação cautelar;
- ação principal e reconvenção pelo réu.

Protocolo integrado

Fruto da modernidade e do bom senso das autoridades judiciárias, e com o objetivo de facilitar o trabalho dos advogados do interior, abolindo a necessidade de deslocamentos até os tribunais das capitais, até então inevitáveis para protocolização de documentos, grande parcela dos tribunais brasileiros passou a adotar o Sistema de Protocolo Integrado ou Unificado, que confere grande agilidade à rotina dos advogados, dentro de um caráter inovador e compatível com as exigências da vida moderna.

O Protocolo Integrado de Petições é, assim, uma central de recebimento de processos e petições que permite ao advogado apresentar recursos e/ou petições destinados aos Tribunais de Justiça, Tribunais Regionais Federais e Tribunais Regionais do Trabalho, junto a órgãos de Justiça de primeiro grau e, em alguns casos (como na Justiça do Trabalho de Minas Gerais), aos postos da Empresa de Correios e Telégrafos. Quando utilizado esse sistema, a data válida para efeito de contagem de prazos judiciais será a data de protocolização dos documentos.

Anote-se, contudo, que algumas petições não poderão ser apresentadas por meio do Sistema de Protocolo Integrado, como as iniciais de 1ª instância e/ou seus aditamentos; as que requeiram o adiamento de audiência; as que requeiram o adiamento e/ou suspensão de praça ou leilão; as que arrolem ou requeiram a substituição de testemunhas.

Entre outros, os seguintes tribunais já adotam o sistema integrado: TRF da 4ª Região, TJRS (Resolução n. 380/2001), TJSC (art. 70 do Código de Normas do Foro Judicial da Corregedoria-Geral da Justiça), TJPR (Resolução n. 4/98), TJDF, TRT da 2ª Região, Justiça do Trabalho de Minas Gerais e TRT da 3ª Região.

Além do Protocolo Unificado, existe o Protocolo Postal Integrado, adotado pelos Poderes Judiciários de Santa Catarina e do Rio Grande do Sul, que se destina à remessa de petições e recursos pelos Correios para órgãos do primeiro e segundo graus dos Judiciários catarinense e gaúcho, respectivamente.

Para utilização do Protocolo Postal Integrado, será observado o horário do expediente forense, sendo que documentos protocolizados em horário posterior serão considerados apresentados no dia útil subsequente. Para efeito de contagem dos prazos judiciais, deverão ser observados a data e o horário da postagem.

Visando a preservar a segurança do sistema, apenas uma peça processual, ou seja, uma petição ou recurso poderá ser remetida por envelope de sedex.

No Judiciário de Santa Catarina não poderão ser objeto de remessa pelo Protocolo Postal Integrado:

a) as petições para o arrolamento de testemunhas ou que requererem adiamento de audiência, depoimento pessoal da parte e/ou esclarecimentos do perito/assistente técnico, em audiência, formuladas de acordo com os arts. 343 e 435, parágrafo único, do Código de Processo Civil; estas somente poderão ser apresentadas no foro em que tais atos deverão ser realizados;

b) as petições iniciais e seus aditamentos, salvo as que versarem sobre ações incidentais (*v. g.*, embargos do devedor, reconvenção);

c) as petições reputadas urgentes, ou seja, aquelas que devam merecer exame imediato do juiz (*v. g.*, pedido de tutela antecipada ou cautelar, suspensão ou adiamento de leilão ou praça);

d) as petições ou recursos dirigidos ao Supremo Tribunal Federal e ao Superior Tribunal de Justiça;

e) as petições que se destinem a unidades judiciárias de outros estados, até mesmo a Tribunais Superiores;

f) autos.

Já no Judiciário do Rio Grande do Sul, não poderão ser objeto de remessa as seguintes petições:

a) as que requeiram adiamento de audiência ou substituição de testemunhas;

b) as que requeiram adiamento de leilão ou praça;

c) as que se destinem a unidades judiciárias de outros estados, inclusive Tribunais Superiores;

d) as petições iniciais e seus aditamentos, salvo as que versarem sobre ações incidentais (*v. g.*, embargos do devedor, reconvenção).

Réplica do autor

A réplica constitui-se na manifestação do autor sobre a contestação oferecida pelo réu, no prazo de quinze dias (art. 350 do CPC), contados da sua intimação, do seguinte despacho: "Diga o autor sobre a contestação, no prazo de quinze dias".

O direito de replicar, bem como o de produzir prova documental, deve ser assegurado pelo juiz ao autor da ação nos seguintes casos:

a) quando o demandado, reconhecendo o fato em que se fundou a ação, outro lhe opuser impeditivo, modificativo ou extintivo do direito do autor (art. 350 do CPC);

b) quando, em preliminar da contestação, for alegada qualquer das matérias enumeradas no art. 337 do CPC/2015.

RÉPLICA[44]

AO JUÍZO DE DIREITO DA ...... VARA CÍVEL

Comarca de ....

Autos ....

CARLOS PONTES, já qualificado nos autos da AÇÃO DE DESPEJO POR FALTA DE PAGAMENTO, Processo n. ...., por seu procurador firmatário, vem, respeitosamente, perante este juízo para apresentar RÉPLICA à contestação oferecida por DUÍLIO MACHADO, também qualificado nos mesmos autos, o que faz nos seguintes termos:

1. Alega o réu, em preliminar, a nulidade da citação, por não conter o mandado a advertência da segunda parte do art. 250, II, do Código de Processo Civil nem mesmo o prazo de defesa do art. 250 do mesmo Código de Processo Civil. Com embasamento na nulidade da citação, requer também a nulidade do processo.

2. Todavia, desde logo se mostra incabível a pretensão do réu quanto aos efeitos da nulidade da citação, ou seja, a nulidade do processo, pelo fato de esta preliminar tratar apenas de defesa dilatória, no entender da melhor doutrina. Assim é que, mesmo se porventura tivesse havido falha no mandado citatório, dispõe o § 1º do art. 239 que o comparecimento espontâneo do réu supre a falta de citação.

3. Incabíveis e inaceitáveis, também, as alegações de que os recibos acostados pelo réu aos autos comprovam o pagamento dos aluguéis em atraso. Tais documentos, como se pode facilmente constatar, nada mais são que comprovantes de pagamentos parciais de aluguéis, que não representam mais do que 10% do valor total do débito, pagamentos estes feitos sempre com a promessa de que o pagamento do restante do débito seria feito "nos próximos dias".

Isso posto, requer:

a) seja a presente recebida e juntada aos autos, para que produza seus jurídicos e legais efeitos;

b) a procedência do pedido, com o atendimento integral dos pedidos formulados pelo autor na petição inicial.

E. deferimento.

.................., ... de .... de 20......

Advogado(a)

OAB/...... n. ......

44 Trata-se de réplica à contestação da p. 112.

3

O advogado do réu

RESPOSTA DO RÉU

No prazo de quinze dias poderá o réu oferecer, por meio de petição escrita dirigida ao juiz da causa, contestação e/ou reconvenção (arts. 335 e 343, § 6º, do CPC). O réu pode propor reconvenção independentemente de oferecer contestação. Para referidos procedimentos o prazo será contado:

> I – da audiência de conciliação ou de mediação, ou da última sessão de conciliação, quando qualquer parte não comparecer ou, comparecendo, não houver autocomposição;
>
> II – do protocolo do pedido de cancelamento da audiência de conciliação ou de mediação apresentado pelo réu, quando ocorrer a hipótese do art. 334, § 4º, inciso I;
>
> III – a data prevista no art. 231, de acordo com o modo como foi feita a citação, nos demais casos.

Convém destacar que, havendo mais de um réu, o prazo para responder será comum, salvo quando tiverem diferentes procuradores, de escritórios de advocacia distintos, hipótese na qual lhes será contado o prazo em dobro (art. 229 do CPC). A União, o Distrito Federal, os Estados, os Municípios e suas respectivas autarquias e fundações também desfrutam desse benefício processual (prazo em dobro – art. 183 do CPC). A intimação se iniciará a partir da intimação pessoal, que poderá restar configurada por carga, remessa ou meio eletrônico (art. 183, *caput* e § 1°, do CPC).

Como se observa pela leitura dos arts. 335 e 343, § 6º, a defesa do réu pode ser feita não só pela contestação, mas também pela reconvenção, embora seja esta última considerada por alguns autores (Alcides de Mendonça Lima, Pinto Ferreira, entre outros) não uma defesa, mas, sim, um ataque ou contra-ataque, situação em que o réu assume a posição de autor.

CONTESTAÇÃO

Contestação é um dos instrumentos de defesa por meio do qual o réu (demandado) expõe as razões de fato e de direito com que impugna o pedido do autor (petição inicial) e especifica as provas que pretende produzir em atenção ao princípio do contraditório. Eis o que a respeito consta do Código de Processo Civil:

"Art. 336. Incumbe ao réu alegar, na contestação, toda a matéria de defesa, expondo as razões de fato e de direito com que impugna o pedido do autor e especificando as provas que pretende produzir."

Afirma-se que, na contestação, o réu, tal qual o autor, exerce pretensão à tutela jurisdicional do Estado. A diferença seria quanto ao sentido: enquanto o autor pretende que o provimento judicial seja de *acolhida* do pedido veiculado na petição inicial, o réu postula a *rejeição* do aludido pedido ou a sua não apreciação pelo órgão judicial.

O pedido de tutela jurisdicional do réu na contestação é, pois, "de conteúdo declaratório-negativo, ou pedido de desvinculação do processo, ou de ambos, simultaneamente".[1]

REQUISITOS DA CONTESTAÇÃO

Conquanto a lei processual não estabeleça expressamente requisitos especiais para a contestação, o que se dessume, na prática, é que tais requisitos são:

I – **A *indicação do juiz* ao qual o réu se dirige**, melhor dizendo, a indicação da vara ou do cartório competente, uma vez que estes são do seu conhecimento, ao contrário do autor quando endereça a petição inicial.

1 MARQUES, José Frederico. *Manual de direito processual civil*, p. 375.

AO JUÍZO DE DIREITO DA 3ª VARA CÍVEL

Comarca de ....
Ação de despejo
Autos n. ....

II – O *nome das partes*, sendo desnecessário prover o documento da qualificação de ambas em razão de isso já ter sido feito na petição inicial.

DUÍLIO MACHADO, já qualificado na AÇÃO DE DESPEJO POR FALTA DE PAGAMENTO que lhe move CARLOS PONTES, com endereço na rua D. Pedro I, n. 465, nesta cidade e endereço eletrônico ...., vem perante este juízo, por seu procurador infra-assinado (doc. 1), advogado inscrito na OAB/SC, sob n. 11.634, com endereço na rua Tiradentes, n. 780, nesta cidade e endereço eletrônico ...., oferecer CONTESTAÇÃO aos termos da referida ação, em face dos seguintes fatos e fundamentos:

III – Um *breve histórico* a respeito da pretensão do autor.

1. Pretende o autor, com a presente ação, obter o despejo do imóvel locado ao demandado sob o argumento do inadimplemento de quatro meses de aluguel.

IV – A *arguição de preliminares*, se alguma delas couber.

2. Todavia,

PRELIMINARMENTE,

verifica-se que a citação de fls. ...... é nula de pleno direito, uma vez que do mandado não consta a finalidade da citação, com todas as especificações constantes da petição inicial, bem como a menção do prazo para contestar, sob pena de revelia, como exige o art. 250, II, do Código de Processo Civil.

3. Ante o exposto, requer que este juízo se digne em acolher a nulidade arguida e declarar extinto o processo sem resolução do mérito, com a consequente condenação do autor nas custas e honorários do advogado do demandado.

[...]

Trata-se, nesse caso, de defesa de natureza processual, pela qual o réu procura escusar-se do processo com base em questões preliminares, ligadas aos pressupostos processuais e às condições da ação. Por meio dela, busca-se a extinção do processo sem resolução do mérito, em razão de vício formal, ausência de condição da ação ou por inadequação do procedimento escolhido.

O tema relativo às preliminares será abordado adiante, com maior profundidade, no item *alegações de defesa.*

V – **Discussão ou *impugnação do mérito*.**

NO MÉRITO (ou *de meritis*)

4. No mérito, a ação é improcedente, eis que totalmente inverídicas as alegações do demandante de que os aluguéis dos meses de .... a .... se encontram sem pagamento, pois, conforme faz prova com os recibos inclusos (docs. 2, 3 e 4), tais aluguéis foram pagos pelo demandado na data exigida pelo contrato, estando, portanto, o demandado totalmente em dia com suas obrigações locatícias.

5. Resta, assim, incontroverso que o que o demandante pretende, em verdade, é forçar o demandado a desocupar o imóvel, em razão de este não haver concordado com a proposta de aumento do valor locatício, aliás feita muito acima dos índices inflacionários, não correspondendo aos preços normais de mercado, consoante cópia da proposta inclusa (doc. 5).

Nesse item, como se vê, incumbe ao réu ou demandado alegar toda a matéria de defesa, expondo as razões de fato e de direito com que impugna o pedido do autor (art. 336 do CPC). Conforme o disposto no art. 341, incumbe também ao réu manifestar-se precisamente sobre as alegações de fato constantes da petição inicial (ônus da impugnação especificada dos fatos), presumindo-se verdadeiras as não impugnadas, salvo se: não for admissível, a seu respeito, a confissão; a petição inicial não estiver acompanhada de instrumento que a lei considerar da substância do ato; estiverem em contradição com a defesa, considerada em seu conjunto.

VI – Impugnação a eventual pedido de gratuidade da justiça.

O réu poderá opor-se a pedido do benefício em questão (art. 100 do CPC). O ideal é que apresente elementos que possam justificar essa impugnação (p. ex., fotos e informações extraídas de redes sociais eletrônicas ou, até, de outros cadastros e registros públicos ou privados, que revelem realidade financeira diferente daquela alegada pelo autor), caso contrário será uma contrariedade vazia, genérica.

VII – O *pedido de improcedência do pedido e de condenação nas verbas inerentes à sucumbência.*

Diante do exposto, requer a este juízo o acolhimento da preliminar suscitada, decretando a nulidade da citação e determinando a renovação de todos os atos processuais anteriormente praticados sem a intimação do réu. Todavia, caso este juízo assim não entenda, o que se admite somente para argumentar, requer o demandado que se digne decretar a improcedência do pedido, com a condenação do demandante ao pagamento das verbas inerentes à sucumbência, nos termos do art. 322 do CPC.

Em relação ao pedido de pagamento das verbas de sucumbência e honorários advocatícios, aplica-se, aqui, o que se afirmou no item relativo aos requisitos da petição inicial: ao contrário do CPC anterior, que exigia que o autor que pleiteasse o pagamento de certa quantia acrescesse ao pedido o pagamento de juros e correção monetária, sob pena de não concessão pelo juiz, o novo CPC tornou implícito esses pedidos, bem como os de pagamento de parcelas periódicas, os de verbas de sucumbência e honorários advocatícios (arts. 322 e 323).

VIII – ***Especificação das provas que pretende produzir.***

Requer, ainda, seja-lhe permitida a produção de todos os meios de prova em direito admitidas, notadamente a prova documental ora acostada.

IX – ***O pedido de deferimento;***

Termos em que,
E. deferimento.

X – ***O local e a data em que foi redigida e a assinatura do(a) advogado(a).***

........................, ... de .... de 20......
Advogado(a)
OAB/...... n. ......

Em que pese a necessidade de cumprimento desse requisito, na prática a data consignada na contestação nenhum efeito opera em relação ao cumprimento do prazo legal para oferecer a contestação. Para esse efeito, o que vale mesmo é a data aposta pelo escrivão na cópia da contestação (que é devolvida ao advogado e vale como recibo) por ocasião da sua entrega em cartório (protocolo).

Depois de oferecida a contestação, só é lícito ao réu deduzir novas alegações quando: relativas a direito ou a fato superveniente; competir ao juiz conhecer delas de ofício; por expressa autorização legal, puderem ser formuladas em qualquer tempo e grau de jurisdição (art. 342 do CPC).

O réu deverá indicar, por petição apresentada com dez dias de antecedência, contados da data da audiência de conciliação ou mediação, seu desinteresse na autocomposição (art. 334, § 5º, do CPC). Trata-se de providência importante, vez que a audiência não será realizada se ambas as partes manifestarem, expressamente, desinteresse na composição consensual (art. 334, § 4º, do CPC).

ALEGAÇÕES DE DEFESA

Ao se elaborar a contestação ou defesa do réu, pode-se utilizar de dois expedientes: fazer uso das *preliminares*, que se constituem na defesa contra o processo; promover defesa contra o *mérito* da ação.

Regras básicas para a defesa. As regras básicas traçadas pelo Código de Processo Civil para a contestação podem ser assim resumidas:

1. Toda a matéria de defesa deve ser arguida na peça contestatória, tanto a relativa ao mérito como a de natureza formal (preliminares do art. 337). Adota-se, nesse caso, o *princípio da eventualidade*, pelo qual é preferível o advogado errar por ação a errar por omissão, ou seja, é preferível alegar o que lhe aprouver, ainda que às vezes algum argumento lhe pareça despiciendo, a vir a se arrepender por não ter feito determinada alegação que poderia ser decisiva para a impugnação da lide.

Pelo princípio da eventualidade ou da preclusão, tem-se, assim, que cada faculdade processual deve ser exercitada por inteiro dentro da fase adequada, sob pena de se perder a oportunidade de praticar o respectivo ato, ou de fazê-lo posteriormente de forma diversa daquela em que já se desincumbiu do ônus processual.

2. Uma vez produzida a contestação, fica vedado ao réu deduzir novas alegações, pela incidência do *princípio da preclusão*, que é inerente ao princípio da eventualidade, com este se confundindo. Destarte, a preclusão consiste na perda da faculdade de praticar um ato processual, quer porque já foi exercitada a faculdade no momento adequado, quer porque a parte deixou escoar a fase processual própria, sem fazer uso do seu direito. A exceção quanto à possibilidade de deduzir novas alegações depois de oferecida a contestação se encontra no art. 342 do CPC/2015, que permite as alegações quando: relativas a direito ou a fato superveniente; competir ao juiz conhecer delas de ofício; por expressa autorização legal, puderem ser formuladas em qualquer tempo e grau de jurisdição.

3. Considerando que ao réu cabe o ônus da impugnação especificada dos fatos, a resposta ou defesa deve conter manifestação precisa sobre os fatos narrados

na petição inicial, sob pena de incidir a presunção legal de veracidade sobre aqueles que não forem especificamente impugnados (art. 341 do CPC).

No tocante ao ônus da impugnação especificada de todos os fatos, fica privada de eficácia processual a "contestação por negação geral", salvo quando feita por defensor público, advogado dativo e curador especial (art. 341, parágrafo único, do CPC). Equivale à resposta não especificada aquela em que o contestante se limita a dizer "*não serem verdadeiros os fatos aduzidos pelo autor*".

Ainda a respeito da presunção de veracidade dos fatos não impugnados, releva reproduzir a opinião de Humberto Theodoro Júnior: "A presunção de veracidade aqui cogitada é muito frágil, porque o próprio art. 302 do CPC/73 (art. 341 no CPC/2015) que a institui prevê sua não prevalência sempre que os fatos não precisamente impugnados 'estiverem em contradição com a defesa, considerada em seu conjunto' (art. 341, III, do CPC). Mais importante, pois, que a constatação de um fato não claramente impugnado pelo réu é a verificação do sentido geral da defesa, aferível pela consideração dela 'em seu conjunto'. No conflito entre a defesa em seu conjunto e a presunção do art. 302, prevalecerá aquela e não esta".[2]

DEFESA PROCESSUAL (PRELIMINARES PROCESSUAIS)

A defesa processual consiste na utilização de argumentos que visam a correção de vício constante da petição inicial ou culminem na extinção do processo sem resolução do mérito, por vício formal, vício processual ou inadequação do procedimento escolhido. Funda-se no oferecimento de alguma das preliminares arroladas no art. 337 do Código de Processo Civil.

As *preliminares*, assim entendidas as questões que antecedem o assunto principal, são utilizadas para atacar ou impugnar questões de natureza processual, tais como defeitos na citação, defeitos na inicial, incompetência e outras. Por isso, devem ser alegadas antes que se discuta o mérito principal da ação, como exige o art. 337 do Código de Processo Civil. Esse artigo também enumera as preliminares passíveis de serem arguidas, que são as seguintes:

> I – inexistência ou nulidade da citação;
> II – incompetência absoluta e relativa;
> III – incorreção do valor da causa;
> IV – inépcia da petição inicial;
> V – perempção;
> VI – litispendência;
> VII – coisa julgada;
> VIII – conexão;
> IX – incapacidade da parte, defeito de representação ou falta de autorização;

2 THEODORO JÚNIOR, Humberto. *A defesa nas ações do Código do Consumidor*. CD-ROM doutrinas.

X – convenção de arbitragem;
XI – ausência de legitimidade ou de interesse processual;
XII – falta de caução ou de outra prestação que a lei exige como preliminar;
XIII – indevida concessão do benefício de gratuidade de justiça.

Quanto ao efeito que produzem, as preliminares podem ser classificadas em dois grupos, ou seja, as dilatórias e as que extinguem o processo. São preliminares meramente *dilatórias*, assim entendidas porque se destinam apenas à *correção do processo*, a nulidade e a inexistência de citação, a incompetência relativa e a absoluta, a incorreção do valor da causa, a conexão, a incapacidade da parte, defeito de representação ou falta de autorização, falta de caução ou de outra prestação, que a lei exige como preliminar (art. 83 do CPC) e indevida concessão do benefício de gratuidade de justiça; são preliminares que *extinguem o processo* a inépcia da inicial, a perempção, a litispendência, a coisa julgada, convenção de arbitragem e ausência de legitimidade ou de interesse processual.

As preliminares extintivas provocam a extinção do processo, porém, por inexistir solução de mérito, não impedem que a lide seja novamente posta em juízo, desde, é claro, que se supere a falta de pressuposto processual ou de condição da ação antes detectada (art. 486 do CPC). A seguir, as preliminares devidamente especificadas.

Inexistência ou nulidade da citação (art. 337, I)

A validade da citação é condição essencial para tornar a coisa litigiosa, nos termos do art. 240 do Código de Processo Civil. Em decorrência, tanto as citações como as intimações serão nulas quando feitas sem observância das prescrições legais (art. 280 do CPC). Resta pacífico, pois, que a falta ou inexistência de citação é causa de nulidade absoluta, uma vez que sem ela não se completa a relação processual que deve ser integrada por autor, juiz e réu. Na hipótese de citação de pessoa física pelos correios, o Superior Tribunal de Justiça firmou a compreensão de que a validade da citação está vinculada à entrega da correspondência registrada diretamente ao destinatário, de quem deve ser colhida a assinatura no recibo, não bastando, pois, que a carta apenas se faça chegar ao endereço do citando. Caberá ao autor o ônus de provar que o citando teve conhecimento da demanda contra ele ajuizada, sendo inadmissível a presunção nesse sentido pelo fato de a correspondência ter sido recebida por sua filha (REsp n. 712.609/SP).[3]

3 O STJ reiterou o entendimento de que a citação de pessoa física pelo correio deve obedecer ao disposto no art. 223, parágrafo único, do CPC/73 (art. 248, §§ 1º e 2º, do CPC/2015), considerando indispensável a entrega direta ao destinatário. No caso, cabe ao carteiro colher o ciente como prova do aviso de recepção por ele assinado, sem o que não tem validade o ato de comunicação e acarreta a nulidade do ato citatório, dada sua relevância processual. Assim, subscrito o aviso por outra pessoa, cabe ao autor o ônus de provar que o réu, embora sem assinar o aviso, teve conhecimento da demanda que lhe foi ajuizada, uma vez que a presunção de recebimento pode causar lesão gravíssima ao demandado, mormente em razão da

Porém, quando for caso de execução fiscal, o mesmo STJ declarou que é válida a citação postal entregue no domicílio correto do devedor (pessoa jurídica), mesmo que recebida por terceiros (REsp n. 989.777/RJ). Adota-se, nesse caso, a teoria da aparência, segundo a qual é válida a citação realizada perante pessoa que se identifica como funcionário da empresa, sem ressalvas, não sendo necessário que receba a citação o seu representante legal (Ag. Reg. no REsp n. 869.500/SP) – art. 248, § 2°, do CPC.

Destaca-se, ainda, que, nos condomínios edilícios ou nos loteamentos com controle de acesso, será válida a entrega do mandado a funcionário da portaria responsável pelo recebimento de correspondência, que, entretanto, poderá recusar o recebimento, se declarar, por escrito, sob as penas da lei, que o destinatário da correspondência está ausente (art. 248, § 4°, do CPC).

A invalidade da citação por oficial de justiça poderá ser arguida em razão de eventuais defeitos contidos no mandado, ou seja, da ausência de requisitos essenciais, que, de acordo com o CPC, são os seguintes:

> Art. 250. O mandado que o oficial de justiça tiver de cumprir conterá:
> I – os nomes do autor e do citando e seus respectivos domicílios ou residências;
> II – a finalidade da citação, com todas as especificações constantes da petição inicial, bem como a menção do prazo para contestar, sob pena de revelia, ou para embargar a execução;
> III – a aplicação de sanção para o caso de descumprimento da ordem, se houver;
> IV – se for o caso, a intimação do citando para comparecer, acompanhado de advogado ou de defensor público, à audiência de conciliação ou de mediação, com a menção do dia, da hora e do lugar do comparecimento;
> V – a cópia da petição inicial, do despacho ou da decisão que deferir tutela provisória;
> VI – a assinatura do escrivão ou do chefe de secretaria e a declaração de que o subscreve por ordem do juiz.

As citações por hora certa e edital (arts. 252 e s. do CPC) também deverão obedecer a determinadas regras, caso contrário poderão ser anuladas.

Anote-se, também, que nas ações que versarem sobre direito real imobiliário, salvo quando casados sob o regime de separação absoluta de bens, o cônjuge necessitará do consentimento do outro para propor essa ação. Já o réu, sendo casado, seu cônjuge será necessariamente citado para a ação: que verse sobre direito real imobiliário, salvo quando casados sob o regime de separação absoluta de bens; resultante de fato que diga respeito a ambos os cônjuges ou de ato praticado por eles; fundada em dívida contraída por um dos cônjuges a bem da família; que te-

deficiente prestação de serviços de portaria e condomínios nas residências. Precedentes citados: EREsp n. 117.949/SP, *DJ* 26.09.2005; REsp n. 884.164/SP, rel. Min. Castro Filho, j. 27.03.2007.

nha por objeto o reconhecimento, a constituição ou a extinção de ônus sobre imóvel de um ou de ambos os cônjuges (art. 73 do CPC).

Já nas ações possessórias, a participação do cônjuge do autor ou do réu somente é indispensável nos casos de composse ou de ato por ambos praticado (art. 73, § 2º, do CPC).

A falta ou a nulidade de citação também poderá ser alegada pelo executado na impugnação ao cumprimento de sentença se na fase de conhecimento o processo correu à revelia (art. 525, § 1º, I, do CPC), o mesmo se aplicando à Fazenda Pública (art. 535, I, do CPC).

Conclusão: As preliminares de inexistência e de nulidade da citação são meramente dilatórias, razão pela qual se destinam apenas à correção e não à extinção do processo.

CONTESTAÇÃO COM PRELIMINAR DE NULIDADE DA CITAÇÃO

AO JUÍZO DE DIREITO DA 2ª VARA CÍVEL

Comarca de ....

Ação de ....

Autos n. ....

OLINTO DENATON, brasileiro, casado, comerciante, CPF n. ...., RG n. ...., endereço eletrônico ...., residente e domiciliado na rua ...., n. ......, nesta cidade, vem respeitosamente perante este juízo, por seu bastante procurador firmatário (doc. 1), oferecer a presente CONTESTAÇÃO, em consideração à preliminar, aos fatos, aos fundamentos jurídicos, às provas e ao pedido que se seguem:

PRELIMINARMENTE – Nulidade da citação

1. Na data de ...., ao demandado foi dado conhecimento, por um funcionário do foro, seu conhecido, de que contra ele, e à sua revelia, corria a ação em epígrafe. Tal fato, como não poderia ser diferente, causou-lhe a maior surpresa, porquanto sequer havia sido citado para promover defesa.

2. Todavia, ao examinar os autos em cartório, o demandado observou que consta que, com fundamento no art. 256, II, do CPC/2015 (endereço ignorado), ele foi citado por edital, quando, conforme comprova com os documentos inclusos (comprovantes de pagamento de água e luz), inclusive cópia da página da lista telefônica, possui endereço certo nesta cidade.

3. Assim, como é flagrante e notório, a citação padece de defeito insanável, ou seja, é nula de pleno direito, além do que nem mesmo consta do edital a finalidade da citação,

com todas as especificações constantes da petição inicial, bem como a menção do prazo para contestar, sob pena de revelia, ou para embargar a execução, como exige o art. 250, II, do Código de Processo Civil.

4. As citações e as intimações serão nulas quando feitas sem observância das prescrições legais (art. 280 do CPC).

5. Por essa razão, e diante da prova inequívoca da nulidade da citação, requer a este juízo que se digne decretar a sua nulidade, para efeito de recebimento da presente contestação, e, consequentemente, a renovação de todos os atos processuais anteriormente praticados sem a citação do réu, tudo em conformidade com o art. 239, § 2º, do Código de Processo Civil.

NO MÉRITO

....

....

Diante do exposto, requer a este juízo o acolhimento da preliminar suscitada, decretando a nulidade da citação e determinando a renovação de todos os atos processuais anteriormente praticados sem a intimação do réu. Todavia, caso este juízo assim não entenda, o que se admite somente para argumentar, pede-lhe o demandado que se digne decretar a improcedência da ação, com a condenação do demandante ao pagamento das custas judiciais, honorários do advogado do demandado e demais cominações legais. Requer, ainda, a juntada da prova documental acostada, bem como a produção de outros meios de prova em direito admitidos.

E. deferimento.

......................., ... de .... de 20.....

Advogado(a)

OAB/...... n. ......

Incompetência absoluta (art. 337, II)

O art. 64 do Código de Processo Civil permite inferir a existência de duas modalidades de incompetência: a incompetência absoluta e a incompetência relativa. A **incompetência absoluta** se dá quando há violação à competência fixada em razão da *matéria*, da *pessoa* ou da *função* (art. 62 do CPC). Isso porque a competência absoluta é inderrogável por convenção das partes. Em outras palavras, as partes não podem, mesmo de comum acordo, alterar ou modificar a competência que tiver sido determinada pelos critérios expostos anteriormente. A alteração somente poderá ocorrer tratando-se da competência relativa.

A incompetência absoluta pode ser alegada em qualquer tempo e grau de jurisdição e deve ser declarada de ofício (art. 64, § 1º).

Os casos de incompetência *em razão da matéria* costumam ocorrer com maior frequência nas grandes comarcas, onde, em virtude do grande volume de ações, o serviço judiciário é distribuído em varas especializadas (vara cível, vara criminal, vara de família etc.). Assim, caso numa dessas comarcas uma ação cível, em vez de ser proposta perante o juiz da vara cível, é dirigida ao juiz da vara criminal, verifica-se a incompetência do juízo em razão da matéria ou *ratione materiae*. Essa mesma incompetência se verifica no caso do ingresso de uma ação perante a Justiça que não é competente para julgá-la, como ocorre quando uma ação trabalhista é proposta perante a Justiça comum e não perante a Justiça do Trabalho ou vice-versa.

Processo: ....

Autor: ....

Ré: Instituto Nacional de Previdência Social

DECISÃO

1. A presente ação trata de matéria de natureza previdenciária (pedido de averbação de tempo de serviço) e, nesta Subseção Judiciária, é de competência exclusiva da Vara do Juizado Especial Federal Previdenciário (Resolução n. 50, de 02.06.2004), cabendo a esta Vara do Juizado Especial Federal Cível somente as matérias residuais.

2. Assim, por se tratar de competência absoluta, fixada em razão da matéria, impõe-se o reconhecimento, de ofício, da incompetência deste Juízo e, por consequência, a redistribuição do feito ao Juizado Especial Federal Previdenciário desta Seção Judiciária, consoante dispôs a Portaria n. 8, de 09.08.2006, de lavra do Cojef.

3. Ante o exposto, reconheço a incompetência deste Juízo para processar e julgar o presente processo eletrônico e determino sua redistribuição (eletrônica) ao Juizado Especial Federal Previdenciário desta Seção Judiciária.

4. Intime-se a parte autora.

J.C.M.
Juíza Federal

A incompetência *em razão da função* dos juízes e tribunais decorre da violação dos graus de jurisdição em que atuam os magistrados. Diz respeito à divisão de sua competência funcional em órgãos judiciais de 1ª, 2ª ou de 3ª instância (último grau de jurisdição ou de recurso). São órgãos de 1ª instância ou de primeiro grau de jurisdição aqueles que abrigam os juízes singulares; de 2ª instância ou de segundo grau de jurisdição, os Tribunais de Justiça e os Regionais Federais; de último grau de jurisdição, o Superior Tribunal de Justiça e o Supremo Tribunal Federal.

Assim, ocorre incompetência em razão da função ou do grau de juízo quando uma ação que deveria ser proposta no juízo de 1ª instância é proposta diretamente no Tribunal de Justiça ou Tribunal Regional Federal, por exemplo.

"A incompetência do juiz anula apenas os atos decisórios e não todo o processo" (*RT* 543/256).

Ainda em relação à **incompetência absoluta**, cabe acrescentar:

1º) pode ser alegada em qualquer tempo e grau de jurisdição e deve ser declarada de ofício;

2º) é nula a sentença proferida por juiz absolutamente incompetente, podendo ser anulada por ação rescisória;

3º) sendo caso de desapropriação, somente os juízes que tiverem garantia de vitaliciedade, inamovibilidade e irredutibilidade de vencimentos poderão conhecer dos processos (art. 12 do Decreto-lei n. 3.365/41).

A **incompetência relativa**, que tem a ver com a infração à competência fixada em razão do valor e do território, pode ser modificada pelas partes, elegendo foro onde será proposta ação oriunda de direitos e obrigações, desde que conste de instrumento escrito e aludir expressamente a determinado negócio jurídico (art. 63 do CPC). Também poderá modificar-se pela conexão ou pela continência, como nos casos de execução de título extrajudicial e ação de conhecimento relativa ao mesmo ato jurídico e de execuções fundadas no mesmo título executivo (art. 55 do CPC).

Qualquer que seja a modalidade de incompetência, as partes poderão denunciá-la como *preliminar*, no momento da contestação (art. 64 do CPC/2015), ressalvando que, no caso da incompetência relativa, se o réu não a alegar no momento adequado, a competência eleita pelo autor prorrogar-se-á automaticamente (art. 65 do CPC).

Anote-se, por fim, que a incompetência relativa deve ser arguida pela parte, não podendo ser declarada de ofício, consoante diretriz do art. 337, § 5º, do Código de Processo Civil e da Súmula n. 33 do STJ.

Conclusão: As preliminares de **incompetência relativa** e de **incompetência absoluta** são meramente dilatórias, razão pela qual se destinam apenas à correção e não à extinção do processo.

CONTESTAÇÃO COM PRELIMINAR DE INCOMPETÊNCIA ABSOLUTA E ILEGITIMIDADE DA PARTE

AO JUÍZO DE DIREITO DA 1ª VARA CÍVEL

Comarca de ....

Autos n. ....

Ação indenizatória

ZULMIRA ALVES ROSAS, brasileira, solteira, menor, estudante, CPF n. ...., RG n. ...., endereço eletrônico ...., neste ato assistida por seus genitores, JESUÍNA ALVES ROSAS, brasileira, casada, do lar, CPF n. ...., RG n. ...., endereço eletrônico ...., e ADROALDO ROSAS, brasileiro, casado, do lar, CPF n. ...., RG n. ...., endereço eletrônico ...., todos residentes e domiciliados em ...., na rua ...., n. ......, vêm respeitosamente perante este juízo para, por seu procurador signatário, com escritório profissional sito na rua ...., n. ......, nesta cidade, endereço eletrônico ...., oferecer CONTESTAÇÃO à AÇÃO INDENIZATÓRIA, em epígrafe, aduzindo, para tanto, os seguintes fundamentos:

I – PRELIMINARMENTE

Incompetência absoluta

A narração do fato ocorrido, qualificado como ato infracional, pela demandada Zulmira Alves Rosas, e que motivou a pretensão do demandante, como este mesmo declara na inicial, foi praticada na data de 2 de abril de 2014, ocasião em que a demandada ainda era adolescente (com 15 anos de idade).

Por conseguinte, mostra-se flagrante a **incompetência** da vara cível, ou da Justiça comum cível, para processar e julgar a ação, ao teor cristalino do imperativo do parágrafo único do art. 104 do Estatuto da Criança e do Adolescente:

> Art. 104. São penalmente inimputáveis os menores de dezoito anos, sujeitos às medidas previstas nesta Lei.
>
> Parágrafo único. Para os efeitos desta Lei, deve ser considerada a idade do adolescente à data do fato.

Destarte, impõe-se, como medida obrigatória, **seja decretada a incompetência desse juízo**, para efeito de remessa dos autos à VARA DA INFÂNCIA E DA JUVENTUDE desta comarca, o que se requer como requisito indispensável para a regularidade processual.

Ilegitimidade das partes (ilegitimidade passiva).

O ato infracional, que motivou a pretensão do demandante, foi praticado na data de 2 de abril de 2014, ocasião em que a demandada tinha 15 anos de idade.

Sendo assim, ou seja, como exposto anteriormente, na condição de menor e de adolescente, exsurge que somente ela, Zulmira Alves Rosas, e não seus pais, deve figurar no polo passivo da ação, mesmo tratando-se de **obrigação de reparação de danos** de qualquer espécie. É o que dispõe expressamente o art. 116 do Estatuto da Criança e do Adolescente, *verbis*:

> Da Obrigação de Reparar o Dano
>
> Art. 116. Em se tratando de ato infracional com reflexos patrimoniais, a autoridade poderá determinar, se for o caso, que o adolescente restitua a coisa, promova o ressarcimento do dano, ou, por outra forma, compense o prejuízo da vítima.
>
> Parágrafo único. Havendo manifesta impossibilidade, a medida poderá ser substituída por outra adequada.

Em consequência, impõe-se, como medida obrigatória, seja decretada a incompetência desse juízo, para efeito de remessa dos autos à VARA DA INFÂNCIA E DA JUVENTUDE desta comarca, o que se requer como requisito indispensável para a regularidade processual, e a ilegitimidade das partes demandadas, JESUÍNA ALVES ROSAS e ADROALDO ROSAS, o que se requer como requisito indispensável para a regularidade processual.

II – NO MÉRITO

O FATO:

....

OS FUNDAMENTOS JURÍDICOS:

....

AS PROVAS:

....

Diante do exposto, requer o acolhimento das preliminares suscitadas. Todavia, caso este juízo assim não entenda, o que se admite somente para argumentar, requer que se digne decretar a improcedência da ação, com a condenação do demandante ao pagamento das custas judiciais, honorários do advogado do demandado e demais cominações legais.

E. deferimento.

........................., ... de .... de 20......

Advogado(a)

OAB/...... n. ......

Incorreção do valor da causa (art. 337, III)

Trata-se de impugnação do valor atribuído pelo autor à causa, que pode ser feito pelo réu, em preliminar da contestação, caso o réu considere não estar o valor correto ou não estar de acordo com a lei (arts. 293 e 337, III, do CPC/2015). No silêncio do réu quanto ao valor da causa no momento da contestação, presumir-se-á aceito por ele o valor atribuído pelo autor.

"Art. 293. O réu poderá impugnar, em preliminar da contestação, o valor atribuído à causa pelo autor, sob pena de preclusão, e o juiz decidirá a respeito, impondo, se for o caso, a complementação das custas."

Conclusão: A preliminar de **incorreção do valor da causa** é meramente dilatória, razão pela qual se destina apenas à correção e não à extinção do processo.

CONTESTAÇÃO COM LIMINAR DE IMPUGNAÇÃO AO VALOR DA CAUSA

AO JUÍZO DE DIREITO DA ...... VARA CÍVEL

Comarca de ....
Autos n. ....
Ação de ....

........................., já devidamente qualificado nos autos da ação em epígrafe, RG n. ...., CPF n. ...., com endereço na rua ...., n. ......, nesta cidade, endereço eletrônico ...., vem respeitosamente perante este juízo, por seu bastante procurador firmatário (doc. 1), com escritório profissional na rua Pitangueira, n. 245, endereço eletrônico ...., oferecer a presente CONTESTAÇÃO, em consideração à preliminar, aos fatos, aos fundamentos jurídicos, às provas e ao pedido que se seguem:

I – PRELIMINARMENTE

1. O autor, equivocadamente, atribuiu à causa a soma irrisória de R$ ...., quando é sabido que a lei (art. 292, VI, do CPC) determina que, nos casos de cumulação de ações, o valor atribuído deve ser igual à soma dos valores de todas elas, o que, no presente caso, deve perfazer o total de R$ ....

2. Ocorre que, a persistir tal valor, que é inferior a quarenta salários mínimos, terá o autor a evidente vantagem de ver a ação ser processada pelo procedimento dos Juizados

Especiais, quando, na realidade, e de acordo com o valor que verdadeiramente lhe deve corresponder, teria de ser processada pelo procedimento comum regulado pelo Código de Processo Civil.

3. Assim, persistindo o referido valor a menor e sendo adotado o rito sumário em razão do valor da causa, far-se-ão evidentes os seus reflexos no andamento do feito, tolhendo-se inclusive a produção plena de provas. Isso posto, requer a procedência do presente pedido e a autuação deste em separado, com a determinação da oitiva do autor no prazo de cinco dias, sem suspensão do processo.

II – NO MÉRITO

O FATO:

....

OS FUNDAMENTOS JURÍDICOS:

....

AS PROVAS:

....

Diante do exposto, requer a este juízo o acolhimento da preliminar suscitada, para o fim de determinar que o autor emende a petição inicial, conferindo à causa o valor exigido por lei, sob pena de indeferimento da petição inicial. Todavia, caso este juízo assim não entenda, o que se admite somente para argumentar, pede-lhe que se digne decretar a improcedência da ação, com a condenação do demandante ao pagamento das custas judiciais, honorários do advogado do demandado e demais cominações legais. Requer, ainda, a juntada da prova documental acostada, bem como a produção de outros meios de prova em direito admitidos.

E. deferimento.

......................., ... de .... de 20......

Advogado(a)

OAB/...... n. ......

Inépcia da petição inicial (art. 337, IV)

Inepta é a petição considerada *não apta, inábil* ou *imprópria*, sendo a origem do termo a palavra latina *inaptus*, composta do prefixo *in* (não) e da palavra *aptus* (apto).

O § 1º do art. 330 do Código de Processo Civil considera inepta a petição inicial quando:

> I – lhe faltar pedido ou causa de pedir;
> II – da narração dos fatos não decorrer logicamente a conclusão;
> III – o pedido for indeterminado, ressalvadas as hipóteses legais em que se permite o pedido genérico;
> IV – contiver pedidos incompatíveis entre si.

Como se pode verificar na relação acima, das quatro hipóteses que determinam a inépcia da inicial, três se referem ao *pedido*, ou seja: *falta de pedido, pedido indeterminado* e *pedidos incompatíveis*.

O *pedido*, com suas especificações, constitui exigência taxativa do art. 319, IV, do Código de Processo Civil para integrar a petição inicial, uma vez que é requisito essencial para sua validade. A *causa de* pedir, isto é, a motivação da tutela judicial pretendida, os fundamentos e fatos de direito que justificam o pedido, da mesma forma é necessário estar presente. Logo, a *falta de pedido* ou *causa de pedir* fatalmente levará ao indeferimento da petição inicial por inépcia, nos termos do art. 330, I, do Código de Processo Civil.

O pedido, também, precisa ser determinado (art. 324 do CPC), específico, apto a não permitir controvérsia, por exemplo, em relação à quantidade, qualidade, valor do objeto relacionado à tutela almejada. Existem, porém, algumas exceções, permitindo-se pedidos genéricos, imprecisos, nas seguintes hipóteses (art. 324, § 1°, do CPC): a) nas ações universais, se o autor não puder individuar os bens demandados; b) quando não for possível determinar, desde logo, as consequências do ato ou do fato; c) quando a determinação do objeto ou do valor da condenação depender de ato que deva ser praticado pelo réu.

A exigência de *pedidos compatíveis* decorre do art. 327, § 1º, I, que admite a cumulação de pedidos. Desse modo, havendo mais de um pedido e sendo eles incompatíveis, como o de despejo por falta de pagamento com o de rescisão de locação e o de consignação em pagamento com o de prestação de contas, impõe-se a decretação de inépcia da inicial.

Ressalte-se que, qualquer que seja a causa determinante da inépcia da petição inicial, poderá o juiz indeferir a petição e declarar a extinção do processo sem resolução do mérito (art. 485, I, do CPC).

É recomendável que o advogado, ao redigir a petição inicial, não só exponha os fatos e o direito de forma ordenada e sequencial como também o faça com a maior clareza, de modo que o magistrado possa melhor captar as pretensões do autor e considerá-la apta a dar início ao processo. A petição inicial redigida de maneira confusa, com palavreado ininteligível, da qual *não decorra logicamente a conclusão*, também implica, *ipso facto*, a inépcia da inicial.

Conclusão: A preliminar de **inépcia da inicial** é peremptória ou extintiva, razão pela qual acarretará a extinção do processo sem resolução do mérito (art. 485, I, do CPC). Entretanto, por inexistir solução de mérito, nada impede que a lide seja novamente posta em juízo, desde, é claro, que se supere a falta de pressuposto processual ou de condição da ação anteriormente detectada (art. 486 do CPC).

CONTESTAÇÃO COM PRELIMINAR DE INÉPCIA DA INICIAL

AO JUÍZO DE DIREITO DA 1ª VARA CÍVEL

Comarca de ....

Ação de prestação de contas

Autos n. ....

.................., já devidamente qualificado nos autos da ação em epígrafe, RG n. ...., CPF n. ...., com endereço na rua ...., n. ......, nesta cidade, endereço eletrônico ...., vem respeitosamente perante este juízo, por seu bastante procurador firmatário (doc. 1), com escritório profissional na rua Pitangueira, n. 245, endereço eletrônico ...., oferecer a presente CONTESTAÇÃO, em consideração à preliminar, aos fatos, aos fundamentos jurídicos, às provas e ao pedido que se seguem:

I – PRELIMINARMENTE

Ocupa-se a presente demanda de ação de exigir contas contendo pedido cumulado de consignação em pagamento. Referidos pedidos, como intuitivo, são incompatíveis, acarretando, *data venia*, a inépcia da inicial nos termos do § 1º, IV, do art. 330 do Código de Processo Civil.

Em face do exposto, e da comprovada inépcia da inicial, requer, nos termos do art. 337, IV, e do § 1º, IV, do art. 330 do Código de Processo Civil, o indeferimento liminar da petição inicial e, em consequência, a decretação da extinção do processo sem resolução do mérito, além da condenação do demandante nas custas e honorários do advogado do demandado.

II – NO MÉRITO

O FATO:

....

OS FUNDAMENTOS JURÍDICOS:

....

AS PROVAS:

....

Diante do exposto, requer a este juízo o acolhimento da preliminar suscitada, para o fim de extinguir o processo sem resolução do mérito. Todavia, caso este juízo assim não entenda, o que se admite somente para argumentar, pede-lhe que se digne decretar a improcedência da ação, com a condenação do demandante ao pagamento das custas judiciais, honorários do advogado do demandado e demais cominações legais. Requer, ainda, a juntada da prova documental acostada, bem como a produção de outros meios de prova em direito admitidos.

E. deferimento.

........................, ... de .... de 20......

Advogado(a)

OAB/...... n. ......

Perempção (art. 337, V)

Perempção é o modo pelo qual se extingue uma relação jurídica em virtude da inércia ou do desinteresse do autor em se manifestar no processo ou em atender a despacho do juiz. Considera-se *perempta* a ação extinta por perempção.

Constituem casos de perempção da ação:

a) quando o autor abandonar a causa por mais de trinta dias, não promovendo os atos e diligências que lhe competirem, nos termos do art. 485, III, do Código de Processo Civil;

b) quando o autor, apesar de determinação do juiz, não emendar ou completar, no prazo de quinze dias, a petição inicial que não preencher os requisitos dos arts. 319 e 320 ou que apresentar defeitos ou irregularidades capazes de dificultar o julgamento do mérito (art. 321 do CPC).

Conclusão: A preliminar de **perempção** é peremptória ou extintiva, razão pela qual acarretará a extinção do processo sem resolução do mérito (art. 485, V, do CPC). Entretanto, por inexistir solução de mérito, não impede que a lide seja novamente posta em juízo, desde, é claro, que se supere a falta de pressuposto processual ou de condição da ação antes detectada (art. 486 do CPC).

CONTESTAÇÃO COM PRELIMINAR DE PEREMPÇÃO

AO JUÍZO DE DIREITO DA 1ª VARA CÍVEL

Comarca de ......

Ação de ....

Autos n. ....

.................., já devidamente qualificado nos autos da ação em epígrafe, RG n. ...., CPF n. ...., com endereço na rua ...., n. ......, nesta cidade, endereço eletrônico ...., vem respeitosamente perante este juízo, por seu bastante procurador firmatário (doc. 1), com escritório profissional na rua Aimorés, n. 245, endereço eletrônico ...., oferecer a presente CONTESTAÇÃO, em consideração à preliminar, aos fatos, aos fundamentos jurídicos, às provas e ao pedido que se seguem:

I – PRELIMINARMENTE

Consoante se verifica nas fls. ......, consta que na data de .... o autor foi notificado do despacho em que este juízo determinou a emenda da inicial, em razão de nela não constar o valor da causa. Todavia, em que pese o fato de lhe ter sido concedido o prazo de dez dias para o atendimento da diligência, constata-se nas fls. ...... que o autor somente veio a cumprir o despacho na data de ...., ou seja, excedendo em três dias o prazo consignado.

Em face do exposto, e da comprovada existência de perempção, requer preliminarmente a este juízo, nos termos do art. 337, V, do Código de Processo Civil, que se digne decretar a extinção do processo, sem resolução do mérito, com a consequente condenação do demandante nas custas e honorários do advogado do demandado.

II – NO MÉRITO

O FATO:

....

OS FUNDAMENTOS JURÍDICOS:

....

AS PROVAS:

....

Diante do exposto, requer a este juízo o acolhimento da preliminar suscitada, para o fim de extinguir o processo sem resolução do mérito. Todavia, caso este juízo assim não entenda, o que se admite somente para argumentar, pede-lhe que se digne decretar a improcedência da ação, com a condenação do demandante ao pagamento das custas judiciais, honorários do advogado do demandado e demais cominações legais. Requer, ainda, a juntada da prova documental acostada, bem como a produção de outros meios de prova em direito admitidos.

E. deferimento.

........................, ... de .... de 20......

Advogado(a)

OAB/...... n. ......

Litispendência (art. 337, VI)

Ocorre *litispendência* quando o autor repetir ação que está em curso (art. 337, § 3º, do CPC). A inadmissibilidade da repetição de ações decorre do princípio de que a mesma causa não pode constituir-se em objeto de mais de um processo.

Conclusão: A preliminar de **litispendência** é peremptória ou extintiva, razão pela qual acarretará a extinção do processo sem resolução do mérito (art. 485, V, do CPC).

CONTESTAÇÃO COM PRELIMINAR DE LITISPENDÊNCIA

AO JUÍZO DE DIREITO DA 2ª VARA CÍVEL

Comarca de ....

Ação de despejo

Autos n. ......

.................., já devidamente qualificado nos autos da ação em epígrafe, RG n. ...., CPF n. ...., com endereço na rua ...., n. ...., nesta cidade, endereço eletrônico ...., vem respeitosamente perante este juízo, por seu bastante procurador firmatário (doc. 1), com escritório profissional na rua Pitangueira, n. 245, endereço eletrônico ...., oferecer a presente CONTESTAÇÃO, em consideração à preliminar, aos fatos, aos fundamentos jurídicos, às provas e ao pedido que se seguem:

I – PRELIMINARMENTE

Ocupa-se a presente demanda de ação de despejo por falta de pagamento ajuizada por .... Ocorre, porém, que perante a 3ª Vara Cível desta comarca se encontra tramitando ação semelhante, com as mesmas partes, o mesmo objeto e a mesma causa de pedir, o que, à evidência, caracteriza a litispendência, prevista no art. 337, §§ 1º a 3º, do Código de Processo Civil.

Em face do exposto, e da comprovada existência de litispendência, requer, preliminarmente (art. 337, VI, do CPC), a este juízo que se digne decretar a extinção do processo, sem resolução do mérito, com a consequente condenação do autor nas custas e honorários do advogado do demandado.

II – NO MÉRITO

O FATO: ....

OS FUNDAMENTOS JURÍDICOS: ....

AS PROVAS: ....

Diante do exposto, requer a este juízo o acolhimento da preliminar suscitada, para o fim de extinguir o processo sem resolução do mérito. Todavia, caso este juízo assim não entenda, o que se admite somente para argumentar, pede-lhe que se digne decretar a improcedência da ação, com a condenação do demandante ao pagamento das custas judiciais, honorários do advogado do demandado e demais cominações legais. Requer, ainda, a juntada da prova documental acostada, bem como a produção de outros meios de prova em direito admitidos.

E. deferimento.

........................, ... de .... de 20......

Advogado(a)

OAB/...... n. ......

Coisa julgada (art. 337, VII)

A *coisa julgada*, tal qual ocorre com a litispendência, repete ação que já foi decidida por decisão transitada em julgado (art. 337, §§ 1º e 4º, do CPC). A coisa julgada difere da litispendência em um único aspecto: a ação anteriormente ajuizada que ora se repete não está em curso, mas sim já foi decidida por sentença que transitou em julgado, isto é, sentença que não mais admite recurso.

Conclusão: A preliminar de **coisa julgada** é peremptória ou extintiva, razão pela qual acarretará a extinção do processo sem resolução do mérito (art. 485, V, do CPC).

CONTESTAÇÃO COM PRELIMINAR DE COISA JULGADA

AO JUÍZO DE DIREITO DA 2ª VARA CÍVEL

Comarca de ......

Ação de investigação de paternidade

Autos n. ......

.................., já devidamente qualificado nos autos da ação em epígrafe, RG n. ...., CPF n. ...., com endereço na rua ...., n. ......, nesta cidade, endereço eletrônico ...., vem respeitosamente perante este juízo, por seu bastante procurador firmatário (doc. 1), com escritório profissional na rua Pitangueira, n. 245, endereço eletrônico ...., oferecer a presente CONTESTAÇÃO, em consideração à preliminar, aos fatos, aos fundamentos jurídicos, às provas e ao pedido que se seguem:

I – PRELIMINARMENTE

Ocupa-se a presente demanda de ação de investigação de paternidade ajuizada por .... Ocorre, porém, que, conforme comprova com os documentos inclusos, referida ação é mera repetição de outra ação semelhante, com as mesmas partes, o mesmo objeto e a mesma causa de pedir, anteriormente ajuizada e declarada improcedente, com trânsito em julgado na data de ...... (comprovante anexo). Esse fato, à evidência, caracteriza a coisa julgada, prevista no art. 337, VII, §§ 1º e 4º, do Código de Processo Civil.

Em face do exposto, e da comprovada existência de coisa julgada, requer, preliminarmente (337, VII, do CPC), a este juízo que julgue o demandante carecedor de ação e, consequentemente, digne-se decretar a extinção do processo, sem a resolução do mérito, com a consequente condenação do demandante nas custas e honorários do advogado do demandado.

II – NO MÉRITO

O FATO:

....

OS FUNDAMENTOS JURÍDICOS:

....

AS PROVAS:

....

Diante do exposto, requer a este juízo o acolhimento da preliminar suscitada, para o fim de extinguir o processo sem resolução do mérito. Todavia, caso este juízo assim não entenda, o que se admite somente para argumentar, pede-lhe que se digne decretar a improcedência da ação, com a condenação do demandante ao pagamento das custas judiciais, honorários do advogado do demandado e demais cominações legais. Requer, ainda, a juntada da prova documental acostada, bem como a produção de outros meios de prova em direito admitidos.

E. deferimento.

........................, ... de .... de 20......

Advogado(a)

OAB/...... n. ......

Conexão (art. 337, VIII)

Verifica-se *conexão* quando duas ou mais ações possuem o mesmo pedido ou a mesma causa a pedir (art. 55 do CPC). Assim, na hipótese de na 3ª Vara Cível estar tramitando uma ação que seja conexa a outra que tramita em outra vara, ou seja, que esteja ligada à ação que se deve contestar pela identidade do objeto ou pela identidade, total ou parcial, de causa de pedir, ou pela identidade de ambos os elementos, as duas causas devem ser reunidas no mesmo juízo (3ª Vara Cível), para que sejam decididas simultaneamente, em atenção ao princípio da economia processual e para evitar decisões eventualmente conflitantes ou contraditórias. Ressalve-se, contudo, que a conexão não determina a reunião dos processos, se um deles já foi julgado, consoante o enunciado da Súmula n. 235 do Superior Tribunal de Justiça.

Os processos de ações conexas serão reunidos para decisão conjunta, salvo se um deles já houver sido sentenciado (art. 55, § 1º, do CPC e Súmula n. 235 do STJ).

Atente-se, ainda, para o fato de que, quando ações conexas são distribuídas para foros ou comarcas diversas, são competentes, por prevenção, o foro ou comarca e o juiz do feito responsáveis pela primeira citação válida; porém, quando ações conexas são distribuídas entre juízes do mesmo foro ou comarca, isto é, entre juízes com a mesma competência territorial, é competente, por prevenção, o juiz do feito que despachou primeiro.

Configura-se a *conexão* nas seguintes ações:

- ação de despejo por falta de pagamento e ação de consignação em pagamento;
- execução de título extrajudicial e ação de conhecimento relativa ao mesmo ato jurídico;
- execuções fundadas no mesmo título executivo (art. 55, § 2º, do CPC);
- ação principal e ação cautelar;
- ação principal e reconvenção do réu;
- ação de consignação em pagamento e ação de despejo por falta de pagamento;

- ação principal e ação declaratória incidente;
- ação de usucapião e ação demarcatória;
- ação demarcatória e ação possessória;
- ação de sustação de protesto e ação de anulação de título;
- ação de busca e apreensão e ação de depósito;
- duas ações com fundamento no mesmo contrato;
- duas ações possessórias pertinentes à mesma gleba de terra (*RT* 590/68).

Por outro lado, *não ocorre conexão* nos seguintes casos:

- ação renovatória de locação e ação de despejo por falta de pagamento;
- ação renovatória de locação e ação de consignação em pagamento;
- quando, embora o autor em ambas as ações seja o mesmo, diversos são os réus e os objetos do pedido;
- quando uma das causas já foi julgada.

Conclusão: A preliminar de **conexão** é meramente dilatória, razão pela qual se destina apenas à correção e não à extinção do processo.

CONTESTAÇÃO COM PRELIMINAR DE CONEXÃO

AO JUÍZO DE DIREITO DA 5ª VARA CÍVEL

Comarca de ....
Ação de despejo
Autos n. ......

.................., brasileiro, casado, funcionário público, RG n. ...., CPF n. ...., com endereço na rua ...., n. ......, nesta cidade, endereço eletrônico ...., vem respeitosamente perante este juízo, por seu bastante procurador firmatário (doc. 1), com escritório profissional na rua Pitangueira, n. 245, endereço eletrônico ...., oferecer a presente CONTESTAÇÃO, em consideração à preliminar, aos fatos, aos fundamentos jurídicos, às provas e ao pedido que se seguem:

PRELIMINARMENTE

Cuida a presente demanda de ação de despejo por falta de pagamento ajuizada por .... Ocorre, porém, que se encontra em trâmite, perante a 3ª Vara Cível desta mesma comarca, ação de consignação em pagamento, Autos n. ......, movida pela ora ré em desfavor do ora autor, tendo por objeto o mesmo imóvel locado.

Em face do exposto e da comprovada existência de conexão entre as duas demandas, requer a este juízo, nos termos dos arts. 58 e 337, VIII, do Código de Processo Civil, que se digne ordenar a remessa dos presentes autos ao juiz da 3ª Vara Cível, a fim de que sejam reunidas as demandas e decididas simultaneamente pelo mesmo juiz (arts. 55, § 1º, e 58 do CPC).

II – NO MÉRITO

O FATO:

....

OS FUNDAMENTOS JURÍDICOS:

....

AS PROVAS:

....

Diante do exposto, requer a este juízo o acolhimento da preliminar suscitada, determinando a reunião das duas ações conexas na 3ª Vara Cível. Todavia, caso este juízo assim não entenda, o que se admite somente para argumentar, pede-lhe que se digne decretar a improcedência da ação, com a condenação do demandante ao pagamento das custas judiciais, honorários do advogado do demandado e demais cominações legais. Requer, ainda, a juntada da prova documental acostada, bem como a produção de outros meios de prova em direito admitidos.

E. deferimento.

........................, ... de .... de 20......

Advogado(a)

OAB/...... n. ......

Incapacidade da parte, defeito de representação ou falta de autorização (art. 337, IX)

Antes de adentrar o mérito da lide, convém ao advogado do réu também verificar se na petição inicial do autor ocorre qualquer das irregularidades anteriormente relacionadas. Para esse fim, cumpre ao advogado observar:

a) não podem ingressar em juízo, por incapacidade (não possuem *legitimatio ad processum*), os menores de 18 anos, salvo se *representados* (menores de 16 anos) ou *assistidos* (maiores de 16 anos e menores de 18 anos) por seus representantes legais (pais, tutores ou curadores);

b) o autor deve estar representado por advogado habilitado, inscrito na OAB, na seção correspondente ao estado em que atua,[4] e que não esteja suspenso ou impedido de exercer a advocacia (art. 10 do Estatuto da Advocacia). Além disso, o instrumento de procuração, outorgado pelo autor ao advogado, deve constar dos autos;

c) verificar se o autor se ajusta ao enunciado do art. 73 do Código de Processo Civil: "Art. 73. O cônjuge necessitará do consentimento do outro para propor ação que verse sobre direito real imobiliário, salvo quando casados sob o regime de separação absoluta de bens". Em relação ao réu, sendo este casado, seu cônjuge será necessariamente citado para a ação: que verse sobre direito real imobiliário, salvo quando casados sob o regime de separação absoluta de bens; resultante de fato que diga respeito a ambos os cônjuges ou de ato praticado por eles; fundada em dívida contraída por um dos cônjuges a bem da família; que tenha por objeto o reconhecimento, a constituição ou a extinção de ônus sobre imóvel de um ou de ambos os cônjuges.

Já nas ações possessórias, a participação do cônjuge do autor ou do réu somente é indispensável nos casos de composse ou de ato por ambos praticado (art. 73, § 2º, do CPC).

d) se há procuração nos autos; não havendo, também fica caracterizado o defeito de representação;

e) verificar os demais casos de representação em juízo, constantes do art. 75 do Código de Processo Civil.

> Art. 75. Serão representados em juízo, ativa e passivamente:
>
> I – a União, pela Advocacia-Geral da União, diretamente ou mediante órgão vinculado;
>
> II – o Estado e o Distrito Federal, por seus procuradores ou Associação de Representação de Municípios, quando expressamente autorizada; (*Redação dada pela Lei n. 14.341, de 2022.*)
>
> III – o Município, por seu prefeito ou procurador;
>
> IV – a autarquia e a fundação de direito público, por quem a lei do ente federado designar;
>
> V – a massa falida, pelo administrador judicial;
>
> VI – a herança jacente ou vacante, por seu curador;
>
> VII – o espólio, pelo inventariante;
>
> VIII – a pessoa jurídica, por quem os respectivos atos constitutivos designarem ou, não havendo essa designação, por seus diretores;
>
> IX – a sociedade e a associação irregulares e outros entes organizados sem personalidade jurídica, pela pessoa a quem couber a administração de seus bens;

4 Até cinco causas anuais é possível que um advogado atue em Estado da Federação diverso daquele em que está inscrito. Superando o referido número de causas, ou seja, tornando-se uma atuação habitual em Estado diverso da Federação ao qual está vinculado, será necessário requerimento de inscrição suplementar nesse outro Estado em que pretende atuar (art. 10, § 2º, do Estatuto da OAB – Lei n. 8.906/94).

X – a pessoa jurídica estrangeira, pelo gerente, representante ou administrador de sua filial, agência ou sucursal aberta ou instalada no Brasil;

XI – o condomínio, pelo administrador ou síndico.

Conclusão: As preliminares de **incapacidade da parte, defeito de representação** ou **falta de autorização** são meramente dilatórias, razão pela qual se destinam apenas à correção e não à extinção do processo.

CONTESTAÇÃO COM PRELIMINAR DE INCAPACIDADE DA PARTE

AO JUÍZO DE DIREITO DA 3ª VARA CÍVEL

Comarca de ....

Ação de ....

Autos n. ......

.................., já devidamente qualificado nos autos da ação em epígrafe, RG n. ...., CPF n. ...., com endereço na rua ...., n. ......, nesta cidade, endereço eletrônico ...., vem respeitosamente perante este juízo, por seu bastante procurador firmatário (doc. 1), com escritório profissional na rua Pitangueira, n. 245, endereço eletrônico ...., oferecer a presente CONTESTAÇÃO, em consideração à preliminar, aos fatos, aos fundamentos jurídicos, às provas e ao pedido que se seguem:

I – PRELIMINARMENTE

Cuida o presente feito de ação de investigação de paternidade ajuizada por ...., qualificado na inicial como menor púbere, sem nenhuma assistência. Caracterizada assim a incapacidade da parte, descrita no art. 337, IX, é mister ser o autor devidamente assistido por seus pais ou responsáveis, nos termos da legislação vigente.

Em face do exposto e da comprovada incapacidade da parte, requer a este juízo, nos termos do art. 337, IX, do Código de Processo Civil, que se digne ordenar o saneamento do defeito, sob pena de extinção do processo sem resolução do mérito.

II – NO MÉRITO

O FATO:

....

OS FUNDAMENTOS JURÍDICOS:

....

AS PROVAS:

....

Diante do exposto, requer a este juízo o acolhimento da preliminar suscitada, determinando a suspensão do processo e que o vício seja sanado, nos termos do art. 76 do Código de Processo Civil. Descumprida a determinação, requer a extinção do processo sem resolução do mérito. Todavia, caso este juízo assim não entenda, o que se admite somente para argumentar, pede-lhe que se digne decretar a improcedência da ação, com a condenação do demandante ao pagamento das custas judiciais, honorários do advogado do demandado e demais cominações legais. Requer, ainda, a juntada da prova documental acostada, a oitiva das testemunhas arroladas, bem como a produção de outros meios de prova em direito admitidos.

E. deferimento.

........................, ... de .... de 20......

Advogado(a)

OAB/...... n. ......

CONTESTAÇÃO COM PRELIMINAR DE FALTA DE AUTORIZAÇÃO

AO JUÍZO DE DIREITO DA 2ª VARA CÍVEL

Comarca de ....

Ação de ....

Autos n. ......

.................., já devidamente qualificado nos autos da ação em epígrafe, RG n. ...., CPF n. ...., com endereço na rua ...., n. ......, nesta cidade, endereço eletrônico ...., vem respeitosamente perante este juízo, por seu bastante procurador firmatário (doc. 1), com escritório profissional na rua Aimorés, n. 245, endereço eletrônico ...., oferecer a presente CONTESTAÇÃO, em consideração à preliminar, aos fatos, aos fundamentos jurídicos, às provas e ao pedido que se seguem:

I – PRELIMINARMENTE

Cuida o presente feito de ação fundada em direito real, tendo por objeto a anulação de escritura de compra e venda de imóvel. Em razão de o demandante ser casado, consoante se comprova com a qualificação constante da inicial, cumpre que sua mulher também participe do processo, ou lhe outorgue o consentimento, como exige o art. 73, § 1º, do Código de Processo Civil. Caracterizado assim o defeito de falta de autorização, descrito no art. 337, IX, é mister ser o vício sanado nos termos da legislação vigente.

Em face do exposto, e caracterizado o defeito de falta de autorização, requer a este juízo que se digne ordenar a suspensão do processo e o saneamento do defeito, sob pena de extinção do processo sem resolução do mérito.

II – NO MÉRITO

O FATO:

....

OS FUNDAMENTOS JURÍDICOS:

....

AS PROVAS:

....

Diante do exposto, requer o acolhimento da preliminar suscitada, determinando as diligências cabíveis para sanar o vício. Todavia, caso este juízo assim não entenda, o que se admite somente para argumentar, pede-lhe que se digne decretar a improcedência da ação, com a condenação do demandante ao pagamento das custas judiciais, honorários do advogado do demandado e demais cominações legais. Requer, ainda, a juntada da prova documental acostada, bem como a produção de outros meios de prova em direito admitidos.

E. deferimento.

......................., ... de .... de 20.....

Advogado(a)

OAB/...... n. ......

Convenção de arbitragem (art. 337, X)

Esta preliminar pode ser alegada quando o objeto da ação contestada já ter sido anteriormente decidido por meio de árbitros escolhidos pelas partes, na forma da Lei n. 9.307/96, que, entre outras coisas, dispõe:

> Art. 1º As pessoas capazes de contratar poderão valer-se da arbitragem para dirimir litígios relativos a direitos patrimoniais disponíveis. [...]
>
> Art. 3º As partes interessadas podem submeter a solução de seus litígios ao juízo arbitral mediante convenção de arbitragem, assim entendida a cláusula compromissória e o compromisso arbitral. [...]
>
> Art. 9º O compromisso arbitral é a convenção através da qual as partes submetem um litígio à arbitragem de uma ou mais pessoas, podendo ser judicial ou extrajudicial.
>
> § 1º O compromisso arbitral judicial celebrar-se-á por termo nos autos, perante o juízo ou tribunal, onde tem curso a demanda.

§ 2º O compromisso arbitral extrajudicial será celebrado por escrito particular, assinado por duas testemunhas, ou por instrumento público.

Assim, caso o objeto da ação a ser contestada já tenha sido decidido por meio de compromisso arbitral, cabe ao advogado alegá-lo em preliminar, a fim de evitar que a questão seja objeto de novo julgamento. Releva acrescentar, ademais, que a ausência de alegação da existência de convenção de arbitragem implica aceitação da jurisdição estatal e renúncia ao juízo arbitral (art. 337, § 6º, do CPC).

Conclusão: A preliminar de **convenção de arbitragem**, em razão de ser considerado pressuposto processual negativo que impede o início e regular desenvolvimento do processo e a prestação da jurisdição estatal, é peremptória ou extintiva, razão pela qual acarretará a extinção do processo sem resolução do mérito (art. 485, V, CPC).

CONTESTAÇÃO COM PRELIMINAR DE CONVENÇÃO DE ARBITRAGEM

AO JUÍZO DE DIREITO DA 2ª VARA CÍVEL

Comarca de ....
Ação de divisão e demarcação de terras
Autos n. ......

.................., já devidamente qualificado nos autos da ação em epígrafe, RG n. ...., CPF n. ...., com endereço na rua ...., n. ......, nesta cidade, endereço eletrônico ...., vem respeitosamente perante este juízo, por seu bastante procurador firmatário (doc. 1), com escritório profissional na rua Pitangueira, n. 245, endereço eletrônico ...., oferecer a presente CONTESTAÇÃO, em consideração à preliminar, aos fatos, aos fundamentos jurídicos, às provas e ao pedido que se seguem:

I – PRELIMINARMENTE

Ocupa-se a presente demanda de ação de divisão e demarcação de terras ajuizada por PETROLINO SOAMEDA. Ocorre, todavia, conforme comprova com os documentos inclusos, que o objeto da referida ação já foi definido em convenção de arbitragem, por termo celebrado pelo autor e pelo réu, na data de ...., o que, à evidência, caracteriza a preliminar de convenção de arbitragem, prevista no art. 337, X, do Código de Processo Civil.

Em face do exposto, e da comprovada existência anterior de convenção de arbitragem, requer a este juízo, nos termos do art. 337, X, do Código de Processo Civil, que se digne decretar a extinção do processo, sem resolução do mérito, com a consequente condenação do autor nas custas e honorários do advogado do demandado.

II – NO MÉRITO

O FATO:

....

OS FUNDAMENTOS JURÍDICOS:

....

AS PROVAS:

....

Diante do exposto, requer o acolhimento da preliminar suscitada, para o fim de extinguir o processo sem resolução do mérito. Todavia, caso este juízo assim não entenda, o que se admite somente para argumentar, pede-lhe que se digne decretar a improcedência da ação, com a condenação do demandante ao pagamento das custas judiciais, honorários do advogado do demandado e demais cominações legais. Requer, ainda, a juntada da prova documental acostada, bem como a produção de outros meios de prova em direito admitidos.

E. deferimento.

......................., ... de .... de 20......

Advogado(a)

OAB/...... n. ......

Ausência de ilegitimidade da parte ou de interesse processual (art. 337, XI)

Legitimidade da parte

Para postular em juízo é necessário ter interesse e legitimidade (art. 17 do CPC). Não preenchido qualquer desses requisitos, além de outros previstos no Código de Processo Civil, o processo poderá ser extinto sem resolução do mérito (art. 485 do CPC). Legítima é, pois, a pessoa autorizada por lei a demandar sobre o objeto da ação, a que tem *legitimatio ad causam* (legitimação para a causa ou para ser parte no processo). O que significa dizer que somente o titular do direito pode pleiteá-lo em juízo. A regra vale tanto para o autor (legitimidade ativa) como para o réu (legitimidade passiva).

Conclusão: A preliminar de **ilegitimidade da parte** pode ser meramente dilatória, que ocorre quando for sanado o defeito, ou peremptória ou extintiva, quando o defeito não for sanado, o que acarretará a extinção do processo sem resolução do mérito (art. 485, VI, do CPC).

Interesse de agir

Para postular em juízo é necessário que o autor, além de provar a legitimidade, demonstre interesse (art. 17 do CPC). O interesse de agir deriva da necessidade da tutela jurisdicional, prestada pelo juiz, para que o autor obtenha a satisfação do direito alegado. De conformidade com a doutrina, a necessidade diz respeito tão somente à *necessidade-utilidade* de obter, por meio do processo, a proteção ao interesse do autor. Destarte, demonstra falta de interesse-necessidade quem aciona por dívida ainda não exigível, como a constante de nota promissória ainda não vencida (*v.* também p. 73).

Conclusão: A preliminar de **falta de interesse de agir** é peremptória ou extintiva, razão pela qual acarretará a extinção do processo sem resolução do mérito (art. 485, VI, do CPC).

CONTESTAÇÃO COM PRELIMINAR DE ILEGITIMIDADE DA PARTE

AO JUÍZO DE DIREITO DA 2ª VARA CÍVEL

Comarca de ....

Ação de execução

Autos n. ......

.................., já devidamente qualificado nos autos da ação em epígrafe, RG n. ...., CPF n. ...., com endereço na rua ...., n. ......, nesta cidade, endereço eletrônico ...., vem respeitosamente perante este juízo, por seu bastante procurador firmatário (doc. 1), com escritório profissional na rua Pitangueira, n. 245, endereço eletrônico ...., oferecer a presente CONTESTAÇÃO, em consideração à preliminar, aos fatos, aos fundamentos jurídicos, às provas e ao pedido que se seguem:

I – PRELIMINARMENTE

Cuida a presente demanda de ação de execução ajuizada por ...., qualificado como diretor da VEÍCULOS BRASILEIROS LTDA., na qual pretende o autor a execução de uma duplicata originada de dívida contraída pelo réu perante a referida empresa. Ocorre, todavia, que o fato de o autor litigar em nome próprio, e não como representante da empresa, como exige o art. 75, VIII, do Código de Processo Civil, caracteriza, à evidência, a ILEGITIMIDADE DA PARTE AUTORA para a causa e, consequentemente, a extinção do processo sem resolução do mérito, em conformidade com o art. 17 do Código de Processo Civil.

Em face do exposto e da comprovada ilegitimidade da parte autora, requer a este juízo, nos termos dos arts. 17 e 337, XI, do Código de Processo Civil, que se digne decretar a extinção do processo, sem resolução do mérito, com a consequente condenação do autor nas custas e honorários do advogado do demandado.

II – NO MÉRITO

O FATO:

....

OS FUNDAMENTOS JURÍDICOS:

....

AS PROVAS:

....

Diante do exposto, requer o acolhimento da preliminar suscitada, para o fim de extinguir o processo sem resolução do mérito. Todavia, caso este juízo assim não entenda, o que se admite somente para argumentar, pede-lhe que se digne decretar a improcedência da ação, com a condenação do demandante ao pagamento das custas judiciais, honorários do advogado do demandado e demais cominações legais. Requer, ainda, a juntada da prova documental acostada, bem como a produção de outros meios de prova em direito admitidos.

E. deferimento.

......................., ... de .... de 20......

Advogado(a)

OAB/...... n. ......

Falta de caução ou de outra prestação que a lei exige como preliminar (art. 337, XII)

Caução é a garantia prestada para o ressarcimento de dano possível ou para cumprimento de uma obrigação. O caso em que a lei exige que o autor preste caução no momento da propositura da ação está previsto no art. 83 do Código de Processo Civil, *verbis*:

> Art. 83. O autor, brasileiro ou estrangeiro, que residir fora do Brasil ou deixar de residir no país ao longo da tramitação de processo prestará caução suficiente ao pagamento das custas e dos honorários de advogado da parte contrária nas ações que propuser, se não tiver no Brasil bens imóveis que lhes assegurem o pagamento.

Conclusão: A preliminar de **falta de caução** é meramente dilatória, razão pela qual se destina apenas à correção e não à extinção do processo.

CONTESTAÇÃO COM PRELIMINAR DE FALTA DE CAUÇÃO

AO JUÍZO DE DIREITO DA 3ª VARA CÍVEL

Comarca de ....

Ação de ....

Autos n. ......

.................., já devidamente qualificado nos autos da ação em epígrafe, RG n. ...., CPF n. ...., com endereço na rua ...., n. ......, nesta cidade, endereço eletrônico ...., vem respeitosamente perante este juízo, por seu bastante procurador firmatário (doc. 1), com escritório profissional na rua Pitangueira, n. 245, endereço eletrônico ...., oferecer a presente CONTESTAÇÃO, em consideração à preliminar, aos fatos, aos fundamentos jurídicos, às provas e ao pedido que se seguem:

I – PRELIMINARMENTE

Cuida o presente feito de ação ajuizada por ...., com domicílio e residência na cidade de Montevidéu, Uruguai. Não bastasse isso, o autor não possui bens imóveis no Brasil, conforme prova inclusa. Destarte, cumpre ao autor prestar caução suficiente às custas e honorários do demandado, conforme expressa exigência do art. 83 do Código de Processo Civil.

Em face do exposto e da comprovada ausência de prestação de caução, requer a este juízo, nos termos do art. 337, XII, do Código de Processo Civil, que se digne ordenar o saneamento do defeito, sob pena de extinção do processo sem resolução do mérito.

II – NO MÉRITO

O FATO:

....

OS FUNDAMENTOS JURÍDICOS:

....

AS PROVAS:

....

Diante do exposto, requer o acolhimento da preliminar suscitada, determinando as diligências cabíveis. Todavia, caso este juízo assim não entenda, o que se admite somente para argumentar, pede-lhe que se digne decretar a improcedência da ação, com a condenação do demandante ao pagamento das custas judiciais, honorários do advogado do demandado e demais cominações legais. Requer, ainda, a juntada da prova documental acostada, a oitiva das testemunhas arroladas, bem como a produção de outros meios de prova em direito admitidos.

E. deferimento.

......................., ... de .... de 20......

Advogado(a)

OAB/...... n. ......

Indevida concessão de gratuidade da justiça (art. 337, XIII)

Deferido o pedido de concessão da gratuidade, o réu poderá oferecer impugnação na contestação. Sendo casos de pedido superveniente ou formulado por terceiro, a impugnação poderá ser feita por meio de petição simples, a ser apresentada no prazo de 15 dias, nos autos do próprio processo, sem suspensão de seu curso (art. 100 do CPC).

Assim, ao constatar a existência do pedido de assistência judiciária gratuita formulada pelo autor, compete ao réu verificar se referido pedido procede, ou seja, se o réu preenche efetivamente o requisito legal para fazer jus ao benefício: a insuficiência de recursos para pagar as custas, as despesas processuais e os honorários advocatícios (art. 98 do CPC). A razão é muito simples: se improcedente o pedido, a verba honorária de sucumbência devida pelo autor ao réu e demais obrigações ficarão sob condição suspensiva de exigibilidade e somente poderão ser executadas se, nos cinco anos subsequentes ao trânsito em julgado da decisão que as certificou, o credor demonstrar que deixou de existir a situação de insuficiência de recursos que justificou a concessão de gratuidade, extinguindo-se, passado esse prazo, tais obrigações do beneficiário (§ 3º).

Revogado o benefício, a parte arcará com as despesas processuais que tiver deixado de adiantar e pagará, em caso de má-fé, até o décuplo de seu valor a título de multa, que será revertida em benefício da Fazenda Pública estadual ou federal e poderá ser inscrita em dívida ativa (art. 100, parágrafo único).

Conclusão: A preliminar de **indevida concessão do benefício de gratuidade de justiça** é meramente dilatória, razão pela qual se destina apenas à correção e não à extinção do processo.

CONTESTAÇÃO COM LIMINAR DE INDEVIDA CONCESSÃO DE GRATUIDADE DE JUSTIÇA

AO JUÍZO DE DIREITO DA 1ª VARA CÍVEL

Comarca ....

Autos n. ....

Ação de ....

.................., já devidamente qualificado nos autos da ação em epígrafe, RG n. ...., CPF n. ...., com endereço na rua ...., n. ......, nesta cidade, endereço eletrônico ...., vem respeitosamente perante este juízo, por seu bastante procurador firmatário (doc. 1), com escritório profissional na rua Pitangueira, n. 245, endereço eletrônico ...., oferecer a presente CONTESTAÇÃO, em consideração à preliminar, aos fatos, aos fundamentos jurídicos, às provas e ao pedido que se seguem:

I – PRELIMINARMENTE

1. Como cediço, o benefício da assistência judiciária gratuita será concedido tão somente aos que preencham os requisitos legais, com fulcro no art. 5º, LXXIV, da CF/88, e no art. 98 do CPC.

2. O art. 98 do CPC conceitua necessitado para os fins legais:

> Art. 98. A pessoa natural ou jurídica, brasileira ou estrangeira, com insuficiência de recursos para pagar as custas, as despesas processuais e os honorários advocatícios tem direito à gratuidade da justiça, na forma da lei.

3. Ora, como se faz notório, a demandante não faz jus à concessão do pedido de assistência judiciária gratuita, uma vez que não se enquadra no conceito de necessitada mencionado na lei.

4. A comprovação de que a demandante não é necessitada, para efeitos legais, consta das fls. 15, em que o comprovante de rendimentos, fornecido pela fonte pagadora, indica que ela percebe anualmente nada mais, nada menos que R$ 57.184,00, o que representa um salário mensal de R$ 4.765,33.

5. Ora, se o salário de R$ 4.765,33 mensais significa miserabilidade, o que dizer então daqueles brasileiros que são obrigados a "sobreviver" com apenas o salário mínimo?

Pelo exposto, e considerando que a demandante possui plenas condições de arcar com todas as despesas do processo e honorários de advogado, requer a este juízo que, nos termos do art. 337, XIII, do CPC, se digne denegar a concessão da assistência judiciária gratuita pleiteada pela demandante, ou revogá-la no caso de ela já ter sido deferida.

II – NO MÉRITO

O FATO:

....

OS FUNDAMENTOS JURÍDICOS:

....

AS PROVAS:

....

Diante do exposto, requer o acolhimento da preliminar suscitada (art. 337, XIII, do CPC), para o fim de determinar que o autor junte aos autos documentos que comprovem a necessidade da concessão da gratuidade da justiça, sob pena de indeferimento do pedido (art. 99, § 2º, do CPC). Todavia, caso este juízo assim não entenda, o que se admite somente para argumentar, requer que se digne decretar a improcedência do pedido, com a condenação do demandante ao pagamento das custas judiciais, honorários do advogado do demandado e demais cominações legais. Requer, ainda, a juntada da prova documental acostada, bem como a produção de outros meios de prova em direito admitidos.

Termos em que

E. deferimento.

........................, ... de .... de 20......

Advogado(a)

OAB/...... n. ......

DEFESA DO MÉRITO (*DE MERITIS*)

O *mérito* é, antes de tudo, a questão ou as questões fundamentais, de fato ou de direito, que constituem o principal objeto de lide. Cabe ao réu, após a alegação de qualquer das preliminares anteriormente citadas, se alguma delas couber, discutir o mérito da ação.

Defendendo-se pelo mérito (ataque ao direito material), o contestante tem em mira, mais propriamente, a base de sustentação do pedido, ou seja, a causa *petendi*, o fato jurídico em que o autor apoia sua pretensão, fato que é impugnado em sua existência ou em sua eficácia jurídica. Na defesa de mérito, por isso mesmo, o que se postula é a decretação de improcedência do pedido.

A discussão ou contestação do mérito consiste, pois, no momento de questionamento em que o réu nega o fato ou o direito, ou ambos. Se nega o pedido e suas consequências jurídicas com fundamento na interpretação da norma jurídica, ocorre a *defesa direta*.

Exemplos:

a) nega o fato em que se apoia o pedido do autor (não houve conclusão do contrato);

b) admite o fato, mas recusa o seu efeito jurídico (o contrato é válido, mas a cláusula deve ser interpretada de outra forma).

Se, por outro lado, o réu não nega os fatos, mas nega o direito, arguindo fato impeditivo, modificativo ou extintivo (prescrição, dolo, erro ou causa ilícita), dá-se a *defesa indireta*, e nesse caso se inverterá o ônus probatório, incumbindo-se ao réu essa obrigação (art. 373, II, do CPC).

Exemplo: a dívida é válida, mas já foi paga ou está prescrita.

Esclarece João Mendes[5] que

> o réu, em sua defesa, pode opor uma negação absoluta ou uma negação relativa. Na negação absoluta, o réu nega o fato e nega o direito; na negação relativa, ou o réu admite o fato e nega a aplicabilidade do direito alegado pelo autor, ou admite o fato com circunstâncias tais que extinguem ou alteram o direito alegado pelo autor.

A negação dos fatos dá-se pelas provas produzidas, enquanto a negação do direito se faz por meio da citação da lei, da doutrina ou da jurisprudência. Não só porque é de boa técnica, mas também por ser de lei, recomenda-se que o advogado, ao promover a contestação, conteste ou impugne, item por item, tudo o que foi articulado pelo autor na petição inicial, mesmo porque presumem-se verdadeiras as alegações não impugnadas, como adverte o Código de Processo Civil, no art. 341. Trata-se do que se denomina "contestação especificada de todos os fatos", sendo, pois, vedadas a "contestação por negação geral" ou mesmo a lacônica afirmação de que "não são verdadeiros os fatos aduzidos pelo autor", por restarem privadas de eficácia processual,[6] salvo se o advogado do réu for defensor público, advogado dativo ou curador especial (art. 341, parágrafo único, do CPC). Contudo, existem exceções pelas quais não se presumirão verdadeiras as alegações do réu, ainda que não sejam impugnadas especificamente por ele: a) quando não for admissível, a seu respeito, a confissão; b) quando a petição inicial não estiver acompanhada de instrumento que a lei considere da substância do ato; c) quando a alegação do autor estiver em contradição com a defesa, considerada em seu conjunto.

DEFESA CONTRA O MÉRITO

....

....

2. Todavia,

PRELIMINARMENTE,

....

....

NO MÉRITO

---

5 *Direito judiciário brasileiro*, 2. ed., p. 145.

6 Salvo as exceções do art. 341, I a III, do CPC/2015.

3. No mérito, a ação deve ser julgada improcedente.

4. Em primeiro, são totalmente inverídicas as alegações do autor de que os aluguéis relativos aos meses de janeiro a março do corrente ano se encontram sem pagamento, pois, conforme o réu faz prova com os recibos de pagamento inclusos (docs. 1, 2 e 3), referidos aluguéis foram pagos nas datas exigidas pelo contrato.

OU (em caso de ação de acidente de trânsito)

Carecem de qualquer fundamento as alegações do autor de que foi a imprudência do réu o único fator a causar a colisão do veículo daquele com o seu, na data de 15 de março de 2014, nas proximidades da praça Rui Barbosa, uma vez que do próprio registro policial da ocorrência consta ter sido o veículo do autor o causador do acidente.

OU (em caso de ação de execução)

Efetivamente, as notas promissórias acostadas à inicial e ora exigidas pelo autor foram firmadas pelo réu em seu favor. Entretanto, utilizando-se de desmesurada e comprovada má-fé, "esqueceu-se" o autor de que referidos títulos de crédito já foram quitados pelo réu, conforme este faz prova com o recibo de quitação incluso (doc. 2), firmado na data de ...., que se refere, expressamente, ao pagamento total das mencionadas promissórias.

OU

O autor, na presente ação de execução, apresentou como título comprobatório do seu crédito em relação ao réu um documento que nada mais é que um simples "vale" assinado pelo réu. Ocorre que tal documento não atende aos requisitos exigidos pela lei processual para que possa fundamentar uma execução, ou seja, o documento apresentado não se constitui nem mesmo em título executivo extrajudicial.

A par de todas as razões, de fato e de direito, é de todo recomendável que o advogado do réu procure robustecer os argumentos expendidos, complementando-os com a citação da doutrina (opinião dos autores ou juristas) e da jurisprudência dominante nos tribunais que acompanham sua tese. Para esse efeito, podem-se usar as seguintes expressões:

5. Como consigna o eminente Pontes de Miranda:
"..
....
...."

6. No mesmo sentido, a jurisprudência:
"..
....
...."

Após a apresentação das razões de fato e de direito, com embasamento na lei, na doutrina e/ou na jurisprudência, com a finalidade de impugnar o pedido do autor, cumpre ao advogado do réu, sob pena de sofrer as consequências da ausência de pedido, finalizar a contestação com os seguintes elementos:

a) requerimento solicitando a improcedência da ação e a condenação do autor nas custas judiciais, honorários de advogado do réu e demais cominações legais:

7. Pelo exposto, deverá a presente contestação ser recebida e, ao final, ser julgada improcedente a ação, com a condenação do autor nas custas judiciais, nos honorários de advogado do réu e demais cominações legais.

Havendo o ajuizamento concomitante de *reconvenção* (*v.* adiante), é conveniente apontar a sua existência, substituindo-se a expressão anterior pela seguinte:

7. Pelo exposto, deverá a presente contestação ser recebida e, ao final, ser julgada improcedente a ação, bem como procedente deverá ser julgada a reconvenção adiante oferecida, com a condenação do autor nas custas judiciais, nos honorários de advogado do réu e demais cominações legais.

b) requerimento com a especificação das provas que pretende produzir e dos documentos destinados à prova:

Para prova requer: a juntada dos documentos acima citados e enumerados; o depoimento pessoal do autor, sob pena de confesso; perícia; inquirição das testemunhas abaixo arroladas.

c) o pedido de deferimento;

Termos em que
espera deferimento.

d) o local e a data;

Florianópolis, ... de .... de 20......

e) a assinatura do advogado, legalmente habilitado e constituído;

____
Assinatura do(a) advogado(a)
OAB/...... n. ......

f) rol de testemunhas, se houver e se a lide comportar:

Rol de testemunhas que deverão ser devidamente intimadas:

1. ...., brasileira, casada, digitadora, 38 anos de idade, CPF n. ...., RG n. ...., residente nesta cidade, na rua Bom Jesus, n. 310, com local de trabalho sito na rua Tiradentes, n. 205.

2. ...., brasileiro, casado, mecânico, 42 anos de idade, CPF n. ...., RG n. ...., residente nesta cidade, na av. Brasil, n. 470, com local de trabalho no mesmo endereço.

Cumpre ainda alertar que os documentos de prova, bem como o instrumento de procuração, deverão acompanhar a contestação no momento em que for entregue no cartório competente.

PRAZO PARA CONTESTAR

O réu poderá oferecer contestação, por petição, no prazo de 15 dias, contado o prazo (art. 335 do CPC):

I – da audiência de conciliação ou de mediação, ou da última sessão de conciliação, quando qualquer parte não comparecer ou, comparecendo, não houver autocomposição;

II – do protocolo do pedido de cancelamento da audiência de conciliação ou de mediação apresentado pelo réu, quando ocorrer a hipótese do art. 334, § 4º, inciso I;

III – da data prevista no art. 231, de acordo com o modo como foi feita a citação, nos demais casos.

Os demais casos preconizados pela lei são os seguintes:

Art. 231. Salvo disposição em sentido diverso, considera-se dia do começo do prazo:

I – a data de juntada aos autos do aviso de recebimento, quando a citação ou a intimação for pelo correio;

II – a data de juntada aos autos do mandado cumprido, quando a citação ou a intimação for por oficial de justiça;

III – a data de ocorrência da citação ou da intimação, quando ela se der por ato do escrivão ou do chefe de secretaria;

IV – o dia útil seguinte ao fim da dilação assinada pelo juiz, quando a citação ou a intimação for por edital;

V – o dia útil seguinte à consulta ao teor da citação ou da intimação ou ao término do prazo para que a consulta se dê, quando a citação ou a intimação for eletrônica;

VI – a data de juntada do comunicado de que trata o art. 232 ou, não havendo esse, a data de juntada da carta aos autos de origem devidamente cumprida, quando a citação ou a intimação se realizar em cumprimento de carta;

VII – a data de publicação, quando a intimação se der pelo Diário da Justiça impresso ou eletrônico;

VIII – o dia da carga, quando a intimação se der por meio da retirada dos autos, em carga, do cartório ou da secretaria;

IX – o quinto dia útil seguinte à confirmação, na forma prevista na mensagem de citação, do recebimento da citação realizada por meio eletrônico.

Exceções ao prazo de quinze dias

Para certos procedimentos ditos especiais, o Código de Processo Civil determina *prazo inferior* a quinze dias para o réu oferecer contestação: *dez dias* para a ação de consignação em pagamento (art. 539), *cinco dias* na tutela cautelar (art. 306) e na remoção de tutor ou de curador (art. 761). Por outro lado, a Fazenda Pública será citada para opor embargos em 30 dias, na execução fundada em título extrajudicial (art. 910 do CPC), e será contado *em dobro* o prazo para contestar para os advogados integrantes da defensoria pública (art. 186), para o Ministério Público (art. 180) e para a União, os estados, o Distrito Federal, os municípios e suas respectivas autarquias e fundações de direito público (art. 183).

A título de modelo, oferecemos, a seguir, contestação à ação de despejo por falta de pagamento proposta nos termos da petição inicial da p. 111.

MODELO

Indicação do juízo a que se dirige;	Ao juízo de Direito da ...... Vara Cível Comarca de .... Ação de despejo Autos n. ......
Nome, qualificação e endereço do autor e do réu;	Duílio Machado, brasileiro, casado, comerciante, CPF n. ...., endereço eletrônico ...., por seu procurador infra-assinado (doc. 1), advogado inscrito na OAB/......, sob n. ......, endereço eletrônico ...., com escritório profissional na rua Pitangueira, n. 245, onde recebe intimações, vem perante este juízo para, na ação de despejo por falta de pagamento que lhe move Carlos Pontes, oferecer contestação aos termos da referida ação, em face dos seguintes fatos e fundamentos:
Apresentação de preliminares;	1. Na presente ação pretende o autor o despejo do réu, sob a alegação de que este não paga os aluguéis do imóvel de sua propriedade desde a data de ....; 2. Todavia, Preliminarmente,
	Verifica-se que a citação de fls. ...... é nula de pleno direito, uma vez que do mandado não consta a finalidade da citação, com todas as especificações constantes da petição inicial, bem como a menção do prazo para contestar, sob pena de revelia, como exige o art. 250, II, do Código de Processo Civil. 3. Ante o exposto, requer que este juízo se digne em acolher a nulidade arguida e declarar extinto o processo sem resolução do mérito, com a consequente condenação do autor nas custas e honorários do advogado do demandado. 4. No mérito, a ação é improcedente, eis que totalmente inverídicas as alegações do autor de que os aluguéis dos meses de .... a .... se encontram sem pagamento, pois, conforme faz prova com os recibos de pagamentos inclusos (docs. 2, 3 e 4), tais aluguéis foram pagos pelo réu na data exigida pelo contrato, estando, portanto, o réu totalmente em dia com suas obrigações locatícias.

Pedido de improcedência da ação.	Diante do exposto, requer a este juízo o acolhimento da preliminar suscitada, decretando a nulidade da citação e determinando a renovação de todos os atos processuais anteriormente praticados sem a intimação do réu. Todavia, caso este juízo assim não entenda, o que se admite somente para argumentar, requer o demandado que se digne decretar a improcedência da ação, com a condenação do demandante ao pagamento das custas judiciais, honorários do advogado do demandado e demais cominações legais. Requer, ainda, a juntada da prova documental acostada, bem como a produção de outros meios de prova em direito admitidos.

P. deferimento.

........................, ... de .... de 20......

Advogado(a)

OAB/...... n. ......

Arguição de impedimento

Impedimento é a situação pela qual o juiz da causa não pode exercer suas funções jurisdicionais em razão da sua estreita relação com o objeto da ação e com determinadas pessoas integrantes do processo.

O art. 144 do Código de Processo Civil enumera as hipóteses que determinam o impedimento do magistrado. Se, ocorrendo qualquer delas, o juiz não se der por impedido, pode a parte oferecer arguir o impedimento a fim de afastá-lo do processamento da causa. Entende-se que tal providência é necessária para que a justiça seja distribuída completamente despojada de qualquer risco que possa determinar o favorecimento de uma parte em detrimento da outra.

Ocorre impedimento do juiz, sendo-lhe vedado exercer suas funções no processo:

> I – em que interveio como mandatário da parte, oficiou como perito, funcionou como membro do Ministério Público ou prestou depoimento como testemunha;
> II – de que conheceu em outro grau de jurisdição, tendo proferido decisão;
> III – quando nele estiver postulando, como defensor público, advogado ou membro do Ministério Público, seu cônjuge ou companheiro, ou qualquer parente, consanguíneo ou afim, em linha reta ou colateral, até o terceiro grau, inclusive;[7]

7 O impedimento previsto no inciso III também se verifica no caso de mandato conferido a membro de escritório de advocacia que tenha em seus quadros advogado que individualmente ostente a condição nele prevista, mesmo que não intervenha diretamente no processo (art. 144, § 3º). Porém, em relação ao defensor público, o advogado ou o membro do Ministério Público, o impedimento só se

IV – quando for parte no processo ele próprio, seu cônjuge ou companheiro, ou parente, consanguíneo ou afim, em linha reta ou colateral, até o terceiro grau, inclusive;

V – quando for sócio ou membro de direção ou de administração de pessoa jurídica parte no processo;

VI – quando for herdeiro presuntivo, donatário ou empregador de qualquer das partes;

VII – em que figure como parte instituição de ensino com a qual tenha relação de emprego ou decorrente de contrato de prestação de serviços;

VIII – em que figure como parte cliente do escritório de advocacia de seu cônjuge, companheiro ou parente, consanguíneo ou afim, em linha reta ou colateral, até o terceiro grau, inclusive, mesmo que patrocinado por advogado de outro escritório;

IX – quando promover ação contra a parte ou seu advogado.

O impedimento deverá ser arguido no prazo de quinze dias, a contar do conhecimento do fato, em petição específica dirigida ao juiz do processo, na qual indicará o fundamento da recusa, podendo instruí-la com documentos em que se fundar a alegação e com rol de testemunhas (art. 146 do CPC).

ARGUIÇÃO DE IMPEDIMENTO

AO JUÍZO DE DIREITO DA 2ª VARA CÍVEL

Comarca de ....
Ação de ....
Autos n. ....

......................., brasileiro, casado, odontólogo, CPF n. ...., domiciliado nesta cidade e residente na rua ...., n. ......, endereço eletrônico ...., por seu procurador infra-assinado, *ut* instrumento de procuração anexo, advogado inscrito na OAB/......, sob n. ......, com endereço na rua ...., n. ......, endereço eletrônico ...., vem respeitosamente perante este juízo para, nos autos da ação .... com fundamento no art. 144 do Código de Processo Civil, arguir, *data venia*, o IMPEDIMENTO deste juízo, pelos motivos e fundamentos que passa a expor:

1. Que, perante este juízo, foi proposta e está sendo processada contra o ora requerente a presente ação, na qual figura como procurador do autor o Dr. ....

verifica quando qualquer deles já integrava o processo antes do início da atividade judicante do juiz (art. 144, § 1º).

2. Ocorre que, sendo dito procurador seu irmão (comprovante incluso), o vínculo de parentesco determina o impedimento de Vossa Excelência para atuar no processo.

3. Assim, com o fim de evitar eventuais constrangimentos, apesar da sua reconhecida integridade e honestidade, visa a presente a arguir o impedimento de Vossa Excelência, nos termos do art. 144, III, do Código de Processo Civil.

À vista do exposto, requer a suspensão do processo (art. 313, III, do CPC) e que, recebida e processada a presente arguição, seja ela julgada procedente para o fim de ordenar a imediata remessa dos autos a seu substituto legal.

T. em que
E. deferimento.
........................, ... de .... de 20......
Advogado(a)
OAB/...... n. ......

Arguição de suspeição

O termo *suspeição* origina-se da palavra suspeitar, ou desconfiar. De forma que o juiz incorrerá em suspeição quando incidir em situação na qual se presume possa, eventualmente, vir a favorecer uma das partes do processo.

As situações ou causas de suspeição do juiz, devidamente arroladas no art. 145 do Código de Processo Civil, são as seguintes:

a) amizade íntima ou inimizade do juiz com qualquer das partes ou de seus advogados;

b) recebimento de presentes de pessoas que tiverem interesse na causa antes ou depois de iniciado o processo, que aconselhar alguma das partes acerca do objeto da causa ou que subministrar meios para atender às despesas do litígio;

c) ser alguma das partes credora ou devedora do juiz, do seu cônjuge ou companheiro, ou de parentes destes, em linha reta ou na colateral até o terceiro grau inclusive;

d) quando o juiz demonstrar interesse no julgamento da causa em favor de uma das partes.

Ressalvando o fato de que o próprio juiz poderá declarar-se suspeito, ocorrendo qualquer das situações acima arroladas, a presunção da lei é no sentido de que o juiz não terá suficiente isenção de ânimo para poder julgar o feito com a imparcialidade que a justiça exige. Por decorrência, cabe à parte que porventura considerar a possibilidade de vir a ser prejudicada na decisão da causa requerer o afastamento do juiz do processo.

A suspeição deverá ser arguida no prazo de quinze dias, a contar do conhecimento do fato, em petição específica dirigida ao juiz do processo, na qual indicará o fundamento da recusa, podendo instruí-la com documentos em que se fundar a alegação e com rol de testemunhas (art. 146 do CPC).

ARGUIÇÃO DE SUSPEIÇÃO

AO JUÍZO DE DIREITO DA 2ª VARA CÍVEL

Comarca de ....

Ação de ....

Autos n. ....

......................., brasileiro, casado, do comércio, CPF n. ...., domiciliado nesta cidade e residente na rua ...., n. ......, endereço eletrônico ...., por seu procurador firmatário, com instrumento de procuração incluso, advogado inscrito na OAB/......, sob n. ......, com endereço na rua ...., n. ......, nesta cidade, onde recebe intimações, endereço eletrônico ...., vem respeitosamente perante este juízo para, nos autos da ação ...., com fundamento no art. 144 do Código de Processo Civil, oferecer, *data venia*, a presente ARGUIÇÃO DE SUSPEIÇÃO deste juízo, pelos motivos e fundamentos que passa a expor:

1. Conforme se verifica no documento a esta acostado, o autor da referida ação é credor de Vossa Excelência da quantia de R$ 3.000,00 (três mil reais), referente a ....

2. Tal fato, *data venia*, torna Vossa Excelência suspeito para tomar conhecimento e prosseguir no processamento da ação *sub judice*.

3. Assim, com o fim de evitar eventuais constrangimentos, apesar da sua reconhecida integridade e honestidade, visa a presente a arguir a suspeição de Vossa Excelência, nos termos do art. 145, III, do Código de Processo Civil.

Em face de todo o exposto, requer a suspensão do processo (art. 313, III, do CPC) e que, recebida e processada a presente arguição, seja ela julgada procedente para o fim de ordenar a imediata remessa dos autos a seu substituto legal.

T. em que

E. deferimento.

......................., ... de .... de 20......

Advogado(a)

OAB/...... n. ......

Processamento da arguição de impedimento e da arguição de suspeição

1. Arguição mediante petição fundamentada, à qual o excipiente anexará a prova do impedimento ou da suspeição do juiz e rol de testemunhas, se houver (art. 146 do CPC).

2. Despacho do juiz, que adotará uma das seguintes decisões:

a) *reconhece* o impedimento ou a suspeição, ordenando a remessa dos autos ao seu substituto legal;

b) *não reconhece* o impedimento ou a suspeição, determinando a petição seja autuada em separado, consignando suas razões em quinze dias (juntando provas) e ordenando a remessa do incidente ao tribunal (art. 146, § 1º, do CPC).

3. Se os autos forem remetidos ao tribunal, distribuição ao relator, que declarará se os recebe com ou sem efeito suspensivo.

4. O tribunal poderá adotar uma das seguintes decisões:

a) *acolhe* a arguição, condenando o juiz às custas do processo e determinando a remessa dos autos ao seu substituto legal (art. 146, § 5º);

b) *não acolhe* a arguição, rejeitando-a (art. 146, § 4º).

RECONVENÇÃO

Reconvenção é ação própria movida pelo réu (*reconvinte*), para manifestar pretensão própria, contra o autor (*reconvindo*) no mesmo processo por este ajuizado, desde que se configure conexão com a ação principal ou com o fundamento da defesa (art. 343 do CPC).

Portanto, quando a causa de pedir do autor se identifica, de qualquer forma, com a pretensão do réu, de modo que esta possa anular total ou parcialmente o pedido do primeiro, poderá o réu promover a reconvenção. Segundo a doutrina, esse direito lhe cabe mesmo que não promova defesa útil por meio de contestação. Dito de outro modo, a revelia do réu na ação principal não o impede de ajuizar a reconvenção.

Alguns autores (Alcides de Mendonça Lima e Pinto Ferreira, entre outros) não consideram a reconvenção uma defesa ou contestação, mas, sim, um verdadeiro ataque ou contra-ataque do réu, no qual ele assume a posição de autor, e o autor torna-se réu no mesmo processo.

Em consequência, a reconvenção tem sido considerada verdadeira ação própria movida pelo réu (reconvinte), para manifestar pretensão própria, contra o autor (reconvindo) no mesmo processo por este ajuizado, desde que se configure conexão com a ação principal ou com o fundamento da defesa (art. 343 do CPC).

Ressalte-se que a reconvenção pode ser proposta independentemente de oferecimento de contestação, de modo que o réu pode abrir mão da contestação e limitar-se à propositura da reconvenção (§ 6º do art. 343). Deve ser proposta mediante petição inicial da qual constará o valor da causa (art. 292 do CPC) calculado de acordo com os incisos desse artigo.

Proposta a reconvenção, o autor será intimado, na pessoa de seu advogado, para apresentar resposta no prazo de quinze dias (§§ 1º e 6º do art. 343 do CPC).

O prazo para a propositura da reconvenção é o mesmo concedido para oferecimento da contestação no art. 335 do CPC, ou seja, 15 dias contados:

a) da audiência de conciliação ou de mediação, ou da última sessão de conciliação, quando qualquer parte não comparecer ou, comparecendo, não houver autocomposição;

b) do protocolo do pedido de cancelamento da audiência de conciliação ou de mediação apresentado pelo réu, quando ocorrer a hipótese do art. 334, § 4º, I;

c) da data prevista no art. 231, de acordo com o modo como foi feita a citação, nos demais casos.

Para que, *in concreto*, admita-se como cabível a reconvenção, costumam-se apontar alguns pressupostos como a conexão, a pendência do processo principal e a identidade de procedimentos entre ambos.

Ao réu é lícito propor reconvenção independentemente de oferecer contestação. Proposta a reconvenção, o autor será intimado, na pessoa de seu advogado, para apresentar resposta no prazo de quinze dias (§§ 1º e 6º do art. 343 do CPC).

Ainda sobre a reconvenção:

a) a desistência da ação ou a ocorrência de causa extintiva que impeça o exame de seu mérito não obsta ao prosseguimento do processo quanto à reconvenção (§ 2º do art. 343 do CPC);

b) a reconvenção pode ser proposta contra o autor e terceiro (§ 3º do art. 343 do CPC);

c) a reconvenção pode ser proposta pelo réu em litisconsórcio com terceiro (§ 4º do art. 343 do CPC);

d) se o autor for substituto processual, o reconvinte deverá afirmar ser titular de direito em face do substituído, e a reconvenção deverá ser proposta em face do autor, também na qualidade de substituto processual (§ 5º do art. 343 do CPC).

Hipóteses que admitem reconvenção

Hipóteses de conexão com a ação principal:

a) o autor pede o cumprimento de cláusula contratual, e o réu, em reconvenção, exige a rescisão do mesmo contrato por descumprimento do autor;

b) o autor requer sustação de protesto de nota promissória que considera indevida, e o réu, em reconvenção, requer o pagamento das outras promissórias provenientes da mesma dívida;

c) o autor ingressa com ação de despejo, e o réu, em reconvenção, requer indenização por benfeitorias realizadas no imóvel;

d) o locatário ingressa com ação de consignação de aluguel, e o réu, em reconvenção, requer o despejo e a cobrança dos valores objeto da consignatória (art. 67, VI, da Lei n. 8.245/91).

Hipóteses de conexão com o fundamento da defesa:

a) o autor promove a cobrança de dívida, e o réu, em reconvenção, alega crédito de maior valor, requerendo a compensação e o pagamento em excesso;

b) o autor promove ação reivindicatória de imóvel, e o réu, em contestação, requer que seu direito seja reconhecido em razão de usucapião.

Em contrapartida, não se admite reconvenção:

a) nas causas promovidas perante os Juizados Especiais Cíveis (art. 31 da Lei n. 9.099/95);

> Art. 31. Não se admitirá a reconvenção. É lícito ao réu, na contestação, formular pedido em seu favor, nos limites do art. 3º desta Lei, desde que fundado nos mesmos fatos que constituem objeto da controvérsia.

b) na ação renovatória de locação;

c) nas ações possessórias;

d) na ação de execução;

e) nas ações cautelares;

f) na ação de usucapião (*JB* 80/267);

g) para pleitear reconhecimento de usucapião (*RT* 503/106).

PETIÇÃO DE RECONVENÇÃO

AO JUÍZO DE DIREITO DA ...... VARA CÍVEL

Comarca de ....

........................, brasileiro, casado, representante comercial, CPF n. ...., domiciliado nesta cidade e residente na rua ...., n. ......, endereço eletrônico ...., por seu procurador firmatário, *ut* instrumento de procuração incluso (doc. 1), inscrito na OAB/SC, sob n. 11.634, com endereço na rua Tiradentes, n. 780, nesta cidade e endereço eletrônico ...., vem respeitosamente perante este juízo para, com fundamento no art. 343 do Código de Processo Civil, propor RECONVENÇÃO contra ...., brasileiro, casado, engenheiro, domiciliado nesta cidade e residente na rua ...., n. ......, em face dos seguintes fatos e fundamentos:

1. Foi ajuizada e tramita perante esta vara cível a ação de despejo para uso de descendente, movida pelo réu contra o autor desta, conforme se pode verificar nos Autos n. ....

2. O ora requerente, em contestação à citada ação, referiu-se à insinceridade do pedido acostando aos autos documentos suficientes para comprovar que o filho, para o qual o réu pretende o imóvel, possui imóvel próprio onde atualmente reside.

3. A par da insinceridade do pedido do réu, cabe também alegar que este sempre se negou a indenizar o autor nas despesas referentes a benfeitorias necessárias realizadas no imóvel locado, mediante autorização do réu (doc. 2).

4. Tais despesas, no valor total de R$ .... (........................), decorrem das benfeitorias a seguir discriminadas:

a) conserto de uma porta, no valor de R$ .... (doc. 3);
b) conserto do telhado, no valor de R$ .... (doc. 4);
c) substituição de uma janela, no valor de R$ .... (doc. 5);
d) construção de um muro, no valor de R$ .... (doc. 6).

5. Que, conforme lhe faculta o art. 35 da Lei n. 8.245/91, passará a reter o imóvel objeto de despejo até o momento de o réu indenizá-lo por tais benfeitorias.

Pelo exposto, e em conformidade com as normas jurídicas aplicáveis, deve a presente reconvenção ser recebida e, ao final, julgada procedente, com a condenação do autor reconvindo a pagar ao réu reconvinte a quantia de R$ ...., corrigidos monetariamente, custas judiciais, honorários de advogado e demais cominações legais.

Para prova, requer, além dos mesmos meios já indicados na contestação, a juntada dos documentos acima especificados.

Valor da reconvenção: R$ ....

T. em que

P. deferimento.

......................., ... de .... de 20......

Advogado(a)

OAB/...... n. ......

REVELIA

Configura-se a revelia quando o réu, após ser válida e regularmente citado, não contesta a ação contra ele proposta. Se o réu não contestar a ação, será considerado revel e presumir-se-ão verdadeiras as alegações de fato formuladas pelo autor (art. 344 do CPC).

A revelia pode efetivar-se por *omissão* ou por *ausência*. Dá-se a primeira quando o réu é citado por oficial de justiça ou pelo correio e mesmo assim não comparece a juízo para se defender. A segunda espécie de revelia ocorre quando o réu é citado por edital ou com hora certa e também não oferece contestação.

Na revelia por *omissão*, as consequências para o réu são as seguintes:

1. "Presumir-se-ão verdadeiras as alegações de fato formuladas pelo autor" (art. 344).

Nesse caso, torna-se desnecessária a produção de provas, permitindo que o juiz julgue antecipadamente a lide, desde que não se verifique nenhum caso de nulidade processual.

Entretanto, segundo o art. 345, a revelia não induz o efeito mencionado no art. 344, se:

a) havendo mais de um réu, qualquer deles contestar a ação;

Ocorrendo tal hipótese, tendo sido validamente citados todos os réus e tendo somente um ou alguns oferecido contestação, os demais, que não ofereceram contestação, tornam-se revéis, sem que tal revelia importe em confissão ficta ou presumida dos réus;

b) o litígio versar sobre direitos indisponíveis;

Segundo o eminente Pontes de Miranda,[8] direito indisponível "é o direito que não pode ser retirado da pessoa, quer pela alienação, quer pela renúncia, quer pela diminuição, ou substituição de seu conteúdo". Direitos indisponíveis, portanto, são direitos pessoais extrapatrimoniais relacionados à família e à personalidade, estado e capacidade das pessoas, cujos titulares não possuem nenhum poder de disposição. Constituem exemplos: o poder familiar, os alimentos,[9] o reconhecimento da paternidade, o poder marital;

c) a petição inicial não estiver acompanhada do instrumento público que a lei considere indispensável à prova do ato.

Tal determinação se refere ao fato de ser obrigação do autor a apresentação, com a petição inicial, de documento firmado por instrumento público, quando tal documento for indispensável à prova do que foi por ele alegado na inicial. Na ação reivindicatória, por exemplo, o autor deverá anexar à petição inicial a prova de propriedade do imóvel, por meio de escritura pública devidamente registrada. Se o autor não o fizer, mesmo que o réu não conteste a ação, tal revelia não importa em confissão presumida.

---

8 *Comentários ao Código Civil de 1939*, v. 4, p. 265.

9 "Os efeitos da revelia, estatuídos no art. 319 do Código de Processo Civil, constituem corolário do princípio dispositivo [...], mas encontram óbice quando o litígio versar sobre direitos indisponíveis, nos termos do art. 320, II, da lei processual vigente. Tenho que o direito à pensão (previdenciária), atento ao seu caráter alimentar, como demonstrado, é indisponível [...]" (TRF, 4ª R., Ap. n. 89.04.00470-5, *RTRF*, n. 1, p. 115-9).

d) as alegações de fato formuladas pelo autor forem inverossímeis ou estiverem em contradição com prova constante dos autos.

2. Os prazos correrão independentemente de intimação, a partir da publicação de cada ato decisório (art. 346).

3. Caso intervenha posteriormente no processo, o réu o receberá no estado em que se encontrar (art. 346, parágrafo único).

O oferecimento de contestação fora do prazo legal após a citação ou de contestação sem a participação de advogado também faz o réu incorrer em revelia. Entretanto, considerando que o réu revel pode intervir no processo a qualquer tempo (art. 346), este poderá praticar atos posteriores à sua presença na lide, desde que esses atos não sejam consequentes da sua contestação inválida. Um exemplo de ato posterior à revelia, e que pode ser praticado pelo réu, é o de impugnação à verba honorária atribuída ao advogado do autor pelo juiz. O réu também terá direito a ser intimado nos prazos que a partir de sua intervenção nos autos tiverem de fluir, bem como inquirir as testemunhas em audiência, se esta se realizar posteriormente à sua intervenção.[10]

Na revelia por *ausência*, entende-se que não há descumprimento, pelo réu, do ônus de defender-se, em virtude da possibilidade de este não ter tido conhecimento da citação pelo jornal ou por ser citado com hora certa. Nesses casos, as principais consequências são:

1. Torna-se obrigatória a nomeação de curador ao réu (art. 72, II, do CPC).

"Art. 72. O juiz dará curador especial ao: [...] II – réu preso revel, bem como ao réu revel citado por edital ou com hora certa, enquanto não for constituído advogado."

Trata-se, nesse caso, de curatela especial e temporária concedida para reger interesses de pessoas em situação de incapacidade ou momentaneamente incapacitadas de exercerem determinados atos da vida civil. Nesse caso, o curador será o defensor público (art. 72, parágrafo único, do CPC) ou o advogado nomeado pelo juiz onde não houver Defensoria Pública.

2. Se o réu não tiver sido citado, ou tiver sido citado mediante citação nula (art. 280 do CPC) no processo de conhecimento, e este tiver corrido à sua revelia, po-

10 Contestação intempestiva. Desentranhamento. "A contestação foi junta a destempo, como reconhece o Dr. Juiz reclamado. Do fato de não valer como contestação e de não fazer desaparecer a revelia do réu, não se segue que, necessariamente, deva ser desentranhada. A revelia já se verificou, decorrendo dela os efeitos legais. Pode, entretanto, a qualquer tempo o réu intervir no processo. O que ficou para trás, ficou. Não poderá reabrir prazos ou oportunidades processuais perdidas por sua inércia. Poderá, todavia, praticar os atos posteriores e não consequentes de contestação válida. Em tal peça podem figurar argumentos, raciocínios que serão sempre válidos, pois, que são roteiros intelectuais, e nela há também pedidos e requerimentos que, se ainda apreciáveis, porque independentes da negação implícita que há nas contestações, deverão ser levados em conta. Não é, assim, de rigor seu desentranhamento, sendo certo que, admitida a sua presença, não valerá como contestação, nem ilidirá a revelia já verificada" (TJGB, Recl. n. 6.302, ac. da 7ª Câm. Cível, rel. Des. Hamilton de Moraes e Barros, *RJTJGB* 20/210).

derá este, na impugnação ao cumprimento de sentença alegar a falta ou a nulidade de citação, o mesmo se aplicando à Fazenda Pública (art. 535, I, do CPC).

A propósito da sentença proferida em processo em que ocorreu citação nula, o magistério de Adroaldo Furtado Fabrício:[11]

> Em tal caso, a sentença existe, mas é nula, podendo ser sua invalidade declarada mediante *querela nullitatis* (ação de nulidade), assim como pode ser rescindida segundo o art. 485, V, do CPC [art. 966, VI, do CPC/2015] (ação rescisória), ou, ainda, neutralizada em sua execução pela via dos embargos do executado (art. 741, I, do CPC [art. 525, § 1º, I, do CPC/2015]).

Acrescente-se, por fim, que o não comparecimento do autor à audiência, com finalidade exclusiva de colher a contestação e tentativa de conciliação, não caracteriza a revelia.

11 "Réu revel não citado, *querela nullitatis* e ação rescisória", *Rev. da Ajuris* 42/29.

4

Formação do processo judicial cível

GENERALIDADES

Juridicamente, *processo* é o conjunto de atos praticados de forma sequencial, pelas partes e pelo juiz, e de peças (petição inicial, procuração, documentos comprobatórios, contestação etc.) que as partes encaminham ao Judiciário para o deslinde de uma ação ou de um litígio.

No sentido popular, entende-se por processo os autos que tramitam em juízo à espera da prestação jurisdicional. Assim, embora o termo "autos" seja definido como o conjunto ordenado de peças que compõem um processo, no cotidiano do foro tanto advogados como juízes e funcionários dos cartórios utilizam indiscriminadamente a expressão "processo" ou "autos" quando se referem ao conjunto de peças encadernado que constitui e move a ação.

CARTÓRIO JUDICIAL

Cartório judicial é o setor do foro que tem por finalidade receber as petições iniciais oriundas da Distribuição, autuá-las e enviá-las ao juiz para o despacho inicial, além de diversas outras atribuições.

O cartório judicial diferencia-se dos cartórios extrajudiciais (Registro de Imóveis, Registro de Documentos, Protesto etc.) porque, enquanto estes têm apenas funções registrais para efeito de validade de documentos perante terceiros, o primeiro tem como função fazer com que o processo receba o impulso oficial e siga a sua trajetória normal, permitindo o cumprimento dos atos judiciais determinados pelo juiz e pelo diploma processual vigente e que são pertinentes a cada modalidade do processo.

A quantidade de cartórios judiciais dependerá, sempre, do número de varas ou de juízes existentes em cada comarca. Assim, nos foros em que houver apenas um juiz, haverá uma única vara e, consequentemente, um único cartório. Entretanto, nas comarcas maiores, onde o volume de processos exige seguramente maior número de juízes e de varas para processá-los e julgá-los, para cada uma das varas (cíveis ou criminais) caberá um cartório competente.

Funcionamento do cartório judicial

A direção do cartório judicial, segundo as normas de organização judiciária, cabe ao escrivão. Constituem-se auxiliares do escrivão o chefe de secretaria e o oficial de justiça.

Ao escrivão ou ao chefe de secretaria incumbe (art. 152 do CPC):

> I – redigir, na forma legal, os ofícios, os mandados, as cartas precatórias e os demais atos que pertençam ao seu ofício;
>
> II – efetivar as ordens judiciais, realizar citações e intimações, bem como praticar todos os demais atos que lhe forem atribuídos pelas normas de organização judiciária;
>
> III – comparecer às audiências ou, não podendo fazê-lo, designar servidor para substituí-lo;
>
> IV – manter sob sua guarda e responsabilidade os autos, não permitindo que saiam do cartório, exceto:
>
> *a)* quando tenham de seguir à conclusão do juiz;
>
> *b)* com vista a procurador, à Defensoria Pública, ao Ministério Público ou à Fazenda Pública;
>
> *c)* quando devam ser remetidos ao contabilista ou ao partidor;
>
> *d)* quando forem remetidos a outro juízo em razão da modificação da competência;
>
> V – fornecer certidão de qualquer ato ou termo do processo, independentemente de despacho, observadas as disposições referentes ao segredo de justiça;
>
> VI – praticar, de ofício, os atos meramente ordinatórios.

O escrivão, tão logo receba a petição inicial distribuída para a vara judicial à qual o seu cartório está afeto, procederá à sua autuação juntamente com o instrumento de procuração e demais documentos de cunho comprobatório que a acompanham. Autuar, como foi visto anteriormente, consiste em reunir essas peças sobrepondo-lhes uma capa de cartolina, à qual ficam grampeadas. No rosto da capa são apostos os dados identificadores do processo, tais como o cartório, a vara, o número de registro, o nome das partes, a data de seu início e a denominação da ação (art. 206 do CPC).

Art. 206. Ao receber a petição inicial de processo, o escrivão ou o chefe de secretaria a autuará, mencionando o juízo, a natureza do processo, o número de seu registro, os nomes das partes e a data de seu início, e procederá do mesmo modo em relação aos volumes em formação.

Art. 207. O escrivão ou o chefe de secretaria numerará e rubricará todas as folhas dos autos.

Parágrafo único. À parte, ao procurador, ao membro do Ministério Público, ao defensor público e aos auxiliares da justiça é facultado rubricar as folhas correspondentes aos atos em que intervierem.

Art. 208. Os termos de juntada, vista, conclusão e outros semelhantes constarão de notas datadas e rubricadas pelo escrivão ou pelo chefe de secretaria.

MODELO

Estado de Santa Catarina

Poder Judiciário

Comarca de Florianópolis

...... Cartório Cível

.... Escrivão ....

n. .... Of. n. ....

PROCESSO DE EXECUÇÃO

.... Credor(es)

.... Devedor(es)

AUTUAÇÃO

Aos ...... dias do mês de .... do ano de dois mil e quinze, no cartório em que exerço meu cargo, autuo as peças que adiante seguem.

....

O Escrivão

Embora atualmente todos os novos processos tramitem em meio eletrônico, para os feitos antigos cumpre também observar que os processos costumam ser diferenciados pela cor da capa, de modo a facilitar a sua localização e o seu manuseio dentro do cartório. Dessa forma, ressalvadas as preferências de cada comarca ou de cada cartório, em regra utilizam-se as cores amarela para as ações sumárias, alaranjada para as ações ordinárias, rosa para inventários, verde-escura para ações de despejo, verde-clara para alvarás e marrom para execuções.

Em seguida à autuação, compete ao escrivão numerar e rubricar todas as folhas dos autos, segundo determina o art. 207 do Código de Processo Civil. Trata-se de providência importante, porque evita a possível retirada ou substituição de alguma folha por ato de má-fé de quem quer que seja, fato que por si só assegura maior segurança para as partes e para o próprio processo.

OUTROS ATOS DE COMPETÊNCIA DO CARTÓRIO

O escrivão responsável pelo cartório exerce, antes de tudo, função de intermediação entre as partes, estas representadas por seus respectivos advogados, e o juiz do feito. Assim, toda vez que o advogado pretender ingressar com uma ação, a petição não poderá ser entregue diretamente ao juiz e sim ao escrivão (ou a uma central de recebimento de petições, como ocorre em foros centrais de algumas capitais). Este, por sua vez, é quem, depois de promover-lhe a autuação, fará com que ela chegue às mãos do juiz, para que profira o despacho inicial. O mesmo procedimento será adotado para toda e qualquer petição posteriormente endereçada ao juiz no transcorrer do processo.

De maneira idêntica, se o juiz determinar a intimação de uma das partes para que se manifeste sobre o documento juntado ao processo pela outra parte, o despacho ordenatório de intimação é dirigido ao escrivão ou ao oficial de justiça para que o faça em seu nome.

Todas essas situações, sem exclusão de outras, como as de informar e orientar as partes e os advogados que rotineiramente chegam ao balcão, comprovam claramente a função de intermediação realizada pelo cartório.

Entre os principais atos praticados pelos escrivães nos cartórios, é possível destacar os seguintes:

a) **Recebimento**

Recebimento é o ato pelo qual o escrivão, mediante carimbo e certificação próprios, consigna em folha do processo a data de recebimento dos autos, de uma contestação ou de outras petições apresentadas pelas partes durante o trâmite de um processo e de mandados cumpridos e devolvidos pelos oficiais de justiça.

MODELO

RECEBIMENTO RECEBIDO

Na data infra, recebi estes autos.

Em *25* de *março* de *2015* ou Em *25.03.2015*

O Escrivão: *JMN*

b) **Intimação**

Intimação é o ato pelo qual o escrivão dá ciência às testemunhas de que deverão comparecer à audiência ou ciência ao advogado de uma decisão ou de despacho do juiz. A intimação de testemunhas é feita por oficial de justiça, em cumprimento a um mandado de intimação; a dos advogados, na própria audiência ou por nota de expediente publicada no *Diário da Justiça Eletrônico* e disponibilizado no sítio do tribunal. Nesse caso, considera-se data da publicação o primeiro dia útil seguinte ao da disponibilização da informação no *Diário da Justiça Eletrônico*. Nada impede, no entanto, que o escrivão promova a intimação pessoal do advogado, quando este comparecer em cartório, ainda que antes da publicação no *Diário da Justiça*.

Há, ainda, uma outra forma de intimação por meio eletrônico: a que é feita em portal próprio do Poder Judiciário aos que nele se cadastrarem como usuários, dispensando-se a publicação no órgão oficial, inclusive eletrônico (art. 5º da Lei n. 11.419/2006). Nesse caso, considerar-se-á realizada a intimação no dia em que o intimando efetivar a consulta eletrônica ao teor da intimação, certificando-se nos autos a sua realização. Nos casos em que a consulta se opere em dia não útil, a intimação será considerada realizada no primeiro dia útil seguinte. Conforme determina a lei, a consulta deverá ser feita em até dez dias corridos contados da data do envio da intimação, sob pena de considerar-se a intimação automaticamente realizada na data do término desse prazo.

MODELO
INTIMAÇÃO

CERTIFICO E DOU FÉ que intimei, hoje,
o Dr. Valdemar P. da Luz
a respeito do despacho de fls. 10
do que ficou ciente.
Em *25* de *março* de *2015*
O Escrivão: *JMN*

A seguir reproduzimos os despachos que costumam ser proferidos com mais frequência pelos juízes e que exigem a intimação das partes.

- *Diga o autor, em cinco dias, sobre a certidão de fls. 10.*
- *Diga a autora, em cinco dias, sobre a certidão do Sr. Oficial de Justiça.*
- *Em quinze dias, junte o advogado o instrumento de procuração.*
- *Intimação da conta do recurso de apelação de fls. 42, no valor de $ 240,00.*
- *Diga o exequente, no prazo de cinco dias, sobre a informação do Sr. avaliador.*
- *Atenda a inventariante, em dez dias, ao despacho de fls. 15, verso, juntando as negativas da Receita Federal, prefeitura municipal e Exatoria Estadual.*
- *Recebo a apelação em ambos os efeitos. Intime-se a parte contrária para contra-arrazoá-la, querendo, no prazo de lei.*
- *Em cinco dias, manifeste-se o exequente sobre o prosseguimento, pena de arquivamento com baixa.*
- *Intimação do laudo de avaliação de fls. 20, no valor de $ 60.000,00.*
- *Intimação da conta de fls. 52, no valor de $ 42.000,00.*
- *Audiência de tentativa de conciliação, dia 15.03.1990, às 15 horas.*
- *Sobre a contestação e documentos, diga o autor em cinco dias.*
- *Dos novos documentos acostados, vista ao réu. Intime-se.*
- *Intimação do procurador do requerente para que retire alvará.*
- *Retire o procurador do autor a precatória de citação e providencie o seu cumprimento.*

c) Dar os autos por conclusos

Dar ou ter-se os autos como conclusos deve ser entendido como "os autos estão prontos e em condições" de ser remetidos ao juiz para que este profira decisão determinando o próximo ato judicial que dará prosseguimento ao feito. A conclusão dos autos geralmente ocorre após a juntada de um documento ou da manifestação por escrito de uma das partes, depois de ter sido formalmente intimada. Para esse efeito, o escrivão utilizará um carimbo com os seguintes dizeres:

MODELO
CONCLUSÃO

Faço estes autos conclusos ao Exmo.
Dr. Juiz de Direito da *3ª* Vara.
Em *25* de *março* de *2015*
O Escrivão: *JMN*

d) **Proporcionar vista aos autos**

Vista é o ato pelo qual o escrivão libera os autos aos advogados das partes ou ao Ministério Público, para que se manifestem em razão de um despacho do juiz.

> MODELO
> VISTA
>
> FAÇO estes autos com vista ao *M.P.*
> Em *25* de *março* de *2015*
> O escrivão: *JMN*

e) **Proceder à carga dos autos**

Em relação aos processos físicos, fazer ou proceder à carga tem por significado a entrega dos autos ao advogado da parte, ou a estagiário que o represente, mediante registro em livro próprio, no qual o escrivão fará constar o número do processo, a denominação da ação, o nome das partes e o nome da pessoa a quem será entregue, bem como o número de inscrição na OAB e a sua assinatura em livro ou documento próprio.

f) **Juntada de documentos**

Juntada é o ato pelo qual o escrivão certifica a anexação de uma petição ou de qualquer outro documento promovido pelas partes aos autos.

> MODELO
> JUNTADA
>
> Junto a estes autos
> *a petição que segue*
> Em *25* de *março* de *2015*
> O Escrivão: *JMN*

g) **Remessa dos autos**

A remessa constitui-se, entre outros, no ato do escrivão enviar os autos: ao contador, para que este proceda a determinado cálculo ou efetue a conta que a parte sucumbente deverá pagar ao final do processo; ao partidor, para que proceda à partilha de bens no processo de inventário; ao avaliador, para que proceda à avaliação de um bem inventariado ou penhorado; ao distribuidor, para que proceda à baixa do processo no seu término.

MODELO
REMESSA

Na data infra faço remessa destes autos ao
contador para que efetue a conta geral
Em *25* de *março* de *2015*
O Escrivão: *JMN*

h) **Fornecimento de certidões**

O escrivão, em razão da fé pública de que é dotado e da qual decorre a presunção de veracidade dos atos que pratica e dos documentos que emite, poderá fornecer certidões de qualquer ato ou termo do processo, em documento separado, ou certificar nos próprios autos, independentemente de despacho do juiz (art. 152, V, do CPC). Como exemplos, registramos que o escrivão poderá certificar o ato de expedição de ofício ao oficial do Registro de Imóveis determinando a penhora de um imóvel de propriedade do réu de uma ação de execução ou fornecer certidão ao advogado comprovando que os autos de determinada ação se encontram em carga com o advogado da parte contrária por tempo superior ao que a lei determina.

MODELO

CERTIFICO E DOU FÉ *que expedi*
ofício ao Sr. Oficial do Registro
de Imóveis
Em *25* de *março* de *2015*
O Escrivão: *JMN*

TRAMITAÇÃO E ACOMPANHAMENTO DO PROCESSO

Tramitação é a expressão utilizada no meio jurídico para definir o seguimento ou caminho percorrido pelos autos ou processo perante o cartório judicial ou juízo no qual é processado. Por meio do controle da tramitação, o que se faz mediante o acompanhamento processual, é possível verificar o estágio em que o processo se encontra e a sequência de atos já praticados e, com isso, prever quais os atos faltantes para o seu encerramento, o que se dá com a sentença.

Hoje, ao contrário do período anterior à implantação de sistema de processamento de dados nos serviços judiciários, tornou-se mais fácil obter informações sobre os processos por parte dos advogados militantes. Mediante a alimentação do sistema computadorizado com os dados relativos a cada ato praticado no processo, é possível fornecer às partes, com margem de erro bastante reduzida, a fase em que cada processo se encontra no momento (mesmo que o processo tramite em 2ª instância) e a sua localização no cartório do juízo no qual tramita mediante a simples apresentação de seu número ou do nome das partes no balcão do cartório judicial. Essa providência facilita sobremaneira a tarefa de localizar os autos, reduzindo sensivelmente o tempo que era despendido para tal fim. Com o número do processo também se permite ao advogado acompanhar o andamento do processo por meio da internet mediante acesso ao site do tribunal.

Preferência processual. Importante destacar que, segundo dispõe o art. 1.048, I, do Código de Processo Civil, os procedimentos judiciais em que figure como parte ou interessada pessoa com idade igual ou superior a 60 anos, ou portadora de doença grave, terão prioridade de tramitação em todas as instâncias. A obtenção do benefício depende da juntada de prova da idade ou da doença e de requerimento da parte interessada ao juiz competente para decidir a causa. Deferida a prioridade, os autos receberão identificação própria que evidencie o regime de tramitação prioritária (art. 1.048, IV e § 2º, do CPC). Sendo concedida a prioridade, esta não cessará com a morte do beneficiado, estendendo-se em favor do cônjuge supérstite, companheiro ou companheira, em união estável (art. 1.048, IV e § 3º, do CPC).

Tramitação da ação. O roteiro a seguir reproduzido permite verificar a sequência de atos que incidem sobre um processo impulsionado pelo procedimento comum.

Note-se que o roteiro mostra uma tramitação normal, sem qualquer incidente processual de maior relevância, situação essa que raramente ocorre na prática, em que, no transcurso da ação, é frequente o surgimento de um ou mais incidentes que tendem a alterar a sequência normal do processo, de modo a refletir na morosidade do desfecho da ação. Entre esses incidentes, os mais comuns são:

a) despacho do juiz determinando a emenda da inicial;

b) despacho do juiz determinando a juntada do instrumento de procuração;

c) impugnação ao valor da causa pelo réu;

d) vista à parte em razão da juntada de documento novo ao processo;

e) reconvenção apresentada pelo réu da ação;

f) produção de prova pericial;

g) denunciação da lide;

h) chamamento ao processo;

i) arguição de incompetência, de suspeição ou de impedimento;

j) interposição de recurso de agravo de instrumento.

ROTEIRO DE TRAMITAÇÃO PROCESSUAL

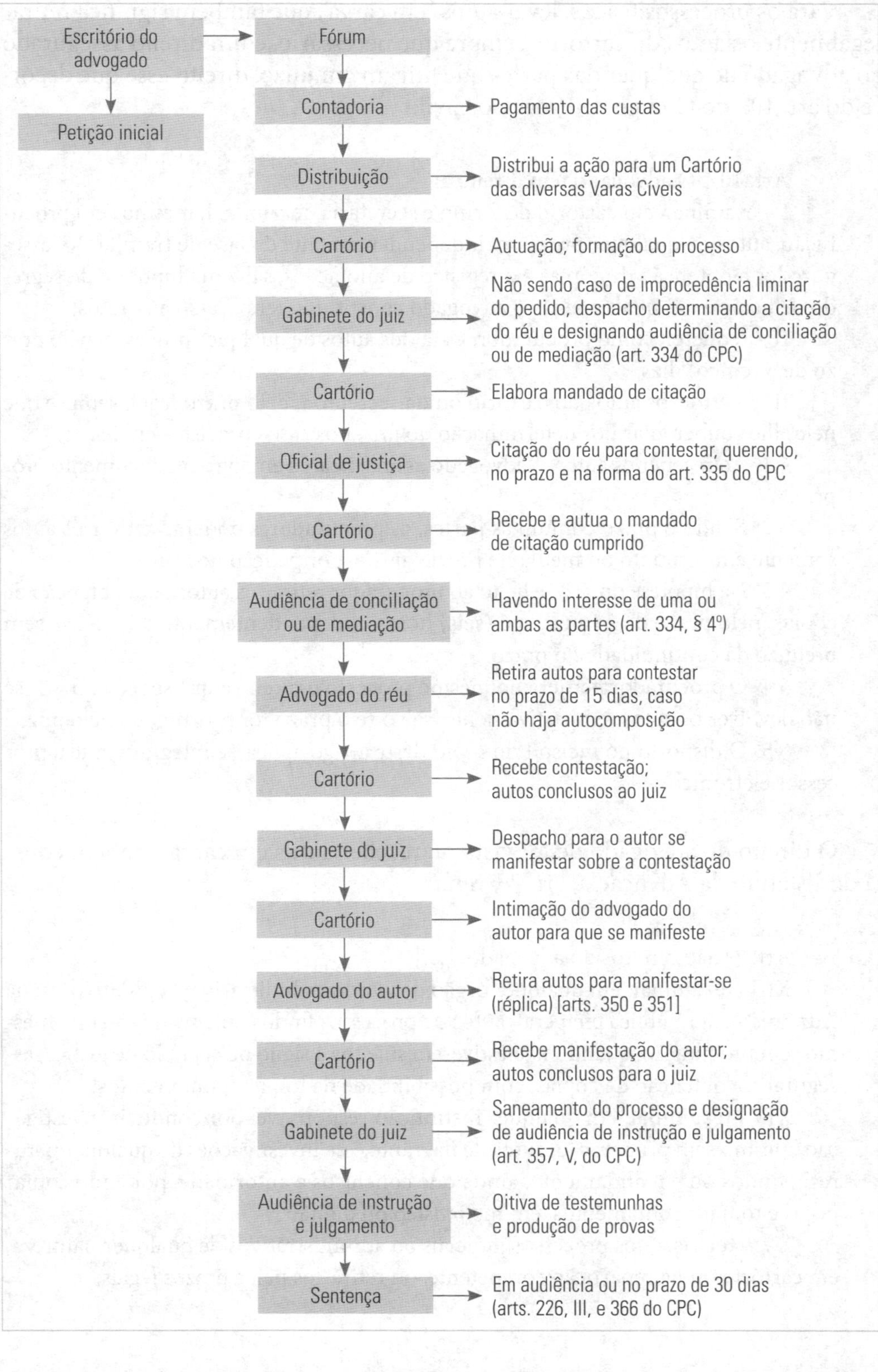

CARGA DE PROCESSOS

Para os processos físicos, levar autos "em carga", que também significa retirar legalmente os autos do cartório, sempre que necessário, é um direito assegurado ao advogado de qualquer das partes que litigam em juízo, direito esse que decorre do art. 107 do Código de Processo Civil:

> Art. 107. O advogado tem direito a:
>
> I – examinar, em cartório de fórum e secretaria de tribunal, mesmo sem procuração, autos de qualquer processo, independentemente da fase de tramitação, assegurados a obtenção de cópias e o registro de anotações, salvo na hipótese de segredo de justiça, nas quais apenas o advogado constituído terá acesso aos autos;
>
> II – requerer, como procurador, vista dos autos de qualquer processo, pelo prazo de 5 (cinco) dias;
>
> III – retirar os autos do cartório ou da secretaria, pelo prazo legal, sempre que neles lhe couber falar por determinação do juiz, nos casos previstos em lei.
>
> § 1º Ao receber os autos, o advogado assinará carga em livro ou documento próprio.
>
> § 2º Sendo o prazo comum às partes, os procuradores poderão retirar os autos somente em conjunto ou mediante prévio ajuste, por petição nos autos.
>
> § 3º Na hipótese do § 2º, é lícito ao procurador retirar os autos para obtenção de cópias, pelo prazo de 2 (duas) a 6 (seis) horas, independentemente de ajuste e sem prejuízo da continuidade do prazo.
>
> § 4º O procurador perderá no mesmo processo o direito a que se refere o § 3º se não devolver os autos tempestivamente, salvo se o prazo for prorrogado pelo juiz.
>
> § 5º O disposto no inciso I do *caput* deste artigo aplica-se integralmente a processos eletrônicos.

O direito do advogado de ter vista ou receber autos em carga também consta do Estatuto da Advocacia, art. 7º, *verbis*:

> Art. 7º São direitos do advogado: [...]
>
> XIII – examinar, em qualquer órgão dos Poderes Judiciário e Legislativo, ou da Administração Pública em geral, autos de processos findos ou em andamento, mesmo sem procuração, quando não estiverem sujeitos a sigilo ou segredo de justiça, assegurada a obtenção de cópias, com possibilidade de tomar apontamentos;
>
> XIV – examinar, em qualquer instituição responsável por conduzir investigação, mesmo sem procuração, autos de flagrante e de investigações de qualquer natureza, findos ou em andamento, ainda que conclusos à autoridade, podendo copiar peças e tomar apontamentos, em meio físico ou digital;
>
> XV – ter vista dos processos judiciais ou administrativos de qualquer natureza, em cartório ou na repartição competente, ou retirá-los pelos prazos legais;

> XVI – retirar autos de processos findos, mesmo sem procuração, pelo prazo de dez dias. [...]

Como se pode inferir dos artigos citados, sempre que lhe competir falar nos autos por determinação do juiz, por exemplo, para promover contestação, para manifestação após ter sido intimado para tal ou ter-lhe sido oferecida vista aos autos, o advogado poderá retirar ou "levar em carga" os autos de seu interesse. Para tanto, conforme já referido anteriormente, deverá o escrivão proceder à "carga" dos autos, em livro próprio, anotando os dados constantes do processo, bem como o nome do advogado, seu número de inscrição na OAB, sua assinatura e a data da retirada.

Quando o prazo for comum, como ocorre em relação ao prazo para recorrer da sentença, ocasião em que qualquer das partes poderá apelar, inclusive a parte que obteve a procedência parcial da ação, só em conjunto ou mediante prévio ajuste por petição nos autos poderão os seus procuradores retirar os autos, ressalvada a obtenção de cópias, para a qual cada procurador poderá retirá-los pelo prazo de duas a seis horas, independentemente de ajuste e sem prejuízo da continuidade do prazo (art. 107, §§ 2º e 3º, do CPC).

Na hipótese de *carga rápida*, concedida pelo cartório apenas para a retirada de cópias nas dependências do próprio foro, como dispõe a parte final do § 3º, não há necessidade de registro no livro de cargas, sendo suficiente a retenção da carteira de inscrição na OAB do advogado pelo servidor até a devolução dos autos.

Releva observar que a retirada dos autos do cartório ou da secretaria em carga pelo advogado, por pessoa credenciada a pedido do advogado ou da sociedade de advogados, pela Advocacia Pública, pela Defensoria Pública ou pelo Ministério Público *implicará intimação* de qualquer decisão contida no processo retirado, ainda que pendente de publicação (art. 272, § 6º).

Ao proceder à retirada dos autos, cumpre ao advogado respeitar o prazo de devolução ao cartório. Não o fazendo, será intimado a devolvê-los e, se mesmo assim não os devolver, sofrerá as sanções previstas no art. 234 do Código de Processo Civil e no art. 34, XXII, do Estatuto da Advocacia, respectivamente a seguir reproduzidos:

> Art. 234. Os advogados públicos ou privados, o defensor público e o membro do Ministério Público devem restituir os autos no prazo do ato a ser praticado.
>
> § 1º É lícito a qualquer interessado exigir os autos do advogado que exceder prazo legal.
>
> § 2º Se, intimado, o advogado não devolver os autos no prazo de 3 (três) dias, perderá o direito à vista fora de cartório e incorrerá em multa correspondente à metade do salário mínimo.
>
> § 3º Verificada a falta, o juiz comunicará o fato à seção local da Ordem dos Advogados do Brasil para procedimento disciplinar e imposição de multa.

> § 4º Se a situação envolver membro do Ministério Público, da Defensoria Pública ou da Advocacia Pública, a multa, se for o caso, será aplicada ao agente público responsável pelo ato.
>
> § 5º Verificada a falta, o juiz comunicará o fato ao órgão competente responsável pela instauração de procedimento disciplinar contra o membro que atuou no feito.

Estatuto da OAB, art. 34: "Constitui infração disciplinar: [...] XXII – reter, abusivamente, ou extraviar autos recebidos com vista ou em confiança".

O procurador da parte que se considerar prejudicada pela não devolução dos autos no prazo legal pelo advogado da parte contrária poderá reclamar e promover a cobrança dos autos, mediante petição escrita, com fundamento no art. 234, § 1º, do Código de Processo Civil.

O direito de retirar autos do cartório é extensivo aos estagiários inscritos na OAB, nos termos do art. 7º, XV, do Estatuto da Advocacia. Não cerceia esse direito portaria de juiz que veta a entrega dos autos aos auxiliares de escritório, secretárias e estagiários sem procuração nos autos, ainda que portem recurso ordinário a que se nega provimento.[1]

1 STJ, MS n. 6.631, 1ª T., *DJU* 16.09.1996, p. 33.676.

5
Audiência na Justiça comum

GENERALIDADES

Audiência é a reunião de caráter processual, realizada nas dependências do foro competente para processar e julgar a ação, na qual as partes e seus procuradores comparecem perante o juiz para serem ouvidos e apresentarem provas. Há duas modalidades de audiências previstas no Código de Processo Civil: a audiência de conciliação ou mediação e a audiência de instrução e julgamento.

AUDIÊNCIA PRELIMINAR (DE CONCILIAÇÃO)

É a audiência que tem por objetivo o encerramento do processo mediante acordo ou autocomposição. A conciliação ou autocomposição nada mais é que um acordo a realizar-se entre as partes com vistas à solução e ao término do litígio proposto, evitando que o juiz profira sentença de mérito. Diferencia-se da transação, que, embora também seja um acordo, é realizada mediante ato extrajudicial (petição específica) a ser homologado posteriormente pelo juiz da causa.

Se a petição inicial preencher os requisitos essenciais e não for o caso de improcedência liminar do pedido, o juiz designará audiência de conciliação ou de mediação com antecedência mínima de trinta dias, devendo ser citado o réu com pelo menos vinte dias de antecedência (art. 334 do CPC). Na audiência deverão comparecer as partes ou seus procuradores, devidamente habilitados a transigir (art. 334, §§ 9º e 10, do CPC).[1]

1 Nos Juizados Especiais, não será necessária a atuação de advogado nas causas de até 20 salários mínimos (art. 9º da Lei n. 9.099/95).

Cumpre lembrar que o próprio Código de Ética e Disciplina da OAB (art. 2º, parágrafo único, VI) consigna como um dos deveres do advogado "estimular, a qualquer tempo, a conciliação e a mediação entre os litigantes, prevenindo, sempre que possível, a instauração de litígios". Assim, considerando a morosidade da Justiça nas soluções das controvérsias, não se pode negar que, em determinados casos, como revela o conhecido adágio universal, "é preferível um mau acordo que uma boa demanda".

Não realização da audiência. Vale lembrar, todavia, que a audiência não será realizada: a) se ambas as partes manifestarem, expressamente, desinteresse em acordo ou autocomposição; b) quando o objeto da ação não admitir autocomposição (art. 334, § 4º); c) se a parte não for autorizada, por lei, a conciliar-se (p. ex., Fazenda Pública, se não existir norma permitindo a transação). Para que a primeira hipótese ocorra é necessário que o autor indique, na petição inicial, seu desinteresse na autocomposição, e o réu em petição apresentada com dez dias de antecedência da data da audiência (art. 334, § 5º).

Designada a audiência, o não comparecimento injustificado do autor ou do réu será considerado ato atentatório à dignidade da justiça e será sancionado com multa de até 2% da vantagem econômica pretendida ou do valor da causa (art. 334, § 8º). Ocorrendo a audiência e nela se verificando autocomposição, será esta reduzida a termo e homologada por sentença (art. 334, § 11). A sentença homologatória constitui título executivo judicial, podendo ser objeto de cumprimento de sentença (art. 515, II, do CPC).

Não havendo autocomposição (por impossibilidade legal ou voluntária) ou não comparecendo qualquer das partes para a audiência com esse propósito, é assegurado ao réu, a partir daí, o prazo de 15 dias para oferecer contestação (art. 335, I, do CPC). Se porventura o réu protocolar pedido de cancelamento de audiência de conciliação, seu prazo para apresentar defesa iniciar-se-á no primeiro dia útil após o protocolo do requerimento mencionado (art. 335, II, do CPC).

AUDIÊNCIA DE INSTRUÇÃO E JULGAMENTO

Se, por qualquer motivo, na audiência preliminar de conciliação as partes não chegarem a um acordo, ou não havendo a referida audiência, o juiz, mediante decisão de saneamento e de organização do processo, designará audiência de instrução e julgamento, determinando que as partes indiquem as provas que pretendem produzir (art. 357, V, do CPC). No dia e na hora designados, o juiz declarará aberta a audiência de instrução e julgamento e mandará apregoar as partes e os respectivos advogados, bem como outras pessoas que dela devam participar (art. 358 do CPC). Essa audiência servirá para o juiz instruir e julgar. *Instruir* significa informar o processo por meio da oitiva das partes, das testemunhas e, eventualmente, dos peritos; *julgar* é o ato que o juiz concretiza ao decidir a causa por meio da sentença. Instalada a audiência, o juiz tentará conciliar as partes, independentemente do emprego anterior de outros métodos de solução consensual de conflitos, como a mediação e a arbitragem (art. 359 do CPC). Frustrada a conciliação e finda a instrução, o juiz dará a palavra ao advogado do autor e do réu, bem como ao membro do Ministério Público, se for o caso de sua intervenção, sucessivamente, pelo prazo de vinte minutos para cada um, prorrogável por dez minutos, a critério do juiz (art. 364 do CPC). Encerrado o debate ou oferecidas as razões finais, ao juiz é facultado proferir a sentença na própria audiência ou no prazo de até trinta dias contados da data da audiência (art. 366 do CPC).

DISPOSIÇÃO DAS PARTES NA SALA DE AUDIÊNCIA

Participam da audiência, além do juiz, as partes e seus procuradores, as testemunhas, o escrivão e os peritos, se estes tiverem sido requeridos pelas partes. Quanto ao membro do Ministério Público, a sua presença somente é obrigatória nos processos que envolvam interesse público social, interesse de incapaz e litígios coletivos pela posse de terra rural ou urbana (art. 178 do CPC).

As pessoas que participarão da audiência deverão colocar-se junto à mesa de acordo com a seguinte disposição: sentarão à direita do juiz o agente do Ministério Público, o autor e seu advogado; sentarão à esquerda do juiz o escrivão, o réu e seu advogado; sentará à frente do juiz a testemunha.

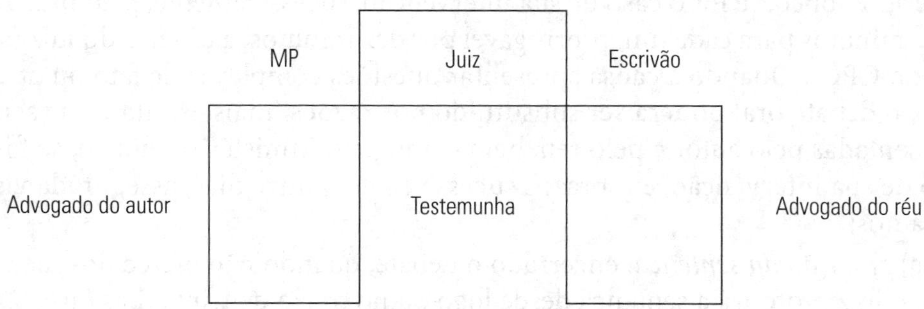

ORDEM DOS TRABALHOS NA AUDIÊNCIA

A audiência, que deve ser presidida pelo juiz, tem seu início determinado pelo pregão e, em determinados casos, encerra-se com a sentença. Dessa forma, permite-se resumidamente destacar os principais atos desenvolvidos na audiência de instrução e julgamento:

a) *abertura da audiência:* no dia e na hora designados, o juiz declarará aberta a audiência de instrução e julgamento e mandará apregoar as partes e os respectivos advogados, bem como outras pessoas que dela devam participar (art. 358 do CPC). *Apregoar* consiste em convocar as partes, seus advogados e as testemunhas em voz alta, pelo oficial de justiça ou pelo escrivão, junto aos corredores ou à sala de espera do foro. Realizado o pregão, devem as partes dirigir-se à sala de audiência e ocupar seus lugares junto à mesa, segundo a disposição que a cada um nela corresponder (à direita ou à esquerda do juiz);

b) *tentativa de conciliação*: instalada a audiência, o juiz, antes de iniciar a instrução, tentará conciliar as partes, independentemente do emprego anterior de outros métodos de solução consensual de conflitos, como a mediação e a arbitragem, segundo determina o art. 359 do CPC. Havendo acordo, este será tomado por termos nos autos, de forma a encerrar o processo, uma vez que a homologação do acordo pelo juiz terá o valor de sentença;

c) *depoimento do perito e dos assistentes técnicos:* sua participação destina-se a responder aos quesitos de esclarecimentos requeridos no prazo e na forma do art. 477, caso não respondidos anteriormente por escrito;

d) *depoimento pessoal das partes*: havendo necessidade do depoimento pessoal das partes, o juiz tomará em primeiro lugar o depoimento do autor da ação e, logo após, o depoimento do réu;

e) *depoimento das testemunhas*: das testemunhas arroladas pelas partes serão ouvidas, inicialmente, aquelas indicadas pelo autor e, em seguida, as que forem trazidas pelo réu. O juiz inquirirá as testemunhas separada e sucessivamente e providenciará para que uma não ouça o depoimento das outras (art. 456 do CPC);

f) *debates orais*: finda a instrução, ou seja, depois de produzidas as provas, o juiz dará a palavra ao advogado do autor e do réu, bem como ao membro do Ministério Público, se for o caso de sua intervenção, sucessivamente, pelo prazo de vinte minutos para cada um, prorrogável por dez minutos, a critério do juiz (art. 364 do CPC). Quando a causa apresentar questões complexas de fato ou de direito, o debate oral poderá ser substituído por razões finais escritas, que serão apresentadas pelo autor e pelo réu, bem como pelo Ministério Público, se for o caso de sua intervenção, em prazos sucessivos de quinze dias, assegurada vista dos autos;

g) *prolação da sentença*: encerrado o debate, quando não oferecidos memoriais, o juiz proferirá a sentença desde logo ou no prazo de trinta dias (arts. 226, III, e 366 do CPC).

TRANSFERÊNCIA DA AUDIÊNCIA

Segundo a regra do art. 362 do Código de Processo Civil, a audiência poderá ser adiada:

a) por convenção das partes: tendo autor e réu conveniência em adiar a audiência, poderão fazê-lo mediante requerimento ou petição conjunta endereçada ao juiz;

b) em razão da ausência justificada de qualquer pessoa que dela deva necessariamente participar, ou seja, de uma das partes, do perito, de alguma testemunha ou de algum dos advogados. Doença, acidente e outros casos de força maior constituem motivo bastante para adiá-la. O fato de o advogado de uma das partes ter de comparecer a outra audiência no mesmo dia e horário também é aceito como justificativa para o adiamento da audiência;

c) por atraso injustificado de seu início em tempo superior a trinta minutos do horário marcado.

Ressalve-se que, para efeitos legais, o impedimento deverá ser comprovado até a abertura da audiência. Não o sendo, o juiz procederá à instrução mesmo com a ausência da pessoa que dela deveria participar. De qualquer sorte, aquele que der causa ao adiamento responderá pelas despesas acrescidas (art. 362).

AUDIÊNCIA NOS JUIZADOS ESPECIAIS

Criados com a finalidade de, sempre que possível, obter a conciliação ou a transação, os Juizados Especiais Cíveis prescrevem, além da audiência de conciliação, audiência de instrução e julgamento de natureza arbitral ou, não a havendo, a audiência de instrução e julgamento tradicional. A audiência de conciliação, denominada pela Lei n. 9.099/95 sessão de conciliação, é conduzida por um juiz togado ou juiz leigo (recrutado entre advogados com mais de cinco anos de experiência) ou, ainda, por um conciliador (recrutado preferencialmente entre bacharéis em direito).

Nessa "sessão", obtida a conciliação, será esta reduzida por escrito e homologada pelo juiz togado, mediante sentença que terá eficácia de título executivo (art. 22 da Lei n. 9.099/95). Não obtida a conciliação, haverá uma segunda audiência – de instrução e julgamento –, que, dependendo da vontade das partes, poderá ser submetida ao juízo arbitral ou ao juízo togado.

Se as partes optarem pelo juízo arbitral, a audiência de instrução e julgamento será conduzida por um árbitro escolhido de comum acordo, devendo este apresentar o laudo arbitral logo após a instrução, ou no prazo de cinco dias, ao juiz togado, para homologação da sentença irrecorrível (art. 26 da Lei n. 9.099/95).

Não se verificando a instauração do juízo arbitral, proceder-se-á imediatamente à audiência de instrução e julgamento (conduzida por um juiz togado), ou será esta designada para um dos quinze dias subsequentes. Nesta, o demandado oferecerá contestação, escrita ou oral, e as provas que pretende produzir (documentais ou testemunhais). Em seguida, o juiz proferirá sentença (art. 28 da Lei n. 9.099/95).

INCIDENTES MAIS COMUNS NAS AUDIÊNCIAS

Ausência de testemunhas

A testemunha devidamente intimada obriga-se a comparecer à audiência. Caso deixe de fazê-lo, sem motivo justificado, e a parte que a arrolou não dispensar seu depoimento, compete ao juiz designar nova audiência para a sua oitiva, ocasião em que se procederá a sua condução forçada (condução "debaixo de vara") por oficial de justiça (art. 455, § 5º, do CPC). É permitida, no entanto, a ausência da parte ou da testemunha que por enfermidade ou outro motivo não puder comparecer, hipótese na qual o juiz designará, conforme as circunstâncias, dia, hora e lugar para inquiri-la (art. 449, parágrafo único, do CPC).

Na hipótese de a testemunha faltante ser aquela que a parte comprometeu-se a levar à audiência, independentemente de intimação, presume-se que a parte desistiu de ouvi-la (art. 455, § 2º, do CPC).

Inobstante a falta de uma testemunha à audiência, este fato, por si só, não impedirá o juiz de tomar o depoimento das demais testemunhas que a ela comparecerem.

Ausência do advogado

Não se fazendo presente o advogado nem restando provado o seu impedimento, deve o advogado da parte contrária requerer, no início da audiência, a dispensa de produção das provas requeridas pela parte representada pelo advogado ausente, com fundamento no art. 362, § 2º, do Código de Processo Civil.

Entretanto, caso a ausência do advogado se deva a força maior (acidente de trânsito, mal súbito no momento em que se dirigia à audiência etc.) que o impossibilite justificar a sua falta com antecedência, a justificativa da sua ausência pode ser feita após a audiência, se o juiz ainda não proferiu a sentença (art. 362, II, do CPC). Nessa hipótese, deverá o juiz proceder à anulação da audiência anteriormente concluída, de modo a não prejudicar a parte cujo advogado não se fez presente.

Ausência das partes

Se a parte, intimada pessoalmente, não comparecer à audiência ou, comparecendo, recusar-se a depor, presumir-se-ão confessados os fatos contra ela alegados, aplicando-lhe o juiz a pena de confissão (art. 385, § 1º, do CPC).

Nas ações de alimentos, autor e réu deverão comparecer à audiência de conciliação e julgamento, independentemente de intimação e de comparecimento de seus representantes (art. 6º da Lei n. 5.478/68). O não comparecimento do autor determina o arquivamento do pedido, e a ausência do réu importa em revelia, além de confissão quanto à matéria de fato (art. 7º).

Já nos Juizados Especiais Cíveis (Lei n. 9.099/95), não comparecendo o demandado à sessão de conciliação ou à audiência de instrução e julgamento, reputar-se-ão verdadeiros os fatos alegados no pedido inicial, salvo se o contrário resultar da convicção do juiz (art. 20). Se a ausência for do autor, a qualquer das audiências, extingue-se o processo (art. 51, I).

> Não comparecendo o autor à audiência, embora intimado, e nem suas testemunhas, que deveriam se fazer presentes independentemente de intimação, torna-se

plenamente possível ao juízo passar à decisão, sem que isto se constitua em cerceamento de defesa. Ao autor, segundo regra do art. 373, I, do CPC/2015, impõe-se o ônus de trazer a juízo os fatos constitutivos de seu direito.[2]

A sistemática atual do processo civil não autoriza a extinção do processo por falta de comparecimento das partes à audiência de instrução e julgamento. Apregoadas as partes, não comparecendo elas, poderá o juiz adiar a audiência, mas de regra, dispensando ou não a prova requerida pelos faltosos, deverá o magistrado levar a audiência a seu termo, eis que as razões das partes já constam do processo, no libelo ou na defesa.[3]

2 Ementa *Adcoas* n. 122.358/89.

3 TAMG, Ap. n. 7.021, rel. Juiz Oliveira Leite, j. 22.04.1975, in *Rev. Julgados do TAMG* 2/215.

6

Participação de terceiros no processo

Participação ou intervenção de terceiros é a interferência de um terceiro, como parte, em causa pendente entre outras partes. A intervenção de terceiros se dá mediante os seguintes instrumentos processuais: assistência, denunciação da lide, chamamento ao processo e *amicus curie* (arts. 119 a 138 do CPC).

ASSISTÊNCIA

Assistência processual consiste na possibilidade de um terceiro, com interesse jurídico em que a sentença seja favorável a uma das partes que contende em juízo, intervir no processo para assisti-la e desse modo reforçar os argumentos de ataque ou de defesa (art. 119 do CPC). Assistente é, pois, aquele que podia ter sido parte, porém não foi incluído na demanda no momento oportuno.

A assistência é *simples* ou *adesiva* quando o assistente atua como auxiliar da parte principal (art. 121 do CPC). Nesse caso, o interesse do assistente é indireto, ou seja, não está vinculado diretamente ao litígio. Por exemplo: em uma ação de despejo movida contra o locatário, em razão do fato de a sentença poder influir na sublocação, pode o sublocatário ingressar como assistente do réu. Nesse caso, em que pese a sublocação não figurar como objeto da lide, a admissibilidade da assistência decorre de interesse indireto. Se a sentença for favorável ao locatário, indiretamente beneficiará o sublocador.

A assistência é *litisconsorcial* quando o assistente é litisconsorte da parte principal e a sentença influir na relação jurídica entre ela e o adversário do assistido (art. 124 do CPC). Sendo litisconsorte, o assistente sofrerá, diretamente, os efeitos da coisa julgada. Isso ocorre porque tem relação direta com a parte adversa do assistido. Nesse caso ele defende direito próprio em juízo, em litisconsórcio com o assistido, uma vez que a sentença terá influência direta sobre o direito material do assistente (art. 1.314 do CC). Por exemplo, na ação reivindicatória promovida por um dos condôminos, qualquer outro condômino poderá figurar na demanda. Será litisconsorte se figurar na petição inicial na qualidade de autor; será, entretanto, assistente litisconsorcial se a sua intervenção se der posteriormente ao ajuizamento da demanda.

Intimação para impugnação. Consta do art. 120 do CPC que, não havendo impugnação no prazo de quinze dias, o pedido do assistente será deferido, salvo se for caso de rejeição liminar. A leitura do artigo nos leva a deduzir que as partes deverão ser previamente intimadas para poderem se manifestar favorável ou contrariamente ao pedido do assistente. Não havendo manifestação ou impugnação, entende-se como aceitação tácita das partes.

A partir do momento em que ingressa no processo o assistente simples poderá exercer os mesmos poderes da parte principal, porém sujeitar-se-á aos mesmos ônus processuais que o assistido. Assim, de acordo com Enunciado n. 11 do Fórum Permanente de Processualistas Civis: "O litisconsorte unitário, integrado ao processo a partir da fase instrutória, tem direito de especificar, pedir e produzir provas, sem prejuízo daquelas já produzidas, sobre as quais o interveniente tem o ônus de se manifestar na primeira oportunidade em que falar no processo".

Os limites da atuação do assistente simples constam expressamente do art. 122 do CPC, ou seja, não pode exercer direito de disposição, vez que, de acordo com a literalidade desse dispositivo "A assistência simples não obsta a que a parte principal reconheça a procedência do pedido, desista da ação, renuncie ao direito sobre o que se funda a ação ou transija sobre direitos controvertidos".

Transitada em julgado a sentença no processo em que interveio o assistente simples, este não poderá, em processo posterior, discutir a justiça da decisão, salvo se alegar e provar que: I – pelo estado em que recebeu o processo ou pelas declarações e pelos atos do assistido, foi impedido de produzir provas suscetíveis de influir na sentença; II – desconhecia a existência de alegações ou de provas das quais o assistido, por dolo ou culpa, não se valeu (art. 123 do CPC).

Complementarmente cabe ainda acrescentar ao tema assistência que:

a) a assistência será admitida em qualquer procedimento e em todos os graus de jurisdição (art. 119, parágrafo único, do CPC);

b) se qualquer parte alegar que falta ao requerente interesse jurídico para intervir, o juiz decidirá o incidente, sem suspensão do processo (art. 120, parágrafo único, do CPC);

c) sendo revel ou, de qualquer outro modo, omisso o assistido, o assistente será considerado seu substituto processual (art. 121, parágrafo único, do CPC);

d) a assistência simples não obsta a que a parte principal reconheça a procedência do pedido, desista da ação, renuncie ao direito sobre o que se funda a ação ou transija sobre direitos controvertidos (art. 122 do CPC);

e) transitada em julgado a sentença no processo em que interveio o assistente, este não poderá, em processo posterior, discutir a justiça da decisão, salvo se alegar e provar que: I – pelo estado em que recebeu o processo ou pelas declarações e pelos atos do assistido, foi impedido de produzir provas suscetíveis de influir na sentença; II – desconhecia a existência de alegações ou de provas das quais o assistido, por dolo ou culpa, não se valeu (art. 123 do CPC);

f) se o assistido for vencido, o assistente será condenado ao pagamento das custas em proporção à atividade que houver exercido no processo (art. 94 do CPC).

ASSISTÊNCIA AO DEMANDANTE

AO JUÍZO DE DIREITO DA 3ª VARA CÍVEL
Comarca de ....
Autos n. ....

........................, brasileiro, casado, contador, RG n. ...., CPF n. ...., endereço eletrônico ...., domiciliado nesta cidade e residente na rua ...., n. ......, por seu procurador infra-assinado (doc. 1), advogado inscrito na OAB/...... sob o n. ...., endereço eletrônico ...., com escritório na rua ...., n. ......, nesta cidade, onde recebe intimações, vem respeitosamente à presença deste juízo para expor e requerer o seguinte:

1. Corre por este juízo ação ordinária em que litigam .... e ...., pretendendo o primeiro reivindicar o domínio do imóvel .... (descrever).

2. Ocorre que dito imóvel fazia parte dos bens deixados pelo falecido ...., pai do ora requerente, e foi vendido pelo inventariante mediante autorização judicial .... (indicar as circunstâncias).

3. Evidencia-se, pois, o interesse do ora requerente, irmão do demandante, em que a sentença acolha a prestação do demandante, como provam os documentos ora exibidos. Com efeito, ... (argumentar).

Assim exposto e ouvidos os interessados no prazo de quinze dias, requer a este juízo que se digne a admiti-lo como assistente do Demandante, nos termos do art. 119 do CPC.

T. em que
E. deferimento.

................., ... de .... de 20......

____
Advogado(a)
OAB/...... n. ......

ASSISTÊNCIA AO DEMANDADO

AO JUÍZO DE DIREITO DA 4ª VARA CÍVEL

Comarca de ....

Autos n. ....

........................, brasileiro, casado, agricultor, RG n. ...., CPF n. ...., endereço eletrônico ...., domiciliado nesta cidade e residente na rua ...., n. ......, por seu procurador infra-assinado (doc. 1), advogado inscrito na OAB/...... sob o n. ...., endereço eletrônico ...., com escritório na rua ...., n. ......, nesta cidade, onde recebe intimações, vem respeitosamente à presença deste juízo para, nos autos da ação possessória que .... move em desfavor de ...., tendo interesse no feito em favor do demandado, de conformidade com o disposto no art. 119 do CPC, requerer, cumpridas as formalidades legais, lhe seja deferida a ASSISTÊNCIA ao demandado no referido processo pelas seguintes razões de fato e de direito:

1. O requerente, conforme prova o documento anexo (doc. 2), é proprietário do imóvel sito na ...., que se encontra arrendado ao demandado.

2. O demandante, alegando posse e direitos sobre o referido imóvel, ajuizou contra o demandado, arrendatário dele, a presente ação possessória, reivindicando interesses que afetam diretamente ao requerente, que é, justamente, seu legítimo proprietário.

3. O demandado, muito embora se tenha defendido contra as pretensões do demandante, não possui, por não ser proprietário do imóvel, objeto do litígio, documentação adequada para melhor contestar o pedido.

4. Dessa forma, na hipótese de a sentença acolher o pedido do demandante, certamente haverá prejuízo aos interesses do ora requerente, justificando-se, portanto, o presente pedido de assistência em favor do demandado.

Em face do exposto e ouvidos os interessados no prazo de quinze dias, requer que este juízo se digne a admiti-lo como assistente do demandado, nos termos do art. 119 do CPC.

T. em que

E. deferimento.

.................., ... de .... de 20......

____

Advogado(a)

OAB/...... n. ......

DENUNCIAÇÃO DA LIDE

Denunciação da lide é a providência judicial, promovida por qualquer dos litigantes, com o fim de exercer o direito que lhes resulta da evicção ou da ação regressiva. Na ocorrência de qualquer dessas situações é admissível a denunciação da lide, o que permite ao autor ou réu trazer a juízo terceiro que possua, de qualquer modo, alguma relação com o objeto da ação.

Para efeitos legais, evicção é a perda parcial ou total da coisa, objeto de compra e venda, que o adquirente sofre em virtude de sentença judicial que a reconhece como de propriedade de terceiro.

Assim, quando ocorre a denunciação, entende-se que passam a coexistir duas demandas, ou seja:

Ação reivindicatória
Autor: proprietário
Réu: adquirente (evicto)

Denunciação da lide
Autor: adquirente (evicto, denunciante)
Réu: alienante (denunciado)

Por expressa disposição do art. 125, a denunciação da lide é admissível por qualquer das partes:

> I – ao alienante imediato, no processo relativo à coisa cujo domínio foi transferido ao denunciante, a fim de que possa exercer os direitos que da evicção lhe resultam;
>
> II – àquele que estiver obrigado, por lei ou pelo contrato, a indenizar, em ação regressiva, o prejuízo de quem for vencido no processo.

A citação do denunciado, que poderá ser feita pelo autor ou pelo réu, será requerida na petição inicial, se o denunciante for autor, ou na contestação, se o denunciante for réu, devendo ser realizada na forma e nos prazos previstos no art. 131 do CPC (art. 126 do CPC).

Desse modo, se alguém aliena a terceiro um imóvel que não lhe pertence (art. 125, I), poderá o verdadeiro proprietário reivindicá-lo do terceiro mediante a competente ação reivindicatória. Diz-se, nesse caso, que o terceiro-comprador sofrerá evicção.

Portanto, para que a sentença judicial determine a responsabilidade do alienante, é mister que este seja chamado ao processo (ação reivindicatória) por meio da denunciação da lide, para que possa se manifestar. Provando-se a responsabilidade do alienante, será este condenado a devolver o preço da coisa ao comprador em ação regressiva.

A outra hipótese de denunciação da lide, prevista no art. 125, II, demonstra que também pode ser chamado a participar da lide, na condição de denunciado, aquele que estiver obrigado, pela lei ou pelo contrato, a indenizar, em ação regressiva, o prejuízo de quem perder a demanda.

Na hipótese do art. 37, § 6°, da Constituição Federal, os Tribunais têm adotado o entendimento de que, nos processos de cunho indenizatório, a denunciação à lide no caso de responsabilidade objetiva do Poder Público não poderá ocorrer quando o ente político e suas autarquias propuserem a vinda ao processo de servidor de serviço que teria atuado no ato considerado ilícito, pois nesse caso introduziria no processo uma nova responsabilização de cunho subjetivo, o que atrapalharia a apuração e a celeridade processual. Nesses casos o Poder Público deve exercer seu direito de regresso em ação própria em momento oportuno. Verificando-se a condenação da União, esta poderá intentar ação regressiva contra o funcionário para ressarcir-se do valor da indenização.

Frise-se, todavia, que os Juizados Especiais Cíveis (art. 10 da Lei n. 9.099/95), não admitem a denunciação da lide para assegurar o direito de regresso. Assim, havendo necessidade de ressarcimento de danos decorrentes de acidente de trânsito, nas hipóteses que comportem o exercício do direito regressivo, o interessado deverá, no futuro, ingressar com ação específica de ressarcimento.

Ademais, a jurisprudência do Superior Tribunal de Justiça é no sentido de que a não denunciação da lide não acarreta a perda da pretensão regressiva, mas apenas ficará o réu, que poderia denunciar e não denunciou, privado da imediata obtenção do título executivo contra o obrigado regressivamente, fato que não priva que o réu promova ação autônoma contra quem eventualmente lhe tenha lesado.

Esse entendimento foi acolhido pelo § 1º do art. 125 do Código de Processo Civil de 2015, a saber: "[...] § 1º O direito regressivo será exercido por ação autônoma quando a denunciação da lide for indeferida, deixar de ser promovida ou não for permitida".

De conseguinte, se, por exemplo, o réu, em ação fundada em acidente de trânsito, pretender eximir-se da responsabilidade pelo evento danoso, atribuindo-a com exclusividade a terceiro, restar-lhe-á, como providência, requerer a decretação da extinção do processo sem resolução do mérito, com fulcro na ilegitimidade passiva (art. 485, VI, do CPC).

DENUNCIAÇÃO DA LIDE

AO JUÍZO DE DIREITO DA ...... VARA CÍVEL

Comarca de ....

Ação de ....

Autos n. ....

......................., brasileiro, farmacêutico, e sua mulher, ..., brasileira, do lar, domiciliados nesta cidade e residentes na rua ...., n. ......, nesta cidade, endereço eletrônico ...., nos autos da ação de reivindicação, que contra os quais movem .... e sua mulher, ..., ainda no prazo da contestação, por seu procurador firmatário, advogado com escritório na av. Independência, n. 710, endereço eletrônico ...., vêm perante esse egrégio juízo para oferecer CONTESTAÇÃO e requerer a DENUNCIAÇÃO DA LIDE de ...., brasileiro, engenheiro, e sua mulher, ..., brasileira, professora, domiciliados nesta cidade e residentes na rua ...., n. ......, pelas seguintes razões de fato e de direito:

1. Pretendem os autores na presente ação a restituição do imóvel rural de nominado "Fazenda Branquinha", localizado no distrito de ...., neste município, com os seguintes limites e confrontações: ....

2. Ocorre que o referido imóvel foi adquirido pelos nomeantes de .... e sua mulher, na data de ...., conforme provam com a inclusa escritura pública lavrada pelo oficial do Registro de Imóveis da ...., sob n. ....

3. Assim sendo, pretendem os requerentes promover a denunciação da lide dos vendedores referidos anteriormente para virem responder aos termos da presente ação.

À vista do exposto, e nos termos do art. 125, I, do CPC, requerem a citação dos alienantes já qualificados para virem a juízo assumir a autoria ou contestarem o pedido, sob pena de revelia, bem como a suspensão do processo, para o fim de se resguardarem dos direitos que lhes resultam da evicção, sob as penas da lei.

E. deferimento.

................., ... de .... de 20.....

____

Advogado(a)

OAB/...... n. ......

CHAMAMENTO AO PROCESSO

Constitui chamamento ao processo o incidente processual pelo qual o devedor, quando citado para contestar, requer, no corpo da contestação, a citação do coobrigado, com o objetivo de se decidir a responsabilidade de cada um perante o credor.

O CPC, no art. 130, admite o chamamento ao processo das seguintes pessoas:

1. *O afiançado, na ação em que o fiador for réu.*

Exemplo: se o locador acionar o fiador do locatário para receber aluguéis atrasados, o fiador poderá chamar o locatário ao processo.

2. *Os demais fiadores, na ação proposta contra um ou alguns deles.*

Exemplo: se houver vários fiadores e o locatário citar apenas um para responder aos termos de uma ação de cobrança de aluguéis, o fiador citado poderá chamar ao processo os demais fiadores.

3. *Os demais devedores solidários, quando o credor exigir de um ou de alguns deles o pagamento da dívida comum.*

Exemplo: segundo a Súmula n. 492 do STF, "a empresa locadora de veículos responde, civil e solidariamente com o locatário, pelos danos por este causados a terceiros, no uso do carro locado".

O chamamento ao processo deve ser efetivado por meio de petição do réu, no corpo e no prazo da contestação, requerendo a citação do chamado (art. 130 do CPC). A citação deve ser promovida no prazo de trinta dias, sob pena de ficar sem efeito o chamamento.

A sentença de procedência valerá como título executivo em favor do réu que satisfizer a dívida, a fim de que possa exigi-la, por inteiro, do devedor principal, ou, de cada um dos codevedores, a sua quota, na proporção que lhes tocar (art. 132 do CPC).

CHAMAMENTO AO PROCESSO

AO JUÍZO DE DIREITO DA ...... VARA CÍVEL

Comarca de ....

Autos n. ....

........................, brasileiro, solteiro, médico, domiciliado nesta cidade e residente na rua ...., n. ......, nesta cidade, endereço eletrônico ...., nos autos da ação de cobrança que contra o qual move ...., ainda no prazo da contestação, por seu procurador firmatário, advogado inscrito na OAB/...... e com endereço na rua Tiradentes, n. 180, nesta cidade, endereço eletrônico ...., vem perante esse egrégio juízo para oferecer CONTESTAÇÃO e requerer CHAMAMENTO AO PROCESSO de ...., brasileiro, casado, projetista, domiciliado nesta cidade e residente na rua ...., n. ......, pelos seguintes fatos e fundamentos:

1. Conforme se verifica na referida ação, pretende o autor receber do requerente a importância de R$ 6.000,00 (seis mil reais), referente a cinco meses de aluguel que o locatário, do qual o requerente é um dos fiadores, deixou de pagar.

2. Ocorre que, na existência de outro fiador, quer o requerente, sem prejuízo do direito de oferecer contestação, que aquele seja chamado ao processo, conforme lhe faculta a lei.

Em face do exposto, e nos termos do art. 130, II, do CPC, vem requerer a esse egrégio juízo que determine a suspensão do processo e digne-se mandar citar o chamado acima qualificado para, no prazo de dez dias, vir contestar, querendo, a ação, na forma e para os fins de direito.

E. deferimento.

.................., ... de .... de 20......

____

Advogado(a)

OAB/...... n. ......

AMICUS CURIAE

Consta do Código de Processo Civil que "o juiz ou o relator, considerando a relevância da matéria, a especificidade do tema objeto da demanda ou a repercussão social da controvérsia, poderá, por decisão irrecorrível, de ofício ou a requerimento das partes ou de quem pretenda manifestar-se, solicitar ou admitir a participação de pessoa natural ou jurídica, órgão ou entidade especializada, com representatividade adequada, no prazo de 15 (quinze) dias de sua intimação" (art. 138 do CPC).

A*micus curiae* é o terceiro admitido no processo para fornecer subsídios instrutórios à solução de causa. Podem ser a*micus curiae* a pessoa natural ou jurídica e órgão ou entidade especializada, com representatividade adequada.

O ingresso do *amicus curiae* no processo pode se dar de ofício ou mediante requerimento das partes ou de quem pretenda manifestar-se. Ocorrendo solicitação de ofício, o requerido será intimado para manifestar-se no prazo de quinze dias contados da intimação.

Ao admitir ou solicitar a participação do *amicus curiae*, o juiz determinará expressamente os poderes que lhe são conferidos (art. 138, § 2º, do CPC).

A intervenção do *amicus curiae* não implica alteração de competência nem autoriza a interposição de recursos, ressalvadas a oposição de embargos de declaração e recurso da decisão que julgar o incidente de resolução de demandas repetitivas (art. 138, §§ 1º e 3º, do CPC).

Segundo Eduardo Talamini,[1]

1 TALAMINI, Eduardo. "*Amicus curiae* no CPC/2015", publicado em *Migalhas*, 01.03.2016.

a participação do *amicus curiae*, com o fornecimento de subsídios ao julgador, contribui para o incremento de qualidade das decisões judiciais. Amplia-se a possibilidade de obtenção de decisões mais justas – e, portanto, mais consentâneas com a garantia da plenitude da tutela jurisdicional (art. 5º, XXXV, da CF). Por outro lado, sobretudo nos processos de cunho precipuamente objetivo (ações diretas de controle de constitucionalidade; mecanismos de resolução de questões repetitivas etc.), a admissão do *amicus* é um dos modos de ampliação e qualificação do contraditório. [art. 5º, LV, da CF].[2]

PETIÇÃO PARA INGRESSO DE *AMICUS CURIAE*

EXMO. SR. DR. MINISTRO RELATOR DO RECURSO ESPECIAL (...)

Processo n. [...]
Partes: [...]
Recorrente: [...]
Recorrido: [...]
Interessado: [...]

Fulano de Tal, por seu procurador (documento 1), vem, respeitosamente, à presença de Vossa Excelência requerer a admissão no processo na qualidade de *AMICUS CURIAE*, com fundamento no art. 138 do Código de Processo Civil e pelos fatos e de direito a seguir:

Trata-se de Recurso Especial admitido, nos termos do art. 1.036 do CPC, para julgamento como demanda repetitiva.

Tendo em vista que foi sobrestado o julgamento da ação supracitada, conforme cópia integral anexa (documento 2), ação promovida em face de (...) que versa sobre a mesma matéria.

Assim sendo, tendo em vista o princípio da eventualidade, requer a admissão por intervenção como como *amicus curiae*, passando o requerente a expor as razões do recurso:

(Expor as razões que reforçam o recurso e a intervenção que o amicus curiae pede.)

2 Enunciado n. 12 (Jornada de Direito Processual Civil do CJF): "É cabível a intervenção de *amicus curiae* (art. 138 do CPC) no procedimento do Mandado de Injunção (Lei n. 13.300/2016)".

Isto posto, requer-se, Vossa Excelência, a admissão do requerente na qualidade de *amicus curiae* com a determinação das anotações de praxe para que o subscritor do presente seja intimado das decisões do recurso, admitindo as razões ora lançadas, bem como sustentar oralmente por ocasião do julgamento do recurso afetado.

Nestes termos, pede deferimento.

Local, data

Advogado(a)

(OAB/.... n.....)

7

Sentença e coisa julgada

SENTENÇA

Generalidades

Sentença é o pronunciamento por meio do qual o juiz, com fundamento nos arts. 485 e 487 do CPC, põe fim à fase cognitiva do procedimento comum, bem como extingue a execução (art. 203).

Diferencia-se, portanto, a sentença dos *despachos* e das *decisões interlocutórias,* as quais, em face de características e efeitos específicos, não têm o condão de encerrar o processo.

O juiz é obrigado por lei a proferir sentença, não podendo omitir-se alegando lacuna ou obscuridade da lei ou do ordenamento jurídico (art. 140 do CPC). Nesse caso, ser-lhe-á lícito recorrer à analogia, aos costumes e aos princípios gerais de direito para efeito de preencher a lacuna ou enfrentar a obscuridade.

Essa obrigação do juiz decorre da própria função do estado de prestar a tutela jurisdicional ou, dito de outro modo, de aplicar a lei ao caso concreto, declarando à qual das partes litigantes cabe o direito.

Requisitos da sentença

Diz-se que toda sentença corresponde a um silogismo, em que a lei seria a *premissa maior*, os fatos, a *premissa menor* e a decisão, a *conclusão lógica*.

Seguindo essa linha, o art. 489 do Código de Processo Civil estabelece como requisitos essenciais da sentença:

a) o **relatório**: "que conterá o nome das partes, a identificação do caso, com a suma do pedido e da contestação, e o registro das principais ocorrências havidas no andamento do processo" (inciso I). Trata-se, portanto, da parte descritiva da sentença, que deverá conter o nome das partes, o pedido do autor e o resumo de suas alegações, bem como um resumo da defesa do réu, e os incidentes processuais ocorridos (revelia, preliminares, exceções, depoimento de testemunhas, prova pericial, inspeção judicial etc.);

> VISTOS,
>
> Trata-se de mandado de segurança, com pedido de liminar, impetrado por C.L. contra ato imputado ao diretor do Centro de Educação Superior da Universidade do Vale – Campus de Jurubeba, em que objetiva a validação da disciplina de língua portuguesa (curso de ciências contábeis) para a disciplina de linguagem jurídica I (curso de direito).
>
> Vieram-se os autos conclusos para análise do pedido de cognição sumária.

b) os **fundamentos** (a motivação): "em que o juiz analisará as questões de fato e de direito" (inciso II) diante da lei aplicável;

> É o relatório.
>
> DECIDO.
>
> Em sede de cognição sumária, que é quanto basta nesta fase processual, entendo que assiste razão à impetrante. Conforme se depreende do documento colacionado nas fls. 13, a própria universidade considera a disciplina cursada pela impetrante (português I) como equivalente à disciplina de linguagem jurídica. É cediço que, mesmo havendo equivalência entre as disciplinas, há diferenças entre elas que uma análise "quantitativa e qualitativa" pode detectar. Porém, isso não impede que o objetivo traçado no aprendizado seja atingido ou não afasta sequer o direito de quem as cursou de validá-las. Aliás, impõe-se que se reconheça que, estando a impetrante no final do curso de direito – 10ª fase – e tendo obtido êxito em todas as disciplinas curriculares, por certo já atingiu o objetivo da disciplina de linguagem jurídica: o domínio da linguagem jurídica.

c) o **dispositivo**: dispositivo, ou parte dispositiva, consiste no ato em que o juiz resolverá as questões principais que as partes lhe submeterem, incluindo-se nestas as questões preliminares e o pedido que lhes são submetidos. Representa a vontade do estado expressa pelo juiz mediante a conclusão das operações lógicas desenvolvidas na motivação ou as proposições em que se consubstancia a decisão, após o que declarará *procedente* ou *improcedente* o pedido (ou a ação). Via de regra, o dispositivo se confunde ou se mescla com os fundamentos da sentença, não se confundindo, porém, com o texto final da sentença: "Ressalte-se, mais uma vez, que o dispositivo da sentença não se confunde com o texto final do julgado, mas deve ser localizado em todos os momentos da sentença em que o julgador deu solução às questões que integram a *causa petendi*, seja da demanda do autor, seja da defesa do réu, como adverte Liebman na seguinte passagem: 'Em conclusão, é exata a afirmativa de que a coisa julgada se restringe à parte dispositiva da sentença. A expressão, entretanto, deve ser entendida em sentido substancial e não apenas formalístico, de modo que compreenda não apenas a fase final da sentença, mas também tudo quanto o juiz porventura tenha considerado e resolvido acerca do pedido feito pelas partes. Os motivos são, pois, excluídos por essa razão, da coisa julgada, mas constituem amiúde indispensável elemento para determinar com exatidão o significado e o alcance do dispositivo'" (THEODORO JR., Humberto. "Notas sobre a sentença, coisa julgada e interpretação". In: *Revista de Processo*, n. 167, ano 34, janeiro de 2009).

Ante o exposto, DEFIRO o pedido de liminar para o fim de determinar à autoridade impetrada que adote as providências necessárias ao acolhimento do pedido da impetrante e a consequente **validação da disciplina de língua portuguesa (curso de ciências contábeis) para a disciplina de linguagem jurídica I do curso de direito.**

Cumpra-se.

Notifique-se a autoridade impetrada para, querendo, oferecer suas informações, no decêndio legal.

Após, dê-se vista dos autos ao Ministério Público Federal e, na sequência, voltem conclusos para sentença.

P.R.I.
Cumpra-se.
São Paulo, 28 de abril de 2015.
M.N.J.
Juiz de Direito

Os requisitos devem ser atendidos integralmente, na falta ou na inobservância de qualquer deles a sentença é *nula*, facultando-se às partes arguir a nulidade por meio de recurso de apelação.

O juiz, ao resolver o mérito, proferirá sentença *acolhendo* ou *rejeitando*, no todo ou em parte, os pedidos formulados pelas partes (art. 490 do CPC).

Se **acolher**, ter-se-á uma sentença de *procedência*: "*Ante o exposto, julgo procedente a ação ...*".

Se **rejeitar**, ter-se-á uma sentença de *improcedência*: "*Ante o exposto, julgo improcedente a ação ...*".

Entretanto, considerando o fato de que a procedência poderá ser *total* ou *parcial*, permite-se deduzir a possibilidade das seguintes alternativas decisórias:

a) o juiz **acolhe** *in totum* o pedido do autor, e a ação é julgada *procedente*;

> 4. Em face de todo o exposto, julgo procedente o pedido do autor para condenar o réu a pagar a indenização por lucros cessantes, a serem apurados em liquidação por artigos. Condeno, por fim, a ré a pagar indenização, a título de danos morais, no valor de R$ 30.200,00 (trinta mil e duzentos reais), além de honorários advocatícios no valor equivalente a 10% (dez por cento) do valor total da condenação.
>
> 5. Condeno o réu ao pagamento de custas e de honorários advocatícios, fixados em 10% do valor estimado do bem.
>
> P.R.I.C.
>
> ...., ... de .... de 20...
>
> Juiz de Direito

b) o juiz **acolhe parcialmente** o pedido do autor, sendo a ação julgada *procedente em parte*. Nesse caso, decaindo cada litigante de parte dos pedidos formulados, instala-se a sucumbência recíproca (art. 86 do CPC), devendo cada um deles arcar com os encargos pertinentes aos valores dos quais decaíram. Em outras palavras, o credor deve responder pelas custas processuais e verba honorária referentes aos valores excluídos de seu crédito, e o devedor deve arcar com as mesmas consequências, incidentes estas sobre o saldo devedor remanescente;

> 6. EM ASSIM SENDO, com fundamento no art. 876 do Código Civil, julgo procedente, em parte, o pedido aforado por ...., empresa já qualificada, contra a CENTRAIS ELÉTRICAS, sociedade já conhecida, para condená-la à restituição da importância cobrada indevidamente, por conta do reajuste do preço da tarifa de energia elétrica, no período compreendido entre a vigência das Portarias ns. 38/86 e 45/86 e o dia 27.11.1986, data da Portaria n. 153/86, excluindo os valores de cunho tributário (ICMS) e da TIP.
>
> Os valores serão apurados em liquidação de sentença por arbitramento, salvo se as partes já detiverem os cálculos previamente demonstrados na forma desta decisão, quando poderá ser aplicado o art. 798 do Código de Processo Civil.
>
> Sobre os valores devidos aplicar-se-ão correção monetária mês a mês e mais juros de mora na base de 0,5% a partir da citação (22.05.2012).

Condeno a requerida ao pagamento de 60% das custas e despesas processuais e, também, ao pagamento dos honorários advocatícios que arbitro em 20% sobre o valor da condenação devidamente corrigido, o que faço com base no art. 85, § 2º, do Código de Processo Civil.

Condeno a autora, diante da sucumbência recíproca, ao pagamento de 40% das custas e despesas processuais, bem como honorários advocatícios da requerida que ora arbitro em 10% sobre o valor da condenação devidamente corrigido, o que faço com base no art. 85, § 2º, do Código de Processo Civil.

P.R.I.C.

................., ... de .... de 20...

Juiz de Direito

c) o juiz **rejeita** integralmente o pedido, e a ação é julgada *improcedente;*

[...]

7. Ante o exposto, julgo improcedente a ação e, atendendo ao pedido na contestação (fls. ......), declaro extinta a relação locativa e condeno o autor a devolver o imóvel ao réu no prazo de 6 (seis) dias/meses para a desocupação, contado a partir da data em que transitar em julgado esta decisão (art. 74 da Lei n. 8.245/91), independentemente de notificação.

8. Diante da sucumbência do autor, condeno-o a pagar as custas, despesas processuais, inclusive referentes à perícia, e honorários advocatícios, que fixo em R$ .... Essas verbas serão corrigidas monetariamente a partir das datas em que foram desembolsadas ou fixadas até a data do pagamento.

9. Configurando-se o caso do art. 72, III, da Lei n. 8.245/91, fixo a indenização a ser paga ao locatário, em decorrência da não prorrogação da locação, em .... (cf. art. 75 da Lei n. 8.245/91).

P.R.I.

................., ... de .... de 20...

Juiz de Direito

d) o juiz **extingue o processo**, sem resolução do mérito, nas hipóteses do art. 485 do Código de Processo Civil;

VISTOS,

1. A parte interessada foi intimada pessoalmente a providenciar o andamento do feito, suprindo a falta nele existente, que lhe impede o prosseguimento (fls. ......), mas deixou que se escoasse o prazo assinado sem providência (certidão de fls. ......).

2. Em consequência, com fundamento no art. 485, III, do Código de Processo Civil, julgo extinto o processo, sem resolução do mérito, condenando a parte referida ao pagamento das custas e despesas processuais e honorários advocatícios.

3. P.R.I. e certificado o trânsito em julgado, arquive-se, observadas as formalidades legais.

................., ... de .... de 20...

Juiz de Direito

e) o juiz **homologa** o acordo ou a conciliação.

VISTOS,

1. Homologo, para que produza seus jurídicos e legais efeitos, a transação (fls. ......) celebrada nestes autos de ação ...., movida por .... contra ....

Em consequência, tendo a transação efeito de sentença entre as partes, julgo extinto o processo, com resolução de mérito, na forma do art. 487, III, *b*, do Código de Processo Civil, já distribuídas entre as partes, na transação, custas, despesas processuais e honorários advocatícios.

2. A execução judicial da transação deverá aguardar o prazo necessário ao seu cumprimento espontâneo, findo o qual venha o processo à conclusão, para extinção da execução.

P.R.I. e certifique-se o trânsito em julgado, aguardando-se provocação ou prazo razoável.

................., ... de .... de 20...

Juiz de Direito

Limites da sentença

Decidindo-se pela **procedência** da ação, o juiz deverá limitar-se ao pedido do autor, não lhe sendo permitido contrariá-lo, quer em *qualidade*, quer em *quantidade*.

Assim, conforme assevera o art. 492 do Código de Processo Civil, é defeso ao juiz proferir decisão a favor do autor de natureza diversa da pedida, bem como condenar o réu em quantidade superior ou em objeto diverso do que lhe foi demandado.

Em síntese, ao proferir a sentença ao juiz é defeso:

a) decidir de forma **diferente** da que foi pedida (decisão *extra petita*). Exemplo: o autor pede o pagamento da coisa objeto do litígio, porém o juiz determina a sua simples entrega.

b) conceder **menos** do que aquilo que foi pedido (decisão *citra petita*). Exemplo: o autor pede reintegração de posse e perdas e danos, porém o juiz somente concede a reintegração.

Importa, no entanto, evitar confundir decisão *citra* (ou *infra*) *petita* com a parte julgada improcedente, como no seguinte exemplo:

O autor requer a condenação do réu ao pagamento de R$ 10.000,00, porém o juiz, julgando **procedente em parte** o pedido do autor, condena o réu ao pagamento de R$ 7.000,00. Nesse caso não se opera decisão *citra petita*.

Porém, se o juiz consignar que julga *procedente o pedido* do autor para condenar o réu ao pagamento de R$ 7.000,00, aí, sim, estará decidindo *citra petita*.

Esclareça-se, ainda, que também não se enquadram no conceito de *citra petita* a decisão que condena em honorários (o autor pede 20%, mas o juiz fixa em 10%) e a decisão relativa a pedido acessório ou, ainda, quando o juiz isenta o réu das custas e honorários em razão da assistência judiciária gratuita.

c) conceder **mais** do que foi pedido (decisão *ultra petita*): pede-se somente reintegração de posse, e o juiz concede reintegração de posse e perdas e danos; ou o autor pede R$ 8.000,00 e o juiz concede R$ 10.000,00. Ou, ainda, o autor não pede correção monetária ou juros e, mesmo assim, o juiz os concede.

Todavia, tem-se como exceção a essa regra a fixação do valor de alimentos, uma vez que, nesse caso, o juiz é obrigado, por lei, a respeitar e relevar a necessidade (do alimentando) e a possibilidade (do alimentante) para efeito de fixar o valor da verba alimentícia, fato que o autoriza, conforme as circunstâncias do caso, a aumentar ou reduzir o *quantum* requerido pelo alimentando.

O conteúdo do pedido condiciona o âmbito da prestação jurisdicional, não podendo, pois, o juiz conceder mais do que o pedido, ou conceder fora do pedido, ou abster-se de julgar algum capítulo do pedido. A sentença, nesses casos, seria nula.[1]

---

1 Para Nelson Nery Jr., no entanto, "a sentença *citra* ou *infra petita* pode ser corrigida por meio de embargos de declaração, cabendo ao juiz suprir a omissão; a sentença *ultra* ou *extra petita* não pode ser

Nesse caso, a nulidade da decisão judicial, por ser insanável, implica o dever de proferir outra.

Todavia, há decisões que entendem que a sentença *ultra petita* não deve ser anulada, mas simplesmente limitada ao pedido do autor, caso contrário seria exigido que outra sentença fosse proferida, provocando grande demora na solução do conflito.[2]

Sentença certa

A sentença deve ser *certa*, ainda que resolva relação jurídica condicional, como dispõe expressamente o parágrafo único do art. 492 do Código de Processo Civil.

Sentença certa, no sentido da lei, significa que ela deve ser precisa quanto à decisão do juiz. Dito de outro modo, a linguagem deve ser categórica, no sentido da condenação ou da improcedência. Nela deverá ser consignado, por exemplo: "Condeno o réu ao pagamento de R$ 40.000,00". Por conseguinte, não poderá o juiz consignar: "Penso que o réu deverá ser condenado" ou "Determino que o réu faça isto, se o autor cumprir tal obrigação".

Em que pese essa exigência de certeza, não quer dizer que a sentença tenha de ser sempre líquida, pois, nos casos de sentença condenatória, pode o juiz determinar que a indenização "seja apurada em liquidação de sentença".[3]

A sentença deve ser certa *ainda quando decida relação jurídica condicional*, como consta da parte final do parágrafo único do art. 492. Exemplo: "Condeno o réu ao pagamento de dois salários mínimos mensais, a título de indenização à mulher da vítima, até a data em que a vítima viria a completar 65 anos de idade".

Nesse caso, diz-se, a sentença é *certa* quanto à condenação, porém *condicional* quanto à efetivação ou duração do evento (*até a data ....*).

Alteração da sentença

Depois de publicada, a sentença não pode ser modificada ou revogada pelo juiz para que profira outra. Poderá, todavia, alterá-la nas hipóteses mencionadas no art. 494 do Código de Processo Civil:

a) mediante *requerimento* ou *de ofício*, para *corrigir* inexatidões materiais ou *retificar* erros de cálculo.

Exemplos de inexatidão material: em vez de R$ 8.000,00 foi grafado o valor de R$ 800,00; determinado imóvel, constante da relação de bens do espólio, foi descrito equivocadamente no formal de partilha.

---

corrigida por embargos de declaração, mas só por apelação. Cumpre ao tribunal, ao julgar o recurso, reduzi-la aos limites do pedido" (*Código de Processo Civil comentado*, p. 669).

2 "A sentença *ultra petita* não é nula se houver possibilidade de adequá-la aos limites do pedido" (TJSC, Ap. cível n. 97.009254-7/Capital, rel. Des. Eder Graf).

3 Cf. CORREA, Orlando de Assis. *Sentença cível, elaboração-nulidades*, p. 102.

Exemplo de erro de cálculo: em ação de despejo por falta de pagamento, o contador equivoca-se no cálculo do valor dos aluguéis em atraso, ou seja, em vez de consignar 8 meses (aluguéis em atraso) × R$ 3.000,00 (valor do aluguel) = R$ 24.000,00, consigna o valor de R$ 2.100,00.

b) mediante recurso de embargo de declaração, quando houver omissão, obscuridade ou contradição (art. 1.022 do CPC).

Efeitos da sentença

Em regra a sentença tem efeito suspensivo. Em algumas hipóteses começa a produzir efeitos imediatamente após a sua publicação. Na dicção do art. 1.012 do Código de Processo Civil, isso ocorre, entre outras hipóteses legais, na sentença que:

> I – homologa divisão ou demarcação de terras; II – condena a pagar alimentos; III – extingue sem resolução do mérito ou julga improcedentes os embargos do executado; IV – julga procedente o pedido de instituição de arbitragem; V – confirma, concede ou revoga tutela provisória; VI – decreta a interdição.

Nesses casos, se o interessado pretende obter a suspensão dos efeitos imediatos da decisão, cumpre ao interessado requerê-lo expressamente ao relator do recurso, mediante relevante fundamentação e prova de dano grave ou de difícil reparação (art. 1.012, § 4º).

Outrossim, caso exista fundado receio de dano irreparável ou de difícil reparação, no interregno entre a protocolização da apelação, seu recebimento, a abertura de prazo para contrarrazões, o recebimento desta e a distribuição no Tribunal, nos termos do § 3º do art. 1.012 do CPC, poderá o apelante demandar a Tutela Recursal Suspensiva diretamente no Tribunal, mediante petição ali mesmo distribuída e endereçada ao seu Presidente, que, por sorteio, designará relator para apreciar a concessão ou não do efeito suspensivo requerido, ficando o então relator designado prevento para o processamento da Apelação.

PETIÇÃO DE TUTELA RECURSAL ANTECEDENTE

EXCELENTÍSSIMO SENHOR DOUTOR DESEMBARGADOR PRESIDENTE DO EGRÉGIO TRIBUNAL ....

...., vem, mui respeitosamente, à presença de Vossa Excelência, por seu advogado, regularmente constituído (doc. 1) nos autos da Ação de .... que move em face de ...., processo de origem sob número ...., em trâmite perante a MM. ......ª Vara .... do Foro da Comarca de ....., considerada a r. sentença que julgou improcedente a Ação, com revogação da liminar concedida, nos termos dos §§ 1º, inciso ..., 3º, inciso ..., e 4º, todos do art. 1.012, do CPC,[4] em razão da interposição do RECURSO DE APELAÇÃO no dia .../.../......, requerer

ANTECIPAÇÃO DA TUTELA RECURSAL ANTECEDENTE E DE URGÊNCIA,

conforme as razões anexas.

O presente pedido é realizado no prazo compreendido entre a interposição do Recurso de Apelação e sua distribuição, sendo, assim, tempestivo, nos termos do inciso I do § 3º do art. 1.012 do CPC, conforme *print* do trâmite processual em anexo (DOC. 2) e em destaque:

....

Assim, diante da **urgência** que o caso requer e, especialmente, em razão do patente **risco de**........................, pede-se:

Se digne Vossa Excelência em receber o presente PEDIDO DE TUTELA RECURSAL ANTECEDENTE DE URGÊNCIA, de forma que este seja devidamente distribuído e, *incontinenti*, se digne o Douto Desembargador Relator, com fulcro no § 4º do art. 1.012 do NCPC, conceder o urgente e imediato EFEITO SUSPENSIVO ATIVO ao RECURSO DE APELAÇÃO ainda a ser distribuído, de forma a suspender os efeitos da r. sentença proferida nos autos do processo ...., restaurando-se a liminar originalmente concedida para que se impeçam atos expropriatórios ou possessórios em relação aos imóveis objeto da lide, até julgamento do apelo interposto.

Nestes termos,
Pede e espera o justo e imediato deferimento.
.................., ... de .... de 20......

p.p. ______________________________

Advogado(a)

OAB/...... n. ......

---

4 Para eventuais peticionamentos dirigidos ao Tribunal de Justiça do Estado de São Paulo: **Comunicado n. 55/2016**: "A Presidência do Tribunal de Justiça comunica aos Senhores Magistrados, Membros do Ministério Público, das Procuradorias, da Defensoria Pública, Advogados, Servidores e ao público em geral que o pedido de concessão de efeito suspensivo ao recurso de apelação, nos termos do art. 1.012, § 3º, do CPC, deverá ser peticionado na classe '241 (petição)'. São Paulo, 6 de abril de 2016. Paulo Dimas de Bellis Mascaretti, Desembargador Presidente do Tribunal de Justiça do Estado de São Paulo". Fonte: *DJe*, TJSP, Administrativo, 04.07.2016, p. 2.

E. TRIBUNAL ....;

COLENDA CÂMARA,

ÍNCLITO DES. RELATOR.

Trata-se de pedido amparado no art. 1.012, § 3º, inciso I, e § 4º, do Código de Processo Civil, cujo **efeito suspensivo ativo** ao recurso de apelação se pleiteia diante da probabilidade do direito invocado pela Peticionária/Apelante e o patente perigo de dano caso a r. sentença não seja suspensa e restaurada a liminar concedida em sede de ....

I – Da tempestividade do apelo

A r. sentença acerca da Ação .... fora publicada em .../.../......

Desse modo, o prazo de 15 dias úteis para a interposição do recurso de Apelação ainda transcorre, sendo que pela ora peticionária já efetivado o protocolo do referido recurso, tendo ensejo o presente pleito.

II – Do cabimento do pedido de efeito suspensivo ativo: ....

....

III – Da suspensão dos atos ....

....

IV – Dos fatos que ensejaram o ajuizamento da demanda

....

V – Dos requisitos próprios da tutela antecipada ....

....

VI – Das razões do Recurso de Apelo: ***plausibilidade do direito e risco de dano***

A sentença combatida nas razões de apelo em anexo (doc. ....) julgou improcedente a Ação ....

VII – Do pedido

Diante de todo o aqui exposto, requer, **LIMINARMENTE**, a **CONCESSÃO DE EFEITO SUSPENSIVO** ao recurso de Apelação interposto, nos termos do art. 995, parágrafo único, combinado com os §§ 3º e 4º do art. 1.012 do CPC, com a manutenção da liminar concedida na primeira instância até o julgamento final do apelo, ...

Para todos os fins e efeitos de Direito, ora reiteram-se, ***in totum***, todos os termos das Razões de Apelação agora juntadas (doc. ......).

Nestes termos, com a urgência que a situação demanda,

Pede e espera o justo e imediato deferimento.

.................., ... de .... de 20......

p.p. ________________________________

Advogado(a)

OAB/...... n. ......

Outro efeito da sentença condenatória é a possibilidade de produzir a hipoteca judiciária, nos precisos termos do art. 495 do Código de Processo Civil:

> Art. 495. A decisão que condenar o réu ao pagamento de prestação consistente em dinheiro e a que determinar a conversão de prestação de fazer, de não fazer ou de dar coisa em prestação pecuniária valerão como título constitutivo de hipoteca judiciária.

Como já sabido, a hipoteca é um ônus ou gravame que recai sobre um imóvel, para que este sirva de garantia ao pagamento de uma dívida. Portanto, diferencia-se do *penhor*, que recai exclusivamente sobre bens móveis.

No caso da hipoteca judiciária, o objetivo é garantir a execução ou o cumprimento da sentença condenatória.

Assim, se a obrigação imposta pela sentença eventualmente não for cumprida e não existirem outros bens a ser executados, o imóvel hipotecado poderá ser penhorado para garantir o cumprimento da obrigação. Afora isso, a constituição da hipoteca evitará que o imóvel seja alienado a terceiro, desde que devidamente registrada no Registro de Imóveis, em face da publicidade produzida pelo mesmo registro.

Protesto de decisão judicial

Assim como ocorre nos demais casos que ensejam protesto, sobretudo os títulos de crédito, a decisão judicial transitada em julgado também poderá ser levada a protesto, depois de transcorrido o prazo para pagamento voluntário previsto no art. 523 (prazo de quinze dias) [art. 517 do CPC].

Para efetivar o protesto, incumbe ao exequente apresentar certidão de teor da decisão que deverá ser fornecida no prazo de três dias e indicará o nome e a qualificação do exequente e do executado, o número do processo, o valor da dívida e a data de decurso do prazo para pagamento voluntário.

A requerimento do executado, o protesto será cancelado por determinação do juiz, mediante ofício a ser expedido ao cartório, no prazo de três dias, contado da data de protocolo do requerimento, desde que comprovada a satisfação integral da obrigação

O executado que tiver proposto ação rescisória para impugnar a decisão exequenda pode requerer, a suas expensas e sob sua responsabilidade, a anotação da propositura da ação à margem do título protestado.

Cumprimento da sentença: procedimento

Com a reforma do processo de execução do CPC/73, promovida pela Lei n. 11.232/2005 e agora também recepcionada pelo Código de 2015, eliminou-se a necessidade de execução da sentença condenatória. A partir de então, não se permite mais falar em execução e sim em **cumprimento de sentença condenatória**, considerada esta título executivo judicial, tudo de conformidade com os arts. 513 e segs. do Código de Processo Civil. Para esse efeito, segundo o art. 515, são títulos executivos judiciais:

> I – as decisões proferidas no processo civil que reconheçam a exigibilidade de obrigação de pagar quantia, de fazer, de não fazer ou de entregar coisa;
>
> II – a decisão homologatória de autocomposição judicial;
>
> III – a decisão homologatória de autocomposição extrajudicial de qualquer natureza;
>
> IV – o formal e a certidão de partilha, exclusivamente em relação ao inventariante, aos herdeiros e aos sucessores a título singular ou universal;
>
> V – o crédito de auxiliar da justiça, quando as custas, emolumentos ou honorários tiverem sido aprovados por decisão judicial;
>
> VI – a sentença penal condenatória transitada em julgado;
>
> VII – a sentença arbitral;
>
> VIII – a sentença estrangeira homologada pelo Superior Tribunal de Justiça;
>
> IX – a decisão interlocutória estrangeira, após a concessão do *exequatur* à carta rogatória pelo Superior Tribunal de Justiça;

O procedimento do cumprimento de sentença, conforme consta do Código de Processo Civil, tem desdobramento nas seguintes modalidades: cumprimento definitivo de sentença que reconhece a obrigação de pagar quantia certa (art. 523); cumprimento de sentença que reconhece a obrigação de pagar quantia certa pela Fazenda Pública (art. 534); cumprimento de sentença que reconhece a obrigação de prestar alimentos (art. 528); cumprimento de sentença que reconhece a obrigação de fazer ou não fazer (art. 536); cumprimento de sentença que reconhece a obrigação de entrega de coisa (art. 538).

Qualquer que seja a modalidade de cumprimento de sentença o devedor será intimado: pelo *Diário da Justiça*, na pessoa de seu advogado constituído nos autos; por carta com aviso de recebimento, quando representado pela Defensoria Pública ou quando não tiver procurador constituído nos autos, ressalvada a hipótese de réu revel; por meio eletrônico, quando, no caso do § 1º do art. 246, não tiver procurador constituído nos autos; por edital, quando, citado na forma do art. 256, tiver sido revel na fase de conhecimento (art. 513, § 2º).

CUMPRIMENTO DEFINITIVO DE SENTENÇA QUE RECONHECE A OBRIGAÇÃO DE PAGAR QUANTIA CERTA

Essa modalidade, que segue as regras dos arts. 523 e segs., exige simples requerimento por petição nos mesmos autos em que foi proferida a sentença, no qual o credor requer a intimação do devedor para que efetue o pagamento no prazo de quinze dias, sob pena do acréscimo de 10% de multa, honorários de advogado de 10% e de expedição de mandado de penhora e avaliação, seguindo-se os atos de expropriação.

Em relação ao requerimento, o art. 524 exige que seja instruído com demonstrativo discriminado e atualizado do crédito, devendo a petição conter:

> I – o nome completo, o número de inscrição no Cadastro de Pessoas Físicas ou no Cadastro Nacional da Pessoa Jurídica do exequente e do executado, observado o disposto no art. 319, §§ 1º a 3º;
> II – o índice de correção monetária adotado;
> III – os juros aplicados e as respectivas taxas;
> IV – o termo inicial e o termo final dos juros e da correção monetária utilizados;
> V – a periodicidade da capitalização dos juros, se for o caso;
> VI – especificação dos eventuais descontos obrigatórios realizados;
> VII – indicação dos bens passíveis de penhora, sempre que possível.

Impugnação do executado. Não havendo pagamento voluntário, o art. 525 faculta ao executado promover a impugnação do pedido do credor no prazo de quinze dias a contar do escoamento do prazo que lhe foi concedido para pagamento, independentemente de penhora ou nova intimação, apresentar, nos próprios autos, sua impugnação. Na impugnação, o executado poderá alegar:

> I – falta ou nulidade da citação se, na fase de conhecimento, o processo correu à revelia;
> II – ilegitimidade de parte;
> III – inexequibilidade do título ou inexigibilidade da obrigação;
> IV – penhora incorreta ou avaliação errônea;
> V – excesso de execução ou cumulação indevida de execuções;
> VI – incompetência absoluta ou relativa do juízo da execução;

> VII – qualquer causa modificativa ou extintiva da obrigação, como pagamento, novação, compensação, transação ou prescrição, desde que supervenientes à sentença.

Quando o executado alegar que o exequente pleiteia quantia superior à resultante da sentença, cumprir-lhe-á declarar de imediato o valor que entende correto, apresentando demonstrativo discriminado e atualizado do cálculo. Não apontado o valor correto ou não apresentado o demonstrativo, a impugnação será liminarmente rejeitada, se o excesso de execução for o seu único fundamento, ou, se houver outro, a impugnação será processada, mas o juiz não examinará a alegação de excesso de execução.

Não obstante o oferecimento da impugnação pelo executado, essa providência não impede a prática dos atos executivos, inclusive os de expropriação, podendo o juiz, a requerimento do executado e desde que garantido o juízo com penhora, caução ou depósito suficientes, atribuir-lhe efeito suspensivo, se seus fundamentos forem relevantes e se o prosseguimento da execução for manifestamente suscetível de causar ao executado grave dano de difícil ou incerta reparação.

Ao tomar ciência da sentença condenatória é permitido ao réu antecipar-se ao pedido de cumprimento de sentença. Assim, consoante dispõe o art. 526, é lícito, antes de ser intimado para o cumprimento da sentença, comparecer em juízo e oferecer em pagamento o valor que entender devido, apresentando memória discriminada do cálculo. Nesse caso, o autor será ouvido no prazo de cinco dias, podendo impugnar o valor depositado, sem prejuízo do levantamento do depósito a título de parcela incontroversa. Concluindo o juiz pela insuficiência do depósito, sobre a diferença incidirão multa de 10% e honorários advocatícios, também fixados em 10%, seguindo-se a execução com penhora e atos subsequentes. Se o autor não se opuser, o juiz declarará satisfeita a obrigação e extinguirá o processo.

CUMPRIMENTO DE SENTENÇA QUE RECONHEÇA A OBRIGAÇÃO DE PAGAR QUANTIA CERTA PELA FAZENDA PÚBLICA

Sendo caso em que a Fazenda Pública figure como demandada, o exequente, além do requerimento, no qual não cabe o pedido de multa, apresentará demonstrativo discriminado e atualizado do crédito contendo (art. 534 do CPC):

> I – o nome completo e o número de inscrição no Cadastro de Pessoas Físicas ou no Cadastro Nacional da Pessoa Jurídica do exequente;
> II – o índice de correção monetária adotado;
> III – os juros aplicados e as respectivas taxas;
> IV – o termo inicial e o termo final dos juros e da correção monetária utilizados;
> V – a periodicidade da capitalização dos juros, se for o caso;
> VI – a especificação dos eventuais descontos obrigatórios realizados.

Impugnação pela Fazenda Pública. Intimada na pessoa de seu representante judicial, por carga, remessa ou meio eletrônico, para, querendo, no prazo de trinta dias e nos próprios autos, a Fazenda Pública poderá impugnar a execução, alegando, para tanto (art. 535):

> I – falta ou nulidade da citação se, na fase de conhecimento, o processo correu à revelia;
> II – ilegitimidade de parte;
> III – inexequibilidade do título ou inexigibilidade da obrigação;
> IV – excesso de execução ou cumulação indevida de execuções;
> V – incompetência absoluta ou relativa do juízo da execução;
> VI – qualquer causa modificativa ou extintiva da obrigação, como pagamento, novação, compensação, transação ou prescrição, desde que supervenientes ao trânsito em julgado da sentença.

Quando se alegar que o exequente pleiteia quantia superior à resultante do título, cumprirá à executada declarar de imediato o valor que entende correto, sob pena de não conhecimento da arguição.

Não impugnada a execução ou rejeitadas as arguições da executada, serão adotadas as seguintes providências:

> I – expedir-se-á, por intermédio do presidente do tribunal competente, precatório em favor do exequente, observando-se o disposto na Constituição Federal;
> II – por ordem do juiz, dirigida à autoridade na pessoa de quem o ente público foi citado para o processo, o pagamento de obrigação de pequeno valor será realizado no prazo de 2 (dois) meses contado da entrega da requisição, mediante depósito na agência de banco oficial mais próxima da residência do exequente.

CUMPRIMENTO DE SENTENÇA QUE RECONHEÇA A OBRIGAÇÃO DE PRESTAR ALIMENTOS

Sendo hipótese de cumprimento de sentença condenatória de prestação de alimentos, ou de decisão interlocutória que fixe alimentos, o credor requererá ao juiz, nos mesmos autos em que tenha sido proferida a decisão extintiva/terminativa, a intimação pessoal do executado para, em três dias, pagar o débito, provar que o fez ou justificar a impossibilidade de efetuá-lo (art. 528 do CPC).

Não se verificando o pagamento nem havendo justificativa da impossibilidade de efetuá-lo, o juiz mandará protestar o pronunciamento judicial, conforme disposto no art. 517. Havendo justificativa, somente a comprovação de fato que gere a impossibilidade absoluta de pagar justificará o inadimplemento.

Se o executado não pagar ou se a justificativa apresentada não for aceita, o juiz, além de mandar protestar o pronunciamento judicial, decretar-lhe-á a prisão pelo prazo de um a três meses (art. 528, §§ 1° e 3°, do CPC). Observe-se que o débito alimentar que autoriza a prisão civil do alimentante é o que compreende até as três prestações anteriores ao ajuizamento da execução e as que se vencerem no curso do processo.

O cumprimento da pena não exime o executado do pagamento das prestações vencidas e vincendas. Já havendo pagamento da prestação alimentícia, o juiz suspenderá o cumprimento da ordem de prisão.

Se preferir outro modo de exigir o pagamento, o exequente pode optar por promover o cumprimento da sentença ou decisão desde logo, caso em que não será admissível a prisão do executado, e, recaindo a penhora em dinheiro, a concessão de efeito suspensivo à impugnação não obsta a que o exequente levante mensalmente a importância da prestação.

Independentemente das hipóteses do art. 516, parágrafo único, o exequente pode promover o cumprimento da sentença ou decisão que condena ao pagamento de prestação alimentícia no juízo de seu domicílio.

Na petição inicial requerendo o cumprimento da sentença poderá o exequente, sendo o executado funcionário público, militar, diretor ou gerente de empresa ou empregado sujeito à legislação do trabalho, requerer o desconto em folha de pagamento da importância da prestação alimentícia (art. 529 do CPC). Nesse caso, ao proferir a decisão, o juiz oficiará à autoridade, à empresa ou ao empregador, determinando, sob pena de crime de desobediência, o desconto a partir da primeira remuneração posterior do executado, a contar do protocolo do ofício. No ofício será consignado o nome e o número de inscrição no Cadastro de Pessoas Físicas do exequente e do executado, a importância a ser descontada mensalmente, o tempo de sua duração e a conta na qual deve ser feito o depósito.

Alimentos decorrentes da prática de ato ilícito (art. 950 do CC). Quando a indenização por ato ilícito incluir prestação de alimentos, caberá ao executado, a requerimento do exequente, constituir capital cuja renda assegure o pagamento do valor mensal da pensão (art. 533 do CPC). O capital, representado por imóveis ou por direitos reais sobre imóveis suscetíveis de alienação, títulos da dívida pública ou aplicações financeiras em banco oficial, será inalienável e impenhorável enquanto durar a obrigação do executado, além de constituir-se em patrimônio de afetação.

Poderá o juiz, todavia, substituir a constituição do capital pela inclusão do exequente em folha de pagamento de pessoa jurídica de notória capacidade econômica ou, a requerimento do executado, por fiança bancária ou garantia real, em valor a ser arbitrado de imediato pelo juiz.

Sobrevindo modificação nas condições econômicas, é facultado à parte requerer, conforme as circunstâncias, redução ou aumento da prestação.

CUMPRIMENTO DE SENTENÇA QUE RECONHEÇA A OBRIGAÇÃO DE FAZER OU DE NÃO FAZER

No cumprimento de sentença que reconheça a exigibilidade de obrigação de fazer ou de não fazer, o juiz poderá, de ofício ou a requerimento, para a efetivação da tutela específica ou a obtenção de tutela pelo resultado prático equivalente, determinar as medidas necessárias à satisfação do exequente (art. 536 do CPC). Para efetivação do cumprimento do pedido do exequente o juiz poderá determinar, entre outras medidas, a imposição de multa, a busca e apreensão, a remoção de pessoas e coisas, o desfazimento de obras e o impedimento de atividade nociva, podendo, caso necessário, requisitar o auxílio de força policial. O executado incidirá nas penas de litigância de má-fé quando injustificadamente descumprir a ordem judicial, sem prejuízo de sua responsabilização por crime de desobediência.

A imposição de multa independe de requerimento da parte e poderá ser aplicada na fase de conhecimento, em tutela provisória ou na sentença, ou na fase de execução, desde que seja suficiente e compatível com a obrigação e que se determine prazo razoável para cumprimento do preceito (art. 537 do CPC). Não obstante, o juiz poderá, de ofício ou a requerimento, modificar o valor ou a periodicidade da multa vincenda ou excluí-la, caso verifique que se tornou insuficiente ou excessiva; o obrigado demonstrou cumprimento parcial superveniente da obrigação ou justa causa para o descumprimento.

A multa será devida desde o dia em que se configurar o descumprimento da decisão e incidirá enquanto não for cumprida a decisão que a tiver cominado.

No cumprimento de sentença que reconheça a exigibilidade de obrigação de fazer ou de não fazer, aplica-se, no que couber, as regras de impugnação arroladas no art. 525 do Código de Processo Civil.

CUMPRIMENTO DE SENTENÇA QUE RECONHEÇA A OBRIGAÇÃO DE ENTREGAR COISA

Essa modalidade de cumprimento de sentença tem lugar quando não cumprida a obrigação de entregar coisa no prazo estabelecido na sentença, caso em que será expedido mandado de busca e apreensão ou de imissão na posse em favor do credor, conforme se tratar de coisa móvel ou imóvel (art. 538 do CPC).

> § 1º A existência de benfeitorias, bem como o direito de retenção por benfeitorias, deve ser alegada na fase de conhecimento, em contestação, de forma discriminada e com atribuição, sempre que possível e justificadamente, do respectivo valor.

Aplicam-se ao procedimento de cumprimento de obrigação de entrega de coisa certa, no que couber, as disposições sobre o cumprimento de obrigação de fazer ou de não fazer abordadas anteriormente.

MODELO DE PETIÇÃO

CUMPRIMENTO DE SENTENÇA QUE RECONHECE A OBRIGAÇÃO DE PAGAR QUANTIA CERTA

AO JUÍZO DE DIREITO DA 5ª VARA CÍVEL

Comarca de ....

Autos n. ....

Ação indenizatória

JUVÊNCIO MORAES E SILVA, já qualificado no processo em epígrafe, por seu procurador firmatário, vem respeitosamente perante este juízo para dizer e requerer o que segue:

1. A ação em tela foi julgada procedente pelo juízo de 1º grau. Inconformado, o demandado promoveu recurso de apelação ao qual foi negado provimento, conforme acórdão proferido na data de 10.10.2015, tudo como consta dos autos.

2. Diante do exposto, requer o demandante que este juízo determine a intimação do demandado para que, nos termos do art. 523 do Código de Processo Civil, no prazo de 15 (quinze) dias, efetue o pagamento da importância de R$ 199.871,00, resultante da incidência de juros e correção monetária sobre o valor principal de R$ 86.636,00, representativo do valor do seguro, acrescido do valor dos honorários advocatícios calculados em 10% sobre o valor da condenação devidamente corrigido, tudo conforme consta do demonstrativo anexo.

Caso não seja efetuado o pagamento, requer, ainda, que:

a) se proceda o acréscimo de multa no porcentual de 10%, calculada sobre o montante devido de R$ 199.871,00;

b) seja o demandado condenado ao pagamento de honorários de 10% sobre o valor referido no item *a*;

c) seja expedido mandado de penhora e avaliação de bens do demandado, com a devida intimação deste na pessoa do seu procurador;

d) não ocorrendo a nomeação de bens à penhora pelo demandado, seja determinada a penhora *on-line* de valor, quanto baste para saldar o valor total da condenação.

Termos em que
pede deferimento.
.................., ... de .... de 20...
Advogado(a)
OAB/...... n. ......

MODELOS DE SENTENÇAS CÍVEIS

Quanto às medidas cautelares, o CPC/2015 não recepcionou o Livro III – Do Processo Cautelar (arts. 796 a 889) do CPC/73, redistribuindo-se algumas dessas medidas ao longo do atual Código. Foi adotado um sistema mais simples, unificando o regime e estabelecendo os mesmos requisitos para a concessão de todas as medidas cautelares.

AÇÃO CAUTELAR

Vistos etc.

L.C.C., J.C.C. e L.C.C. movem ação cautelar (n. 039.99.000122-7) contra o BANCO DO BRASIL S.A., dizendo ser intervenientes garantidores da empresa C.C. Exportadora S.A., em contratos indicados, e os põem em questão, dado conterem cláusulas absurdas; anunciam que ingressarão com uma ação principal – fls. 9; tiveram o seu nome inscrito no Serasa, o que lhes constrange, até porque os contratos têm garantia; pedem, então, o cancelamento do cadastro que os negativou. Juntaram documentos.

Não houve concessão de liminar – fls. 41/47.

Contestação do Banco do Brasil – fls. 52/60, e em aplauso àquela interlocutória.

É o relatório.

DECIDO:

É incontroverso: que as partes firmaram os contratos descritos (cédulas de crédito comercial); que os requerentes estão descritos (cédulas de crédito comercial); que os requerentes são garantidores; que há inadimplência nos contratos; e que, em razão disso, os requerentes tiveram o nome inscrito no Serasa. Muito embora haja inadimplência formal, eles buscam com esta cautelar, apenas, e já noticiando o ingresso de ação principal para questionar, a fundo, os valores supostamente absurdos contidos nos contratos, evitar que continuem negativados em órgão de proteção ao crédito. Esta cautelar é preparatória, apenas, e antecipa um embate judicial, mas, desde já, oferece a devida proteção aos requerentes, até porque, com isso, não se avista nenhum prejuízo ao banco, ao menos por ora; os fundamentos dos autores são razoáveis. Nesse sentido, Agravo de instrumento n. 98.017420-1: "Medida cautelar inominada. Proibição de inscrição no Serasa. Inexistência de protesto ou dívida em cobrança judicial. Se relevantes os fundamentos articulados para sustentar a postulação, não há justificativa plausível e razoável para que a pretensa devedora sofra inegável constrangimento com a inscrição de seu nome nos cadastros dos serviços de proteção ao crédito, máxime se inexiste protesto ou ação ajuizada contra a recorrente". Estando a dívida em juízo, inadequada em princípio a inscrição do devedor nos órgãos controladores de crédito (REsp n. 180.665/PE, rel. Min. Sálvio de Figueiredo Teixeira, *DJU* 03.11.1998, p. 172).

Ante o exposto, JULGO PROCEDENTE o pedido formulado por L.C.C., J.C.C. e L.C.C., na ação cautelar (n. 039.99.000122-7) contra o BANCO DO BRASIL S.A., e determino que o BANCO DO BRASIL proceda à exclusão do nome dos autores do Serasa e de outro órgão de proteção ao crédito, decorrente dos contratos descritos no processo, dessa dívida, e ao pagamento da verba honorária em 20% sobre o valor dado à causa.

P.R.I.

.................., ... de .... de 20...

F.B.

Juiz de direito

AÇÃO DE ANULAÇÃO DE ATO JURÍDICO C/C DANOS MORAIS

Vistos etc.

1. Trata-se de ação ordinária em que o autor pede a anulação do ato jurídico consistente na suspensão de trinta dias a ele imposta nos autos da Representação n. 176/99. Pede, outrossim, a condenação da ré ao pagamento de indenização consistente nos lucros cessantes por trinta dias de inatividade a que foi submetido. Pede, por fim, a condenação da ré ao pagamento por danos morais de valor equivalente a 200 (duzentos) salários mínimos, em virtude da publicação indevida daquela suspensão nas edições ns. 10.474 e 10.502 do *Diário da Justiça de Santa Catarina,* nos dias 8 de junho e 19 de julho de 2000, respectivamente, além das custas processuais e honorários advocatícios.

2. O autor narra como causa de pedir que, na qualidade de advogado regularmente inscrito na Ordem dos Advogados do Brasil, se viu na inadimplência das contribuições à entidade, o que lhe acarretou a instauração da Representação n. 176/99, por infringência do art. 34, XXIII, da Lei n. 8.906, de 4 de julho de 1994 – Estatuto da Ordem. Em 27 de abril de 2000, foi-lhe aplicada a pena de suspensão por trinta dias, vindo a ser intimado da decisão em 10 de maio seguinte, havendo transitado em julgado em 25 daquele mês. Ocorre que o autor haveria satisfeito integralmente o débito objeto da referida representação em 19 de

maio de 2000. Não obstante o pagamento do débito, a Ordem dos Advogados do Brasil aplicou a penalidade, suspendendo-o de suas atividades por trinta dias.

O autor entende que a aplicação da penalidade, portanto, foi injustificada, motivo pelo qual pede a tutela jurisdicional para anulação do ato jurídico de suspensão, bem como indenização por danos morais e lucros cessantes.

3. Junta procuração às folhas 14, bem como processo de representação às folhas 15 a 44, e documento às folhas 45 a 50. Recolhe custas às folhas 51.

4. A ré, citada às folhas 53-verso, em 24 de novembro de 2000, contesta às folhas 60 a 66. Alega que a suspensão foi correta, pois haveria ocorrido infração devidamente comprovada. De outra sorte, a questão estaria ainda *sub judice* no mandado de segurança autuado sob número 2000.72.00006493-8, pautado para julgamento no Tribunal Regional Federal da Quarta Região.

Quanto aos danos morais, a ré alega que o autor não haveria demonstrado a sua existência. Pede a improcedência do pedido com a condenação em honorários e custas processuais. No que tange à sentença a ser prolatada, por fim, entende que ela deveria ater-se à decisão a ser proferida pelo Tribunal Regional Federal da Quarta Região nos autos do mandado de segurança supra aludido. A ré junta documento às folhas 57 a 135.

5. O autor manifesta-se sobre a contestação às folhas 137 a 145, para pedir o julgamento antecipado da lide e a antecipação da tutela. As partes não têm outras provas a produzir.

É o relatório.

DECIDO.

6. Não havendo outras provas a produzir, é caso de julgamento antecipado da lide, com a prolação de sentença de mérito. Os fatos relevantes para o deslinde da questão submetida a juízo estão devidamente comprovados de forma documental nos autos, sendo improcedente, portanto, o pedido para que seja observada futura decisão a respeito nos autos do mandado de segurança que aguarda julgamento no Tribunal Regional Federal da Quarta Região. Em primeiro lugar, não se admite conexão, que é regra de distribuição de feitos, nos quais o rito não seja idêntico, como no caso mandado de segurança e ação ordinária. Em segundo lugar, não se cogita observância de conexão se um dos feitos está julgado. Em terceiro lugar, a matéria objeto do mandado de segurança não é a mesma, ainda que possa ter idêntico fundamento jurídico ao objeto destes autos, pois lá a representação diz respeito aos autos do processo administrativo n. 176/99.

7. Quanto ao mérito, a suspensão do exercício profissional pelo prazo de trinta dias, prorrogáveis até o pagamento da dívida, por infração do inciso XXIII do art. 34, combinado com o inciso I do § 2º do art. 37 da Lei n. 8.906, de 4 de julho de 1994 – Estatuto da Ordem, constitui-se em sanção que veio a ser aplicada após trânsito em julgado administrativo, em 25 de maio de 2000, conforme faz prova o *Diário da Justiça de Santa Catarina* n. 10.474, publicado em 8 de junho de 2000, quinta-feira, juntado aos autos às folhas 45. Por outro lado, o autor comprova, às folhas 47, por meio de recibo em favor da Ordem dos Advoga-

dos do Brasil, o pagamento das anuidades de novembro de 1997 a abril de 2000, em 19 de maio do ano passado.

Ora, havendo o autor pago as anuidades devidas em 19 de maio de 2000, antes do trânsito em julgado que ocorreu apenas em 25 daquele mês, não poderia jamais a Ordem dos Advogados do Brasil impor sanção, pois o autor não estava em débito com a entidade de classe à data da publicação do edital de suspensão – 8 de julho de 2000. Por esse motivo, não se sustenta a tese da ré, no sentido de que: "a quitação do débito apenas suprimiria a penalidade acessória, no caso a permanência da suspensão por prazo determinado". Distinto do que foi dito pela ré, a suspensão não foi por prazo determinado, mas sim por trinta dias, prorrogáveis até o pagamento da dívida. Daí ser totalmente injustificada a manutenção para o exercício da atividade profissional, com a dívida quitada.

8. Em conclusão, depreende-se que o ato jurídico que consiste na aplicação de suspensão por trinta dias imposta ao autor foi cometido por erro da ré, o que sujeita aquele ato à anulação. Quanto aos danos morais, no que se refere à sua existência, não há necessidade de prova além da que foi trazida nos autos. A vinda aos autos de depoimentos depreciativos da honra do autor em nada acrescentaria na convicção deste juízo. Trata-se de provas difíceis ou quase impossíveis de serem produzidas (art. 333, parágrafo único, do Código de Processo Civil [de 1973]). O dano à honra do autor evidencia-se com a simples publicação do seu nome no *Diário da Justiça,* por ato abusivo da ré. Em casos análogos, tais como a inscrição de devedor em listas do Serviço de Proteção ao Crédito (SPC), o Superior Tribunal de Justiça tem entendido ser despicienda a prova do constrangimento moral (exemplificativamente, depoimentos pessoais), além da simples demonstração da existência de publicação indevida do nome do interessado (nesse sentido, leia-se o acórdão em Recurso Especial n. 51.158-5/ES, 5ª T., rel. Min. Ruy Rosado de Aguiar, julgado por unanimidade em 27.03.1995, *DJ* 29.05.1995).

No caso dos autos, a credibilidade do advogado foi notoriamente abalada com a publicação de seu nome como inadimplente, além de repercutir no estrito âmbito dos próprios clientes, que devem ser informados dos motivos pelos quais o patrono, durante aquele mês, não poderia exercer os seus deveres profissionais.

9. Considerando, de um lado, que a credibilidade do advogado é o seu maior capital, e, de outro, a relativa disponibilidade da ré no ressarcimento desse dano, entendo que o valor pedido de duzentos salários mínimos, equivalente hoje a R$ 30.200,00 (trinta mil e duzentos reais), é apto a oferecer uma reparação ao dano moral sofrido pelo autor, nos termos do pedido.

Independentemente da condenação a título de danos morais, é devida, também, a indenização por lucros cessantes pelos trinta dias de inatividade do autor, tendo em vista que, por esse período, ficou indevidamente proibido de trabalhar. Essa indenização, no entanto, deverá ser liquidada por artigos, haja vista que depende de fato novo, consistente na prova concreta do que o autor deixou de auferir a título de honorários, em virtude de estar indevidamente suspenso.

10. No que tange à tutela antecipada em caráter antecedente, é verossímil o temor de que eventual recurso interposto seja recebido no efeito suspensivo, o que acarretaria a manutenção do *status quo* no que tange à subsistência da pena de suspensão aplicada. Por esse motivo, reconheço presentes os pressupostos insertos no art. 303 do Código de Processo Civil [de 1973], pois eventual recebimento de recurso no efeito suspensivo mantém o autor em dano, a cada dia que passa, de mais difícil reparação. Dito isso, antecipo a tutela para, em eventual recurso, suspender a eficácia da pena aplicada ao autor no processo administrativo n. 176/99.

11. Em face de todo o exposto, julgo procedente o pedido do autor para anular o ato jurídico consistente na suspensão de trinta dias, imposta nos autos da Representação n. 176/99. Condeno, outrossim, a ré a pagar a indenização por lucros cessantes, a serem apurados em liquidação por artigos. Condeno, por fim, a ré a pagar indenização, a título de danos morais, no valor de R$ 30.200,00 (trinta mil e duzentos reais), além de honorários advocatícios no valor equivalente a 10% (dez por cento) do valor total da condenação. A ré deverá, por fim, ressarcir o autor das custas processuais despendidas, devidamente atualizadas.

Publique-se. Registre-se. Intime-se.

.................., ... de .... de 20...

C.A.C.D.

Juiz Federal

MANDADO DE SEGURANÇA (EXIGÊNCIA DE APROVAÇÃO EM EXAME DE ORDEM)

Vistos etc.

RELATÓRIO

O impetrante, devidamente qualificado na exordial, requer segurança preventiva, com pedido de liminar, afirmando a inconstitucionalidade da exigência de prévia aprovação no exame da Ordem para o exercício legal da profissão de advogado, de acordo com o previsto no art. 8º, IV, da Lei n. 8.906/94.

Afirma ter ingressado no curso de direito da Universidade do Oeste de Santa Catarina no ano de 1995, tendo colado grau em 03/12/99.

Alega que o reconhecimento da profissão de advogado se exaure na simples colação de grau, conferida exclusivamente pela universidade, pelo seu poder delegado de habilitar e qualificar seus bacharéis, sendo que, com a exigência do exame de ordem, a OAB invade a competência das universidades, nos termos do art. 207 da Constituição Federal.

Sustenta a afronta do art. 8º, IV, da Lei n. 8.906/94, aos princípios constitucionais da dignidade humana, da igualdade, do direito ao trabalho e do direito à vida.

Argumenta ainda que a inserção em setores profissionais é, de ordinário, incondicionada, ou seja, recebendo o diploma, o bacharel encontra-se apto para o exercício da profissão, pelo que a exigência de exame prévio a fim de que se exerça a profissão desiguala os bacharéis em direito dos demais bacharéis.

Requereu notificada a concessão da segurança liminar, a fim de ser inscrito nos quadros da OAB/SC, e, ao final, a segurança definitiva.

A liminar foi indeferida (fls. 70/74).

Devidamente notificada, a autoridade coatora manifestou-se no decêndio alegando, preliminarmente, a impossibilidade da impetração de mandado de segurança contra a lei em tese e a decadência do direito, uma vez que o ajuizamento da ação extrapolou o prazo de 120 dias a contar da vigência da lei atacada.

No mérito, afirma a legalidade do Exame de Ordem, uma vez que está em conformidade com o disposto no art. 5º, XIII, da Constituição Federal, e com o art. 44, II, da Lei n. 8.906/94.

O Ministério Público Federal manifestou-se pela denegação da segurança (fls. 89/90).

Fundamentação

1. Das preliminares

Registro, em primeiro grau, que, sendo bacharel em direito o impetrante (fls. 29), a exigência de exame para o exercício da profissão de advogado tem o condão de tornar a lei de efeito concreto em relação ao próprio impetrante, pelo que inexiste o óbice posto pela Súmula n. 266 do STF.

Quanto à alegação de decadência, não assiste razão à autoridade coatora, uma vez que se renova, a cada Exame de Ordem, o direito de contestar a aplicação do art. 8º da Lei n. 8.906/94.

2. Do mérito

a) Competência da Ordem dos Advogados do Brasil. Exame de Ordem. Poder de Polícia

Trata-se de mandado de segurança preventivo, com pedido de liminar, que objetiva a inscrição do impetrante nos quadros da Ordem dos Advogados do Brasil, independentemente de aprovação no exame da respectiva autarquia, pretendendo que seja declarada a inconstitucionalidade do art. 8º, IV, da Lei n. 8.906/94.

O Exame de Ordem, segundo Gisela Goldin Ramos:

> Foi instituído pela Lei n. 8.906, de 04.07.94, com o louvável objetivo de selecionar, pela aferição de conhecimentos jurídicos básicos, os bacharéis aptos ao exercício da advocacia, evitando assim os inúmeros e tão conhecidos transtornos causados por profissionais sem o necessário pre-

paro técnico, maiores responsáveis pela equivocada visão da sociedade a respeito do nobre exercício da advocacia (*Estatuto da Advocacia, comentários e jurisprudência*, p. 151).

A função do advogado foi alçada à condição de atividade indispensável à administração da justiça, motivo pelo qual os profissionais que pretendem dedicar-se à advocacia foram contemplados com atenção proporcional ao *status* constitucional conquistado.

Do ponto de vista do direito administrativo, é preciso distinguir a competência constitucional de habilitar e qualificar da de fiscalizar, controlar o exercício da profissão de advogado e, enfim, proceder ao exercício do poder de polícia.

Não há dúvida de que apenas a universidade habilita o profissional em direito. Veja-se que não são todos os profissionais sujeitos à habilitação em nível superior. São inúmeras, além de desejáveis, as profissões cuja formação não exige habilitação e qualificação em universidade, bastando aqui recordar os diversos cursos técnicos, pelo que se conclui que a habilitação e a qualificação profissionais não são exclusivas da universidade.

De outro lado, quanto aos bacharéis em direito e advogados, apenas a Ordem dos Advogados do Brasil os fiscaliza.

Exercer o poder de polícia significa condicionar ou restringir o uso ou gozo dos bens e direitos individuais em favor da coletividade, o que se positivou no art. 78 do CTN, segundo o qual:

> Art. 78. Considera-se poder de polícia atividade da administração pública que, limitando ou disciplinando direito, interesse ou liberdade, regula a prática de ato ou abstenção de fato, em razão de interesse público concernente à segurança, à higiene, à ordem, aos costumes, à disciplina da produção e do mercado, ao exercício de atividades econômicas dependentes de concessão ou autorização do Poder Público, à tranquilidade pública ou ao respeito à propriedade e aos direitos individuais ou coletivos. Parágrafo único. Considera-se regular o exercício do poder de polícia quando desempenhado pelo órgão competente nos limites da lei aplicável, com observância do processo legal e, tratando-se de atividade que a lei tenha como discricionária, sem abuso ou desvio de poder.

Qualquer exigência da Ordem dos Advogados do Brasil em relação à inscrição do advogado só pode realizar-se ao argumento do regular exercício do poder de polícia, uma vez que a autarquia goza apenas dessa competência constitucional.

É certo que, ao se utilizar do poder de polícia, o poder público encontra limites, ponto a que deram especial atenção Caio Tácito e Álvaro Lazzarini (*RDA* 27/1 Caio Tácito e *RT* 721/339 Lazzarini), podendo citar-se, resumidamente, que o poder de polícia terá de respeitar a vinculação estrita ao fim público, legalidade, competência, proporcionalidade, razoabilidade e direitos constitucionais fundamentais. É preciso ainda que o ato de polícia, em face da gravidade de que se reveste, seja necessário (ante ameaças reais) e eficaz (adequação da medida).

O que ocorre no presente caso é que, diante da importância da profissão de advogado, previu a lei a necessidade de um controle prévio dos profissionais que vão ingressar no mercado de trabalho, *não como forma de habilitá-los ao exercício da função, mas sim de proteger a sociedade por meio de mecanismo depurador, prévio ao exercício da atividade, e não póstumo a esse mesmo exercício.*

Muito se poderá questionar sobre o método, o que não cabe é confundi-lo com a qualificação e a habilitação do bacharel.

O Exame de Ordem é um mecanismo de restrição de direitos e liberdades, em favor da coletividade, razão eleita pelo legislador no art. 8º, IV, da Lei n. 8.906/94. Essa restrição é realizada previamente ao início mesmo da profissão e tem, portanto, poder de polícia.

Se a Lei n. 8.906/94 estabelece a possibilidade de impedir o exercício da profissão de advogado pela aplicação de sanções como suspensão e cassação, resultando de processo administrativo que apure infrações, nada impede que essa lei autorize o exercício de poder de polícia previamente à prática da profissão, estabelecendo exame de aprovação, pelo que, no máximo, se poderia discutir a proporcionalidade ou razoabilidade da exigência prévia, coisa que não encontra espaço na presente liminar.

É lição corrente na administração que o poder de polícia encontra seu mais nobre espaço de atuação na atividade de prevenção, não sendo exagero dizer que o poder de polícia é de fato preventivo, exercido pela fiscalização, que deve ser sobretudo propedêutica, evitando a aplicação de sanções maiores ou mais graves, pelo que se pode dizer, nessa ação jurídica, não haver, à primeira vista, inconstitucionalidade no art. 8º, IV, da Lei n. 8.906/94.

b) Constitucionalidade do Exame de Ordem. Princípios constitucionais. Isonomia. Livre exercício de atividade ou profissão

Analisando os argumentos do impetrante sobre a inconstitucionalidade do Exame de Ordem, detenho-me no art. 5º, XIII, da CF/88:

"XIII – é livre o exercício de qualquer trabalho, ofício ou profissão, atendidas as qualificações profissionais que a lei estabelecer."

O princípio do livre exercício profissional há de ser lido em harmonia com o art. 22, XVI, da Constituição, que estabelece ser competência privativa da União legislar sobre "condições para o exercício de profissões".

Quanto aos princípios constitucionais, nada há que os afronte. É livre o exercício das profissões, desde que atendidas as *condições exigidas em lei.*

A lei pode exigir requisitos para o exercício de determinada profissão sob os mais diversos argumentos, tais como qualificação, idade, sexo, estatura e também sob o argumento do poder de fiscalização (ou de polícia) do Estado.

Assim, o que o Estatuto da Advocacia impõe é a aprovação em exame seletivo como meio de prevenir a sociedade dos prejuízos possíveis pela atuação de profissionais sem a qualificação exigida, logo, a lei impôs condição constitucional.

Constitucional também porque atende ao princípio da isonomia, na medida em que submete todos os bacharéis em direito ao mesmo procedimento de seleção. Não se podem considerar todos os bacharéis na mesma condição de igualdade, uma vez que há profissões que não exigem o bacharelado, bem como outras que estão a exigir requisitos diversos dos exigidos para a profissão de advogado, como a residência médica.

Colaciono, por oportuno, os seguintes precedentes:

> CONSTITUCIONAL. EXAME DE ORDEM. EXIGIBILIDADE. REQUISITO FUNDAMENTAL PARA O EXERCÍCIO DA ADVOCACIA. 1 – A Constituição Federal não impede a regulamentação por lei infraconstitucional do exercício de determinadas profissões, exigindo certas qualificações para o seu exercício. O Exame de Ordem visa essencialmente a aferir a qualificação técnica dos novos bacharéis. Ausente, pois, a inconstitucionalidade apontada. 2 – Não é possível suprimir aos agravados o Exame, que hoje é requisito fundamental para o exercício da advocacia. 3 – Agravo provido (TRF, 4ª Região, 3ª T., Ag. n. 0457073/97, rel. Juíza Marga Inge Barth Tessler, j. 11.12.1997, *DJ* 21.01.1998).

> Agravo regimental. Equivoca-se o agravante ao sustentar que a atual Constituição, em face dos dispositivos que cita, acabou com a necessidade de inscrição na OAB para que o bacharel em direito possa advogar, porquanto, como salienta o art. 5º, XIII, da Constituição, é livre o exercício de qualquer trabalho, ofício ou profissão, atendidas as qualificações profissionais que a lei estabelecer, e para o exercício da advocacia a lei exige essa inscrição.
>
> Por outro lado, a petição de agravo reconhece que o recurso extraordinário foi dirigido contra despacho monocrático, não havendo, assim, a decisão de última instância que seria prolatada pelo tribunal em agravo regimental. Agravo a que se nega provimento (STF, 1ª T., Ag. n. 198.725/SP, rel. Min. Moreira Alves, j. 09.09.1997).

Finalmente, como subsídio doutrinário, é de registrar que o juiz federal Jairo Gilberto Schafer, em artigo escrito a partir do julgamento de processo análogo ao dos autos em apreço, bem resumiu a questão da constitucionalidade do Exame de Ordem.

> [...] a disposição constante no art. 8º da Lei n. 8.906/94, tornando obrigatório o *exame de ordem*, padece do vício da inconstitucionalidade? A análise conducente à solução deve passar obrigatoriamente pela classificação teórica das hipóteses de limitação a direitos constitucionais. Com efeito, a liberdade de exercício de qualquer trabalho, ofício ou profissão é direito fundamental (art. 5º, XIII, Carta da República). A obrigatoriedade de submissão ao exame de ordem, como requisito para o exercício da profissão de advogado, indiscutivelmente constitui-se em limitação ao direito de liberdade de profissão, uma vez que não logrando o interessado aprovação no referido exame ficará alijado do exercício da advocacia. O intérprete da lei ordinária restritiva deve responder a uma indagação: encontra autorização, *forma expressa ou não*, na Constituição Federal a limitação imposta ao livre exercício do direito? No caso em estudo, o livre exercício das profis-

sões (art. 5º, XIII, Carta da República) pode sofrer as restrições impostas pela Lei n. 8.906/94, uma vez que a própria Constituição autoriza expressamente a lei ordinária a estabelecer restrições ao livre exercício de qualquer trabalho, ofício ou profissão, ao utilizar a cláusula *"atendidas as qualificações profissionais que a lei estabelecer"*, caracterizando reserva de lei restritiva (*restricciones indirectamente constitucionales*), sendo amplamente caracterizada a razoabilidade da exigência do exame de ordem, em virtude da inafastável necessidade de qualificação do profissional da área jurídica, o qual defende em juízo direito que não lhe pertence.[5]

Dispositivo

Por todas as razões acima apresentadas, julgo improcedente o pedido, DENEGANDO a segurança.

Sem honorários advocatícios (Súmula n. 105 do STJ).

Custas na forma da lei.

Publique-se. Registre-se. Intime-se.

.................., ... de .... de 20...

C.R.S.

Juiz Federal Substituto

AÇÃO DE INDENIZAÇÃO POR ACIDENTE DE TRÂNSITO (DANOS MATERIAIS E DANOS MORAIS)

Vistos etc.

I – E.A.C., em nome próprio e representando o filho menor impúbere F.A.C., F.C. e D.C., o primeiro assistido e a segunda representada pela mãe, E.P., qualificados na peça vestibular, ingressaram com ação de indenização cumulada com reparação de danos morais e patrimoniais causados em acidente de trânsito contra A.T., também qualificado nos autos, aduzindo, em suma, que na data de 17 de dezembro de 1993, por volta das 22 horas, na BR- 101, km 206, o veículo do requerido em manobra infeliz e ilícita deu causa a acidente que envolveu os veículos de propriedade de Z.J.C. e A.T., produzindo a morte de Z.J.C., brasileiro, separado judicialmente, nascido em 21.09.1952. Em resumo, requerem a condenação do réu ao pagamento a título de danos morais, em razão do falecimento de Z.J.C., a E.A.C., F.A.C., F.C. e D.C., e de danos estéticos pelas lesões sofridas por D., F. e E.; pediram, ainda, reparação de danos materiais referentes ao tratamento dentário realizado por D. e pensão ali-

5 SCHAFER, Jairo Gilberto. "Restrições a direitos fundamentais". In: DOBROWOLSKI, Silvio (org.). *A Constituição no mundo globalizado*, p. 198.

mentícia a todos os requerentes. Valoraram a causa em R$ 100.000,00. Juntaram documentos às fls. 27-41. Requerido o benefício da assistência judiciária, este foi deferido.

Citado, o réu em sua contestação (fls. 79-81) asseverou que não teve culpa no acidente, inexistindo, assim, a obrigação de indenizar. Arguiu ainda que as lesões sofridas pelos requerentes foram pequenas, e que estes já se encontram recuperados, não suportando, então, indenização por dano estético. Por outro lado, alegou também que "a dor, o sofrimento e a lembrança pela perda da pessoa querida não são considerados dano moral". Finalizou aduzindo que "a vítima Z. era pessoa bastante humilde, exercia atividade na Casan, percebia rendimento mínimo da categoria, vivia em condições bastante simples, não tinha nenhuma instrução e as consequências do acidente foram bem pequenas".

Em sua réplica (fls. 87-94), os autores afirmaram que a contestação descreveu inverdades e denegriu a imagem da vítima, pois ela era bacharel em ciências contábeis, exercendo a função de contador da Casan, percebendo em maio de 1996 a quantia de R$ 3.817,43.

Manifestou-se o Ministério Públicos às fls. 96, opinando pela designação de audiência de conciliação, saneamento do processo e fixação dos pontos controvertidos.

O juízo criminal foi oficiado para informar o resultado do inquérito policial noticiado à fls. 56, o que foi cumprido às fls. 101-103.

Aprazada a audiência de conciliação, instrução e julgamento (fls. 107), nela não foi possível a realização de acordo, haja vista a ausência do réu, ou de quem o representasse. Foi ainda determinada a expedição de carta precatória à comarca de Braço do Norte para a intimação do réu, bem como para oitiva das testemunhas lá residentes.

Foram juntadas as procurações agora outorgadas por Fabiano Cardoso e Daniela Cardoso, tendo em conta serem ambos maiores.

Em prosseguimento ao ato instrutório, após resultar mais uma vez inexitosa a tentativa de conciliação, foi colhido o depoimento pessoal das partes e de uma testemunha (fls. 145-150). Foi deferido pedido de desistência da oitiva da outra testemunha arrolada. Encerrada a instrução, abriu-se prazo para entrega das alegações finais, intimando-se os procuradores em audiência, porém as alegações não foram apresentadas.

A tempo e modo, a douta promotora de justiça manifestou-se pela procedência parcial dos pedidos dos autores (fls. 159-166).

É o relatório.

DECIDO.

II – Cuida-se de ação de indenização cumulada com reparação de danos morais e patrimoniais causados em acidente de trânsito proposta por F.C., D.C., E.A.C., em nome próprio e representando o filho menor impúbere F.C., contra A.T. visando ao ressarcimento de danos materiais, a título de alimentos, danos morais e estéticos no valor de R$ 100.000,00 (cem mil reais), decorrente do falecimento de Z.J.C., companheiro e pai dos autores, do padecimento do sofrido, assim como a ofensa à integridade física ocorrida.

Tem-se como inquestionável nos autos que no dia 17 de dezembro de 1993, por volta das 22 horas, na BR-101, km 206, o senhor Z.J.C. veio a ser vitimado fatalmente após o veículo do demandado invadir a pista contrária e colidir-se com o seu.

A prova é uníssona, apontando a culpa do réu, bem como o nexo causal indispensável à procedência dos pedidos. Vejamos:

E.A.C., em seu depoimento pessoal, aduziu:

"[...] que transitava pela BR-101, sentido sul – norte no veículo Fiat Uno 1986, dirigido por Z., seu companheiro. Estavam no veículo também, além da depoente e de Z., F. e D.; que F. é filho da depoente e de Z., enquanto D. é enteada, filha de Z.; o fato ocorreu por volta das 21 horas; havia trânsito intenso mas não chovia; transitavam regularmente, como havia dito, quando cerca de 100 metros antes do acesso à via expressa a depoente, que estava no banco da frente, do lado direito, apenas divisou uma luz forte vindo ao seu encontro, que em razão do choque, desmaiou e depois recobrou os sentidos; recorda, pelo que se falava ao redor, que o caminhão que havia colidido estava sobre o Fiat" (fls. 145).

D.C., filha da vítima, descreveu em juízo o acontecimento nos seguintes termos:

"[...] que a depoente estava no veículo dirigido por seu pai, Z., na noite dos fatos; encontrava-se no banco de trás; além da depoente, estavam no veículo F., E. e Z.; transitavam pela BR-101 pretendendo ingressar na via expressa para ir a Canasvieiras; era noite na ocasião; recorda que iam muito devagar porque parece que houvera outro acidente naquela mesma pista; recorda de um comentário feito por seu pai que manifestava medo em relação a um caminhão; tudo foi muito rápido, pois a depoente recostou-se no banco e a coisa aconteceu; a depoente não chegou a perder os sentidos; o caminhão em questão vinha em sentido oposto; o choque ocorreu porque o motorista do caminhão foi fazer uma ultrapassagem e com isso invadiu a pista do automóvel onde estava a depoente; toda a vida da depoente foi alterada em razão do fato; a depoente viu-se forçada a começar a trabalhar, estudava na época do fato no Instituto da Educação" (fls. 147).

A respeito do ocorrido, extrai-se, ainda, a palavra de A.T.:

"[...] que o depoente na ocasião tinha um caminhão Mercedes-Benz ano 1974; trabalhava com o mencionado caminhão fazendo cargas por conta própria; voltava para casa, pois tinha ido até Fortaleza, no Ceará; chegando a Joinville, tinha descarregado e recebido outra carga que era destinada a Tubarão; fazia cerca de dezoito dias desde que o depoente tinha saído de casa; a viagem a Fortaleza dura cerca de nove dias de ida e outro tanto de volta; [...] que a fila havia parado; isso ocorrera em razão de outro acidente; jogou seu carro para a direita e aí caiu num degrau e então retornou para a esquerda; a colisão foi na mão de direção do Fiat; teve um corte leve na cabeça; o caminhão foi recuperado" (fls. 148).

Segundo o boletim de ocorrência preenchido pelo policial rodoviário J.R.S., temos:

"Conforme declaração do motorista do caminhão, o trânsito estava parado por causa de um acidente. Ao acionar os freios, não conseguiu parar, em consequência abalroou o veículo que estava à sua frente, saindo para a esquerda, indo chocar-se com o veículo da vítima arrastando-o e tombando sobre ele na saída do aterro."

Não se olvide que, de conformidade com o entendimento unânime dos Tribunais Superiores:

> O Boletim de Ocorrência goza de presunção *juris tantum* de veracidade, prevalecendo até que se prove o contrário. Dispõe o art. 364 do CPC [art. 405 do CPC/2015] que o documento público faz prova não só de sua formação, mas também dos fatos que o escrivão, o tabelião ou o funcionário declarar que ocorreram em sua presença. Esse fato, todavia, não implica sua aceitação absoluta. Pode o réu, com meios hábeis, desfazê-lo se ou quando contiver elementos inverídicos (STJ, 3ª T., REsp n. 4.365/RS, rel. Min. Waldemar Zveiter, j. 09.10.1990, *RSTJ* 25/355).

A versão do réu, isolada, a respeito de ausência de culpa, aponta em sentido oposto aos demais elementos de prova coligidos nos autos.

A exposição dos fatos apresentada pelo demandado desponta solitária nestes autos, já que dito contestante sequer trouxe testemunhas que pudessem atestar a veracidade das suas assertivas.

Portanto, as alegativas declinadas pelo requerido em caráter impediente do êxito da pretensão inaugural ficaram órfãs do adminículo probatório indispensável ao seu êxito.

No caso em tela, o réu é causador do dano e possuidor de culpa exclusiva, devendo o pleito dos autores prosperar.

Analiso os pedidos dos autores, pormenorizadamente:

Do dano moral

Quanto à condenação por dano moral, efetivamente é esta devida quando da perda de marido e pai, estando a doutrina e jurisprudência pacificadas em admitir o seu cabimento.

Yussef Said Cahali lembra que "o luto não é somente sinal de dor, é a própria dor; é o sofrimento moral íntimo; donde surge para logo, necessariamente, logicamente, a ideia de dano, ou melhor, de dor moral, esteja ou não escrito nas leis" (Ap. cível n. 98.001753-0/Itajaí, rel. Des. Francisco Borges).

> Na reparação do dano moral, que tem feição preventiva e punitiva, não se busca atribuir preço à honra, ao afeto, à imagem, à vida, mas oferecer uma compensação, um lenitivo à vítima ou a seus familiares, pela dor injustamente infligida. Visa-se mitigar o sofrimento, minimizar os efeitos da lesão e não eliminar o dano, porque uma vez perpetrado não é possível a sua reversão (Ap. cível n. 50.461/Criciúma, *DJ* 08.11.1996) (Ap. cível n. 98.008141-6/Tubarão, rel. Des. Pedro Manoel Abreu, j. 25.02.1999).
>
> Não indenizar o dano moral é deixar sem sanção um direito, ou uma série de direitos. A indenização, por menor e mais insuficiente que seja, é a única sanção para os casos em que se perdem ou se têm lesados a honra, a liberdade, a amizade, a afeição, e outros bens morais mais valiosos de que os econômicos (RE n. 97.097, rel. Min. Oscar Correa, *RTJ* 108/287).

Como se pode observar, a indenização por dano moral tem caráter duplo: a reparação da dor e a educação – punição do lesante para que não torne a praticar o ato. Desse modo, a indenização não deve ser de tal monta que leve o ofensor à ruína, mas não pode ser tão simbólica que sirva para fomentá-lo a voltar a ofender (TJSP, AC n. 251.536-1, rel. Juiz Benini Cabral).

Para caracterizar no caso em tela o dano moral, basta lembrar que, em decorrência do acidente provocado pelo réu, faleceu Z.J.C. e tiveram ferimentos E.A.C.: "[...] Apresenta cicatriz de ferimentos cortocontusos na região parietal esquerda, no supercílio esquerdo e no lábio inferior. Cicatriz no abdômen, no antebraço esquerdo e na perna esquerda [...]" (fls. 40), F.A.C.: "[...] Apresenta cicatriz de escoriações na região frontal. Cicatriz de ferimento cortocontuso na região occipital [...]" (fls. 39) e D.C.: "[...] Apresenta cicatriz de ferimento cortocontuso na região frontal, cicatriz de ferimento cortante no lado esquerdo da face. Cicatriz na região supra-hiode. Cicatriz de ferimento cortocontuso na região do flanco esquerdo. Está com paralisia do nervo facial à direita. Fratura da mandíbula. Traumatismo craniano-encefálico [...]" (fls. 41).

Logo, presentes os elementos para o deferimento da reparabilidade do dano moral.

DA POSSIBILIDADE DE CUMULAÇÃO DOS PEDIDOS DE DANO MORAL E DANO MATERIAL

No tocante ao dano material, o art. 948, II, do CC dispõe que, em caso de homicídio, é devida à família da vítima prestação de alimentos.

Como na hipótese dos autos, "O direito potencial a alimentos é um valor econômico, integrante do patrimônio da pessoa, e, se desaparece em consequência de ato ilícito, o responsável por este obrigado está a indenizar o prejudicado pelo desfalque" (Ac. das Câm. Cíveis Reunidas no TJDF, na ver. n. 1.304, in *Diário da Justiça*, de 24.05.1955).

Conforme a Súmula n. 490 do STF:

"A pensão correspondente à indenização oriunda de responsabilidade civil deve ser calculada com base no salário mínimo vigente ao tempo da sentença e ajustar-se-á às variações ulteriores."

É cabível a cumulação da indenização por dano moral e dano material oriundos do mesmo fato, consoante reiteradas decisões do Superior Tribunal de Justiça, enfatizadas na Súmula n. 37. Transcrevo excerto da Apelação cível n. 98.001753-0/Itajaí, rel. Des. Francisco Borges.

Não se cuida, assim, de ressarcir os danos materiais, penais, com despesas com o tratamento da vítima, e seu funeral, mas sim de propiciar aos seus familiares ainda uma compensação pecuniária reparatória do dano moral, que lhes possibilite, para satisfação pessoal e conforto espiritual, tributar à memória do falecido e o preito de saudade e a reverência póstuma (*Dano e indenização*, RT, 1980, p. 42).

Colhe-se na jurisprudência:

> Nos termos do enunciado 37 da Súmula desta Corte, com suporte constitucional, são cumuláveis as indenizações por dano material e dano moral oriundos do mesmo fato (*RSTJ* 50/305, rel. Min. Sálvio de Figueiredo).

> Assentado na jurisprudência do Egrégio Superior Tribunal de Justiça, com respaldo, inclusive, na melhor doutrina, o entendimento no sentido de admitir-se a indenização, cumulativamente, por dano moral e dano material, ainda que derivados do mesmo fato (STJ, REsp n. 15.646, rel. Min. Waldemar Zveiter, *DJU* 13.04.1992, p. 4.997).

In casu, o dano material também restou comprovado pelo recibo (fls. 63) referente ao tratamento dentário da requerida D. C. De outra ponta, verifica-se a procedência do pedido de alimentos aos autores, como que intuitivamente, pois com a morte do pai e companheiro viu-se reduzida a fonte de subsistência da família.

No que tange ao valor recebido pela vítima para efeito do *quantum* da indenização, este ficou comprovado, devendo ser adotado o entendimento da nossa corte de Justiça, que entende:

> É de dois terços (2/3) sobre a renda do *de cujus* o valor da pensão a ser satisfeita durante o tempo estimado de sua sobrevida, aceito o critério atualmente válido, que limita expectativa de vida do homem brasileiro em 65 anos, em nada obstante o reconhecido progresso da ciência geriátrica (in: Ap. cível n. 26.603/Chapecó, rel. Des. Xavier Vieira, *DJ* 31.01.89/08).

> A pensão devida à viúva do falecido terá como termo final o período de vida provável da vítima, ou seja, 65 anos. Já com relação aos filhos menores, esta cessará quando estes completarem 25 anos, data que presumivelmente exercerão atividade laboral própria e constituirão família, assegurando o direito de acrescer ao beneficiário remanescente (Ap. cível n. 96.002930-3/ Içara, rel. Des. Carlos Prudêncio, *DJE* 04.09.1996).

> De qualquer sorte, o direito do filho menor à pensão alimentícia é incontestável, sabendo-se que o direito à reparação cível nasce da necessidade de restaurar o equilíbrio social rompido pelo dano. É um direito de restituição, de recomposição, e não uma homenagem ao direito de alimentos. [...] e esse dano se presume desde que exista a relação de parentesco. Um filho que perde o pai sofre dano, sem necessidade de discussão, sem necessidade de prova, e o pai que perde o filho sofre dano, sem necessidade de prova [...] (Ap. cível n. 96.010179-9, rel. Des. Cláudio Barreto Dutra).

E essa reparação do dano se faz, conforme orientação jurisprudencial pacífica, pelo pensionamento que pode incidir sobre o rendimento da vítima fatal:

é pacífico na doutrina e na jurisprudência que o salário-mínimo só deve ser utilizado para cálculo de pensão alimentícia quando houver impossibilidade de se apurarem os reais rendimentos do vitimado, observada também a capacidade de pagamento do ofensor; assim, uma vez conhecido o salário médio da vítima (em quantia superior a um salário mínimo), é sobre este valor que se deve fixar a indenização, quando devida (Ap. cível n. 48.303 (88.080611-7)/Papanduva, rel. Des. Vanderlei Romer).

Assim, entendo ser devida aos autores indenização mensal que deve ter por base o salário do *de cujus*, sendo fixada em 2/3 (dois terços), desde a data do óbito até o período em que a vítima completaria 65 anos de idade para a viúva e, para os filhos, até que eles completem 25 anos de idade.

DOS JUROS COMPOSTOS

O ato ilícito ensejador dos juros compostos é o ato tipificado como crime na lei penal. Todavia, não basta que o ilícito praticado subsuma à norma penal incriminadora. Exige-se que o agente seja condenado com incurso nessa norma penal, pois os juros compostos constituem pena e têm caráter compensatório.

Aguiar Dias já afirmava que os juros compostos têm caráter de punição e só devem ser aplicados a criminosos, como tal reconhecidos em sentença criminal (Stoco, Rui. *Responsabilidade civil e sua interpretação jurisprudencial: doutrina e jurisprudência.* 4. ed. ver. atualizada e ampl. São Paulo: Revista dos Tribunais, 1999, p. 790).

Segundo entendimento reiterado desta corte de Justiça, a inclusão dos juros compostos na satisfação dos danos justifica-se quando há prática de crime doloso (*JC* 48/126).

Nesse mesmo sentido há outros precedentes, in *JC* 24/24/81 e 14/114, sendo no mesmo diapasão o entendimento do STJ, ao estabelecer que os juros compostos são somente devidos quando decorrentes de crime, em sentido estrito, assim mesmo excluído o terceiro responsável de tal cominação, aplicável somente em relação ao agente. *Vide* a propósito: REsp n. 17.550/SP, rel. Min. Sálvio de Figueiredo; REsp n. 11.599/RJ, rel. Min. Sálvio de Figueiredo; e REsp n. 36.753, rel. Min. Cláudio Santos.

No caso em tela, como se vê às fls. 102-103, houve a suspensão condicional do processo (Lei n. 9.099/95), e, pois, não há que falar em aplicação de juros compostos.

III – Ante o exposto, **JULGO PARCIALMENTE PROCEDENTES** OS PEDIDOS DOS AUTORES F.C., D.C. e E.A.C., em nome próprio e representando o filho menor impúbere F.A.C., contra A.T., e, em consequência, condeno o réu ao pagamento detalhadamente especificado das importâncias abaixo referidas:

a) Em relação a E.A.C.:

– Danos morais: sendo ela a companheira do falecido e, também, tendo estado presente ao acidente, deve ser indenizada, pois inescondível o dano moral sofrido. Fixo o valor em R$ 15.000,00 (quinze mil reais), acrescidos de juros legais e atualizados monetariamente, a partir da data da prolação desta sentença.

b) Em relação a F.A.C.:

– Danos morais: sendo filho de Z. e, como a mãe, presente ao acidente, deve, igualmente, ser indenizado em R$ 15.000,00 (quinze mil reais), acrescidos de juros legais e atualizados monetariamente, a partir da data da prolação desta sentença.

c) Em relação a F.:

– Danos morais: é também filho de Z., mas não estava presente ao acidente, devendo ser indenizado em R$ 10.000,00 (dez mil reais), acrescidos de juros legais e atualizados monetariamente, a partir da data da prolação desta sentença.

d) Em relação a D.C.:

– Danos morais: sendo filha de Z., presente ao acidente e, sendo a única que sofreu deformações permanentes em seu corpo, principalmente em seu rosto, deve ser indenizada em R$ 30.000,00 (trinta mil reais), acrescidos de juros legais e atualizados monetariamente, a partir da data da prolação desta sentença.

– Danos materiais: restituição do valor de R$ 4.990,00 referente ao tratamento dentário realizado por D., atualizado desde o desembolso, conforme perícia e recibo (fls. 62-64), acrescidos de juros legais.

– Danos materiais devidos pelo réu a todos os autores: é devida a todos os autores a pensão equivalente a 2/3 dos vencimentos do falecido, correspondente a R$ 3.917,43 (três mil novecentos e dezessete reais e quarenta e três centavos) (maio/96). Dois terços desse valor resultam em R$ 1.272,47 (um mil, duzentos e setenta e dois reais e quarenta e sete centavos). A cada autor caberá 1/4 (um quarto) desse valor, devidamente atualizado, devendo a pensão ser paga a E.A.C. até a data em que o defunto completaria 65 anos de idade e, aos demais autores, individualmente, até completarem 25 anos de idade. Essa indenização mensal é devida aos autores desde a data do falecimento de Z.J.C.

CONDENO o réu a constituir o capital suficiente a garantir o pleno cumprimento da reparação, conforme o disposto no art. 533 do CPC/2015.

CONDENO, ainda, ao pagamento das custas e honorários advocatícios que, com base no art. 85, § 2º e suas alíneas, do CPC/2015, fixo em 15% sobre o valor da condenação.

P.R.I.

.................., ... de .... de 20...

R.J.E.

Juiz de Direito

CONCESSÃO DE LIMINAR EM MANDADO DE SEGURANÇA

Vistos etc.

Trata-se de mandado de segurança, com pedido de liminar, impetrado por C.L. contra ato imputado ao diretor do Centro de Educação Superior da Universidade do Vale – Campus de Jurubeba, em que objetiva a validação da disciplina de língua portuguesa (curso de ciências contábeis) para a disciplina de linguagem jurídica I (curso de direito).

Vieram-se os autos conclusos para análise do pedido de cognição sumária.

DECIDO.

Em sede de cognição sumária, que é quanto basta nesta fase processual, entendo que assiste razão à impetrante.

Conforme se depreende do documento colacionado nas fls. 13, a própria universidade considera a disciplina cursada pela impetrante (português I) como equivalente à disciplina de linguagem jurídica.

É cediço que, mesmo havendo equivalência entre as disciplinas, há diferenças entre elas que uma análise "quantitativa e qualitativa" pode detectar. Porém, isso não impede que o objetivo traçado no aprendizado seja atingido ou não afasta sequer o direito de quem as cursou de validá-las.

Aliás, impõe-se que se reconheça que, estando a impetrante no final do curso de Direito – 10ª fase – e tendo obtido êxito em todas as disciplinas curriculares, por certo já atingiu o objetivo da disciplina de linguagem jurídica: o domínio da linguagem jurídica.

Ante o exposto, **DEFIRO** o pedido de liminar para o fim de determinar à autoridade impetrada que adote as providências necessárias ao acolhimento do pedido da impetrante e a consequente **validação da disciplina de língua portuguesa (curso de ciências contábeis) para a disciplina de linguagem jurídica I do curso de direito.**

Cumpra-se.

Notifique-se a autoridade impetrada para, querendo, oferecer suas informações, no decêndio legal.

Após, dê-se vista dos autos ao Ministério Público Federal e, na sequência, voltem conclusos para sentença.

Intimem-se.

..................., ... de .... de 20...

J.B.P.

Juiz Federal

MANDADO DE SEGURANÇA

Vistos etc.

Trata-se de mandado de segurança, pelo qual a impetrante impugna ato de responsabilidade da autoridade coatora, consistente na recusa de matrícula na disciplina de linguagem jurídica I, após o término do prazo concedido pela universidade para tanto.

Alegou, em síntese, que não procedeu à matrícula na disciplina referida em tempo hábil em face da concessão de liminar em mandado de segurança anteriormente impetrado, que dispensou o curso da matéria por considerar que a acadêmica, ora impetrante, já possuía o domínio da linguagem jurídica.

Para sua surpresa, a sentença proferida cassou a liminar e denegou a segurança, tornando necessária a conclusão da disciplina. A decisão foi publicada apenas em 26 de agosto de 2003, data posterior ao encerramento das matrículas, justificando a perda do prazo.

Defendeu, ainda, a presença do perigo de dano grave ou de difícil reparação, pois a conclusão da matéria linguagem jurídica I é indispensável para a formatura no curso de Direito, cuja data já está marcada para o fim deste semestre.

Pediu a concessão da segurança, inclusive liminarmente, para que seja determinada à autoridade a efetivação da matrícula na disciplina linguagem jurídica I.

Postergada a análise do pedido de liminar para após as informações.

Concedida a liminar.

A autoridade coatora prestou informações fora do prazo legal, sustentando a legalidade do ato impugnado.

O Ministério Público Federal opinou pela concessão da ordem – fls. 49.

Relatado.

DECIDO.

Primeiramente, deve-se ressaltar que o acesso ao ensino é direito consagrado na Constituição Federal de 1988 – art. 205 – e abrange, também, o direito à conclusão de curso superior no prazo mínimo exigido, desde que cumpridas as exigências curriculares.

No caso sob apreço, a impetrante está na iminência de não poder participar da formatura do curso de direito, prevista para o fim deste semestre, porque não fez a matrícula a tempo na disciplina "linguagem jurídica I", imprescindível para tanto.

Denota-se, porém, que a acadêmica não providenciou a matrícula para cursar a aludida matéria porque amparada por medida judicial que a dispensava de tal mister (fls. 10 e 11). A data constante da sentença que cassou a liminar é a mesma prevista para o término do período da matrícula – 22 de agosto de 2003 (fls. 12 a 14). Como a ciência da decisão, por óbvio, não se deu no mesmo dia da sua elaboração, o dever de realizar a matrícula surgiu para a impetrante, tão somente, após expirado o prazo imposto pela universidade. Antes disso, estava assegurada por força da liminar concedida.

Nesse contexto, impõem-se o descumprimento do calendário universitário e a efetivação da matrícula a destempo. Mesmo porque não se pode penalizar a impetrante por situação que fugiu ao seu controle, sendo certo que não houve desídia ou negligência de sua parte.

Por fim, cumpre ressaltar que a realização da matrícula não tem o condão de causar nenhum prejuízo à instituição de ensino.

ANTE O EXPOSTO, confirmo a liminar de fls. 22 a 26 e **concedo a segurança**, para determinar à autoridade coatora a adoção das providências necessárias para a efetivação da matrícula da impetrante na disciplina linguagem jurídica I. Custas *ex lege*. Sem honorários advocatícios (STF, Súmula n. 512).

P.R.I. e oficie-se.

................., ... de .... de 20...

P.H.C.

Juiz Federal da 4ª Vara

USUCAPIÃO EXTRAORDINÁRIO

Vistos etc.

F.M.S., qualificada, ingressou com pedido de usucapião referente à área descrita nas fls. 2/4, indicando posse plena há mais de vinte anos, motivo pelo qual, juntando documentos de fls. 5/17, pediu citação regular de terceiros presentes e ausentes até final procedência. Após diversas manifestações, às fls. 46/47, noticiando que o falecido marido tinha também a posse, requereu aditamento, incluindo-se no polo passivo os herdeiros deste, M.A.S.S., A.R.S., R.S.O., H.O., J.I.T. e C.S.T., qualificados, vindo às fls. 81 o pedido de exclusão de J.I.T. Após formalização, surgiu às fls. 97/99 saneador com determinação de citação dos requeridos, com expedição de editais e mandado.

Formalizados os atos, ausente qualquer impugnação – fls. 128 –, sendo designada audiência de instrução e julgamento – fls. 129 –, em que foram colhidos os depoimentos de fls. 137/138, manifestando-se a curadoria às fls. 140/143.

Relatado,

DECIDO.

Pedido formulado pela viúva. Depois, diante de existência de herdeiros, diante da morte do marido, apresentado aditamento à inicial, devidamente acolhido. Pretendem, portanto, em conjunto, a obtenção do benefício em relação ao imóvel localizado no lote 10, da quadra 22, formada pelas ruas Duque de Caxias, Capitão Anselmo Dinis, Tiradentes e Cel. Garcia Lopes, conforme, inclusive, croquis juntados aos autos. Para tanto, sustentaram existência de posse mansa e pacífica, ausente qualquer oposição, por tempo superior aos vinte anos.

Feitas as regulares citações, inclusive abrangendo as conflitantes, ausente qualquer impugnação.

Em audiência, colhidos seguros depoimentos – fls. 137/138 – confirmando ocupação pacífica ao longo do tempo mencionado na inicial, resultando a requerente e seu falecido marido reconhecidos como verdadeiros donos do imóvel. Demonstram, efetivamente, o *animus ad usucapionem*.

Ademais:

> Usucapião. Requisitos. Posse vintenária com *animus domini*. Ocorrência. Comprovação, ademais, do pagamento regular dos impostos devidos e benfeitorias, incluindo-se edificação para moradia – Recurso não provido. A posse material da coisa, acima de vinte anos, mansa e pacífica, com exercício continuado, faz completar o direito que se reclama nesta ação, preenchidos os requisitos do art. 485 do Código Civil (Ap. cível n. 165.741-1/São Caetano do Sul, rel. Benini Cabral, j. 20.05.1992).

Também: "Usucapião. *Acessio possessionis*. Comprovação satisfatória de atos concretos de poder físico e de disposição de antecessores, a confirmar a posse mansa e pacífica por vinte anos. Procedência. Embargos recebidos" (Embargos Infringentes n. 157.258-1/São Paulo, rel. J. Roberto Bedran, j. 08.02.1994). E, finalizando: "Usucapião. Ocorrência. Observância de lapso vintenário e de posse mansa e pacífica. Domínio adquirido. Recurso não provido" (Ap. cível n. 215.856-1/São Paulo, rel. Marcus Andrade, j. 11.08.1994).

Portanto, preenchidos os regulares pressupostos do art. 1.238 do Código Civil, JULGO PROCEDENTE a inicial e, em consequência, declaro usucapido o imóvel descrito na inicial e com croquis nas fls. 16 – verso dos autos, resultando F.M.S., qualificada, com 50% da propriedade e os herdeiros do falecido marido, José Batista dos Santos, a seguir indicados, M.A.S.S., A.R.S., R.S.O., H.O., J.I.T. e C.S.T, qualificados, com o remanescente – outros 50% da propriedade –, expedindo-se mandado que deverá ser instruído com cópia desta decisão, inicial, aditamento e trabalho técnico – croquis e memorial descritivo – para fins de inscrição no respectivo Registro de Imóveis.

P.R. e intime-se.

................., ... de .... de 20...

E.V.R.

Juiz de Direito

AÇÃO DE INDENIZAÇÃO (FURTO EM ESTACIONAMENTO)

Vistos etc.

E.T.S. intenta ação de indenização contra o Shopping Center Cidade Nova, alegando que estacionou seu veículo no estacionamento desse shopping, entrou no shopping e, ao retornar, constatou que seu veículo havia sido furtado, cabendo ao requerido indenizar o valor do veículo.

Contesta o requerido argumentando que não incorreu em culpa no evento e que o estacionamento é aberto ao público, não remunerado, e cujo movimento de entrada e saída não é controlado por nenhum meio, sendo o espaço considerado extensão da via urbana pública, existindo ali linha regular de ônibus, com parada obrigatória, e ainda ponto de táxi, não havendo entrega do veículo ou de suas chaves por parte dos proprietários, bem ainda a obrigação de vigilância ou de guarda do bem, ressaltando que, mesmo havendo delimitação da área territorial do empreendimento, com colocação de cercas, não se verificam a condição de exploração comercial nem a existência de vigilância ou guarda, e não há prova de que o veículo se encontrava no interior do Shopping Center Cidade Nova. Destaca ainda que a autora não provou a propriedade do veículo com os documentos acostados, impugna a avaliação apresentada, pois muito superior ao valor de mercado, não sendo de empresa revendedora oficial, devendo ser acostadas avaliações de concessionárias.

Audiência de instrução e julgamento em continuidade, não compareceu o requerido ou seu procurador, sendo ouvida pessoalmente a autora e testemunhas.

Manifestação do requerido pela anulação do ato de audiência realizada porque, segundo determinação da Corregedoria-Geral de Justiça e da presidência do Egrégio Tribunal de Justiça, nos meses de janeiro e fevereiro de 2000, o expediente forense se realizaria somente no período das 13 às 19 horas, condição que torna inválido qualquer ato fora daquele horário, e ainda não havia nenhum funcionário no cartório no momento da audiência para prestar informações, requerendo designação de nova audiência, com repetição das provas já produzidas. Após analisar as provas, inclusive aquelas produzidas em audiência, requer a improcedência do pedido.

Relatados.

DECIDO.

Inacolhido o pedido do requerido para anularem-se os atos realizados na audiência, pois o requerido e seu procurador ficaram intimados para a audiência (fls. 22), e também a resolução que instituiu o horário especial para janeiro e fevereiro de 2000 excetuou que, em havendo audiência designada para o período matutino, esta deverá ser realizada (art. 1º, § 2º, da Resolução n. 7/ 99 – CM, de 20 de dezembro de 1999), assim inexiste qualquer irregularidade a ser sanada.

Incabível serem analisadas as alegações agora apresentadas pelo requerido, pois a destempo ante o não comparecimento à audiência e mesmo porque não existe o ato das alegações finais no procedimento do juizado especial cível (art. 28 da Lei n. 9.099/95).

A ilegitimidade ativa alegada pelo requerido não pode ser acatada, pois o documento de fls. 8 está a comprovar a compra e venda do veículo, não se exigindo para a transferência do veículo o certificado de registro de licenciamento de veículo em nome do novo proprietário, sendo válido documento hábil de compra e venda.

"Comprovada induvidosamente a compra e venda do veículo, ainda que não efetuada a transferência do certificado de registro na repartição competente, responde o novo proprietário pelos danos causados a terceiro" (Súmula n. 2 do TJSC).

Duas questões envolvem a prova pela autora, quando deverá provar o fato constitutivo de seu direito, ou seja, que o veículo da reclamada estava no estacionamento do Shopping [...] quando do furto, e a responsabilidade do shopping em razão daquele fato, obrigando-se pela reparação do dano ao proprietário do veículo.

A autora relata que estacionou seu veículo, no qual estavam também seu filho e a vizinha J., no estacionamento do Shopping [...], depois disso entrou no shopping, aproximadamente às 20h30, permanecendo ali até às 21h30 aproximadamente, e, quando retornou ao estacionamento, constatou que seu veículo havia sido furtado, tendo comunicado o fato ao segurança do shopping e, em seguida, à polícia.

A testemunha J.R.N., compromissada e que estava no veículo da autora, discorre com detalhes sobre o ocorrido, assim, depoimento crível, relatando que estava no veículo da autora juntamente com o filho daquela; a autora estacionou o veículo no estacionamento do Shopping Center [...], aproximadamente às 20 horas, entraram no shopping e por volta das 22 horas saíram do shopping e constataram que o veículo da autora não estava no estacionamento, pois havia sido furtado. Com a autora conversando com o segurança do shopping, foi comunicado o fato à polícia (fls. 32).

Da mesma forma a testemunha N.A.W. reitera as declarações da autora e da testemunha J. ao informar que estacionou seu veículo ao lado daquele da autora e posteriormente retornou ao local quando foi constatada a subtração do veículo da autora, com o declarante aconselhando a autora a fazer a comunicação à polícia. Ressaltando ainda que o shopping é cercado, inclusive naquela oportunidade tinha um segurança circulando com a motocicleta pelo interior do estacionamento do shopping (fls. 33).

Do encimado ressalta-se que estão em harmonia as declarações da autora e os depoimentos das testemunhas.

Mais ainda para ratificar as declarações da autora e os depoimentos das testemunhas, temos a comunicação do furto por meio do Boletim de Ocorrência (fls. 9).

"Lide que versa exclusivamente acerca da prova de ter o dano se efetivado no interior do estacionamento. Fatos comprovados suficientemente pelo autor. Prova testemunhal corroborada pelo contido em boletim de ocorrência elaborado pela autoridade policial" (2ª T. de Recursos Autos de Recurso Cível n. 1.529/98/Blumenau/SC, rel. Juiz Jorge Henrique Shaefer Martins).

Diante de toda a prova coligida, resta, sem nenhuma dúvida, a versão mais crível e verossímil de que a autora estacionou seu veículo no estacionamento do Shopping Center [...] e este foi furtado quando estava ali estacionado.

Quanto à responsabilidade do requerido pelo estacionamento do veículo, não há dúvida de que tem a obrigação de indenizar, mesmo porque o shopping fica bem próximo deste fórum e constatei *in loco* que o estacionamento do Shopping [...] é cercado com alambrados. Sabe-se que o local tem entrada e saída dos veículos com guarita, com portão que fica aberto, com os veículos ficando no interior daquele estacionamento, destacando-se ainda da prova testemunhal que no dia do fato havia segurança no estacionamento do shopping, o que responsabiliza a empresa pela guarda dos veículos estacionados naquele local.

Assim, havendo alambrado para delimitar o estacionamento do shopping, com guarda, tem o requerido a obrigação de zelar pelos veículos que estão em seu estacionamento, inclusive evitando que os veículos sejam furtados, independentemente de pagamento do estacionamento ou ainda não existindo a entrega de chaves do veículo ou do veículo.

Tendo o requerido a culpa *in vigilando* em relação ao veículo sob sua guarda.

A responsabilidade pelo furto está caracterizada, pois configura elemento de atração da clientela pelo shopping seu serviço de estacionamento gratuito, que decorre da própria natureza da atividade negocial exercida pelo shopping.

É irrelevante para a culpa do requerido a existência de linha de ônibus e ponto de táxi, sendo liberalidade do shopping que autorizou aqueles serviços, não se eximindo da responsabilidade de indenizar os veículos furtados no interior de seu estacionamento, mesmo porque o estacionamento continua cercado e com seguranças, devendo o shopping controlar os veículos e o trânsito dos ônibus e dos automóveis utilizados para táxi e das pessoas que estão nos veículos para que não venham a causar danos aos veículos que estão ali estacionados.

> Responsabilidade civil. Furto de veículo de estacionamento de shopping center. Espaço também utilizado por boate e parque de diversões. Procedência da ação. Sentença confirmada por seus próprios fundamentos. O estabelecimento comercial que conta com estacionamento próprio é responsável pela indenização em caso de furto de veículo, pouco importando se, em determinados dias e horários, o mesmo espaço é utilizado por frequentadores da boate e de um parque de diversões ali instalados, notadamente se há vigilância organizada e contratada por aquele, com controle, por guaritas, para o acesso (4ª T. de Recursos, Juizado Especial Cível, Recurso n. 1.090/Criciúma/SC).

"Indenização. O serviço de estacionamento em shopping center não é a rigor gratuito, pois configura elemento de atração da clientela, por isso respondendo o estabelecimento por eventual furto de veículos ocorrido em seu interior" (2º Colégio Recursal, Juizado Especial Cível, São Paulo/SP).

> Apelação cível. Ação de indenização. Shopping center. Estacionamento. Recurso improvido. Embora inexistente pagamento direto, a empresa tem manifesto interesse econômico em

dispor de local para estacionamento de carros, eis que atualmente este é o fator mais ponderável no angariar e atrair clientes. Presumível, assim, um dever de "guarda" dos veículos ali estacionados (Min. Athos Gusmão Carneiro, in Ap. cível n. 35.862/Tubarão, rel. Des. Francisco Oliveira Filho) (Ap. cível n. 39.199/Joinville, rel. Álvaro Wandelli, *DJ* n. 8786, de 16.07.1993, p. 5) (2ª T. de Recursos, Autos de recurso cível n. 1.529/98/Blumenau/SC, rel. Juiz Jorge Henrique Shaefer Martins).

Há súmula do Superior Tribunal de Justiça de que a empresa deverá indenizar o veículo subtraído no interior de seu estacionamento.

"A empresa responde, perante o cliente, pela reparação de dano ou furto de veículo ocorridos em seu estacionamento" (Súmula n. 130).

Assim surge a responsabilidade do requerido com a obrigação de indenizar o valor equivalente ao veículo Chevette, de propriedade da autora, que estava estacionado no estacionamento do Shopping Center Cidade Nova e foi furtado.

A autora apresentou duas avaliações de oficinas não concessionárias com data contemporânea do furto (fls. 11/13), sendo empresas legalmente constituídas, inexistindo prova de que não sejam idôneas, assim com credibilidade, não tendo a concessionária de veículos de qualquer marca a exclusividade do atributo da idoneidade, com avaliação do veículo furtado devendo ser a média daquelas avaliações, ou seja, R$ 3.500,00 (três mil e quinhentos reais).

Isso posto, julgo procedente a ação para condenar B.E. S/A ao pagamento de R$ 3.500,00 (três mil e quinhentos reais), com correção a partir da data da avaliação (08.06.1999) e juros legais de 6% (seis por cento) ao ano, a partir da citação.

Sem custas e honorários.

Publique-se. Registre-se. Intime-se.

.................., ... de .... de 20...

O.C.M.

Juiz de Direito

AÇÃO COMINATÓRIA (IMPOSSIBILIDADE JURÍDICA DO PEDIDO)

Vistos etc.

P. COMÉRCIO AGRÍCOLA LTDA. propõe ação cominatória contra o BANCO ECONÔMICO S/A alegando, em resumo, que a empresa representada por seus diretores e avalistas, no mês de agosto/97, contraiu financiamento rural para custeio agrícola no valor de R$ 150.000,00 (cento e cinquenta mil reais).

Em decorrência da grave crise econômica não pôde honrar o compromisso, sendo que em socorro dos mutuários de crédito rural foi aprovada a Lei n. 9.886/99, que alongou as dívidas originárias de crédito rural.

Aduz que para fazer valer seus direitos, na data de 30.11.1999, protocolou pedido visando a aderir ao plano de alongamento. Jamais recebeu resposta à solicitação, tendo ainda seu nome inscrito no cadastro de inadimplentes do Serasa.

Em 22.02.2000, já de posse de liminar excluindo seu nome do cadastro do Serasa, notificou o banco solicitando extrato para a compra de títulos do Tesouro Nacional. Em 28.02.2000, foi informado de que o débito atingia R$ 288.000,00, quando efetuou o depósito de 10,37% sobre o montante do débito informado.

Não obstante ter cumprido as exigências, não foi efetuado o refinanciamento da dívida, tendo a presente ação o objetivo de buscar a prestação jurisdicional.

Na contestação de fls. 22, a parte ré manifestou-se intempestivamente sobre a ação, pois ajuizada após o prazo legal previsto na cautelar preparatória; sobre a carência da ação porque a renegociação deveria estar formalizada até 31.03.2000, sendo prorrogado tal prazo para 30.06.2000, conforme Resolução n. 2.705, enquanto a empresa ajuizou a ação em 21.03.2000; e no mérito aduziu que o enquadramento desse financiamento seria de vinte anos e não de sete anos, como pleiteado, que se refere a outra espécie de dívida.

Às fls. 60, o autor pleiteou a suspensão do processo para possível conciliação, sendo que não houve concordância do banco com o pleito (fls. 65), manifestando-se novamente às fls. 66, aduzindo que o banco acatou o pedido de securitização. A parte autora se manifestou sobre a petição às fls. 77, em que alega que o decurso do prazo para a formalização do contrato não é pressuposto para ingresso em juízo.

Vieram-me os autos conclusos.

É o breve relatório.

DECIDO.

Da análise dos autos, verifica-se que a matéria é unicamente de direito e fato, o que dispensa a produção de provas em audiência, fato esse que me autoriza, com fundamento no art. 355, I, do CPC/2015 a conhecer diretamente o pedido e julgar antecipadamente o feito.

PRELIMINAR DE INTEMPESTIVIDADE

Conforme se verifica nas fls. 64, o Serasa procedeu ao cancelamento dos registros na data de 01.03.2000, sendo o ofício juntado aos autos em 13.03.2000 (fls. 63v – cautelar). A ação principal foi proposta em 21.03.2000, portanto dentro do trintídio legal, razão pela qual afasto a preliminar de intempestividade.

A preliminar de carência da ação mescla-se com o mérito e será analisada em conjunto.

O tema apresentado refere-se ao fato da obrigação do banco em aceitar a securitização e se havia ou não necessidade do ajuizamento da ação para discussão.

Inicialmente deve ser dito que a empresa efetuou um financiamento de R$ 150.000,00 (fls. 13) com vencimento inicial em 26.08.1998, prorrogado para 26.08.1999 (fls. 48). A obrigação não foi honrada no prazo convencionado, sendo que em 30.11.1999 a empresa encaminhou correspondência (fls. 10) à agência solicitando o enquadramento do financiamento nos termos da Lei n. 9.866/99, pleiteando ainda que fosse recalculada a dívida e concedido financiamento até abril/2000 de 10% do total do débito para aquisição dos títulos, fato esse confirmado na contestação de fls. 24.

O alongamento desse financiamento, pleiteado no item "c" da inicial (fls. 7), não conta com o beneplácito do ordenamento jurídico, pois requer seja alongada a dívida pelo período de sete anos. Constata-se que tal benefício era previsto na Lei n. 9.138/95, anterior ao próprio financiamento.

Entretanto, a Resolução do Banco Central do Brasil n. 002471, que alterou a Lei n. 9.138/95, em seu anexo, dispõe:

> Os títulos do Tesouro Nacional, destinados a garantir o valor do principal na renegociação de dívidas do setor rural de que trata a Resolução, serão emitidos pela Secretaria do Tesouro Nacional (STN), com as seguintes características e condições:
>
> I – prazo: 20 anos;
>
> [...]
>
> *a)* os títulos serão cedidos à instituição financeira credora da operação de renegociação da dívida [...], os quais permanecerão bloqueados [...].

É indubitável que o Poder Judiciário não pode obrigar a instituição financeira a proceder ao alongamento da dívida, contrário às instruções do Banco Central do Brasil, mesmo porque a resolução na qual se enquadraria dito financiamento não permite a opção de pagamento em moeda ou em unidades de produto.

Ressalto que do requerimento de fls. 7 não consta nenhum pedido de cominação da pena pecuniária.

Nas ações cominatórias, o pedido de aplicação da pena é requisito indispensável.

É evidente que a falta de aplicação de pena tornaria a sentença sem nenhuma utilidade, não podendo o julgador aplicar a pena de ofício, pois no corpo do mesmo acórdão se constata:

"O Código de Processo Civil consagra o princípio da adstrição do juiz ao pedido formulado pelas partes. No art. 128 [art. 141 do CPC/2015], dispõe que: 'O juiz decidirá a lide nos limites em que foi proposta, sendo-lhe defeso conhecer de questões não suscitadas, a cujo respeito a lei exige iniciativa da parte'".

"Não pode existir cominatória sem a respectiva penalidade, pois faltando a medida coercitiva a ação perde a sua significação" (3ª CC do TJMG, Ap. n. 15.596 – BUSSADA, Wilson. *Ação cominatória*, Javoli, 1. ed., São Paulo, 1989).

O festejado professor Moacyr Amaral Santos tece as seguintes considerações:

> O processo cominatório serve de instrumento às ações que visam ao adimplemento de fazer ou não fazer. Destinam-se tais ações ao acertamento da obrigação e à condenação do obrigado ao seu cumprimento. São, portanto, ações de acertamento, ou, mais precisamente, na maioria das hipóteses, declarativas condenatórias, há uma declaração quanto à certeza do direito, e uma condenação que os assegure, ou permita a realização do direito acertado (*Ações cominatórias no direito brasileiro,* 1º t., 4. ed., Max Limonad, 1969, p. 185).

Diante do princípio da adstrição, não vislumbro, portanto, possibilidade jurídica do pedido, pois o pedido de alongamento para sete anos não encontra guarida nas resoluções do Bacen n. 2.471 e n. 2.666, não havendo, ainda, pedido de cominação de pena. À vista do exposto, em razão da impossibilidade jurídica do pedido, restam prejudicadas as demais matérias arguidas.

A Medida Cautelar Preparatória apensa aos presentes autos (024.00.000057 – 8), que visava ao cancelamento do registro da autora, foi deferida sob o argumento de que, estando em discussão o débito (fls. 67), era vedado o registro.

Evidentemente que, sendo extinto o processo principal, mesmo porque o autor não nega a dívida, apenas pretendia o seu parcelamento, numa consequência lógica, o processo cautelar deve ser julgado improcedente.

ANTE O EXPOSTO, tendo em vista a impossibilidade jurídica do pedido, JULGO IMPROCEDENTE a AÇÃO COMINATÓRIA (autos n. 024.00.000581-2) e em consequência JULGO EXTINTO o feito, o que faço com fulcro no art. 485, VI, do CPC/2015. Condeno o vencido ao pagamento das custas processuais e honorários advocatícios, que fixo em 15% (quinze por cento) do valor dado à causa, atualizado até o efetivo pagamento, conjugando-se, para a fixação do porcentual, os §§ 2º e 8º do art. 85 do CPC/2015.

JULGO DE IGUAL IMPROCEDENTE a AÇÃO CAUTELAR apensa (autos n. 024.00.000057-8), condenando o vencido ao pagamento das custas processuais, deixando de condenar em honorários advocatícios, pois já fixados nos autos principais.

Transladam-se cópias desta sentença à apensa ação cautelar, certificando nos autos.

P.R.I.

.................., ... de .... de 20...

C.M.C.

Juíza de Direito

AÇÃO INDENIZATÓRIA POR DANOS MORAIS

Vistos etc.

S.C.S., devidamente qualificado às fls. 2, ajuizou a presente ação indenizatória por danos morais contra o Banco do Estado de Santa Catarina S.A. – Besc, qualificado às fls. 21, objetivando a condenação do réu ao pagamento de R$ 400.000,00 (quatrocentos mil reais) a título de danos morais, bem como ao pagamento em dobro dos danos materiais sofridos, referentes às tarifas, juros e IOF do cheque devolvido, no valor de R$ 242,96 (duzentos e quarenta e dois reais e noventa e seis centavos) [*sic*], acrescidos das custas judiciais e dos honorários advocatícios no valor de 20% da condenação.

Aduziu para tanto que é titular da conta-corrente n. 47813-2, ag. 055, junto ao banco réu, nesta capital, sendo que no dia 11.10.1999 efetuou o depósito de um cheque no valor de R$ 21.500,00 (vinte e um mil e quinhentos reais), VERIFICANDO EM 14.10.1999, por extrato de conta, que esse valor havia sido liberado, estando bloqueado apenas um cheque no valor de R$ 370,00 (trezentos e setenta reais), restando-lhe um saldo de R$ 28.092,59 (vinte e oito mil, noventa e dois reais e cinquenta e nove centavos).

Ao constatar o referido saldo, o autor efetuou um pagamento por meio do cheque n. 000298. Ato contínuo, em 26.10.1999, ao verificar novamente o saldo de sua conta-corrente, observou que o cheque de R$ 21.500,00 (vinte e um mil e quinhentos reais) havia sido estornado pelo banco, acarretando a consequente devolução do cheque n. 000298 do autor, restando por incluí-lo no cadastro nacional de emitentes de cheque sem fundo.

Esclareceu ainda que enviou comunicação à instituição financeira (fls. 14) na data de 11.11.1999 explicando toda a situação, solicitando a exclusão de seu nome do Serasa ante a culpa exclusiva da ré. Salientou os prejuízos de ordem moral que provou, pela vergonha à qual foi submetido, principalmente em relação a seu cliente, o qual recebeu o seu cheque sem provisão de fundos, visto que é advogado de conduta ilibada.

Disse ainda que ficou impossibilitado de emitir cheques de outras agências das quais é cliente, o que dificultou o exercício de sua profissão. Quanto aos danos materiais, afirmou que lhe foram cobradas tarifas dos cheques devolvidos no valor de R$ 14,70 (catorze reais e setenta centavos), juros no valor de R$ 213,96 (duzentos e treze reais e noventa e seis centavos), além de IOF no valor de R$ 7,15 (sete reais e quinze centavos), perfazendo um prejuízo material de R$ 235,81 (duzentos e trinta e cinco reais e oitenta e um centavos), discriminados no item 9 da exordial.

Por fim, requereu a citação da empresa ré, sob pena de revelia, a procedência total da presente ação com condenação do réu ao pagamento de indenização por danos morais no valor de R$ 400.000,00 (quatrocentos mil reais), bem como a devolução em dobro dos valores descontados indevidamente, em um total de R$ 242,96 (duzentos e quarenta e dois reais e noventa e seis centavos) *[sic]*, incidindo sobre estes as custas processuais e honorários advocatícios, estes últimos no valor de 20% da condenação. Juntou provas às fls. 10/16.

Autuada a inicial, determinou-se a citação do réu, em nome de seu representante legal (fls. 18/19), para contestar, o que ocorreu às fls. 21/30.

Em contestação, alegou o réu que o autor não fez o depósito em sua própria agência, na Praça XV de Novembro, sendo que o dia seguinte a este era feriado nacional, razão pela qual somente foi constatada pelo banco a insuficiência de saldo com relação ao cheque de R$ 21.500,00 (vinte e um mil e quinhentos reais) na data de 13.10.1999, momento em que estornou o cheque da conta do autor. Sendo assim, na ocasião em que o autor emitiu o cheque de R$ 14.609,41 (catorze mil, seiscentos e nove reais e quarenta e um centavos), na data de 15.10.1999, sua conta já não dispunha de saldo suficiente, ocasionando a devolução do cheque do autor na data de 18.10.1999.

Destacou que as informações trazidas no extrato de conta juntado se referem aos lançamentos do dia, dos quais se excetuam os provisionados, segundo normas emanadas pelo Banco Central e seguidas pelo réu.

Quanto ao dano moral, salientou que haveria necessidade de o réu, ao assim agir, ter a intenção de denegrir a imagem do autor. Ainda sob esse prisma, argumentou que para a configuração do dano moral é necessário ao autor provar que o evento danoso tenha modificado seu comportamento.

Sustentou que os prepostos do banco réu agiram "mecanicamente" dentro de normas bancárias usuais editadas pelo Banco Central, afirmando que o fato se deu por única e exclusiva culpa do autor. Afirmou o réu que jamais lançou o nome do autor junto ao Serasa (fls. 35) e, se essa incursão ocorreu, não foi culpa do réu.

Protestou pela declaração de litigância de má-fé em relação ao autor, pelo fato de este litigar de maneira imprudente, com a consequente percepção por parte do réu da indenização prevista no art. 81 do CPC/2015, em virtude das despesas efetuadas por ele em sua defesa. Produziu provas às fls. 31/41.

Requereu, por derradeiro, a produção de provas, a decisão pela improcedência total dos pedidos do autor, bem como pela inexistência de culpa ou dolo por parte do réu e pela falta de provas que sustentem o pedido inicial, com a condenação do autor nas cominações legais, inclusive honorários de sucumbência, com base no art. 85 do CPC/2015.

Manifestou-se o autor acerca da contestação, às fls. 43/55, reafirmando os termos constantes da inicial, no sentido de que os fatos traduzidos pelo réu em sua defesa não merecem guarida, uma vez que o erro do banco é incontestável, tendo em vista que o extrato do dia 14.10.1999 lhe dava saldo suficiente para emitir o cheque de R$ 14.609,41 (catorze mil, seiscentos e nove reais e quarenta e um centavos). Logo, no momento da emissão do referido cheque, seu extrato (fls. 11) trazia a informação de recursos livres no valor de R$ 28.092,59 (vinte e oito mil, noventa e dois reais e cinquenta e nove centavos), e no mesmo documento consta como valor bloqueado por 24 horas R$ 370,00 (trezentos e setenta reais).

Disse ainda, ratificando o alegado, que em 07.10.1999 depositou em sua conta R$ 6.500,00 (seis mil e quinhentos reais), estando esse valor disponível na data de 14.10.1999, totalizando um saldo de R$ 28.092,59 (vinte e oito mil, noventa e dois reais e cinquenta e nove centavos), o que o fez crer que esse valor estava da mesma forma liberado, caso contrário o depósito realizado em 07.10.1999 também se referiria a valores provisionados. Rebateu com doutrinas e jurisprudências as alegações do réu, no tocante à comprovação do prejuízo moral sofrido, frisando a não exigência de prova direta para a comprovação dos danos morais.

Também, quanto à alegação do réu de que a incursão de seu nome junto ao Serasa não se deu por ordem deste, rebateu o autor dizendo que solicitou à empresa ré, às fls. 14, a exclusão de seu nome de tal cadastro, o que só foi realizado mediante o pagamento da quantia de R$ 14.609,41 (catorze mil, seiscentos e nove reais e quarenta e um centavos), conforme o termo de entrega às fls. 15. Impugnou a pesquisa feita junto ao Serasa pelo réu (fls. 35), uma vez que essa consulta se deu em 28.04.2000, cinco meses após o pedido do autor para a exclusão de seu nome de tal cadastro, razão pela qual tal documento não mais trazia o nome do autor como inadimplente. Afastou a alegada litigância de má-fé, pela veracidade dos fatos que narrou, dizendo ainda que cabe à ré ser condenada por litigância temerária, pelo fato de ter negado a inscrição do autor no cadastro dos inadimplentes, juntando para provar o alegado uma declaração de consulta posterior à exclusão do nome do autor.

Por derradeiro, solicitou a inversão do ônus da prova, à luz do Código de Defesa do Consumidor, o julgamento antecipado da lide por ser matéria de direito, como também a incursão do réu nas sanções previstas para o litigante de má-fé, por ter alterado a verdade dos fatos, devendo dessa forma indenizar o autor, condenando-se ainda o réu ao pagamento de indenização por danos morais no valor de R$ 400.000,00 (quatrocentos mil reais), assim como a devolução em dobro do que foi descontado indevidamente, no valor de R$ 242,96 (duzentos e quarenta e dois reais e noventa e seis centavos) *[sic]*, e honorários advocatícios na base de 20% do valor da condenação.

É o relatório.

DECIDO.

Trata-se de ação de indenização por danos morais, aforada por S.C.S. contra o BANCO DO ESTADO DE SANTA CATARINA S.A. – Besc, pelos fatos e fundamentos acima relatados.

Vislumbra-se que a matéria fática levantada não demanda produção de provas, uma vez que para a solução da controvérsia existente se faz necessária a análise de questões puramente de direito, motivo pelo qual julgo antecipadamente a lide, a teor do art. 355, I, do Código de Processo Civil de 2015. Diz o referido artigo:

> Art. 355. O juiz julgará antecipadamente o pedido, proferindo sentença com resolução de mérito, quando:
>
> I – não houver necessidade de produção de outras provas;
>
> [...]

Inexistem preliminares de mérito.

O cerne da questão se encontra em saber se, passado o tempo de que o banco dispõe para a compensação do cheque, que no caso foi de 24 horas, este lançou ou não os valores do cheque depositado na conta do autor, ou seja, se o cheque de R$ 21.500,00 (vinte e um mil e quinhentos reais) foi estornado da conta do autor antes ou depois do prazo estabelecido para a compensação de cheque de agências distintas, ou seja, 24 horas, como é o caso em apreço.

Resta, pois, saber se, no momento em que o autor consultou seu extrato na data de 14.10.1999, antes de emitir o cheque n. 000298, o banco fazia constar saldo suficiente para tal pagamento. Assim, visto que o cheque de R$ 21.500,00 (vinte e um mil e quinhentos reais) foi depositado em 11.10.1999 e que o dia posterior a este era feriado nacional, computado o tempo de compensação do cheque (24 horas), conforme fls. 11, o prazo para o banco compensá-lo se exauria no dia 13.10.1999, um dia antes da consulta do autor ao seu extrato.

Logo, se no dia 13.10.1999 expirava o prazo para o réu compensar o título, deveria pois nessa data saber e dar ciência ao autor da não provisão de fundos do cheque depositado por este. Se não o fez, agiu, no mínimo, com negligência.

Como se pode notar, no extrato de conta de fls. 11, emitido no dia 14.10.1999, o banco fazia constar como "recursos livres" a monta de R$ 28.092,59 (vinte e oito mil, noventa e dois reais e cinquenta e nove centavos), o que fez o autor crer que dispunha de saldo suficiente para a emissão do cheque que não foi pago por insuficiência de fundos. Dessa forma, o autor foi induzido a erro, por um ato de negligência, repito, do banco réu.

Quanto aos argumentos suscitados pelo réu no sentido de que constatou no dia 13.10.1999 a insuficiência de fundos do cheque depositado pelo autor, não incorporado aos recursos livres da conta do autor. Disse ainda que seguiu as instruções normativas ditadas pelo Banco Central, no entanto, não fez prova do alegado. Portanto, o banco réu é responsável pela devolução do título do autor.

DO DANO MATERIAL

De início, cumpre salientar o equívoco em que incorreu o autor no que tange ao valor dos danos materiais, visto que no item "c" do pedido, às fls. 9, quantificou-os em R$ 242,96 (duzentos e quarenta e dois reais e noventa e seis centavos), quando na realidade deveria ter pedido o valor explicitado no item 9, fls. 04, da exordial, qual seja R$ 235,81 (duzentos e trinta e cinco reais e oitenta e um centavos).

O pedido com relação aos danos materiais é procedente em parte, uma vez que se encontram parcialmente comprovados, às fls. 12/13, ou seja, somente quanto às tarifas de devolução do cheque emitido pelo autor, em um total de R$ 14,70 (catorze reais e setenta centavos), devendo esse valor ser restituído em dobro, uma vez que cobrado indevidamente (CDC). Quanto aos juros, estes no valor de R$ 213,96 (duzentos e treze reais e noventa e seis centavos), e ao IOF, no valor de R$ 7,15 (sete reais e quinze centavos), deixou o autor de comprovar o nexo causal destes com a informação errada prestada pelo banco.

Diz o Código de Defesa do Consumidor, art. 42, parágrafo único:

> Art. 42 [...]

Parágrafo único. O consumidor cobrado em quantia indevida tem direito à repetição do indébito, por valor igual ao dobro do que pagou em excesso, acrescido de correção monetária e juros legais, salvo hipótese de engano justificável.

DO DANO MORAL

A necessidade explicitada na contestação no que toca à comprovação do dano puramente moral, bem como a intenção do réu em denegrir, abalar a moral do ofendido, como pressupostos básicos para se ver caracterizado o dano moral, de tempos é dispensada, como mostra o vasto entendimento jurisprudencial a respeito, veja-se:

"A indenização por ofensa à honra alheia é devida independentemente da comprovação da existência de um efetivo prejuízo, pois 'dano, puramente moral, é indenizável'" (RE n. 105.157/SP, rel. Min. Octavio Galloti, *RTJ* 115/1.383) (Ap. cível n. 98.009484-4/Taió, rel. Des. Newton Trisotto).

Civil. Indenização. Dano moral. Devolução de cheque por insuficiência de fundos. Equívoco do banco. 1 – O dano moral é indenizável, como proclamavam os juristas mais evoluídos e adotava a jurisprudência, com acanhamento, antes da CF de 88. 2 – Provado o nexo causal entre o constrangimento de quem tem o nome inscrito no SPS, como mau pagador, e título protestado e o erro da CEF em devolver cheque com insuficiência de fundos (TRF, 1ª R., AC n. 94.01.35108-2, rel. Juíza Eliana Calmon, *DJU* 12.06.1995).

"Responsabilidade civil. Estabelecimento bancário. Dano moral. Ocorrência. Cheque indevidamente devolvido. Desnecessidade de comprovação do reflexo material. Recusa, ademais, em favorecer carta de retratação. Verba devida. Art. 5º, X, da CF" (*RJTJESP* 123/159).

"Responde, a título de ato ilícito absoluto, pelo dano moral consequente, o estabelecimento bancário que, por erro culposo, provoca registro indevido do nome de cliente em central de restrições de órgão de proteção ao crédito" (*RT* 706/67).

Ressalta-se, mais, que a obrigação de indenizar resulta, no caso vertente, do disposto nos arts. 186 e 927 do Código Civil, ao enunciar:

Art. 186. "Aquele que, por ação ou omissão voluntária, negligência ou imprudência, violar direito e causar dano a outrem, ainda que exclusivamente moral, comete ato ilícito".

Art. 927. "Aquele que, por ato ilícito (arts. 186 e 187), causar dano a outrem, fica obrigado a repará-lo".

Dessa forma, para que se integrem a responsabilidade civil e, pois, o dever de indenizar, exige a lei a existência de três pressupostos básicos: uma ação comissiva ou omissiva, imputável ao agente, a ocorrência de um dano para o ofendido e a relação de causalidade entre dano e ação. Comprovados, resta evidenciada a obrigação de indenizar.

Já no que tange à inclusão do nome do autor, por parte do réu, no Serasa, não restou comprovada, visto que, para tanto, o autor apenas juntou o Termo de Entrega, fls. 15, que não possui valor probante por não demonstrar com clareza tal inscrição. Tal prova poderia ser feita com uma declaração do Serasa, e não simplesmente por meio de um pedido do autor para que se exclua seu nome desse cadastro.

Embora o autor não tenha comprovado o fato constitutivo de seu direito no que toca à inscrição no Serasa, a existência do dano moral não está condicionada à inscrição em nenhum cadastro de inadimplência, mas sim ao prejuízo de ordem moral provado, que no caso nasceu com a simples devolução do cheque n. 000298 por insuficiência de fundos, independentemente de posterior inscrição. Tal inscrição só iria aumentar a repercussão do dano já existente. É o entendimento jurisprudencial sobre o caso:

> Banco. Responsabilidade civil. Devolução de cheque como provisão de fundos. Dano moral. Não é preciso que o fato desabonador e desmerecido tenha chegado ao conhecimento de um grande número de pessoas, mesmo porque a idoneidade moral de alguém não é medida pelo número de amigos ou conhecidos que possa ter. Basta a simples devolução do cheque provisionado de fundos com a anotação negativa, para que haja ofensa e em consequência dano moral. Os estabelecimentos bancários brasileiros precisam assumir a responsabilidade de seus atos e não deixar, como sempre deixaram, as falhas por conta de "lapso do funcionário", mas jamais perdoaram idêntico lapso do cliente. Aconteceu o dano moral, e, se todos os justificados dessa natureza agissem, nossos serviços bancários seriam hoje muito mais eficientes. Outrossim, não é necessário que tenha ocorrido prejuízo econômico, o qual é por si indenizável. Convém lembrar que a moral é um patrimônio e dos mais valiosos (TJSP, Emb. n. 36.401-1/Capital, j. 08.10.1985, rel. designado Des. Flávio Pinheiro).

Quanto aos pedidos recíprocos do autor e do réu para a condenação de um e de outro como litigantes de má-fé, entendo não ser aplicáveis, por insuficiência de provas que façam crer que o réu ou o autor se encontrem incursos em alguma das situações elencadas no art. 80 do CPC/2015. Roga o digesto processual civil a esse respeito:

> Art. 80. Considera-se litigante de má-fé aquele que:
>
> I – deduzir pretensão ou defesa contra texto expresso de lei ou fato incontroverso;
>
> II – alterar a verdade dos fatos;
>
> III – usar do processo para conseguir objetivo ilegal;
>
> IV – opuser resistência injustificada ao andamento do processo;
>
> V – proceder de modo temerário em qualquer incidente ou ato do processo;
>
> VI – provocar incidente manifestamente infundado;
>
> VII – interpuser recurso com intuito manifestamente protelatório.

De qualquer modo, mesmo que assim não fosse, caberia ao banco comprovar que todo o prejuízo do autor se deu por culpa única e exclusiva deste, e não do banco. Não comprovando, deixa de desconstituir o direito do autor, devendo, pois, indenizar, nos termos do Código de Defesa do Consumidor.

Desta feita, resta quantificar o dano moral.

A lei não fixa critérios objetivos para a determinação da indenização por dano moral. Segundo Carlos Alberto Bittar,

> diante da esquematização atual da teoria em debate, são conferidos amplos poderes ao juiz para definição da forma e da extensão da reparação cabível, em consonância, aliás, com a própria natureza das funções que exerce no processo civil (CPC, arts. 125 e 126) [CPC/2015, arts. 139 e 140]. Com efeito, como julgador e dirigente do processo, pode o magistrado ter conhecimento direto das partes, dos fatos e das respectivas circunstâncias, habilitando-as, assim, à luz do direito aplicável, a definir de modo mais adequado, a reparação devida no caso concreto (*Reparação civil por danos morais*, RT, 1993, p. 205/6).

Enfatiza o jurisconsulto que:

> [...] a indenização por danos morais deve traduzir-se em montante que represente advertência ao lesante e à sociedade de que não se aceita o comportamento assumido, ou o evento lesivo advindo. Consubstancia-se, portanto, em importância compatível com o vulto dos interesses em conflito, refletindo-se, de modo expresso, no patrimônio do lesante, a fim de que sinta, efetivamente, a resposta da ordem jurídica aos efeitos do resultado lesivo produzido. Deve, pois, ser quantia economicamente significativa, em razão das potencialidades do patrimônio do lesante (p. 220).

Humberto Theodoro Junior não diverge, depois de assinalar que "resta, para a Justiça, a penosa tarefa de dosar a indenização, porquanto haverá de ser feita em dinheiro, para compensar uma lesão que, por sua própria natureza, não se mede pelos padrões monetários", acrescenta que "o problema haverá de ser solucionado dentro do princípio do prudente arbítrio do julgador, sem parâmetros apriorísticos e à luz das peculiaridades de cada caso, principalmente em função do nível socioeconômico dos litigantes e da menor ou maior gravidade da lesão" (*Alguns aspectos da nova ordem constitucional sobre o direito civil*, RT 662/7-17).

O entendimento jurisprudencial não diverge desse raciocínio, veja-se:

Responsabilidade civil. Dano moral. Honra. Cheques erroneamente devolvidos por insuficiência de fundos. *Quantum* indenizatório. Parâmetros. Fixação. Ausência de prejuízo efetivo. Indenização devida.

1. "Na avaliação do dano moral devem-se levar em conta a posição social e cultural do ofensor e do ofendido; a maior ou menor culpa para a produção do evento.

A reparação do dano moral para a vítima não passa de compensação, satisfação simbólica; para o ofensor, pena para que sinta o mal praticado" (AC n. 35.339, rel. Des. Amaral e Silva).

2. A indenização por ofensa à honra alheia é devida independentemente de prova da existência de um efetivo prejuízo, pois "dano, puramente moral, é indenizável" (RE n. 105.157/SP, rel. Min. Octavio Gallotti, *RTJ* 115/1.383).

Do corpo do acórdão se extrai:

> [...]
>
> Na hipótese de dano moral, sendo prudencial a estimação do quantitativo indenizatório, a pena pecuniária há que representar, para o ofendido, uma satisfação que, psicologicamente, possa neutralizar ou, ao menos, anestesiar parcialmente os efeitos dos dissabores impingidos. A eficácia da contraprestação a ser fornecida residirá, com exatidão, na sua aptidão para proporcionar tal satisfação, de modo que, sem que configure um enriquecimento sem causa para o ofendido, imponha ao causador do dano um impacto suficiente, desestimulando-o a cometer novos atentados similares contra as pessoas (AC n. 49.415, rel. Des. Trindade dos Santos).
>
> A reparação do dano moral tem natureza também punitiva, aflitiva para o ofensor, com o que tem importante função, entre outros efeitos, de evitar que se repitam situações semelhantes. A teoria do valor de desestímulo da reparação dos danos morais insere-se na missão preventiva da sanção civil, que defende não só o interesse privado da vítima mas também visa à devolução do equilíbrio às relações privadas, realizando-se, assim, a função inibidora da teoria da responsabilidade civil (II TACSP, rel. Juiz Renato Sartorelli).
>
> A reparação do dano moral tem por fim ministrar uma sanção para a violação de um direito que não tem denominador econômico. Não é possível sua avaliação em dinheiro, pois não há equivalência entre o prejuízo e o ressarcimento. Quando se condena o responsável a reparar o dano moral, usa-se de um processo imperfeito, mas o único realizável para que o ofendido não fique sem uma satisfação (TARJ, AC n. 5.036/96, rel. Juiz Mauro Fonseca Pinto Nogueira).
>
> [...]

"Dano, puramente moral, é indenizável" (RE n. 105.157/SP, rel. Min. Octavio Gallotti, *RTJ* 115/1.383) (Ap. cível n. 98.009973-0/Capital, rel. Des. Newton Trisotto, j. 06.10.1998).

No caso *sub judice*, foi devolvido ao portador, por insuficiência de fundos na conta do emitente, um cheque no valor de R$ 14.609,41 (catorze mil seiscentos e nove reais e quarenta e um centavos), muito embora não tenha comprovado o autor a inclusão de seu nome no Serasa, o que aumentaria a repercussão do dano. Esse fato não pode ser ignorado no arbitramento da indenização, pois a extensão do prejuízo à honra do autor também está relacionada com o número de pessoas que tomaram ciência do ilícito que a ele veio a ser injustamente imputado.

Igualmente deve ser considerada a circunstância de ser o autor advogado e as danosas repercussões da devolução de seu cheque, quanto à sua honestidade.

Quanto ao réu, é instituição bancária mais que conhecida no estado, dispensando qualquer outro comentário.

De outro vértice, a culpabilidade do réu no evento foi grave, já que não poderia ter liberado a importância depositada, sem antes constatar se havia ou não fundos em relação ao cheque.

Sobejados todos esses elementos, concluo que o *quantum* da condenação deve ser correspondente a trinta salários mínimos vigentes na data do efetivo pagamento.

Isso posto, JULGAM-SE PARCIALMENTE PROCEDENTES os pedidos constantes na presente ação indenizatória por danos morais, aforada por S.C.S. contra o BANCO DO ESTADO DE SANTA CATARINA S.A. – BESC, CONDENANDO o réu ao pagamento dos danos materiais sofridos pelo autor, na monta de R$ 29,40 (vinte e nove reais e quarenta centavos), referentes às taxas de devolução do cheque emitido pelo autor, bem como ao pagamento de 30 (trinta) salários mínimos vigentes na data do efetivo pagamento, a título de danos morais. CONDENO, ainda, o réu ao pagamento das custas processuais e honorários advocatícios de sucumbência, que, com base no § 3º do art. 85 do CPC/2015, fixo em 15% (quinze por cento) sobre o valor dado à condenação, já computado o pedido que o autor sucumbiu (art. 21 do CPC/2015).

Publique-se. Registre-se. Intime-se.

.................., ... de .... de 20...

C.M.S.

Juiz de Direito

COISA JULGADA (*RES IUDICATA*)

Generalidades

Denomina-se coisa julgada *material* a autoridade que torna imutável e indiscutível a decisão de mérito não mais sujeita a recurso (art. 502 do CPC).

Em termos práticos, pode-se razoavelmente deduzir que a coisa julgada se opera em face da ocorrência de um dos seguintes fatos:

a) *pelo transcurso do prazo recursal*, ou seja, no caso de não ser interposto recurso no prazo legal;

Data da intimação .... 15 dias – 16º dia

(prazo para recurso, sem recurso) (coisa julgada)

b) *pelo esgotamento da via recursal.*

Data da intimação .... 15 dias ....Decisão do último recurso

(prazo para recurso, com recurso) (coisa julgada)

Todavia, nas causas sujeitas ao *duplo grau obrigatório*, a coisa julgada somente se opera após o que se denomina de reexame obrigatório pelo tribunal competente. Estão sujeitas ao duplo grau de jurisdição, consoante expressa disposição do art. 496 do Código de Processo Civil a sentença:

> I – proferida contra a União, os Estados, o Distrito Federal, os Municípios e suas respectivas autarquias e fundações de direito público;
>
> II – que julgar procedentes, no todo ou em parte, os embargos à execução fiscal.

Nos casos previstos no art. 496, não interposta a apelação no prazo legal, o juiz ordenará a remessa dos autos ao tribunal. Não o fazendo, deverá o presidente do tribunal avocá-los.

Importa frisar que, quando se refere à coisa julgada, a *irrecorribilidade* que dela decorre circunscreve-se unicamente a uma *decisão de mérito.* Dito de outro modo, não produzem o efeito da coisa julgada as sentenças que extinguem o processo *sem resolução de mérito* (art. 485 do CPC), sendo lícito à parte, nesse caso, repetir a ação, desde que sanada a irregularidade que deu causa à extinção do processo (exemplo: ilegitimidade da parte).

Alguém poderá questionar: a *ação rescisória* não pode também ser utilizada para atacar sentença não transitada em julgado? Não, pois recurso a rescisória não é. Ela é tão somente uma ação específica (ação impugnativa autônoma ou meio autônomo de impugnação) cuja finalidade é, basicamente, anular a sentença nos casos expressos em lei (art. 966 do CPC). Não obstante, parcela considerável da doutrina considera que, quando transcorrido o prazo para o ajuizamento da ação rescisória, sem ajuizamento, ocorre *coisa soberanamente julgada.*

A coisa julgada pode ser arguida pelo réu, em *preliminar* de contestação, para efeito de evitar que a ação já decidida e contra a qual não mais caiba recurso possa ser novamente processada (art. 337, VII, do CPC). Nesse caso, e desde que provado integrarem a lide as *mesmas partes*, que se trata de *mesmo pedido* e da *mesma causa de pedir*, a coisa julgada pode ser oposta em qualquer fase do processo e em qualquer grau de jurisdição, inclusive pelo juiz, de ofício. Conseguintemente, conforme decisões do Superior Tribunal de Justiça, não há ofensa à coisa julgada nas seguintes hipóteses:

> [...] 4 – O processo de Dúvida Registral em causa possui natureza administrativa, instrumentalizado por jurisdição voluntária, não sendo, pois, de jurisdição contenciosa, de modo que a decisão, conquanto denominada sentença, não produz coisa julgada, quer material, quer formal, donde não se admitir Recurso Especial contra Acórdão proferido pelo Conselho Superior da Magistratura, que julga Apelação de dúvida levantada pelo Registro de Imóveis [...]. (REsp n. 1.418.189/RJ, 3ª T., rel. Min. Sidnei Beneti, j. 10.06.2014, *DJe* 01.07.2014)

[...] 1 – A jurisprudência desta Corte é no sentido de que a extinção do processo sem julgamento do mérito por falta de legitimidade *ad causam* não produz coisa julgada material, mas apenas coisa julgada formal, a qual não impede a discussão da matéria em processo diverso. Precedentes. 2 – A ação anteriormente proposta pelo autor, igual à ação da qual decorreu o Recurso Especial em análise, sem resolução do mérito, não cria impedimento à propositura de nova ação pelo autor, contra as mesmas partes, sob pena de violação ao art. 5º, XXXV, da Constituição da República, que assegura o amplo acesso à Justiça. (REsp n. 1.148.581/RS, 3ª T., rel. Min. Sidnei Beneti, j. 24.09.2013, *DJe* 27.09.2013)

[...] II – A decisão proferida na ação cautelar de produção antecipada de provas é meramente homologatória, que não produz coisa julgada material, admitindo-se que as possíveis críticas aos laudos periciais sejam realizadas nos autos principais, oportunidade em que o Magistrado fará a devida valoração das provas. (REsp n. 1.191.622/MT, 3ª T., rel. Min. Massami Uyeda, j. 25.10.2011, *DJe* 08.11.2011)

[...] 1. Não produz coisa julgada material sentença que indefere liminarmente a petição inicial, por impossibilidade jurídica do pedido, ainda que fundamentada em suposta inexistência do direito material. 2. A coisa julgada formal não impede novo ajuizamento da ação, exceto no caso do art. 267, V, do CPC [art. 268, *caput*, CPC/2015]. (REsp n. 1.006.091/SP, 3ª T., rel. Min. Humberto Gomes de Barros, j. 17.03.2008, *DJe* 13.05.2008)

De qualquer sorte, é de consenso que dois são os fundamentos da coisa julgada:

a) o *jurídico*, que busca alcançar a imutabilidade do julgado;

b) o *político*, que objetiva a estabilidade, a certeza, a segurança jurídica, a paz social.

Limites da coisa julgada

No concernente ao alcance dos efeitos da coisa julgada, a doutrina tem lhe traçado diretrizes classificando-o em limites *objetivos* e limites *subjetivos*.

Nesse contexto, diz-se que os limites objetivos decorrem do fato de que a sentença tem força de lei nos limites da lide e das questões já decididas (art. 503 do CPC). Considera-se que, nessa hipótese, a sentença seria uma lei específica para as questões decididas naquele processo em especial.

Desse modo, se, por exemplo, o herdeiro legítimo, que também foi contemplado em testamento, reivindica a herança apenas invocando o testamento e perde a demanda, não estará inibido de propor outra ação baseada exclusivamente no direito hereditário.

Os limites subjetivos, a seu turno, referem-se ao fato de que somente as partes da relação jurídica processual são atingidas pela autoridade da coisa julgada, não beneficiando nem prejudicando terceiros (art. 506 do CPC). Exemplo: a hipótese de herdeiro excluído, que não participou do inventário. Se o herdeiro não participou do inventário, parte nele não foi; logo, contra ele não há coisa julgada. E, inexistindo coisa julgada em relação a ele, não se pode cogitar de ação rescisória. Em tal situação, própria é a ação de petição de herança ou de nulidade, com prescrição em vinte anos.[6]

Não incidência da coisa julgada

Consoante preceitua o art. 504 do Código de Processo Civil, refogem aos efeitos da coisa julgada:

> I – os motivos, ainda que importantes para determinar o alcance da parte dispositiva da sentença;
> II – a verdade dos fatos, estabelecida como fundamento da sentença.

I – *os motivos da sentença*

Trata-se da motivação ou fundamentação da sentença, que é um dos requisitos da sentença. É a parte da sentença destinada a demonstrar que o juiz tomou a decisão porque se convenceu da verdade dos fatos e havia uma lei aplicável.

Destarte, a coisa julgada somente atinge a parte *dispositiva* ou *decisória* da sentença. Assim, por exemplo, a improcedência da ação reivindicatória por falta de prova do domínio (propriedade) do autor não pode fazer coisa julgada em relação ao réu ser ou não o verdadeiro proprietário, pois, se o autor vier a se tornar o proprietário e o réu vier a propor a reivindicatória, não poderá valer-se do primeiro julgamento.

II – *a verdade dos fatos, estabelecida como fundamento da sentença*

A verdade dos fatos é uma base jurídica que serve de fundamento para o juiz decidir. Essa verdade pode ser discutida em outro processo porque não forma coisa julgada. Exemplo: a prova da *necessidade* de a mulher receber pensão do marido na ação de divórcio. Caso, posteriormente, o marido puder provar que a mulher passou a exercer profissão remunerada, de modo que recebe salário suficiente para sua manutenção, a verdade estabelecida no primeiro processo não mais prevalece, passando a ser considerada uma inverdade, diante da nova situação.

Por derradeiro, nenhum juiz decidirá novamente as questões já decididas, relativas à mesma lide (art. 505 do CPC), salvo nas seguintes hipóteses:

---

6 RE n. 93.700, *DJU* 22.10.1982.

"I – se, tratando-se de relação jurídica de trato continuado, sobreveio modificação no estado de fato ou de direito, caso em que poderá a parte pedir a revisão do que foi estatuído na sentença."

Ajustam-se a essa hipótese as questões relativas à pretensão alimentícia, porquanto, a teor do art. 15 da Lei de Alimentos (Lei n. 5.478/68), "a decisão judicial sobre alimentos não transita em julgado e pode a qualquer tempo ser revista, em face de modificação da situação financeira dos interessados". Assim, se, fixados os alimentos, sobrevier mudança na situação financeira de quem os supre, ou na de quem os recebe, poderá o interessado, em conformidade com o disposto no art. 1.699 do Código Civil, reclamar ao juiz, conforme as circunstâncias, exoneração, redução ou majoração do encargo.[7]

"II – nos demais casos prescritos em lei."

Esses casos, segundo prestigiada doutrina, seriam as hipóteses previstas nos arts. 493 e 494 do Código de Processo Civil.

Também não fazem coisa julgada, como anteriormente frisado, as sentenças terminativas, ou seja, aquelas que extinguem o processo sem resolução de mérito (art. 485 do CPC). Segue, pois, que somente as sentenças ditas definitivas (art. 487 do CPC), isto é, as que julgam o mérito, se submetem ao pálio da coisa julgada.

Ação rescisória de sentença

Em que pese se deva levar em conta que a sentença transitada em julgado não comporta revisão mediante recurso, a lei, em determinados casos, admite que, mediante ação específica, se possa intentar a rescisão da decisão de mérito, seja ela sentença ou acórdão, conforme dispõe o art. 966 do Código de Processo Civil. Assim, desde que o direito seja exercido pelo interessado no prazo máximo de dois anos contados do trânsito em julgado da última decisão[8] proferida no processo, a decisão de mérito, transitada em julgado, pode ser rescindida mediante ação rescisória, quando:

---

7 Assenta essa doutrina em que a modificabilidade a todo tempo da sentença de alimentos, segundo as variações de fortuna dos interessados e as decorrentes mutações do binômio necessidade/possibilidade – referencial igualmente posto na categoria de *ius positum* (CC/2002, art. 1.699) –, não se poderia compatibilizar com a ideia de imutabilidade ínsita no conceito de *res iudicata*. E, a partir de tal constatação, esforçadamente se aplicam alguns juristas a demonstrar a exatidão do princípio hoje expresso no aludido art. 15 e a encontrar embasamento para ele na dogmática jurídica (cf. FABRÍCIO, Adroaldo Furtado. "A coisa julgada nas ações de alimentos". In: *RF* 313/5).

8 Súmula n. 514 do STF: "Admite-se ação rescisória contra sentença transitada em julgado, ainda que contra ela não se tenham esgotados todos os recursos".

I – se verificar que foi proferida por força de prevaricação, concussão ou corrupção do juiz;

II – for proferida por juiz impedido ou por juízo absolutamente incompetente;

III – resultar de dolo ou coação da parte vencedora em detrimento da parte vencida ou, ainda, de simulação ou colusão entre as partes, a fim de fraudar a lei;

IV – ofender a coisa julgada;

V – violar manifestamente norma jurídica;

VI – for fundada em prova cuja falsidade tenha sido apurada em processo criminal ou venha a ser demonstrada na própria ação rescisória;

VII – obtiver o autor, posteriormente ao trânsito em julgado, prova nova cuja existência ignorava ou de que não pôde fazer uso, capaz, por si só, de lhe assegurar pronunciamento favorável;

VIII – for fundada em erro de fato verificável do exame dos autos.

Cabe ação rescisória com fundamento no inciso V contra decisão baseada em enunciado de súmula ou acórdão proferido em julgamento de casos repetitivos que não tenha considerado a existência de distinção entre a questão discutida no processo e o padrão decisório que lhe deu fundamento (§ 5º).

Nessa hipótese, caberá ao autor, sob pena de inépcia, demonstrar, fundamentadamente, tratar-se de situação particularizada por hipótese fática distinta ou de questão jurídica não examinada, a impor outra solução jurídica (§ 6º).

Em relação ao **erro de fato** previsto no inciso VIII, este, de acordo com o § 1º do art. 966, ocorre quando a decisão rescindenda admitir fato inexistente ou quando considerar inexistente fato efetivamente ocorrido, sendo indispensável, em ambos os casos, que o fato não represente ponto controvertido sobre o qual o juiz deveria ter se pronunciado.

Também se considera rescindível para todos os efeitos a decisão transitada em julgado que, embora não seja de mérito, impeça: "I – nova propositura da demanda; ou II – admissibilidade do recurso correspondente" (art. 966, § 2º).

Legitimidade para a ação. Conforme consta do art. 967 do Código de Processo Civil, têm legitimidade para propor a ação rescisória:

I – quem foi parte no processo ou o seu sucessor a título universal ou singular;

II – o terceiro juridicamente interessado;

III – o Ministério Público:

a) se não foi ouvido no processo em que lhe era obrigatória a intervenção;

b) quando a decisão rescindenda é o efeito de simulação ou de colusão das partes, a fim de fraudar a lei;

c) em outros casos em que se imponha sua atuação;

IV – aquele que não foi ouvido no processo em que lhe era obrigatória a intervenção.

Petição inicial. A petição inicial, endereçada ao tribunal competente, será elaborada com observância dos requisitos essenciais do art. 319, cumprindo ao autor:

> I – cumular ao pedido de rescisão, se for o caso, o de novo julgamento do processo;
>
> II – depositar a importância de cinco por cento sobre o valor da causa, que se converterá em multa caso a ação seja, por unanimidade de votos, declarada inadmissível ou improcedente [art. 968 do CPC].

Tribunal competente. A competência originária da ação rescisória é dos tribunais. Assim, é competente para apreciá-la o tribunal que proferiu o acórdão rescindendo. Sendo caso de rescisória de sentença, é competente para julgá-la o tribunal que seria competente para julgar eventual recurso.

> Veja CF: "Art. 102. Compete ao Supremo Tribunal Federal, precipuamente, a guarda da Constituição, cabendo-lhe: I – processar e julgar, originariamente: [...] *j)* a revisão criminal e a ação rescisória de seus julgados; [...]".
>
> Veja CF: "Art. 105. Compete ao Superior Tribunal de Justiça: I – processar e julgar, originariamente: [...] *e)* as revisões criminais e as ações rescisórias de seus julgados; [...]".

Assim, se o último acórdão nos autos principais foi proferido pela 2ª Turma do Superior Tribunal de Justiça, a ação rescisória tem de atacar este acórdão (e não o antecedente acórdão do Tribunal Estadual que foi reformado pelo acórdão do Tribunal Superior), sendo evidente a incompetência do Tribunal Estadual para processar e julgar a rescisória (TJRJ, AR n. 120/RJ, Proc. n. 2009.006.00120, Órgão Especial, rel. Des. Miguel Angelo Barros, j. 05.05.2009).

Processamento da ação rescisória no tribunal

1. Escolha do relator que recairá, sempre que possível, em magistrado que não haja participado do julgamento rescindendo.

2. O relator ordenará a citação do réu, designando-lhe prazo nunca inferior a quinze dias nem superior a trinta dias para, querendo, apresentar resposta, ao fim do qual, com ou sem contestação, observar-se-á, no que couber, o procedimento comum (art. 970 do CPC).

3. Devolução dos autos pelo relator à secretaria do tribunal.

4. Expedição e distribuição de cópias do relatório entre os juízes que compuserem o órgão competente para o julgamento (art. 971 do CPC).

5. Concluída a instrução, será aberta vista ao autor e ao réu para razões finais, sucessivamente, pelo prazo de dez dias.

6. Autos conclusos ao relator, procedendo-se ao julgamento pelo órgão competente (art. 973 do CPC).

Se julgado procedente o pedido, o tribunal rescindirá a decisão, proferirá, se for o caso, novo julgamento e determinará a restituição do depósito a que se refere o inciso II do art. 968 (art. 974 do CPC).

Caso o pedido seja considerado inadmissível ou improcedente por unanimidade, o tribunal determinará a reversão, em favor do réu, da importância do depósito, sem prejuízo do disposto no § 2º do art. 82.

AÇÃO RESCISÓRIA

AO EGRÉGIO TRIBUNAL DE JUSTIÇA DE ....
Autos n. ....
Origem: ....
Demandante: ....
Demandado: ....

........................, brasileiro, casado, funcionário público, RG n. ...., CPF n. ...., endereço eletrônico ...., domiciliado nesta cidade e residente na rua Independência, n. 180, por seu procurador abaixo assinado (doc. 1), advogado inscrito na OAB ......, sob n. ......, endereço eletrônico ...., com escritório na rua ...., n. ......, nesta cidade, onde recebe intimações, vem respeitosamente perante este egrégio tribunal para, com fundamento no art. 966, VI (ou, conforme for o motivo, qualquer dos incisos respectivos, do mencionado art. 966), do Código de Processo Civil, propor

AÇÃO RESCISÓRIA DE SENTENÇA

em desfavor de .... (qualificação e endereço), pelos seguintes fatos e fundamentos:

1. Como se infere, a decisão rescindida, datada de ...., baseada nos depoimentos das testemunhas .... e numa escritura particular de confissão de dívida, condenou o requerente a pagar ao requerido a importância de R$ ....

2. No entanto, após o competente inquérito policial, o Juízo Criminal não só reconheceu a falsidade dos depoimentos prestados pelas mencionadas testemunhas, mas também a falsidade material da escritura de confissão de dívida referida, culminando com a condenação dos demandantes dos delitos apontados, conforme provam as certidões inclusas.

3. Destarte, estando provada inequivocamente a falsidade dos elementos que serviram de prova à fundamentação da decisão rescindida, a presente ação mostra-se como instrumento adequado para anular seus efeitos.

4. Para efeito de cumprir a exigência do art. 968, II, do CPC, junta à presente o comprovante de depósito do valor de R$ .... (...................) correspondente a 5% do valor da causa, para o caso de a ação ser declarada inadmissível ou improcedente por unanimidade.

Em face do exposto e, após cumpridas as formalidades processuais, requer seja julgado procedente o pedido e consequentemente anulada a decisão rescindida, procedendo-se novo julgamento, por ser de direito e JUSTIÇA.

Dá-se à presente o valor de R$ ....

..................., ... de .... de 20...

Advogado(a)

OAB/...... n. ......[9]

9 Juntar o comprovante de depósito de 5% sobre o valor da ação, nos termos do art. 968, II, do CPC/2015.

8

Recursos cíveis

CONCEITO

Recurso é o meio legal que a parte utiliza para requerer o reexame de uma decisão, com vistas à sua reforma ou invalidação.

Como intuitivo, podem ser objeto de recurso tanto as decisões proferidas por juízes de 1ª instância quanto as decisões exaradas por juízes de instância superior. Como se verá adiante, em lugar próprio, incluem-se entre as primeiras as decisões atacáveis por agravo e as impugnáveis por embargos de declaração; entre as segundas, a apelação, o recurso especial e o recurso extraordinário.

A utilização do recurso, em regra, não constitui medida obrigatória para nenhuma das partes. As únicas hipóteses de exceção a essa "não obrigatoriedade", e que dizem respeito ao recurso de apelação, encontram-se elencadas no art. 496 do CPC:

> Art. 496. Está sujeita ao duplo grau de jurisdição, não produzindo efeito senão depois de confirmada pelo tribunal, a sentença:
>
> I – proferida contra a União, os Estados, o Distrito Federal, os Municípios e suas respectivas autarquias e fundações de direito público;
>
> II – que julgar procedentes, no todo ou em parte, os embargos à execução fiscal.
>
> § 1º Nos casos previstos neste artigo, não interposta a apelação no prazo legal, o juiz ordenará a remessa dos autos ao tribunal, e, se não o fizer, o presidente do respectivo tribunal avocá-los-á.
>
> § 2º Em qualquer dos casos referidos no § 1º, o tribunal julgará a remessa necessária.
>
> § 3º Não se aplica o disposto neste artigo quando a condenação ou o proveito econômico obtido na causa for de valor certo e líquido inferior a:

I – 1.000 (mil) salários mínimos para a União e as respectivas autarquias e fundações de direito público;

II – 500 (quinhentos) salários mínimos para os Estados, o Distrito Federal, as respectivas autarquias e fundações de direito público e os Municípios que constituam capitais dos Estados;

III – 100 (cem) salários mínimos para todos os demais Municípios e respectivas autarquias e fundações de direito público.

§ 4º Também não se aplica o disposto neste artigo quando a sentença estiver fundada em:

I – súmula de tribunal superior;

II – acórdão proferido pelo Supremo Tribunal Federal ou pelo Superior Tribunal de Justiça em julgamento de recursos repetitivos;

III – entendimento firmado em incidente de resolução de demandas repetitivas ou de assunção de competência;

IV – entendimento coincidente com orientação vinculante firmada no âmbito administrativo do próprio ente público, consolidada em manifestação, parecer ou súmula administrativa.

Portanto, nos casos que não se ajustarem às premissas acima, a opção pelo recurso será sempre voluntária, dependendo da exclusiva vontade da parte sucumbente. Esta poderá ou não recorrer, segundo a sua desconformidade ou conformidade em relação ao resultado da sentença, o que dependerá, evidentemente, da decisão do advogado quanto à sua conveniência.

Barbosa Moreira[1] anota, em percuciente lição, que

> a utilização das vias recursais pode explicar-se por uma série de razões extremamente diversificadas – desde a sincera convicção de que o órgão *a quo* decidiu de maneira errônea até o puro capricho ou espírito emulatório, passando pelo desejo de ganhar tempo, pela irritação com dizeres da decisão recorrida, pelo intuito de pressionar o adversário para induzi-lo a acordo, e assim por diante. Não fica excluída a hipótese de que a vontade de recorrer esteja menos no litigante que no advogado, receoso de ver-se atingido em seu prestígio profissional pela derrota, ou movido por animosidade contra o patrono da parte adversa. É intuitivo, por outro lado, que fatores também múltiplos e variados influem na opção final entre interpor e não interpor o recurso: a estimativa das despesas com este relacionadas, a previsão do tempo que fluirá até o julgamento, a qualidade da decisão proferida, a existência ou inexistência de orientação jurisprudencial firme sobre a questão de direito, e até a situação do mercado de trabalho na advocacia [...].

De qualquer sorte, antes de se decidir favoravelmente pelo recurso, cumpre ao advogado sopesar todas as possibilidades de reforma da sentença na instância superior, tendo em vista, principalmente, a jurisprudência dominante no tribunal

1 MOREIRA, J. C. Barbosa. *Comentários ao Código de Processo Civil*, p. 211.

para o qual será remetido o recurso. É justamente nesse momento que reside, como afirmamos anteriormente, a importância de o advogado ter acesso à jurisprudência do Tribunal que será responsável pelo julgamento do recurso.

FUNDAMENTOS PARA A INTERPOSIÇÃO DO RECURSO DE APELAÇÃO

O recurso de apelação interposto perante o tribunal funda-se, em regra, na negativa da prestação jurisdicional, na procedência ou improcedência total ou parcial do pedido ou na condenação considerada injusta. Destina-se, pois, o recurso a atacar ou desconstituir a sentença em razão de fato ou fatos que o recorrente considera que não foram devidamente relevados pelo magistrado, razão pela qual a decisão da sentença foi contrária à sua pretensão. Nesse contexto inserem-se, obviamente, os erros de fato e de direito constantes da decisão ou sentença os quais serão adotados como fundamento para o recurso.

Fundamentos de fato são os que concernem ao erro de julgar ou de proceder; fundamentos de direito, os relacionados com o erro na instrução do processo, ou seja, com a inobservância dos aspectos formais. Em outras palavras, trata-se da impugnação do *error in judicando* ou do *error in procedendo*. Decorre o primeiro a apreciação da questão de direito, ou da questão de fato, ou das duas; o segundo é resultante de vício de atividade, decorrente do erro de forma ou da equivocada aplicação ou interpretação da norma procedimental.

Permite-se então concluir que o erro de julgar ou de proceder constitui-se em erro de forma, decorrente da inobservância dos requisitos formais necessários para a prática de um ato processual, sendo sua consequência a invalidação do ato, com sua cassação, anulação e consequente repetição dos atos processuais atingidos. Portanto, quando o recurso fundar-se em *error in procedendo*, com vício na atividade judicante e desrespeito às regras processuais, o julgado recorrido é anulado para que outro seja proferido na instância de origem. Assim, caso o tribunal se pronuncie pela nulidade da audiência de instrução e julgamento por vício que considera insanável, estará procedendo à declaração de um erro *in procedendo* por parte do Magistrado, determinando o retorno dos autos ao Juiz de primeiro grau para repetição dos atos processuais.

A nosso sentir também ocorre erro *in procedendo*:

a) quando o juiz não decide a lide nos limites em que proposta, sendo-lhe defeso conhecer de questões não suscitadas, cujo respeito a lei exige a iniciativa da parte (art. 141 do CPC).

b) julgamento *extra petita*. É vedado ao juiz proferir decisão de natureza diversa da pedida, bem como condenar a parte em quantidade superior ou em objeto diverso do que lhe foi demandado (art. 492 do CPC).

Já o erro *in judicando* se traduz em vício do magistrado quando este tiver apreciado de forma equivocada os fatos; quando aplicar o direito sobre os fatos de forma errônea; quando tiver realizado interpretação jurídica errada sobre a questão discutida. Nesse caso faz-se necessária a reforma da decisão, mediante a substituição do julgado recorrido pela decisão do recurso. Adotando esse entendimento, assim decidiu o STJ:

> [...] 1. O efeito substitutivo previsto no art. 512 (art. 1.008 do CPC/2015) do CPC. implica a prevalência da decisão proferida pelo órgão superior ao julgar recurso interposto contra o decisório da instância inferior. Somente um julgamento pode prevalecer no processo, e, por isso, o proferido pelo órgão *ad quem* sobrepuja-se, substituindo a decisão recorrida nos limites da impugnação. 2. Para que haja a substituição, é necessário que o recurso esteja fundado em *error in judicando* e tenha sido conhecido e julgado no mérito. Caso a decisão recorrida tenha apreciado de forma equivocada os fatos ou tenha realizado interpretação jurídica errada sobre a questão discutida, é necessária a sua reforma, havendo a substituição do julgado recorrido pela decisão do recurso.[2]

Salvo melhor juízo, entendemos que o erro *in judicando* guarda estreita relação com os equívocos cometidos pelo magistrado na fundamentação da sentença, quando incide nas hipóteses do art. 489, § 1º, do CPC:

a) a sentença limitada à indicação, à reprodução ou à paráfrase de ato normativo, sem explicar sua relação com a causa ou a questão decidida;

b) o emprego de conceitos jurídicos indeterminados, sem explicar o motivo concreto de sua incidência no caso;

c) a invocação de motivos que se prestariam a justificar qualquer outra decisão;

d) a sentença limitada a invocar precedente ou enunciado de súmula, sem identificar seus fundamentos determinantes nem demonstrar que o caso sob julgamento se ajusta àqueles fundamentos;

e) a decisão contrária à súmula, jurisprudência ou precedente invocado pela parte, sem demonstrar a existência de distinção no caso em julgamento ou a superação do entendimento;

f) não enfrentar todos os argumentos deduzidos no processo capazes de, em tese, infirmar a conclusão adotada pelo julgador.

DEFINIÇÃO (ESCOLHA) DO RECURSO

A interposição de recurso cabe não só em relação à sentença, mas também em relação às decisões não terminativas proferidas durante o processo, como o recurso de agravo de instrumento. Assim, toda vez que o juiz proferir decisão que a parte considere equivocada e contrária aos interesses da parte, esta poderá recorrer. Entretanto, para que isso se viabilize, impõe-se inteirar-se previamente do recurso cabível, do prazo para interpô-lo e do seu processamento.

Todavia, ainda que equivocadamente venha o advogado interpor recurso que não seja o mais adequado para impugnar determinada decisão, pode o recurso

2 REsp n. 963.220/BA, 4ª T., rel. Min. João Otávio de Noronha, j. 07.04.2011, *DJe* 15.04.2011.

equivocado, eventualmente, vir a ser admitido pela autoridade judiciária em razão da variação de recursos ou do *princípio da fungibilidade*. Assim, desde que não se incorra em má-fé ou em erro grosseiro, é admitida a conversão de um recurso em outro, por exemplo, o agravo de instrumento em apelação, ou vice-versa, com fundamento no art. 283 do Código de Processo Civil.[3]

Como exemplo prático da fungibilidade do recurso pode-se citar o do § 3º do art. 1.024, do Código de Processo Civil, que consigna: "O órgão julgador conhecerá dos embargos de declaração como agravo interno se entender ser este o recurso cabível, desde que determine previamente a intimação do recorrente para, no prazo de 5 (cinco) dias, complementar as razões recursais, de modo a ajustá-las às exigências do art. 1.021, § 1º".

Admite-se também a variação ou fungibilidade de recursos quando o recorrente, depois de haver interposto um, apresenta outro com a declaração de sua intenção de variar. Entretanto, se o recorrente interpõe, ao mesmo tempo, dois recursos pretendendo que ambos sejam admitidos, nenhum dos dois poderá ser admitido.

Alerte-se, contudo, que, para que a referida conversão possa efetivar-se, é condição imprescindível o cumprimento do prazo legal, ou seja, o recurso que foi equivocadamente oferecido poderá substituir o recurso cabível, desde que a sua interposição se verifique dentro do prazo exigível para apresentação do último. Esta exigência foi confirmada pelo Superior Tribunal de Justiça:

> Recurso em sentido estrito recebido como apelação. Princípio da fungibilidade. 1. Conforme o art. 579 do Código de Processo Penal, a jurisprudência desta Corte Superior de Justiça admite a fungibilidade recursal, desde que observado o prazo do recurso que se pretende reconhecer e que não fique configurada a má-fé ou a prática de erro grosseiro. 2. No caso dos autos, o magistrado de primeira instância admitiu parcialmente a acusação para pronunciar o recorrente pelo crime de homicídio e absolvê-lo sumariamente pelo crime conexo. 3. O Tribunal de origem consignou que o recurso em sentido estrito – que impugnava a parte da decisão que absolvia o recorrente – foi interposto dentro do prazo de 5 dias previstos nos arts. 586 e 593 do Código de Processo Penal, o que demonstra ter havido um equívoco tão somente quanto ao *nomen iuris* atribuído ao recurso interposto. Precedentes. 4. Agravo regimental desprovido. (Ag. Reg. no REsp n. 1.597.691/SC, 6ª T., rel. Min. Antonio Saldanha Palheiro, j. 18.05.2017, *DJe* 30.05.2017)

De qualquer modo, a definição do recurso a ser interposto depende exclusivamente da decisão a ser impugnada. Assim, se, por exemplo, a decisão for inter-

---

3 CPP, art. 579: "Salvo a hipótese de má-fé, a parte não será prejudicada pela interposição de um recurso por outro". "Apelação. Fungibilidade. Recurso recebido como agravo. Decisão reformada, em parte. Sendo a apelação, interposta, no prazo do agravo de instrumento, contra decisão que, acolhendo pedido da parte, deferiu a aplicação de índices do IPC, como fator de correção monetária, recebe-se o recurso, como agravo, face ao princípio da fungibilidade." (HC n. 75.293-4/SP, 2ª T., j. 16.12.1997, rel. Min. Carlos Velloso, *DJU* 06.03.1998, *RT* 752/513).

locutória, o recurso cabível é o agravo de instrumento (art. 1.015 do CPC); se a decisão for definitiva (sentença), cabe o recurso de apelação (art. 1.009 do CPC). Já sendo simples despacho, não cabe recurso algum.

Há de se definir, igualmente, a autoridade judicial a quem será endereçado o recurso, pois há recursos que tanto podem ser endereçados ao próprio juiz da causa quanto ao tribunal de justiça, como os embargos de declaração, e recursos que somente são admitidos perante o tribunal de justiça, como nos casos do agravo de instrumento e da apelação, embora este deva inicialmente ser interposto por petição dirigida ao juízo de primeiro grau.

Finalmente, antes de decidir pela interposição do recurso, recomenda-se atentar para a inexistência de confronto com súmula ou jurisprudência dominante no respectivo tribunal, no Supremo Tribunal Federal ou em tribunal superior, pois, na hipótese da existência de confronto, o relator negará seguimento ao recurso (art. 932, IV, do CPC). Ademais, a interposição de recurso com intuito manifestamente protelatório é passível de condenação por perdas e danos por litigância de má-fé, nos termos dos arts. 79 e 80 do CPC.

Os atos dos juízes passíveis de impugnação e seus respectivos recursos podem, resumidamente, ser demonstrados da seguinte forma:

Decisões	Recurso
1. Decisões **interlocutórias** que versarem sobre: – tutelas provisórias; – mérito do processo; – rejeição da alegação de convenção de arbitragem; – incidente de desconsideração da personalidade jurídica; – rejeição do pedido de gratuidade da justiça ou acolhimento do pedido de sua revogação; – exibição ou posse de documento ou coisa; – exclusão de litisconsorte; – rejeição do pedido de limitação do litisconsórcio; – admissão ou inadmissão de intervenção de terceiros; – concessão, modificação ou revogação do efeito suspensivo aos embargos à execução; – redistribuição do ônus da prova nos termos do art. 373, § 1º. 2. Decisões interlocutórias proferidas na fase de liquidação de sentença ou de cumprimento de sentença, no processo de execução e no processo de inventário. 3. Outros casos expressamente referidos em lei.	Agravo de instrumento – Art. 1.015 do CPC
Sentença	Apelação – art. 1.009 do CPC
Decisão proferida pelo relator no TJ	Agravo interno – art. 1.021 do CPC
Qualquer decisão judicial para: – esclarecer obscuridade ou eliminar contradição; – suprir omissão de ponto ou questão sobre o qual devia se pronunciar o juiz de ofício ou a requerimento; – corrigir erro material.	Embargos de declaração – art. 1.022 do CPC

(continua)

(continuação)

Decisões	Recurso
Decisão denegatória proferida em única instância pelos tribunais superiores em: – mandados de segurança, *habeas data* e mandados de injunção.	Recurso ordinário perante o STF – art. 1.027 do CPC
1. Decisão denegatória proferida em única instância pelos tribunais regionais federais ou pelos tribunais de justiça dos estados e do Distrito Federal e territórios em: – mandados de segurança. 2. Processos em que forem partes, de um lado, Estado estrangeiro ou organismo internacional e, de outro, Município ou pessoa residente ou domiciliada no País.	Recurso ordinário perante o STJ – art. 1.027 do CPC
Decisão que, a teor do art. 105, III, da CF: – contrariar tratado ou lei federal, ou negar-lhes vigência; – julgar válido ato do governo local contestado em face de lei federal; – der a lei federal interpretação divergente de que lhe haja atribuído outro tribunal.	Recurso especial perante o STJ – art. 1.029 do CPC
Decisão que, a teor do art. 102, III, da CF: – declarar a inconstitucionalidade de tratado ou lei federal; – julgar válida lei ou ato do governo local contestado em face da Constituição; – decisão que julgar válida lei local contestada em face de lei federal.	Recurso extraordinário perante o STF – art. 1.029 do CPC
Decisão de presidente ou de vice-presidente que inadmitir recurso extraordinário ou recurso especial, salvo quando fundada na aplicação de entendimento firmado em regime de repercussão geral ou em julgamento de recursos repetitivos.	Agravo em recurso especial ou extraordinário, perante o STJ ou STF – art. 1.042 do CPC
Acórdão de órgão fracionário que: – em recurso extraordinário ou em recurso especial, divergir do julgamento de qualquer outro órgão do mesmo tribunal, sendo os acórdãos, embargado e paradigma, de mérito; – em recurso extraordinário ou em recurso especial, divergir do julgamento de qualquer outro órgão do mesmo tribunal, sendo um acórdão de mérito e outro que não tenha conhecido do recurso, embora tenha apreciado a controvérsia;	Embargos de divergência perante o STJ ou STF – art. 1.043 do CPC

PEDIDO DE VARIAÇÃO DE RECURSO

AO JUÍZO DE DIREITO DA ...... VARA CÍVEL

........................, nos autos da ação ...., que neste juízo moveu contra ...., tendo interposto recurso de apelação da decisão deste juízo, que indeferiu liminarmente a reconvenção oferecida pelo autor, e tendo verificado agora que o recurso cabível é o de agravo de instrumento, vem respeitosamente, por seu procurador firmatário, perante este juízo requerer que seja permitido ao solicitante modificar o recurso para que se processe o interposto como agravo de instrumento, uma vez que ainda não se esgotou o prazo legal para a interposição do último.

E. deferimento.

.................., ... de .... de 20...

Advogado(a)

OAB/...... n. ......

REDAÇÃO DO RECURSO

Preâmbulo

Refere-se, a parte preambular, à indicação dos elementos que servem à identificação do processo (número, denominação da ação, Vara e Comarca de origem, o nome das partes apelante e apelada) complementada com a denominação "razões do recurso" ou "razões de apelação" e, por último, com a expressão de tratamento "Nobres julgadores" ou "Colenda Câmara" ou, ainda, "Egrégio Tribunal".

> Autos n. ....
> Ação de indenização
> Comarca de origem: ....
> Apelante: ....
> Apelado: ....
>
> RAZÕES DO RECURSO
>
> Eméritos Julgadores:
> [...]

Cabeçalho

Neste item, o recorrente deve fazer um relato sucinto do conteúdo da ação e da sua atuação no processo que deu origem ao recurso.

> Cuida a presente ação, de pedido de indenização pelo suposto furto do veículo do apelado, também supostamente ocorrido no estacionamento do estabelecimento comercial da apelante.
>
> A apelante, em sede de contestação, sustentou que não restou suficientemente provada nem a propriedade do veículo pelo apelado, nem que o furto tenha ocorrido no local indicado, razão pela qual deveria ser a ação declarada improcedente.

Núcleo ou desenvolvimento

Aqui, deve o recorrente, inicialmente e de forma resumida, reproduzir a decisão impugnada, bem como os fundamentos em que o Juiz embasou sua decisão.

> Ao julgar a ação, o douto magistrado monocrático houve por bem decidir pela procedência da ação, sob os fundamentos de que o veículo supostamente furtado era de propriedade do apelado em face da declaração de fls. ......, em consonância com a Súmula n. 2, desse Col. Tribunal.
>
> Insurge-se, assim, a apelante, contra a r. decisão proferida pelo juiz *a quo*, que condenou a apelante ao pagamento de indenização no valor de R$ 15.000,00 (quinze mil reais).

Em prosseguimento, o apelante alinhará os *fundamentos de fato e de direito* com que impugna a sentença. Trata-se da exposição dos argumentos com que o apelante demonstrará o erro ou a injustiça da sentença.

Fundamentos de fato são os que concernem ao erro de julgar ou de proceder; fundamentos de direito, os relacionados com o erro na instrução do processo, ou seja, com a inobservância dos aspectos formais. Em outras palavras, trata-se da impugnação do *error in judicando* ou do *error in procedendo*. Decorre o primeiro a apreciação da questão de direito, ou da questão de fato, ou das duas; o segundo é resultante de vício de atividade, decorrente do erro de forma ou da equivocada aplicação ou interpretação da norma procedimental.

Incumbe ao apelante, portanto, demonstrar satisfatoriamente a legitimidade da sua pretensão ou a ilegitimidade da pretensão da parte recorrida. Deverá ressaltar, de forma sucinta, as teses ou proposições de fato e de direito sustentadas referentes às circunstâncias ou particularidades do processo, que não foram consideradas pelo Juiz e que militam em favor da sua pretensão, para efeito de reformar a decisão.

Para reforçar sua tese, convém ao apelante, sempre que possível, proceder a indicação da doutrina e de julgados que contenham precedentes judiciais favoráveis à sua sustentação, com referência precisa das respectivas fontes.

Acrescente-se, por relevante, que a alegação de "protesto por oportuna apresentação de razões" não é admissível em nossos tribunais:

> Todavia, não se conforma a apelante, *data venia*, com a respeitável sentença, que merece ser reformada pelos motivos que passa a expor:
>
> PRIMEIRO: é incabível admitir-se a comprovação da propriedade do veículo pelo apelado, porquanto o douto magistrado deu interpretação equivocada à mencionada Súmula n. 2.

Ocorre que referida Súmula refere-se, especificamente, à legitimidade quanto à responsabilidade civil decorrente de acidente de trânsito, o que, evidentemente, não é o caso dos presentes autos.

SEGUNDO: sequer restou devidamente comprovado o furto do veículo, por quanto os depoimentos testemunhais foram totalmente controversos e conflitantes, quer quanto a terem presenciado o furto, quer quanto ao horário em que teria ocorrido o suposto furto.

Encerramento

O encerramento contém o pedido de nova decisão, considerado requisito indispensável do recurso. Sem aquele, esse perde a sua finalidade, não merecendo ser admitido por falta de requisito essencial (art. 1.010, IV, do CPC).

Pelas razões expostas, espera o recorrido que esse Egrégio Tribunal dê provimento ao presente recurso para proferir nova decisão, modificando a decisão recorrida, para efeito de julgar improcedente o pedido de indenização, por ser de direito e merecida JUSTIÇA.

E. deferimento.

.................., ... de .... de 20...

Advogado(a)

OAB/...... n. ......

Deve, obrigatoriamente, acompanhar as razões do recurso de apelação, requerimento em separado endereçado ao juiz da causa, no qual lhe é solicitada a remessa dos autos ao tribunal, como no modelo a seguir. O art. 518, § 1º, do CPC/73 exigia do juiz de 1º grau o juízo de admissibilidade para o recurso, podendo negar o encaminhamento de recurso contrário à súmula do STJ ou do STF, porém o CPC/2015 eliminou a exigência.

APELAÇÃO. REQUERIMENTO

AO JUÍZO DE DIREITO DA ...... VARA CÍVEL

Comarca de ....

Processo n. ....

........................, nos autos da ação proposta em desfavor de ...., não se podendo resignar, *data venia*, com a respeitável sentença de fl. ......, que julgou improcedente o pedido, vem respeitosamente, por seu procurador signatário, interpor o presente recurso de APELAÇÃO, no prazo legal, para a egrégia instância superior, conforme lhe faculta o art. 1.009 do CPC, para o que solicita que esse egrégio juízo o receba e determine seu processamento, remetendo-o, oportunamente, ao Tribunal *ad quem*, tudo segundo a exposição e as razões que adiante seguem.

E. deferimento.

.................., ... de .... de 20...

Advogado(a)

OAB/...... n. ......

ÓRGÃOS COLEGIADOS JULGADORES

Tribunais de Justiça

Os Tribunais de Justiça dos Estados são compostos de Câmaras Cíveis e Câmaras Criminais isoladas, integradas por juízes de carreira de última instância (convocados) e por desembargadores. Existe previsão na Constituição Federal (art. 94) e nas Constituições Estaduais (p. ex., art. 63 da Constituição do Estado de São Paulo) segundo a qual um quinto dos membros dos Tribunais seja composto por membros da OAB e do Ministério Público, os quais na sua posse passarão a ser desembargadores. Em um segundo momento, dependendo da matéria a ser apreciada, as Câmaras isoladas poderão reunir-se em Grupos de Câmaras. Já o Tribunal Pleno é constituído por todos os membros do Tribunal.

As Câmaras Cíveis e Criminais isoladas, de composição variada, fixada no regimento interno de cada tribunal, compõem-se de 3 a 5 desembargadores, sob a presidência do desembargador mais antigo. Desses, geralmente apenas três participam do julgamento do recurso. Um deles será nomeado relator, com a incumbência de ler, resumir e fazer o relatório do processo.

Tribunais Regionais Federais

Para efeito de exemplo, limitar-nos-emos a fornecer informações a respeito do Tribunal Regional Federal da 4ª Região, com sede em Porto Alegre, que possui jurisdição nos Estados do Rio Grande do Sul, de Santa Catarina e do Paraná.

O TRF4 é composto por 27 desembargadores federais, que julgam recursos em causas decididas por juízes federais de primeiro grau em ações que envolvam a União Federal, autarquias e empresas públicas, bem como recursos de decisões proferidas por juízes de direito em causas envolvendo matéria previdenciária (art. 109, § 3º, da CF).

Os desembargadores federais ainda têm competência originária (art. 108 da CF) para processar e julgar:

- os juízes federais da sua área de jurisdição, incluídos os da Justiça Militar e da Justiça do Trabalho, nos crimes comuns e de responsabilidade, e os membros do Ministério Público da União, ressalvada a competência da Justiça Eleitoral;
- as revisões criminais e as ações rescisórias de julgados seus ou dos juízes federais da região;
- os mandados de segurança e os *habeas data*, contra ato do próprio Tribunal ou de juiz federal;
- os *habeas corpus*, quando a autoridade coatora for juiz federal;
- os conflitos de competência entre juízes federais vinculados ao Tribunal.

Em razão de também ser um órgão colegiado, o TRF da 4ª Região reúne-se em Plenário, em Corte Especial, em seções e em turmas.

Plenário

O Plenário, constituído da totalidade dos desembargadores federais (27), é presidido pelo Presidente do Tribunal.

Corte Especial

É constituída de quinze desembargadores, observado o quinto constitucional, presidida pelo presidente do tribunal.

Seções

Há no Tribunal quatro seções, integradas pelos componentes das turmas das respectivas áreas de especialização. A competência das seções está assim definida:

- 1ª Seção: competência tributária, composta pelos integrantes da 1ª e da 2ª Turmas;
- 2ª Seção: competência residual, ou seja, todas as matérias que não são afetas 1ª, 3ª e 4ª Seções, composta pelos integrantes da 3ª e da 4ª Turmas;
- 3ª Seção: competência previdenciária, composta pelos integrantes da 5ª e da 6ª Turmas;
- 4ª Seção: competência penal, composta pelos integrantes da 7ª e da 8ª Turmas.

Turmas

O tribunal possui oito turmas, cada uma composta por três desembargadores.

Superior Tribunal de Justiça

Os órgãos julgadores no Superior Tribunal de Justiça são as turmas (6), as seções (3), a Corte Especial (15 componentes) e o Plenário (todos os ministros).

Turmas. Nas turmas, compostas por cinco ministros cada, são julgados os recursos especiais sem caráter repetitivo, *habeas corpus* criminais, recursos em *habeas corpus*, recursos em mandado de segurança, entre outros tipos de processo.

Seções. As três seções existentes são especializadas. Cada seção reúne ministros de duas turmas, ou seja, é composta por dez ministros. Dentro de cada especialidade, as seções julgam mandados de segurança, reclamações e conflitos de competência, sendo também responsáveis pelo julgamento dos recursos repetitivos.

As seções especializadas são distribuídas da seguinte forma:

	Matéria	Seção	Turmas
Direito público	Impostos, previdência, servidores públicos, indenizações do Estado, improbidade	Primeira	Primeira e Segunda
Direito privado	Comércio, consumo, contratos, família, sucessões	Segunda	Terceira e Quarta
Direito penal	Crimes em geral, federalização de crimes contra direitos humanos	Terceira	Quinta e Sexta

Corte Especial. É composta pelos quinze ministros mais antigos do tribunal e julga as ações penais contra governadores e outras autoridades. A Corte também é responsável por decidir recursos quando há interpretação divergente entre os órgãos especializados do Tribunal.

Plenário. É composto por todos os ministros do STJ. Os magistrados convocados não participam de suas reuniões. O órgão possui competência administrativa: elege membros para os cargos diretivos e de representação, vota mudanças no regimento e elabora listas tríplices de indicados a compor o tribunal.

Supremo Tribunal Federal

O Supremo Tribunal Federal tem por atribuição exclusiva processar e julgar as ações de conteúdo constitucional, entre elas a Ação Declaratória de Inconstitucionalidade (ADI) e a Ação Declaratória de Constitucionalidade (Adecon). Os ministros do STF, em número de onze, dependendo da matéria em julgamento, julgam em Turmas ou em Plenário.

Turmas. As turmas reúnem-se com a presença de, pelo menos, três ministros. O presidente da turma terá sempre direito a voto. Se ocorrer empate, será adiada a decisão até tomar-se o voto do ministro que esteve ausente. Persistindo a ausência, ou havendo vaga, impedimento ou licença de Ministro da Turma, por mais de um mês, convocar-se-á ministro da outra, na ordem decrescente de antiguidade.

Terão prioridade, no julgamento: I – os *habeas corpus*; II – as causas criminais, entre estas as de réu preso; III – as reclamações.

Plenário. O Plenário, que se reúne com a presença mínima de seis Ministros, é dirigido pelo presidente do tribunal. O quórum para votação de matéria constitucional e para a eleição do presidente e do vice-presidente, dos membros do Conselho Nacional da Magistratura e do Tribunal Superior Eleitoral é de oito ministros.

Tramitação do recurso

Sinteticamente, em regra, o processamento do recurso se dará na seguinte ordem:

1. Registro dos autos no protocolo do tribunal no dia de sua entrada, cabendo à secretaria ordená-los, com imediata distribuição.

2. Distribuição do recurso de acordo com o regimento interno do tribunal, observando-se a alternatividade, o sorteio eletrônico e a publicidade. O primeiro recurso protocolado no tribunal tornará prevento o relator para eventual recurso subsequente interposto no mesmo processo ou em processo conexo.

3. Conclusão ao relator que, em trinta dias, depois de elaborar o voto, restituí-los-á, com relatório, à secretaria.

Incumbe ao relator (art. 932 do CPC):

> I – dirigir e ordenar o processo no tribunal, inclusive em relação à produção de prova, bem como, quando for o caso, homologar autocomposição das partes;
>
> II – apreciar o pedido de tutela provisória nos recursos e nos processos de competência originária do tribunal;
>
> III – não conhecer de recurso inadmissível, prejudicado ou que não tenha impugnado especificamente os fundamentos da decisão recorrida;
>
> IV – negar provimento a recurso que for contrário a:
>
> *a)* súmula do Supremo Tribunal Federal, do Superior Tribunal de Justiça ou do próprio tribunal;
>
> *b)* acórdão proferido pelo Supremo Tribunal Federal ou pelo Superior Tribunal de Justiça em julgamento de recursos repetitivos;
>
> *c)* entendimento firmado em incidente de resolução de demandas repetitivas ou de assunção de competência;
>
> V – depois de facultada a apresentação de contrarrazões, dar provimento ao recurso se a decisão recorrida for contrária a:

a) súmula do Supremo Tribunal Federal, do Superior Tribunal de Justiça ou do próprio tribunal;

b) acórdão proferido pelo Supremo Tribunal Federal ou pelo Superior Tribunal de Justiça em julgamento de recursos repetitivos;

c) entendimento firmado em incidente de resolução de demandas repetitivas ou de assunção de competência;

VI – decidir o incidente de desconsideração da personalidade jurídica, quando este for instaurado originariamente perante o tribunal;

VII – determinar a intimação do Ministério Público, quando for o caso;

VIII – exercer outras atribuições estabelecidas no regimento interno do tribunal.

Observe-se que antes de considerar inadmissível o recurso o relator concederá o prazo de cinco dias ao recorrente para que seja sanado vício ou complementada a documentação exigível. Ademais, ocorrendo fato superveniente à decisão recorrida ou a existência de questão apreciável de ofício ainda não examinada que devam ser considerados no julgamento do recurso, o relator intimará as partes para que se manifestem no prazo de cinco dias. Se a constatação ocorrer durante a sessão de julgamento, esse será imediatamente suspenso a fim de que as partes se manifestem especificamente; se se der em vista dos autos, deverá o juiz que a solicitou encaminhá-los ao relator, que tomará as providências previstas no *caput* e, em seguida, solicitará a inclusão do feito em pauta para prosseguimento do julgamento, com submissão integral da nova questão aos julgadores.

4. Apresentação dos autos ao presidente, que designará dia para julgamento, ordenando a publicação da pauta no órgão oficial. Entre a data de publicação da pauta e a da sessão de julgamento decorrerá, pelo menos, o prazo de cinco dias, incluindo-se em nova pauta os processos que não tenham sido julgados, salvo aqueles cujo julgamento tiver sido expressamente adiado para a primeira sessão seguinte (art. 935 do CPC).

Sessão de julgamento

1. Exposição da causa pelo relator.

2. Concessão da palavra, sucessivamente, ao recorrente, ao recorrido e, nos casos de sua intervenção, ao membro do Ministério Público, pelo prazo improrrogável de quinze minutos para cada um, a fim de sustentarem suas razões (art. 937 do CPC).

3. Votação. O relator ou outro desembargador que não se considerar habilitado a proferir imediatamente seu voto poderá solicitar vista pelo prazo máximo de dez dias, após o qual o recurso será reincluído em pauta para julgamento na sessão seguinte à data da devolução (art. 940 do CPC). De qualquer modo, o voto poderá ser alterado até o momento da proclamação do resultado pelo presidente, salvo aquele já proferido por juiz afastado ou substituído. Sendo caso de julga-

mento de apelação ou de agravo de instrumento, a decisão será tomada, no órgão colegiado, pelo voto de três juízes. Se houver voto vencido, este será necessariamente declarado e considerado parte do acórdão para todos os fins legais, inclusive de prequestionamento (art. 941 do CPC).

4. Proferidos os votos, o presidente anunciará o resultado do julgamento, designando para redigir o acórdão o relator ou, se vencido este, o autor do primeiro voto vencedor.

5. Quando for hipótese de apelação e não houver unanimidade, o julgamento terá prosseguimento em sessão a ser designada com a presença de outros julgadores, que serão convocados nos termos previamente definidos no regimento interno, em número suficiente para garantir a possibilidade de inversão do resultado inicial, assegurado às partes e a eventuais terceiros o direito de sustentar oralmente suas razões perante os novos julgadores (art. 942 do CPC). Sendo possível, o prosseguimento do julgamento dar-se-á na mesma sessão, colhendo-se os votos de outros julgadores que porventura componham o órgão colegiado. Por ocasião do prosseguimento do julgamento é facultado aos julgadores que já tiverem votado rever seus votos.

Como se observa, não se trata de recurso e sim de providência a ser tomada *ex officio* pelo presidente da Câmara ou Turma, determinando o "prosseguimento" (não seria novo julgamento?) do julgamento por outros julgadores.

Em nosso entendimento o *prosseguimento do julgamento*, instituído pelo Código de 2015 no art. 942, veio, na verdade, substituir o recurso de *embargos infringentes* previsto no art. 530 do Código de 1973 e agora extinto. O art. 530 tinha a seguinte redação: "Cabem embargos infringentes quando o acórdão não unânime houver reformado, em grau de apelação, a sentença de mérito [...]".

Ainda em relação ao "prosseguimento do julgamento" mostra-se pertinente reproduzir o Regimento Interno do Tribunal de Justiça de São Paulo:

> [...] Art. 41. Os feitos de competência das Câmaras são julgados por turma de três desembargadores, ou, em se tratando de julgamento realizado na forma do art. 942 do CPC, pelos cinco integrantes da Câmara, preferencialmente na mesma sessão ou em sessão a ser designada. [...]
>
> Art. 150. É permitida a renovação da sustentação oral sempre que o feito retorne à Mesa, após o cumprimento de diligência ou, quando oficie novo juiz, em julgamento adiado, ou que tenha prosseguimento em outra sessão, no caso do art. 942 do CPC. [...]
>
> Art. 238. Acolhida a ação rescisória por maioria de votos, aplica-se a técnica de julgamento prevista no art. 942 do CPC, elevando-se, no Grupo, a composição do órgão julgador para nove juízes, e, nas Câmaras, para cinco juízes.

Já do Regimento Interno do Tribunal de Justiça do Rio de Janeiro consta:

Seção II – Do Julgamento não unânime na Apelação Cível

Art. 130. Quando o julgamento da apelação cível não for unânime, aplica-se o disposto no art. 942 do CPC.

Art. 130-A. Para os efeitos da convocação prevista no art. 942 do CPC, serão convocados os desembargadores da Câmara de número imediatamente superior àquela em que se deu o julgamento não unânime, do mais novo para o mais antigo. Se o julgamento for proferido pela última Câmara, convocar-se-ão os desembargadores da primeira.

Decisões monocráticas

Decisão monocrática pode ser entendida como "decisão de um só", ou seja, é a decisão proferida por um só julgador, no caso, o relator do recurso. Ao decidir monocraticamente, não conhecendo ou negando provimento ao recurso, o relator estanca definitivamente o recurso, impedindo-o de ser apreciado por outros julgadores pertencentes à mesma Câmara ou Turma do tribunal. Conforme dispõe o art. 1.011 do CPC, recebido o recurso de apelação no tribunal e distribuído imediatamente, o relator decidi-lo-á monocraticamente apenas nas hipóteses do art. 932, III a V:

> Art. 932. Incumbe ao relator:
>
> [...]
>
> III - não conhecer de recurso inadmissível, prejudicado ou que não tenha impugnado especificamente os fundamentos da decisão recorrida;
>
> IV – negar provimento a recurso que for contrário a:
>
> *a)* súmula do Supremo Tribunal Federal, do Superior Tribunal de Justiça ou do próprio tribunal;
>
> *b)* acórdão proferido pelo Supremo Tribunal Federal ou pelo Superior Tribunal de Justiça em julgamento de recursos repetitivos;
>
> *c)* entendimento firmado em incidente de resolução de demandas repetitivas ou de assunção de competência;
>
> V – depois de facultada a apresentação de contrarrazões, dar provimento ao recurso se a decisão recorrida for contrária a:
>
> *a)* súmula do Supremo Tribunal Federal, do Superior Tribunal de Justiça ou do próprio tribunal;
>
> *b)* acórdão proferido pelo Supremo Tribunal Federal ou pelo Superior Tribunal de Justiça em julgamento de recursos repetitivos;
>
> *c)* entendimento firmado em incidente de resolução de demandas repetitivas ou de assunção de competência;
>
> [...]

DECISÃO MONOCRÁTICA

Embargos de Declaração n. ....
Embargante: C.L.
Advogado: V.P.L.
Embargado: Procurador Geral do Estado de ....
Procurador: ....
Relator: Des. ....

DECISÃO MONOCRÁTICA TERMINATIVA

1. Trata-se de embargos de declaração opostos por C.L. contra decisão que indeferiu a liminar, refutando pedido para que fosse assegurada sua permanência na Secretaria de Estado da Administração.

Em suas razões, assevera que a decisão é omissa e contraditória.

Segundo discorre, nela não teriam sido enfrentados todos os argumentos deduzidos no mandado de segurança, apresentando omissões quanto às alegações de falta de motivação e desrespeito ao devido processo legal, contraditório e ampla defesa, inerentes à providência de deslocamento. Ainda, defende a existência de contradições com relação à interpretação do art. 32 da Lei Complementar Estadual n. ....; às expressões "colaborador" e "inamovibilidade"; e ao cumprimento dos requisitos para seu deslocamento, na forma da Lei n. .... Assim, postula que sejam sanados os vícios apontados.

Determinada a providência do § 2º do art. 1.023 do NCPC, não houve manifestação pelos embargados (fl. 29).

2. De acordo com o art. 1.022 do NCPC, cabem embargos declaratórios contra qualquer decisão judicial para (i) esclarecer obscuridade ou eliminar contradição; (ii) suprir omissão de ponto ou questão sobre a qual o juiz devia se pronunciar o juiz; e (iii) corrigir erro material. No que se refere à finalidade de prequestionamento, inovou o atual CPC, trazendo no seu art. 1.025 que se consideram incluídos no acórdão os elementos suscitados nos aclaratórios com tal desiderato.

[...]

Compulsando a decisão atacada, verifica-se que razão assiste à embargante quanto às suas alegações. De fato, parte do que se deduziu na inicial do mandado de segurança foi ignorada no *decisum* embargado (descumprimento de exigências inerentes à remoção de servidor público estadual, na forma do respectivo estatuto); outra parte, acabou tratada de maneira contraditória (interpretação da LC Estadual n. ...., requisitos para deslocamento de servidor público e a irrelevância de inamovibilidade).

Esclarece-se.

A justificativa para o indeferimento da liminar, ou, melhor, para rechaçar a relevância da fundamentação da impetrante/agravante, girou em torno de uma interpretação basicamente gramatical da Lei Complementar Estadual n. .... – que dispõe sobre o Quadro de Pessoal dos Serviços Jurídicos das Autarquias e Fundações do Estado deste Estado – e da premissa de a impetrante não gozar da prerrogativa de inamovibilidade.

Inadvertidamente, todos os outros questionamentos foram deixados para trás, ignorando-se a possibilidade de infirmarem a conclusão alcançada.

O fato é que a situação retratada no remédio constitucional ultrapassa, e muito, o que se discutiu na oportunidade do indeferimento do pedido liminar. Não convém neste momento ingressar a fundo no mérito do mandado de segurança, e sim reconhecer a relevância dos fundamentos apresentados pela impetrante, bem como o risco de ineficácia da medida, caso deferida apenas ao final do processo, na hipótese de manutenção do ato impugnado (Lei n. 12.016/2009, art. 7º, III).

De maneira bem objetiva, o que se verifica é o seguinte: (i) a impetrante, mediante aprovação em concurso público, foi investida no cargo de Analista Técnico em Gestão Pública, na função de Assistente Jurídico, junto à Secretaria de Estado da Administração; (ii) posteriormente, no âmbito deste Estado, foi editada a LC n. ...., enquadrando por transformação para o cargo de Assistente Jurídico, com lotação e efetivo exercício na Procuradoria-Geral do Estado, os ocupantes dos cargos previstos nessa lei, notadamente o da impetrante (art. 21); (iii) apesar disso, segundo é relatado nos autos, a lei teria facultado aos ocupantes dos cargos "transpostos" permanecer no local onde atuavam (art. 32), opção essa feita pela impetrante (fl. 39); (iv) tudo corria bem até que, recentemente, e conforme se questiona, fez o Procurador-Geral do Estado cessar tal opção, mediante portaria (fl. 40), alterando a lotação da impetrante por consequência.

Diante desse específico cenário, algumas constatações exsurgem naturalmente: a primeira, de que o caso da impetrante foge à regra, já que envolve a famigerada transposição de cargos; a segunda, de que o ato impugnado se revela despido de fundamentação, com espeque na LC n. ....; e a terceira, de que, para o deslocamento da impetrante, não foi observado o Estatuto do Servidor Público (Lei Estadual n. ....).

Todas essas constatações são questionadas no mandado de segurança, mas, conforme dito anteriormente, não foram objeto da decisão embargada. E elas inevitavelmente convergem – daí despontando a relevância da fundamentação – para demonstrar a potencial ilegalidade do ato combatido.

Fundados são assim os indícios de burla ao concurso público, às regras e exigências para proceder a uma reorganização administrativa, ao direito do servidor público de ser deslocado na forma do respectivo estatuto, com observância ao devido processo e demais direitos que lhe são garantidos.

Veja que o art. ...... da LC n. ...., ao passo que assegurou ao servidor ocupante do cargo transposto a permanência no local onde já desenvolvia suas funções, indicou também que ele passaria a atuar lá na condição de "colaborador", ficando à margem do art. ...... da mesma lei.

Curiosamente, na ótica da autoridade coatora, isso lhe daria direito a fazer cessar a qualquer tempo essa "colaboração", autorizando-lhe – por via transversa – o deslocamento de servidores à Procuradoria-Geral do Estado, independentemente de opção anterior pela permanência onde já atuavam e, ainda pior, da devida motivação.

Não é minimamente crível.

Aí reside, em parte, também a contradição apontada pela impetrante, na medida em que se confundiu na decisão o direito do servidor público de ser deslocado de maneira motivada, nos moldes do respectivo estatuto, com a prerrogativa da inamovibilidade, estranha à hipótese e que nem sequer foi levantada pela impetrante. O caso gira, assim, em torno da forma e dos meios legais utilizados pela autoridade coatora para o deslocamento da impetrante, incompatíveis à primeira vista com as demais normas aplicáveis.

Justifica-se, por isso, a excepcional concessão de efeitos infringentes aos embargos, já que os vícios verificados, agora sanados, são suficientemente capazes de infirmar a rejeição da liminar. Os fundamentos da impetrante são relevantes; o caso é deveras polêmico; as circunstâncias pesam em desfavor do ato impugnado; e a suspensão do ato apenas ao final do processo, depois de compelida a impetrante a se adaptar à nova situação, mostra-se verdadeiramente desarrazoada. Pelo contrário, não se verifica maior prejuízo à Administração com a suspensão liminar do ato impugnado.

Não é demais lembrar que a LC n. ...., no que se refere a outras disposições suas, já foi objeto de controle de constitucionalidade no âmbito desta Corte julgada parcialmente procedente. Assim, nada obsta aqui reconhecimento semelhante, em prejuízo da referida lei, uma vez que a inconstitucionalidade das disposições legais fundamenta o pedido da impetrante (*vide*, pelo STJ, admitindo o manejo do *writ* nesses termos, REsp n.1.119.872/RJ, rel. Min. Benedito Gonçalves, j. em 13.10.2010).

3. À luz do exposto, acolhem-se os embargos de declaração, emprestando-lhes excepcionais efeitos infringentes, para sanar as omissões e contradições verificadas na decisão de fls. ...... e deferir a liminar, suspendendo o ato impugnado (fl. ......) na parte que diz respeito à impetrante e assegurando a sua permanência na Secretaria de Estado da Administração, onde já atuava, até o julgamento final do *writ*. Fica, por consequência, prejudicado o agravo interposto contra aquela decisão.

Publique-se.
Intimem-se.
Transitado em julgado, dê-se baixa no mapa, cancelando a distribuição do agravo distribuído sob o n. ....

E. deferimento.

.................., ... de .... de 20...

L. Z. F.

Relator

PREPARO E DESERÇÃO

Despesas de preparo são as custas judiciais originadas da própria interposição do recurso. O recorrente, em conformidade com o art. 1.007 do Código de Processo Civil, é obrigado a depositar em cartório ou contadoria o valor determinado para o preparo, sob pena do recurso não ser remetido à instância superior. Consigna o citado dispositivo que, "no ato de interposição do recurso, o recorrente comprovará, quando exigido pela legislação pertinente, o respectivo preparo, inclusive porte de remessa e de retorno, sob pena de deserção".

Nesse sentido, a Súmula n. 187 do Superior Tribunal de Justiça é taxativa: "É deserto o recurso interposto para o Superior Tribunal de Justiça, quando o recorrente não recolhe, na origem, a importância das despesas de remessa e retorno dos autos".

O mesmo se aplica à hipótese de insuficiência no valor do preparo, caso o recorrente, quando intimado, não vier a supri-lo no prazo de cinco dias (art. 1.007, § 2º, do CPC).

A insuficiência no valor do preparo implicará deserção se o recorrente, intimado na pessoa de seu advogado, não vier a supri-lo no prazo de cinco dias.

Portanto, não efetivado o preparo, ao juiz não resta outra alternativa a não ser declarar a deserção, salvo tenha a falta de preparo ocorrido em razão de justo impedimento, como ocorre na hipótese a seguir:

> Porte de remessa e retorno. Pagamento extemporâneo. Greve dos bancários. Informação a respeito do fim da paralisação. Inexistência. 1. "A greve dos bancários constitui justo impedimento ao recolhimento do preparo, desde que efetivamente impeça a parte de assim proceder, circunstância que deve ser manifestada e comprovada no ato da interposição do respectivo recurso, com o posterior pagamento das custas e a juntada da respectiva guia aos autos, no dia subsequente ao término do movimento grevista (ou no prazo eventualmente fixado pelo respectivo Tribunal via portaria), sob pena de preclusão". (Ag. Reg. nos EREsp n. 1.002.237/SP, 2ª S., rel. Min. Nancy Andrighi, *DJe* 20.11.2012)

Entretanto, excetua a lei quanto à exigência de preparo, dispensando de tal formalidade os recursos interpostos pelo Ministério Público, pela União, pelos estados e municípios e respectivas autarquias, e pelos que gozam de isenção legal (art. 1.007, § 1º, do CPC).

Ocorrendo deserção e sendo esta declarada em despacho do juiz, o efeito suspensivo que porventura tiver incidido sobre o recurso deixará de subsistir, podendo, desde logo, a parte recorrida promover a execução da sentença.

Acresça-se, por fim, que, em que pese a semelhança com os recursos, uma vez que também se destinam a impugnar decisões judiciais, o mandado de segurança e a ação rescisória não são recursos, e, sim, ações impugnativas autônomas ou ações autônomas de impugnação.

Em nosso sistema, como acentua Barbosa Moreira, o traço distintivo consiste em, por meio do recurso, impugnar a decisão no próprio processo em que foi proferida, ao passo que o exercício de ação autônoma de impugnação dá sempre lugar à instauração de outro processo. A ação rescisória é o exemplo clássico dessa segunda espécie.

Ao inteirar-se da não efetivação do preparo por parte do recorrente, poderá o próprio recorrido provocar a deserção, mediante a seguinte petição:

MODELO

AO JUÍZO DE DIREITO DA ...... VARA CÍVEL

........................, na condição de apelado, nos autos da ação .... que promoveu contra ...., ora apelante, tendo expirado o prazo concedido por este juízo sem que o mesmo tenha efetuado o preparo do recurso, vem respeitosamente requerer que, nos termos do art. 1.007 do Código de Processo Civil, se digne declarar a deserção do recurso interposto.

E. deferimento.

.................., ... de .... de 20...

Advogado(a)

OAB/...... n. ......

EFEITOS DO RECURSO

O recurso poderá ter efeito devolutivo ou efeito suspensivo.

O efeito *devolutivo* é aquele pelo qual o recurso devolve à instância superior o conhecimento integral das questões levantadas e discutidas no processo. Os recursos, em geral, possuem efeito devolutivo, o que não ocorre com o efeito suspensivo.

O efeito *suspensivo* é o que tem por fim suspender a execução da sentença apelada até que haja um pronunciamento da instância superior. Dessa forma, a sentença somente poderá ser executada depois de transitar em julgado a decisão do Tribunal Superior que confirmar a primeira. Entretanto, se a sentença for reformada, a decisão que a reformou vai substituí-la para todos os efeitos.

Não possuem efeito suspensivo o recurso extraordinário nem, em regra, o agravo de instrumento. Assim, no agravo de instrumento, a atribuição de efeito *suspensivo* ao recurso pelo relator no tribunal somente se opera como exceção, pois fica a critério do relator, que poderá conceder diante de relevante fundamentação (art. 1.019, I, do CPC). O mesmo ocorre com o recurso de apelação, que poderá ter efeito suspensivo se o apelante demonstrar a probabilidade de provimento do recurso ou se, sendo relevante a fundamentação, houver risco de dano grave ou de difícil reparação (art. 1.012, § 4º).

RECURSOS CONTEMPLADOS PELO CPC

O art. 994 consigna cabíveis os seguintes recursos:

> I – apelação;
> II – agravo de instrumento;
> III – agravo interno;
> IV – embargos de declaração;
> V – recurso ordinário;
> VI – recurso especial;
> VII – recurso extraordinário;
> VIII – agravo em recurso especial ou extraordinário;
> IX – embargos de divergência.

Dos recursos acima arrolados, o de apelação e o de agravo de instrumento destinam-se a impugnar decisões do juiz de primeiro grau (1ª instância), ao passo que os demais são interpostos, dependendo do caso, contra decisões dos tribunais estaduais ou superiores. Adiante teremos oportunidade de abordar, específica e detalhadamente, esses recursos.

PRAZOS PARA RECORRER

Excetuados os embargos de declaração, o prazo para interpor os recursos e para responder-lhes é de quinze dias (art. 1.003, § 5º, do CPC). A Advocacia Pública e a Defensoria Pública possuem prazos em dobro, conforme regras, especificamente, dos arts. 183 e 186, ambos do CPC, salvo se lei especial determinar prazo próprio (arts. 183, § 2º, e 186, § 4º).

O prazo para interposição de recurso conta-se da data em que os advogados, a sociedade de advogados, a Advocacia Pública, a Defensoria Pública ou o Ministério Público são intimados da decisão (art. 1.003). Assim, quando a decisão for proferida em audiência, todos os sujeitos que dela participam considerar-se-ão desde logo intimados.

Quando o recurso for remetido pelo correio, será considerada data de interposição a data de postagem, como consta do § 4º do art. 1.003.

A *contagem do prazo* inicial para interposição do recurso, bem como para a prática de outros atos, dá-se em conformidade com o art. 231 do Código de Processo Civil. Segundo este artigo, salvo disposição em sentido diverso, considera-se dia do começo do prazo:

> I – a data de juntada aos autos do aviso de recebimento, quando a citação ou a intimação for pelo correio;
>
> II – a data de juntada aos autos do mandado cumprido, quando a citação ou a intimação for por oficial de justiça;
>
> III – a data de ocorrência da citação ou da intimação, quando ela se der por ato do escrivão ou do chefe de secretaria;
>
> IV – o dia útil seguinte ao fim da dilação assinada pelo juiz, quando a citação ou a intimação for por edital;
>
> V – o dia útil seguinte à consulta ao teor da citação ou da intimação ou ao término do prazo para que a consulta se dê, quando a citação ou a intimação for eletrônica;
>
> VI – a data de juntada do comunicado de que trata o art. 232 ou, não havendo esse, a data de juntada da carta aos autos de origem devidamente cumprida, quando a citação ou a intimação se realizar em cumprimento de carta;
>
> VII – a data de publicação, quando a intimação se der pelo Diário da Justiça impresso ou eletrônico;
>
> VIII – o dia da carga, quando a intimação se der por meio da retirada dos autos, em carga, do cartório ou da secretaria;
>
> IX – o quinto dia útil seguinte à confirmação, na forma prevista na mensagem de citação, do recebimento da citação realizada por meio eletrônico.

Ao rol acima reproduzido se permite, ainda, acrescentar:

> *X – a data da leitura da sentença em audiência.*

Nesse caso a sentença proferida em audiência, na presença das partes, importa em intimação automática, consoante dispõe o § 1º do art. 1.003 do CPC, começando a fluir o prazo no dia seguinte, conforme regra prevista nos arts. 224 e 1.003 do mesmo Código.

Os dias do começo e do vencimento do prazo serão protraídos para o primeiro dia útil seguinte, se coincidirem com dia em que o expediente forense for encerrado antes ou iniciado depois da hora normal ou houver indisponibilidade da comunicação eletrônica (art. 224, § 1º). Ao que se acrescenta, por analogia ao art. 975, § 1º: prorroga-se até o primeiro dia útil imediatamente subsequente o prazo, quando expirar durante férias forenses, recesso, feriados ou em dia em que não houver expediente forense. Essa regra já era aplicada pelo Código de 1973, o que nos leva a concluir que o legislador do atual CPC equivocou-se ao não considerá-la aplicável aos prazos em geral.

Já em relação à intimação promovida pelo Diário de Justiça, o Código considera data de publicação o primeiro dia útil seguinte ao da disponibilização da informação no Diário da Justiça eletrônico e, como *início da contagem do prazo*, o primeiro dia útil que seguir ao da publicação (art. 224, §§ 2º e 3º).

INTIMAÇÃO ELETRÔNICA

Quando a intimação for feita através do Diário Eletrônico do tribunal, a contagem de prazos passou a ser regida pelas regras do art. 4º, §§ 3º e 4º, da Lei n. 11.419/2006, que prescreve:

> Art. 4º [...]
>
> § 3º Considera-se como data da publicação o primeiro dia útil seguinte ao da disponibilização da informação no Diário da Justiça eletrônico.
>
> § 4º Os prazos processuais terão início no primeiro dia útil que seguir ao considerado como data da publicação.

Já na hipótese de intimação por meio eletrônico feita em portal próprio do Poder Judiciário aos que nele se cadastrarem como usuários, o que dispensa a publicação no órgão oficial eletrônico (art. 5º), considerar-se-á realizada a intimação no dia útil seguinte à consulta ao teor da intimação ou ao término do prazo para que a consulta se dê (art. 231, V, do CPC). Nos casos em que a consulta se opere em dia não útil, a intimação será considerada realizada no primeiro dia útil seguinte. Como determina a lei, a consulta deverá ser feita em até dez dias corridos contados da data do envio da intimação, sob pena de considerar-se a intimação automaticamente realizada na data do término desse prazo.

Após a intimação da sentença ou acórdão, que poderá ocorrer em audiência – no caso de sentença – ou por nota publicada no Diário da Justiça Eletrônico – em ambos os casos –, o prazo para recorrer é comum às partes, o que significa afirmar que qualquer das partes poderá apelar, inclusive a parte que obteve a procedência parcial da ação. Nesse caso, só em conjunto ou mediante prévio ajuste por petição nos autos poderão seus procuradores retirar os autos, ressalvada a obtenção de cópias para a qual cada procurador poderá retirá-los pelo prazo de 1 (uma) hora, independentemente de ajuste (art. 107, § 2º, do CPC).

Cumpre ainda assinalar que, consoante faculta a Lei n. 9.800/99, pode o advogado utilizar-se de sistema de transmissão de dados e imagens do tipo fac-símile ou outro similar, para a prática de atos processuais que dependam de petição escrita, entre eles a interposição de recursos (art. 1º).

Trata-se, sem dúvida, de medida importante, pois permite ao advogado dela fazer uso em casos de urgência ou quando tenha de praticar ato processual cujo prazo esteja prestes a expirar. A adoção dessa providência é permitida à interposição do agravo de instrumento quando efetivada dentro do prazo legal, cumprindo ao agravante juntar as peças que acompanham o recurso no momento do protocolo da petição original (art. 1.017, §§ 2º, IV, e 4º, do CPC). Ressalve-se, contudo, que a mesma lei exige a entrega dos originais em juízo, até cinco dias da data do término do prazo (art. 2º). Ademais, o texto original deve estar em perfeita concordância com o texto enviado por fax, sob pena de, sem prejuízo de outras sanções, a parte responder por litigância de má-fé (art. 4º, parágrafo único, da Lei n. 9.800/99).

RECURSOS EM ESPÉCIE

Recurso de apelação

"Art. 1.009. Da sentença cabe apelação."

Apelação é o recurso cabível contra as decisões definitivas de 1ª instância que extinguem o processo com ou sem julgamento do mérito. Entende-se por decisão definitiva a sentença que extinguir a lide, solucionar a controvérsia ou resolver o litígio. Se a decisão se limitou a resolver questão incidente, como a que indefere liminarmente a reconvenção, ela não será apelável, uma vez que o recurso cabível será o de agravo de instrumento.

Apelação é, portanto, o recurso do qual a parte pode valer-se para requerer ao juízo de instância superior que reexamine a sentença que lhe foi desfavorável no juízo de 1ª instância ou de instância inferior. É o instrumento que possibilita que a causa seja submetida a um segundo julgamento por parte de uma câmara do tribunal composta de juízes mais antigos e experientes, que poderão ou não reformar total ou parcialmente a sentença exarada pelo juízo *a quo*.

Essa possibilidade de reexame da sentença pelo Tribunal de Justiça ou pelo Tribunal Regional Federal, órgãos judicantes de segundo grau, origina-se do princípio do *duplo grau de jurisdição*, ou seja, do princípio que estabelece a possibilidade de a sentença definitiva ser reapreciada por órgão de jurisdição de hierarquia normalmente superior à daquele que a proferiu.[4]

Como já referido no início deste capítulo, por imposição do art. 496 do Código de Processo Civil, há obrigatoriedade do duplo grau de jurisdição, não produzindo efeito senão depois de confirmada pelo tribunal a sentença: "I – proferida contra a União, os Estados, o Distrito Federal, os Municípios e suas respectivas autarquias e fundações de direito público; II – que julgar procedentes, no todo ou em parte, os embargos à execução fiscal".

Porém, é do mesmo art. 496, §§ 3º e 4º, a ressalva de que o comando do citado artigo não se aplica quando a condenação ou o proveito econômico obtido na causa for de valor certo e líquido inferior a:

> I – 1.000 (mil) salários mínimos para a União e as respectivas autarquias e fundações de direito público;

---

4 NERY JR., Nelson. *Os princípios fundamentais dos recursos cíveis*, p. 41.

> II – 500 (quinhentos) salários mínimos para os Estados, o Distrito Federal, as respectivas autarquias e fundações de direito público e os Municípios que constituam capitais dos Estados;
>
> III – 100 (cem) salários mínimos para todos os demais Municípios e respectivas autarquias e fundações de direito público.

E quando a sentença estiver fundada em:

> I – súmula de tribunal superior;
>
> II – acórdão proferido pelo Supremo Tribunal Federal ou pelo Superior Tribunal de Justiça em julgamento de recursos repetitivos;
>
> III – entendimento firmado em incidente de resolução de demandas repetitivas ou de assunção de competência;
>
> IV – entendimento coincidente com orientação vinculante firmada no âmbito administrativo do próprio ente público, consolidada em manifestação, parecer ou súmula administrativa.

Incluem-se no rol das exceções as sentenças proferidas no âmbito dos Juizados Especiais da Justiça Federal, consoante o comando do art. 13 da Lei n. 10.259/2001, para as quais não se aplica a regra do reexame necessário.

Contudo, importa esclarecer que, *in casu*, não são as partes que estão obrigadas a recorrer, mas tão somente que há a obrigatoriedade de os autos serem remetidos ao tribunal, haja ou não apelação, para ali ser apreciados. Trata-se de ato processual que a doutrina denomina de "reexame necessário", ou recurso de ofício, em face de ser imposto ao juiz de primeiro grau. É o que se depreende do teor do § 1º do art. 496: "Nos casos previstos neste artigo, não interposta a apelação no prazo legal, o juiz ordenará a remessa dos autos ao tribunal, e, se não o fizer, o presidente do respectivo tribunal avocá-los-á".

Porém, como pontificado por Grinover, Gomes e Fernandes, o duplo grau:

> não significa apenas a garantia de revisão de primeiro grau (reexame em segundo grau). Também compreende a proibição para o tribunal de, com seu julgamento, impedir o pronunciamento do juiz de primeiro grau (garantia do exame em primeiro grau): é o caso, por exemplo, da ocorrência, em primeiro grau, da extinção do processo sem julgamento do mérito, quando o tribunal, ao reformar a decisão, prosseguisse no julgamento, decidindo o mérito que o juiz não apreciou.[5]

A apelação será *total* quando a sentença for impugnada no seu todo, ou *parcial* quando for impugnada apenas em parte. Entretanto, presume-se total a impugnação quando o apelante não detalhar especificamente a parte da sentença com a qual não concorde.

---

5 GRINOVER, Ada Pellegrini et al. *Recursos no processo penal*, p. 24.

Cabe destacar, contudo, que antes de interpor apelação cumpre ao advogado observar se a sentença a ser impugnada não se confronta com:

a) súmula do Supremo Tribunal Federal, do Superior Tribunal de Justiça ou do próprio tribunal;

b) acórdão proferido pelo Supremo Tribunal Federal ou pelo Superior Tribunal de Justiça em julgamento de recursos repetitivos;

c) entendimento firmado em incidente de resolução de demandas repetitivas ou de assunção de competência.

Havendo confrontação, o recurso será admitido pelo relator; estando a sentença em conformidade com a súmula, o juiz não receberá o recurso, nem lhe dará prosseguimento (art. 932, IV, do CPC).

Efeitos da apelação

Consigna sinteticamente o Código de Processo Civil que "a apelação terá efeito suspensivo" (art. 1.012). Em que pese se possa em um primeiro momento deduzir que "toda" apelação terá efeito suspensivo, na verdade isso não ocorre. Assim, tendo em linha de consideração que uma variedade muito grande de sentenças começa a produzir efeitos imediatamente após a sua publicação, como as arroladas no § 1º do art. 1.012,[6] o Código de Processo Civil ressalva que "o pedido de concessão de efeito suspensivo nas hipóteses do § 1º poderá ser formulado por requerimento dirigido ao: I – tribunal, no período compreendido entre a interposição da apelação e sua distribuição, ficando o relator designado para seu exame prevento para julgá-la; II – relator, se já distribuída a apelação" (§ 3º). Todavia, para obter o efeito suspensivo o apelante haverá de, necessariamente, demonstrar ao relator a probabilidade de provimento do recurso ou, sendo relevante a fundamentação, provar o risco de dano grave ou de difícil reparação (§ 4º).

Outros casos de recebimento somente no efeito devolutivo, não abordado pelo Código de Processo Civil, uma vez que consta de lei especial (art. 58, V, da Lei n. 8.245/91), são os de recursos interpostos contra sentenças relativas:

a) a despejo;
b) à consignação em pagamento;
c) à revisional de aluguel;
d) à renovatória de locação.

Processamento da apelação

1. Interposição do recurso, no prazo de quinze dias da intimação da sentença, em petição dirigida ao juiz que conterá (art. 1.010 do CPC):

---

6 "Art. 1.012 [...] § 1º Além de outras hipóteses previstas em lei, começa a produzir efeitos imediatamente após a sua publicação a sentença que: I – homologa divisão ou demarcação de terras; II – condena a pagar alimentos; III – extingue sem resolução do mérito ou julga improcedentes os embargos do executado; IV – julga procedente o pedido de instituição de arbitragem; V – confirma, concede ou revoga tutela provisória; VI – decreta a interdição."

I – os nomes e a qualificação das partes;

II – a exposição do fato e do direito;

III – as razões do pedido de reforma ou de decretação de nulidade;

IV – o pedido de nova decisão.

Resta claro, pois, que a interposição da apelação deve ser feita mediante requerimento endereçado ao juiz da causa, no qual lhe é solicitada a remessa das razões da apelação, contidas em petição em separado em que o apelante oferece suas razões, ao tribunal competente. O Código de Processo Civil de 1973 exigia do juiz de 1º grau o juízo de admissibilidade para o recurso, podendo negar o encaminhamento de recurso contrário à súmula do STJ ou do STF (art. 518, § 1º), porém o Código de Processo Civil de 2015 eliminou a exigência, não cabendo mais ao juiz questionar referida admissibilidade.

2. O juiz despacha a petição do recurso, determinando a intimação do apelado para apresentar contrarrazões no prazo de quinze dias. Caso o apelado interpuser apelação adesiva, o juiz intimará o apelante para apresentar contrarrazões (art. 1.010, §§ 1º e 2º).

3. Remessa pelo juiz dos autos ao tribunal.

4. Recebimento do recurso no tribunal e distribuição imediatamente ao relator (art. 1.011 do CPC).

Ao receber o recurso, o relator poderá decidi-lo monocraticamente apenas nas hipóteses do art. 932, III a V. Não sendo caso de decisão monocrática, elaborará seu voto para julgamento do recurso pelo órgão colegiado.

APELAÇÃO: REQUERIMENTO DE INTERPOSIÇÃO

AO JUÍZO DE DIREITO DA 2ª VARA CÍVEL
Comarca de ....
Autos n. ....
Ação de ....

........................, brasileiro, casado, comerciante, domiciliado em .... e residente na rua ...., n. ......, nos autos da ação que promove contra ...., brasileiro, casado, industriário, domiciliado em .... e residente na rua ...., n. ......, tendo este juízo julgado improcedente a ação e não se conformando o apelante, *data venia*, com a respeitável sentença de fls. ...... que julgou improcedente a ação, quer, por seu procurador signatário, interpor o presente recurso de APELAÇÃO, no prazo legal, para a egrégia instância superior, conforme lhe faculta o art. 1.009 do Código de Processo Civil, para o que requer que este juízo o receba e determine seu processamento, remetendo-se o processo, oportunamente, ao Tribunal de Justiça, independentemente de juízo de admissibilidade, tudo segundo a exposição e as razões que adiante seguem anexas.

................., ... de .... de 20...

Advogado(a)

OAB/...... n. ......

APELAÇÃO: RAZÕES DO APELANTE

TRIBUNAL DE JUSTIÇA DO ESTADO DE ......
Autos n. ......
Ação de ....
Comarca de origem ....

APELANTE: .... (qualificação e endereço)
APELADO: .... (qualificação e endereço)

Egrégia Câmara:

1. Na presente ação, pretende o apelante .... (resumir o que pretende o autor, na petição inicial) ....

2. Na contestação, o apelado sustentou que .... (resumir a contestação) ....

3. Analisando a ação, houve por bem o magistrado *a quo* julgá-la improcedente .... (indicar a conclusão e os fundamentos da sentença) ....

4. Todavia, *data venia*, impõe-se a reforma da respeitável sentença recorrida pelas razões seguintes: (indicar as razões pelas quais julga que a sentença deva ser reformada) ....

5. Em tais condições, requer o apelante que a egrégia instância superior reforme a respeitável decisão recorrida, por ser de direito e de justiça, julgando procedente a ação nos termos pedidos.

................., ... de .... de 20...

Advogado(a)

OAB/...... n. ......

APELAÇÃO: REQUERIMENTO DE CONTRARRAZÕES

AO JUÍZO DE DIREITO DA ... VARA ...
Comarca de ....
Autos n. ....

.... (qualificação e endereço), na condição de réu nos autos da ação proposta por .... (qualificação e endereço), e julgada improcedente por esse juízo, quer, por seu procurador signatário, oferecer as inclusas contrarrazões ao recurso de APELAÇÃO, interposto pelo autor, no prazo legal, conforme lhe faculta o art. 1.010, § 1º, do Código de Processo Civil, para o que solicita que este juízo o receba e determine o seu processamento, remetendo-o, oportunamente, ao Tribunal *ad quem*, tudo segundo a exposição e as contrarrazões que adiante seguem.

E. deferimento.

................., ... de .... de 20...

Advogado(a)

OAB/...... n. ......

APELAÇÃO: CONTRARRAZÕES DO APELADO

TRIBUNAL DE JUSTIÇA DO ESTADO DE ......

Autos n. ......

Ação de ....

Comarca de origem ....

APELANTE: .... (qualificação e endereço)

APELADO: .... (qualificação e endereço)

Egrégia Câmara:

O apelado, com fundamento no art. 1.010, § 1º, do Código de Processo Civil, vem, no prazo legal, responder aos termos da apelação interposta pelo recorrente, pelos fatos e razões a seguir expostos.

Pretende o A., ora apelante, via este recurso, reformar a r. sentença que, acolhendo as razões de contestação do apelado (fls. ......), rejeitou o pedido contido na inicial (fls. ......).

PRELIMINARMENTE

Todavia, o apelante não juntou, como lhe competia, o comprovante de pagamento do preparo (art. 1.007 do CPC). Destarte, pede-se e espera-se que este juízo não dê seguimento ao recurso, aplicando ao apelante a pena de deserção.

Termos em que, cumpridas as necessárias formalidades legais, pede e espera deferimento como medida de inteira justiça.

MÉRITO

1. No mérito, a decisão apelada deve ser confirmada, porquanto o douto juiz *a quo*, ao proferir sua lídima sentença, nada mais fez que acompanhar as iterativas doutrina e jurisprudência dominante.

2. Tanto assim que, não somente esse Tribunal, mas também o próprio Superior Tribunal de Justiça, consolidou o entendimento de que ...., consoante as ementas de diversos julgados, que abaixo se reproduz:

....

....

3. Todavia, se ainda assim a Egrégia Câmara entender de conhecer do recurso, no mérito verificará que a decisão apelada deve ser confirmada, por seus próprios fundamentos.

Pelo exposto, confia o apelado em que será negado provimento ao recurso, com a condenação do apelante nas custas e nos honorários de advogado do apelado, devidos pelo incidente.

Termos em que
P. deferimento.
................., ... de .... de 20...
Advogado(a)
OAB/...... n. ......

Recurso de agravo de instrumento

Agravo de instrumento é o recurso cabível contra decisões interlocutórias proferidas pelo juiz no processo (art. 1.015 do CPC). Já a decisão interlocutória é todo pronunciamento judicial de natureza decisória que não se enquadre no conceito de sentença (art. 203, § 2º, do CPC). Assim, se o ato do juiz no processo não é despacho nem sentença, é considerado decisão interlocutória, agravável de instrumento no prazo de quinze dias.

O agravo de instrumento é o recurso cabível contra as decisões interlocutórias que versarem sobre as seguintes matérias objeto do processo (art. 1.015 do CPC):

- tutelas provisórias;
- mérito do processo;
- rejeição da alegação de convenção de arbitragem;
- incidente de desconsideração da personalidade jurídica;
- rejeição do pedido de gratuidade da justiça ou acolhimento do pedido de sua revogação;
- exibição ou posse de documento ou coisa;
- exclusão de litisconsorte;
- rejeição do pedido de limitação do litisconsórcio;
- admissão ou inadmissão de intervenção de terceiros;
- concessão, modificação ou revogação do efeito suspensivo aos embargos à execução;
- redistribuição do ônus da prova nos termos do art. 373, § 1º;
- outros casos expressamente referidos em lei.

A petição de agravo de instrumento, que será dirigida diretamente ao tribunal competente, no prazo de quinze dias, deverá cumprir os seguintes requisitos (art. 1.016 do CPC):

a) os nomes das partes;

b) a exposição do fato e do direito;

c) as razões do pedido de reforma ou de invalidação da decisão e o próprio pedido;

d) o nome e o endereço completo dos advogados constantes do processo.

Cumpre ao agravante, ainda, anexar às razões do recurso (art. 1.017 do CPC):

a) obrigatoriamente, cópias da petição inicial, da contestação, da petição que ensejou a decisão agravada, da própria decisão agravada, da certidão da respectiva intimação ou outro documento oficial que comprove a tempestividade e das procurações outorgadas aos advogados do agravante e do agravado;

b) declaração de inexistência de qualquer dos documentos referidos no inciso I, feita pelo advogado do agravante, sob pena de sua responsabilidade pessoal;

c) facultativamente, com outras peças que o agravante reputar úteis;

d) comprovante do pagamento das respectivas custas e do porte de retorno, quando devidos, conforme tabela publicada pelos tribunais.

A interposição do recurso pode ser feita mediante qualquer dos seguintes procedimentos (art. 1.017, § 2º):

> I – protocolo realizado diretamente no tribunal competente para julgá-lo;
> II – protocolo realizado na própria comarca, seção ou subseção judiciárias;
> III – postagem, sob registro, com aviso de recebimento;
> IV – transmissão de dados tipo fac-símile, nos termos da lei;
> V – outra forma prevista em lei.

Como esclarece Ferreira Filho,[7]

> considera-se interposto o recurso tanto que a parte entregue a petição com o respectivo instrumento no correio sob registro com aviso de recebimento, valendo como comprovação o documento que nesta oportunidade lhe é fornecido pelo correio. É irrelevante a data em que a petição chega ao tribunal e nele é protocolada, pois a tempestividade do agravo de instrumento é aferida pelo momento em que a petição é entregue no correio.

Na falta da cópia de qualquer peça ou no caso de algum outro vício que comprometa a admissibilidade do agravo de instrumento, deve o relator, antes de considerar inadmissível o recurso, conceder o prazo de cinco dias ao recorrente para

7 Art. 1.021 do CPC: "§ 4º Quando o agravo interno for declarado manifestamente inadmissível ou improcedente em votação unânime, o órgão colegiado, em decisão fundamentada, condenará o agravante a pagar ao agravado multa fixada entre 1 e 5% do valor atualizado da causa. § 5º A interposição de qualquer outro recurso está condicionada ao depósito prévio do valor da multa prevista no § 4º, à exceção da Fazenda Pública e do beneficiário de gratuidade da justiça, que farão o pagamento ao final".

que seja sanado o vício ou complementada a documentação exigível (art. 932, parágrafo único).

Ainda no tocante à expressão "cópias da decisão agravada", estas exigidas pelo CPC para a interposição do agravo, o STJ decidiu, em 17.11.2008, que, ainda que não tenha certificado digital, mas sendo possível verificar por outros elementos que o documento foi extraído de site oficial, a cópia obtida pela internet é válida para integrar agravo de instrumento (REsp n. 1.073.015).

Se eventualmente o recurso for interposto por sistema de transmissão de dados tipo fac-símile ou similar, as peças devem ser juntadas no momento de protocolo da petição original.

Sendo eletrônicos os autos do processo, dispensam-se as peças referidas nos incisos I e II do *caput* do art. 1.017, facultando-se ao agravante anexar outros documentos que entender úteis para a compreensão da controvérsia.

O agravante poderá, no prazo de três dias, a contar da interposição do agravo de instrumento, requerer a juntada, aos autos do processo, de cópia da petição do agravo de instrumento, do comprovante de sua interposição e da relação dos documentos que instruíram o recurso, sob pena de inadmissibilidade do agravo de instrumento (art. 1.018 e parágrafos). Constata-se, aqui, uma aparente contradição entre o comando do *caput* do art. 1.018, que utiliza a expressão "o agravante poderá" (requerer a juntada) e o seu § 3º, que torna a juntada obrigatória quando aduz: "O descumprimento da exigência de que trata o § 2º, desde que arguido e provado pelo agravado, importa inadmissibilidade do agravo de instrumento".

Processamento do agravo de instrumento no tribunal

De acordo com o art. 1.019 do Código de Processo Civil, as regras para o processamento do agravo de instrumentos no tribunal de justiça são as seguintes:

1. Recebimento e distribuição imediata, se não for negado o conhecimento ou provimento em razão da aplicação do art. 932, III e IV.[8]

2. Entregue ao relator, este, no prazo de cinco dias:

- considerará prejudicado o recurso se o juiz comunicar que reformou inteiramente a decisão (art. 1.018, § 1º, do CPC);
- poderá atribuir efeito suspensivo ao recurso ou deferir, em antecipação de tutela, total ou parcialmente, a pretensão recursal, comunicando ao juiz sua decisão;
- ordenará a intimação do agravado pessoalmente, por carta com aviso de recebimento, quando não tiver procurador constituído, ou pelo Diário da Justiça ou

8 "Art. 932. [...] III – não conhecer de recurso inadmissível, prejudicado ou que não tenha impugnado especificamente os fundamentos da decisão recorrida; IV – negar provimento a recurso que for contrário a: *a)* súmula do Supremo Tribunal Federal, do Superior Tribunal de Justiça ou do próprio tribunal; *b)* acórdão proferido pelo Supremo Tribunal Federal ou pelo Superior Tribunal de Justiça em julgamento de recursos repetitivos; *c)* entendimento firmado em incidente de resolução de demandas repetitivas ou de assunção de competência."

por carta com aviso de recebimento dirigida ao seu advogado, para que responda no prazo de 15 (quinze) dias, facultando-lhe juntar a documentação que entender necessária ao julgamento do recurso;

- determinará a intimação do Ministério Público, preferencialmente por meio eletrônico, quando for o caso de sua intervenção, para que se manifeste no prazo de quinze dias;
- solicitará dia para julgamento em prazo não superior a um mês da intimação do agravado (art. 1.020).

Em relação à reforma da decisão pelo juiz de 1º grau, adverte Costa Machado,[9]

> reformada, inteira ou parcialmente, a decisão pelo magistrado, tem ele o dever de expedir imediatamente ofício ao tribunal, comunicando a retratação, o que provocará uma de duas consequências: *a)* se a reforma é parcial, o agravo subsiste pela parte não modificada; *b)* se a reforma é total, o relator considerará prejudicado o recurso, remetendo o instrumento à 1ª instância para ser apensada aos autos do processo.

Observe-se que, havendo decisão denegatória do recurso pelo relator, caberá *agravo interno* dirigido ao respectivo órgão colegiado competente para o julgamento do recurso. Interposto o agravo interno, o relator intimará o agravado para manifestar-se sobre o recurso no prazo de quinze dias, ao final do qual, não havendo retratação, o relator levá-lo-á a julgamento pelo órgão colegiado, com inclusão em pauta (art. 1.021 do CPC).

Efeitos do agravo de instrumento

O agravo de instrumento possui apenas efeito devolutivo. O efeito suspensivo somente se opera, como exceção, quando o recurso é interposto com o objetivo de impedir a ocorrência de danos irreparáveis à parte prejudicada pela decisão judicial. Assim, conforme o teor do art. 1.019 do Código de Processo Civil, "o relator, no prazo de 5 (cinco) dias: I – poderá atribuir efeito suspensivo ao recurso ou deferir, em antecipação de tutela, total ou parcialmente, a pretensão recursal, comunicando ao juiz sua decisão".

Entendemos, todavia, que para a concessão do efeito suspensivo ao agravo o agravante terá de, obrigatoriamente, demonstrar a probabilidade de provimento do recurso e provar, mediante relevante fundamentação, a existência de risco de dano grave ou de difícil reparação, como ocorre com os recursos de apelação e de embargos de declaração, em uma interpretação analógica ao § 4º, art. 1.012, e ao § 1º, art. 1.026, ambos do Código de Processo Civil.

9 COSTA MACHADO, Antônio Cláudio da. *Código de Processo Civil interpretado*, p. 737.

AGRAVO DE INSTRUMENTO: RAZÕES DO AGRAVANTE

AO TRIBUNAL DE JUSTIÇA DO ESTADO DE ......

Autos n. ....

Ação de reintegração de posse

Comarca de origem: ....

AGRAVANTES: .... (qualificação e endereço) e sua mulher, ... (qualificação), por seu procurador infra-assinado, inscrito na OAB/......, sob n. ......, com endereço profissional sito na .... (endereço completo, inclusive CEP).

AGRAVADOS: .... (qualificação e endereço) e sua mulher, ... (qualificação), representados pelo advogado ...., com endereço profissional sito na .... (endereço completo, inclusive CEP).

EMÉRITOS JULGADORES

Os agravantes acima qualificados, não se conformando, *data venia*, com a decisão proferida nos autos da ação em epígrafe, vem perante VV. Excelências, com fundamento nos arts. 1.015 e segs. do Código de Processo Civil interpor AGRAVO DE INSTRUMENTO, pelas razões que passam a expor:

1. Em ação de reintegração de posse na qual os agravantes figuram como demandados, o douto juiz *a quo* houve por bem deferir liminarmente o pedido de reintegração de posse formulado pelos demandantes, ora agravados.

2. Ocorre que a referida decisão judicial veio apanhar os agravantes em plena faina de colheita de milho e de soja, produtos facilmente perecíveis, quando não colhidos em tempo oportuno.

3. Desse modo, ante o apontado receio de prejuízos iminentes, passíveis de ocorrer se a colheita for feita a destempo, requerem os agravantes a este egrégio tribunal que conceda efeito suspensivo ao agravo para o fim de evitar o cumprimento da decisão liminar até que se ultime a colheita.

4. De conformidade com o art. 1.017, o agravante instrui a presente com os seguintes documentos: a) cópia de petição inicial; b) cópia da contestação; c) cópia da petição que ensejou a decisão agravada; d) cópia da decisão agravada; e) cópia da certidão da respectiva intimação; f) cópias das procurações dos advogados; g) comprovante de pagamento das custas e do porte de retorno do agravo.

Pelo exposto de fato e de direito, confiam os agravantes em que esta egrégia câmara dará provimento ao presente recurso, para o fim de determinar que o douto juízo de 1º grau reforme a respeitável decisão, ou seja, suspenda o cumprimento da decisão liminar até que se ultime a colheita, condenando-se o agravado nas custas e honorários de advogado do agravante decorrentes do presente incidente.

Termos em que
Requer e espera acolhimento.
.................., ... de .... de 20...
Advogado(a)
OAB/...... n. ......

AGRAVO DE INSTRUMENTO: REQUERIMENTO DE JUNTADA DO COMPROVANTE DE INTERPOSIÇÃO (ART. 1.018)

AO JUÍZO DE DIREITO DA 5ª VARA CÍVEL
Comarca de ....
Autos n. ....
Ação de ....

.................., brasileiro, casado, comerciante, domiciliado e residente nesta cidade, na rua ...., n. ..., por seu procurador firmatário, vem respeitosamente perante este juízo requerer a juntada aos autos da ação de ...., processo n. ...., da inclusa cópia de petição de agravo de instrumento e respectivo comprovante de sua interposição perante o Tribunal de Justiça deste Estado, bem como a juntada da relação dos documentos que instruíram o referido recurso, em atenção às exigências do art. 1.018 do Código de Processo Civil.

Termos em que
requer juntada.
.................., ... de .... de 20...
Advogado(a)
OAB/...... n. ......

Veja CPC: "Art. 1.017. [...] § 1º Acompanhará a petição o comprovante do pagamento das respectivas custas e do porte de retorno, quando devidos, conforme tabela publicada pelos tribunais".

Recurso de agravo interno (art. 1.021 do CPC)

Agravo interno, que alguns autores consideram substitutivo do agravo regimental, é o recurso cabível contra decisão proferida pelo relator com o objetivo de que seja o mesmo julgado pelo respectivo órgão colegiado, observadas, quanto ao processamento, as regras do regimento interno do tribunal (art. 1.021 do CPC).

Ao redigir a petição, compete ao recorrente impugnar especificadamente os fundamentos da decisão agravada, vedada, pois, a impugnação genérica (art. 1.021, § 1º). Entenda-se por "especificadamente" a explicitação dos elementos de fato e as razões de direito que permitam ao órgão julgador identificar com precisão o *error in iudicando* ou o *error in procedendo* praticado pelo relator. Significa, também, impugnar detalhada e justificadamente todos os fundamentos utilizados pelo relator em sua decisão, os quais, na visão do recorrente, atentam contra a prova e a verdade dos fatos. Convém lembrar, para esse efeito, que é vedado ao relator limitar-se à reprodução dos fundamentos da decisão agravada para julgar improcedente o agravo interno (art. 1.021, § 3º).

Desse modo, os advogados devem ficar atentos na redação da peça, para que fique claro quais são os pontos da decisão que estão sendo impugnados e por quais razões, evitando repetir argumentos utilizados nas razões do agravo de instrumento, sob pena de ter o agravo interno indeferido.

Cumpre lembrar, no entanto, o ônus da impugnação especificada dos fatos não se aplica ao defensor público, ao advogado dativo e ao curador especial, como assegurado pelo art. 341, III, do CPC.

A petição do agravo será dirigida ao relator. Este intimará o agravado para manifestar-se sobre o recurso no prazo de quinze dias. Findo o prazo, não havendo retratação, o relator levá-lo-á a julgamento pelo órgão colegiado, com inclusão em pauta (art. 1.021, § 2º).

Caso no julgamento o órgão colegiado, em votação unânime, declarar o agravo manifestamente inadmissível ou improcedente, em decisão fundamentada condenará o agravante a pagar ao agravado multa fixada entre 1 e 5% do valor atualizado da causa (§ 4º). O não pagamento prévio do valor da multa pelo recorrente cercer-lhe-á o direito à interposição de qualquer outro recurso, à exceção da Fazenda Pública e do beneficiário de gratuidade da justiça, que farão o pagamento ao final (art. 1.021, § 4º).

No Superior Tribunal de Justiça, o agravo interno é processado apenas nos processos de natureza cível, aplicando-se as regras do Código de Processo Civil. Já o agravo regimental é utilizado em processos de matéria penal, e o prazo para interposição é de cinco dias, contados na forma da lei processual penal.

A respeito da matéria as normas do Regimento Interno do Superior Tribunal de Justiça assim dispõem:

Seção I

Do Agravo Regimental em Matéria Penal

Art. 258. A parte que se considerar agravada por decisão do Presidente da Corte Especial, de Seção, de Turma ou de relator, à exceção do indeferimento de liminar em procedimento de *habeas corpus* e recurso ordinário em *habeas corpus*, poderá requerer, dentro de cinco dias, a apresentação do feito em mesa relativo à matéria penal em geral, para que a Corte Especial, a Seção ou a Turma sobre ela se pronuncie, confirmando-a ou reformando-a.

§ 1º O órgão do Tribunal competente para conhecer do agravo é o que seria competente para o julgamento do pedido ou recurso.

§ 2º Não cabe agravo regimental da decisão do relator que der provimento a agravo de instrumento, para determinar a subida de recurso não admitido.

§ 3º O agravo regimental será submetido ao prolator da decisão, que poderá reconsiderá-la ou submeter o agravo ao julgamento da Corte Especial, da Seção ou da Turma, conforme o caso, computando-se também o seu voto.

§ 4º Se a decisão agravada for do Presidente da Corte Especial ou da Seção, o julgamento será presidido por seu substituto, que votará no caso de empate.

Seção I-A
Do Agravo Interno

Art. 259. Contra decisão proferida por Ministro caberá agravo interno para que o respectivo órgão colegiado sobre ela se pronuncie, confirmando-a ou reformando-a.

§ 1º O órgão do Tribunal competente para conhecer do agravo é o que seria competente para o julgamento do pedido ou recurso.

§ 2º Na petição de agravo interno, o recorrente impugnará especificadamente os fundamentos da decisão agravada.

§ 3º O agravo será dirigido ao relator, que intimará o agravado para manifestar-se sobre o recurso no prazo de quinze dias, ao final do qual, não havendo retratação, o relator levá-lo-á a julgamento pelo órgão colegiado, com inclusão em pauta.

§ 4º Quando o agravo interno for declarado manifestamente inadmissível ou improcedente em votação unânime, o órgão colegiado, em decisão fundamentada, condenará o agravante a pagar ao agravado multa fixada entre 1 e 5% do valor atualizado da causa.

§ 5º A interposição de qualquer outro recurso está condicionada ao depósito prévio do valor da multa prevista no § 4º, à exceção da Fazenda Pública e do beneficiário de gratuidade da justiça, que farão o pagamento ao final.

§ 6º O agravo interno será submetido ao prolator da decisão, que poderá reconsiderá-la ou submeter o agravo ao julgamento da Corte Especial, da Seção ou da Turma, conforme o caso, computando-se também o seu voto.

§ 7º Se a decisão agravada for do Presidente da Corte Especial ou da Seção, o julgamento será presidido por seu substituto, que votará no caso de empate.

O agravo, interposto por petição na qual o recorrente impugnará especificadamente os fundamentos da decisão agravada, será dirigido ao relator, que intimará o agravado para manifestar-se sobre o recurso no prazo de quinze dias. Ao final da manifestação do agravado, não havendo retratação do relator, deverá este levá-lo a julgamento pelo órgão colegiado, com inclusão em pauta.

A pertinência da interposição do agravo interno deve ser muito bem sopesada pelo agravante pois, a teor do § 4º do art. 1.021, caso o recurso seja declarado manifestamente inadmissível ou improcedente em votação unânime, o órgão colegiado, em decisão fundamentada, condenará o agravante a pagar ao agravado multa fixada entre 1 e 5% do valor atualizado da causa.

AGRAVO INTERNO: REQUERIMENTO

TRIBUNAL DE JUSTIÇA DO ESTADO DE ......
AO EMINENTE RELATOR DA 2ª CÂMARA CÍVEL

Agravo de Instrumento n. ....

.................., nos autos do Recurso de Agravo de Instrumento que tramita por este Col. Tribunal, não se podendo resignar, *data venia*, com a respeitável decisão de fl. ......, a qual negou provimento ao agravo de instrumento ao argumento de que o recurso se mostra contrário à Súmula n. 217 do STJ, vem, por seu procurador signatário, perante esta Câmara para, nos termos do art. 1.021, § 2º, do Código de Processo Civil, requerer que este juízo se digne de RETRATAR-SE da decisão no prazo de quinze dias. Requer, ainda que, no caso de a retratação não se verificar, o que se admite somente para argumentar, determine a intimação do agravado para responder aos termos do RECURSO DE AGRAVO INTERNO, cujas razões seguem anexas e, após, sejam levadas a julgamento pelo órgão colegiado, conforme lhe faculta o art. 1.021 do Código de Processo Civil.

Termos em que
requer e espera deferimento.
................., ... de .... de 20...
Advogado(a)
OAB/...... n. ......

AGRAVO INTERNO: RAZÕES DO AGRAVANTE

AO EGRÉGIO TRIBUNAL DE JUSTIÇA DO ESTADO DE ......
...... Câmara Cível

Agravo de Instrumento n. ....
Comarca de origem ....

AGRAVANTE: ....
AGRAVADO: ....

........................, agravante no Agravo de Instrumento em epígrafe e ora agravante do presente recurso, não se conformando, *data venia*, com vossa respeitável decisão, a qual negou provimento ao Agravo de Instrumento, vem, respeitosamente, perante essa Câmara, para, nos termos do art. 1.021, do Código de Processo Civil, interpor RECURSO DE AGRAVO INTERNO, mediante as seguintes razões:

Consoante se extrai da decisão proferida, Vossa Excelência negou provimento ao Agravo de Instrumento sob a alegação de que o recurso se mostra contrário à Súmula n. 217, do Superior Tribunal de Justiça, que consigna "Não cabe agravo de decisão que indefere o pedido de suspensão da execução da liminar, ou da sentença em mandado de segurança".

Ocorre, nobre julgador, que referida Súmula não mais se encontra em vigor, eis que foi cancelada pela Corte Especial daquele tribunal, na sessão de 23.10.2003, no julgamento do Ag. Reg. na SS n. 1.204/AM.

Diante do exposto, requer que esta Câmara se digne de reconhecer o cancelamento da Súmula n. 217, retratando-se da decisão proferida, a fim de dar provimento ao recurso de agravo. Requer, ainda, se promova a intimação do agravado para manifestar-se sobre o recurso no prazo de 15 dias e, se ao final da manifestação do agravado não houver retratação, seja o presente agravo interno encaminhado ao órgão colegiado e incluído em pauta para julgamento.

Termos em que
requer e espera deferimento.
................, ... de .... de 20...
Advogado(a)
OAB/...... n. ......

Recurso de embargos de declaração

Segundo o art. 1.022 do Código de Processo Civil, cabem embargos de declaração contra qualquer decisão para: esclarecer obscuridade ou eliminar contradição; suprir omissão de ponto ou questão sobre o qual devia se pronunciar o juiz de ofício ou a requerimento; corrigir erro material.

Para efeito da interposição dos embargos de declaração considera-se omissa a decisão que: deixe de se manifestar sobre tese firmada em julgamento de casos repetitivos ou em incidente de assunção de competência aplicável ao caso sob julgamento; incorra em qualquer das condutas descritas no art. 489, I: "Art. 489. São elementos essenciais da sentença: I – o relatório, que conterá os nomes das partes, a identificação do caso, com a suma do pedido e da contestação, e o registro das principais ocorrências havidas no andamento do processo".

A finalidade dos embargos é, assim, obter esclarecimentos a respeito da falta de clareza do texto, da incerteza a respeito do que nele está expresso, da divergência ou da falta de elemento importante que deveria conter a sentença ou o acórdão.

Os embargos serão opostos, no prazo de cinco dias, em petição dirigida ao juiz, com indicação do erro, obscuridade, contradição ou omissão, e não se sujeitam a preparo (art. 1.023 do CPC). O prazo será contado em dobro na hipótese de litisconsortes que tiverem diferentes procuradores, de escritórios de advocacia distintos (art. 1.023, § 1º, c/c art. 229), ou ainda esse prazo diferenciado será obedecido em relação à Advocacia Pública e à Defensoria Pública (arts. 183 e 186, ambos do CPC).

O recurso de embargos de declaração não possui efeito suspensivo e, quando interposto, interrompe o prazo para a interposição de recurso (art. 1.026). Nesse caso, considerada a hipótese de eventual interposição de recurso de apelação, os prazos seriam contados da seguinte forma:

- data da publicação da sentença: 07.03.2016.
- data da interposição dos embargos (até 5 dias): 09.03.2016.
- prazo restante para interposição da apelação (considerando que já transcorreram 2 dias do prazo quando foi interrompido pela interposição dos embargos): 15 dias – 2 dias (dias 8 e 9/03) = 13 dias após a publicação da decisão dos embargos.

Em que pese o recurso de embargos não conferir efeito suspensivo da decisão, nada obsta que tal efeito seja concedido pelo magistrado, tendo-se em linha de consideração o teor do § 1º do art. 1.026 assim consignado:

> Art. 1.026 [...] § 1º A eficácia da decisão monocrática ou colegiada poderá ser suspensa pelo respectivo juiz ou relator se demonstrada a probabilidade de provimento do recurso ou, sendo relevante a fundamentação, se houver risco de dano grave ou de difícil reparação.

EMBARGOS DE DECLARAÇÃO: PETIÇÃO

AO EGRÉGIO TRIBUNAL DE JUSTIÇA DO ESTADO DO ......

...... Câmara Cível

........................, nos autos da apelação cível n. ......, em que é apelante, sendo .... o apelado, vem mui respeitosamente e no prazo da lei, com fundamento nos arts. 1.022 e seguintes do Código de Processo Civil, interpor EMBARGOS DE DECLARAÇÃO ao respeitável acórdão de fls. ......, que confirmou a veneranda sentença apelada, em face das seguintes razões:

1. Verifica-se, às fls. ......, que o venerando acórdão, ao julgar a causa, houve por bem confirmar a sentença de 1ª instância, com fundamento nas seguintes questões:

a) ....;

b) ....;

c) ....

2. De tal julgamento emerge, desde logo, um ponto contraditório, ou seja, o de que ....

3. A referida contradição representa questão de alta relevância pelo fato de........... ....

Em face do exposto, confia o embargante que Vossa Excelência se digne dar provimento ao presente recurso, para o fim de, *data venia*, determinar a correção da contradição citada, nos termos da lei.

P. e E. deferimento.

.................., ... de .... de 20...

Advogado(a)

OAB/...... n. ......

Processamento dos embargos no 1º grau

1. Petição escrita, endereçada ao juiz, indicando a obscuridade, dúvida, contradição ou omissão, no prazo de cinco dias, a contar da data da publicação do acórdão no Diário da Justiça ou da intimação da sentença.

2. Intimação do embargado para, querendo, manifestar-se, no prazo de cinco dias, sobre os embargos opostos, caso seu eventual acolhimento implique a modificação da decisão embargada.

3. Julgamento dos embargos em cinco dias.

Processamento dos embargos no tribunal

1. Tratando-se de acórdão, a petição será endereçada ao relator que apresentará os embargos em mesa na sessão subsequente, proferindo voto, e, não havendo julgamento nessa sessão, será o recurso incluído em pauta automaticamente.

2. Decisão monocrática do prolator da decisão embargada quando esta tiver sido proferida pelo relator. Consideram-se incluídos no acórdão os elementos que o embargante suscitou, para fins de prequestionamento, ainda que os embargos de declaração sejam inadmitidos ou rejeitados, caso o tribunal superior considere existentes erro, omissão, contradição ou obscuridade (art. 1.025).

Quando manifestamente protelatórios os embargos de declaração, o juiz ou o tribunal, em decisão fundamentada, condenará o embargante a pagar ao embargado multa não excedente a dois por cento sobre o valor atualizado da causa.

Recurso ordinário

Recurso ordinário é o recurso cabível, perante o Supremo Tribunal Federal ou o Superior Tribunal de Justiça, conforme o caso, consoante previsão constitucional, arts. 102, II, *a*, e 105, II, *b* e *c*, e art 1.027 do Código de Processo Civil. O traço distintivo desse recurso, em relação ao recurso extraordinário, é a amplitude dos temas discutidos em seu bojo. Enquanto o extraordinário (e também o especial) somente admite discussão sobre teses de direito, o ordinário comporta amplo exame "de fato e de direito", sendo ainda de notar que o ordinário visa a permitir revisão da decisão de grau inferior, simplesmente em função do inconformismo da parte vencida, ao passo que o extraordinário reclama, além do interesse do sucumbente, o preenchimento dos requisitos constitucionais que limitam sua interposição.

Conforme o art. 1.027 do Código de Processo Civil, que reproduz os dispositivos constitucionais, serão julgados em recurso ordinário:

I – *Pelo Supremo Tribunal Federal:*

As decisões denegatórias de mandado de segurança, os habeas data e os mandados de injunção proferidos em única instância pelos tribunais superiores. Desse modo, o recurso ordinário ao STF é cabível para atacar acórdão do Superior Tribunal de Justiça que, em única instância, tenha denegado qualquer das referidas causas.

II – *Pelo Superior Tribunal de Justiça:*

a) as decisões denegatórias de mandado de segurança proferidas em única instância pelos tribunais regionais federais ou pelos tribunais de justiça dos Estados e do Distrito Federal e Territórios;

b) as sentenças proferidas pela Justiça Federal de primeiro grau em causas em que forem parte Estado estrangeiro ou organismo internacional, de um lado, e de outro, Município ou pessoa residente ou domiciliada no Brasil. Nestas causas, das decisões interlocutórias caberá agravo de instrumento dirigido ao STJ, consoante o § 1º do art. 1.027 do Código de Processo Civil, nas hipóteses do art. 1.015. Aplicam-se ao recurso, quanto ao agravo de instrumento, quanto aos requisitos de admissibilidade e quanto ao procedimento, as disposições relativas ao agravo de instrumento e à apelação e o Regimento Interno do Superior Tribunal de Justiça (art. 1.028 do CPC).

No atinente ao recurso ordinário em mandado de segurança, cabe destacar a exigência de dois requisitos:

a) que o *mandamus* tenha julgado em instância única por um tribunal inferior ao STJ ou ao STF;

b) que a decisão tenha sido denegada pelo tribunal *a quo*.

Procedimento do recurso ordinário

A interposição do recurso ordinário segue as mesmas formalidades do recurso de apelação, a saber:

§ 2º O recurso previsto no art. 1.027, incisos I e II, alínea *a*, deve ser interposto perante o tribunal de origem, cabendo ao seu presidente ou vice-presidente determinar a intimação do recorrido para, em 15 (quinze) dias, apresentar as contrarrazões.

§ 3º Findo o prazo referido no § 2º, os autos serão remetidos ao respectivo tribunal superior, independentemente de juízo de admissibilidade. [art. 1.028 do CPC]

1. Interposição, por petição dirigida ao presidente ou vice-presidente do Tribunal recorrido, acompanhada das razões do recurso endereçadas ao Tribunal competente (STJ ou STF), no prazo de quinze dias, acompanhado do comprovante de pagamento das despesas de remessa e de retorno (art. 1.007 do CPC).
2. Protocolamento do recurso.
3. Recebimento do recurso pelo Presidente do Tribunal recorrido.
4. Intimação do recorrido e vista para contrarrazões.
5. Resposta do recorrido no prazo de quinze dias.
6. Remessa do recurso ao tribunal superior (STJ ou STF), independentemente de juízo de admissibilidade.

RECURSO ORDINÁRIO: REQUERIMENTO

AO PRESIDENTE DO TRIBUNAL DE JUSTIÇA DO ESTADO DE ......

...... Câmara

Autos n. ....

.................., nos autos do mandado de segurança impetrado contra o Senhor Governador do Estado de ...., não se podendo resignar, *data venia*, com o respeitável acórdão, que denegou o referido *writ*, quer, por seu procurador signatário, interpor o presente RECURSO ORDINÁRIO, no prazo legal, para a egrégia instância superior, conforme lhe faculta o art. 1.027 do Código de Processo Civil, para o que solicita que esta Câmara o receba e determine o seu processamento, remetendo-o, oportunamente, ao Superior Tribunal de Justiça, independentemente de juízo de admissibilidade, tudo segundo a exposição e as razões que adiante seguem.

E. deferimento.

.................., ... de .... de 20...

Advogado(a)

OAB/...... n. ......

RECURSO ORDINÁRIO: RAZÕES DO RECORRENTE

AO EGRÉGIO SUPERIOR TRIBUNAL DE JUSTIÇA

Autos n. ....

Ação de Mandado de Segurança

Recorrente: ....

Recorrido: o SENHOR GOVERNADOR DO ESTADO DO ....

RAZÕES DO RECORRENTE.

Colendo Tribunal:

1. Na ação em epígrafe, pretende o recorrente impugnar ato do Senhor Governador do Estado do ....., que o exonerou de suas funções de ...., que exercia junto à Secretaria de ....., cargo que ocupava por concurso desde a data de ...., sob a alegação de prevaricação.

2. Ocorre que referida exoneração consumou-se de forma expedita e autoritária, sem que ao impetrante fosse concedida qualquer possibilidade de defesa, sem o que, ficou naturalmente impossibilitado de provar que não cometeu o referido delito e de elidir, peremptoriamente, a imputação que lhe foi feita.

3. Como se pode do todo inferir, assim agindo, a referida autoridade violou direito líquido e certo do impetrante de responder o competente processo administrativo, com direito ao contraditório e ampla defesa, com os meios e recursos a ela inerentes, nos termos assegurados pelo art. 5º, LV, da Constituição Federal e pelo próprio Estatuto dos Funcionários Públicos do Estado do ...., em seu art. ......

4. Ao julgar a ação, a colenda 2ª Câmara Cível houve por bem decidir pela improcedência da ação, aos fundamentos de que o impetrante foi devidamente notificado para apresentar defesa, deixando o prazo correr *in albis*.

Todavia, o respeitável acórdão merece ser reformado em face de que, em momento algum, o impetrante recebeu ou assinou a alegada notificação, como se pode perfeitamente deduzir do exame dos autos.

Pelas razões expostas, espera o impetrante que esse Egrégio Tribunal dê provimento ao presente recurso para modificar o acórdão recorrido, para o fim de julgar procedente o mandado de segurança, nos termos da Lei n. 12.016/2009 e do art. ...... do Estatuto dos Funcionários Públicos, por ser de direito e merecida

JUSTIÇA!

................., ... de .... de 20...

Advogado(a)

OAB/...... n. ......

Recurso extraordinário

O recurso extraordinário e o recurso especial, que tem previsão constitucional, são regulados supletivamente pelos arts. 1.029 e segs. do Código de Processo Civil.

O recurso extraordinário, cuja competência para julgar é do Supremo Tribunal Federal, deve ser interposto perante o presidente ou o vice-presidente do tribunal recorrido para atacar decisões previstas no art. 102, III, da Constituição Federal, que são as seguintes:

a) decisão que contrariar dispositivo da Constituição;

b) decisão que declarar a inconstitucionalidade de tratado ou lei federal;

c) decisão que julgar válida lei ou ato do governo local contestado em face da Constituição;

d) decisão que julgar válida lei local contestada em face de lei federal.

São requisitos da petição inicial do recurso extraordinário (art. 1.029 do CPC):

- a exposição do fato e do direito;
- a demonstração do cabimento do recurso interposto;
- as razões do pedido de reforma ou de invalidação da decisão recorrida.

Quando o recurso fundar-se em dissídio jurisprudencial, o recorrente fará a prova da divergência com a certidão, cópia ou citação do repositório de jurisprudência, oficial ou credenciado, inclusive em mídia eletrônica, em que houver sido publicado o acórdão divergente, ou ainda com a reprodução de julgado disponível na rede mundial de computadores, com indicação da respectiva fonte, devendo-se, em qualquer caso, mencionar as circunstâncias que identifiquem ou assemelhem os casos confrontados.

Outro requisito importante de viabilidade do recurso extraordinário é o denominado *prequestionamento*, consoante imperativo sumulado pelo Supremo Tribunal Federal (Súmula n. 282: "É inadmissível o recurso extraordinário, quando não ventilada, na decisão recorrida, a questão federal suscitada"). Ocorre dito prequestionamento quando a questão que constitui objeto do recurso extraordinário foi devidamente suscitada e defendida nas instâncias ordinárias. Desse modo, não será conhecido pelo tribunal, por ausência do referido requisito, o recurso extraordinário que versar sobre questão nova, não suscitada anteriormente perante o tribunal *a quo*.

Segundo entendimento do Supremo Tribunal Federal, equivale à ausência de prequestionamento a omissão, no aresto, sobre a questão federal posta no recurso ordinário ou nas contrarrazões, pois, *in casu*, é indispensável anterior interposição de embargos de declaração. Doutra parte, consagrou aquela corte que não se faz presente a exigência do prequestionamento nas hipóteses de nulidade do próprio julgamento decorrente de ausência de regular publicação da pauta ou decisão *ultra*, *extra* ou *infra petita*, que, por sua própria natureza, só podem ser suscitadas posteriormente.[10]

Impende ainda citar, por pertinente, o conteúdo da Súmula n. 283 do Supremo Tribunal Federal, que propugna ser "inadmissível o recurso extraordinário, quando a decisão recorrida se assenta em mais de um fundamento suficiente e o recurso não abrange todos eles". Significa dizer que, se o acórdão do tribunal de segundo grau se funda em matéria de direito constitucional e infraconstitucional e somente o recurso especial é interposto, a matéria constitucional restará preclusa, não sendo mais possível invocá-la como fundamento para recurso extraordinário contra a decisão do Superior Tribunal de Justiça que tenha desacolhido o recurso especial.

Por derradeiro, insta lembrar o precedente do Supremo Tribunal Federal de que o cabimento do recurso extraordinário também se estende às decisões definitivas do Juizado Especial Cível, decorrentes de julgamento de recurso por turma composta de três juízes togados, em exercício no primeiro grau de jurisdição, reunidos na sede do juizado (arts. 41, §§ 1º e 2º, e 82 da Lei n. 9.099/95), nas hipóteses do art. 102, III, letras *a* a *c*.[11]

Em que pese os recursos extraordinário e especial serem recebidos apenas no efeito devolutivo, poderá a parte, com fundamento no art. 1.029, § 5º, do Código de Processo Civil, requerer a concessão de efeito suspensivo por requerimento dirigido: ao tribunal superior respectivo, no período compreendido entre a publicação da decisão de admissão do recurso e sua distribuição, ficando o relator designado para seu exame prevento para julgá-lo; ao relator, se já distribuído o recurso; ao presidente ou vice-presidente do tribunal recorrido, no período compreendido entre a interposição do recurso e a publicação da decisão de admissão do recurso, assim como no caso de o recurso ter sido sobrestado, nos termos do art. 1.037.

Repercussão geral. Para interpor recurso extraordinário é indispensável, também, a demonstração da existência de repercussão geral. Desse modo, o Supremo Tribunal Federal, em decisão irrecorrível, não conhecerá do recurso extraordinário quando a questão constitucional nele versada não tiver **repercussão geral**, nos termos do art. 1.035 do Código de Processo Civil. Para efeito de repercussão geral, será considerada a existência ou não de questões relevantes do ponto de vista econômico, político, social ou jurídico que ultrapassem os interesses subjetivos do processo.

Haverá repercussão geral, segundo o § 3º do art. 1.035, sempre que o recurso impugnar acórdão que: contrarie súmula ou jurisprudência dominante do Supremo Tribunal Federal; tenha reconhecido a inconstitucionalidade de tratado ou de lei federal, nos termos do art. 97 da Constituição Federal. Reconhecida a repercussão geral, o relator no Supremo Tribunal Federal determinará a suspensão do processamento de todos os processos pendentes, individuais ou coletivos, que versem sobre a questão e tramitem no território nacional.

---

10 COSTA MACHADO, Antônio Cláudio da. *Código de Processo Civil interpretado*, p. 737.

11 Idem, ibidem, p. 737.

Processamento do recurso extraordinário (art. 1.030 do CPC)

1. Petição escrita, no prazo de quinze dias, interposta perante o presidente ou o vice-presidente do tribunal recorrido (Tribunal de Justiça ou Tribunal Regional Federal).

2. Intimação do recorrido para, no prazo de quinze dias, apresentar contrarrazões.

3. Autos conclusos ao Presidente ou ao vice-presidente do tribunal recorrido, podendo este:

I – negar seguimento:

a) a recurso extraordinário que discuta questão constitucional à qual o Supremo Tribunal Federal não tenha reconhecido a existência de repercussão geral ou a recurso extraordinário interposto contra acórdão que esteja em conformidade com entendimento do Supremo Tribunal Federal exarado no regime de repercussão geral;

b) a recurso extraordinário ou a recurso especial interposto contra acórdão que esteja em conformidade com entendimento do Supremo Tribunal Federal ou do Superior Tribunal de Justiça, respectivamente, exarado no regime de julgamento de recursos repetitivos;

II – encaminhar o processo ao órgão julgador para realização do juízo de retratação, se o acórdão recorrido divergir do entendimento do Supremo Tribunal Federal ou do Superior Tribunal de Justiça exarado, conforme o caso, nos regimes de repercussão geral ou de recursos repetitivos;

III – sobrestar o recurso que versar sobre controvérsia de caráter repetitivo ainda não decidida pelo Supremo Tribunal Federal ou pelo Superior Tribunal de Justiça, conforme se trate de matéria constitucional ou infraconstitucional;

IV – selecionar o recurso como representativo de controvérsia constitucional ou infraconstitucional, nos termos do § 6º do art. 1.036;

V – realizar o juízo de admissibilidade e, se positivo, remeter o feito ao Supremo Tribunal Federal ou ao Superior Tribunal de Justiça, desde que:

a) o recurso ainda não tenha sido submetido ao regime de repercussão geral ou de julgamento de recursos repetitivos;

b) o recurso tenha sido selecionado como representativo da controvérsia; ou

c) o tribunal recorrido tenha refutado o juízo de retratação.

Contra decisão de inadmissibilidade proferida com fundamento no inciso V caberá *agravo* ao tribunal superior, nos termos do art. 1.042; contra a decisão proferida com fundamento nos incisos I e III caberá *agravo interno*, nos termos do art. 1.021.

Sendo hipótese de agravo (art. 1.042 do CPC), a petição será dirigida ao presidente ou ao vice-presidente do tribunal de origem e independe do pagamento de custas e despesas postais, aplicando-se a ela o regime de repercussão geral e de recursos repetitivos, inclusive quanto à possibilidade de sobrestamento e do juízo de retratação. O agravado será intimado, de imediato, para oferecer resposta no prazo de quinze dias, após o qual, não havendo retratação, o agravo será remetido ao tribunal superior competente.

RECURSO EXTRAORDINÁRIO: REQUERIMENTO DE INTERPOSIÇÃO

AO EGRÉGIO TRIBUNAL REGIONAL FEDERAL DA ...... REGIÃO

...... Câmara

Autos n. ....

................., nos autos da apelação cível n. ...., cujo acórdão da Egrégia ...... Câmara Cível foi publicado no órgão oficial de ......, vem, por seu procurador, com fundamento no art. 102, III, *a*, da Constituição Federal de 1988 e art. 1.029 do CPC, interpor para o Egrégio Supremo Tribunal Federal o presente RECURSO EXTRAORDINÁRIO. Requer, assim, a este tribunal que, na forma do art. 1.030 do Código de Processo Civil, mande intimar o recorrido, abrindo-se-lhe vista pelo prazo de 15 dias para apresentar contrarrazões e, findo o prazo, com ou sem contrarrazões, determine a remessa dos autos ao Egrégio Supremo Tribunal Federal, com as inclusas razões.

Requer, ainda, a juntada do comprovante do recolhimento das despesas de porte de remessa e de retorno.

Termos em que
pede deferimento.

................., ... de .... de 20...

Advogado(a)

OAB/...... n. ......

RECURSO EXTRAORDINÁRIO: RAZÕES DO RECORRENTE

AO PRESIDENTE DO EGRÉGIO SUPREMO TRIBUNAL FEDERAL

....................., nos autos da apelação cível n. ......, da comarca de ...., em que foi apelante, tendo sido apelado ...., *data venia*, não se conformando com o venerando acórdão de fls. ......, vem interpor RECURSO EXTRAORDINÁRIO perante este Colendo Tribunal, com fundamento no art. 102, III, *a*, da Constituição Federal, e no art. 1.029 do Código de Processo Civil, pelas seguintes razões:

1. O autor, ora recorrente, na presente ação pretende ....
....

2. No venerando acórdão de fls. ......, no que se refere à aplicação do art. ...... da Constituição Federal de 1988 ao objeto da ação em tela, entenderam os eméritos julgadores que ....

3. Todavia, *data venia*, o acórdão concebido nos termos acima expostos, além de contrariar frontalmente o citado dispositivo constitucional, diverge *in totum* da jurisprudência dominante no excelso pretório, como se verifica no incluso documento, do qual o recorren-

te se serve para transcrever o seguinte julgado, extraído do acórdão datado de .... e publicado no *DJe* na data de ....:

"..

....".

4. Como se pode verificar, a divergência é manifesta, pois, enquanto o venerando acórdão recorrido entende que ...., o acórdão do STF, acima transcrito, considera que ....

....

5. Nos termos da lei, haverá repercussão geral sempre que o recurso impugnar acórdão que contrarie súmula ou jurisprudência dominante do Supremo Tribunal Federal (§ 3º do art. 1.035 do CPC).

6. A matéria discutida no presente recurso, como se permite constatar, é de extrema relevância no que se refere ao ponto de vista social, de modo que ultrapassa os interesses subjetivos do processo, de conformidade com o art. 1.035 do Código de Processo Civil.

7. Presentes os requisitos exigidos para a admissibilidade do presente recurso extraordinário, impõe-se a sua admissão com fundamento na letra *a* do inciso III do art. 102 da Constituição Federal, para que possa o colendo Supremo Tribunal Federal restaurar a vigência do dispositivo constitucional vulnerado.

Em face de todo o exposto, requer seja o presente recurso admitido e processado na forma da lei e para fins de direito.

P. deferimento.

................., ... de .... de 20...

Advogado(a)

OAB/...... n. ......

Recurso especial

O recurso especial, que possui efeito devolutivo e deve ser interposto perante o Superior Tribunal de Justiça, consoante o art. 105, III, da Constituição Federal, e art. 1.029, do Código de Processo Civil de 2015, é recurso cabível contra a decisão que:

a) contrariar tratado ou lei federal, ou negar-lhes a vigência;

b) julgar válido ato de governo local contestado em face de lei federal;

c) der a lei federal interpretação divergente da que lhe haja atribuído outro tribunal.

Quando o recurso fundar-se em dissídio jurisprudencial, o recorrente fará a prova da divergência com a certidão, cópia ou citação do repositório de jurisprudência, oficial ou credenciado, inclusive em mídia eletrônica, em que houver sido publicado o acórdão divergente, ou ainda com a reprodução de julgado disponível na rede mundial de computadores, com indicação da respectiva fonte, devendo-se, em qualquer caso, mencionar as circunstâncias que identifiquem ou assemelhem os casos confrontados. Fundando-se o recurso em dissídio jurisprudencial é vedado ao tribunal inadmiti-lo com base em fundamento genérico de que as circunstâncias fáticas são diferentes, sem demonstrar a existência da distinção.

Interposição conjunta do RE e do REsp. Por oportuno, convém acrescentar que, na hipótese de na mesma decisão recorrida haver alegação de ofensa à Constituição Federal (cabe recurso extraordinário) e ofensa à lei ordinária (cabe recurso especial), ambos os recursos deverão ser interpostos conjuntamente, no prazo de quinze dias, em petições separadas e remetidas ao Superior Tribunal de Justiça (art. 1.031 do CPC). Nesse caso, o recurso especial será julgado em primeiro lugar, sendo, após, remetido ao Supremo Tribunal Federal para que este aprecie o recurso extraordinário. Se o relator do recurso especial considerar prejudicial o recurso extraordinário, em decisão irrecorrível, sobrestará o julgamento e remeterá os autos ao Supremo Tribunal Federal.

Assim como ocorre com o recurso extraordinário, o recurso especial será recebido no efeito devolutivo. Poderá a parte no entanto requerer a concessão de efeito suspensivo por requerimento dirigido: ao tribunal superior respectivo, no período compreendido entre a interposição do recurso e sua distribuição, ficando o relator designado para seu exame prevento para julgá-lo; ao relator, se já distribuído o recurso; ao presidente ou vice-presidente do tribunal local, no caso de o recurso ter sido sobrestado, nos termos do art. 1.037.

São requisitos da petição inicial do recurso especial:

- a exposição do fato e do direito;
- a demonstração do cabimento do recurso interposto;
- as razões do pedido de reforma ou de invalidação da decisão recorrida.

Recebida a petição do recurso pela secretaria do tribunal, o recorrido será intimado para apresentar contrarrazões no prazo de quinze dias, findo o qual os autos serão conclusos ao presidente ou ao vice-presidente do tribunal recorrido (art. 1.030 do CPC). O presidente ou vice-presidente, ao receber os autos e despachar, adotará uma das medidas arroladas no art. 1.030, entre elas negar seguimento, encaminhar o processo para juízo de retratação e realizar juízo de admissibilidade, de conformidade com o que consta no item *Processamento do recurso especial* que consta a seguir.

Processamento do recurso especial

1. Petição escrita, no prazo de quinze dias, interposta perante o presidente ou o vice-presidente do tribunal recorrido (Tribunal de Justiça ou Tribunal Regional Federal).

2. Intimação do recorrido para, no prazo de quinze dias, apresentar contrarrazões.

3. Autos conclusos ao presidente ou ao vice-presidente do tribunal recorrido, podendo este:

I – negar provimento:

a) a recurso extraordinário que discuta questão constitucional à qual o Supremo Tribunal Federal não tenha reconhecido a existência de repercussão geral ou a recurso extraordinário interposto contra acórdão que esteja em conformidade com entendimento do Supremo Tribunal Federal exarado no regime de repercussão geral;

b) a recurso extraordinário ou a recurso especial interposto contra acórdão que esteja em conformidade com entendimento do Supremo Tribunal Federal ou do Superior Tribunal de Justiça, respectivamente, exarado no regime de julgamento de recursos repetitivos;

II – encaminhar o processo ao órgão julgador para realização do juízo de retratação, se o acórdão recorrido divergir do entendimento do Supremo Tribunal Federal ou do Superior Tribunal de Justiça exarado, conforme o caso, nos regimes de repercussão geral ou de recursos repetitivos;

III – sobrestar o recurso que versar sobre controvérsia de caráter repetitivo ainda não decidida pelo Supremo Tribunal Federal ou pelo Superior Tribunal de Justiça, conforme se trate de matéria constitucional ou infraconstitucional;

IV – selecionar o recurso como representativo de controvérsia constitucional ou infraconstitucional, nos termos do § 6º do art. 1.036;

V – realizar o juízo de admissibilidade e, se positivo, remeter o feito ao Supremo Tribunal Federal ou ao Superior Tribunal de Justiça, desde que:

a) o recurso ainda não tenha sido submetido ao regime de repercussão geral ou de julgamento de recursos repetitivos;

b) o recurso tenha sido selecionado como representativo da controvérsia; ou

c) o tribunal recorrido tenha refutado o juízo de retratação.

Contra decisão de inadmissibilidade proferida com fundamento no inciso V caberá *agravo* ao tribunal superior, nos termos do art. 1.042; contra a decisão proferida com fundamento nos incisos I e III caberá *agravo interno*, nos termos do art. 1.021.

Sendo hipótese de agravo (art. 1.042 do CPC), a petição será dirigida ao presidente ou ao vice-presidente do tribunal de origem e independe de pagamento de custas e despesas postais, aplicando-se a ela o regime de repercussão geral e de recursos repetitivos, inclusive quanto à possibilidade de sobrestamento e do juízo de retratação. O agravado será intimado, de imediato, para oferecer resposta no prazo de quinze dias, após o qual, não havendo retratação, o agravo será remetido ao tribunal superior competente.

RECURSO ESPECIAL: REQUERIMENTO DE INTERPOSIÇÃO

AO PRESIDENTE DO EGRÉGIO TRIBUNAL DE JUSTIÇA DO ESTADO DO ......

...... Turma

Autos n. ....

..................., nos autos da apelação cível n. ...., cujo acórdão da Egrégia ... Câmara Cível foi publicado no órgão oficial de ...., não se conformando com o v. acórdão de fls. ......, que negou provimento à apelação, vem respeitosamente, perante este tribunal, por seu procurador signatário, com fundamento no art. 105, III, *a*, da Constituição Federal de 1988 e art. 1.029 do Código de Processo Civil, interpor RECURSO ESPECIAL perante o Egrégio Superior Tribunal de Justiça.

Requer, assim, a este tribunal que, na forma do art. 1.030 do Código de Processo Civil, mande intimar o recorrido, abrindo-se-lhe vista pelo prazo de quinze dias para apresentar contrarrazões e, findo o prazo, com ou sem contrarrazões, determine a remessa dos autos, com as inclusas razões, que servem para embasá-lo, ao Presidente do Superior Tribunal de Justiça.

Requer, ainda, a juntada do comprovante do recolhimento das despesas de porte de remessa e de retorno.

Termos em que
espera deferimento.
................., ... de .... de 20...
Advogado(a)
OAB/...... n. ......

RECURSO ESPECIAL: RAZÕES DO RECORRENTE

AO PRESIDENTE DO EGRÉGIO SUPERIOR TRIBUNAL DE JUSTIÇA
Recorrente: ....
Recorrido: ....

...................., nos autos da apelação cível n. ......, da comarca de ...., em que foi apelante, tendo sido apelado ...., *data venia*, não se conformando com o venerando acórdão de fls. ......, vem respeitosamente, perante este egrégio tribunal, interpor

RECURSO ESPECIAL,

com fundamento no art. 105, III, *a*, da Constituição Federal, e arts. 1.029 e segs. do Código de Processo Civil em face das seguintes razões de fato e de direito:

1. O autor, ora recorrente, pretende, com a presente ação, obter ....
....

2. Ocorre que, no venerando acórdão de fls. ......, entenderam os eméritos julgadores, seguindo a posição do eminente relator, que o art. ...... da Lei n. ...., de ...., no qual o autor ampara o seu direito, já não mais se encontra em vigor, eis que tacitamente revogado pela Lei n. ...., datada de ....

3. Impende, todavia, salientar que o referido acórdão, concebido nos termos assinalados, além de contrariar expressamente o citado dispositivo, diverge frontalmente da doutrina e da jurisprudência, que uniformizaram o entendimento de que ...., consoante comprova a seguinte transcrição do julgado extraído do acórdão datado de ... . e publicado no *DJe* na data de ....: "...................................... ...."

4. Como se pode do todo inferir, a divergência é manifesta, pois, enquanto no acórdão recorrido os eméritos julgadores houveram por bem entender que ...., a iterativa jurisprudência do Superior Tribunal de Justiça considera, ao revés, que ....

5. Dessa forma, entende o recorrente que o presente recurso preenche todos os requisitos de admissibilidade, para efeito deste Colendo Tribunal restaurar a vigência do dispositivo da lei federal vulnerado, como forma de justiça.

Em face de todo o exposto, requer seja o presente recurso admitido e processado na forma da lei e para os fins de direito.

P. e E. deferimento.

................., ... de .... de 20...

Advogado(a)

OAB/...... n. ......

Julgamento de recursos repetitivos no STJ – breves noções

O legislador, com o objetivo de contribuir com a celeridade processual e reduzir substancialmente o volume de processos nos tribunais superiores, houve por bem criar o mecanismo dos recursos repetitivos, medida importante na tentativa de proporcionar a tão almejada segurança jurídica que tem, como principal fundamento, decidir de maneira igualitária as situações ou fatos semelhantes.

Para efeito da aplicação desse instituto processual, o art. 1.036 do Código de Processo Civil dispõe que, quando houver multiplicidade de recursos extraordinários ou especiais com fundamento em idêntica questão de direito, o presidente ou o vice-presidente de Tribunal de Justiça ou de Tribunal Regional Federal selecionará dois ou mais recursos representativos da controvérsia, os quais serão encaminhados ao Supremo Tribunal Federal ou ao Superior Tribunal de Justiça para fins de afetação para julgamento, determinando a suspensão do trâmite de todos os processos pendentes, individuais ou coletivos, que tramitem no Estado ou na região, conforme o caso. Independentemente da iniciativa do presidente ou do vice-presidente do tribunal de origem, o relator em tribunal superior também poderá selecionar dois ou mais recursos representativos da controvérsia para julgamento da questão de direito.

Somente podem ser selecionados recursos admissíveis que contenham abrangente argumentação e discussão a respeito da questão a ser decidida.

Selecionados os recursos, como consta do art. 1.037, o relator, no tribunal superior, constatando a presença do pressuposto do *caput* do art. 1.036, proferirá decisão de afetação, na qual: identificará com precisão a questão a ser submetida a julgamento; determinará a suspensão do processamento de todos os processos pendentes, individuais ou coletivos, que versem sobre a questão e tramitem no território nacional; poderá requisitar aos presidentes ou aos vice-presidentes dos tribunais de justiça ou dos tribunais regionais federais a remessa de um recurso representativo da controvérsia.

Os recursos afetados deverão ser julgados no prazo de um ano e terão preferência sobre os demais feitos, ressalvados os que envolvam réu preso e os pedidos de *habeas corpus*. Não ocorrendo o julgamento no prazo de um ano a contar da publicação da decisão de que trata o inciso I do *caput* do art. 1.037 (identificação da questão a ser submetida a julgamento), cessam automaticamente, em todo o território nacional, a afetação e a suspensão dos processos, que retomarão seu curso normal.

Decididos os recursos afetados, os órgãos colegiados declararão prejudicados os demais recursos versando sobre idêntica controvérsia ou os decidirão aplicando a tese firmada. Em relação à existência de repercussão geral, exigida para o recurso extraordinário afetado, negada esta, serão considerados automaticamente inadmitidos os recursos extraordinários cujo processamento tenha sido sobrestado (art. 1.039 do CPC/2015).

Após a publicação do acórdão paradigma, segundo o comando do art. 1.040 do Código de Processo Civil, serão adotadas as seguintes providências:

> I – o presidente ou o vice-presidente do tribunal de origem negará seguimento aos recursos especiais ou extraordinários sobrestados na origem, se o acórdão recorrido coincidir com a orientação do tribunal superior;
>
> II – o órgão que proferiu o acórdão recorrido, na origem, reexaminará o processo de competência originária, a remessa necessária ou o recurso anteriormente julgado, se o acórdão recorrido contrariar a orientação do tribunal superior;
>
> III – os processos suspensos em primeiro e segundo graus de jurisdição retomarão o curso para julgamento e aplicação da tese firmada pelo tribunal superior;
>
> IV – se os recursos versarem sobre questão relativa a prestação de serviço público objeto de concessão, permissão ou autorização, o resultado do julgamento será comunicado ao órgão, ao ente ou à agência reguladora competente para fiscalização da efetiva aplicação, por parte dos entes sujeitos a regulação, da tese adotada.

Recurso de agravo em recurso especial e extraordinário

É o recurso previsto no art. 1.042 do Código de Processo Civil cabível contra decisão de presidente ou de vice-presidente do tribunal recorrido que inadmitir recurso extraordinário ou recurso especial, salvo quando fundada na aplicação de entendimento firmado em regime de repercussão geral ou em julgamento de recursos repetitivos.

A petição de agravo será dirigida ao presidente ou ao vice-presidente do tribunal de origem e independe do pagamento de custas e despesas postais, aplicando-se a ela o regime de repercussão geral e de recursos repetitivos, inclusive quanto à possibilidade de sobrestamento e do juízo de retratação (art. 1.042, § 2º).

O agravado será intimado, de imediato, para oferecer resposta no prazo de quinze dias (art. 1.042, § 3º). Após o prazo de resposta, não havendo retratação, o agravo será remetido ao tribunal superior competente (art. 1.042, § 4º).

O agravo poderá ser julgado, conforme o caso, conjuntamente com o recurso especial ou extraordinário, assegurada, nesse caso, sustentação oral, observando-se, ainda, o disposto no regimento interno do tribunal respectivo art. 1.042, § 5º).

Na hipótese de interposição conjunta de recursos extraordinário e especial, o agravante deverá interpor um agravo para cada recurso não admitido remetendo-se os autos ao Superior Tribunal de Justiça. Nesse caso, concluído o julgamento do agravo pelo Superior Tribunal de Justiça e, se for o caso, do recurso especial, independentemente de pedido, os autos serão remetidos ao Supremo Tribunal Federal para apreciação do agravo a ele dirigido, salvo se estiver prejudicado.

Procedimento do agravo

1. Petição dirigida à presidência do tribunal de origem, independentemente de pagamento de custas e de despesas processuais.

2. Intimação do agravado para, no prazo de quinze dias, oferecer resposta, podendo instruí-la com cópias de peças que julgar conveniente.

3. Após o prazo de resposta, não havendo retratação, remessa do agravo ao tribunal superior, em que será processado na forma regimental.

AGRAVO PERANTE O STJ: REQUERIMENTO DE INTERPOSIÇÃO
(Decisão que inadmite recurso especial)

AO EMINENTE PRESIDENTE DO TRIBUNAL DE JUSTIÇA DE ......

Ref. Inadmissão de Recurso Especial

Acórdão ....

Agravante: ....

Agravado: ....

.................., nos autos do pedido de admissibilidade e de encaminhamento de Recurso Especial interposto via este Col. tribunal, não se podendo resignar, *data venia*, com a respeitável decisão de fl. ......, a qual inadmitiu o RECURSO ESPECIAL fundada na aplicação de entendimento firmado em regime de repercussão geral, vem, por seu procurador signatário, perante este tribunal para, nos termos do art. 1.042, § 4º, do Código de Processo Civil, requerer que este colendo tribunal se digne de RETRATAR-SE da decisão no prazo de quinze dias.

Requer, ainda que, no caso de a retratação não se verificar, o que se admite somente para argumentar, determine a intimação do agravado para oferecer resposta aos termos do RECURSO DE AGRAVO, cujas razões seguem anexas e, após, sejam levadas a julgamento pelo órgão colegiado, conforme lhe faculta o art. 1.042 do Código de Processo Civil.

Requer e espera deferimento.

.................., ... de .... de 20...

Advogado(a)

OAB/...... n. ......

AGRAVO PERANTE O STJ: RAZÕES DO AGRAVANTE

AO EMINENTE PRESIDENTE DO SUPERIOR TRIBUNAL DE JUSTIÇA

Ref. Inadmissão de Recurso Especial

RECORRENTE: ....

RECORRIDO: ....

RAZÕES DO AGRAVANTE

COLENDO TRIBUNAL:

1 – O agravante, com fundamento no art. 105, III, *c*, da Constituição Federal de 1988, requereu recurso especial, na forma do art. 1.029 do Código de Processo Civil. Consequentemente, a base desse recurso foi, justamente, a divergência existente entre o pronunciamento do egrégio Supremo Tribunal Federal, consubstanciado na Súmula n. ......, e o acórdão proferido neste processo. Aliás, nesse sentido, a divergência é gritante, porquanto, na referida súmula, não admite o pretório excelso a .... e, no entanto, a 3ª Câmara, neste processo, admitiu tal fato.

2 – Nada obstante, o recurso especial foi inadmitido pela presidência do referido Tribunal de Justiça, ao argumento de que ....

3 – Assim, resta induvidoso que a presidência do tribunal de origem, ao inadmitir o recurso especial, decisão da qual ora se recorre, desobedeceu à orientação contida na Súmula n. ......, sendo, portanto, cabível o recurso especial, com apoio no dispositivo constitucional invocado.

4 – Inadmitido o recurso especial pela presidência do tribunal de origem, como efetivamente ocorreu, resta configurado o direito do agravante promover o presente recurso, como lhe assegura o art. 1.042 do CPC, com vistas a obter o julgamento da causa pelo Egrégio Tribunal Superior de Justiça.

Em face do exposto, requer e espera o agravante que este egrégio tribunal dê provimento ao presente agravo para, consequentemente, apreciar e julgar o recurso especial interposto, por ser de direito e de merecida JUSTIÇA.

.................., ... de .... de 20...

Advogado(a)

OAB/...... n. ......

Recurso de embargos de divergência

Embargos de divergência é o recurso fundado no art. 1.043 do Código de Processo Civil destinado a impugnar acórdão proferido por órgão fracionário (câmara ou turma do tribunal) que:

> I – em recurso extraordinário ou em recurso especial, divergir do julgamento de qualquer outro órgão do mesmo tribunal, sendo os acórdãos, embargado e paradigma, de mérito;
>
> II – (*Revogado pela Lei n. 13.256, de 04.02.2016.*)
>
> III – em recurso extraordinário ou em recurso especial, divergir do julgamento de qualquer outro órgão do mesmo tribunal, sendo um acórdão de mérito e outro que não tenha conhecido do recurso, embora tenha apreciado a controvérsia;
>
> IV – (*Revogado pela Lei n. 13.256, de 04.02.2016.*)

Também cabem embargos de divergência quando o acórdão paradigma for da mesma turma que proferiu a decisão embargada, desde que sua composição tenha sofrido alteração em mais da metade de seus membros.

A divergência que autoriza a interposição de embargos de divergência pode verificar-se na aplicação do direito material ou do direito processual.

Ao interpor o recurso, o recorrente provará a divergência com certidão, cópia ou citação de repositório oficial ou credenciado de jurisprudência, inclusive em mídia eletrônica, onde foi publicado o acórdão divergente, ou com a reprodução de julgado disponível na rede mundial de computadores, indicando a respectiva fonte, e mencionará as circunstâncias que identificam ou assemelham os casos confrontados.

No recurso de embargos de divergência, será observado o procedimento estabelecido no regimento interno do respectivo tribunal (art. 1.044 do CPC).

A interposição de embargos de divergência no Superior Tribunal de Justiça interrompe o prazo para interposição de recurso extraordinário por qualquer das partes.

EMBARGOS DE DIVERGÊNCIA: REQUERIMENTO
(Em recurso extraordinário)

AO PRESIDENTE DO SUPREMO TRIBUNAL FEDERAL

Recurso Extraordinário n. ......

................., não se conformando, *data venia*, com o venerando acórdão proferido no Recurso Extraordinário, vem, com fulcro nos arts. 1.043, do Código de Processo Civil, e 330 do Regimento Interno do Supremo Tribunal Federal, interpor recurso de EMBARGOS DE DIVERGÊNCIA, em face das razões que seguem anexas.

Requer a juntada do anexo comprovante do preparo e o processamento do presente recurso, para fins de direito.

................., ... de .... de 20...

Advogado(a)

OAB/...... n. ......

EMBARGOS DE DIVERGÊNCIA: RAZÕES DO EMBARGANTE

AO PRESIDENTE DO SUPREMO TRIBUNAL FEDERAL

Recurso Extraordinário n. ......

Embargante: ....
Embargado: ....

RAZÕES DO EMBARGANTE

COLENDO TRIBUNAL:

1. DOS FATOS

Inconformado com a decisão do Tribunal de Justiça de ...., que confirmou a sentença do juízo de 1º grau no sentido de que não cabe a incidência de juros de mora no período compreendido entre a data de expedição do precatório e a do seu efetivo pagamento, o embargante interpôs recurso extraordinário perante essa Corte. Nesse colendo tribunal o recurso foi processado e julgado pela Segunda Turma, a qual expediu o seguinte acórdão:

> Constitucional. Precatório. Juros de mora entre a data de expedição e do efetivo pagamento. Impossibilidade. Coisa julgada. Natureza infraconstitucional. Não cabe a incidência de juros de mora no período compreendido entre a data de expedição do precatório e a do seu efetivo pagamento. Entendimento ratificado pelo Plenário desta Corte no julgamento do RE n. 591.085-QO/MS, rel. Min. Ricardo Lewandowski, pub. *DJE* 20.02.2009. A questão da incidência da coisa julgada possui natureza infraconstitucional. Precedentes. Inexistência de argumento capaz de infirmar a decisão agravada, que deve ser mantida pelos seus próprios fundamentos. Agravo regimental improvido (fls. 254-258).

Ocorre, porém Excelências, que o aresto paradigma proferido pela Primeira Turma, analisando a mesma temática, sob a luz dos mesmos dispositivos constitucionais e contexto fático (execução de sentença que previa a cobrança de juros entre a expedição do precatório e seu pagamento), concluiu pela existência de violação à coisa julgada, decidindo, portanto, que a decisão transitada em julgado no processo de conhecimento deve ser cumprida inclusive no que se refere aos juros moratórios. Entendeu, ainda, o julgado paradigma, que a supressão de juros sobre o período posterior à expedição do precatório ofenderia o princípio da intangibilidade da coisa julgada, razão pela qual, no caso paradigma, negou provimento ao recurso da União. Há, portanto, tese diametralmente oposta à acolhida neste processo a possibilitar o conhecimento e provimento destes embargos de divergência.

Para conhecimento, o aresto paradigma está redigido da seguinte forma:

> Constitucional. Agravo regimental em agravo regimental em recurso extraordinário. Precatório complementar. Incidência de juros de mora. Existência de coisa julgada. Agravo improvido. I – Não obstante a jurisprudência pacífica desta Corte ser no sentido de que, não havendo atraso na

satisfação do débito, não incidem juros moratórios entre a data da expedição e a data do efetivo pagamento do precatório, transitou em julgado a sentença, proferida no processo de conhecimento, que estipulou a incidência de juros moratórios até o depósito da integralidade da dívida. II – Agravo regimental a que se nega provimento.

Assim como no caso concreto, o precedente acima analisa a possibilidade jurídica de condenação da União ao pagamento de juros de mora entre a expedição de precatório judicial e seu efetivo pagamento. Contudo, o aresto paradigma acima citado decidiu que, uma vez que a sentença exequenda, transitada em julgado, previa o pagamento de juros, não podem ser afastados os juros moratórios desse período, sob pena de ofender-se frontalmente o princípio da intangibilidade da coisa julgada.

Não merece, assim, prosperar a exclusão dos juros de mora determinada pelo decisório ora recorrido, porquanto, conforme reconhecido pelo próprio acórdão embargado, há decisão transitada em julgado que determina que "os juros moratórios deverão ser calculados até o depósito da integralidade da dívida".

DO DIREITO

Cabem embargos de divergência à decisão de Turma do Supremo Tribunal Federal que divergir de julgado de outra Turma ou do Plenário (art. 330, Regimento Interno, STF). É embargável o acórdão de órgão fracionário que: I – em recurso extraordinário ou em recurso especial, divergir do julgamento de qualquer outro órgão do mesmo tribunal, sendo os acórdãos, embargado e paradigma, de mérito; II – (*Revogado.*); III – em recurso extraordinário ou em recurso especial, divergir do julgamento de qualquer outro órgão do mesmo tribunal, sendo um acórdão de mérito e outro que não tenha conhecido do recurso, embora tenha apreciado a controvérsia; [...] (art. 1.043 do CPC).

DO PEDIDO

Convicto de haver cabalmente demonstrada a divergência entre as Turmas desse Colendo Tribunal, concernente à interpretação do mesmo caso fático, requer o conhecimento e o provimento dos presentes embargos de divergência para efeito de reconhecer o cabimento da incidência de juros de mora no período compreendido entre a data de expedição do precatório e a do seu efetivo pagamento.

Requer, ainda, se determine a intimação da embargada para, querendo, apresentar impugnação no prazo de 15 dias.

.................., ... de .... de 20...

Advogado(a)

OAB/...... n. ......

Recurso adesivo

Recurso adesivo é o recurso pelo qual uma das partes adere ao recurso interposto pela parte contrária. Também conhecido por recurso subordinado, tem lugar em casos em que a decisão judicial expressa sucumbência tanto para o autor como para o réu. Assim, por exemplo, se o autor na petição inicial pediu R$ 10.000,00 e o juiz apenas concedeu R$ 7.000,00, diz-se que a sucumbência do autor foi de R$ 3.000,00 e a do réu de R$ 7.000,00. Desse modo, o autor é, a um só tempo, vencedor e vencido e, assim como o réu, totalmente vencido, pode interpor recurso de apelação. Por conseguinte, se qualquer deles resolver apelar ou interpor recurso extraordinário ou especial, o outro poderá, ao depois, ainda no prazo para recorrer e oferecer contrarrazões, aderir ao seu recurso, como faculta o § 1º do art. 997 do Código de Processo Civil.

O art. 997 prevê, ainda, as seguintes regras para o recurso adesivo:

> I – será dirigido ao órgão perante o qual o recurso independente fora interposto, no prazo de que a parte dispõe para responder;
>
> II – será admissível na apelação, no recurso extraordinário e no recurso especial;
>
> III – não será conhecido, se houver desistência do recurso principal ou se for ele considerado inadmissível.

RECURSO ADESIVO: REQUERIMENTO

AO JUÍZO DE DIREITO DA 5ª VARA CÍVEL

Comarca de ....

Autos n. ....

................., nos autos da ação .... que lhe move ...., também inconformado com a sentença que julgou parcialmente procedente o pedido, vem, por seu procurador, no prazo legal, com fundamento no art. 997, § 1º, do Código de Processo Civil, interpor o presente RECURSO ADESIVO ao recurso de apelação formulado pelo demandante.

Ante o exposto, requer a esse juízo que sejam as inclusas razões recebidas nos seus regulares efeitos e encaminhadas ao egrégio Tribunal de Justiça, após cumpridas as formalidades processuais.

E. deferimento.

................., ... de .... de 20...

Advogado(a)

OAB/..... n. .....

RECURSO ADESIVO: RAZÕES DO RECORRIDO

AO EGRÉGIO TRIBUNAL DE JUSTIÇA DO ESTADO DE ......

RAZÕES DE RECURSO ADESIVO À APELAÇÃO

1. O demandante ...., ora apelado adesivo, na ação de ...., deduziu este pedido, pretendendo receber, a título de descumprimento de obrigação contratual, a importância de R$ 10.000 (dez mil reais), acrescida de multa, juros, correção monetária, despesas e verba honorária (cf. inicial, fls. ......).

2. A r. sentença de mérito acolheu parcialmente o pedido, condenando o demandado, ora apelante adesivo, a pagar a quantia de R$ 5.000,00 (cinco mil reais), sem multa e correção monetária e despesas em proporção (r. sentença definitiva, fls. ......). O demandante da ação, no prazo legal, interpôs recurso principal (fls. ......), sendo certo que o demandado, ora apelante adesivo, foi intimado para apresentar contrarrazões no dia ...... do corrente mês e ano (fls. ......).

3. Consoante se pode claramente inferir, ocorreu na espécie, *data venia*, *error in iudicando*, do douto juízo *a quo*, ao conceder procedência parcial ao pedido do ora apelante principal. Com efeito, conforme se verifica pelo conjunto probante, o pedido do demandante (ora apelante principal) deve ser desacolhido integralmente, porquanto ....
....

EX POSITIS, com fundamento no § 1° do art. 997 do Código de Processo Civil, requer que este Egrégio Tribunal, acolhendo estas razões, reforme a r. sentença apelada, rejeitando o recurso principal e acolhendo este adesivo, cumpridas as necessárias formalidades legais, como medida de inteira JUSTIÇA.

................., ... de .... de 20...

Advogado(a)

OAB/...... n. ......

Regimento de custas no Superior Tribunal de Justiça (STJ)

Resolução STJ/GP n. 2, de 1º de fevereiro de 2017

Dispõe sobre o pagamento de custas judiciais e porte de remessa e retorno de autos no âmbito do Superior Tribunal de Justiça.

A PRESIDENTE DO SUPERIOR TRIBUNAL DE JUSTIÇA, usando da atribuição conferida pelo art. 21, XX, do Regimento Interno e considerando os arts. 2º, parágrafo único, e 4º da Lei n. 11.636, de 28 de dezembro de 2007, bem como o que consta no Processo STJ n. 29.659/2016, *ad referendum* do Conselho de Administração,

RESOLVE:

Seção I
Das Ações Originárias

Art. 1º São devidas custas judiciais nos processos de competência originária do Superior Tribunal de Justiça, conforme os valores constantes da Tabela "A", do Anexo.

§ 1º Nas ações originárias, o comprovante do recolhimento e a guia das custas judiciais deverão ser apresentados ao Superior Tribunal de Justiça no ato do protocolo, não sendo admitido para este fim a exibição do mero documento de agendamento bancário.

§ 2º As petições desacompanhadas da guia de recolhimento das custas judiciais e do respectivo comprovante de pagamento serão autuadas, certificadas e submetidas à apreciação do presidente do Tribunal antes da distribuição, nos termos do Regimento Interno.

Seção II
Dos Processos Recursais

Art. 2º São devidas custas judiciais e porte de remessa e retorno dos autos nos processos de competência recursal do Superior Tribunal de Justiça, segundo os valores constantes das Tabelas "B" e "C", do Anexo.

§ 1º O recolhimento do preparo, composto de custas judiciais e porte de remessa e retorno, será feito perante o tribunal de origem.

§ 2º Os comprovantes e as guias do recolhimento das custas judiciais e do porte de remessa e retorno dos autos a que se refere o *caput* deste artigo deverão ser apresentados no ato da interposição do recurso, não sendo admitido para este fim a exibição do mero documento de agendamento bancário.

§ 3º Quando o tribunal de origem arcar com as despesas de porte de remessa e retorno dos autos, o recorrente recolherá o valor exigido pela tabela local e na forma lá disciplinada.

§ 4º (*Revogado.*)

Seção III
Da não Incidência, da Isenção e da Gratuidade da Justiça

Art. 3º Haverá isenção do preparo nos seguintes casos:

I – nos habeas data, habeas corpus e recursos em *habeas corpus*;

II – nos processos criminais, salvo na ação penal privada e sua revisão criminal;

III – nos agravos de instrumento;

IV – nos Pedidos de Uniformização de Interpretação de Lei (PUIL), observados os contornos definidos no art. 67, parágrafo único, inciso VIII-A do RISTJ;

V – nos recursos interpostos pelo Ministério Público, pela União, pelos estados e municípios e respectivas autarquias e por outras entidades que também gozem de isenção legal.

Art. 4º É dispensado o recolhimento do porte de remessa e de retorno dos autos em processos eletrônicos.

Parágrafo único. Na hipótese excepcional de remessa de autos físicos, o tribunal de origem deverá exigir do recorrente o recolhimento do porte de remessa e retorno antes do envio ao STJ, sob pena das sanções previstas na legislação processual.

Art. 4º-A. Concerder-se-á gratuidade da justiça às partes que comprovarem hipossuficiência econômica nos termos da lei.

§ 1º O beneficiário da gratuidade da justiça será dispensado do pagamento das custas judiciais e do porte de remessa e retorno dos autos.

§ 2º A gratuidade concedida na ação principal presumir-se-á estendida às seguintes classes processuais:

I – exceção de suspeição;

II – exceção de impedimento;

III – embargos de divergência.

Seção IV
Do Recolhimento

Art. 5º O recolhimento das custas judiciais e do porte de remessa e retorno dos autos será realizado exclusivamente mediante o sistema de GRU Cobrança, emitida após o preenchimento do formulário eletrônico disponível no sítio do Tribunal: http://www.stj.jus.br.

Art. 6º No momento do preenchimento do formulário de emissão da GRU Cobrança, deverão ser indicados obrigatoriamente:

I – nome do autor da ação ou do recorrente, acompanhado do respectivo CPF ou CNPJ;

II – nome do réu ou do recorrido;

III – tipo do pagamento, com especificação de quando se trata de custas ou de porte de remessa e retorno dos autos;

IV – demais informações exigidas no formulário eletrônico, de acordo com o tipo de ação ou recurso escolhido.

§ 1º No caso de recolhimento para ajuizamento de Homologação de Decisão Estrangeira, não dispondo o autor de CPF ou CNPJ, poderá ser indicado o CPF do advogado ou o CNPJ da respectiva sociedade de advogados.

§ 2º A data de vencimento gerada no momento da emissão da guia da GRU Cobrança possui efeitos meramente bancários, devendo o recolhimento das custas judiciais e do porte de remessa e de retorno ser realizado no prazo definido em lei.

Art. 7º O sistema de GRU Cobrança do Superior Tribunal de Justiça estará disponível 24 horas por dia, ininterruptamente, ressalvados os períodos de manutenção.

§ 1º A indisponibilidade da GRU Cobrança será aferida por sistema de auditoria estabelecido pela unidade de tecnologia da informação e será registrada em relatório de interrupções de funcionamento a ser divulgado ao público no sítio eletrônico do Tribunal, com as informações de data, hora e minuto do início e do término.

§ 2º Considera-se indisponibilidade do sistema de GRU Cobrança a falta de oferta do serviço de emissão de guias de pagamento, disponível no sítio eletrônico do Tribunal.

§ 3º As falhas de transmissão de dados entre as estações de trabalho do público externo e a rede de comunicação pública, assim como a impossibilidade técnica decorrente de falha nos equipamentos ou programas dos usuários, não caracterizarão indisponibilidade.

Art. 8º Ficam prorrogados para o dia útil subsequente à retomada do funcionamento os prazos para recolhimento de custas judiciais e porte de remessa e retorno dos autos nas hipóteses de ocorrência de indisponibilidade do sistema de GRU Cobrança quando:

I – a indisponibilidade for superior a 60 minutos, ininterrupta ou não, se ocorrida entre as 6 e as 23 horas;

II – houver indisponibilidade das 23 às 24 horas.

Parágrafo único. As indisponibilidades ocorridas entre 0 hora e as 6 horas dos dias de expediente forense e as ocorridas em feriados e finais de semana, a qualquer hora, não produzirão o efeito do *caput* deste artigo.

Art. 9º Os valores indevidamente recolhidos serão objeto de restituição mediante provocação do interessado, de acordo com regulamentação própria estabelecida pelo Tribunal.

Parágrafo único. Os valores recolhidos a título de porte de remessa e retorno poderão ser restituídos quando se verificar, encerrada sua tramitação no STJ, que os autos foram encaminhados integralmente por via eletrônica e devolvidos do mesmo modo aos tribunais de origem.

Seção V

Das Disposições Finais

Art. 10. O presidente do Tribunal promoverá a atualização do Anexo desta resolução.

Art. 11. Os casos omissos serão resolvidos pelo presidente do Tribunal.

Art. 12. Fica revogada a Resolução STJ/GP n. 1 de 18 de fevereiro de 2016.

Art. 13. Esta resolução entra em vigor na data de sua publicação.

Ministra LAURITA VAZ

9

Teoria e prática das ações cíveis

1. AÇÕES NA VARA DE FAMÍLIA

AÇÃO DE SEPARAÇÃO JUDICIAL

Embora tenha sido considerada extinta pela Emenda Constitucional n. 66/2010, que alterou a redação do § 6º do art. 226 da Constituição Federal ("O casamento civil pode ser dissolvido pelo divórcio"), inexplicavelmente o instituto da separação foi ressuscitado pelo Código de Processo Civil de 2015 ao dispor: "Art. 693. As normas deste Capítulo aplicam-se aos processos contenciosos de divórcio, separação, reconhecimento e extinção de união estável, guarda, visitação e filiação".

Por força deste retrocesso legislativo, voltamos a conviver com a famigerada duplicidade de processos e de despesas, isto é, primeiramente promover a separação judicial e, depois, promover a conversão em divórcio. Cabe ao advogado, portanto, alertar o cliente desavisado da possibilidade de promover, desde logo, o divórcio direto, sem passar anteriormente pela separação judicial.

Com essa "nova" realidade legislativa, permite-se afirmar que a separação judicial pode efetivar-se de duas formas: consensual e litigiosa.

Separação judicial consensual

Consensual, amigável, ou por mútuo consentimento, é a separação que nasce do consenso ou da livre disposição de ambos os cônjuges em darem por finda a união (art. 1.574 do CC). A principal característica dessa modalidade de separação é a omissão das causas ou os motivos determinantes da separação. Não obstante, cumpre-lhes acordar sobre a partilha de bens, sobre a prestação de alimentos ao cônjuge que deles necessite, sobre a guarda dos filhos, sobre o regime de visitas do cônjuge que não detiver a guarda dos filhos e, ainda, sobre a manutenção ou não do sobrenome do marido pela mulher.

Mencione-se, a propósito, a obrigatoriedade da separação judicial quando haja filhos menores de idade ou incapazes, não se permitindo, portanto, que a separação seja feita por escritura pública nos termos do art. 733 do Código de Processo Civil. Nesse caso, como há interesses de menores a serem preservados, é mister a participação do Ministério Público para zelar por tais interesses.

Consta do art. 1.574 do Código Civil que dar-se-á a separação judicial por mútuo consentimento se os cônjuges forem casados por mais de um ano e o manifestarem perante o juiz, sendo por ele devidamente homologada a convenção. Tem-se, assim, que os requisitos para a propositura da ação de separação consensual são: a) livre disposição das partes; b) lapso temporal de mais de um ano; que não haja prejuízo aos interesses dos filhos ou de qualquer dos cônjuges (parágrafo único do art. 1.574).

Quanto ao requisito relativo à inexistência de prejuízo aos filhos e ao cônjuge, configurariam prejuízo, por exemplo, a redução da pensão alimentícia; a proibição de visitas aos filhos; o agravamento da doença ou a idade avançada de um dos cônjuges. Configurado, pois, o prejuízo, detectado pelo Ministério Público ou pelo próprio juiz, cabe ao magistrado alertar as partes no sentido de retificarem o acordo, visando adequá-lo ao que for mais conveniente às partes e/ou aos filhos.

Petição inicial. Segundo consta do art. 731 do Código de Processo Civil, da petição assinada por ambos os cônjuges, constarão: I – as disposições relativas à descrição e à partilha dos bens comuns; II – as disposições relativas à pensão alimentícia entre os cônjuges; III – o acordo relativo à guarda dos filhos incapazes e ao regime de visitas; e IV – o valor da contribuição para criar e educar os filhos.

Embora não haja referência no dispositivo mencionado, mostra-se também indispensável que da petição inicial conste o acordo relativo à continuidade ou não do uso do sobrenome do marido pela mulher.

Cumpre aos requerentes, ainda, firmarem a petição inicial, juntamente com o advogado comum ou advogados de ambos.

Para a propositura da ação de separação judicial é competente o foro: a) de domicílio do guardião de filho incapaz; b) do último domicílio do casal, caso não haja filho incapaz; c) de domicílio do réu, se nenhuma das partes residir no antigo domicílio do casal.

Caso os cônjuges não cheguem a um consenso sobre a partilha dos bens, faculta-se que a partilha seja feita depois de homologado o divórcio, na forma estabelecida nos arts. 647 a 658 do Código de Processo Civil de 2015 (art. 731, parágrafo único, do CPC).

Nas ações de separação judicial, bem como nas demais ações de família, o Ministério Público somente intervirá quando houver interesse de incapaz e deverá ser ouvido previamente à homologação de acordo (art. 698, parágrafo único, do CPC).

Homologada a separação consensual, averbar-se-á a sentença no registro civil e, havendo bens imóveis, na circunscrição onde se acham registrados (art. 167, II, 14, Lei n. 6.015/73).

Separação judicial litigiosa

A separação judicial litigiosa, ou contenciosa, é a que decorre da iniciativa de um só dos cônjuges, em face da impossibilidade de chegarem a um acordo a respeito da separação consensual. A litigiosidade processual pode decorrer de fatos os mais diversos, tais como: a ruptura da vida em comum, sem possibilidade de restabelecimento; a não concordância de um dos cônjuges com a separação; a falta de consenso em relação à prestação de alimentos, guarda dos filhos ou partilha dos bens.

Assim, embora na previsão do art. 1.572 do Código Civil a separação litigiosa tenha como pressuposto a culpa, mediante imputação ao cônjuge de qualquer ato que revele grave violação dos deveres do casamento e torne insuportável a vida em comum, a ruptura da vida em comum há mais de um ano (§ 1º) ou a superveniência de doença mental grave do outro cônjuge (§ 2º), expressivo número de doutrinadores, assim como inúmeras decisões judiciais, condena a necessidade de se identificar um culpado pela separação. Para essa corrente, bastaria a simples alegação da impossibilidade da continuidade da vida em comum e, consequentemente, da extinção do vínculo afetivo entre os cônjuges.[1]

Seguindo a mesma linha de entendimento, a 27ª Conclusão do Centro de Estudos do Tribunal de Justiça do Rio Grande do Sul foi proferida no sentido de que: "Desde que completado o lapso temporal de separação fática exigido para o pedido de separação judicial litigiosa com causa objetiva ou para o pedido de divórcio descabe postular separação com causa culposa, por falta de legítimo interesse".

Recebida a petição inicial de separação judicial e, se for o caso, tomadas as providências referentes à tutela provisória, o juiz ordenará a citação do réu para comparecer à audiência de mediação e conciliação, na qual todos os esforços serão empreendidos para a solução consensual da controvérsia (art. 695 do CPC/2015).

O mandado de citação conterá apenas os dados necessários à audiência e deverá estar desacompanhado de cópia da petição inicial, assegurado ao réu o direito de examinar seu conteúdo a qualquer tempo. A citação ocorrerá com antecedência mínima de quinze dias da data designada para a audiência.

---

1 "[...] Após a entrada em vigor da Emenda Constitucional n. 66/2010, mostra-se inócua a discussão acerca da culpa na separação do casal. Recurso não provido" (TJMG, AI n. 10707110253705001, 5ª Câm. Cível, rel. Luís Carlos Gambogi, j. 15.05.2014, publ. 23.05.2014). "[...] 2 – A falência do casamento, pela perda do afeto, justifica plenamente a ruptura, não havendo motivo para se perquirir a culpa, nada justificando manter incólume o casamento quando ele de fato já terminou, de forma inequívoca" (TJRS, Ap. Cível n. 70.037.521.721, 7ª Câm. Cível, rel. Sérgio Fernando de Vasconcellos Chaves, j. 28.09.2011).

Na audiência, as partes deverão estar acompanhadas de seus advogados ou de defensores públicos. O Ministério Público somente intervirá quando houver interesse de incapaz e deverá ser ouvido previamente à homologação de acordo. A requerimento das partes, o juiz pode determinar a suspensão do processo enquanto os litigantes se submetem a mediação extrajudicial ou a atendimento multidisciplinar. Não realizado o acordo, passarão a incidir, a partir de então, as normas do procedimento comum, observado o art. 335 (art. 697 do CPC).

Restabelecimento da sociedade conjugal

Em face de a separação judicial ou extrajudicial não acarretar a extinção do vínculo conjugal, é possível, a todo tempo, aos cônjuges restabelecerem a sociedade conjugal mediante simples requerimento nos autos da separação judicial ou escritura pública, conforme regra emanada do art. 1.577 do Código Civil. Já em se tratando de divórcio, o restabelecimento somente é viável mediante novo casamento.

Ainda que a separação judicial **tenha se operado judicialmente antes da Emenda Constitucional n. 66/2010**, permite-se às partes que o restabelecimento da sociedade conjugal seja feito extrajudicialmente (por escritura pública), nos termos do art. 733 do Código de Processo Civil. Para esse efeito, cumpre às partes apresentarem os seguintes documentos:

a) carteira de identidade e número do CPF das partes;

b) certidão da sentença de divórcio ou certidão da averbação do divórcio no assento de casamento;

c) carteira da OAB do advogado.

SEPARAÇÃO JUDICIAL CONSENSUAL

AO JUÍZO DE DIREITO DA ...... VARA DE FAMÍLLA
Comarca de ....

.................., brasileiro, bancário, residente e domiciliado nesta cidade, na rua ...., n. ......, CPF n. ...., endereço eletrônico ...., e ...., brasileira, comerciária, residente e domiciliada nesta cidade, na rua ...., n. ......, CPF n. ...., endereço eletrônico ...., aqui simplesmente denominados requerentes, por seu procurador signatário, com instrumento de mandato incluso (doc. 1), advogado inscrito na OAB/......, sob n. ......, endereço eletrônico ...., com escritório na rua ...., n. ......, nesta cidade, onde recebe intimações, vêm perante este juízo requerer

SEPARAÇÃO CONSENSUAL,

nos termos do art. 1.574 do Código Civil, tendo preenchido os requisitos legais determinados pelo referido diploma em combinação com os arts. 731 e seguintes do Código de Processo Civil, como segue:

1. Os requerentes são casados pelo regime da comunhão universal de bens, desde ...... de .... de ......, portanto, há mais de dois anos, como exige o art. 1.574 do Código Civil, conforme comprova a certidão de casamento inclusa.

2. O patrimônio do casal é representado pelos seguintes bens:

a) uma casa de madeira sita na rua ...., n. ......, nesta cidade, transcrito no Registro de Imóveis da .... Zona sob n. ...., cujo valor é estimado em R$ .... (doc. 3);

b) um automóvel de marca ...., ano ......, placa ...., de valor estimado em R$ .... (doc. 4);

c) um depósito em caderneta de poupança no Banco do Brasil, no valor de R$ .... (..................).

3. Os requerentes acordaram realizar a partilha dos referidos bens da seguinte forma:

a) ao cônjuge .... caberá a casa de madeira;

b) ao cônjuge .... caberá o automóvel e o depósito na caderneta de poupança.

4. Da união dos requerentes nasceram dois filhos, Leandro com 5 (cinco) anos de idade e Jussara com 8 (oito) anos de idade, conforme certidões de nascimento anexas, devendo eles permanecerem em companhia da mãe, como combinam os requerentes, podendo o pai visitá-los todos os domingos e tê-los em sua companhia durante quinze dias durante o período de férias, em janeiro de cada ano.

5. O requerente .... contribuirá para a manutenção das crianças, com a importância mensal de R$ .... (..................), que deverá ser depositada até o dia 10 de cada mês, na conta de n. .... da agência ...... do Banco ....

6. A requerente, por estar exercendo atividade remunerada e tendo recebido na partilha casa para morar, desiste da pensão alimentícia isentando o requerido de sua prestação.

7. A requerente dispensa a garantia da fiança prevista no art. 21 da Lei de Divórcio, desde que o requerente não atrase o pagamento da prestação.

8. A requerente readquirirá o seu nome de solteira, ou seja, ...

Ante o exposto, ficando demonstrada firme determinação de se separarem e ficando pactuado o exposto acima, uma vez ouvido o representante do Ministério Público, requerem seja deferido e homologado o presente pedido, de conformidade com os arts. 731 e seguintes do Código de Processo Civil.

Dá-se à causa o valor de R$ ....

N. termos,

P. deferimento.

........................, ... de .... de 20......

O requerente

A requerente

Advogado(a)

OAB/...... n. ......

SEPARAÇÃO JUDICIAL LITIGIOSA

AO JUÍZO DE DIREITO DA VARA DE FAMÍLIA

Comarca de ....

.... (qualificação), CPF n. ...., endereço eletrônico ...., residente e domiciliada na rua ...., n. ......, nesta cidade, vem, respeitosamente, perante este juízo, por seu procurador infra-assinado, com instrumento de mandato incluso (doc. 1), advogado inscrito na OAB/......, sob n. ......, endereço eletrônico ...., com escritório na ...., n. ......, nesta cidade, onde recebe intimações, propor

AÇÃO DE SEPARAÇÃO JUDICIAL LITIGIOSA

Em desfavor de (nome, qualificação e endereço), pelos seguintes fatos e fundamentos:

1. A demandante é casada há mais de ...... anos, pelo regime de comunhão de bens, com o demandado, como prova a certidão ora exibida (doc. n. ......).

2. O casal não tem filhos e possui os seguintes bens:

a) .... (descrever);

b) .... (descrever);

3. Há alguns meses o cônjuge-varão vem se omitindo nos deveres de chefe de família, gerando dificuldades à consorte, que se vê obrigada a recorrer a seus pais para manter o próprio sustento (doc. n. ......).

4. A omissão do marido, como descrito, além de violar o dever de mantença da família, expõe a mulher, que não tem renda própria, à humilhação de sujeitar-se ao auxílio econômico de seus pais, pessoas reconhecidamente de limitados recursos.

5. São devidos alimentos quando quem os pretende não tem bens suficientes, nem pode prover, pelo seu trabalho, a própria mantença, e aquele, de quem se reclamam, pode fornecê-los, sem desfalque do necessário ao seu sustento (art. 1.695 do CC). Donde se con-

clui que o marido tem o dever de alimentar, vestir e dar habitação aos filhos e à mulher, como no caso presente.

6. Demais disso, a separação judicial pode ser pedida por um só dos cônjuges, quando imputar ao outro qualquer ato que importe em grave violação dos deveres do casamento e torne insuportável a vida em comum (art. 1.572 do CC).

Pelo exposto, requer a citação do consorte para os termos da presente ação de separação, sob pena de confesso; requer, ainda, a decretação da separação, bem como a condenação do demandado nas custas e honorários de advogado.

Protesta pela produção de provas oral (depoimento pessoal do demandado; testemunhas), pericial e juntada de documentos.

Dá à causa o valor de R$ ....

T. em que,
E. deferimento.
......................., ... de .... de 20......
Advogado(a)
OAB/...... n. ......

Rol de testemunhas que comparecerão independentemente de intimação:

1. ...., brasileira, casada, comerciária, 25 anos de idade, CPF n. ...., RG n. ...., com endereço residencial na rua ...., n. ......, e profissional na rua ...., n. ......, nesta cidade.

2. ...., brasileira, casada, do lar, 32 anos de idade, CPF n. ...., RG n. ...., com endereço residencial na rua ...., n. ......, e profissional na rua ...., n. ......, nesta cidade.

Separação extrajudicial

A separação, assim como o divórcio, pode ser feita de forma extrajudicial, mediante escritura pública. A teor do art. 733 do Código de Processo Civil, o procedimento é admitido desde que preenchidos certos requisitos:

> Art. 733. O divórcio consensual, a separação consensual e a extinção consensual de união estável, não havendo nascituro ou filhos incapazes e observados os requisitos legais, poderão ser realizados por escritura pública, da qual constarão as disposições de que trata o art. 731.
>
> § 1º A escritura não depende de homologação judicial e constitui título hábil para qualquer ato de registro, bem como para levantamento de importância depositada em instituições financeiras.

§ 2º O tabelião somente lavrará a escritura se os interessados estiverem assistidos por advogado ou por defensor público, cuja qualificação e assinatura constarão do ato notarial.

Como se pode concluir da análise do dispositivo aqui reproduzido, os requisitos para que o divórcio possa ser feito mediante escritura pública são:

a) inexistência de filhos menores ou incapazes;

b) consenso das partes;

c) assistência por advogado.

Acrescente-se aos referidos requisitos a exigência do lapso temporal de pelo menos um ano de casamento, como consta do art. 1.574 do Código Civil.

Já em relação ao conteúdo da escritura, da mesma deverão constar as disposições relativas à descrição e à partilha dos bens comuns, à pensão alimentícia e à retomada ou não pelo cônjuge de seu nome de solteiro.

Requisito indispensável à validade da escritura é a participação de advogado comum ou dos advogados de cada parte, cujas qualificação e assinatura constarão do ato notarial.

Consta ainda da norma que a escritura não depende de homologação judicial e constitui título hábil para o registro civil e o registro de imóveis. Posteriormente à edição da Lei n. 11.441/2007, o Conselho Nacional de Justiça (CNJ) editou a Resolução n. 35, de 24.04.2007 (alterada pelas Resoluções ns. 120/2010, 179/2013, 220/2016, 326/2020 e 452/2022), com vistas à regulamentação da matéria. As principais regras contidas na Resolução são as seguintes:

1. É livre a escolha do tabelião de notas, não se aplicando as regras de competência do Código de Processo Civil.

2. É facultada aos interessados a opção pela via judicial ou extrajudicial; podendo ser solicitada, a qualquer momento, a suspensão, pelo prazo de trinta dias, ou a desistência da via judicial, para a promoção da via extrajudicial.

3. A escritura pública de divórcio consensual não depende de homologação judicial, sendo título hábil para o registro civil e o registro imobiliário, para a transferência de bens e direitos, bem como para a promoção de todos os atos necessários à materialização das transferências de bens e levantamento de valores (Detran, Junta Comercial, Registro Civil de Pessoas Jurídicas, instituições financeiras, companhias telefônicas etc.).

4. O valor dos emolumentos deverá corresponder ao efetivo custo e à adequada e suficiente remuneração dos serviços prestados, conforme estabelecido no parágrafo único do art. 1º da Lei n. 10.169/2000, sendo vedada a fixação em porcentual incidente sobre o valor do negócio jurídico objeto dos serviços notariais e de registro (Lei n. 10.169/2000, art. 3º, II).

5. A gratuidade prevista na norma adjetiva compreende as escrituras de inventário, partilha, separação e divórcio consensuais e pode ser obtida mediante

simples declaração dos interessados de que não possuem condições de arcar com os emolumentos, ainda que as partes estejam assistidas por advogado constituído.

6. É necessária a presença do advogado, dispensada a procuração, ou do defensor público na lavratura das escrituras aqui referidas, nelas constando seu nome e registro na OAB.

7. É vedada ao tabelião a indicação de advogado às partes, que deverão comparecer para o ato notarial acompanhadas de profissional de sua confiança. Se as partes não dispuserem de condições econômicas para contratar advogado, o tabelião deverá recomendar-lhes a Defensoria Pública, onde houver, ou, na sua falta, a seccional da Ordem dos Advogados do Brasil.

8. É desnecessário o registro de escritura pública nas hipóteses aqui abordadas no Livro "E" de Ofício de Registro Civil das Pessoas Naturais, entretanto, o Tribunal de Justiça deverá promover, no prazo de 180 dias, medidas adequadas para a unificação dos dados que concentrem as informações dessas escrituras no âmbito estadual, possibilitando as buscas, preferencialmente, sem ônus para o interessado.

9. O restabelecimento de sociedade conjugal pode ser feito por escritura pública, ainda que a separação tenha sido judicial, porém sem modificações. Nesse caso, é necessária e suficiente a apresentação de certidão da sentença de separação ou da averbação da separação no assento de casamento.

10. Em escritura pública de restabelecimento de sociedade conjugal, o tabelião deve:

a) fazer constar que as partes foram orientadas sobre a necessidade de apresentação de seu traslado no registro civil do assento de casamento para a averbação devida;

b) anotar o restabelecimento à margem da escritura pública de separação consensual, quando esta for de sua serventia, ou, quando de outra, comunicar o restabelecimento, para a anotação necessária na serventia competente;

c) comunicar o restabelecimento ao juízo da separação judicial, se for o caso.

11. A averbação do restabelecimento da sociedade conjugal somente poderá ser efetivada depois da averbação da separação no registro civil, podendo ser simultâneas.

A Resolução n. 118, de 20.06.2007, editada pelo Conselho Federal da OAB, disciplina as atividades dos advogados em escrituras públicas de inventários, separações e divórcios. A mencionada resolução, além de reforçar a indispensabilidade da intervenção do advogado, observa que constitui infração disciplinar valer-se de agenciador de causas, mediante participação nos honorários a receber, angariar ou captar causas, com ou sem intervenção de terceiros, e assinar qualquer escrito para fim extrajudicial que não tenha feito, ou em que não tenha colaborado, sendo vedada a atuação de advogado que esteja direta ou indiretamente vinculado ao cartório respectivo, ou a serviço deste, e lícita a advocacia em causa própria. Proíbe, ainda, a indicação ou recomendação de nomes e a publicidade específica de advogados nos recintos dos serviços delegados.

Com fundamento no art. 733 do Código de Processo Civil, na Resolução n. 35 do CNJ e na Resolução n. 118/2007 do Conselho Federal da OAB, permite-se equacionar o procedimento extrajudicial relativo às separações e aos divórcios, segundo os itens a seguir explicitados.

Facultatividade do uso do procedimento

Consta expressamente do art. 733 do Código de Processo Civil a expressão "poderão ser realizados por escritura pública", em relação à separação e ao divórcio consensuais. Logo, como também é reforçado pela Resolução n. 35 do CNJ, é facultada aos interessados a opção pela via judicial ou extrajudicial (art. 2º), considerando que o interesse dos cônjuges em recorrer à via judicial pode consistir na preservação do segredo de justiça.

Inexistência de nascituro ou filhos incapazes

Um dos requisitos exigidos pela norma é que não haja nascituro ou filhos incapazes, uma vez que nesses casos seria indispensável a intervenção do Ministério Público para zelar pelos seus interesses, fato que certamente impossibilitaria o procedimento extrajudicial.

As partes devem declarar ao tabelião (notário) no ato da lavratura da escritura que não têm filhos comuns ou, em os havendo, que são absolutamente capazes, indicando seu nome e a data de nascimento, bem como apresentando sua certidão de nascimento ou outro documento de identidade oficial.

Observância dos prazos legais

Refere-se a regra ao cumprimento dos mesmos prazos exigidos pelo Código Civil para a propositura de ações judiciais referentes à separação, à conversão da separação em divórcio, ao divórcio direto e ao restabelecimento da sociedade conjugal, a saber:

a) *prazo para a separação judicial consensual*: mais de um ano de casamento, conforme determina o art. 1.574 do Código Civil; comprova-se mediante a apresentação da certidão de casamento;

b) *prazo para a conversão da separação judicial ou da separação extrajudicial em divórcio*: entendemos, s.m.j., que não há exigência de prazo em consideração ao fato de que o divórcio direto pode ser feito independentemente de separação judicial, de conformidade com o art. 226, § 6º, da CF;

c) *prazo para o divórcio direto:* igualmente não há exigência de prazo de mais de dois anos de separação de fato;

d) *prazo para o restabelecimento da sociedade conjugal:* a sociedade conjugal, dissolvida pela separação judicial, poderá ser restabelecida a qualquer tempo, sem qualquer alteração, mediante iniciativa de ambas as partes (art. 1.577 do CC), desde que ainda não tenha sido decretado o divórcio.

O restabelecimento pode ser feito por escritura pública, ainda que a separação tenha sido judicial (art. 49 da Resolução n. 35 do CNJ). Nesse caso, é necessária e suficiente a apresentação de certidão da sentença de separação ou da averbação da separação no assento de casamento.

Em relação a este último procedimento, a Resolução n. 35 do CNJ determina, no art. 49, que o tabelião (notário) deve:

a) fazer constar que as partes foram orientadas sobre a necessidade de apresentação de seu traslado no registro civil do assento de casamento, para a averbação devida;

b) anotar o restabelecimento à margem da escritura pública de separação consensual, quando esta for de sua serventia, ou, quando de outra, comunicar o restabelecimento, para a anotação necessária na serventia competente; e

c) comunicar o restabelecimento ao juízo da separação judicial, se for o caso.

Consenso das partes

O divórcio ou o restabelecimento da sociedade conjugal (caso haja separação judicial ou extrajudicial anterior) deverão ser feitos mediante consenso ou por mútuo consentimento, como exige a nova regra. Não se admite, pois, que as partes compareçam em cartório demonstrando dúvidas ou discutindo questões ainda pendentes. O consenso das partes evidentemente se refere às três restritas matérias possíveis de ser decididas no âmbito do procedimento extrajudicial: partilha de bens, pensão alimentícia e manutenção ou não, pela mulher, do sobrenome do marido.

Partilha. Haverá partilha, por evidente, somente na hipótese de existência de bens imóveis ou de bens móveis de valor expressivo. Nesse caso, cumpre aos cônjuges apresentar certidão de propriedade dos bens imóveis e os documentos necessários à comprovação da titularidade dos bens móveis e outros direitos (conta bancária, poupança etc.) se houver.

Havendo bens a ser partilhados, distinguir-se-á o que é do patrimônio individual de cada cônjuge, se houver, daquilo que é do patrimônio comum do casal, conforme o regime de bens (art. 37 da Resolução n. 35 do CNJ).

A partilha deve, em princípio, ater-se às regras do regime de bens convencionado (comunhão universal, comunhão parcial, separação de bens, participação final nos aquestos). Nada impede, porém, que ela seja feita de forma desigual ou que contrarie o regime ajustado, desde que demonstrada ausência de prejuízo ao cônjuge ao qual toca a quota menor do patrimônio ou que procedeu à eventual doação. Havendo transmissão de patrimônio individual de um cônjuge ao outro, ou a partilha desigual do patrimônio comum, deverá ser comprovado o recolhimento do tributo devido sobre fração transferida (art. 38 da Resolução n. 35 do CNJ).

Ressalte-se, por último, que o tabelião (notário) poderá se negar a lavrar a escritura de divórcio se houver fundados indícios de prejuízo a um dos cônjuges ou em caso de dúvidas sobre a declaração de vontade, fundamentando a recusa por escrito (art. 46 da Resolução n. 35 do CNJ).

Pensão alimentícia. As partes consignarão se haverá ou não pagamento de alimentos de um cônjuge ao outro. Convencionado que caberá pagamento, determina-se com precisão qual o montante mensal, se este será fixo ou correspondente a um porcentual ou parcela dos salários do alimentante (30%, 1/3 etc.) e, ainda, se haverá critério para redução, majoração ou exoneração. De qualquer modo, é admissível, por consenso das partes, escritura pública de retificação de cláusulas de obrigações alimentares anteriormente ajustadas (art. 44 da Resolução n. 35 do CNJ).

Nome da mulher. As partes deverão decidir, ainda, a respeito da continuidade ou não do uso do sobrenome do marido pela mulher. Ressalve-se que, mesmo na hipótese da continuidade, a mulher poderá posteriormente, ainda que unilateralmente, solicitar a exclusão do sobrenome do marido mediante nova escritura denominada de *escritura pública de retificação*, com assistência de advogado (art. 45 da Resolução n. 35 do CNJ).

Havendo alteração do nome de algum cônjuge em razão de escritura de divórcio consensual ou restabelecimento da sociedade conjugal, o oficial de registro civil que averbar o ato no assento de casamento também anotará a alteração no respectivo assento de nascimento, se de sua unidade, ou, se de outra, comunicará o oficial competente para a necessária anotação.

Assistência por advogado

É imprescindível a participação do advogado ou do defensor público no ato extrajudicial de divórcio e atos afins, conforme exige o § 2º do art. 733 do Código de Processo Civil. As partes poderão ser assistidas por advogado comum ou advogados de cada uma delas. Será dispensado o instrumento de procuração na hipótese de o advogado comparecer juntamente com as partes ao ato de assinatura da escritura. Não comparecendo as partes, uma vez que a presença é dispensável, exige-se do advogado procuração por instrumento público com poderes específicos, com a descrição das cláusulas essenciais do acordo em relação à partilha de bens, pensão alimentícia e continuidade ou não do uso do sobrenome do marido pela mulher. O prazo de validade da procuração será de, no máximo, trinta dias.

É importante salientar que da escritura pública deverão constar o nome, o número de inscrição na OAB e a assinatura do advogado.

Comparecendo as partes sem advogado, compete ao tabelião (notário) alertá-las a respeito da necessidade da sua intervenção, sendo vedada a indicação de advogado. Caso as partes não disponham de condições econômicas para contratar advogado, o tabelião deverá recomendar-lhes a Defensoria Pública, onde houver, ou, na sua falta, a seccional da Ordem dos Advogados do Brasil (art. 9º da Resolução n. 35 do CNJ).

Ainda em relação à participação do advogado, consta na Resolução n. 118/2007 do Conselho Federal da OAB que é vedada a atuação de advogado que esteja direta ou indiretamente vinculado ao cartório respectivo, ou a serviço deste, e que ficam proibidas a indicação ou recomendação de nomes e a publicidade específica de advogados nos recintos dos mesmos cartórios.

Valor da escritura

É vedada a fixação de emolumentos em porcentual incidente sobre o valor do negócio jurídico objeto dos serviços notariais e de registro (art. 3º, III, da Lei n. 10.169/2000). Nesse caso, o valor dos emolumentos deverá corresponder ao efetivo custo e à adequada e suficiente remuneração dos serviços prestados, conforme estabelecido no parágrafo único do art. 1º da Lei n. 10.169/2000, observando-se, quanto à sua fixação, as regras previstas no art. 3º da citada lei (arts. 4º e 5º da Resolução n. 35 do CNJ).

Caso as partes não disponham de condições econômicas para o pagamento do valor da escritura, terão direito à gratuidade pontuada na Resolução n. 35/2007, bastando, para tanto, simples declaração de que não possuem condições de arcar com os emolumentos, ainda que sejam assistidas por advogado constituído (art. 7º da Resolução n. 35 do CNJ).

Responsabilidade do tabelião (notário)

Em primeiro lugar, pode o tabelião negar-se a lavrar a escritura de divórcio se houver fundados indícios de prejuízo a um dos cônjuges ou em caso de dúvidas sobre a declaração de vontade, fundamentando o recurso (art. 46 da Resolução n. 35 do CNJ). A par disso, sendo hipótese de restabelecimento da sociedade conjugal, cumpre-lhe:

a) fazer constar que as partes foram orientadas sobre a necessidade de apresentação de seu traslado no registro civil do assento de casamento, para a averbação devida;

b) anotar o restabelecimento à margem da escritura pública de separação consensual, quando esta for de sua serventia, ou, quando de outra, comunicar o restabelecimento, para a anotação necessária na serventia competente;

c) comunicar o restabelecimento ao juízo da separação judicial, se for o caso (art. 49 da Resolução n. 35 do CNJ).

Por último, os tabeliães deverão fazer constar da escritura a declaração das partes de que estão cientes das consequências do divórcio, firmes no propósito de pôr fim ao vínculo matrimonial, sem hesitação, com recusa de reconciliação (art. 35 da Resolução n. 35 do CNJ).

Validade da escritura

O recomendável é que o tabelião expeça três traslados (cópias) da escritura. Nesse caso, dois se destinam às partes (um para cada uma) e um ao oficial de registro civil de casamento.

A escritura pública de divórcio consensual não depende de homologação judicial e é título hábil para o registro civil e para o registro imobiliário, para a transferência de bens e direitos, bem como para a promoção de todos os atos necessários à materialização das transferências de bens e levantamento de valores (Detran, Junta Comercial, Registro Civil de Pessoas Jurídicas, instituições financeiras, companhias telefônicas etc.).

Cumpre às partes, porém, proporcionar plena eficácia ao ato de dissolução do casamento ou do restabelecimento da sociedade conjugal (quando for o caso), providenciando a averbação do ato junto ao Cartório de Registro Civil.

Para esse efeito, qualquer delas poderá apresentar o seu traslado (cópia da escritura) para que se proceda à devida averbação.

Considerações conclusivas

Em síntese, para a lavratura da escritura do divórcio consensual são necessários os requisitos conforme descritos a seguir.

1) No divórcio sem partilha de bens

Inexistindo bens a partilhar, o advogado das partes deverá encaminhar ao cartório os seguintes documentos:

a) certidão de casamento;
b) carteira de identidade e número do CPF das partes;
c) certidão do pacto antenupcial, se houver;
d) carteira da OAB do advogado.

2) No divórcio com partilha de bens

Nesse caso, os documentos a serem encaminhados são:

a) certidão de casamento;
b) carteira de identidade e número do CPF das partes;
c) certidão do pacto antenupcial, se houver;
d) certidão de propriedade dos imóveis;
e) documentos que comprovem o domínio e o preço de bens móveis (p. ex., veículos), contas em caderneta de poupança e outros direitos, se houver;
f) carteira da OAB do advogado.

AÇÃO DE DIVÓRCIO

Divórcio é o processo pelo qual os cônjuges visam a obter a dissolução da sociedade e do vínculo conjugal, extinguindo de vez o casamento.

Há duas formas de se promover o divórcio: após prévia separação judicial (divórcio indireto) e diretamente sem que haja prévia separação judicial ou de fato.

Divórcio indireto

Divórcio *indireto*, também denominado *divórcio-conversão*, é a medida judicial destinada a converter a separação judicial em divórcio. Depois da Emenda Constitucional n. 66/2010, o único requisito para a concessão dessa modalidade de divórcio é a prova da separação judicial.

Divórcio direto

Denomina-se *direto* o divórcio que independe de prévia separação judicial ou de fato, ou, ainda, de tempo de casamento e que tem como fundamento o § 6º do art. 226 da Constituição Federal, com redação conferida pela Emenda Constitucional n. 66 ("O casamento civil pode ser dissolvido pelo divórcio"). Portanto, o único requisito para requerer o divórcio direto é a prova da existência do casamento.

O divórcio, à semelhança da separação judicial, pode ser ajuizado de forma consensual ou litigiosa. Para a forma *consensual*, o procedimento é o mesmo usado para a separação, ou seja, petição conjunta, assinada por ambos os cônjuges e pelo advogado escolhido de comum acordo, ou advogados das partes. Da petição constarão (art. 731 do CPC): I – as disposições relativas à descrição e à partilha dos bens comuns; II – as disposições relativas à pensão alimentícia entre os cônjuges; III – o acordo relativo à guarda dos filhos incapazes e ao regime de visitas; e IV – o valor da contribuição para criar e educar os filhos.

Como ocorre com a separação judicial, o divórcio pode efetivar-se de duas formas: consensual e litigiosa.

Divórcio consensual

Consensual, amigável ou por mútuo consentimento é o divórcio que nasce do consenso ou da livre disposição de ambos os cônjuges em dar por finda a união. Em que pese o fato de não haver necessidade de mencionarem os motivos para a dissolução do casamento, cumpre aos cônjuges acordar sobre a partilha de bens, sobre a prestação de alimentos ao cônjuge que deles necessite, sobre a guarda dos filhos, sobre o regime de visitas do cônjuge que não detiver a guarda dos filhos e, ainda, sobre a manutenção ou não do sobrenome do marido pela mulher.

Observe-se que o divórcio judicial é obrigatório quando haja nascituro ou filhos incapazes. Nesses casos, como há interesses de menores a ser preservados, é mister a participação do Ministério Público para zelar por tais interesses. Não ocorrendo as referidas hipóteses, o divórcio consensual poderá ser feito por escritura pública nos termos do art. 733 do Código de Processo Civil.

Petição inicial no divórcio judicial consensual. Segundo consta do art. 731 do Código de Processo Civil, a petição, assinada por ambos os cônjuges constarão: I – as disposições relativas à descrição e à partilha dos bens comuns; II – as disposições relativas à pensão alimentícia entre os cônjuges; III – o acordo relativo à guarda dos filhos incapazes e ao regime de visitas; e IV – o valor da contribuição para criar e educar os filhos.

Embora não haja referência no dispositivo mencionado, mostra-se também indispensável que da petição inicial conste o acordo relativo à continuidade ou não do uso do sobrenome do marido pela mulher.

Cumpre aos requerentes, ainda, firmar a petição inicial, juntamente com o advogado comum ou advogados de ambos.

Como salienta Petry Júnior,[2] caberá ao juiz e ao membro do Ministério Público a fiscalização dos termos do consenso, que deve ser voltado para a ausência de prejuízo a qualquer dos cônjuges e especialmente aos filhos, se ainda incapazes.

Divórcio litigioso

O divórcio litigioso, ou contencioso, é o que decorre da iniciativa de um só dos cônjuges, em face da impossibilidade de chegarem a um acordo a respeito do divórcio consensual. O divórcio litigioso somente pode ser feito de forma judicial. É vedada, portanto, a possibilidade de ser efetuado por escritura pública.

A litigiosidade processual pode decorrer de fatos os mais diversos, tais como a ruptura da vida em comum, sem possibilidade de restabelecimento; a não concordância de um dos cônjuges com o divórcio; a falta de consenso em relação à prestação de alimentos, à guarda dos filhos ou à partilha dos bens.

Para a propositura da ação de divórcio é competente o foro:

a) de domicílio do guardião de filho incapaz;

b) do último domicílio do casal, caso não haja filho incapaz;

c) de domicílio do réu, se nenhuma das partes residir no antigo domicílio do casal.

Ao receber a petição inicial de divórcio e, se for o caso, tomadas as providências referentes à tutela provisória, o juiz ordenará a citação do réu para comparecer à audiência de mediação e conciliação, na qual todos os esforços serão empreendidos para a solução consensual da controvérsia (art. 695 do CPC).

O mandado de citação conterá apenas os dados necessários à audiência e deverá estar desacompanhado de cópia da petição inicial, assegurado ao réu o direito de examinar seu conteúdo a qualquer tempo. A citação ocorrerá com antecedência mínima de quinze dias da data designada para a audiência.

Na audiência de mediação e conciliação, as partes deverão estar acompanhadas de seus advogados ou de defensores públicos. O Ministério Público somente intervirá quando houver interesse de incapaz e deverá ser ouvido previamente à homologação de acordo. A requerimento das partes, o juiz pode determinar

2 PETRY JÚNIOR, Henry. *A separação com causa culposa*, p. 52.

a suspensão do processo enquanto os litigantes se submetem à mediação extrajudicial ou ao atendimento multidisciplinar. Não realizado o acordo, passarão a incidir, a partir de então, as normas do procedimento comum, observado o art. 335 (art. 697, CPC), ou seja, o réu poderá oferecer contestação, por petição, no prazo de 15 dias, cujo termo inicial será a data da audiência de conciliação ou de mediação.

É relevante ainda observar que, em consideração ao fato de que o divórcio dissolve não só a sociedade conjugal como também o casamento, depois de sua homologação ou decretação pelo juiz, não há nenhuma possibilidade de restabelecimento da sociedade conjugal sem que ocorra novo casamento.

Divórcio extrajudicial

Como mencionado no tema referente à separação extrajudicial, o art. 733 do Código de Processo Civil admite o procedimento extrajudicial, permitindo que o divórcio consensual possa ser feito por escritura pública, desde que não haja nascituro ou filhos incapazes. O procedimento a ser adotado é o mesmo utilizado para a separação extrajudicial da p. 365.

Conversão de separação em divórcio

Para a efetivação da conversão da separação judicial em divórcio extrajudicial cumpre ao advogado apresentar em cartório:

a) carteira de identidade e número do CPF das partes;

b) certidão de averbação da separação judicial no assento de nascimento;

c) carteira da OAB do advogado.

Caso não haja partilha anterior, devem ser acrescidos mais os seguintes documentos:

a) certidão do pacto antenupcial, se houver;

b) certidão de propriedade dos imóveis;

c) documentos que comprovem o domínio e o preço de bens móveis (p. ex., veículos), contas em caderneta de poupança e outros direitos, se houver.

Divórcio direto

Sendo hipótese de divórcio direto, são requeridos os documentos a seguir relacionados:

a) carteira de identidade e número do CPF das partes;

b) nome e qualificação de pelo menos uma testemunha que não seja parente nem esteja relacionada entre as pessoas citadas no art. 228 do Código Civil, para comprovação do tempo de separação de fato;

c) documentos que comprovem a separação de fato, se houver;

d) carteira da OAB do advogado.

Havendo bens a partilhar, cumpre apresentar mais os seguintes documentos:

a) certidão do pacto antenupcial, se houver;

b) certidão de propriedade dos imóveis;

c) documentos que comprovem o domínio e o preço de bens móveis (p. ex., veículos), contas em caderneta de poupança e outros direitos, se houver.

Restabelecimento da sociedade conjugal

Para a formalização da escritura de restabelecimento da sociedade conjugal, ainda que a separação tenha sido judicial, exige-se:

a) carteira de identidade e número do CPF das partes;

b) certidão da sentença de separação ou certidão da averbação da separação no assento de casamento;

c) carteira da OAB do advogado.

Sobrenome (patronímico) do cônjuge após o divórcio

Com o desaparecimento da atribuição de culpa pela ruptura do casamento, a qual acarretava ao cônjuge culpado a perda do direito de continuar a usar o nome do outro, entendemos que restou prejudicada a continuidade da aplicação do art. 1.578 do Código Civil. Sendo assim, em nosso pensar, o cônjuge tem direito a permanecer com o sobrenome (patronímico) do consorte, salvo se optar por renunciar a ele.

Desfazimento da relação matrimonial homoafetiva

Inúmeras barreiras, preconceitos, dogmas e resistências em geral tiveram que ser rompidos até que, a partir de 2011, o Poder Judiciário, por intermédio do STF (ADPF 132/RJ; ADI 4.277/DF) e do STJ (REsp 1.183.378/RS), firmou posicionamento no sentido de que não pode haver qualquer diferenciação entre direitos e deveres maritais decorrentes da orientação sexual dos consortes.

Bem por isso, o CNJ, por meio da Resolução n. 175, de 14 de maio de 2013, estabeleceu que:

> O PRESIDENTE DO CONSELHO NACIONAL DE JUSTIÇA, no uso de suas atribuições constitucionais e regimentais,
>
> Considerando a decisão do plenário do Conselho Nacional de Justiça, tomada no julgamento do Ato Normativo n. 0002626-65.2013.2.00.0000, na 169ª Sessão Ordinária, realizada em 14 de maio de 2013;
>
> Considerando que o Supremo Tribunal Federal, nos acórdãos prolatados em julgamento da ADPF 132/RJ e da ADI 4.277/DF, reconheceu a inconstitucionalida-

de de distinção de tratamento legal às uniões estáveis constituídas por pessoas de mesmo sexo;

Considerando que as referidas decisões foram proferidas com eficácia vinculante à administração pública e aos demais órgãos do Poder Judiciário;

Considerando que o Superior Tribunal de Justiça, em julgamento do REsp 1.183.378/RS, decidiu inexistir óbices legais à celebração de casamento entre pessoas de mesmo sexo;

Considerando a competência do Conselho Nacional de Justiça, prevista no art. 103-B, da Constituição Federal de 1988;

Resolve:

Art. 1º É vedada às autoridades competentes a recusa de habilitação, celebração de casamento civil ou de conversão de união estável em casamento entre pessoas de mesmo sexo.

Art. 2º A recusa prevista no art. 1º implicará a imediata comunicação ao respectivo juiz corregedor para as providências cabíveis.

Art. 3º Esta resolução entra em vigor na data de sua publicação.

Ministro JOAQUIM BARBOSA

A partir de tal realidade jurídica, a constituição e o desfazimento das relações matrimoniais homoafetivas em nada divergem, em direitos, obrigações e processamento, daquelas heterossexuais, por força e prevalência dos constitucionais princípios da isonomia e da dignidade da pessoa humana.

Alimentos para o cônjuge no divórcio

Em relação à concessão de alimentos por ocasião do divórcio, cumpre considerar as seguintes situações fáticas:

1. **Divórcio direto**, decorrente ou não de *separação de fato,* na qual o cônjuge *já recebe o benefício*, concedido em ação de alimentos ou em medida cautelar de separação de corpos: nesse caso, preenchidas as condições anteriores em relação à necessidade do cônjuge, a obrigação do alimentante será confirmada nos percentuais avençados, salvo alteração nos ganhos do alimentante ou nas necessidades da alimentanda (art. 1.699 do CC).

2. **Divórcio direto**, decorrente ou não de *separação de fato,* na qual o cônjuge ainda *não recebe o benefício*: o benefício será concedido de modo compatível com a sua condição social, considerando-se a sua necessidade e a possibilidade do cônjuge demandado.

3. **Divórcio indireto** (conversão da separação judicial), decorrente de separação judicial, na qual *se fixou* a obrigação alimentar: presentes as mesmas condições anteriores em relação à necessidade/possibilidade das partes, a obrigação será confirmada nos percentuais avençados. Tendo ocorrido mudança na situação eco-

nômica dos cônjuges, igualmente incide a regra que permite exoneração, redução ou agravação do valor.

4. **Divórcio indireto** (conversão da separação judicial), decorrente de separação judicial, na qual *não se fixou* a obrigação alimentar ou houve renúncia aos alimentos: o benefício poderá ser concedido de modo compatível com a condição social, provada a ausência de culpa do cônjuge requerente, considerando-se a necessidade deste e a possibilidade financeira do cônjuge demandado. Comprovada a culpa do requerente, os alimentos serão fixados apenas em valor indispensável à sua subsistência (art. 1.694, § 2º, do CC).

Partilha de bens

O divórcio pode ser concedido sem que haja prévia partilha de bens (art. 1.581 do CC). Assim, caso os cônjuges não cheguem a um consenso sobre a partilha, faculta-se que ela seja feita posteriormente, perante o juízo sucessivo, na forma estabelecida nos arts. 647 a 658 do Código de Processo Civil (art. 731, parágrafo único, do CPC).

Não obstante, decidindo-se pela partilha dos bens, no divórcio consensual será observado o que os cônjuges convencionarem, inclusive não havendo obrigatoriedade da divisão dos bens por igual quando haja direito à meação nos regimes de comunhão universal e de comunhão parcial de bens. Já no divórcio litigioso, o juiz observará o direito de meação, no que couber.

Considerando os diversos regimes de bens, a partilha no divórcio litigioso deve, em síntese, ser feita da seguinte forma:

Regime de comunhão universal de bens

Patrimônio do casal (bens adquiridos antes do casamento + bens adquiridos durante o casamento):[3] R$ 500.000,00

Partilha:

Cônjuge A: R$ 250.000,00

Cônjuge B: R$ 250.000,00

Regime de comunhão parcial de bens

Patrimônio do casal (somente bens adquiridos, mesmo que por um só dos cônjuges, durante o casamento):[4] R$ 300.000,00

---

3 Com exceção dos bens arrolados no art. 1.668 do Código Civil.

4 Desde que sejam bens adquiridos por título oneroso, isto é, por compra e venda. Assim, não entram na comunhão ou meação os bens que cada cônjuge eventualmente tenha recebido a título de herança ou doação, salvo se esta última tenha sido feita em favor de ambos os cônjuges (art. 1.659 do CC).

Partilha:
Cônjuge A: R$ 150.000,00
Cônjuge B: R$ 150.000,00

Regime de separação convencional (pacto nupcial) de bens
Não haverá partilha.

Regime de separação legal (obrigatório) de bens[5]
Patrimônio do casal (somente bens adquiridos por qualquer dos cônjuges durante o casamento): R$ 200.000,00

Cônjuge A: R$ 100.000,00
Cônjuge B: R$ 100.000,00

Regime de participação final nos aquestos[6]
Patrimônio do casal (somente bens eventualmente adquiridos, por ambos os cônjuges – em conjunto –, durante o casamento):[7] R$ 200.000,00
Partilha:
Cônjuge A: R$ 100.000,00
Cônjuge B: R$ 100.000,00

Guarda dos filhos menores

A existência de filhos menores de 18 anos acarreta a necessidade de atribuir sua guarda a um dos pais ou mesmo aos avós (art. 1.584, § 5º, do CC). No caso de divórcio *consensual*, nenhuma dificuldade se apresenta, eis que será observado o que os cônjuges acordarem sobre a guarda (art. 1.584, I, do CC). Portanto, desde que preservem os interesses dos filhos, é lícito aos cônjuges estabelecer livremente a respeito da sua guarda, bem assim quanto ao regime de *visitas*, pois os pais em cuja

5 Aplica-se, nesses casos, o entendimento sedimentado na Súmula n. 377 do STF, segundo o qual os aquestos adquiridos na constância do casamento, pelo regime da separação legal (nubentes maiores de 70 anos; quando houver suprimento judicial para casar), são comunicáveis, independentemente da comprovação do esforço comum para a sua aquisição, que, nessa hipótese, é presumido (STJ, Ag. Reg. no REsp n. 1.008.684/RJ, 4ª T., rel. Min. Antonio Carlos Ferreira, j. 24.04.2012, *DJe* 02.05.2012).

6 Regime de bens adotado pelo Código Civil: "Art. 1.672. No regime de participação final nos aquestos, cada cônjuge possui patrimônio próprio, consoante disposto no artigo seguinte, e lhe cabe, à época da dissolução da sociedade conjugal, direito à metade dos bens adquiridos pelo casal, a título oneroso, na constância do casamento".

7 Código Civil: "Art. 1.674. Sobrevindo a dissolução da sociedade conjugal, apurar-se-á o montante dos aquestos, excluindo-se da soma dos patrimônios próprios: I – os bens anteriores ao casamento e os que em seu lugar se sub-rogaram; II – os que sobrevieram a cada cônjuge por sucessão ou liberalidade; III – as dívidas relativas a esses bens".

guarda não estejam os filhos poderão visitá-los e tê-los em sua companhia, bem como fiscalizar a sua manutenção e educação (art. 1.589 do CC). Entende-se por regime de visitas a forma pela qual os cônjuges ajustarão a permanência dos filhos em companhia daquele que não ficar com sua guarda, compreendendo encontros periódicos regularmente estabelecidos, repartição das férias escolares e dias festivos.

A título de exceção decorrente dos efeitos da pandemia de Covid-19, decidiu o TJSP que, *verbis*:

> Agravo de instrumento. Ação de oferta de alimentos e regulamentação de visitas. Insurgência contra a decisão que indeferiu o pedido de visitação presencial em decorrência dos riscos da pandemia, em especial em Campinas. Insurgência. Desacolhimento. Situação temporária, emergencial e atípica cuja restrição de circulação de pessoas é medida necessária e imposta pelas normas sanitárias visando reduzir a proliferação do vírus. Aumento do contágio e constatação de segunda onda em vários países. Precedentes. Decisão provisoriamente mantida. Recurso desprovido (Ag. n. 2216665-78.2020.8.26.0000, Rel. Costa Netto, j. 25.11.2020).

Na hipótese de acordo dos pais a respeito da guarda, esta poderá ser definida de forma *unilateral*, quando atribuída a um só dos genitores ou a alguém que o substitua, ou *compartilhada*, mediante responsabilização conjunta e exercício de direitos e deveres do pai e da mãe que não vivam sob o mesmo teto, concernentes ao poder familiar dos filhos comuns, quando exercida por ambos os pais (art. 1.583, § 1º, do CC). A *guarda compartilhada* será aplicada quando não houver acordo entre a mãe e o pai quanto à guarda do filho, encontrando-se ambos os genitores aptos a exercer o poder familiar, salvo se um dos genitores declarar ao magistrado que não deseja a guarda do menor (art. 1.584, § 2º, do CC).

Por meio da guarda compartilhada os pais, embora separados ou divorciados, exercem a guarda simultânea dos filhos, dividindo as responsabilidades na criação destes, sem que haja supremacia de um sobre o outro. De qualquer modo, nessa modalidade de guarda se mostra necessário estabelecer uma residência fixa para os filhos, a fim de que não percam a referência de lar. Não obstante, permite-se aos menores transitarem livremente entre as casas dos pais de acordo com a sua preferência e disponibilidade de tempo e horário. Para estabelecer as atribuições do pai e da mãe e os períodos de convivência sob guarda compartilhada, o juiz, de ofício ou a requerimento do Ministério Público, poderá basear-se em orientação técnico-profissional ou de equipe interdisciplinar, que deverá visar à divisão equilibrada do tempo com o pai e com a mãe (art. 1.584, § 3º, do CC). Em que pese a faculdade de o juiz determinar a guarda compartilhada, há entendimento de que é imprescindível que o relacionamento entre os pais seja de tal forma harmonioso que se mostre adequado e receptivo à adoção da medida, como revela a jurisprudência.[8]

8 “Apelação cível. Guarda de filho. Alteração. Improcedência. Se o melhor interesse do filho é que permaneça sob a guarda materna, já que a estabilidade, continuidade e permanência dele no âmbito fa-

Diante do fato de que descabe a guarda compartilhada quando os litigantes apresentarem elevado grau de animosidade, como consta da decisão mencionada anteriormente, entendemos que resta prejudicada a aplicação do inciso II resultante da nova redação do art. 1.584, cujo comando é que a guarda compartilhada poderá ser "decretada pelo juiz, em atenção a necessidades específicas do filho, ou em razão da distribuição de tempo necessário ao convívio deste com o pai e com a mãe". Nesse caso, pergunta-se: seria razoável o juiz decretar a obrigatoriedade da adoção da guarda compartilhada mesmo havendo comprovada ausência de harmonia entre os pais da criança?[9]

A par disso tudo, em 22 de dezembro de 2014 sobreveio a Lei n. 13.058/2014, que alterou vários artigos do Código Civil a respeito.

Nessa esteira, o Conselho Nacional de Justiça, em 22 de agosto de 2016, editou a Recomendação n. 25, pela qual se recomenda aos Juízes das Varas de Família a adoção, como regra, da guarda compartilhada, nos seguintes termos:

> A CORREGEDORA NACIONAL DE JUSTIÇA, MINISTRA NANCY ANDRIGHI, no uso de suas atribuições legais e constitucionais;
>
> Considerando a justificação apresentada pelo Relator do Projeto de Lei n. 1.009/2011 (transformado na Lei n. 13.058/2014), de dar "maior clareza sobre a real intenção do legislador quando da criação da guarda compartilhada";
>
> Considerando o disposto no art. 1.584, II, § 2º, do Código Civil, com a redação dada pela Lei n. 13.058/2014;
>
> Considerando as declarações prestadas na audiência pública realizada em 22.10.2015 pela Comissão de Seguridade Social e Família da Câmara dos Deputados para discutir a aplicação da Lei n. 13.058/2014;
>
> Considerando o teor do ofício n. 1.058/2016/SGM, encaminhado à Corregedoria Nacional de Justiça pela Presidência da Câmara dos Deputados, informando sobre o recebimento de reclamações de pais e mães relativas ao descumprimento, pelos juízes das Varas de Família, da Lei n. 13.058/2014;
>
> Considerando que, segundo as Estatísticas do Registro Civil de 2014, realizadas pelo Instituto Brasileiro de Geografia e Estatística – IBGE, no Brasil, a proporção de divórcios em que houve a concessão de compartilhamento, no que diz respeito à guarda dos filhos menores, foi apenas 7,5%;
>
> Resolve:
>
> Art. 1º Recomendar aos Juízes das Varas de Família que, ao decidirem sobre a guarda dos filhos, nas ações de separação, de divórcio, de dissolução de união estável ou em medida cautelar, quando não houver acordo entre os ascendentes, consi-

---

miliar em que está inserido devem ser priorizadas, mormente considerando-se que a mãe está cumprindo a contento seu papel parental, mantém-se a improcedência da alteração da guarda pretendida pelo pai. Descabe também a guarda compartilhada se os litigantes apresentam elevado grau de animosidade e divergências. Apelação desprovida" (TJRS, Ap. cível n. 70.008.688.988, 8ª Câm. Cível, rel. José Ataídes Siqueira Trindade, j. 24.06.2004).

9 Cf. LUZ, Valdemar P. da. *Manual de direito de família*, p. 91.

derem a guarda compartilhada como regra, segundo prevê o § 2º do art. 1.584 do Código Civil.

§ 1º Ao decretar a guarda unilateral, o juiz deverá justificar a impossibilidade de aplicação da guarda compartilhada, no caso concreto, levando em consideração os critérios estabelecidos no § 2º do art. 1.584 do Código Civil.

Art. 2º As Corregedorias Gerais da Justiça dos Estados e do Distrito Federal deverão dar ciência desta Recomendação a todos os Juízes que, na forma da organização local, forem competentes para decidir o requerimento de guarda ou para decretá-la, nas ações de separação, de divórcio, de dissolução de união estável ou em medida cautelar.

Art. 3º Esta Recomendação entra em vigor na data de sua publicação.

Brasília, 24 de agosto de 2016.

Em uma terceira modalidade de guarda, denominada *guarda alternada*, os filhos dividem a residência dos pais, permanecendo na residência de um e de outro por igual período, por exemplo, uma semana na casa da mãe e outra na casa do pai. Frise-se, porém, que esse modelo de guarda não tem se mostrado aconselhável, uma vez que a duplicidade de residências pode provocar instabilidade emocional e psíquica no menor, consoante entendimento dos tribunais.[10]

Sob o aspecto processual, a Ação de Guarda, em condições de inexistência de situação de risco, tramitará por Vara de Família e Sucessões, e não por Vara de Infância e Juventude, *v.g.*, nos termos da Súmula n. 69 do Tribunal de Justiça do Estado de São Paulo:

> Compete ao Juízo da Família e Sucessões julgar ações de guarda, salvo se a criança ou adolescente, pelas provas constantes dos autos, estiver em evidente situação de risco.

Direito de visita dos avós ("visita avoenga"). A Lei n. 12.398/2011, ao acrescentar parágrafo único ao art. 1.589 do Código Civil, estendeu o direito de visita a qualquer dos avós, a critério do juiz, observados os interesses da criança ou do adolescente.

---

10 Guarda alternada. Inadmissibilidade. O instituto da guarda alternada não é admissível em nosso direito, porque afronta o princípio basilar do bem-estar do menor, uma vez que compromete a formação da criança, em virtude da instabilidade de seu cotidiano (TJMG, Ap. cível n. 1.0000.00.328063-3/00, rel. Des. Lamberto Sant'Anna, j. 11.09.2003). Guarda alternada. Indeferimento. Nos casos que envolvem guarda de filho e direito de visita, é imperioso ater-se sempre ao interesse do menor. A guarda alternada, permanecendo o filho uma semana com cada um dos pais não é aconselhável, pois "as repetidas quebras na continuidade das relações e ambiência afetiva, o elevado número de separações e reaproximações provocam no menor instabilidade emocional e psíquica, prejudicando seu normal desenvolvimento, por vezes retrocessos irrecuperáveis, a não recomendar o modelo alternado, uma caricata divisão pela metade em que os pais são obrigados por lei a dividir pela metade o tempo passado com os filhos" (*RJ* 268/28) (TJSC, AI n. 00.000236-4/Capital, rel. Des. Alcides Aguiar, j. 26.06.2000).

Alienação parental: efeitos na concessão da guarda

A Síndrome de Alienação Parental – SAP – é uma expressão proposta pelo psiquiatra americano Richard A. Gardner no ano de 1985. Consiste em situações em que pai, mãe ou ambos orientam seus filhos para o rompimento de laços afetivos com o outro genitor, criando fortes sentimentos de ansiedade e temor em relação ao genitor infamado. São, na verdade, atos com forte tendência vingativa de iniciativa de cônjuges que não aceitam a ruptura da vida em comum.

Segundo o art. 2º da Lei n. 12.318/2010, constitui ato de alienação parental a interferência na formação psicológica da criança ou do adolescente promovida ou induzida por um dos genitores, pelos avós ou pelos que tenham a criança ou adolescente sob a sua autoridade, guarda ou vigilância para que repudie genitor ou que cause prejuízo ao estabelecimento ou à manutenção de vínculos com este.

A teor da lei, a prática de ato de alienação parental fere direito fundamental da criança ou do adolescente de convivência familiar saudável, prejudica a realização de afeto nas relações com genitor e com o grupo familiar e constitui abuso moral contra a criança ou o adolescente e descumprimento dos deveres inerentes à autoridade parental ou decorrentes de tutela ou guarda (art. 3º).

São formas exemplificativas de alienação parental, além dos atos assim declarados pelo juiz ou constatados por perícia, praticados diretamente ou com auxílio de terceiros (art. 2º, parágrafo único):

> I – realizar campanha de desqualificação da conduta do genitor no exercício da paternidade ou maternidade;
>
> II – dificultar o exercício da autoridade parental;
>
> III – dificultar contato de criança ou adolescente com genitor;
>
> IV – dificultar o exercício do direito regulamentado de convivência familiar;
>
> V – omitir deliberadamente a genitor informações pessoais relevantes sobre a criança ou adolescente, inclusive escolares, médicas e alterações de endereço;
>
> VI – apresentar falsa denúncia contra genitor, contra familiares deste ou contra avós, para obstar ou dificultar a convivência deles com a criança ou adolescente;
>
> VII – mudar o domicílio para local distante, sem justificativa, visando a dificultar a convivência da criança ou adolescente com o outro genitor, com familiares deste ou com avós.

Na prática, referidas condutas costumam externar-se da seguinte forma:

- excluir o outro genitor da vida dos filhos;
- deixar de comunicar ao outro genitor fatos importantes relacionados à vida dos filhos (escola, médico, comemorações etc.);
- interferir nas visitas;
- controlar excessivamente os horários de visita;

- tomar decisões importantes sobre a vida dos filhos sem prévia consulta ao outro cônjuge (por exemplo, escolha ou mudança de escola, de pediatra etc.);
- obrigar os filhos a optar entre a mãe ou o pai, fazendo-os tomar partido no conflito;
- não permitir que os filhos estejam com o genitor em ocasiões outras que não aquelas prévia e expressamente estipuladas;
- recordar, com insistência, motivos ou fatos ocorridos que levem ao estranhamento entre os filhos e o outro genitor;
- transformar os filhos em espiões da vida do ex-cônjuge;
- quebrar, esconder ou cuidar mal dos presentes que o genitor alienado dá aos filhos;
- denegrir a imagem do outro genitor;
- fazer comentários inconvenientes sobre presentes ou roupas compradas pelo outro genitor ou mesmo sobre o gênero do lazer que ele oferece aos filhos.

> Havendo indício da prática de ato de alienação parental, em ação autônoma ou incidental, o juiz, se necessário, determinará perícia psicológica ou biopsicossocial (art. 5º da Lei n. 12.318/2010).

Declarado indício de ato de alienação parental, a requerimento ou de ofício, em qualquer momento processual, em ação autônoma ou incidentalmente, o processo terá tramitação prioritária, e o juiz determinará, com urgência, ouvido o Ministério Público, as medidas provisórias necessárias para preservação da integridade psicológica da criança ou do adolescente, inclusive para assegurar sua convivência com genitor ou viabilizar a efetiva reaproximação entre ambos, se for o caso (art. 4º da Lei n. 12.318/2010).

Caracterizados atos típicos de alienação parental ou qualquer conduta que dificulte a convivência de criança ou adolescente com genitor, o juiz poderá, cumulativamente ou não, sem prejuízo da decorrente responsabilidade civil ou criminal e da ampla utilização de instrumentos processuais aptos a inibir ou atenuar seus efeitos, segundo a gravidade do caso (art. 6º da Lei n. 12.318/2010):

> I – declarar a ocorrência de alienação parental e advertir o alienador;
> II – ampliar o regime de convivência familiar em favor do genitor alienado;
> III – estipular multa ao alienador;
> IV – determinar acompanhamento psicológico e/ou biopsicossocial;
> V – determinar a alteração da guarda para guarda compartilhada ou sua inversão;
> VI – determinar a fixação cautelar do domicílio da criança ou adolescente.

Caracterizada mudança abusiva de endereço, inviabilização ou obstrução à convivência familiar, o juiz também poderá inverter a obrigação de levar para ou retirar a criança ou adolescente da residência do genitor, por ocasião das alternâncias dos períodos de convivência familiar (§ 1º do art. 6º).

A atribuição ou alteração da guarda dar-se-á por preferência ao genitor que viabiliza a efetiva convivência da criança ou adolescente com o outro genitor nas hipóteses em que seja inviável a guarda compartilhada (art. 7º da Lei n. 12.318/2010).

A alteração de domicílio da criança ou adolescente é irrelevante para a determinação da competência relacionada às ações fundadas em direito de convivência familiar, salvo se decorrente de consenso entre os genitores ou de decisão judicial (art. 8º da mesma lei).

A respeito do tema, no sentido de trazer maior efetividade à jurisdição protetiva da criança e do adolescente, o Conselho Nacional dos Direitos da Criança e do Adolescente – CONANDA, órgão colegiado permanente criado pela Lei n. 8.242/91, redigiu e divulgou Nota Pública, nos seguintes termos:

> O Conselho Nacional dos Direitos da Criança e do Adolescente – CONANDA, instância máxima de formulação, deliberação e controle das políticas públicas para a infância e a adolescência na esfera federal, criado pela Lei n. 8.242 de 1991, é o órgão responsável por tornar efetivos os direitos, princípios e diretrizes contidos no Estatuto da Criança e do Adolescente, Lei n. 8.069 de 1990.
>
> Pela presente nota, vem manifestar-se sobre a Lei n. 12.318 de 2010, com o objetivo de subsidiar o Congresso Nacional e demais interessados na análise da pertinência do todo ou de parte da referida lei, dado que tal debate está latente na sociedade e, por isso, mostra-se urgente e relevante.
>
> Inicialmente, salienta-se que o art. 227 da Constituição Federal e o Estatuto da Criança e do Adolescente elevaram crianças e adolescentes à condição de sujeitos de direitos especiais e autônomos, com a finalidade de garantir o melhor interesse, a proteção integral e a absoluta prioridade desse segmento. Tais normativas devem guiar todas as ações, decisões e normativas relativas à infância e adolescência.
>
> Em relação à Lei n. 12.318 de 2010, que dispõe sobre a "alienação parental", manifesta preocupação diante do fato de que o conceito de "alienação parental" não está fundamentado em estudos científicos, bem como não há registro de outros países que tenham e mantenham legislação semelhante sobre o assunto. Ainda, pondera que tal lei foi aprovada sem uma ampla discussão e escuta dos atores que estão diretamente envolvidos com o tema, inclusive deste Conselho.
>
> Para o Conanda, já existem previsões legais protetivas e suficientes no que tange aos direitos de crianças e adolescentes à convivência familiar e comunitária, merecendo destaque a garantia de guarda compartilhada, o que, no entender deste Conselho, já é suficiente para assegurar o convívio com ambos os genitores.
>
> Ainda que a Lei n. 12.318 de 2010 já esteja em vigor, este colegiado identifica que em alguns aspectos não é oportuna e sequer adequada, pois há dispositivos que

ensejam violações graves aos direitos de crianças e adolescentes, de modo que convém destacar alguns pontos específicos, a seguir detalhados.

Destaque-se o art. 2° da referida lei que apresenta formas exemplificativas do ato de "alienação":

> Art. 2º Considera-se ato de alienação parental a interferência na formação psicológica da criança ou do adolescente promovida ou induzida por um dos genitores, pelos avós ou pelos que tenham a criança ou adolescente sob a sua autoridade, guarda ou vigilância para que repudie genitor ou que cause prejuízo ao estabelecimento ou à manutenção de vínculos com este.
>
> Parágrafo único. São formas exemplificativas de alienação parental, além dos atos assim declarados pelo juiz ou constatados por perícia, praticados diretamente ou com auxílio de terceiros:
>
> I – realizar campanha de desqualificação da conduta do genitor no exercício da paternidade ou maternidade;
>
> II – dificultar o exercício da autoridade parental;
>
> III – dificultar contato de criança ou adolescente com genitor;
>
> IV – dificultar o exercício do direito regulamentado de convivência familiar;
>
> V – omitir deliberadamente a genitor informações pessoais relevantes sobre a criança ou adolescente, inclusive escolares, médicas e alterações de endereço;
>
> **VI – apresentar falsa denúncia contra genitor, contra familiares deste ou contra avós, para obstar ou dificultar a convivência deles com a criança ou adolescente;**
>
> VII – mudar o domicílio para local distante, sem justificativa, visando a dificultar a convivência da criança ou adolescente com o outro genitor, com familiares deste ou com avós.

Entende-se que o inciso VI do art. 2º, acima destacado, pode ser prejudicial à criança e ao adolescente, pois, se um dos genitores desconfia que há ocorrência de alguma forma de violência por parte do outro genitor, pode sentir-se acuado e esquivar-se de comunicar a suspeita às autoridades, posto que teme ser considerado "alienador" e, portanto, sujeitar-se-á às sanções impostas pela Lei n. 12.318 de 2010. No entanto, para realizar uma denúncia, basta que se desconfie da situação de violência, não havendo necessidade de comprová-la – o que deve ser averiguado pelas autoridades competentes para tanto. Nesse sentido, inclusive, diferentes previsões no Estatuto da Criança e do Adolescente apontam para a obrigatoriedade de comunicar a suspeita de violência, bem como para a responsabilidade compartilhada por proteger direitos e prevenir violações, destacando-se os seguintes artigos:

> Art. 13. Os casos de suspeita ou confirmação de castigo físico, de tratamento cruel ou degradante e de maus-tratos contra criança ou adolescente **serão obrigatoriamente comunicados ao Conselho Tutelar** da respectiva localidade, sem prejuízo de outras providências legais.
>
> Art. 18. **É dever de todos velar pela dignidade da criança e do adolescente**, pondo-os a salvo de qualquer tratamento desumano, violento, aterrorizante, vexatório ou constrangedor.

> Art. 70. **É dever de todos prevenir** a ocorrência de ameaça ou violação dos direitos da criança e do adolescente.

Nesse sentido, quando há suspeitas de violência e maus-tratos, isso será apurado, inclusive em âmbito criminal, após ampla defesa e contraditório, de modo que eventuais falsas denúncias só serão caracterizadas como tal após a conclusão do devido processo legal. Evidencia-se, portanto, que a previsão constante no inciso VI do art. 2º da Lei n. 12.318 de 2010 contraria as previsões acima destacadas do Estatuto da Criança e do Adolescente e, com isso, viola o melhor interesse de crianças e adolescentes.

Relevante também que, quando há indícios de "alienação parental", a lei prevê consequências, conforme o art. 6º, abaixo descrito:

> Art. 6º Caracterizados atos típicos de alienação parental ou qualquer conduta que dificulte a convivência de criança ou adolescente com genitor, em ação autônoma ou incidental, o juiz poderá, cumulativamente ou não, sem prejuízo da decorrente responsabilidade civil ou criminal e da ampla utilização de instrumentos processuais aptos a inibir ou atenuar seus efeitos, segundo a gravidade do caso:
>
> I – declarar a ocorrência de alienação parental e advertir o alienador;
>
> II – ampliar o regime de convivência familiar em favor do genitor alienado;
>
> III – estipular multa ao alienador;
>
> IV – determinar acompanhamento psicológico e/ou biopsicossocial;
>
> **V – determinar a alteração da guarda para guarda compartilhada ou sua inversão;**
>
> **VI – determinar a fixação cautelar do domicílio da criança ou adolescente.**
>
> VII – *(Revogado pela Lei n. 14.340, de 18.05.2022.)*
>
> § 1º Caracterizado mudança abusiva de endereço, inviabilização ou obstrução à convivência familiar, o juiz também poderá inverter a obrigação de levar para ou retirar a criança ou adolescente da residência do genitor, por ocasião das alternâncias dos períodos de convivência familiar *(parágrafo renumerado pela Lei n. 14.340, de 18.05.2022).*
>
> § 2º O acompanhamento psicológico ou o biopsicossocial deve ser submetido a avaliações periódicas, com a emissão, pelo menos, de um laudo inicial, que contenha a avaliação do caso e o indicativo da metodologia a ser empregada, e de um laudo final, ao término do acompanhamento *(parágrafo incluído pela Lei n. 14.340, de 18.05.2022).*

Acredita-se que, considerando especialmente os incisos V, que prevê a inversão da guarda, e VI, que prevê a fixação cautelar do domicílio, as consequências da "alienação parental" perdem a razoabilidade. Com a determinação dos acompanhamentos psicológicos e/ou biopsicossocial e a guarda compartilhada, espera-se que ambos os responsáveis legais sejam sensibilizados a agir, educar e propiciar o melhor ambiente familiar para seus filhos, sem ferir o direito à convivência familiar e comunitária da criança ou do adolescente, enquanto as previsões dos incisos V e VI revelam uma intervenção desproporcional nas famílias e podem, inclusive, gerar distorções e agravar violações, à medida que a mudança de guarda e a fixação de domicílio podem resultar na convivência da criança ou adolescente com seu abusador, em detrimento do convívio com o suposto "alienador".

Destaca-se ainda que, na legislação brasileira, vige a Lei n. 13.058 de 2014, que alterou o Código Civil Brasileiro, para estabelecer o significado da expressão "guarda compartilhada" e dispor sobre sua aplicação. De acordo com esse regramento, o tempo de convívio com os filhos deve ser dividido de forma equilibrada entre os genitores, sempre que possível, tendo em vista as condições fáticas e os interesses dos filhos, conforme abaixo:

> Art. 1.583.
>
> § 2º Na guarda compartilhada, o tempo de convívio com os filhos deve ser dividido de forma equilibrada com a mãe e com o pai, sempre tendo em vista as condições fáticas e os interesses dos filhos.
>
> Art. 1.584.
>
> § 2º Quando não houver acordo entre a mãe e o pai quanto à guarda do filho, encontrando-se ambos os genitores aptos a exercer o poder familiar, será aplicada a guarda compartilhada, salvo se um dos genitores declarar ao magistrado que não deseja a guarda da criança ou do adolescente ou quando houver elementos que evidenciem a probabilidade de risco de violência doméstica ou familiar. (*Redação dada pela Lei nº 14.713, de 2023*)

Tais previsões evidenciam que a Lei da Guarda Compartilhada (Lei n. 13.058 de 2014) sinaliza a busca de práticas conciliadoras entre os responsáveis legais por crianças e adolescentes a fim de assegurar-lhes o direito da convivência familiar e comunitária. A despeito de tais previsões, a Lei n. 12.318 de 2010, equivocadamente, prioriza a judicialização da vida em detrimento da promoção de outras formas de pacificação de conflitos para o desenvolvimento de laços sociais.

Isto posto, o CONANDA, tendo em vista suas atribuições, visando à efetivação das normas que asseguram proteção integral, melhor interesse e absoluta prioridade de crianças e adolescentes, bem como seus direitos à convivência familiar e comunitária, sugere a revogação do inciso VI do art. 2º e dos incisos V e VI do art. 6° da Lei n. 12.318 de 2010, sem prejuízo ao aprofundamento do debate acerca da possibilidade da revogação de outros dispositivos ou de inteiro teor da referida Lei da Alienação Parental.

Brasília, 30 de agosto de 2018.

Concessão de alimentos aos filhos

No concernente aos *alimentos*, é inarredável a obrigação dos pais em relação aos filhos menores, aos filhos maiores incapazes (art. 1.590 do CC) e aos filhos maiores universitários. Vale lembrar, no entanto, que, para a manutenção dos filhos, os cônjuges divorciados contribuirão na proporção de seus recursos (art. 1.703 do CC). Donde se conclui que, se tanto o pai quanto a mãe exercerem profissão remunerada, ambos deverão contribuir para a referida manutenção. Não poderia ser diferente, porquanto é a própria Constituição Federal que estabelece que "os direitos e deveres referentes à sociedade conjugal são exercidos igualmente pelo homem e pela mulher" (art. 226, § 5º).

Na fixação do *quantum*, há que ser consideradas, contudo, as condições do cônjuge alimentante e as necessidades dos filhos alimentandos (art. 1.694, § 1º, do CC).

Acrescente-se, por fim, que o divórcio não modificará os direitos e deveres dos pais em relação aos filhos, de modo a conservar a integralidade do poder familiar: "Art. 1.579. O divórcio não modificará os direitos e deveres dos pais em relação aos filhos".

Alimentos para o ex-cônjuge

O dever de prestar alimentos aos cônjuges e companheiros decorre não só da obrigação de assistência imposta pelo art. 1.566, III, como também do art. 1.694, ambos do Código Civil. Com a ruptura do casamento ou da união estável, a continuidade da prestação de alimentos fica condicionada:

a) ao acordo, no divórcio consensual;

b) à prova da necessidade do cônjuge, no divórcio litigioso.

No divórcio consensual, em face de este se fundar em acordo, é livre a estipulação dos alimentos entre os cônjuges. No entanto, o mesmo direito de convenção não constitui óbice a que qualquer dos cônjuges deixe de exercer temporariamente o seu direito a alimentos, uma vez que o atendimento a pedido posterior está assegurado não só pelo art. 1.704 como também pelo art. 1.707 do Código Civil, que veda a renúncia a alimentos (*v.* também Ações de Alimentos).

Porém, tratando-se de divórcio litigioso, o comando do art. 1.702 do Código Civil estabelece que, sendo um dos cônjuges desprovido de recursos, o outro lhe prestará a pensão alimentícia que o juiz fixar (*v.* também Ações de Alimentos).

Cumpre mencionar, por último, que o dever de prestar alimentos cessa com o casamento, a união estável ou o concubinato (art. 1.727 do CC) do credor, consoante previsão do art. 1.708 do Código Civil.

DIVÓRCIO CONSENSUAL

AO JUÍZO DE DIREITO DA ...... VARA DE FAMÍLLA

Comarca de ....

......................., brasileiro, comerciário, CPF n. ...., endereço eletrônico ...., domiciliado nesta cidade e residente na rua ...., n. ......, e ...., brasileira, secretária, CPF n. ...., endereço eletrônico ...., domiciliada nesta cidade e residente na rua ...., n. ......, por seu procurador firmatário, com instrumento de procuração incluso (doc. 1), advogado inscrito na OAB/......, sob n. ......, endereço eletrônico ...., com escritório na ...., n. ......, nesta cidade, vêm perante este juízo para requerer

DIVÓRCIO JUDICIAL CONSENSUAL,

nos termos do § 6º do art. 226 da Constituição Federal, combinado com os arts. 731 e segs. do Código de Processo Civil, pelos seguintes fundamentos:

1. Os requerentes são casados pelo regime de comunhão de bens desde a data de .... (doc. 2).

2. O patrimônio do casal é representado pelos seguintes bens:

a) uma casa de madeira sita na rua ...., n. ......, nesta cidade, cujo valor é estimado em R$ .... (doc. 3);

b) um automóvel marca ...., ano ......, placa ...., de valor estimado em R$ .... (doc. 4);

c) uma motocicleta marca ...., ano ...., placa ...., de valor estimado em R$ .... (doc. 4).

3. Os requerentes acordaram realizar a partilha dos referidos bens da seguinte forma:

a) ao cônjuge .... caberá a casa de madeira acima descrita;

b) ao cônjuge .... caberá o automóvel e a motocicleta;

4. Os filhos dos requerentes, ..., de 5 anos, e ...., de 7 anos (docs. 6 e 7), ficarão sob a guarda da mãe, podendo o pai visitá-los aos domingos e tê-los em sua companhia, por quinze dias, durante as férias escolares.

5. O requerente contribuirá para a manutenção dos filhos, com a importância mensal de 30% do seu salário, devendo este valor ser depositado na conta-corrente n. ...... do Banco ......, agência ......, até o dia 10 de cada mês.

6. A requerente, por estar exercendo atividade remunerada, desiste da pensão alimentícia, isentando o marido de sua prestação.

7. A requerente readquirirá o seu nome de solteira, ou seja, ...

Assim, ficando demonstrada a firme determinação em se separarem e ficando pactuado o exposto acima, requerem que, uma vez ouvido o representante do Ministério Público, seja deferido e homologado o presente pedido em conformidade com o art. 731 do Código de Processo Civil.

Valor da causa: R$ ....

Termos em que

E. deferimento.

......................., ... de .... de 20......

O requerente

A requerente

Advogado(a)

OAB/...... n. ......

DIVÓRCIO LITIGIOSO

AO JUÍZO DE DIREITO DA ...... VARA DE FAMÍLLA
Comarca de ....

........................, brasileira, dentista, CPF n. ...., RG n. ...., endereço eletrônico ...., domiciliada nesta cidade e residente na rua ...., n. ...., por seu procurador firmatário, com instrumento de procuração incluso (doc. 1), vem perante este juízo para propor

AÇÃO DE DIVÓRCIO

em desfavor de ...., brasileiro, contador, domiciliado nesta cidade e residente na rua ...., n. ......, com fundamento no § 6º do art. 226 da Constituição Federal, em face das seguintes razões:

1. A requerente está casada em regime de comunhão de bens com o requerido desde a data de ...., conforme comprova a certidão de casamento anexa (doc. 2).

2. Embora a requerente tenha tentado de todas as formas obter o assentimento do requerido para que o divórcio se processasse de forma consensual, não obteve êxito, não lhe restando alternativa a não ser a promoção do divórcio litigioso, dada a impossibilidade de continuidade da vida em comum.

3. Da união do casal nasceram dois filhos, ainda em menoridade: ...., de ...... anos de idade, e ...., de ...... anos de idade (docs. 3 e 4).

4. O casal possui em comum os seguintes bens:

a) .... (doc. 5);

b) .... (doc. 6).

5. Em face de possuir meios de subsistência para si e para os filhos, para os quais desde já pede a guarda exclusiva ou compartilhada, a requerente renuncia à pensão alimentícia.

6. A requerente renuncia expressamente ao direito de continuidade do uso do nome do requerido, retornando à adoção do nome de solteira, ou seja ....

Por todo o exposto, e nos termos do § 6º do art. 226 da Constituição Federal, requer a este juízo que se digne decretar o divórcio e a imediata separação de corpos do casal, bem como a citação do requerido para, querendo, vir contestar a presente, sob pena de revelia e confissão.

Requer, ainda, a produção de prova documental, prova pericial e depoimento testemunhal.

Valor da causa: R$ ....

Termos em que

E. deferimento.

........................, ... de .... de 20......

Advogado(a)

OAB/...... n. ......

Rol de testemunhas que comparecerão independentemente de intimação:

1. ...., brasileira, casada, comerciária, com endereço profissional à rua ...., n. ......, nesta cidade.

2. ...., brasileira, casada, do lar, com endereço profissional à rua ...., n. ......, nesta cidade.

CONVERSÃO DE SEPARAÇÃO JUDICIAL EM DIVÓRCIO (Consensual)

AO JUÍZO DE DIREITO DA VARA DE FAMÍLIA

Comarca de ....

.................., brasileiro, motorista, CPF n. ...., endereço eletrônico ...., domiciliado nesta cidade e residente na rua ...., n. ...... e.................., brasileira, funcionária pública, CPF n. ...., endereço eletrônico ...., domiciliada nesta cidade e residente na rua ...., n. ......, por seu procurador firmatário, com instrumento de procuração incluso (doc. 1), advogado inscrito na OAB/......, sob n. ......, endereço eletrônico ...., com escritório na ...., n. ......, nesta cidade, onde recebe intimações, vêm, respeitosamente, perante este juízo para requerer

CONVERSÃO DE SEPARAÇÃO JUDICIAL EM DIVÓRCIO,

nos termos do art. 1.580 do Código Civil, em face das seguintes razões:

1. Os requerentes encontram-se separados judicialmente desde a data de ...., conforme fazem prova com a Certidão de Sentença inclusa (doc. 2).

2. Os requerentes possuem 4 (quatro) filhos, sendo dois com idade superior a 21 anos e dois menores, sendo um ...., com 15 anos de idade e o outro ...., com 10 anos de idade (docs. 3 a 6).

3. Acordam os requerentes que os filhos menores permaneçam sob a guarda da mãe, resguardado ao pai o direito de visitas aos domingos.

4. Que, em razão de estar exercendo atividade remunerada, a requerente isenta o requerente da prestação da pensão alimentícia. Entretanto, fica o mesmo obrigado a contribuir com 20% do seu salário para a manutenção dos filhos menores, valor este a ser pago até o dia 10 de cada mês.

5. Os requerentes não possuem bens a partilhar.

6. A requerente passará a adotar o nome de solteira, ou seja, ...

Assim, ficando demonstrada a firme determinação de se divorciarem, e ficando pactuado o acima exposto, uma vez ouvido o representante do Ministério Público, requerem:

a) que o presente pedido seja apensado aos autos da Ação de Separação Judicial, processo n. ...., nos termos do art. 35, parágrafo único, da Lei n. 6.515/77;

b) o deferimento e a homologação do presente pedido, decretando-se a extinção do vínculo conjugal e expedindo-se ofício para averbação junto ao Registro Civil competente.

Valor da causa: R$ ....

Termos em que

E. deferimento.

......................., ... de .... de 20.....

O requerente

A requerente

Advogado(a)

OAB/...... n. ......

AÇÃO DE ALIMENTOS

Conceito de alimentos

Alimentos, "pensão alimentícia" ou "verba alimentar" são o pagamento sucessivo e continuado de certa quantia em dinheiro que uma pessoa faz a outra em razão de parentesco ou de dever de assistência, destinado a prover sua subsistência.

Em regra, os alimentos são prestados por certa soma em dinheiro, mas, excepcionalmente, podem ser oferecidos *in natura*, isto é, pelo próprio fornecimento dos gêneros alimentícios e de outras utilidades indispensáveis ao alimentando,[11] como se permite inferir do art. 1.701 do Código Civil, que alude especificamente à hospedagem e ao sustento do alimentando.

Os alimentos, cujo conteúdo deve abranger o necessário à alimentação, ao vestuário, à habitação e à educação do alimentando, têm por escopo, em primeiro lugar, a subsistência e, em segundo, a existência com dignidade do alimentando.

O direito a alimentos, dependendo da situação, pode decorrer:

a) *da lei* (legítimos): são os alimentos devidos em razão do vínculo de parentesco ou do dever de mútua assistência (casamento). São os que se originam do direito de família;

b) *da vontade*: diz-se dos alimentos convencionados em um contrato ou testamento;[12]

c) *da prática de ato ilícito*: são os alimentos devidos como forma de indenizar a própria vítima (em caso de lesão) ou seus sucessores (por falecimento da vítima), conforme prescrevem os arts. 186, 927 e 948, II, do Código Civil.

Natureza obrigacional

O direito à vida, que a ordem jurídica consagra e protege, não só se assegura por meio de leis penais e de leis administrativas, que a assistência do Estado distribui, como também é resguardado graças à lei civil, que faz recair sobre os parentes a obrigação alimentar. Como cada indivíduo tem o direito de viver, se esse indivíduo tem parentes, os seus parentes têm o dever de lhe facultar os meios de manter sua existência.[13]

Cumpre, todavia, apontar, como de forma percuciente faz Rolf Madaleno,[14] a distinção entre "obrigação alimentar" e "dever de prestar alimentos". Para o autor, a *obrigação alimentar* é irrestrita quando cuida de dar sustento, educação, saúde, lazer e formação aos descendentes enquanto menores e incapazes, e o *dever alimentar* existe em relação ao cônjuge, ao concubino *[sic]* (convivente) e parentes distanciados.

Portanto, a obrigação dos pais dimana do art. 1.566 do Código Civil, bem como do art. 1.696 do mesmo diploma, porquanto o direito à prestação de alimentos é recíproco entre pais e filhos, e extensivo a todos os ascendentes, recaindo a obrigação nos mais próximos em grau, em falta de outros.

---

11 SILVA, De Plácido e. *Vocabulário jurídico*, v. I, p. 202.

12 Quando decorrem da simples vontade do alimentante, diz-se que os alimentos se originam de obrigação natural. Em relação aos originados de testamento, o Código Civil assim dispõe: "Art. 1.920. O legado de alimentos abrange o sustento, a cura, o vestuário e a casa, enquanto o legatário viver, além da educação, se ele for menor".

13 Cf. DANTAS, San Tiago. *Direito de família e das sucessões*, p. 327.

14 MADALENO, Rolf. *Direito de família, aspectos polêmicos*, p. 51.

A filiação repousa no fato biológico da reprodução. Portanto, comprovada a paternidade (certidão de nascimento ou sentença declaratória de paternidade), descabe perquerir se a filiação resulta de relação matrimonial, de casamento nulo, de relação adulterina ou de união estável.

Desse modo, a obrigação alimentar dos pais em relação aos filhos resulta tão só do fato da paternidade ou da maternidade, independentemente da existência de casamento formal, consoante diretriz constitucional (art. 227, § 6º), recepcionada pelo art. 1.596 do Código Civil, que promana: "Os filhos, havidos ou não da relação de casamento, ou por adoção, terão os mesmos direitos e qualificações, proibidas quaisquer designações discriminatórias relativas à filiação".

Partindo-se desse pressuposto, é lícito concluir que a obrigação alimentar dos pais em relação aos filhos abrange:

a) os filhos menores de 18 anos;

b) os filhos maiores, enquanto estudantes universitários, até a idade de 24 anos;[15]

c) os filhos inválidos de qualquer idade.

Dever alimentar entre parentes

O art. 1.697 complementa o art. 1.696 do Código Civil, dispondo que "na falta dos ascendentes cabe a obrigação aos descendentes, guardada a ordem de sucessão e, faltando estes, aos irmãos [...]", como se demonstra a seguir:

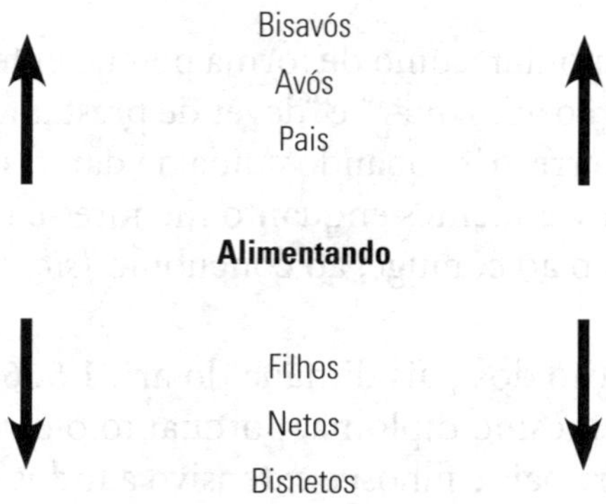

15 "O caso mais comum, portanto, é o do filho agora maior, mas estudante, sem economia própria, em que reiterada jurisprudência afirma a não cessação da obrigação alimentar paterna diante da maioridade do filho, determinando a manutenção do encargo até o limite de 24 anos do filho, enquanto o mesmo estiver cursando escola superior, salvo se este dispuser de meios próprios para sua manutenção" (CAHALI, Yussef Said. *Dos alimentos*, p. 509). No mesmo sentido, igualmente, já foi decidido: "A maioridade do filho, que é estudante e não trabalha, a exemplo do que acontece com as famílias abastadas, não justifica a exclusão da responsabilidade do pai quanto ao seu amparo financeiro para o sustento e estudos. Aliás, o Regimento do Imposto de Renda, em seu art. 82, § 3º (Decreto n. 58.400,

O Código Civil em vigor trouxe importante inovação em relação à complementaridade do pagamento de alimentos quando o parente mais próximo não pode, sozinho, arcar com todo o ônus. Nesse sentido, o comando do art. 1.698:

> Se o parente, que deve alimentos em primeiro lugar, não estiver em condições de suportar totalmente o encargo, serão chamados a concorrer os de grau imediato; sendo várias as pessoas obrigadas a prestar alimentos, todas devem concorrer na proporção dos respectivos recursos, e, intentada ação contra uma delas, poderão as demais ser chamadas a integrar a lide.

A alteração, como se observa, é de alto significado, o que, na prática, importa dizer que, por exemplo, necessitando o alimentando de R$ 600,00 para a sua mantença e podendo o pai somente contribuir com R$ 450,00, poderá o alimentando voltar-se contra o avô para buscar a complementação dos R$ 150,00 faltantes.

Ressalte-se, ainda, que a obrigação de fornecer alimentos entre parentes abrange tanto o parentesco de sangue quanto o parentesco civil, este originado da adoção.

Mencione-se, por fim, que o parágrafo único do art. 399 do Código Civil de 1916, acrescentado pela Lei n. 8.648/93, impôs aos filhos maiores e capazes a obrigação de alimentar os pais que na velhice, carência ou enfermidade ficarem sem condições de prover o próprio sustento. Nada mais despiciendo, uma vez que não só o art. 229 da Lei Maior, mas também o art. 397 já dispunham sobre a mencionada obrigação. Tanto é assim que o Código Civil atual não repetiu o dispositivo, em face da abrangência do art. 1.696.

Dever alimentar entre cônjuges

A "obrigação" de um cônjuge prestar alimentos ao outro durante a vigência do casamento decorre do dever de mútua assistência que se encontra assente, expressamente, no art. 1.566, III, do Código Civil.

Porém, no que se refere precipuamente à continuidade do citado dever de assistência após a dissolução do casamento, esta fica condicionada à prova da necessidade dos alimentos pelo cônjuge requerente.

Questão que há muito tempo tem sido alvo de controvérsia é a que se refere à possibilidade de renúncia aos alimentos pelo cônjuge em face da preconizada

de 10.05.1966), que reflete dispositivo da Lei n. 1.474, de 26.11.1951, reforça a interpretação jurídica de que aos filhos maiores, até 24 anos, quando 'ainda estejam cursando estabelecimento de ensino superior', salvo na hipótese de possuírem rendimentos próprios, são devidos alimentos" (*RJTJSP* 18/201). Em que pese essa linha de interpretação, é lícito concluir que, conquanto o legislador do Código Civil atual tenha perdido a oportunidade de consignar expressamente o direito do filho nas condições explicitadas, referida obrigação dos pais encontra-se implícita no art. 1.694, que na sua parte final adita "[...] inclusive para atender às necessidades de sua educação".

irrenunciabilidade dos alimentos (art. 1.707 do CC). Resume-se a questão ao seguinte: pode o cônjuge que tiver renunciado aos alimentos por ocasião da separação judicial ou do divórcio vir a pleiteá-los ulteriormente?

A Súmula n. 379 do STF, como se observa, não admite a renúncia: "No acordo de desquite [atual separação judicial] não se admite renúncia aos alimentos, que poderão ser pleiteados ulteriormente, verificados os pressupostos legais".

A propósito do tema, adverte Sérgio Gischkow Pereira: "afastar o verbete 379 da Súmula do STF é permitir que milhares de mulheres renunciem aos alimentos mediante agressões físicas, ameaças e promessas inexequíveis [...]".[16]

Em sentido inverso, a corrente que aceitava a renúncia invoca como pressuposto para a irrenunciabilidade a existência de parentesco. Desse juízo resultava evidente que, não sendo um cônjuge parente do outro, não se aplicava à espécie o art. 404 do Código Civil (art. 1.707 do Código de 2002).

Ante a indigitada dualidade, o STJ considerou superada a Súmula n. 379 ao decidir que "é válida e eficaz a cláusula de renúncia a alimentos, em separação judicial, não podendo o cônjuge renunciante voltar a pleitear seja pensionado".[17]

O STJ confirmou o referido entendimento nos termos seguintes:

> Processual civil. Embargos declaratórios. Recebimento como agravo regimental. Renúncia. Alimentos decorrentes do casamento. Validade. Partilha. Possibilidade de procrastinação na entrega de bens. Participação na renda obtida. Requerimento pela via própria. 1 – Admitem-se como agravo regimental embargos de declaração opostos à decisão monocrática proferida pelo relator do feito no Tribunal, em nome dos princípios da economia processual e da fungibilidade. 2 – A renúncia aos alimentos decorrentes do matrimônio é válida e eficaz, não sendo permitido que o ex-cônjuge volte a pleitear o encargo, uma vez que a prestação alimentícia assenta-se na obrigação de mútua assistência, encerrada com a separação ou o divórcio. 3 – A

16 PEREIRA, Sérgio G. "Algumas reflexões sobre a igualdade dos cônjuges", p. 123.

17 STJ, ac. un. da 3ª T., RE n. 37.151-1, rel. Min. Eduardo Ribeiro, j. 13.06.1994, *DJU* 27.06.1994, p. 16.974. "Findo o casamento, rompidos todos os vínculos legais entre os ex-cônjuges, descabe à mulher receber alimentos, se não os teve estipulados no momento da separação ou de sua conversão em divórcio. Só excepcionalmente pode subsistir a obrigação alimentar entre eles (art. 26 da Lei n. 6.515/77), hipótese inaplicável à espécie" (TJRS, Ap. cível n. 584.03753-3, 1ª Câm. Cível, j. 27.11.1984). "Alimentos. Desistência pela mulher no acordo de separação consensual. Conversão da separação em divórcio. Posterior pedido de alimentos. Impossibilidade. Como decorrência da separação, os alimentos não podem ser pedidos porque a sentença de divórcio extinguiu os seus efeitos; e, como decorrência da sentença de divórcio, também não caberia o pedido de alimentos, porque estes só são devidos nos casos de divórcio requerido com base nos §§ 1º e 2º do art. 5º da Lei n. 6.515/77, como explicitamente dispõe o art. 26. A sentença firmou-se na Súmula n. 379 para reconhecer o direito da autora ao pedido de alimentos, não obstante os houvesse dispensado por ocasião do acordo para a separação do casal. O caso, entretanto, deve ser julgado à luz de peculiaridade fundamental: a separação amigável do casal já foi convertida em divórcio e o pedido de alimentos sobrevém quando entre autor e réu não mais subsiste o vínculo matrimonial, que é o único fator que justifica a assistência mútua entre pessoas que não têm parentesco" (TJSP, 2ª Câm. Cível, j. 25.05.1982, in *RJTJSP* 78/43).

fixação de prestação alimentícia não serve para coibir eventual possibilidade de procrastinação da entrega de bens, devendo a parte pleitear, pelos meios adequados, a participação na renda auferida com a exploração de seu patrimônio. 4 – Embargos de declaração recebidos como agravo regimental, a que se nega provimento (Emb. decl. no REsp n. 832.902/RS, 4ª T., rel. Min. João Otávio de Noronha, j. 06.10.2009, *DJe* 19.10.2009).

No alusivo aos efeitos de novo casamento dos ex-cônjuges sobre os alimentos concedidos na separação judicial, no divórcio ou na dissolução de união estável, o novo casamento ou união estável do cônjuge alimentante não o escusa da continuidade do pagamento. Sendo assim, somente o casamento, o estabelecimento de união estável, o concubinato ou o procedimento indigno do ex-cônjuge ou alimentando é que operam a extinção da obrigação do alimentante (art. 1.708 do CC).

No relativo ao procedimento ou comportamento indigno do cônjuge alimentando (art. 1.708, parágrafo único), neste não se inclui, à evidência, o simples namoro com terceiro. Como intuitivo, a separação judicial ou o divórcio põem termo ao dever de fidelidade recíproca. Segue, pois, que as relações sexuais eventualmente mantidas com terceiros após a dissolução da sociedade conjugal, desde que não se comprove desregramento de conduta, não têm o condão de ensejar a exoneração da obrigação alimentar, dado que não estão os ex-cônjuges impedidos de estabelecer novas relações e buscar, em novos parceiros, afinidades e sentimentos capazes de possibilitar-lhes um futuro convívio afetivo e feliz. Assim, como decidido pelo STJ,

> em linha de princípio, a exoneração de prestação alimentar, estipulada quando da separação consensual, somente se mostra possível em uma das seguintes situações:
> a) convolação de novas núpcias ou estabelecimento de relação concubinária pelo ex-cônjuge pensionado, não se caracterizando como tal o simples envolvimento afetivo, mesmo abrangendo relações sexuais;
> b) adoção de comportamento indigno;
> c) alteração das condições econômicas dos ex-cônjuges em relação às existentes ao tempo da dissolução da sociedade conjugal.[18]

Na mesma linha de entendimento, o Tribunal de Justiça de São Paulo, na Ap. cível n. 234.427-1/4, de que foi relator o Des. Correia Lima, assim decidiu:

> Nenhuma norma jurídica, explícita ou implícita, condiciona a subsistência do direito a alimentos à abstinência sexual do titular, cuide-se ou não de mulher separada, a qual, enquanto coexistam a necessidade da pensão e a possibilidade do devedor de prestá-la – os dois únicos requisitos extremos que a lei enuncia como elemen-

18 STJ, REsp n. 111.476/MG, 4ª T., rel. Min. Sálvio de Figueiredo Teixeira, j. 25.03.1999.

tos do suporte fático (arts. 399-401 do CC [de 1916]) –, continua investida na condição de credora, a despeito de reparos que se lhe oponham à vida sexual ou afetiva, área de sua indevassável intimidade. Perante o art. 3º, *caput*, da Lei n. 6.515/77, à separação se diluem apenas os deveres de coabitação e de fidelidade recíproca, não o de mútua assistência (art. 231, II, do CC [de 1916]), que, reconhecido em sentença ou convenção, já não pode andar atrelado a dever que cessou. Castidade da mulher separada – e, por coerência, há de se dizer do cônjuge separado, homem ou mulher – não é, pois, requisito, pressuposto, condição nem elemento legal do direito a alimentos estatuído em sentença ou convenção. O antigo marido só se exonera se a alimentanda entra a viver em concubinato ou, não o fazendo, passa a receber ajuda econômica de parceiro amoroso, porque se presume, no primeiro caso, e se prova, no segundo, que já não necessita da pensão acordada ou determinada.[19]

Dever alimentar entre companheiros

Consoante assentimos, alhures, a Lei n. 8.971/94 e, depois, a Lei n. 9.278/96, vieram pôr fim ao dissenso pretoriano a respeito da concessão de alimentos entre companheiros, na medida em que asseguraram o direito de qualquer deles pleitear o benefício quando presentes certos pressupostos. Não bastasse isso, o Código Civil de 2002 também incluiu os companheiros, ao lado dos parentes e dos cônjuges, no rol das pessoas que podem pedir, uns aos outros, os alimentos de que necessitam para viver de modo compatível com a sua condição social (art. 1.694), desde que reste demonstrado:

a) a convivência com pessoa solteira, separada judicialmente ou de fato, divorciada ou viúva;

b) que a convivência tenha sido duradoura, pública e contínua;

c) a necessidade dos alimentos.

Todavia, conquanto o Código Civil em vigor nada se refira à extinção dos alimentos em decorrência de casamento ou de nova união estável do convivente alimentando, ou ainda do comportamento indigno do ex-convivente, é razoável inferir, por analogia, que se aplica à matéria a mesma regra do art. 1.708 do atual Código Civil, o qual, em tais casos, determina a cessação do dever de prestar alimentos.

Alimentos transitórios

Transitórios ou temporários são os alimentos, de cunho resolúvel, concedidos ao cônjuge com idade apta para o trabalho, na dissolução do casamento, destinados à sua mantença pelo prazo necessário à sua inserção no mercado de trabalho. Reconhecidos pelos tribunais, tem por objetivo estabelecer um marco final para que o

19 TJSP, ac. un. 2ª Câm., j. 28.03.1995, *DJSP* 22.05.1995, p. 39.

alimentando não permaneça em eterno estado de dependência do ex-cônjuge ou ex-companheiro, isso quando lhe é possível assumir sua própria vida de modo autônomo. Não se aplica, pois, ao vínculo conjugal desfeito quando um dos cônjuges ou companheiros encontra-se em idade já avançada e, na prática, não empregável, ou com problemas graves de saúde, como revela a seguinte decisão do STJ:

> [...] 2 – Entre ex-cônjuges ou ex-companheiros, desfeitos os laços afetivos e familiares, a obrigação de pagar alimentos é excepcional, de modo que, quando devidos, ostentam, ordinariamente, caráter assistencial e transitório, persistindo apenas pelo prazo necessário e suficiente ao soerguimento do alimentado, com sua reinserção no mercado de trabalho ou, de outra forma, com seu autossustento e autonomia financeira. 3 – As exceções a esse entendimento se verificam, por exemplo, nas hipóteses em que o ex-parceiro alimentado não dispõe de reais condições de reinserção no mercado de trabalho e, de resto, de readquirir sua autonomia financeira. É o caso de vínculo conjugal desfeito quando um dos cônjuges ou companheiros encontra-se em idade já avançada e, na prática, não empregável, ou com problemas graves de saúde, situações não presentes nos autos. Precedentes de ambas as Turmas de Direito Privado desta Corte. 4 – Os alimentos transitórios – que não se confundem com os alimentos provisórios – têm por objetivo estabelecer um marco final para que o alimentando não permaneça em eterno estado de dependência do ex-cônjuge ou ex-companheiro, isso quando lhe é possível assumir sua própria vida de modo autônomo. 5 – Recurso especial provido em parte. Fixação de alimentos transitórios em quatro salários mínimos por dois anos a contar da publicação deste acórdão, ficando afastada a multa aplicada com base no art. 538 do CPC [1973]. (STJ, REsp n. 1.454.263/CE, 4ª T., rel. Min. Luis Felipe Salomão, j. 16.04.2015, *DJe* 08.05.2015)

Em outro julgado sobre o tema, o Superior Tribunal de Justiça também reconheceu a possibilidade da dispensa da existência de variação no binômio necessidade/possibilidade:

> 1 – Os alimentos devidos entre ex-cônjuges serão fixados com termo certo, a depender das circunstâncias fáticas próprias da hipótese sob discussão, assegurando-se, ao alimentado, tempo hábil para sua inserção, recolocação ou progressão no mercado de trabalho, que lhe possibilite manter pelas próprias forças, *status* social similar ao período do relacionamento. 2 – Serão, no entanto, perenes, nas excepcionais circunstâncias de incapacidade laboral permanente ou, ainda, quando se constatar a impossibilidade prática de inserção no mercado de trabalho. 3 – Em qualquer uma das hipóteses, sujeitam-se os alimentos à cláusula *rebus sic stantibus*, podendo os valores serem alterados quando houver variação no binômio necessidade/possibilidade. 4 – Se os alimentos devidos a ex-cônjuge não forem fixados por termo certo, o pedido de desoneração total, ou parcial, poderá dispensar a existência de variação no binômio necessidade/possibilidade, quando demonstrado o pagamento de pen-

são por lapso temporal suficiente para que o alimentado revertesse a condição desfavorável que detinha no momento da fixação desses alimentos. (REsp n. 1.205.408/RJ, 3ª T., rel. Min. Nancy Andrighi, j. 21.06.2011, *DJe* 29.06.2011)

Alimentos gravídicos

Encerrando as discussões a respeito do direito de o nascituro perceber alimentos, a Lei n. 11.804/2008 passou a conceder à gestante o direito de reivindicar alimentos durante a gravidez, resultando daí a denominação "alimentos gravídicos".

O objetivo da lei é, evidentemente, enfrentar as situações de gravidez ocorridas fora do casamento, uma vez que, como sobejamente sabido, quando decorrentes do casamento ou da união estável, os alimentos estão automaticamente assegurados em razão do dever de assistência do cônjuge ou companheiro (arts. 1.566 e 1.724 do CC).

Visa a lei, num primeiro momento, a proteger a saúde da mãe, o que, como se sabe, influencia diretamente na formação da criança ainda no ventre materno; num segundo momento, a do nascituro, pois é nos alimentos que o bebê encontra importantes fontes de vitaminas, sais minerais e outros nutrientes indispensáveis ao desenvolvimento intrauterino.

Com essa finalidade, o art. 2º da Lei n. 11.804/2008 considera, para efeito de alimentos,

> os valores suficientes para cobrir as despesas adicionais do período de gravidez e que sejam dela decorrentes, da concepção ao parto, inclusive as referentes a alimentação especial, assistência médica e psicológica, exames complementares, internações, parto, medicamentos e demais prescrições preventivas e terapêuticas indispensáveis, a juízo do médico, além de outras que o juiz considere pertinentes.

Convencido da existência de indícios da paternidade, o juiz fixará alimentos gravídicos, que perdurarão até o nascimento da criança, sopesando as necessidades da parte autora e as possibilidades da parte ré (art. 6º). O que impressiona é o fato de que, para conceder os alimentos, seja suficiente para o juiz ficar convencido da "paternidade" e não da "maternidade" da autora, quando deveria ser o inverso: primeiro, constatar a gravidez, por meio de exame específico; segundo, convencer-se da paternidade por prova inequívoca, como o exame de DNA. Aliás, que outra prova poderia ser inequívoca?

Consta da lei, ainda, que os alimentos gravídicos serão posteriormente convertidos em pensão alimentícia em favor do menor, caso haja nascimento com vida, até que uma das partes solicite revisão (art. 6º, parágrafo único).

Em relação à defesa do réu, este será citado para apresentar resposta em cinco dias (art. 7º), ocasião na qual, não se considerando pai do nascituro, requererá que seja efetivado o exame de DNA.

Fixação do valor dos alimentos

A fixação do valor dos alimentos é regida pelo já consagrado binômio necessidade/possibilidade, consoante previsão do § 1º do art. 1.694 do Código Civil. Assim, segundo aquela norma, cumpre fixar o montante dos alimentos de acordo:

a) com a necessidade específica do alimentando e de modo compatível com a sua condição social, inclusive para atender às necessidades de sua educação (art. 1.694 do CC);

b) com os rendimentos auferidos pelo alimentante, não podendo este ser compelido a pagar mais do que permitem os seus ganhos, de modo que não prejudique o seu próprio sustento (art. 1.695 do CC).

A necessidade do filho menor de 18 anos e dos incapazes se presume; a dos filhos maiores deve ser comprovada, salvo quando estudantes universitários. Já os cônjuges e os companheiros deverão comprovar a impossibilidade de se manter ou a sua dificuldade de exercer atividade remunerada após a separação, salvo, evidentemente, quando se mostre notória, em razão de idade avançada ou doença, a sua inaptidão para o trabalho.

A aferição dos ganhos do alimentante, para o fim de avaliar sua possibilidade alimentar e de fixar o porcentual sobre os seus ganhos líquidos, pode ser feita por meio do contracheque ou de envelope de pagamento, quando funcionário público ou empregado assalariado, ou mediante declaração de rendimentos para fins de imposto de renda, quando empresário, trabalhador autônomo ou profissional liberal. Quando o devedor da pensão não tem remuneração fixa, mas vive de "bicos", é empresário ou profissional liberal, recomenda-se arbitrar o valor em quantia certa, corrigida monetariamente de acordo com os índices oficiais. Nesse caso, não se mostra equivocado fixar o valor dos alimentos em salários mínimos, como autoriza o Tribunal de Justiça do Rio Grande do Sul, por seu centro de estudos, mediante a 38ª conclusão assim justificada:

> Não é vedada a fixação dos alimentos em salários mínimos porque a proibição constante na Constituição Federal visa a impedir vinculações salariais com a finalidade de propiciar àquele piso, ao longo do tempo, um ganho real, que seria inviável de outro modo. Entretanto, tal inconveniente não ocorre com relação aos alimentos, em face da natureza e da finalidade próprias dessa verba, que se destina a assegurar a subsistência do alimentando e que, por isso mesmo, convém que permaneça atrelada ao salário mínimo, quando o alimentante não desfruta de ganho salarial certo.[20]

De qualquer modo, considerando que não raras vezes aquele que pleiteia alimentos depara com dificuldades em obter informações seguras a respeito dos ren-

20 Precedentes: Ap. cível n. 5890444130 (4ª Câm. Cível), AI n. 591112537 (8ª Câm. Cível), Ap. cível n. 70.004.126.041 (7ª Câm. Cível), AI n. 70.002.157.931 (2ª Câm. Cível Especial).

dimentos do demandado, notadamente quando não exerça emprego assalariado, o entendimento do TJRS, manifestado pela conclusão de n. 37 do seu centro de estudos, é que o ônus da prova da impossibilidade de prestar o valor pretendido pelo demandante é do demandado: "37ª – Em ação de alimentos é do réu o ônus da prova acerca de sua impossibilidade de prestar o valor postulado".

Sendo, porém, hipótese de salário ou vencimentos conhecidos, os magistrados, em regra, costumam arbitrar a pensão destinada pelo marido à mulher e aos filhos em *determinado porcentual* ou em *um terço* dos ganhos líquidos do alimentante, valor que pode variar para mais ou para menos, conforme as circunstâncias. Qualquer que seja a hipótese, não deve o valor arbitrado, evidentemente, causar prejuízo de mantença ao próprio alimentante, principalmente quando este já pagar verba alimentar a outros filhos. Há que considerar ainda que, se o cônjuge ou a companheira exercer atividade remunerada, não só não fará jus a alimentos como também deverá contribuir para a manutenção dos filhos menores na proporção dos seus bens e rendimentos (art. 1.703 do CC).

De qualquer modo, o juiz, ao fixar o valor dos alimentos, não é obrigado a satisfazer integralmente o pedido constante da inicial, mesmo porque, na maioria dos casos, em face de não conhecer com segurança o valor dos ganhos do requerido, o requerente se obriga a reduzir sua pretensão alimentar a mero cálculo estimativo.[21] Não constitui, assim, julgamento *extra* ou *ultra petita* a fixação do valor acima ou abaixo do requerido pelo alimentando.

Alimentos de natureza indenizatória

Outra modalidade de prestação de obrigação alimentar, que não decorre de parentesco nem do matrimônio, são os alimentos indenizatórios ou compensatórios, devidos por uma pessoa a outra, para ressarcir vítimas de ato ilícito (art. 186 do CC).

Pedidos dessa ordem costumam partir, com maior frequência, de pessoas vitimadas ou de parentes de vítimas de acidentes de trânsito originados da negligência ou da imprudência do condutor.

Assim, na hipótese de vítimas que venham a sofrer invalidez permanente ou homicídio (arts. 927 e 948, II, do CC), o ofensor poderá ser compelido a indenizar o ofendido ou seus sucessores, mediante o pagamento de pelo menos um sa-

---

21 Conclusão 39ª do Centro de Estudos do TJRS: "A pretensão alimentar pode ter caráter estimativo, tendo em vista as peculiaridades do caso concreto. *Justificativa:* O autor de uma ação de alimentos não dispõe, em regra, de elementos seguros de prova acerca da possibilidade do demandado. Assim, justifica-se que a pretensão alimentar, em casos tais, possua caráter meramente estimativo, que restará mais bem precisada com a dilação probatória que se vier a produzir. Nessas condições, a eventual concessão de alimentos em montante superior ao que foi postulado ao início não constituirá, na espécie, julgamento *ultra petita*".

lário mínimo mensal até a data em que a vítima vier ou viesse, se vivo estivesse, a completar 65 anos de idade, conforme entendimento da iterativa jurisprudência.[22]

A obrigação de indenizar com base no salário mínimo deflui da Súmula n. 490 do Supremo Tribunal Federal: "A pensão correspondente à indenização oriunda de responsabilidade civil deve ser calculada com base no salário mínimo vigente ao tempo da sentença e ajustar-se-á às variações ulteriores".

No que concerne a vítimas de homicídio menores de idade, a jurisprudência vinha denegando qualquer direito indenizatório aos pais na hipótese de o menor não possuir idade laboratícia à época do falecimento, sob o fundamento de que, nesse caso, estaria afastada a possibilidade de sua contribuição à manutenção do lar.

Entretanto, com a edição da Súmula n. 491, o Supremo Tribunal Federal deixou sedimentado que "É indenizável o acidente que cause a morte de filho menor, ainda que não exerça trabalho remunerado".

Na hipótese, a indenização seria devida, também com base no salário mínimo, até a data em que o menor viesse a completar 25 anos, se vivo estivesse, momento em que, presumivelmente, o mesmo viria a afastar-se do lar pelo casamento, cessando a ajuda dos pais.[23]

Todavia, hoje, adotando-se uma postura mais progressista, é assente, na doutrina e na jurisprudência, que, em se tratando de famílias reconhecidamente de poucos recursos, a dependência econômica dos filhos, sobretudo dos que residem com os pais, é presumida, e a pensão devida a estes, no caso de acidente fatal, deve perdurar até a data em que a vítima completaria 65 anos de idade, que é o seu tempo provável de vida.[24]

Tratando-se, porém, de beneficiários cumulados, ou seja, a consorte da vítima e os filhos menores, no concernente a estes, cessa o direito ao pagamento da

---

22 "A 4ª Turma tem adotado a tabela de esperança de vida no Brasil, elaborada pela Previdência Social, para fixar o limite temporal da pensão devida aos alimentandos pelo causador da morte do alimentante. Contando a vítima com 35 anos, a referida tabela lhe atribui uma esperança de vida de mais 35 anos. Imodificável, portanto, o acórdão que estabeleceu o limite em 70 anos" (STJ, REsp n. 43.304-5/SP, rel. Min. Ruy Rosado de Aguiar, *DJU* 07.08.1995, p. 23.042-3).

23 STJ, ac. un. da 3ª T., RE n. 25.579-4, rel. Min. Eduardo Ribeiro, j. 19.10.1993, *Rep. IOB de Jurisp.* 2/94, p. 25. "A vida humana é inindenizável. Não tem preço. O que se busca ressarcir é o dano moral ou o consectário da perda. Ora, se de um lado a criança, embora em idade não permitida ao trabalho (CF, art. 7º, XXXIII), ajudava de alguma forma na economia doméstica, de outro representava, sem dúvida, uma expectativa de contribuição até a idade em que, segundo critério consolidado na jurisprudência, contrairia matrimônio – 25 (vinte e cinco) anos" (TJSC, Ap. cível n. 36.157/Itajaí, rel. Des. Xavier Vieira, *DJSC* 29.04.1993, p. 6).

24 "I – A jurisprudência do STJ firmou o entendimento no sentido de que, nas famílias humildes, é devida pensão a título de manutenção dos pais, quando na companhia destes vivia a vítima e, solteira e maior, lhes prestava ajuda econômica, sendo certo que a idade provável do *de cujus*, para efeito de indenização, é de 65 anos" (REsp n. 28.844-0/SP, rel. Min. Waldemar Zveiter, *DJU* 17.12.1992, p. 24.246). "A obrigação do filho em ajudar os pais que de ajuda possam necessitar não encontra limite temporal. Tempo provável de vida da vítima, 65 anos (*RTJ* 123/1.605)" (*RSTJ* 10/449).

verba indenizatória a cada um dos beneficiários, antes de completar 25 anos, pelo casamento.

No tocante à fixação do valor dos alimentos, prepondera o entendimento de que ela deve ser feita com base no salário mínimo, quando não apurado o *quantum* da remuneração percebida pela vítima, especialmente na hipótese de ser ela menor e viver às expensas dos progenitores.[25]

Quanto à fração da pensão devida aos pais da vítima, em razão da morte do filho, a solução apontada como mais justa é aquela que orienta a distribuição de 1/3 por genitor, o que totaliza 2/3 dos vencimentos. O 1/3 restante refere-se aos gastos pessoais que a vítima expendia e não deve constar da indenização.[26]

O Código de Processo Civil, ao fazer referência aos alimentos indenizatórios, dispõe que, quando a indenização por ato ilícito incluir prestação de alimentos, caberá ao executado, a requerimento do exequente, constituir capital cuja renda assegure o pagamento do valor mensal da pensão (art. 533). O capital, representado por imóveis ou por direitos reais sobre imóveis suscetíveis de alienação, títulos da dívida pública ou aplicações financeiras em banco oficial, será inalienável e impenhorável enquanto durar a obrigação do executado, além de constituir-se em patrimônio de afetação.

Poderá, no entanto, o juiz substituir a constituição do capital pela inclusão do exequente em folha de pagamento de pessoa jurídica de notória capacidade econômica ou, a requerimento do executado, por fiança bancária ou garantia real, em valor a ser arbitrado de imediato pelo juiz.

Ação de alimentos

Os alimentos poderão ser requeridos e fixados, para o cônjuge e para os filhos, como pedido acessório no processo de divórcio. Todavia, como ação autônoma, deve a ação de alimentos submeter-se aos ditames da Lei n. 5.478/68, a qual prescreve: "Art. 1º A ação de alimentos é de rito especial, independente de prévia distribuição e de anterior concessão do benefício de gratuidade".

A petição inicial ou o requerimento, que também poderão ser interpostos pelo próprio credor (art. 2º), deverão ser redigidos em três vias e conter:

a) a indicação do juiz a quem forem dirigidos (juiz da vara de família, onde houver, ou da vara cível);

25 "Desde que a vítima não trabalhava nem exercia qualquer atividade que lhe assegurasse futuro mais promissor, haveria que tomar o salário mínimo regional como base para o cálculo, pois o que se indeniza é o direito potencial a alimentos, com o que já se está a ressarcir o próprio dano moral" (*RTJ* 82/642).

26 "A proporção razoável, satisfatória, para a fixação do *quantum* mensal da pensão, ao meu ver, no equivalente a dois terços (2/3) do salário mínimo, pois 'não correspondendo a contribuição dos filhos, para o custeio da casa dos pais, à totalidade do seu salário, afigura-se justa; em linha de princípio, fixar a indenização no percentual de dois terços (2/3) daquele" (REsp n. 28.861-0/PR, rel. Min. Sálvio de Figueiredo Teixeira, *Revista do Superior Tribunal de Justiça* 50/305).

b) o nome e a qualificação do alimentando;

c) o nome, a qualificação e o endereço do alimentante;

d) a prova do parentesco ou da obrigação de alimentar do alimentante (certidão de nascimento ou de casamento);

e) a indicação aproximada de quanto ganha ou dos recursos de que dispõe o alimentante;

f) um resumido histórico dos fatos;

g) o pedido de intimação do representante do Ministério Público.

O valor da causa, que deverá constar da petição inicial ou da reconvenção, será a soma de doze prestações mensais pedidas pelo autor (art. 292, III, do CPC).

A ação de rito sumário da Lei n. 5.478/68 destina-se àqueles casos em que se presuma de logo o direito de pensionamento.[27]

Assim, conforme preleciona Arnaldo Rizzardo,

> nas situações em que não se afigura perfeitamente certo o direito a alimentos, ou que ensejam discussões, o rito será ordinário, sem a concessão de alimentos provisórios. Este o caminho a ser eleito quando os filhos maiores ou pessoas já separadas, e que não vinham sendo pensionadas, postulam alimentos.[28]

No pertinente à competência para o ajuizamento da ação, o alimentando poderá propô-la no foro do seu próprio domicílio ou residência (art. 53, II, do CPC); mas, como se cuida de regra de *competência relativa*, nada obsta a que o alimentando ajuíze a demanda no foro do domicílio do alimentante.[29]

Processamento da ação

1. Entrega da petição diretamente ao juízo, independentemente de distribuição (art. 1º, § 1º, da Lei n. 5.478/68).

2. Despacho do juízo fixando, desde logo, os alimentos provisórios (art. 4º da Lei n. 5.478/68).

3. Remessa ao requerido, em 48 horas, da segunda via da petição, que conterá despacho do juiz designando a data da audiência de conciliação e julgamento (art. 5º da Lei n. 5.478/68).

4. Contestação pelo requerido, no prazo de quinze dias ou até a data da audiência (art. 5º, § 1º, da Lei n. 5.478/68).

5. Audiência de conciliação e julgamento, em que serão ouvidas as partes e, se for necessário, as testemunhas das partes (arts. 6º e 8º da Lei n. 5.478/68).

27 *Revista de Jurisprudência do TJRS* 134/62.

28 *Direito de família*, v. II, p. 749.

29 Cf. CARNEIRO, Athos Gusmão. *Jurisdição e competência*, p. 80.

6. Acordo das partes ou sentença do juiz.

A ação de alimentos processa-se durante as férias forenses, onde as houver, e não se suspendem pela superveniência delas (art. 215, II, do CPC).

A propósito do tema, o Tribunal de Justiça do Estado de São Paulo editou as Súmulas 6 e 70, assim postas:

> Súmula 6: Os alimentos são sempre devidos a partir da citação, mesmo que fixados em ação revisional, quer majorados ou reduzidos, respeitado o princípio da irrepetibilidade.
>
> Súmula 70: Em execução de alimentos, prevalece sobre a competência funcional do Juízo em que formado o título executivo judicial, a competência territorial do domicílio do credor da prestação alimentar excutida, com vistas à facilitação do acesso à justiça.

Natureza da sentença de alimentos

Sendo estritamente de alimentos, a sentença será condenatória e de efeito imediato (art. 1.012, II, do CPC), porquanto, havendo recurso, este somente será recebido no efeito devolutivo, salvo expressamente requerido e deferido o pedido suspensivo (art. 1.012, § 3º, do CPC).

No pertinente ao art. 15 da Lei n. 5.478/68, que estatui que "a decisão judicial sobre alimentos não transita em julgado e pode a qualquer tempo ser revista, em face da modificação da situação financeira dos interessados", doutrina e jurisprudência consolidaram o entendimento de que, na verdade, somente o que não transita em julgado é o *quantum* alimentar. Desse modo, a disposição não se aplica ao pedido quando denegado, o que se constituirá em impeditivo à renovação de pedido semelhante por parte do pretendente a alimentos.

Meios para assegurar o pagamento das prestações

Para assegurar-se contra eventual inadimplemento do devedor de alimentos, poderá o credor (alimentando) lançar mão das seguintes garantias:

a) desconto em folha de pagamento. Quando o executado for funcionário público, militar, diretor ou gerente de empresa ou empregado sujeito à legislação do trabalho, o exequente poderá requerer o desconto em folha de pagamento da importância da prestação alimentícia (art. 529 do CPC);

b) constituição de garantia real ou fidejussória (art. 21 da Lei n. 6.515/77 – Lei do Divórcio);[30]

c) constituição de usufruto (art. 21, §§ 1º e 2º, da Lei n. 6.515/77).

---

30 A garantia real é representada por dinheiro, penhor ou hipoteca; a fidejussória, pela fiança.

Entre as garantias apontadas, em face de sua maior praticidade, a mais utilizada é o desconto em folha de pagamento. Decidido que o pagamento se dará dessa forma, o juiz oficiará à autoridade, à empresa ou ao empregador, determinando, sob pena de crime de desobediência, o desconto a partir da primeira remuneração posterior do executado, a contar do protocolo do ofício. O ofício conterá o nome e o número de inscrição no Cadastro de Pessoas Físicas do exequente e do executado, a importância a ser descontada mensalmente, o tempo de sua duração e a conta na qual deve ser feito o depósito. Sem prejuízo do pagamento dos alimentos vincendos, o débito objeto de execução pode ser descontado dos rendimentos ou rendas do executado, de forma parcelada, contanto que, somado à parcela devida, não ultrapasse 50% de seus ganhos líquidos (art. 529 do CPC).

Se, por um lado, é legítimo o desconto em folha de pagamento do valor relativo a pensões alimentícias devidas pelo alimentante, por outro também é certo que tal desconto não pode ser realizado sem a reserva do necessário ao seu sustento, residindo a fixação na esfera do prudente arbítrio do magistrado.[31]

AÇÃO DE ALIMENTOS[32]

AO JUÍZO DE DIREITO DA ...... VARA DE FAMÍLIA
Comarca de ....

........................, brasileira, casada, do lar, CPF n. ...., endereço eletrônico n. ...., domiciliada nesta cidade e residente na rua ...., n. ......, por seu advogado infra-assinado, com instrumento de procuração incluso (doc. 1), advogado inscrito na OAB/......, sob n. ......, endereço eletrônico ...., com escritório na rua ...., n. ......, nesta cidade, onde recebe intimações, vem perante este juízo propor AÇÃO DE ALIMENTOS, nos termos da Lei n. 5.478/68, em desfavor de ...., brasileiro, casado, industriário, domiciliado nesta cidade e residente na rua ...., n. ......, pelos fatos adiante expostos:

1. A requerente é casada com o requerido, em regime de comunhão de bens, desde a data de .... (doc. 2), tendo nascido, deste casamento, os filhos menores ...., de ...... anos, e ...., de ...... anos (docs. 3 e 4).

2. O requerente, há cerca de cinco meses, abandonou o lar, passando a conviver com outra mulher no endereço acima indicado, deixando de concorrer para a manutenção da família, mesmo sabendo que a requerente, que ora mantém a guarda dos filhos, não exerce nenhuma atividade remunerada.

31 TJBA, *Bol. de Jurisprudência Adcoas* 30/477.

32 Quando a ação for promovida por filho menor, a mãe deverá representar ou assistir o menor.

3. Em face dos encargos de alimentação, vestuário, educação e aluguel, que ficaram sob a responsabilidade da requerente, é justo que os alimentos sejam fixados, desde agora, provisoriamente, em 40% do salário do requerido.

Pelo exposto, em conformidade com a Lei n. 5.478/68 e com o art. 529 do Código de Processo Civil, requer:

a) que seja expedido ofício à empresa ...., localizada na rua ...., n. ......, onde trabalha o requerido, determinando que, a título de pensão provisória, seja efetuado o desconto de 40% do seu salário, valor esse que deverá ser depositado, mensalmente, na conta n. ......, agência ......, do banco ...., em nome da requerente, até o dia 10 de cada mês;

b) a citação do requerido para, querendo, contestar a presente, sob pena de revelia e confissão;

c) o depoimento pessoal do requerido na audiência que este juízo designar;

d) a intimação do representante do Ministério Público;

e) a produção de prova testemunhal, na audiência designada, conforme rol que adiante se apresenta;

f) que, ao final, seja o requerido condenado a pagar, em caráter definitivo, uma pensão no valor que este juízo arbitrar e, ainda, as custas processuais e honorários de advogado;

g) que à requerente seja concedido o benefício da justiça gratuita, em face da comprovada falta de condições de a mesma arcar com as despesas do processo.

Para efeitos legais, declara o demandante o seu DESINTERESSE em eventual autocomposição e, consequentemente, na não realização da audiência de conciliação ou de mediação.

Valor da causa: R$ ....

T. em que

E. deferimento.

......................., ... de .... de 20......

Advogado(a)

OAB/...... n. ......

Rol de testemunhas que comparecerão independentemente de intimação:

1. ...., brasileira, casada, comerciária, 25 anos de idade, CPF n. ...., RG n. ...., com endereço residencial na rua ...., n. ......, e profissional na rua ...., n. ......, nesta cidade.

2. ...., brasileira, casada, do lar, 32 anos de idade, CPF n. ...., RG n. ...., com endereço residencial na rua ...., n. ......, e profissional na rua ...., n. ......, nesta cidade.

Formas coercitivas de exigir o cumprimento de obrigação alimentar

Em que pese o emaranhado de dispositivos e a confusão implantada pelo legislador, entendemos, respeitando a opinião dos mais doutos, que o Código de Processo Civil possibilita quatro formas de o credor obter coercitivamente o pagamento de verba alimentar, quais sejam: cumprimento de sentença condenatória definitiva; cumprimento de sentença condenatória não definitiva; ação de execução de alimentos; execução por quantia certa.

Cumprimento de sentença condenatória de alimentos

O cumprimento de sentença que condene ao pagamento de alimentos ou de decisão interlocutória que fixe alimentos, fundado nos arts. 528 e seguintes do Código de Processo Civil, constitui providência a ser adotada pelo alimentando no caso de o alimentante não cumprir voluntariamente a obrigação, ou seja, quando não houver pago nenhuma prestação ou, já tendo pago algumas, vier a interromper o pagamento. Nesse caso, o juiz, a requerimento do exequente, mandará intimar o executado pessoalmente para, em três dias, pagar o débito, provar que o fez ou justificar a impossibilidade de efetuá-lo (art. 528 do CPC). Caso o executado no prazo consignado não efetue o pagamento, não prove que o efetuou ou não apresente justificativa da impossibilidade de efetuá-lo, o juiz mandará protestar o pronunciamento judicial (arts. 517 e 528, § 3º, do CPC), e decretar-lhe-á prisão em regime fechado pelo prazo de 1 a 3 meses.

Vale menção ao fato de que, por conta da pandemia sanitária e das medidas de prevenção à Covid-19, a prisão civil decretada por inadimplemento alimentar deve ser cumprida em regime domiciliar, nos termos da Recomendação n. 62/2020 do Conselho Nacional de Justiça – CNJ, consolidada até 30 de outubro de 2020 pela Lei n. 14.010/2020 (art. 15) e, atualmente, vigente até 31 de dezembro de 2021 em razão da Recomendação n. 91/2021 do CNJ.

O cumprimento definitivo da obrigação de prestar alimentos será processado nos mesmos autos em que tenha sido proferida a sentença (art. 531, § 2º).

Cumprimento de sentença definitiva que reconheça a obrigação de prestar alimentos, sem decretação de prisão

Refere-se o § 8º do art. 528, do Código de Processo Civil, à opção concedida ao exequente de promover o cumprimento da sentença ou decisão definitiva, desde logo, nos termos do disposto no Livro I, Título II, Capítulo III, da Parte Especial, como a seguir se demonstra:

> PARTE ESPECIAL
> LIVRO I – Do processo de conhecimento e do cumprimento de sentença
> [...]
> Título II – Do cumprimento de sentença

> [...]
>
> Capítulo III – Do cumprimento definitivo da sentença que reconhece a exigibilidade de obrigação de pagar quantia certa
>
> Art. 523. No caso de condenação em quantia certa, ou já fixada em liquidação, e no caso de decisão sobre parcela incontroversa, o cumprimento definitivo da sentença far-se-á a requerimento do exequente, sendo o executado intimado para pagar o débito, no prazo de 15 (quinze) dias, acrescido de custas, se houver.
>
> § 1º Não ocorrendo pagamento voluntário no prazo do *caput*, o débito será acrescido de multa de dez por cento e, também, de honorários de advogado de dez por cento.
>
> § 2º Efetuado o pagamento parcial no prazo previsto no *caput*, a multa e os honorários previstos no § 1º incidirão sobre o restante.
>
> § 3º Não efetuado tempestivamente o pagamento voluntário, será expedido, desde logo, mandado de penhora e avaliação, seguindo-se os atos de expropriação.

Trata-se, portanto, da aplicação dos arts. 523 a 527 do Código de Processo Civil, que se referem à **execução por quantia certa**.

Neste caso, como ainda consta do § 8º do art. 528, não será admissível a prisão do executado e, recaindo a penhora em dinheiro, a concessão de efeito suspensivo à impugnação não obsta a que o exequente levante mensalmente a importância da prestação.

Cumprimento de sentença definitiva que reconheça a obrigação de prestar alimentos, com decretação de prisão

Para promover o cumprimento de sentença condenatória de prestação de alimentos não transitada em julgado, ou de decisão interlocutória que fixe alimentos, o credor requererá ao juiz, nos mesmos autos em que tenha sido proferida a sentença, a intimação pessoal do executado para, em três dias, pagar o débito, provar que o fez ou justificar a impossibilidade de efetuá-lo (art. 528 do CPC).

Se o executado não pagar, não houver justificativa da impossibilidade de efetuá-lo ou se a justificativa apresentada não for aceita, o juiz, além de mandar protestar o pronunciamento judicial na forma do § 1º do art. 528, decretar-lhe-á a prisão pelo prazo de um a três meses. Havendo justificativa, somente a comprovação de fato que gere a impossibilidade absoluta de pagar justificará o inadimplemento.

Observe-se que o débito alimentar que autoriza a prisão civil do alimentante é o que compreende até as três prestações anteriores ao ajuizamento da execução e as que se vencerem no curso do processo.

O cumprimento da pena não exime o executado do pagamento das prestações vencidas e vincendas. Já havendo pagamento da prestação alimentícia, o juiz suspenderá o cumprimento da ordem de prisão.

Na petição inicial, requerendo o cumprimento da sentença, poderá o exequente, sendo o executado funcionário público, militar, diretor ou gerente de empresa ou empregado sujeito à legislação do trabalho, requerer o desconto em folha de pagamento da importância da prestação alimentícia (art. 529 do CPC). Nesse caso, ao proferir a decisão, o juiz oficiará à autoridade, à empresa ou ao empregador, determinando, sob pena de crime de desobediência, o desconto a partir da primeira remuneração posterior do executado, a contar do protocolo do ofício.

No ofício serão consignados o nome e o número de inscrição no Cadastro de Pessoas Físicas do exequente e do executado, a importância a ser descontada mensalmente, o tempo de sua duração e a conta na qual deve ser feito o depósito.

Execução fundada em título executivo extrajudicial, sob pena de prisão

A ação de execução de alimentos, como consigna o art. 911 do Código de Processo Civil, tem como fundamento título executivo extrajudicial que contenha obrigação alimentar. Admite-se, nesse caso, tanto o instrumento de transação referendado pelo Ministério Público, pela Defensoria Pública, pela Advocacia Pública, pelos advogados dos transatores ou por conciliador ou mediador credenciado por tribunal, como o documento particular assinado pelo devedor e por duas testemunhas (art. 784, III e IV, do CPC).

Ajuizada a ação, o juiz mandará citar o executado para, em três dias, efetuar o pagamento das parcelas anteriores ao início da execução e das que se vencerem no seu curso, provar que o fez ou justificar a impossibilidade de fazê-lo.

O parágrafo único do art. 911, ao determinar a aplicação dos §§ 2º a 7º do art. 528 a essa modalidade de execução, permite ao exequente requerer a prisão do executado no caso de não cumprimento da obrigação:

> [...]
>
> § 2º Somente a comprovação de fato que gere a impossibilidade absoluta de pagar justificará o inadimplemento.
>
> § 3º Se o executado não pagar ou se a justificativa apresentada não for aceita, o juiz, além de mandar protestar o pronunciamento judicial na forma do § 1º, decretar-lhe-á a prisão pelo prazo de 1 (um) a 3 (três) meses.
>
> § 4º A prisão será cumprida em regime fechado, devendo o preso ficar separado dos presos comuns.
>
> § 5º O cumprimento da pena não exime o executado do pagamento das prestações vencidas e vincendas.
>
> § 6º Paga a prestação alimentícia, o juiz suspenderá o cumprimento da ordem de prisão.
>
> § 7º O débito alimentar que autoriza a prisão civil do alimentante é o que compreende até as 3 (três) prestações anteriores ao ajuizamento da execução e as que se vencerem no curso do processo.

Em relação aos meios para assegurar o pagamento, quando o executado for funcionário público, militar, diretor ou gerente de empresa, bem como empregado sujeito à legislação do trabalho, poderá o exequente requerer o desconto em folha de pagamento de pessoal da importância da prestação alimentícia. Ocorrendo a hipótese o juiz, ao despachar a inicial, oficiará à autoridade, à empresa ou ao empregador, determinando, sob pena de crime de desobediência, o desconto a partir da primeira remuneração posterior do executado, a contar do protocolo do ofício (art. 912).

Execução por quantia certa fundada em título executivo extrajudicial, sob pena de expropriação

A teor do art. 913, caso não requerida a execução nos termos ao art. 911, sob pena de prisão, faculta-se ao exequente requerer a execução por quantia certa fundada em título executivo extrajudicial com fundamento no art. 824 e seguintes, ou seja, mediante a expropriação dos bens do executado caso este os possua. Se não houver bens a expropriar por evidente, esta opção não se viabiliza.

Nesta modalidade de execução, o executado será citado para pagar a dívida no prazo de três dias, contados da citação, sob pena de penhora dos bens indicados pelo exequente (art. 829).

A expropriação, como dispõe o art. 825, consiste em: adjudicação; alienação; apropriação de frutos e rendimentos de empresa ou de estabelecimentos e de outros bens.

O art. 826 permite ao executado, a todo tempo, remir a execução, pagando ou consignando a importância atualizada da dívida, acrescida de juros, custas e honorários advocatícios, desde que o requeira antes de adjudicados ou alienados os bens.

A expropriação depende de prévia penhora de bens, sendo certo que, nesse caso, recaindo a penhora em dinheiro, a concessão de efeito suspensivo aos embargos à execução não obsta a que o exequente levante mensalmente a importância da prestação (art. 913, *in fine*).

Prescrição. Prescreve em dois anos a pretensão para haver prestações alimentares, a partir da data em que vencerem (art. 206, § 2º, do CC).

Prisão civil. O débito alimentar que autoriza a prisão civil do alimentante é o que compreende até as três prestações anteriores ao ajuizamento da execução e as que se vencerem no curso do processo (art. 528, § 7º, do CPC).

O fundamento para limitar o pagamento às três últimas parcelas, na hipótese de pedido de prisão, é que somente essas parcelas são consideradas de natureza exclusivamente alimentar, uma vez que os alimentos visam a atender às necessidades *atuais* e *futuras* e não às necessidades passadas. Assim, como já fixado pelo STF,

> o alimentando que deixa acumular por largo espaço de tempo a cobrança das prestações alimentícias a que tem direito, e só ajuíza a execução quando ultrapassa a dívida mais de um ano, faz presumir que a verba mensal de alimentos não se tornara tão indispensável para a manutenção do que dela depende.[33]

33 STF, *HC* n. 74.663, rel. Min. Maurício Corrêa, j. 08.04.1997.

Portanto, constitui constrangimento ilegal a decretação de prisão por dívida alimentar quando decorrente de débito pretérito, devendo a cobrança se limitar às três últimas parcelas, ficando o restante para ser executado na forma dos arts. 528, § 8º, e 913 do Código de Processo Civil.[34]

Nesse sentido, em recente julgamento e em consonância com as diretrizes profiláticas e os efeitos da pandemia de Covid-19, o TJSP entendeu que:

> *Habeas Corpus*. Execução de alimentos. O débito alimentar que justifica a prisão civil é o referente às três últimas prestações vencidas. O Conselho Nacional de Justiça recomendou a adoção de medidas preventivas à propagação da infecção pelo novo Coronavírus – Covid-19. Genitor que é profissional autônomo. De rigor a concessão da ordem tanto para prevenir a propagação da infecção pelo novo Coronavírus – Covid-19, como para lhe possibilitar meios de trabalhar e conseguir adimplir o débito. Ordem concedida (*Habeas Corpus* Cível n. 2129455-86.2020.8.26.0000, Rel. James Siano, j. 04.08.2020).

Entendemos que a prisão civil referente ao não pagamento e à dívida alimentar somente deve ser imposta, como medida de exceção que é, quando esgotados todos os meios que a legislação processual faculta ao credor.

Assim, no atinente à matéria, a nosso juízo, a melhor exegese é da corrente que entende que, não sendo possível a satisfação do débito (através de desconto em folha ou cobrança de aluguéis e outros rendimentos), poderá o credor requerer o cumprimento de sentença na forma do art. 523 ou 528 do Código de Processo Civil, ou seja, por meio de penhora de bens do devedor ou com a cominação de prisão.[35]

Em consonância com esse juízo, o Tribunal de Justiça do Rio Grande do Sul entendeu que, "em execução por dívida alimentar, devem, antes, ser utilizados meios executivos mais brandos, não se justificando a prisão civil se o devedor possui bens suficientes a ser penhorados para a satisfação do débito pelo processamento regular".[36]

Assim, e em conclusão, a execução de prestação de alimentos deve, preferencialmente, ser feita na seguinte ordem:

1º) desconto em folha ou a percepção direta de aluguéis ou outros rendimentos;

2º) execução por quantia certa contra devedor solvente, requerendo-se o pagamento em três dias, sob pena de penhora de bens;

3º) constrangimento ao pagamento, sob pena de prisão.

Acrescente-se, por fim, que a impossibilidade de o alimentante cumprir a obrigação não o elide de pagar as prestações vencidas, apenas impede a sua de-

34 STJ, RHC n. 7.148/MG, rel. Min. Cid Flaquer Scartezzini, j. 19.02.1998.

35 *RT* 477/115.

36 *Revista de Jurisprudência do TJRS* 135/215.

tenção, podendo o alimentando prosseguir na execução, na forma genérica, efetuando a penhora de bens do devedor e levando-os à hasta pública, a fim de ver solvido o débito.[37]

No pertinente aos recursos cabíveis contra a prisão do alimentante em razão do inadimplemento da obrigação, uma corrente sustenta que não cabe *habeas corpus*, recomendando a interposição de agravo de instrumento (art. 19, § 3º, da Lei n. 5.478/68). Porém, na hipótese a seguir, o STJ concedeu *habeas corpus*:

> Pensão alimentícia. Sentença de procedência de ação de exoneração de alimentos. Dívida de duvidosa existência. Não justificativa para a prisão prevista no art. 733 do CPC/73. Recurso provido. 1. A decisão de procedência na ação de exoneração de alimentos retroage à data da citação da ação, a teor do art. 13, § 2º, da Lei n. 5.478/68. 2. É ilegal a prisão decretada em decorrência do não pagamento de alimentos entre a data da citação da ação de exoneração e o trânsito em julgado do *decisum* de procedência, autorizando a concessão de salvo-conduto por meio da ação de *habeas corpus*. 3. Recurso provido. (RHC n. 46.510/MG, 3ª T., rel. Min. João Otávio de Noronha, j. 05.08.2014, *DJe* 12.08.2014)

Há decisões, inclusive, que admitem o pedido de *habeas corpus* na hipótese de ausência de fundamentação e da não fixação do prazo de pagamento no decreto de prisão,[38] e quando não se esgotaram todos os meios e recursos que a lei concede ao exequente para o recebimento do seu crédito (desconto em folha etc.).

Atualmente, no entanto, em face da nova redação do art. 1.019, I, do Código de Processo Civil, permite-se deduzir que, sendo relevante a fundamentação e havendo receio de lesão grave e de difícil reparação, poderá o relator do recurso de agravo de instrumento atribuir-lhe efeito suspensivo, de molde a dispensar a interposição do *mandamus*.

Alimentos provisórios

Há duas modalidades de alimentos contemplados pelo Código de Processo Civil: os provisórios e os definitivos (art. 531 do CPC).

Alimentos definitivos são os alimentos fixados em sentença transitada em julgado, embora sujeitos à revisão a qualquer tempo (art. 1.699 do CC). Alimentos provisórios são os fixados liminarmente no despacho inicial proferido pelo juiz na ação de alimentos ajuizada pelo rito especial da Lei n. 5.478/68 (Lei de Alimentos). Esta ação é de rito especial e o credor já dispõe de prova pré-constituída da obrigação alimentar: parentesco, casamento ou união estável. Parte-se do pressuposto de que existe a relação obrigacional, o que dispensa discutir a existência ou

---

37 TJMG, *Rep. IOB de Jurisp.* 18/92, p. 407.

38 *Revista de Jurisprudência do TJRS* 169/208.

não da dívida alimentar. Apenas decide-se o *quantum* que será devido. Logo, não podem ser concedidos em sede de investigação de paternidade, por ausência da prova pré-constituída do parentesco. Nesse caso, o direito a alimentos somente nasce após sentença de primeiro grau que admitir e reconhecer o estado de filiação.

Nos termos da Lei n. 5.478/68 (art. 4º, parágrafo único), ao despachar o pedido o juiz fixará, desde logo, alimentos provisórios a serem pagos pelo devedor, salvo se o credor expressamente declarar que deles não necessita. Se se tratar de alimentos provisórios pedidos pelo cônjuge, casado pelo regime da comunhão universal de bens, o juiz determinará igualmente que seja entregue ao credor, mensalmente, parte da renda líquida dos bens comuns, administrados pelo devedor.

Ainda no concernente à concessão de alimentos provisórios, em caso de maus-tratos, opressão ou abuso sexual contra criança ou adolescente, por determinação da Lei n. 12.415/2011, fica o agressor que for afastado cautelarmente da moradia comum obrigado a prestar os alimentos de que as vítimas necessitem.

O foro competente para a ação de alimentos provisórios é o do alimentando (art. 53, II, do CPC), uma vez que este possui foro privilegiado. O rito da Lei n. 5.478/68 prevê a designação de audiência e fixação desde logo de alimentos provisórios que vigorarão até a decisão final do processo. Não há outra ação principal. Nesta audiência se produzirá a contestação. Depois de tentada a conciliação, o juiz proferirá sentença, sendo que as testemunhas poderão ser trazidas na própria audiência, independentemente de oferecimento de rol.

Os alimentos fixados retroagirão à data da citação (art. 13, § 2º, da Lei n. 5.478/68), sendo devidos até a decisão final, inclusive recurso extraordinário, se houver.

Por meio do pedido de tutela de urgência de natureza cautelar (art. 301 do CPC), pode a mulher reclamar do marido, contra quem demanda ou contra quem pretende demandar, os meios necessários a sua mantença e/ou a dos filhos, até que afinal se pronuncie o juiz sobre a extinção do vínculo conjugal ou sobre a anulação do casamento, conforme seja a ação proposta, na qual fixará o *quantum* dos alimentos definitivos, se deferidos.

Ressalte-se, porém, que, havendo pretensão ao recebimento da parcela da mulher e da quota dos filhos, há que formular expressamente os dois pedidos. Se isso não ocorrer, limitando-se a mulher a pedir para si os alimentos, sem deixar expresso que também os pretende para os filhos, se ela os representar, entende-se que não poderá o juiz estender a estes a outorga dos alimentos.[39]

Alimentos provisórios nas ações de investigação de paternidade

Lei n. 8.560/92, art. 7º: Sempre que na sentença de primeiro grau se reconhecer a paternidade, nela se fixarão os alimentos provisionais ou definitivos do reconhecido que deles necessite.

39 TJRS, *Rev. de Jurisp. do TJRS* 35/219.

Esse artigo, que regula a investigação de paternidade dos filhos havidos fora do casamento, faculta ao requerente postular alimentos provisionais[40] que lhe serão deferidos, na hipótese de sentença favorável, ainda que sobre a mesma penda recurso. O pedido somente pode ser feito de forma incidental na ação principal, não podendo, pois, ser promovido como medida antecedente ou preparatória.

PEDIDO DE ALIMENTOS PROVISÓRIOS EM AÇÃO DE DIVÓRCIO

AO JUÍZO DE DIREITO DA ...... VARA DE FAMÍLIA

Comarca de ....

........................, brasileira, casada, do lar, CPF n. ...., endereço eletrônico ...., residente e domiciliada nesta cidade, na rua ...., n. ......, por seu bastante procurador infra-assinado, com instrumento de procuração incluso (doc. 1), advogado inscrito na OAB/......, sob n. ......, endereço eletrônico ...., com escritório na ...., n. ......, nesta cidade, onde recebe intimações, vem respeitosamente perante este juízo para, com fundamento no § 6º do art. 226 da Constituição Federal, requerer

DIVÓRCIO

cumulado com medida cautelar de ALIMENTOS PROVISÓRIOS em desfavor de ...., brasileiro, construtor, residente na rua ...., n. ..., nesta cidade, em face das seguintes razões de direito:

1. A demandante é casada com o demandado em regime de comunhão universal de bens, desde a data de ...., conforme prova com a certidão de casamento anexa (doc. 2).

2. Do referido casamento, não existe filho algum.

3. O casal não possui bens a partilhar.

4. Ocorre que, desde o início do corrente ano, o demandado abandonou o lar, passando a conviver com outra mulher. A partir de então, descuidou-se totalmente de sua obrigação assistencial em relação à demandante, relegando-a ao mais completo abandono material.

5. É dever do marido não só prestar assistência à mulher (art. 1.566, III, do CC), mas também prover ao sustento da família e à educação dos filhos (art. 1.568 do CC). Donde se conclui que o marido tem o dever de alimentar, vestir e dar habitação não só aos filhos, mas também à mulher que não exerce atividade remunerada.

40 Leia-se alimentos provisórios em face do art. 531 do Código de Processo Civil de 2015.

6. Dessa forma, demonstradas a ruptura da vida em comum e a impossibilidade de seu restabelecimento, requer a este juízo que decrete o divórcio do casal, precedido da concessão de tutela de urgência de natureza cautelar (art. 301 do CPC).

Em face do exposto, e com fundamento no § 6º do art. 226 da Constituição Federal, Código Civil e art. 301 do CPC, requer:

a) a citação do consorte para os termos da presente ação de divórcio e de alimentos provisórios, sob pena de confissão;

b) a concessão, *initio litis,* de alimentos provisórios, destinados à mantença da demandante e ao custeio da demanda;

c) instrução sumária para a oitiva das testemunhas abaixo arroladas e qualificadas, com ciência prévia das partes;

d) a decretação do divórcio, bem como a condenação do requerido nas custas e honorários de advogado.

Protesta pela produção de provas oral (depoimento pessoal do requerido; testemunhas), pericial e juntada de documentos.

Para efeitos legais, declara o demandante o seu INTERESSE em eventual autocomposição e, consequentemente, na não realização da audiência de conciliação ou de mediação.

Valor da causa: R$ ....

T. em que

E. deferimento.

........................, ... de .... de 20.....

Advogado(a)

OAB/...... n. ......

Rol de testemunhas, que comparecerão independentemente de intimação:

1. ...., brasileira, casada, comerciária, 25 anos de idade, CPF n. ...., RG n. ...., com endereço residencial na rua ...., n. ......, e profissional na rua ...., n. ......, nesta cidade.

2. ...., brasileira, casada, do lar, 32 anos de idade, CPF n. ...., RG n. ...., com endereço residencial na rua ...., n. ......, e profissional na rua ...., n. ......, nesta cidade.

Reajustamento das prestações

O reajustamento não se confunde com a revisão, uma vez que a sua precípua finalidade é a obtenção da atualização do valor da prestação que se encontra defasado, ou corroído pela inflação, mediante a devida correção pelos índices oficiais.

Se a parte pretende que seja fixado critério para reajuste de alimentos, a questão não deve ser discutida em termos de revisional, mas encaminhada a reclamação ao juízo em que a pensão alimentícia foi originariamente arbitrada, porquanto se trata de matéria que não ultrapassa o âmbito de simples execução do julgado. A previsão legislativa está no art. 22 da Lei n. 6.515/77, devendo o juiz da execução fixar o critério de reajuste e a sua periodicidade.[41] Referida exegese foi devidamente recepcionada pelo art. 1.710 do Código Civil, que assim dispõe: "As prestações alimentícias, de qualquer natureza, serão atualizadas segundo índice oficial regularmente estabelecido".[42]

Ação revisional de alimentos

Pressupondo a superveniente mudança na fortuna de quem supre outrem de alimentos, ou na de quem os recebe, admite o art. 1.699 do Código Civil que a verba alimentar, anteriormente fixada em sentença, possa ser revista a todo tempo. Nesse contexto, restou pacífico que as sentenças que decidem sobre alimentos trazem ínsita a cláusula *rebus sic stantibus*,[43] obstativa do trânsito em julgado do *quantum* na sentença estabelecido (art. 15 da Lei de Alimentos).

Destarte, conforme as circunstâncias, é permitido a qualquer das partes requerer exoneração, redução ou agravação do encargo (art. 1.699 do CC).

A ação revisional de alimentos presta-se tanto para o credor requerer a majoração (agravamento) como para o devedor pleitear a redução da verba alimentar.

Desse modo, caso o alimentando venha a tomar conhecimento de que o alimentante passou a perceber maiores vantagens salariais do que percebia no momento da fixação do valor da verba alimentar, desde que prove a necessidade de *majoração* do *quantum* para a sua mantença, poderá ajuizar ação revisional requerendo a alteração.

De modo idêntico, o alimentante poderá buscar a *redução* da prestação na hipótese de superveniência de qualquer fato que demonstre que o alimentando não se encontra na mesma situação de premência que se encontrava à época em que foi estabelecida a prestação, ou que tenha havido substancial alteração, para menos, na fortuna do alimentante. Nesse caso, o pedido de redução somente se justifica quando a alteração seja de tal ordem que torne impossível o cumprimento da obrigação. Nesse sentido, colhe-se no escólio de Yussef Said Cahali[44] que:

---

41 *RT* 651/66.

42 Quando a ação for promovida por filho menor, a mãe deverá representar ou assistir o menor.

43 O significado da cláusula é que a obrigação somente deverá ser cumprida se subsistirem as condições econômicas existentes na época em que a obrigação foi assumida.

44 CAHALI, Yussef Said. *Dos alimentos*, p. 591.

Para que seja acolhido o pedido de revisão, deve ser provada a modificação das condições econômicas dos interessados. Na revisão, subsiste o princípio da proporcionalidade do art. 400 do CC [1916], de tal modo que o alimentando deve provar não só a necessidade de ser a pensão aumentada, como também que o alimentante tem condições de suportar o seu aumento. As hipóteses previstas no art. 401 do CC são alternativas e não concomitantes, bastando a prova de uma delas para justificar o pedido de revisão, assim, se após a sentença os recursos do alimentante aumentam criando-se desproporção considerável entre a pensão que ele presta ao cônjuge ou ao parente e a fortuna que frui, eleva-se a quantia anteriormente fixada, como se faria se ao alimentário somente agora se reclamassem alimentos.

Tratando especificamente das ações em que pretender o alimentante a revisão ou exoneração da obrigação alimentar, Basílio de Oliveira[45] ensina que a atividade probatória deverá estar centrada na demonstração do desequilíbrio do binômio possibilidade/necessidade, impondo ao autor tornar evidentes os seguintes pressupostos essenciais:

a) diminuição dos seus recursos econômicos;

b) aumento dos recursos financeiros do alimentando;

c) diminuição ou ausência de necessidade da pensão revidenda;

d) causas de extinção automática da obrigação alimentar.

Assim, à guisa de exemplos, salvo melhor juízo, a redução poderá ser concedida quando ocorrentes uma das seguintes situações:

a) havendo pluralidade de alimentandos, cada vez que um deles atingir a maioridade ou passar a exercer atividade remunerada;

b) quando o ex-cônjuge passar a exercer atividade remunerada;

c) quando o alimentante constituir nova família, com nascimento de filhos.

Nesta última hipótese, a despeito de a jurisprudência ainda se mostrar reticente, o Tribunal de Justiça do Distrito Federal decidiu o seguinte:

> Pedido de redução da pensão da filha de 30% para 10% em razão de haver o alimentante contraído novas núpcias, com nascimento de dois filhos. Acréscimo nas despesas domésticas. Procedência em parte. Pensão reduzida para 20%. Observado o princípio segundo o qual os alimentos devem ser fixados de acordo com a possibilidade do alimentante e a necessidade do alimentário.[46]

45 OLIVEIRA, Basílio de. *Alimentos: revisão e exoneração*, p. 122.

46 TJDF, ac. un. da 3ª T., Ap. cível n. 32.333/94, rel. Des. Campos Amaral, j. 26.09.1994, *DJU* 17.11.1994, p. 14.359.

AÇÃO REVISIONAL DE ALIMENTOS

AO JUÍZO DE DIREITO DA 2ª VARA DE FAMÍLIA

Comarca de ....

Autos n. ....

........................, brasileiro, casado, funcionário público, RG n. ...., CPF n. ...., endereço eletrônico ...., domiciliado nesta cidade e residente na rua ...., n. ......, por seu advogado que esta subscreve, com instrumento de mandato incluso (doc. 1), advogado inscrito na OAB/......, sob n. ......, endereço eletrônico ...., com escritório na ...., n. ......, nesta cidade, onde recebe intimações, vem respeitosamente perante este juízo promover

AÇÃO REVISIONAL DE ALIMENTOS,

pelos seguintes fatos e fundamentos:

1. Em virtude de acordo, firmado na ação de divórcio em epígrafe (doc. 1), o demandante assumiu a obrigação em relação ao pagamento de prestação alimentícia mensal no valor de R$........, o que vem efetuando, com pontualidade, desde a data de ....

2. Entretanto, por força de dificuldade eventual, sobreveio mudança na fortuna do requerente, causando sensível modificação em sua situação financeira, o que não lhe permite arcar com a responsabilidade de continuar a pagar a prestação no valor estipulado.

3. Assim, o requerente, além de ter tido o seu salário reduzido de R$ .... para R$ .... (comprovante anexo), possui as seguintes despesas indispensáveis para sua mantença: ....
....

Pelo exposto, com fundamento no art. 1.699 do Código Civil e no art. 13, § 1º, da Lei n. 5.478/68, requer a citação da alimentanda para os termos da presente ação de revisão, em que pede que seja reduzido o valor da prestação para R$ ....

Protesta por prova documental e oral.

Para efeitos legais, declara o demandante o seu INTERESSE em eventual autocomposição e, consequentemente, na não realização da audiência de conciliação ou de mediação.

Valor da causa: R$ ....

E. deferimento.

........................., ... de .... de 20......

Advogado(a)

OAB/...... n. ......

Ação de exoneração de alimentos

A ação de exoneração de alimentos é a via adequada para o alimentante pleitear a extinção de sua obrigação ou de seu dever de alimentar. Referido pedido pode vir a ser formulado quando presente uma das seguintes hipóteses:

a) casamento, união estável, concubinato ou procedimento indigno do cônjuge alimentado (art. 1.708 do CC);

b) aumento da fortuna do alimentando, principalmente decorrente do recebimento ou aumento de salário;

c) maioridade dos filhos;[47]

d) conclusão de curso universitário pelo filho maior de idade.[48]

Como mencionado, a maioridade dos filhos é, em princípio, causa para a exoneração de alimentos. No entanto, como o direito de receber alimentos também resulta do parentesco, comprovada a necessidade ou a matrícula no ensino superior, persiste o direito de o filho continuar a receber o pensionamento. Diante disso, a jurisprudência do Superior Tribunal de Justiça (STJ) é pacífica no sentido de que a exoneração do dever de prestar alimentos não ocorre de forma automática em razão tão só do advento da maioridade do alimentando. Impõe-se, nesse caso, a propositura da ação de exoneração para o fim de propiciar ao alimentando a oportunidade de se manifestar e comprovar, se for o caso, a impossibilidade de prover a própria subsistência; pois, a despeito de extinguir-se o poder familiar com a maioridade, não cessa o dever de prestar alimentos fundados no parentesco. Veja-se, a propósito, o teor da Súmula n. 358, editada pelo Superior Tribunal de Justiça no mês de agosto de 2008: "O cancelamento de pensão alimentícia de filho que atingiu a maioridade está sujeito à decisão judicial, mediante contraditório, ainda que nos próprios autos".

---

47 A 4ª Turma do STJ negou provimento a recurso em mandado de segurança, ajuizado pelo pai, como sucedâneo de recurso próprio, objetivando cessar o pagamento da obrigação alimentar referente a dois alimentandos que atingiram a maioridade. Consignou-se que, diversamente do afirmado pelo recorrente, a maioridade, tão somente, não exime o dever de prestar alimentos, uma vez que estes decorrem tanto do poder familiar como da relação de parentesco, vinculada aos pressupostos da necessidade do alimentando, consoante os arts. 397 e 399 do Código Civil. Precedente citado: REsp n. 4.347/CE, *DJ* 25.02.1991; RMS n. 10.214/MG, rel. Min. Waldemar Zveiter, j. 07.06.1999.

48 *RT* 724/323, 725/227 e 733/296. "Entendem doutrina e jurisprudência que, em especial em caso de filho que cursa escola de nível superior, não se justifica a exclusão da responsabilidade do pai quanto a seu amparo financeiro, para sustento e estudos. Tratando-se de filha maior em tais condições, irrelevante o fato de viver em concubinato para o fim de exoneração do pagamento de pensão, uma vez que o concubino não está obrigado a pagar alimentos à concubina, muito menos a pagar despesas de seus estudos" (TJSP, Ap. n. 125.784-1, 1ª Câm., j. 18.09.1990). Em sentido oposto: "A filha menor púbere que vive em concubinato com um homem não faz jus à pensão alimentícia de seu genitor, uma vez que a união estável, constitucionalmente reconhecida, faz supor implicitamente a emancipação, exonerando, assim, o pai de dar continuidade à prestação alimentícia pelo mesmo até então devida" (TJSC, Ap. cível n. 98.003934-7/SC, 2ª Câm. Cível, rel. Des. Anselmo Cerello, j. 03.12.1998).

PEDIDO DE EXONERAÇÃO DE ALIMENTOS

AO JUÍZO DE DIREITO DA 3ª VARA DE FAMÍLIA

Comarca de ....

Processo n. ....

........................., brasileiro, casado, funcionário público, RG n. ...., CPF n. ...., endereço eletrônico ...., domiciliado nesta cidade e residente na rua ...., n. ......, por seu advogado que esta subscreve, com instrumento de mandato incluso (doc. 1), advogado inscrito na OAB/......, sob n. ......, endereço eletrônico ...., com escritório na ...., n. ......, nesta cidade, onde recebe intimações, vem respeitosamente perante este juízo para requerer

EXONERAÇÃO DE ALIMENTOS,

em face dos seguintes fatos e fundamentos:

1. Em virtude de acordo firmado na ação de divórcio em epígrafe (doc. 1), o demandante assumiu a obrigação em relação ao pagamento de prestação alimentícia mensal no valor de R$ ...., o que vem efetuando, com pontualidade, desde a data de ....

2. Todavia, há um mês, teve o requerente ciência de que sobreveio mudança na fortuna da requerida, uma vez que, desde a data de ....., a mesma passou a exercer atividade remunerada na empresa ...., na qual ocupa a função de ...., percebendo o salário de R$ .... (comprovante incluso, doc. 2).

3. Como se infere, o salário auferido pela alimentanda quase equivale aos rendimentos percebidos pelo alimentante, que ora atinge o valor de R$ .... (documento incluso, doc. 3).

4. O art. 1.699 do Código Civil faculta ao alimentante pleitear a exoneração da sua obrigação, sempre que sobrevier mudança na fortuna do alimentado.

Pelo exposto, e com fundamento no art. 1.699 do Código Civil e no art. 13, § 1º, da Lei n. 5.478/68, requer a citação da alimentanda para os termos da presente ação, para que apresente contestação, sob pena de revelia e confissão, bem como a decretação da exoneração dos alimentos ora prestados.

Protesta por prova documental e oral.

Dá à causa o valor de R$ ....

Termos em que

E. deferimento.

......................., ... de .... de 20.....

Advogado(a)

OAB/...... n. ......

Separação de corpos

Durante a vigência do casamento, é possível casais se defrontarem com situações de absoluta impossibilidade de convivência em comum, situações que afetam substancialmente a essência do casamento, que é a *affectio maritalis*. É o que ocorre quando, por exemplo, um dos cônjuges pratica um ato de infidelidade ou comete continuadas agressões físicas ou verbais contra o outro.

Quando acontece qualquer dessas situações, entre outras, é facultado ao cônjuge ofendido requerer a separação de corpos para efeito de evitar ser forçado a manter um relacionamento íntimo com o outro cônjuge ou mesmo pelo simples motivo de esquivar-se da insuportabilidade da vida em comum.

A medida cautelar de separação de corpos prevista no art. 1.562 do Código Civil é, pois, o *remedium iuris*, de natureza preventiva ou preparatória a uma futura ação de divórcio, ação de nulidade ou ação de anulação de casamento, destinada a obter autorização judicial (por meio de alvará de separação de corpos) para um dos cônjuges furtar-se ao dever de coabitação (*debitum conjugale*), ou evitar a convivência no mesmo domicílio, quando demonstrada a inconveniência de permanecerem os cônjuges sob o mesmo teto.[49]

De modo geral, a medida é preventiva, imposta pela inconveniência, e até pelo perigo, de continuarem os cônjuges sob o mesmo teto. Deveras, revela-se totalmente desaconselhável manter uma convivência marcada por atritos fortes e até físicos, pois a dimensão do rancor, ou quiçá do ódio, que atinge um cônjuge contra o outro assume proporções bem mais drásticas que no comum das pessoas.[50]

No que diz respeito especificamente aos atos de agressão praticados no âmbito familiar, nos termos do art. 7º da Lei n. 11.340/2006, configuram violência doméstica e familiar contra a mulher, entre outras:

> I – a violência física, entendida como qualquer conduta que ofenda sua integridade ou saúde corporal;
>
> II – a violência psicológica, entendida como qualquer conduta que lhe cause dano emocional e diminuição da autoestima ou que lhe prejudique e perturbe o pleno desenvolvimento ou que vise a degradar ou controlar suas ações, comportamentos, crenças e decisões, mediante ameaça, constrangimento, humilhação, manipulação, isolamento, vigilância constante, perseguição contumaz, insulto, chantagem, violação de sua intimidade, ridicularização, exploração e limitação do direito de ir e vir ou qualquer outro meio que lhe cause prejuízo à saúde psicológica e à autodeterminação;

---

49 "Art. 1.562. Antes de mover a ação de nulidade do casamento, a de anulação, a de separação judicial ou a de dissolução de união estável, poderá requerer a parte, comprovando sua necessidade, a separação de corpos, que será concedida pelo juiz com a possível brevidade."

50 Cf. RIZZARDO, Arnaldo. Op. cit., v. II, p. 502.

III – a violência sexual, entendida como qualquer conduta que a constranja a presenciar, a manter ou a participar de relação sexual não desejada, mediante intimidação, ameaça, coação ou uso da força; que a induza a comercializar ou a utilizar, de qualquer modo, a sua sexualidade; que a impeça de usar qualquer método contraceptivo ou que a force ao matrimônio, à gravidez, ao aborto ou à prostituição, mediante coação, chantagem, suborno ou manipulação; ou que limite ou anule o exercício de seus direitos sexuais e reprodutivos;

IV – a violência patrimonial, entendida como qualquer conduta que configure retenção, subtração, destruição parcial ou total de seus objetos, instrumentos de trabalho, documentos pessoais, bens, valores e direitos ou recursos econômicos, incluindo os destinados a satisfazer suas necessidades;

V – a violência moral, entendida como qualquer conduta que configure calúnia, difamação ou injúria.

Constatada, pois, a prática de violência doméstica e familiar contra a mulher, nos termos da mencionada lei, o juiz poderá aplicar, de imediato, ao agressor, em conjunto ou separadamente, as seguintes medidas protetivas de urgência, entre outras (art. 22):

a) afastamento do lar, domicílio ou local de convivência com a ofendida;

b) prestação de alimentos provisórios.

A propósito, em recente inovação legislativa, fora sancionada em 28 de julho de 2021 a Lei n. 14.188, conhecida como "Lei do Sinal Vermelho", que implementou mecanismos de maior proteção às mulheres em situação de violência doméstica, assim regulando:

Lei n. 14.188, de 28 de julho de 2021

Define o programa de cooperação Sinal Vermelho contra a Violência Doméstica como uma das medidas de enfrentamento da violência doméstica e familiar contra a mulher previstas na Lei n. 11.340, de 7 de agosto de 2006 (Lei Maria da Penha), e no Decreto-lei n. 2.848, de 7 de dezembro de 1940 (Código Penal), em todo o território nacional; e altera o Decreto-lei n. 2.848, de 7 de dezembro de 1940 (Código Penal), para modificar a modalidade da pena da lesão corporal simples cometida contra a mulher por razões da condição do sexo feminino e para criar o tipo penal de violência psicológica contra a mulher.

O PRESIDENTE DA REPÚBLICA

Faço saber que o Congresso Nacional decreta e eu sanciono a seguinte Lei:

Art. 1º Esta Lei define o programa de cooperação Sinal Vermelho contra a Violência Doméstica como uma das medidas de enfrentamento da violência doméstica e familiar contra a mulher previstas na Lei n. 11.340, de 7 de agosto de 2006 (Lei Maria da Penha), e no Decreto-lei n. 2.848, de 7 de dezembro de 1940 (Código Penal), altera a modalidade da pena da lesão corporal simples cometida contra a mulher por razões da condição do sexo feminino e cria o tipo penal de violência psicológica contra a mulher.

Art. 2º Fica autorizada a integração entre o Poder Executivo, o Poder Judiciário, o Ministério Público, a Defensoria Pública, os órgãos de segurança pública e as entidades privadas, para a promoção e a realização do programa Sinal Vermelho contra a Violência Doméstica como medida de ajuda à mulher vítima de violência doméstica e familiar, conforme os incisos I, V e VII do *caput* do art. 8º da Lei n. 11.340, de 7 de agosto de 2006.

Parágrafo único. Os órgãos mencionados no *caput* deste artigo deverão estabelecer um canal de comunicação imediata com as entidades privadas de todo o País participantes do programa, a fim de viabilizar assistência e segurança à vítima, a partir do momento em que houver sido efetuada a denúncia por meio do código "sinal em formato de X", preferencialmente feito na mão e na cor vermelha.

Art. 3º A identificação do código referido no parágrafo único do art. 2º desta Lei poderá ser feita pela vítima pessoalmente em repartições públicas e entidades privadas de todo o País e, para isso, deverão ser realizadas campanha informativa e capacitação permanente dos profissionais pertencentes ao programa, conforme dispõe o inciso VII do *caput* do art. 8º da Lei n. 11.340, de 7 de agosto de 2006 (Lei Maria da Penha), para encaminhamento da vítima ao atendimento especializado na localidade.

Art. 4º O Decreto-lei n. 2.848, de 7 de dezembro de 1940 (Código Penal), passa a vigorar com as seguintes alterações:

"Art. 129. ....

§ 13. Se a lesão for praticada contra a mulher, por razões da condição do sexo feminino, nos termos do § 2º-A do art. 121 deste Código:

Pena – reclusão, de 1 (um) a 4 (quatro anos)". (NR)

"Violência psicológica contra a mulher

Art. 147-B. Causar dano emocional à mulher que a prejudique e perturbe seu pleno desenvolvimento ou que vise a degradar ou a controlar suas ações, comportamentos, crenças e decisões, mediante ameaça, constrangimento, humilhação, manipulação, isolamento, chantagem, ridicularização, limitação do direito de ir e vir ou qualquer outro meio que cause prejuízo à sua saúde psicológica e autodeterminação:

Pena – reclusão, de 6 (seis) meses a 2 (dois) anos, e multa, se a conduta não constitui crime mais grave."

Art. 5º O *caput* do art. 12-C da Lei n. 11.340, de 7 de agosto de 2006 (Lei Maria da Penha), passa a vigorar com a seguinte redação:

"Art. 12-C. Verificada a existência de risco atual ou iminente à vida ou à integridade física ou psicológica da mulher em situação de violência doméstica e familiar, ou de seus dependentes, o agressor será imediatamente afastado do lar, domicílio ou local de convivência com a ofendida:

...." (NR)

Art. 6º Esta Lei entra em vigor na data de sua publicação.

Brasília, 28 de julho de 2021;
200º da Independência e 133º da República.

JAIR MESSIAS BOLSONARO
Damares Regina Alves

Não sendo, porém, hipótese de violência doméstica, mostra-se de todo conveniente que o cônjuge confira juridicidade ao afastamento do lar, mediante o pedido antecipado da medida cautelar de *separação de corpos* prevista no art. 1.562, em face do qual o juiz concederá alvará judicial que autorize o referido ato de afastamento.

Desde essa perspectiva, tem-se inclusive decidido pelo afastamento do marido faltoso para que a mulher permaneça no lar conjugal. Enfrentando precisamente essa questão, os tribunais pátrios têm concedido a medida para obter o afastamento do cônjuge faltoso quando este seja o marido e o casal tenha prole, considerando a maior possibilidade de o marido estabelecer-se em outra moradia.[51] Semelhante providência, como pontifica Athos Gusmão Carneiro,[52] caberia, ainda com maior propriedade, "quando o cônjuge requerente da separação for proprietário exclusivo do prédio que constitua o domicílio conjugal, em razão de casamento contraído sob o regime de separação de bens".

Mostra-se possível, igualmente, o pedido conjunto pelos cônjuges, pela necessidade de evitar atritos, até que ingressem em juízo para consumar o desquite (leia-se hoje divórcio) por mútuo consentimento, à espera do decurso do prazo de dois anos de casamento (segundo a lei vigente à época), acautelando, assim, interesses recíprocos.[53]

Desse juízo resulta evidente que, se a intenção da parte é também obter autorização para o seu afastamento do lar, ou mesmo o afastamento do cônjuge, a cautelar mais apropriada é a de afastamento do lar, porquanto, no pedido desta, já se encontra implícito o pedido de separação de corpos.

Acrescente-se, ainda, que a cautelar de separação de corpos pode ser requerida:

a) cumulada com pedido de alimentos;

---

51 *RT* 470/111; no mesmo sentido, *Rev. de Jurisp. do TJRS* 146/298.

52 CARNEIRO, Athos Gusmão. *O novo CPC nos tribunais do RS e SC*, v. III, p. 750.

53 TJSP, ac. da 4ª Câm., rel. Des. Flávio Torres, *RT* 518/95. No mesmo sentido: "Apesar da ausência de previsão legal expressa sobre separação de corpos formulada em comum pelos cônjuges, também inexiste vedação explícita, podendo, assim, ser concedida pelo juiz quando a providência se revelar conveniente ou necessária à preservação do bem comum, no interesse que tem a sociedade em não alimentar animosidade do casal que não mais suporta a vida em comum" (TJSP, 6ª Câm., *RT* 601/74).

b) incidentalmente à ação de divórcio;

c) para legalizar a situação dos cônjuges que já se encontrem separados de fato, dando juridicidade à separação do casal.[54]

No pertinente ao prazo de trinta dias exigido pelo art. 308 do Código de Processo Civil (art. 806 do CPC/73) para a propositura da ação principal (separação ou divórcio), contado da data da concessão da medida cautelar, durante algum tempo alguns tribunais entenderam que, salvo raras exceções, tal prazo não se aplicaria à medida cautelar de separação de corpos ou de afastamento do lar. No entanto, em 2012, o Superior Tribunal de Justiça emitiu a Súmula n. 482 reiterando que "a falta de ajuizamento da ação principal no prazo do art. 806 do CPC [1973] acarreta a perda da eficácia da liminar deferida e a extinção do processo cautelar".

Frise-se, por último, que em referência aos pedidos de separação de corpos, em outros tempos de aplicação restrita aos cônjuges, pois nas uniões de fato somente se permitia o pedido como cautelar inominada,[55] hoje, em face do art. 1.562 do Código Civil, resta evidente que, nas relações delas decorrentes, referidas cautelares poderão ser pleiteadas com a mesma denominação.[56]

O principal *efeito produzido* pela separação de corpos ou de afastamento do lar é a extinção dos deveres de ordem pessoal dos cônjuges e do regime matrimonial de bens.[57]

---

54 Cf. THEODORO JR., Humberto. *Processo cautelar*, p. 401.

55 "Em face do novo sistema constitucional, que, além dos princípios da igualdade jurídica dos cônjuges e dos filhos, prestigia a união estável como entidade familiar, protegendo-a expressamente – Constituição, art. 226, § 3º –, não pode o Judiciário negar aos que a constituem os instrumentos processuais que o ordenamento legal contempla. Assim sendo, a cautelar inominada – CPC, art. 798 – apresenta-se hábil para determinar o afastamento do concubino do imóvel da sua companheira quando ocorrentes os seus pressupostos" (TEIXEIRA, Sálvio de Figueiredo. *Direitos de família e do menor*, p. 387). "*Ipso facto*, harmonizando-se o depoimento do parente de um dos litigantes com as demais provas existentes nos autos, reveste-se de inegável valor e pode ser considerado pelo juiz para determinar o afastamento do concubino do teto comum, prevenindo o clima de atrito e até a violência entre os companheiros, decorrente do ambiente doméstico hostil e contumelioso que se formou em face das desavenças do casal" (TJSC, AI n. 96.004416-7, rel. Des. Eder Graf, j. 22.10.1996).

56 "Art. 1.562. Antes de mover a ação de nulidade do casamento, a de anulação, a de separação judicial ou a de dissolução de união estável, poderá requerer a parte, comprovando sua necessidade, a separação de corpos, que será concedida pelo juiz com a possível brevidade."

57 *Lex-Jurisprudência do STF* 97/225.

TUTELA CAUTELAR DE SEPARAÇÃO DE CORPOS

AO JUÍZO DE DIREITO DA ...... VARA DE FAMÍLIA

Comarca de ....

........................, brasileira, casada, do lar, RG n. ...., CPF n. ...., endereço eletrônico ...., domiciliada nesta cidade e residente na rua ...., n. ......, por seu procurador infra-assinado, com instrumento de procuração anexo (doc. 1), advogado inscrito na OAB/......, sob n. ......, endereço eletrônico ...., com escritório na ...., n. ...., nesta cidade, onde recebe intimações, vem perante este juízo para, nos termos do § 1º do art. 7º da Lei n. 6.515/77 e art. 301 do Código de Processo Civil, requerer a presente tutela de urgência de natureza cautelar de

SEPARAÇÃO DE CORPOS,

em desfavor de seu marido, ..., brasileiro, comerciário, residente no mesmo endereço da requerente, em face das seguintes razões:

1. A requerente é casada com o requerido em regime de comunhão de bens, desde a data de ...., conforme faz prova com a inclusa certidão de casamento (doc. 2).

2. O casal não possui filhos.

3. Ocorre que, desde o ano passado, em consequência de ter adquirido o vício da bebida, vem o requerido causando maus-tratos à requerente e praticando reiterados atos que caracterizam a infidelidade conjugal, além de descuidar-se totalmente de suas obrigações no lar.

4. Dessa forma, tendo se tornado insuportável a vida em comum do casal, com o fim de evitar novas desavenças e que um mal maior lhe aconteça, pretende a requerente afastar-se do lar e passar a morar com seus familiares.

5. Assim, impõe-se que este juízo decrete a separação de corpos do casal, mediante tutela de urgência de natureza cautelar e preparatória à ação de divórcio, que será proposta no prazo determinado pelo art. 308 do Código de Processo Civil.

Por todo o exposto, e com fundamento no art. 1.562 do Código Civil e nos arts. 305 e seguintes do Código de Processo Civil, requer:

a) a citação do requerido para, querendo, contestar a presente, sob pena de revelia e confissão;

b) instrução sumária para a oitiva das testemunhas abaixo arroladas, com ciência prévia às partes;

c) a decretação da separação de corpos, com a expedição do alvará competente em favor da requerente, com a consequente condenação do requerido nas custas e honorários advocatícios.

Valor da causa: R$ ....

T. em que
E. deferimento.
......................., ... de .... de 20.....
Advogado(a)
OAB/...... n. ......

Rol de testemunhas que comparecerão independentemente de intimação:

1. ...., brasileira, casada, comerciária, 27 anos de idade, CPF n. ...., RG n. ...., com endereço residencial na rua ...., n. ......, e profissional na rua ...., n. ..., nesta cidade.

2. ...., brasileira, casada, do lar, 30 anos de idade, CPF n. ...., RG n. ...., com endereço residencial na rua ...., n. ......, e profissional na rua ...., n. ......, nesta cidade.

AÇÃO DE INVESTIGAÇÃO DE PATERNIDADE

A ação de investigação de paternidade nada mais é que o reconhecimento forçado ou judicial da paternidade, uma vez que o seu ajuizamento se dá, em regra, nas hipóteses de negativa de reconhecimento voluntário da parte do suposto pai.

Fundamentação para o pedido

Conquanto a maioria dos doutrinadores[58] sugira que o art. 1.605 do Código Civil seja o dispositivo que deve embasar a pretensão investigatória, entendemos, *data venia*, que referido artigo não serve para essa finalidade, uma vez que é de restrita aplicação à hipótese de filho havido na constância do casamento ou da união estável e que, não obstante, não tenha o nascimento sido registrado ou, em sendo registrado, o registro apresenta-se defeituoso. Assim, com o advento do Código Civil de 2002, perdeu-se o referencial para fundamentar o pedido, que era o art. 363 do Código Civil de 1916,[59] cujo texto não foi reproduzido pelo novo diploma.

58 Entre eles, Regina Beatriz Tavares da Silva [In: FIÚZA, Ricardo (coord.). *Novo Código Civil comentado*, p. 1.416-7].

59 "Art. 363. Os filhos legítimos têm ação contra os pais, ou seus herdeiros, para demandar o reconhecimento da filiação: I – se ao tempo da concepção a mãe estava concubinada com o pretendido pai; II – se a concepção do filho coincidiu com o rapto da mãe pelo suposto pai, ou suas relações sexuais com ela; III – se existir escrito daquele a quem se atribui a paternidade, reconhecendo-a expressamente."

Afora isso, o art. 1.605 tem idêntica redação à do art. 349 do Código Civil anterior, o qual, como sabido, nunca se prestou a fundamentar a ação investigatória. Assim, mostra-se razoável afirmar que, em princípio, ficamos sem nenhum referencial ou fundamento específico para o pedido investigatório. Poder-se-ia, em último caso, apelar para o § 5º do art. 2º da Lei n. 8.560/92. Independentemente disso, considerando o fato de que o juiz é obrigado a conhecer a lei (*da mihi factum, dabo tibi ius*) e que a ação investigatória já integra o nosso ordenamento jurídico, não lhe seria lícito decretar a inépcia da petição inicial em face de mera falta de citação de dispositivo específico ou de dispositivo incorreto.

Legitimidade para a ação

A legitimidade *ativa* para o ajuizamento da ação de investigação é do sedizente filho, enquanto viver, passando aos herdeiros, se ele morrer menor ou incapaz (art. 1.606). Falecendo o sedizente filho no curso da ação, os herdeiros poderão dar-lhe continuidade. Quando menor de 16 anos, deverá ser representado pela mãe; se maior de 16 e menor de 18 anos, cumpre ser assistido pela mãe.

Embora conste do art. 27 do ECA que a ação investigatória constitui direito personalíssimo do sedizente filho, a Lei n. 8.560/92 conferiu legitimidade também ao Ministério Público, em conformidade com o § 4º do art. 2º, somente havendo dispensa do ajuizamento da ação se, após o não comparecimento ou a recusa do suposto pai em assumir a paternidade a ele atribuída, a criança for encaminhada para adoção (§ 5º). Essa legitimidade, tida por grande parte dos juristas como uma violação indevida ao direito personalíssimo de outrem, foi devidamente equacionada pelo Conselho Nacional de Justiça pelo Provimento n. 12, de 06.08.2010, que dispensa advogado e tornou facultativa a participação do próprio Ministério Público.

Considerando que o Censo de 2009 identificou no País 4.869.363 alunos que desconhecem o nome ou o paradeiro do pai, e que o reconhecimento da paternidade pode ser manifestado expressa e diretamente perante o juiz (art. 1º, IV, da Lei n. 8.560/92 e art. 1.609, IV, do CC), o referido Provimento estabelece os seguintes procedimentos:

> Artigo 1º Determinar que seja remetido, em forma que preserve o sigilo, para cada uma das 27 Corregedorias Gerais dos Tribunais de Justiça, o CD com os nomes e endereços dos alunos que, naquela unidade da Federação, não possuem paternidade estabelecida, segundo os dados do Censo escolar;
>
> Artigo 2º Ao receber o CD, a Corregedoria do Tribunal de Justiça do Estado, ou do DF, sempre preservando o nome e o endereço do aluno e de sua mãe, deverá abrir a mídia, observar o município de residência de cada aluno e que já consta do CD, encaminhar as informações ao Juiz competente para os procedimentos previstos nos artigos 1º, IV e 2º, ambos da Lei n. 8.560/1992, e tomar as medidas necessárias para

que eventuais exames de DNA decorrentes das medidas adotadas possam ser realizados com segurança e celeridade;

Artigo 3º Recebida a informação, o juiz competente providenciará a notificação de cada mãe, para que compareça perante o ofício/secretaria judicial, munida de seu documento de identidade e, se possível, com a certidão de nascimento do filho, para que, querendo, informe os dados (nome e endereço) do suposto pai, caso estes realmente não constem do registro de nascimento. O aluno maior de idade será notificado pessoalmente (art. 4º da Lei n. 8.560/1992 e art. 1.614 do Código Civil);

§ 1º O procedimento, salvo determinação judicial em sentido diverso, correrá em segredo de justiça e deverá ser realizado de forma a preservar a dignidade dos envolvidos.

§ 2º Positivada a notificação do genitor, o expediente será registrado e formalmente autuado na distribuição forense do local em que tramita, onde ao final será arquivado.

Artigo 4º Caso atenda à notificação, compareça perante o ofício/secretaria judicial e forneça dados suficientes para o chamamento do genitor, a mãe do menor ou o interessado (se maior de 18 anos e capaz) sairá intimada(o) da data da audiência designada para a manifestação do suposto genitor;

§ 1º A anuência da genitora do menor de idade é indispensável para que a averiguação seja iniciada. E se o reconhecido for maior de idade, seu consentimento é imprescindível.

§ 2º O procedimento não depende de advogado e a participação do Ministério Público é facultativa.

§ 3º O reconhecimento de filho independe do estado civil dos genitores ou de eventual parentesco entre eles.

Artigo 5º Na própria audiência, após os interessados serem identificados por documento oficial com fotografia e ouvidos pelo Juiz, será lavrado e assinado o termo de reconhecimento espontâneo de paternidade.

§ 1º Inexistindo norma local em sentido diverso, faculta-se aos Tribunais atribuir aos Juízes Corregedores Permanentes dos Oficiais do Registro Civil das Pessoas Naturais, aos Juízes da Infância e da Juventude, aos Juízes dos Juizados Especiais Cíveis, aos Juízes dos Juizados Itinerantes e aos juízes de família a prestação de serviço de reconhecimento voluntário da paternidade.

§ 2º O reconhecimento da paternidade pelo pai relativamente incapaz independerá da assistência de seus pais ou tutor. O reconhecimento da paternidade pelo absolutamente incapaz dependerá de decisão judicial, a qual poderá ser proferida na esfera administrativa pelo próprio juiz que tomar a declaração do representante legal.

§ 3º O expediente, formado pelo termo de reconhecimento, cópia dos documentos apresentados pelos interessados e deliberação do Juiz elaborada de forma que sirva de mandado de averbação, será encaminhado ao serviço de registro civil em até cinco dias.

§ 4º Na hipótese de o registro de nascimento do reconhecido ter sido lavrado no Cartório de Registro Civil da mesma Comarca do Juízo que formalizou o reconhecimento da paternidade, será imediatamente determinada a averbação da paternidade, independentemente do "cumpra-se" do Juízo Corregedor do serviço extrajudicial na decisão que serve de mandado, ressalvados os casos de dúvida do Oficial no cumprimento, os quais sempre deverão ser submetidos à análise e decisão da Corregedoria do Oficial destinatário da ordem de averbação.

§ 5º Nas hipóteses de o registro de nascimento do reconhecido ter sido lavrado no Cartório de Registro Civil de outra Comarca, do mesmo ou de outro Estado da Federação, a decisão que serve de mandado de averbação será remetida pelo Juízo responsável, por ofício, ao endereço fornecido pela Corregedoria Geral de Justiça ao qual está vinculado o serviço extrajudicial destinatário, para cumprimento.

§ 6º Em 5 (cinco) dias as Corregedorias Gerais de Justiça deverão fornecer à Corregedoria Nacional de Justiça o endereço que receberá os mandados de averbação. Os endereços permanecerão disponíveis no endereço eletrônico da Corregedoria Nacional.

§ 7º Os interessados deverão ser orientados a solicitar a certidão de nascimento averbada ao Cartório de Registro Civil competente.

Artigo 6º Àquele que se declarar pobre, por não ter condição de arcar com as custas e emolumentos eventualmente devidos sem prejuízo do próprio sustento ou da família, será reconhecida a isenção.

Artigo 7º Caso não haja reconhecimento incondicionado, mas seja possível o reconhecimento consensual após a realização de exame de DNA admitido pelos envolvidos, o juízo tomará as providências necessárias para a realização do exame, designando nova audiência quando necessário.

Artigo 8º Caso o suposto pai não atenda à notificação judicial, ou negue a paternidade que lhe é atribuída, o Juiz, a pedido da mãe ou do interessado capaz, remeterá o expediente para o representante do Ministério Público, ou da Defensoria Pública ou para serviço de assistência judiciária, a fim de que seja proposta ação de investigação de paternidade caso os elementos disponíveis sejam suficientes. [...]

Reconhecimento de paternidade por indicação de suposto filho

O Provimento n. 16/2012, expedido pela Corregedoria do Conselho Nacional de Justiça, dispõe sobre a possibilidade de indicações de supostos pais de pessoas que já se acharem registradas sem a paternidade estabelecida, bem como sobre o reconhecimento espontâneo de filhos perante os registradores. A medida beneficia os filhos cujas mães não apontaram o suposto pai no momento do registro do nascimento e somente pode ser utilizada após atingirem a maioridade.

As novas regras do Conselho Nacional de Justiça também facilitam a vida dos pais que querem reconhecer a paternidade espontaneamente. Eles devem procurar o cartório de registro civil mais próximo, preencher formulário com dados para localização do filho e da mãe, os quais serão ouvidos pelo juiz competente. Confirmado o vínculo, o juiz determinará que o nome do pai seja incluído na certidão de nascimento.

A seguir, a íntegra do Provimento:

A CORREGEDORA NACIONAL DE JUSTIÇA, Ministra Eliana Calmon, no uso de suas atribuições legais e regimentais;

[...]

RESOLVE:

Art. 1º Em caso de menor que tenha sido registrado apenas com a maternidade estabelecida, sem obtenção, à época, do reconhecimento de paternidade pelo procedimento descrito no art. 2º, *caput*, da Lei n. 8.560/92, este deverá ser observado, a qualquer tempo, sempre que, durante a menoridade do filho, a mãe comparecer pessoalmente perante Oficial de Registro de Pessoas Naturais e apontar o suposto pai.

Art. 2º Poderá se valer de igual faculdade o filho maior, comparecendo pessoalmente perante Oficial de Registro de Pessoas Naturais.

Art. 3º O Oficial providenciará o preenchimento de termo, conforme modelo anexo a este Provimento, do qual constarão os dados fornecidos pela mãe (art. 1º) ou pelo filho maior (art. 2º), e colherá sua assinatura, firmando-o também e zelando pela obtenção do maior número possível de elementos para identificação do genitor, especialmente nome, profissão (se conhecida) e endereço.

§ 1º Para indicar o suposto pai, com preenchimento e assinatura do termo, a pessoa interessada poderá, facultativamente, comparecer a Ofício de Registro de Pessoas Naturais diverso daquele em que realizado o registro de nascimento.

§ 2º No caso do parágrafo anterior, deverá ser apresentada obrigatoriamente ao Oficial, que conferirá sua autenticidade, a certidão de nascimento do filho a ser reconhecido, anexando-se cópia ao termo.

§ 3º Se o registro de nascimento houver sido realizado na própria serventia, o registrador expedirá nova certidão e a anexará ao termo.

Art. 4º O Oficial perante o qual houver comparecido a pessoa interessada remeterá ao seu Juiz Corregedor Permanente, ou ao magistrado da respectiva comarca definido como competente pelas normas locais de organização judiciária ou pelo Tribunal de Justiça do Estado, o termo mencionado no artigo anterior, acompanhado da certidão de nascimento, em original ou cópia (art. 3º, §§ 2º e 3º).

§ 1º O Juiz, sempre que possível, ouvirá a mãe sobre a paternidade alegada e mandará, em qualquer caso, notificar o suposto pai, independente de seu estado civil, para que se manifeste sobre a paternidade que lhe é atribuída.

§ 2º O Juiz, quando entender necessário, determinará que a diligência seja realizada em segredo de justiça e, se considerar conveniente, requisitará do Oficial perante o qual realizado o registro de nascimento certidão integral.

§ 3º No caso do suposto pai confirmar expressamente a paternidade, será lavrado termo de reconhecimento e remetida certidão ao Oficial da serventia em que originalmente feito o registro de nascimento, para a devida averbação.

§ 4º Se o suposto pai não atender, no prazo de trinta dias, a notificação judicial, ou negar a alegada paternidade, o Juiz remeterá os autos ao representante do Ministério

Público ou da Defensoria Pública para que intente, havendo elementos suficientes, a ação de investigação de paternidade.

§ 5º Nas hipóteses previstas no § 4º deste artigo, é dispensável o ajuizamento de ação de investigação de paternidade pelo Ministério Público se, após o não comparecimento ou a recusa do suposto pai em assumir a paternidade a ele atribuída, a criança for encaminhada para adoção.

§ 6º A iniciativa conferida ao Ministério Público ou Defensoria Pública não impede a quem tenha legítimo interesse de intentar investigação, visando a obter o pretendido reconhecimento da paternidade.

Art. 5º A sistemática estabelecida no presente Provimento não poderá ser utilizada se já pleiteado em juízo o reconhecimento da paternidade, razão pela qual constará, ao final do termo referido nos artigos precedentes, conforme modelo, declaração da pessoa interessada, sob as penas da lei, de que isto não ocorreu.

Art. 6º Sem prejuízo das demais modalidades legalmente previstas, o reconhecimento espontâneo de filho poderá ser feito perante Oficial de Registro de Pessoas Naturais, a qualquer tempo, por escrito particular, que será arquivado em cartório.

§ 1º Para tal finalidade, a pessoa interessada poderá optar pela utilização de termo, cujo preenchimento será providenciado pelo Oficial, conforme modelo anexo a este Provimento, o qual será assinado por ambos.

§ 2º A fim de efetuar o reconhecimento, o interessado poderá, facultativamente, comparecer a Ofício de Registro de Pessoas Naturais diverso daquele em que lavrado o assento natalício do filho, apresentando cópia da certidão de nascimento deste, ou informando em qual serventia foi realizado o respectivo registro e fornecendo dados para induvidosa identificação do registrado.

§ 3º No caso do parágrafo precedente, o Oficial perante o qual houver comparecido o interessado remeterá, ao registrador da serventia em que realizado o registro natalício do reconhecido, o documento escrito e assinado em que consubstanciado o reconhecimento, com a qualificação completa da pessoa que reconheceu o filho e com a cópia, se apresentada, da certidão de nascimento.

§ 4º O reconhecimento de filho por pessoa relativamente incapaz independerá de assistência de seus pais, tutor ou curador.

Art. 7º A averbação do reconhecimento de filho realizado sob a égide do presente Provimento será concretizada diretamente pelo Oficial da serventia em que lavrado o assento de nascimento, independentemente de manifestação do Ministério Público ou decisão judicial, mas dependerá de anuência escrita do filho maior, ou, se menor, da mãe.

§ 1º A colheita dessa anuência poderá ser efetuada não só pelo Oficial do local do registro, como por aquele, se diverso, perante o qual comparecer o reconhecedor.

§ 2º Na falta da mãe do menor, ou impossibilidade de manifestação válida desta ou do filho maior, o caso será apresentado ao Juiz competente (art. 4º).

§ 3º Sempre que qualquer Oficial de Registro de Pessoas Naturais, ao atuar nos termos deste Provimento, suspeitar de fraude, falsidade ou má-fé, não praticará o ato pretendido e submeterá o caso ao magistrado, comunicando, por escrito, os motivos da suspeita.

Art. 8º Nas hipóteses de indicação do suposto pai e de reconhecimento voluntário de filho, competirá ao Oficial a minuciosa verificação da identidade de pessoa interessada que, para os fins deste Provimento, perante ele comparecer, mediante colheita, no termo próprio, de sua qualificação e assinatura, além de rigorosa conferência de seus documentos pessoais.

§ 1º Em qualquer caso, o Oficial perante o qual houver o comparecimento, após conferir o original, manterá em arquivo cópia de documento oficial de identificação do interessado, juntamente com cópia do termo, ou documento escrito, por este assinado.

§ 2º Na hipótese do art. 6º, §§ 2º e 3º, deste Provimento, o Oficial perante o qual o interessado comparecer, sem prejuízo da observância do procedimento já descrito, remeterá ao registrador da serventia em que lavrado o assento de nascimento, também, cópia do documento oficial de identificação do declarante.

Art. 9º Haverá observância, no que couber, das normas legais referentes à gratuidade de atos.

Art. 10. Este provimento entrará em vigor na data de sua publicação.

Brasília, 17 de fevereiro de 2012.

MINISTRA ELIANA CALMON
Corregedora Nacional de Justiça

Em que pese o art. 1.606 não contemplar a hipótese, os tribunais, pela jurisprudência que vem se formando, admitem a possibilidade de os netos (ou qualquer sucessor) proporem ação de investigação de paternidade do respectivo pai (se já falecido) contra o avô. Não se mostra correto, pois, mover a ação contra o espólio do falecido pai.

Investigação com objetivo de desconstituição da paternidade

O filho, quando reconhecido na menoridade, pode impugnar o reconhecimento até quatro anos após atingir a maioridade ou a emancipação (art. 1.614 do CC). Diante do permissivo legal, faculta-se ao filho legalmente reconhecido na constância do casamento, em face da presunção *pater is est,* caso venha a ter ciência de que outro é seu pai, promover ação de impugnação de paternidade ou de investigação de paternidade, com a finalidade de desconstituir a paternidade que lhe foi imputada, mediante retificação do registro civil.

Nesse sentido, o Superior Tribunal de Justiça decidiu que:

> o filho havido na constância do casamento tem legitimidade para propor ação de investigação de paternidade contra quem entende ser seu verdadeiro pai, nada obstando que se prove a falsidade do registro no âmbito da ação investigatória, a teor da

parte final do art. 1.604 do Código Civil. O cancelamento do registro, em tais circunstâncias, será consectário lógico e jurídico da eventual procedência do pedido de investigação, não se fazendo mister, pois, cumulação expressa.[60]

O mesmo Superior Tribunal de Justiça, em outro recurso especial,[61] considerou que a ação de investigação de paternidade independe do prévio ajuizamento da ação de anulação de registro, cujo pedido é, como afirmado no julgado anteriormente mencionado, apenas consequência lógica da procedência da demanda investigatória. Concluiu, ainda, que, em demanda objetivando a declaração de paternidade e anulação de registro, o suposto pai biológico e aquele que figura como pai na certidão de nascimento devem ocupar, em litisconsórcio unitário, o polo passivo.

Questão de alta relevância é a pertinente à hipótese de aplicação do prazo de quatro anos mencionado no art. 1.614 do Código Civil de 2002. Na visão dos tribunais, a decadência fundada no referido prazo não atinge o direito do filho legítimo ou legitimado, nem do filho natural, que pleiteie a investigação de paternidade e a anulação do registro com base na falsidade deste, ou seja, é imprescritível o direito ao reconhecimento do estado filial, interposto com fundamento em falsidade do registro (art. 1.604 do CC). Diante disso, a regra que impõe ao perfilhado o prazo de quatro anos para impugnar o reconhecimento é de restrita aplicação ao filho natural, isto é, ao filho nascido fora do casamento e posteriormente reconhecido, com vistas a afastar a paternidade por mero ato de vontade, a fim de desconstituir o reconhecimento da filiação sem buscar constituir nova relação (STJ, REsp n. 256.171 e REsp n. 440.119).

Meios de prova da filiação/paternidade

Na ação de investigação de paternidade, todos os meios legais, bem como os moralmente legítimos, serão hábeis para provar a verdade dos fatos (art. 2º-A da Lei n. 8.560/92, incluído pela Lei n. 12.004/2009). Sendo assim, podem ser utilizados como meios de prova: fotografias, cartas e testemunhas que possam comprovar a existência de um convívio de namoro ou de união estável, ou mesmo um relacionamento restrito à época da concepção do investigante, e exame de DNA.

No entanto, é inegável que o exame de DNA constitui prova de alta relevância, haja vista que o resultado apurado representa 99,99% de possibilidade de confirmação ou exclusão da paternidade. Essa prova, tida por muitos como conclusiva, tem levado a maioria dos juristas e mesmo dos magistrados a considerá-la a rainha das provas e, consequentemente, a dispensar a apreciação das demais provas carreadas aos autos. No entanto, incorrem em grave e lamentável equívoco os magistrados que utilizam o resultado do exame de DNA como único e principal

60 Cf. REsp n. 119.866, rel. Min. Waldemar Zveiter, *DJ* 30.11.1998.
61 REsp n. 507.626/SP, 3ª T., rel. Min. Nancy Andrighi, j. 05.10.2004.

fundamento para decidir, diante da inegável possibilidade não só de ocorrerem falhas técnicas em qualquer etapa do procedimento como também eventuais fraudes, estas decorrentes da troca do material ou de alterações dos resultados.

Diante desse contexto, entendemos que o procedimento mais correto consista em, primeiramente, analisar a prova indiciária da existência de envolvimento entre a mãe do sedizente filho e o suposto pai, prestando-se, para esse efeito, a oitiva de testemunhas (para comprovar o relacionamento íntimo na época da concepção e a honestidade da mãe) e efetuando a avaliação da prova documental (escrito particular sem firma reconhecida; comprovante de residência conjunta; fotografias; bilhetes; cartas) acostada. Mostra-se relevante, igualmente, a inspeção pessoal do sedizente filho para verificar se existe alguma semelhança fisionômica entre ele e o suposto pai.

Tanto são relevantes os argumentos expendidos que o próprio Superior Tribunal de Justiça já decidiu que, mesmo diante da recusa do investigado em submeter-se ao exame de DNA, esse fato não exonera o investigante de provar os fatos constitutivos de seu direito. Assim, embora o teor da Súmula n. 301 do Superior Tribunal de Justiça seja no sentido de que a recusa em submeter-se ao exame de DNA resulta na presunção *iuris tantum* da paternidade, a referida doutrina deve ser interpretada considerando-se o contexto probatório desfavorável ao réu (REsp n. 692.242/2005).

Por último, importa salientar que a tese aqui esposada foi devidamente acolhida pela legislação, por meio do § 1º do art. 2º-A da Lei n. 8.560/92 (incluído pela Lei n. 12.004/2009 e renumerado pela Lei n. 14.138/2021), de modo a aperfeiçoar o conteúdo da Súmula n. 301 do Superior Tribunal de Justiça: "§ 1º A recusa do réu em se submeter ao exame de código genético – DNA – gerará a presunção da paternidade, a ser apreciada em conjunto com o contexto probatório".

Recusa em submeter-se ao exame de DNA

Relativamente à possibilidade de recusa do investigado em submeter-se aos exames hematológicos, depois de longos debates e da divergência jurisprudencial a respeito, o Superior Tribunal de Justiça, por meio da 2ª Seção, composta da 3ª e da 4ª Turma, editou a Súmula n. 301, declarando que "Em ação investigatória, a recusa do suposto pai a submeter-se ao exame de DNA induz a presunção *iuris tantum* de paternidade".

Na esteira dessa súmula, como vimos acima, a Lei n. 12.004/2009 acrescentou o art. 2º-A à Lei n. 8.560/92, com os seguintes parágrafos: "§ 1º A recusa do réu em se submeter ao exame de código genético – DNA – gerará a presunção da paternidade, a ser apreciada em conjunto com o contexto probatório. § 2º Se o suposto pai houver falecido ou não existir notícia de seu paradeiro, o juiz determinará, a expensas do autor da ação, a realização do exame de pareamento do código genético (DNA) em parentes consanguíneos, preferindo-se os de grau mais próximo aos mais distantes, importando a recusa em presunção da paternidade, a ser apreciada em conjunto com o contexto probatório".

Como se observa, em que pese manter a presunção da paternidade na hipótese de recusa que consta da Súmula n. 301, a alteração legislativa reconheceu a posição por nós defendida no item *Meios de prova da filiação/paternidade*, ao passar a exigir do juiz a apreciação do conjunto probatório, de modo a eliminar, por vez, a exclusividade da prova de DNA.

Relativização da coisa julgada nas ações investigatórias

Partindo do pressuposto de que as ações julgadas improcedentes por insuficiência de provas não sofrem o efeito da coisa julgada material, doutrina e jurisprudência vêm defendendo a tese da relativização da coisa julgada nas ações de investigação de paternidade.

No princípio, defendia-se a aplicação da tese por analogia ao art. 16 da Lei da Ação Civil Pública e ao art. 18 da Lei de Ação Popular, os quais possibilitam expressamente a renovação da ação na hipótese de a ação anterior ter sido julgada improcedente por falta de provas.

Porém, o principal argumento é o da aplicação do princípio da dignidade da pessoa humana, que deve prevalecer diante da coisa julgada, ainda que ambos os princípios figurem na hierarquia dos direitos fundamentais.

Assim, em decisão inédita, o Superior Tribunal de Justiça inicialmente concluiu que não faz coisa julgada material a sentença de improcedência da ação de investigação ou de negação da paternidade por insuficiência de provas da paternidade biológica (REsp n. 226.436/2001).

Esse entendimento, depois, foi acolhido expressamente pela Comissão de Juristas nomeada pelo Conselho de Justiça Federal no Enunciado n. 109, relativo ao art. 1.605: "a restrição da coisa julgada, oriunda das demandas reputadas improcedentes por insuficiência de prova, não deve prevalecer para inibir a busca da identidade genética pelo investigando".

Frise-se, no entanto, que em decisões recentes o Superior Tribunal de Justiça modificou o entendimento inicial para consignar a impossibilidade da renovação do exame de DNA, diante da necessidade de preservação da segurança jurídica proporcionada pela coisa julgada, como se pode observar nos seguintes julgados:

> PROCESSO CIVIL. INVESTIGAÇÃO DE PATERNIDADE. Coisa julgada decorrente de ação anterior, ajuizada mais de trinta anos antes da nova ação, esta reclamando a utilização de meios modernos de prova (exame de DNA) para apurar a paternidade alegada; preservação da coisa julgada. Recurso especial conhecido e provido (REsp n. 706.987/SP, 3ª T., rel. Min. Humberto Gomes de Barros, decisão por maioria, com o voto de desempate do Min. Aldir Passarinho Júnior, j. 14.05.2008).

Do voto de desempate extrai-se a seguinte fundamentação:

> É certo que podem haver falhas. A prestação jurisdicional não está a tanto infensa. Mas o que se pretende não é a correção de uma falha, é a rediscussão de um direito que já foi apreciado e afastado, como tantos outros casos em que isso ocorreu, ao longo de todo o período em que não se fazia o exame de DNA. O essencial é que tenha havido a prestação jurisdicional regular, que é um direito inalienável do cidadão. E isso aconteceu. Não pode haver uma eterna pendência. Como ressaltaram os doutos Ministros que acolheram o recurso especial, a adotar-se o contrário, a cada nova técnica, nova descoberta científica, ter-se-á de rever tudo o que já restou decidido, com reflexos amplos sobre pessoas que há muito seguiram suas vidas – investigantes, investigado, descendentes, parentes, cônjuges, etc. – considerando uma ordem jurídica estabilizada pela coisa julgada, garantida pela Constituição da República e leis do país. Impossível, pois, afastar-se o próprio interesse público na segurança jurídica em detrimento do particular, ainda que este seja inegavelmente relevante. Relevante, tenho eu, porém não preponderante.

> AGRAVO REGIMENTAL NO RECURSO ESPECIAL. AÇÃO DE INVESTIGAÇÃO DE PATERNIDADE. AFASTADA A PATERNIDADE. COISA JULGADA. ADVENTO DO EXAME DE DNA. PROPOSITURA DE NOVA AÇÃO. IMPOSSIBILIDADE DE SE RENOVAR A INVESTIGAÇÃO. PRIMADO DOS CÂNONES DA CERTEZA E DA SEGURANÇA JURÍDICA. PRECEDENTES. AGRAVO REGIMENTAL NÃO PROVIDO. 1 – Encontra-se sedimentado neste STJ o entendimento no sentido da impossibilidade de se renovar a investigação de paternidade em virtude do advento do exame de DNA, afastando a coisa julgada formada em processo anterior, onde não foi reconhecida a alegada paternidade (REsp n. 363.558, 4ª T., rel. Min. Luis Felipe Salomão, *DJe* 22.02.2010).

Reconhecimento da paternidade socioafetiva

Além da óbvia repercussão jurídica da paternidade biológica, fato é que a realidade decorrente das relações da paternidade socioafetiva há tempos afeta o direito.

Bem por isso, o Conselho Nacional de Justiça – CNJ editou o Provimento n. 63, de 14 de novembro de 2017, regrando o reconhecimento notarial da paternidade socioafetiva, o que fora posteriormente revisto pelo Provimento n. 83, de 14 de agosto de 2019, restando assim posto o texto vigente:

> O CORREGEDOR NACIONAL DE JUSTIÇA, usando de suas atribuições, legais e regimentais e
>
> Considerando o poder de fiscalização e de normatização do Poder Judiciário dos atos praticados por seus órgãos (art. 103-B, § 4º, I, II e III, da Constituição Federal de 1988);

Considerando a competência do Poder Judiciário de fiscalizar os serviços notariais e de registro (arts. 103-B, § 4º, I e III, e 236, § 1º, da Constituição Federal);

Considerando a competência da Corregedoria Nacional de Justiça de regulamentar a padronização das certidões de nascimento, casamento, óbito e certidão de inteiro teor (art. 19, *caput,* da Lei de Registros Públicos);

Considerando a existência de convênio firmado entre a Associação dos Registradores de Pessoas Naturais (ARPEN-Brasil) e a Receita Federal do Brasil (RFB) que viabiliza a integração da Central Nacional de Informações do Registro Civil (CRC) com o banco de dados da RFB;

Considerando a gratuidade da incorporação do número do Cadastro de Pessoas Físicas (CPF) aos documentos de identidade civil da União, dos Estados e do Distrito Federal e, mediante essa integração de dados, a possibilidade de verificação do cumprimento dos requisitos de elegibilidade para concessão e manutenção dos benefícios sociais pelo órgão concedente (art. 9º da Lei n. 13.444, de 11 de maio de 2017);

Considerando a possibilidade de a naturalidade do cidadão corresponder à do município em que ocorreu o nascimento ou à do município de residência da mãe do registrando, desde que localizado em território nacional, cabendo a opção ao declarante no ato de registro de nascimento (art. 1º da Lei n. 13.484, de 26 de setembro de 2017);

Considerando a possibilidade, no caso de adoção iniciada antes do registro de nascimento, de o declarante optar pela naturalidade do município de residência do adotante na data do registro;

Considerando a necessidade de constar no assento de casamento a naturalidade dos cônjuges (art. 1º da Lei n. 13.484/2017);

Considerando a importância da integração de dados para aumentar a confiabilidade da documentação e diminuir as possibilidades de fraudes no país, além de contemplar as fontes primárias de todo e qualquer cidadão concernentes ao nascimento, casamento e óbito, que compõem a base de dados da CRC;

Considerando o eventual interesse de pessoa física de solicitar, quando da expedição de nascimento atualizada, a averbação de outros documentos, de forma a facilitar seu acesso a programas sociais e reunir informações em documento único;

Considerando o sistema de registro eletrônico, que facilita a interoperabilidade de dados (arts. 37 e seguintes da Lei n. 11.977, de 7 de julho de 2009);

Considerando o direito do adotado de acesso irrestrito a todos os procedimentos e incidentes da adoção (art. 48 do Estatuto da Criança e do Adolescente);

Considerando a existência de regulamentação pelas corregedorias-gerais de justiça dos Estados do reconhecimento voluntário de paternidade e maternidade socioafetiva perante os oficiais de registro civil das pessoas naturais;

Considerando a conveniência de edição de normas básicas e uniformes para a realização do registro ou averbação, visando conferir segurança jurídica à paternidade ou à maternidade socioafetiva estabelecida, inclusive no que diz respeito a aspectos sucessórios e patrimoniais;

Considerando a ampla aceitação doutrinária e jurisprudencial da paternidade e maternidade socioafetiva, contemplando os princípios da afetividade e da dignidade da pessoa humana como fundamento da filiação civil;

Considerando a possibilidade de o parentesco resultar de outra origem que não a consanguinidade e o reconhecimento dos mesmos direitos e qualificações aos filhos, havidos ou não da relação de casamento ou por adoção, proibida toda designação discriminatória relativa à filiação (arts. 1.539 e 1.596 do Código Civil);

Considerando a possibilidade de reconhecimento voluntário da paternidade perante o oficial de registro civil das pessoas naturais e, ante o princípio da igualdade jurídica e de filiação, de reconhecimento voluntário da paternidade ou maternidade socioafetiva;

Considerando a necessidade de averbação, em registro público, dos atos judiciais ou extrajudiciais que declararem ou reconhecerem a filiação (art. 10, II, do Código Civil);

Considerando o fato de que a paternidade socioafetiva, declarada ou não em registro público, não impede o reconhecimento do vínculo de filiação concomitante baseado na origem biológica, com os efeitos jurídicos próprios (Supremo Tribunal Federal – RE n. 898.060/SC);

Considerando o previsto no art. 227, § 6º, da Constituição Federal e no art. 1.609 do Código Civil;

Considerando as disposições do Provimento CN-CNJ n. 13, de 3 de setembro de 2010, bem como da Resolução CNJ n. 175, de 14 de maio de 2013;

Considerando o reconhecimento da união contínua, pública e duradoura entre pessoas do mesmo sexo como família, com eficácia *erga omnes* e efeito vinculante para toda a administração pública e demais órgãos do Poder Judiciário (Supremo Tribunal Federal, ADPF n. 132/RJ e ADI n. 4.277/DF);

Considerando a garantia do direito ao casamento civil às pessoas do mesmo sexo (Superior Tribunal de Justiça, REsp n. 1.183.378/RS);

Considerando as normas éticas para uso de técnicas de reprodução assistida, tornando-as dispositivo deontológico a ser seguido por todos os médicos brasileiros (Resolução CFM n. 2.121, *DOU* de 24 de setembro de 2015);

Considerando a necessidade de uniformização, em todo o território nacional, do registro de nascimento e da emissão da respectiva certidão para filhos havidos por técnica de reprodução assistida de casais homoafetivos e heteroafetivos;

Considerando a competência da Corregedoria Nacional de Justiça de expedir provimentos e outros atos normativos destinados ao aperfeiçoamento das atividades dos serviços notariais e de registro (art. 8º, X, do Regimento Interno do Conselho Nacional de Justiça);

Considerando as sugestões encaminhadas à Corregedoria Nacional de Justiça, bem como as decisões proferidas nos autos dos Pedidos de Providência n. 0006194-84.2016.2.00.0000, 0002653-77.2015.2.00.0000, 00003764-28.2017.2.00.0000 e 0005066-92.2017.2.00.0000, em trâmite no Conselho Nacional de Justiça,

Resolve:

Seção I
Das regras gerais

Art. 1º Os modelos únicos de certidão de nascimento, de casamento e de óbito, a serem adotados pelos ofícios de registro civil das pessoas naturais em todo o país, ficam instituídos na forma dos Anexos I, II e III deste provimento.

Art. 2º As certidões de casamento, nascimento e óbito, sem exceção, passarão a consignar a matrícula que identifica o código nacional da serventia, o código do acervo, o tipo do serviço prestado, o tipo de livro, o número do livro, o número da folha, o número do termo e o dígito verificador, observados os códigos previstos no Anexo IV.

§ 1º A certidão de inteiro teor requerida pelo adotado deverá dispor sobre todo o conteúdo registral, mas dela não deverá constar a origem biológica, salvo por determinação judicial (art. 19, § 3º, c/c o art. 95, parágrafo único, da Lei de Registros Públicos).

§ 2º A certidão de inteiro teor, de natimorto e as relativas aos atos registrados ou transcritos no Livro E deverão ser emitidas de acordo com o modelo do Anexo V.

Art. 3º O oficial de registro civil das pessoas naturais incluirá no assento de nascimento, em campo próprio, a naturalidade do recém-nascido ou a do adotado na hipótese de adoção iniciada antes do registro de nascimento.

§ 1º O registrando poderá ser cidadão do município em que ocorreu o nascimento ou do município de residência da mãe na data do nascimento, desde que localizado em território nacional, cabendo ao declarante optar no ato de registro de nascimento.

§ 2º Os modelos de certidão de nascimento continuarão a consignar, em campo próprio, o local de nascimento do registrando, que corresponderá ao local do parto.

Art. 4º As certidões de nascimento deverão conter, no campo filiação, as informações referentes à naturalidade, domicílio ou residência atual dos pais do registrando.

Art. 5º O número da declaração do nascido vivo, quando houver, será obrigatoriamente lançado em campo próprio da certidão de nascimento.

Art. 6º O CPF será obrigatoriamente incluído nas certidões de nascimento, casamento e óbito.

§ 1º Se o sistema para a emissão do CPF estiver indisponível, o registro não será obstado, devendo o oficial averbar, sem ônus, o número do CPF quando do reestabelecimento do sistema.

§ 2º Nos assentos de nascimento, casamento e óbito lavrados em data anterior à vigência deste provimento, poderá ser averbado o número de CPF, de forma gratuita, bem como anotados o número do DNI ou RG, título de eleitor e outros dados cadastrais públicos relativos à pessoa natural, mediante conferência.

§ 3º A partir da vigência deste provimento, a emissão de segunda via de certidão de nascimento, casamento e óbito dependerá, quando possível, da prévia averbação cadastral do número de CPF no respectivo assento, de forma gratuita.

§ 4º A inclusão de dados cadastrais nos assentos e certidões por meio de averbação ou anotação não dispensará a parte interessada de apresentar o documento original quando exigido pelo órgão solicitante ou quando necessário à identificação do portador.

§ 5º As certidões não necessitarão de quadros predefinidos, sendo suficiente que os dados sejam preenchidos conforme a disposição prevista nos Anexos I, II, III e IV, e os sistemas para emissão das certidões de que tratam referidos anexos deverão possuir quadros capazes de adaptar-se ao texto a ser inserido.

Art. 7º Será incluída no assento de casamento a naturalidade dos cônjuges (art. 70 da Lei de Registros Públicos).

Art. 8º O oficial de registro civil das pessoas naturais não poderá exigir a identificação do doador de material genético como condição para a lavratura do registro de nascimento de criança gerada mediante técnica de reprodução assistida.

Art. 9º Os novos modelos deverão ser implementados até o dia 1º de janeiro de 2018 e não devem conter quadros preestabelecidos para o preenchimento dos nomes dos genitores e progenitores, bem como para anotações de cadastro que não estejam averbadas ou anotadas nos respectivos registros.

Parágrafo único. As certidões expedidas em modelo diverso até a data de implementação mencionada no *caput* deste artigo não precisarão ser substituídas e permanecerão válidas por prazo indeterminado.

Seção II
Da Paternidade Socioafetiva

Art. 10. O reconhecimento voluntário da paternidade ou da maternidade socioafetiva de pessoas acima de 12 anos será autorizado perante os oficiais de registro civil das pessoas naturais. (*Redação dada pelo Provimento n. 83, de 14.08.2019.*)

§ 1º O reconhecimento voluntário da paternidade ou maternidade será irrevogável, somente podendo ser desconstituído pela via judicial, nas hipóteses de vício de vontade, fraude ou simulação.

§ 2º Poderão requerer o reconhecimento da paternidade ou maternidade socioafetiva de filho os maiores de dezoito anos de idade, independentemente do estado civil.

§ 3º Não poderão reconhecer a paternidade ou maternidade socioafetiva os irmãos entre si nem os ascendentes.

§ 4º O pretenso pai ou mãe será pelo menos dezesseis anos mais velho que o filho a ser reconhecido.

Art. 10-A. A paternidade ou a maternidade socioafetiva deve ser estável e deve estar exteriorizada socialmente. (*Incluído pelo Provimento n. 83, de 14.08.2019.*)

§ 1º O registrador deverá atestar a existência do vínculo afetivo da paternidade ou maternidade socioafetiva mediante apuração objetiva por intermédio da verificação de elementos concretos. (*Incluído pelo Provimento n. 83, de 14.08.2019.*)

§ 2º O requerente demonstrará a afetividade por todos os meios em direito admitidos, bem como por documentos, tais como: apontamento escolar como responsável ou representante do aluno; inscrição do pretenso filho em plano de saúde ou em órgão de previdência; registro oficial de que residem na mesma unidade domiciliar; vínculo de conjugalidade – casamento ou união estável – com o ascendente biológico; inscrição como dependente do requerente em entidades associativas;

fotografias em celebrações relevantes; declaração de testemunhas com firma reconhecida. (*Incluído pelo Provimento n. 83, de 14.08.2019.*)

§ 3º A ausência destes documentos não impede o registro, desde que justificada a impossibilidade, no entanto, o registrador deverá atestar como apurou o vínculo socioafetivo. (*Incluído pelo Provimento n. 83, de 14.08.2019.*)

§ 4º Os documentos colhidos na apuração do vínculo socioafetivo deverão ser arquivados pelo registrador (originais ou cópias) juntamente com o requerimento. (*Incluído pelo Provimento n. 83, de 14.08.2019.*)

Art. 11. O reconhecimento da paternidade ou maternidade socioafetiva será processado perante o oficial de registro civil das pessoas naturais, ainda que diverso daquele em que foi lavrado o assento, mediante a exibição de documento oficial de identificação com foto do requerente e da certidão de nascimento do filho, ambos em original e cópia, sem constar do traslado menção à origem da filiação.

§ 1º O registrador deverá proceder à minuciosa verificação da identidade do requerente, mediante coleta, em termo próprio, por escrito particular, conforme modelo constante do Anexo VI, de sua qualificação e assinatura, além de proceder à rigorosa conferência dos documentos pessoais.

§ 2º O registrador, ao conferir o original, manterá em arquivo cópia de documento de identificação do requerente, juntamente com o termo assinado.

§ 3º Constarão do termo, além dos dados do requerente, os dados do campo FILIAÇÃO e do filho que constam no registro, devendo o registrador colher a assinatura do pai e da mãe do reconhecido, caso este seja menor.

§ 4º Se o filho for menor de 18 anos, o reconhecimento da paternidade ou maternidade socioafetiva exigirá o seu consentimento. (*Redação dada pelo Provimento n. 83, de 14.08.2019.*)

§ 5º A coleta da anuência tanto do pai quanto da mãe e do filho maior de doze anos deverá ser feita pessoalmente perante o oficial de registro civil das pessoas naturais ou escrevente autorizado.

§ 6º Na falta da mãe ou do pai do menor, na impossibilidade de manifestação válida destes ou do filho, quando exigido, o caso será apresentado ao juiz competente nos termos da legislação local.

§ 7º Serão observadas as regras da tomada de decisão apoiada quando o procedimento envolver a participação de pessoa com deficiência (Capítulo III do Título IV do Livro IV do Código Civil).

§ 8º O reconhecimento da paternidade ou da maternidade socioafetiva poderá ocorrer por meio de documento público ou particular de disposição de última vontade, desde que seguidos os demais trâmites previstos neste provimento.

§ 9º Atendidos os requisitos para o reconhecimento da paternidade ou maternidade socioafetiva, o registrador encaminhará o expediente ao representante do Ministério Público para parecer. (*Incluído pelo Provimento n. 83, de 14.08.2019.*)

I – O registro da paternidade ou maternidade socioafetiva será realizado pelo registrador após o parecer favorável do Ministério Público. (*Incluído pelo Provimento n. 83, de 14.08.2019.*)

II – Se o parecer for desfavorável, o registrador não procederá o registro da paternidade ou maternidade socioafetiva e comunicará o ocorrido ao requerente, arquivando-se o expediente. (*Incluído pelo Provimento n. 83, de 14.08.2019.*)

III – Eventual dúvida referente ao registro deverá ser remetida ao juízo competente para dirimi-la. (*Incluído pelo Provimento n. 83, de 14.08.2019.*)

Art. 12. Suspeitando de fraude, falsidade, má-fé, vício de vontade, simulação ou dúvida sobre a configuração do estado de posse de filho, o registrador fundamentará a recusa, não praticará o ato e encaminhará o pedido ao juiz competente nos termos da legislação local.

Art. 13. A discussão judicial sobre o reconhecimento da paternidade ou de procedimento de adoção obstará o reconhecimento da filiação pela sistemática estabelecida neste provimento.

Parágrafo único. O requerente deverá declarar o desconhecimento da existência de processo judicial em que se discuta a filiação do reconhecendo, sob pena de incorrer em ilícito civil e penal.

Art. 14. O reconhecimento da paternidade ou maternidade socioafetiva somente poderá ser realizado de forma unilateral e não implicará o registro de mais de dois pais e de duas mães no campo FILIAÇÃO no assento de nascimento.

§ 1ª Somente é permitida a inclusão de um ascendente socioafetivo, seja do lado paterno ou do materno. (*Incluído pelo Provimento n. 83, de 14.08.2019.*)

§ 2º A inclusão de mais de um ascendente socioafetivo deverá tramitar pela via judicial. (*Incluído pelo Provimento n. 83, de 14.08.2019.*)

Art. 15. O reconhecimento espontâneo da paternidade ou maternidade socioafetiva não obstaculizará a discussão judicial sobre a verdade biológica.

Seção III
Da Reprodução Assistida

Art. 16. O assento de nascimento de filho havido por técnicas de reprodução assistida será inscrito no Livro A, independentemente de prévia autorização judicial e observada a legislação em vigor no que for pertinente, mediante o comparecimento de ambos os pais, munidos de documentação exigida por este provimento.

§ 1º Se os pais forem casados ou conviverem em união estável, poderá somente um deles comparecer ao ato de registro, desde que apresente a documentação referida no art. 17, III, deste provimento.

§ 2º No caso de filhos de casais homoafetivos, o assento de nascimento deverá ser adequado para que constem os nomes dos ascendentes, sem referência a distinção quanto à ascendência paterna ou materna.

Art. 17. Será indispensável, para fins de registro e de emissão da certidão de nascimento, a apresentação dos seguintes documentos:

I – declaração de nascido vivo (DNV);

II – declaração, com firma reconhecida, do diretor técnico da clínica, centro ou serviço de reprodução humana em que foi realizada a reprodução assistida, indicando que a criança foi gerada por reprodução assistida heteróloga, assim como o nome dos beneficiários;

III – certidão de casamento, certidão de conversão de união estável em casamento, escritura pública de união estável ou sentença em que foi reconhecida a união estável do casal.

§ 1º Na hipótese de gestação por substituição, não constará do registro o nome da parturiente, informado na declaração de nascido vivo, devendo ser apresentado termo de compromisso firmado pela doadora temporária do útero, esclarecendo a questão da filiação.

§ 2º Nas hipóteses de reprodução assistida *post mortem*, além dos documentos elencados nos incisos do *caput* deste artigo, conforme o caso, deverá ser apresentado termo de autorização prévia específica do falecido ou falecida para uso do material biológico preservado, lavrado por instrumento público ou particular com firma reconhecida.

§ 3º O conhecimento da ascendência biológica não importará no reconhecimento do vínculo de parentesco e dos respectivos efeitos jurídicos entre o doador ou a doadora e o filho gerado por meio da reprodução assistida.

Art. 18. Será vedada aos oficiais registradores a recusa ao registro de nascimento e à emissão da respectiva certidão de filhos havidos por técnica de reprodução assistida, nos termos deste provimento.

§ 1º A recusa prevista no *caput* deverá ser comunicada ao juiz competente nos termos da legislação local, para as providências disciplinares cabíveis.

§ 2º Todos os documentos referidos no art. 17 deste provimento deverão permanecer arquivados no ofício em que foi lavrado o registro civil.

Art. 19. Os registradores, para os fins do presente provimento, deverão observar as normas legais referentes à gratuidade de atos.

Seção IV
Das Disposições Finais

Art. 20. Revogam-se os Provimentos CN-CNJ n. 2 e 3, de 27 de abril de 2009, e 52, de 14 de março de 2016.

Art. 21. Este provimento entra em vigor na data de sua publicação.

Ministro JOÃO OTÁVIO DE NORONHA

AÇÃO DE INVESTIGAÇÃO DE PATERNIDADE

AO JUÍZO DE DIREITO DA ...... VARA DE FAMÍLIA

Comarca de ....

G.C., brasileira, solteira, estudante, menor impúbere, inscrita no CPF n. 046.757.749-89, endereço eletrônico ...., neste ato representada por sua genitora, E.F.C., brasileira, solteira, comerciária, inscrita no RG sob n. 2.584250-1, CPF n. 710.798.909-04, endereço eletrônico .... ambas residentes e domiciliadas nesta cidade, à rua ...., n. ......, por seu procurador infra-assinado, instrumento de mandato anexo, advogado inscrito na OAB/......, sob n. ......, endereço eletrônico ...., com escritório na ...., n. ......, nesta cidade, onde recebe intimações, vem perante este juízo, com fundamento no § 5º do art. 2º da Lei n. 8.560/92 e na Lei n. 5.478/68, propor a presente

AÇÃO DE INVESTIGAÇÃO DE PATERNIDADE C/C ALIMENTOS

em desfavor de T.B.D., brasileiro, solteiro, pedreiro, residente e domiciliado nesta cidade, à rua ...., n. ......, pelos seguintes fatos e fundamentos:

I – DOS FATOS

1. A investigante nasceu em ...... de .... de ......, na cidade de ...., fruto do relacionamento amoroso havido entre a mãe da menor e o pretenso pai.

2. Quando a investigante nasceu, a genitora tinha domicílio comum com o investigando, assim constituindo de fato uma família, com observância e prática dos direitos e obrigações pertinentes.

3. Embora eles não fossem formalmente casados, o relacionamento do casal foi de mútua dedicação e fidelidade durante os 11 (onze) anos em que viveram juntos, conforme se pode comprovar pelas diversas fotografias (doc. anexo).

4. Quando criança, a investigante recebia visitas frequentes do investigando, fato que somente deixou de ocorrer nos últimos dois anos.

5. Ocorre todavia que, conquanto o investigando sempre tenha tratado a investigante como filha, perante as autoridades judiciais nega veementemente o alegado estado de paternidade.

6. Assim, em que pese terem passado praticamente doze anos do nascimento, é de fundamental interesse da investigante ver reconhecida a paternidade pelo investigando, cujo direito encontra total amparo constitucional, legal e moral.

II – DO DIREITO

A ação de investigação de paternidade é atualmente disciplinada pela Lei n. 8.560, de 29 de dezembro de 1992.

É um direito imprescritível, indisponível e irrenunciável garantir não só à INVESTIGANTE a existência jurídica de um pai para a possibilidade de uma vida mais digna, mas inclusive para as gerações descendentes da INVESTIGANTE e do INVESTIGANDO a garantia da convivência com um avô paterno.

No que tange ao pedido de alimentos, o art. 1.695, *caput*, do Código Civil brasileiro prescreve:

> Art. 1.695. São devidos os alimentos quando quem os pretende não tem bens suficientes, nem pode prover, pelo seu trabalho, a própria mantença, e aquele de quem se reclamam pode fornecê-los, sem desfalque do necessário ao seu sustento.

III – DAS CONDIÇÕES ECONÔMICAS DAS PARTES E DO VALOR DA PRESTAÇÃO ALIMENTÍCIA NECESSÁRIA

1. A genitora da investigante, na função de comerciária de um bar-lanchonete situado no mesmo local de sua residência, percebe mensalmente bruto em torno de um salário mínimo.

2. Atualmente, em decorrência da grave recessão econômica brasileira, causadora do desemprego ou da manutenção da vaga de trabalho em troca de menores salários, a genitora da investigante encontra-se em situação financeira que não lhe permite arcar sozinha com as despesas de sustento da filha, inclusive em razão de sua fase de adolescência, bem como de proporcionar uma educação de nível superior ou preparatória para seu ingresso na universidade.

3. A investigante necessita para o seu sustento, principalmente para o pagamento das despesas atuais de alimentação, educação no ensino médio do colégio, material escolar, assistência médica, lazer, transporte escolar, vestuário e demais encargos de sua manutenção, uma pensão alimentícia equivalente a pelo menos um salário mínimo, atualmente em torno de R$ 545,00 (quinhentos e quarenta e cinco reais).

4. Presume-se que o investigando, atualmente exercendo a profissão de pedreiro, perceba pelo menos R$ 1.500,00 (mil e quinhentos reais) por mês.

IV – DO PEDIDO

Diante do exposto, requer a este juízo:

a) a citação do investigando para, querendo, vir contestar a presente ação no prazo de 15 (quinze) dias, sob pena de revelia e confissão;

b) LIMINARMENTE, a fixação dos alimentos provisórios no valor de um salário mínimo, devendo ser pagos diretamente à genitora da investigante ou através de depósito bancário em conta-corrente a ser oportunamente informada, e que ao final deverão ser convertidos em definitivos, regulamentando-se a obrigação alimentar decorrente da paternidade comprovada e reconhecida;

c) no MÉRITO, a procedência dos pedidos consignados na presente ação, a fim de que seja reconhecida e judicialmente declarada a paternidade da investigante, atribuindo ao investigando os deveres e direitos fundados na relação de poder familiar, condenando-o ao pagamento das custas judiciais, honorários advocatícios à base usual de 20% (vinte por cento) sobre o valor dado à causa e demais cominações legais, na forma do art. 85, § 2º, do Código de Processo Civil;

d) a produção do exame de DNA e dos demais meios probantes que se fizerem necessários ao deslinde do feito;

e) a intimação do ilustre representante do Ministério Público, para que se manifeste e acompanhe o feito até o seu final, sob pena de nulidade, *ex vi* dos arts. 178, I e 279, todos do Código de Processo Civil;

f) a intimação, pelo Correio com AR, das testemunhas abaixo arroladas;

g) após o trânsito em julgado, seja oficiado ao Cartório de Registro Civil desta comarca a fim de que proceda à competente alteração no registro da investigante, consignando-se o patronímico do investigando a ser acrescentado ao nome da investigante, bem como o nome dos avós paternos;

h) a concessão dos benefícios da assistência judiciária gratuita, em face da inexistência de recursos para custear o processo.

Para efeitos legais, declara o demandante o seu INTERESSE em eventual autocomposição e, consequentemente, na não realização da audiência de conciliação ou de mediação.

Valor da causa: R$ ....

Nestes termos,
pede deferimento.
......................., ... de .... de 20......
Advogado(a)
OAB/...... n. ......

Documentos acostados:

1 – Instrumento de mandato;

2 – RG, CPF da representante da investigante;

3 – Certidão de nascimento, RG, CPF da investigante;

4 – Fotografias.

Rol de testemunhas que comparecerão independentemente de intimação:

1. ...., brasileira, casada, comerciária, 27 anos de idade, CPF n. ...., RG n. ...., com endereço residencial na rua ...., n. ......, e profissional na rua ...., n. ......, nesta cidade.

2. ...., brasileira, casada, do lar, 30 anos de idade, CPF n. ...., RG n. ...., com endereço residencial na rua ...., n. ......, e profissional na rua ...., n. ......, nesta cidade.

AÇÕES NO ÂMBITO DAS UNIÕES DE FATO

Modalidades de uniões de fato

Sem embargo de opiniões divergentes, propugnamos a possibilidade de existência, hoje, de três situações diferenciadas que poderão servir de suporte às uniões de fato: a união estável, o concubinato e a união homoafetiva.

União estável

Em termos de direito de família, entende-se por união estável a entidade familiar decorrente da convivência entre duas pessoas fora do âmbito do casamento. Configura-se, mais precisamente, quando preenchidos os requisitos exigidos pelo art. 1.723 do Código Civil, ou seja:

a) *convivência entre pessoas de sexo diferente*: embora conste da lei, a exigência deste requisito restou prejudicada em razão de diversos precedentes judiciais que asseguram às pessoas de mesmo sexo o direito de pleitearem o reconhecimento da união estável (STJ, REsp n. 820.475; STF, ADI n. 4.277 e ADPF n. 132);

b) *convivência entre pessoas solteiras, separadas judicialmente, separadas de fato, divorciadas ou viúvas:* conquanto a lei não se refira expressamente ao estado civil exigido para as pessoas que integram a relação, é forçoso concluir que os separados de fato também se incluem no rol daqueles a quem a lei permite obter o reconhecimento da união estável, como se pode inferir da parte final do § 1º do art. 1.723 do Código Civil, o qual adita que não se aplica a incidência do inciso VI do art. 1.521 (pessoas casadas), para efeito de impedimento ao estabelecimento da união estável, no caso de a pessoa casada ser separada de fato ou judicialmente;

c) *convivência duradoura:* por duradoura há que entender a convivência prolongada no tempo, e por um razoável período, diga-se de passagem. Não poderá ser, portanto, qualquer relação fugaz ou transitória, ou um único encontro seguido de relação sexual da qual resulte gravidez. Assim, diante da inexistência de disposição expressa ou de outros parâmetros relativamente ao tempo de convivência mínima necessária para a aplicação do preceito, ou seja, se são dois, três, quatro ou mais anos, indubitavelmente a matéria se prestará a longas discussões, cabendo à jurisprudência, em última instância, elucidar em definitivo a questão.[62]

No atinente ao tema, assim aduz Maria Berenice Dias:

---

62 Com relação ao requisito de duração, assim decidiu o Tribunal de Justiça do Rio Grande do Sul: "Embora, no caso, o relacionamento tenha sido duradouro, a falta de coabitação e de *affectio maritalis* evidencia que houve apenas um mero namoro entre os litigantes. Inexistindo união estável não há que se falar em partilha de bens com amparo na Lei n. 9.278/96 (art. 5º). Assim, o direito aos bens adquiridos nesse período depende da prova de contribuição efetiva, tal como exigia a jurisprudência ao tratar da dissolução da sociedade de fato (Súmula n. 380, STF)" (Ap. cível n. 70.001.365.048, 7ª Câm. Cível, rel. Luiz Felipe Brasil Santos, j. 06.09.2000).

A lei nova veio definir um conceito, subtraindo a exigência do lapso de 5 anos de convivência ou a existência de filhos, bem como afastando a restrição sobre o estado civil dos parceiros. Sem dúvida alguma, ela acertou em não estabelecer prazo ou estado civil dos conviventes, pois, como bem observa JOÃO BATISTA ARRUDA GIORDANO, "A missão de definir a união estável é dos Tribunais e não do legislador". Foram estabelecidos também requisitos outros, a ensejar que a identificação seja feita por meio do poder discricionário do juiz, que, em cada caso concreto, irá identificar os elementos de permanência, notoriedade, afetividade e comunhão de interesses para flagrar a existência da união apta a gerar direitos.[63]

A propósito dessas premissas, cumpre ressaltar que o Tribunal de Justiça do Rio Grande do Sul,[64] inclusive, reconheceu como união estável a convivência de apenas **um ano**:

> Cabe registrar que a lei não prevê um tempo mínimo de duração para a caracterização da união estável, até porque a inconstitucionalidade de eventual disposição nesse sentido seria manifesta. Uma vez conferido o *status* de entidade familiar à união estável pela Constituição Federal, não se pode fazer diferença entre a célula familiar formada pela união estável daquela formada pelo casamento, cuja existência e validade certamente não seriam objeto de indagação por ter durado apenas doze meses. Assim, verificado que, na constância de um ano, o casal viveu sob o mesmo teto, assumindo uma vida em comum como se casado fosse, revela-se impositiva a declaração do envolvimento afetivo mantido entre Elisângela e Antônio Miguel com a consequente extração de efeitos no âmbito do direito.

O próprio Superior Tribunal de Justiça,[65] ainda que por decisão por maioria, já havia reconhecido igual lapso temporal, ao argumento de que,

> embora o art. 226 da CF/1988 não tenha definido nenhum tempo de duração para caracterizar uma "relação estável" entre homem e mulher, houve união estável na relação em que a mulher conviveu um ano com o parceiro no final da vida, cabendo-lhe o direito à moradia e pensão pela mútua colaboração e negando o pedido de indenização por serviços domésticos prestados.

Todavia, é de presumir que a existência de prole constituirá requisito importante para a redução do tempo de convivência. Note-se, porém, que só a certidão

---

63 DIAS, Maria Berenice. *O direito sucessório na união estável*. CD-ROM Doutrinas.

64 TJRS, Ap. cível n. 70.015.324.247, 7ª Câm. de Dir. Cível, rel. Des. Maria Berenice Dias, j. 13.09.2006.

65 STJ, REsp n. 264.736/RS, rel. Min. Humberto de Gomes de Barros, j. 06.09.2005. O entendimento majoritário da Turma foi o de que, após a Constituição de 1988, não há que se falar em "relação não estável" de concubinato, cabendo o direito à pensão não por "serviços domésticos prestados", mas pela intrínseca relação de companheirismo, sendo que o art. 226 não definiu nenhum tempo de duração para caracterizar uma "relação estável" entre homem e mulher.

de nascimento de filho comum não bastaria para legitimar a pretensão, pois esse fato apenas dispensaria a exigência de um prazo maior de convivência, mas não retira a necessidade de comprovação da existência da união estável, embora, certamente, seja um relevante indício de concubinato;[66]

d) *convivência pública:* será pública quando não seja clandestina, isto é, quando não resulte de encontros furtivos ou às escondidas. Deverão os consortes, portanto, agir e se apresentar perante a sociedade como se casados fossem (*more uxorio*);

e) *convivência contínua:* diz respeito à convivência sem interrupções. Desse modo, o requisito deixaria de ser preenchido em caso da existência de períodos de convivência alternados com períodos de separação decorrentes de desavenças entre o casal, fato que comprovaria a instabilidade da relação.

Nesse contexto, permite-se razoavelmente admitir como prova da existência da relação *more uxorio* e do lapso temporal, além de testemunhas, a demonstração da residência comum, conta bancária conjunta e prova de um ser dependente do outro junto à entidade previdenciária, clube social, plano de saúde, entre outros.

Pode-se também recepcionar como requisito da união estável a inexistência dos mesmos impedimentos para o casamento, consoante comando do art. 1.723, § 1º, do Código Civil: "A união estável não se constituirá se ocorrerem os impedimentos do art. 1.521; não se aplicando a incidência do inciso VI no caso de a pessoa casada se achar separada de fato ou judicialmente".

Outra conclusão a que se permite chegar é que o legislador houve por bem adotar a expressão "companheiros", para efeito de bem diferenciá-los de concubinos, como preteritamente já o fazia parcela considerável da jurisprudência.

Contrato de convivência

É permitido aos companheiros formalizarem a união estável mediante contrato de convivência por instrumento particular, nele estabelecendo o regime de bens que vigorará entre eles, lembrando que, conforme consta do art. 1.725 do Código Civil: "Na união estável, salvo contrato escrito entre os companheiros, aplica-se às relações patrimoniais, no que couber, o regime da comunhão parcial de bens".

Importante observar que o contrato constitui prova bastante da existência da união estável, dispensando prova testemunhal de lapso temporal e de outros requisitos exigido pelo art. 1.723 do Código Civil se houver eventual dissolução.

Desse modo o contrato de convivência pode ser entabulado entre os futuros conviventes para regular as relações patrimoniais entre o casal, pautando-se apenas nos requisitos de validade de um negócio jurídico, regulados pelo art. 104 do Código Civil. Consequentemente, não se exige que o pacto de convivência seja formulado por escritura pública, como consta de decisão do Superior Tribunal de Justiça:

---

66 Cf. CAHALI, Francisco José. "Dos alimentos na união estável". In: *Rep. IOB de Jurisprudência* 3/95, p. 52. A expressão "concubinato" (o puro) era utilizada para caracterizar a união estável, antes da CF/88.

Contrato de convivência particular. Regulação das relações patrimoniais de forma similar à comunhão universal de bens. Possibilidade. [...] 1. O texto de Lei que regula a possibilidade de contrato de convivência, quando aponta para ressalva de que o contrato escrito pode ser entabulado entre os futuros conviventes para regular as relações patrimoniais, fixou uma dilatada liberdade às partes para disporem sobre seu patrimônio. 2. A liberdade outorgada aos conviventes deve se pautar, como outra qualquer, apenas nos requisitos de validade de um negócio jurídico, regulados pelo art. 104 do Código Civil. 3. Em que pese a válida preocupação de se acautelar, via escritura pública, tanto a própria manifestação de vontade dos conviventes quanto possíveis interesses de terceiros, é certo que o julgador não pode criar condições onde a lei estabeleceu o singelo rito do contrato escrito. 4. Assim, o pacto de convivência formulado em particular, pelo casal, na qual se opta pela adoção da regulação patrimonial da futura relação como símil ao regime de comunhão universal, é válido, desde que escrito. 5. Ainda que assim não fosse, vulnera o princípio da boa-fé (*venire contra factum proprium*), não sendo dado àquele que, sem amarras, pactuou a forma como se regularia as relações patrimoniais na união estável, posteriormente buscar enjeitar a própria manifestação de vontade, escudando-se em uma possível tecnicalidade não observada por ele mesmo. 5. Recurso provido. (REsp n. 1.459.597/SC, 3ª T., rel. Min. Nancy Andrighi, j. 01.12.2016, *DJe* 15.12.2016)

Consta ainda do acórdão:

Em que pese a válida preocupação de se acautelar, via escritura pública, tanto a própria manifestação de vontade dos conviventes quanto possíveis interesses de terceiros, é certo que o julgador não pode criar condições onde a lei estabeleceu o singelo rito do contrato escrito. Nesse particular, é significativo destacar que nem a regulação do registro de uniões estáveis por oficial de registro civil das pessoas naturais, feita pelo CNJ, por meio do Provimento n. 37/2014, exige que a união seja averbada no registro imobiliário correspondente ao dos bens dos conviventes. Assim, se atendidos os requisitos de validade do negócio jurídico entabulado, o contrato de convivência é válido.

Contrato de namoro

Uma vez que a união de fato prescinde de formalizações para sua caracterização e consequentes efeitos, no intuito de acautelar direitos e prevenir responsabilidades, cada vez mais casais buscam formalizar suas livres manifestações de vontade quanto a vincularem-se tão somente como namorados/namoradas, no sentido mais singelo do termo, sem que haja, ao menos até aquele momento, qualquer intenção de constituir família.

Nesse sentido, a instrumentalização das vontades do relacionamento afetivo dos namorados é de todo recomendável, na medida em que a prova, em caso de necessidade, seria de fácil demonstração, notadamente na eventualidade de falecimento de um dos namorados e de questionamento de direitos sucessórios por parentes do *de cujus*.

O Contrato de Namoro poderá ser formalizado por instrumento particular ou público, mediante escritura declaratória.

A título obrigacional, desde que respeitadas as normas de ordem pública, os namorados/namoradas podem formalizar suas livres vontades por meio de cláusulas compromissais.

Registro da união estável

A respeito do registro da união estável o Provimento n. 37, assim dispõe:

Provimento n. 37

Dispõe sobre o registro de união estável, no Livro "E", por Oficial de Registro Civil das Pessoas Naturais.

O CORREGEDOR NACIONAL DE JUSTIÇA em exercício, Conselheiro Guilherme Calmon, no uso de suas atribuições legais e regimentais;

CONSIDERANDO que compete ao Conselho Nacional de Justiça o controle da atuação administrativa do Poder Judiciário (art. 103-B, § 4º, I, II e III, da Constituição Federal);

CONSIDERANDO que compete ao Poder Judiciário a fiscalização dos serviços notariais e de registro (art. 103-B, § 4º, I e III, e art. 236, § 1º, ambos da Constituição Federal);

CONSIDERANDO que compete ao Corregedor Nacional de Justiça expedir provimentos, e outros atos normativos, destinados ao aperfeiçoamento das atividades dos serviços notariais e de registro (art. 8º, X, do Regimento Interno do Conselho Nacional de Justiça);

CONSIDERANDO a existência de regulamentação, pelas Corregedorias Gerais da Justiça, do registro de união estável no Livro "E" do Registro Civil das Pessoas Naturais;

CONSIDERANDO a conveniência da edição de normas básicas e uniformes para a realização desse registro, visando conferir segurança jurídica na relação mantida entre os companheiros e desses com terceiros, inclusive no que tange aos aspectos patrimoniais;

CONSIDERANDO que o reconhecimento da necessidade de edição dessas normas encontra amparo em requerimento nesse sentido formulado pela Associação Nacional dos Registradores de Pessoas Naturais – ARPENBRASIL, autuado como Pedido de Providências n. 0006113-43.2013.2.00.0000;

CONSIDERANDO o disposto na Resolução n. 175, de 14 de maio de 2013, do Conselho Nacional de Justiça;

RESOLVE:

Art. 1º É facultativo o registro da união estável prevista nos arts. 1.723 a 1.727 do Código Civil, mantida entre o homem e a mulher, ou entre duas pessoas do mesmo sexo.

Art. 2º O registro da sentença declaratória de reconhecimento e dissolução, ou extinção, bem como da escritura pública de contrato e distrato envolvendo união estável, será feito no Livro "E", pelo Oficial do Registro Civil das Pessoas Naturais da Sede, ou, onde houver, no 1º Subdistrito da Comarca em que os companheiros têm ou tiveram seu último domicílio, devendo constar:

a) a data do registro;

b) o prenome e o sobrenome, a data de nascimento, a profissão, a indicação da numeração da Cédula de Identidade, o domicílio e residência de cada companheiro, e o CPF se houver;

c) prenomes e sobrenomes dos pais;

d) a indicação das datas e dos Ofícios de Registro Civil das Pessoas Naturais em que foram registrados os nascimentos das partes, os seus casamentos ou uniões estáveis anteriores, assim como os óbitos de seus anteriores cônjuges ou companheiros, quando houver, ou os respectivos divórcios ou separações judiciais ou extrajudiciais se foram anteriormente casados;

e) data do trânsito em julgado da sentença ou do acórdão, número do processo, Juízo e nome do Juiz que a proferiu ou do Desembargador que o relatou, quando o caso;

f) data da escritura pública, mencionando-se no último caso, o livro, a página e o Tabelionato onde foi lavrado o ato;

g) regime de bens dos companheiros, ou consignação de que não especificado na respectiva escritura pública ou sentença declaratória.

Art. 3º Serão arquivados pelo Oficial de Registro Civil, em meio físico ou mídia digital segura, os documentos apresentados para o registro da união estável e de sua dissolução, com referência do arquivamento à margem do respectivo assento, de forma a permitir sua localização.

Art. 4º Quando o estado civil dos companheiros não constar da escritura pública, deverão ser exigidas e arquivadas as respectivas certidões de nascimento, ou de casamento com averbação do divórcio ou da separação judicial ou extrajudicial, ou de óbito do cônjuge se o companheiro for viúvo, exceto se mantidos esses assentos no Registro Civil das Pessoas Naturais em que registrada a união estável, hipótese em que bastará sua consulta direta pelo Oficial de Registro.

Art. 5º O registro de união estável decorrente de escritura pública de reconhecimento ou extinção produzirá efeitos patrimoniais entre os companheiros, não prejudicando terceiros que não tiverem participado da escritura pública.

Parágrafo único. O registro da sentença declaratória da união estável, ou de sua dissolução, não altera os efeitos da coisa julgada previstos no art. 472 do Código de Processo Civil.

Art. 6º O Oficial deverá anotar o registro da união estável nos atos anteriores, com remissões recíprocas, se lançados em seu Registro Civil das Pessoas Naturais, ou comunicá-lo ao Oficial do Registro Civil das Pessoas Naturais em que estiverem os registros primitivos dos companheiros.

§ 1º O Oficial averbará, no registro da união estável, o óbito, o casamento, a constituição de nova união estável e a interdição dos companheiros, que lhe serão comunicados pelo Oficial de Registro que realizar esses registros, se distinto, fazendo constar o conteúdo dessas averbações em todas as certidões que forem expedidas.

§ 2º As comunicações previstas neste artigo poderão ser efetuadas por meio eletrônico seguro, com arquivamento do comprovante de envio, ou por outro meio previsto em norma da Corregedoria Geral da Justiça para as comunicações de atos do Registro Civil das Pessoas Naturais.

Art. 7º Não é exigível o prévio registro da união estável para que seja registrada a sua dissolução, devendo, nessa hipótese, constar do registro somente a data da escritura pública de dissolução.

§ 1º Se existente o prévio registro da união estável, a sua dissolução será averbada à margem daquele ato.

§ 2º Contendo a sentença em que declarada a dissolução da união estável a menção ao período em que foi mantida, deverá ser promovido o registro da referida união estável e, na sequência, a averbação de sua dissolução.

Art. 8º Não poderá ser promovido o registro, no Livro E, de união estável de pessoas casadas, ainda que separadas de fato, exceto se separadas judicialmente ou extrajudicialmente, ou se a declaração da união estável decorrer de sentença judicial transitada em julgado.

Art. 9º Em todas as certidões relativas ao registro de união estável no Livro "E" constará advertência expressa de que esse registro não produz os efeitos da conversão da união estável em casamento.

Art. 10. Este Provimento não revoga as normas editadas pelas Corregedorias Gerais da Justiça, no que forem compatíveis.

Art. 11. As Corregedorias Gerais da Justiça deverão dar ciência deste Provimento aos Juízes Corregedores, ou Juízes que na forma da organização local forem competentes para a fiscalização dos serviços extrajudiciais de notas e de registro, e aos responsáveis pelas unidades do serviço extrajudicial de notas e de registro.

Art. 12. Este Provimento entrará em vigor na data de sua publicação.

Brasília – DF, 07 de julho de 2014.

Conselheiro
GUILHERME CALMON
Corregedor Nacional de Justiça, em exercício

Regime obrigatório de bens para conviventes maiores de 70 anos

A obrigação da adoção do regime obrigatório para os cônjuges consta da redação do art. 1.641: "É obrigatório o regime da separação de bens no casamento: [...] II – da pessoa maior de 70 (setenta) anos". No entanto, apesar do inciso II do art. 1.641 do Código Civil impor o regime da separação obrigatória de bens somente no casamento da pessoa maior de 60 anos (70 anos após a vigência da Lei n. 12.344/2010), a jurisprudência desta egrégia Corte Superior estendeu essa limitação à união estável quando ao menos um dos companheiros contar tal idade à época do início do relacionamento [...]. O fato de o convivente ter celebrado acordo com mais de sessenta anos de idade não torna nulo contrato de convivência, pois os ex-companheiros, livre e espontaneamente, convencionaram que as relações patrimoniais seriam regidas pelo regime da separação total de bens, que se assemelha ao regime de separação de bens.[67]

Concubinato

Como anteriormente referido, hoje não se pode mais conceber o uso generalizado da expressão *concubinato* para efeito de abarcar todas as hipóteses de uniões de fato, em que pese a doutrina ter tentado abrandar o seu sentido pejorativo diferenciando as hipóteses em concubinato puro e concubinato impuro.[68]

Assim, em face não só da Lei n. 9.278/96 mas também de iterativa jurisprudência, concubina/o é a/o amante, a/o mulher/homem do lar clandestino, que se relaciona com o/a homem/mulher casado/a. Portanto, é razoável concluir que, quando num dos polos da relação figurar uma pessoa casada (ainda não separada de fato nem de direito), configura-se o verdadeiro concubinato (anteriormente denominado *concubinato impuro*), ficando essa relação adulterina evidentemente ao desabrigo da lei. Nesse norte, seguramente, orientaram-se os elaboradores do Código Civil de 2002 ao declararem expressamente, no art. 1.727, que "as relações não eventuais entre o homem e a mulher, impedidos de casar, constituem concubinato". No particular, conforme já justificado, o requisito homem/mulher resta relativizado por conta dos julgados do STF (ADPF 132/RJ; ADI 4.277/DF) e do STJ (REsp 1.183.378/RS) pelos quais se reconheceram os relacionamentos homoafetivos sem distinção com os de composição heterossexual, em prestígio dos princípios da isonomia e da dignidade da pessoa humana.

Nessa hipótese, é razoável o entendimento de que à mulher nada restará pleitear a qualquer título salvo, em última instância, a partilha de bens, por meio da ação de dissolução de sociedade de fato, no caso de existência de prova inconteste de ter ela contribuído para a aquisição de certo patrimônio que se encontra em

67 REsp n. 1.383.624/MG, 3ª T., rel. Min. Moura Ribeiro, j. 02.06.2015, *DJe* 12.06.2015.

68 Esclarece Álvaro Villaça Azevedo que "é puro o concubinato quando se constitui a família de fato, sem qualquer detrimento da família legítima ou de outra família de fato [...]. Assim ocorre, por exemplo, quando coabitam solteiros, viúvos e separados judicialmente, sob essa forma familiar. Impuro é o concubinato se for adulterino, incestuoso ou desleal, como, respectivamente, o de um homem casado que mantenha, paralelamente a seu lar, outro de fato; o de um pai com sua filha; e o de um concubino formando outro concubinato" (*Revista Literária de Direito*, Jurídica Brasileira, n. 4/29) (*v.* também REsp n. 229.069).

nome exclusivo do cônjuge adúltero, forte na existência de sociedade de fato, com fundamento no direito das obrigações (art. 971 do CC/1916 e Súmula n. 380 do STF).[69] Nesse sentido, precedentes da jurisprudência pátria:

> Em sede doutrinária, são muito ponderáveis os argumentos no sentido de que o concubinato por longos anos, com vivência *more uxorio* e proclamada a efetiva colaboração da companheira na formação do patrimônio, conduzirá ao reconhecimento da sociedade de fato, e em tese à partilha dos bens, considerando-se irrelevante o fato de o companheiro ser legalmente casado sob regime de comunhão.[70]

Por outro lado, conforme decisão do Superior Tribunal de Justiça, a concubina não tem direito a *indenização por trabalhos domésticos*, após o fim do relacionamento com o cônjuge adúltero de outra. Por decisão unânime, a 4ª Turma do Superior Tribunal de Justiça negou indenização àquela que manteve relacionamento com homem casado. Em seu voto, o ministro Luís Felipe Salomão, citando Zeno Veloso, apontou a proteção ao concubinato como uma ameaça à monogamia:

> a união estável é uma relação afetiva qualificada, espiritualizada, aberta, franca, exposta, assumida, constitutiva de família; o concubinato, em regra, é clandestino, velado, desleal, impuro. É um paradoxo para o direito proteger as duas situações concomitantemente. Isso poderia destruir toda a lógica do nosso ordenamento jurídico, que gira em torno da monogamia. Isso não significa uma defesa moralista da fidelidade conjugal. Trata-se de invocar um princípio ordenador, sob pena de se desinstalar a monogamia (REsp n. 988.090, j. 02.02.2010).

A ementa do acórdão está vazada nos seguintes termos:

> Direito civil. Concubinato. Indenização decorrente de serviços domésticos. Impossibilidade. Inteligência do art. 1.727 do CC/2002. Incoerência com a lógica jurídica adotada pelo Código e pela CF/88, que não reconhecem direito análogo no casamento ou união estável. Recurso especial conhecido e provido. 1 – A união estável pressupõe ou ausência de impedimentos para o casamento ou, ao menos, separação

---

69 A sociedade de fato mantida com a concubina rege-se pelo direito das obrigações e não pelo de família. Inexiste impedimento ao que o homem casado, além da sociedade conjugal, mantenha outra, de fato ou de direito, com terceiro. Não há cogitar de pretensa dupla meação. A censurabilidade do adultério não haverá de conduzir a que se locuplete, com o esforço alheio, exatamente aquele que o pratica (STJ, REsp n. 47.103-6/SP, 3ª T., rel. Min. Eduardo Ribeiro, j. 29.11.1994, decisão unânime).

70 STJ, 3ª T., ac. un., rel. Min. Athos G. Carneiro, *Rep. IOB de Jurisp.* 10/92, p. 209. Edgard de Moura Bittencourt, na sua obra *Concubinato*, ensina que "[...] se do trabalho e da atividade de duas pessoas em conjunto surge um patrimônio já preexistente de uma delas, é evidente que no plano do direito das obrigações e do direito das coisas resultou um condomínio sobre o patrimônio surgido, ou sobre a parceria acrescida, pouco importando se um dos partícipes na formação do patrimônio já é casado, e pouco importando se os partícipes mantêm ou não convivência *more uxorio*" (p. 158).

de fato, para que assim ocorram os efeitos análogos aos do casamento, o que permite aos companheiros a salvaguarda de direitos patrimoniais, conforme definido em lei. 2 – Inviável a concessão de indenização à concubina, que mantivera relacionamento com homem casado, uma vez que tal providência eleva o concubinato a nível de proteção mais sofisticado que o existente no casamento e na união estável, tendo em vista que nessas uniões não prestados, porque, verdadeiramente, de serviços domésticos não se cogita, senão de uma contribuição mútua para o bom funcionamento do lar, cujos benefícios ambos experimentam ainda na constância da união. 3 – Na verdade, conceder a indigitada indenização consubstanciaria um atalho para atingir os bens da família legítima, providência rechaçada por doutrina e jurisprudência. 4 – Com efeito, por qualquer ângulo que se analise a questão, a concessão de indenizações nessas hipóteses testilha com a própria lógica jurídica adotada pelo Código Civil de 2002, protetiva do patrimônio familiar, dado que a família é a base da sociedade e recebe especial proteção do Estado (art. 226 da CF/88), não podendo o direito conter o germe da destruição da própria família. 5 – Recurso especial conhecido e provido.

Acrescente-se, ademais, que, configurando-se o concubinato, determinados atos praticados pelo cônjuge adúltero em favor da concubina podem ser anulados, tais como:

a) a doação do cônjuge adúltero ao seu cúmplice, que pode ser anulada pelo outro cônjuge, ou por seus herdeiros necessários, até dois anos depois de dissolvida a sociedade conjugal (art. 550 do CC);

b) a nomeação como beneficiária de seguro, o que somente é permitido quando houver separação judicial, divórcio ou separação de fato (art. 793 do CC);

c) a nomeação como beneficiária de testamento, se o testador era casado (arts. 1.801 e 1.900 do CC).

União estável homoafetiva

Consiste a união homoafetiva, como a própria expressão indica, na relação ou convivência entre pessoas de mesmo sexo.

Ao reverso do casamento e da união estável, previstos em lei como institutos destinados a regular, formal e informalmente, a relação entre pessoas declaradamente de sexos diferentes, a convivência entre pessoas de mesmo sexo não encontra previsão em nosso atual ordenamento jurídico. Em que pese esse fato, depois de verdadeira cruzada em prol dos direitos homossexuais, os tribunais brasileiros passaram a reconhecer a união estável homoafetiva.

O Tribunal de Justiça do Rio Grande do Sul, sempre com reiteradas decisões em favor da causa homoafetiva, foi o primeiro tribunal a reconhecer a união estável, como se demonstra:

> Apelação cível. União homoafetiva. Reconhecimento. Princípio da dignidade da pessoa humana e da igualdade. É de ser reconhecida judicialmente a união homoafetiva mantida entre duas mulheres de forma pública e ininterrupta pelo período de dezesseis anos. A homossexualidade é um fato social que se perpetua através dos séculos, não mais podendo o Judiciário se olvidar de emprestar a tutela jurisdicional a uniões que, enlaçadas pelo afeto, assumem feição de família. A união pelo amor é que caracteriza a entidade familiar e não apenas a diversidade de sexos. É o afeto a mais pura exteriorização do ser e do viver, de forma que a marginalização das relações homoafetivas constitui afronta aos direitos humanos por ser forma de privação do direito à vida, violando os princípios da dignidade da pessoa humana e da igualdade.[71]

O mesmo reconhecimento se deu no Superior Tribunal de Justiça, em julgamento realizado pela 4ª Turma na data de 2 de setembro de 2008. No recurso especial, um casal homossexual pleiteou o reconhecimento de união estável, após a ação ter sido extinta sem análise do mérito pela Justiça fluminense de primeiro grau, ao entendimento de ser impossível juridicamente atender ao pedido, uma vez que não existe previsão legal para reconhecimento de união estável entre pessoas do mesmo sexo. A decisão foi mantida pelo TJRJ. No STJ, a 4ª Turma decidiu por maioria (5 votos a 3) acompanhar o voto do relator, o Ministro Antônio de Pádua Ribeiro, que votou pelo provimento do recurso. Para ele, só existe impossibilidade jurídica de um pedido quando há expressa proibição legal. Depois de analisar diversos dispositivos, o relator disse não ter encontrado nenhuma vedação ao reconhecimento de união estável entre pessoas do mesmo sexo. Por isso, a Turma deu provimento ao recurso para que o juízo de primeiro grau analisasse o mérito do pedido de reconhecimento da união (REsp n. 820.475).[72] Em outro julgamento, ocorrido na data de 11.05.2011, o mesmo STJ, em decisão por maioria da 2ª Seção, reconheceu-se o *status* de união estável aos relacionamentos homoafetivos com base em leis infraconstitucionais. Para a relatora, Min. Nancy Andrighi, as uniões de pessoas do mesmo sexo se baseiam nos mesmos princípios sociais e afetivos das relações heterossexuais. Negar tutela jurídica à família constituída com base nesses mesmos fundamentos seria uma violação da dignidade

---

71 Ap. cível n. 70.012.836.755, 7ª Câm. Cível, rel. Des. Maria Berenice Dias, j. 21.12.2005. Numa demonstração de que o Judiciário gaúcho não estava só, no trato das questões homoafetivas, no início de fevereiro de 2007, a juíza Sirlei Martins da Costa, da 3ª Vara de Família e Sucessões de Goiânia/GO, também reconheceu a união entre duas pessoas do mesmo sexo como uma entidade familiar, com "todas as consequências legais advindas da união estável", asseverando que a jurisprudência (decisões reiteradas dos Tribunais sobre um mesmo assunto) é tranquila em relação à possibilidade jurídica do reconhecimento da união homoafetiva, já que os princípios presentes na Constituição Federal vedam qualquer discriminação, inclusive quanto ao sexo. Sobre a inexistência de lei específica, ponderou: "A consagração do princípio da dignidade da pessoa, como norte principal para o julgador, permitiu ao Juiz brasileiro a possibilidade de suprir a lacuna existente na legislação sobre o tema. Há julgados recentes reconhecendo uma série de direitos em prol dos homossexuais, dentre eles o reconhecimento da união homoafetiva como verdadeira entidade familiar".

72 Cf. Valdemar P. da Luz, *Manual de direito de família*, p. 142.

da pessoa humana. Ademais, segundo a relatora, enquanto a lei civil não regular as novas estruturas de convívio, o Judiciário não pode ignorar os que batem às suas portas. A tutela jurisdicional deve ser prestada com base nas leis vigentes e nos parâmetros humanitários "que norteiam não só o direito constitucional brasileiro, mas a maioria dos ordenamentos jurídicos existentes no mundo" (REsp n. 1.085.646; REsp n. 827.962, j. 08.08.2011).

Já no Supremo Tribunal Federal, o reconhecimento da união homoafetiva, como entidade familiar, deu-se em 05.05.2011. Para o STF a união homoafetiva deve, portanto, ser regida pelas mesmas regras que se aplicam à união estável dos casais heterossexuais, conforme previsão do Código Civil (ADI n. 4.277 e ADPF n. 132).

Com a equiparação, os casais homossexuais passam a ter os seguintes direitos:

Comunhão parcial de bens. Conforme o Código Civil, os parceiros em união homoafetiva, assim como aqueles de união estável, declaram-se em regime de comunhão parcial de bens.

Pensão alimentícia. Assim como nos casos previstos para união estável no Código Civil, os companheiros ganham direito a pedir pensão em caso de separação judicial.

Pensões do INSS. Hoje, o INSS já concede pensão por morte para os companheiros de pessoas falecidas, mas a atitude ganha maior respaldo jurídico com a decisão.

Planos de saúde. As empresas de saúde em geral já aceitam parceiros como dependentes ou em planos familiares, mas, agora, se houver negação, a Justiça pode ter posição mais rápida.

Sucessão. Para fins sucessórios, os parceiros ganham os direitos de parceiros heterossexuais em união estável, mas podem incrementar previsões por contrato civil.

Adoção. A lei atual não impede os homossexuais de adotarem, mas dá preferência a casais, logo, com o novo entendimento, a adoção para os casais homossexuais deve ser facilitada.

Imposto de renda. Por entendimento da Receita Federal, os homossexuais já podem declarar seus companheiros como dependentes, porém a decisão confere maior respaldo jurídico.

De qualquer sorte, assim como se exige para os casais heterossexuais, para ser considerada união estável homoafetiva será necessário o cumprimento de alguns requisitos. Assim, embora não haja prazo mínimo de convivência, a relação precisa ser pública, duradoura, contínua, leal e com a intenção de se constituir família, segundo o próprio Código Civil.

Casamento civil

Em decisão inédita, proferida em 25.10.2011 (REsp n. 1.183.378), a 4ª Turma do STJ, por maioria, proveu recurso de duas mulheres que pediam para ser habilitadas ao casamento civil. Seguindo o voto do relator, Ministro Luis Felipe Salomão, a Turma concluiu que a dignidade da pessoa humana, consagrada pela Constituição, não é aumentada nem diminuída em razão do uso da sexualidade, e que a orientação sexual não pode servir de pretexto para excluir famílias da proteção jurídica representada pelo casamento. Antes do julgamento houve pedido de vista do Ministro Marco Buzzi, que posteriormente acompanhou o voto do relator, que reconheceu a possibilidade de habilitação de pessoas do mesmo sexo para o casamento civil. Para o relator, o legislador poderia, se quisesse, ter utilizado expressão restritiva, de modo que o casamento entre pessoas do mesmo sexo ficasse definitivamente excluído da abrangência legal, o que não ocorreu.

Concluiu o Ministro Salomão:

> Por consequência, o mesmo raciocínio utilizado, tanto pelo STJ quanto pelo Supremo Tribunal Federal (STF), para conceder aos pares homoafetivos os direitos decorrentes da união estável, deve ser utilizado para lhes franquear a via do casamento civil, mesmo porque é a própria Constituição Federal que determina a facilitação da conversão da união estável em casamento.

O recurso foi interposto por duas cidadãs residentes no Rio Grande do Sul, que já vivem em união estável e tiveram o pedido de habilitação para o casamento negado em primeira e segunda instância. A decisão do tribunal gaúcho afirmou não haver possibilidade jurídica para o pedido, pois só o Poder Legislativo teria competência para instituir o casamento homoafetivo. No recurso especial dirigido ao Superior Tribunal de Justiça, elas sustentaram não existir impedimento no ordenamento jurídico para o casamento entre pessoas do mesmo sexo. Afirmaram, também, que deveria ser aplicada ao caso a regra de direito privado segundo a qual é permitido o que não é expressamente proibido.

Em que pese o Ministro Raul Araújo, preocupado com a segurança jurídica, ter sugerido que o julgamento do recurso fosse transferido para a 2ª Seção do Superior Tribunal de Justiça, que reúne as duas turmas responsáveis pelas matérias de direito privado, como forma de evitar a possibilidade de futuras decisões divergentes sobre o tema no Tribunal, a proposta foi rejeitada por 3 a 2.

DISSOLUÇÃO DA UNIÃO ESTÁVEL

A dissolução da união estável dar-se-á da mesma forma que a utilizada para a dissolução de casamento, ou seja, judicial ou extrajudicial, consensual ou litigiosa. É competente para processar e julgar a ação a vara de família do foro:

a) de domicílio do guardião de filho incapaz;

b) do último domicílio do casal, caso não haja filho incapaz;

c) de domicílio do réu, se nenhuma das partes residir no antigo domicílio do casal (art. 53 do CPC).

A extinção consensual da união estável, não havendo nascituro ou filhos incapazes e observados os requisitos legais, poderá ser realizada por escritura pública (art. 733 do CPC).

Formas de dissolução

Na relação concubinária,[73] consoante aduz Francisco José Cahali,[74]

> tem-se, por excelência, união livre entre os companheiros, decorrente de uma situação de fato espontaneamente criada pelas partes; e, se a própria constituição da relação prescinde de formalidades, não há, em princípio, como se cogitar de processo necessário para o rompimento da união, como ocorre com o casamento, sendo suficiente a separação de fato como extintiva da relação.

Entendemos, todavia, que referida assertiva deve ser considerada em parte, porquanto, a nosso ver, a mesma se aplica tão somente às hipóteses de dissolução nas quais inexistem bens a partilhar. Assim, havendo patrimônio comum, mostra-se indispensável a propositura de ação para o fim de comprovar a existência da sociedade de fato e requerer-se a partilha dos bens.

De qualquer sorte, pode-se afirmar que a dissolução das uniões de fato, sejam elas sociedades de fato ou não, se opera tanto pela vontade das partes quanto pela morte de qualquer dos consortes.

Dissolução por ato de vontade

A dissolução por ato de vontade pode efetivar-se por mútuo acordo ou por iniciativa de qualquer dos companheiros, quando não mais houver interesse na continuidade da convivência.

Sendo consensual, a homologação da dissolução da união estável, observados os requisitos legais, poderá ser requerida em petição assinada por ambos os cônjuges, da qual constarão: as disposições relativas à descrição e à partilha dos bens comuns; as disposições relativas à pensão alimentícia entre os cônjuges; o acordo relativo à guarda dos filhos incapazes e ao regime de visitas; e o valor da contribuição para criar e educar os filhos (arts. 731 e 732 do CPC).

A extinção consensual da união estável, não havendo nascituro ou filhos incapazes e observados os requisitos legais, poderá ser realizada por escritura pública (art. 733 do CPC).

---

73 Nesse caso, o autor utiliza a expressão para designar, de uma forma generalista, todas as uniões concebidas fora do casamento.

74 CAHALI, Francisco José. *Divórcio e separação*, p. 49.

Como frisado anteriormente, a separação de fato é suficiente para dissolver qualquer das modalidades de união de fato, caso não haja bens a partilhar. Todavia, existindo bens comuns, e sendo a dissolução litigiosa, será imprescindível o ajuizamento de *ação declaratória de reconhecimento de união estável cumulada com pedido de partilha de bens,* não só para efeito de concretização da partilha dos bens como também para decidir sobre eventual pedido de verba alimentar e guarda de filhos.[75]

Ressalte-se que, em face de a união estável ter adquirido *status* de entidade familiar, de molde a receber a mesma proteção conferida ao casamento, é lícito, inclusive, que um dos conviventes requeira separação de corpos, mediante tutela de urgência de natureza cautelar (art. 301 do CPC), na hipótese de o outro não concordar com a separação ou quando houver risco de agressões físicas. Referida providência cabe, até mesmo, e com maior razão, para obter o afastamento do companheiro, quando a parte requerente for proprietária exclusiva do imóvel em que residem, à semelhança do que ocorre com os cônjuges.[76]

Direitos dos conviventes na dissolução por ato de vontade

Direito à partilha dos bens comuns

A teor do art. 1.725 do Código Civil, salvo contrato escrito entre os companheiros, aplica-se às relações patrimoniais, no que couber, o regime da comunhão parcial de bens. Desse modo, havendo bens e inexistindo contrato escrito estipulando regime diverso do da comunhão parcial de bens, é lícito ao convivente, na dissolução da união estável, pleitear a metade do patrimônio que tiver sido constituído na constância da união estável. Excluem-se, evidentemente, da partilha os bens que qualquer dos conviventes houver adquirido antes da união, os que houverem adquirido após a união com o produto da alienação desses bens e os que houverem recebido a título de herança e/ou doação, estes por serem considerados adquiridos por título gratuito ou não oneroso.

O legislador aqui nada mais fez que consolidar o entendimento que já vinha sendo preconizado por alguns tribunais pátrios. Nesse sentido, adotando posição de vanguarda, mediante o argumento de que o direito não pode ficar afastado do fato social, preso a dogmas e preconceitos, o Tribunal de Justiça do Rio Grande do Sul proferiu julgado no qual se lê:

> Recentemente, em inúmeros feitos, tanto a 7ª Câmara Cível como a 8ª vêm decidindo que descabe exigir comprovação da contribuição de qualquer dos companheiros na aquisição patrimonial para ensejar a partilha de bens. A exemplo do casamen-

75 Conforme já decidido pelo STJ, "o companheiro tem legítimo interesse de promover ação declaratória (art. 3º do CPC/73; art. 17 do CPC/2015) da existência e da extinção da relação jurídica resultante da convivência durante quase dois anos, ainda que inexistam bens a partilhar. Igualmente, pode cumular seu pedido com a oferta de alimentos, nos termos do art. 24 da Lei n. 5.478/68" (STJ, REsp n. 285.961/DF, 4ª T., rel. Min. Ruy Rosado de Aguiar, j. 06.02.2001).

76 STJ, RE n. 10.113/SP, 4ª T., rel. Min. Sálvio de Figueiredo Teixeira, *DJ* 09.09.1991.

to, os bens adquiridos durante a vigência da união pertencem aos companheiros, e entre eles devem ser partilhados.[77]

A 7ª Câmara do mesmo tribunal, seguindo na mesma esteira progressista, proferiu a seguinte decisão:

> Ao concubinato *more uxorio* podem ser atribuídos todos os efeitos do casamento, desde que não firam direitos de terceiros. O regime de bens será o da comunhão parcial, não tendo mais aplicação a Súmula n. 380 do STF após a vigência da CF de 1988, pois dispensado o esforço financeiro comum na amealhação do patrimônio.[78]

Por conseguinte, é facultado ao convivente requerer a partilha dos referidos bens através da *ação declaratória de reconhecimento e de dissolução de sociedade de fato*, mediante tão só a produção de prova da existência da união estável, eis que o direito à partilha resulta da presunção do art. 1.725 do Código Civil.

Direito a alimentos

Preteritamente, em período anterior à Constituição Federal de 1988, a companheira, ao tempo da dissolução da união de fato, salvo pioneiro entendimento do Tribunal de Justiça do Rio Grande do Sul, não fazia jus a alimentos, podendo tão somente pleitear indenização ou remuneração por serviços prestados e, se fosse o caso, a partilha do patrimônio havido pelo esforço comum. Com essa decisão, buscava-se também evitar o enriquecimento ilícito do companheiro.

Com o advento da Lei n. 9.278/96, art. 7º, e, ao depois, do art. 1.694 do Código Civil, entretanto, a exemplo do que ocorre com as pessoas casadas, podem hoje os companheiros pleitear pensão alimentícia, desde que comprovem dela necessitar. É o que se dessume da leitura do art. 1.694.[79]

Todavia, entendemos, *permissa venia*, que a concessão da verba alimentar, além da prova da necessidade, imprescinde de dois importantes pressupostos: a ausência de culpa da requerente e a prova pré-constituída da obrigação alimentar do requerido.

A primeira exigência resulta naturalmente da interpretação analógica que se permite fazer do § 2º do art. 1.694: "Os alimentos serão apenas os indispensáveis à subsistência, quando a situação de necessidade resultar de culpa de quem os pleiteia".

---

77 TJRS, Ap. cível n. 594124570, 8ª Câm. Cível, rel. Des. Eliseu Gomes Torres, ac. un., *Rev. de Jurisp. do TJRS* 169/378.

78 Ac. un., j. 21.12.1994, *Rev. de Jurisp. do TJRS* 169/329.

79 "Art. 1.694. Podem os parentes, os cônjuges ou conviventes pedir uns aos outros os alimentos de que necessitem para viver de modo compatível com a sua condição social, inclusive para atender às necessidades de sua educação. § 1º Os alimentos devem ser fixados na proporção das necessidades do reclamante e dos recursos da pessoa obrigada. § 2º Os alimentos serão apenas os indispensáveis à subsistência, quando a situação de necessidade resultar de culpa de quem os pleiteia."

Consequentemente,

> com a fixação legal de alimentos, não se pode mais permitir o rompimento livre, descomprometido das relações concubinárias, tornando-se necessária a discussão da culpa de um dos companheiros pela separação, especificamente para a apuração da obrigação alimentar, a exemplo da situação dos cônjuges.[80]

Perfilhamos referido entendimento, porquanto a averiguação da culpa diz respeito a medida imperiosa, a ser adotada sob pena de se vir a conferir aos companheiros mais direitos do que aqueles dispensados às pessoas casadas.[81]

De qualquer sorte, concedidos os alimentos, à semelhança do que ocorre na dissolução do casamento (art. 1.708 do CC), a obrigação do alimentante de prestar pensão alimentícia cessará quando a alimentanda constituir nova união, seja união estável, seja casamento.

Dissolução por morte

A morte, como sói acontecer com o casamento e com inúmeros outros atos jurídicos, também dá por finda a união ou casamento de fato, sem, no entanto, produzir os mesmos efeitos do casamento formal ou de direito.

Assim, somente no tocante às relações havidas como estáveis é que o art. 1.790 do Código Civil veio assegurar, por efeito da morte de um dos companheiros, direitos sucessórios ao companheiro sobrevivente, conforme se verá adiante.

Afora isso, pode a companheira, no inventário do companheiro, requerer a reserva de bens enquanto aguarda o desfecho da ação em que pleiteia o reconhecimento de participação na formação do patrimônio do inventariado, como posto por autorizada doutrina.

Direitos dos companheiros na dissolução por morte

Direito à partilha do patrimônio comum

O art. 1.725 do Código Civil, à semelhança do que já dispunha o art. 5º da Lei n. 9.278/96, consagrou o direito à partilha dos bens adquiridos a título oneroso, após o início da união, em partes iguais entre os conviventes. Referidos dispositivos afastaram, assim, o requisito da necessidade de comprovar que os bens resultaram da colaboração do companheiro, conforme previa o art. 3º da Lei n. 8.971/94. O estado condominial decorre de presunção *iuris et de iure*, pois não contempla nenhuma possibilidade de excepcionar-se a regra de que os bens móveis e imóveis são fruto do trabalho e da colaboração comum. Nas palavras do prof. Álvaro Villa-

80 Cf. CAHALI, Francisco José. Op. cit., p. 49.

81 O atual Código Civil inova, nesse aspecto, assegurando apenas os alimentos indispensáveis à sua subsistência (§ 2º do art. 1.694).

ça Azevedo:[82] "A simples convivência concubinária pura assegura aos conviventes o direito de propriedade em igualdade de condições sobre os bens adquiridos, onerosamente, na constância do concubinato, salvo prova escrita em contrário".

Tem-se, assim, que eventual pedido de meação poderá ser admitido em duas hipóteses: inexistência de contrato escrito estipulando regime diferente do da comunhão parcial de bens; existência de contrato escrito estipulando o regime da comunhão universal de bens. O direito à meação, como consabido, não se funda no direito sucessório, e sim no direito à partilha, por metade, dos bens resultantes do regime de comunhão parcial ou de comunhão universal de bens.

Impende ressaltar, contudo, que, sendo hipótese de comunhão parcial de bens, não farão parte da meação os bens que o convivente falecido tiver adquirido antes da união, os que tiver adquirido após a união com o produto da alienação desses bens e os que tiver recebido a título de herança e/ou doação, estes últimos por serem considerados adquiridos por título gratuito ou não oneroso.

Direitos sucessórios

O companheiro sobrevivente somente terá direito à totalidade da herança do companheiro falecido na hipótese de inexistência de descendentes e de ascendentes. Todavia, ainda que existam descendentes e ascendentes, o art. 1.790 assegura a participação do companheiro na sucessão do companheiro falecido, relativamente aos bens adquiridos na vigência da união estável, na seguinte proporção:

a) se concorrer com filhos comuns, terá direito a uma quota equivalente à que por lei for atribuída ao filho;

b) se concorrer com descendentes só do autor da herança, tocar-lhe-á a metade do que couber a cada um daqueles;

c) se concorrer com outros parentes sucessíveis, terá direito a um terço da herança;

d) não havendo parentes sucessíveis, terá direito à totalidade da herança.

No atinente ao inciso I do art 1.790, o mesmo se aplica à hipótese de concorrência do companheiro sobrevivente com outros descendentes comuns, e não apenas na concorrência com filhos comuns, conforme consta do Enunciado n. 266, elaborado pelo Conselho da Justiça Federal.

Por fim, o Desembargador Luiz Felipe Brasil Santos,[83] do Tribunal de Justiça do Rio Grande do Sul, chama atenção para a contradição entre o *caput* do art.

---

82 Cf. DIAS, Maria Berenice. Op. cit.

83 SANTOS, Luiz Felipe Brasil. "A sucessão dos companheiros no novo Código Civil". Disponível em: <www.gontijo-familia.adv.br/tex243.htm>. Acesso em 01.02.2017. Ainda a respeito da referida questão, opina Maria Helena Diniz: "[...] Daí o nosso entendimento de que, não havendo parentes sucessíveis, receberá a totalidade da herança, no que atina aos adquiridos onerosa e gratuitamente antes ou durante a união estável, recebendo, inclusive, bens particulares do *de cujus*, que não irão ao Município, Distrito Federal ou à União, por força do disposto no art. 1.844, 1ª Parte, do Código Civil, que é uma norma especial. Isto seria mais justo, pois seria inadmissível a exclusão do companheiro

1.790 e o inciso IV do mesmo artigo, que se refere à hipótese de sucessão quando não haja parentes sucessíveis do companheiro falecido:

> Para evitar tal situação de flagrante injustiça, creio que a interpretação deverá aproveitar-se de uma antinomia do dispositivo em exame. Ocorre que, enquanto o *caput* do art. 1.790 diz que o companheiro terá direito de herdar apenas os bens adquiridos no curso do relacionamento, o seu inciso IV dispõe que, *não havendo parentes sucessíveis, terá direito à totalidade da herança*. Ora, a expressão *totalidade da herança* não deixa dúvida de que abrange todos os bens deixados, sem a limitação contida no *caput*. É evidente a antinomia entre a cabeça do artigo e seu inciso. Entretanto, uma interpretação construtiva, que objetive fazer acima de tudo justiça, pode extrair daí a solução que evite a injustiça e o absurdo de deixar um companheiro, em dadas situações, no total desamparo. Portanto, não havendo outros herdeiros, o companheiro, por força do claro comando do inciso IV, deverá receber não apenas os bens havidos na constância da relação, mas a totalidade da herança.

Outros direitos dos companheiros

Por último, podem ser citados também como efeitos, embora se constituam mais em *direitos* do(a) companheiro(a), os seguintes:

a) o de obter indenização pela morte do companheiro, decorrente de acidente de trabalho, se entre eles não havia impedimento para o matrimônio (Súmula n. 35 do STF);[84]

b) o de adotar o sobrenome do companheiro, na hipótese do § 2º do art. 57 da Lei n. 6.015/73 (LRP);[85]

c) o de receber legado, em razão de disposição de última vontade;[86]

d) o de receber seguro, conforme art. 793 do Código Civil;

e) o de receber benefícios da Previdência Social, na qualidade de dependente do companheiro segurado (art. 5º do Decreto n. 3.048/99);

---

sobrevivente, que possuía laços de afetividade com o *de cujus*, do direito à totalidade da herança dando prevalência à entidade pública. Se assim não fosse, instaurar-se-ia no sistema jurídico uma lacuna axiológica. Aplicando-se o art. 5º da Lei de Introdução ao Código Civil, procura-se a solução mais justa, amparando o companheiro sobrevivente" (DINIZ, Maria Helena. *Curso de direito civil brasileiro*, v. 6: Direito das sucessões, p. 133-4).

84 "Em caso de acidente de trabalho ou de transporte, a concubina tem direito de ser indenizada pela morte do amásio, se entre eles não havia impedimento para o matrimônio."

85 "Art. 57. [...] § 2º A mulher solteira, desquitada ou viúva, que viva com homem solteiro, desquitado ou viúvo, excepcionalmente e havendo motivo ponderável, poderá requerer ao juiz competente que, no registro de nascimento, seja averbado o patronímico de seu companheiro, sem prejuízo dos apelidos próprios, de família, desde que haja impedimento legal para o casamento, decorrente do estado civil de qualquer das partes ou de ambas. § 3º O juiz competente somente processará o pedido, se tiver expressa concordância do companheiro, e se da vida em comum houverem decorrido, no mínimo, cinco anos ou existirem filhos da união."

86 Mesmo na hipótese de concubinato, é válido o legado se o testador, sem culpa sua, estiver separado de fato do cônjuge há mais de cinco anos (art. 1.801, III, do CC).

f) o de permanecer no imóvel locado em nome do companheiro, em razão do falecimento deste (art. 11, I, da Lei n. 8.245/91);

g) o de exercer a curatela do companheiro interdito (art. 1.775 do CC) ou do ausente, por analogia ao mesmo art. 1.775.

Ações decorrentes das uniões estáveis

Ação declaratória de reconhecimento

Esta ação tinha anteriormente como fundamento a Súmula n. 380 do Supremo Tribunal Federal, de seguinte teor: "Comprovada a existência de sociedade de fato entre os concubinos, é cabível a sua dissolução judicial, com a partilha do patrimônio adquirido pelo esforço comum". Hoje, todavia, é facultado ao convivente, mediante a prova[87] dos requisitos elencados pelo art. 1.723 do Código Civil, promover *ação declaratória de reconhecimento e de dissolução de união estável* para efeito não só de obter o reconhecimento da união estável, mas também requerer alimentos e eventual partilha de bens, esta em conformidade com o art. 1.725 do Código Civil.

O direito de ação, como se observa, cabe, em princípio, aos conviventes em união estável. Todavia, entendemos não ser lícito deixar ao desamparo da lei e, consequentemente, destituir de qualquer direito as pessoas solteiras, separadas, divorciadas ou viúvas que, conquanto convivam como se casadas fossem, não preencham integralmente os requisitos exigidos por lei para a configuração da união estável. Assim, ainda que não se possa conceder-lhes direito a alimentos e a sucessão do companheiro, é razoável deduzir que as pessoas que convivem nessas condições podem pleitear a dissolução da sociedade de fato com a respectiva partilha de bens, assim como a medida cautelar de separação de corpos.

AÇÃO DECLARATÓRIA DE RECONHECIMENTO E DE DISSOLUÇÃO DE UNIÃO ESTÁVEL

AO JUÍZO DE DIREITO DA ...... VARA DE FAMÍLIA
Comarca de Blumenau/SC

.................., brasileira, solteira, funcionária pública, RG n. ...., CPF n. ...., endereço eletrônico ...., domiciliada e residente nesta cidade, na rua ...., n. ......, por seu procurador que esta subscreve, com mandado incluso

87 Podem ser utilizados como prova da relação *more uxorio* e do lapso temporal, além de testemunhas, comprovantes da existência de residência comum, conta bancária conjunta e demonstrativo de que um é dependente do outro junto a entidade previdenciária, clube social ou plano de saúde, entre outros.

(doc. 1), advogado inscrito na OAB/......, sob n. ......, endereço eletrônico ...., com escritório na av. ...., n. ......, onde recebe intimações, vem respeitosamente perante este juízo promover

AÇÃO DECLARATÓRIA DE RECONHECIMENTO E DE DISSOLUÇÃO DE UNIÃO ESTÁVEL

Em desfavor de ...., brasileiro, solteiro, bancário, domiciliado e residente nesta cidade, na rua ...., n. ......, em face das seguintes razões de fato e de direito:

I – DOS FATOS

1. A demandante, tendo conhecido o demandado no ano de 2004, com este passou a conviver sob o mesmo teto a partir de outubro de 2005. A referida convivência perdurou até o mês de novembro de 2015, perfazendo, portanto, um período de 10 (dez) anos, conforme restará provado pelas testemunhas adiante arroladas.

2. Ambos, demandante (doc. 2) e demandado, são pessoas desimpedidas de qualquer vínculo conjugal, quer entre si, quer em relação a terceiros. Demais disso, a demandante mantinha conta-corrente bancária conjunta com o demandado (doc. 3), o que, desde logo, comprova a convivência *more uxorio* até então existente entre os mesmos.

3. A demandante, consoante comprova com a certidão de tempo de serviço inclusa (doc. 4), é funcionária pública desde a data de 5 de abril de 1998, exercendo suas atividades na Prefeitura Municipal de Blumenau, na função de auxiliar administrativo, onde hoje recebe vencimentos de R$ ....

4. Observa-se, pois, que não só o demandado, mas também a demandante exerciam atividade remunerada, em razão da qual esta contribuiu efetivamente para a formação do patrimônio comum do casal, que é composto dos seguintes bens:

a) uma casa de alvenaria, construída sobre o terreno urbano sito na rua ...., n. ......, conforme comprova com a inclusa Certidão de Registro de Imóveis (doc. 5);

b) um automóvel Volkswagen Voyage, ano 2005, placas IJP 4792 (doc. 6);

c) ....

5. Não existe contrato escrito entre demandante e demandado, estipulando regime de bens durante a convivência.

6. Ocorre que, por razões que não cabe aqui declinar, o demandado houve por bem dar por finda a relação que mantinha com a demandante, sem, no entanto, acenar com nenhuma possibilidade de partilha dos bens que foram adquiridos pelo casal na constância da sua união.

II – DO DIREITO

1. Prescreve o art. 1.725 do Código Civil que "Na união estável, salvo contrato escrito entre os companheiros, aplica-se às relações patrimoniais, no que couber, o regime da comunhão parcial de bens".

Portanto, a pretensão da demandante resta plenamente justificada merecendo, por isso, ser devidamente acolhida, eis que presentes os pressupostos que evidenciam não só a relação *more uxorio*, mas também o direito à efetiva partilha dos bens comuns.

III – DO PEDIDO

Em face do exposto, e com fundamento no art. 1.723 do Código Civil, requer:

a) a citação do demandado para, querendo, contestar a presente, sob pena de revelia e confissão;

b) a intimação do representante do MP;

c) seja julgado procedente o pedido para o fim de declarar a existência da união estável e, em face disso, determinar a partilha dos bens constantes no item n. 4 desta exordial, com a respectiva meação;

d) a condenação do demandado no pagamento de honorários advocatícios, custas processuais e demais cominações legais;

e) a concessão dos benefícios da assistência judiciária gratuita, por não possuir condições de arcar com as despesas judiciais, sem prejuízo do seu sustento.

Protesta pela produção de todo gênero de provas em direito admitidas, inclusive o depoimento pessoal das testemunhas abaixo arroladas.

Para efeitos legais, declara o demandante o seu INTERESSE em eventual autocomposição e, consequentemente, na não realização da audiência de conciliação ou de mediação.

Valor da causa: R$ ....

T. em que

P. e E. deferimento.

Blumenau, 5 de março de 2002.

........................, ... de .... de 20......

Advogado(a)

OAB/...... n. ......

Rol de testemunhas que comparecerão independentemente de intimação:

1. ...., brasileira, casada, comerciária, 27 anos de idade, CPF n. ...., RG n. ...., com endereço residencial na rua ...., n. ......, e profissional na rua ...., n. ......, nesta cidade.

2. ...., brasileira, casada, do lar, 30 anos de idade, CPF n. ...., RG n. ...., com endereço residencial na rua ...., n. ......, e profissional na rua ...., n. ......, nesta cidade.

Ação de alimentos

O direito a alimentos, como retromencionado, resulta do art. 1.694 do Código Civil ("Podem os parentes, os cônjuges ou companheiros pedir uns aos outros os alimentos de que necessitem para viver de modo compatível com a sua condição social, inclusive para atender às necessidades de sua educação").

Impende considerar, no entanto, que, ao teor da Lei n. 5.478/68 (Lei de Alimentos), a concessão de alimentos depende de prova pré-constituída da obrigação alimentar, implicando, pois, a prévia comprovação da existência da união estável entre o alimentando e o alimentante, uma vez que a ação de alimentos não se presta para discussão da relação familiar.

Assim, como bem elucida Yussef Said Cahali,[88]

> o que se tem como certo, a teor do próprio sistema da lei, é que, afora a ressalva do citado art. 2º, § 1º, o pedido deve ser instruído com a prova do parentesco ou da obrigação alimentar; não se prestando a ação especial de alimentos para o reconhecimento *incidenter tantum* da relação familiar.

No pertinente ao foro competente para o ajuizamento do pedido alimentar, deve o mesmo recair no foro de domicílio ou residência do alimentando, como dispõe o art. 53, II, do Código de Processo Civil.

AÇÃO DE ALIMENTOS

AO JUÍZO DE DIREITO DA ...... VARA DE FAMÍLIA
Comarca de ....

.................., brasileira, divorciada, do lar, RG n. ...., CPF n. ...., endereço eletrônico ...., domiciliada e residente nesta cidade, na rua ...., n. ......, por seu procurador que esta subscreve, com procuração inclusa, advogado inscrito na OAB/......, sob n. ......, endereço eletrônico ...., com escritório na av. ...., n. ......, onde recebe intimações, vem respeitosamente perante este juízo promover

AÇÃO DE ALIMENTOS

Em desfavor de ...., brasileiro, solteiro, comerciário, domiciliado e residente nesta cidade, na rua ...., n. ......, em face dos seguintes fatos e fundamentos:

88 CAHALI, Yussef Said. *Dos alimentos*, Cap. IX, n. 10.

1. A requerente conviveu com o requerido em união estável por mais de cinco anos, conforme faz prova com a inclusa cópia da sentença declaratória da existência de união de fato (doc. 1).

2. A requerente, por ser de pouco estudo e ter sempre se dedicado às lides domésticas, é pobre, não possui profissão nem meios próprios para a sua manutenção.

3. Ademais, durante o período de convivência com o requerido, sempre pautou sua conduta pela honestidade e fidelidade ao companheiro, sem jamais ter dado azo a qualquer motivo de separação do casal. Tanto é assim que foi o próprio demandado quem, de forma deliberada, deu por finda a relação com a justificativa de ter conhecido e se afeiçoado a outra companheira, consoante restará provado, se necessário for exigido, com as testemunhas ao final arroladas.

ISTO POSTO, com fundamento no art. 1.694 do Código Civil e no art. 2º da Lei n. 5.478/68, requer:

a) a citação do requerido para, querendo, contestar a presente, sob pena de revelia e confissão;

b) a intimação do representante do Ministério Público;

c) alimentos provisórios fixados em R$ ......, que representam 15% dos ganhos do requerido;

d) a fixação definitiva da pensão alimentar em, pelo menos, 30% do salário percebido pelo requerido;

e) a concessão dos benefícios da assistência judiciária gratuita, em razão de não possuir condições financeiras para atender as despesas com o processo;

f) a condenação do requerido em honorários de advogado, custas judiciais e demais cominações legais;

g) produção de todos os meios de prova em direito admitidos.

Para efeitos legais, declara o demandante o seu INTERESSE em eventual autocomposição e, consequentemente, na não realização da audiência de conciliação ou de mediação.

Valor da causa: R$ ....

T. em que

E. deferimento.

.................., ... de .... de 20......

Advogado(a)

OAB/...... n. ......

Rol de testemunhas que comparecerão independentemente de intimação:

1. ...., brasileira, casada, comerciária, 27 anos de idade, CPF n. ...., RG n. ...., com endereço residencial na rua ...., n. ...... e profissional na rua ...., n. ......, nesta cidade.

2. ...., brasileira, casada, do lar, 30 anos de idade, CPF n. ...., RG n. ...., com endereço residencial na rua ...., n. ...... e profissional na rua ...., n. ......, nesta cidade.

Ação de habilitação em inventário e ação de inventário

Cumpre, desde logo, apontar a diferença existente entre estas duas ações. Assim, enquanto a ação de *habilitação em inventário* deve ser utilizada para um companheiro habilitar-se no inventário do outro, ou reivindicar a sua parte na herança após o encerramento do mesmo inventário, na qualidade de *meeiro* dos bens adquiridos na constância da união estável (art. 1.725 do CC), a ação de *inventário* será promovida para requerer a totalidade da herança, na qualidade de *herdeiro legítimo*, na hipótese de inexistência de descendentes e ascendentes do companheiro falecido. Havendo descendentes ou ascendentes, o companheiro sobrevivente com eles concorrerá na proporção estipulada pelo art. 1.790 do Código Civil.

De qualquer sorte, salvo eventuais opiniões em contrário, em ambas as ações será necessária a apresentação de prova pré-constituída da existência da união estável. Em outras palavras, como o reconhecimento da união constitui matéria estranha ao inventário, obstativa de ser apreciada de forma incidental, é mister que o companheiro supérstite obtenha o reconhecimento judicial da união estável, através de *ação de justificação* ou de *ação declaratória de reconhecimento de união estável*, antes de pleitear direito sucessório.[89]

Não é discrepante desse raciocínio o entendimento segundo o qual pode a companheira, no inventário do convivente falecido, requerer a reserva de bens enquanto aguarda o desfecho da ação em que pleiteia o reconhecimento da participação na formação do patrimônio do inventariado. É o que se recolhe do ensinamento de Hamilton de Moraes e Barros:

> Os direitos da concubina não são de reconhecer dentro do inventário. Os problemas da existência da sociedade de fato, das contribuições da companheira na formação do patrimônio comum, da parte a que tem direito na divisão desse patrimônio, tudo isso é estranho ao procedimento de inventário e deve ter a discussão nele proibida, sob pena de tumulto. O que no inventário pode e deve ser feito é a reserva de bens, para atender à eventual execução da ação da concubina, se procedente a ação em que pleitear o reconhecimento de sua participação na formação do patrimônio do inventariado.[90]

---

89 "Cabível a suspensão do processo de inventário até decisão final da ação da companheira reivindicando meação" (TJRJ, *RT* 560/221); no mesmo sentido: "O inventário não é a via própria para a concubina postular o reconhecimento da sua condição de meeira do espólio" (STJ, RO em MS n. 32/SP, 4ª T., rel. Min. Sálvio de Figueiredo Teixeira, *DJ* 10.10.1989).

90 BARROS, Hamilton de Moraes. *Comentários ao CPC*, v. IX, p. 310.

Nesse caso, a nosso ver, a ação cabível será a *declaratória de reconhecimento de união estável cumulada com pedido de reserva de bens em inventário,* posto que o direito à referida reserva de bens decorre da analogia aos arts. 628 e 643, parágrafo único, do Código de Processo Civil, que têm a seguinte redação:

> Art. 628. Aquele que se julgar preterido poderá demandar sua admissão no inventário, requerendo-a antes da partilha.
>
> [...]
>
> Art. 643. [...]
>
> Parágrafo único. O juiz mandará, porém, reservar, em poder do inventariante, bens suficientes para pagar o credor quando a dívida constar de documento que comprove suficientemente a obrigação e a impugnação não se fundar em quitação.

Ademais, é assegurado ao companheiro supérstite ser nomeado inventariante e, via de consequência, requerer a abertura de inventário, consoante art. 617, I do Código de Processo Civil.

Por derradeiro, não pode ser nomeada herdeira nem legatária a concubina do testador casado, salvo se este, sem culpa sua, estiver separado de fato da cônjuge há mais de cinco anos (art. 1.801, III, do CC).

AÇÃO DECLARATÓRIA DE EXISTÊNCIA DE UNIÃO ESTÁVEL (PARA FINS DE HABILITAÇÃO EM INVENTÁRIO)

AO JUÍZO DE DIREITO DA ...... VARA DE FAMÍLIA
Comarca de ....

.................., brasileira, solteira, funcionária pública, RG n. ...., CPF n. ...., endereço eletrônico ...., domiciliada nesta cidade e residente na rua ...., n. ......, por seu procurador infra-assinado (procuração inclusa), advogado inscrito na OAB/......, sob n. ......, endereço eletrônico ...., com escritório na av. ...., n. ......, onde recebe intimações, vem respeitosamente perante este juízo promover

AÇÃO DECLARATÓRIA DE EXISTÊNCIA DE UNIÃO ESTÁVEL

Em desfavor do espólio de ...., representado pelo nomeado inventariante ...., brasileiro, casado, comerciante, domiciliado e residente nesta cidade, na rua ...., n. ......, em face dos seguintes fatos e fundamentos:

1. A demandante conviveu com ...., filho do inventariado, solteiro, bancário, como se casados fossem, desde o mês de .... de ...... até a data de seu falecimento, ocorrido em ....

2. Da referida convivência nasceu o filho .... (certidão de nascimento inclusa), que hoje conta 2 anos de idade.

3. A demandante, conforme faz prova com a inclusa cópia de sua Carteira de Trabalho, é professora municipal desde ...., e hoje percebe vencimentos de R$ .... (..................).

4. Com referidos vencimentos, a demandante prova que, independentemente do que estatui o art. 1.725 do Código Civil, contribuiu efetivamente para a formação do patrimônio comum, constituído pela única casa onde reside atualmente, com as seguintes localização e descrição:

....

....

5. Ocorre que há mais de um mês tramita na ...... Vara de Sucessões, desta Comarca, por iniciativa do pai de seu companheiro, ..., o inventário dos bens deixados pelo companheiro falecido, sem que à demandante fosse oportunizado qualquer direito por parte dos herdeiros necessários.

6. Espera, assim, a demandante fazer valer legitimamente a sua pretensão, porquanto induvidosamente presentes os pressupostos que evidenciam não só a convivência *more uxorio*, mas também a sua efetiva contribuição na formação do patrimônio comum, de forma a ensejar o seu direito à meação no referido inventário, nos termos do art. 1.725 do Código Civil.

Pelo exposto, e com fundamento no art. 1.723 do Código Civil, requer:

a) a citação de ...., inventariante e representante do espólio de ...., para, querendo, contestar a presente, sob pena de revelia e confissão;

b) a este juízo que se digne expedir ofício ao juízo da ...... Vara de Sucessões, onde tramita o inventário do companheiro falecido, determinando a reserva da metade do único bem inventariado até que se profira sentença na presente lide;

c) a intimação do representante do Ministério Público;

d) a procedência do presente pedido para o fim de declarar a existência da sociedade de fato e o direito da demandante na meação dos bens deixados pelo companheiro falecido;

e) a condenação do demandado no pagamento de honorários advocatícios, custas processuais e demais cominações legais;

f) a concessão dos benefícios da assistência judiciária gratuita, em face de não possuir condições de arcar com as despesas judiciais sem prejuízo do sustento da família;

g) a oitiva das testemunhas abaixo arroladas.

Para efeitos legais, declara o demandante o seu DESINTERESSE em eventual autocomposição e, consequentemente, na não realização da audiência de conciliação ou de mediação.

Valor da causa: R$ ....

T. em que
E. deferimento.
................., ... de .... de 20.....
Advogado(a)
OAB/...... n. ......

Rol de testemunhas que comparecerão independentemente de intimação:

1. ...., brasileira, casada, comerciária, 27 anos de idade, CPF n. ...., RG n. ...., com endereço residencial na rua ...., n. ......, e profissional na rua ...., n. ......, nesta cidade.

2. ...., brasileira, casada, do lar, 30 anos de idade, CPF n. ...., RG n. ...., com endereço residencial na rua ...., n. ......, e profissional na rua ...., n. ......, nesta cidade.

JUSTIFICAÇÃO DE UNIÃO DE FATO

AO JUÍZO DE DIREITO DA ...... VARA DE FAMÍLIA
Comarca de ....

.................., brasileira, solteira, cozinheira, RG n. ...., CPF n. ...., endereço eletrônico ...., domiciliada e residente nesta cidade, na rua ...., n. ......, por seu procurador firmatário, com instrumento de mandato incluso (doc. 1), advogado inscrito na OAB/......, sob n. ......, endereço eletrônico ...., com escritório na rua ...., n. ......, nesta cidade, onde recebe intimações, vem respeitosamente perante este juízo para requerer

JUSTIFICAÇÃO DE UNIÃO DE FATO

para o fim de fazer prova e ter conferidos os direitos perante o Instituto Nacional de Seguridade Social, para o que expõe e, ao final, requerer o que se segue:

1. A requerente, tendo conhecido ...., brasileiro, solteiro, comerciante, no mês de julho de 2007, com este passou a conviver sob o mesmo teto, *more uxorio*, até o momento do seu falecimento, que ocorreu na data de 25.09.2015 (doc. 2), conforme restará provado pelas testemunhas adiante arroladas.

2. Impende salientar que tanto a requerente quanto seu ex-companheiro .... são solteiros (docs. 3 e 4), de molde a afastar, desde logo, qualquer presunção de concubinato adulterino.

3. Pretende, assim, a requerente justificar o período em que conviveu com o falecido, e que foi superior a 5 (cinco) anos, para o fim de habilitar-se ao recebimento de pensão previdenciária do INSS, que por direito lhe cabe.

EX POSITIS, e com fundamento nos arts. 1.723 do Código Civil e 381, § 5º, do Código de Processo Civil, requer:

a) a citação do INSS para, querendo, contraditar as testemunhas e manifestar-se sobre os documentos juntados;

b) que este juízo se digne designar audiência para a inquirição das testemunhas abaixo arroladas sobre os fatos alegados;

c) a procedência do pedido, com a justificação da existência de união estável entre a requerente e o falecido durante o período mencionado;

d) a entrega dos autos à requerente, independentemente de traslado, 48 horas depois da decisão.

Valor da causa: o de alçada.

T. em que

E. deferimento.

.................., ... de .... de 20......

Advogado(a)

OAB/...... n. ......

Rol de testemunhas que comparecerão independentemente de intimação:

1. ...., brasileira, casada, comerciária, 27 anos de idade, CPF n. ...., RG n. ...., com endereço residencial na rua ...., n. ......, e profissional na rua ...., n. ......, nesta cidade.

2. ...., brasileira, casada, do lar, 30 anos de idade, CPF n. ...., RG n. ...., com endereço residencial na rua ...., n. ......, e profissional na rua ...., n. ......, nesta cidade.

Tutela de urgência de natureza cautelar de separação de corpos

O pedido de separação de corpos, anteriormente de aplicação restrita aos cônjuges, eis que nas uniões de fato somente se permitia o pedido como cautelar inominada,[91] pode hoje, a teor do art. 1.562 do Código Civil, ser pleiteado com a mesma denominação, ainda que no âmbito das uniões estáveis.[92]

TUTELA DE URGÊNCIA DE NATUREZA CAUTELAR DE SEPARAÇÃO DE CORPOS

AO JUÍZO DE DIREITO DA ...... VARA DE FAMÍLIA

Comarca ....

................., brasileira, solteira, funcionária pública, RG n. ...., CPF n. ...., endereço eletrônico ...., domiciliada nesta cidade e residente na rua ...., n. ......, por seu procurador infra-assinado (procuração inclusa), advogado inscrito na OAB/......, sob n. ......, endereço eletrônico ...., com escritório na av. ...., n. ......, onde recebe intimações, vem respeitosamente perante este juízo requerer

TUTELA DE URGÊNCIA DE NATUREZA CAUTELAR DE SEPARAÇÃO DE CORPOS

em desfavor de ...., brasileiro, solteiro, comerciante, domiciliado e residente nesta cidade, no mesmo endereço da requerente, em face dos seguintes fatos e fundamentos:

1. A demandante conviveu com o requerido, como se casados fossem, desde a data de 12 de janeiro de 2005.

---

91 "Em face do novo sistema constitucional, que, além dos princípios da igualdade jurídica dos cônjuges e dos filhos, prestigia a união estável como entidade familiar, protegendo-a expressamente – Constituição, art. 226, § 3º –, não pode o Judiciário negar aos que a constituem os instrumentos processuais que o ordenamento legal contempla. Assim sendo, a cautelar inominada – CPC, art. 798 – apresenta-se hábil para determinar o afastamento do concubino do imóvel da sua companheira quando ocorrentes os seus pressupostos" (TEIXEIRA, Sálvio de Figueiredo. *Direitos de família e do menor*, p. 387). "*Ipso facto*, harmonizando-se o depoimento do parente de um dos litigantes com as demais provas existentes nos autos, reveste-se de inegável valor e pode ser considerado pelo juiz para determinar o afastamento do concubino do teto comum, prevenindo o clima de atrito e até a violência entre os companheiros, decorrente do ambiente doméstico hostil e contumelioso que se formou em face das desavenças do casal" (TJSC, AI n. 96.004416-7, rel. Des. Eder Graf, j. 22.10.1996).

92 "Art. 1.562. Antes de mover a ação de nulidade do casamento, a de anulação, a de separação judicial, a de divórcio direto ou a de dissolução de união estável, poderá requerer a parte, comprovando sua necessidade, a separação de corpos, que será concedida pelo juiz com a possível brevidade."

2. Da referida convivência inexistem filhos.

3. O imóvel no qual o casal reside é de exclusiva propriedade da requerente, consoante comprova com a inclusa certidão do registro de imóveis (doc. 2).

4. Ocorre que, há vários meses, o requerido vem se entregando ao vício do alcoolismo, o que o tem levado a reiterada prática de atos de violência contra a requerente, fato que se comprova com a certidão de ocorrência policial inclusa (doc. 3).

5. Destarte, não mais existindo clima favorável à continuidade da vida em comum com o requerido, com o escopo de evitar novas agressões e que estas venham a culminar em prejuízos irreversíveis, impõe-se que este juízo decrete a separação de corpos e o consequente afastamento do requerido do imóvel em que reside com a requerente.

Isto posto, e com fundamento no art. 1.562 do Código Civil, requer:

a) a citação do requerido para, querendo, contestar a presente, no prazo de cinco dias, sob pena de revelia e confissão;

b) a instrução sumária para oitiva das testemunhas abaixo arroladas, caso este juízo entender necessário, com ciência prévia das partes;

c) a decretação e expedição de mandado determinando o afastamento do requerido da residência da requerida;

d) a condenação do requerido no pagamento de honorários advocatícios, custas processuais e demais cominações legais;

e) a concessão dos benefícios da assistência judiciária gratuita, em face de não possuir condições de arcar com as despesas judiciais, sem prejuízo de seu próprio sustento.

Valor da causa: R$ ....

T. em que

E. deferimento.

.................., ... de .... de 20......

Advogado(a)

OAB/...... n. ......

Rol de testemunhas que comparecerão independentemente de intimação:

1. ...., brasileira, casada, comerciária, 27 anos de idade, CPF n. ...., RG n. ...., com endereço residencial na rua ...., n. ......, e profissional na rua ...., n. ......, nesta cidade.

2. ...., brasileira, casada, do lar, 30 anos de idade, CPF n. ...., RG n. ...., com endereço residencial na rua ...., n. ......, e profissional na rua ...., n. ......, nesta cidade.

2. AÇÕES POSSESSÓRIAS

Nas ações possessórias, a participação do cônjuge do autor ou do réu somente é indispensável nas hipóteses de composse ou de ato por ambos praticado (art. 73, § 2º, do CPC).

As ações possessórias, asseguradas pelo Código de Processo Civil nos arts. 560 a 567, são a *manutenção de posse*, a *reintegração de posse* e o *interdito proibitório*.

Acrescente-se, ainda, que ao possuidor é permitido utilizar o rito sumaríssimo dos Juizados Especiais Cíveis, desde que o valor do imóvel não exceda quarenta salários mínimos (art. 3º, IV, da Lei n. 9.099/95).

Entendimento sumulado no STF e no STJ sobre a matéria:

STF:

Súmula 487: Será deferida a posse a quem, evidentemente, tiver o domínio, se com base neste for ela disputada.

STJ:

Súmula 637: O ente público detém legitimidade e interesse para intervir, incidentalmente, na ação possessória entre particulares, podendo deduzir qualquer matéria defensiva, inclusive, se for o caso, o domínio.

Súmula 228: É inadmissível o interdito proibitório para a proteção do direito autoral.

Súmula 84: É admissível a oposição de embargos de terceiro fundados em alegação de posse advinda do compromisso de compra e venda de imóvel, ainda que desprovido do registro.

Súmula 564: No caso de reintegração de posse em arrendamento mercantil financeiro, quando a soma da importância antecipada a título de valor residual garantido (VRG) com o valor da venda do bem ultrapassar o total do VRG previsto contratualmente, o arrendatário terá direito de receber a respectiva diferença, cabendo, porém, se estipulado no contrato, o prévio desconto de outras despesas ou encargos pactuados.

Tribunal de Justiça do Estado de São Paulo:

Súmula 4: É cabível liminar em ação de imissão de posse, mesmo em se tratando de imóvel objeto de arrematação com base no Decreto-lei n. 70/66.

Súmula 5: Na ação de imissão de posse de imóvel arrematado pelo credor hipotecário e novamente alienado, não cabe, por ser matéria estranha ao autor, a discussão sobre a execução extrajudicial e a relação contratual antes existente entre o primitivo adquirente e o credor hipotecário.

POSSE E EXCEÇÃO DE DOMÍNIO

Tema de interminável controvérsia, relativo às ações possessórias, tem sido indiscutivelmente o da exceção de domínio.

A exceção de domínio nada mais é que a arguição do domínio, ou da condição de proprietário do imóvel objeto da ação possessória, como defesa ou como fundamento para manter-se ou reintegrar-se na posse.

O art. 557 do Código de Processo Civil é bastante esclarecedor no aspecto alusivo à vedação do reconhecimento de domínio quando reza: "Na pendência do processo possessório, é defeso, assim ao autor como ao réu, intentar a ação de reconhecimento do domínio, exceto se a pretensão for deduzida em face de terceira pessoa". Ainda que com palavras diferentes, porém com igual sentido, o atual Código Civil dispõe no § 2º do art. 1.210 que: "Não obsta à manutenção ou reintegração na posse a alegação de propriedade, ou de outro direito sobre a coisa".

O fato é que o oferecimento da exceção acarreta confusão entre o petitório e o possessório, cada qual com o seu objeto específico, ou seja, na ação petitória discute-se o domínio na sua essencialidade, ao passo que na ação possessória o que se tem em mira, única e exclusivamente, é a posse, independentemente de quem possua o domínio ou a propriedade. Assim, segundo alguns autores, pouco importa que o proprietário seja vencido no possessório, pois, se verdadeiramente proprietário for, vencerá na ação petitória. Tem-se, assim, como consagrado o princípio da não cumulatividade do possessório com o petitório, extraído do Direito francês, que inspirou a redação do art. 923 do Código de Processo Civil brasileiro de 1973 (art. 557 do CPC/2015).

Compulsando a jurisprudência, colhe-se, em acórdão proferido pelo Superior Tribunal de Justiça em 1991, e que teve como relator o Ministro Athos Gusmão Carneiro, que "não cabe, em sede possessória, a discussão sobre o domínio, salvo se ambos os litigantes disputam a posse alegando propriedade ou quando duvidosas ambas as posses alegadas".[93] Em outro julgado proferido no mesmo ano, e que teve o mesmo relator, o STJ defendeu a vigência da Súmula n. 487 do STF, ao argumento de que "impende deferir a posse a quem, evidentemente, tiver o domínio, se com base neste for ela disputada".[94]

Em decisão proferida em 1997, na qual atuou como relator o Ministro Carlos Alberto Menezes Direito, o Superior Tribunal de Justiça decidiu que:

> mesmo sem desafiar a vigência da segunda parte do art. 505 do CC, a proteção da posse independe da alegação de domínio, sendo certo que não cabe a discussão so-

93 STJ, REsp n. 6.012/PR, 4ª T., j. 13.08.1991.

94 REsp n. 7.283/AM, 4ª T., j. 23.10.1991.

bre o domínio, salvo se ambos os litigantes disputam a posse alegando propriedade ou quando duvidosas ambas as posses alegadas.[95]

Em conclusão, pode-se hoje afirmar que, malgrado opiniões em contrário, as questões de domínio não devem ser ventiladas nas lides possessórias, devendo restringir-se às ações petitórias, uma vez que são incompatíveis em relação ao bem da vida pleiteado. Ressalve-se, porém, que, excepcionalmente, a alegação de domínio pode ser recepcionada em duas situações:

a) quando duvidosas ambas as posses alegadas;

b) quando ambos os litigantes disputam a posse com fundamento na propriedade.

AÇÃO DE MANUTENÇÃO DE POSSE

O possuidor tem direito a ser mantido na posse em caso de turbação (art. 560 do CPC). Entende-se por *turbação* todo e qualquer ato que venha a molestar ou perturbar o possuidor em sua posse. Assim, qualquer tipo de invasão de terreno, seja por pessoas, seja por animais, por ato do proprietário destes, constitui turbação, atacável pela ação de manutenção de posse.

Requisitos da ação de manutenção de posse

Para promover a ação incumbe ao autor (art. 561 do CPC):

a) a prova da posse do autor (escritura, contrato ou outro documento);

b) a prova de turbação praticada pelo réu (testemunhas, fotos);

c) a prova da data da turbação (a data deve ser inferior a um ano e dia, sob pena de passar a processar-se pelo procedimento comum, art. 558);

d) a continuação da posse, embora turbada (se não mais se encontrar na posse, a ação deverá ser a de reintegração de posse).

AÇÃO DE MANUTENÇÃO DE POSSE

AO JUÍZO DE DIREITO DA ...... VARA CÍVEL
Comarca de ....

......................., CPF n. ...., e sua mulher, ..., CPF n. ...., brasileiros, agricultores, domiciliados nesta cidade e residentes na rua

95 REsp n. 81.688/RJ, 3ª T., j. 26.06.1997.

........................, n. ......, apto. ......, por seu procurador firmatário, com instrumento de procuração incluso (doc. 1), advogado inscrito na OAB ......, sob n. ......, endereço eletrônico ...., com escritório na rua ...., n. ......, nesta cidade, onde recebe intimações, vêm respeitosamente perante este juízo para promover a presente *AÇÃO DE MANUTENÇÃO DE POSSE* em desfavor de ...., brasileiro, casado, domiciliado e residente neste município, na localidade denominada ...., nos termos do art. 1.210 do Código Civil e do art. 560 do Código de Processo Civil, pelos seguintes fatos e fundamentos:

1. Os requerentes são proprietários do imóvel rural, com área de ...... m^2, sito na localidade de ...., neste município, conforme prova com a cópia da escritura inclusa (doc. 2), onde mantêm uma área cultivada com hortaliças e pastagens.

2. Que, por ocasião da última visita à referida propriedade rural, ocorrida na data de ...., os requerentes constataram que a mesma havia sido invadida por cerca de cinco bovinos pertencentes ao requerido acima qualificado, cuja propriedade faz divisa com a dos requerentes.

3. Ocorre que os animais pertencentes ao requerido pisotearam e praticamente exterminaram a pastagem e as hortaliças existentes no local, com elevados prejuízos para os requerentes, conforme fazem prova com as fotografias inclusas (docs. 3 e 4).

4. Que, ainda que tenham tentado de todas as formas convencer o requerido a retirar seus animais e fazer um acerto amigável dos prejuízos, o mesmo se negou a atender qualquer das pretensões dos requerentes.

À vista do exposto, e com fundamento no art. 560 do Código de Processo Civil, requerem:

a) a citação do requerido para, querendo, contestar a presente, sob pena de revelia e confissão;

b) o depoimento pessoal do requerido;

c) a procedência do pedido e a concessão, desde já, da medida liminar prevista no art. 562, bem como a condenação do requerido na indenização decorrente dos danos e prejuízos constatados, custas judiciais e honorários de advogado;

d) a cominação de multa ao requerido, caso o mesmo volte a turbar a posse dos requerentes;

e) a produção de prova documental, pericial e testemunhal.

Para efeitos legais, declara o demandante o seu DESINTERESSE em eventual autocomposição e, consequentemente, na não realização da audiência de conciliação ou de mediação.

Valor da causa: R$ ....

T. em que

E. deferimento.

........................, ... de .... de 20......

Advogado(a)

OAB/...... n. ......

Rol de testemunhas:

1. ...., solteiro, digitador, ... anos de idade, CPF n. ...., RG n. ...., com endereço residencial na rua ...., n. ...... e profissional na rua ...., n. ...., nesta cidade.

2. ...., solteira, comerciária, ... anos de idade, CPF n. ...., RG n. ...., com endereço residencial na rua ...., n. ......, e profissional na rua ...., n. ...., nesta cidade.

AÇÃO DE REINTEGRAÇÃO DE POSSE

O pedido de reintegração de posse (art. 560 do CPC) cabe ao possuidor quando pretender retomar a posse do imóvel do qual foi despojado por ato de esbulho.[96] Entende-se por *esbulho* qualquer ato violento, clandestino ou precário. Dessa forma, constituem-se em exemplos de esbulho: invasão de terras agrícolas por posseiros, alteração de divisas, construção de casa ou cercamento parcial ou total de terreno por pessoa que não seja o proprietário ou o detentor do imóvel.

Sem prejuízo do ilícito civil, o esbulho é tipificado como crime pelo Código Penal, nos seguintes termos:

> Art. 161. Suprimir ou deslocar tapume, marco, ou qualquer outro sinal indicativo de linha divisória, para apropriar-se, no todo ou em parte, de coisa imóvel alheia:
>
> Pena – detenção, de 1 (um) a 6 (seis) meses, e multa.
>
> § 1º Na mesma pena incorre quem:
>
> ....
>
> II – invade, com violência a pessoa ou grave ameaça, ou mediante concurso de mais de duas pessoas, terreno ou edifício alheio, para o fim de esbulho possessório.
>
> § 2º Se o agente usa de violência, incorre também na pena a esta cominada.

96 "É pressuposto essencial do ajuizamento da ação de reintegração de posse o exercício anterior do poder fático sobre a coisa e a existência de esbulho sofrido pelo adquirente. Na reintegratória, indispensável que o autor prove a posse anterior e sua perda por ato ilícito de quem dela se apossou, inadmitindo-se qualquer discussão com base em título de domínio" (TJSC, AC n. 38.904, rel. Des. Wilson Guarany, j. 19.05.1992).

§ 3º Se a propriedade é particular, e não há emprego de violência, somente se procede mediante queixa.

Nada obstante, iterativa jurisprudência tem também estendido a concessão da reintegração de posse às seguintes hipóteses:

a) restituição, aos herdeiros do concubino proprietário, de imóvel que servia de residência aos concubinos, quando extinta a relação concubinária:

"Comete esbulho a concubina que, após notificada, se recusa a restituir o prédio que ocupava conjuntamente com o *de cujus*, porquanto em virtude do falecimento deste transfere-se a posse do espólio, tornando-se aquela mera detentora do imóvel";[97]

b) restituição ao comodante do imóvel objeto de comodato quando, após expirado o tempo do contrato de prazo determinado ou depois da notificação para a restituição, no caso de contrato de prazo indeterminado, o comodatário recusar-se a restituí-lo.

"No comodato a termo, a recusa em devolver a coisa emprestada importa em esbulho, incidindo a cláusula penal, pactuada, para obstar a retenção."[98]

"Patenteado o esbulho possessório, a partir da morte do comodatário, com a recusa da ex-companheira em devolver o imóvel, deve ser julgada procedente a ação de reintegração de posse, em razão da extinção do comodato."[99]

Julgando a matéria em tempos de pandemia de Covid-19, o TJSP assim tem se posicionado:

AGRAVO DE INSTRUMENTO – Ação de reintegração de posse – Pedido liminar – Decisão que postergou a apreciação do pedido de concessão de liminar com fundamento na pandemia causada pelo Coronavírus – Insurgência dos autores – Pretensão de reforma – Cabimento – Presença dos requisitos previstos no art. 561 do CPC, necessários à concessão da medida pleiteada – Ação ajuizada em ano e dia do esbulho – Boletim de ocorrência, contrato de locação, notificação extrajudicial e comunicado com termo de declaração de testemunha a comprovar a posse e o esbulho – Flexibilização do distanciamento social que possibilite o cumprimento do mandado com adoção dos protocolos adequados – Recurso provido, para concessão da medida liminar pleiteada, determinando-se a imediata emissão de mandado de reintegração de posse (Ag. n. 2187991-90.2020.8.26.0000, Rel. Marco Fábio Morsello, j. 03.11.2020).

POSSESSÓRIA. REINTEGRAÇÃO DE POSSE. LIMINAR. REQUISITOS. PANDEMIA. COVID-19. CUMPRIMENTO DA ORDEM. 1. Os requisitos para conces-

97 TAMG, in *Rep. IOB de Jurisp.* n. 4/93, p. 64; no mesmo sentido: TARJ, in *Bol. Adcoas* e. 132273/91.
98 STJ, REsp n. 11.631/PR, 3ª T., rel. Min. Dias Trindade, j. 23.08.1991, in *Bol. Adcoas* e. 134114/91.
99 TASP, in *Bol. Adcoas* e. 134626/91.

são de liminar possessória são aqueles previstos no art. 561, do CPC. Outrossim, em havendo invasão organizada, é urgente eventual reintegração, pois a demora, tal como ocorreu no caso, inviabiliza seu cumprimento. 2. Tendo-se em vista que a demora no cumprimento da ordem judicial acarretou sua inserção em período de pandemia, de se aguardar o levantamento do decreto de calamidade pública do Governo Estadual para cumprimento da reintegração. Ficam os ocupantes cientes da transitoriedade de sua permanência e da necessidade de buscarem outro local. Recurso não provido, com observação (Ag. n. 2256992-65.2020.8.26.0000, Rel. Melo Colombi, j. 25.11.2020).

AÇÃO POSSESSÓRIA – Reintegração de posse – Decisão que defere prazo suplementar de 10 (dez) dias para juntada de procuração e demais documentos que instruíram a defesa – Insurgência da autora – Descabimento – Decisão em consonância com o art. 3º, § 3º, da Resolução n. 314/2020 do CNJ – Possibilidade de concessão de prazo suplementar para juntada de procuração e documentos ante ao excepcional cenário de isolamento social decorrente da pandemia do COVID-19 – Dificuldade de acesso aos requeridos dado à situação do imóvel em zona rural – Decisão mantida – RECURSO NÃO PROVIDO (Ag. n. 2229878-54.2020.8.26.0000, Rel. Renato Rangel Desinano, j. 17.11.2020).

Requisitos da ação de reintegração de posse

São requisitos para a propositura da ação (art. 561 do CPC):

a) prova da posse do autor (escritura, contrato ou outro documento);

b) prova da ocorrência do esbulho praticado pelo réu (testemunhas, fotografias etc.);

c) prova da data do esbulho (também deve ser inferior a um ano e dia, art. 558);

d) perda da posse.

AÇÃO DE REINTEGRAÇÃO DE POSSE

AO JUÍZO DE DIREITO DA ...... VARA CÍVEL

Comarca de ....

......................., CPF n. ...., e sua mulher, ..., CPF n. ...., brasileiros, agricultores, endereço eletrônico ...., domiciliados nesta cidade e residentes na rua ...., n. ......, por seu procurador infra-assinado, com instrumento de procuração incluso (doc. 1), advogado inscrito na OAB ......, sob n. ......, endereço eletrônico ...., com escritório na rua ...., n. ......, nesta cidade, onde recebe intimações, vêm respeitosamente perante este juízo para propor

AÇÃO DE REINTEGRAÇÃO DE POSSE,

nos termos do art. 1.210 do Código Civil e do art. 560 do Código de Processo Civil, em desfavor de ...., brasileiro, industriário, e sua mulher, ..., brasileira, comerciária, domiciliados nesta cidade e residentes na rua ...., ao lado do n. ......, em face dos seguintes fatos e fundamentos:

1. Os requerentes são proprietários do terreno, com área de ...... m^2, sem benfeitorias, sito na rua ...., quadra n. ......, formada pelas ruas ...., conforme fazem prova com a certidão de imóveis inclusa (doc. 2), onde mantêm uma pequena horta para consumo doméstico.

2. Primeiramente por informações de terceiros e, depois, pela constatação *in loco*, os requerentes tiveram conhecimento de que os requeridos haviam iniciado, na data de ...., a construção de uma pequena casa de madeira para servir-lhes de moradia, conforme fazem prova com as testemunhas abaixo arroladas e fotografias inclusas (docs. 3 e 4).

3. Ainda que os requerentes não tenham poupado esforços na tentativa de persuadir os requeridos a abandonar o seu imóvel de forma amigável, os mesmos se negaram a atendê-los, permanecendo no local até a presente data.

Por todo o exposto, e com fundamento no art. 560 do Código de Processo Civil, requerem:

a) a citação dos requeridos para contestarem a presente, sob pena de revelia e confissão;

b) o depoimento pessoal dos requeridos;

c) a procedência do pedido e a concessão de liminar de reintegração nos termos do art. 562 do Código de Processo Civil, bem como a final decretação da reintegração definitiva da posse dos requerentes, com a condenação dos requeridos nas custas processuais e honorários de advogado;

d) a cominação de multa aos requeridos, caso voltem a praticar novos atos de espoliação;

e) a produção de prova testemunhal e documental.

Para efeitos legais, declara o demandante o seu DESINTERESSE em eventual autocomposição e, consequentemente, na não realização da audiência de conciliação ou de mediação.

Valor da causa: R$ ....

T. em que

E. deferimento.

........................, ... de .... de 20......

Advogado(a)

OAB/...... n. ......

Rol de testemunhas:

1. ...., solteiro, digitador, ... anos de idade, CPF n. ...., RG n. ...., com endereço residencial na rua ...., n. ...... e profissional na rua ...., n. ...., nesta cidade.

2. ...., solteira, comerciária, ... anos de idade, CPF n. ...., RG n. ...., com endereço residencial na rua ...., n. ...., e profissional na rua ...., n. ...., nesta cidade.

AÇÃO DE INTERDITO PROIBITÓRIO

Interdito proibitório nada mais é que uma ação preventiva cujo objetivo é impedir que uma ameaça à posse do possuidor venha a concretizar-se, seja por turbação, seja por esbulho.

Com essa finalidade, é assegurado ao possuidor direto ou indireto, que tenha justo receio de ser molestado na posse, requerer ao juiz que o segure da turbação ou esbulho iminente, mediante mandado proibitório em que se comine ao réu determinada pena pecuniária caso transgrida o preceito (art. 567 do CPC).

Consideremos a seguinte situação: o proprietário de um terreno, ao medi-lo, constata que a cerca que serve como divisória do terreno vizinho foi erguida no lugar errado e que, por essa razão, perdeu 1 metro de terreno em favor do vizinho. Se o referido proprietário se considerar prejudicado e vier a ameaçar mudar a cerca para dentro do terreno vizinho, de modo a recuperar aquela parte do terreno, este mesmo vizinho poderá ingressar com a ação de interdito proibitório, a fim de evitar a invasão e a perda de parte de seu terreno. Caso o juiz defira o seu pedido, expedirá mandado proibitório, com a finalidade de proibir o réu de efetivar ou concretizar a sua ameaça, sob pena de pagamento de uma multa arbitrada pelo próprio juiz.

Requisitos do interdito proibitório

Compete ao autor, ao requerer o interdito, a:

a) prova da posse (escritura, contrato etc.);

b) prova da ameaça (testemunhas).

INTERDITO PROIBITÓRIO

AO JUÍZO DE DIREITO DA ...... VARA CÍVEL

Comarca de ....

........................, brasileiro, industriário, CPF n. ...., e sua mulher, ..., brasileira, do lar, endereço eletrônico ...., ambos domiciliados nesta cidade e residentes na rua ...., n. ......, por seu procurador firmatário, com instrumento de procuração anexo (doc. 1), advogado inscrito na OAB ......, sob n. ......, endereço eletrônico ...., com escritório na rua ...., n. ......, nesta cidade, onde recebe intimações, vêm perante este juízo para requerer

INTERDITO PROIBITÓRIO,

nos termos do art. 567 do Código de Processo Civil de 2015, em desfavor de ...., brasileiro, comerciário, e sua mulher, ..., brasileira, do lar, ambos domiciliados nesta cidade e residentes na rua ...., n. ......, pelos seguintes fatos e fundamentos:

1. Os requerentes são senhores e possuidores de uma casa mista, localizada nos fundos do lote urbano n. ......, da quadra ......, formada pelas ruas ...., conforme escritura pública de n. ......, inscrita no Cartório de Registro de Imóveis da ...... Zona (doc. 2).

2. O imóvel dos requerentes, construído no ano de ...., encontra-se encravado, não possuindo ligação direta com a rua, sendo a referida ligação feita através de uma passagem forçada, de 60 centímetros de largura, que faz divisa com o imóvel dos requeridos.

3. Ocorre que, recentemente, têm os requeridos alegado à vizinhança que houve marcação errada da divisa, ameaçando demolir a cerca divisória e impedir que os requerentes usem a passagem para a rua.

4. Têm, pois, os requerentes, justo receio de ser molestados na sua posse e pretendem que este juízo os assegure da violência iminente.

Por todo o exposto, e em face do art. 567 do Código de Processo Civil, requerem:

a) a expedição de mandado proibitório contra os requeridos acima qualificados, cientificando-os de que, se concretizarem as ameaças feitas, lhes será imposta multa arbitrada por este juízo;

b) a citação dos requeridos para, querendo, contestarem a presente, sob pena de revelia e confissão;

c) a condenação dos requeridos nas custas judiciais, honorários de advogado e demais cominações legais.

Para efeitos legais, declara o demandante o seu DESINTERESSE em eventual autocomposição e, consequentemente, na não realização da audiência de conciliação ou de mediação.

Protestam pelo depoimento pessoal dos requeridos, das testemunhas abaixo arroladas, prova documental e pericial.

Valor da causa: R$ ....

P. e E. deferimento.

........................, ... de .... de 20......

Advogado(a)

OAB/...... n. ......

Rol de testemunhas:

1. ...., brasileira, casada, comerciária, 27 anos de idade, CPF n. ...., RG n. ...., com endereço residencial na rua ...., n. ......, e profissional na rua ...., n. ...., nesta cidade.

2. ...., brasileira, casada, do lar, 30 anos de idade, CPF n. ...., RG n. ...., com endereço residencial na rua ...., n. ......, e profissional na rua ...., n. ......, nesta cidade.

3. AÇÃO DE INVENTÁRIO E PARTILHA

O processo de inventário e de partilha deve ser instaurado dentro de dois meses, a contar da abertura da sucessão, ultimando-se nos 12 meses subsequentes, podendo o juiz prorrogar esses prazos, de ofício ou a requerimento de parte (art. 611 do CPC).

Inventário e partilha compõem o processo judicial pelo qual o cônjuge sobrevivente, ou qualquer outro herdeiro legalmente habilitado, requer ao juiz a abertura da sucessão dos bens deixados pelo falecido (*de cujus*) e a sua partilha entre os herdeiros (arts. 610 e segs. do CPC).

Inventariante é a pessoa, herdeira ou não, nomeada pelo juiz para proceder à abertura do inventário. *Inventariado* é o *de cujus* ou o autor da herança. *Espólio* é o conjunto de bens que devem ser inventariados e partilhados.

Todo o processo envolve duas fases: a de *inventário* e a de *partilha*. Assim, antes de partilhar (dividir entre os herdeiros), devem os bens ser inventariados, isto é, *relacionados, catalogados, descritos* no processo pelo inventariante.

FORO COMPETENTE

Relativamente ao foro competente para promover a ação de inventário, o art. 48 do Código de Processo Civil dispõe o seguinte:

> Art. 48. O foro de domicílio do autor da herança, no Brasil, é o competente para o inventário, a partilha, a arrecadação, o cumprimento de disposições de última vontade, a impugnação ou anulação de partilha extrajudicial e para todas as ações em que o espólio for réu, ainda que o óbito tenha ocorrido no estrangeiro.
>
> Parágrafo único. Se o autor da herança não possuía domicílio certo, é competente:
>
> I – o foro de situação dos bens imóveis;
>
> II – havendo bens imóveis em foros diferentes, qualquer destes;
>
> III – não havendo bens imóveis, o foro do local de qualquer dos bens do espólio.

A propósito, o TRIBUNAL DE JUSTIÇA DO ESTADO DE SÃO PAULO editou a Súmula 71, assim posta:

> A competência para o processamento de inventário ou arrolamento em razão do foro do domicílio do autor da herança é relativa.

QUEM PODE REQUERER O INVENTÁRIO

Em decorrência dos arts. 615 e 616 do Código de Processo Civil, incumbe requerer inventário e partilha:

I – *quem estiver na posse e administração do espólio*

Por livre iniciativa, a pessoa que estiver na posse e administração dos bens da pessoa falecida poderá requerer o inventário e a partilha. Nesse caso, tanto pode ser a viúva ou o viúvo quanto qualquer filho do *de cujus*. A prioridade se dá não em decorrência do grau de parentesco, mas sim da pessoa que detiver a posse (casa, terreno, automóvel, caminhão etc.) ou se encontrar na administração (comércio, indústria etc.) dos bens deixados a inventariar.

II – *quem possuir legitimidade concorrente*

Se a pessoa que estiver na posse e administração do espólio se omitir ou deixar de requerer o inventário no prazo legal, poderão fazê-lo, uma vez que possuem legitimidade concorrente para tanto, as seguintes pessoas:

a) *o cônjuge supérstite:*

Supérstite é o cônjuge sobrevivente, o viúvo ou a viúva.

b) *o herdeiro:*

Herdeiros são os descendentes e os ascendentes do *de cujus*. Têm prioridade não só para requerer inventário mas também para receber a herança os descendentes (filhos legítimos, legitimados, reconhecidos, adotivos e seus descendentes). Não existindo nenhum descendente, a abertura do inventário poderá ser feita pelos ascendentes (pai, mãe, avós, bisavós).

c) *o legatário:*

Legatário é a pessoa que recebeu determinado bem (legado) do inventariado por meio de testamento. Se o legado abranger todos os bens que o testador tinha por ocasião de sua morte, o legatário é também considerado herdeiro pelo fato de receber toda a herança.

d) *o testamenteiro:*

Testamenteiro é a pessoa que redige o testamento por determinação do testador e que fica encarregada de cumprir as disposições de última vontade do mesmo testador.

e) *o cessionário do herdeiro ou do legatário:*

Cessionário é a pessoa a quem, por qualquer motivo, tenha o herdeiro ou legatário cedido, de forma antecipada, a sua parte ou o seu legado na herança.

f) *o credor do herdeiro, do legatário ou do autor da herança:*

A pessoa que tiver algum crédito a receber de qualquer das pessoas acima relacionadas poderá também requerer a abertura do inventário se esta não for feita no prazo legal de trinta dias. Depois de aberto o processo, o credor poderá habilitar-se para o recebimento de seu crédito através da *ação de execução no rosto dos autos*.

g) *o administrador judicial da falência do herdeiro, do legatário, do autor da herança ou do cônjuge supérstite.*

h) *o Ministério Público*, havendo herdeiros incapazes.

i) *a Fazenda Pública*, quando tiver interesse.

NOMEAÇÃO DO INVENTARIANTE

A qualidade de requerente não implica, necessariamente, a de inventariante. Assim, embora qualquer das pessoas anteriormente enumeradas (*a* a *j*) possa requerer a abertura do inventário, somente poderá ser inventariante a pessoa que o juiz nomear. A ordem preferencial para que o juiz proceda à nomeação do inventariante é a seguinte (art. 617 do CPC):

I – *o cônjuge ou companheiro sobrevivente, desde que estivesse convivendo com o outro ao tempo da morte deste;*

Observa-se, pois, que, para que o cônjuge ou companheiro sobrevivente possa requerer a abertura do inventário, é necessário que a morte do outro tenha ocorrido na constância do casamento ou da união estável. Por conseguinte, o cônjuge separado judicialmente, divorciado ou separado de fato há mais de dois anos[100] não possui legitimidade para ser nomeado inventariante, embora, a nosso juízo, possa requerer a abertura do inventário, a teor do art. 616, I, do Código de Processo Civil.

Segundo previsão do art. 1.829, I, do Código Civil, o cônjuge sobrevivente participa da sucessão, em concorrência com os descendentes, salvo se casado com o falecido no regime da comunhão universal, ou no da separação obrigatória de bens; ou se, no regime da comunhão parcial, o autor da herança não houver deixado bens particulares, e em concorrência com os ascendentes em qualquer hipótese.

No que concerne aos companheiros na união estável, assim dispõe o Código Civil:

> Art. 1.790. A companheira ou o companheiro participará da sucessão do outro, quanto aos bens adquiridos onerosamente na vigência da união estável, nas condições seguintes:
>
> I – se concorrer com filhos comuns, terá direito a uma quota equivalente à que por lei for atribuída aos filhos;
>
> II – se concorrer com descendentes só do autor da herança, tocar-lhe-á a metade do que couber a cada um daqueles;
>
> III – se concorrer com outros parentes sucessíveis, terá direito a um terço da herança;
>
> IV – não havendo parentes sucessíveis, terá direito à totalidade da herança.

II – *o herdeiro que se achar na posse e administração do espólio, se não houver cônjuge ou companheiro sobrevivente ou estes não puderem ser nomeados;*

III – *qualquer herdeiro, nenhum estando na posse e administração do espólio;*

IV – *o herdeiro menor, por seu representante legal;*

V – *o testamenteiro, se lhe foi confiada a administração do espólio ou toda a herança estiver distribuída em legados;*

VI – *o cessionário do herdeiro ou do legatário;*

VII – *o inventariante judicial, se houver;*

100 Por analogia ao art. 1.830 do CC: somente é reconhecido direito sucessório ao cônjuge sobrevivente se, ao tempo da morte do outro, não estavam separados judicialmente, nem separados de fato há mais de dois anos, salvo prova, nesse caso, de que essa convivência se tornara impossível sem culpa do sobrevivente.

VIII – *pessoa estranha idônea, onde não houver inventariante judicial.*

Após o despacho do juiz nomeando o inventariante, este será intimado do despacho e terá o prazo de cinco dias para assinar o termo de compromisso de inventariante, prazo este contado da intimação.

INFORMAÇÕES INDISPENSÁVEIS À PROPOSITURA DA AÇÃO

Ao ser procurado pelo cliente que pretenda requerer a abertura do inventário, recomenda-se ao advogado obter as seguintes informações:

1. nome completo, qualificação, CPF e endereço do inventariante;
2. relação de parentesco do inventariante com o *de cujus*;
3. quem se encontra na posse e administração dos bens;
4. nome completo, CPF e data de falecimento do *de cujus*;
5. quantidade de herdeiros;
6. se existe testamento;
7. se existem herdeiros menores;
8. forma de partilha e se todos os herdeiros concordam com ela;
9. se todos os herdeiros constituirão o mesmo advogado;
10. se houve adiantamento de legítima (se alguém já recebeu a parte que teria direito na herança);
11. se há bens pertencentes ao espólio em poder de terceiros;
12. quais os bens imóveis pertencentes ao espólio;
13. o valor aproximado dos bens imóveis;
14. se há saldo bancário;
15. se há depósito na caderneta de poupança;
16. se há veículos a serem inventariados;
17. se há créditos a receber;
18. se há dívidas a pagar.

DOCUMENTOS A SEREM SOLICITADOS

1. Procuração do cliente e dos demais herdeiros;
2. certidão de óbito do *de cujus*;
3. certidão de casamento do cônjuge sobrevivente;
4. certidões de nascimento dos herdeiros solteiros;
5. certidões de casamento dos herdeiros casados;
6. comprovante de propriedade dos bens imóveis (certidões do registro de imóveis);
7. comprovante de propriedade dos veículos;

8. comprovante de depósitos bancários e caderneta de poupança;
9. comprovantes de dívidas ou de créditos;
10. cópia do contrato social, se for comerciante.

INSTRUMENTO DE PROCURAÇÃO

Para que o advogado possa requerer o que de direito lhe compete, acompanhar e concluir o inventário sem contratempos de nenhuma ordem, no momento de redigir a procuração deve atentar muito bem para os poderes que a mesma deverá conter. Assim, se o advogado for autorizado a *renunciar a quinhão em herança, requerer junto a repartições públicas* etc., tais poderes devem constar expressa e especificamente do mandato (art. 105 do CPC).

Outro fato a considerar é a presença de menores entre os herdeiros. Nesse caso, a procuração do menor deverá ser feita por instrumento público, em tabelionato. Em se tratando de herdeiro com idade inferior a 16 anos, este não poderá assinar a procuração, devendo fazê-lo o pai ou responsável, que o estará representando no ato. Se o menor tiver mais de 16 anos, poderá assinar a procuração juntamente com seu pai ou responsável, estes na qualidade de assistentes.

Entretanto, se todos os herdeiros forem maiores e capazes, será suficiente uma simples procuração por instrumento particular, redigida pelo advogado e assinada por todos eles, com firma reconhecida.

PETIÇÃO INICIAL

Na petição inicial, formulada de forma sucinta, o advogado requererá a abertura do inventário e partilha, bem como a sua nomeação como inventariante, mencionando:

a) a qualificação do requerente;

b) a condição do requerente de administrador dos bens do *de cujus*;

c) a prova do óbito do inventariado;

d) a existência de bens;

e) a existência de herdeiros maiores e/ou menores.

A petição inicial pode ser feita de duas maneiras:

a) petição independente das primeiras declarações;

b) petição incluindo as primeiras declarações.

Após a distribuição da petição inicial, esta será autuada e remetida ao juiz para despacho. Neste, o juiz determinará a intimação do requerente para assinar o *termo de compromisso de inventariante.*

Intimado da nomeação, o inventariante prestará, dentro de cinco dias, o compromisso de bem e fielmente desempenhar o cargo (art. 617, parágrafo único, do CPC). Trata-se, na realidade, da assinatura do *termo de compromisso* que compete ao advogado fazer por representação, porquanto ele se constitui no representante do inventariante no processo de inventário. Após a assinatura desse documento pelo advogado, se tiver poderes para tal, este terá vinte dias para apresentar as *primeiras declarações.*

Dessa forma, somente depois de transcorrido o prazo de vinte dias (art. 620 do CPC) da assinatura do termo de compromisso de inventariante, deverão ser apresentadas as primeiras declarações, devendo estas conter:

> I – o nome, o estado, a idade e o domicílio do autor da herança, o dia e o lugar em que faleceu e se deixou testamento;
>
> II – o nome, o estado, a idade, o endereço eletrônico e a residência dos herdeiros e, havendo cônjuge ou companheiro supérstite, além dos respectivos dados pessoais, o regime de bens do casamento ou da união estável;
>
> III – a qualidade dos herdeiros e o grau de parentesco com o inventariado;
>
> IV – a relação completa e individualizada de todos os bens do espólio, inclusive aqueles que devem ser conferidos à colação, e dos bens alheios que nele forem encontrados, descrevendo-se:
>
> *a)* os imóveis, com as suas especificações, nomeadamente local em que se encontram, extensão da área, limites, confrontações, benfeitorias, origem dos títulos, números das matrículas e ônus que os gravam;
>
> *b)* os móveis, com os sinais característicos;
>
> *c)* os semoventes, seu número, suas espécies, suas marcas e seus sinais distintivos;
>
> *d)* o dinheiro, as joias, os objetos de ouro e prata e as pedras preciosas, declarando-se-lhes especificadamente a qualidade, o peso e a importância;
>
> *e)* os títulos da dívida pública, bem como as ações, as quotas e os títulos de sociedade, mencionando-se-lhes o número, o valor e a data;
>
> *f)* as dívidas ativas e passivas, indicando-se-lhes as datas, os títulos, a origem da obrigação e os nomes dos credores e dos devedores;
>
> *g)* direitos e ações;
>
> *h)* o valor corrente de cada um dos bens do espólio.

PETIÇÃO DE INVENTÁRIO E PARTILHA

AO JUÍZO DE DIREITO DA ...... VARA CÍVEL
Comarca de ....

........................, brasileiro, viúvo, industriário, RG n. ...., CPF n. ...., endereço eletrônico ...., domiciliado nesta cidade e residente na rua ...., n. ......, por seu advogado infra-assinado, com instrumento de procuração incluso (doc. 1), advogado inscrito na OAB ......, sob n. ......, endereço eletrônico ...., com escritório na rua ...., n. ......, nesta cidade, onde recebe intimações, vem perante este juízo para propor

AÇÃO DE INVENTÁRIO

em razão do falecimento de sua mulher, ..., brasileira, do lar, RG n. ...., CPF n. ...., com ...... anos de idade, ocorrido na data de ...., nesta cidade, com quem era casado sob o regime de comunhão universal de bens, sem deixar testamento, deixando filhos herdeiros, todos maiores e capazes.

Assim, na qualidade de cabeça de casal e desejando promover o inventário e partilha dos bens relativos à meação da falecida, em cuja posse e administração se encontra, atendendo ao que dispõe os arts. 617 e seguintes do Código de Processo Civil, requer a este juízo que se digne nomeá-lo como inventariante, sendo admitido a prestar o compromisso legal, fazendo as declarações de direito e o que mais se fizer necessário até a conclusão do inventário e partilha.

T. em que

E. deferimento.

........................, ... de .... de 20......

Advogado(a)

OAB/...... n. ......

PRIMEIRAS DECLARAÇÕES

AO JUÍZO DE DIREITO DA 3ª VARA CÍVEL

Comarca de ....

Autos n. ....

VICENTINO LUGO, brasileiro, viúvo, industriário, RG n. ...., CPF n. ...., endereço eletrônico ...., domiciliado nesta cidade e residente na rua Independência, n. 430, por seu advogado infra-assinado, com instrumento de procuração incluso (doc. 1), advogado inscrito na OAB ......, sob n. ......, endereço eletrônico ...., com escritório na rua ...., n. ......, nesta cidade, onde recebe intimações, na qualidade de inventariante do espólio de ZULEICA MARIA LUGO, vem perante este juízo para, atendendo o disposto no art. 620 do Código de Processo Civil, oferecer as seguintes

PRIMEIRAS DECLARAÇÕES

AUTOR DA HERANÇA:

ZULEICA MARIA LUGO, casada em regime de comunhão universal de bens, 65 anos de idade, residente e domiciliada nesta cidade, falecida no dia 5 de março, nesta cidade, sem deixar testamento.

HERDEIROS (filhos):

1. ...., brasileiro, solteiro, comerciário, com ...... anos de idade, CPF n. ...., endereço eletrônico ...., domiciliado nesta cidade e residente na rua ...., n. ...... (doc. ......).

2. ...., brasileira, casada, professora, com ...... anos de idade, CPF n. ...., domiciliada na cidade de ...., residente na rua ...., n. ...... (doc. ....).

RELAÇÃO DE BENS:

1. BENS IMÓVEIS:

a) Um lote urbano sito neste município na rua ...., quadra n. ......, formada pelas ruas ...., com área de ...... m², medindo ...... m de frente por ...... m de frente aos fundos, tendo as seguintes confrontações: de um lado com a propriedade de ...., de outro lado com o imóvel de ...., aos fundos com o terreno de .... e à frente com a rua ...., imóvel transcrito no Registro de Imóveis da ...... Zona deste município, no livro ......, fls. ......, matrícula n. ...., no valor de R$ ....

b) Um apartamento de n. ......, com área de ...... m², localizado no 2º andar do Edifício ...., na rua ...., n. ......, nesta cidade, quadra de n. ......, formada pelas ruas ...., imóvel transcrito no Registro de Imóveis da ...... Zona deste município, no livro ......, fls. ......, matrícula n. ...., no valor de R$ .... (doc. ......).

2. BENS MÓVEIS:

a) Um automóvel marca Renault, modelo Mégane, ano 2007, cor azul metálico, placa ...., chassi n. ...., certificado de propriedade n. ...., no valor de R$ .... (doc. ......).

b) Caderneta de poupança no Banco ...., agência ...., no valor de R$ .... (doc. ......).

Diante do exposto, requer deferimento.

.................., ... de .... de 20......

Advogado(a)

OAB/...... n. ......

COLAÇÃO

Consiste a *colação* na devolução ao monte-mor (espólio) dos bens ou valores recebidos pelos herdeiros do *de cujus* antes de este falecer. As regras do Código de Processo Civil a respeito são as seguintes:

> Art. 639. No prazo estabelecido no art. 627, o herdeiro obrigado à colação conferirá por termo nos autos ou por petição à qual o termo se reportará os bens que recebeu ou, se já não os possuir, trar-lhes-á o valor.
>
> Parágrafo único. Os bens a serem conferidos na partilha, assim como as acessões e as benfeitorias que o donatário fez, calcular-se-ão pelo valor que tiverem ao tempo da abertura da sucessão.
>
> Art. 640. O herdeiro que renunciou à herança ou o que dela foi excluído não se exime, pelo fato da renúncia ou da exclusão, de conferir, para o efeito de repor a parte inoficiosa, as liberalidades que obteve do doador.
>
> § 1º É lícito ao donatário escolher, dentre os bens doados, tantos quantos bastem para perfazer a legítima e a metade disponível, entrando na partilha o excedente para ser dividido entre os demais herdeiros.
>
> § 2º Se a parte inoficiosa da doação recair sobre bem imóvel que não comporte divisão cômoda, o juiz determinará que sobre ela se proceda a licitação entre os herdeiros.
>
> § 3º O donatário poderá concorrer na licitação referida no § 2º e, em igualdade de condições, terá preferência sobre os herdeiros.

A colação tem por fim igualar as legítimas dos descendentes (art. 2.003 do CC) e verificar se a doação recebida pelo herdeiro não foi *inoficiosa*, ou seja, se não excedeu a legítima mais a parte disponível (art. 2.007, §§ 2º e 3º, do CC). Toda e qualquer doação feita pelos pais aos filhos importa adiantamento de legítima (art. 544 do CC), fato que obriga o donatário a conferir por termo nos autos ou por petição à qual o termo se reportará os bens que recebeu ou, se já não os possuir, trar-lhes-á o valor (art. 639 do CPC). Assim, quando os pais falecem, todas as doações feitas por eles a filhos deverão ser restituídas ao inventário, com o fim de igualar a quota de cada herdeiro. Se, por exemplo, o valor atualizado do bem doado a um dos herdeiros for superior à quota que lhe caberia em virtude da divisão do valor total dos bens pelo número de herdeiros, o valor excedente deverá voltar ao monte-mor. Por outro lado, não estão sujeitos à colação:

a) as doações que o doador determinar que saiam de sua metade disponível (art. 2.005 do CC);

b) os gastos *ordinários* feitos com os descendentes, enquanto menor, em educação, estudos, sustento, vestuário, tratamento nas enfermidades, enxoval, despesas de casamento e despesas feitas no interesse de sua defesa em processo crime (art. 2.010 do CC);

c) as doações *remuneratórias* por serviços prestados ao doador (art. 2.011 do CC).

AVALIAÇÃO DOS BENS

Findo o prazo de quinze dias para que se manifestem sobre as primeiras declarações e não havendo impugnação, ou decidida a impugnação que houver sido oposta, o juiz nomeará, se for o caso, perito para avaliar os bens do espólio, se não houver na comarca avaliador judicial (art. 630 do CPC). Se o autor da herança era empresário individual, o juiz determinará que se proceda ao balanço do estabelecimento (art. 620, § 1º).

Quando haja bens localizados em outra comarca será expedida carta precatória para avaliação dos bens, salvo se eles forem de pequeno valor ou perfeitamente conhecidos do perito nomeado (art. 632 do CPC).

Todavia não se procederá à avaliação, sendo capazes todas as partes, se a Fazenda Pública, intimada pessoalmente, concordar de forma expressa com o valor atribuído, nas primeiras declarações, aos bens do espólio (art. 633 do CPC).

Feita a avaliação, o advogado será intimado para que se manifeste sobre ela no prazo de quinze dias (art. 635 do CPC). Não concordando com os valores atribuídos a um ou mais bens, poderá *impugnar* a avaliação, seja para diminuir, seja para aumentar o valor atribuído pela Fazenda ou pelo avaliador. A impugnação deve ser feita de forma expressa; já a concordância poderá ser tácita. Assim, o silêncio do inventariante e dos herdeiros pressupõe concordância com a avaliação.

Não será demais salientar que o valor das custas judiciais é calculado sobre o valor total da avaliação, incluindo-se nesta o valor dos bens imóveis e móveis. Além disso, é também sobre esse valor total (monte-mor) que o advogado deverá aplicar o seu percentual de honorários. Assim, se para o cliente é mais conveniente que os bens sejam avaliados em valores os mais baixos possíveis (pagará menos em custas e imposto), para o advogado é interessante que os bens sejam avaliados pelo preço de mercado, porque este lhe possibilitará honorários mais justos.

Aceito o laudo, ou resolvidas eventuais impugnações, lavrar-se-á em seguida o termo de últimas declarações, no qual o inventariante poderá emendar, aditar ou completar as primeiras (art. 636 do CPC).

Ouvidas as partes sobre as últimas declarações no prazo comum de quinze dias, proceder-se-á ao cálculo do tributo, após o qual conceder-se-á o prazo comum de cinco dias para que as partes sobre ele se manifestem e, em seguida, a Fazenda Pública (arts. 637 e 638 do CPC).

IMPUGNAÇÃO DE AVALIAÇÃO

AO JUÍZO DE DIREITO DA 3ª VARA CÍVEL

Comarca de ....

Autos n. ....

........................., já qualificado nos autos em que é inventariante dos bens deixados por ...., por seu procurador firmatário, vem respeitosamente perante este juízo, no prazo previsto pelo art. 635 do Código de Processo Civil, para requerer IMPUGNAÇÃO dos valores atribuídos pelo avaliador judicial aos imóveis inventariados, em face das seguintes razões:

1. Os referidos imóveis, sitos na zona rural deste município e com descrição constante das primeiras declarações, às fls. ......, foram estimados pelo inventariante em R$ ....

2. Conforme consta das fls. ......, o avaliador, em cumprimento ao mandado de avaliação, avaliou os imóveis inventariados em R$ .... (........................).

3. Ocorre que os ditos imóveis, constituídos em duas casas de madeira bastante desgastadas pelo tempo, uma vez que foram construídas no ano de ...., embora possam merecer avaliação superior àquela feita pelo inventariante, *data venia*, em momento algum poderiam atingir os patamares da avaliação que foi feita, cujo preço se encontra totalmente divorciado daqueles praticados no mercado.

Assim, pela presente, quer o inventariante impugnar a avaliação efetuada e requerer a este juízo que se digne determinar que a mesma seja retificada, tendo em vista os elementos constantes dos autos.

T. em que

E. deferimento.

........................, ... de .... de 20......

Advogado(a)

OAB/...... n. ......

PEDIDO DE VENDA DE BENS DO INVENTÁRIO

AO JUÍZO DE DIREITO DA 3ª VARA CÍVEL

Comarca de ....

Autos n. ....

........................, na qualidade de inventariante dos bens deixados por ...., no processo de inventário de n. ...., por seu procurador infraescrito, vem respeitosamente perante este juízo para expor e requerer o que segue:

1. Com o falecimento do inventariado, seu marido, ficou a inventariante com a responsabilidade de criar e educar cinco filhos, todos menores de idade.

2. Ocorre que, além de a inventariante não exercer atividade remunerada, a pensão deixada pelo marido, no total de R$ .... (comprovante incluso), mostra-se insuficiente para atender à manutenção do lar e dos herdeiros, todos em idade escolar.

À vista do exposto, requer autorização judicial para vender, a preço corrente da praça, o veículo de marca ...., placa ...., ano ..... e chassi n. ...., integrante da relação de bens a inventariar, com o compromisso de apresentar oportunamente os necessários comprovantes.

T. em que

E. deferimento.

........................, ... de .... de 20.....

Advogado(a)

OAB/...... n. ......

PARTILHA DOS BENS

Partilhar os bens do espólio consiste em dividi-los e distribuí-los igualitariamente entre os herdeiros. Havendo cônjuge sobrevivente, casado pelo regime de comunhão universal de bens, 50% do monte-mor será a ele destinado e 50% será dividido pelo número de herdeiros. Assim, se o valor do monte-mor for de R$ 400.000,00 e houver cinco herdeiros, a partilha será feita da seguinte forma:

Valor do monte-mor: R$ 400.000,00

Viúva meeira
50%
R$ 200.000,00

Herdeiros (5)
50%
R$ 200.000,00

Herdeiro A = R$ 40.000,00
Herdeiro B = R$ 40.000,00
Herdeiro C = R$ 40.000,00
Herdeiro D = R$ 40.000,00
Herdeiro E = R$ 40.000,00

Nesse caso, pelo fato de haver cônjuge sobrevivente meeiro, o imposto de transmissão será calculado sobre a metade do valor do monte-mor, uma vez que somente a metade dos bens será transferida aos herdeiros, ou seja, os 50% pertencentes ao falecido.

Não havendo cônjuge sobrevivente, nem ascendentes do falecido, a referida partilha se processará do seguinte modo:

Valor do monte-mor: R$ 400.000,00

Herdeiros (5):
Herdeiro A = R$ 80.000,00
Herdeiro B = R$ 80.000,00
Herdeiro C = R$ 80.000,00
Herdeiro D = R$ 80.000,00
Herdeiro E = R$ 80.000,00

Em relação às demais modalidade de regimes de bens, a partilha será realizada da seguinte forma:

Regime de comunhão parcial de bens

Patrimônio particular do falecido: uma casa no valor de R$ 200.000,00, adquirida antes do casamento.

Patrimônio do casal (bens adquiridos pelo cônjuge falecido durante o casamento): R$ 200.000,00

Herdeiros: 4 filhos do casal

Partilha:

Viúva meeira

R$ 100.000,00 (50% do valor dos bens adquiridos durante o casamento) +

R$ 50.000,00 [25% do valor da casa, em concorrência com os filhos (arts. 1.829, I, e 1.832 do CC)].

TOTAL = R$ 150.000,00

Herdeiro A = R$ 37.500,00 (18,5% do valor da casa) + R$ 25.000,00 = R$ 62.500,00

Herdeiro B = R$ 37.500,00 (18,5% do valor da casa) + R$ 25.000,00 = R$ 62.500,00

Herdeiro C = R$ 37.500,00 (18,5% do valor da casa) + R$ 25.000,00 = R$ 62.500,00

Herdeiro D = R$ 37.500,00 (18,5% do valor da casa) + R$ 25.000,00 = R$ 62.500,00

Regime de separação convencional de bens (pacto antenupcial)

Patrimônio particular do falecido (monte-mor): R$ 400.000,00

Herdeiros: 3 filhos do casal

Partilha:

Viúva

R$ 100.000,00 [25% do patrimônio, em concorrência com os filhos (arts. 1.829, I, e 1.832 do CC)].

Herdeiro A = R$ 100.000,00 (25% do patrimônio)

Herdeiro B = R$ 100.000,00 (25% do patrimônio)

Herdeiro C = R$ 100.000,00 (25% do patrimônio)

Regime de separação legal (obrigatório) de bens[101]

Patrimônio particular do falecido: uma casa no valor de R$ 200.000,00, adquirida antes do casamento; diversos bens adquiridos durante o casamento no valor de R$ 200.000,00

Herdeiros: 3 filhos do casal

Partilha:

Viúva meeira

R$ 100.000,00 (50% do valor dos bens adquiridos durante o casamento)

---

101 Aplica-se, nesses casos, o entendimento sedimentado na Súmula n. 377 do STF, segundo o qual os aquestos adquiridos na constância do casamento, pelo regime da separação legal (nubentes maiores de 70 anos; quando houver suprimento judicial para casar), são comunicáveis, independentemente da comprovação do esforço comum para a sua aquisição, que, nessa hipótese, é presumido (STJ, Ag. Reg. no REsp n. 1.008.684/RJ, 4ª T., rel. Min. Antonio Carlos Ferreira, j. 24.04.2012, *DJe* 02.05.2012). Em sentido contrário, vem crescendo entendimento doutrinário e jurisprudencial quanto à possibilidade de, por escritura pública de pacto antenupcial, os nubentes submetidos à separação legal de bens afastarem a incidência da Súmula 377 do STF (*v.g.*: TJPE, Provimento da Corregedoria n. 8/2016; TJSP, acórdão da CGJ, autos n. 1065469-74.2017.8.26.0100).

Herdeiro A = R$ 100.000,00
Herdeiro B = R$ 100.000,00
Herdeiro C = R$ 100.000,00

Regime de participação final nos aquestos

Patrimônio particular do falecido: uma casa no valor de R$ 200.000,00, adquirida antes do casamento.

Patrimônio do casal (bens adquiridos por ambos os cônjuges durante o casamento): R$ 200.000,00

Herdeiros: 4 filhos do casal

Partilha:

Viúva meeira

R$ 100.000,00 (50% do valor dos bens adquiridos durante o casamento) +

R$ 50.000,00 [25% do valor da casa, em concorrência com os filhos (arts. 1.829, I, e 1.832 do CC)].

TOTAL = R$ 150.000,00

Herdeiro A = R$ 37.500,00 (18,5% do valor da casa) + R$ 25.000,00 = R$ 62.500,00

Herdeiro B = R$ 37.500,00 (18,5% do valor da casa) + R$ 25.000,00 = R$ 62.500,00

Herdeiro C = R$ 37.500,00 (18,5% do valor da casa) + R$ 25.000,00 = R$ 62.500,00

Herdeiro D = R$ 37.500,00 (18,5% do valor da casa) + R$ 25.000,00 = R$ 62.500,00

Caso um dos filhos do *de cujus* tiver falecido, deixando filhos, estes poderão substituí-lo no inventário, uma vez que passam a ter direito ao quinhão que ao pai caberia em razão do direito de *representação.*

Na eventualidade de o espólio constituir-se de um único imóvel a inventariar, cada herdeiro terá direito a uma *parte ideal* de valor correspondente ao porcentual do seu quinhão na herança, permanecendo o imóvel em condomínio.

Exemplo:

Ao filho herdeiro .... caberá, como pagamento de sua legítima, uma parte ideal referente a 20% do valor do imóvel inventariado, avaliado em R$ 400.000,00, ou seja, R$ 80.000,00.

A partilha pode ser *amigável* ou *judicial.* Será amigável, feita por escritura pública, termo nos autos do inventário ou escrito particular, homologado pelo juiz, se os herdeiros forem maiores e capazes (arts. 2.015 do CC e 659 do CPC). Será judicial, se os herdeiros divergirem, ou se algum deles for menor ou incapaz (art. 2.016 do CC).

Com base na partilha amigável ou na sugestão de partilha do inventariante, o partidor ou contador organizará o esboço de partilha, que se tornará definitivo se não houver oposição.

PARTILHA AMIGÁVEL (POR INSTRUMENTO PARTICULAR)

Pelo presente instrumento particular de partilha amigável, ..., viúva e cabeça de casal por falecimento de seu marido, ..., e seus filhos, ... e ...., todos maiores e capazes, residentes e domiciliados nesta cidade, declaram que entre si ficou justo e combinado, por mútua convenção, e nos termos da lei, o presente documento de partilha, referente aos bens deixados por falecimento do referido *de cujus*, nos seguintes termos:

1. Segundo a descrição e avaliação de fls. ......, o acervo do espólio perfaz o valor total de R$ 450.000,00 (quatrocentos e cinquenta mil reais), sendo o mesmo representado pelos seguintes bens:

a) um apartamento, ... (descrever e localizar), no valor de R$ 250.000,00;

b) um terreno, ... (descrever e localizar), no valor de R$ R$ 150.000,00;

c) um automóvel da marca .... (descrever e identificar), no valor de R$ 40.000,00;

d) depósito na caderneta de poupança do banco ...., conta n. ......, no valor de R$ 10.000,00.

2. Deduzindo-se do valor total dos bens a importância de R$ 10.000,00 (dez mil reais), utilizada no pagamento da dívida ao credor ...., nas despesas de funeral e honorários de advogado, apura-se como patrimônio hereditário líquido e partível o valor de R$ 440.000,00 (quatrocentos e quarenta mil reais).

3. Considerando ter sido a viúva casada pelo regime de comunhão universal de bens, a ela cabe a metade do monte partível, sendo, portanto, a sua meação no valor de R$ 220.000,00 (duzentos e vinte mil reais). A outra metade, também no valor de R$ 35.000,00, que constitui a meação do inventariado, é dividida entre os dois filhos, cabendo a cada um a importância de R$ 110.000,00 (cento e dez mil reais).

4. Dessa forma, concordamos que o pagamento dos respectivos quinhões seja feito da seguinte forma:

I – à viúva meeira .... são dados em pagamento os seguintes bens:

a) ....;

b) ....

II – ao filho herdeiro .... caberão os seguintes bens:

a) ....;

b) ....

III – à filha herdeira .... caberão os seguintes bens:

a) ....;

b) ....

Assim sendo, temos por feita e concluída a presente partilha amigável para efeito de homologação, por nos acharmos justos e contratados, fizemos este instrumento, que vai por todos assinado, perante as testemunhas abaixo, a tudo presentes.

........................, ... de .... de 20......

Testemunhas:

Viúva meeira

Filha herdeira

Filho herdeiro

____

Advogado(a)

OAB/...... n. ......

PEDIDO DE HOMOLOGAÇÃO DE PARTILHA AMIGÁVEL (ANEXAR A PARTILHA A ESSA PETIÇÃO)

AO JUÍZO DE DIREITO DA 3ª VARA CÍVEL

Comarca de ....

Autos n. ....

.... e ...., já qualificados nos autos do inventário respectivamente como inventariante e herdeiros de ...., todos maiores e capazes, tendo feito, conforme lhes permite a lei, a partilha amigável dos bens do *de cujus*, vêm, por seu procurador firmatário, apresentar o documento de partilha amigável incluso e requerer a este juízo que se digne homologar por sentença a referida partilha, na forma dos arts. 2.015 do Código Civil e 659 do Código de Processo Civil.

T. em que

E. deferimento.

........................, ... de .... de 20......

Advogado(a)

OAB/...... n. ......

RENÚNCIA À HERANÇA E IMPOSTO DE TRANSMISSÃO

A aceitação da herança pode ser expressa, quando feita por declaração escrita, ou tácita, quando resulta de atos próprios da qualidade de herdeiro.[102] A renúncia, todavia, deve constar expressamente de instrumento público ou termo judicial.[103]

Com relação ao tema, Sebastião Amorim e Euclides Oliveira[104] observam que hão de se distinguir três situações diversas:

a) renúncia *pura e simples*, ou abdicativa;

b) renúncia *a posteriori*, que na realidade é desistência da herança;

c) renúncia *traslativa*, ou em favor de terceiro, equivalendo a doação ou cessão de direitos hereditários.

No primeiro caso, só incide o imposto *causa mortis*, pela transmissão da herança aos herdeiros remanescentes.

Na hipótese *b*, o herdeiro renunciante fica sujeito ao imposto *causa mortis*, visto que aceitou a herança, e ao imposto *inter vivos*, pela transmissão do seu direito ao sucessor, beneficiado pela renúncia.

Por fim, se o renunciante indica o beneficiário, está a lhe ceder os direitos à herança, com incidência do imposto *inter vivos*, e também o *causa mortis*, pela transmissão sucessória.

Assim, é de todo aconselhável, para evitar o pagamento de imposto de transmissão *inter vivos*, que a renúncia seja manifestada logo após a abertura do inventário, com as primeiras declarações, para que a mesma não seja confundida com a *desistência* (letra *b*), que se sujeita ao imposto *causa mortis*, pela aceitação prévia da herança, e ao imposto *inter vivos*, pela transmissão do direito de herança ao sucessor, beneficiado pela renúncia posterior.[105]

PAGAMENTO DAS DESPESAS E CERTIDÕES NEGATIVAS

Ao mesmo tempo em que organiza o esboço da partilha, o partidor ou contador fará o cálculo das custas judiciais, da taxa judiciária e do imposto de transmissão *causa mortis*. O cálculo do imposto terá por base o valor da avaliação dos bens móveis e imóveis transmitidos, com exceção da meação do cônjuge sobrevivente; as demais despesas serão calculadas com base no valor total dos bens inventariados. Pago o imposto de transmissão a título de morte e juntada aos autos certidão ou informação negativa de dívida para com a Fazenda Pública, o juiz julgará por sentença a partilha (art. 654 do CPC). Nunca será demais lembrar que é de somente seis meses a validade da avaliação dos bens. Portanto, se o imposto de

102 Art. 1.805 do CC.
103 Art. 1.806 do CC.
104 AMORIM, Sebastião; OLIVEIRA, Euclides de. *Inventário e partilhas*, p. 176-7.
105 TJPR, Ag. n. 23.560-9, 1ª Câm. Cível, j. 23.03.1993.

transmissão não tiver sido pago nesse prazo, a Fazenda poderá determinar a feitura de nova avaliação dos imóveis no momento que a certidão negativa for requerida pelo inventariante.

Também deverão ser juntadas aos autos certidões negativas da Receita Federal (estas em alguns estados são providenciadas pelo próprio cartório), da prefeitura municipal, relativa a impostos municipais, e, se houver imóvel rural, o certificado de cadastro do Incra, nos termos da Lei n. 4.947/66, art. 22, § 2º, que dispõe: "Em caso de sucessão *causa mortis*, nenhuma partilha, amigável ou judicial, poderá ser homologada pela autoridade competente, sem a apresentação do certificado de cadastro, a partir da data referida neste artigo".

REQUERIMENTO DE CERTIDÃO NEGATIVA À FAZENDA ESTADUAL

ILMO. SR. COORDENADOR DA ...... COORDENADORIA REGIONAL DA ADMINISTRAÇÃO FINANCEIRA

Cidade de ....

........................., brasileiro, viúvo, motorista, CPF n. ...., domiciliado nesta cidade e residente na rua ...., n. ......, requer a V. Sa. que lhe seja expedida certidão negativa de tributos da competência do Estado do ...., para fins de inventário, espólio de .... Para tanto, junta ao presente o comprovante de recolhimento da taxa de serviços diversos no valor de R$ ....

T. em que

E. deferimento.

........................, ... de .... de 20......

Advogado(a)

OAB/...... n. ......

FORMAIS DE PARTILHA

Depois de pagas todas as despesas e juntadas as certidões negativas, o juiz julgará, por sentença, a partilha. Passando em julgado a sentença (prazo de quinze dias), serão elaborados os formais de partilha em número igual ao de herdeiros. O formal é o documento composto de cópias de várias peças do processo pelo qual se transmite a cada herdeiro o quinhão que por direito lhe cabe na herança. Tratando-se de bens imóveis, os formais deverão ser encaminhados ao Cartório de Registro de Imóveis para que se proceda ao registro dos mesmos e à averbação da transmissão da sua propriedade.

Do formal de partilha constarão as seguintes peças (art. 655 do CPC):

- termo de inventariante e título de herdeiros;
- avaliação dos bens que constituíram o quinhão do herdeiro;
- pagamento do quinhão hereditário;
- quitação dos impostos;
- sentença.

Tratando-se de bens imóveis, os formais deverão ser encaminhados ao Cartório de Registro de Imóveis para que se proceda ao registro dos bens e à averbação da transmissão da sua propriedade.

SOBREPARTILHA

Constitui a sobrepartilha uma complementação que se faz à partilha, trazendo ao inventário já concluído outros bens pertencentes ao espólio e que somente foram conhecidos após a partilha dos bens inicialmente trazidos ao espólio. Segundo o art. 669 do Código de Processo Civil, ficam sujeitos à sobrepartilha os bens:

> I – sonegados;
>
> II – da herança descobertos após a partilha;
>
> III – litigiosos, assim como os de liquidação difícil ou morosa;
>
> IV – situados em lugar remoto da sede do juízo onde se processa o inventário.
>
> Parágrafo único. Os bens mencionados nos incisos III e IV serão reservados à sobrepartilha sob a guarda e a administração do mesmo ou de diverso inventariante, a consentimento da maioria dos herdeiros.
>
> Art. 670. Na sobrepartilha dos bens, observar-se-á o processo de inventário e de partilha.
>
> Parágrafo único. A sobrepartilha correrá nos autos do inventário do autor da herança.

PETIÇÃO DE HERANÇA

O herdeiro excluído da sucessão pode demandar o reconhecimento do seu direito sucessório e obter em juízo a sua parte na herança. Pode ocorrer, por exemplo, com o herdeiro que tiver reconhecido o seu direito após ser reconhecido como filho do *de cujus*, por meio de ação própria. A ação própria para que o herdeiro possa haver a quota herdada ou que lhe coube por disposição testamentária, em posse da qual ainda não ingressou é a de petição de herança (art. 1.824 do CC). Por meio da ação de petição de herança, o herdeiro pode demandar o reconhecimento de seu direito sucessório, para obter a restituição da herança, ou de parte dela, contra quem, na qualidade de herdeiro, ou mesmo sem título, a possua.

PETIÇÃO DE HERANÇA

EXMO. SR. DR. JUIZ DE DIREITO DA VARA CÍVEL

Comarca de ....

.................., brasileiro, casado, professor universitário, CPF n. ...., endereço eletrônico ...., residente e domiciliado nesta cidade, na rua Bela Vista, n. 648, por seu procurador infra-assinado (doc. incluso), advogado inscrito na OAB ......, sob n. ......, endereço eletrônico ...., com escritório na rua ...., n. ......, nesta cidade, onde recebe intimações, vem perante este juízo para promover

PETIÇÃO DE HERANÇA,

em face de ...., brasileiro, casado, comerciante, residente e domiciliado nesta cidade, na rua ...., n. ...... e ...., brasileira, casada, funcionária pública, domiciliada e residente nesta cidade, na av. Presidente Costa e Silva, n. 1.046/22, pelos fatos e fundamentos adiante alinhados:

I – DOS FATOS

1. ...., brasileiro, viúvo, comerciante, domiciliado e residente nesta cidade na rua ...., n. ......, faleceu na data de ...., *ab intestato*, deixando bens a serem inventariados.

2. São herdeiros do *de cujus*, na condição de filhos, todos maiores e capazes, o requerente e os requeridos retronominados e qualificados.

3. O inventário de .... foi processado junto a este juízo, autos n. ......, tendo transitado em julgado na data de ...., conforme faz prova com a certidão inclusa (doc. 3), com a correspondente partilha e expedição dos formais em benefício dos requeridos.

4. A partilha dos bens foi procedida da seguinte forma:

....

5. Ocorre que, enquanto se processava inventário e ao término deste, tramitava, perante a ...... Vara Cível desta comarca o processo n. ...., mediante o qual o requerente pleiteava o reconhecimento de paternidade em relação ao *de cujus*.

6. Referido processo investigatório somente agora foi concluído, sendo a ação declarada procedente, ou seja, reconheceu o requente como filho do *de cujus*, conforme faz prova com cópia da sentença inclusa.

7. Assim, em face de o requerente não ter participado do dito inventário, os bens do espólio, avaliados em R$ 840.000,00 (oitocentos e quarenta mil reais), foram partilhados exclusivamente entre os requeridos.

II – DO DIREITO

A teor do art. 1.824 do Código Civil, o herdeiro pode, em ação de petição de herança, demandar o reconhecimento de seu direito sucessório, para obter a restituição da herança, ou de parte dela, contra quem, na qualidade de herdeiro, ou mesmo sem título, a possua.

Desse modo, resta inequivocamente justificada a pretensão do requerente em obter o quinhão que lhe pertence na herança em que foi ilegalmente preterido.

III – DO PEDIDO

Em face de todo exposto, requer:

a) a citação dos requeridos, para, querendo, contestarem a presente, sob pena de revelia e confissão;

b) a nulidade da partilha efetivada, com a consequente declaração do direito do requerente ao seu quinhão na herança;

c) a condenação dos requeridos a restituir, proporcionalmente, o quinhão que por direito cabe ao requerente;

d) a condenação dos requeridos nas custas judiciais e honorários advocatícios do patrono do requerente;

e) a distribuição, por dependência, do presente pedido à 2ª Vara Cível, onde processou-se o inventário;

f) o apensamento do presente pedido aos autos do inventário de n. ....;

g) a produção de todos os meios de prova em direito admitidos.

Para efeitos legais, declara o demandante o seu DESINTERESSE em eventual autocomposição e, consequentemente, na não realização da audiência de conciliação ou de mediação.

Dá-se à presente o valor de R$ 280.000,00 (valor do quinhão requerido).

Termos em que,

P. deferimento.

.........................., ... de .... de 20......

Advogado(a)

OAB/...... n. ......

CUMULAÇÃO DE INVENTÁRIOS

A cumulação de inventários, ou seja, a interposição de novo pedido de inventário nos autos de processo de inventário já em tramitação, para a partilha de heranças de pessoas diversas, pode ser feita em três situações (art. 672 do CPC):

a) identidade de pessoas entre as quais devam ser repartidos os bens;

b) heranças deixadas pelos dois cônjuges ou companheiros;

c) dependência de uma das partilhas em relação à outra.

Nesse caso, o segundo inventário é distribuído por *dependência* e processado em *apenso* ao primeiro.

INVENTÁRIO NEGATIVO

O inventário negativo tem lugar quando inexistem bens a inventariar. Justifica-se o pedido quando, entre outras hipóteses, o requerente com mais de 70 anos de idade pretende afastar a exigência obrigatória do regime de separação de bens no casamento (arts. 1.523 e 1.641 do CC).

Para esse efeito, cumpre ao requerente juntar ao pedido os seguintes documentos: certidão do óbito e certidão de casamento do *de cujus*; certidão de nascimento dos herdeiros; declaração, com concordância expressa de todos os herdeiros, de inexistência de bens do *de cujus* a inventariar; certidão negativa do Cartório de Registro de Imóveis da comarca do último domicílio do falecido, comprovando a inexistência de imóvel urbano ou rural registrado em seu nome.

BENS E DIREITOS QUE DISPENSAM INVENTÁRIO E PARTILHA

Independerá de inventário ou de arrolamento o pagamento dos valores previstos na Lei n. 6.858, de 24.11.1980 (art. 666 do CPC).

A Lei n. 6.858/80 oferece a possibilidade de os dependentes, por meio de declaração, ou sucessores, via alvará judicial, receberem, independentemente de inventário, valores não recebidos em vida pelo falecido. Nesse caso, basta apresentar declaração solicitando o pagamento ou requerer o **alvará, em ambos os casos,** alegando a inexistência de outros bens a inventariar.

Em relação à declaração, consigna o Decreto n. 85.845/81:

> [...] Art. 2º A condição de dependente habilitado será declarada em documento fornecido pela instituição de Previdência ou, se for o caso, pelo órgão encarregado, na forma da legislação própria, do processamento do benefício por morte.
>
> Parágrafo único. Da declaração constarão, obrigatoriamente, o nome completo, a data de nascimento de cada um dos interessados e o respectivo grau de parentesco ou relação de dependência com o falecido.
>
> Art. 3º À vista da apresentação da declaração de que trata o art. 2º, o pagamento das quantias devidas será feito aos dependentes do falecido pelo empregador, repartição, entidade, órgão ou unidade civil ou militar, estabelecimento bancário, fundo de participação ou, em geral, por pessoa física ou jurídica, a quem caiba efetuar o pagamento.

Art. 4º A inexistência de outros bens sujeitos a inventário, para os fins do item V, parágrafo único, do art. 1º, será comprovada por meio de declaração, conforme modelo anexo, firmada pelos interessados perante a instituição onde esteja depositada a quantia a receber.

A dispensa de inventário se refere aos seguintes itens:

a) salários, vencimentos e/ou verbas trabalhistas;

b) FGTS;

c) PIS/Pasep;

d) restituições do imposto de renda;

e) saldos bancários (conta-corrente, investimentos ou caderneta de poupança), desde que em valores não excedentes a 500 BTNs e não haja outros bens a inventariar.

A seguir, reproduzimos a referida lei e seu regulamento na íntegra:

Lei n. 6.858, de 24 de novembro de 1980

Dispõe sobre o pagamento, aos dependentes ou sucessores, de valores não recebidos em vida pelos respectivos titulares (FGTS e PIS-Pasep)

Art. 1º Os valores devidos pelos empregadores aos empregados e os montantes das contas individuais do Fundo de Garantia do Tempo de Serviço e do Fundo de Participação PIS-Pasep, não recebidos em vida pelos respectivos titulares, serão pagos, em quotas iguais, aos dependentes habilitados perante a Previdência Social ou na forma da legislação específica dos servidores civis e militares, e, na sua falta, aos sucessores previstos na lei civil, indicados em alvará judicial, independentemente de inventário ou arrolamento.

§ 1º As quotas atribuídas a menores ficarão depositadas em cadernetas de poupança, rendendo juros e correção monetária, e só serão disponíveis após o menor completar 18 anos, salvo autorização do juiz para aquisição de imóvel destinado à residência do menor e de sua família ou para dispêndio necessário à subsistência e educação do menor.

§ 2º Inexistindo dependentes ou sucessores, os valores de que trata este artigo reverterão em favor, respectivamente, do Fundo de Previdência e Assistência Social, do Fundo de Garantia do Tempo de Serviço ou do Fundo de Participação PIS-PASEP, conforme se tratar de quantias devidas pelo empregador ou de contas de FGTS e do Fundo PIS-PASEP.

Art. 2º O disposto nesta Lei se aplica às restituições relativas ao imposto de renda e outros tributos, recolhidos por pessoa física, e, não existindo outros bens sujeitos a inventário, aos saldos bancários e de contas de caderneta de poupança e fundos de investimento de valor até 500 Obrigações do Tesouro Nacional.

Parágrafo único. Na hipótese de inexistirem dependentes ou sucessores do titular, os valores referidos neste artigo reverterão em favor do Fundo de Previdência e Assistência Social.

Art. 3º Esta Lei entrará em vigor na data de sua publicação.

Art. 4º Revogam-se as disposições em contrário.

Decreto n. 85.845, de 26 de março de 1981

Regulamenta a Lei n. 6.858, de 24.11.1980, que dispõe sobre o pagamento, aos sucessores, de valores não recebidos em vida pelos presentes titulares.

Art. 1º Os valores discriminados no parágrafo único deste artigo, não recebidos em vida pelos respectivos titulares, serão pagos, em quotas iguais, aos seus dependentes habilitados na forma do art. 2º.

Parágrafo único. O disposto neste Decreto aplica-se aos seguintes valores:

I – quantias devidas a qualquer título pelos empregadores a seus empregados, em decorrência de relação de emprego;

II – quaisquer valores devidos, em razão de cargo ou emprego, pela União, Estado, Distrito Federal, Territórios, Municípios e suas autarquias, aos respectivos servidores;

III – saldos das contas individuais do Fundo de Garantia do Tempo de Serviço e do Fundo de Participação PIS-PASEP;

IV – restituições relativas ao imposto de renda e demais tributos recolhidos por pessoas físicas;

V – saldos de contas bancárias, saldos de caderneta de poupança e saldos de contas de fundos de investimento, desde que não ultrapassem o valor de 500 (quinhentas) Obrigações do Tesouro Nacional e não existam, na sucessão, outros bens sujeitos a inventário.

Art. 2º A condição de dependente habilitado será declarada em documento fornecido pela instituição de Previdência ou, se for o caso, pelo órgão encarregado, na forma da legislação própria, do processamento do benefício por morte.

Parágrafo único. Da declaração constarão, obrigatoriamente, o nome completo, a data de nascimento de cada um dos interessados e o respectivo grau de parentesco ou relação de dependência com o falecido.

Art. 3º À vista da apresentação da declaração de que trata o art. 2º, o pagamento das quantias devidas será feito aos dependentes do falecido pelo empregador, repartição, entidade, órgão ou unidade civil ou militar, estabelecimento bancário, fundo de participação ou, em geral, por pessoa física ou jurídica, a quem caiba efetuar o pagamento.

Art. 4º A inexistência de outros bens sujeitos a inventário, para os fins do item V, parágrafo único, do art. 1º, será comprovada por meio de declaração, conforme modelo anexo, firmada pelos interessados perante a instituição onde esteja depositada a quantia a receber.

§ 1º As declarações feitas nos termos deste artigo ter-se-ão por verdadeiras até prova em contrário.

§ 2º A falsa declaração sujeitará o declarante às sanções previstas no Código Penal e demais cominações legais aplicáveis.

§ 3º Verificada, a qualquer tempo, a existência de fraude ou falsidade na declaração, será dado conhecimento do fato à autoridade competente, dentro de 5 (cinco) dias, para instauração de processo criminal.

Art. 5º Na falta de dependentes, farão jus ao recebimento das quotas de que trata o art. 1º deste Decreto os sucessores do titular, previstos na lei civil, indicados em alvará judicial, expedido a requerimento do interessado, independentemente de inventário ou arrolamento.

Art. 6º As quotas a que se refere o art. 1º, atribuídas a menores, ficarão depositadas em caderneta de poupança, rendendo juros e correção monetária, e só serão disponíveis após o menor completar 18 (dezoito) anos, salvo autorização do juiz para aquisição de imóvel destinado à residência do menor e de sua família ou para dispêndio necessário à subsistência e educação do menor.

Art. 7º Inexistindo dependentes ou sucessores, os valores de que trata o parágrafo do art. 1º reverterão em favor, respectivamente, do Fundo de Previdência e Assistência Social, do Fundo de Garantia do Tempo de Serviço ou do Fundo de Participação PIS-PASEP, conforme se tratar de quantias devidas pelo empregador ou de contas de FGTS e do Fundo PIS-PASEP.

Art. 8º Caberá ao Banco Central do Brasil, ao Banco Nacional da Habitação, à Caixa Econômica Federal, ao Banco do Brasil S.A. e aos demais órgãos e entidades da Administração Federal, Estadual e Municipal, nas respectivas áreas de competência, orientar e fiscalizar o cumprimento deste Decreto pelas pessoas físicas e jurídicas responsáveis pelo pagamento dos valores de que trata o art. 1º.

Art. 9º Ao Ministro Extraordinário para a Desburocratização caberá acompanhar e coordenar a execução do disposto neste Decreto, assim como dirimir as dúvidas suscitadas na sua aplicação.

Art. 10. Este Decreto entrará em vigor na data de sua publicação.

Art. 11. Revogam-se as disposições em contrário.

Outras hipóteses da inexigibilidade de inventário

1. *Partilha em vida*

Quando a partilha for feita pelos pais em comum, ou pelo pai ou pela mãe viúvos, individualmente, ela será permitida desde que, nos termos do art. 2.018 do Código Civil, sejam observadas:

a) a ausência de prejuízo à legítima dos herdeiros;

b) a aceitação expressa de todos os herdeiros.

2. *Recebimento de seguro de vida*

Não exige inventário o pagamento de valores de seguro de vida e de previdência privada, que são devidos aos beneficiários do segurado (aqueles indicados na apólice ou os herdeiros legítimos).

3. *Extinção do usufruto vitalício ou perpétuo*

Quando se verificar doação com reserva de usufruto em favor do doador, a extinção do usufruto se operará com o falecimento do doador (usufrutuário). Assim, para formalizar a extinção no Registro de Imóveis, o donatário (nu-proprietário) necessita tão somente instruir o requerimento com a certidão do registro de óbito do usufrutuário (art. 1.410, I, do CC).

4. *Extinção do fideicomisso* (originado de disposição testamentária, art. 1.951 do CC).

Adota-se o mesmo procedimento utilizado para a extinção do usufruto vitalício, retro.

DECLARAÇÃO DE INEXISTÊNCIA DE BENS A INVENTARIAR

Nos termos do art. 3º, do Decreto n. 85.845, de 26 de março de 1981, ... (nome completo), ... (nacionalidade), ... (estado civil), ... (profissão), RG n. ....-SSP/SP, CPF n. ...., residente na rua ...., n. ...., nesta cidade, DECLARA que .... (nome completo do falecido), já falecido, não deixou outros bens a serem inventariados, além do saldo (da conta bancária, da caderneta de poupança ou conta de fundo de investimento, conforme o caso) no .... (nome da instituição depositária), no valor de R$ .... (por extenso).

A presente declaração é feita sob as penas da lei, ciente, portanto, o declarante de que, em caso de falsidade, ficará sujeito às sanções previstas no Código Penal e às demais cominações legais aplicáveis.

(Local e data)

(Assinatura)

A declaração acima foi assinada em minha presença.

(Local e data)

(Assinatura do funcionário)

Observação:

A validade da declaração independe de formulário especial, sendo lícita, inclusive, a declaração manuscrita pelo interessado.

PEDIDO DE ALVARÁ

AO JUÍZO DE DIREITO DA VARA CÍVEL
Comarca de ....

................., brasileira, viúva, do lar, RG n. ...., CPF n. ...., endereço eletrônico ...., residente e domiciliada à rua dos Pinheiros, n. 710, nesta cidade, por seu procurador infra-assinado, mandato incluso, advogado inscrito na OAB ......, sob n. ......, endereço eletrônico ...., com escritório na rua ...., n. ......, nesta cidade, onde recebe intimações, vem respeitosamente perante este juízo requerer a concessão de

ALVARÁ JUDICIAL

nos termos do art. 666 do Código de Processo Civil e da Lei n. 6.858/80, pelos fatos e fundamentos que a seguir expõe:

1. A requerente é viúva de ...., falecido na data de ...... de .... de ......, com quem era casada pelo regime da comunhão universal de bens, conforme comprova com as certidões de casamento e de óbito inclusas.

2. Ao falecer, o *de cujus*, que não possui dependentes, deixou em caderneta de poupança do Banco do Brasil, agência ...., conta ...., nesta cidade, depósito no valor de R$ 3.000,00 (três mil reais).

3. Salvo o referido depósito, o falecido não deixou outros bens móveis ou imóveis de monta a inventariar, razão pela qual não foi procedida a abertura de inventário.

4. A Lei n. 6.858/80 dispõe sobre o pagamento aos dependentes ou sucessores de tais valores não recebidos em vida pelos respectivos titulares, dispondo a respeito:

> Art. 2º O disposto nesta Lei se aplica às restituições relativas ao imposto de renda e outros tributos, recolhidos por pessoa física, e, não existindo outros bens sujeitos a inventário, aos saldos bancários e de contas de caderneta de poupança e fundos de investimento de valor até 500 Obrigações do Tesouro Nacional.

> Art. 5º Na falta de dependentes, farão jus ao recebimento das quotas de que trata o art. 1º deste Decreto os sucessores do titular, previstos na lei civil, indicados em alvará judicial, expedido a requerimento do interessado, independentemente de inventário ou arrolamento. [Decreto n. 85.845/81]

Ademais, o art. 666 do Código de Processo Civil estatui que "independerá de inventário ou arrolamento o pagamento dos valores previstos na Lei n. 6.858, de 24 de novembro de 1980".

Diante do exposto, requer a este juízo a concessão de ALVARÁ autorizando a requerente a proceder o saque do valor depositado em conta poupança no valor mencionado, mais os rendimentos que houver, no Banco do Brasil, agência ...., conta ....

Termos em que,

P. deferimento.

......................, ... de .... de 20......

Advogado(a)

OAB/...... n. ......

INVENTÁRIO POR ARROLAMENTO

Modalidade de inventário sumário, fundado em partilha amigável, celebrada entre partes capazes, facultada aos herdeiros de pessoa falecida que tenha deixado bens, quando o valor destes for igual ou inferior a 1.000 salários mínimos, desde que sejam todos maiores e capazes (art. 664 do CPC). Cabe ao inventariante nomeado, nesse caso, apresentar, com suas declarações, a atribuição de valor aos bens do espólio e o plano da partilha, independentemente de assinatura de termo de compromisso (arts. 659 e segs. do CPC).

Excepcionalmente o inventário no qual haja interessado incapaz poderá ser processado dessa forma, desde que concordem todas as partes e o Ministério Público (art. 665 do CPC).

Na petição de inventário, que se processará na forma de arrolamento sumário, independentemente da lavratura de termos de qualquer espécie, os herdeiros: requererão ao juiz a nomeação do inventariante que designarem; declararão os títulos dos herdeiros e os bens do espólio, observado o disposto no art. 630; atribuirão valor aos bens do espólio, para fins de partilha (art. 660 do CPC).

INVENTÁRIO POR ARROLAMENTO

AO JUÍZO DE DIREITO DA ...... VARA CÍVEL
Comarca de ....

......................., brasileira, viúva, do lar, RG n. ...., CPF n. ...., endereço eletrônico ...., domiciliado nesta cidade e residente na rua ...., n. ......, por seu advogado infra-assinado, com instrumento de procuração incluso (doc. 1), advogado inscrito na OAB ......, sob n. ......, endereço eletrônico ...., com escritório na rua ...., n. ......, nesta cidade, onde recebe intimações, vem à presença deste juízo para, com fundamento no art. 660 do Código de Processo Civil, propor

INVENTÁRIO POR ARROLAMENTO

em razão do falecimento de seu marido, ..., brasileira, do lar, RG n. ...., CPF n. ...., com ...... anos de idade, ocorrido na data de ...., nesta cidade (certidão de óbito inclusa), com quem era casada sob o regime de comunhão universal de bens, sem deixar testamento, porém deixando filhos herdeiros, todos maiores e capazes.

Assim, na qualidade de cabeça de casal e desejando promover o inventário e partilha dos bens relativos à meação do falecido, em cuja posse e administração se encontra, atendendo ao que dispõem os arts. 660 e seguintes do Código de Processo Civil, requer a este juízo que se digne nomeá-la como inventariante, sendo admitida a prestar o compromisso legal, fazendo as declarações de direito e o que mais se fizer necessário até a conclusão do inventário e partilha.

Na oportunidade, relaciona os herdeiros, os bens deixados pelo *de cujus* a inventariar e a forma de partilha:

HERDEIROS (filhos):

1. ...., brasileiro, solteiro, comerciário, com ...... anos de idade, CPF n. ...., endereço eletrônico ...., domiciliado nesta cidade e residente na rua ...., n. ...... (doc. ......).

2. ...., brasileira, casada, professora, com ...... anos de idade, CPF n. ...., domiciliada na cidade de ...., residente na rua ...., n. ...... (doc. ......).

RELAÇÃO DE BENS:

1. Um apartamento, ... (descrever e localizar), no valor de R$ 250.000,00.

2. Um terreno, ... (descrever e localizar), no valor de R$ 150.000,00.

3. Um automóvel da marca .... (descrever e identificar), no valor de R$ 40.000,00.

4. Depósito na caderneta de poupança do banco ...., agência n. ......, conta n. ......, no valor de R$ 10.000,00.

PARTILHA:

A requerente declara que entre ela e seus filhos, ... e ...., todos maiores e capazes, ficou justo e combinado, por mútua convenção, o presente documento de partilha, referente aos bens deixados por falecimento do *de cujus*, nos seguintes termos:

1. Segundo a descrição e avaliação de fls. ......, o acervo do espólio perfaz o valor total de R$ 450.000,00 (quatrocentos e cinquenta mil reais), sendo esse representado pelos seguintes bens:

a) Um apartamento, ... (descrever e localizar), no valor de R$ 250.000,00.

b) Um terreno, ... (descrever e localizar), no valor de R$ 150.000,00.

c) Um automóvel da marca .... (descrever e identificar), no valor de R$ 40.000,00.

d) Depósito na caderneta de poupança do banco ...., agência n. ......, conta n. ......, no valor de R$ 10.000,00.

2. Deduzindo-se do valor total dos bens a importância de R$ 10.000,00 (dez mil reais), utilizada no pagamento da dívida ao credor ...., nas despesas de funeral e honorários de advogado, apura-se como patrimônio hereditário líquido e partível o valor de R$ 440.000,00 (quatrocentos e quarenta mil reais).

3. Considerando ter sido a viúva casada pelo regime de comunhão universal de bens, a ela cabe a metade do monte partível, sendo, portanto, a sua meação no valor de R$ 220.000,00 (duzentos e vinte mil reais). A outra metade, também no valor de R$ 220.000,00, que constitui a meação do inventariado, é dividida entre os dois filhos, cabendo a cada um a importância de R$ 110.000,00 (cento e dez mil reais).

4. Dessa forma, todos concordam que o pagamento dos respectivos quinhões seja feito da seguinte forma:

I – à viúva meeira .... são dados em pagamento os seguintes bens:

a) ....;

b) ....

II – ao filho herdeiro .... caberão os seguintes bens:

a) ....;

b) ....

III – à filha herdeira .... caberão os seguintes bens:

a) ....;

b) ....

Diante do exposto, requer que o presente pedido seja recebido e deferido para efeitos de processamento nos termos da lei.

Termos em que,

Requer e espera deferimento.

............, ... de .... de 20......

Advogado(a)

OAB/...... n. ......

INVENTÁRIO E PARTILHA EXTRAJUDICIAIS

Escritura pública de inventário

O art. 982 do Código de Processo Civil de 1973, cuja redação foi alterada pela Lei n. 11.441/2007, passou a admitir o procedimento extrajudicial para inventários e partilhas, permitindo que ambos possam ser feitos por escritura pública, no que foi repetido pelo CPC/2015. Para a utilização desse procedimento é mister preencher certos requisitos, *verbis*:

> Art. 610. Havendo testamento ou interessado incapaz, proceder-se-á ao inventário judicial.
>
> § 1º Se todos forem capazes e concordes, o inventário e a partilha poderão ser feitos por escritura pública, a qual constituirá documento hábil para qualquer ato de registro, bem como para levantamento de importância depositada em instituições financeiras.
>
> § 2º O tabelião somente lavrará a escritura pública se todas as partes interessadas estiverem assistidas por advogado ou por defensor público, cuja qualificação e assinatura constarão do ato notarial.

Em face do mencionado dispositivo, permite-se concluir que os requisitos para a lavratura das escrituras de inventários e partilhas são:

a) inexistência de interessados menores ou incapazes;

b) inexistência de testamento;[106]

c) consenso das partes;

---

106 A título de exceção judicialmente autorizada por motivação adequada, a Corregedoria-Geral de Justiça do Tribunal de Justiça do Estado de São Paulo publicou o Provimento n. 37/2016, que alterou o art. 129 das Normas de Serviço daquela Corregedoria, assim determinando, *verbis*:

"129. Diante da expressa autorização do juízo sucessório competente, nos autos do procedimento de abertura e cumprimento de testamento, sendo todos os interessados capazes e concordes, poderão ser feitos o inventário e a partilha por escritura pública, que constituirá título hábil para o registro imobiliário.

129.1. Poderão ser feitos o inventário e a partilha por escritura pública, também, nos casos de testamento revogado ou caduco, ou quando houver decisão judicial, com trânsito em julgado, declarando a invalidade do testamento, observadas a capacidade e a concordância dos herdeiros.

d) assistência por advogado.

É requisito indispensável à validade da escritura a participação de advogado comum ou dos advogados de cada parte, cuja qualificação e assinatura constarão do ato notarial.

O Conselho Nacional de Justiça, no mês de abril de 2007, editou a Resolução n. 35,[107] posteriormente aditada pelas Resoluções ns. 120/2010, 179/2013, 220/2016, 326/2020 e 452/2022, com o objetivo de disciplinar a lavratura dos atos notariais relacionados a inventário, partilha, separação consensual, divórcio consensual e extinção consensual de união estável por via administrativa. As regras de caráter geral contidas na resolução são as seguintes:

1. É livre a escolha do tabelião de notas, não se aplicando as regras de competência do Código de Processo Civil.

2. É facultada aos interessados a opção pela via judicial ou extrajudicial; podendo ser solicitada, a qualquer momento, a suspensão, pelo prazo de trinta dias, ou a desistência da via judicial, para a promoção da via extrajudicial.

3. As escrituras públicas de inventário e partilha consensuais não dependem de homologação judicial e são títulos hábeis para o registro civil e o registro imobiliário, para a transferência de bens e direitos, bem como para a promoção de todos os atos necessários à materialização das transferências de bens e levantamento de valores (Detran, Junta Comercial, Registro Civil de Pessoas Jurídicas, instituições financeiras, companhias telefônicas etc.).

4. O valor dos emolumentos deverá corresponder ao efetivo custo e à adequada e suficiente remuneração dos serviços prestados, conforme estabelecido no parágrafo único do art. 1º da Lei n. 10.169/2000, sendo vedada a fixação em porcentual incidente sobre o valor do negócio jurídico objeto dos serviços notariais e de registro (art. 3º, II, da Lei n. 10.169/2000).

5. A gratuidade prevista na norma adjetiva compreende as escrituras de inventário, partilha, separação e divórcio consensuais e pode ser obtida mediante simples declaração dos interessados de que não possuem condições de arcar com os emolumentos, ainda que as partes estejam assistidas por advogado constituído.

6. É necessária a presença do advogado, dispensada a procuração, ou do defensor público, na lavratura das escrituras aqui referidas, nelas constando seu nome e registro na OAB.

7. É vedada ao tabelião a indicação de advogado às partes, que deverão comparecer para o ato notarial acompanhadas de profissional de sua confiança. Se as partes não dispuserem de condições econômicas para contratar advogado, o ta-

---

129.2. Nas hipóteses do subitem 129.1, o Tabelião de Notas solicitará, previamente, a certidão do testamento e, constatada a existência de disposição reconhecendo filho ou qualquer outra declaração irrevogável, a lavratura de escritura pública de inventário e partilha ficará vedada, e o inventário far-se-á judicialmente".

107 *Vide* as resoluções em suas íntegras consultando Atos do Conselho, disponível em <www.cnj.jus.br>.

belião deverá recomendar-lhes a Defensoria Pública, onde houver, ou, na sua falta, a seccional da Ordem dos Advogados do Brasil.

8. A representatividade do espólio se dará por inventariante livremente designado pelas partes, sem a necessidade de obediência à ordem do art. 617 do Código de Processo Civil.

Facultatividade do uso do procedimento

Consta expressamente do § 1º do art. 610 do Código de Processo Civil a expressão "poderão" ser feitos por escritura pública. Por conseguinte, como também reforçado pela Resolução n. 35 do CNJ, é facultada aos interessados a opção pela via judicial ou extrajudicial (art. 2º). Já em se tratando de processo judicial em andamento, caso as partes pretendam inclinar-se pela via extrajudicial, poderão requerer ao juízo competente a suspensão pelo prazo de trinta dias ou a desistência da ação.

Portanto, resta desde logo pacificado que, ao teor da nova lei, não se permite aos juízes proceder ao arquivamento de ações de inventário e partilha que estejam tramitando judicialmente. Para deixar bem claro esse entendimento, a Corregedoria-Geral do Tribunal de Justiça de São Paulo, a pedido da OAB/SP, publicou mensagem aos magistrados paulistas alertando sobre a possibilidade de as partes optarem pela via judicial nos feitos previstos pela Lei n. 11.441/2007.

Inexistência de filhos incapazes

Um dos requisitos exigidos pela nova norma é que não haja filhos incapazes, obviamente com o objetivo de evitar eventuais prejuízos a essas pessoas, uma vez que nesses casos não haveria a intervenção do Ministério Público, necessária para zelar pelos seus interesses.

Consenso das partes

O inventário e a partilha somente poderão ser feitos por escritura mediante consenso ou por mútuo consentimento, como consta da nova regra. Não se admite, pois, que as partes compareçam em cartório demonstrando dúvidas ou discutindo questões ainda pendentes.

Partes no ato jurídico

As partes plenamente capazes e os respectivos cônjuges devem estar, na escritura, nomeados e qualificados (nacionalidade; profissão; idade; estado civil; regime de bens; data do casamento; pacto antenupcial e seu registro imobiliário, se houver; número do documento de identidade; número de inscrição no CPF/MF; domicílio e residência) (art. 20 da Resolução n. 35 do CNJ).

Admitem-se inventário e partilha extrajudiciais com viúvo(a) ou herdeiro(s) capazes, inclusive por emancipação (art. 12 da Resolução n. 35 do CNJ).

Os interessados que podem ou devem participar do ato de elaboração da escritura são os seguintes:

a) o cônjuge sobrevivente e herdeiros, com expressa menção ao grau de parentesco;

b) os cônjuges dos herdeiros, como partes, quando tiverem direito à meação (regimes de comunhão universal e comunhão parcial de bens), ou como anuentes, quando houver renúncia ou algum tipo de partilha que importe em transmissão, salvo no casamento sob o regime de separação absoluta (art. 17 da Resolução n. 35 do CNJ);

c) o(a) companheiro(a) que tenha direito a participar da sucessão (art. 1.790 do CC), observada a necessidade de ação judicial se não houver consenso de todos os herdeiros, inclusive quanto ao reconhecimento da união estável (art. 18 da Resolução n. 35 do CNJ). A meação de companheiro(a) pode ser reconhecida na escritura pública, desde que todos os herdeiros e interessados na herança, absolutamente capazes, estejam de acordo (arts. 18 e 19 da Resolução n. 35 do CNJ);

d) o herdeiro único. Havendo um só herdeiro com direito à totalidade da herança, não haverá partilha, mas sim uma escritura de inventário e adjudicação dos bens a esse interessado (art. 26 da Resolução n. 35 do CNJ);

e) o cessionário. É possível a promoção de inventário extrajudicial por cessionário de direitos hereditários, mesmo na hipótese de cessão de parte do acervo, desde que todos os herdeiros estejam presentes e concordes (art. 16 da Resolução n. 35 do CNJ). Quando não seja dele a iniciativa, o cessionário pode comparecer em substituição ao herdeiro cedente, assumindo a posição de parte no procedimento de inventário.

Embora o autor da herança não seja parte, a escritura pública deve indicar seu nome, qualificação completa (nacionalidade, profissão, idade, estado civil, regime de bens, data do casamento, pacto antenupcial e seu registro imobiliário [se houver], número do documento de identidade, número de inscrição no CPF/MF, domicílio, residência), dia e lugar em que faleceu, livro, folhas, número do termo e unidade de serviço em que consta o registro do óbito, data da expedição da certidão de óbito apresentada e menção de que não deixou testamento.

Representação do espólio

É obrigatória a nomeação de interessado na escritura pública de inventário e partilha, para representar o espólio, com poderes de inventariante, no cumprimento de obrigações ativas ou passivas pendentes, sem a necessidade de seguir a ordem prevista no art. 617 do Código de Processo Civil (art. 11 da Resolução n. 35 do CNJ).

Objeto do inventário/partilha

O inventário é o procedimento utilizado tanto para a atribuição dos direito de meação ao cônjuge sobrevivente como para a partilha da herança, isto é, a atribuição dos quinhões aos herdeiros.

Cumpre, no entanto, distinguir entre meação e herança. A *meação* consiste na metade do patrimônio do casal e sua existência depende do regime de bens adotado no casamento. Pode ou não existir, dependendo de serem ou não comunicáveis os bens deixados pelo falecido; a *herança* consiste na parte dos bens deixada pelo autor da herança depois de apartada eventual meação do cônjuge sobrevivente. É a parte a ser partilhada entre os herdeiros.

Cabe lembrar que, dependendo do regime de bens, o cônjuge pode ser, ao mesmo tempo, meeiro e herdeiro, concorrendo na herança com os descendentes, conforme regulado no art. 1.829 do Código Civil, e, na falta de descendentes, com os ascendentes do falecido, qualquer que seja o regime de bens.

Conteúdo da escritura

A escritura pública de inventário e partilha conterá a qualificação completa do autor da herança, o regime de bens do casamento, o pacto antenupcial e seu registro imobiliário, se houver, o dia e o lugar em que faleceu o autor da herança, a data da expedição da certidão de óbito, livro, folha, número do termo e unidade de serviço em que consta o registro do óbito e a menção ou declaração dos herdeiros de que o autor da herança não deixou testamento nem outros herdeiros, sob as penas da lei (art. 21 da Resolução n. 35 do CNJ).

Documentos necessários

São exigidos para a lavratura da escritura os seguintes documentos (art. 22 da Resolução n. 35 do CNJ):

a) certidão de óbito do autor da herança;

b) documento de identidade oficial e CPF das partes e do autor da herança;

c) certidão comprobatória do vínculo de parentesco dos herdeiros;

d) certidão de casamento do cônjuge sobrevivente e dos herdeiros casados e pacto antenupcial, se houver;

e) certidão de propriedade de bens imóveis e direitos a eles relativos;

f) documentos necessários à comprovação da titularidade dos bens móveis e direitos, se houver;

g) certidão negativa de tributos;

h) Certificado de Cadastro de Imóvel Rural – CCIR, se houver imóvel rural a ser partilhado.

Os documentos apresentados no ato da lavratura da escritura devem ser originais ou em cópias autenticadas, salvo os de identidade das partes, que sempre serão originais (art. 23 da Resolução n. 35 do CNJ).

Comprovação da titularidade dos bens

Quanto a este item, recomendam-se:

a) **Bens imóveis:** Prova de domínio por certidão de propriedade atualizada. Se imóvel urbano, basta menção à sua localização e ao número da matrícula; sendo caso de imóvel rural, descrever e caracterizar tal como constar no registro imobiliário, havendo, ainda, a necessidade de apresentação e menção da escritura do Certificado de Cadastro do Incra e da prova de quitação do imposto territorial rural, relativo aos últimos cinco anos (art. 22, §§ 2º e 3º, da Lei n. 4.947/66).

b) **Imóvel com construção** – ou aumento de área construída – sem prévia averbação no registro imobiliário: apresentação de documento comprobatório expedido pela prefeitura e, se for o caso, CND-INSS, para inventário e partilha.

c) **Imóvel demolido**, com alteração de cadastro de contribuinte, de número do prédio, de nome de rua: Mencionar no título a situação antiga e a atual, mediante apresentação do respectivo comprovante.

d) **Bens móveis:** Apresentar documento comprobatório de domínio e valor, se houver. Descrevê-los com os sinais característicos (máquinas, veículos etc.). Dinheiro, joias, objetos de ouro e prata e pedras preciosas serão indicados com especificação da qualidade, peso e importância.

e) **Ações, quotas em empresas e títulos:** Devem ter as devidas especificações.

Ressalte-se que a cada bem do espólio deverá constar o respectivo valor atribuído pelas partes, além do valor venal, quando imóveis ou veículos automotores.

Valor da escritura

É vedada a fixação de emolumentos em porcentual incidente sobre o valor do negócio jurídico objeto dos serviços notariais e de registro (art. 3º, III, da Lei n. 10.169/2000). Nesse caso, o valor dos emolumentos deverá corresponder ao efetivo custo e à adequada e suficiente remuneração dos serviços prestados, conforme estabelecido no parágrafo único do art. 1º da Lei n. 10.169/2000, observando-se, quanto à sua fixação, as regras previstas no art. 3º da citada lei (arts. 4º e 5º da Resolução n. 35 do CNJ).

Caso as partes não dispuserem de condições econômicas para o pagamento do valor da escritura, terão direito à gratuidade prevista na Resolução n. 35/2007, bastando, para tanto, simples declaração de que não possuem condições de arcar com os emolumentos, ainda que sejam assistidas por advogado constituído (art. 7º da Resolução n. 35 do CNJ). A gratuidade, no entanto, não isenta as partes do pagamento do imposto de transmissão, que deve ser recolhido antes da lavratura da escritura (art. 15 da Resolução n. 35 do CNJ).

Sobrepartilha

Admite-se a sobrepartilha por escritura pública, ainda que referente a inventário e partilha judiciais já findos, mesmo que o herdeiro, hoje maior e capaz, fosse menor ou incapaz ao tempo do óbito ou do processo judicial (art. 25 da Resolução n. 35 do CNJ).

Os bens deixados para sobrepartilha são aqueles que dependem de decisão por serem litigiosos, os sonegados, os que se achem em lugar distante ou de difícil acesso e os que se apurem posteriormente.

Escritura de retificação da partilha

A escritura pública pode ser retificada desde que haja o consentimento de todos os interessados. Os erros materiais poderão ser corrigidos, de ofício ou mediante requerimento de qualquer das partes, ou de seu procurador, por averbação à margem do ato notarial ou, não havendo espaço, por escrituração própria lançada no livro das escrituras públicas e anotação remissiva (art. 13 da Resolução n. 35 do CNJ).

Tais erros, que podem decorrer de tomadas de dados na escritura (*v. g.*, RG, CPF, descrição de bens, número da matrícula etc.), serão retificados mediante outra escritura pública. O advogado pode ser constituído procurador para representar as partes em eventuais escrituras de rerratificação, evitando o novo comparecimento de todos na serventia.

Inventário negativo

É também admissível inventário negativo por escritura pública, quando inexistem bens a inventariar (art. 28 da Resolução n. 35 do CNJ). A sua formalização se justifica principalmente quando se pretende cumprir a exigência obrigatória do regime de separação de bens no casamento de nubente com mais de 70 anos de idade (arts. 1.523 e 1.641 do CC).

A lavratura da escritura de inventário negativo exige a apresentação dos seguintes documentos:

a) certidão do óbito e certidão de casamento do *de cujus*;

b) certidão de nascimento dos herdeiros;

c) declaração, com concordância expressa de todos os herdeiros, de inexistência de bens do *de cujus* a inventariar;

d) certidão negativa do Cartório de Registro de Imóveis da comarca do último domicílio do falecido, comprovando a inexistência de imóvel urbano ou rural registrado em seu nome.

Assistência por advogado

Tal como ocorre com as separações e os divórcios consensuais, é imprescindível a participação do advogado ou do defensor público nos atos extrajudiciais de inventários e partilhas (art. 610, § 1º, do CPC), devendo constar do instrumento o nome, o número de inscrição na OAB e a assinatura do advogado. Nesse caso, as partes poderão ser assistidas por advogado comum ou advogados de cada uma delas. Será dispensado o instrumento de procuração na hipótese de o advogado comparecer juntamente com as partes ao ato de assinatura da escritura. Caso não possam as partes comparecer, uma vez que o comparecimento é dispensável, exige-se do advogado procuração por instrumento público, com poderes específicos e com a descrição das cláusulas essenciais do acordo em relação à partilha de bens. O prazo de validade da procuração será de, no máximo, de trinta dias.

Caso as partes compareçam sem advogado, compete ao tabelião (notário) alertá-las a respeito da necessidade da sua intervenção, sendo vedada a indicação de advogado. Não dispondo de condições econômicas para contratar advogado, o tabelião deverá recomendar-lhes a Defensoria Pública, onde houver, ou, na sua falta, a seccional da Ordem dos Advogados do Brasil (art. 9º da Resolução n. 35 do CNJ).

Consta, ainda, do Provimento n. 118/2007 do Conselho Federal da OAB que é vedada a atuação de advogado que esteja direta ou indiretamente vinculado ao cartório respectivo, ou a serviço deste, e que fica proibida a indicação ou recomendação de nomes e a publicidade específica de advogados nos recintos dos mesmos cartórios.

Responsabilidade do tabelião

O tabelião poderá se negar a lavrar a escritura de inventário ou partilha se houver fundados indícios de fraude ou em caso de dúvidas sobre a declaração de vontade de algum dos herdeiros, fundamentando a recusa por escrito (art. 32 da Resolução n. 35 do CNJ).

Validade da escritura

As escrituras públicas de inventário e partilha não dependem de homologação e são títulos hábeis para formalizar a transmissão de domínio, conforme os termos nela expressos, não só para o registro imobiliário como também para a promoção dos demais atos subsequentes que se fizerem necessários à materialização das transferências de bens e levantamento de valores (Detran, Junta Comercial, Registro Civil de Pessoas Jurídicas, Bancos, companhias telefônicas, etc.) (art. 3º da Resolução n. 35 do CNJ).

ESCRITURA PÚBLICA DE PARTILHA SEM TESTAMENTO

Escritura pública de partilha *causa mortis* que fazem ....

Saibam os que virem esta escritura pública de partilha *causa mortis* que, aos .... (......) dias do mês de .... do ano de dois mil e ...., nesta cidade de ...., ..., neste ...... Tabelionato, compareceram devidamente identificados e capazes para o ato como

OUTORGANTES E RECIPROCAMENTE OUTORGADOS

....

(qualificação completa dos contratantes)

INTERVENIENTE/ASSISTENTE

....

(constar na qualificação inclusive o número de inscrição na OAB).

ATO

I – Partilha *causa mortis* – Disseram os outorgantes e reciprocamente outorgados, devidamente assistidos por seu advogado, acima qualificado, que requerem sejam feitos o inventário e a partilha dos bens deixados por falecimento de ...., e declaram o seguinte: **1 – do autor da herança e do seu falecimento** – .... era brasileiro, casado, era filho de .... e de .... e nasceu em ...., neste estado, no dia ...... de ......de ....; faleceu em ....../....../......, nesta cidade, onde era domiciliado, conforme Certidão do Assento de Óbito n. ...., do Livro C – ......, folha ......, de ....../....../......, do Ofício do Registro Civil das Pessoas Naturais da ..... Zona desta cidade; o *de cujus* foi casado com .... sob o regime da comunhão universal de bens, desde ....../....../......, razão pela qual esta é sua meeira, e com quem teve um único filho, ..., acima qualificado, seu único herdeiro; **2 – da inexistência de testamento** – não há testamento conhecido, tendo sido apresentada a informação negativa de existência de testamento expedida pelo Colégio Notarial do Brasil – Seção ...., responsável pelo Arquivo Central de Testamentos do Estado do ...., conforme certidão emitida em ....../....../......, adiante apresentada; **3 – da nomeação de inventariante** – o único herdeiro nomeia inventariante do espólio de .... a viúva meeira ...., nos termos do art. 617 do Código de Processo Civil, conferindo-lhe todos os poderes que se fizerem necessários para representar o espólio em juízo ou fora dele, podendo praticar todos os atos de administração dos bens que possam eventualmente estar fora deste inventário e que serão objeto de futura sobrepartilha, nomear advogado em nome do espólio, ingressar em juízo, ativa ou passivamente, podendo enfim praticar todos os atos que se fizerem necessários à defesa do espólio e do cumprimento de suas eventuais obrigações formais, tais como outorga de escrituras de imóveis já vendidos e quitados; a nomeada declara que aceita este encargo, prestando compromisso de cumprir eficazmente seu mister, comprometendo-se, desde já, a prestar conta ao herdeiro, se por ele solicitado; a inventariante também declara estar ciente da responsabilidade civil e criminal pela declaração de bens e herdeiros e veracidade de todos os fatos aqui relatados; **4 – dos bens** – .... deixou os seguintes bens a ser inventariados: **4.1** – (imóvel: descrição completa, conforme matrícula e sua procedência) ....; valor atribuído a este bem: R$ ....; **4.2** – (veículo: descrição conforme certificado de propriedade do Detran) ....; valor atribuído a este bem: R$ ....; atribuem ao monte-mor o VALOR de R$ .... (...................); **5 – da inexistência de dívidas** – o espólio não tem dívidas, razão por que não há passivo a declarar; **6 – da partilha** – assim, a partilha dos bens deixados por .... se dará entre a viúva meeira .... e o único herdeiro ...., assim: **6.1** – à ...., em pagamento de sua meação, que é de R$ .... (........................ mil reais), caberá a fração ideal de 1/2 em cada um dos bens, no valor de R$ .... (..................... mil reais) e R$ .... (........................ mil reais) cada quinhão, respectivamente; **6.2** – ao herdeiro ...., em pagamento de sua legítima, que é de R$ .... (........... ....), caberá a fração ideal de 1/2 em cada um dos bens, no valor de R$ .... (......... .... mil reais) e R$ .... (........................ mil reais) cada quinhão, respectivamente.

DECLARAÇÕES

Disseram os contratantes que requerem e autorizam aos registradores de imóveis de .... e do Centro de Registro de Veículos Automotores de .... que procedam às averbações e/ou registros de transferência necessários, para que fique constando a partilha ora efetivada nos títulos e/ou certificados de propriedade dos bens acima descritos.

Disseram, ainda, os outorgantes e reciprocamente outorgados, sob as penas da lei, que inexistem ônus e ações reais e pessoais reipersecutórias referentes ao imóvel objeto desta partilha; aceitam esta escritura, nos termos referidos.

Disse o interveniente/assistente que dá inteiro e irrevogável consentimento à presente escritura de partilha, e que, na qualidade de advogado da meeira e do herdeiro, assessorou e aconselhou seus constituintes, tendo conferido a correção da partilha e seus valores de acordo com a lei.

DOCUMENTOS APRESENTADOS

– Certidões negativas de ônus e de ações reais e pessoais reipersecutórias referentes ao imóvel objeto da matrícula n. ......, expedida em .... pelo Registro de Imóveis de ...., que acompanham o traslado desta escritura;

– Certificado de Registro e Licenciamento de Veículo n. .... referente ao veículo ....;

– Guia Informativa e de Arrecadação n. ...., do imposto de transmissão de R$ ...., quitada no Banco ...., em ....../....../......, com avaliação de R$ ...., atribuída pela Exatoria Estadual, em ....../....../.................., aqui arquivada;

– Certidão negativa de débito de IPTU, expedida em .... pela municipalidade de ...., declarando achar-se o imóvel quite com os tributos municipais, até aquela data, aqui arquivada;

– Certidão negativa de débito expedida em .... pela municipalidade de ...., declarando achar-se .... (o *de cujus*) quite com quaisquer tributos municipais até ...., aqui arquivada;

– Certidão de situação fiscal n. ...., expedida pela Secretaria da Fazenda estadual, em ....../....../......, declarando que .... (o *de cujus*) nada deve à Fazenda estadual até aquela data, aqui arquivada;

– Certidão conjunta negativa de débitos relativos a tributos federais e à dívida ativa da União emitida em favor de .... (*de cujus*), às ...... horas do dia ....../....../......, com validade até ....../....../......;

– Certidão negativa de testamento, expedida pelo Colégio Notarial do Brasil, Seção ...., em ....../....../......, consulta n. ...., declarando não existir registro da lavratura de testamento público, aprovação de testamento cerrado ou revogação de testamento comunicado(s) pelo(s) serviço(s) notarial(ais) deste estado, em nome de ...., inscrito no CPF sob n. ...., aqui arquivada.

Assim ajustados, pediram a lavratura deste ato que, após lido em voz alta a todos os presentes, acharam conforme, aceitam e assinam.

........................, ... de .... de 20......

Advogado(a)

OAB/...... n. ......

4. AÇÃO DE EXECUÇÃO

Considerando que a reforma do processo de execução do Código de Processo Civil de 1973, promovida pela Lei n. 11.232/2005, e agora também recepcionada pelo Código de 2015, eliminou a necessidade de execução da sentença condenatória, hoje não se permite mais falar em execução e sim em cumprimento de sentença condenatória, considerada esta título executivo judicial, tudo de conformidade com os arts. 513 e seguintes do Código de Processo Civil (*v.* Capítulo 6).

Desse modo, o processo de execução ficou restrito à execução que tenha por fundamento títulos extrajudiciais (art. 771 do CPC).

Para esse efeito, segundo o art. 784 do Código de Processo Civil, os títulos executivos extrajudiciais são:

> I – a letra de câmbio, a nota promissória, a duplicata, a debênture e o cheque;
> II – a escritura pública ou outro documento público assinado pelo devedor;
> III – o documento particular assinado pelo devedor e por 2 (duas) testemunhas;
> IV – o instrumento de transação referendado pelo Ministério Público, pela Defensoria Pública, pela Advocacia Pública, pelos advogados dos transatores ou por conciliador ou mediador credenciado por tribunal;
> V – o contrato garantido por hipoteca, penhor, anticrese ou outro direito real de garantia e aquele garantido por caução;
> VI – o contrato de seguro de vida em caso de morte;
> VII – o crédito decorrente de foro e laudêmio;
> VIII – o crédito, documentalmente comprovado, decorrente de aluguel de imóvel, bem como de encargos acessórios, tais como taxas e despesas de condomínio;
> IX – a certidão de dívida ativa da Fazenda Pública da União, dos Estados, do Distrito Federal e dos Municípios, correspondente aos créditos inscritos na forma da lei;
> X – o crédito referente às contribuições ordinárias ou extraordinárias de condomínio edilício, previstas na respectiva convenção ou aprovadas em assembleia geral, desde que documentalmente comprovadas;
> XI – a certidão expedida por serventia notarial ou de registro relativa a valores de emolumentos e demais despesas devidas pelos atos por ela praticados, fixados nas tabelas estabelecidas em lei;
> XI-A – o contrato de contragarantia ou qualquer outro instrumento que materialize o direito de ressarcimento da seguradora contra tomadores de seguro-garantia e seus garatidores;
> XII – todos os demais títulos aos quais, por disposição expressa, a lei atribuir força executiva.

A ação de execução tem como fundamento a não satisfação, pelo devedor, de obrigação certa, líquida e exigível consubstanciada em um dos títulos executivos extrajudiciais enumerado no art. 784 do Código de Processo Civil (art. 786 do CPC). Será sempre iniciada com a petição inicial, acompanhada do título, a qual, uma vez distribuída e recebida pelo juiz, ensejará a citação do devedor para pagar a dívida ou cumprir a obrigação no prazo de três dias (art. 829 do CPC).

AÇÃO DE EXECUÇÃO POR QUANTIA CERTA

A ação de execução por quantia certa é fundada na cobrança de crédito, com valor determinado, representado por título de crédito (letra de câmbio, nota promissória, duplicata, debênture, cheque) ou qualquer outro documento representativo do crédito do exequente.

A execução realiza-se mediante expropriação de bens do executado, que consiste em (art. 825 do CPC): adjudicação; alienação; apropriação de frutos e rendimentos de empresa ou de estabelecimentos e de outros bens.

No que tange à expropriação dos rendimentos e recebíveis de empresa/executada, em consonância com a excepcionalidade dos efeitos econômicos da pandemia de Covid-19, assim se posicionou o TJSP:

> Agravo de Instrumento. Ação indenizatória em fase de cumprimento de sentença – Decisão que indeferiu pedido de suspensão da penhora de 5% do faturamento da agravante pelo prazo de 90 dias – Crise econômica desencadeada pela pandemia de Covid-19 que é notória e tem gerado efeitos ainda mais graves nas entidades que prestam serviços à saúde – Caracterização de dificuldade momentânea no cumprimento da obrigação – Reforma da decisão agravada para suspensão dos depósitos pelo prazo de 30 dias. Dá-se provimento em parte ao recurso (Ag. n. 2077867-40.2020.8.26.0000, Rel. Christine Santini, j. 14.09.2020).

> EXECUÇÃO DE TÍTULO EXTRAJUDICIAL. PENHORA SOBRE RECEBÍVEIS. Insurgência em face de decisão que determinou penhora sobre recebíveis da executada oriundos de sistemas de pagamento eletrônicos ou cartões de crédito. Decisão mantida. Recebíveis de operadoras de cartão de crédito se equiparam a faturamento da empresa, cuja penhora já havia sido deferida em 2018. Precedente. Percentual determinado excessivamente elevado no contexto da pandemia, que já dificulta a sobrevivência dos restaurantes em geral. Provimento parcial para reduzir o percentual de penhora para 5% dos recebíveis, de modo a viabilizar a continuidade do negócio. Recurso parcialmente provido (Ag. n. 2191767-98.2020.8.26.0000, Rel. Carlos Alberto de Salles, j. 19.09.2020).

LEGITIMIDADE ATIVA PARA A AÇÃO

Possuem legitimidade para propor a ação de execução (ou execução forçada) o credor a quem a lei confere título executivo (art. 778 do CPC). Também podem promover a ação ou nela prosseguir, em sucessão ao exequente originário:

> I – o Ministério Público, nos casos previstos em lei;
> II – o espólio, os herdeiros ou os sucessores do credor, sempre que, por morte deste, lhes for transmitido o direito resultante do título executivo;
> III – o cessionário, quando o direito resultante do título executivo lhe for transferido por ato entre vivos;
> IV – o sub-rogado, nos casos de sub-rogação legal ou convencional.
> § 2º A sucessão prevista no § 1º independe de consentimento do executado.

LEGITIMIDADE PASSIVA NA EXECUÇÃO

No concernente ao polo passivo da execução, a ação poderá ser proposta contra (art. 779 do CPC):

> I – o devedor, reconhecido como tal no título executivo;
>
> II – o espólio, os herdeiros ou os sucessores do devedor;
>
> III – o novo devedor que assumiu, com o consentimento do credor, a obrigação resultante do título executivo;
>
> IV – o fiador do débito constante em título extrajudicial;
>
> V – o responsável titular do bem vinculado por garantia real ao pagamento do débito;
>
> VI – o responsável tributário, assim definido em lei.

O exequente pode cumular várias execuções, ainda que fundadas em títulos diferentes, quando o executado for o mesmo e desde que para todas elas seja competente o mesmo juízo e idêntico o procedimento (art. 780 do CPC).

FORO COMPETENTE PARA A AÇÃO

A execução fundada em título extrajudicial será processada perante o juízo competente, observando-se o seguinte (art. 781 do CPC):

> I – a execução poderá ser proposta no foro de domicílio do executado, de eleição constante do título ou, ainda, de situação dos bens a ela sujeitos;
>
> II – tendo mais de um domicílio, o executado poderá ser demandado no foro de qualquer deles;
>
> III – sendo incerto ou desconhecido o domicílio do executado, a execução poderá ser proposta no lugar onde for encontrado ou no foro de domicílio do exequente;
>
> IV – havendo mais de um devedor, com diferentes domicílios, a execução será proposta no foro de qualquer deles, à escolha do exequente;
>
> V – a execução poderá ser proposta no foro do lugar em que se praticou o ato ou em que ocorreu o fato que deu origem ao título, mesmo que nele não mais resida o executado.

Por pertinente, insta acrescentar que a Lei n. 9.099/95, que instituiu os Juizados Especiais Cíveis, possibilita, no art. 3º, § 1º, II, que nesses juizados se processem as execuções de títulos executivos extrajudiciais no valor de até quarenta vezes o salário mínimo.

PROCESSAMENTO DA AÇÃO

Petição inicial

Cumpre ao credor, ao requerer a execução, pedir a citação do devedor e instruir a petição inicial (art. 798 do CPC):

a) o título executivo extrajudicial;

b) o demonstrativo do débito atualizado até a data de propositura da ação, quando se tratar de execução por quantia certa. O demonstrativo deverá conter: o índice de correção monetária adotado; a taxa de juros aplicada; os termos inicial e final de incidência do índice de correção monetária e da taxa de juros utilizados; a periodicidade da capitalização dos juros, se for o caso; a especificação de desconto obrigatório realizado.

c) a prova de que se verificou a condição ou ocorreu o termo, se for o caso;

d) a prova, se for o caso, de que adimpliu a contraprestação que lhe corresponde ou que lhe assegura o cumprimento, se o executado não for obrigado a satisfazer a sua prestação senão mediante a contraprestação do exequente.

Cabe-lhe, também, indicar:

a) a espécie de execução de sua preferência, quando por mais de um modo puder ser realizada;

b) os nomes completos do exequente e do executado e seus números de inscrição no Cadastro de Pessoas Físicas ou no Cadastro Nacional da Pessoa Jurídica;

c) os bens suscetíveis de penhora, sempre que possível.

Finalmente, incumbe ainda ao exequente, conforme seja a modalidade de título executivo (art. 799 do CPC):

> I – requerer a intimação do credor pignoratício, hipotecário, anticrético ou fiduciário, quando a penhora recair sobre bens gravados por penhor, hipoteca, anticrese ou alienação fiduciária;
>
> II – requerer a intimação do titular de usufruto, uso ou habitação, quando a penhora recair sobre bem gravado por usufruto, uso ou habitação;
>
> III – requerer a intimação do promitente comprador, quando a penhora recair sobre bem em relação ao qual haja promessa de compra e venda registrada;
>
> IV – requerer a intimação do promitente vendedor, quando a penhora recair sobre direito aquisitivo derivado de promessa de compra e venda registrada;
>
> V – requerer a intimação do superficiário, enfiteuta ou concessionário, em caso de direito de superfície, enfiteuse, concessão de uso especial para fins de moradia ou concessão de direito real de uso, quando a penhora recair sobre imóvel submetido ao regime do direito de superfície, enfiteuse ou concessão;
>
> VI – requerer a intimação do proprietário de terreno com regime de direito de superfície, enfiteuse, concessão de uso especial para fins de moradia ou concessão de direito real de uso, quando a penhora recair sobre direitos do superficiário, do enfiteuta ou do concessionário;

VII – requerer a intimação da sociedade, no caso de penhora de quota social ou de ação de sociedade anônima fechada, para o fim previsto no art. 876, § 7º;

VIII – pleitear, se for o caso, medidas urgentes;

IX – proceder à averbação em registro público do ato de propositura da execução e dos atos de constrição realizados, para conhecimento de terceiros;

X – requerer a intimação do titular da construção-base, bem como, se for o caso, do titular de lajes anteriores, quando a penhora recair sobre o direito real de laje;

XI – requerer a intimação do titular das lajes, quando a penhora recair sobre a construção-base.

Citação do devedor

O executado será citado para, no prazo de três dias, efetuar o pagamento da dívida (art. 829 do CPC), podendo o credor, na petição inicial, indicar bens a serem penhorados, obedecendo à ordem prevista no art. 835, salvo se outros forem indicados pelo executado e aceitos pelo juiz, mediante demonstração de que a constrição proposta lhe será menos onerosa e não trará prejuízo ao exequente. Do mandado de citação constarão, também, a ordem de penhora e a avaliação a serem cumpridas pelo oficial de justiça tão logo verificado o não pagamento no prazo assinalado, de tudo lavrando-se auto, com intimação do executado.

Sendo inexitosa a citação, em face de não ter sido encontrado o executado, o oficial de justiça poderá proceder ao arresto de bens, indicados pelo credor ou os que o próprio oficial localizar, em valor suficiente para garantir a execução (art. 830 do CPC).

Nos dez dias seguintes à efetivação do arresto, o oficial de justiça procurará o executado duas vezes em dias distintos e, havendo suspeita de ocultação, realizará a citação com hora certa, certificando pormenorizadamente o ocorrido. Frustrada a citação pessoal, incumbe ao exequente requerer a citação por edital. Aperfeiçoada a citação e transcorrido o prazo de pagamento, o arresto converter-se-á em penhora, independentemente de termo.

Exceção de pré-executividade

Muito embora a ferramenta processualmente adequada à oposição a Execução seja o manejo dos respectivos Embargos, fato é que doutrinariamente se construiu e jurisprudencialmente se aceitou a incidência da Exceção de Pré-Executividade como instrumento hábil a apontar vícios de ordem pública que inviabilizem o prosseguimento do processo de execução.

Assim, o STJ editou, em 7 de outubro de 2009, a Súmula 393, admitindo a exceção de pré-executividade em matéria fiscal. Ainda, apesar de não haver menção explícita a respeito na legislação processual, os arts. 525 e 803 do CPC apontam fundamentos da exceção de pré-executividade – a ser lançada nos próprios autos da execução – nos seguintes termos:

Art. 525. Transcorrido o prazo previsto no art. 523 sem o pagamento voluntário, inicia-se o prazo de 15 (quinze) dias para que o executado, independentemente de penhora ou nova intimação, apresente, nos próprios autos, sua impugnação.

§ 1º Na impugnação, o executado poderá alegar:

I – falta ou nulidade da citação se, na fase de conhecimento, o processo correu à revelia;

II – ilegitimidade de parte;

III – inexequibilidade do título ou inexigibilidade da obrigação;

IV – penhora incorreta ou avaliação errônea;

V – excesso de execução ou cumulação indevida de execuções;

VI – incompetência absoluta ou relativa do juízo da execução;

VII – qualquer causa modificativa ou extintiva da obrigação, como pagamento, novação, compensação, transação ou prescrição, desde que supervenientes à sentença.

Art. 803. É nula a execução se:

I – o título executivo extrajudicial não corresponder a obrigação certa, líquida e exigível;

II – o executado não for regularmente citado;

III – for instaurada antes de se verificar a condição ou de ocorrer o termo.

Parágrafo único. A nulidade de que cuida este artigo será pronunciada pelo juiz, de ofício ou a requerimento da parte, independentemente de embargos à execução.

Assim, muito embora o art. 525 aponte o prazo de 15 dias para impugnação, uma vez que a exceção de pré-executividade aponte vícios de forma e composição do título executivo que caracterizem nulidade, pode ser avocada a qualquer tempo e instância, respeitados os regramentos dos arts. 276 a 283 do CPC.

PETIÇÃO DE EXCEÇÃO DE PRÉ-EXECUTIVIDADE

EXCELENTÍSSIMO SENHOR DOUTOR JUIZ DE DIREITO DA ...ª VARA CÍVEL DA COMARCA DE ....

s/Execução

Autos n. ....

.............................., já qualificada nos autos da AÇÃO DE EXECUÇÃO em curso, cuja parte Exequente é ...., vem, mui respeitosamente, à presença de Vossa Excelência, no exercício dos seus constitucionais direitos ao contraditório e de peticionamento, por seu advogado, infra-assinado (mandato anexo), opor a presente

EXCEÇÃO DE PRÉ-EXECUTIVIDADE, lastreada nas razões de fato e de direito que passa a expor:

I – DOS FATOS

A Exequente distribuiu ação de execução com base em documentos caracterizados como ...., apontando o valor de R$ .... (.....) como sendo o *quantum debeatur* perquirido.

Todavia, ...

II – DO DIREITO

CABIMENTO DA EXCEÇÃO

Como se sabe, a exceção de pré-executividade é uma construção doutrinária e jurisprudencial, surgida em 1967 sob as letras do sempre propalado Pontes de Miranda, no caso das Indústrias Mannesmann, no qual sustentou o referido jurista que uma nulidade do processo de execução pode ser suscitada a qualquer momento no processo executivo, sem a necessidade da penhora e/ou garantia, no sentido de se garantir a tutela jurisdicional, sem ônus, a quem de direito.

Bem por isso, essa ideia foi se proliferando, até que o instituto ganhou força e é aceito por toda a doutrina e jurisprudência, embora não conste, explicitamente, na legislação.

Nesse sentido, o entendimento da doutrina especializada é o seguinte:

"*... podemos definir o incidente de pré-executividade como o incidente processual que* ***tem por finalidade trancar o andamento de execuções ilegais ou infundadas mediante cognição exauriente da matéria nele veiculada, a ser de plano realizada pelo juiz***..." (Olavo de Oliveira Neto, *A defesa do executado e dos terceiros na execução forçada*. São Paulo: Revista dos Tribunais, 2000, p. 121) [g.n.].

E mais:

"*Tendo sido superado o tabu da segurança do juízo, vislumbra-se a possibilidade de, por meio da exceção de pré-executividade,* ***se dar notícia sobre a falta de preenchimento de todos os requisitos da execução***..." (Luís Peixoto Siqueira Filho, *Exceção de pré-executividade*, 3. ed., Rio de Janeiro: Lumen Juris, 1999, p. 446) [g.n.].

No que toca ao caso em específico, ...

Como visto, a exceção de pré-executividade é um instrumento disponível ao executado sempre que pretenda infirmar a certeza, a liquidez ou a exigibilidade do título mediante inequívoca prova documental, e cuja propositura independe de prévia segurança do juízo.

"Para que a exceção de pré-executividade possa ser admitida, é indispensável que o vício indicado apresente-se com tal evidência a ponto de justificar o seu reconhecimento de plano pelo juízo, sendo desnecessária qualquer dilação probatória. O acolhimento da exceção, portanto, depende de que as alegações formuladas pela parte sejam averiguáveis de plano, completamente provadas, praticamente inquestionáveis" (STJ, AgRg n. 1.060.318/SC, Rel. Min. Luiz Fux, 1ª Turma, *DJe* 17.12.2008) [g.n.].

"A jurisprudência desta Corte é firme no sentido de que é cabível o manejo da exceção de pré-executividade para discutir questões de ordem pública na execução fiscal, ou seja, os pressupostos processuais, as condições da ação, os vícios objetivos do título executivo, atinentes à certeza, liquidez e exigibilidade, desde que não demande dilação probatória" (STJ, REsp 840924/RO, Rel. Min. José Delgado, 1ª Turma, *DJe* 19.10.2006) [g.n.].

"É mister reconhecer a nulidade da CDA, pois, se não pode admitir a expedição de título extrajudicial fundado em débito suspenso e, ao que tudo indica, indevido pelo contribuinte, uma vez que a sentença, ainda não transitada em julgado, reconheceu a sua isenção. Não há óbice ao reconhecimento da nulidade do título nos próprios autos da execução, conquanto não se desconheça tratar-se de matéria afeta aos embargos, uma vez que tal reconhecimento, no caso dos autos, dispensa produção de provas e não traz qualquer prejuízo para a exequente" (STJ, REsp 193.402/RS, Rel. Min. Franciulli Netto, 2ª Turma, *DJ* 31.03.2003, p. 184) [g.n.].

Importante lição a respeito do cabimento da exceção de pré-executividade foi dada pelo *Ministro do Superior Tribunal de Justiça Milton Luiz Pereira, no REsp 232.076/PE*, cujos trechos do acórdão/voto de sua relatoria seguem abaixo:

"(...) Saliente-se que a ausência de pressupostos processuais diz com a constituição de uma relação processual válida: regularidade procedimental, citação válida, inexistência de coisa julgada, litispendência, compromisso e convenção de arbitragem; investidura, competência e imparcialidade do juiz; capacidade postulatória, de ser parte e de estar em juízo.

As condições da ação, por sua vez, referem-se à legitimidade *ad causam*, à possibilidade jurídica do pedido e ao interesse de agir.

Admite-se, de igual forma, que vícios do título executivo sejam trazidos à tona, pois se ele não se revestir de certeza, liquidez e exigibilidade, inviável a sua utilização para instruir a execução. Tais defeitos, todavia, não podem demandar dilação probatória para a sua demonstração. Devem poder ser verificados de plano, sendo necessário, no máximo, prova documental".

Desta forma, perfeitamente cabível a Exceção de Pré-Executividade no presente caso.

III – CONCLUSÃO e PEDIDOS

Ao que se expôs, requer-se e pede-se:

I – seja intimada a Exequente, na pessoa de seus advogados já constituídos nos autos da Execução para trazer, caso queira, sua impugnação à presente peça;

II – após ouvida a parte Exequente, seja julgada procedente a exceção de pré-executividade, no sentido de que sejam declarados nulos, pelos vícios supra-apontados, os pretensos títulos executivos apresentados;

III – Requer a condenação da empresa Exequente em honorários advocatícios.

Requer-se, ainda, que todas as intimações/publicações sejam expedidas, **EXCLUSIVAMENTE**, em nome de ...., inscrito na **OAB/..... sob o n.** ...., com escritório e contatos apontados no rodapé da presente, sob pena de nulidade.

Nesses termos,
Pede deferimento.

........................, ... de .... de 20......

p.p. ....
OAB/...... n. ......

Bens impenhoráveis

Há bens que por determinação legal não podem ser objeto de penhora e, portanto, são impenhoráveis para efeito de execução. Assim, de acordo com o art. 833 do Código de Processo Civil, são impenhoráveis:

I – os bens inalienáveis e os declarados, por ato voluntário, não sujeitos à execução;

II – os móveis, os pertences e as utilidades domésticas que guarnecem a residência do executado, salvo os de elevado valor ou os que ultrapassem as necessidades comuns correspondentes a um médio padrão de vida;

III – os vestuários, bem como os pertences de uso pessoal do executado, salvo se de elevado valor;

IV – os vencimentos, os subsídios, os soldos, os salários, as remunerações, os proventos de aposentadoria, as pensões, os pecúlios e os montepios, bem como as quantias recebidas por liberalidade de terceiro e destinadas ao sustento do devedor e de sua família, os ganhos de trabalhador autônomo e os honorários de profissional liberal, ressalvado o § 2º;

V – os livros, as máquinas, as ferramentas, os utensílios, os instrumentos ou outros bens móveis necessários ou úteis ao exercício da profissão do executado;

VI – o seguro de vida;

VII – os materiais necessários para obras em andamento, salvo se essas forem penhoradas;

VIII – a pequena propriedade rural, assim definida em lei, desde que trabalhada pela família;

IX – os recursos públicos recebidos por instituições privadas para aplicação compulsória em educação, saúde ou assistência social;

X – a quantia depositada em caderneta de poupança, até o limite de 40 (quarenta) salários-mínimos;

XI – os recursos públicos do fundo partidário recebidos por partido político, nos termos da lei;

XII – os créditos oriundos de alienação de unidades imobiliárias, sob regime de incorporação imobiliária, vinculados à execução da obra.

O disposto nos incisos IV (os vencimentos, os subsídios, os soldos, os salários, as remunerações, os proventos de aposentadoria, as pensões e outros) e X (quantia depositada em caderneta de poupança, até o limite de 40 salários mínimos), não se aplica às hipóteses de:

a) penhora para pagamento de prestação alimentícia, independentemente de sua origem;

b) importâncias excedentes a 50 salários mínimos mensais.

Todavia podem ser penhorados, à falta de outros bens, os frutos e os rendimentos dos bens inalienáveis (art. 834 do CPC).

Ainda no relativo ao tema, cumpre assinalar que a Lei n. 8.009/90 declara expressamente a impenhorabilidade do bem de família, com exceção dos casos que especifica, a saber:

Lei n. 8.009, de 29 de março de 1990

Dispõe sobre a impenhorabilidade do bem de família.

Art. 1º O imóvel residencial próprio do casal, ou da entidade familiar, é impenhorável e não responderá por qualquer tipo de dívida civil, comercial, fiscal, previdenciária ou de outra natureza, contraída pelos cônjuges ou pelos pais ou filhos que sejam seus proprietários e nele residam, salvo nas hipóteses previstas nesta lei.

Parágrafo único. A impenhorabilidade compreende o imóvel sobre o qual se assentam a construção, as plantações, as benfeitorias de qualquer natureza e todos os equipamentos, inclusive os de uso profissional, ou móveis que guarnecem a casa, desde que quitados.

Art. 2º Excluem-se da impenhorabilidade os veículos de transporte, obras de arte e adornos suntuosos.

Parágrafo único. No caso de imóvel locado, a impenhorabilidade aplica-se aos bens móveis quitados que guarneçam a residência e que sejam de propriedade do locatário, observado o disposto neste artigo.

Art. 3º A impenhorabilidade é oponível em qualquer processo de execução civil, fiscal, previdenciária, trabalhista ou de outra natureza, salvo se movido:

I – (*Revogado pela Lei Complementar n. 150/2015.*)

II – pelo titular do crédito decorrente do financiamento destinado à construção ou à aquisição do imóvel, no limite dos créditos e acréscimos constituídos em função do respectivo contrato;

III – pelo credor da pensão alimentícia, resguardados os direitos, sobre o bem, do seu coproprietário que, com o devedor, integre união estável ou conjugal, observadas as hipóteses em que ambos responderão pela dívida;

IV – para cobrança de impostos, predial ou territorial, taxas e contribuições devidas em função do imóvel familiar;

V – para execução de hipoteca sobre o imóvel oferecido como garantia real pelo casal ou pela entidade familiar;

VI – por ter sido adquirido com produto de crime ou para execução de sentença penal condenatória a ressarcimento, indenização ou perdimento de bens;

VII – por obrigação decorrente de fiança concedida em contrato de locação.

Art. 4º Não se beneficiará do disposto nesta lei aquele que, sabendo-se insolvente, adquire de má-fé imóvel mais valioso para transferir a residência familiar, desfazendo-se ou não da moradia antiga.

§ 1º Neste caso poderá o juiz, na respectiva ação do credor, transferir a impenhorabilidade para a moradia familiar anterior, ou anular-lhe a venda, liberando a mais valiosa para execução ou concurso, conforme a hipótese.

§ 2º Quando a residência familiar constituir-se em imóvel rural, a impenhorabilidade restringir-se-á à sede de moradia, com os respectivos bens móveis, e, nos casos do art. 5º, XXVI, da Constituição, à área limitada como pequena propriedade rural.

Art. 5º Para os efeitos de impenhorabilidade, de que trata esta lei, considera-se residência um único imóvel utilizado pelo casal ou pela entidade familiar para moradia permanente.

Parágrafo único. Na hipótese de o casal, ou entidade familiar, ser possuidor de vários imóveis utilizados como residência, a impenhorabilidade recairá sobre o de menor valor, salvo se outro tiver sido registrado, para esse fim, no Registro de Imóveis e na forma do art. 70 do CC.

Art. 6º São canceladas as execuções suspensas pela Medida Provisória n. 143, de 08.03.1990, que deu origem a esta lei.

Art. 7º Esta lei entra em vigor na data de sua publicação.

Art. 8º Revogam-se as disposições em contrário.

Senado Federal, em 29 de março de 1990.

Suspensão da execução por ausência de bens penhoráveis

Não havendo bens a penhorar, ou se estes forem insuficientes para o pagamento da dívida, o oficial declarará esse fato em certidão, bem como os bens que guarnecem a residência ou o estabelecimento do executado, quando este for pessoa jurídica (art. 836 do CPC). Nesse caso, o autor será intimado para se manifestar sobre a certidão do oficial, ocasião em que poderá indicar outros bens que poderão ser penhorados e que não foram encontrados pelo oficial. Quando não for localizado o executado ou não houver bens penhoráveis, a execução será suspensa (art. 921, III, do CPC) pelo prazo de um ano, durante o qual se suspenderá a prescrição. Decorrido o prazo sem que seja localizado o executado ou que sejam encontrados bens penhoráveis, o juiz ordenará o arquivamento dos autos. Os autos serão desarquivados para prosseguimento da execução se a qualquer tempo forem encontrados bens penhoráveis.

Convindo as partes, o juiz declarará suspensa a execução durante o prazo concedido pelo exequente para que o executado cumpra voluntariamente a obrigação. Findo o prazo sem cumprimento da obrigação, o processo retomará o seu curso (art. 922 do CPC).

SisbaJud e penhora *on-line*

O BacenJud, conhecido como *penhora on-line*, era o sistema criado pelo Banco Central no ano de 2001 com o objetivo inicial de reduzir o processamento manual de ofícios enviados pela Justiça ao Banco Central com a finalidade de localizar ou bloquear depósitos de pessoas ou empresas executadas judicialmente. Em aprimoramento, em 19 de dezembro de 2019 foi firmado entre o CNJ – Conselho Nacional de Justiça, o Bacen – Banco Central do Brasil e a PGFN – Procuradoria-Geral da Fazenda Nacional o Acordo de Cooperação Técnica n. 41/2019, que deu origem ao SisbaJud. Basicamente, além do que já se obtinha com o BacenJud, pelo qual se possibilitava aos juízes previamente habilitados encaminhar determinações judiciais de bloqueio e desbloqueio de contas e de ativos financeiros, comunicação de decretação e de extinção de falências, solicitação de informações sobre a existência de contas correntes e de aplicações financeiras e determinar transferências e consultas a saldos de depósitos em instituições financeiras com agilidade e segurança, o SisbaJud inovou integrando o sistema com o Pje (processo judicial eletrônico), trazendo muito mais agilidade e efetividade para os bloqueios patrimoniais e acesso às informações. Ainda, o SisbaJud, em vigor desde 25 de agosto de 2020, permite a reiteração das ordens judiciais de bloqueios de ativos, inclusive junto a *Fintechs* e contas de criptomoedas, sem necessidade de novos mandados, o que se tem chamado de "teimosinha". Visa, acima de tudo, substituir a antiga ordem judicial emitida por ofício, considerada pouco prática e pouco eficiente, pois levava várias semanas para ser cumprida, durante as quais o devedor poderia sacar o saldo depositado. O juiz de direito, de posse de uma senha previamente cadastrada, preenche um formulário na internet, solicitando as informações necessárias ao processo. O SisbaJud, então, repassa automaticamente as ordens judiciais para os bancos e instituições financeiras, agilizando a tramitação.

A ordem de bloqueio, contudo, só pode ser usada em último caso, quando a empresa não oferece nenhum bem em pagamento ou oferece bem considerado sem valor.

Inicialmente utilizada de maneira informal, a penhora *on-line* passou a ter previsão legal no art. 854 do Código de Processo Civil, que assim consigna:

> Art. 854. Para possibilitar a penhora de dinheiro em depósito ou em aplicação financeira, o juiz, a requerimento do exequente, sem dar ciência prévia do ato ao executado, determinará às instituições financeiras, por meio de sistema eletrônico gerido pela autoridade supervisora do sistema financeiro nacional, que torne indisponíveis ativos financeiros existentes em nome do executado, limitando-se a indisponibilidade ao valor indicado na execução.

Tornados indisponíveis os ativos financeiros do executado, este será intimado na pessoa de seu advogado ou, não o tendo, pessoalmente. Não concordando ou havendo excesso de penhora, incumbe ao executado, no prazo de cinco dias, comprovar que: as quantias tornadas indisponíveis são impenhoráveis; ainda remanesce indisponibilidade excessiva de ativos financeiros.

Acolhida qualquer das arguições: o juiz determinará o cancelamento de eventual indisponibilidade irregular ou excessiva, a ser cumprido pela instituição financeira em 24 horas.

Desacolhida ou não havendo manifestação do executado: converter-se-á a indisponibilidade em penhora, sem necessidade de lavratura de termo, devendo o juiz da execução determinar à instituição financeira depositária que, no prazo de 24 horas, transfira o montante indisponível para conta vinculada ao juízo da execução.

Provado o pagamento da dívida, o juiz determinará, imediatamente, por sistema eletrônico gerido pela autoridade supervisora do sistema financeiro nacional, a notificação da instituição financeira para que, em até 24 horas, cancele a indisponibilidade.

EMBARGOS À EXECUÇÃO

O executado poderá, independentemente de penhora, depósito ou caução, opor-se à execução por meio de embargos, os quais serão distribuídos por dependência, autuados em apartado, e instruídos com cópias das peças processuais relevantes, que poderão ser declaradas autênticas pelo advogado, sob sua responsabilidade pessoal (art. 914 do CPC). Os embargos serão oferecidos no prazo de quinze dias, contados da data da juntada aos autos do mandado de citação (art. 915 do CPC).

O executado poderá oferecer embargos com fundamento em qualquer das seguintes ocorrências (art. 917 do CPC):

> I – inexequibilidade do título ou inexigibilidade da obrigação;
>
> II – penhora incorreta ou avaliação errônea;
>
> III – excesso de execução ou cumulação indevida de execuções;
>
> IV – retenção por benfeitorias necessárias ou úteis, nos casos de execução para entrega de coisa certa;
>
> V – incompetência absoluta ou relativa do juízo da execução;
>
> VI – qualquer matéria que lhe seria lícito deduzir como defesa em processo de conhecimento.

Quando alegar que o exequente, em excesso de execução, pleiteia quantia superior à do título, o embargante declarará na petição inicial o valor que entende correto, apresentando demonstrativo discriminado e atualizado de seu cálculo (§ 3º).

Na hipótese de reconhecer o crédito do exequente e, com isso, pretender evitar o prolongamento do litígio, poderá o executado, no prazo para embargos e mediante comprovação da efetivação do depósito de 30% do valor em execução, inclusive custas e honorários de advogado, requerer que seja admitido pagar o restante em até seis parcelas mensais, acrescidas de correção monetária e juros de 1% ao mês (art. 916 do CPC). Sendo a proposta deferida pelo juiz, o exequente levantará a quantia depositada e serão suspensos os atos executivos; caso indeferida, seguir-se-ão os atos executivos, mantido o depósito, que será convertido em penhora (§ 4º).

Porém, se no caso de deferimento pelo juiz houver inadimplemento de qualquer das prestações, esse fato implicará, de pleno direito, o vencimento das prestações subsequentes e o prosseguimento do processo, com o imediato início dos atos executivos, além de ser imposta ao executado multa de 10% sobre o valor das prestações não pagas e vedada a oposição de embargos (§ 5º).

Os embargos, depois de oferecidos, serão processados da seguinte forma (art. 920 do CPC):

a) recebimento dos embargos pelo juiz;

b) intimação do exequente para impugnar os embargos em quinze dias;

c) procedida a intimação, o juiz julgará imediatamente o pedido ou designará audiência;

d) encerrada a instrução, o juiz proferirá sentença.

Poderá, entretanto, o juiz rejeitar liminarmente os embargos (art. 918 do CPC):

> I – quando intempestivos;

II – nos casos de indeferimento da petição inicial e de improcedência liminar do pedido;

III – manifestamente protelatórios.

Os embargos do executado, quando acolhidos, não terão efeito suspensivo, salvo quando requerido pelo executado e verificados os requisitos para a concessão da tutela provisória e desde que a execução já esteja garantida por penhora, depósito ou caução suficientes (art. 919 do CPC). Não obstante, a concessão de efeito suspensivo não impedirá a efetivação dos atos de substituição, de reforço ou de redução da penhora e de avaliação dos bens (§ 5º).

Avaliação dos bens

Não efetuado tempestivamente o pagamento voluntário nem havendo interposição de embargos, ou sendo estes julgados improcedentes, será expedido, desde logo, mandado de penhora e avaliação, seguindo-se os atos de expropriação. A penhora e a avaliação serão procedidas pelo oficial de justiça. Se forem necessários conhecimentos especializados e o valor da execução o comportar, o juiz nomeará avaliador, fixando-lhe prazo não superior a dez dias para entrega do laudo (art. 870 do CPC). A avaliação constará de vistoria e de laudo anexados ao auto de penhora ou, em caso de perícia realizada por avaliador, de laudo apresentado no prazo fixado pelo juiz, a qual deverá especificar: os bens, com as suas características, e o estado em que se encontram; o valor dos bens (art. 872).

Para que se manifestem sobre a avaliação, deverão as partes ser previamente intimadas no prazo de cinco dias (art. 872, § 2º, do CPC).

Realizadas a penhora e a avaliação e ouvida as partes, o juiz dará início aos atos de expropriação do bem (art. 875 do CPC).

LEILÃO DE ALIENAÇÃO

Não efetivada a adjudicação ou a alienação por iniciativa particular, a alienação far-se-á em leilão judicial (art. 881 do CPC), precedido de publicação de edital (art. 886 do CPC). Caberá ao juiz a designação do leiloeiro público, que poderá ser indicado pelo exequente, incumbindo a ele, entre outras funções, publicar o edital, anunciando a alienação; realizar o leilão onde se encontrem os bens ou no lugar designado pelo juiz (arts. 883 e 884 do CPC).

Preferencialmente, e em prestígio aos princípios da celeridade e economia processuais, o leilão eletrônico prefere ao físico, nos termos e moldes do art. 882 do CPC.

Julgando o tema em tempos de Covid-19, o TJSP entendeu que:

> AGRAVO DE INSTRUMENTO – PETIÇÃO DIGITAL – CARTA PRECATÓRIA – OPOSIÇÃO A LEILÃO JUDICIAL ELETRÔNICO DE BEM IMÓVEL DE TI-

TULARIDADE DOS AGRAVANTES – CERCEAMENTO DE DEFESA. INEXISTÊNCIA DE NULIDADE QUANTO À INTIMAÇÃO DELES. OBSERVÂNCIA AO DISPOSTO NO ART. 889, I, DO CPC. O dispositivo legal mencionado estabelece expressamente que a intimação do executado pode ser feita através de seu procurador, sendo despicienda a sua intimação pessoal. No caso em tela, o advogado dos Agravantes foi regularmente intimado do leilão eletrônico, inexistindo, portanto, cerceamento de defesa provocado pela ausência de intimação pessoal dos executados, prescindível. – OFENSA AO PRINCÍPIO DO DEVIDO PROCESSO LEGAL – CARACTERIZAÇÃO DA NULIDADE PROCESSUAL.

Nos termos da Resolução do Conselho Nacional de Justiça n. 313/2020 e do Provimento do Conselho Superior da Magistratura deste Tribunal de Justiça de n. 2.549/2020, somente estava autorizada a prática de atos jurisdicionais urgentes, o que, por óbvio, não abarca a realização de leilão judicial, ainda que eletrônico, já que no caso concreto o ato expropriatório é proveniente dos autos físicos da carta precatória, cujo acesso estava obstado às partes. Considerando que incontroversamente foram praticados atos expropriatórios relacionados aos autos físicos da carta precatória n. 0003088-39.2013.8.26.0439 em total confronto com o regramento específico editado por força da pandemia, é de se concluir que houve ofensa ao princípio do devido processo legal. Prejuízo aos Agravantes inconteste. Impossibilidade, no entanto, de se deliberar sobre a suspensão das execuções, matéria não tratada na decisão de origem – Recurso parcialmente provido (Ag. n. 2120436-56.2020.8.26.0000, Rel. Carlos Goldman, j. 17.11.2020).

Segundo diretriz emanada do art. 890, é admitido a lançar todo aquele que estiver na livre administração de seus bens, com exceção:

I – dos tutores, dos curadores, dos testamenteiros, dos administradores ou dos liquidantes, quanto aos bens confiados à sua guarda e à sua responsabilidade;

II – dos mandatários, quanto aos bens de cuja administração ou alienação estejam encarregados;

III – do juiz, do membro do Ministério Público e da Defensoria Pública, do escrivão, do chefe de secretaria e dos demais servidores e auxiliares da justiça, em relação aos bens e direitos objeto de alienação na localidade onde servirem ou a que se estender a sua autoridade;

IV – dos servidores públicos em geral, quanto aos bens ou aos direitos da pessoa jurídica a que servirem ou que estejam sob sua administração direta ou indireta;

V – dos leiloeiros e seus prepostos, quanto aos bens de cuja venda estejam encarregados;

VI – dos advogados de qualquer das partes.

O próprio exequente é admitido a dar lance. Se vier a arrematar os bens, não estará obrigado a exibir o preço, mas, se o valor dos bens exceder o seu crédito, depositará, dentro de três dias, a diferença, sob pena de ser tornada sem efeito a arrematação e, nesse caso, os bens serão levados a nova praça ou leilão à custa do exequente (art. 892, § 1º, do CPC).

Finda a praça e não tendo havido lance, poderá o exequente, oferecendo preço não inferior ao da avaliação, requerer que lhe sejam adjudicados (transferidos) os bens penhorados, conforme consta do art. 876.

A adjudicação considera-se perfeita e acabada com a lavratura e a assinatura do auto pelo juiz, pelo adjudicatário, pelo escrivão ou pelo chefe de secretaria, e, se estiver presente, pelo executado, expedindo-se: a carta de adjudicação e o mandado de imissão na posse, quando se tratar de bem imóvel; a ordem de entrega ao adjudicatário, quando se tratar de bem móvel (art. 877, § 1º, do CPC).

Pagamento pelo devedor

O devedor poderá pagar o credor em qualquer fase do processo. Caso isso não ocorra antes de os bens irem a leilão ou praça, o pagamento não poderá ser inferior ao valor apurado na arrematação dos bens. Todavia, se na arrematação feita por terceiro se obtiver um valor maior que o devido pelo executado, a importância que exceder lhe será restituída (art. 907 do CPC).

Outra forma de pagamento é a adjudicação, pela qual o credor poderá haver para si o bem penhorado, oferecendo preço não inferior ao da avaliação (art. 876 do CPC).

PETIÇÃO DE EXECUÇÃO POR QUANTIA CERTA

AO JUÍZO DE DIREITO DA VARA CÍVEL
Comarca de ....

........................., brasileiro, solteiro, comerciário, RG n. ...., CPF n. ...., endereço eletrônico ...., domiciliado nesta cidade e residente na rua ...., n. ......, por seu procurador firmatário, com instrumento de procuração incluso (doc. 1), advogado inscrito na OAB ......, sob n. ......, endereço eletrônico ...., com escritório na rua ...., n. ......, nesta cidade, onde recebe intimações, vem respeitosamente perante este juízo para propor

AÇÃO DE EXECUÇÃO POR QUANTIA CERTA,

fundada em título extrajudicial, contra ...., brasileiro, casado, industriário, domiciliado nesta cidade e residente na rua ...., n. ......, pelos seguintes fundamentos:

1. O autor é credor do réu na importância de R$ 10.000,00 (dez mil reais), representada por uma nota promissória datada de ...., portanto, vencida há mais de 30 (trinta) dias (doc. 2).

2. Em que pesem todos os esforços no sentido de receber o referido crédito do réu, até mesmo protestando o título (doc. 3), o autor não obteve êxito, sendo compelido a promover a presente execução nos termos da lei.

3. Como se pode inferir, o incluso título executivo extrajudicial, que serve de fundamento à ação, preenche todos os requisitos exigidos pela Lei Cambial e pela Lei Uniforme, constituindo-se, portanto, em título líquido, certo e exigível, ensejando cobrança através do procedimento previsto para a execução por quantia certa contra devedor solvente.

4. O autor, como determina a lei, apresenta o seguinte demonstrativo de cálculo, contendo o índice de correção monetária adotado, a taxa de juros aplicada, os termos inicial e final de incidência do índice de correção monetária e da taxa de juros utilizados:

....

....

Em face de todo o exposto, e com fundamento no que dispõem os arts. 771 e seguintes do Código de Processo Civil, requer:

a) a citação do réu para que pague, no prazo de três dias, o débito atualizado, conforme demonstrativo acima, mais custas e honorários de advogado, ou nomeie bens à penhora, sob pena de o próprio exequente fazê-lo;

b) a penhora de bens do réu, pelo oficial de justiça, em valor suficiente para garantir a execução, caso o réu não seja encontrado para a citação.

Para efeitos legais, declara o demandante o seu INTERESSE em eventual autocomposição e, consequentemente, na realização da audiência de conciliação ou de mediação.

Valor da causa: R$ 13.000,00.

T. em que

E. deferimento.

......................., ... de .... de 20......

Advogado(a)

OAB/...... n. ......

EMBARGOS À EXECUÇÃO

AO JUÍZO DE DIREITO DA 3ª VARA CÍVEL

Comarca de ....

Autos n. ....

........................, brasileiro, casado, industriário, RG n. ...., CPF n. ...., endereço eletrônico ...., domiciliado nesta cidade e residente na rua ...., n. ......, por seu procurador infra-assinado, com instrumento de procuração incluso (doc. 1), advogado inscrito na OAB ......, sob n. ......, endereço eletrônico ...., com escritório na rua ...., n. ......, nesta cidade, onde recebe intimações, requerendo que seja a presente autuada em apenso aos autos do processo de execução que contra o qual move ...., processo n. ......, vem perante este juízo para, nos termos do art. 914 do Código de Processo Civil, oferecer

EMBARGOS À EXECUÇÃO,

pelas seguintes razões de fato e de direito:

1. Pretende o exequente, no referido processo, obter do réu o pagamento da importância de R$ ...., mais custas e honorários de advogado, referente ao débito constante de uma única via de nota promissória emitida pelo réu na data de ....

2. Ocorre que a importância que consta do referido título de crédito já foi paga pelo réu ao exequente na data de ...., tendo o exequente, na ocasião, firmado o recibo incluso (doc. 2), no qual dá plena e geral quitação dos haveres contidos na referida promissória, além de descrevê-la de forma minuciosa. Tal fato, como não poderia ser diferente, caracteriza inexequibilidade do título ou inexigibilidade da obrigação, conforme dispõe o art. 917, I, do Código de Processo Civil.

3. Ademais, o fato de o exequente alterar a verdade e de usar o processo para conseguir objetivo ilegal caracteriza a litigância de má-fé (art. 80 do CPC), devendo responder por perdas e danos (art. 79 do CPC) e sujeitar-se às penalidades do art. 81 do Código de Processo Civil.

À vista do exposto, requer o embargante que os presentes embargos sejam recebidos e julgados na forma da lei, para o fim de ser julgada improcedente a execução, com a condenação do exequente nas custas e nos honorários de advogado do executado, bem como no pagamento de multa e indenização ao embargante pelos prejuízos que sofreu, nos termos do art. 81 do CPC.

Para prova, requer a juntada do recibo de quitação incluso e, se este juízo julgar necessário, o depoimento pessoal do exequente sob pena de confissão.

T. em que

E. deferimento.

........................, ... de .... de 20......

Advogado(a)

OAB/...... n. ......

5. AÇÃO DE USUCAPIÃO

GENERALIDADES

A ação de usucapião é a que compete ao possuidor, não proprietário, que tiver exercido posse continuada sobre imóvel, para requerer a aquisição de domínio. Desse modo, toda pessoa que ocupar um imóvel, rural ou urbano, durante determinado tempo, sem interrupção ou oposição de quem quer que seja, poderá pleitear a declaração de domínio sobre ele. Sendo a ação julgada procedente, o direito do possuidor se concretizará pela sentença passada em julgado, que constituir-se-á em título hábil de propriedade (com o mesmo valor da escritura pública) após o seu registro no Registro de Imóveis.

USUCAPIÃO DE IMÓVEL URBANO

O direito de requerer usucapião de imóvel urbano encontra-se assegurado pelo art. 1.238 do Código Civil.

> Art. 1.238. Aquele que, por quinze anos, sem interrupção, nem oposição, possuir como seu um imóvel, adquire-lhe a propriedade, independentemente de título e boa-fé; podendo requerer ao juiz que assim o declare por sentença, a qual servirá de título para o registro no Cartório de Registro de Imóveis.
>
> Parágrafo único. O prazo estabelecido neste artigo reduzir-se-á a dez anos se o possuidor houver estabelecido no imóvel a sua moradia habitual, ou nele realizado obras ou serviços de caráter produtivo.

A ação de usucapião com base no *caput* do art. 1.238, e que diz respeito ao denominado *usucapião extraordinário*, como se observa, exige os seguintes requisitos:

a) posse sem oposição (mansa e pacífica) nem interrupção (contínua);

b) posse por um período mínimo de 15 anos;

c) uso do imóvel com se fosse do próprio possuidor.

Esclareça-se, contudo, que para completar o período de 15 anos, poderá o requerente somar ao seu tempo de posse o tempo que outra pessoa tenha ocupado anteriormente o mesmo imóvel, nas mesmas condições.

Refere-se o parágrafo único do art. 1.238 ao denominado *usucapião ordinário*, cujos requisitos são os seguintes:

a) posse sem oposição (mansa e pacífica) nem interrupção (contínua);

b) uso do imóvel como se fosse do próprio possuidor;

c) posse pelo período mínimo de 10 anos;

d) estabelecimento de moradia habitual ou realização de obras ou serviços de caráter.

Sob o enfoque processual civil, assim se posiciona o STJ a respeito da matéria:

> PROCESSUAL CIVIL E CIVIL. AGRAVO INTERNO NO RECURSO ESPECIAL MANEJADO SOB A ÉGIDE DO NCPC. NEGATIVA DE PRESTAÇÃO JURISDICIONAL. OMISSÃO. INEXISTÊNCIA. USUCAPIÃO DE IMÓVEL URBANO. REQUISITOS CONSTITUCIONAIS PREENCHIDOS. EXIGÊNCIAS DA LEI DE PARCELAMENTO DE SOLO. INAPLICABILIDADE. RECURSO NÃO PROVIDO.
>
> 1. Aplica-se o NCPC a este recurso ante os termos do Enunciado Administrativo n. 3, aprovado pelo Plenário do STJ na sessão de 9/3/2016: Aos recursos interpostos com fundamento no CPC/2015 (relativos a decisões publicadas a partir de 18 de março de 2016) serão exigidos os requisitos de admissibilidade recursal na forma do novo CPC.
>
> 2. Devidamente analisadas e discutidas as questões devolvidas ao Tribunal, com fundamento claro e expresso, de modo a esgotar a prestação jurisdicional, não que se falar em violação dos arts. 489 e 1.022 do NCPC.
>
> 3. O reconhecimento da usucapião extraordinária, mediante o preenchimento dos requisitos específicos, não pode ser obstado em razão da área usucapienda ser inferior ao módulo estabelecido em lei municipal.
>
> 4. Agravo interno a que se nega provimento (AgInt no REsp 1834938/SC, Rel. Min. Moura Ribeiro, j. 28.05.2021).

Ainda, a tese firmada pelo STJ quanto ao Tema Repetitivo n. 985, de 01.06.2021, restou assim assentada:

> O reconhecimento da usucapião extraordinária, mediante o preenchimento dos requisitos específicos, não pode ser obstado em razão de a área usucapienda ser inferior ao módulo estabelecido em lei municipal.

USUCAPIÃO URBANO ESPECIAL

Esta modalidade de usucapião encontra-se prevista no art. 1.240 do Código Civil, que está assim descrita:

> Art. 1.240. Aquele que possuir, como sua, área urbana de até duzentos e cinquenta metros quadrados, por cinco anos ininterruptamente, sem oposição, utilizando-a para sua moradia ou de sua família, adquirir-lhe-á o domínio, desde que não seja proprietário de outro imóvel urbano ou rural.

O que diferencia fundamentalmente esta modalidade de usucapião do usucapião ordinário e do extraordinário, previsto no Código Civil, é área do imóvel, que se limita a 250 m^2, e o prazo para requerê-lo, que se reduz a cinco anos.

Quanto aos requisitos que o possuidor deverá atender para ajuizar a ação, estes são os seguintes:

a) posse mansa e pacífica e sem interrupção;

b) posse por um período mínimo de cinco anos;

c) imóvel com área não superior a 250 m^2;

d) prova de que o possuidor não é proprietário de qualquer imóvel urbano ou rural;

e) prova de utilização para sua moradia ou de sua família.

USUCAPIÃO DE IMÓVEL RURAL

O art. 1.239 do Código Civil ao recepcionar o usucapião de imóveis rurais, anteriormente instituído pela Lei n. 6.969, de 10.12.1981, dispõe o seguinte:

> Art. 1.239. Aquele que, não sendo proprietário de imóvel rural ou urbano, possua como sua, por cinco anos ininterruptos, sem oposição, área de terra em zona rural não superior a cinquenta hectares, tornando-a produtiva por seu trabalho ou de sua família, tendo nela sua moradia, adquirir-lhe-á a propriedade.

Consequentemente, na ação de usucapião que tiver por objeto imóvel rural, o requerente deverá provar que:

a) não é proprietário rural ou urbano;

b) ocupa o imóvel como seu e sem oposição;

c) ocupa o imóvel de forma interrupta por, no mínimo, cinco anos;

d) tornou o imóvel produtivo, com o seu trabalho ou o de sua família.

Cumpre observar, no entanto, que qualquer que seja a modalidade de usucapião, nenhum imóvel público poderá ser adquirido por usucapião (art. 102 do CC).

Acrescente-se, ainda, que o usucapião pode ser alegado como matéria de defesa na ação reivindicatória e na ação demarcatória de imóvel, conforme reiteradas decisões dos nossos tribunais.

USUCAPIÃO URBANO COLETIVO

Consta do art. 10 da Lei n. 10.257/2001 a modalidade de usucapião urbano que recebeu a denominação de *usucapião urbano coletivo*, porquanto visa beneficiar não mais uma única família, e sim uma pluralidade de famílias ocupantes de área superior a 250 m^2.

> Art. 10. Os núcleos urbanos informais existentes sem oposição há mais de cinco anos e cuja área total dividida pelo número de possuidores seja inferior a duzentos e cinquenta metros quadrados por possuidor são suscetíveis de serem usucapidos coletivamente, desde que os possuidores não sejam proprietários de outro imóvel urbano ou rural.

Como se infere, neste caso, o pedido de usucapião deverá ser feito de forma coletiva por todos os ocupantes da área ocupada, independentemente de identificação da área individualmente ocupada por cada um dos possuidores.

Na sentença que declarar o direito de propriedade aos ocupantes, e que servirá de título para registro no cartório de registro de imóveis, o juiz atribuirá igual fração ideal de terreno a cada possuidor, independentemente da dimensão do terreno que cada um ocupe, salvo hipótese de acordo escrito entre os condôminos, estabelecendo frações ideais diferenciadas (art. 10, § 3°).

São partes legítimas para a propositura da ação desta modalidade de usucapião (art. 12), que poderá, como qualquer das outras modalidades, ser invocada como matéria de defesa (art. 13): a) o possuidor, isoladamente ou em litisconsórcio originário ou superveniente; b) os possuidores, em estado de composse; c) como substituto processual, a associação de moradores da comunidade, regularmente constituída, com personalidade jurídica, desde que explicitamente autorizada pelos representados.

A ação será processada sob o rito sumário[108] do Código de Processo Civil (art. 14 da Lei n. 10.257/2001). No pedido o autor poderá requerer os benefícios da justiça e da assistência judiciária gratuita (art. 12, § 2º).

USUCAPIÃO EXTRAJUDICIAL

Conforme consta da Lei dos Registros Públicos, Lei n. 6.015/73, é admitido o procedimento extrajudicial para reconhecimento do usucapião, de acordo com os seguintes termos:

---

108 CPC/2015: "Art. 1.046. Ao entrar em vigor este Código, suas disposições se aplicarão desde logo aos processos pendentes, ficando revogada a Lei n. 5.869, de 11 de janeiro de 1973. § 1º As disposições da Lei n. 5.869, de 11 de janeiro de 1973, relativas ao procedimento sumário e aos procedimentos especiais que forem revogadas aplicar-se-ão às ações propostas e não sentenciadas até o início da vigência deste Código. § 2º Permanecem em vigor as disposições especiais dos procedimentos regulados em outras leis, aos quais se aplicará supletivamente este Código".

> Art. 216-A. Sem prejuízo da via jurisdicional, é admitido o pedido de reconhecimento extrajudicial de usucapião, que será processado diretamente perante o cartório do registro de imóveis da comarca em que estiver situado o imóvel usucapiendo, a requerimento do interessado, representado por advogado, instruído com:
>
> I – ata notarial lavrada pelo tabelião, atestando o tempo de posse do requerente e de seus antecessores, conforme o caso e suas circunstâncias, aplicando-se o disposto no art. 384 da Lei n. 13.105, de 16 de março de 2015 (Código de Processo Civil);
>
> II – planta e memorial descritivo assinado por profissional legalmente habilitado, com prova de anotação de responsabilidade técnica no respectivo conselho de fiscalização profissional, e pelos titulares de direitos registrados ou averbados na matrícula do imóvel usucapiendo e na matrícula dos imóveis confinantes;
>
> III – certidões negativas dos distribuidores da comarca da situação do imóvel e do domicílio do requerente;
>
> IV – justo título ou quaisquer outros documentos que demonstrem a origem, a continuidade, a natureza e o tempo da posse, tais como o pagamento dos impostos e das taxas que incidirem sobre o imóvel.

USUCAPIÃO CONJUGAL/FAMILIAR

É a modalidade de usucapião cujo direito, assegurado a um dos cônjuges, decorre do abandono do lar pelo outro. A nosso ver trata-se de uma penalidade infringida ao cônjuge que pratica o ato de abandono, considerado um dos fatores que podem caracterizar a impossibilidade da comunhão de vida entre o casal, conforme consta do art. 1.573, IV, do Código Civil. A propósito, a teor desta disposição legal, que estipula que somente o abandono *voluntário* pode ser tratado como infração aos deveres conjugais (ou da união estável, por extensão). Desse modo, conquanto o art. 1.240-A do Código Civil não preveja expressamente, cumpre entender que o ato de abandono a justificar esta espécie de usucapião deve ser voluntário e injustificado. O art. 1.240-A está assim redigido:

> Art. 1.240-A. Aquele que exercer, por 2 (dois) anos ininterruptamente e sem oposição, posse direta, com exclusividade, sobre imóvel urbano de até 250 m^2 (duzentos e cinquenta metros quadrados) cuja propriedade divida com ex-cônjuge ou ex-companheiro que abandonou o lar, utilizando-o para sua moradia ou de sua família, adquirir-lhe-á o domínio integral, desde que não seja proprietário de outro imóvel urbano ou rural.

Ressalte-se, por último, que nenhum imóvel público poderá ser adquirido por qualquer espécie de usucapião. Entretanto, tratando-se de imóvel rural, com área de até 50 hectares, não só as terras particulares como também as terras devolutas poderão ser objeto da ação de usucapião rural especial. Consideram-se devolutas, para esse efeito, as terras que não se acharem aplicadas em algum uso público e as que não se encontrarem em domínio particular por qualquer título legítimo.

SÍNTESE DAS DIVERSAS MODALIDADES DE USUCAPIÃO

Espécie de usucapião	Prazo de ocupação	Área do imóvel	Espécie de imóvel	Base legal
Ordinário	10 ou 5 anos	Qualquer	Urbano ou rural	CC, art. 1.242
Conjugal	2 anos	250 m²	Urbano ou rural	CC, art. 1.240-A
Extraordinário	15 ou 10 anos	Qualquer	Urbano ou rural	CC, art. 1.238
Rural especial	5 anos	Até 50 ha	Rural	CC, art. 1.239
Urbano especial	5 anos	Até 250 m²	Urbano	CC, art. 1.240
Urbano coletivo	5 anos	Inferior a 250 m²	Urbano	Lei n. 10.257/2001, art. 10

PETIÇÃO INICIAL

AO JUÍZO DE DIREITO DA VARA CÍVEL
Comarca de ....

........................, industriário, RG n. ...., CPF n. ...., e sua mulher ...., do lar, RG n. ...., CPF n. ...., endereço eletrônico ...., ambos brasileiros, residentes e domiciliados na rua Marechal Deodoro, n. 1.100, nesta cidade, por seu procurador, nos termos do mandato anexo (doc. 1), advogado inscrito na OAB ......, sob n. ...., endereço eletrônico ...., com escritório na rua ...., n. ......, nesta cidade, onde recebe intimações, vêm respeitosamente à presença deste egrégio juízo para propor a presente

AÇÃO DE USUCAPIÃO,

nos termos do art. 1.238 do Código Civil, expondo e requerendo o seguinte:

DOS FATOS:

1. Os requerentes encontram-se na posse mansa e pacífica, há mais de 15 anos, do seguinte imóvel: TERRENO URBANO, com área de 360 m² situado nesta cidade, na rua ...., contendo uma casa de madeira de n. 1.100, edificada pelos requerentes há mais de 20 anos, tendo, referido imóvel, as seguintes medidas e confrontações:

ao norte, por 12 m, com terras de ....; ao sul, por igual medida, com a propriedade de ...., ao leste por 30 m, com a propriedade de ...., conforme Certidão do Registro de Imóveis e a planta descritiva do imóvel inclusos (docs. 2 e 3).

2. Conforme se verifica da Certidão de Registro de Imóveis, o referido imóvel encontra-se registrado em nome de ...., brasileiro, comerciante, e sua mulher ...., brasileira, do lar, residente na rua Antonio de Farias, n. 378, nesta cidade.

3. Consoante restará provado pelas testemunhas, a posse dos requerentes remonta há mais de 15 (quinze) anos, tendo sido exercida de forma mansa, pacífica e ininterrupta, sem qualquer oposição ao longo de todo o período.

DO DIREITO:

4. Desta forma, e a rigor do que dispõe o art. 1.238 do Código Civil, preenchem os requerentes todos os requisitos da lei substantiva para adquirir o domínio da área descrita, através da prescrição aquisitiva, que ao final restará provada.

DO PEDIDO:

ANTE O EXPOSTO, e com fundamento nos arts. 1.238 do Código Civil e 941 e seguintes do CPC, requerem:

a) digne-se esse egrégio juízo designar audiência preliminar de justificação, com a intervenção do representante do Ministério Público;

b) a citação dos proprietários do imóvel, acima qualificados para responderem, querendo, aos termos da ação, sob pena de revelia e confissão;

c) a citação pessoal dos confinantes do imóvel, conforme rol constante a seguir;

c) a citação por edital, dos eventuais interessados ausentes ou desconhecidos;

d) a cientificação, por carta, dos representantes da Fazenda Pública da União, do Estado e do Município, para que manifestem interesse na causa;

e) a procedência da demanda para fim de ser declarado, por sentença, o domínio dos requerentes sobre a área usucapienda, expedindo-se o competente mandado para registro no Registro de Imóveis;

f) a condenação de eventual parte contestante no pagamento das custas judiciais, honorários de advogado e demais combinações legais;

g) a concessão dos benefícios da assistência judiciária gratuita, nos termos da lei específica.

Para a comprovação do alegado e da procedência da sua pretensão, os requerentes arrolam os seguintes documentos:

a) planta do imóvel (doc. 1);

b) memorial descritivo (doc. 2);

c) ART (documento 3);

d) 3 (três) fotografias atuais do imóvel (docs. 4, 4.1 e 4.2);

e) comprovante do IPTU (documento público) que informa o valor venal do imóvel (doc. 5);

f) certidões negativas Federal e Estadual relativas a ações possessórias em nome da autora (docs. 6 e 6.1);

g) certidão relativa à existência de inscrição do imóvel no registro imobiliário (doc. 7);

h) 3 (três) mapas do *site*, destacando a exata localização do imóvel (docs. 8, 8.1 e 8.2);

i) documentos que comprovam a posse pelo período necessário à aquisição [comprovantes de pagamento IPTU] (doc. 9);

j) 3 (três) declarações de testemunhas, com firma reconhecida em cartório (docs. 10, 10.1 e 10.2);

k) cópias da inicial, planta, memorial descritivo e ART para entrega a todos os confrontantes e seus cônjuges e para as Fazendas Públicas Federal, Estadual e Municipal.

Por último, fornece a requerente os endereços para citação via postal dos confrontantes e rol das testemunhas:

CONFRONTANTES:

............, brasileiro, comerciante, CPF n. ...., RG n. ...., e sua mulher ...., brasileira, comerciária, CPF n. ...., RG n. ...., com endereço residencial na rua ...., n. ......, Bairro ...., CEP ...., nesta cidade;

............, brasileiro, funcionário público, CPF n. ...., RG n. ...., e sua mulher ...., brasileira, do lar, CPF n. ...., RG n. ...., com endereço residencial na rua ...., n. ......, Bairro ...., CEP ...., nesta cidade;

........................, CPF n. ...., RG n. ...., e sua mulher ...., brasileira, cabelereira, CPF n. ...., RG n. ...., com endereço residencial na rua ...., n. ......, Bairro ...., CEP ...., nesta cidade.

Rol de testemunhas, que comparecerão independentemente de intimação:

1. ...., brasileira, casada, comerciária, 25 anos de idade, CPF n. ...., RG n. ...., com endereço residencial na rua ...., n. ......, e profissional na rua ...., n. ......, nesta cidade.

2. ...., brasileira, casada, do lar, 32 anos de idade, CPF n. ...., RG n. ...., com endereço residencial na rua ...., n. ...... e profissional na rua ...., n. ......, nesta cidade.

Valor da causa: [Valor da estimativa oficial para lançamento do imposto que incidir sobre o imóvel (IPTU ou ITR)].

T. em que
E. deferimento.
........................, ... de .... de 20......
Advogado(a)
OAB/...... n. ......

SENTENÇA DE USUCAPIÃO

Autos n. ....
Ação: Usucapião/
Autor: V.P.L e L.M.L
AG
VISTOS, ETC.

V.P.L e L.M.L, devidamente qualificados nos autos em epígrafe por intermédio de procurador devidamente habilitado, ajuizaram AÇÃO DE USUCAPIÃO de terras particulares, com fulcro no art. 1.238 do Código Civil de 2002, objetivando a declaração do direito de domínio sobre o imóvel descrito na inicial de fls. 2-4.

Para isto, alegaram possuir o imóvel usucapiendo por si e seus antecessores há mais de 15 (quinze) anos, de forma mansa, pacífica e contínua.

A inicial foi embasada com os documentos considerados indispensáveis à propositura da ação: escritura pública de cessão de posse, contrato particular de compromisso de compra e venda, memorial descritivo, certidões negativas possessórias, entre outros (fls. 5-6, 21-26, 85).

Foram citados os confinantes (fls. 47, 68, 71, 75), os réus em lugar incerto e terceiros interessados (fls. 52), bem como notificados os representantes das três esferas das Fazendas Públicas (fls. 48-50), sendo juntados os comprovantes de publicação dos editais respectivos.

A União não manifestou interesse no feito (fls. 72).

Às fls. 81-82, o Ministério Público manifestou-se pela designação de audiência de instrução e julgamento, para que os autores realizem a prova material do seu direito.

Na instrução, procedeu-se a oitiva de três testemunhas (fls. 106 e 128).

Após, juntada de manifestação ministerial opinando pela procedência do pedido exordial (fls. 129-130).

É O BREVE RELATÓRIO.
PASSO A DECIDIR.

Trata-se de AÇÃO DE USUCAPIÃO proposta por V.P.L. e L.M.L., em que objetivam a declaração do direito de domínio sobre o imóvel descrito às fls.

O usucapião extraordinário é modo originário de aquisição da propriedade, por meio da posse mansa e pacífica de uma área, por um certo período de tempo expresso em lei.

Tais requisitos encontram-se elencados no art. 1.238 do Código Civil de 2002:

> Aquele que, por quinze anos, sem interrupção, nem oposição, possuir como seu um imóvel, adquire-lhe a propriedade, independentemente de título e boa-fé; podendo requerer ao juiz que assim o declare por sentença, a qual servirá de título para o registro no Cartório de Registro de Imóveis.

Desta feita, passo à análise dos requisitos exigidos pelo usucapião extraordinário.

Nesse passo, verifica-se que a área a ser usucapida está devidamente demonstrada pelo levantamento planimétrico (fls. 21), memorial descritivo (fls. 22) e anotação de responsabilidade técnica (fls. 84).

Tem-se, ainda, a comprovação de que os requerentes e seus antecessores exerceram a posse do imóvel por mais de quinze anos, sempre sem oposição, ou seja, mansa, pacífica e ininterruptamente, conforme se verifica pela prova oral coligida, uníssonas em comprovar o lapso temporal necessário para usucapir.

Logo, estão integralmente preenchidos os requisitos legais para a prescrição aquisitiva, pois, não havendo oposição dos demais confinantes ou de terceiros, restou demonstrado que a posse está sendo exercida ininterruptamente, de forma contínua e pacífica, sem oposição e com *animus domini*, possibilitando o acolhimento da prestação jurisdicional pretendida pelos autores.

É da jurisprudência:

> Processual civil e civil. Usucapião extraordinária. Preliminar de nulidade do processo por falta de citação pessoal dos herdeiros do antigo possuidor da área litigiosa. Inocorrência. Usucapião. Inteligência do art. 1.238 do Código Civil de 2002. Requisitos para aquisição da área usucapienda comprovados. Recurso desprovido.
>
> 1. [...]
>
> 2. Para o sucesso da ação de usucapião extraordinária, o requerente deve ostentar posse mansa, pacífica e ininterrupta sobre o bem imóvel por quinze anos, despojada dos vícios da precariedade, da clandestinidade ou da violência, possuindo a coisa como sua, com ânimo de dono.
>
> 3. Nos termos do art. 1.243 do Código Civil, acrescenta-se à posse do requerente a do seu antecessor, contanto que todas sejam contínuas e pacíficas. (AC n. 2005.032575-6/Sombrio, rel. Des. Luiz Carlos Freyesleben)

Dessa maneira, através de detida análise do presente feito, verifica-se que razão assiste aos autores que merecem ver seu pleito deferido.

Ante o exposto, JULGO PROCEDENTE a presente AÇÃO DE USUCAPIÃO proposta por V.P.L e L.M.L., para outorgar-lhes, por sentença, o domínio sobre a área descrita na inicial, tudo em conformidade com o art. 1.238 do Código Civil de 2002, a fim de que esta sirva como título para a transcrição do imóvel no Cartório de Registro de Imóveis.

Custas pelos requerentes.

Pagas as custas, expeça-se o mandado para registro.

Publique-se.

Registre-se.

Intime-se.

Transitada em julgado, proceda-se ao arquivamento com as baixas de estilo.

.................., ... de ...., de 20......

D.S.F.

Juíza de Direito

6. AÇÃO MONITÓRIA

GENERALIDADES

A ação monitória pode ser proposta por aquele que afirmar, com base em prova escrita sem eficácia de título executivo, ter direito de exigir do devedor capaz o pagamento de quantia em dinheiro, a entrega de coisa fungível ou infungível ou de bem móvel ou imóvel ou o adimplemento de obrigação de fazer ou de não fazer (art. 700 do CPC).

O procedimento monitório ou injuntivo, previsto nos arts. 700 e seguintes do Código de Processo Civil, tem por escopo oportunizar um caminho mais célere à formação de um título executivo, com todas as implicações a ele inerentes. O procedimento é passível de utilização pelo credor que possua um documento que comprove o seu crédito, ainda que este não esteja revestido de força executiva.

Como consabido, em período anterior a essa alteração legislativa, sempre que a parte demandante portasse um documento que, apesar de revelar certeza do seu direito, não se incluísse no elenco dos títulos executivos, o processo executório lhe era obstado. Para configurar o direito e exercer sua pretensão, não lhe restava alternativa senão lançar mão de ação ordinária para, após obtida uma sentença de mérito (título executivo), lhe ser oportunizado utilizar a via executiva. Com essa mudança, uma nova sistemática se nos apresenta, abreviando-se, de forma inteligente e hábil, o caminho para a formação do título executivo, contornando o geralmente moroso e caro procedimento ordinário.[109]

O objeto da ação é, assim, um documento destituído de força executiva na origem, prestando-se para tal, entre outros, um simples "vale", um comprovante de entrega de mercadoria, um comprovante de venda "a caderno", de prestação de serviço técnico (mecânicos, protéticos, encanadores, eletricistas, radiotécnicos, pedreiros, marceneiros, alfaiates, costureiras etc.), de prestação de serviço de profissional liberal (advogados, médicos, dentistas, engenheiros, arquitetos etc.), uma declaração de dívida, um título de crédito prescrito (cheque, promissória, duplicata).[110] Qualquer desses documentos pode prestar-se ao ajuizamento da ação monitória, para o fim de compelir o devedor ao pagamento amigável ou ao pagamento forçado, conforme seja o seu desfecho.

Quanto ao prazo prescricional, assenta o STJ que:

> RECURSO ESPECIAL. EMPRESARIAL. CIVIL. AÇÃO MONITÓRIA. CÉDULA DE CRÉDITO BANCÁRIO. PRESCRIÇÃO. DÍVIDA LÍQUIDA. INSTRUMENTO PARTICULAR. PRAZO QUINQUENAL. INCIDÊNCIA.
>
> 1. Recurso especial interposto contra acórdão publicado na vigência do Código de Processo Civil de 2015 (Enunciados Administrativos ns. 2 e 3/STJ).
>
> 2. Cinge-se a controvérsia a definir o prazo prescricional aplicável à pretensão de cobrança, por meio de ação monitória, de dívida representada por cédula de crédito bancário.
>
> 3. No caso de a pretensão executiva estar prescrita, ainda é possível que a cobrança do crédito se dê por meio de ações causais, pelo procedimento comum ou monitório, no qual o título de crédito serve apenas como prova (documento probatório) e não mais como título executivo extrajudicial (documento dispositivo).
>
> 4. A cédula de crédito bancário representa promessa de pagamento em dinheiro, decorrente de operação de crédito, de qualquer modalidade, tratando-se de dívida certa, líquida e exigível, seja pela soma nela indicada, seja pelo saldo devedor demonstrado em planilha de cálculo, ou nos extratos da conta corrente. Trata-se de dívida líquida constante de instrumento particular, motivo pelo qual a pretensão de sua cobrança prescreve em 5 (cinco) anos, nos termos do art. 206, § 5º, I, do Código Civil.
>
> 5. Na hipótese dos autos, a ação monitória foi proposta dentro do prazo de 5 (cinco) anos, que tem como termo inicial o vencimento da cédula de crédito bancário, não sendo o caso de declarar a prescrição.
>
> 6. Recurso especial conhecido e não provido (REsp 1940996/SP, Rel. Min. Ricardo Villas Bôas Cueva, j. 21.09.2021).

---

109 TEIXEIRA, Sálvio de Figueiredo. "A efetividade do processo e a reforma processual". In: *Revista Jurídica*, v. 196/5.

110 Súmula n. 299 do STJ: "É admissível a ação monitória fundada em cheque prescrito".

Vale anotar, ainda, que a ação monitória é o remédio *iuris* não só a quem pretenda *pagamento de soma em dinheiro*, mas também àqueles que almejam obter *entrega de coisa fungível* (sementes, produtos agrícolas, combustíveis, bebidas em geral etc.) ou de determinado *bem móvel* (um refrigerador, um fogão, uma máquina qualquer, um computador, um telefone, uma joia, mobiliário em geral etc.).

Petição inicial. Sob pena de indeferimento, na petição inicial incumbe ao autor explicitar, conforme o caso: a importância devida, instruindo-a com memória de cálculo; o valor atual da coisa reclamada; o conteúdo patrimonial em discussão ou o proveito econômico perseguido.

PROCEDIMENTO MONITÓRIO

1. Petição inicial devidamente instruída com o documento comprobatório da dívida do demandado ou da obrigação de entregar coisa certa ou para execução de obrigação de fazer ou de não fazer, na qual o demandante requererá a expedição de mandado citatório para o cumprimento que o demandado inadimplente pague ou entregue a coisa no prazo de quinze dias.

2. Citação do demandado: sendo evidente o direito do autor, o juiz deferirá a expedição de mandado de pagamento, de entrega de coisa ou para execução de obrigação de fazer ou de não fazer, concedendo ao réu prazo de quinze dias para o cumprimento e o pagamento de honorários advocatícios de 5% do valor atribuído à causa.

Efetivada a citação, o demandado poderá adotar uma das seguintes providências (arts. 101 e 102 do CPC):

a) *acata a ordem judicial*, pagando a quantia exigida, entregando a coisa ou executando a obrigação, com isso se isentando do pagamento de custas. Nesse caso, encerra-se o processo;

b) *silencia*, ou seja, deixa passar *in albis* o prazo para apresentar embargos, hipótese na qual constituir-se-á de pleno direito o título executivo judicial, independentemente de qualquer formalidade;

c) *oferece embargos*: nos embargos, que deverá ser oferecida no prazo máximo de quinze dias contados da data da citação, o demandado, se tiver elementos para tal, poderá impugnar o pedido do demandante. Se alegar que o autor pleiteia quantia superior à devida, cumprir-lhe-á declarar de imediato o valor que entende correto, apresentando demonstrativo discriminado e atualizado da dívida. Não apontado o valor correto ou não apresentado o demonstrativo, os embargos serão liminarmente rejeitados, se esse for o seu único fundamento, e, se houver outro fundamento, os embargos serão processados, mas o juiz deixará de examinar a alegação de excesso.

3. Intimação do demandante para responder aos embargos no prazo de quinze dias.

Rejeitados os embargos, constituir-se-á de pleno direito o título executivo judicial, prosseguindo-se o processo em observância às regras do cumprimento de sentença, no que for cabível.

Na ação monitória admite-se a reconvenção, sendo vedado o oferecimento de reconvenção à reconvenção.

PETIÇÕES

PEDIDO DE PAGAMENTO DE SOMA EM DINHEIRO

AO JUÍZO DE DIREITO DA VARA CÍVEL

Comarca de ....

.................., brasileiro, casado, odontólogo, RG n. ...., CPF n. ...., endereço eletrônico ...., domiciliado e residente nesta cidade, na rua ...., n. ......, por seu procurador signatário, advogado inscrito na OAB ......, sob n. ......, endereço eletrônico..........., com escritório na rua ...., n. ......, nesta cidade, onde recebe intimações, vem respeitosamente perante este juízo para, nos termos dos arts. 700 e 701 do Código de Processo Civil, propor

AÇÃO MONITÓRIA

em desfavor de ...., brasileiro, casado, comerciário, com endereço na rua ...., n. ......, nesta cidade, pelos seguintes fatos e fundamentos:

1. O demandante é credor do demandado pela quantia de R$ ...., valor correspondente aos seguintes serviços odontológicos prestados em seu consultório, conforme comprova a inclusa ficha odontológica: ....

2. Apesar de reiteradas e infrutíferas cobranças revelou-se impossível o pagamento espontâneo da dívida pelo demandado, diante do que o demandado não vê outra solução que não seja a de cobrança judicial.

3. A dívida do demandado, devidamente corrigida, remonta a R$ ...., tudo conforme a seguinte memória de cálculo:

....

....

Diante do exposto, requer:

a) que se digne mandar citar o devedor para, no prazo de quinze dias, satisfazer o credor, pagando o valor de R$ ...., sob pena de, não o fazendo, a referida dívida constituir-se em título executivo judicial;

b) requer, ainda, que, não havendo pagamento nem oposição de embargos de parte do demandante, seja procedido o cumprimento de sentença para pagamento de quantia certa nos termos dos arts. 523 e seguintes do Código de Processo Civil, com a citação do demandado para, no prazo de 15 dias, satisfazer o credor, sob pena de, não o fazendo, serem penhorados tantos bens quantos bastem para pagamento do principal, despesas acrescidas, custas processuais e honorários de advogado.

Por último, requer sejam o pedido monitório e o cumprimento de sentença julgados procedentes, subsistente a inscrição da penhora e condenado o demandado ao pagamento acima indicado.

Protesta por prova pericial, depoimento de testemunhas e depoimentos da parte, sob pena de confissão.

Para efeitos legais, declara o demandante o seu INTERESSE em eventual autocomposição e, consequentemente, na realização da audiência de conciliação ou de mediação.

Dá à causa o valor de R$ ....

T. em que
E. deferimento.
......................., ... de .... de 20......
Advogado(a)
OAB/...... n. ......

COBRANÇA DE CHEQUE PRESCRITO

AO JUÍZO DE DIREITO DA VARA CÍVEL
Comarca de ....

................., empresa estabelecida nesta cidade, na rua ...., n. ......, CNPJ n. ...., endereço eletrônico ...., neste ato representada por seu proprietário, ..., brasileiro, casado, comerciante, por seu procurador signatário, advogado inscrito na OAB ......, sob n. ......, endereço eletrônico..........., com escritório na rua ...., n. ......, nesta cidade, onde recebe intimações, vem respeitosamente perante este juízo para, nos termos dos arts. 700 e 701 do Código de Processo Civil, propor

AÇÃO MONITÓRIA

em desfavor de ...., brasileiro, casado, eletricista, com endereço na rua ...., n. ......, nesta cidade, pelos seguintes fatos e fundamentos:

1. O demandante é credor do demandado na importância de R$ ...., representada pelo incluso cheque datado de ...., atualmente imprestável para ensejar ação executiva, em face de prescrição ocorrida na data de ....

2. O STJ, por sua Súmula n. 299, declarou que é admissível a ação monitória fundada em cheque prescrito.

3. Apesar de reiteradas e infrutíferas cobranças revelou-se impossível o pagamento espontâneo da dívida pelo demandado, diante do que o demandado não vê outra solução que não seja a de cobrança judicial.

4. A dívida do demandado, devidamente corrigida, remonta a R$ ...., tudo conforme a seguinte memória de cálculo:

....

....

Diante do exposto, requer:

a) que este juízo se digne mandar citar o devedor para, no prazo de quinze dias, satisfazer o credor, pagando o valor de R$ ...., sob pena de, não o fazendo, a referida dívida constituir-se em título executivo judicial;

b) requer, ainda, que, não havendo pagamento nem oposição de embargos de parte do demandante, seja procedido o cumprimento de sentença para pagamento de quantia certa nos termos dos arts. 523 e seguintes do Código de Processo Civil, com a citação do demandado para, no prazo de quinze dias, satisfazer o credor, sob pena de, não o fazendo, serem penhorados tantos bens quantos bastem para pagamento do principal, despesas acrescidas, custas processuais e honorários de advogado.

Por último, requer sejam o pedido monitório e o cumprimento de sentença julgados procedentes, subsistente a inscrição da penhora e condenado o demandado ao pagamento acima indicado, acrescidos das custas e honorários advocatícios.

Para efeitos legais, declara o demandante o seu INTERESSE em eventual autocomposição e, consequentemente, na realização da audiência de conciliação ou de mediação.

Protesta por prova pericial, depoimento de testemunhas e depoimentos da parte, sob pena de confissão.

Dá à causa o valor de R$ ....

T. em que

E. deferimento.

......................., ... de .... de 20.....

Advogado(a)

OAB/...... n. ......

PEDIDO DE ENTREGA DE COISA CERTA

AO JUÍZO DE DIREITO DA VARA CÍVEL
Comarca de ....

................., brasileiro, casado, contabilista, RG n. ...., CPF n. ...., endereço eletrônico ...., domiciliado e residente nesta cidade, na rua ...., ..., por seu procurador signatário, advogado inscrito na OAB ......, sob n. ......, endereço eletrônico..........., com escritório na rua ...., n. ......, nesta cidade, onde recebe intimações, vem respeitosamente perante este juízo para, nos termos dos arts. 700 e 701 do Código de Processo Civil, propor

AÇÃO MONITÓRIA PARA ENTREGA DE COISA CERTA

em desfavor de ...., brasileiro, casado, comerciário, com endereço na rua ...., n. ......, nesta cidade, pelos seguintes fatos e fundamentos:

1. O demandante, na data de ...., adquiriu do demandado, para posterior entrega, um computador da marca ...., modelo ...., tendo pago, na ocasião, a importância de R$ ...., conforme comprova com o documento incluso.

2. Ocorre que, transcorridos ...... dias da data de ...., prometida para a entrega do objeto adquirido, o demandado ainda não efetivou a entrega.

3. Apesar de reiteradas e infrutíferas cobranças revelou-se impossível a entrega espontânea do referido computador, diante do que o demandado não vê outra solução que não seja a cobrança judicial.

Diante do exposto, requer:

a) que se digne mandar citar o devedor para, no prazo de quinze dias, satisfazer o credor, entregando o computador acima descrito, sob pena de, não o fazendo, a obrigação constituir-se em título executivo judicial.

b) requer, ainda, que, não havendo a entrega nem oposição de embargos de parte do demandante, seja procedido o cumprimento de sentença para entrega de coisa no prazo estabelecido na sentença, nos termos dos arts. 538 e seguintes do Código de Processo Civil, sob pena de, não o fazendo, ser expedido mandado de busca e apreensão.

Por último, requer sejam o pedido monitório e o cumprimento de sentença julgados procedentes, com a condenação do demandado nas custas e honorários advocatícios.

Para efeitos legais, declara o demandante o seu INTERESSE em eventual autocomposição e, consequentemente, na realização da audiência de conciliação ou de mediação.

Protesta por prova pericial, depoimento de testemunhas e depoimentos da parte, sob pena de confissão.

Dá-se à causa o valor de R$ ....

T. em que
E. deferimento.
........................, ... de .... de 20......
Advogado(a)
OAB/...... n. ......

7. AÇÕES DECORRENTES DA LOCAÇÃO DE IMÓVEIS

AÇÃO DE DESPEJO

Generalidades

O despejo não deve ser confundido com a *retomada* do imóvel locado, pois, enquanto esta consiste no ato fundado em direito de o locador obter a devolução do imóvel, sem intervenção judicial, notificando (*vide* Capítulo 13) o locatário da sua intenção, o *despejo* constitui-se no recurso extremo, ou seja, na retomada compulsória do imóvel, na hipótese de o locatário ignorar a notificação feita pelo locador.

Desde que a locação anteriormente ajustada por prazo determinado, *inferior a trinta meses*, passe a vigorar por prazo indeterminado, a Lei do Inquilinato (Lei n. 8.245/91) assegura ao locador o direito de promover o despejo do locatário nas seguintes situações:

a) prática de infração legal ou contratual (art. 9º, II);

b) falta de pagamento do aluguel e demais encargos (art. 9º, III);

c) realização de reparações urgentes determinadas pelo poder público que não possam ser normalmente executadas com a permanência do locatário no imóvel ou, podendo, ele se recuse a consenti-las (art. 9º, IV);

d) extinção do contrato de trabalho, se a ocupação do imóvel decorrer da relação de emprego (art. 47, II);

e) necessidade de ocupação pelo locador do imóvel para uso próprio, uso do cônjuge, uso do(a) companheiro(a), uso do ascendente ou de descendente, na hipótese de nenhum deles possuir imóvel próprio (art. 47, III);

f) necessidade de demolição e edificação licenciada, realização de obras aprovadas pelo poder público que aumentem a área construída em no mínimo 20% ou em 50%, se o imóvel for destinado à exploração de hotel ou pensão (art. 47, IV);

g) ocupação do imóvel por cinco anos ininterruptos pelo locatário (art. 47, V).

Todavia, tais hipóteses não se aplicam às locações de prazo determinado, ajustadas por escrito e por *prazo igual ou superior a trinta meses*. Nesse caso, o locador poderá fazer uso da *denúncia vazia*, ou seja, poderá promover o despejo, independentemente de notificação ou aviso, se ajuizar a ação antes de decorrerem trinta dias do vencimento do contrato (art. 46).

Não obstante, continuando o locatário na posse do imóvel por mais de trinta dias após o prazo ajustado, sem oposição do locador, o contrato prorroga-se por prazo indeterminado, hipótese na qual o locador ainda pode ajuizar o despejo, mas não sem antes promover a denúncia do contrato (*vide* Capítulo 13), concedendo o prazo de trinta dias para a desocupação (art. 46, §§ 1º e 2º).

Aspectos processuais da ação de despejo

O rito processual para as ações de despejo é o *ordinário*, segundo estabelece o art. 59 da Lei do Inquilinato.

Ações de despejo fundadas no inciso IV do art. 9º, inciso IV do art. 47 e inciso II do art. 53: a petição inicial deverá ser instruída com prova da propriedade do imóvel ou do compromisso registrado (art. 60).

Ações fundadas no § 2º do art. 46 e nos incisos III e IV do art. 47: se o locatário, no prazo da contestação, manifestar sua concordância com a desocupação do imóvel, o juiz acolherá o pedido fixando prazo de seis meses para a desocupação, contados da citação, impondo ao vencido a responsabilidade pelas custas e honorários advocatícios de 20% sobre o valor dado à causa. Se a desocupação ocorrer dentro do prazo fixado, o réu ficará isento dessa responsabilidade; caso contrário, será expedido mandado de despejo (art. 61).

*Ações de despejo fundadas na **falta de pagamento de aluguel** e acessórios da locação, de aluguel provisório, de diferenças de aluguéis, ou somente de quaisquer dos acessórios da locação (art. 62):*

> I – o pedido de rescisão da locação poderá ser cumulado com o pedido de cobrança dos aluguéis e acessórios da locação; nessa hipótese, citar-se-á o locatário para responder ao pedido de rescisão e o locatário e os fiadores para responderem ao pedido de cobrança, devendo ser apresentado, com a inicial, cálculo discriminado do valor do débito;
>
> II – o locatário e o fiador poderão evitar a rescisão da locação efetuando, no prazo de 15 (quinze) dias, contado da citação, o pagamento do débito atualizado, independentemente de cálculo e mediante depósito judicial, incluídos:
>
> *a)* os aluguéis e acessórios da locação que vencerem até a sua efetivação;
>
> *b)* as multas ou penalidades contratuais, quando exigíveis;
>
> *c)* os juros de mora;
>
> *d)* as custas e os honorários do advogado do locador, fixados em 10% sobre o montante devido, se do contrato não constar disposição diversa;
>
> III – efetuada a purga da mora, se o locador alegar que a oferta não é integral, justificando a diferença, o locatário poderá complementar o depósito no prazo de dez

dias, contado da intimação, que poderá ser dirigida ao locatário ou diretamente ao patrono deste, por carta ou publicação no órgão oficial, a requerimento do locador;

IV – não sendo integralmente complementado o depósito, o pedido de rescisão prosseguirá pela diferença, podendo o locador levantar a quantia depositada;

V – os aluguéis que forem vencendo até a sentença deverão ser depositados à disposição do juízo, nos respectivos vencimentos, podendo o locador levantá-los desde que incontroversos;

VI – havendo cumulação dos pedidos de rescisão da locação e cobrança dos aluguéis, a execução desta pode ter início antes da desocupação do imóvel, caso ambos tenham sido acolhidos.

Observe-se que não se admitirá a emenda da mora se o locatário já houver utilizado essa faculdade nos 24 meses imediatamente anteriores à propositura da ação.

Quanto ao *valor da causa*, prevê a referida lei (art. 58, III) que será de *doze meses de aluguel*, não só para as ações de despejo como também para as ações de consignação em pagamento de aluguel, ações revisionais de aluguel e ações renovatórias de locação. Excetua a lei apenas aquelas em relação ao despejo decorrente da extinção do contrato de trabalho (art. 47, II), assinalando que, nesse caso, o valor da causa será de três salários do locatário-empregado vigentes na data do ajuizamento da ação.

Concessão de liminar. A teor do art. 59 da Lei n. 8.245/91, constituem fundamentos para a concessão de liminar para a desocupação em quinze dias, independentemente da audiência da parte contrária e desde que prestada a caução no valor equivalente a três meses de aluguel:

I – o descumprimento do mútuo acordo (art. 9º, I), celebrado por escrito e assinado pelas partes e por duas testemunhas, no qual tenha sido ajustado o prazo mínimo de seis meses para desocupação, contado da assinatura do instrumento;

II – prova escrita da rescisão do contrato de trabalho ou sendo ela demonstrada em audiência prévia, caso a ocupação do imóvel pelo locatário esteja relacionada com o seu emprego;

III – o término do prazo da locação para temporada, tendo sido proposta a ação de despejo em até trinta dias após o vencimento do contrato;

IV – a morte do locatário sem deixar sucessor legítimo na locação, permanecendo no imóvel pessoas não autorizadas por lei;

V – a permanência do sublocatário no imóvel, extinta a locação celebrada com o locatário;

VI – a necessidade de produzir reparações urgentes no imóvel, determinadas pelo poder público, que não possam ser normalmente executadas com a permanência do locatário, ou, podendo, ele se recuse a consenti-las;

VII – o término do prazo notificatório de trinta dias (art. 40, parágrafo único), sem apresentação de nova garantia apta a manter a segurança inaugural do contrato;

VIII – o término do prazo da locação não residencial, tendo sido proposta a ação em até trinta dias do termo ou do cumprimento de notificação comunicando o intento de retomada;

IX – a falta de pagamento de aluguel e acessórios da locação no vencimento, estando o contrato desprovido de qualquer das garantias previstas no art. 37, por não ter sido contratada ou em caso de extinção ou pedido de exoneração dela, independentemente de motivo.

Qualquer que seja o fundamento da ação, será dada ciência do pedido aos sublocatários, que poderão intervir no processo como assistentes (art. 59, § 2º).

Na hipótese de falta de pagamento de aluguel e acessórios da locação no vencimento, poderá o locatário evitar a rescisão da locação e elidir a liminar de desocupação se, dentro dos 15 (quinze) dias concedidos para a desocupação do imóvel e independentemente de cálculo, efetuar depósito judicial que contemple a totalidade dos valores devidos, na forma prevista no inciso II do art. 62 (art. 59, § 3º).

Procedência da ação. Julgada procedente a ação de despejo, o juiz fixará o valor da caução para o caso de ser executada provisoriamente e determinará a expedição de mandado de despejo, que conterá o prazo de trinta dias para a desocupação voluntária, com as seguintes ressalvas (art. 63):

> § 1º O prazo será de quinze dias se:
>
> *a)* entre a citação e a sentença de 1ª instância houverem decorrido mais de quatro meses; ou
>
> *b)* o despejo houver sido decretado com fundamento no art. 9º ou no § 2º do art. 46.
>
> § 2º Tratando-se de estabelecimento de ensino autorizado e fiscalizado pelo poder público, respeitado o prazo mínimo de seis meses e o máximo de um ano, o juiz disporá de modo que a desocupação coincida com o período de férias escolares.
>
> § 3º Tratando-se de hospitais, repartições públicas, unidades sanitárias oficiais, asilos, estabelecimentos de saúde e de ensino autorizados e fiscalizados pelo poder público, bem como por entidades religiosas devidamente registradas, e o despejo for decretado com fundamento no inciso IV do art. 9º ou no inciso II do art. 53, o prazo será de um ano, exceto no caso em que entre a citação e a sentença de 1ª instância houver decorrido mais de um ano, hipótese em que o prazo será de seis meses.

Prestação de caução. Salvo nas hipóteses das ações fundadas no art. 9º, a execução provisória do despejo dependerá de caução (real ou fidejussória) não inferior a seis meses nem superior a doze meses do aluguel, atualizada até a data da prestação da caução (art. 64), que será efetivada nos autos da execução provisória.

Posteriormente, ocorrendo a reforma da sentença ou da decisão que concedeu liminarmente o despejo, o valor da caução reverterá em favor do réu, como indenização mínima das perdas e danos, podendo este reclamar, em ação própria, a diferença pelo que a exceder.

Desocupação do imóvel. Findo o prazo assinado para a desocupação, contado da data da notificação, será efetuado o despejo, se necessário com emprego de força, inclusive arrombamento (art. 65). O despejo não poderá ser executado até o trigésimo dia seguinte ao do falecimento do cônjuge, ascendente, descendente ou irmão de qualquer das pessoas que habitem o imóvel.

Caso o despejado não tome a iniciativa de retirar os móveis e utensílios, estes serão entregues à guarda de depositário. Ocorrendo abandono do imóvel após o ajuizamento da ação e antes da sentença, o locador poderá imitir-se na posse do imóvel.

Regime Jurídico de Caráter Emergencial e Transitório imposto à Lei do Inquilinato (Lei n. 8.245/91) em decorrência da Covid-19

A título justificadamente excepcional, decorrente dos efeitos sociais e econômicos da pandemia de Covid-19, foi sancionada, em 10 de junho de 2020, a Lei federal n. 14.010, pela qual, dentre outros dispositivos, em seu art. 9º, restou vedada a concessão de liminar de despejo a imóveis urbanos nas ações lastreadas no art. 59, § 1º, incisos I, II, V, VII, VIII e IX, da Lei n. 8.245/91, até 30 de outubro de 2020. Todavia, ante a continuidade da pandemia, após contenda processual legislativa entre o Congresso Nacional e a Presidência da República, e a supressão do veto presidencial, finalmente foi publicada a Lei n. 14.216, de 7 de outubro de 2021, assim posta:

Lei n. 14.216, de 7 de outubro de 2021

Estabelece medidas excepcionais em razão da Emergência em Saúde Pública de Importância Nacional (Espin) decorrente da infecção humana pelo coronavírus SARS-CoV-2, para suspender o cumprimento de medida judicial, extrajudicial ou administrativa que resulte em desocupação ou remoção forçada coletiva em imóvel privado ou público, exclusivamente urbano, e a concessão de liminar em ação de despejo de que trata a Lei n. 8.245, de 18 de outubro de 1991, e para estimular a celebração de acordos nas relações locatícias.

O PRESIDENTE DA REPÚBLICA

Faço saber que o Congresso Nacional decreta e eu promulgo, nos termos do parágrafo 5º do art. 66 da Constituição Federal, a seguinte Lei:

Art. 1º Esta Lei estabelece medidas excepcionais em razão da Emergência em Saúde Pública de Importância Nacional (Espin) decorrente da infecção humana pelo coronavírus SARS-CoV-2, para suspender até 31 de dezembro de 2021 o cumprimento de medida judicial, extrajudicial ou administrativa que resulte em desocupação ou remoção forçada coletiva em imóvel privado ou público, exclusivamente urbano, e a concessão de liminar em ação de despejo de que trata a Lei n. 8.245, de 18 de outubro de 1991, para dispensar o locatário do pagamento de multa em caso de denúncia de locação de imóvel e para autorizar a realização de aditivo em contrato de locação por meio de correspondências eletrônicas ou de aplicativos de mensagens.

Art. 2º Ficam suspensos até 31 de dezembro de 2021 os efeitos de atos ou decisões judiciais, extrajudiciais ou administrativos, editados ou proferidos desde a vigência do estado de calamidade pública reconhecido pelo Decreto Legislativo n. 6, de 20 de março de 2020, até 1 (um) ano após o seu término, que imponham a desocupação ou a remoção forçada coletiva de imóvel privado ou público, exclusivamente urbano, que sirva de moradia ou que represente área produtiva pelo trabalho individual ou familiar.

§ 1º Para fins do disposto neste artigo, aplica-se a suspensão nos seguintes casos, entre outros:

I – execução de decisão liminar e de sentença em ações de natureza possessória e petitória, inclusive mandado pendente de cumprimento;

II – despejo coletivo promovido pelo Poder Judiciário;

III – desocupação ou remoção promovida pelo poder público;

IV – medida extrajudicial;

V – despejo administrativo em locação e arrendamento em assentamentos;

VI – autotutela da posse.

§ 2º As medidas decorrentes de atos ou decisões proferidos em data anterior à vigência do estado de calamidade pública reconhecido pelo Decreto Legislativo n. 6, de 20 de março de 2020, não serão efetivadas até 1 (um) ano após o seu término.

§ 3º Durante o período mencionado no *caput* deste artigo, não serão adotadas medidas preparatórias ou negociações com o fim de efetivar eventual remoção, e a autoridade administrativa ou judicial deverá manter sobrestados os processos em curso.

§ 4º Superado o prazo de suspensão a que se refere o *caput* deste artigo, o Poder Judiciário deverá realizar audiência de mediação entre as partes, com a participação do Ministério Público e da Defensoria Pública, nos processos de despejo, de remoção forçada e de reintegração de posse coletivos que estejam em tramitação e realizar inspeção judicial nas áreas em litígio.

Art. 3º Considera-se desocupação ou remoção forçada coletiva a retirada definitiva ou temporária de indivíduos ou de famílias, promovida de forma coletiva e contra a sua vontade, de casas ou terras que ocupam, sem que estejam disponíveis ou acessíveis as formas adequadas de proteção de seus direitos, notadamente:

I – garantia de habitação, sem nova ameaça de remoção, viabilizando o cumprimento do isolamento social;

II – manutenção do acesso a serviços básicos de comunicação, de energia elétrica, de água potável, de saneamento e de coleta de lixo;

III – proteção contra intempéries climáticas ou contra outras ameaças à saúde e à vida;

IV – acesso aos meios habituais de subsistência, inclusive acesso à terra, a seus frutos, a infraestrutura, a fontes de renda e a trabalho;

V – privacidade, segurança e proteção contra a violência à pessoa e contra o dano ao seu patrimônio.

Art. 4º Em virtude da Espin decorrente da infecção humana pelo coronavírus SARS-CoV-2, não se concederá liminar para desocupação de imóvel urbano nas ações de despejo a que se referem os incisos I, II, V, VII, VIII e IX do § 1º do art. 59 da Lei n. 8.245, de 18 de outubro de 1991, até 31 de dezembro de 2021, desde que o locatário demonstre a ocorrência de alteração da situação econômico-financeira decorrente de medida de enfrentamento da pandemia que resulte em incapacidade de pagamento do aluguel e dos demais encargos sem prejuízo da subsistência familiar.

Parágrafo único. O disposto no *caput* deste artigo somente se aplica aos contratos cujo valor mensal do aluguel não seja superior a:

I – R$ 600,00 (seiscentos reais), em caso de locação de imóvel residencial;

II – R$ 1.200,00 (mil e duzentos reais), em caso de locação de imóvel não residencial.

Art. 5º Frustrada tentativa de acordo entre locador e locatário para desconto, suspensão ou adiamento, total ou parcial, do pagamento de aluguel devido desde a vigência do estado de calamidade pública reconhecido pelo Decreto Legislativo n. 6, de 20 de março de 2020, até 1 (um) ano após o seu término, relativo a contrato findado em razão de alteração econômico-financeira decorrente de demissão, de redução de carga horária ou de diminuição de remuneração que resulte em incapacidade de pagamento do aluguel e dos demais encargos sem prejuízo da subsistência familiar, será admitida a denúncia da locação pelo locatário residencial até 31 de dezembro de 2021:

I – nos contratos por prazo determinado, independentemente do cumprimento da multa convencionada para o caso de denúncia antecipada do vínculo locatício;

II – nos contratos por prazo indeterminado, independentemente do cumprimento do aviso prévio de desocupação, dispensado o pagamento da multa indenizatória.

§ 1º A denúncia da locação na forma prevista nos incisos I e II do *caput* deste artigo aplica-se à locação de imóvel não residencial urbano no qual se desenvolva atividade que tenha sofrido a interrupção contínua em razão da imposição de medidas de isolamento ou de quarentena, por prazo igual ou superior a 30 (trinta) dias, se frustrada tentativa de acordo entre locador e locatário para desconto, suspensão ou adiamento, total ou parcial, do pagamento de aluguel devido desde a vigência do estado de calamidade pública reconhecido pelo Decreto Legislativo n. 6, de 20 de março de 2020, até 1 (um) ano após o seu término.

§ 2º Não se aplica o disposto no *caput* deste artigo quando o imóvel objeto da locação for o único de propriedade do locador, excluído o utilizado para sua residência, desde que os aluguéis consistam na totalidade de sua renda.

Art. 6º As tentativas de acordo para desconto, suspensão ou adiamento de pagamento de aluguel, ou que estabeleçam condições para garantir o reequilíbrio contratual dos contratos de locação de imóveis durante a Espin decorrente da infecção humana pelo coronavírus SARS-CoV-2, poderão ser realizadas por meio de correspondências eletrônicas ou de aplicativos de mensagens, e o conteúdo deles extraído terá valor de aditivo contratual, com efeito de título executivo extrajudicial, bem como provará a não celebração do acordo para fins do disposto no art. 5º desta Lei.

Art. 7º As medidas de que tratam os arts. 2º e 3º desta Lei:

I – não se aplicam a ocupações ocorridas após 31 de março de 2021;

II – não alcançam as desocupações já perfectibilizadas na data da publicação desta Lei.

Art. 8º Esta Lei entra em vigor na data de sua publicação.

Brasília, 7 de outubro de 2021;
200º da Independência e 133º da República.

JAIR MESSIAS BOLSONARO

PETIÇÕES DE DESPEJO

DESPEJO POR FALTA DE PAGAMENTO (CUMULADA COM COBRANÇA DE ALUGUÉIS)

AO JUÍZO DE DIREITO DA VARA CÍVEL
Comarca de ....

.................., brasileiro, casado, motorista, RG n. ...., CPF n. ...., endereço eletrônico ...., domiciliado e residente nesta cidade, na av. ...., n. ......, por seu bastante procurador (doc. 1), advogado inscrito na OAB ......, sob n. ......, endereço eletrônico............, com escritório na rua ...., n. ......, nesta cidade, onde recebe intimações, vem perante este juízo para, com fulcro na Lei do Inquilinato, promover

AÇÃO DE DESPEJO POR FALTA DE PAGAMENTO
CUMULADA COM COBRANÇA DE ALUGUÉIS

em desfavor de ...., brasileiro, casado, comerciário, domiciliado e residente nesta cidade, na rua ...., n. ......, pelos seguintes fatos e fundamentos:

1. O requerente é proprietário e locador do imóvel no qual reside o requerido, em razão de contrato de locação firmado na data de ...., cujos locatícios em vigor são de R$ .... (..................) mensais, conforme faz prova com o incluso contrato (doc. 2).

2. Ocorre que, desde o mês de ...., ou seja, há ...... meses, o requerido não efetua o pagamento dos locatícios, embora reiteradamente instado a fazê-lo, importando o seu débito no total de R$ .... (..................).

3. Diante da inadimplência do requerido, vê-se o requerente compelido a mover a presente ação de despejo e, ao mesmo tempo, a pleitear a cobrança dos locatícios devidos, conforme lhe facultam os arts. 9º, III, e 62, I, da Lei Inquilinária (Lei n. 8.245/91).

Em face do exposto, requer: a) a citação do requerido para, querendo, contestar a presente, sob pena de revelia e confissão; b) a procedência do pedido, com a decretação do despejo e a condenação do requerido no pagamento dos aluguéis em atraso, no valor de R$ ...., acrescidos de juros e correção monetária, custas judiciais e honorários advocatícios, no percentual de 20% do valor da causa.

Para efeitos legais, declara o demandante o seu DESINTERESSE em eventual autocomposição e, consequentemente, na não realização da audiência de conciliação ou de mediação.

Protestando por todo gênero de provas em direito admitido e dando à presente causa o valor de R$ .... (12 vezes o valor do aluguel).

E. deferimento.

Canelinha, ... de .... de 20......

Advogado(a)

OAB/...... n. 10.930

DESPEJO PARA USO DE DESCENDENTE[111]

AO JUÍZO DE DIREITO DA VARA CÍVEL

Comarca de ....

.................., brasileiro, casado, engenheiro, RG n. ...., CPF n. ...., endereço eletrônico ...., domiciliado e residente nesta cidade, na rua ...., n. ......, por seu procurador firmatário (doc. 1), advogado inscrito na OAB ......, sob n.

111 A ação de despejo para uso próprio pode ser promovida pelos Juizados Especiais Cíveis (art. 3º, III, da Lei n. 9.099/95).

......, endereço eletrônico..........., com escritório na rua ...., n. ......, nesta cidade, onde recebe intimações, vem pela presente mover

AÇÃO DE DESPEJO PARA USO DE DESCENDENTE

Em desfavor de ...., brasileiro, casado, industriário, domiciliado e residente nesta cidade, na rua ...., n. ......, em face das seguintes razões:

I – DOS FATOS

1. O requerente é proprietário e locador do imóvel no qual reside o requerido, em razão de contrato de locação firmado na data de ...., ora em vigor por prazo indeterminado, desde a data de .... (doc. 2).

2. Ocorre que, tendo seu filho .... (doc. 3) decidido casar-se no fim do corrente ano, pretende o requerente retomar o imóvel locado para que o mesmo lhe sirva de moradia após o casamento.

3. O requerente tentou obter, de forma amigável, a retomada do imóvel, notificando o requerido (doc. 4) da sua pretensão e concedendo ao mesmo prazo de 60 (sessenta) dias para a desocupação.

4. Mesmo tendo o referido prazo expirado na data de ...., o requerido não procedeu à desocupação do imóvel locado, razão pela qual vê-se o requerente compelido a mover a presente ação.

II – DO DIREITO

5. A pretensão do requerente encontra agasalho no art. 47, III, da Lei do Inquilinato, uma vez que nem seu filho nem sua futura nora são proprietários de qualquer imóvel, sendo-lhe facultado exigir a desocupação do imóvel locado para uso de descendente.

III – DO PEDIDO

Em face de todo o exposto, requer:

a) a citação do requerido para, querendo, contestar a presente, sob pena de revelia e confissão;

b) a procedência do pedido, com a decretação do despejo do requerido e a condenação do mesmo nas custas judiciais e honorários de advogado.

Para efeitos legais, declara o demandante o seu DESINTERESSE em eventual autocomposição e, consequentemente, na não realização da audiência de conciliação ou de mediação.

Protesta pela produção de todo gênero de prova em direito admitido.

Valor da causa: R$ .... (12 vezes o valor do aluguel).

T. em que

E. deferimento.

................., ... de .... de 20......

Advogado(a)

OAB/...... n. ......

DESPEJO POR INFRAÇÃO CONTRATUAL

AO JUÍZO DE DIREITO DA VARA CÍVEL

Comarca de ....

.................., brasileiro, casado, contabilista, RG n. ...., CPF n. ...., endereço eletrônico ...., domiciliado e residente nesta cidade, na rua ...., n. ......, por seu procurador infra-assinado (doc. 1), advogado inscrito na OAB ......, sob n. ......, endereço eletrônico..........., com escritório na rua ...., n. ......, nesta cidade, onde recebe intimações, vem perante este juízo propor

AÇÃO DE DESPEJO POR INFRAÇÃO CONTRATUAL

em desfavor de ...., brasileiro, casado, eletricista, domiciliado e residente nesta cidade, na rua ...., n. ......, em razão dos seguintes fundamentos:

1. O requerente é proprietário do imóvel no qual reside o requerido, cedido ao mesmo por meio de contrato de locação firmado na data de .... e ora em vigor por prazo indeterminado desde o dia ...... de .... do corrente ano, conforme faz prova com o contrato incluso (doc. 2).

2. Do referido contrato de locação consta, na cláusula 12ª, que ao locatário é vedado utilizar o imóvel locado para outro fim que não seja o residencial.

3. Ocorre que, mesmo diante do impeditivo contratual, o locatário, há cerca de dois meses, instalou um bar no imóvel locado, o que, além de perturbar o sossego de toda a vizinhança, infringe frontalmente a proibição pactuada na cláusula retrocitada (doc. 3).

4. Em assim procedendo, cometeu o locatário infração contratual passível de ação de despejo, conforme faculta o art. 9º, II, da Lei n. 8.245/91.

EX POSITIS, e com fundamento no art. 9º, II, da Lei do Inquilinato, requer:

a) a citação do requerido para, querendo, contestar a presente, sob pena de revelia e confissão;

b) a procedência do pedido, com a decretação do despejo do requerido e a condenação do mesmo nas custas judiciais e honorários de advogado.

Para efeitos legais, declara o demandante o seu DESINTERESSE em eventual autocomposição e, consequentemente, na não realização da audiência de conciliação ou de mediação.

Protesta pela produção de todos os meios de prova em direito admitidos.

Valor da causa: R$ .... (12 vezes o valor do aluguel).

P. e E. deferimento.

.................., ... de .... de 20......

Advogado(a)

OAB/...... n. ......

DESPEJO POR NÃO CONVIR A CONTINUIDADE DA LOCAÇÃO (denúncia vazia)

AO JUÍZO DE DIREITO DA VARA CÍVEL

Comarca de ....

................., brasileiro, casado, odontólogo, RG n. ...., CPF n. ...., endereço eletrônico ...., domiciliado e residente nesta cidade, na rua ...., n. ......, por seu procurador firmatário (doc. 1), advogado inscrito na OAB ......, sob n. ......, endereço eletrônico..........., com escritório na rua ...., n. ......, nesta cidade, onde recebe intimações, vem perante este juízo para mover a presente

AÇÃO DE DESPEJO

em desfavor de ...., brasileiro, casado, representante comercial, residente nesta cidade, na rua ...., n. ......, em face dos seguintes fatos e fundamentos:

I – DOS FATOS

1. O requerente é proprietário e locador do imóvel no qual reside o requerido, decorrendo a referida relação jurídica de contrato firmado na data de ...., com prazo de 3 (três) anos, e que desde o dia ...... de .... do corrente ano passou a vigorar por prazo indeterminado (doc. 2).

2. Ocorre que, não convindo mais ao requerente a continuidade da referida locação, pretende o mesmo obter a desocupação do imóvel locado independentemente de notificação ou aviso, conforme lhe faculta o art. 46 da Lei n. 8.245/91.

II – DO DIREITO

3. Como se pode do todo inferir, o presente pedido preenche o requisito exigido pelo art. 46 da Lei do Inquilinato, uma vez que, tendo o contrato de locação sido firmado com prazo superior a 30 (trinta) meses e ocorrendo a prorrogação do mesmo, pode o locador denunciá-lo a qualquer tempo.

III – DO PEDIDO

Pelo exposto, e com fundamento no art. 46 da Lei n. 8.245/91, requer:

a) a citação do requerido para, querendo, contestar a presente, sob pena de revelia e confissão;

b) a procedência do pedido, com a decretação do despejo do requerido, concedendo-lhe o prazo de trinta dias para a desocupação do imóvel;

c) a condenação do requerido nas custas e honorários advocatícios.

Para efeitos legais, declara o demandante o seu DESINTERESSE em eventual autocomposição e, consequentemente, na não realização da audiência de conciliação ou de mediação.

Protestando por todo gênero de provas em direito admitido, e atribuindo à presente causa o valor de R$ .... (12 vezes o valor do aluguel).

T. em que

P. deferimento.

................., ... de .... de 20......

Advogado(a)

OAB/...... n. ......

Outras ações no âmbito das locações

Ação revisional de aluguéis

A ação revisional de aluguel, cuja finalidade é ajustar o valor do aluguel defasado ao preço de mercado, na hipótese de não haver acordo entre as partes no tocante à fixação do novo locatício, pode ser ajuizada tanto pelo locador quanto pelo locatário e obedecerá ao rito sumário.

Sobre o tema, aponta o STJ que, *verbis*:

> AGRAVO INTERNO NO AGRAVO EM RECURSO ESPECIAL. AÇÃO RENOVATÓRIA DE LOCAÇÃO C/C REVISIONAL DE ALUGUÉIS. LOCAÇÃO. LOJA EM *SHOPPING CENTER*. ALUGUEL. VALOR MÍNIMO. PERÍCIA. AUTONOMIA DA VONTADE DAS PARTES. AFASTAMENTO DOS TERMOS LIVREMENTE PACTUADOS PELAS PARTES. ACÓRDÃO EM DISSONÂNCIA COM ENTENDIMENTO FIRMADO NESTA CORTE. AGRAVO INTERNO PROVIDO PARA DAR PARCIAL PROVIMENTO AO RECURSO ESPECIAL.
>
> 1. A cláusula contratual em que se prevê a configuração do valor do aluguel não pode ser desprezada unicamente com fundamento na situação de mercado, mormente quando não há lastro suficientemente apto a demonstrar os motivos pelos quais a autonomia das partes não deve prevalecer. Precedentes.
>
> 2. Agravo interno provido para dar parcial provimento ao recurso especial (AgInt no AREsp 1611717/DF, Rel. Min. Luis Felipe Salomão, j. 24.11.2020).

O pedido de revisão judicial funda-se no art. 68 da Lei n. 8.245/91, o qual exige que na petição inicial o requerente indique, desde logo, o valor do aluguel cuja fixação é pretendida.

Aspectos processuais. Ao designar a audiência de conciliação, o juiz, se houver pedido e com base nos elementos fornecidos tanto pelo locador como pelo locatário, ou nos que indicar, fixará aluguel provisório, que será devido desde a citação, nos seguintes moldes:

a) em ação proposta pelo locador, o aluguel provisório não poderá ser excedente a 80% do pedido;

b) em ação proposta pelo locatário, o aluguel provisório não poderá ser inferior a 80% do aluguel vigente.

Sem prejuízo da contestação e até a audiência, o réu poderá pedir que seja revisto o aluguel provisório, fornecendo os elementos para tanto. O pedido de revisão interrompe o prazo para interposição de recurso contra a decisão que fixar o aluguel provisório.

Na audiência de conciliação, apresentada a contestação, que deverá conter contraproposta se houver discordância quanto ao valor pretendido, o juiz tentará a conciliação e, não sendo esta possível, determinará a realização de perícia, se necessária, designando, desde logo, audiência de instrução e julgamento.

Não caberá ação revisional na pendência de prazo para a desocupação do imóvel (arts. 46, § 2°, e 57), ou quando tenha sido este estipulado amigável ou judicialmente.

No curso da ação de revisão, o aluguel provisório será reajustado na periodicidade pactuada ou na fixada em lei.

O aluguel fixado na sentença retroage à citação, e as diferenças devidas durante a ação de revisão, descontados os aluguéis provisórios satisfeitos, serão pagas com correção, exigível a partir do trânsito em julgado da decisão que fixar o novo aluguel (art. 69).

Se o pedido for feito pelo locador, ou sublocador, a sentença poderá estabelecer periodicidade de reajustamento do aluguel diversa daquela prevista no contrato revisando, bem como adotar outro indexador para reajustamento do aluguel.

A execução das diferenças será feita nos autos da ação de revisão.

Na ação de revisão do aluguel, o juiz poderá homologar acordo de desocupação, que será executado mediante expedição de mandado de despejo (art. 70).

AÇÃO REVISIONAL DE ALUGUEL

AO JUÍZO DE DIREITO DA VARA CÍVEL
Comarca de ....

.................., brasileiro, casado, administrador, RG n. ...., CPF n. ...., endereço eletrônico ...., domiciliado e residente nesta cidade, na rua ...., n. ......, através de seu procurador que esta subscreve (doc. 1), advogado inscrito na OAB ......, sob n. ......, endereço eletrônico............, com escritório na rua ...., n. ......, nesta cidade, onde recebe intimações, vem perante este juízo para requerer

AÇÃO REVISIONAL DE ALUGUEL

em desfavor de ...., brasileiro, casado, metalúrgico, residente nesta cidade, na rua ...., n. ......, pelos seguintes fatos e fundamentos:

I – DOS FATOS

1. O requerente é proprietário e locador do imóvel no qual reside o requerido desde a data de ...., conforme faz prova com o incluso contrato de locação (doc. 2).

2. Que a presente locação, para fins residenciais, ora em vigor por prazo indeterminado e pelo valor de R$ 800,00 (oitocentos reais) mensais, com reajuste anual, possui mais de três anos de vigência, como exige a lei.

3. Ocorre que, tendo tentado, e não conseguido, chegar a um entendimento com o requerido com o fim de atualizar o valor locatício do imóvel locado, pretende o requerente obter a correção do aluguel mediante arbitramento judicial, a fim de ajustá-lo ao valor de mercado.

II – DO DIREITO

4. O pedido do requerente assenta-se no art. 19 da Lei do Inquilinato, que lhe assegura o direito de requerer a revisão judicial do aluguel, a fim de ajustá-lo ao preço de mercado, sempre que não se verificar acordo entre locador e locatário.

III – DO PEDIDO

Por todo o exposto, e com fundamento nos arts. 19 e 68 da Lei n. 8.245/91, requer:

a) a citação do requerido para, querendo, contestar a presente, sob pena de revelia e confissão;

b) a procedência do pedido, com a atualização do valor mensal do aluguel para R$ 1.000,00 (mil reais), ou o valor apurado em perícia, se superior ao pretendido, valor este a ser pago, corrigido, desde a citação do requerido;

c) a fixação de aluguel provisório no valor de R$ 900,00 (novecentos reais), a ser pago desde a citação do requerido;

d) a condenação do requerido nas custas judiciais e honorários de advogado.

Para efeitos legais, declara o demandante o seu INTERESSE em eventual autocomposição e, consequentemente, na realização da audiência de conciliação ou de mediação.

Protesta pela produção de todo gênero de prova em direito admitido.

Valor da causa: R$ 9.600,00 (12 vezes o valor do aluguel vigente).

T. em que

E. deferimento.

.................., ... de .... de 20.....

Advogado(a)

OAB/...... n. ......

Ação de consignação de aluguel

Nos casos previstos em lei, poderá o devedor ou terceiro requerer, com efeito de pagamento, a consignação da quantia ou da coisa devida (art. 539 do CPC).

A ação de consignação em pagamento, consoante prescreve o art. 335 do Código Civil, tem lugar:

> I – se o credor, sem justa causa, se recusar a receber o pagamento, ou dar quitação na devida forma;
>
> II – se o credor não for nem mandar receber a coisa no lugar, tempo e condições devidos;
>
> III – se o credor for incapaz de receber, for desconhecido, estiver declarado ausente, ou residir em lugar incerto, ou de acesso perigoso ou difícil;
>
> IV – se ocorrer dúvida sobre quem deva legitimamente receber o objeto do pagamento;
>
> V – se pender litígio sobre o objeto do pagamento.

No que se refere especificamente aos contratos de locação, a ação de consignação caberá ao locatário sempre que o locador, sem justa causa, se recusar a receber o pagamento de aluguéis e acessórios da locação ou se recusar a fornecer o devido recibo de pagamento, ressalvadas as demais hipóteses do art. 335, as quais, embora com menos frequência, também costumam ocorrer.

A consignação ocorre mais frequentemente na situação em que o locador decide aumentar o valor do aluguel antes da data prevista para reajuste, sem obter o consentimento do locatário. Como se trata de exigência de pagamento ilegal, decorrente de ato unilateral praticado pelo locador à revelia do locatário, poderá este consignar em juízo apenas a importância que considere devida, com o fim de evitar a incidência da mora.

Ainda, tem espaço a consignação na relação locatícia quando o Locador se recusa a receber as chaves do imóvel, estendendo, injustificadamente, a incidência dos alugueres e encargos. Em casos que tais, com lastro nos incisos I e II do mencionado art. 335 do Código Civil, podem ser as chaves consignadas em juízo a fim de que obtenha o Locatário o termo final da locação. Nesse sentido, a não regularização do estado de conservação do imóvel ou a existência de alugueres inadimplidos não justifica a recusa, como já fixada a jurisprudência:

> AGRAVO DE INSTRUMENTO. LOCAÇÃO DE BEM IMÓVEL. TUTELA ANTECIPADA ANTECEDENTE. TUTELA DE URGÊNCIA. A suposta não entrega do imóvel no estado em que se encontrava quando do início da locação não justifica ou legitima a recusa em receber as chaves do imóvel locado. Decisão reformada. Recurso provido, confirmando a liminar concedida por este Relator (TJSP, Apelação n. 2070520-24.2018.8.26.0000, 26ª Câmara de Direito Privado; Rel. Des. Felipe Ferreira, publicação: 03.07.2018).

> LOCAÇÃO DE IMÓVEL. AÇÃO DE CONSIGNAÇÃO DE CHAVES. RECUSA DA PROPRIETÁRIA EM RECEBÊ-LAS. AUSÊNCIA DE JUSTIFICATIVA. PRO-

CEDÊNCIA DA DEMANDA. Não há falar em nulidade da sentença por ausência de fundamentação, quando atendido o ordenamento jurídico, que adotou o princípio do livre convencimento motivado ou persuasão racional do Juiz. Assim, todas as decisões judiciais devem ser assentadas em razões jurídicas, cuja invalidade decorre da falta destas, consoante estabelecem os arts. 93, inc. IX, da Constituição Federal, e 458, do Código de Processo Civil o que inocorreu no presente feito. A existência de débitos pendentes ou a necessidade de reparos e consertos no imóvel não são óbices para o recebimento das chaves, tampouco podem ser considerados como justo motivo para a recusa. Eventual reparação a ser suportada pela locatária pode ser reivindicada através da via procedimental adequada. Manutenção da sentença de procedência da ação. APELO DESPROVIDO (TJRS, Apelação n. 70030095251, 16ª Câmara Cível, Rel. Des. Marco Aurélio dos Santos Caminha, j. 29.04.2010).

Quanto à consignação dos aluguéis e acessórios da locação, funda-se a ação no art. 67 da Lei n. 8.245/91, que dispõe:

I – a petição deverá especificar os aluguéis e acessórios da locação, com indicação dos respectivos valores;

II – determinada a citação do réu, o autor será intimado a, no prazo de vinte e quatro horas, efetuar o depósito judicial da importância indicada na petição inicial, sob pena de ser extinto o processo;

III – o pedido envolverá a quitação das obrigações que vencerem durante a tramitação do feito e até ser prolatada a sentença de primeira instância, devendo o autor promover os depósitos nos respectivos vencimentos;

IV – não sendo oferecida a contestação, ou se o locador receber os valores depositados, o juiz acolherá o pedido, declarando quitadas as obrigações, condenando o réu ao pagamento das custas e honorários de 20% do valor dos depósitos;

V – a contestação do locador, além da defesa de direito que possa caber, ficará adstrita, quanto à matéria de fato, a:

a) não ter havido recusa ou mora em receber a quantia devida;

b) ter sido justa a recusa;

c) não ter sido efetuado o depósito no prazo ou no lugar do pagamento;

d) não ter sido efetuado o depósito integral;

VI – além de contestar, o réu poderá, em reconvenção, pedir o despejo e a cobrança dos valores objeto da consignatória ou da diferença do depósito inicial, na hipótese de ter sido alegado não ser o mesmo integral;

VII – o autor poderá complementar o depósito inicial, no prazo de cinco dias contados da ciência do oferecimento da resposta, com acréscimo de dez por cento sobre o valor da diferença. Se tal ocorrer, o juiz declarará quitadas as obrigações, elidindo a rescisão da locação, mas imporá ao autor-reconvindo a responsabilidade pelas custas e honorários advocatícios de vinte por cento sobre o valor dos depósitos;

VIII – havendo, na reconvenção, cumulação dos pedidos de rescisão da locação e cobrança dos valores objeto da consignatória, a execução desta somente poderá ter início após obtida a desocupação do imóvel, caso ambos tenham sido acolhidos.

Parágrafo único. O réu poderá levantar a qualquer momento as importâncias depositadas sobre as quais não penda controvérsia.

AÇÃO DE CONSIGNAÇÃO DE ALUGUÉIS

AO JUÍZO DE DIREITO DA VARA CÍVEL
Comarca de ....

.................., brasileiro, casado, joalheiro, RG n. ...., CPF n. ...., endereço eletrônico ...., domiciliado e residente nesta cidade, na rua ...., n. ......, por seu bastante procurador que esta subscreve (doc. 1), advogado inscrito na OAB ......, sob n. ......, endereço eletrônico..........., com escritório na rua ...., n. ......, nesta cidade, onde recebe intimações, vem perante este juízo para mover

AÇÃO DE CONSIGNAÇÃO DE ALUGUÉIS

em desfavor de ...., brasileiro, casado, farmacêutico, residente nesta cidade, na rua ...., n. ......, pelos fatos e fundamentos que passa a expor.

1. O requerente reside no imóvel pertencente ao requerido, em razão de contrato de locação firmado com ele, desde a data de .... (doc. 2), ora em vigência por prazo indeterminado, pelo valor de R$ 500,00 (quinhentos reais) mensais.

2. Embora o contrato consigne expressamente que o reajuste do aluguel deve ser efetivado anualmente, o requerido, à revelia do requerente, a partir do mês de ......, passou a exigir o valor de R$ 700,00 (setecentos reais) a título de aluguel mensal, o que representa um aumento de R$ 200,00 (duzentos reais) em relação ao valor legalmente exigido, conforme faz prova com os recibos de aluguéis inclusos (docs. 3, 4 e 5).

3. Referida exigência, à evidência, além de imoral, é ilegal, uma vez que, tendo o último reajuste ocorrido no dia ...... de .... do corrente ano, o próximo reajuste de aluguel deveria ocorrer somente na data de ...... de .... do próximo ano.

4. Assim, diante da negativa do requerente em pagar o valor pretendido pelo requerido, este passou a recusar o recebimento dos locatícios pelo valor legalmente vigente.

5. Consigna expressamente o Código Civil, no art. 334, que o depósito judicial da coisa devida, com o fim de extinguir a obrigação, tem lugar se o credor, sem justa causa, se recusar a receber o pagamento.

6. Diante de tais circunstâncias, vê-se o requerente compelido a promover a presente consignatória, com o fim de efetuar o depósito judicial da importância de R$ 1.000,00 (mil reais) referente aos aluguéis dos meses de .... e ....

EX POSITIS, e com fundamento nos arts. 67 da Lei n. 8.245/91 e 539 do Código de Processo Civil, requer:

a) a citação do requerido para, em dia e hora designados por este juízo, vir receber em cartório a importância de R$ 1.000,00, a ser depositada pelo requerente, e para, querendo, contestar a presente ação, sob pena de revelia e confissão;

b) a condenação do requerido nas custas e honorários de advogado.

Para efeitos legais, declara o demandante o seu DESINTERESSE em eventual autocomposição e, consequentemente, na não realização da audiência de conciliação ou de mediação.

Protesta pela produção de todos os meios de prova em direito admitidos, inclusive o depoimento pessoal do requerido.

Valor da causa: R$ 6.000,00 (12 vezes o valor do aluguel).

T. em que

E. deferimento.

.................., ... de .... de 20......

Advogado(a)

OAB/...... n. ......

Ação de exoneração de fiança

Denomina-se fiança o contrato pelo qual uma pessoa (fiador) garante satisfazer ao credor uma obrigação assumida pelo devedor (afiançado), caso este não a cumpra (art. 818 do CC). Em que pese ser usada com maior frequência nos contratos de locação de imóveis, a fiança pode também ser usada para garantias de outros contratos (o de mútuo, por exemplo).

Quando o fiador for casado, exige-se também a assinatura do cônjuge, sob pena de anulação (art. 1.647, II, do CC). A anulação da fiança prestada sem a autorização de um dos cônjuges implica a ineficácia total da garantia (Súmula n. 332 do STJ).

Em se tratando de contrato de locação, o fiador poderá exonerar-se da fiança nos seguintes casos:

a) morte do locatário, separação de fato, separação judicial, divórcio ou dissolução da união estável, situações em que ocorrerá sub-rogação e a locação residencial prosseguirá automaticamente com o cônjuge ou companheiro que permanecer no imóvel. O fiador poderá exonerar-se das suas responsabilidades no prazo de 30 (trinta) dias, contado do recebimento da comunicação oferecida pelo sub-rogado, ficando responsável pelos efeitos da fiança durante 120 dias após a notificação ao locador (art. 12, § 2º, da Lei n. 8.245/91);

b) prorrogação da locação por prazo indeterminado, uma vez notificado o locador pelo fiador de sua intenção de desoneração, ficando obrigado por todos os efeitos da fiança durante 120 dias após a notificação ao locador (art. 40, X, da Lei n. 8.245/91).

Assim, embora costumeiramente algumas imobiliárias ou administradoras de imóveis insiram nos contratos de locação de prazo determinado cláusula na qual o fiador renuncia expressamente ao direito de exonerar-se da fiança, os tribunais pátrios têm decidido pela nulidade da referida cláusula, sob a alegação de inexistir o direito de renúncia à época em que o fiador assinou o contrato. O art. 835 do Código Civil, agora art. 40, X, da Lei n. 8.245/91, diz respeito tão somente à fiança sem limitação no tempo. Assim, se prorrogadas a obrigação principal (a locação) e a fiança por prazo indeterminado, sem autorização do fiador, pode este dela exonerar-se com fulcro no mesmo no inciso X do art. 40 da Lei do Inquilinato.

Por outro lado, quanto à cláusula que determina a responsabilidade do fiador "até a entrega das chaves" e que consta de determinados contratos de locação de prazo indeterminado, o entendimento anterior do Superior Tribunal de Justiça era o de que não operava renúncia à faculdade de exonerar-se o fiador da garantia concedida pelo art. 835 do Código Civil (agora inciso X do art. 40 da Lei do Inquilinato). No entanto, a partir de 2008, o STJ modificou o entendimento, decidindo que a responsabilidade dos fiadores perdura até a efetiva entrega das chaves.

> Direito civil. Processual civil. Agravo regimental no recurso especial. Locação. Prorrogação da locação por prazo indeterminado. Cláusula prevendo a responsabilidade dos fiadores até a efetiva devolução das chaves do imóvel locado. Fiança. Prorrogação. Precedente do STJ. Agravo improvido. 1 – A Terceira Seção do Superior Tribunal de Justiça firmou a compreensão no sentido de que, "havendo cláusula expressa no contrato de locação, no sentido de que a responsabilidade dos fiadores perdura até a efetiva entrega das chaves, não há que se falar em exoneração da garantia, ainda que haja prorrogação por prazo indeterminado" (EREsp n. 612.752/RJ, rel. Min. Jane Silva, Des. Conv. do TJMG, *DJe* 26.05.2008). 2 – A existência de cláusula contratual prevendo que a prorrogação do contrato locatício somente poderia se dar por escrito não afasta o comando legal inserto no art. 46, § 1º, da Lei n. 8.245/91, que prevê a possibilidade de prorrogação automática do contrato de locação, por prazo indeterminado (Ag. Reg. no REsp n. 1.025.059/SP, 5ª T., rel. Min. Arnaldo Esteves Lima, j. 02.03.2010).

No mesmo sentido, o TRIBUNAL DE JUSTIÇA DO ESTADO DE SÃO PAULO editou a Súmula 7, assim assentada:

> Nos contratos de locação, responde o fiador pelas suas obrigações mesmo após a prorrogação do contrato por prazo indeterminado se não se exonerou na forma da lei.

Entretanto, cumpre alertar que, em sendo a fiança contrato acessório a um contrato principal (contrato de locação, no presente caso), cujas partes que o integram são constituídas pelo *fiador* e pelo *locador*, quem possui legitimidade passiva para a ação de exoneração de fiança é o locador, jamais o locatário. Assim, sendo a ação movida contra o locatário, não restará ao juiz alternativa outra senão a de decretar a carência da ação, em razão da ilegitimidade da parte passiva.

Outra forma de exoneração, ainda que tácita, da fiança decorre da duplicidade de garantia tomada em contrato locatício. Nesse sentido, uma vez que a Lei do Inquilinato, por meio do parágrafo único do art. 37, permite a incidência de apenas uma das modalidades de garantia locatícia previstas no *caput*, em havendo duplicidade, além da tipificação penal preconizada no inciso II do art. 43 da mesma lei, a cláusula garantidora será tomada como nula ou, se sucessivas as garantias, sem efeito será a segunda.

> APELAÇÃO CÍVEL – Locação – Imóvel residencial – Embargos à Execução opostos por fiadora – Título executivo extrajudicial – Sentença de parcial provimento dos embargos – Recurso da embargante/fiadora – Duplicidade de garantia do contrato de locação (fiança e caução) – Pretensão da embargante em reformar a r. Sentença para tornar nula a primeira garantia convencionada no contrato (fiança), prevalecendo a segunda garantia (caução), porquanto lhe é mais favorável e possibilita a sua exclusão do processo de execução. – Afastamento – Primeira garantia eleita no ajuste (fiança) que deve prevalecer, porquanto a segunda é que se mostrou excedente – Nulidade da segunda garantia (caução), bem decretada que fica mantida por este Acórdão – Precedentes – Pretensão ao levantamento de todas as penhoras realizadas em conta bancária de titularidade da embargante/fiadora – Não cabimento – Alegação de que todos os valores constritos decorrem de pagamento de benefício previdenciário (auxílio-doença) que não foi comprovado nos autos – Contrarrazões – Litigância de má-fé – Inocorrência – Ausente o preenchimento dos requisitos exigidos no art. 80 do CPC – Sentença mantida (art. 252 RITJSP). Recurso desprovido. Majorados honorários sucumbenciais (art. 85, § 11, do CPC), observando-se o disposto no art. 98, § 3º, do CPC (TJSP, Apelação Cível n. 1005034-49.2018.8.26.0020, 28ª Câm. Cív., Rel. Des. Sergio Alfieri, j. 24.02.2021).

AÇÃO DE EXONERAÇÃO DE FIANÇA

AO JUÍZO DE DIREITO DA VARA CÍVEL
Comarca de ....

.................., brasileiro, casado, jornalista, RG n. ...., CPF n. ...., endereço eletrônico ...., domiciliado e residente nesta cidade, na rua ...., ..., por seu procurador infra-assinado (doc. 1), advogado inscrito na OAB ......, sob n. ......, endereço eletrônico..........., com escritório na rua ...., n. ......, nesta cidade, onde recebe intimações, vem perante este juízo para mover

AÇÃO DE EXONERAÇÃO DE FIANÇA

contra ...., brasileiro, casado, tabelião, residente nesta cidade, na rua ...., n. ......, em face dos seguintes fatos e fundamentos:

I – DOS FATOS

1. O requerente é fiador de ...., brasileiro, casado, cozinheiro, residente nesta cidade, na rua ...., n. ......, em razão de fiança prestada no contrato de locação firmado entre o requerido e o afiançado, na data de .... (doc. 2), e que vigora por prazo indeterminado desde a data de ....

2. Na data de .... (comprovante incluso), o requerente comunicou ao requerido que, tendo o contrato passado a vigorar por prazo indeterminado, não desejava mais continuar como fiador do locatário.

3. Decorridos mais de 120 dias da comunicação, como exige o art. 40, X, da Lei n. 8.245/91, não obteve o requerente o fim colimado, em razão das reiteradas negativas do locador em liberá-lo do compromisso assumido.

II – DO DIREITO

4. Diante de tais fatos, vê-se o requerente compelido a pleitear a exoneração judicial da fiança, conforme lhe faculta o art. 835, do Código Civil.

III – DO PEDIDO

Em face de todo o exposto, requer:

a) a citação do requerido para, querendo, contestar a presente, sob pena de revelia e confissão;

b) a procedência do pedido, com a decretação da exoneração do requerente da fiança concedida ao requerido e a condenação do requerido nas custas judiciais e honorários advocatícios.

Para efeitos legais, declara o demandante o seu DESINTERESSE em eventual autocomposição e, consequentemente, na não realização da audiência de conciliação ou de mediação.

Protesta pela produção de todo gênero de prova em direito admitido.

Valor da causa: R$ ....

T. em que

E. deferimento.

.................., ... de .... de 20......

Advogado(a)

OAB/...... n. ......

Ação renovatória de locação

A ação renovatória de locação, prevista nos arts. 51 e 71 da Lei n. 8.245/91, é ação específica de que dispõe o locatário para obter a renovação do contrato de locação que tenha por objeto, exclusivamente, imóvel destinado ao comércio.

Mediante a referida ação, pode o locatário obter a renovação do contrato, por igual prazo, desde que a locação preencha os seguintes requisitos:

a) que o contrato a renovar tenha sido celebrado por escrito e com prazo determinado;

b) que o prazo mínimo do contrato a renovar, ou a soma dos prazos ininterruptos dos contratos escritos seja de cinco anos;

c) que o locatário esteja explorando seu comércio, no mesmo ramo, pelo prazo mínimo e ininterrupto de três anos.

Tenha-se no entanto em conta que a ação de renovação deve ser proposta no prazo máximo de um ano e no mínimo de seis meses, anteriores à data da finalização do prazo do contrato em vigor, sob pena da decadência do direito do locatário (art. 51, § 5º).

A petição inicial deverá ser instruída com (art. 71):

I – a prova:

a) da existência de contrato escrito e de prazo determinado;

b) de que o prazo do contrato ou da soma dos prazos dos contratos perfaz cinco anos;

c) de que o locatário explora seu comércio pelo prazo de três anos, no mínimo;

d) do exato cumprimento do contrato em curso;

e) da quitação dos impostos e taxas que incidirem sobre o imóvel;

f) de que o fiador aceita os encargos da fiança;

g) de ser cessionário ou sucessor do locatário, se for o caso;

II – a indicação:

a) das condições oferecidas para a renovação da locação;

b) do fiador, quando houver no contrato a renovar e quando não for o mesmo, com indicação do nome ou denominação completa, número de sua inscrição no Ministério da Fazenda, endereço e, tratando-se de pessoa natural, a nacionalidade, o estado civil, a profissão e o número da carteira de identidade, comprovando, desde logo, mesmo que não haja alteração do fiador, a atual idoneidade financeira.

A propósito, o STJ se posiciona no seguinte sentido:

> LOCAÇÃO E PROCESSUAL CIVIL. AGRAVO INTERNO NO AGRAVO EM RECURSO ESPECIAL. AÇÃO RENOVATÓRIA (LEI DO INQUILINATO, ARTS. 51 E 71). LOCAÇÃO NÃO RESIDENCIAL. CARÊNCIA DE AÇÃO. AUSÊNCIA DOS REQUISITOS PARA A RENOVATÓRIA. AGRAVO INTERNO DESPROVIDO.

1. O eg. Tribunal de Justiça deu correta aplicação ao disposto no art. 51 da Lei 8.245/91, concluindo pela carência de ação da autora para a ação renovatória devido à inexistência de "contratação sucessiva por escrito" pelo prazo mínimo e ininterrupto de cinco anos, ou seja, pela ausência do requisito previsto no inciso II do mencionado art. 51.

2. Considerou, também corretamente, descumprido o disposto no art. 71, I, da Lei do Inquilinato, pois cumpria à promovente instruir a petição inicial com a "prova do preenchimento dos requisitos dos incisos I, II, e III do art. 51", o que não ocorreu, nem poderia ter ocorrido, segundo o relato que se extrai da própria petição inicial.

3. No mais, para modificar o correto entendimento acima, seria necessário revolver o acervo fático e probatório dos autos, o que não é possível pela via do recurso especial, consoante as Súmulas 5 e 7 do STJ.

4. Agravo interno desprovido (AgInt no AREsp 469569/SP, Rel. Min. Raul Araújo, j. 19.04.2021).

No que é pertinente à contestação, adverte o art. 72 que, além da defesa de direito que possa caber, ficará a mesma adstrita, quanto à matéria de fato, aos seguintes argumentos:

a) o de que o autor não preenche os requisitos estabelecidos em lei;

b) o de que a proposta do locatário não atende ao valor locativo real do imóvel na época da renovação, apresentando contraproposta compatível com o valor de mercado;

c) o de ter recebido de terceiro proposta em melhores condições do que a oferecida pelo locatário, juntando a prova da referida proposta;

d) o de que não está obrigado a renovar a locação (art. 52, I e II) em razão de ter de realizar no imóvel obras determinadas pelo poder público, ou em razão de pretender utilizar o imóvel pessoalmente ou através de cônjuge, ascendente ou descendente.

Pode o locador, ainda, pedir na contestação:

a) a fixação de aluguel provisório, não excedente a 80% do pedido, para vigorar a partir do primeiro mês do prazo do contrato a ser renovado (art. 72, § 4º);

b) a expedição de mandado de despejo, que conterá o prazo de trinta dias para a desocupação voluntária, para o caso de não ser renovada a locação (art. 74).

AÇÃO RENOVATÓRIA DE LOCAÇÃO

AO JUÍZO DE DIREITO DA VARA CÍVEL

Comarca de ....

................., brasileiro, casado, comerciante, RG n. ...., CPF n. ...., endereço eletrônico ...., com estabelecimento comercial sito na rua ...., n. ......, nesta cidade, CNPJ n. ...., por seu bastante procurador firmatário, com instrumento de procuração incluso (doc. 1), advogado inscrito na OAB ......, sob n. ......, endereço eletrônico..........., com escritório na rua ...., n. ......, nesta cidade, onde recebe intimações, vem perante este juízo para propor

AÇÃO RENOVATÓRIA DE LOCAÇÃO

em desfavor de ...., brasileiro, casado, arquiteto, residente nesta cidade, na rua ...., n. ......, pelas seguintes razões de fato e de direito:

1. O requerente obteve do requerido, através de contrato escrito datado de .... e pelo prazo de cinco anos, a locação do imóvel no qual se encontra instalado o seu negócio comercial denominado ...., conforme faz prova com o contrato de locação (doc. 2) e contrato de sociedade (doc. 3) inclusos.

2. Que o valor atualmente pago pelo requerente, a título de aluguel, é de R$ 1.200,00 (mil e duzentos reais) mensais, com reajuste trimestral.

3. Uma vez que o requerente mantém o seu ramo de comércio há mais de 3 (três) anos e ainda restam 7 (sete) meses para finalizar o prazo do atual contrato de prazo determinado, preenche o mesmo todos os requisitos do art. 51 da Lei Inquilinária para o fim de pleitear a renovação do contrato em tela.

4. Que, para a presente renovação, propõe o requerente o mesmo prazo de 5 (cinco) anos, mediante o aluguel de R$ 1.500,00 (mil e quinhentos reais) mensais, com reajuste bimestral, e, como fiador, o Sr. ...., ou seja, o mesmo fiador do atual contrato de locação, cuja declaração de aceitação dos encargos da fiança acompanha a presente (doc. 4).

5. Que, conforme exige a lei, o requerente anexa à presente os comprovantes de quitação do IPTU e das taxas de condomínio, energia elétrica e água, que incidem sobre o imóvel e são de sua obrigação, em razão de cláusula contratual expressa (docs. 5, 6, 7 e 8). Isto posto, e com fundamento no art. 51, combinado com o art. 71 da Lei n. 8.245/91, requer:

a) a citação do requerido para aceitar a proposta ou, querendo, contestar a presente, sob pena de revelia e aceitação presumida;

b) a procedência do pedido, com a decretação da renovação pleiteada no prazo e condições retrocitados;

c) a condenação do requerido nas custas judiciais e honorários de advogado.

Para efeitos legais, declara o demandante o seu INTERESSE em eventual autocomposição e, consequentemente, na realização da audiência de conciliação ou de mediação.

Protesta pela produção de todo gênero de prova em direito admitido.

Valor da causa: R$ 14.400,00 (12 vezes o valor do aluguel).

T. em que
E. deferimento.
.................., ... de .... de 20......
Advogado(a)
OAB/...... n. ......

Entendimento sumulado em matéria de locação

Supremo Tribunal Federal:

Súmula 158: Salvo estipulação contratual averbada no registro imobiliário, não responde o adquirente pelas benfeitorias do locatário.

Súmula 409: Ao retomante, que tenha mais de um prédio alugado, cabe optar entre eles, salvo abuso de direito.

Súmula 410: Se o locador, utilizando prédio próprio para residência ou atividade comercial, pede o imóvel locado para uso próprio, diverso do que tem o por ele ocupado, não está obrigado a provar a necessidade, que se presume.

Súmula 411: O locatário autorizado a ceder a locação pode sublocar o imóvel.

Súmula 442: A inscrição do contrato de locação no registro de imóveis, para a validade da cláusula de vigência contra o adquirente do imóvel, ou perante terceiros, dispensa a transcrição no registro de títulos e documentos.

Súmula 449: O valor da causa, na consignação de aluguel, corresponde a uma anuidade.

Súmula 483: É dispensável a prova da necessidade, na retomada do prédio situado em localidade para onde o proprietário pretende transferir residência, salvo se mantiver, também, a anterior, quando dita prova será exigida.

Súmula 486: Admite-se a retomada para sociedade da qual o locador, ou seu cônjuge, seja sócio, com participação predominante no capital social.

Superior Tribunal de Justiça:

Súmula 214: O fiador na locação não responde por obrigações resultantes de aditamento ao qual não anuiu (3ª Seção, j. 23.09.1998, *DJ* 02.10.1998, p. 250).

Súmula 268: O fiador que não integrou a relação processual na ação de despejo não responde pela execução do julgado (3ª Seção, j. 22.05.2002, *DJ* 29.05.2002, p. 135).

Súmula 335: Nos contratos de locação, é válida a cláusula de renúncia à indenização das benfeitorias e ao direito de retenção (3ª Seção, j. 25.04.2007, *DJ* 07.05.2007, p. 456).

Súmula 486: É impenhorável o único imóvel residencial do devedor que esteja locado a terceiros, desde que a renda obtida com a locação seja revertida para a subsistência ou a moradia da sua família (Corte Especial, j. 28.06.2012, *DJe* 01.08.2012).

Súmula 549: É válida a penhora de bem de família pertencente a fiador de contrato de locação (2ª Seção, j. 14.10.2015, *DJe* 19.10.2015).

Tribunal de Justiça do Estado de São Paulo:

Súmula 7: Nos contratos de locação, responde o fiador pelas suas obrigações mesmo após a prorrogação do contrato por prazo indeterminado se não se exonerou na forma da lei.

Súmula 8: É penhorável o único imóvel do fiador em contrato locatício, nos termos do art. 3º, VII, da Lei n. 8.009, de 29.03.1990, mesmo após o advento da Emenda Constitucional n. 26, de 14.02.2000.

Súmula 21: Na chamada denúncia vazia, a retomada é deferida pela só conveniência do locador, sendo dispensável audiência de instrução e julgamento.

Súmula 24: A locação verbal presume-se por tempo indeterminado.

8. AÇÃO DE ACIDENTE DE TRÂNSITO

GENERALIDADES

Acidente de trânsito é todo acontecimento ou evento ocorrido com veículos automotores numa via pública, do qual resultem danos materiais ou pessoais. Os acidentes de trânsito que ocorrem com maior frequência são a colisão, o abalroamento, o capotamento e o atropelamento.

Danos materiais são os que decorrem de prejuízos causados apenas aos veículos envolvidos, sem que do acidente resultem pessoas lesionadas ou mortas.

Danos pessoais são os sofridos pelas pessoas que participam do acidente, incluindo-se entre elas os motoristas e as pessoas transportadas ou não transportadas (nos casos de atropelamento). Trata-se, pois, de lesões corporais ou de morte, acontecimentos estes que nem sempre exigem a participação de dois veículos, como ocorre no atropelamento e no capotamento.

Sinteticamente, assim se posiciona o STJ sobre o tema:

> AGRAVO INTERNO NO AGRAVO EM RECURSO ESPECIAL. RESPONSABILIDADE CIVIL DO ESTADO. INDENIZAÇÃO POR DANOS MORAIS E ESTÉTICOS. ACIDENTE DE TRÂNSITO. REDUÇÃO DA CAPACIDADE LABORATIVA. VIOLAÇÃO DO ART. 1.022 DO CPC/2015. INOCORRÊNCIA. PENSÃO VITALÍCIA. VALOR DE INDENIZAÇÃO POR DANO MORAL E ESTÉTICO. INVERSÃO DO JULGADO. INVIABILIDADE. REEXAME FÁTICO-PROBATÓRIO. SÚMULA 7/STJ. TERMO INICIAL DOS JUROS DE MORA. DATA DO EVENTO DANOSO. SÚMULA 54/STJ. AGRAVO INTERNO DA CONCESSIONÁRIA DESPROVIDO.
>
> 1. A Corte de origem, após ampla análise do conjunto fático-probatório, firmou compreensão de que os valores fixados a título de indenização por dano moral e estético atendem aos princípios da proporcionalidade e da razoabilidade, considerando as circunstâncias do caso concreto. Rever tal entendimento demanda o reexame dos fatos e provas constantes nos autos, o que é vedado no âmbito do recurso especial. Incidência da Súmula 7/STJ.
>
> 2. O STJ entende que é cabível o pensionamento, nos limites da redução da capacidade de trabalho do acidentado. Nesse sentido: REsp n. 1.514.775/SE, Rel. Min. Napoleão Nunes Maia Filho, Primeira Turma, j. 23.08.2016, *DJe* 10.11.2016; AgInt nos EDcl no AREsp 239.129/PR, Rel. Min. Lázaro Guimarães (Desembargador convocado do TRF 5ª Região), Quarta Turma, j. 19.10.2017, *DJe* 26.10.2017 e REsp 1.344.962/DF, Rel. Min. Ricardo Villas Bôas Cueva, Terceira Turma, j. 25.08.2015, *DJe* de 02.09.2015.
>
> 3. Quanto ao termo inicial dos juros de mora, a conclusão do Tribunal *a quo* está em harmonia com a jurisprudência do STJ, firmada no sentido de que os juros moratórios, em caso de responsabilidade extracontratual, devem incidir a partir da data do evento danoso, nos termos da Súmula 54/STJ.
>
> 4. Agravo Interno da concessionária desprovido (AgInt no AREsp 1419627/MS, Rel. Min. Manoel Erhardt, j. 14.10.2021).

INDENIZAÇÃO POR DANOS MATERIAIS

A ocorrência de acidente com danos materiais possibilita ao motorista que a ele não deu causa a busca da reparação do dano, através da competente *ação cível de indenização* (ou de reparação de danos).

Quem causa prejuízo a outrem, por ação ou omissão voluntária, negligência, imperícia ou imprudência, pratica *ato ilícito*, razão pela qual fica obrigado a indenizar. Essa obrigação, a que deve sujeitar-se o autor do dano, funda-se na *responsabilidade civil*, resultante da norma imperativa contida nos arts. 186 e 927 do Código Civil.[112]

Trata-se, pois, de culpa *extracontratual* ou culpa *aquiliana*, porquanto não resulta a mesma de obrigação contratual preexistente.

No entanto, ainda que haja outros prejuízos, além dos danos materiais, os tribunais pátrios têm permitido a cumulação do pedido destes com o pedido de danos morais, dano estético e lucros cessantes. Nesse sentido, a Súmula n. 37 do STJ: "São cumuláveis as indenizações por danos material e moral oriundos do mesmo fato".

Os *lucros cessantes* consistem naquilo que o proprietário do veículo (motorista profissional ou proprietário de táxi/aplicativo de transporte ou caminhão de carga) deixou de ganhar no período em que o veículo não pôde ser regularmente utilizado, consoante recente decisão do STJ, que se colaciona:

> AGRAVO EM RECURSO ESPECIAL N. 1927352 – RJ (2021/0199236-0)
>
> DECISÃO: Trata-se de agravo manejado pelo Expresso Pégaso Eireli – EM RECUPERAÇÃO JUDICIAL – contra decisão que não admitiu recurso especial, este interposto com fundamento no art. 105, III, *a* e *c*, da CF, desafiando acórdão proferido pelo Tribunal de Justiça do Estado do Rio de Janeiro, assim ementado (fls. 435/437): APELAÇÃO CÍVEL. INDENIZATÓRIA. ACIDENTE DE TRÂNSITO ENVOLVENDO DOIS VEÍCULOS E UM COLETIVO. RESPONSABILIDADE OBJETIVA DA TRANSPORTADORA RÉ. ART. 37, § 6º, DA CONSTITUIÇÃO FEDERAL. RESPONSABILIDADE SUBJETIVA DO SEGUNDO RÉU DEMONSTRADA. ART. 927 DO CÓDIGO CIVIL. LUCROS CESSANTES. CABIMENTO. IMPOSSIBILIDADE DE O AUTOR TAXISTA UTILIZAR O VEÍCULO PARA EXERCÍCIO DA ATIVIDADE LABORATIVA. DANOS EMERGENTES COMPROVADOS. RESSARCIMENTO DAS DESPESAS PARA REPARAÇÃO DO VEÍCULO. DANOS MORAIS CONFIGURADOS E MODERADAMENTE FIXADOS. DENUNCIAÇÃO À LIDE DA SEGURADORA PELO SEGUNDO RÉU PROCEDENTE. OBSERVÂNCIA DOS LIMITES DA APÓLICE. PROVIMENTO DO RECURSO.
>
> 1. Trata-se de ação indenizatória em que pretende o autor, taxista, o pagamento de danos emergentes e lucros cessantes, além de compensação por danos morais decorrentes da colisão na traseira de seu veículo, envolvendo o veículo do segundo réu, bem como o coletivo da primeira ré, concessionária de serviço público de transporte coletivo, por manobra imprudente, abrupta dos réus. (...)
>
> ANTE O EXPOSTO, como anteriormente mencionado, concedo o benefício da assistência judiciária gratuita e nego provimento ao agravo. Levando em conta o tra-

112 Pelo Código Civil, a matéria está assim disposta: "Art. 186. Aquele que, por ação ou omissão voluntária, negligência ou imprudência, violar direito e causar dano a outrem, ainda que exclusivamente moral, comete ato ilícito". "Art. 927. Aquele que, por ato ilícito (arts. 186 e 187), causar dano a outrem fica obrigado a repará-lo."

balho adicional realizado em grau recursal, impõe-se à parte recorrente o pagamento de honorários advocatícios equivalentes a 20% (vinte por cento) do valor a esse título já fixado no processo (art. 85, § 11, do CPC), observando-se, contudo, o disposto no art. 98, § 3º, do CPC, em razão da concessão do benefício da assistência judiciária gratuita.

Publique-se.

Brasília, 27 de setembro de 2021.

Sérgio Kukina – Relator.

Legitimidade para a ação

Parte legítima é a pessoa autorizada por lei a demandar sobre o objeto da ação. A legitimidade das partes constitui-se, antes de tudo, na *legitimidade para a causa* (*legitimatio ad causam*) ou na legitimidade para ser parte no processo que deve possuir tanto o autor quanto o réu.

Legitimidade ativa

O proprietário do veículo é quem possui legitimidade ativa, ou seja, possui legitimidade para ser autor da ação. No entanto, frise-se que o antigo entendimento de que somente é proprietário aquele cujo nome figura no registro do Detran hoje não mais persiste. Assim, consoante iterativa jurisprudência, só pelo fato de a transferência da propriedade da coisa móvel operar-se pela simples *tradição*, a prova de que esta se verificou é suficiente para a determinação da legitimidade para a ação, mormente existindo recibo de transação com firma reconhecida.

Tratando-se, porém, de vítima de atropelamento ou de capotamento (na condição de caroneiro), a toda evidência a legitimidade será da própria vítima, se esta sobreviver, ou de seus sucessores (filhos ou pais), *ex vi* do art. 943 do Código Civil.

Legitimidade passiva

No que diz respeito à legitimidade passiva, adota-se o mesmo argumento acima expendido, ou seja, operada a tradição do veículo, não mais poderá ser considerado civilmente responsável, por acidente de trânsito, aquele que alienou o veículo que o causou antes de se verificar o acidente, apenas por não ter formalizado a transferência no Detran. Com esse entendimento, assim tem se manifestado o Superior Tribunal de Justiça ao editar a Súmula 132, *verbis:*

> A ausência de registro de transferência não implica a responsabilidade do antigo proprietário por dano resultante de acidente que envolva o veículo alienado.

Nessa linha, em recente *decisum, verbis*:

> AGRAVO INTERNO NO RECURSO ESPECIAL. RESPONSABILIDADE CIVIL EM ACIDENTE DE TRÂNSITO. AÇÃO DE INDENIZAÇÃO. PROPRIEDADE DO VEÍCULO. VENDA E TRADIÇÃO DO BEM. LEGITIMIDADE PASSIVA. ENUNCIADO N. 132/STJ APLICADO AO CASO PELO TRIBUNAL LOCAL. HARMONIA COM O ENTENDIMENTO DESTA CORTE SUPERIOR. SÚMULA N. 83/STJ. AGRAVO INTERNO DESPROVIDO.
>
> 1. Nos termos do Enunciado n. 83/STJ, a conformidade do acórdão recorrido com jurisprudência consolidada dos Tribunais Superiores dá ensejo à pronta rejeição dos recursos a eles dirigidos.
>
> 2. Agravo interno desprovido (STJ, AgInt no REsp 17456445/RS, Rel. Min. Marco Aurélio Bellize, j. 24.08.2020).

Legitimidade (responsabilidade) dos pais ou responsáveis

> Art. 932. São também responsáveis pela reparação civil:
>
> I – os pais, pelos filhos menores que estiverem sob sua autoridade e em sua companhia;
>
> II – o tutor e o curador, pelos pupilos e curatelados, que se acharem nas mesmas condições.

Diante do que emana do referido dispositivo do Código Civil, o entendimento atual é que não só a responsabilidade civil, mas igualmente a penal podem ser imputadas ao proprietário de veículo que deliberadamente vier a emprestá-lo a pessoa sujeita ao poder familiar ou que demonstrar negligência na guarda do veículo (art. 933 do CC).

Portanto, na hipótese de o proprietário proceder negligentemente, deixando as chaves na ignição do veículo, de forma a possibilitar que seu filho menor venha a dirigi-lo, deverá responder pelos prejuízos que o mesmo venha a causar a terceiros. O mesmo raciocínio se aplica a qualquer outra pessoa que vier a dirigir o veículo nessas condições, ainda que se trate de furto de veículo.

Verifica-se, nesses casos, a culpa *in vigilando*, que decorre da falta de vigilância dos pais, tutores e curadores em relação aos filhos, aos órfãos e aos curatelados, bem como em relação a seus próprios veículos.

No tocante a esse aspecto, até os 18 anos, *ex vi* do parágrafo único do art. 942 do Código Civil, a responsabilidade dos pais, tutores e curadores é solidária, *absoluta* e exclusiva. Significa dizer que, se contra o menor, com idade inferior a 18 anos, vier a ser ajuizada ação de indenização, os seus bens responderão preferencialmente. Somente na hipótese de seus bens não bastarem para suprir o valor da condenação é que os bens do responsável pelo menor serão afetados, de forma subsidiária.

Com relação à responsabilidade dos pais por atos praticados pelos filhos, é pertinente evocar as seguintes decisões:

> É irrecusável a conduta culposa de um pai que entrega a direção de seu veículo ao filho menor irresponsável, o qual, imperitamente, vem a causar acidente de trânsito, em que perderam a vida três pessoas.[113]

> A circulação do veículo contra a vontade do proprietário é fato excepcional, portanto, extintivo, incumbindo a sua prova a quem alega. O proprietário do veículo é obrigado solidariamente com o causador do dano, salvo se provar que a circulação do veículo ocorreu contra a sua vontade.[114]

Cabe, contudo, ressaltar que decisão do extinto Tribunal de Alçada de Minas Gerais veio excluir o proprietário do veículo da responsabilidade de indenizar, já que a cedência do veículo foi feita a pessoa *maior, capaz e habilitada*, porquanto nesse caso

> não se vislumbra qualquer participação culposa do apelante, mesmo porque, além de habilitado para dirigir, seu filho é casado, funcionário público e não reside em companhia do pai, tendo vida própria, pois, não se podendo falar, destarte, sequer em culpa *in eligendo* ou *in vigilando*.[115]

Legitimidade (responsabilidade) do proponente (patrão)

"Art. 932. São também responsáveis pela reparação civil: [...]

III – o patrão ou comitente, por seus empregados, serviçais e prepostos, no exercício do trabalho que lhes competir, ou em razão dele."

A responsabilidade do patrão ou proponente por atos praticados por seus empregados ou prepostos decorre da culpa *in eligendo*, ou seja, do fato que resulta da má escolha do empregado.

Contrariamente ao que dispunha o art. 1.523 do Código Civil de 1916, ou seja, de que o patrão somente seria responsável na hipótese de ficar demonstrado que concorreu para o dano por culpa ou negligência, o art. 933 do atual Código Civil dispõe que incide a responsabilidade "ainda que não haja culpa". Como, aliás, já havia sido reconhecido pela Súmula n. 341 do STF: "É presumida a culpa do patrão ou comitente pelo ato culposo do empregado ou preposto". Destarte, demonstrando o ofendido a existência do dano e que este foi praticado por culpa do empre-

113 *RT* 416/271.
114 TJSC, 2ª Câm. Cível, *Jurisp. Catarinense* 9/127.
115 *Bol. de Jurisp. IOB* 3/7848.

gado, restará provada a culpa do patrão, desde que o empregado se encontrasse a serviço, no exercício do trabalho, ou por ocasião deste.[116]

Legitimidade (responsabilidade) do dono do animal

Nas estradas do interior é comum a invasão da pista por animais de grande porte, de molde a causar acidentes a veículos que por elas trafegam. Quando ocorrentes esses casos, o ordenamento jurídico atribui ao dono ou ao detentor do animal a responsabilidade pela indenização dos prejuízos que o mesmo vier a causar, como se infere do art. 936 do Código Civil. A responsabilidade resulta da presunção de culpa do dono do animal. Basta ao ofendido provar que sofreu o dano, que este dano foi devido a um animal e que este pertence ao réu.

Nada obstante, o dono ou detentor do animal poderá eximir-se da responsabilidade, desde que comprove um dos seguintes fatos:

a) que guardava e vigiava o animal com o cuidado preciso;

b) que o animal foi provocado por outro;

c) que houve imprudência do ofendido;

d) que o fato resultou de caso fortuito ou de força maior.

Legitimidade (responsabilidade) por furto em estacionamento

É pacífico, ao teor do melhor entendimento jurisprudencial, que as garagens e estacionamentos, remunerados ou não, devem ser responsabilizados pelo furto de veículo que venha a efetivar-se em suas dependências, ainda que haja cláusula de não indenizar.

> FURTO EM ESTACIONAMENTO DE SUPERMERCADO
>
> Provado o furto e que o estacionamento, a rigor, não é gratuito, porque a sua manutenção objetiva angariar clientes, com fins econômicos, e ainda que ali são mantidos guardas, a responsabilidade da empresa é adequada, em face da caracterização da culpa *in eligendo*.[117]

Esse entendimento restou consolidado na Súmula n. 130 do STJ, cujo teor é o seguinte: "A empresa responde, perante o cliente, pela reparação de dano ou furto de veículos ocorridos em seu estacionamento".

---

116 *RT* 465/158, 508/90 e 536/117.

117 TJRJ, *Bol. Jurisp. IOB* 3/9726 e TAMG, ementa 3/8743.

Legitimidade (responsabilidade) na múltipla colisão

Há de se diferenciar o acidente decorrente da parada brusca do veículo que vem à frente, que sofre a batida do veículo que vem atrás em razão da desatenção e da inobservância da distância de segurança da parte do seu motorista, da múltipla colisão. Na primeira modalidade, é induvidosa a culpa do veículo que abalroa a traseira do veículo que vem à frente, como se demonstra:

Veículo A: é o veículo que para bruscamente junto ao semáforo.

Veículo B: é o veículo que bate na traseira do veículo A, devendo ser responsabilizado por esse fato.

Veículo C: é o veículo que bate na traseira do veículo B, somente podendo ser responsabilizado por esse fato.

Na *múltipla colisão*, também denominada colisão em cadeia ou engavetamento, diversos veículos se encontram parados na mesma mão de direção, aguardando o sinal verde do semáforo, quando outro veículo, em desabalada carreira, abalroa a traseira do último veículo que se encontra parado, de forma a impulsioná-lo sobre o veículo que o precede e assim sucessivamente, conforme se pode demonstrar:

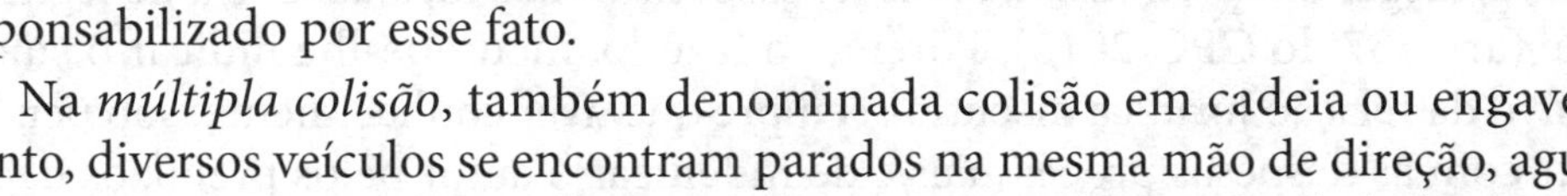

Veículo A: é o veículo que abalroa o último veículo da fila dos veículos parados, ou seja, o veículo B;

Veículo B: é o veículo que, ao sofrer a batida do veículo A, é impulsionado sobre o veículo C;

Veículo C: é o veículo que, ao receber a batida do veículo B, é impulsionado sobre o veículo D;

Veículo D: é o primeiro veículo parado junto ao semáforo e que é abalroado pelo veículo C.

Nessa modalidade de acidente, a culpa deve ser atribuída exclusivamente ao motorista do veículo A, consoante demonstram as seguintes decisões:

Comprovada, em múltipla colisão, relação de causa e efeito entre a primeira e a segunda, o responsável por aquela é também por esta, já que, não tivesse se havido com culpa na primeira, não ocorreria a segunda colisão.[118]

Presume-se a culpa do motorista que, não guardando distância suficiente, permite que seu veículo colida com o seguinte, presunção que se afirma à míngua de prova em contrário.[119]

Exclusão de culpa dos motoristas dos veículos intermediários pelas colisões sucessivas desencadeadas pelo último motorista da fila. Num congestionamento de trânsito em que se forma fila de veículos estacionados, o proprietário do último veículo atingido não tem o direito de exigir indenização do motorista cujo carro situava-se imediatamente atrás do seu, a fundamento de que não guardava distância de segurança, se a colisão se deu em cadeia, provocada pelo motorista do veículo que abalroara o último da fila.[120]

Por conseguinte, se qualquer dos motoristas dos veículos B e C for acionado para indenizar os prejuízos, deverá, com fundamento na ilegitimidade da parte passiva, alegar em preliminar, antes de discutir o mérito, a ausência de legitimidade (art. 337 do CPC/2015). Porém, ao fazê-lo, incumbe-lhe indicar o sujeito passivo da relação jurídica discutida sempre que tiver conhecimento, sob pena de arcar com as despesas processuais e de indenizar o autor pelos prejuízos decorrentes da falta de indicação (art. 339 do CPC).

Responsabilidade civil da administração pública

As pessoas jurídicas de direito público e as de direito privado, prestadoras de serviços públicos, responderão pelos danos que seus agentes, nessa qualidade, causarem a terceiros, assegurado o direito de regresso contra o responsável nos casos de dolo ou culpa (art. 37, § 6º, da CF).

Como se observa, o dispositivo constitucional veio a consagrar a responsabilidade *objetiva*, ou seja, a responsabilidade sem culpa, pela atuação lesiva dos agentes públicos e seus delegados, seja na administração direta, seja na indireta (autarquias, fundações públicas, empresas públicas e sociedades de economia mista).

Denunciação da lide e ação regressiva

A denunciação da lide é o instrumento processual que permite às partes apontar ou informar ao juízo terceiro que guarde alguma relação jurídica com o obje-

118 TJSC, Ap. cível n. 27.764, rel. Des. João José Schaeffer, j. 22.05.1990.

119 TJDF, *Bol. de Jurisp. IOB* 3/9048.

120 TFDF, Ap. cível n. 17.313, rel. Des. Manoel Coelho.

to em litígio, para o fim de ver declarado seu direito de regresso, na eventualidade de o denunciante vir a sucumbir na ação principal.

Na redação do art. 125 do Código de Processo Civil é admissível a denunciação da lide, promovida por qualquer das partes:

> I – ao alienante imediato, no processo relativo à coisa cujo domínio foi transferido ao denunciante, a fim de que possa exercer os direitos que da evicção lhe resultam;
>
> II – àquele que estiver obrigado, por lei ou pelo contrato, a indenizar, em ação regressiva, o prejuízo de quem for vencido no processo.

Em relação aos acidentes de trânsito mostra-se mais relevante o inciso II, que se refere à indenização, em ação regressiva, do prejuízo de quem for vencido no processo. Assim, considerando que a teor do art. 932, III, do Código Civil, o empregador é responsável pela reparação civil por ato ilícito causado por seus empregados, serviçais e prepostos, no exercício do trabalho que lhes competir, ou em razão dele, no caso de acidente de trânsito causado pelo empregado quem deve ser acionado em juízo é o empregador. Este, na eventualidade de condenação para ressarcir os prejuízos, poderá posteriormente, em ação regressiva, reaver do empregado o que efetivamente pagou a terceiro.[121]

Idêntica providência é assegurada às pessoas jurídicas prestadoras de serviço público, em relação aos danos praticados por seus agentes, como consta do art. 37, § 6º, da Constituição Federal:

> Art. 37. [...] § 6º As pessoas jurídicas de direito público e as de direito privado prestadoras de serviços públicos responderão pelos danos que seus agentes, nessa qualidade, causarem a terceiros, assegurado o direito de regresso contra o responsável nos casos de dolo ou culpa. [...]

Em acidentes de trânsito cabe ainda a denunciação da lide: a) do causador do dano, promovida pelo segurador; b) do segurador, promovida pelo segurado.

Anote-se, ainda, que a ação regressiva se transmite aos herdeiros e sucessores e, tratando-se de funcionário público, pode ser instaurada mesmo após a sua disponibilidade, aposentadoria, exoneração ou demissão.

De outro modo, se o réu pretende eximir-se da responsabilidade pelo evento danoso, atribuindo-a com exclusividade a terceiro, não lhe restará outro caminho a trilhar senão alegar em preliminar, antes de discutir o mérito, a ausência de le-

---

121 Código Civil: "Art. 934. Aquele que ressarcir o dano causado por outrem pode reaver o que houver pago daquele por quem pagou, salvo se o causador do dano for descendente seu, absoluta ou relativamente incapaz". "Art. 735. A responsabilidade contratual do transportador por acidente com o passageiro não é elidida por culpa de terceiro, contra o qual tem ação regressiva."

gitimidade (art. 337 do CPC), indicando o sujeito passivo da relação jurídica discutida sempre que tiver conhecimento, sob pena de arcar com as despesas processuais e de indenizar o autor pelos prejuízos decorrentes da falta de indicação (art. 339 do CPC).

Chamamento ao processo da locadora do veículo

Iterativa jurisprudência firmou-se no sentido de que a locadora de veículos e o locatário respondem, de forma solidária, pelos danos que o locatário vier a causar a terceiros na direção do veículo locado. Nesse sentido, a Súmula n. 492 do STF: "A empresa locadora de veículos responde civil e solidariamente com o locatário pelos danos por este causado a terceiros no uso do carro locado".

Consoante o art. 275 do Código Civil, a responsabilidade solidária tem como corolário o direito do credor de exigir de um ou de alguns dos devedores, parcial ou totalmente, a dívida em comum. Assim, torna-se induvidosa a possibilidade do chamamento ao processo da locadora, pelo réu (locatário), com fulcro no art. 130, III, do Código de Processo Civil, que prevê expressamente a utilização do *remedium iuris* em relação aos devedores solidários, na hipótese aventada no mencionado art. 275.

Foro competente para a ação

Prescreve o art. 53, V, do Código de Processo Civil que o foro competente para processar e julgar as ações de reparação de dano sofrido em razão de delito ou acidente de trânsito será o do domicílio do autor ou do local do fato. Vê-se, pois, que ao autor é facultado promover a ação no seu próprio domicílio ou naquele em que efetivamente ocorreu o acidente, se este for diverso daquele.

Processamento das ações

Com fundamento na legislação processual vigente, as ações que tenham por escopo obter indenização de dano decorrente de acidente de trânsito podem submeter-se ao procedimento comum do Código de Processo Civil ou ao procedimento *sumaríssimo* dos Juizados Especiais Cíveis. Nesta última hipótese, a ação pode ser proposta ainda que o valor da causa exceda quarenta vezes o salário mínimo, a teor do art. 3º, II, da Lei n. 9.099/95.

Documentos que devem acompanhar a petição inicial

Na ação comum de ressarcimento de danos, a petição inicial deverá ser instruída com os seguintes documentos:

1. instrumento de procuração outorgado pelo proprietário do veículo;

2. cópia do comprovante de propriedade do veículo;

3. boletim de ocorrência (expedido pela delegacia de polícia);

4. croqui do acidente;

5. dois ou mais orçamentos do custo dos reparos no veículo acidentado, fornecidos por oficinas idôneas ou concessionárias;

6. fotografias em que apareça a localização dos veículos após o acidente ou, não sendo isso possível, fotografias em que apareçam as partes que sofreram danos;

7. recibo ou nota fiscal comprovando o pagamento das despesas de reparos do veículo, se este já tiver sido reparado antes da propositura da ação;

8. rol de testemunhas.

INDENIZAÇÃO POR DANOS PESSOAIS

Nos acidentes que provocarem lesões, temporárias ou permanentes, invalidez permanente ou morte, poderão a vítima ou seus sucessores requerer a devida indenização cível, independentemente da ação penal a que deverá responder o réu.

A ação de indenização por danos pessoais poderá ser ajuizada de duas formas:

a) cumulada com ação de reparação de danos materiais, se a vítima for o motorista ou pessoa transportada;

b) ação autônoma e exclusiva de indenização de danos pessoais, tratando-se de vítima pedestre, como nos acidentes de atropelamento.

Na hipótese de *lesões*, os arts. 949 e 950 do Código Civil assim dispõem:

> Art. 949. No caso de lesão ou outra ofensa à saúde, o ofensor indenizará o ofendido das despesas do tratamento e dos lucros cessantes até o fim da convalescença, além de algum outro prejuízo que o ofendido prove haver sofrido.
>
> Art. 950. Se da ofensa resultar defeito pelo qual o ofendido não possa exercer o seu ofício ou profissão, ou se lhe diminua a capacidade de trabalho, a indenização, além das despesas do tratamento e lucros cessantes até o fim da convalescença, incluirá pensão correspondente à importância do trabalho, para que se inabilitou, ou da depreciação que ele sofreu.

Ocorrendo *invalidez permanente*, de modo que a vítima fique definitivamente impossibilitada para o trabalho, o entendimento, em sede jurisprudencial, é que a indenização deve corresponder a pelo menos um salário mínimo mensal, a ser pago até a data em que a vítima completaria 65 anos de idade.

Na hipótese de *morte*, se a vítima deixar mulher e filhos, a indenização também terá como base o salário mínimo, a ser pago mensalmente aos dependentes, pelo mesmo período que é concedido à invalidez permanente, para efeito de prestação alimentar. Entretanto, o pagamento dessa verba mensal não exclui a obrigação do demandado também de pagar as despesas com o tratamento da vítima, seu funeral e o luto da família (art. 948). Nesses casos, a prestação de alimentos constitui os *lucros cessantes*, ao passo que as despesas médico-hospitalares e de funeral constituem os *danos emergentes*.

Tratando-se de morte de pessoa menor de idade, seus ascendentes também terão direito a pleitear indenização com base no salário mínimo, até a data em que o menor viesse a completar 25 anos, idade com que presumivelmente se casaria, assumindo encargos familiares e cessando a ajuda aos pais.

No referente ao tema, antigas decisões pretorianas negavam a referida indenização quando o filho fosse de reduzida idade, em razão de não contribuir para a manutenção do lar por ainda não se encontrar em idade de trabalhar. No entanto, com o advento da Súmula n. 491, a questão restou superada, porquanto o STF através dela consolidou o entendimento segundo o qual "*É indenizável o acidente que cause a morte de filho menor ainda que não exerça trabalho remunerado*".

Afora isso, da prática do ato ilícito decorre o direito de o ofendido também pleitear *danos morais*, como já decidido:

> o ato ilícito decorrente de acidente de trânsito pode gerar um direito próprio, não ligado ao direito alimentar, mas sim ao sentimento da dor, tristeza e saudade pela morte da pessoa amada e que atinge a parte afetiva em razão do sentimento de perda. A vida humana representa, em si mesma, um bem cuja consideração não pode estar sujeita ao fato de possibilitar, ou não, alimentos àquele que sofreu por vê-la desaparecer. A lesão moral de um pai em decorrência da perda de um filho é de presunção irrefragável, uma presunção *hominis* e que dispensa meios de prova, pois, quando existe uma relação entre pai e filho, é ela uma inegável presunção de vida. Ela já é a prova. Reconhecimento paulatino, pelos tribunais, do direito à indenização por danos morais, inclusive pelo falecimento de filhos menores que não exercessem trabalho remunerado, que em nada contribuíam para o sustento familiar, desvinculado, portanto, do direito a alimentos. Natureza reparatória e não ressarcitória da indenização. Os pais e o esposo da vítima, por serem pessoas atingidas pelo sofrimento, têm legitimidade para propor a ação indenizatória por danos morais.[122]

MOMENTO DA PROPOSITURA DA AÇÃO DE INDENIZAÇÃO POR DANOS PESSOAIS

A ação de indenização poderá ser proposta em dois momentos:

a) antes da sentença no juízo criminal, hipótese na qual será facultado ao juiz suspender o curso da ação cível, até o julgamento definitivo da ação criminal (art. 64 do CPP);

122 *Julgados do TARS* 82/137. O art. 186 do Código Civil vigente passou a contemplar expressamente o direito de pleitear danos morais, até então somente reconhecido pela doutrina e pela jurisprudência.

b) após a condenação penal com trânsito em julgado, executando-se a sentença, que se constitui em título executivo judicial (art. 63 do CPP).

EFEITOS DA SENTENÇA CRIMINAL NO JUÍZO CÍVEL

"Art. 935. A responsabilidade civil é independente da criminal; não se podendo questionar mais sobre a existência do fato, ou sobre quem seja o seu autor, quando estas questões se acharem decididas no juízo criminal."

Tanto a doutrina quanto a jurisprudência têm reiterado que a previsão do art. 935 do Código Civil se destina tão só às decisões penais que negam a existência do fato delituoso ou a sua autoria, quando então não se poderá cogitar da responsabilidade do agente.

Assim, caso a justiça criminal reconheça que não existiu o fato imputado ao réu e que este não é o autor, incidirá a parte final do art. 935, ficando prejudicada a ação de indenização por ato ilícito. Fora dessas hipóteses, ainda que absolvido o réu, o juízo cível pode examinar a culpa para efeito de ressarcimento do dano porque, como afirma o art. 935, a responsabilidade civil independe da criminal.

Impende ainda anotar que, tratando-se de *funcionário público* que vier a causar atropelamento ou qualquer outro acidente que resulte em danos pessoais, fato que determinará o ajuizamento da devida ação penal (sumário de trânsito), os efeitos na esfera cível e administrativa, conforme seja a decisão da sentença criminal, serão os seguintes:

a) havendo condenação criminal, esta faz coisa julgada no cível e no administrativo, ensejando a obrigação de indenizar regressivamente (execução da sentença criminal) e a perda do cargo público, respectivamente;

b) havendo absolvição, por ausência de culpabilidade ou por insuficiência de provas, a mesma não impede a ação regressiva ou a punição funcional por culpa administrativa;

c) havendo absolvição, pela negativa da autoria ou do fato, esta faz coisa julgada no cível e no administrativo, não ensejando nenhuma obrigação ou punição nessas duas esferas.

Sobre o tema, assim diz o STJ, em posicionamentos recentes:

> DIREITO CIVIL E PROCESSUAL CIVIL. AGRAVO INTERNO NO RECURSO ESPECIAL. AÇÃO DE COMPENSAÇÃO POR DANOS MORAIS E INDENIZAÇÃO POR DANOS MATERIAIS. MORTE POR ACIDENTE DE TRÂNSITO. SUSPENSÃO DO PROCESSO CÍVEL EM RAZÃO DA PENDÊNCIA DE PROCESSO PENAL. FACULDADE DO JUIZ. REEXAME DE FATOS E PROVAS. INADMISSIBILIDADE.
>
> 1. Cuida-se, na origem, de ação de compensação por danos morais e indenização por danos materiais, ajuizada por familiares de vítima fatal de acidente de trânsito.

2. Em razão da independência das esferas, a suspensão do processo cível pela pendência de processo penal é faculdade do juiz, à luz dos arts. 313, V, *a*, e 315 do CPC/15, bem como do art. 935 do CC/02, cabendo a ele decidir de acordo com a hipótese em concreto.

3. Alterar o decidido nas instâncias ordinárias, acerca da desnecessidade de suspensão do processo em comento, exige o reexame de fatos e provas, o que é vedado em recurso especial, nos termos da Súmula 7/STJ. 4. Agravo interno não provido (AgInt no REsp 1905200/CE, Rel. Min. Nancy Andrighi, j. 19.04.2021).

PROCESSUAL CIVIL. ADMINISTRATIVO. RECURSO ESPECIAL. SERVIDOR PÚBLICO. EX-POLICIAL CIVIL. PROCESSO ADMINISTRATIVO DISCIPLINAR. DEMISSÃO DO SERVIÇO PÚBLICO. TENTATIVA DE HOMICÍDIO. POSTERIOR ABSOLVIÇÃO NA SEARA PENAL POR NEGATIVA DE AUTORIA. SOBERANIA DO VEREDICTO DO JÚRI. ART. 935 DO CÓDIGO CIVIL. RELATIVIZAÇÃO DA INDEPENDÊNCIA ENTRE AS INSTÂNCIAS ADMINISTRATIVA E PENAL.

1. Registre-se, de logo, que o acórdão recorrido foi publicado na vigência do CPC/73; por isso, no exame dos pressupostos de admissibilidade do recurso, será observada a diretriz contida no Enunciado Administrativo n. 2/STJ, aprovado pelo Plenário desta Corte, na Sessão de 9 de março de 2016 (Aos recursos interpostos com fundamento no CPC/73 – relativos a decisões publicadas até 17 de março de 2016 – devem ser exigidos os requisitos de admissibilidade na forma nele prevista, com as interpretações dadas, até então, pela jurisprudência do Superior Tribunal de Justiça).

2. É consolidada a jurisprudência do STJ no sentido de que "as esferas cível, administrativa e penal são independentes, com exceção dos casos de absolvição, no processo criminal, por afirmada inexistência do fato ou negativa de autoria" (AgInt nos EDcl no AREsp 1.464.563/RS, Rel. Ministro Benedito Gonçalves, Primeira Turma, *DJe* 11.12.2020).

3. Controverte-se sobre os efeitos, na seara administrativa sancionadora, de decisão penal absolutória proferida no âmbito do Tribunal do Júri.

4. Na espécie, o juiz criminal togado asseverou que a absolvição do recorrente resultou de o Conselho de Sentença "à unanimidade negar ter o Acusado concorrido para a prática do crime", e não de simples insuficiência de provas.

5. Nesse viés, e contrariamente ao decidido pela Corte de origem, a circunstância de a absolvição criminal ter ocorrido mediante soberano veredicto do Tribunal do Júri, em que vige o princípio da livre convicção íntima dos jurados, não afasta a aplicabilidade da regra contida no art. 935 do Código Civil, segundo a qual "A responsabilidade civil é independente da criminal, não se podendo questionar mais sobre a existência do fato, ou sobre quem seja o seu autor, quando estas questões se acharem decididas no juízo criminal".

6. Recurso especial parcialmente provido, com a determinação de retorno dos autos à origem (REsp 1.128.572/SC, Rel. Min. Sergio Kukina, j. 20.04.2021).

PETIÇÕES

REPARAÇÃO DE DANOS MATERIAIS

AO JUÍZO DE DIREITO DA VARA CÍVEL

Comarca de ....

................., brasileiro, casado, comerciário, RG n. ...., CPF n. ...., endereço eletrônico ...., residente e domiciliado nesta cidade, na rua ...., n. ......, por seu advogado infra-assinado, inscrito na OAB ...., sob n. ...., endereço eletrônico ...., com escritório na rua ...., n. ......, com instrumento de procuração incluso (doc. 1), advogado inscrito na OAB ......, sob n. ......, endereço eletrônico ...., com escritório na rua ...., n. ......, nesta cidade, onde recebe intimações, vem respeitosamente perante este juízo para propor

AÇÃO DE RESSARCIMENTO DE DANO CAUSADO EM ACIDENTE DE VEÍCULOS,

em desfavor de ...., brasileiro, casado, industriário, residente e domiciliado nesta cidade, na rua ...., n. ......, pelos fatos e fundamentos legais adiante expostos:

DOS FATOS

1. Na data de ...., por volta das ...... horas, quando o autor se encontrava dirigindo o veículo de marca ...., modelo ...., cor ...., placa ...., ano ......, e trafegava pela rua ...., sentido leste-oeste, via preferencial, ao atingir o cruzamento com a rua ...., teve seu veículo abalroado pelo veículo de marca ...., cor ...., placa ...., de propriedade do requerido.

2. Como se verifica pelo Boletim de Ocorrência da Delegacia de Trânsito incluso (doc. 2), o veículo do autor trafegava em sua mão de direção regulamentar, no sentido leste-oeste e em via preferencial, quando foi violentamente abalroado no seu lado direito, na parte dianteira, pelo veículo de propriedade do requerido, que não respeitou a sinalização de PARE existente no local, conforme faz prova com a fotografia de n. ...... e croqui do local do acidente, anexos (docs. 3 e 4).

3. Do acidente resultaram ao veículo do autor, conforme levantamento fotográfico incluso, os seguintes danos materiais:

a) ....;

b) ....;

c) ....

4. O autor, tendo solicitado a três oficinas idôneas orçamentos de custo para efetuar os serviços de reparação em seu veículo (docs. 5, 6 e 7), realizou-o na oficina que melhor

preço lhe ofereceu, tendo despendido, para tanto, a importância de R$ ...., conforme faz prova com o recibo de pagamento incluso (doc. 8).

5. Ademais, pretende o autor indenização no valor de R$ ...., para efeito de compensar a desvalorização que o veículo sofreu em razão da batida, fato que redundará em prejuízo certo para o autor no momento em que resolver promover sua alienação.

DO DIREITO

Como assegurado pelo ordenamento jurídico, a pretensão do demandante encontra-se devidamente amparada nos arts. 186 e 927 do Código Civil, que assegura o direito de se obter indenização em razão de ato ilícito praticado por outrem.

Pelo exposto, e em conformidade com os arts. 186 e 927 do Código Civil, requer:

a) a citação do requerido para, querendo, vir contestar a presente ação, sob pena de revelia e confissão;

b) o depoimento pessoal do réu;

c) a produção de prova testemunhal, na audiência designada, conforme rol ao final apresentado;

d) a procedência do pedido para o efeito de ser o requerido condenado ao pagamento do principal, no valor de R$ .... (.......................), mais juros, correção monetária, contados desde a data do evento danoso (Súmula n. 54 do STJ), custas judiciais e honorários de advogado.

Para efeitos legais, declara o demandante o seu INTERESSE em eventual autocomposição e, consequentemente, na realização da audiência de conciliação ou de mediação.

Dá-se à presente ação o valor de R$ ....

Rol de testemunhas:

1. ...., brasileiro, solteiro, comerciário, com ...... anos de idade, CPF n. ...., RG n. ...., residente nesta cidade, na rua ...., n. ......, com local de trabalho na rua ...., n. ......, nesta cidade.

2. ...., brasileiro, casado, industriário, com ...... anos de idade, CPF n. ...., RG n. ...., residente nesta cidade, na rua ...., n. ......, com local de trabalho na rua ...., n. ......, nesta cidade.

Termos em que

E. deferimento.

................., ... de .... de 20...

Advogado(a)

OAB/...... n. ......

REPARAÇÃO DE DANOS COM LUCROS CESSANTES

AO JUÍZO DE DIREITO DA VARA CÍVEL

Comarca de ....

.................., brasileiro, casado, motorista, RG n. ...., CPF n. ...., endereço eletrônico ...., residente e domiciliado nesta cidade, na rua ...., n. ......, por seu procurador firmatário (doc. 1), advogado inscrito na OAB ......, sob n. ......, endereço eletrônico ...., com escritório na rua ...., n. ......, nesta cidade, onde recebe intimações, vem respeitosamente perante este juízo propor a presente

AÇÃO DE REPARAÇÃO DE DANO CAUSADO EM ACIDENTE DE VEÍCULOS

pelo procedimento comum, em desfavor de ...., brasileiro, solteiro, bancário, domiciliado e residente nesta cidade, na rua ...., n. ......, pelos fatos e fundamentos legais adiante expostos:

DOS FATOS

1. No dia ...... de .... de ......, às ...... horas, quando o autor se encontrava dirigindo o veículo de sua propriedade de marca ...., modelo ...., ano ......, placa ...., teve o veículo abalroado pelo automóvel marca ...., placa ...., de propriedade do réu, no cruzamento da rua .... com a rua ....

2. Como se verifica no Boletim de Ocorrência emitido pela Delegacia de Polícia (doc. 2), o veículo do autor trafegava em sua mão de direção regulamentar, no sentido norte-sul, e em via preferencial, quando foi violentamente abalroado no seu lado direito, na parte dianteira, pelo veículo dirigido pelo réu, o qual não respeitou a sinalização de PARE existente no local, conforme a fotografia de n. 1 e o croqui do local, anexos (doc. 3).

3. Do acidente resultaram ao veículo do autor, conforme levantamento fotográfico incluso, os seguintes danos materiais:

a) ....;

b) ....;

c) ....

4. O autor, tendo solicitado orçamentos de custo do serviço de reparação do veículo a três oficinas idôneas, realizou-a na que melhor preço lhe ofereceu, conforme documentos (docs. 4, 5 e 6), tendo despendido a importância de R$ ...., cuja prova faz pela nota fiscal (doc. 7).

5. Ocorre que, sendo o autor motorista profissional, tendo o seu veículo devidamente registrado como táxi de aluguel, ficou impossibilitado de exercer sua profissão durante 7

(sete) dias, período exigido para a reparação do veículo, fato que resultou em lucros cessantes no valor de R$ ...., diários, média comum e frequente em carros de aluguel neste município.

6. Ademais, como compensação da desvalorização que o veículo sofreu, em razão de ser considerado um veículo batido, fato que redundará em prejuízo certo no momento em que decidir promover a sua alienação, o autor deve ser indenizado no valor de R$ ....

DO DIREITO

Como assegurado pelo ordenamento jurídico, a pretensão do demandante encontra-se devidamente amparada nos arts. 186 e 927 do Código Civil, que assegura o direito de se obter indenização em razão de ato ilícito praticado por outrem.

Pelo exposto, e em conformidade com o que dispõem os arts. 186 e 927 do Código Civil, requer:

a) a citação de .... para, querendo, vir contestar a presente ação, sob pena de revelia e confissão;

b) o depoimento pessoal do réu;

c) a produção de prova testemunhal na audiência designada, conforme rol a seguir apresentado;

d) a procedência do pedido para o efeito de ser o réu condenado ao pagamento do principal, no valor de R$ ...., mais juros, correção monetária, contados desde a data do evento danoso (Súmula n. 54 do STJ), custas e honorários de advogado.

Para efeitos legais, declara o demandante o seu INTERESSE em eventual autocomposição e, consequentemente, na realização da audiência de conciliação ou de mediação.

Dando à presente o valor de R$ ....

T. em que

Pede deferimento.

.................., ... de .... de 20...

Advogado(a)

OAB/...... n. ......

Rol de testemunhas:

1. ...., solteiro, digitador, ... anos de idade, CPF n. ...., RG n. ...., com endereço residencial na rua ...., n. ...... e profissional na rua ...., n. ......, nesta cidade.

2. ...., solteira, comerciária, ... anos de idade, CPF n. ...., RG n. ...., com endereço residencial na rua ...., n. ......, e profissional na rua ...., n. ......, nesta cidade.

AÇÃO CIVIL *EX DELICTO* (EXECUÇÃO DE SENTENÇA CRIMINAL)

AO JUÍZO DE DIREITO DA VARA CÍVEL

Comarca de ....

..........., brasileiro, casado, comerciante, RG n. ...., CPF n. ...., endereço eletrônico ...., domiciliado e residente nesta cidade, na rua ...., n. ......, por seu procurador que esta subscreve, com instrumento de procuração incluso (doc. 1), advogado inscrito na OAB ......, sob n. ......, endereço eletrônico ...., com escritório na rua ...., n. ......, nesta cidade, onde recebe intimações, vem respeitosamente perante este juízo propor

AÇÃO CIVIL *EX DELICTO*,

promovendo a execução de título executivo judicial, representado por sentença penal condenatória, transitada em julgado na data de .... (doc. 2), com fundamento nos arts. 63 do Código de Processo Penal, 935 do Código Civil e 515, VI, do Código de Processo Civil, em face de ...., brasileiro, casado, industrialista, domiciliado e residente nesta cidade, na rua ...., n. ......, pelos fatos e fundamentos de direito adiante alinhados:

DOS FATOS

1. No dia ...... de ....de ......, por volta das ...... horas, quando o requerente trafegava com seu veículo ...., placa ...., ano ......, pela rua ...., sentido leste-oeste, no cruzamento com a rua ...., foi violentamente abalroado pelo veículo ...., cor ...., placa ...., dirigido por seu proprietário, ...

2. Consoante se poderá verificar pelo Boletim de Ocorrência emitido pela autoridade policial (doc. 2), pelo levantamento fotográfico (docs. 3 e 4) e topográfico (doc. 5) e pelas testemunhas presentes, o acidente deveu-se à imprudência e imperícia do requerido, eis que o mesmo desrespeitou o sinal de PARE ali existente, adentrando a via preferencial em desabalada carreira.

3. Ademais, além de não possuir carteira de habilitação, o requerido apresentava evidentes sinais de embriaguez.

4. Do referido acidente resultaram não só danos de grande monta ao veículo do requerente – o veículo ficou parcialmente destruído, conforme se pode verificar das fotos de fls. 3 e 4 –, mas também danos pessoais na mulher do requerente, Sra. ...., que na ocasião ocupava o banco dianteiro ao lado do motorista. Tendo em vista esse fato, o requerente despendeu, a título de despesas médico-hospitalares relativas a duas inter-

venções cirúrgicas e prolongado tratamento a que teve de se submeter sua mulher, a importância de R$ .... (docs. 6, 7 e 8).

5. Quanto aos danos materiais, o requerente já promoveu reparação do veículo na oficina que melhor preço lhe ofereceu, mas não sem antes solicitar a três oficinas idôneas os orçamentos que se encontram inclusos (docs. 9, 10 e 11), tendo despendido para esse efeito a importância de R$ ...., conforme comprova com a Nota Fiscal de prestação de serviços inclusa (doc. 12).

6. Ainda sobre a culpa do requerido, esta restou plenamente comprovada, e não poderá mais ser questionada (art. 935 do CC), em face da sentença criminal condenatória (doc. 13), que reconheceu não só a existência do fato mas também a sua autoria por parte do mesmo.

DO DIREITO

7. Caracterizada assim a existência do fato e provada a autoria do ato ilícito, impõe-se a indenização dos danos dele decorrentes por quem o praticou, forte no que dispõem os arts. 186 e 927 do Código Civil.

DO PEDIDO

Isto posto, requer:

a) a citação do requerido para, querendo, contestar a presente ação, sob pena de revelia e confissão;

b) a procedência do pedido com a condenação do requerido ao pagamento do valor de R$ ...., relativo aos danos materiais, do valor de R$ ...., concernente às despesas médico-hospitalares decorrentes do tratamento da mulher do requerente, e do valor de R$ ...., a título de desvalorização do veículo, mais juros e correção monetária contados desde a data do evento danoso (Súmula n. 54 do STJ);

c) a condenação do requerido ao pagamento de honorários do advogado do requerente, na proporção de 20% do valor da condenação, e das custas judiciais.

Para efeitos legais, declara o demandante o seu DESINTERESSE em eventual autocomposição e, consequentemente, na não realização da audiência de conciliação ou de mediação.

Valor da causa: R$ ....

Termos em que
E. deferimento.
.................., ... de .... de 20...
Advogado(a)
OAB/...... n. ......

Rol de testemunhas:

1. ...., brasileiro, casado, digitador, com ...... anos de idade, CPF n. ...., RG n. ...., residente nesta cidade, na rua ...., n. ......, com local de trabalho na rua ...., n. ......, nesta cidade.

2. ...., brasileira, casada, comerciária, com ...... anos de idade, CPF n. ...., RG n. ...., residente nesta cidade, na rua ...., n. ......, com local de trabalho na rua ...., n. ......, nesta cidade.

AÇÃO REGRESSIVA PARA REPARAÇÃO DE DANOS

AO JUÍZO DE DIREITO DA VARA CÍVEL

Comarca de ....

.................., pessoa jurídica de direito privado, CNPJ n. ...., endereço eletrônico ...., com sede e foro nesta cidade, estabelecida na rua ...., n. ......, por seu procurador signatário, com mandato incluso, advogado inscrito na OAB ......, sob n. ......, endereço eletrônico ...., escritório profissional na av. ...., n. ......, onde recebe intimações, vem respeitosamente perante este juízo para propor

AÇÃO REGRESSIVA PARA REPARAÇÃO DE DANOS

em desfavor de ...., brasileiro, casado, motorista, domiciliado e residente nesta cidade, na rua ...., n. ......, pelas razões adiante expendidas:

I – DOS FATOS

1. Na data de ...... de .... de ......, aproximadamente às ...... horas, no entroncamento das ruas .... e ...., nesta cidade, verificou-se acidente de trânsito envolvendo o caminhão ...., modelo ...., ano ......, de propriedade da demandante, na oportunidade conduzido pelo demandado, na qualidade de empregado da demandante, e o veículo ...., ano ......, de propriedade de ....

2. Em face do referido acidente, a ora demandante foi acionada pelo proprietário .... e, comprovada a culpa do seu preposto ...., condenada a ressarcir os danos causados ao veículo ...., ano ......, cujo valor somado ao dos honorários advocatícios remonta a R$ 5.000,00 (cinco mil reais) (certidão inclusa).

3. O referido processo, que tomou o n. .... e tramitou perante a 2ª Vara Cível desta Comarca, transitou em julgado na data de ....

II – DO DIREITO

4. Pela presente, pleiteia a demandante o ressarcimento do que despendeu por culpa do preposto. Como assegurado pelo ordenamento jurídico, a pretensão da demandante encontra-se devidamente amparada na lei, eis que o art. 934 do Código Civil assegura o direito de regresso, para reaver o que houver pago, àquele que ressarcir o dano causado por outrem.

III – DO PEDIDO

Por todo o exposto, requer a este juízo:

a) a citação do demandado para, querendo, contestar a presente, sob pena de revelia e confissão;

b) a procedência do pedido, com a condenação do demandado no valor de R$ 5.000,00 (cinco mil reais), acrescido de juros, correção, custas e honorários advocatícios do presente processo;

c) o apensamento à presente dos autos da ação de ressarcimento de danos, autos n. 101.023/96 que tramitou perante o cartório da 2ª Vara Cível desta comarca.

Para efeitos legais, declara o demandante o seu DESINTERESSE em eventual autocomposição e, consequentemente, na não realização da audiência de conciliação ou de mediação.

VALOR DA CAUSA: R$ 5.000,00.

T. em que
P. deferimento.
........................, ... de .... de 20......
Advogado(a)
OAB/...... n. ......

RECURSO INOMINADO À TURMA RECURSAL – REQUERIMENTO

AO JUÍZO DO JUIZADO ESPECIAL CÍVEL
De ....
Autos do processo n.: ....
Autor: ....
Réu: ....

........................, já devidamente qualificado como réu nos autos do processo em epígrafe, não se conformando *data venia* com a respeitável sentença de procedência vem, mui respeitosamente, perante Vossa Excelência, por meio de seu procurador, interpor RECURSO INOMINADO à Egrégia Turma Recursal, conforme faculta o art. 41 da Lei n. 9.099/95, requerendo, para tanto, o seu recebimento, com efeito suspensivo, e o encaminhamento das inclusas razões recursais ao órgão julgador.

Desde já junta o COMPROVANTE DO PREPARO DAS CUSTAS.

T. em que
pede deferimento.
........................, ... de .... de 20......
Advogado(a)
OAB/...... n. ......

RECURSO INOMINADO À TURMA RECURSAL – RAZÕES

Juizado Especial Cível de ....
Autos do processo n.: ....
Recorrente: ....
Recorrido: ....
Ação de indenização

RAZÕES RECURSAIS

COLENDA 1ª TURMA DE RECURSOS DA CAPITAL
EMÉRITOS JULGADORES

........................, réu na ação de ressarcimento de danos em epígrafe, não se conformando, *data venia*, com a sentença de procedência, vem, respeitosamente, perante VV. Exas., por meio de seu procurador que a esta subscreve, apresentar tempestivamente suas razões de recurso, pelos fatos e fundamentos a seguir expendidos:

DOS DOCUMENTOS IMPUGNADOS QUE SERVIRAM COMO PROVA PARA EMBASAMENTO DA DECISÃO.

Em relação às provas documentais nas quais o julgador fundamentou sua decisão, às fls. 267, o r. julgador consignou:

> "Da análise das provas documentais (fls. 27/55; 88/92; 104/106; 121/141; 156/181; 212/213; *228/264*) e testemunhais [...]" [grifamos].
>
> Às fls. 269, consta: "[...] além de inúmeras idas e vindas a consultórios médicos e de fisioterapia (fls. 40/42, 134, 137/139. *232/233*, *243/244*)" [grifamos].
>
> Às fls. 270: "[...] sendo reajustado, posteriormente, para valores superiores (fls. *247/252*), porém [...]" [grifamos].

> "[...] Ademais, tendo em vista que o autor ficou impossibilitado para o trabalho no período de dezembro de 2007 até o mês de setembro de *2010 (fls. 245)* [...]" [grifamos].
>
> Por último, às fls. 272: "Mas, quanto à atividade de *personal trainer*, os documentos carreados pelo autor (fls. *253/263*) comprovam o trabalho e a renda que recebia à época" [grifamos].

Como se observa, em todos os trechos acima reproduzidos e grifados, o julgador fez expressa menção aos documentos de *fls. 228 e subsequentes*.

Ocorre que os documentos de *fls. 228 a 264* foram juntados em audiência (23.03.2010) e, portanto, fora do prazo e do local adequado (petição inicial), razão pela qual FORAM EXPRESSA E TEMPESTIVAMENTE IMPUGNADOS, conforme manifestação do réu Marcos Massato Saito, ocorrida na própria audiência (23.03.2010), cujo teor consta do Termo de Audiência, às fls. 222:

> Requeiro a Vossa Excelência a impugnação dos documentos acostados pelo Autor, em face de terem sido oferecidos a destempo e em razão de as fotos acostadas nada se relacionarem com a conduta do demandado.

Acrescente-se, ainda, que os *documentos de fls. 156 a 181*, mencionados pelo julgador para a sua "convicção da culpa dos réus pelo sinistro" (fls. 267), também foram expressamente IMPUGNADOS pelo recorrente, às fls. 209/210, em razão da extemporaneidade de sua juntada.

Não houve, pois, na sentença, qualquer manifestação nem consideração do nobre julgador a respeito das referida impugnações, eis que considerou referidos documentos integralmente como provas, como razão de decidir.

No entanto, como é de clareza solar, o art. 435 do CPC admite excepcionalmente a juntada de documentos novos somente quando destinados a fazer prova de fatos ocorridos depois dos articulados, ou para contrapô-lo aos que foram produzidos nos autos, fato não ocorrido na espécie, pois os documentos juntados *não fazem prova de fatos ocorridos depois dos articulados*, nem *foram utilizados para contrapor a outros produzidos nos autos.*

Aliás, o ilustre processualista J.J. Calmon de Passos defende a absoluta imperatividade da produção da prova documental, pelo autor, no momento do ajuizamento da petição inicial:

> O momento para a produção da prova documental, pelo autor, é o do ajuizamento da petição inicial (art. 396). Senão produzido o documento nessa oportunidade, precluso estará o seu direito de trazê-lo aos autos com fins probatórios. Somente quando se cuide de fazer prova de fato ocorrido após os articulados ou de contraprova a que foi produzida na circunstância apontada, é que se admitirá a produção de documento, pelo autor, após a inicial.
>
> Em face disso, nem só os documentos ditos indispensáveis à propositura da ação devem acompanhar a inicial. Anexados a ela deverão estar todos os documentos que constituam fonte

de prova para a demanda do autor, sob pena de não mais deles poder utilizar-se no processo (in *Comentários ao CPC*, 6ª ed., VIII).

Diante disso, mostra-se inquestionável que a sentença de primeira instância julgou procedentes os pedidos formulados na inicial, *com fundamento em documentos impugnados* e sem qualquer valor probatório, a teor do art. 397 do CPC.

DO EQUÍVOCO DA SENTENÇA EM RELAÇÃO À
VELOCIDADE IMPRIMIDA PELOS VEÍCULOS

Com fundamento no depoimento da testemunha .... (fls. 223), o julgador declara, às fls. 267, que a tese da defesa de que o autor trafegava em velocidade superior à permitida no local foi contrariada pelo referido depoimento, ou seja, o de que *"a Parati provinha do sentido da Lagoa para o Centro, em uma velocidade entre 50 e 60 km/h"*.

Mais à frente afirma ainda o nobre julgador: "Note-se que a velocidade máxima para o local, conforme a sinalização, é de 60 km/h, ou seja, *o autor estava dentro do limite legal*" [grifamos].

PERGUNTA-SE: teria a testemunha .... realmente condições de INSTANTANEAMENTE: a) precisar a velocidade exata do veículo do autor (que "coincidentemente" era a permitida para o local); b) de precisar que somente o autor freou o carro antes da colisão?

EVIDENTE QUE NÃO!

Tanto é assim que a mesma testemunha .... declarou, em depoimento às fls. 223, quando perguntado pelo procurador do réu: "que *não tinha certeza* da velocidade em que estavam os veículos"; "que ele visualizou o veículo do autor a partir do momento em que ouviu a freada desse veículo".

Portanto, o fato de a testemunha afirmar que "não tinha certeza da velocidade em que estavam os veículos", contraria a tese do julgador que afirmou equivocadamente que:

"a Parati provinha do sentido da Lagoa para o Centro, em uma velocidade entre 50 e 60 km/h".

"o autor estava dentro do limite legal".

"não há que se falar em excesso de velocidade de parte do autor [...]" (fls. 268).

"Tal distância somada à *velocidade diminuta* que o autor imprimia [...]" (fls. 268) [grifamos]

Acresça-se ainda, por relevante, que a testemunha .... ainda declarou, às fls. 223, *in fine*, que "visualizou o veículo do autor a partir do momento em que ouviu a freada desse veículo".

Trata-se, portanto, de mais uma evidência de que a testemunha *não tinha condições de avaliar a velocidade do veículo do autor*.

RESUMO DO DEPOIMENTO DA TESTEMUNHA DO AUTOR:

Declarou que: "não tinha certeza da velocidade em que estavam os veículos"; "visualizou o veículo do autor a partir do momento em que ouviu a freada desse veículo".

CONCLUSÃO: o autor não se desincumbiu do ônus probatório que lhe era imposto, no sentido de provar suas assertivas, conforme preceitua o art. 373, I, do CPC, na medida em que não colacionou aos autos provas suficientes de que a culpa pelo acidente de trânsito teria sido do veículo do demandado/recorrente.

Destarte, mostra-se imperioso seja declarada a improcedência da ação, uma vez que o conjunto probatório não inspira a segurança necessária para um juízo de condenação, como reconhecido pela Turma de Recursos de Santa Catarina em caso similar:

> Recurso inominado. Indenização em acidente de trânsito. Versões divergentes dos fatos. Entrechoque de provas. Prova testemunhal conflitante. Dúvida quanto à culpa dos réus que acarreta a improcedência do pedido. "Conforme tem orientado a jurisprudência, se a prova técnica não é concludente quanto à culpabilidade do réu, o juiz deve formar seu convencimento na prova testemunhal. Sendo esta conflitante e insegura, a improcedência do pedido se impõe, porquanto aquele que pretende ser indenizado deve provar a culpa daquele contra quem foi instaurada a relação processual. 'Em se tratando de responsabilidade civil automobilística, cabe ao autor provar, além da existência do dano, a culpa do réu no evento, sob pena de ver inacolhido o seu pleito' (Ap. Cível n. 97.011382-0/Capinzal, rel. Des. Eder Graf). (Ap. Cível n. 97.006853-0/Mafra, rel. Des. Pedro Manoel Abreu)." (Rec. Inom. n. 2010.600160-7, rel. Juiz Marcelo Pizolati, j. 22.02.2010).

No mesmo sentido, o julgado da 3ª Turma Recursal do RS:

> Reparação de danos. Ausência de testemunhas presenciais. Dúvidas sobre a dinâmica do acidente a recomendar juízo de improcedência. Permanecendo obscura a dinâmica do acidente, em razão da ausência de elementos probatórios que demonstrassem aspectos essenciais da colisão, não resta alternativa senão juízo de improcedência da ação. (Rec. Cível n. 71.002.603.215, 3ª T. Rec. Cível/RS, Turmas Recursais, rel. Eugênio Facchini Neto, j. 30.09.2010)

Ora, nesse caso (dúvida em relação a como se deu o acidente e à velocidade dos veículos), entende o recorrente que a decisão mais adequada é a *improcedência da ação* pela adoção da teoria da *culpa concorrente*, como já mencionado pelo recorrente em contestação.

Em relação ao tema, assim dispõe o art. 945 do Código Civil: "Art. 945. Se a vítima tiver concorrido culposamente para o evento danoso, a sua indenização será fixada tendo-se em conta a gravidade da sua culpa em confronto com a do autor do dano".

Segue, então, que, se somente para argumentar, o veículo dirigido pelo demandado houvesse cortado a frente do veículo do demandante de forma imprudente, como infirmado na inicial, a velocidade excessiva imprimida pelo demandante conduz inexoravelmente à reciprocidade de culpas.

Assim, como se extrai de julgado,

> Ser senhor de sua velocidade é, para um condutor, colocado diante de uma dada situação, que ele possa ver ou prever, conservar a possibilidade de dirigir ou de parar seu veículo, de tal modo que este último não seja causa de um acidente. (*RT* 585/340)

Consequentemente, mostra-se incontroverso que o acidente não ocorreria se o demandante estivesse em velocidade inferior, quando então poderia estatizar o automotor a tempo de evitar a colisão.

A esse respeito, os tribunais do País têm orientado que:

> Presume-se a culpa concorrente dos condutores que, conjuntamente, agem com imprudência, um, no momento de convergir à esquerda, sem observar as regras de trânsito e o fluxo de veículos na via, *e o outro, na condução do veículo com velocidade excessiva.* [...] A culpa recíproca implica a divisão, pela metade, do dano material decorrente do sinistro, diante da impossibilidade de dosar o grau de culpa de cada um. (TJMG, Proc. n. 1.0702.04.122340-6/001, rel. Eulina do Carmo Almeida, j. 25.01.2007) [grifamos]

> Evidencia-se a concorrência de culpas, se um dos condutores não aguardou o momento adequado para cruzar rodovia federal e, *o outro motorista, embora se encontrasse em via preferencial, imprimia velocidade excessiva em seu carro, que partiu ao meio o primeiro automotor, levando à morte um dos seus passageiros"*. (TJMG, Proc. n. 2.0000.00.406145-6/000(1), rel. Vieira de Brito, j. 17.12.2004) [grifamos]

Não obstante tenha o recorrente observado em contestação, a decisão nada se referiu aos seguintes fatos:

O exame minucioso do laudo elaborado pela Polícia Rodoviária REVELA: 1) as marcas de frenagem na pista indicam a alta velocidade empreendida pelo veículo do demandante; 2) o local exato da pista onde ocorreu o acidente foi o eixo médio, no qual já se encontrava o veículo dirigido pelo recorrente, o que demonstra que, segundo consta do croqui, o veículo do recorrido *guinou para a esquerda da pista* onde constam as marcas de frenagem, abalroando a lateral esquerda do veículo dirigido pelo recorrente, impulsionando-o à esquerda, no meio-fio; 3) o veículo do recorrido, como se constata, *não seguiu em linha reta na pista normal de direção, como deveria*, em razão da alta velocidade que imprimia e de estar totalmente desgovernado. O seu veículo, ao reverso, abandonou o curso normal (seguir em linha reta) e impendeu para a esquerda da pista (*vide* croqui elaborado pela polícia), onde já se encontrava o veículo dirigido pelo demandado, vindo com este colidir.

Ora, *guinar para a direita seria a manobra esperada do demandante*, eis que a pista regular de direção lhe possibilitava espaço suficiente para desviar do veículo dirigido pelo demandado e continuar na sua mão de direção. Caso adotasse essa providência, mostra-se incontroverso que o resultado seria diverso, ou seja, *não haveria qualquer acidente* ou, se houvesse, o veículo do demandante teria abalroado a parte traseira direita do veículo dirigido pelo demandado pela parte esquerda dianteira do seu veículo, o que, como é evidente, não ocorreu.

O fato de o demandado já haver adentrado a pista principal e encontrar-se no centro da pista, não implica afirmar que ele tenha entrado na preferencial sem atenção. O demandado, pela velocidade com que conduzia, estava atento ao cruzamento, não podendo, entretanto, imaginar que *da curva à sua esquerda* viria um veículo provavelmente em velocidade superior a 120 km/h, velocidade que não lhe permitiria ter qualquer reação. Tanto é assim que a causa determinante do acidente não foi a entrada do demandado na pista principal, mas, sim, a velocidade imprimida pelo demandante. Caso o demandante estivesse trafegando dentro da velocidade permitida na via (60 km/h), os veículos nunca se encontrariam, ou seja, a colisão só ocorreu porque *a Parati se movimentou com velocidade muito maior do que a apresentada pelo Ecosport, sendo, portanto, a causa determinante do acidente o EXCESSO DE VELOCIDADE daquela, sem o qual o evento não ocorreria.*

Portanto, impõe-se reconhecer que o demandante agiu de maneira imprudente e negligente, conduzindo o veículo Parati descrito nos autos com velocidade acima da permitida para o local (60 km/h), sem a atenção e o cuidado devidos, resultando colidir na parte lateral do veículo Ecosport dirigido pelo demandado. Essa falta de cuidado elementar, aliada a não observância de sinalização indicativa de trecho acarreta, *ex vi legis*, a responsabilização do demandante que, no caso concreto, não conseguiu reduzir a velocidade de seu veículo nem desviar de obstáculo, muito embora tivesse considerável distância para fazê-lo.

Anote-se, a respeito, o depoimento da testemunha arrolada pelo recorrido que, após afirmar que o veículo do recorrido trafegava entre 50 e 60 km/h, quando perguntado no mesmo depoimento (fls. 223) afirmou não *ter certeza sobre a velocidade imprimida pelo veículo do autor.*

O recorrente alegou, em contestação, que *havia uma curva a poucos metros do local do acidente* de onde provinha o veículo do autor e que referida curva dificultou a visão do recorrente no momento de adentrar a pista, vindo a colidir tal a velocidade imprimida pelo autor ao veículo que dirigia, que surgiu de inopino.

A respeito da referida alegação, assim se pronunciou o julgador (fls. 268):

> [...] Todavia, tal argumentação não procede, visto que há uma *"boa"* [*sic*] distância entre a curva e o local do sinistro. Importante frisar que o croqui incluso no Boletim de Ocorrência nem menciona a curva, fato que por si só já demonstra a distância entre eles. [grifamos]

Mais um equívoco da sentença. Ora, qual o significado de uma "boa" distância para o julgador? Trata-se de uma "boa" distância para o recorrente ou para o recorrido? Trata-se, como se vê, de expressão vaga, imprecisa e indeterminada, que desserve para refutar a tese do ora recorrente.

Pergunta-se: Por acaso o julgado fez a inspeção *in loco*, no local do acidente, a fim de inteirar-se da existência ou da distância da curva?

Evidentemente que não!

Ademais, o fato de a curva não ter sido mencionada no boletim de ocorrência não pode nem deve, de modo algum, ser entendido como "demonstração da distância entre eles", como afirmado na sentença.

Nesse contexto, permite-se ainda acrescer que, entre as condutas dos dois protagonistas do acontecimento, mostra-se inequívoco que o recorrido tinha a melhor oportunidade de evitá-lo, caso tivesse o mínimo de atenção necessária, sendo integralmente aplicável à espécie a "teoria da causalidade adequada". Segundo essa teoria, quando aquele que tem a melhor oportunidade de evitar o evento não a aproveita, torna o fato do outro protagonista irrelevante para sua produção. Em outras palavras, o recorrente não pode ser responsabilizado por aquilo a que não tiver dado causa e que somente se considera causa o evento que produziu direta e concretamente o resultado danoso, ou seja, o evento produzido pelo recorrido.

DA EXCESSIVA VALORAÇÃO DO DANO MORAL

É flagrante a desproporcionalidade entre o alegado dano moral e a sua quantificação pelo julgado de primeiro grau, dada a repercussão do dano e, principalmente, as *precárias condições econômicas do recorrente,* tendo sido desconsiderada, na fundamentação, as condições sociais e econômica da partes (o recorrente ainda é estudante). Razão pela qual pugna pela redução a patamares equitativos, observando os postulados afirmativos da proporcionalidade e da razoabilidade, a fim de não ensejar enriquecimento sem causa, em consonância com o que vem sendo concedido por essa Colenda Câmara Recursal.

DA EXCESSIVA VALORAÇÃO DOS DANOS MATERIAIS

Mostra-se igualmente excessivo o valor fixado a título de danos materiais, especialmente em relação à indenização dos pretendidos salários.

Ocorre, nobres julgadores, que os documentos de fls. 253 a 263 (documentos já impugnados), juntados pelo recorrido e com os quais pretende comprovar o recebimento de R$ 720,00 mensais, constituem meros extratos bancários, sem mencionar a fonte ou a origem, razão pela qual cumpre serem desacolhidos e desconsiderados para fins de cálculo da indenização.

Ex positis, analisadas as razões de fato e de direito que ensejaram a interposição do presente recurso, requer seja acolhida a preliminar suscitada, para efeito de a r. sentença ser *reformada*, para fins de declarar a sua integral improcedência e, caso Vossas Excelências assim não entenderem, seja declarada a culpa concorrente das partes. Não sendo deferido nenhum dos pedidos anteriores, requer a reforma da sentença para efeito de reduzir o *quantum* indenizatório dos danos morais e dos danos materiais, a fim de que se promova a mais lídima Justiça!

T. em que
E. deferimento.
........................, ... de .... de 20......
Advogado(a)
OAB/...... n. ......

9. TUTELA PROVISÓRIA

GENERALIDADES

O Código de 2015, ao contrário do Código anterior, que nominava e regulava de forma específica as diversas espécies de cautelares, passou a abordar a matéria de modo genérico, salvo arresto, sequestro, arrolamento de bens e registro de protesto contra alienação de bem, mencionados especificamente no art. 301. Nesse contexto, ao utilizar a expressão *tutela provisória*, o legislador demonstrou a clara intenção de conferir maior abrangência às situações de cautela ou de urgência que de qualquer forma comportam a concessão de medida judicial protetiva. O caráter generalístico da expressão fica desde logo patenteado na parte final do art. 301, quando consigna: "A tutela de urgência de natureza cautelar pode ser efetivada mediante arresto, sequestro, arrolamento de bens, registro de protesto contra alienação de bem e *qualquer outra medida idônea para asseguração do direito*" (grifamos).

Assim, objetivando a simplificação procedimental e a racionalidade do sistema, o novo Código de Processo Civil, sistematizando o regime das tutelas de urgência, unificou o procedimento das tutelas cautelar e antecipada, independentemente da sua natureza. Ele unifica o regime, estabelecendo os mesmos fundamentos para a concessão da tutela cautelar e da tutela satisfativa: a probabilidade do direito e o perigo de dano ou risco ao resultado útil do processo. De qualquer sorte, o parágrafo único do art. 294 reforça a ideia de que a tutela de urgência é gênero, o qual inclui as duas espécies de tutela, a cautelar e a antecipada.

Nessa nova sistemática o Código permite que as medidas provisórias sejam pleiteadas e deferidas nos autos da ação principal, ou seja, após a antecipação ou a liminar cautelar, o autor terá prazo para juntar novos documentos e formular o pedido de tutela definitiva. Em ambas as hipóteses, o pedido principal será formulado nos mesmos autos, sem necessidade de um novo processo ou do pagamento de novas custas processuais.

Outra particularidade é a possibilidade da estabilidade da tutela antecipada concedida em caráter antecedente, na hipótese de não ser objeto de impugnação (art. 304 do CPC). Nesse caso, se a tutela antecipada é concedida mas o réu a ela não se opõe, a decisão se estabiliza e autoriza desde logo a extinção do processo.

Sobre o tema, eis recente posição do STJ:

> PROCESSUAL CIVIL E EXECUÇÃO. AGRAVO INTERNO NA DECISÃO LIMINAR EM RECURSO ESPECIAL. TUTELA PROVISÓRIA DE URGÊNCIA. HONORÁRIOS ADVOCATÍCIOS. EQUIPARAÇÃO AOS CRÉDITOS DE NATUREZA TRABALHISTA. INCIDÊNCIA DO LIMITE DO ART. 83, I, DA LEI 11.101/2005. AGRAVO INTERNO DESPROVIDO.
>
> 1. Segundo disposto no art. 300 do CPC/2015, a tutela provisória de urgência poderá ser concedida quando houver elementos que caracterizem a probabilidade do direito e o perigo de dano ou risco ao resultado útil do processo.
>
> 2. Para a concessão das tutelas provisórias, exige-se que o direito invocado seja não apenas possível, e não apenas plausível, mas realmente provável, isto é, ornado de características tais que inspirem no julgador uma convicção próxima da certeza, quanto à sua existência e à sua exigibilidade. Igualmente, quanto ao segundo requisito das tutelas provisórias, impõe-se que a situação jurídica exposta se revele na iminência de sofrer risco de reparação árdua ou talvez impossível. Sem a presença concomitante desses dois requisitos perde-se espaço para a aplicação das medidas cautelares.
>
> 3. Hipótese em que a Corte de origem, reverenciando o posicionamento firmado na Súmula Vinculante 47/STF, reconheceu o caráter alimentar da verba honorária e sua prevalência na ordem de credores, ponderando, no entanto, que, no caso em apreço, o total do valor devido representaria a maior parte do valor a ser levantado com a penhora do bem arrematado.
>
> 4. Em que pese o esforço argumentativo da parte requerente, nota-se que a opção da Corte *a quo* está de acordo com a orientação firmada neste STJ em julgamento representativo de controvérsia, que, equiparando os honorários advocatícios aos créditos de natureza trabalhista, reputa incidente o limite do art. 83, I, da Lei n. 11.101/2005 na referida verba (REsp n. 1.152.218/RS, rel. Min. Luis Felipe Salomão, Corte Especial, j. 07.05.2014, *DJe* 09.10.2014).
>
> 5. Agravo interno dos particulares desprovido (Ag. Int. na Tut. Prov. no REsp n. 1.924.756/PR, rel. Min. Manoel Erhardt, j. 16.09.2021).

TUTELA DE URGÊNCIA

A tutela de urgência será concedida quando houver elementos que evidenciem a probabilidade do direito e o perigo de dano ou o risco ao resultado útil do processo (art. 300 do CPC). Classifica-se em duas espécies: tutela de natureza antecipada e tutela de natureza cautelar. A primeira não será concedida quando houver perigo de irreversibilidade dos efeitos da decisão; a segunda, pode ser efetivada mediante arresto, sequestro, arrolamento de bens, registro de protesto contra alienação de bem e qualquer outra medida idônea para asseguração do direito.

Qualquer que seja a modalidade, a tutela de urgência pode ser concedida liminarmente ou após justificação prévia.

Tutela antecipada requerida em caráter antecedente

O pedido de tutela antecipada visa, sobretudo, à obtenção de forma liminar daquilo que se pretende obter com a sentença, ou seja, antecipa os efeitos práticos da sentença. Confere, portanto, eficácia imediata à tutela definitiva, vez que faz antecipar os efeitos próprios da tutela definitiva satisfativa. Desse modo a tutela antecipada possui caráter provisório, enquanto a cautelar se reveste de natureza definitiva.

Essa modalidade de tutela, de acordo com a norma, aplica-se aos casos em que a urgência é contemporânea à propositura da ação, mediante requerimento da tutela antecipada e indicação do pedido de tutela final, com a exposição da lide, do direito que se busca realizar e do perigo de dano ou do risco ao resultado útil do processo (art. 303 do CPC).

Pode-se requerer tutela antecipada, por exemplo, para a obtenção, perante o Estado, de medicamento especial, necessário a tratamento de saúde, e de valor elevado por quem não possui recursos financeiros suficientes para sua aquisição. Outro exemplo é o pedido de retirada do nome colocado indevidamente no cadastro de inadimplentes dos órgãos de proteção ao crédito (Serasa, SPC).

Quando concedida a tutela, cumpre ao autor aditar a petição inicial, nos mesmos autos, com a complementação de sua argumentação, a juntada de novos documentos, a confirmação do pedido de tutela final e o valor da causa, no prazo de quinze dias ou em outro prazo maior que o juiz fixar, sob pena da extinção do processo sem resolução do mérito.

O réu será citado e intimado para a audiência de conciliação ou de mediação e, se nessa não houver autocomposição, poderá oferecer contestação no prazo de quinze dias a contar da audiência.

Não interposto recurso, a tutela antecipada concedida torna-se estável se da decisão que a conceder não for interposto o respectivo recurso, sem prejuízo de pedido de revisão, reforma ou invalidação por qualquer das partes, que poderá ser feito até dois anos contados da ciência da decisão que extinguiu o processo (art. 304, §§ 2º e 5º, do CPC).

A decisão que concede a tutela não fará coisa julgada, mas a estabilidade dos respectivos efeitos só será afastada por decisão que a revir, reformar ou invalidar, proferida em ação ajuizada por uma das partes.

PEDIDO DE ANTECIPAÇÃO DE TUTELA

AO JUÍZO DE DIREITO DA VARA CÍVEL

Comarca de ....

.................., brasileiro, casado, funcionário público, RG n. ...., CPF n. ...., endereço eletrônico ...., residente e domiciliado na rua ...., n. ......, nesta cidade, por seu procurador infra-assinado, advogado, inscrito na OAB/......, sob n. ......, endereço eletrônico ...., com escritório na rua ...., n. ......, nesta cidade, onde recebe intimações, vem, respeitosamente, perante este juízo para, com fundamento nos arts. 814 e seguintes do Código de Processo Civil, propor

AÇÃO DE EXECUÇÃO DE OBRIGAÇÃO
DE FAZER COM PEDIDO DE ANTECIPAÇÃO DE TUTELA

Em face de ...., empresa de Plano de Saúde, pessoa jurídica de direito privado, inscrito no CNPJ sob o n. ...., com sede na rua ...., n. ......, nesta cidade.

DOS FATOS

1. O requerente em data de ...., firmou instrumento particular de adesão ao plano de assistência médica junto à empresa ré, na oportunidade optando pelo Plano ...., conforme cópia anexa do referido instrumento (doc. ......).

2. O requerente está em dia com o pagamento das parcelas do plano, sendo, portanto, adimplente em relação à sua obrigação e ao seu direito de usufruir do referido plano de saúde.

3. Ocorre que, após submeter-se a exame médico de rotina, o requerente foi diagnosticado como sendo portador da doença ...., motivo pelo qual deveria submeter-se a uma intervenção cirúrgica com urgência, conforme comprova com o atestado e os exames médicos inclusos (doc. ......).

4. Ao dirigir-se à empresa de plano de saúde requerida para efeito de solicitar autorização para a cirurgia, o requerente teve a desagradável surpresa de ver negado o seu pedido de autorização, sob a justificativa de que o plano de saúde do requerente não contemplava a doença do requerente.

DO DIREITO

5. Revela-se totalmente descabida e infundada a recusa ao pedido do requerente, porquanto é vedado aos planos de saúde negarem atendimento para tratamentos de doenças, com exceção das hipóteses mencionadas no art. 10 da Lei n. 9.656/98, o que não é o caso dos presentes autos. O contrato de plano de saúde firmado pelo requerente com a requerida constitui título executivo extrajudicial, conforme consta do art. 784, III, do Código de Processo Civil.

DA ANTECIPAÇÃO DA TUTELA

6. De acordo com o art. 303 do Código de Processo Civil, nos casos em que a urgência for contemporânea à propositura da ação, a petição inicial pode limitar-se ao requerimento da tutela antecipada e à indicação do pedido de tutela final, com a exposição da lide, do direito que se busca realizar e do perigo de dano ou do risco ao resultado útil do processo.

DO PEDIDO

Diante do exposto, e com fundamento nos arts. 303 e 814 e seguintes do Código de Processo Civil, requer a este juízo:

a) a citação da requerida para, no prazo que este juízo designar, satisfazer a obrigação, fixando multa por período de atraso no cumprimento da obrigação e a data a partir da qual será devida; com a advertência de que, não satisfeita a obrigação no prazo designado, a obrigação seja satisfeita à custa do executado ou perdas e danos, convertendo-se esta em indenização;

b) o deferimento da antecipação de tutela *inaudita altera pars*, para efeito de compelir a requerida a emitir com urgência a competente autorização da intervenção cirúrgica, considerando a gravidade da doença do requerente;

c) a conversão do pedido de tutela antecipada em pedido de tutela final;

d) a condenação da requerida nas custas, despesas judiciais e honorários do advogado do requerente.

Protesta o alegado por todos os meios de prova em direito admitidos, especialmente por prova documental e testemunhal.

Dá-se à causa o valor de R$ ...., para efeitos fiscais.

T. em que

P. deferimento.

................., ... de .... de 20......

Advogado(a)

OAB/...... n. ......

Tutela cautelar requerida em caráter antecedente

A tutela cautelar cuida de preservar os efeitos úteis da tutela definitiva satisfativa, ou seja, garante a futura eficácia da tutela definitiva. Por meio dela se antecipa, embora provisoriamente, a pretensão material contida no processo principal. Exige, como pressuposto, a demonstração do perigo de dano ou o risco ao resultado útil do processo, como consta do art. 315 do Código de Processo Civil, podendo ser concedida liminarmente ou após justificação prévia. Não será, porém, concedida quando houver perigo de irreversibilidade dos efeitos da decisão.

A tutela de urgência de natureza cautelar pode ser efetivada mediante arresto, sequestro, arrolamento de bens, registro de protesto contra alienação de bem e qualquer outra medida idônea para asseguração do direito (art. 301 do CPC).

Para a concessão da tutela de urgência, o juiz pode, conforme o caso, exigir caução real ou fidejussória idônea para ressarcir os danos que a outra parte possa vir a sofrer, podendo a caução ser dispensada se a parte economicamente hipossuficiente não puder oferecê-la.

Exemplo esclarecedor, de grande utilização na prática forense e na aplicação das medidas cautelares, é o do arresto, que consiste na apreensão antecipada de bens do devedor como forma de garantir ao credor o recebimento do seu crédito, evitando que sejam alienados como forma de fraudar a execução.

A petição inicial da ação que visa à prestação de tutela cautelar em caráter antecedente indicará a lide e seu fundamento, a exposição sumária do direito que se objetiva assegurar e o perigo de dano ou o risco ao resultado útil do processo (art. 305 do CPC). O réu será citado para, no prazo de cinco dias, contestar o pedido e indicar as provas que pretende produzir. Não havendo contestação, os fatos alegados pelo autor presumir-se-ão aceitos pelo réu como ocorridos, caso em que o juiz decidirá dentro de cinco dias. Contestado o pedido no prazo legal, observar-se-á o procedimento comum (arts. 306 e 307 do CPC).

O pedido principal pode ser formulado na petição inicial conjuntamente com o pedido de tutela cautelar. Quando isso não ocorrer, terá de ser formulado pelo autor no prazo de trinta dias, a partir da data de concessão da tutela, caso em que será apresentado nos mesmos autos em que deduzido o pedido de tutela cautelar, não dependendo do adiantamento de novas custas processuais, o que não impede (art. 308 do CPC).

Apresentado o pedido principal, as partes serão intimadas para a audiência de conciliação ou de mediação, por seus advogados ou pessoalmente, sem necessidade de nova citação do réu. Não havendo autocomposição na audiência, o prazo de quinze dias para contestação será contado da data da audiência.

O indeferimento da tutela cautelar não obsta a que a parte formule o pedido principal, nem influi no julgamento desse, salvo se o motivo do indeferimento for o reconhecimento de decadência ou de prescrição (art. 310 do CPC).

Cessa a eficácia da tutela concedida em caráter antecedente, se: o autor não deduzir o pedido principal no prazo legal; não for efetivada dentro de trinta dias; o juiz julgar improcedente o pedido principal formulado pelo autor ou extinguir o processo sem resolução de mérito (art. 309 do CPC).

TUTELA CAUTELAR DE ARRESTO

É a que tem como fundamento o receio de que o devedor, antes do ajuizamento ou do julgamento da lide (exemplo: ação de execução), cause perigo de dano ou risco ao resultado útil do processo.

Sua finalidade é obter a apreensão judicial de bens do devedor, para efeito de garantir a execução em andamento ou eventual execução que possa o credor vir a promover.

Somente os bens sujeitos à penhora (penhoráveis) podem ser objeto de arresto. Anote-se que são impenhoráveis os bens arrolados pelo art. 833 do Código de Processo Civil e pelo art. 1º da Lei n. 8.009/90.

Entre outros casos, cabe o pedido da tutela: quando o devedor intenta ausentar-se ou alienar os bens que possui, ou deixa de pagar a obrigação no prazo estipulado; quando o devedor se ausenta ou tenta ausentar-se furtivamente; quando o devedor aliena ou tenta alienar bens que possui; contrai ou tenta contrair dívidas extraordinárias; põe ou tenta pôr os seus bens em nome de terceiros; ou comete outro qualquer artifício fraudulento, a fim de frustrar a execução ou lesar credores.

Conteúdo da petição inicial:

I – a autoridade judiciária, a que for dirigida;

II – o nome, o estado civil, a profissão, o RG, o CPF, o endereço eletrônico e a residência do requerente;

III – o nome, o estado civil, a profissão e a residência do requerido;

IV – a lide e seu fundamento;

V – a exposição sumária do direito que se objetiva assegurar e o perigo de dano ou o risco ao resultado útil do processo.

VI – as provas que serão produzidas.

A propósito, assim aponta o STJ:

> DIREITO PROCESSUAL CIVIL. AGRAVO INTERNO NO RECURSO ESPECIAL. AÇÃO CAUTELAR DE ARRESTO. IRRESIGNAÇÃO SUBMETIDA AO NCPC. PROCESSO CAUTELAR INCIDENTAL QUE SERVE PARA GARANTIR O RESULTADO ÚTIL DO PROCESSO PRINCIPAL. SE O PEDIDO INCIDENTAL NÃO GARANTE A FRUTUOSIDADE PRÁTICA DO PEDIDO PRINCIPAL, DEVE SER EXTINTA A AÇÃO CAUTELAR. AGRAVO INTERNO NÃO PROVIDO.

1. As disposições do NCPC, no que se refere aos requisitos de admissibilidade dos recursos, são aplicáveis ao caso concreto ante os termos do Enunciado Administrativo n. 3, aprovado pelo Plenário do STJ na sessão de 09.03.2016.

2. O objetivo da ação cautelar incidental é resguardar o resultado útil do processo dito principal.

3. No caso dos autos, o arresto de valores pleiteado em âmbito incidental não propicia a utilidade prática do resultado a ser eventualmente obtido na ação principal.

4. De rigor reconhecer, nesses termos, a ausência de interesse de agir.

5. Agravo interno não provido (AgInt no REsp 1.784.987/RJ, Rel. Min. Moura Ribeiro, j. 19.08.2021).

PEDIDO DE TUTELA CAUTELAR DE ARRESTO

AO JUÍZO DE DIREITO DA ...... VARA CÍVEL

Comarca de ....

........................, brasileiro, casado, bancário, CPF n. ...., RG n. ...., endereço eletrônico n. ...., domiciliado nesta cidade e residente na rua ...., n. ......, por seu advogado infra-assinado (doc. 1), advogado inscrito na OAB ......, sob n. ......, endereço eletrônico ...., com escritório na av. ...., n. ......, nesta cidade, onde recebe intimações, vem respeitosamente perante este juízo requerer

TUTELA CAUTELAR DE ARRESTO

em desfavor de ...., brasileiro, casado, industriário, domiciliado nesta cidade e residente na rua ...., n. ......, em face das seguintes razões:

1. O requerente é credor do requerido da quantia de R$ .... (........................), representada pela nota promissória inclusa, vencida há mais de quarenta dias e ainda não paga, mesmo tendo sido o prazo de vencimento prorrogado por mais de trinta dias (doc. 2).

2. Ocorre que o requerido se encontra em débito com diversas empresas e pessoas desta comarca, o que, além de demonstrar o seu estado de insolvência, ocasionou a perda total do seu crédito na praça.

3. Afora isso, ao requerente foi dado conhecer, através de terceiros, que o requerido pretende deixar a cidade e fixar sua residência no Estado do Paraná, fato posteriormente comprovado pelo contrato firmado com a empresa SUL MUDANÇAS, com o objetivo de efetuar sua mudança, e que esta acompanha (doc. 3).

4. Resta, pois, demonstrado o risco ao resultado útil do processo, como exige o art. 305 do Código de Processo Civil.

Em face de todo o exposto, e com fundamento nos arts. 305 e seguintes do Código de Processo Civil, requer:

a) a decretação do arresto nos bens do requerido para que sobre os bens possa recair a penhora, a ser procedida em futuro processo de execução;

b) a este juízo que se digne conceder-lhe liminarmente a medida cautelar, independentemente de audiência do requerido, em face da flagrante desnecessidade de justificação;

c) na hipótese deste juízo assim não entender, que sejam designados dia e hora para serem ouvidas as testemunhas abaixo arroladas.

Dá-se à presente o valor de alçada.

T. em que

P. deferimento.

.................., ... de .... de 20......

Advogado(a)

OAB/...... n. ......

Rol de testemunhas:

1. ...., brasileiro, casado, comerciário, ... anos de idade, CPF n. ...., RG n. ...., com endereço residencial na rua ...., n. ...... e profissional na rua ...., n. ......, nesta cidade.

2. ...., brasileira, casada, do lar, ... anos de idade, CPF n. ...., RG n. ...., com endereço residencial na rua ...., n. ...... e profissional na rua ...., n. ......, nesta cidade.

TUTELA CAUTELAR DE SEQUESTRO

A tutela cautelar de sequestro tem como fundamento o exercício da posse controversa sobre determinado bem ou o risco de danificação que o mesmo possa vir a sofrer, de forma a causar eventual prejuízo ao requerente. Visa, sobretudo, obter a apreensão judicial da coisa sobre a qual se exerça posse controversa ou recaia risco de danificação, para que o juiz decida a quem cabe a coisa em definitivo.

O sequestro tem por objeto um bem específico, determinado e individualizado, considerado merecedor de proteção judicial, até que se proceda a sua entrega à parte que for favorecida pela sentença da ação principal.

O pedido de sequestro pode ser admitido:

a) quando houver receio de rixas ou danificações em relação a bens móveis, semoventes ou imóveis, cuja posse ou propriedade esteja sendo disputada por duas ou mais pessoas;

b) quando o réu, depois da condenação em sentença sujeita a recurso, dissipar os frutos e rendimentos do imóvel reivindicando;

c) quando um dos cônjuges, estando pendente ação de divórcio ou de anulação de casamento, promover a dilapidação dos bens do casal.

Cotejando o sequestro com o arresto de bens, recente acórdão do STJ assim diz:

> AGRAVO REGIMENTAL NO AGRAVO EM RECURSO ESPECIAL. SEQUESTRO DE BENS. SUPERVENIÊNCIA DE SENTENÇA CONDENATÓRIA. DECRETAÇÃO DE PERDIMENTO DOS BENS. CONVERSÃO EM ARRESTO. NOVO TÍTULO JUDICIAL. PREJUDICIALIDADE. AGRAVO REGIMENTAL DESPROVIDO.
>
> 1. Diante da superveniência de sentença condenatória que, em cognição exauriente quanto aos elementos probatórios produzidos na instrução processual, afirma a autoria e a materialidade delitivas, decreta o perdimento dos bens proveniente do ilícito e impõem arresto para garantir o cumprimento das sanções pecuniárias, fica prejudicado o recurso que questionava a medida cautelar de sequestro de bens proferida no curso da ação penal.
>
> 2. A partir da sentença condenatória, a constrição dos bens passou a estar fundamentada em novo título judicial, proferido em contexto fático-processual diverso e com base em elementos probatórios distintos, que deve ser impugnado perante o Tribunal *a quo* pela via recursal própria.
>
> 3. Agravo regimental desprovido (AgRg no AREsp 1.905.549/RS, Rel. Min. Laurita Vaz, j. 04.10.2021).

PEDIDO DE TUTELA CAUTELAR DE SEQUESTRO

AO JUÍZO DE DIREITO DA VARA DE FAMÍLIA

Comarca de ....

Autos n. ....

........................, brasileiro, casado, eletricista, RG n. ...., CPF n. ...., endereço eletrônico ...., domiciliado nesta cidade e residente na rua ...., n. ......, por seu procurador firmatário (doc. 1), advogado inscrito na OAB ......, sob n. ......, endereço eletrônico ...., com escritório na av. ...., n. ......, nesta cidade, onde recebe intimações, vem respeitosamente perante este juízo para requerer

TUTELA CAUTELAR DE SEQUESTRO DE BENS

de ...., brasileiro, solteiro, comerciante, domiciliado e residente nesta cidade, na rua ...., n. ......, em face das seguintes razões:

1. Requerente e requerido contendem perante este juízo, em ação reivindicatória, processo n. ...., a respeito da propriedade sobre o imóvel rural localizado no distrito de ...., neste município.

2. Ocorre que o requerido, por se encontrar na posse do imóvel, está destruindo as matas de madeira de lei da propriedade, numa demonstração evidente de que pretende dissipar os recursos naturais ali existentes e ao mesmo tempo auferir grandes lucros.

3. Assim, o requerente, mediante a presente ação de sequestro, pretende proteger a madeira de lei que é o que de maior valor possui a propriedade e que está sendo ilegalmente dizimada.

4. Resta, pois, demonstrado o perigo de dano, como exige o art. 305 do Código de Processo Civil.

Em face do exposto, e com fundamento nos arts. 305 e seguintes do Código de Processo Civil e nas demais normas atinentes à matéria, requer:

a) a concessão de liminar de sequestro, sem audiência de justificação, uma vez que é justo o receio do requerente em ter a referida propriedade despojada do seu principal rendimento;

b) a produção de prova testemunhal, abaixo arrolada;

c) a citação do requerido pelo correio para, querendo, contestar a presente, sob pena de confissão;

d) autuação da presente em apenso à ação principal retrocitada.

Valor da causa: valor inestimável.

T. em que

P. deferimento.

..............., ... de .... de 20......

Advogado(a)

OAB/...... n. ......

Tutela cautelar de arrolamento de bens

O pedido de arrolamento de bens é cabível quando haja fundado receio da parte de que sejam extraviados ou dissipados bens que lhe pertencem ou que são de seu interesse. Sua finalidade é, assim, assegurar ou preservar a integridade dos bens até que sejam devidamente partilhados em ação própria.

A tutela cautelar, nesse caso, não é satisfativa, pois seu fim direto e imediato não é a satisfação do direito substancial da parte, mas o de servir imediatamente ao processo principal, preservando situações passíveis de modificação no decorrer do tempo, garantindo-lhe o resultado útil.

A tutela cautelar de arrolamento de bens acautela os direitos do requerente com a descrição e o depósito dos bens, preponderando a finalidade conservativa, de modo que, enquanto perdurar a litigiosidade, os quais ficarão indisponíveis, devendo haver prévia anuência judicial para atos que importem sua alienação, evidenciado pelo direito discutido no processo principal.

A medida tem por objeto uma universalidade de bens, razão pela qual seu principal campo de aplicação são as relações decorrentes do direito de família e direito das sucessões.

A propósito, ao analisar ação cautelar de arrolamento de bens que se desdobra em ação de divórcio e partilha patrimonial, assim se posiciona o STJ:

> CIVIL. PROCESSUAL CIVIL. AÇÃO CAUTELAR DE ARROLAMENTO DE BENS POSTERIORMENTE ADITADA PARA AÇÃO DE DIVÓRCIO E PARTILHA DE BENS. NEGATIVA DE PRESTAÇÃO JURISDICIONAL E OMISSÃO. INOCORRÊNCIA. DECISÃO INTERLOCUTÓRIA QUE FIXA DATA DA SEPARAÇÃO DE FATO DO CASAL PARA FINS DE PARTILHA. RECORRIBILIDADE IMEDIATA COM BASE NO ART. 1.015, II, DO CPC/15. POSSIBILIDADE. QUESTÃO QUE DIZ RESPEITO AO MÉRITO DA CONTROVÉRSIA. PRETENSÃO DE PARTILHA DE BENS QUE PRESSUPÕE A DEFINIÇÃO DA DATA DA SEPARAÇÃO, QUE A COMPÕE DE MODO INDISSOCIÁVEL. ACÓRDÃO QUE, A DESPEITO DE NÃO CONHECER DO AGRAVO DE INSTRUMENTO, PRONUNCIA-SE SOBRE O MÉRITO RECURSAL. NECESSIDADE DE ENFRENTAMENTO DA TESE DE CERCEAMENTO DE DEFESA. AFIRMAÇÃO DA PARTE NA PETIÇÃO INICIAL, QUANTO À DATA DA SEPARAÇÃO DE FATO, QUE DEVE SER EXAMINADA EM CONJUNTO COM AS DEMAIS PROVAS ALEGADAMENTE PRODUZIDAS E QUE NÃO FORAM CONSIDERADAS, PREJUDICADO O EXAME ACERCA DO EXATO MOMENTO EM QUE SE CONFIGUROU A SEPARAÇÃO.
>
> 1 – Ação cautelar proposta em 29/04/2016 e aditada em 24.06.2016. Recurso especial interposto em 06.11.2017 e atribuído à Relatora em 22.10.2018.
>
> 2 – O propósito recursal consiste em definir: (i) se houve omissão relevante no acórdão recorrido; (ii) se cabe agravo de instrumento, com base no art. 1.015, II, do CPC/15, contra a decisão interlocutória que fixa a data da separação de fato do casal para efeitos da partilha dos bens; (iii) se houve cerceamento de defesa em razão de não terem sido consideradas as demais provas produzidas sobre a data da separação de fato; (iv) se há elementos fático-probatórios que demonstram que as partes conviveram como casadas após a data estipulada judicialmente.
>
> 3 – Não há que se falar em omissão quando o acórdão que resolve os embargos de declaração, a despeito de rejeitá-los, efetivamente sana a eventual insuficiência de fundamentação havida no acórdão que não conheceu do agravo de instrumento.
>
> 4 – O CPC/15 passou a admitir, expressamente, a possibilidade de serem proferidas decisões parciais de mérito, reconhecendo a possibilidade de pedidos cumulados ou de parcelas de pedidos suscetíveis de fracionamento estarem aptos para jul-

gamento em momentos processuais distintos, seja porque sobre eles não existe controvérsia, seja porque sobre eles não há necessidade de mais aprofundada dilação probatória, com aptidão, em ambas as hipóteses, para a formação de coisa julgada material.

5 – Na hipótese, a decisão que fixou a data da separação de fato do casal para fins de partilha de bens versa sobre o mérito do processo, na medida em que se refere a um diferente fragmento de um mesmo pedido e de um mesmo objeto litigioso – a partilha de bens das partes –, especialmente porque a pretensão de partilha de bens deduzida em juízo pressupõe a exata definição "do quê" se partilha, o que somente se pode delimitar a partir do exame dos bens suscetíveis de divisão em um determinado lapso temporal.

6 – O acórdão que, a despeito de não conhecer do agravo de instrumento, ingressa no mérito da questão controvertida e se pronuncia sobre o acerto da decisão proferida em 1º grau, é suscetível de exame no âmbito do recurso especial, devendo, na hipótese, a afirmação da parte que sugere que a separação teria ocorrido em determinada data ser examinada em conjunto com as demais provas produzidas que sugerem a fixação de data distinta, dada a inegável repercussão que essa definição trará à partilha de bens.

7 – Recurso especial conhecido e parcialmente provido, para determinar o retorno do processo ao TJ/SP para que que seja julgado o mérito da questão controvertida não apenas com base na afirmação do recorrente, mas também a partir dos demais fatos e provas produzidas pelas partes (REsp 1.798.975/SP, Rel. Min. Nancy Andrighi, j. 02.04.2019).

PEDIDO DE TUTELA CAUTELAR DE ARROLAMENTO DE BENS

AO JUÍZO DE DIREITO DA VARA DE FAMÍLIA

Comarca de ....

Autos n. ....

.................., por seu procurador signatário, vem, respeitosamente, perante este juízo para, na ação de separação judicial, processo n. ...., proposta por seu cônjuge ...., com fundamento no art. 301 do Código de Processo Civil, requerer

ARROLAMENTO DE BENS,

pelas razões de fato e de direito que passa a expor:

1. O casal possui os seguintes bens:

a) um apartamento de dois dormitórios, localizado no 2º andar do prédio sito na rua ...., n. ......, nesta cidade;

b) um automóvel ....;

c) depósito em caderneta de poupança do Banco ...., no valor de .... (doc. anexo).

2. Conforme se denota dos termos da petição inicial, o desprezo que o demandante revela pela demandada, ora requerente, e o desinteresse pelo destino dos próprios filhos menores .... e ...., tem causado à requerente fundado receio de extravio e dissipação dos bens, com irreparável prejuízo para si e para a prole.

3. A tutela de urgência de natureza cautelar pode ser efetivada mediante arrolamento de bens contra alienação de bem e qualquer outra medida idônea para asseguração do direito (art. 301 do CPC).

Pelo exposto, requer a este juízo a concessão liminar do presente pedido, para efeito de determinar o arrolamento, sem audiência do demandado, para não prejudicar os efeitos da medida, e a nomeie depositária dos bens.

Valor da causa: R$ ....

Processado o pedido em apenso, espera deferimento.

..............., ... de .... de 20......

Advogado(a)

OAB/...... n. ......

Tutela cautelar de atentado

Considera-se atentado o ato praticado pela parte que caracterize inovação ilegal no estado de fato de bem ou direito litigioso. Constitui dever das partes não praticar ato que caracterize atentado, conforme dispõe o inciso IV do art. 77 do Código de Processo Civil. A prática de atentado constitui ato atentatório à dignidade da justiça, devendo o juiz, sem prejuízo das sanções criminais, civis e processuais cabíveis, aplicar ao responsável multa de até 20% do valor da causa, de acordo com a gravidade da conduta.

Funda-se a tutela cautelar de atentado, portanto, em providência destinada a evitar alteração ou restabelecer o estado de fato da coisa que constitui objeto da lide, por ato praticado pela parte contrária. Trata-se de tutela cautelar incidente, ou seja, requerida no transcurso da ação principal.

Entre outras hipóteses considera-se atentado: violação da penhora, arresto, sequestro ou imissão de posse; prosseguimento de obra embargada; construção de cerca em processo divisório ou demarcatório; destruição de cerca, no processo possessório.

PEDIDO DE TUTELA CAUTELAR DE ATENTADO

AO JUÍZO DE DIREITO DA 6ª VARA CÍVEL

Comarca de ....

Autos n. ....

Ação de reintegração de posse

........................, qualificados no processo em epígrafe, que movem em desfavor de ...., por seu procurador abaixo subscrito (doc. 1), vem perante este juízo para requerer a presente

TUTELA CAUTELAR DE ATENTADO,

nos termos que lhe facultam os arts. 77, VI, e 305 do Código de Processo Civil, face às seguintes razões:

1. Proposta a ação de reintegração de posse, audiência de conciliação e mediação foi designada para as ...... horas do dia ......, de ...., do corrente ano, conforme documento incluso (doc. 2).

2. A ação tem por objetivo a retomada de imóvel do demandante, na qual o demandado acabara de erguer um barraco para ali fixar sua moradia. Ressalte-se que na data da propositura da ação, o demandado ocupava apenas pequena parte do imóvel onde fora construído o barraco.

3. Ocorre que, após tomar conhecimento da referida ação, o demandado, por vingança ou em represália à atitude do demandante, passou a ocupar área maior, inclusive preparando a terra com trator, com clara intenção de proceder o seu plantio (fotos inclusas).

4. A atitude do demandado está ocasionando sérios prejuízos ao demandante, inclusive dificultando o seu acesso ao referido imóvel e, consequentemente, à sua residência.

Em face do exposto, e de conformidade com os arts. 77, VI, e 305 do Código de Processo Civil, requer:

a) a concessão de liminar de atentado;

b) a produção de prova pericial para o fim de constatar a ação do requerido;

c) a intimação do demandado, acima qualificado, para querendo, responder a presente, sob pena de confissão;

d) que se determine o restabelecimento do estado anterior, a suspensão da causa principal e a proibição do demandado falar nos autos até a purgação do atentado (art. 77, § 7º, do CPC);

e) a caracterização do ato praticado como ato atentatório à dignidade da justiça, com a cominação de multa ao demandado no valor de até vinte por cento do valor da causa;

f) seja a presente distribuída por dependência, na forma do art. 286 do Código de Processo Civil e processada em apenso aos autos da ação acima referida que contendem neste Juízo.

Valor da causa: R$ ....

N. termos

P. deferimento.

..............., ... de .... de 20......

Advogado(a)

OAB/...... n. ......

Tutela da evidência

A tutela da evidência será concedida, independentemente da demonstração de perigo de dano ou de risco ao resultado útil do processo (art. 311 do CPC), o que permite inferir que a urgência não é um pressuposto para a obtenção de tutela quando baseada na evidência.

Verificadas as situações em que a verossimilhança do direito afirmado mostra-se elevada, permite-se conceder à parte a tutela da evidência. Assim, para a concessão de tutela com base em direito evidente, cumpre ao juiz examinar o grau de probabilidade de existência do direito afirmado pelo autor e exigir dele a prova da verossimilhança da alegação.

Portanto, o alto grau de plausibilidade do direito, que pode ser revelado pelo comportamento da parte contrária ou pela adoção de determinada tese, fundada em fatos comprovados documentalmente, por súmula vinculante ou julgamento de casos repetitivos, pode justificar a antecipação de efeitos da tutela final, independentemente da urgência.

Na visão de Luiz Fux, direito evidente é o direito:

> demonstrável *prima facie* através de prova documental que o consubstancie líquido e certo, como também o é o direito assentado em fatos incontroversos, notórios, o direito a coibir um suposto atuar do *adversus* com base em "manifesta ilegalidade", o direito calcado em questão estritamente jurídica, o direito assentado em fatos confessados noutro processo ou comprovados através de prova emprestada obtida sob contraditório ou em provas produzidas antecipadamente, bem como o direito dependente de questão prejudicial, direito calcado em fatos sobre os quais in-

cide presunção *jure et de jure* de existência e em direitos decorrentes da consumação de decadência ou da prescrição.[123]

As hipóteses de concessão da tutela da evidência são (art. 311):

I – ficar caracterizado o abuso do direito de defesa ou o manifesto propósito protelatório da parte;

II – as alegações de fato puderem ser comprovadas apenas documentalmente e houver tese firmada em julgamento de casos repetitivos ou em súmula vinculante;

III – se tratar de pedido reipersecutório fundado em prova documental adequada do contrato de depósito, caso em que será decretada a ordem de entrega do objeto custodiado, sob cominação de multa;

IV – a petição inicial for instruída com prova documental suficiente dos fatos constitutivos do direito do autor, a que o réu não oponha prova capaz de gerar dúvida razoável.

AÇÃO REIPERSECUTÓRIA COM PEDIDO DE TUTELA DA EVIDÊNCIA

AO JUÍZO DE DIREITO DA VARA CÍVEL

Comarca de ....

................., brasileiro, casado, funcionário público, RG n. ...., CPF n. ...., endereço eletrônico ...., residente e domiciliado na rua ...., n. ......, nesta cidade, por seu procurador infra-assinado, advogado, inscrito na OAB/......, sob n. ......, endereço eletrônico ...., procuração inclusa, com escritório na rua ...., n. ......, nesta cidade, onde recebe intimações, vem perante este juízo propor a presente

AÇÃO REIPERSECUTÓRIA COM PEDIDO DE TUTELA DA EVIDÊNCIA

em desfavor de ...., ... (qualificação e endereço), tendo em vista os fatos a seguir alinhados:

DOS FATOS

1. Conforme prova o contrato oneroso de depósito (documento anexo), o requerente deixou em depósito, em poder do requerido, pelo valor de R$ ...., desde a data de ...., para serem retirados pelo requerente na data de ...., os seguintes objetos:

123 FUX, Luiz. "A tutela dos direitos evidentes". In: *Jurisprudência do Superior Tribunal de Justiça*. Disponível em: <http://bdjur.stj.gov.br.>. Acesso em: 1 fev. 2017, p. 8.

a) ....

b) ....

2. O valor estimativo dos bens, conforme consta do referido contrato, foi fixado em R$ ....

3. Ocorre que, tendo o requerente procurado o requerido na data aprazada para a restituição dos objetos, o requerido negou-se a devolvê-los sem qualquer justificativa, atitude que persiste até a presenta data.

DO DIREITO

4. Constam do Código Civil as seguintes regras pertinentes ao contrato de depósito e que asseguram o direito do requerente: pelo contrato de depósito recebe o depositário um objeto móvel, para guardar, até que o depositante o reclame (art. 627). O depositário é obrigado a ter na guarda e conservação da coisa depositada o cuidado e diligência que costuma com o que lhe pertence, bem como a restituí-la, com todos os frutos e acrescidos, quando o exija o depositante (art. 629). Ainda que o contrato fixe prazo à restituição, o depositário entregará o depósito logo que se lhe exija, salvo se tiver o direito de retenção a que se refere o art. 644, se o objeto for judicialmente embargado, se sobre ele pender execução, notificada ao depositário, ou se houver motivo razoável de suspeitar que a coisa foi dolosamente obtida (art. 633).

DA TUTELA DE EVIDÊNCIA

Como ocorre no caso da presente ação, a tutela da evidência será concedida, independentemente da demonstração de perigo de dano ou de risco ao resultado útil do processo, quando se tratar de pedido reipersecutório fundado em prova documental adequada do contrato de depósito, caso em que será decretada a ordem de entrega do objeto custodiado, sob cominação de multa (art. 311 do CPC).

Em face do exposto, nos termos dos arts. 633 do Código Civil e 311 do Código de Processo Civil, requer a expedição liminar de ordem de entrega dos objetos custodiados, bem como a cominação de multa ao requerido para o caso de descumprimento.

Requer, ainda, a condenação do requerido nas custas judiciais e honorários advocatícios.

Dá-se à presente o valor de R$ ....

Termos em que,

E. deferimento

..............., ... de .... de 20......

Advogado(a)

OAB/...... n. ......

10. AÇÕES NOS JUIZADOS ESPECIAIS

A Lei n. 9.099/95, conquanto tenha extinguido a denominação Juizado de Pequenas Causas, criando o Juizado Especial Cível e Criminal, preservou o seu escopo principal, que é, induvidosamente, a celeridade processual para as causas cíveis menos complexas e de menor valor no âmbito da justiça comum estadual. Para esse fim, a citada lei lhe reservou, com exclusividade, o *rito sumaríssimo*, que adota, para alcançar suas precípuas finalidades, os critérios da oralidade, simplicidade, informalidade, economia processual e celeridade, sem descurar de, a todo tempo, tentar promover a conciliação ou a transação das partes.

Os Juizados Especiais, no âmbito da Justiça Federal, foram implantados pela Lei n. 10.259, de 12.07.2001, com a finalidade de processar e julgar os feitos de competência da Justiça Federal relativos às infrações criminais de menor potencial ofensivo (crimes aos quais a lei comine pena máxima não superior a dois anos, ou multa) e as causas cíveis de sua competência até o valor de sessenta salários mínimos, bem como executar suas sentenças.

JUIZADOS ESPECIAIS DA JUSTIÇA COMUM

No concernente à competência, consoante prescreve o art. 3º da Lei n. 9.099/95, compete ao Juizado Especial Cível (JEC), quando não obtida preliminarmente a conciliação das partes, processar e julgar as causas cíveis de menor complexidade, a saber:

I – as causas cujo valor não exceda em quarenta vezes o salário mínimo;

II – as causas enumeradas no art. 275, II, do Código de Processo Civil [1973];[124]

III – a ação de despejo para uso próprio;

IV – as ações possessórias sobre bens imóveis de valor não excedente a quarenta vezes o salário mínimo;

V – a execução de seus próprios julgados ou dos títulos executivos extrajudiciais, no valor de até quarenta vezes o salário mínimo (art. 3º, § 1º).

No que se refere à execução prevista no inciso V, entendemos, s.m.j, que a partir da vigência do novo Código de Processo Civil, o procedimento será o de cumprimento de sentença para pagamento de quantia certa prevista no art. 523.

Segundo o art. 8º, não poderão ser partes perante os Juizados Especiais o incapaz, o preso, as pessoas jurídicas de direito público, as empresas públicas da União, a massa falida e o insolvente civil. Consta do mesmo dispositivo que somente serão admitidas a propor ação perante o Juizado Especial:

124 "Art. 1.063. Até a edição de lei específica, os juizados especiais cíveis previstos na Lei n. 9.099, de 26 de setembro de 1995, continuam competentes para o processamento e julgamento das causas previstas no art. 275, inciso II, da Lei n. 5.869, de 11 de janeiro de 1973."

> I – as pessoas físicas capazes, excluídos os cessionários de direito de pessoas jurídicas;
>
> II – as pessoas enquadradas como microempreendedores individuais, microempresas e empresas de pequeno porte na forma da Lei Complementar n. 123, de 14 de dezembro de 2006;
>
> III – as pessoas jurídicas qualificadas como Organização da Sociedade Civil de Interesse Público, nos termos da Lei n. 9.790, de 23 de março de 1999;
>
> IV – as sociedades de crédito ao microempreendedor, nos termos do art. 1º da Lei n. 10.194, de 14 de fevereiro de 2001.

Preliminarmente, impende observar que o acesso ao Juizado Especial Cível constitui, antes de tudo, uma opção do autor.[125] Assim, se o autor julgar mais conveniente optar pelo rito sumário ou qualquer outro rito especial que também seja adequado ao pedido, nenhum óbice lhe poderá ser oferecido. Também defendendo essa exegese, salienta Nelson Nery Junior que

> seria ofensivo ao princípio constitucional do direito de ação, bem como da ampla defesa (art. 5º, XXXV e LV, da CF), impedir-se o autor de postular perante o juízo comum, com direito à ampla defesa, situação que não lhe é assegurada pelo procedimento expedito, sumaríssimo, restrito, incompleto, oral e informal dos Juizados Especiais, e que inclusive permite o julgamento por *equidade*, sem as limitações da legalidade estrita (art. 6º da Lei n. 9.099/95).[126]

Somente serão admitidas a propor ação perante o Juizado Especial (art. 8º, §§ 1º e 2º):

> I – as pessoas físicas capazes, excluídos os cessionários de direito de pessoas jurídicas;
>
> II –as pessoas enquadradas como microempreendedores individuais, microempresas e empresas de pequeno porte na forma da Lei Complementar n. 123, de 14 de dezembro de 2006;
>
> III – as pessoas jurídicas qualificadas como Organização da Sociedade Civil de Interesse Público, nos termos da Lei n. 9.790, de 23 de março de 1999;
>
> IV – as sociedades de crédito ao microempreendedor, nos termos do art. 1º da Lei n. 10.194, de 14 de fevereiro de 2001.
>
> § 2º O maior de dezoito anos poderá ser autor, independentemente de assistência, inclusive para fins de conciliação.

---

125 Interpretação dada aos arts. 1º e 3º da Lei n. 9.099/95 pela Comissão de Interpretação em 26.09.1995, sob a coordenação da Escola Nacional da Magistratura.

126 Apud CARNEIRO, Athos Gusmão. "Questões relevantes nos processos sob o rito sumário. Perícia. Recursos. Juizados Especiais Cíveis". *Rev. da Ajuris* 67/177.

Ademais, a lei possibilita à parte, nas causas com valor de até vinte salários mínimos, ingressar em juízo sem a assistência de advogado (art. 9º). Desse modo, a imprescindibilidade da presença de procurador somente se dá nas hipóteses de:

a) causas de valor superior a vinte salários mínimos;

b) interposição de recurso (art. 41, § 2º).

MODELOS DE PETIÇÕES INICIAIS[127]

DESPEJO PARA USO PRÓPRIO[128] (PROPRIETÁRIO QUE MORA EM PRÉDIO ALHEIO)

AO JUIZADO ESPECIAL CÍVEL
Comarca de ....

........................, brasileiro, casado, economista, RG n. ...., CPF n. ... ., endereço eletrônico ...., domiciliado e residente nesta cidade, na rua ...., n. ......, por seu procurador que esta subscreve (doc. 1), advogado inscrito na OAB ......, sob n. ...., endereço eletrônico ...., com escritório na av. ...., n. ......, nesta cidade, onde recebe intimações, vem perante este juízo para, nos termos do art. 3º, III, da Lei n. 9.099/95, propor

AÇÃO DE DESPEJO PARA USO PRÓPRIO

em desfavor de ...., brasileiro, casado, eletricista, domiciliado e residente nesta cidade, na rua ...., n. ......, em face das seguintes razões:

O requerente é proprietário do prédio residencial localizado na rua ...., n. ......, que se encontra locado para o requerido acima qualificado pelo valor de R$ .... mensais, conforme faz prova com o contrato anexo (doc. 2).

O requerente, por residir em prédio que não é de sua propriedade, o que prova em documento anexo, deseja retomar o imóvel locado para uso próprio, exercendo esse direito pela primeira vez.

127 Devem acompanhar a petição os seguintes documentos: contrato de locação do requerente como locatário de outro imóvel; contrato de locação do requerente como locador do imóvel objeto de despejo.

128 Constituem elementos de prova: a) prova de propriedade do imóvel encravado; b) croqui de localização do imóvel; c) perícia; d) testemunhas.

Todavia, por tratar-se de locação por tempo indeterminado, o requerido nega-se a desocupar o imóvel em questão, impedindo que o requerente faça sua retomada, mesmo tendo sido notificado para desocupá-lo em trinta dias (doc. 3).

Isto posto, e com fundamento no art. 3º, III, da Lei n. 9.099/95 e no art. 47, III, da Lei n. 8.245, de 18.10.1991, requer:

a) a citação do requerido pelo correio para, querendo, contestar a presente, sob pena de revelia e confissão;

b) a procedência do pedido, com a decretação do despejo do requerido, no prazo legal, bem como a sua condenação nas custas e honorários de advogado, na base de 20% do valor da causa;

c) a produção de todos os meios de prova em direito admitidos.

Dando à presente o valor de R$ ....

N. termos

P. deferimento.

........................, ... de .... de 20......

Advogado(a)

OAB/...... n. ......

AÇÃO POSSESSÓRIA

AO JUIZADO ESPECIAL CÍVEL

Comarca de ....

........................, brasileiro, casado, funcionário público, RG n. ...., CPF n. ...., endereço eletrônico ...., e sua mulher, brasileira, do lar, RG n. ...., CPF n. ...., endereço eletrônico ...., domiciliados e residentes nesta cidade, na rua ...., n. ......, por seu procurador que esta subscreve (doc. 1), advogado inscrito na OAB ......, sob n. ......, endereço eletrônico ...., com escritório na av. ...., n. ......, nesta cidade, onde recebe intimações, vem perante este juízo para, nos termos do art. 3º, IV, da Lei n. 9.099/95, propor a presente

AÇÃO DE REINTEGRAÇÃO DE POSSE

em desfavor de .... (qualificação e endereço), pelos seguintes fatos e fundamentos:

1. Os requerentes são proprietários de um pequeno terreno urbano, sem benfeitorias, medindo ...... m², localizado em ...., conforme provam com a inclusa certidão do registro de imóveis, no valor de R$ ...., atribuído pela prefeitura municipal para fins de cálculo do IPTU (doc. anexo).

2. Ocorre que, por informações de terceiros e, após, mediante constatação *in loco*, os requerentes foram cientificados de que o requerido havia cercado o seu imóvel e na data de .... iniciado a construção de um barraco de madeira, consoante provam as fotografias inclusas.

3. Conquanto os requerentes não tenham poupado esforços no sentido de persuadir o requerido a desocupar o imóvel, de forma amigável, tal intento foi de todo infrutífero. Em face de todo o exposto, e com fundamento nos arts. 1.210 do CC, 560 e seguintes do Código de Processo Civil e art. 3º, IV, da Lei n. 9.099/95, requerem:

a) a concessão de medida liminar *initio litis*, para reintegrar os requerentes na posse esbulhada;

b) citação do requerido pelo correio para contestar a presente, sob pena de revelia e confissão;

c) a procedência da ação, com a decretação da reintegração definitiva da posse dos requerentes e a condenação do requerido nas custas judiciais e honorários de advogado;

d) a cominação de multa diária ao requerido, nos termos do art. 555 do Código de Processo Civil, caso torne a praticar novos atos de espoliação. Protestam pela produção de prova pericial e testemunhal.

Valor da causa: R$ ....

T. em que

E. deferimento.

........................, ... de .... de 20......

Advogado(a)

OAB/...... n. ......

Rol de testemunhas:

1. ...., brasileiro, casado, comerciário, ... anos de idade, CPF n. ...., RG n. ...., com endereço residencial na rua ...., n. ...... e profissional na rua ...., n. ......, nesta cidade.

2. ...., brasileira, casada, do lar, ... anos de idade, CPF n. ...., RG n. ...., com endereço residencial na rua ...., n. ...... e profissional na rua ...., n. ......, nesta cidade.

PEDIDO DE EXECUÇÃO POR QUANTIA CERTA (TÍTULO EXECUTIVO EXTRAJUDICIAL)

AO JUÍZO DE DIREITO DA ...... VARA CÍVEL

Comarca de ....

........................, brasileiro, solteiro, comerciário, RG n. ...., CPF n. ...., endereço eletrônico ...., domiciliado nesta cidade e residente na rua ...., n. ......, por seu procurador firmatário, com instrumento de procuração incluso (doc. 1), advogado inscrito na OAB ......, sob n. ...., endereço eletrônico ...., com escritório na av. ...., n. ......, nesta cidade, onde recebe intimações, vem respeitosamente perante este juízo para propor

AÇÃO DE EXECUÇÃO POR QUANTIA CERTA,

fundada em título extrajudicial, contra ...., brasileiro, casado, industriário, domiciliado nesta cidade e residente na rua ...., n. ......, pelos seguintes fundamentos:

1. O autor é credor do réu na importância de R$ 10.000,00 (dez mil reais), representada por uma nota promissória datada de ...., portanto, vencida há mais de 30 (trinta) dias (doc. 2).

2. Em que pesem todos os esforços no sentido de receber o referido crédito do réu, até mesmo protestando o título (doc. 3), o autor não obteve êxito, sendo compelido a promover a presente execução nos termos da lei.

3. Como se pode inferir, o incluso título executivo extrajudicial, que serve de fundamento à ação, preenche todos os requisitos exigidos pela Lei Cambial e pela Lei Uniforme, constituindo-se, portanto, em título líquido, certo e exigível, ensejando cobrança através do procedimento previsto para a execução por quantia certa contra devedor solvente.

4. O autor, como determina a lei, apresenta o seguinte demonstrativo de cálculo, contendo o índice de correção monetária adotado, a taxa de juros aplicada, os termos inicial e final de incidência do índice de correção monetária e da taxa de juros utilizados:

....

....

Em face de todo o exposto, e com fundamento no que dispõem os arts. 771, 783 e 824 do Código de Processo Civil, e art. 3º, § 1º, da Lei n. 9.099/95, requer:

a) a citação do réu pelo correio para que pague, no prazo de três dias, o débito atualizado, conforme demonstrativo acima, mais custas e honorários de advogado, ou nomeie bens à penhora, sob pena de o próprio exequente fazê-lo;

b) a penhora de bens do réu, pelo oficial de justiça, em valor suficiente para garantir a execução, caso o réu não seja encontrado para a citação.

Valor da causa: R$ 13.000,00.

T. em que
E. deferimento.
........................, ... de .... de 20......
Advogado(a)
OAB/...... n. ......

COBRANÇA POR SERVIÇOS PRESTADOS

AO JUIZADO ESPECIAL CÍVEL
Comarca de ....

.................., brasileiro, casado, pedreiro, RG n. ...., CPF n. ...., endereço eletrônico ...., domiciliado e residente nesta cidade, na rua ...., n. ......, por seu advogado infrafirmado (doc. 1), advogado inscrito na OAB ......, sob n. ......, endereço eletrônico ...., com escritório na av. ...., n. ......, nesta cidade, onde recebe intimações, vem perante este juízo para intentar

AÇÃO DE COBRANÇA

em desfavor de .... (qualificação e endereço), pelos motivos que passa a expor:

1. O requerente realizou, no período de .... a ...., na casa onde mora o requerido, serviços profissionais consistentes em .... (indicar), orçados em ....

2. Em retribuição, recebeu do requerido, no início da obra, R$ ...., restando o saldo de R$ ...., que o requerido até esta data não pagou, decorrido mais de um mês do término da empreitada. O documento n. .... comprova o contrato. As testemunhas abaixo arroladas confirmarão o alegado.

Isto posto, requer a citação do demandado, pelo correio com AR, na forma do art. 18 da Lei n. 9.099/95, para, sob pena de revelia, comparecer à audiência pré-designada, a fim de responder à proposta de conciliação, optar por juízo arbitral ou apresentar defesa, oferecendo provas.

Requer que, ao final, na forma dos arts. 32 e 38 da mencionada lei, produzidas – se for o caso – as demais provas em audiência, seja proferida sentença, condenando o demandado a pagar a dívida, as custas e os honorários do advogado.

T. em que,

E. deferimento.

........................, ... de .... de 20......

Advogado(a)

OAB/...... n. ......

Rol de testemunhas:

1. ...., brasileiro, casado, comerciário, ... anos de idade, CPF n. ...., RG n. ...., com endereço residencial na rua ...., n. ...... e profissional na rua ...., n. ......, nesta cidade.

2. ...., brasileira, casada, do lar, ... anos de idade, CPF n. ...., RG n. ...., com endereço residencial na rua ...., n. ...... e profissional na rua ...., n. ......, nesta cidade.

PERMISSÃO DE PASSAGEM OU CAMINHO (SERVIDÃO)

AO JUIZADO ESPECIAL CÍVEL

Comarca de ....

.................., brasileiro, casado, industriário, RG n. ...., CPF n. ...., endereço eletrônico ...., residente e domiciliado nesta cidade, na rua ...., n. ......, por seu procurador abaixo assinado (doc. 1), advogado inscrito na OAB ......, sob n. ......, endereço eletrônico ...., com escritório na av. ...., n. ......, nesta cidade, onde recebe intimações, vem perante este juízo para requerer

PERMISSÃO DE PASSAGEM,

nos termos do art. 3º, I, da Lei n. 9.099/95, em desfavor de ...., brasileiro, casado, comerciante, em face das seguintes razões:

1. O demandante é proprietário do terreno sito na rua ...., n. ......, nesta cidade.

2. Até a presente data, tal imóvel era inaproveitável para construção residencial devido a sua má localização, visto que o mesmo faz divisa de um lado com o riacho .... e, de outro, com o imóvel do demandado acima qualificado, conforme prova croqui anexo (doc. 2).

3. Devido à abertura de uma nova via pública à frente do imóvel do demandado, e por se encontrar o referido terreno encravado e sem saída para qualquer via pública, resolveu o demandante exercer o seu direito de obter passagem pelo imóvel do demandado, mediante o pagamento de indenização cabível, nos termos do art. 1.285 do Código Civil.

4. O demandante, antes de ingressar com a presente ação, empenhou-se a fundo no sentido de obter, junto ao demandado, a concessão de uma servidão, ou passagem, através de uma solução amigável, sem, no entanto, ter conseguido nenhum resultado.

Isto posto, e com fundamento no que dispõe o art. 3º, I, da Lei n. 9.099/95, combinado com o art. 1.285 do Código Civil, requer a procedência da ação e a condenação do demandado a deixar ao demandante uma passagem que dê saída à via pública, o que será fixado judicialmente, e ao pagamento das custas processuais e honorários de advogado.

Requer, ainda, como elementos probatórios, o depoimento pessoal do demandado, perícia e prova testemunhal.

Valor da ação: R$ ....

N. termos
P. deferimento.
......................., ... de .... de 20......
Advogado(a)
OAB/...... n. ......

USO NOCIVO DA PROPRIEDADE[129]

AO JUIZADO ESPECIAL CÍVEL
Comarca de ....

................., brasileiro, casado, professor, RG n. ...., CPF n. ...., endereço eletrônico ...., domiciliado e residente nesta cidade, na rua ....

129 A presente ação cabe sempre que o uso da propriedade cause prejuízos à segurança, ao sossego e à saúde de outra pessoa. São documentos probatórios: a) laudo pericial; b) prova testemunhal; c) fotografias.

......, n. ......, por seu procurador abaixo firmado (doc. 1), advogado inscrito na OAB ......, sob n. ......, endereço eletrônico ...., com escritório na av. ...., n. ......, nesta cidade, onde recebe intimações, vem perante este juízo para propor, como de fato propõe,

AÇÃO DE USO NOCIVO DE PROPRIEDADE,

com procedimento da Lei n. 9.099/95, em desfavor de ...., brasileiro, casado, funcionário público, residente e domiciliado nesta cidade, na rua ...., n. ......, pelos fatos e fundamentos seguintes:

1. O demandante é senhor e possuidor do imóvel em que reside, sito na rua ...., n. ......, que faz divisa com a residência do demandado acima qualificado.

2. O demandado, na parte térrea do prédio onde reside, possui pequena fábrica de ...., instalada no local há aproximadamente três meses, conforme comprova com fotografias inclusas (docs. 2 e 3).

3. Além de a fábrica operar até altas horas da noite, tirando o sossego do demandante e de toda a vizinhança pelo funcionamento de máquinas barulhentas, sua chaminé, por estar mal localizada, expele fumaça e fuligem sobre o prédio do demandante, que se vê obrigado a manter fechadas portas e janelas durante todo o dia.

Pelo exposto, e com fundamento nos arts. 1.277 do Código Civil e 3º da Lei n. 9.099/95, requer:

a) a citação do demandado pelo correio para, querendo, contestar a presente, sob pena de confissão;

b) a condenação do demandado a se abster do uso nocivo que vem fazendo da sua propriedade, providenciando a localização adequada da chaminé de sua fábrica e evitando trabalhar à noite, protegendo o sossego do demandante, sob pena do pagamento de multa diária de R$ ...., e a condenação do pagamento das custas processuais e honorários advocatícios.

Requer, ainda, como elementos probatórios, perícia, oitiva de testemunhas e depoimento pessoal do demandado.

Valor da causa: R$ ....

N. termos

P. deferimento.

......................., ... de .... de 20......

Advogado(a)

OAB/...... n. ......

Rol de testemunhas:

1. ...., brasileiro, casado, comerciário, ... anos de idade, CPF n. ...., RG n. ...., com endereço residencial na rua ...., n. ...... e profissional na rua ...., n. ......, nesta cidade.

2. ...., brasileira, casada, do lar, ... anos de idade, CPF n. ...., RG n. ...., com endereço residencial na rua ...., n. ...... e profissional na rua ...., n. ......, nesta cidade.

AÇÃO POR VÍCIO EM PRODUTO

AO JUIZADO ESPECIAL CÍVEL
Comarca de ....

.................., brasileiro, casado, digitador, RG n. ...., CPF n. ...., endereço eletrônico ...., domiciliado e residente nesta cidade, na rua ...., n. ......, por seu procurador abaixo firmado (doc. 1), advogado inscrito na OAB ......, sob n. ......, endereço eletrônico ...., com escritório na av. ...., n. ......, nesta cidade, onde recebe intimações, vem perante este juízo para, com fulcro na Lei n. 9.099/95, propor

AÇÃO POR VÍCIO DE PRODUTO,

em desfavor de .... (nome e endereço do estabelecimento) pelos motivos e para os fins que passa a expor:

1. O requerente, na data de ...., adquiriu, no estabelecimento da requerida, um refrigerador .... (marca, modelo) pelo preço de R$ .... (doc. anexo). Instalado e posto a funcionar pela vendedora na residência do requerente, de logo o bem apresentou grave defeito: excessiva produção de gelo e geração de água, o que prejudica os objetos guardados nas grelhas e gavetas do referido móvel.

2. Ato contínuo, por telefone, dirigiu-se à vendedora, reclamando assistência que corrigisse os defeitos, ou substituição do refrigerador. A empresa mandou examinar os defeitos por um "técnico", o qual declarou por escrito a feitura do conserto (doc. anexo).

3. Todavia, de nada valeu a visita do "técnico", pois continuaram os defeitos, tornando imprestável o aparelho doméstico. Alega ainda a vendedora que não dispõe de outro refrigerador do mesmo tipo em seu estoque.

4. Os fornecedores de produtos de consumo duráveis ou uso duráveis respondem pelos vícios de qualidade que os tornem inadequados ao consumo ou uso a que se destinam

(art. 18, Código de Defesa do Consumidor, Lei n. 8.078, de 11.09.1990). Não sendo o vício sanado no prazo máximo de trinta dias, pode o consumidor exigir: I. a substituição do produto por outro da mesma espécie, em perfeitas condições de uso; II. a restituição imediata da quantia paga, monetariamente atualizada, sem prejuízo de eventuais perdas e danos; III. o abatimento proporcional do preço (§ 1º).

Pelo exposto, requer a citação da empresa pelo correio para comparecer à sessão de conciliação ou audiência de instrução e julgamento que este juízo designar para composição, ou a condenação da requerida a substituir o produto por outro, ou restituir de logo a quantia paga, devidamente corrigida, e pagar custas e honorários advocatícios. Protesta pela produção de provas pericial, documental e oral.

Dá à causa o valor de R$ ....

T. em que

P. deferimento.

........................, ... de .... de 20......

Advogado(a)

OAB/...... n. ......

11. AÇÕES PERANTE A JUSTIÇA FEDERAL

COMPETÊNCIA DA JUSTIÇA FEDERAL PARA AS CAUSAS COMUNS

Conforme dispõe o art. 109 da Constituição Federal, é da competência dos juízes federais de 1ª instância julgar:

I – as causas em que a União, entidade autárquica ou empresa pública federal forem interessadas na condição de autoras, rés, assistentes ou oponentes, exceto as de falência, as de acidentes de trabalho e as sujeitas à Justiça Eleitoral e à Justiça do Trabalho;

II – as causas entre Estado estrangeiro ou organismo internacional e município ou pessoa domiciliada ou residente no país;

III – as causas fundadas em tratado ou contrato da União com Estado estrangeiro ou organismo internacional;

IV – os crimes políticos e as infrações penais praticadas em detrimento de bens, serviços ou interesse da União ou de suas entidades autárquicas ou empresas públicas, excluídas as contravenções e ressalvada a competência da Justiça Militar e da Justiça Eleitoral;

V – os crimes previstos em tratado ou convenção internacional, quando, iniciada a execução no país, o resultado tenha ou devesse ter ocorrido no estrangeiro, ou reciprocamente;

V-A – as causas relativas a direitos humanos a que se refere o § 5º deste artigo;

VI – os crimes contra a organização do trabalho e, nos casos determinados por lei, contra o sistema financeiro e a ordem econômico-financeira;

VII – os *habeazs corpus*, em matéria criminal de sua competência ou quando o constrangimento provier de autoridade cujos atos não estejam diretamente sujeitos a outra jurisdição;

VIII – os mandados de segurança e os *habeas-data* contra ato de autoridade federal, excetuados os casos de competência dos tribunais federais;

IX – os crimes cometidos a bordo de navios ou aeronaves, ressalvada a competência da Justiça Militar;

X – os crimes de ingresso ou permanência irregular de estrangeiro, a execução de carta rogatória, após o *exequatur*, e de sentença estrangeira, após a homologação, as causas referentes à nacionalidade, inclusive a respectiva opção, e à naturalização;

XI – a disputa sobre direitos indígenas.

Onde inexistir vara federal, os *juízes locais*, ou seja, juízes estaduais do interior, também poderão exercer funções de juízes federais em determinadas situações. É o que determina o § 3º do art. 109 da Constituição Federal, *verbis:*

§ 3º Lei poderá autorizar que as causas de competência da Justiça Federal em que forem parte instituição de previdência social e segurado possam ser processadas e julgadas na justiça estadual quando a comarca do domicílio do segurado não for sede de vara federal. (Redação dada pela Emenda Constitucional n. 103/2019.)

Convém lembrar que, por determinação constante das Resoluções ns. 441/2005 e 475/2005, expedidas pelo Conselho da Justiça Federal, para o ajuizamento de ações perante a Justiça Federal é imprescindível, além da indicação do CPF ou do CNPJ do(s) autor(es), a anexação, à inicial, de cópia dos referidos documentos.

Citações e intimações. Conforme dispõe o art. 7º da Lei n. 10.259/2001, as citações e intimações da União serão feitas na forma prevista nos arts. 35 a 38 da Lei Complementar n. 73, de 10.02.1993, a saber:

Art. 35. A União é **citada** nas causas em que seja interessada, na condição de autora, ré, assistente, oponente, recorrente ou recorrida, na pessoa:

I – do advogado-geral da União, privativamente, nas hipóteses de competência do Supremo Tribunal Federal;

II – do procurador-geral da União, nas hipóteses de competência dos tribunais superiores;

III – do procurador regional da União, nas hipóteses de competência dos demais tribunais;

IV – do procurador-chefe ou do procurador seccional da União, nas hipóteses de competência dos juízos de primeiro grau.

Art. 36. Nas causas de que trata o art. 12,[131] a União será citada na pessoa:

I – *(vetado)*

II – do procurador regional da Fazenda Nacional, nas hipóteses de competência dos demais tribunais;

III – do procurador-chefe ou do procurador seccional da Fazenda Nacional nas hipóteses de competência dos juízos de primeiro grau.

Art. 37. Em caso de ausência das autoridades referidas nos arts. 35 e 36, a citação se dará na pessoa do substituto eventual.

Art. 38. As **intimações** e **notificações** são feitas nas pessoas do advogado da União ou do procurador da Fazenda Nacional que oficie nos respectivos autos. [grifo nosso]

PETIÇÕES: CAUSAS COMUNS

AÇÃO DE REPETIÇÃO DE INDÉBITO C/C DECLARATÓRIA E TUTELA ANTECIPADA

AO JUÍZO DA VARA CÍVEL DA JUSTIÇA FEDERAL
SEÇÃO JUDICIÁRIA DO ESTADO DE ....

P.C.D., casado, bancário, RG n. ...., inscrito no CPF/MF sob n. ....(cópias anexas), endereço eletrônico ...., residente e domiciliado na rua ...., n. ......, nesta cidade, por seu bastante procurador, advogado inscrito na OAB ......, sob n. ......, endereço eletrônico ...., com escritório na av. ...., n. ......, nesta cidade, onde recebe intimações, vem perante este juízo promover

AÇÃO DE REPETIÇÃO DE INDÉBITO c/c
DECLARATÓRIA e TUTELA ANTECIPADA

131 "Art. 12. À Procuradoria-Geral da Fazenda Nacional, órgão administrativamente subordinado ao titular do Ministério da Fazenda, compete especialmente: I – apurar a liquidez e certeza da dívida ativa da União de natureza tributária, inscrevendo-a para fins de cobrança, amigável ou judicial; II – representar privativamente a União, na execução de sua dívida ativa de caráter tributário; III – *(vetado)*; IV – examinar previamente a legalidade dos contratos, acordos, ajustes e convênios que interessem ao Ministério da Fazenda, inclusive os referentes à dívida pública externa, e promover a respectiva rescisão por via administrativa ou judicial; V – representar a União nas causas de natureza fiscal. Parágrafo único. São consideradas causas de natureza fiscal as relativas a: I – tributos de competência da União, inclusive infrações à legislação tributária; II – empréstimos compulsórios; III – apreensão de mercadorias, nacionais ou estrangeiras; IV – decisões de órgãos do contencioso administrativo fiscal; V – benefícios e isenções fiscais; VI – créditos e estímulos fiscais à exportação; VII – responsabilidade tributária de transportadores e agentes marítimos; VIII – incidentes processuais suscitados em ações de natureza fiscal."

em desfavor da UNIÃO FEDERAL, pessoa jurídica de direito público, na pessoa de seu representante legal, o Advogado Regional da União ou procurador da Fazenda Nacional, com endereço na rua ...., n. ......, nesta cidade, pelas razões de fato e de direito que passa a expor.

I – DOS FATOS

1. O demandante, sendo empregado da Caixa Econômica Federal em Campinas (SP), tem regularmente sofrido desconto do imposto de renda na fonte sobre as conversões de férias, abonos e 1/3 do abono pecuniário das férias em seus contracheques no percentual legal então autorizado de 25% (vinte e cinco por cento) ou 27,5% (vinte e sete e meio por cento) (docs. anexos).

2. Ocorre que tais descontos na fonte levados a efeito pela Receita Federal sobre o salário do demandante não podem ser classificados como auferimento de renda para efeito de incidência do imposto de renda na fonte, uma vez que, além de afrontarem a Constituição Federal, contrariam o disposto no art. 43 do Código Tributário Nacional, *verbis*:

> Art. 43. O imposto, de competência da União, sobre a renda e proventos de qualquer natureza tem como fato gerador a aquisição da disponibilidade econômica ou jurídica:
>
> I – de renda, assim entendido o produto do capital, do trabalho ou da combinação de ambos;
>
> II – de proventos de qualquer natureza, assim entendidos os acréscimos patrimoniais não compreendidos no inciso anterior.

3. Acresce que referidas conversões de férias e o terço do salário sobre estas não são considerados acréscimo de renda, e, sim, vantagens pessoais, sendo, por conseguinte, tão somente verbas indenizatórias. Portanto, não dispondo a lei específica sobre a taxação de referidas verbas, fica evidente que qualquer incidência do imposto de renda consiste em violação ao direito do demandante, eis que inexiste fato gerador do imposto de renda.

4. Destarte, uma vez comprovado que a requerida descontou e, por certo, ainda continuará a descontar uma parcela das verbas consideradas pagamento de indenização, parcela essa não classificada nem como renda nem como salário, incorreu na repetição do indébito, devendo, por essa razão, ser compelida à devolução da importância indevidamente descontada a título de imposto de renda, no percentual de 25% (vinte e cinco por cento) e 27,5% (vinte e sete e meio por cento), das conversões de férias e 1/3 do salário sobre férias, durante os últimos 10 (dez) anos.

5. Em socorro da tese esposada pelo demandante, permite-se citar os seguintes julgados do egrégio Superior Tribunal de Justiça:

> Recurso especial. Licença-prêmio não gozada por necessidade do serviço. Pagamento de natureza indenizatória. Não incidência do imposto de renda.

O pagamento da licença-prêmio como das férias, não gozadas por necessidade do serviço, pela sua natureza indenizatória, não está sujeito à incidência do imposto de renda (REsp n. 39.872-0/SP, rel. Min. Hélio Mosimann, *DJU* 20.06.1994).

Tributário. Imposto de renda. Pagamento de indenização a servidor público. Férias indeferidas por necessidade do serviço. Não incidência.

O pagamento em pecúnia a servidor público referente a períodos de férias não gozadas, por necessidade do serviço, não constitui renda ou proventos, pois não caracteriza acréscimo patrimonial, dado o caráter indenizatório.

Imposto de renda. Férias não gozadas indenizadas. Não incidência.

O pagamento em dinheiro das férias não gozadas, porque indeferidas por necessidade do serviço, não é produto do capital, do trabalho ou da combinação de ambos e também não representa acréscimo patrimonial, não estando, portanto, sujeitas as férias indenizadas à incidência do imposto de renda. Recurso improvido (REsp n. 46.738-1/SP, rel. Min. Cesar Asfor Rocha, *DJU* 06.06.1994).

II – DO PEDIDO

Diante de todo o exposto, é a presente para requerer este juízo que se digne conceder liminarmente e *inaudita altera pars* o que adiante segue:

1. a tutela antecipada para determinar que a autoridade impetrada deixe de exigir a retenção do imposto de renda na fonte sobre a conversão de férias e do terço do salário sobre as férias em futuras conversões do demandante;

2. concedida a tutela antecipada, seja oficiada a empregadora, a CAIXA ECONÔMICA FEDERAL, através de sua representação legal na rua ...., n. ......, para que se abstenha de praticar futuros descontos, em razão da declaração supra, incidentes sobre possíveis novas conversões em pecúnia de férias, no que diz respeito ao demandante P.C.D., matrícula 048523-1;

3. a citação da demandada na pessoa de seu representante legal para, querendo, contestar a presente, no prazo legal, sob pena de revelia e confissão quanto à matéria de fato;

4. a condenação da demandada a devolver com juros e correção monetária desde a época do recolhimento indevido toda a importância recolhida na fonte a título de imposto de renda, ilegalmente descontado sobre verbas de férias e 1/3 do salário sobre férias, nos últimos 5 (cinco) anos, de acordo com os contracheques e declarações da Caixa Econômica Federal (docs. anexos);

5. declarar que sobre as futuras conversões de férias e do terço do salário sobre férias do demandante P.C.D., matrícula 048523-1, seja vedado qualquer desconto do imposto de renda na fonte;

6. caso não seja concedida a liminar, o que se admite somente para argumentar, que os efeitos da declaração e da ação de repetição de indébito se estendam até o trânsito em julgado da sentença;

7. a condenação da demandada ao pagamento das custas processuais e honorários advocatícios na base de 20% sobre o montante da condenação.

Para efeitos legais, declara o demandante o seu DESINTERESSE em eventual autocomposição e, consequentemente, na não realização da audiência de conciliação ou de mediação.

Valor provisório da ação: R$ 2.000,00.

T. em que

P. deferimento.

.................., ... de .... de 20...

Advogado(a)

OAB/...... n. ......

AÇÃO DE COBRANÇA DE FGTS

AO JUÍZO DA VARA CÍVEL DA JUSTIÇA FEDERAL

SEÇÃO JUDICIÁRIA DO ESTADO DE ....

D.B.T., casado, aposentado, RG n. ...., inscrito no CPF/MF sob n. .... (cópias anexas), endereço eletrônico ...., residente e domiciliado na rua ...., n. ......, nesta cidade, vem perante este juízo, por seu bastante procurador, advogado inscrito na OAB ......, sob n. ......, endereço eletrônico ...., com escritório na av. ...., n. ......, nesta cidade, onde recebe intimações, para promover

AÇÃO DE COBRANÇA

em desfavor da CAIXA ECONÔMICA FEDERAL, empresa pública de direito privado, na pessoa de seu representante legal, com endereço à rua ...., n. ......, nesta cidade, pelos seguintes motivos de fato e de direito que adiante passa a expor para afinal requerer quanto segue.

I – DOS FATOS

1. O demandante é optante do FGTS – Fundo de Garantia por Tempo de Serviço, cujos depósitos se encontram na Caixa Econômica Federal, conforme demonstram os extratos anexos.

2. Ocorre que, conquanto tenha sido criado para suprir a indenização pelo tempo de serviço, o FGTS não tem sido corrigido de maneira correta e satisfatória, com evidentes prejuízos aos optantes em geral, entre os quais se inclui, naturalmente, o ora demandante.

Vale dizer: pretende o demandante nada mais, nada menos, que obter a correção do seu FGTS, cujos depósitos foram corroídos pelos sucessivos planos econômicos que vigoraram nos últimos anos.

3. Assim, dispõe a Lei n. 8.036/90, que aprovou a nova sistemática do FGTS, em seu art. 13, que:

"Os depósitos efetuados nas contas vinculadas serão corrigidos monetariamente com base nos parâmetros fixados para a atualização dos saldos dos depósitos de poupança e capitalização de juros de 3% a.a."

No mesmo diapasão, o Decreto n. 99.684/90, que aprovou o novo Regulamento do FGTS, que estatui:

"Art. 19. Os depósitos efetuados nas contas vinculadas serão corrigidos monetariamente com base nos parâmetros fixados para a atualização dos saldos dos depósitos de poupança e capitalização de juros de três por cento ao ano".

4. Ademais, a Resolução n. 1.396/87 (ora revogada), que alterou o item IV da Resolução n. 1.338/87, também dispôs sobre a atualização:

"IV – A partir do mês de novembro de 1987, os saldos referidos no item anterior serão atualizados pelo mesmo índice de variação do valor nominal da Obrigação do Tesouro Nacional (OTN)".

5. Com a vigência do Decreto-lei n. 2.335/87 (ora revogado), a correção, que deveria ter por base o IPC referente ao mês de junho de 1987, que correspondia a 26,06%, foi substituída pela correção relativa ao índice atribuído à Letra do Banco Central (LBC), que correspondia a 18,02%. Essa substituição de índices foi calcada na Resolução n. 1.338 do Conselho Monetário Nacional.

6. O porcentual de 26,06%, que corresponde a 20% (vinte por cento) relativos ao mês de junho e 6,06% incluídos a título de resíduo inflacionário, já consistia, todavia, em direito adquirido do trabalhador para efeito de índice de correção da conta do FGTS quando, com a substituição ditada pelo Decreto-lei n. 2.335/87, foi imposta uma defasagem de 6,82%, a incidir a partir de 01.07.1987.

7. Todavia, o Plano Verão, baseado na Lei n. 7.730/89, modificando arbitrariamente a forma de cálculo dos rendimentos dos depósitos do FGTS, corrigiu a menor em fevereiro de 1989. Desse modo, enquanto o IPC de janeiro de 1989, que reajustaria os saldos em fevereiro, totalizaria 42,72%, a LFT (Letra Financeira do Tesouro), que fora criada pelo governo para ser aplicada para a correção do Fundo, representava apenas 22,35%.

8. Essa alteração, à evidência, motivou uma defasagem no porcentual de 20,37%, correspondente à diferença entre o IPC a ser aplicado em fevereiro (inflação de janeiro) e o porcentual da LFT, respectivamente de 42,72% e 22,35%.

9. Com o advento do Plano Collor, novamente os depósitos do FGTS foram prejudicados. Isso porque a Portaria n. 191-A/90 do Ministério da Economia e Planejamento fixou uma inflação de índice zero para o mês de abril de 1990, índice que, com o chamado cálculo ponta a ponta, foi aferido para o mesmo mês no porcentual de 84,32%, que também não foi utilizado para corrigir os saldos do FGTS.

II – DO PEDIDO

EX POSITIS, requer o demandante a este juízo o que segue:

1. a citação da demandada no endereço acima declinado para, querendo, oferecer defesa à presente sob pena de confissão e revelia quanto a matéria de fato;

2. a procedência da presente ação, para condenar a demandada a proceder à atualização monetária plena, com juros progressivos de acordo com a Lei n. 5.107/66, art. 4º, a Lei n. 5.705/71, art. 2º, e a Lei n. 5.958/73, art. 1º, e à correção monetária, mediante o crédito da correção propriamente dita e dos juros incidentes sobre o saldo, se ativa a conta, ou, se inativa, determinando-se a liberação dos mesmos sobre os depósitos nas datas respectivas dos expurgos da correção:

A – 20,37% – incidentes sobre todos os depósitos existentes no mês de fevereiro de 1989, considerando antes o reajuste do tópico anterior (diferença que decorre entre o valor devido – 42,72% – e o valor efetivamente concedido – 22,35%);

B – 44,80% – incidentes sobre os depósitos existentes no mês de maio de 1990 (inflação de março/90), considerando antes os reajustes do tópico supra;

3. a condenação da demandada ao pagamento das diferenças apuradas através da correção monetária e dos juros do saldo do FGTS com os índices suprarrequeridos, desde a efetiva inclusão dos mesmos até a data da liquidação da sentença ou do saque da conta vinculada;

4. a condenação da requerida a proceder ao recálculo, mês a mês, ano a ano, a partir dos depósitos iniciais até o saque ou trânsito em julgado da presente, com juros fundiários e correção monetária, após a inserção de todos os índices ora requeridos;

5. a condenação da requerida a pagar os expurgos inflacionários da correção monetária levada a efeito pelos planos econômicos Verão e Collor, acrescidos dos juros legais de acordo com a Lei n. 5.107/66, art. 4º, a Lei n. 5.705/71, art. 2º, e a Lei n. 5.958/73, art. 1º, que prevê juros progressivos e normais, de acordo com as datas de opção da autora;

6. determinar a aplicação do art. 13 da Lei n. 8.036/90, que prevê para os depósitos efetuados nas contas vinculadas do FGTS a correção monetária com base nos parâmetros fixados para atualização dos saldos dos depósitos e juros capitalizados;

7. a condenação da requerida nas custas judiciais e honorários advocatícios na base de 20% sobre o montante da condenação.

Protesta o demandante pela produção de todos os meios de provas em direito admitidos, em especial as provas documentais que desde já se anexam à presente, bem como os demais demonstrativos de pagamento em poder da requerida, a CEF, por ser depositária dos saldos, além de gestora, e também prova pericial.

Para efeitos legais, declara o demandante o seu DESINTERESSE em eventual autocomposição e, consequentemente, na não realização da audiência de conciliação ou de mediação.

Valor da causa: R$ 2.000,00, para efeito de custas judiciais.

T. em que

P. deferimento.

.................., ... de .... de 20...

Advogado(a)

OAB/...... n. ......

MANDADO DE SEGURANÇA

AO JUÍZO DA VARA CÍVEL DA JUSTIÇA FEDERAL
SEÇÃO JUDICIÁRIA DO ESTADO DE ....

G.L.P., brasileira, solteira, menor púbere, estudante da Universidade ...., código ...., inscrita no CPF sob n. .... (cópia anexa), endereço eletrônico ...., residente e domiciliada nesta capital, na rua ...., n. ......, neste ato assistida por seu genitor, L.R.P., vem respeitosamente à presença deste juízo, por seu bastante procurador infra-assinado, advogado inscrito na OAB ......, sob n. ......, endereço eletrônico ...., com escritório na av. ...., n. ......, nesta cidade, onde recebe intimações, para impetrar

MANDADO DE SEGURANÇA COM PEDIDO DE LIMINAR

contra ato ilegal do diretor do CENTRO DE EDUCAÇÃO SUPERIOR DA UNIVERSIDADE DE ...., com endereço na rua ...., n. ......, nesta capital, para o que expõe e requer o que segue:

I – DOS FATOS

1. A impetrante, estudante do 5º semestre do curso de direito ministrado pela demandada, no turno matutino do ano letivo em andamento, efetivou, *opportuno tempore*, matrícula em diversas disciplinas, entre as quais a disciplina ESTÁGIO DE PRÁTICA JURÍDICA (inicial) (doc. 1).

2. Importa pôr em realce que o pré-requisito exigido para cursar a disciplina de ESTÁGIO é ter *cursado e sido aprovado* na disciplina Teoria Geral do Processo – cód. 1698 [grifamos], o que efetivamente foi cumprido pela impetrante, consoante comprova com os documentos acostados (docs. 2 e 3).

3. Tanto foi o pré-requisito cumprido, frise-se, que a matrícula na referida disciplina de ESTÁGIO foi deferida e confirmada pela secretaria acadêmica da demandada na data de 1º de março de 2002, conforme documento mencionado no item 1 (doc. 1).

4. Portanto, na presunção da legalidade da matrícula, passou a impetrante a participar efetiva e assiduamente de todas as atividades acadêmicas, entre as quais, evidentemente, se incluía a referida disciplina de ESTÁGIO, ministrada às segundas-feiras, no período da tarde.

5. Todavia, surpreendentemente, a autoridade, aqui denominada coatora, na data de 4 de abril de 2002, encaminhou à impetrante correspondência (comunicado) dando ciência de que, "considerando que a matrícula foi efetuada sem a observância das normas acima especificadas" (a matrícula no estágio de prática jurídica dar-se-á a partir do 6º período do curso), se procedeu ao cancelamento da disciplina de Estágio de Prática Jurídica de sua matrícula (docs. 4 e 5).

6. Com efeito, causa espécie à impetrante o fato de, se existente referida norma impeditiva, não ter sido a mesma oposta por ocasião da matrícula, para impedir que a mesma se efetivasse, mas somente após decorrido um mês de aulas, ou seja, somente após se ter consolidado o direito adquirido.

7. Como se infere, o ato ostensivo da autoridade coatora viola direito líquido e certo da impetrante, que consiste em frequentar todas as disciplinas para as quais lhe foi concedida matrícula, mediante procedimento regularmente instituído e preenchimento dos requisitos legais.

8. Não bastasse isso, a impetrada cometeu flagrante infração à norma que estabelece a vinculação das instituições de educação superior às informações previamente prestadas aos seus alunos, contida no art. 47, § 1º, da Lei n. 9.394, de 20 de dezembro de 1996, que assim dispõe:

> As instituições informarão aos interessados, antes de cada período letivo, os programas dos cursos e demais componentes curriculares, sua duração, requisitos, qualificação dos professores, recursos disponíveis e critérios de avaliação, obrigando-se a cumprir as respectivas condições [...].

9. Ademais, a decisão da autoridade coatora padece de todo e qualquer resquício de legalidade, não só pelos vícios retroapontados, mas igualmente pelo fato de não haver prova da existência de causa impeditiva, ou seja, do teor do regulamento do Núcleo de Prática Jurídica do Curso de Direito, que supostamente exclui o direito da impetrante, posto que a impetrada não anexou à correspondência (comunicado) enviada nenhum documento com essa finalidade.

10. Ressalte-se, ainda, que nem todos os acadêmicos que se encontravam na mesma situação da impetrante foram afetados pela exclusão, haja vista que a acadêmica L.M.S., também matriculada na mesma disciplina de estágio e nas mesmas condições da requerente, ou seja, também cursando o 5º período do curso, não foi excluída da disciplina, como foi a requerente, eis que a cursou, sem nenhum impedimento, até o final do presente semestre, além do que foi aprovada e já se encontra matriculada no ESTÁGIO DE PRÁTICA JURÍDICA do 6º período, como comprovam os seguintes documentos:

a) cópia da PROGRAMAÇÃO ACADÊMICA 1/2, que, entre as disciplinas confirmadas para cursar no 5º período, inclui o Estágio de Prática Jurídica (inicial) (doc. 6);

b) cópia dos recibos referentes à entrega de relatórios das disciplinas cursadas no Estágio de Prática Jurídica (inicial), expedidos pelo Núcleo de Prática Jurídica, datados de 12 e 26 de junho de 2002 (doc. 7);

c) cópia da PROGRAMAÇÃO ACADÊMICA 2/1, que, entre as disciplinas confirmadas para cursar no 6º período, inclui o Estágio de Prática Jurídica (instrutória) (doc. 8).

11. Ademais, outros colegas da impetrante que também cursam o 5º período e receberam o mesmo aviso de cancelamento recentemente obtiveram ganho de causa em mandado de segurança (sentença anexa) que tramitou perante a 1ª Vara Federal, reconhecendo o seu direito de cursar a referida disciplina de estágio, com fulcro nos seguintes fundamentos:

> Ora, a universidade, como já demonstrado, efetivamente informou aos impetrantes, antes do 5º período letivo, os requisitos para cursar a disciplina Estágio de Prática Jurídica (inicial), e entre eles não figurava a necessidade de se encontrarem no 6º período do curso; ao revés, informou-lhes a possibilidade de que viesse a ser cursada desde logo (no 5º período). Assim, de acordo com o expressamente determinado na nova Lei de Diretrizes e Bases da Educação Nacional, obriga-se a universidade a cumprir as respectivas condições, não lhe sendo facultada a sua modificação, ainda mais quando – como no caso – se operou a matrícula em conformidade com aquelas condições e se iniciou a cursar a disciplina em consonância com a matrícula, posteriormente anulada (cancelada) (cf. fls. 120 da sentença anexa).

Da referida sentença, extrai-se, ainda, o seguinte parecer do ilustre representante do Ministério Público:

> Entretanto, no presente caso, dois aspectos merecem ser observados. Primeiro é o que diz respeito à expectativa de direito criada pela própria instituição ao deferir e confirmar a matrícula dos impetrantes, com a observação do cumprimento de apenas um dos requisitos, ou seja, terem cursado a disciplina Teoria Geral do Processo.
>
> Em segundo lugar, uma vez deferida a matrícula, iniciado o curso, com o cumprimento do pré-requisito básico, o cancelamento pelo simples fato de não estarem cursando a 6ª fase, sem nenhum indicativo de que as disciplinas desta fase inabilitam os impetrantes ao estágio pretendido, ofende o princípio da razoabilidade. Isto posto, opina o Ministério Público Federal pela concessão da segurança.

12. Nada obstante, a requerente, mesmo à revelia da instituição, continuou a frequentar as aulas da disciplina de estágio até o fim do semestre, participando de todos os trabalhos exigidos pelos professores, inclusive obtendo presença em algumas das especialidades, conforme comprova com os recibos de relatórios inclusos, expedidos pelo Núcleo de Prática Jurídica (doc. 9).

13. Como se infere, resta suficientemente demonstrado que, além de violar direito líquido e certo da impetrante, negando-lhe a oportunidade de cursar a disciplina de estágio, ao conceder o direito à acadêmica L.M.S., nas mesmas condições acadêmicas da impetrante, de cursar a referida disciplina, cometeu a impetrada grave infração ao princípio da isonomia, respaldado na regra constitucional segundo a qual todos são iguais perante a lei.

II – DO DIREITO

> As instituições informarão aos interessados, antes de cada período letivo, os programas dos cursos e demais componentes curriculares, sua duração, requisitos, qualificação dos professores, recursos disponíveis e critérios de avaliação, obrigando-se a cumprir as respectivas condições [...] (art. 47, § 1º, Lei n. 9.394, de 20 de dezembro de 1996).

> Todos são iguais perante a lei, sem distinção de qualquer natureza [...] (art. 5º da CF).

> Dar-se-á mandado de segurança para proteger direito líquido e certo sempre que alguém, ilegalmente ou com abuso de poder, sofrer violação a direito líquido e certo (art. 5º, LXIX, da CF; art. 1º da Lei n. 12.016/2009).

III – DO PEDIDO

Diante de todo o exposto, e exibindo segunda via desta petição e dos documentos que a instruem, requer a notificação da coatora, na forma do art. 7º, I, da Lei n. 12.016/2009, e a este juízo que suspenda o ato impugnado, determinando a avaliação e validação da disciplina Estágio de Prática Jurídica (inicial), mediante a concessão de liminar *initio litis*, em face da premência em proceder à matrícula, até decisão da causa (art. 7º, II), esperando que, procedido regularmente, seja ao final concedida a segurança ora impetrada.

Dá-se à causa o valor de R$ 1.000,00.

T. em que

E. deferimento.

.................., ... de .... de 20...

Advogado(a)

OAB/...... n. ......

RESTITUIÇÃO DE IMPOSTO DE RENDA

AO JUÍZO DA VARA CÍVEL DA JUSTIÇA FEDERAL
SEÇÃO JUDICIÁRIA DO ESTADO DE ....

B.T.S., brasileira, solteira, funcionária pública federal aposentada, RG n. ...., inscrita no CPF/MF sob n. .... (cópias anexas), endereço eletrônico ...., residente e domiciliada nesta cidade, na rua ...., n. ......, por seu procurador infra-assinado (procuração inclusa), advogado inscrito na OAB ......, sob n. ......, endereço eletrônico ...., com escritório na av. ...., n. ......, nesta cidade, onde recebe intimações, vem respeitosamente, perante este juízo, propor

AÇÃO DE RESTITUIÇÃO DE IMPOSTO DE RENDA

em desfavor da UNIÃO FEDERAL, pessoa jurídica de direito público, na pessoa de seu representante legal, o advogado regional da União ou procurador da Fazenda Nacional, com endereço na rua ...., n. ......, nesta cidade, pelas razões de fato e de direito que passa a expor.

I – Na data de 22 de janeiro de 2002, a recorrente impugnou junto à DRF desta capital decisão proferida pelo senhor delegado da Receita Federal, que indeferiu o seu pedido de restituição de Imposto de Renda retido na fonte, do período de 01.07.1997 a 21.09.2000, sob o argumento de que "não obstante os documentos trazidos aos autos, ficou demonstrado que a contribuinte fosse *[sic]* portadora de doença grave, prevista em lei, tão somente a partir de 22 de maio de 2000, por meio de laudo pericial emitido por serviço médico oficial" (fls. 4/5).

II – Entendeu a recorrente, em sua impugnação, que o senhor delegado, ao fundamentar a decisão indeferitória, com fulcro no inciso XXVII do art. 40 do Regulamento do Imposto de Renda (atual art. 35, II, *b*, do Anexo do Decreto n. 9.580/2018), laborou em flagrante equívoco, como segue.

1. O Regulamento do Imposto de Renda exige tão somente que a moléstia deve ser comprovada mediante laudo pericial emitido por serviço médico oficial, assim entendido o serviço médico da União, dos estados, do Distrito Federal e dos municípios.

2. O Regulamento, portanto, não contém nenhuma exigência nem se refere expressamente à data em que deva ser emitido referido laudo. Em outras palavras, não condiciona o deferimento do pedido à prévia apresentação do laudo, ou que este devesse ser emitido com data anterior ao pedido, mas tão somente à prova de que a manifestação da doença tenha se verificado antes dos períodos para os quais se requer a restituição dos valores retidos na fonte (art. 35, § 4º, I, "*c)* da data em que a doença foi contraída, quando identificada no laudo pericial").

3. Não obstante isso, é induvidoso que, embora tal fato tenha passado despercebido ao senhor delegado, a requerente fez prova cabal de que a doença se manifestou a partir de 28 de junho de 1997. Leia-se, a propósito, o laudo médico emitido pelo Dr. Guido [...] na referida data (cópia anexa). Leia-se, ainda, o LAUDO DE EXAME MÉDICO-PERICIAL (LEMP) emitido em 22.05.2000, no qual consta, no item HISTÓRIA DA DOENÇA: "Pacte. de 43 anos, mastectomizada a toilete axilar há três anos. Anamopatológico mostrando grau II A. Submeteu-se a quimioterapia e radioterapia [...]" (cópia anexa).

4. Não bastasse isso, declaração emitida pela ESCOLA PAULISTA DE MEDICINA (cópia anexa), também com o mesmo valor de LAUDO OFICIAL, eis que também emitida por um órgão público, reitera que a requerente, na data de 21.08.1997, se encontrava em tratamento de radioterapia e quimioterapia antiblástica para neoplasia mamária desde 04.08.1997.

5. No julgamento da impugnação, a decisão da 2ª DRJ foi no sentido do indeferimento, por unanimidade, consignando: "não cabe a restituição de imposto sobre rendimentos recebidos antes da concessão da aposentadoria".

6. Como se infere, a decisão está totalmente equivocada, porquanto somente considerou as hipóteses aventadas nos itens I e II.

7. A decisão desconsiderou, portanto, e de forma flagrante, o teor do art. 35, § 4º, I, *c*, do Anexo do Decreto n. 9.580/2018, que expressamente declara que a isenção, nos moldes da pretensão da recorrente, se aplica aos rendimentos recebidos a partir "da data em que a doença foi contraída, quando identificada no laudo pericial".

8. Consta da decisão, item 8, fls. 59, que "antes de se verificar se a interessada é portadora de uma das moléstias graves que ensejam o direito à isenção do imposto, cabe apurar se seus rendimentos são oriundos de aposentadoria, pois que somente estes estão isentos de imposto na forma do dispositivo legal citado acima".

Ora, nada mais equivocado e contraditório! Cumpre assinalar que o órgão julgador "esqueceu" que, no texto do art. 35, II, *b* (item 6), ele mesmo (órgão julgador) não só grifou proventos de aposentadoria ou reforma, mas também os percebidos pelos portadores, referindo-se, nesse caso, à evidência, aos portadores de uma das diversas moléstias no inciso citadas, entre elas a da neoplasia maligna.

9. Destarte, o direito da recorrente exsurge translúcido, em face do cumprimento de todos os requisitos contidos na lei. Resta, portanto, comprovado o atendimento dos requisitos legais exigidos para a concessão do benefício requerido, ou seja:

a) prova da existência de moléstia (neoplasia maligna): os laudos, com base em conclusão da medicina especializada (art. 35, II, *b*, *in fine*), constantes do processo atestam a incidência dessa doença [atendimento do requisito doença identificada no laudo pericial, do art. 35, II, *b*, e § 4º, I, *c*, do Anexo do Decreto n. 9.580/2018];

b) prova da existência de laudo oficial comprovando a doença, bem como a data em que ela se manifestou: os laudos que instruem o processo, que se equiparam a laudo oficial, comprovam que a doença foi constatada em 28 de junho de 1997 (atendimento do requisito do art. 35, II, *b*, e § 4º, I, *c*, do Anexo do Decreto n. 9.580/2018).

Vide, a propósito: laudo médico emitido pelo Dr. Guido [...] na referida data (cópia anexa):

> LAUDO DE EXAME MÉDICO-PERICIAL (LEMP) emitido em 22.05.2000, no qual consta, no item HISTÓRIA DA DOENÇA: "Pacte. de 43 anos, mastectomizada a toilete axilar há três anos. Anamopatológico mostrando grau II A. Submeteu-se a quimioterapia e radioterapia [...]" (cópia anexa).
>
> Declaração emitida pela ESCOLA PAULISTA DE MEDICINA (cópia anexa), também com o mesmo valor de LAUDO OFICIAL, eis que também emitida por um órgão público, reitera que a requerente, na data de 21.08.1997, "se encontrava em tratamento de radioterapia e quimioterapia antiblástica para neoplasia mamária desde 04.08.1997 [...]".

c) rendimentos recebidos da data em que a doença foi contraída, ou seja, rendimentos percebidos a partir de 28 de junho de 1997, porquanto o que se pleiteia são direitos sobre os proventos recebidos desde 01.07.1997 até 21.09.2000 (atendimento do requisito do art. 35, II, *b*, e § 4º, I, *c*, do Anexo do Decreto n. 9.580/2018);

d) prova de que a doença se manifestou em data anterior a 01.07.1997 (*dies a quo* do período de isenção pleiteado), portanto antes do período pleiteado para a restituição: os laudos periciais (relacionados na letra b, retro), com o mesmo valor de laudo oficial, comprovam que a doença foi constatada em 28 de junho de 1997 (atendimento do requisito do art. 35, II, *b*, e § 4º, I, *c*, do Anexo do Decreto n. 9.580/2018).

ANTE O EXPOSTO, requer a demandante a este juízo o quanto segue:

a) a citação da demandada no endereço acima declinado para, querendo, oferecer defesa à presente sob pena de confissão e revelia quanto à matéria de fato;

b) a procedência do presente pedido para efeito de condenar a demandada à restituição de imposto de renda retido na fonte do período de 01.07.1997 a 21.09.2000, devidamente corrigido monetariamente;

c) a condenação da requerida nas custas judiciais e honorários advocatícios na base de 20% sobre o montante da condenação.

Para efeitos legais, declara o demandante o seu DESINTERESSE em eventual autocomposição e, consequentemente, na não realização da audiência de conciliação ou de mediação.

Termos em que

E. deferimento.

.................., ... de .... de 20...

Advogado(a)

OAB/...... n. ......

JUIZADOS ESPECIAIS FEDERAIS CÍVEIS

Os Juizados Especiais no âmbito da Justiça Federal foram criados pela Lei n. 10.259, de 12 de julho de 2001, com vistas a processar e julgar causas cíveis e criminais.

No que se refere à *matéria criminal,* a sua competência é processar e julgar os feitos de abrangência da Justiça Federal relativos às infrações de menor potencial ofensivo.

Nos processos criminais, a parte autora é o Ministério Público Federal e o réu deve estar assistido por advogado.

Relativamente à *matéria cível,* compete ao Juizado Especial Federal Cível processar, conciliar e julgar causas de competência da Justiça Federal até o valor de sessenta salários mínimos, bem como executar as suas sentenças (art. 3º da Lei n. 10.259/2001).

Consoante o § 1º do art. 3º, não se incluem na competência do Juizado Especial Cível as causas:

> I – referidas no art. 109, incisos II, III e XI, da Constituição Federal, as ações de mandado de segurança, de desapropriação, de divisão e demarcação, populares, execuções fiscais e por improbidade administrativa e as demandas sobre direitos ou interesses difusos, coletivos ou individuais, homogêneos;
>
> II – sobre bens imóveis da União, autarquias e fundações públicas federais;
>
> III – para a anulação ou cancelamento de ato administrativo federal, salvo o de natureza previdenciária e o de lançamento fiscal;
>
> IV – que tenham como objeto a impugnação da pena de demissão imposta a servidores públicos civis ou de sanções disciplinares aplicadas a militares.

Podem ser partes no Juizado Especial Federal Cível (art. 6º da Lei n. 10.259/2001):

> I – como autores, as pessoas físicas e as microempresas e empresas de pequeno porte, assim definidas na Lei n. 9.317, de 5 de dezembro de 1996;
>
> II – como rés, a União, autarquias, fundações e empresas públicas federais.

Incluem-se no rol das entidades que podem figurar na condição de rés o INSS, o Banco Central, as universidades federais e as empresas públicas federais, tais como a Caixa Econômica Federal, em ações com valor de até sessenta salários mínimos nos casos cíveis.

A intimação será feita pessoalmente, por via postal ou por meio eletrônico, ou ainda na pessoa dos advogados ou dos procuradores, e a recepção da petição poderá se dar por via eletrônica.

Não há prazos privilegiados – em quádruplo ou em dobro – para a Fazenda Pública, nem reexame necessário.

Limite de sessenta salários mínimos

Os juizados especiais têm sua competência de julgamento limitado a 60 salários mínimos. Embora assim disponha a lei, os juízes da Turma Nacional de Uniformização (TNU), que se reuniram em novembro de 2001, no Recife, decidiram, por unanimidade, que o teto de sessenta salários mínimos que define se uma ação vai ou não ser julgada nos juizados especiais federais (JEFs) não pode limitar quanto o autor da ação vai receber ao final do processo se sair vencedor. Bem por isso, em 24 de maio de 2004, fora editada a Súmula 17 da TNU, pela qual: "Não há renúncia tácita no Juizado Especial Federal, para fins de competência". A decisão confirma entendimento da Turma Regional da Seção Judiciária de Minas Gerais, no sentido de que "a aferição do valor da causa na data da propositura da ação é feita somente para estabelecer a competência. Fixada a competência, o valor da condenação pode ser superior àquele fixado na data da propositura da ação".

Segundo a decisão, a diferença é que, no momento da execução da sentença (que também fica a cargo dos JEFs), se o crédito for inferior ao teto ou caso haja renúncia expressa ao excedente de sessenta salários mínimos, o pagamento poderá ser feito por requisitório. Caso contrário, a via adequada para o pagamento será o precatório.

A decisão foi dada em ação judicial com pedido de revisão de benefício proposta por segurada contra o Instituto Nacional do Seguro Social (INSS) perante a 1ª Vara do Juizado Especial Federal Previdenciário de Curitiba. A autora recorreu à Turma Nacional depois que, já na fase da liquidação da sentença favorável a ela, os cálculos excluíram as parcelas que venceram entre o ajuizamento da demanda (dezembro/2005) e a data da efetiva implantação da renda mensal revisada (outubro/2006), embora a sentença tenha determinado expressamente sua inclusão.

Segundo o relator do processo na TNU, o juiz federal Claudio Canata, a confusão talvez ocorra porque o valor estabelecido como limite para fins de expedição de requisitório (art. 17, § 1º, da Lei n. 10.259/2001) tem a mesma expressão daquele utilizado pela lei para efeito de definição de competência dos juizados (idem, art. 3º). Destacou o magistrado:

> Mas, de fato, a definição do valor da causa, para efeito de alçada, não guarda correlação alguma com o *quantum* da condenação, até porque, em se tratando de prestações de trato sucessivo, como são aquelas decorrentes de benefício previdenciário, inúmeras parcelas fatalmente se vencerão no curso da lide e, na grande maioria dos casos, a agregação delas aos atrasados, vencidos antes da propositura do pedido, suplantará o valor de sessenta salários mínimos.

Ele lembrou que, a prevalecer o entendimento do acórdão em discussão, quanto mais longo o trâmite da ação, maior seria o prejuízo do segurado, que em nenhuma hipótese poderia receber ao final de tudo quantia superior a sessenta salários mínimos. Assim, poderia a autarquia retardar ao máximo o pagamento daquilo a que o autor tivesse direito, pois teria a certeza de que, posteriormente, na via judicial, seria proferida sempre uma sentença condenatória limitada a sessenta salários mínimos.

Concluiu o juiz Canata:

> Penso que, na execução, a parte autora terá direito a receber não apenas os valores vencidos no momento da propositura da ação, limitados a sessenta salários mínimos, como também os valores vencidos durante o trâmite do processo, além de juros e correção monetária sobre ambos.

Dessa forma, a TNU deu provimento ao incidente, assegurando à autora o direito ao recebimento das parcelas vencidas entre a data do ajuizamento da ação e a da efetiva implantação da renda mensal revisada (Processo n. 2008.70.95.00.1254-4).[132]

Requisição de pequeno valor (RPV)

A requisição de pequeno valor (RPV) é a espécie de solicitação de pagamento de quantia a que a Fazenda Pública for condenada em processo judicial, para valores totais de até sessenta salários mínimos por beneficiário, sendo encaminhada ao tribunal quando a entidade devedora for sujeita ao Orçamento Geral da União.[133]

Ao requerente é facultado receber seu crédito por meio de RPV desde que renuncie, expressamente, ao valor excedente.

Segundo entendimento do STJ, a opção pelo pagamento por RPV, advinda da renúncia expressa do credor ao valor excedente, *ex vi* do art. 128, §§ 4º a 6º, da Lei n. 8.213/91, implica "a renúncia do restante dos créditos porventura existentes e que sejam oriundos do mesmo processo", assim como "a quitação total do pedido constante da petição inicial", além de determinar a extinção do processo.

Ademais, é de consenso que o simples ajuizamento da ação perante o Juizado Especial Federal não acarreta, por si só, a renúncia do autor aos créditos excedentes ao limite de sessenta salários mínimos, tendo em vista que a Lei n. 10.259/2001 prevê tão somente a renúncia para fins de opção pela forma de pagamento na execução dos Juizados: se por RPV ou precatório.

Caso o valor supere sessenta salários mínimos, o requerente terá de optar por abrir mão da diferença (renunciando expressamente) ou receber o pagamento integral por meio de precatório, o que pode demorar até dois anos.

---

132 Notícias do CJF. Disponível em: <www.jf.jus.br>. Acesso em 01.02.2017.

133 Considera-se requisição de pequeno valor (RPV) aquela relativa a crédito cujo valor atualizado, por beneficiário, seja igual ou inferior a: I – sessenta salários mínimos, se a devedora for a Fazenda Federal (art. 17, § 1º, da Lei n. 10.259, de 12.07.2001); II – quarenta salários mínimos, ou o valor estipulado pela legislação local, se a devedora for a Fazenda Estadual ou a Fazenda Distrital (art. 87 do Ato das Disposições Constitucionais Transitórias – ADCT); e III – trinta salários mínimos, ou o valor estipulado pela legislação local, se a devedora for a Fazenda Municipal (art. 87 do ADCT).

É o que se permite deduzir dos §§ 1º e 4º do art. 17 da Lei n. 10.259/2001:

> [...] § 1º Para os efeitos do § 3º do art. 100 da Constituição Federal, as obrigações ali definidas como de pequeno valor, a serem pagas independentemente de precatório, terão como limite o mesmo valor estabelecido nesta Lei para a competência do Juizado Especial Federal Cível (art. 3º, *caput*).
>
> [...] § 4º Se o valor da execução ultrapassar o estabelecido no § 1º, o pagamento far-se-á, sempre, por meio do precatório, sendo facultada à parte exequente a renúncia ao crédito do valor excedente, para que possa optar pelo pagamento do saldo sem o precatório, da forma lá prevista.

Atualização da RPV: chegando ao tribunal, a RPV é autuada, sendo atualizada no último dia do mês em que foi apresentada para inclusão em proposta orçamentária mensal.

Prazo para pagamento da RPV: a RPV autuada dentro do mês terá seu valor depositado no TRF no fim do mês seguinte e será disponibilizado para levantamento pelo beneficiário até o dia 15 do mês subsequente. Exemplo: uma requisição autuada em outubro de 2012 terá seu valor disponibilizado para levantamento até 15.12.2012.

A data da liberação da conta para saque deve ser acompanhada na informação processual da requisição, acessando o site do tribunal, clicando em "detalhes" e informando o CPF do beneficiário, ou CPF e OAB se a consulta for feita pelo advogado da causa.

Formas de levantamento da RPV: no caso de RPV expedida por vara federal e com pagamento liberado, o saque do numerário depositado será feito diretamente pelo beneficiário na instituição financeira correspondente, independentemente da expedição de alvará judicial.

Já no caso de RPV expedida por juízo estadual ou com pagamento bloqueado, a verba será disponibilizada ao juízo requisitante, ao qual caberá expedir o respectivo alvará de levantamento para a liberação do numerário ao beneficiário.

Precatório

O **precatório** é uma espécie de requisição de pagamento de determinada quantia a que a Fazenda Pública for condenada em processo judicial, para valores totais acima de sessenta salários mínimos por beneficiário.

Atualização: os precatórios apresentados no tribunal até 1º de julho de cada ano são atualizados nesta data para ser incluídos na proposta orçamentária para pagamento no ano seguinte.

Prazo e forma de pagamento: o prazo final para depósito junto ao tribunal dos valores dos precatórios inscritos em proposta orçamentária é 31 de dezembro do ano para o qual foi orçado.

O pagamento é efetivado na ordem cronológica de apresentação dos precatórios no tribunal, respeitada a preferência daqueles com natureza alimentar sobre os de natureza comum, e se dá pela abertura de uma conta de depósito judicial em instituição financeira oficial (Banco do Brasil ou Caixa Econômica Federal) para cada beneficiário do precatório.

Importante lembrar que Regimes Especiais de Pagamentos de precatórios foram sucessivamente emendados à Constituição da República, assim resumidos: EC 62/2009 (regrava pagamentos entre 2009 e 2016); EC 94/2016 (regrava os pagamentos até 31.12.2020); EC 99/2017 (regra os pagamentos até 31.12.2024); EC 109/2021 (regra os pagamentos até 31.12.2029) e EC 113/2021 (novo regime de pagamento dos precatórios até 31.12.2029).

Levantamento: no caso de precatório de natureza alimentar expedido por vara federal e com pagamento liberado, o saque do numerário depositado será feito diretamente pelo beneficiário na instituição financeira correspondente, independentemente da expedição de alvará judicial.

Já nos casos de precatório de natureza alimentar expedido por juízo estadual, de natureza comum ou com determinação de bloqueio do pagamento, a verba será disponibilizada ao juiz da execução, a quem caberá expedir os respectivos alvarás de levantamento para a liberação do numerário ao beneficiário.

A data da liberação da conta para saque ou cumprimento do alvará de levantamento deve ser acompanhada na informação processual do precatório. Para consultá-la, acesse o site do tribunal, clica-se em "detalhes" e informa-se o CPF do beneficiário, ou o CPF e o número da OAB se o acompanhamento for feito pelo advogado da causa.

Cumprimento do acordo ou da sentença

Caso o acordo ou a sentença – com trânsito em julgado – imponha obrigação de fazer, não fazer ou entregar coisa certa, o cumprimento deverá ocorrer por meio de ordem, por ofício do juiz, para a autoridade citada.

Se for imposta a obrigação de pagar quantia certa, por ordem do juiz, a autoridade será citada para pagamento. No prazo de sessenta dias, contados da entrega da requisição, o valor deverá estar disponível na agência mais próxima da Caixa Econômica Federal ou do Banco do Brasil.

Na hipótese de a ordem judicial não ser cumprida, deve ser feito o sequestro do numerário. Vale ressaltar, nesse caso, a ausência de embargos e, consequentemente, a inexistência de precatórios.

É relevante acrescentar que

> a sentença que concede um benefício previdenciário (ou assistencial), em regra, compõe-se de uma condenação a implantar o referido benefício e de outra ao pagamen-

to das parcelas atrasadas. No tocante à determinação de implantação do benefício (para o futuro, portanto), a sentença é condenatória mandamental e será efetivada mediante as atividades de cumprimento de sentença *stricto sensu* previstas no art. 461 do CPC [art. 492 do CPC/2015], sem a necessidade de um processo executivo autônomo. Frise-se, no entanto, que a decisão não implica automaticamente o seu cumprimento imediato, em razão da ausência de previsão de efeito suspensivo da apelação.

Porém, o mesmo óbice não ocorre quando o processo tramita em segundo grau, visto que o acórdão que concede o benefício previdenciário que esteja sujeito apenas a recurso especial e/ou extraordinário, diante da ausência de efeito suspensivo desses recursos, enseja o cumprimento imediato da determinação de implantar o benefício, não se sujeitando ao trânsito em julgado do acórdão, requisito necessário apenas para a execução da obrigação de pagar (os valores retroativamente devidos) e, consequentemente, para a expedição de precatório e requisição de pequeno valor.[134]

Recursos

Os recursos só podem ser apresentados com base em sentença definitiva, salvo as concessões de medidas cautelares.

Na Região Sul, há três turmas recursais com sede em Curitiba, Florianópolis e Porto Alegre para julgar recursos contra decisões dos Juizados Especiais Federais. Cada turma é composta de três juízes federais. Esses magistrados são do próprio primeiro grau, não cabendo apelações às instâncias superiores.

O pedido de uniformização de interpretação de lei federal ocorre somente quando houver divergência entre decisões sobre questões de direito material proferidas por turmas recursais na interpretação da lei.

As divergências entre turmas da mesma região são julgadas em reunião conjunta das turmas em conflito sob a presidência do juiz coordenador.

Já as divergências entre decisões de turmas de diferentes regiões ou proferidas em contrariedade a súmula ou jurisprudência dominante do Superior Tribunal de Justiça (STJ) são julgadas por uma turma de uniformização sob a presidência do coordenador da Justiça Federal.

Quando a orientação acolhida pela turma de uniformização contrariar súmula ou jurisprudência do STJ, a parte interessada pode provocar a manifestação desse tribunal superior, que decidirá sobre a divergência. Nesse caso, se houver plausibilidade do direito invocado e fundado receio de dano de difícil reparação, poderá o relator conceder, com ou sem requerimento do interessado, medida liminar determinando a suspensão dos processos nos quais a controvérsia esteja estabelecida.

134 Cf. TRF, 4ª R., QO-AC n. 2002.71.00.050349-7/RS, rel. Des. Celso Kipper, *DE* 02.10.2007.

JUIZADOS ESPECIAIS FEDERAIS PREVIDENCIÁRIOS

Para efeito de proporcionar maior celeridade processual às causas previdenciárias, a Justiça Federal houve por bem criar juizados especiais previdenciários para processar e julgar causas cujo valor não exceda a sessenta salários mínimos.

Processo: ....
Autor: ....
Ré: Instituto Nacional de Previdência Social

DECISÃO

1. A presente ação trata de matéria de natureza previdenciária (pedido de averbação de tempo de serviço) e, nesta Subseção Judiciária, é de competência exclusiva da Vara do Juizado Especial Federal Previdenciário (Resolução n. 50, de 02.07.2004), cabendo a esta Vara do Juizado Especial Federal Cível somente as matérias residuais.

2. Assim, por se tratar de competência absoluta, fixada em razão da matéria, impõe-se o reconhecimento, de ofício, da incompetência deste Juízo e, por consequência, a redistribuição do feito ao Juizado Especial Federal Previdenciário desta Seção Judiciária, consoante dispôs a Portaria n. 8, de 09.08.2006, de lavra do Cojef.

3. Ante o exposto, reconheço a incompetência deste Juízo para processar e julgar o presente processo eletrônico e determino sua redistribuição (eletrônica) ao Juizado Especial Federal Previdenciário desta Seção Judiciária.

4. Intime-se a parte autora.

.................., ... de .... de 20......

J.C.M.

Juíza Federal

Ações previdenciárias

Para a propositura de qualquer ação previdenciária faz-se necessário identificar, de modo expresso, a espécie de prestação que se pretende obter ou revisar, de forma a distinguir os benefícios de natureza comum dos de natureza acidentária e assistencial.

Desse modo, estar-se-á contribuindo diretamente para o efetivo estabelecimento da competência para o julgamento do feito.

Conforme lecionam Castro e Lazzari,[5]

quando a pretensão for a concessão de alguma prestação previdenciária, o autor deve demonstrar o preenchimento dos requisitos necessários para obtê-la, quais sejam: que se encontrava na qualidade de segurado/dependente do regime à época do evento que dá direito à prestação; existência de um dos eventos cobertos pelo regime conforme legislação vigente à época; o cumprimento das exigências legais, tais como carência de contribuições, idade mínima, ou a ausência de percepção de outro benefício inacumulável com o requerido; a iniciativa do beneficiário perante o ente concessor.

Prévio ingresso na via administrativa. Não há consenso em relação à necessidade de prévia manifestação administrativa a respeito da pretensão ao benefício previdenciário. Entendem Castro e Lazzari,[135] no entanto, que,

> em se tratando de pedidos de concessão de aposentadorias, pensão, auxílios ou contagem recíproca do tempo de serviço para fins de jubilação, a prévia manifestação da administração é necessária, pois o Poder Judiciário, em tais casos, não deve se prestar a substituir a atividade administrativa de conferência de recolhimentos das contribuições, cálculo do tempo de serviço, avaliação da capacidade laborativa, entre outros requisitos.

Já em relação ao esgotamento da via administrativa como requisito para a propositura da ação, a Súmula n. 213 do extinto Tribunal Federal de Recursos consolidou que: "O exaurimento da via administrativa não é condição para a propositura da ação de natureza previdenciária". Hodiernamente, o TRF da 3ª Região, por meio da Súmula 9, determina que: "Em matéria previdenciária, torna-se desnecessário o prévio exaurimento da via administrativa, como condição de ajuizamento da ação".

A jurisprudência do Superior Tribunal de Justiça estava uniformizada no sentido da Súmula n. 213 quando sobrevieram outras decisões alterando o entendimento, conforme se reproduz a seguir:

> Prévio requerimento administrativo. Necessidade. Requerimento posterior ao ajuizamento da ação. 1. O Supremo Tribunal Federal, em sede de repercussão geral reconhecida no RE n. 631.240/MG, passou a entender, excepcionados os casos em que o entendimento da Administração for notório e reiteradamente contrário à postulação ou para aqueles em que se busca apenas um melhoramento ou a proteção de vantagem já concedida, que a concessão de benefícios previdenciários depende de requerimento do interessado, não se caracterizando ameaça ou lesão a direito antes de sua apreciação e indeferimento pelo INSS, ou se excedido o prazo legal para sua análise. 2. A Corte Suprema também entendeu por modular os efeitos da decisão para as ações ajuizadas até a data do julgamento (03.09.2014), nos seguintes termos:

135 Op. cit., p. 721.

[...] 6. Quanto às ações ajuizadas até a conclusão do presente julgamento (03.09.2014), sem que tenha havido prévio requerimento administrativo nas hipóteses em que exigível, será observado o seguinte: (i) caso a ação tenha sido ajuizada no âmbito de Juizado itinerante, a ausência de anterior pedido administrativo não deverá implicar a extinção do feito; (ii) caso o INSS já tenha apresentado contestação de mérito, está caracterizado o interesse em agir pela resistência à pretensão; (iii) as demais ações que não se enquadrem nos itens (i) e (ii) ficarão sobrestadas, observando-se a sistemática a seguir. 7. Nas ações sobrestadas, o autor será intimado a dar entrada no pedido administrativo em 30 dias, sob pena de extinção do processo. Comprovada a postulação administrativa, o INSS será intimado a se manifestar acerca do pedido em até 90 dias, prazo dentro do qual a Autarquia deverá colher todas as provas eventualmente necessárias e proferir decisão. Se o pedido for acolhido administrativamente ou não puder ter o seu mérito analisado devido a razões imputáveis ao próprio requerente, extingue-se a ação. Do contrário, estará caracterizado o interesse em agir e o feito deverá prosseguir. 8. Em todos os casos acima – itens (i), (ii) e (iii) –, tanto a análise administrativa quanto a judicial deverão levar em conta a data do início da ação como data de entrada do requerimento, para todos os efeitos legais. 2. *In casu*, haveria incidência da fórmula de transição para sobrestamento do feito, pois é incontroverso que não houve o prévio requerimento administrativo do benefício previdenciário nem contestação de mérito por parte do INSS, ocorre que há notícias da interposição deste pedido após ao ajuizamento desta ação (06.11.2014), que foi negado pela autarquia em 03.12.2014 (fls. 199), o que caracteriza o interesse em agir da postulante no ajuizamento desta ação, ainda que a destempo. 3. Não é demais lembrar que o interesse de agir é condição da ação essencialmente ligada aos princípios da economicidade e da eficiência, inexistindo motivos concretos para a extinção do presente feito, quando considerada a pretensão resistida da parte que se valeria de nova ação judicial com o mesmo intento. Recurso especial provido, afastando a extinção do feito, para o seu prosseguimento nas instâncias ordinárias. (REsp n. 1.227.650/PR, 5ª T., rel. Min. Joel Ilan Paciornik, j. 15.08.2017, *DJe* 23.08.2017)

Repercussão geral. Necessidade de prévio requerimento administrativo como requisito para o ajuizamento de ação em que se pleiteia concessão de benefício previdenciário, ressalvadas as hipóteses e a regra de transição fixada no RE n. 631.240/MG. 1. A jurisprudência do Superior Tribunal de Justiça estava uniformizada no sentido de que a ausência de prévio requerimento administrativo não constitui óbice para que o segurado pleiteie judicialmente a revisão, concessão ou restabelecimento de seu benefício previdenciário. 2. Ocorre que o Supremo Tribunal Federal, ao analisar o RE n. 631.240/MG, da relatoria do douto Ministro Roberto Barroso (*DJe* 10.11.2014), reconheceu a repercussão geral da questão constitucional nele suscitada e, no mérito, fixou o entendimento de que o acesso à justiça depende de prévio requerimento administrativo nas ações de concessão de benefício previdenciário, ressalvadas as ações ajuizadas perante juizados especiais itinerantes e nos casos em que o INSS já tenha apresentado contestação de mérito. 3. Desta forma, alinhando-

-se à orientação do Supremo Tribunal Federal, esta Corte fixou o entendimento, no julgamento do Recurso Especial n. 1.369.834/SP, rel. Min. Benedito Gonçalves, julgado em 24.09.2014, submetido ao rito do art. 543-C do CPC [1973], de que a concessão de benefícios previdenciários depende de requerimento administrativo. 4. Ocorre que, na hipótese dos autos, trata-se de ação de revisão de benefício previdenciário, hipótese não abarcada pelo repetitivo supracitado. 5. Agravo regimental do INSS desprovido, em respeito às regras de modulação fixadas no RE n. 631.240/MG. (Ag. Reg. no AREsp n. 477.061/ES, 1ª T., rel. Min. Napoleão Nunes Maia Filho, j. 12.09.2017, *DJe* 21.09.2017)

Pedido de cumulação de benefícios

Em regra, o sistema previdenciário não permite que o segurado se beneficie com o recebimento de dois benefícios. Porém, há as seguintes exceções:

a) a aposentadoria poderá ser cumulada com pensão. Assim, caso um aposentado venha a perder o cônjuge ou companheiro (segurado), poderá cumular sua aposentadoria com a pensão deixada pelo cônjuge ou companheiro, ou até mesmo por um filho, caso haja dependência financeira por parte dos pais. Entende-se que, mesmo que qualquer das pessoas mencionadas tenha parado de contribuir para a Previdência Social no prazo de até 36 meses, o requerente ainda terá direito ao benefício de pensão por morte;

b) é possível cumular mais de uma pensão por morte quando uma for proveniente de falecimento de cônjuge ou companheiro e a outra de falecimento de filho (desde que provada a dependência econômica). Pode-se cumular mais de uma pensão de cônjuge ou companheiro(a), desde que ambos tenham falecido antes de 29/5/1995. Se for em data posterior, o beneficiário da pensão poderá optar pela mais vantajosa. Atente-se, ainda, para o fato de que o viúvo ou viúva que se casar novamente ou vier a ter novo(a) companheiro(a) não perderá o direito a pensão por morte decorrente do falecimento do primeiro cônjuge ou companheiro(a);

c) o auxílio-acidente pode ser cumulado com auxílio-doença e até mesmo com pensão por morte. O auxílio-acidente é benefício pago ao segurado que, após consolidação de lesões decorrentes de *acidente de qualquer natureza*, fique com sequelas que impliquem redução da capacidade para o trabalho que habitualmente exercia.

No entanto, não podem ser cumulados os seguintes benefícios:

a) aposentadorias. Há proibição de recebimento de mais de uma aposentadoria (se do mesmo regime), assim como de cumular aposentadoria com auxílio-doença. A exceção fica por conta de uma aposentadoria do regime geral com outra do regime próprio. De qualquer modo, quando não houver a possibilidade de cumulação, o beneficiário poderá optar por receber a de maior valor;

b) o seguro-desemprego não pode ser acumulado com o salário-maternidade, nem o auxílio-reclusão com o salário-família;

c) o benefício assistencial LOAS (Lei Orgânica da Assistência Social),[136] que é concedido para as pessoas idosas ou portadores de deficiências carentes, não pode ser acumulado com nenhum outro tipo de benefício previdenciário.

PETIÇÕES PREVIDENCIÁRIAS

APOSENTADORIA POR TEMPO DE CONTRIBUIÇÃO

AO JUÍZO DA VARA CÍVEL DA JUSTIÇA FEDERAL
SEÇÃO JUDICIÁRIA DO ESTADO DE ....

................., brasileiro, casado, bancário, RG n. ...., inscrito no CPF n. .... (cópias anexas), CTPS n. ...., PIS n. ...., endereço eletrônico ...., residente e domiciliado na rua ...., n. ......, nesta cidade, vem perante este juízo, por seu bastante procurador, advogado inscrito na OAB ......, sob n. ......, endereço eletrônico ...., com escritório na av. ...., n. ......, nesta cidade, onde recebe intimações, para promover a presente

AÇÃO DE CONCESSÃO DE BENEFÍCIO DE APOSENTADORIA POR CONTRIBUIÇÃO

em desfavor do INSTITUTO NACIONAL DO SEGURO SOCIAL, pessoa jurídica de direito público, na pessoa de seu representante legal, o procurador-chefe ou procurador seccional da União, com endereço na rua ...., n. ......, nesta cidade, pelas razões de fato e de direito que passa a expor.

I – DOS FATOS

1. O requerente é filiado ao regime previdenciário urbano/regime geral de previdência social desde a data de ...., conforme consta da CTPS. Porém, antes da filiação, exerceu cargo público na Secretaria de .... do estado de ...., pelo período de 3 (três) anos, conforme comprova com a declaração inclusa.

2. A data da cessação do último contrato de trabalho, cumprido na empresa ...., é ....

136 O benefício de assistência social será prestado a quem dela necessitar, independentemente de contribuição à seguridade social, conforme prevê o art. 203, V, da Constituição Federal. A regulamentação desse benefício se deu pela Lei n. 8.742/93, conhecida como Lei Orgânica da Assistência Social (Loas), e pelo Decreto n. 6.214/2007, os quais estabelecem os seguintes requisitos para a concessão: a) ser portador de deficiência ou ter idade mínima de 65 (sessenta e cinco) anos para a pessoa idosa não portadora de deficiência; b) ter renda familiar mensal (*per capita*) inferior a 1/4 do salário mínimo; c) não estar vinculado a nenhum regime de previdência social; d) não receber benefício de espécie alguma, salvo o de assistência médica; e) comprovar não possuir meios de prover a própria manutenção nem de tê-la provida por sua família.

3. Confiante de que já havia cumprido o tempo de contribuição de 35 anos exigido pela legislação previdenciária, o requerente postulou, junto ao INSS, a concessão de benefício previdenciário por tempo de contribuição, o qual foi indeferido, como comprova com a cópia da carta de indeferimento inclusa.

4. O requerimento inicial da aposentadoria, que recebeu o n. ......, data de ....

5. Segundo justificativa do INSS, o indeferimento do benefício se deu em razão de o requerente não comprovar o período de ...... anos, em que exerceu serviço público como professor para o estado de ...., não considerando para tal finalidade a declaração fornecida pela Secretaria de .... daquele estado, em que consta o acordo de pedido de demissão voluntária, que menciona os valores pagos e o período trabalhado.

6. Não se conformando, *data venia*, com o indeferimento indevido e injustificado, especialmente com o não acolhimento da declaração de tempo de serviço acima mencionada, vê-se o requerente compelido a reparar a injustiça por via judicial.

Para a comprovação do alegado, especialmente do tempo de contribuição e do seu direito, o requerente junta à petição inicial os seguintes documentos:

a) protocolo de requerimento de benefício;

b) carta de indeferimento do benefício;

c) cópia da carteira de trabalho e previdência social;

d) carnês de contribuição para a Previdência Social.

II – DO PEDIDO

Diante do exposto, e com fundamento no art. 52 da Lei n. 8.213/91, requer:

a) a procedência do pedido para efeito da condenação do INSS a conceder ao autor o benefício da aposentadoria por tempo de serviço ou de contribuição;

b) a condenação do INSS a pagar as parcelas vencidas e vincendas, monetariamente corrigidas desde o respectivo vencimento e acrescidas de juros legais moratórios, incidentes até a data do efetivo pagamento, correspondentes, atualmente, a R$ ....;

c) a citação do Instituto Nacional do Seguro Social (INSS), bem como sua intimação, para que, até a audiência de tentativa de conciliação, junte aos autos o processo administrativo;

d) a concessão do benefício da assistência judiciária gratuita por ser o autor pobre na acepção legal do termo.

Desde já o autor declara a renúncia expressa aos valores excedentes a sessenta salários mínimos da condenação.

Testemunhas arroladas:

1. ...., brasileiro, casado, comerciário, ... anos de idade, CPF n. ... ., RG n. ...., com endereço residencial na rua ...., n. ...... e profissional na rua ...., n. ......, nesta cidade.

2. ...., brasileira, casada, do lar, ... anos de idade, CPF n. ...., RG n. ...., com endereço residencial na rua ...., n. ...... e profissional na rua ...., n. ......, nesta cidade.

Valor da causa: R$ ....

........................, .../....../..........
Assinatura do autor
Assinatura do(a) advogado(a)
OAB/...... n. ......

PENSÃO POR MORTE (RECONHECIMENTO DA CONDIÇÃO DE COMPANHEIRO)

AO JUÍZO DA VARA CÍVEL DA JUSTIÇA FEDERAL
SEÇÃO JUDICIÁRIA DO ESTADO DE ....

.................., brasileira, casada, bancária, RG n. ...., inscrita no CPF n. .... (cópias anexas), CTPS n. ...., PIS n. ...., residente e domiciliada na rua ...., n. ......, nesta cidade, vem perante este juízo, por seu bastante procurador, advogado inscrito na OAB ......, sob n. ......, endereço eletrônico ...., com escritório na av. ...., n. ......, nesta cidade, onde recebe intimações, para promover a presente ação previdenciária requerendo

PENSÃO POR MORTE

em desfavor do INSTITUTO NACIONAL DO SEGURO SOCIAL, pessoa jurídica de direito público, na pessoa de seu representante legal, o procurador-chefe ou procurador seccional da União, com endereço na rua ...., n. ......, nesta cidade, pelas razões de fato e de direito que passa a expor.

I – DOS FATOS

1. Na data de ...., faleceu ...., brasileiro, solteiro, aposentado pelo INSS, pessoa com quem mantinha união estável.

2. A requerente, desde a data de .... até o óbito do falecido segurado, que ocorreu na data de ...., manteve com ele relacionamento duradouro, público e contínuo, caracterizando, assim, em mais de dois anos, a figura da união estável, reconhecida

pelo § 3º do art. 16 da LBPS, que considera companheira "[...] a pessoa que, sem ser casada, mantém união estável com o segurado [...], de acordo com o § 3º do art. 226 da CF".

3. Diante de tal fato, a requerente postulou, junto ao INSS, a concessão do benefício previdenciário de pensão por morte do companheiro, o qual foi indeferido, como comprova com a cópia da carta de indeferimento inclusa.

4. O requerimento inicial da aposentadoria, que recebeu o n. ......, data de ....

5. Segundo justificativa do INSS, a comprovação da união estável não pode ser feita por meio de prova exclusivamente testemunhal e a requerente não atendeu ao requisito temporal.

6. No entanto, mostra-se evidente o equívoco cometido pelo órgão previdenciário, porquanto a comprovação da existência da união estável pode ser feita por qualquer meio de prova admitido em direito, não cabendo na hipótese a restrição feita pelo § 3º do art. 55 – que desconsidera a prova exclusivamente testemunhal –, somente aplicável nos casos de comprovação de tempo de serviço.

7. Assim, resta evidente que referida regra não se aplica ao caso em questão, porquanto presente indício de prova material. Ademais, é de conhecimento de todos que o requisito temporal para a união estável deixou de existir depois do advento do art. 226, § 3º, da Constituição Federal de 1988, regulamentado pelo art. 1.723 do Código Civil.

8. Em relação à existência da união estável, as testemunhas arroladas e os documentos que acompanham a inicial comprovam de forma inequívoca o efetivo relacionamento entre a requerente e o segurado falecido.

II – DO DIREITO

9. Assim, tendo a requerente comprovado suficientemente que viveu em união estável, igualmente resta demonstrada sua condição de dependente do segurado falecido, a teor do art. 16 da LBPS, cujo inciso I dispõe que são dependentes da primeira classe, entre outros, os companheiros de segurados da Previdência Social, para os quais, segundo o § 4º do mesmo artigo, "a dependência é presumida".

Para a comprovação do alegado e do seu direito, a requerente junta à petição inicial os seguintes documentos:

a) protocolo de requerimento de benefício;

b) carta de indeferimento do benefício;

c) conta-corrente ou caderneta de poupança conjunta;

d) documento em nome do *de cujus* que indique seu endereço como o mesmo da requerente;

e) declaração de imposto de renda em que a requerente consta como dependente do segurado falecido.

III – DO PEDIDO

ISSO POSTO, com fulcro no art. 74 da Lei n. 8.213/91, requer:

a) a procedência do pedido para efeito da condenação do INSS a conceder à requerente o benefício de pensão por morte, pagando as parcelas vencidas e vincendas, monetariamente corrigidas desde o respectivo vencimento e acrescidas de juros legais e moratórios, incidentes até a data do efetivo pagamento, correspondentes, atualmente, a R$ ....;

b) a citação do Instituto Nacional do Seguro Social (INSS), bem como sua intimação, para que, até a audiência de tentativa de conciliação, junte aos autos o processo administrativo;

c) a concessão do benefício da assistência judiciária gratuita por ser a requerente pobre na acepção legal do termo.

Desde já o autor declara sua renúncia expressa aos valores excedentes ao limite de sessenta salários mínimos da condenação.

Testemunhas arroladas:

1. ...., brasileiro, casado, comerciário, ... anos de idade, CPF n. ...., RG n. ...., com endereço residencial na rua ...., n. ...... e profissional na rua ...., n. ......, nesta cidade.

2. ...., brasileira, casada, do lar, ... anos de idade, CPF n. ...., RG n. ...., com endereço residencial na rua ...., n. ...... e profissional na rua ...., n. ......, nesta cidade.

Valor da causa: R$ ....

......................., .../....../............

Assinatura da requerente

Assinatura do(a) advogado(a)

OAB/...... n. ......

REVISÃO DE BENEFÍCIO PREVIDENCIÁRIO

AO JUÍZO DA VARA CÍVEL DA JUSTIÇA FEDERAL

SEÇÃO JUDICIÁRIA DO ESTADO DE ....

.................., brasileiro, casado, bancário, RG n. ...., inscrito no CPF n. .... (cópias anexas), CTPS n. ...., PIS n. ...., residente e domiciliado na rua ...., n. ......, nesta cidade, vem perante este juízo, por seu bastante procurador, advogado inscrito na OAB ......, sob n. ......, endereço eletrônico ...., com escritório na av. ...., n. ......, nesta cidade, onde recebe intimações, para promover

AÇÃO DE REVISÃO DE BENEFÍCIO PREVIDENCIÁRIO

em desfavor do INSTITUTO NACIONAL DO SEGURO SOCIAL, pessoa jurídica de direito público, na pessoa de seu representante legal, o procurador-chefe ou procurador seccional da União, com endereço na rua ...., n. ......, nesta cidade, pelas razões de fato e de direito que passa a expor.

I – DOS FATOS

1. O autor é titular de benefício previdenciário de n. ......, aposentadoria por tempo de contribuição, com início na data de ...., conforme documento anexo.

2. A renda mensal atual pelo benefício recebida pelo autor é de R$ ...., coeficiente 70%.

3. Todavia, o valor do seu benefício previdenciário não está sendo pago corretamente, uma vez que, na data em que o INSS procedeu ao cálculo da quantia inicial, não corrigiu monetariamente o salário de contribuição que compõe o período básico do cálculo, no mês de .... de ......, pelo IRSM de ....

4. Como faz prova com os inclusos demonstrativos/planilha de cálculo (docs. ......), a não aplicação dos índices corretos provocou um prejuízo ao autor na ordem de R$ .... (.......................).

II – DO DIREITO

5. O direito do autor de ver incluído o IRSM de ..../...... consta expressamente do art. 201, § 3º, da CF, c/c art. 21, §§ 1º e 3º, da Lei n. 8.880/94, como se demonstra:

> Art. 201, § 3º: "Todos os salários de contribuição considerados para o cálculo de benefício serão devidamente atualizados, na forma da lei".

> Art. 21 da Lei n. 8.880/94: "Nos benefícios concedidos com base na Lei n. 8.213/91, com data de início a partir de 01.03.1994, o salário de benefício será calculado nos termos do art. 29 da referida lei, tomando-se os salários de contribuição expressos em URV.
>
> § 1º Para os fins do disposto nesse artigo, os salários de contribuição referentes às competências anteriores a março de 1994 serão corrigidos monetariamente até o mês 02/1994 pelos índices previstos no art. 31 da Lei n. 8.213/91 com as alterações da Lei n. 8.542/92 e convertidos em URV, pelo valor em cruzeiros reais do equivalente em URV no dia 28.02.1994. [...]
>
> § 3º Na hipótese de a média apurada nos termos desse artigo resultar superior ao limite máximo do salário de contribuição vigente no mês de início do benefício, a diferença percentual entre esta média e o referido limite será incorporada no valor do benefício juntamente com o pri-

meiro reajuste do mesmo após a concessão, observado que nenhum benefício assim reajustado poderá superar o limite máximo do salário de contribuição vigente na competência em que ocorre o reajuste".

6. Consta expressamente dos arts. 33 e seguintes do Decreto n. 3.048/99 que o salário-de-benefício do segurado que contribui em razão de atividades concomitantes será calculado com base na soma dos salários-de-contribuição das atividades exercidas até a data do requerimento ou do óbito ou no período básico de cálculo, observado o disposto no art. 32 e normas seguintes; esses salários-de-contribuição utilizados no cálculo do salário-de-benefício serão corrigidos, mês a mês, de acordo com a variação integral do Índice Nacional de Preço ao Consumidor – INPC, referente ao período decorrido a partir da primeira competência do salário-de-contribuição que compõe o período básico de cálculo até o mês anterior ao do início do benefício, de modo a preservar o seu valor real.

7. Desse modo, como resta evidente, a não inclusão do índice do IRSM do mês de .... de ......, que deveria ser aplicado sobre todos os índices de atualização monetária a incidir sobre os salários de contribuição que compõem o período básico de cálculo, ocasionou ao autor prejuízo monetário de grande proporção desde o início do benefício.

Para a comprovação do alegado e do seu direito, o requerente junta à petição inicial os seguintes documentos:

a) carta de concessão do benefício previdenciário do autor;

b) carta de concessão do benefício originário;

c) demonstrativo de cálculo da renda mensal inicial do benefício do autor;

d) demonstrativo de cálculo da renda mensal inicial do benefício originário;

e) extrato trimestral do benefício;

f) extrato bancário referente ao levantamento do valor do benefício.

III – DO PEDIDO

ISSO POSTO, requer o que segue.

a) a procedência do pedido para efeito da condenação do INSS a revisar o benefício previdenciário titularizado pelo autor de modo a ser compelido a pagar as diferenças vencidas e vincendas, monetariamente corrigidas desde o respectivo vencimento e acrescidas de juros legais e moratórios, incidentes até a data do efetivo pagamento, correspondentes, atualmente, a R$ ....

b) a citação do Instituto Nacional do Seguro Social (INSS), bem como sua intimação, para que, até a audiência de tentativa de conciliação, junte aos autos o processo administrativo.

c) a concessão do benefício da assistência judiciária gratuita por ser o autor pobre na acepção legal do termo.

Desde já o autor declara renúncia expressa aos valores excedentes ao limite de sessenta salários mínimos da condenação.

Valor da causa: R$ ....

........................., .../....../.............

Assinatura do autor

Assinatura do(a) advogado(a)

OAB/...... n. ......

RESTABELECIMENTO DE AUXÍLIO-DOENÇA

AO JUÍZO DA VARA CÍVEL DA JUSTIÇA FEDERAL

SEÇÃO JUDICIÁRIA DO ESTADO DE ....

.................., brasileiro, casado, industriário, RG n. ...., inscrito no CPF/MF sob n. .... (cópias anexas), CTPS n. ...., PIS n. ...., endereço eletrônico ...., residente e domiciliado na rua ...., n. ......, nesta cidade, vem perante este juízo, por seu bastante procurador, advogado inscrito na OAB ......, sob n. ......, endereço eletrônico ...., com escritório na av. ...., n. ......, nesta cidade, onde recebe intimações, para promover a presente

AÇÃO DE RESTABELECIMENTO DE AUXÍLIO-DOENÇA,
COM PEDIDO DE TUTELA ANTECIPADA

em desfavor do INSTITUTO NACIONAL DO SEGURO SOCIAL, pessoa jurídica de direito público, na pessoa de seu representante legal, o procurador-chefe ou procurador seccional da União, com endereço na rua ...., n. ......, nesta cidade, pelas razões de fato e de direito que passa a expor.

I – DOS FATOS

1. O autor é segurado da Previdência Social, como demonstram os documentos anexos, tendo sido beneficiado com o auxílio-doença.

2. O autor é portador da doença ...., devidamente comprovada pela perícia, e, em que pese o fato de estar realizando tratamento, ainda não se recuperou, ficando impossibilitado de continuar trabalhando.

3. Cabe destacar que o autor, ao ser beneficiado com o auxílio-doença, recebeu o benefício com alta programada e, apesar de requerer prorrogação por diversas vezes, sempre se submetendo a novas perícias, após a última perícia teve o benefício cancelado.

4. Ressalte-se que a doença que perdura e que impossibilita o retorno do requerente à atividade laboral está devidamente comprovada por meio de exames e laudos médicos fornecidos pelo SUS e por seu médico particular, conforme documentos anexos.

5. Não bastasse a enfermidade da qual é acometido, desde o cancelamento do auxílio-doença, que ocorreu na data de ...., o autor vem passando por sérias dificuldades financeiras, uma vez que não possui outro meio de subsistência.

II – DO DIREITO

A Lei n. 8.213/91, nos arts. 59 e 62, estabelece os requisitos para a concessão do auxílio-doença, requisitos esses devidamente preenchidos pelo autor:

> Art. 59. O auxílio-doença será devido ao segurado que, havendo cumprido, quando for o caso, o período de carência exigido nesta Lei, ficar incapacitado para o seu trabalho ou para a sua atividade habitual por mais de 15 (quinze) dias consecutivos. § 1º Não será devido auxílio-doença ao segurado que se filiar ao Regime Geral de Previdência Social já portador da doença ou da lesão invocada como causa para o benefício, salvo quando a incapacidade sobrevier por motivo de progressão ou agravamento dessa doença ou lesão.
>
> [...]
>
> Art. 62. O segurado em gozo de auxílio-doença, insuscetível de recuperação para sua atividade habitual, deverá submeter-se a processo de reabilitação profissional para o exercício de outra atividade. § 1º O benefício a que se refere o *caput* deste artigo será mantido até que o segurado seja considerado reabilitado para o desempenho de atividade que lhe garanta a subsistência ou, quando considerado não recuperável, seja aposentado por invalidez.

III – DO PEDIDO DE TUTELA DA EVIDÊNCIA

Conforme se pode constatar, a tutela da evidência, prevista no art. 311 do CPC/2015, que corresponde ao requisito legal da prova inequívoca e da verossimilhança da alegação, encontra-se presente nos fatos alegados e nas provas juntadas na inicial, formando o conjunto probatório necessário para a realização da cognição sumária, indispensável a essa tutela de urgência.

Como mencionado, o autor, pessoa simples, doente e impossibilitada de arcar com as despesas de manutenção familiar, pleiteia uma prestação de natureza alimentar, indispensável por si mesma à própria sobrevivência e da família.

Assim, impõe-se a designação de perícia médica, com urgência, a fim de que, após a emissão do laudo, sejam antecipados os efeitos da tutela. Na hipótese de impossibilidade de agendamento em curto espaço de tempo, que ainda assim seja concedida a antecipação da tutela, de forma a garantir o sustento do requerente e de sua família.

IV – DO PEDIDO FINAL

ISTO POSTO, requer:

1. Em caráter liminar

a concessão da tutela antecipada, após a realização da perícia médica, ou antes dela se o agendamento não for breve, determinando-se ao INSS que inicie desde logo o pagamento das prestações do auxílio-doença, enquanto persistir a enfermidade do requerente.

2. Em caráter definitivo

a) a condenação do INSS ao pagamento das prestações do auxílio-doença, devidas desde o requerimento administrativo do benefício, tornando-se definitiva a tutela antecipada deferida, acrescida de correção monetária a partir do vencimento de cada prestação até a efetiva liquidação, respeitada a prescrição quinquenal, adotando-se os critérios de atualização previstos no art. 1º-F da Lei n. 9.494/97;

b) a nomeação de perito para a realização da perícia médica e, se for o caso, dos exames que se fizerem necessários para a comprovação da doença;

c) a citação do Instituto Nacional do Seguro Social (INSS) para, querendo, apresentar contestação à presente demanda, no prazo legal, sob pena de revelia e confissão;

d) a condenação do INSS ao pagamento de honorários advocatícios na base de 20% sobre o valor da condenação;

e) a concessão do benefício da assistência judiciária gratuita por ser o autor pobre na acepção legal do termo.

Desde já o autor declara sua renúncia expressa aos valores excedentes ao limite de sessenta salários mínimos da condenação.

Valor da causa: R$ ....

........................, .../....../............

Assinatura do autor

Assinatura do(a) advogado(a)

OAB/...... n. ......

10

Petições intermediárias

ACORDO DE DESISTÊNCIA DA AÇÃO

AO JUÍZO DE DIREITO DA 3ª VARA CÍVEL

Comarca de ....

Autos n. ....

Ação de ....

........................., nos autos da ação ordinária de ...., que move em desfavor de ...., vem, por seu procurador signatário, declarar que desiste de prosseguir na ação.

Outrossim, concordando o demandado com a desistência referida, por não a ter contestado, requer a este juízo, na forma do art. 485, VIII, do Código de Processo Civil, homologar a desistência da ação sem resolução do mérito.

Termos em que

E. deferimento.

........................, ... de .... de 20......

Advogado(a)

OAB/...... n. ......

ACORDO NOS AUTOS

AO JUÍZO DE DIREITO DA 3ª VARA CÍVEL

Comarca de ....

Autos n. ....

Autor ....

Réu ....

Ação de ....

.... e ...., já qualificados nos autos do PROCESSO DE EXECUÇÃO, que o primeiro move contra o segundo, por seus procuradores firmatários, vem dizer e ao final requerer o que segue:

1. O exequente recebe, neste ato, do executado, a importância de R$ .... (........................), pela qual dá inteira quitação de todos os seus haveres, nesse valor inclusos as custas, correção monetária e honorários do patrono do exequente.

2. Com o pagamento ora feito pelo executado, fica a este liberada a promissória de fls. ......, a qual deu origem à execução, quitada que está na forma acordada.

Isso posto, com fundamento no art. 487, III, *b*, do Código de Processo Civil, REQUEREM que este juízo:

a) homologue a presente transação efetuada entre o exequente e o executado, para que produza seus efeitos jurídicos e legais;

b) mande liberar ao executado a nota promissória de fls. ......, mediante recibo nos autos, a ser firmado pelo procurador do executado;

c) mande cancelar, mediante expedição de AUTO DE LEVANTAMENTO DE PENHORA, a penhora de fls. ...... , se esta já se encontrar averbada no Cartório de Registro de Imóveis da .... Zona, para fins e efeitos legais;

d) pagas as custas e despesas judiciais pelo exequente, determine a baixa do feito na distribuição e arquivamento do processo.

N. termos

P. deferimento.

........................, ... de .... de 20......

Advogado do demandante

Advogado do demandado

ADIAMENTO DE AUDIÊNCIA

AO JUÍZO DE DIREITO DA 1ª VARA CÍVEL

Comarca de ....

Autos n. ....

Ação de ....

........................, já qualificado no processo em epígrafe, vem respeitosamente perante este juízo REQUERER que se digne de adiar e remarcar para outra data a audiência de instrução e julgamento já aprazada para a data de ......, às ...... horas, pela impossibilidade de seu procurador a ela comparecer, em razão da necessidade inadiável de se fazer presente, na qualidade de palestrante, ao evento jurídico ...., na cidade de ...., na mesma data, consoante faz prova com o documento incluso.

Diante do exposto, e confiando no bom senso com que sempre tem pautado vossas decisões, requer que, nos termos do art. 362, II, do Código de Processo Civil, este juízo se digne de aprazar nova data para a realização da referida audiência.

Termos em que

E. deferimento.

........................, ... de .... de 20......

Advogado(a)

OAB/...... n. ......

ADIAMENTO DE DEPOIMENTO DE TESTEMUNHA

AO JUÍZO DE DIREITO DA 3ª VARA CÍVEL

Comarca de ....

Autos n. ....

Ação de ....

........................, nos autos da ação de ...., contra ...., com audiência de instrução e julgamento marcada para o dia ...... de .... do corrente ano, às ...... horas, tendo sido comunicado que a testemunha ...., arrolada às fls. ......, não poderá comparecer à audiência designada por motivo de doença, conforme atestado médico anexo, por seu procurador infra-assinado, requer que este juízo, nos termos do art. 362, II, do Código de Processo Civil, digne-se de determinar nova data, horário e local para que a testemunha seja inquirida.

N. termos

P. deferimento.

........................, ... de .... de 20......

Advogado(a)

OAB/...... n. ......

ADJUDICAÇÃO DE BENS NO INVENTÁRIO

AO JUÍZO DE DIREITO DA VARA DAS SUCESSÕES

Comarca de ....

Autos n. ....

Ação de inventário

.... e ...., na qualidade de credores habilitados nos autos de inventário de ...., vêm declarar a este juízo que os seus créditos no montante de R$ .... são superiores às forças da herança, cujo monte inventariado, nos termos das declarações finais de fls. ...... , atinge o total de R$ ....

Sendo assim, os requerentes entraram em acordo com os herdeiros e interessados (documento incluso) para que os referidos bens inventariados, na conformidade do art. 642, § 4º, do Código de Processo Civil, sejam adjudicados aos requerentes, para pagamento dos respectivos créditos.

Assim, em face da concordância manifestada pelos interessados na presente, requer a este juízo a remessa dos autos ao Senhor Contador para que proceda ao competente cálculo, para fins de direito.

Termos em que

E. deferimento.

........................, ... de .... de 20......

Advogado(a)

OAB/...... n. ......

AFASTAMENTO DO LUGAR DA FALÊNCIA

AO JUÍZO DE DIREITO DA 3ª VARA CÍVEL (ou de Falências)

Comarca de ....

Autos n. ....

Ação de falência

........................, nos autos de falência da empresa ...., em face de encontrar-se gravemente enfermo (doc. incluso) e necessitando ausentar-se deste Estado para tratamento de saúde, vem requerer a este juízo a competente permissão para afastar-se da cidade, para os fins de direito.

Ressalva ainda que, concedido o pedido, o requerente será representado no processo por seu advogado ...., inscrito na OAB/...... sob n. ...., com escritório nesta cidade, na rua ....

E. deferimento.

........................, ... de .... de 20......

Advogado(a)

OAB/...... n. ......

ANTECIPAÇÃO DE DEPOIMENTO DE TESTEMUNHA (1)

AO JUÍZO DE DIREITO DA 3ª VARA CÍVEL

Comarca de ....

Autos n. ....

Ação de ....

......................, por seu procurador infra-assinado, vem, perante este juízo, nos autos da ação de ...., que move em desfavor de .... e cuja audiência de instrução e julgamento foi designada para a data de ...., às ...... horas, tendo em vista que a testemunha ...., arrolada às fls. ......, não poderá comparecer à referida audiência por motivo profissional (comprovante incluso), requerer, nos termos do art. 449, parágrafo único, do Código de Processo Civil, autorização para que a mesma testemunha seja inquirida antes da audiência, em data a ser designada por este juízo.

P. deferimento.

........................, ... de .... de 20......

Advogado(a)

OAB/...... n. ......

ANTECIPAÇÃO DE DEPOIMENTO DE TESTEMUNHA (2)
(Antecipação de prova)

AO JUÍZO DE DIREITO DA 5ª VARA CÍVEL

Comarca de ....

Autos n. ....

Ação de ....

.... (qualificação e endereço), vem, por seu procurador signatário, tendo em vista os motivos seguintes:

1. O requerente move contra o requerido, nesse Juízo, ação de ...., na qual é imprescindível, para complementar sua prova, o depoimento da testemunha ...., com 92 anos de idade.

2. Considerando a idade avançada e o precário estado de saúde da referida testemunha (doc. incluso), o requerente receia que, ao tempo regular de ser realizada a prova, ela não mais exista ou fique impossibilitada de testemunhar.

3. Ante o exposto, com fundamentos no art. 381, I, do Código de Processo Civil, vem requerer a notificação de .... (qualificação e endereço), para assistir, em dia e hora que forem designados, ao depoimento de .... (qualificação e endereço).

Ante o exposto, cumpridas as formalidades legais, requer a devolução dos autos, independentemente de traslado, para que sirva de prova oportunamente.

Termos em que

E. deferimento.

........................, ... de .... de 20......

Advogado(a)

OAB/...... n. ......

ANTECIPAÇÃO DE JULGAMENTO

AO JUÍZO DE DIREITO DA 3ª VARA CÍVEL
Comarca de ....
Autos n. ....
Ação de usucapião
Autores: ....

Os requerentes, acima nomeados, por seu procurador abaixo firmado, vêm respeitosamente perante este juízo para dizer e requerer o quanto segue:

1. Conforme a farta documentação acostada, os requerentes são legítimos possuidores da área usucapienda, a qual ocupam com exclusividade e sem qualquer oposição por mais de 13 anos, sem considerar o tempo de posse de seus antecessores (de 15.03.1995 a 03.11.2001).

2. Não houve qualquer impugnação ou contestação ao direito ora pleiteado pelos autores.

3. Já foram ouvidas duas testemunhas que atestaram a posse mansa e pacífica dos autores.

4. Não bastasse as referidas provas, a anexa cópia do HABITE-SE, emitido na data de 14.07.2004, comprova que os requerentes, desde aquela data, estabeleceram no imóvel sua moradia habitual, consoante exige o parágrafo único do art. 1.238 do Código Civil:

> Art. 1.238. Aquele que, por quinze anos, sem interrupção, nem oposição, possuir como seu um imóvel [...].
>
> Parágrafo único. O prazo estabelecido neste artigo reduzir-se-á a dez anos se o possuidor houver estabelecido no imóvel a sua moradia habitual [....].

5. Como se observa, os requerentes, independentemente de ser somado o tempo anterior de posse dos seus antecessores (de 15.03.1995 a 03.11.2001), ocupam o imóvel há mais de 13 anos (de 04.11.2001, como consta no contrato de compra e venda e na escritura de posse anexa aos autos, à data atual) e, sendo assim, preenchem o requisito do parágrafo único do art. 1.238, qual seja, o da redução do prazo de 15 anos para 10 anos, quando o possuidor houver estabelecido no imóvel sua moradia habitual. Nesse caso, os requerentes são possuidores por 13 anos, ou seja, três anos a mais do que o tempo exigido.

6. Acrescente-se, ademais, que o art. 1.242 também ampara o direito dos requerentes, ao prever 10 anos de ocupação, havendo justo título e boa-fé, como no caso da presente ação:

"Art. 1.242. Adquire também a propriedade do imóvel aquele que, contínua e incontestadamente, com justo título e boa-fé, o possuir por dez anos."

Diante do exposto, com fundamento no art. 355, I, do Código de Processo Civil, e em nome da celeridade e economia processual, requerem a este juízo:

a) a dispensa da oitiva de nova testemunha em audiência já aprazada para o dia 06.04.2010;

b) o proferimento de sentença de procedência desde logo, reconhecendo o direito dos requerentes;

c) a oitiva do ilustre representante do Ministério Público.

Termos em que requerem deferimento.

......................., ... de .... de 20......

Advogado(a)

OAB/...... n. ......

ATENDIMENTO PREFERENCIAL

AO JUÍZO DE DIREITO DO JUIZADO ESPECIAL CÍVEL

Comarca de ....

Autos n. ....

Demandante: ....

Demandada: ....

Ação de ....

PROCESSO PREFERENCIAL

......................., em causa própria, vem perante este juízo REQUERER PRIORIDADE NA TRAMITAÇÃO DO PRESENTE PROCESSO, em razão de já ter atingido idade superior a 65 anos, com fundamento no art. 1.048, I, do Código de Processo Civil, *verbis*:

> Art. 1.048. Terão prioridade de tramitação, em qualquer juízo ou tribunal, os procedimentos judiciais:
>
> I – em que figure como parte ou interessado pessoa com idade igual ou superior a 60 (sessenta) anos ou portadora de doença grave, assim compreendida qualquer das enumeradas no art. 6º, inciso XIV, da Lei n. 7.713, de 22 de dezembro de 1988;

II – regulados pela Lei n. 8.069, de 13 de julho de 1990 (Estatuto da Criança e do Adolescente);

III – em que figure como parte a vítima de violência doméstica e familiar, nos termos da Lei n. 11.340, de 7 de agosto de 2006 (Lei Maria da Penha);

IV – em que se discuta a aplicação do disposto nas normas gerais de licitação e contratação a que se refere o inciso XXVII do *caput* do art. 22 da Constituição Federal.

§ 1º A pessoa interessada na obtenção do benefício, juntando prova de sua condição, deverá requerê-lo à autoridade judiciária competente para decidir o feito, que determinará ao cartório do juízo as providências a serem cumpridas.

Diante do exposto, e juntando a prova da idade, reitera o pedido, bem como vossa manifestação, URGENTE, do pedido de concessão de ANTECIPAÇÃO DE TUTELA, conforme REITERADAMENTE REQUERIDO em petições anteriores.

Termos em que pede deferimento.

........................., ... de .... de 20......

Advogado(a)

OAB/...... n. ......

CÁLCULO DO CONTADOR

AO JUÍZO DE DIREITO DA 3ª VARA CÍVEL

Comarca de ....

Autos n. ....

Ação de ....

........................., nos autos da ação que move em desfavor de ...., tendo em vista o despacho de fls. (ou a decisão de fls.), por seu procurador, vem requerer a este juízo a remessa dos autos ao contador para o cálculo do principal, juros, custas e honorários advocatícios.

Termos em que

E. deferimento.

........................., ... de .... de 20......

Advogado(a)

OAB/...... n. ......

CITAÇÃO FORA DO HORÁRIO DE EXPEDIENTE

AO JUÍZO DE DIREITO DA 4ª VARA CÍVEL
Comarca de ....
Autos n. ....
Ação de ....

................................, por seu procurador infra-assinado, na ação ordinária de ...., movida contra ...., não tendo conseguido o Senhor Oficial de Justiça promover a citação do requerido, em virtude de este só se encontrar em sua residência após às 20 horas, conforme certidão respectiva, vem requerer a este juízo, nos termos do art. 212, § 2º, do Código de Processo Civil, autorização para que a referida diligência possa realizar-se após às 18 horas, ou aos sábados, domingos e feriados.

Termos em que
P. deferimento.
........................, ... de .... de 20......
Advogado(a)
OAB/...... n. ......

CITAÇÃO POR EDITAL

AO JUÍZO DE DIREITO DA 4ª VARA CÍVEL
Comarca de ....
Autos n. ....
Ação de ....

........................, nos autos da ação que move em desfavor de ...., tendo em vista a certidão passada pelo oficial de justiça, que dá ciência que o demandado se encontra em local incerto e não sabido, vem, de acordo com o art. 256, II, do Código de Processo Civil, requerer que este seja citado por edital.

Termos em que
E. deferimento.
........................, ... de .... de 20......
Advogado(a)
OAB/...... n. ......

COBRANÇA DE AUTOS EM CARGA[1]

AO JUÍZO DE DIREITO DA 1ª VARA CÍVEL
Comarca de ....
Autos n. ....
Ação de ....

........................., por seu procurador infra-assinado, vem respeitosamente perante este juízo para, nos termos do art. 234, § 1º, do Código de Processo Civil, requerer que este juízo se digne de ordenar a intimação do advogado do réu (ou do autor) para dentro de três dias devolver a cartório os autos que se encontram em seu poder desde a data de ...., ultrapassando, assim, o prazo legal de restituição e, se intimado, o advogado não devolver os autos no prazo, determinar a perda do direito à vista fora de cartório e multa correspondente à metade do salário mínimo.

P. deferimento.
........................., ... de .... de 20......
Advogado(a)
OAB/...... n. ......

COLAÇÃO DE BENS EM INVENTÁRIO

AO JUÍZO DE DIREITO DA VARA DE SUCESSÕES
Comarca de ....
Autos n. ....
Ação de inventário

..................................., por seu advogado, na qualidade de herdeiro do finado ...., cujo inventário corre por esse juízo, sob n. ...., vem, por seu procurador signatário, nos termos do art. 639 do Código de Processo Civil, trazer à COLAÇÃO os bens que lhe foram doados pelo demandante da herança. Conforme escritura ora exibida, os referidos bens são os seguintes:

1 Prazo para falar nos autos (sobre documento, cálculo etc.): em geral, cinco dias; para restituir autos quando estes forem retirados por interesse do advogado e independentemente de intimação do juiz para falar nos autos, cinco dias (art. 107 do CPC/2015); demais prazos, veja ao final da obra.

a) ....

b) ....

Pelo exposto, requer que sua declaração seja tomada por termo nos autos do inventário.

E. deferimento.

........................, ... de .... de 20......

Advogado(a)

OAB/...... n. ......

COMPROMISSO DE LEVAR TESTEMUNHA À AUDIÊNCIA

AO JUÍZO DE DIREITO DA 2ª VARA CÍVEL

Comarca de ....

Autos n. ....

Ação de ....

........................, por seu procurador firmatário, vem perante este juízo para, nos autos da ação de ...., que move em desfavor de ...., dizer que a testemunha ...., arrolada às fls. ......, comparecerá à audiência de instrução e julgamento designada para o dia ...., às ...... horas, independentemente de intimação, conforme lhe faculta o art. 455, § 2º, do Código de Processo Civil.

P. deferimento.

........................, ... de .... de 20......

Advogado(a)

OAB/...... n. ......

COMPROVAÇÃO DE RECOLHIMENTO DAS CUSTAS FINAIS

AO JUÍZO DE DIREITO DA 3ª VARA CÍVEL
Comarca de ....
Autos n. ....
Ação de usucapião
Autores: ....

V.P.L. e L.M.L., demandantes na ação em epígrafe, vêm perante este juízo, por seu bastante procurador, para requerer a juntada do COMPROVANTE DE RECOLHIMENTO DAS CUSTAS FINAIS do processo.

Requer, ademais, que este juízo determine, desde logo, a expedição de mandado para registro do imóvel no Cartório de Registro de Imóveis competente.

Termos em que
E. deferimento.
........................, ... de .... de 20......
Advogado(a)
OAB/...... n. ......

CONCORDÂNCIA COM VALOR DEPOSITADO PELO RÉU (Expedição de alvará)

AO JUÍZO DE DIREITO DA ...... VARA CÍVEL
Comarca de ....
Autos n. ....
Ação indenizatória

B.T.C., já qualificada no processo em epígrafe, vem, por seu procurador firmatário, respeitosamente perante este juízo para dizer que concorda com o valor de R$ 22.000,00 (vinte e dois mil reais) que foi objeto de depósito, de parte da demandada, requerendo, para tanto, que este juízo determine a expedição de alvará, em nome do procurador da demandante, para que proceda ao levantamento do valor depositado em conta judicial, uma vez que possui poderes específicos para receber valores.

(Observação: se eletrônicos os autos, o Alvará se traduz em Mandado de Levantamento Eletrônico – MLE – padronizado em todo o Judiciário Nacional pelo Provimento n. 68, de 03.05.2018, do CNJ.)

Termos em que
pede deferimento.
........................, ... de .... de 20......
Advogado(a)
OAB/...... n. ......

CONCORDÂNCIA COM A DESOCUPAÇÃO DO IMÓVEL (Ação de despejo)

AO JUÍZO DE DIREITO DA 2ª VARA CÍVEL
Comarca de ....
Autos n. ....
Ação de despejo

........................, por seu procurador firmatário, nos autos da ação de despejo que lhe move ...., vem, nos termos do art. 61 da Lei n. 8.245/91, declarar que concorda com o pedido de despejo, obrigando-se a desocupar o imóvel objeto da ação, no prazo de seis meses.

Requer a juntada aos autos para os fins legais.

P. deferimento.
........................, ... de .... de 20......
Advogado(a)
OAB/...... n. ......

CONFISSÃO

AO JUÍZO DE DIREITO DA 2ª VARA CÍVEL
Comarca de ....
Autos n. ....
Ação de ....

....................., nos autos da ação ordinária de ...., que move contra ...., não desejando arcar com o ônus de lide temerária, vem à presença deste juízo, por seu procurador firmatário, confessar que na data de .... realmente ocorreu o fato alegado pelo demandante em sua petição inicial de fls. ......, ou seja, ...

Assim, com fundamento no art. 390, § 1º, do Código de Processo Civil, vem requerer a este juízo que a presente confissão seja tomada por termo nos autos.

Termos em que
E. deferimento.
........................., ... de .... de 20......
Advogado(a)
OAB/...... n. ......

DECLARAÇÃO DE EXTINÇÃO DA EXECUÇÃO

AO JUÍZO DE DIREITO DA 5ª VARA CÍVEL
Comarca de ....
Autos n. ....
Ação de execução

........................., nos autos de execução que lhe move ...., tendo satisfeito integralmente a obrigação, como prova o documento anexo, vem, por seu procurador signatário, de conformidade com o art. 924, II, do Código de Processo Civil, requerer a este juízo que declare extinta a referida execução.

Termos em que
E. deferimento.
........................., ... de .... de 20......
Advogado(a)
OAB/...... n. ......

DENÚNCIA DE FATO EXTINTIVO

AO JUÍZO DE DIREITO DA 3ª VARA CÍVEL
Comarca de ....
Autos n. ....
Ação de ....

........................, nos autos da ação ordinária que lhe move ...., tendo tido ciência, somente agora, de que o contrato que serviu de fundamento à propositura da presente ação já se encontrava liquidado pelos antecessores do requerente, por instrumento em separado, fato esse até então desconhecido, razão pela qual não foi alegado na contestação de fls. ......, vem, por seu procurador firmatário, de conformidade com o disposto no art. 350 do Código de Processo Civil, denunciá-lo com o comprovante anexo, para os devidos efeitos.

Requerendo a juntada aos autos, espera deste juízo merecida e lídima justiça.

Termos em que
E. deferimento.
........................, ... de .... de 20......
Advogado(a)
OAB/...... n. ......

DEPOIMENTO DE TESTEMUNHA DOENTE[2]

AO JUÍZO DE DIREITO DA 4ª VARA CÍVEL
Comarca de ....
Autos n. ....
Ação de ....

........................, por seu procurador firmatário, vem perante este juízo para, nos autos da ação de ...., que promove contra ...., requerer, nos termos do art. 449, parágrafo único, do Código de Processo Civil, que a testemunha

2 O parágrafo único do art. 449 determina que: "Quando a parte ou a testemunha, por enfermidade ou por outro motivo relevante, estiver impossibilitada de comparecer, mas não de prestar depoimento, o juiz designará, conforme as circunstâncias, dia, hora e lugar para inquiri-la".

.................., intimada para comparecer à audiência do dia ...., seja ouvida em sua residência sita na rua ...., n. ......, em dia e hora marcados por este juízo, uma vez que a testemunha encontra-se impossibilitada de comparecer à referida audiência por motivo de doença, conforme faz prova com o atestado médico incluso.

P. deferimento.

........................, ... de .... de 20......

Advogado(a)

OAB/...... n. ......

DEPÓSITO DA COISA PARA SATISFAZER OBRIGAÇÃO

AO JUÍZO DE DIREITO DA 2ª VARA CÍVEL

Comarca de ....

Autos n. ....

Ação de ....

........................, nos autos da ação que lhe move ...., em fase de execução para entrega de coisa certa, tendo sido citado para entregar a coisa, vem, por seu procurador firmatário, nos termos do art. 807 do Código de Processo Civil, requerer a este juízo a efetivação do depósito da coisa para efeito de satisfação da obrigação.

Termos em que

E. deferimento.

........................, ... de ....de 20......

Advogado(a)

OAB/...... n. ......

DEPÓSITO DE VALORES EM CUMPRIMENTO DE SENTENÇA

AO JUÍZO DA ...... VARA CÍVEL

Comarca de ....

Autos n. ....

Ação de ....

P.C.V. e outros, já qualificados nos autos da ação indenizatória que lhe move P.J.S. feito que tramita perante este MM. Juízo, por sua procuradora abaixo firmada, vem, com o devido respeito, à presença ilustre deste juízo para juntar comprovante de depósito judicial no valor de R$ 55.820,00 (cinquenta e cinco mil, oitocentos e vinte reais), conforme referido na impugnação ao cumprimento de sentença, de folhas dos autos.

Outrossim, considerando o princípio de que a sentença deverá ser executada fielmente, sem ampliação ou restrição do que nela estiver disposto, e que o devedor tem o direito adquirido de sofrer execução rigorosamente nos termos da condenação, vem, com fundamento nos arts. 525, V, e 917, III, do Código de Processo Civil, requerer a intimação do exequente/impugnado, para que se manifeste sobre a presente impugnação, querendo, sendo ela recebida em seu efeito suspensivo e julgada provada para o fim de ser declarada insubsistente a execução, condenando-o em custas processuais, honorários advocatícios na base de 20% sobre o valor dado à execução e demais cominações legais.

Termos em que J. esta aos autos,

P. e E. deferimento.

......................., ... de .... de 20......

Advogado(a)

OAB/...... n. ......

DEPÓSITO PARA ELIDIR INSOLVÊNCIA CIVIL[3]

AO JUÍZO DE DIREITO DA 3ª VARA CÍVEL

Comarca de ....

Autos n. ....

Ação de ....

3 "Art. 1.052. Até a edição de lei específica, as execuções contra devedor insolvente, em curso ou que venham a ser propostas, permanecem reguladas pelo Livro II, Título IV, da Lei n. 5.869, de 11 de janeiro de 1973."

......................, nos autos de insolvência civil requerida por ...., vem, por seu procurador, no prazo legal, de conformidade com o disposto no art. 757 do Código de Processo Civil de 1973, em decorrência da repristinação parcial ditada pelo artigo 1.052 do NCPC, requerer a este juízo o DEPÓSITO da importância de R$ .... correspondente ao crédito ajuizado, para que possa discutir a sua legitimidade.

Termos em que
E. deferimento.
........................., ... de .... de 20......
Advogado(a)
OAB/...... n. ......

DESARQUIVAMENTO DE PROCESSO

AO JUÍZO DE DIREITO DA 1ª VARA DE FAMÍLIA
Comarca de ....
Autos n. ....

A.V.L., brasileiro, casado, administrador, RG n. .... e CPF n. ...., residente e domiciliado na av. ...., n. ......, nesta cidade, por seu procurador firmatário, vem respeitosamente perante este juízo para requerer desarquivamento, obter vistas e extrair cópias do Processo n. ...., ajuizado perante essa 1ª Vara de Família.

Termos em que
requer deferimento.
........................, ... de .... de 20......
Advogado(a)
OAB/...... n. ......

DESENTRANHAMENTO DE DOCUMENTOS

AO JUÍZO DE DIREITO DA 3ª VARA CÍVEL
Comarca de ....
Autos n. ....
Ação de ....

................., nos autos da ação ...., que move contra ...., que já transitou em julgado, vem perante este juízo, por seu procurador firmatário, requerer o desentranhamento dos documentos constantes às fls. ......, que serão devidamente substituídos por cópias, vez que pretende utilizá-los em processo futuro.

Termos em que
E. deferimento.
......................., ... de .... de 20......
Advogado(a)
OAB/...... n. ......

(Observação: em razão da crescente utilização do Processo Judicial Eletrônico – Pje, cada vez menos documentos físicos são processados, prevalecendo as regras ditadas pelo CNJ, pela IN 67, de 05.08.2015, e pela Resolução n. 324, de 30.06.2020.)

DESFAZIMENTO DO ATO COM PERDAS E DANOS

AO JUÍZO DE DIREITO DA 2ª VARA CÍVEL
Comarca de ....
Autos n. ....
Ação de ....

................., nos autos da ação ...., que move em desfavor de ...., ora em fase de cumprimento de sentença de obrigação de fazer, tendo o executado, apesar de intimado para tanto, se recusado a retirar a cerca que adentrou o imóvel do requerente e de recolocá-la no local anterior, a que foi condenado, vem, por seu procurador, com fundamento nos arts. 536 e 817 do Código de Processo Civil, requerer a este juízo que seja desfeito o referido ato por terceiro, à custa do executado.

Termos em que

E. deferimento.

........................., ... de .... de 20......

Advogado(a)

OAB/...... n. ......

DISPENSA DE AVALIAÇÃO
(Processo de execução)

AO JUÍZO DE DIREITO DA 2ª VARA CÍVEL

Comarca de ....

Autos n. ....

Ação de execução

..............................., nos autos da execução por quantia certa que move contra ...., concordando com a estimativa de valor feita na nomeação do bem à penhora pelo executado, vem perante este juízo, por seu procurador, para, nos termos do art. 871, I, do Código de Processo Civil, requerer dispensa de avaliação.

Termos em que

E. deferimento.

........................., ... de .... de 20......

Advogado(a)

OAB/...... n. ......

DISPENSA DE DEPOIMENTO DE TESTEMUNHA[4]

AO JUÍZO DE DIREITO DA 5ª VARA CÍVEL

Comarca de ....

Autos n. ....

Ação de ....

4 "Art. 448. A testemunha não é obrigada a depor sobre fatos: I – que lhe acarretem grave dano, bem como ao seu cônjuge ou companheiro e aos seus parentes consanguíneos ou afins, em linha reta ou colateral, até o terceiro grau." Art. 457, § 3º: "A testemunha pode requerer ao juiz que a escuse de depor, alegando os motivos neste Código, decidindo o juiz de plano após ouvidas as partes".

........................, por seu procurador infra-assinado, vem respeitosamente perante este juízo para, nos autos da ação de ...., que move contra ...., requerer que este juízo, nos termos do art. 448, I, do Código de Processo Civil, digne-se de dispensar o depoimento da testemunha ...., já intimada para depor na audiência designada para a data de ...., às ...... horas, uma vez que tal depoimento poderá acarretar grave dano a ela e a seu cônjuge, em razão de ....

P. deferimento.

........................, ... de .... de 20......

Advogado(a)

OAB/...... n. ......

EMENDA DA PETIÇÃO INICIAL

AO JUÍZO DE DIREITO DA 3ª VARA CÍVEL
Comarca de ....
Autos n. ....
Ação de ....

TUTELA CAUTELAR DE BUSCA E APREENSÃO

........................, já devidamente qualificado no processo em epígrafe, vem respeitosamente perante este juízo, por seu procurador signatário, para, nos termos do vosso r. Despacho, proceder à EMENDA DA INICIAL, o que faz nos seguintes termos:

1. FATOS E FUNDAMENTOS: conforme já expostos na petição inicial.

2. Que o demandante pretende, no prazo legal de 30 (trinta) dias, a contar da concessão da medida cautelar liminar, promover a ação principal que consistirá na AÇÃO REIVINDICATÓRIA DE VEÍCULO AUTOMOTOR c/c ANULAÇÃO DE TRANSFERÊNCIA.

DIANTE DO EXPOSTO, requer:

I – A busca e apreensão do veículo ...., cor prata, placa ...., ano ... ., chassi ...., o qual se encontra no endereço mencionado na inicial, ou onde quer que o veículo se encontre, procedendo-se, ato contínuo, à sua entrega ao ora demandante, *inaudita altera pars*.

II – Que a medida seja concedida LIMINARMENTE, em face do receio de iminentes prejuízos (depreciação) decorrentes do uso continuado do veículo pelo demandado, o qual, pelo que sabe o demandante, inclusive nele já instalou GNV, fato que caracteriza o perigo de dano e o risco ao resultado útil do processo.

III – Executada a liminar, seja o demandado citado pessoalmente por oficial de justiça para que, no prazo legal, ofereça contestação, sob pena de revelia e confissão.

IV – Contestada ou não, seja a presente cautelar julgada procedente.

V – A condenação do demandado ao pagamento das custas e demais despesas processuais, correção monetária, juros e honorários advocatícios, estes fixados em 20% do valor do veículo.

Protesta provar o alegado por todos os meios de prova em direito admitidos, em especial pela juntada de novos documentos, depoimento pessoal do demandado e oitiva de testemunhas, se necessário.

Protesta pelo ajuizamento da AÇÃO REIVINDICATÓRIA DE VEÍCULO AUTOMOTOR, no trintídio exigido pelo art. 308 do Código de Processo Civil.

Dá-se à presente causa o valor de R$ ....

Nestes termos,
pede deferimento.
........................, ... de .... de 20......
Advogado(a)
OAB/...... n. ......

EXPEDIÇÃO DE CARTA PRECATÓRIA

AO JUÍZO DE DIREITO DA 4ª VARA CÍVEL
Comarca de ....
Ação de ....
Autos n. ....
Ação de ....

........................, por seu procurador signatário, vem respeitosamente perante este juízo para, nos autos da ação ordinária que move contra ...., ainda não tendo sido proferido o despacho saneador, com fundamento no art. 377 do Código de Processo Civil, requerer a este juízo a EXPEDIÇÃO DE CARTA PRECATÓRIA para o Juízo da Comarca de ...., a fim de ser tomado o depoimento da testemunha ....

........................, residente na mencionada cidade, à rua ...., n. ......, o qual é imprescindível à prova do requerente.

Requer, ainda, tendo em vista os motivos expostos, que este juízo digne-se de suspender o curso do presente processo até o cumprimento da aludida carta precatória.

Termos em que
E. deferimento.
........................, ... de .... de 20......
Advogado(a)
OAB/...... n. ......

EXTINÇÃO DA EXECUÇÃO
(Recebimento de crédito)

AO JUÍZO DE DIREITO DA 3ª VARA CÍVEL
Comarca de ....
Autos n. ....
Ação de execução

........................, por seu procurador signatário, nos autos da execução por quantia certa, que lhe move ...., tendo satisfeito integralmente a obrigação, conforme prova o documento anexo, vem, de conformidade com o art. 924, II, do Código de Processo Civil, requerer a este juízo a extinção da execução.

Termos em que
E. deferimento.
........................, ... de .... de 20......
Advogado(a)
OAB/...... n. ......

EXTINÇÃO DE EXECUÇÃO
(Liberação de penhora)

AO JUÍZO DE DIREITO DA 3ª VARA CÍVEL

Comarca de ....

Autos n. ....

Ação de execução

........................, por seu procurador signatário, nos autos da execução por quantia certa que lhe move ...., tendo resgatado o total do débito ajuizado, conforme comprovante constante de fls. ......, vem, com fundamento no art. 924, II, do Código de Processo Civil, requerer EXTINÇÃO DO PROCESSO DE EXECUÇÃO, com a consequente liberação do bem imóvel penhorado, descrito às fls. ......, expedindo-se, nesse sentido, o competente mandado para o cancelamento da averbação de penhora no Registro de Imóveis desta Comarca.

Termos em que

E. deferimento.

........................, ... de .... de 20......

Advogado(a)

OAB/...... n. ......

EXTINÇÃO DE OBRIGAÇÕES
(Requerido pelo falido)

AO JUÍZO DE DIREITO DA VARA DE FALÊNCIAS E CONCORDATAS

Comarca de ....

Autos n. ....

Ação de ....

........................, já qualificado no processo de falência, por seu advogado que esta subscreve (doc. 1), vem perante este juízo para requerer a EXTINÇÃO DE SUAS OBRIGAÇÕES, nos termos dos arts. 158 e 159 da Lei n. 11.101/2005, face às seguintes razões:

1. O requerente foi declarado falido, por sentença exarada por este juízo, nos autos do processo falimentar n. ...., por requerimento de .... (doc. 2).

2. O requerente não sofre condenação por crime falimentar de nenhuma espécie, tendo concluído o pagamento de todos os seus credores, conforme prova inclusa (doc. 3).

3. Assim, pretendendo encerrar a falência e reiniciar o exercício de comércio, o requerente está promovendo o presente pedido de extinção de suas obrigações.

ANTE O EXPOSTO, e de conformidade com os arts. 158 e 159 da Lei n. 11.101/2005, requer a atuação desta em separado, a publicação de edital em órgão oficial no prazo de 30 dias e, após ouvido o representante do Ministério Público, a declaração por sentença da extinção de todas as suas obrigações.

N. termos
P. deferimento.
........................, ... de .... de 20......
Advogado(a)
OAB/...... n. ......

EXTINÇÃO DE OBRIGAÇÕES NA INSOLVÊNCIA[5]

AO JUÍZO DE DIREITO DA 3ª VARA CÍVEL
Comarca de ....
Autos n. ....
Ação de ....

........................, por seu procurador firmatário, nos autos de sua insolvência civil, vem, com fundamento nos arts. 778 a 782 do Código de Processo Civil de 1973, requerer a este juízo que, após cumpridas as formalidades processuais, seja decretada a EXTINÇÃO DAS OBRIGAÇÕES, em face de, nesta data, haver decorrido mais de cinco anos do encerramento do processo de insolvência civil (doc. incluso).

Termos em que
E. deferimento.
........................, ... de .... de 20......
Advogado(a)
OAB/...... n. ......

5 "Art. 1.052. Até a edição de lei específica, as execuções contra devedor insolvente, em curso ou que venham a ser propostas, permanecem reguladas pelo Livro II, Título IV, da Lei n. 5.869, de 11 de janeiro de 1973."

EXTINÇÃO DO PROCESSO SEM RESOLUÇÃO DO MÉRITO

AO JUÍZO DE DIREITO DA 3ª VARA CÍVEL
Comarca de ....
Autos n. ....
Ação de ....

.........................., por seu procurador, nos autos da ação ordinária que lhe move ...., vem perante este juízo para, de conformidade com o disposto no art. 485, III, do Código de Processo Civil, requerer a EXTINÇÃO DO PROCESSO, sem resolução do mérito, por abandono de causa pelo demandante, em consideração ao fato de o processo encontrar-se parado por mais de 30 dias sem que o demandante tivesse promovido as diligências que lhe competiam, em face de decisão proferida por este juízo às fls. ......

Termos em que
E. deferimento.
......................., ... de .... de 20......
Advogado(a)
OAB/...... n. ......

HABILITAÇÃO DE CRÉDITO NA INSOLVÊNCIA[6]

AO JUÍZO DE DIREITO DA 3ª VARA CÍVEL
Comarca de ....
Autos n. ....
Ação de ....

........................, brasileiro, casado, comerciante, RG n. ...., CPF n. ...., endereço eletrônico ...., residente e domiciliado nesta cidade, na rua ...., n. ......, na conformidade do disposto no art. 761, II, do Código de Processo Civil, vem, por seu procurador firmatário, perante este juízo, promover a presente DECLARAÇÃO DE CRÉDITO na insolvência civil de ...., da quantia de

6 "Art. 1.052. Até a edição de lei específica, as execuções contra devedor insolvente, em curso ou que venham a ser propostas, permanecem reguladas pelo Livro II, Título IV, da Lei n. 5.869, de 11 de janeiro de 1973."

R$ .... (.........................), representada pela nota promissória que junta à presente, correspondente a empréstimo em dinheiro feito ao insolvente.

E. deferimento.

........................, ... de .... de 20......

Advogado(a)

OAB/...... n. ......

HABILITAÇÃO DE CREDOR NA HERANÇA JACENTE

AO JUÍZO DE DIREITO DA VARA DAS SUCESSÕES

Comarca de ....

Autos n. ....

Ação de ....

........................, brasileiro, casado, comerciante, RG n. ...., CPF n. ...., endereço eletrônico ...., em apenso aos autos de arrecadação dos bens de ...., por seu procurador signatário, vem, com o título anexo, nos termos do art. 741, § 4º, do Código de Processo Civil, requerer a este juízo a sua HABILITAÇÃO de credor no passivo da herança, pelo valor de R$ .... Requer ainda que, após cumpridas as formalidades legais, se efetive o referido pagamento.

Termos em que, ouvidos o Curador e os representantes do Ministério Público e da Fazenda do Estado,

E. deferimento.

........................, ... de .... de 20......

Advogado(a)

OAB/...... n. ......

HABILITAÇÃO EM INVENTÁRIO

AO JUÍZO DE DIREITO DA VARA DAS SUCESSÕES
Comarca de ....
Autos n. ....
Ação de inventário

.... (qualificação e endereço), nos autos do inventário de ...., por seu procurador infra-assinado, vem, com o título incluso, comprobatório de seu crédito, no valor de R$ ...., requerer a este juízo a sua HABILITAÇÃO como credor do espólio.

Para esse efeito, requer a este juízo, na conformidade do art. 642 do Código de Processo Civil, que sejam reservados bens quantos bastem para pagamento da referida dívida.

Termos em que
E. deferimento.
......................., ... de .... de 20.....
Advogado(a)
OAB/...... n. ......

HABILITAÇÃO NO PROCESSO
(Requerimento por sucessor)

AO JUÍZO DE DIREITO DA 3ª VARA CÍVEL
Comarca de ....
Autos n. ....
Ação de ....

.... (qualificação e endereço), nos autos da ação ordinária que .... move contra ...., na condição de filho do demandante (comprovante incluso) e tendo ele falecido na data de .... (certidão de óbito inclusa), vem, por seu procurador signatário, nos termos do art. 688 do Código de Processo Civil, requerer a este juízo a sua HABILITAÇÃO no feito como sucessor do demandante.

A habilitação tem lugar quando, por falecimento de qualquer das partes, os interessados houverem de suceder o demandado no processo. A habilitação pode ser requerida pelos sucessores do falecido, em relação à parte (art. 688, II, do CPC).

Em face do exposto, requer a citação dos mencionados herdeiros para os termos do presente pedido de habilitação para, querendo, manifestarem-se no prazo de cinco dias e que, procedido na forma dos arts. 689 a 692 da lei processual, sejam o requerente julgado habilitado, a fim de que o feito prossiga seu curso normal.

Termos em que

E. deferimento.

........................, ... de .... de 20......

Advogado(a)

OAB/...... n. ......

INCIDENTE DE FALSIDADE

AO JUÍZO DE DIREITO DA 3ª VARA CÍVEL

Comarca de ....

Autos n. ....

Ação de execução

........................, autor na ação de execução que move em desfavor de ...., vem perante este juízo, por seu advogado abaixo assinado para, nos termos do art. 431 do Código de Processo Civil, arguir INCIDENTE DE FALSIDADE, pelos motivos de fato e de direito que passa a expor:

1. Tramita perante esse juízo, processo em epígrafe, ação de execução para obter do demandado o pagamento relativo a uma nota promissória no valor de R$ ....

2. Ao promover contestação, o demandado com ela juntou um recibo do valor do título, pretendendo, com isso, demonstrar que a dívida já havia sido paga.

3. Ocorre, no entanto, que o referido recibo é falso, porquanto falsa é a assinatura que consta como sendo do demandante, que nada recebeu em pagamento e não assinou dito documento.

4. Consoante prescreve a lei, o incidente de falsidade tem lugar em qualquer tempo e grau de jurisdição, incumbindo à parte, contra quem foi produzido o documento, suscitá-lo na contestação, na réplica ou no prazo de quinze dias, contados da intimação da sua juntada aos autos (art. 430 do CPC). Visa o demandante, assim, a obter a declaração da falsidade do descabido recibo.

Pelo exposto, requer a intimação do demandado para, no prazo de quinze dias, responder aos termos da presente, e, após, seja procedido o exame pericial do documento.

Requer, ainda, a procedência do presente incidente para efeito de nulidade e desconsideração do documento objeto da presente impugnação.

Protesta por prova pericial grafotécnica e depoimento pessoal do demandado.

Termos em que
E. deferimento.
......................., ... de .... de 20......
Advogado(a)
OAB/...... n. ......

INDICAÇÃO DE PROVAS

AO JUÍZO DE DIREITO DA 5ª VARA CÍVEL
Comarca de ....
Autos n. ....
Ação de ....

...................., nos autos da ação ordinária que move em desfavor de ...., em atendimento ao respeitável despacho de fls. ...... , por seu procurador firmatário, vem declarar a este juízo que, reportando-se à petição inicial, protesta pela produção das provas seguintes:

a) pericial para efeito de ....;

b) depoimento pessoal do demandado (se for o caso);

c) testemunhal, segundo o rol abaixo:

Testemunhas:

1. ...., brasileiro, casado, comerciário, ... anos de idade, CPF n. ...., RG n. ...., com endereço residencial na rua ...., n. ......, e profissional na rua ...., n. ......, nesta cidade.

2. ...., brasileira, casada, do lar, ... anos de idade, CPF n. ...., RG n. ...., com endereço residencial na rua ...., n. ...... e profissional na rua ...., n. ......, nesta cidade.

Requer a juntada aos autos.

E. deferimento.
......................., ... de .... de 20......
Advogado(a)
OAB/...... n. ......

INSPEÇÃO JUDICIAL

AO JUÍZO DE DIREITO DA 5ª VARA CÍVEL

Comarca de ....

Autos n. ....

Ação de ....

......................., nos autos da ação ...., que move contra ...., vem, por seu procurador signatário, com fundamento no art. 481 do Código de Processo Civil, requerer que este juízo se digne de proceder INSPEÇÃO JUDICIAL em ...., objetivando, com isso, melhor esclarecimento da causa, tendo em vista as divergências existentes nos laudos periciais de fls. ...... e fls. ......

Requer ainda que, procedida e concluída a diligência, seja lavrado auto circunstanciado, para instrução da causa, nos termos do art. 484 do Código de Processo Civil.

Termos em que

E. deferimento.

......................., ... de .... de 20.....

Advogado(a)

OAB/...... n. ......

INSTITUIÇÃO DE JUÍZO ARBITRAL

AO JUÍZO DE DIREITO DA 4ª VARA CÍVEL

Comarca de ....

Autos n. ....

Ação de ....

.... e ...., por seu procurador signatário, nos autos da ação ordinária de .... que contendem nesse juízo, vêm declarar a este juízo que, na conformidade do art. 9º da Lei n. 9.307/96, resolveram, de mútuo acordo, instituir o COMPROMISSO ARBITRAL, para solução do litígio, como efetivamente o fazem, da forma seguinte:

1º Os requerentes nomeiam para árbitros os Srs. F.C.L. e C.L.B. (qualificação e endereço de ambos), e, para eventuais substitutos, os Srs. R.A.G. e O.F.T. (qualificação e endereço de ambos).

2º A matéria objeto do compromisso é ....

3º A sentença arbitral deverá ser proferida nesta cidade de ....

4º Os árbitros deverão apresentar o laudo arbitral no prazo de ...... dias, a partir do respectivo compromisso.

5º Os honorários dos árbitros são fixados em R$ .... (........................), para cada um, devendo o referido valor ser rateado pelas partes requerentes.

6º Os requerentes se obrigam e se comprometem a aceitar as conclusões do laudo arbitral.

ISSO POSTO, com fundamento no art. 9º da Lei n. 9.307/96 e art. 42 do Código de Processo Civil, as partes requerem que a presente seja ratificada por termo e que sejam notificados os árbitros nomeados para assinatura do respectivo compromisso.

Termos em que

E. deferimento.

........................, ... de .... de 20......

Advogado(a)

OAB/...... n. ......

INTERVENÇÃO COMO LITISCONSORTE

AO JUÍZO DE DIREITO DA 3ª VARA CÍVEL

Comarca de ....

Autos n. ....

Ação de ....

........................, brasileiro, casado, comerciante, RG n. ...., CPF n. ...., endereço eletrônico ...., residente e domiciliado nesta cidade, na rua ...., n. ......, por seu procurador firmatário, advogado inscrito na OAB/......, sob n. ......, endereço eletrônico ...., com escritório na ...., n. ......, nesta cidade, onde recebe intimações, vem, nos autos da ação de ...., expor e requerer a este juízo o seguinte:

1. Corre perante esse juízo a referida ação em que litigam como demandante .... e como demandada a empresa ...., processo em que se demanda indenização por acidente de veículos.

2. Consoante se infere, o fato encontra-se descrito na petição inicial da seguinte forma:

....

....

3. O requerente, também passageiro do veículo, foi vítima do referido acidente, sofrendo graves lesões, a saber:

....

....

4. Prescreve a lei que duas ou mais pessoas podem litigar, no mesmo processo, quando entre elas houver comunhão de direitos ou de obrigações relativamente à lide (art. 113, I, do CPC).

Em face do exposto, requer a este juízo que seja admitido como litisconsorte no referido processo, bem como a intimação das partes para se manifestarem a respeito do pedido.

Termos em que

E. deferimento.

........................, ... de .... de 20......

Advogado(a)

OAB/...... n. ......

LEVANTAMENTO DE SALDO NA EXECUÇÃO

AO JUÍZO DE DIREITO DA 3ª VARA CÍVEL

Comarca de ....

Autos n. ....

Ação de execução

........................, por seu procurador signatário, nos autos da execução por quantia certa que lhe move ...., vem, nos termos do art. 907 do Código de Processo Civil, requerer a este juízo o levantamento do saldo da execução, na importância de R$ ...., visto que o montante do crédito ajuizado já foi levantado pelo exequente, expedindo-se, nesse sentido, o competente mandado.

Termos em que

E. deferimento.

........................, ... de .... de 20......

Advogado(a)

OAB/...... n. ......

MANIFESTAÇÃO NOS AUTOS
(Atendendo despacho do juiz)

AO JUÍZO DE DIREITO DA 3ª VARA CÍVEL
Comarca de ....
Autos n. ....
Ação de ....

........................, por seu procurador firmatário, atendendo ao respeitável despacho de fls. ......, vem respeitosamente perante este juízo para, nos autos da ação de ...., que move a ...., de conformidade com o art. 321 do Código de Processo Civil, juntar o instrumento de procuração incluso (ou juntar certidões negativas; ou juntar comprovante de pagamento da taxa judiciária; ou atribuir valor à causa; ou fornecer novo endereço da testemunha ou da parte contrária; ou dizer o que segue etc.).

Termos em que
E. deferimento.
......................., ... de .... de 20.......
Advogado(a)
OAB/...... n. ......

PURGA DA MORA (AÇÃO DE DESPEJO)

AO JUÍZO DE DIREITO DA 3ª VARA CÍVEL
Comarca de ....
Autos n. ....
Ação de despejo

........................, nos autos da ação de despejo por falta de pagamento, que lhe move ...., vem, na qualidade de locatário (ou sublocatário legítimo, se for o caso), com fundamento no art. 62, II, da Lei n. 8.245/91, requerer a PURGA DA MORA, nos termos do que segue:

1. O Réu foi citado na data de .... para responder os termos da presente ação de despejo por falta de pagamento de aluguéis e demais encargos do imóvel que reside, sob pena de confesso e revelia. O referido mandado foi juntado aos autos na data de ....

2. Considerando o exposto e a faculdade que lhe confere a Lei n. 8.245/91, vem o demandado, dentro do prazo previsto em lei, manifestar sua intenção de PURGAR A MORA, realizando o pagamento do valor contido na petição inicial, qual seja, R$ .... (...... ....), referente aos aluguéis vencidos, encargos, multa, juros, custas e honorários advocatícios.

Pelo exposto, REQUER:

a) que seja expedida guia para pagamento do valor supracitado, com a intimação do demandante para que se pronuncie sobre o referido depósito e promova seu levantamento.

b) a imediata baixa do processo, com o respectivo arquivamento dos autos.

Termos em que

E. deferimento.

......................., ... de .... de 20......

Advogado(a)

OAB/...... n. ......

QUESITOS SUPLEMENTARES

AO JUÍZO DE DIREITO DA 4ª VARA CÍVEL

Comarca de ....

Autos n. ....

Ação de ....

........................, por seu procurador signatário, vem respeitosamente perante este juízo para, nos autos da ação ...., que move contra ...., nos termos do art. 469 do Código de Processo Civil, apresentar, para serem respondidos pelos Srs. peritos, os seguintes quesitos suplementares:

(Formular as perguntas que forem necessárias para completar a prova pericial.)

1. ....

2. ....

Requerendo a juntada aos autos,

E. deferimento.

......................., ... de .... de 20......

Advogado(a)

OAB/...... n. ......

REQUISIÇÃO DE PROCESSO ADMINISTRATIVO

AO JUÍZO DE DIREITO DA 5ª VARA CÍVEL
Comarca de ....
Autos n. ....

......................., nos autos da ação ...., que move em desfavor de ...., por seu procurador, vem, para provar o alegado na petição inicial (ou quando for o caso do demandado em sua contestação) de conformidade com o disposto no art. 438 do Código de Processo Civil, requerer a este juízo que seja requisitada à .... (especificar a Repartição) certidão relativa à .... (especificar).

Termos em que
E. deferimento.
......................., ... de .... de 20......
Advogado(a)
OAB/...... n. ......

RETIFICAÇÃO DE PARTILHA

AO JUÍZO DE DIREITO DA VARA DAS SUCESSÕES
Comarca de ....
Autos n. ....
Ação de inventário

......................., inventariante do espólio de .... (ou o herdeiro), por seu procurador signatário, vem, de conformidade com o art. 656 do Código de Processo Civil, requerer a este juízo a RETIFICAÇÃO DE PARTILHA de fls. ......, em face dos seguintes fundamentos:

1. O Senhor Contador equivocou-se na descrição dos bens, vez que, como consta de fls. ...... contrariou a descrição contida nas Certidões do Registro de Imóveis acostadas aos autos.

2. Desse modo, o imóvel descrito no item 2, da petição inicial, que deveria constar como tendo a área de ...... m^2, consta com apenas ...... m^2.

3. Demais disso, também houve equívoco na localização do imóvel arrolado no item 4, pois figurou como sito na ...., enquanto na realidade situa-se na ....

ANTE O EXPOSTO, requerendo seja tomada por termo a retificação,

E. deferimento.

......................., ... de .... de 20......

Advogado(a)

OAB/...... n. ......

RETIRADA DOS AUTOS PARA CÓPIAS[7]

AO JUÍZO DE DIREITO DA 3ª VARA CÍVEL

Comarca de ....

Autos n. ....

Ação de ....

........................, por seu procurador firmatário, vem respeitosamente perante este juízo para, nos autos da ação de ...., que move a ...., tendo sido intimado da sentença de improcedência, requerer a retirada (carga) dos autos pelo prazo de 2 (duas) a 6 (seis) horas, como lhe faculta o art. 107, III, do Código de Processo Civil, a fim de obter cópias e possibilitar a elaboração do recurso de apelação.

E. deferimento.

......................., ... de .... de 20......

Advogado(a)

OAB/...... n. ......

7 "Art. 107. [...] § 2º Sendo o prazo comum às partes, os procuradores poderão retirar os autos somente em conjunto ou mediante prévio ajuste, por petição nos autos. § 3º Na hipótese do § 2º, é lícito ao procurador retirar os autos para obtenção de cópias, pelo prazo de 2 (duas) a 6 (seis) horas, independentemente de ajuste e sem prejuízo da continuidade do prazo."

ROL DE TESTEMUNHAS

AO JUÍZO DE DIREITO DA 3ª VARA CÍVEL
Comarca de ....
Autos n. ....
Ação de ....

.........................., nos autos da ação ...., que move em desfavor de ...., vem, por seu procurador firmatário, atendendo vosso r. despacho, dizer que pretende produzir, além de prova testemunhal representada pelas testemunhas abaixo arroladas, as quais devem ser devidamente intimadas para comparecerem à audiência de instrução e julgamento designada para o dia ...., às ...... horas, a fim de prestarem depoimento, as provas documentais já acostadas à inicial e o depoimento pessoal do demandado.

Rol de testemunhas:

1. ...., brasileiro, casado, comerciário, ... anos de idade, CPF n. ...., RG n. ...., com endereço residencial na rua ...., n. ...... e profissional na rua ...., n. ......, nesta cidade.

2. ...., brasileira, casada, do lar, ... anos de idade, CPF n. ...., RG n. ...., com endereço residencial na rua ...., n. ......, e profissional na rua ...., n. ......, nesta cidade.

Termos em que
E. deferimento.
........................, ... de .... de 20......
Advogado(a)
OAB/...... n. ......

RISCAR COTAS MARGINAIS

AO JUÍZO DE DIREITO DA 3ª VARA CÍVEL
Comarca de ....
Autos n. ....
Ação de ....

......................., por seu procurador, nos autos da ação ordinária, que move em desfavor de ...., tendo o digno patrono do demandado devolvido o processo, com cotas marginais lançadas na réplica de fls. ...... e fls. ......, as quais, além de proibidas pelo art. 202 do Código de Processo Civil, podem causar dúvidas e tumultuar sua marcha, vem requerer a este juízo que estas sejam riscadas, impondo a multa de metade do salário mínimo.

Termos em que
P. deferimento.
........................, ... de .... de 20......
Advogado(a)
OAB/...... n. ......

SUSPENSÃO DA EXECUÇÃO

AO JUÍZO DE DIREITO DA 3ª VARA CÍVEL
Comarca de ....
Autos n. ....
Ação de execução

........................, por seu procurador, nos autos da execução que move em desfavor de ...., vem, respeitosamente perante este juízo para, nos termos do art. 921, III, do Código de Processo Civil, requerer a SUSPENSÃO DA EXECUÇÃO pelo prazo de um ano, visto que, conforme certidão do Senhor Oficial de Justiça, o executado não possui bens penhoráveis.

Ressalva, todavia, o direito de oportunamente renovar o processo executivo.

Termos em que
E. deferimento.
........................, ... de .... de 20......
Advogado(a)
OAB/...... n. ......

SUSPENSÃO DO PROCESSO

AO JUÍZO DE DIREITO DA 3ª VARA CÍVEL
Comarca de ....

Autos n. ....
Ação de ....

.... e ...., por seus advogados infra-assinados, nos autos da ação de ...., intentada pelo primeiro contra o segundo, vêm, em comum acordo, com fundamento no art. 313, II, do Código de Processo Civil, requerer a SUSPENSÃO do processo pelo prazo de 2 (dois) meses, para fins de direito.

E. deferimento.

........................, ... de .... de 20......

Advogado(a)

OAB/...... n. ......

TERMO DE TRANSAÇÃO

Por este instrumento e melhor forma de direito, C.A.P., brasileiro, casado, do comércio, domiciliado e residente nesta cidade, abaixo assinado, neste ato assistido por seu bastante procurador, o Dr. ...., inscrito na OAB, Seção do ...., sob n. ...., e B.C.L., brasileiro, solteiro, industriário, domiciliado e residente nesta cidade, abaixo assinado, neste ato assistido por seu bastante procurador, o Dr. ...., inscrito na OAB, Seção do ...., sob n. ...., tendo presente o acidente de trânsito ocorrido no dia ...... de .... do corrente ano de 20......, e do qual resultaram danos materiais em ambos os veículos de propriedade dos signatários, com o objetivo de evitar demanda judicial, resolvem, na forma dos arts. 840 e seguintes do Código Civil, transacionar a respeito das consequências civis do mencionado acidente, o que fazem da seguinte forma:

1. C.A.P., a título de indenização pelos danos materiais causados ao veículo de B.C.L., pagará a este a importância de R$ .... (..................), da seguinte forma:

a) R$ .... (........................) em dinheiro, nesta data;

b) R$ .... (........................) representada por uma nota promissória emitida nesta data e com vencimento em ....;

c) R$ .... (........................) representada por uma nota promissória emitida nesta data e com vencimento em ....

2. A presente transação é feita sem que o C.A.P. admita, direta ou indiretamente, a sua responsabilidade no referido acidente, declarando B.C.L. que também aceita a presente transação sem atribuição de qualquer culpa ao C.A.P., limitando-se as partes a transacionar unicamente, como já foi dito, para evitar futuras pendências judiciais.

3. Uma vez efetuados os pagamentos de que trata o presente termo, B.C.L. estará devidamente quitado e isento de qualquer responsabilidade civil pelo acidente mencionado, sejam elas de caráter material ou pessoal, nada mais ficando a dever, ainda que advenham consequências futuras de natureza pessoal.

E, por assim haverem acordado, assinam o presente em duas vias de igual teor e forma, perante as testemunhas abaixo.

........................, ... de .... de 20......

___________________	___________________
C.A.P.	B.C.L.
___________________	___________________
Advogado(a)	Advogado(a)
OAB/...... n.	OAB/...... n. ......

TRANSFERÊNCIA DE DEPOIMENTO DE TESTEMUNHA

AO JUÍZO DE DIREITO DA 3ª VARA CÍVEL

Comarca de ....

Autos n. ....

Ação de ....

.................., nos autos da ação ordinária que move em desfavor de ...., vem, por seu procurador, requerer o que segue:

1. Este juízo, em despacho proferido às fls. ......, designou para a data de .... a audiência de instrução e julgamento.

2. Todavia, a testemunha ...., previamente arrolada, encontra-se impossibilitada de comparecer em juízo, em virtude de estar internada, para tratamento de saúde, no hospital .... (doc. incluso).

Pelo exposto, de conformidade com o disposto no parágrafo único do art. 449 do Código de Processo Civil, requer a este juízo que o depoimento da referida testemunha seja prestado no local em que se encontra, em dia e hora que forem designados.

Termos em que

E. deferimento.

........................, ... de ....de 20......

Advogado(a)

OAB/...... n. ......

VENDA DE BENS NO INVENTÁRIO

AO JUÍZO DE DIREITO DA ...... VARA DAS SUCESSÕES

Comarca de ....

Autos n. ....

Ação de inventário

........................., na qualidade de viúva e inventariante dos bens deixados por ...., no processo de inventário de n. ...., em tramitação neste juízo, por seu advogado abaixo assinado, vem respeitosamente perante este juízo para comunicar que, em decorrência da total frustração da safra de trigo em sua propriedade rural, encontra-se em grandes dificuldades para atender às necessidades do lar e de manutenção dos filhos herdeiros, todos menores.

Assim, nos termos do art. 619, I, do Código de Processo Civil, requer autorização judicial para vender, a preço corrente da praça, o automóvel de marca ...., placa ...., ano .... e chassi n. ...., integrante da relação de bens a inventariar, com o compromisso de apresentar futuramente os necessários comprovantes.

Juntando-se esta aos autos,
requer deferimento.

........................, ... de .... de 20......

Advogado(a)

OAB/...... n. ......

11

Advocacia trabalhista

JUSTIÇA DO TRABALHO

Os órgãos da Justiça do Trabalho dividem-se, de acordo com a instância de julgamento, em Varas (1ª instância), Tribunais Regionais do Trabalho (2ª instância) e Tribunal Superior do Trabalho (3ª instância).

Competência da Justiça de 1º grau

Segundo previsão do art. 114 da Constituição Federal, compete à Justiça do Trabalho processar e julgar:

> I – as ações oriundas da relação de trabalho, abrangidos os entes de direito público externo e da administração pública direta e indireta da União, dos Estados, do Distrito Federal e dos Municípios;
>
> II – as ações que envolvam exercício do direito de greve;
>
> III – as ações sobre representação sindical, entre sindicatos, entre sindicatos e trabalhadores, e entre sindicatos e empregadores;
>
> IV – os mandados de segurança, *habeas corpus* e *habeas data*, quando o ato questionado envolver matéria sujeita à sua jurisdição;
>
> V – os conflitos de competência entre órgãos com jurisdição trabalhista, ressalvado o disposto no art. 102, I, *o*;
>
> VI – as ações de indenização por dano moral ou patrimonial, decorrentes da relação de trabalho;
>
> VII – as ações relativas às penalidades administrativas impostas aos empregadores pelos órgãos de fiscalização das relações de trabalho;

VIII – a execução, de ofício, das contribuições sociais previstas no art. 195, I, *a*, e II, e seus acréscimos legais, decorrentes das sentenças que proferir;

IX – outras controvérsias decorrentes da relação de trabalho, na forma da lei.

Anteriormente restrita às lides decorrentes da relação de emprego, a competência da Justiça do Trabalho foi ampliada pela Emenda Constitucional n. 45/2004 para, ao lado das relações de emprego, incluir as lides decorrentes da relação de trabalho, mediante a alteração da redação do art. 114, I, da Constituição Federal: "Compete à Justiça do Trabalho processar e julgar: I – as ações oriundas da relação de trabalho, abrangidos os entes de direito público externo e da administração direta e indireta da União, dos Estados, do Distrito Federal e dos Municípios". Inclui, portanto, as relações de trabalho no âmbito das autarquias e das fundações públicas dos referidos entes da federação.

Para efeito de estabelecer a diferença entre relação de trabalho e relação de emprego, a doutrina considera *relação de trabalho* o vínculo contratual de prestação de serviços em que o prestador trabalha sem subordinação e por conta própria; e *relação de emprego* a relação de natureza não eventual caracterizada pela subordinação do empregado ao empregador. Incluem-se no conceito de relação de trabalho os contratos de prestação de serviços, de empreitada e o trabalho autônomo.

Dispõe ainda o inciso IX do art. 114 da CF que outras controvérsias decorrentes da relação de trabalho, na forma da lei, são de competência da Justiça do Trabalho. Por ora são contempladas as seguintes controvérsias: acidente do trabalho, dano moral, exercício do direito de greve, representação sindical e penalidade administrativa.

Em primeira instância, as varas do trabalho julgam apenas dissídios individuais, que são controvérsias surgidas nas relações de trabalho entre o empregador (pessoa física ou jurídica) e o empregado (este sempre como indivíduo, pessoa física). Esse conflito chega à vara do trabalho na forma de reclamação trabalhista. A jurisdição é local, abrangendo geralmente um ou mais municípios. Sua competência é determinada pela localidade onde o empregado, reclamante ou reclamado, prestar serviços ao empregador, ainda que tenha sido contratado em outro local ou no estrangeiro. A vara compõe-se de um juiz do trabalho titular e um juiz do trabalho substituto. Em comarcas onde não exista vara do trabalho, a lei pode atribuir a jurisdição trabalhista ao juiz de direito.

Competência da Justiça de 2º grau

São órgãos de 2º grau da Justiça do Trabalho, os Tribunais Regionais do Trabalho (TRT). São 24 TRTs, distribuídos em 24 regiões, todos com sede em capitais de estado, com competência para julgar, em grau de recurso, as causas decididas pelos juízes das Varas do Trabalho. Os TRTs julgam recursos ordinários contra decisões de Varas do Trabalho, ações originárias (dissídios coletivos de categorias de sua área de jurisdição – sindicatos patronais ou de trabalhadores organizados em nível regional), ações rescisórias de decisões suas ou das varas e os mandados de segurança contra atos de seus juízes.

Competência da Justiça de 3º grau

Em terceira e última instância, e com sede em Brasília, atua o Tribunal Superior do Trabalho (TST). É composto por 27 ministros, escolhidos entre brasileiros com mais de 35 e menos de 65 anos de idade, nomeados pelo presidente da República após aprovação pelo Senado Federal. São recrutados entre juízes de carreira da magistratura trabalhista, advogados e membros do Ministério Público do Trabalho.

O Tribunal Superior do Trabalho, que tem como principal função uniformizar a jurisprudência trabalhista, julga os recursos de revista, recursos ordinários e agravos de instrumento contra decisões de Tribunal Regional do Trabalho e dissídios coletivos de categorias organizadas em nível nacional, além de mandados de segurança, embargos opostos a suas decisões e ações rescisórias.

NORMAS DO CÓDIGO DE PROCESSO CIVIL APLICÁVEIS AO PROCESSO DO TRABALHO

A Instrução Normativa n. 39/2016, editada pelo Tribunal Superior do Trabalho, dispõe sobre as normas do Código de Processo Civil de 2015 aplicáveis e inaplicáveis ao Processo do Trabalho.

TRIBUNAL SUPERIOR DO TRABALHO
TRIBUNAL PLENO

Resolução n. 203, de 15 de março de 2016

Edita a Instrução Normativa n. 39, que dispõe sobre as normas do Código de Processo Civil de 2015 aplicáveis e inaplicáveis ao Processo do Trabalho, de forma não exaustiva.

O EGRÉGIO PLENO DO TRIBUNAL SUPERIOR DO TRABALHO, em Sessão Extraordinária hoje realizada, sob a Presidência do Excelentíssimo Senhor Ministro Ives Gandra da Silva Martins Filho, Presidente do Tribunal, [...]

Considerando a vigência de novo Código de Processo Civil (Lei n. 13.105, de 17.03.2015) [*sic*] a partir de 18 de março de 2016,

Considerando a imperativa necessidade de o Tribunal Superior do Trabalho posicionar-se, ainda que de forma não exaustiva, sobre as normas do Código de Processo Civil de 2015 aplicáveis e inaplicáveis ao Processo do Trabalho,

Considerando que as normas dos arts. 769 e 889 da CLT não foram revogadas pelo art. 15 do CPC de 2015, em face do que estatui o art. 2º, § 2º, da Lei de Introdução às Normas do Direito Brasileiro,

Considerando a plena possibilidade de compatibilização das normas em apreço,

Considerando o disposto no art. 1.046, § 2º, do CPC, que expressamente preserva as "disposições especiais dos procedimentos regulados em outras leis", dentre as quais sobressaem as normas especiais que disciplinam o Direito Processual do Trabalho,

Considerando o escopo de identificar apenas questões polêmicas e algumas das questões inovatórias relevantes para efeito de aferir a compatibilidade ou não de aplicação subsidiária ou supletiva ao Processo do Trabalho do Código de Processo Civil de 2015,

Considerando a exigência de transmitir segurança jurídica aos jurisdicionados e órgãos da Justiça do Trabalho, bem assim o escopo de prevenir nulidades processuais em detrimento da desejável celeridade,

Considerando que o Código de Processo Civil de 2015 não adota de forma absoluta a observância do princípio do contraditório prévio como vedação à decisão surpresa, como transparece, entre outras, das hipóteses de julgamento liminar de improcedência do pedido (art. 332, *caput* e § 1º, conjugado com a norma explícita do parágrafo único do art. 487), de tutela provisória liminar de urgência ou da evidência (parágrafo único do art. 9º) e de indeferimento liminar da petição inicial (CPC, art. 330),

Considerando que o conteúdo da aludida garantia do contraditório há que se compatibilizar com os princípios da celeridade, da oralidade e da concentração de atos processuais no Processo do Trabalho, visto que este, por suas especificidades e pela natureza alimentar das pretensões nele deduzidas, foi concebido e estruturado para a outorga rápida e impostergável da tutela jurisdicional (CLT, art. 769),

Considerando que está *sub judice* no Tribunal Superior do Trabalho a possibilidade de imposição de multa pecuniária ao executado e de liberação de depósito em favor do exequente, na pendência de recurso, o que obsta, de momento, qualquer manifestação da Corte sobre a incidência no Processo do Trabalho das normas dos arts. 520 a 522 e § 1º do art. 523 do CPC de 2015,

Considerando que os enunciados de súmulas dos Tribunais do Trabalho a que se referem os incisos V e VI do § 1º do art. 489 do CPC de 2015 são exclusivamente os que contenham os fundamentos determinantes da decisão (*ratio decidendi* – art. 926, § 2º),

RESOLVE

Aprovar a Instrução Normativa n. 39, nos seguintes termos:

Instrução Normativa n. 39/2016

Dispõe sobre as normas do Código de Processo Civil de 2015 aplicáveis e inaplicáveis ao Processo do Trabalho, de forma não exaustiva.

Art. 1° Aplica-se o Código de Processo Civil, subsidiária e supletivamente, ao Processo do Trabalho, em caso de omissão e desde que haja compatibilidade com as normas e princípios do Direito Processual do Trabalho, na forma dos arts. 769 e 889 da CLT e do art. 15 da Lei n. 13.105, de 17.03.2015 [*sic*].

§ 1º Observar-se-á, em todo caso, o princípio da irrecorribilidade em separado das decisões interlocutórias, de conformidade com o art. 893, § 1º da CLT e Súmula n. 214 do TST.

§ 2º O prazo para interpor e contra-arrazoar todos os recursos trabalhistas, inclusive agravo interno e agravo regimental, é de oito dias (art. 6º da Lei n. 5.584/70 e art. 893 da CLT), exceto embargos de declaração (CLT, art. 897-A).

Art. 2° Sem prejuízo de outros, não se aplicam ao Processo do Trabalho, em razão de inexistência de omissão ou por incompatibilidade, os seguintes preceitos do Código de Processo Civil:

I – art. 63 (modificação da competência territorial e eleição de foro);

II – art. 190 e parágrafo único (negociação processual);

III – art. 219 (contagem de prazos em dias úteis);

IV – art. 334 (audiência de conciliação ou de mediação);

V – art. 335 (prazo para contestação);

VI – art. 362, III (adiamento da audiência em razão de atraso injustificado superior a 30 minutos);

VII – art. 373, §§ 3º e 4º (distribuição diversa do ônus da prova por convenção das partes);

VIII – *(Revogado pela IN n. 41, editada pela Res. 221, de 21.06.2018.)*

IX – art. 942 e parágrafos (prosseguimento de julgamento não unânime de apelação);

X – art. 944 (notas taquigráficas para substituir acórdão);

XI – art. 1.010, § 3º (desnecessidade de o juízo *a quo* exercer controle de admissibilidade na apelação);

XII – arts. 1.043 e 1.044 (embargos de divergência);

XIII – art. 1.070 (prazo para interposição de agravo).

Art. 3° Sem prejuízo de outros, aplicam-se ao Processo do Trabalho, em face de omissão e compatibilidade, os preceitos do Código de Processo Civil que regulam os seguintes temas:

I – art. 76, §§ 1º e 2º (saneamento de incapacidade processual ou de irregularidade de representação);

II – art. 138 e parágrafos (*amicus curiae*);

III – art. 139, exceto a parte final do inciso V (poderes, deveres e responsabilidades do juiz);

IV – art. 292, V (valor pretendido na ação indenizatória, inclusive a fundada em dano moral);

V – art. 292, § 3º (correção de ofício do valor da causa);

VI – arts. 294 a 311 (tutela provisória);

VII – art. 373, §§ 1º e 2º (distribuição dinâmica do ônus da prova);

VIII – art. 485, § 7º (juízo de retratação no recurso ordinário);

IX – art. 489 (fundamentação da sentença);

X – art. 496 e parágrafos (remessa necessária);

XI – arts. 497 a 501 (tutela específica);

XII – arts. 536 a 538 (cumprimento de sentença que reconheça a exigibilidade de obrigação de fazer, de não fazer ou de entregar coisa);

XIII – arts. 789 a 796 (responsabilidade patrimonial);

XIV – art. 805 e parágrafo único (obrigação de o executado indicar outros meios mais eficazes e menos onerosos para promover a execução);

XV – art. 833, incisos e parágrafos (bens impenhoráveis);

XVI – art. 835, incisos e §§ 1º e 2º (ordem preferencial de penhora);

XVII – art. 836, §§ 1º e 2º (procedimento quando não encontrados bens penhoráveis);

XVIII – art. 841, §§ 1º e 2º (intimação da penhora);

XIX – art. 854 e parágrafos (BacenJUD);

XX – art. 895 (pagamento parcelado do lanço);

XXI – art. 916 e parágrafos (parcelamento do crédito exequendo);

XXII – art. 918 e parágrafo único (rejeição liminar dos embargos à execução);

XXIII – arts. 926 a 928 (jurisprudência dos tribunais);

XXIV – art. 940 (vista regimental);

XXV – art. 947 e parágrafos (incidente de assunção de competência);

XXVI – arts. 966 a 975 (ação rescisória);

XXVII – arts. 988 a 993 (reclamação);

XXVIII – arts. 1.013 e 1.014 (efeito devolutivo do recurso ordinário – força maior);

XXIX – art. 1.021 (salvo quanto ao prazo do agravo interno).

Art. 4° Aplicam-se ao Processo do Trabalho as normas do CPC que regulam o princípio do contraditório, em especial os arts. 9º e 10, no que vedam a decisão surpresa.

§ 1º Entende-se por "decisão surpresa" a que, no julgamento final do mérito da causa, em qualquer grau de jurisdição, aplicar fundamento jurídico ou embasar-se em fato não submetido à audiência prévia de uma ou de ambas as partes.

§ 2º Não se considera "decisão surpresa" a que, à luz do ordenamento jurídico nacional e dos princípios que informam o Direito Processual do Trabalho, as partes tinham obrigação de prever, concernente às condições da ação, aos pressupostos de admissibilidade de recurso e aos pressupostos processuais, salvo disposição legal expressa em contrário.

Art. 5° Aplicam-se ao Processo do Trabalho as normas do art. 356, §§ 1º a 4º, do CPC que regem o julgamento antecipado parcial do mérito, cabendo recurso ordinário de imediato da sentença.

Art. 6º *(Revogado pela IN n. 41, editada pela Res. 221, de 21.06.2018.)*

Art. 7° Aplicam-se ao Processo do Trabalho as normas do art. 332 do CPC, com as necessárias adaptações à legislação processual trabalhista, cumprindo ao juiz do trabalho julgar liminarmente improcedente o pedido que contrariar:

I – enunciado de súmula do Supremo Tribunal Federal ou do Tribunal Superior do Trabalho (CPC, art. 927, inciso V);

II – acórdão proferido pelo Supremo Tribunal Federal ou pelo Tribunal Superior do Trabalho em julgamento de recursos repetitivos (CLT, art. 896-B; CPC, art. 1.046, § 4º);

III – entendimento firmado em incidente de resolução de demandas repetitivas ou de assunção de competência;

IV – enunciado de súmula de Tribunal Regional do Trabalho sobre direito local, convenção coletiva de trabalho, acordo coletivo de trabalho, sentença normativa ou regulamento empresarial de observância obrigatória em área territorial que não exceda à jurisdição do respectivo Tribunal (CLT, art. 896, *b*, *a contrario sensu*).

Parágrafo único. O juiz também poderá julgar liminarmente improcedente o pedido se verificar, desde logo, a ocorrência de decadência.

Art. 8° Aplicam-se ao Processo do Trabalho as normas dos arts. 976 a 986 do CPC que regem o incidente de resolução de demandas repetitivas (IRDR).

§ 1º Admitido o incidente, o relator suspenderá o julgamento dos processos pendentes, individuais ou coletivos, que tramitam na Região, no tocante ao tema objeto de IRDR, sem prejuízo da instrução integral das causas e do julgamento dos eventuais pedidos distintos e cumulativos igualmente deduzidos em tais processos, inclusive, se for o caso, do julgamento antecipado parcial do mérito.

§ 2º Do julgamento do mérito do incidente caberá recurso de revista para o Tribunal Superior do Trabalho, dotado de efeito meramente devolutivo, nos termos dos arts. 896 e 899 da CLT.

§ 3º Apreciado o mérito do recurso, a tese jurídica adotada pelo Tribunal Superior do Trabalho será aplicada no território nacional a todos os processos, individuais ou coletivos, que versem sobre idêntica questão de direito.

Art. 9º O cabimento dos embargos de declaração no Processo do Trabalho, para impugnar qualquer decisão judicial, rege-se pelo art. 897-A da CLT e, supletivamente, pelo Código de Processo Civil (arts. 1.022 a 1.025; §§ 2º, 3º e 4º do art. 1.026), excetuada a garantia de prazo em dobro para litisconsortes (§ 1º do art. 1.023).

Parágrafo único. A omissão para fins do prequestionamento ficto a que alude o art. 1.025 do CPC dá-se no caso de o Tribunal Regional do Trabalho, mesmo instado mediante embargos de declaração, recusar-se a emitir tese sobre questão jurídica pertinente, na forma da Súmula n. 297, item III, do Tribunal Superior do Trabalho.

Art. 10. Aplicam-se ao Processo do Trabalho as normas do parágrafo único do art. 932 do CPC, §§ 1º a 4º do art. 938 e §§ 2º e 7º do art. 1.007.

Parágrafo único. *(Revogado pela Resolução n. 218, de 17.04.2017.)*

Art. 11. Não se aplica ao Processo do Trabalho a norma do art. 459 do CPC no que permite a inquirição direta das testemunhas pela parte (CLT, art. 820).

Art. 12. Aplica-se ao Processo do Trabalho o parágrafo único do art. 1.034 do CPC. Assim, admitido o recurso de revista por um fundamento, devolve-se ao Tribunal Superior do Trabalho o conhecimento dos demais fundamentos para a solução apenas do capítulo impugnado.

Art. 13. Por aplicação supletiva do art. 784, I (art. 15 do CPC), o cheque e a nota promissória emitidos em reconhecimento de dívida inequivocamente de natureza trabalhista também são títulos extrajudiciais para efeito de execução perante a Justiça do Trabalho, na forma do art. 876 e segs. da CLT.

Art. 14. Não se aplica ao Processo do Trabalho o art. 165 do CPC, salvo nos conflitos coletivos de natureza econômica (Constituição Federal, art. 114, §§ 1º e 2º).

Art. 15. O atendimento à exigência legal de fundamentação das decisões judiciais (CPC, art. 489, § 1º) no Processo do Trabalho observará o seguinte:

I – por força dos arts. 332 e 927 do CPC, adaptados ao Processo do Trabalho, para efeito dos incisos V e VI do § 1º do art. 489 considera-se "precedente" apenas:

a) acórdão proferido pelo Supremo Tribunal Federal ou pelo Tribunal Superior do Trabalho em julgamento de recursos repetitivos (CLT, art. 896-B; CPC, art. 1.046, § 4º);

b) entendimento firmado em incidente de resolução de demandas repetitivas ou de assunção de competência;

c) decisão do Supremo Tribunal Federal em controle concentrado de constitucionalidade;

d) tese jurídica prevalecente em Tribunal Regional do Trabalho e não conflitante com súmula ou orientação jurisprudencial do Tribunal Superior do Trabalho (CLT, art. 896, § 6º);

e) decisão do plenário, do órgão especial ou de seção especializada competente para uniformizar a jurisprudência do tribunal a que o juiz estiver vinculado ou do Tribunal Superior do Trabalho.

II – para os fins do art. 489, § 1º, incisos V e VI do CPC, considerar-se-ão unicamente os precedentes referidos no item anterior, súmulas do Supremo Tribunal Federal, orientação jurisprudencial e súmula do Tribunal Superior do Trabalho, súmula de Tribunal Regional do Trabalho não conflitante com súmula ou orientação jurisprudencial do TST, que contenham explícita referência aos fundamentos determinantes da decisão (*ratio decidendi*).

III – não ofende o art. 489, § 1º, inciso IV do CPC a decisão que deixar de apreciar questões cujo exame haja ficado prejudicado em razão da análise anterior de questão subordinante.

IV – o art. 489, § 1º, IV, do CPC não obriga o juiz ou o Tribunal a enfrentar os fundamentos jurídicos invocados pela parte, quando já tenham sido examinados na formação dos precedentes obrigatórios ou nos fundamentos determinantes de enunciado de súmula.

V – decisão que aplica a tese jurídica firmada em precedente, nos termos do item I, não precisa enfrentar os fundamentos já analisados na decisão paradigma, sendo suficiente, para fins de atendimento das exigências constantes no art. 489, § 1º, do CPC, a correlação fática e jurídica entre o caso concreto e aquele apreciado no incidente de solução concentrada.

VI – é ônus da parte, para os fins do disposto no art. 489, § 1º, V e VI, do CPC, identificar os fundamentos determinantes ou demonstrar a existência de distinção no caso em julgamento ou a superação do entendimento, sempre que invocar precedente ou enunciado de súmula.

Art. 16. Para efeito de aplicação do § 5º do art. 272 do CPC, não é causa de nulidade processual a intimação realizada na pessoa de advogado regularmente habilitado nos autos, ainda que conste pedido expresso para que as comunicações dos atos processuais sejam feitas em nome de outro advogado, se o profissional indicado não se encontra previamente cadastrado no Sistema de Processo Judicial Eletrônico, impedindo a serventia judicial de atender ao requerimento de envio da intimação direcionada. A decretação de nulidade não pode ser acolhida em favor da parte que lhe deu causa (CPC, art. 276).

Art. 17. Sem prejuízo da inclusão do devedor no Banco Nacional de Devedores Trabalhistas (CLT, art. 642-A), aplicam-se à execução trabalhista as normas dos arts. 495, 517 e 782, §§ 3º, 4º e 5º, do CPC, que tratam respectivamente da hipoteca judiciária, do protesto de decisão judicial e da inclusão do nome do executado em cadastros de inadimplentes.

Art. 18. Esta Instrução Normativa entrará em vigor na data da sua publicação.

Ministro IVES GANDRA DA SILVA MARTINS FILHO
Presidente do Tribunal Superior do Trabalho

A par disso, em estrita consonância com o art. 219 do diploma processual civil, os prazos dos processamentos perante a Justiça do Trabalho passaram a ser contados em dias úteis, restando alterada a redação do art. 775, assim posta: "Art. 775. Os prazos estabelecidos neste Título serão contados em dias úteis, com exclusão do dia do começo e inclusão do dia do vencimento".

Ainda, espelhando as diretrizes do art. 133 do CPC, o Incidente de Desconsideração da Personalidade Jurídica passa a ser regrado pela CLT, por meio do seu novel art. 855-A, *verbis*:

> Art. 855-A. Aplica-se ao processo do trabalho o incidente de desconsideração da personalidade jurídica previsto nos arts. 133 a 137 da Lei n. 13.105, de 16 de março de 2015 – Código de Processo Civil.
>
> § 1º Da decisão interlocutória que acolher ou rejeitar o incidente:
>
> I – na fase de cognição, não cabe recurso de imediato, na forma do § 1º do art. 893 desta Consolidação;
>
> II – na fase de execução, cabe agravo de petição, independentemente de garantia do juízo;
>
> III – cabe agravo interno se proferida pelo relator em incidente instaurado originariamente no tribunal.
>
> § 2º A instauração do incidente suspenderá o processo, sem prejuízo de concessão da tutela de urgência de natureza cautelar de que trata o art. 301 da Lei n. 13.105, de 16 de março de 2015 (Código de Processo Civil).

REGRAS PARA O AJUIZAMENTO DA RECLAMATÓRIA

As ações ajuizadas na Justiça do Trabalho tramitarão pelo rito ordinário ou sumaríssimo, conforme previsto na Consolidação das Leis do Trabalho, excepcionando apenas as que, por disciplina legal expressa, estiverem sujeitas a rito especial, tais como o mandado de segurança, *habeas corpus, habeas data,* ação rescisória, ação cautelar e ação de consignação em pagamento (Instrução Normativa n. 27/2005 do TST).

Informações relevantes para a ação

Cumpre ao advogado trabalhista obter o máximo de informações a respeito do cliente, seja ele empregado ou empregador, principalmente em relação ao contrato de trabalho, tais como data de admissão, data de demissão, forma de rompimento do vínculo, salário, comissões, gorjetas, jornada de trabalho, forma de controle da jornada, regularidade de depósitos fundiários e previdenciários, vantagens adicionais, faltas, advertências, atestados médicos, entrega de guias, verbas que foram pagas. Deve coletar, ainda, toda a legislação aplicável à categoria profissional a que pertence o reclamante, considerando que algumas profissões obedecem a normas específicas.

O passo seguinte será proceder ao exame da existência ou não de sindicato representativo da categoria profissional do trabalhador, buscando conhecimento da convenção ou do acordo coletivo, cuja cópia deverá acompanhar a inicial.

Ainda, merecem especial destaque as inovações legais trazidas pela Lei n. 13.467/2017, que alterou diversos artigos da CLT. Dentre várias das que mais afetam o exercício prático da Advocacia Trabalhista, há a regra do art. 791-A, pela qual se determina que:

> Art. 791-A. Ao advogado, ainda que atue em causa própria, serão devidos honorários de sucumbência, fixados entre o mínimo de 5% (cinco por cento) e o máximo de 15% (quinze por cento) sobre o valor que resultar da liquidação da sentença, do proveito econômico obtido ou, não sendo possível mensurá-lo, sobre o valor atualizado da causa.
>
> § 1º Os honorários são devidos também nas ações contra a Fazenda Pública e nas ações em que a parte estiver assistida ou substituída pelo sindicato de sua categoria.
>
> § 2º Ao fixar os honorários, o juízo observará:
>
> I – o grau de zelo do profissional;
>
> II – o lugar de prestação do serviço;
>
> III – a natureza e a importância da causa;
>
> IV – o trabalho realizado pelo advogado e o tempo exigido para o seu serviço.
>
> § 3º Na hipótese de procedência parcial, o juízo arbitrará honorários de sucumbência recíproca, vedada a compensação entre os honorários.
>
> § 4º Vencido o beneficiário da justiça gratuita, desde que não tenha obtido em juízo, ainda que em outro processo, créditos capazes de suportar a despesa, as obrigações decorrentes de sua sucumbência ficarão sob condição suspensiva de exigibilidade e somente poderão ser executadas se, nos dois anos subsequentes ao trânsito em julgado da decisão que as certificou, o credor demonstrar que deixou de existir a situação de insuficiência de recursos que justificou a concessão de gratuidade, extinguindo-se, passado esse prazo, tais obrigações do beneficiário.
>
> § 5º São devidos honorários de sucumbência na reconvenção.

Logo, tal qual se faz nos ajuizamentos cíveis em geral, a partir da inovação legal, fundamental que o Advogado Trabalhista advirta o seu constituinte de que o ajuizamento de Reclamação, se improcedente, acarretará efetivo custo financeiro ao Reclamante.

Ainda, a má-fé processual passa a ser expressamente punida, nos moldes do que acontece no processamento civil, por meio das disposições do art. 793 da CLT, assim remodelado:

> Art. 793-A. Responde por perdas e danos aquele que litigar de má-fé como reclamante, reclamado ou interveniente.
>
> Art. 793-B. Considera-se litigante de má-fé aquele que:

I – deduzir pretensão ou defesa contra texto expresso de lei ou fato incontroverso;

II – alterar a verdade dos fatos;

III – usar do processo para conseguir objetivo ilegal;

IV – opuser resistência injustificada ao andamento do processo;

V – proceder de modo temerário em qualquer incidente ou ato do processo;

VI – provocar incidente manifestamente infundado;

VII – interpuser recurso com intuito manifestamente protelatório.

Art. 793-C. De ofício ou a requerimento, o juízo condenará o litigante de má-fé a pagar multa, que deverá ser superior a 1% (um por cento) e inferior a 10% (dez por cento) do valor corrigido da causa, a indenizar a parte contrária pelos prejuízos que esta sofreu e a arcar com os honorários advocatícios e com todas as despesas que efetuou.

§ 1º Quando forem dois ou mais os litigantes de má-fé, o juízo condenará cada um na proporção de seu respectivo interesse na causa ou solidariamente aqueles que se coligaram para lesar a parte contrária.

§ 2º Quando o valor da causa for irrisório ou inestimável, a multa poderá ser fixada em até duas vezes o limite máximo dos benefícios do Regime Geral de Previdência Social.

§ 3º O valor da indenização será fixado pelo juízo ou, caso não seja possível mensurá-lo, liquidado por arbitramento ou pelo procedimento comum, nos próprios autos.

Art. 793-D. Aplica-se a multa prevista no art. 793-C desta Consolidação à testemunha que intencionalmente alterar a verdade dos fatos ou omitir fatos essenciais ao julgamento da causa.

Parágrafo único. A execução da multa prevista neste artigo dar-se-á nos mesmos autos.

Tentativa de conciliação prévia

O art. 625-D da Consolidação das Leis do Trabalho (CLT) determina que, existindo Comissão de Conciliação Prévia, toda demanda deve ser a ela submetida antes de ser apreciada pelo Poder Judiciário. O teor do artigo é o seguinte:

Art. 625-D. Qualquer demanda de natureza trabalhista será submetida à Comissão de Conciliação Prévia se, na localidade da prestação de serviços, houver sido instituída a Comissão no âmbito da empresa ou do sindicato da categoria.

§ 1º A demanda será formulada por escrito ou reduzida a termo por qualquer dos membros da Comissão, sendo entregue cópia datada e assinada pelo membro aos interessados.

§ 2º Não prosperando a conciliação, será fornecida ao empregado e ao empregador declaração da tentativa conciliatória frustrada com a descrição de seu objeto, firmada pelos membros da Comissão, que deverá ser juntada à eventual reclamação trabalhista.

§ 3º Em caso de motivo relevante que impossibilite a observância do procedimento previsto no *caput* deste artigo, será a circunstância declarada na petição inicial da ação intentada perante a Justiça do Trabalho.

§ 4º Caso exista, na mesma localidade e para a mesma categoria, Comissão de empresa e Comissão sindical, o interessado optará por uma delas para submeter a sua demanda, sendo competente aquela que primeiro conhecer do pedido.

Não obstante a prescrição legal, o entendimento atual é o de que "o comparecimento perante a Comissão de Conciliação Prévia é uma faculdade assegurada ao obreiro, objetivando a obtenção de um título executivo extrajudicial, conforme previsto pelo art. 625-E, parágrafo único, da CLT, mas não constitui condição da ação, nem tampouco pressuposto processual na reclamatória trabalhista, diante do comando emergente do art. 5º, XXXV, da Constituição Federal" (Súmula n. 2 do TRT-SP).

No mesmo sentido, decisão do STF:

> É desnecessária a submissão prévia dos conflitos subjetivos trabalhistas à Comissão de Conciliação Prévia, consoante entendimento fixado pelo Supremo Tribunal Federal no julgamento cautelar das ADIs ns. 2.139 e 2.160, em que foi conferida interpretação conforme a Constituição Federal relativamente ao art. 625-D, introduzido na CLT pela Lei n. 9.958/2000.

Precedentes: ARE n. 654.457, rel. Min. Joaquim Barbosa, *DJe* 20.06.2012, AI n. 816.219/BA, rel. Min. Cármen Lúcia, *DJe* 19.11.2010.

Todavia se mesmo não havendo exigência legal for utilizada a Comissão de Conciliação, é recomendável que o reclamante seja acompanhado de advogado e que este, munido das informações da entrevista, redija o termo de demanda e o distribua na comissão, anexando procuração. A petição deve ser endereçada à comissão e nela devem constar o nome das partes e um breve relato dos fatos e dos pedidos. São dispensadas as formalidades ou a citação de dispositivos legais.

MODELO

ILMOS. REPRESENTANTES DA COMISSÃO DE CONCILIAÇÃO PRÉVIA DO SINDICATO

.... (qualificação e endereço, com o CEP), portador da carteira de identidade n. .... e do CPF n. ...., vem à presença desta Comissão de Conciliação propor

CONCILIAÇÃO DE LITÍGIO TRABALHISTA

perante a empresa ...., inscrita no CNPJ n. ...., estabelecida na rua ...., n. ......, CEP ...., nesta cidade, aduzindo para tanto os seguintes fatos e fundamentos:

1. O reclamante foi admitido na reclamada em ...., teve sua CTPS anotada e recebia o salário de R$ .... (.......................).

2. A reclamada, além de não ter pago os salários dos meses de .... e ...., demitiu o reclamante em ...., sem aviso-prévio. Ademais, até a presente data não efetuou o pagamento das verbas rescisórias, não liberou o TRCT, nem os formulários para a habilitação do seguro-desemprego.

3. O FGTS não foi recolhido corretamente, sendo constatada a falta dos depósitos referentes aos meses de .... e .... de 2008.

Por todo o exposto, e na tentativa de obter solução para a presente demanda com esta Comissão de Conciliação Prévia, requer o pagamento/cumprimento dos seguintes itens:

a) salários atrasados dos meses de .... e ..../2008;

b) aviso-prévio;

c) 13º salário proporcional;

d) férias proporcionais + 1/3;

e) comprovação dos depósitos do FGTS de todo o pacto ou indenização equivalente;

f) multa de 40% do FGTS;

g) entrega do TRCT com o código 01, para saque do FGTS;

h) entrega dos formulários para habilitação ao seguro-desemprego ou indenização equivalente;

i) multa do § 8º do art. 477 da CLT;

j) anotação da baixa na CTPS.

Requer, ainda, seja a reclamada notificada no endereço supra para comparecer à audiência de conciliação a ser designada, e, em caso de ausência injustificada ou insucesso da conciliação, seja emitida Declaração de Tentativa de Conciliação Frustrada para que o reclamante possa pleitear seus direitos perante a Justiça do Trabalho.

Termos em que
requer deferimento.

......................., de ...... de 20......

Advogado

OAB/...... n. ......

Nota: Caso inexista Comissão de Conciliação para a categoria profissional do empregado ou haja qualquer outro obstáculo, cumpre alegar o fato na inicial, em preliminar.

Petição inicial

O art. 791 da Consolidação das Leis do Trabalho (CLT) permite que nas reclamatórias comuns a reclamação seja proposta diretamente pelo trabalhador, ou seja, sem a intermediação de advogado.

A elaboração da petição inicial trabalhista obedece aos critérios estabelecidos pela CLT e, subsidiariamente, pelo Código de Processo Civil, nos termos do art. 769 da Consolidação das Leis do Trabalho. Devem, obrigatoriamente, ser respeitadas as determinações do art. 840 da CLT e do art. 319 do Código de Processo Civil.

Ademais, após a implementação da Lei n. 13.467/2017, o § 1º do art. 840 da CLT determina que: "Sendo escrita, a reclamação deverá conter a designação do juízo, a qualificação das partes, a breve exposição dos fatos de que resulte o dissídio, o pedido, que deverá ser certo, determinado e com indicação de seu valor, a data e a assinatura do reclamante ou de seu representante".

Logo, os requisitos da petição inicial trabalhista são os mesmos que exige o art. 319 do Código de Processo Civil para a petição inicial cível, variando apenas em relação à matéria objeto da lide, a saber:

a) **Endereçamento ao juiz do trabalho de uma das varas trabalhistas.**

b) **Qualificação das partes.**

Além do nome, estado civil, profissão, RG, CPF ou CNPJ, CTPS e endereço eletrônico é fundamental informar o endereço completo das partes, principalmente o da reclamada. A inclusão de CPF ou CNPJ da reclamada é uma providência que poderá agilizar o processo, especialmente quando chegar a fase de execução.

Se a reclamante for menor de 18 anos, a reclamação será feita por seus representantes legais ou, na falta desses, pela Procuradoria da Justiça do Trabalho, pelo sindicato, pelo Ministério Público estadual ou por curador nomeado em juízo (art. 793 da CLT).

No caso de falecimento do empregado antes da propositura da ação, a legitimidade para fazê-lo passa a ser de qualquer de seus herdeiros ou do cônjuge.

Frise-se que, sendo caso de reclamação sujeita ao rito sumaríssimo (dissídios individuais cujo valor não exceda quarenta vezes o salário mínimo), conforme dispõe o art. 852-A da Consolidação das Leis do Trabalho, a não informação da correta localização da reclamada poderá provocar a extinção do processo (art. 852-B, § 1º). Não sendo conhecido o paradeiro da reclamada, deve o advogado apresentar tal informação em preliminar, requerendo aí a distribuição da ação pelo rito ordinário, uma vez que o sumário não admite a intimação por edital (art. 852-B).

c) **Alegação de eventual preliminar.**

Havendo qualquer fato que deva ser tratado em sede de preliminar, como o da inexistência ou impossibilidade de conciliação prévia ou necessidade de a ação tramitar pelo rito ordinário, é na inicial que ele deve ser tratado, ou seja, antes que se entre no mérito propriamente dito da ação.

d) **Exposição sucinta dos fatos.**

Cumpre ao advogado fazer uma clara e concisa exposição dos fatos relevantes que ocorreram em relação à situação funcional do empregado e do(s) direito(s) violado(s) pelo empregador na constância do contrato de trabalho.

e) **Formulação do(s) pedido(s).**

O fundamento básico em relação a este item é que cada pedido deve corresponder a um dos fatos narrados na inicial, além de não ser objeto de apreciação na decisão judicial o que não for objeto do pedido. Assim, na hipótese de demissão de empregado sem justa causa, a expedição de alvarás para a habilitação do seguro-desemprego e para o levantamento de FGTS depende sempre de pedido expresso do reclamante, não cabendo ao juiz acolher pedido implícito ou presumido de tais alvarás.

Ademais, se a causa for ajuizada sob o procedimento sumaríssimo, "o pedido deverá ser certo ou determinado e indicará o valor correspondente", como consta do art. 852-B, I, exigindo a liquidez de cada pedido.

Diferentemente do que ocorre na Justiça comum, na qual o juiz deve ficar adstrito ao pedido da parte, não podendo decidir *extra petita*, na Justiça do Trabalho o juiz pode agir de forma a sanar eventual falta de pedido, desde que no contexto da exposição perceba que o reclamante tem outros direitos não reclamados expressamente. Assim, como assinalam Ramos e Miqueluzzi,[1] a dobra da parcela salarial não objeto de controvérsia, no caso de rescisão contratual, prevista no art. 467 da Consolidação das Leis do Trabalho, quando não houver pagamento na primeira audiência, independe de pedido, o mesmo ocorrendo com a conversão da reintegração do empregado estável em indenização.

Incluem-se ainda como pedidos complementares, estes de natureza processual, o requerimento para a intimação da parte contrária para produção de prova testemunhal, o depoimento pessoal da parte adversa e pericial, se for o caso, e, dependendo das circunstâncias, o de expedição de ofícios à DRT e ao INSS, na hipótese de irregularidades da competência desses órgãos, a serem apuradas.

f) **Atribuição do valor da causa.**

O valor da causa corresponde à soma do valor de todos os pedidos, ou seja, ele deve refletir o resultado do benefício financeiro que se almeja obter, respeitados os requisitos dos arts. 292 e seguintes do Código de Processo Civil.

---

1 RAMOS, Alexandre; MIQUELUZZI, Oswaldo. *Manual da ação trabalhista*, 2000, p. 60.

g) **Encerramento, com data e assinatura do advogado.**

A petição inicial, impressa em três vias, deve ser acompanhada do instrumento de procuração e, dependendo das circunstâncias, da declaração de necessidade de assistência judiciária gratuita (Leis ns. 1.060/50 e 5.584/70), do termo de conciliação prévia frustrada (art. 625-D da CLT) e de todos os documentos necessários à prova dos fatos (arts. 283 e 396 do CPC). Se a reclamação fizer menção à convenção coletiva de trabalho, uma cópia integral desta deve ser anexada aos autos, sob pena de o pedido ser indeferido.

A assistência judiciária gratuita será prestada ao empregado pelo sindicato da categoria a que ele pertencer ou por advogado, desde que receba menos de dois salários mínimos ou que sua condição não lhe permita litigar sem prejuízo do sustento próprio ou da família.

Até recentemente, o exercício do *jus postulandi*, com previsão no art. 791 da Consolidação das Leis do Trabalho, possibilitava ao trabalhador que fosse parte em processo perante a Justiça do Trabalho atuar em causa própria. No entanto, em decisão proferida em 13.10.2009, por 17 votos a 7, o Tribunal Superior do Trabalho afastou definitivamente a possibilidade de trabalhadores e empregadores atuarem na autodefesa sem a presença de advogado. Os fundamentos da decisão são os seguintes:

a) o advogado é indispensável à administração da justiça;

b) as partes não possuem a qualificação técnica indispensável à promoção da autodefesa.

MODELO

AO JUÍZO DO TRABALHO DA VARA DE .... (CIDADE)/UF

........................, brasileiro, casado, fresador, RG n. ...., CPF n. ...., CTPS n. ...., endereço eletrônico ...., residente e domiciliado na rua ...., n. ......, CEP ...., vem perante este juízo, por seu advogado firmatário (doc. 1), advogado inscrito na OAB ......, sob n. ......, endereço eletrônico ...., com escritório na rua ...., n. ......, nesta cidade, onde recebe intimações, vem respeitosamente à presença deste juízo para propor

RECLAMAÇÃO TRABALHISTA

em desfavor da empresa ...., inscrita no CNPJ sob n. ...., estabelecida na rua ...., nesta cidade, CEP ...., o que faz consoante os seguintes fatos e fundamentos:

I – PRELIMINARMENTE

Insta esclarecer que, em que pese pertencer à categoria profissional representada pelo sindicato ...., essa entidade até a presente data não constituiu Comissão de Conciliação Prévia (doc. ......). Diante desse fato, e restando o reclamante impossibilitado de cumprir a regra do art. 625-D, requer o recebimento e o regular processamento da presente reclamação.

II – DOS FATOS

1. O reclamante foi admitido na reclamada em ...., na função de ...., mediante anotação na CTPS, percebendo o salário de R$ .... (........................), correspondente ao piso de sua categoria, conforme CCT anexa (doc. ......).

2. No dia ......, foi demitido pela reclamada, sem aviso-prévio e sem justa causa (doc. ......). Todavia, até a presente data não foi efetuado o pagamento do salário do mês de .... nem das verbas rescisórias; muito menos foram liberados os formulários de FGTS e de seguro-desemprego.

3. Ademais, o FGTS não foi recolhido corretamente, como mostra o extrato anexo (doc. ......) fornecido pela Caixa Econômica Federal, no qual se constata a ausência dos depósitos dos meses de ...., ... e .... do corrente ano, assim como da multa de 40%.

4. Por último, existe a presunção de que as verbas previdenciárias não estão sendo regularmente recolhidas, embora devidamente descontadas do salário, como comprovam os contracheques anexos (doc. ......). Cumprindo, seja o INSS devidamente oficiado para tomar as medidas cabíveis.

5. Estando irregular o pagamento das verbas rescisórias, o reclamante é credor da multa do § 8º do art. 477 da Consolidação das Leis do Trabalho (CLT), assim como da multa do art. 467 do mesmo dispositivo legal, equivalente a 50% do valor das verbas rescisórias, caso estas, assim como as verbas atrasadas, não sejam pagas na audiência inicial, consoante a nova redação do referido artigo, dada pela Lei n. 10.272/2001.

III – DOS PEDIDOS

Diante do exposto, requer a condenação da reclamada a pagar ao reclamante as parcelas abaixo discriminadas e a tomar as devidas providências que seguem, como determina o art. 852-B, I, da Consolidação das Leis do Trabalho:

a) salário atrasado do mês de .... (R$ ....);

b) aviso-prévio (R$ ....);

c) 13º salário proporcional 11/12 (R$ ....);

d) férias proporcionais 11/12 + 1/3 (R$ .... + R$ ....);

e) comprovação dos depósitos do FGTS dos meses de ...., ... e .... ou indenização equivalente (R$ .... x 3 = R$ ....);

f) multa de 40% do FGTS de todo o pacto (R$ ....);

g) entrega do TRCT com o código 01, para saque do FGTS;

h) entrega dos formulários para habilitação ao seguro-desemprego ou indenização equivalente (R$ .... x 4 = R$ ....);

i) multa do § 8º do art. 477 da CLT (R$ ....);

j) multa do art. 467 da CLT, caso as parcelas incontroversas não sejam pagas na audiência inaugural (R$ ....);

k) anotação da baixa na CTPS;

l) juros e atualização monetária sobre todas as parcelas acima;

m) ofício para a DRT e INSS sobre as irregularidades aqui apontadas;

n) justiça gratuita, nos termos da lei, consoante a declaração anexa (doc. ......).

Requer, ainda, a citação da reclamada para, querendo, contestar a presente, sob pena de revelia e que, ao final, seja condenada ao pagamento do principal e das demais cominações legais. Requer a produção de prova testemunhal, documental e pericial, bem como a oitiva do representante legal da reclamada.

Dá-se à causa o valor de R$ .... (.......................).

Nestes termos,

pede e espera deferimento.

...................., ... de ...., de 20......

Advogado

OAB/...... n. ......

OUTRAS PETIÇÕES TRABALHISTAS

PEDIDO DE VERBAS RESCISÓRIAS
(Demissão de gestante)

AO JUÍZO DO TRABALHO DA VARA DE ....

......................., brasileira, casada, industriária, RG n. ...., CPF n. ...., CTPS n. ...., endereço eletrônico ...., residente e domiciliada nesta cidade, na rua ...., n. ......, CEP ...., vem respeitosamente perante este juízo, por intermédio de seu procurador firmatário (doc. 1), advogado inscrito na OAB ......, sob n. ......, endereço eletrônico ...., com escritório na rua ...., n. ......, nesta cidade, onde recebe intimações, requerer a presente

RECLAMATÓRIA TRABALHISTA

em desfavor de ...., estabelecida nesta cidade, na rua ...., n. ......, pelos seguintes fatos e fundamentos.

1. A reclamante ingressou na reclamada na data de ...., na função de ...., ora percebendo o salário de R$ ....

2. A reclamante sempre exerceu suas funções com dedicação e zelo, nunca dando motivos a advertências.

3. A reclamante foi despedida, sem justa causa, na data de ...., quando se encontrava grávida de 1 (um) mês, conforme exames laboratoriais anexos (docs. 2 a 4).

4. Ocorre que, por ocasião da rescisão, a reclamada negou-se a pagar o salário-maternidade, bem como as demais parcelas decorrentes da rescisão, alegando desconhecer a gravidez da reclamante.

Em face do exposto, pleiteia as seguintes verbas:

a) salário-maternidade, R$ ....

b) aviso-prévio, R$ ....

c) 13º salário (07/12), R$ ....

d) 1 (um) período de férias, R$ ....

e) liberação do FGTS (Cód. 01), R$ ....

Total: R$ ....

Isso posto, respeitosamente requer a este juízo que se digne receber a presente, para que produza seus jurídicos e legais efeitos; que seja a reclamada citada por todos os seus termos para, querendo, contestar, sob pena de revelia e confissão; e finalmente condenada na forma do pedido, mais juro, custas e correção monetária.

Protesta provar o alegado por todos os meios em direito admitidos.

Valor da causa: R$ ....

Nestes termos,

P. deferimento.

....................., ... de .... de 20......

Advogado(a)

OAB/...... n. ......

DIFERENÇA DE SALÁRIO

AO JUÍZO DO TRABALHO DA VARA DE ....

Sindicato dos Trabalhadores das ...., CNPJ n. ...., endereço eletrônico ...., com sede à rua ...., n. ......, nesta cidade, por seu procurador firmatário, advogado inscrito na OAB ......, sob n. ......, endereço eletrônico ...., com escritório na rua ...., n. ......, nesta cidade, onde recebe intimações, vem respeitosamente perante este juízo para apresentar

RECLAMATÓRIA TRABALHISTA

em desfavor de ...., pessoa jurídica, CNPJ n. ...., com sede nesta cidade, na rua ...., n. ......, conforme a seguir relata.

1. Em ...... de .... de ......, celebrou-se a convenção coletiva de trabalho entre os representantes da categoria dos empregados e dos empregadores, quando se concedeu aos associados o aumento real do salário de ......%, calculado sobre o último vencimento.

2. Todavia, descumprindo flagrantemente a norma coletiva, que é lei entre as partes, a reclamada não vem pagando aos empregados .... (nomes e qualificação) salários com base no porcentual de aumento acordado, uma vez que recebiam R$ .... e dos respectivos contracheques só constam os valores de R$ .... (docs. anexos).

Requer, perante o exposto, a atualização dos salários aludidos, com o consectário natural do pagamento das diferenças apuradas em liquidação.

Destarte, requer a este juízo que se digne determinar a citação do reclamado para defender-se e, ao final, sua condenação a cumprir o pactuado na convenção coletiva, atualizando os salários e pagando a diferença dos atrasados.

Protesta por prova documental, além da certidão que instrui a presente reclamatória.

Dá à causa o valor de R$ ....

P. deferimento.

......................., ... de .... de 20......

Advogado(a)

OAB/...... n. ......

DISPENSA DE GESTANTE SEM JUSTA CAUSA

AO JUÍZO DO TRABALHO DA VARA DE ....

......................., brasileira, casada, industriária, RG n. ...., CPF n. ... ., CTPS n. ...., endereço eletrônico ...., residente e domiciliada nesta cidade, na rua ...., n. ......, CEP ...., vem respeitosamente perante este juízo, por intermédio de seu procurador firmatário (doc. 1), advogado inscrito na OAB ......, sob n. ......, endereço eletrônico ...., com escritório na rua ...., n. ......, nesta cidade, onde recebe intimações, com fulcro nos arts. 391 e 392 da Consolidação das Leis do Trabalho, propor a presente

RECLAMATÓRIA TRABALHISTA

em desfavor de ...., estabelecimento industrial, CNPJ n. ...., com sede nesta cidade, na rua ...., n. ......, conforme a seguir relata.

1. A reclamante foi contratada pela reclamada na data de ...., percebendo atualmente o salário mensal de R$ ....

2. Todavia, na data de ...., encontrando-se a reclamante já em adiantado estado de gravidez, a reclamada dispensou-a, sem justa causa, violando flagrantemente os preceitos legais que protegem a gestante, antes e depois do parto.

Ex positis, requer:

a) aviso-prévio;

b) 13º salário e férias proporcionais;

c) salário-maternidade;

d) liberação das guias do Fundo de Garantia por Tempo de Serviço (FGTS) (Código ......), com os acréscimos legais.

Requer, ainda, a citação da reclamada para contestar a reclamatória, sob pena de revelia a confissão, e, julgada procedente a demanda, sua condenação na forma do pedido.

Protesta por provas testemunhal, documental, pericial e depoimento pessoal da reclamada.

Dá à causa o valor de R$ ....

P. deferimento.

........................, ... de .... de 20......

Advogado(a)

OAB/...... n. ......

EQUIPARAÇÃO SALARIAL

AO JUÍZO DO TRABALHO DA VARA DE ....

.........................., brasileiro, casado, torneiro mecânico, RG n. ...., CPF n. ...., CTPS n. ...., endereço eletrônico ...., residente e domiciliada nesta cidade, na rua ...., n. ......, CEP ...., vem respeitosamente perante este juízo, por seu procurador firmatário (doc. 1), advogado inscrito na OAB ......, sob n. ......, endereço eletrônico ...., com escritório na rua ...., n. ......, nesta cidade, onde recebe intimações, com fulcro nos arts. 461 e 791 da Consolidação das Leis do Trabalho, apresentar

RECLAMATÓRIA TRABALHISTA

em desfavor de ...., estabelecimento industrial com sede nesta cidade, na rua ...., n. ......, CNPJ n. ...., consoante os seguintes fatos e fundamentos.

1. O reclamante foi contratado pela reclamada em ...., na função de torneiro mecânico, percebendo atualmente o salário mensal de R$ .... (......................).

2. Na data de ...., logrou promoção para o cargo de ...., sem que a reclamada, entretanto, equiparasse o seu salário ao dos demais exercentes da mesma função, ora de R$ .... (......................).

ANTE O EXPOSTO, requer:

a) complementação salarial da função de .... para a de ...., via equiparação salarial, desde o momento em que passou a exercer o novo cargo;

b) férias, 13º salário e Fundo de Garantia por Tempo de Serviço (FGTS) proporcionais ao valor da complementação;

c) anotação da equiparação em sua carteira de trabalho e previdência social;

d) juros e correção monetária sobre as parcelas devidas.

Indica como seus paradigmas os colegas de trabalho .... e ...., que deverão ser devidamente intimados para prestar depoimento em audiência.

Requer a citação da reclamada para, querendo, apresentar resposta, sob pena de revelia e confissão, pleiteando sua condenação na forma do pedido.

Protesta por todo gênero de provas aplicável à espécie.

Dá à causa o valor de R$ ....

Termos em que
espera deferimento.
........................, ... de .... de 20......
Advogado(a)
OAB/...... n. ......

FUNDO DE GARANTIA POR TEMPO DE SERVIÇO
(Falta de recolhimento)

AO JUÍZO DO TRABALHO DA VARA DE ....

........................, brasileiro, casado, eletricista, RG n. ...., CPF n. ...., CTPS n. ...., endereço eletrônico ...., residente e domiciliada nesta cidade, na rua ...., n. ......, CEP ...., vem respeitosamente perante este juízo, por seu procurador firmatário (doc. 1), advogado inscrito na OAB ......, sob n. ......, endereço eletrônico ...., com escritório na rua ...., n. ......, nesta cidade, onde recebe intimações, promover a presente

RECLAMATÓRIA TRABALHISTA

em desfavor de ...., pelos seguintes fatos e fundamentos.

1. O reclamante empregou-se na reclamada em ...., ocupando o cargo de ....

Exerceu o seu direito de opção pelo Fundo de Garantia por Tempo de Serviço (FGTS) no prazo legal.

2. A reclamada, entretanto, vem descumprindo uma de suas obrigações do contrato laboral, qual seja a de fazer os recolhimentos do FGTS na conta do empregado, consoante informação obtida junto ao banco .... (endereço e agência).

Pelo exposto, requer a efetivação dos recolhimentos em atraso com os acréscimos legais pelo reclamado.

Requer, ainda, a citação do reclamado para responder à reclamatória, sob pena de ser declarado revel, e que seja condenado na forma do pedido e em outras cominações legais, inclusive juros de mora, correção monetária e honorários advocatícios.

Dá-se à causa o valor de R$ ....

P. deferimento.
........................, ... de .... de 20......
Advogado(a)
OAB/...... n. ......

AÇÃO DECLARATÓRIA
(Reconhecimento de vínculo empregatício)

AO JUÍZO DO TRABALHO DA VARA DE ....

........................, brasileiro, casado, torneiro mecânico, RG n. ...., CPF n. ...., CTPS n. ...., endereço eletrônico ...., residente e domiciliada nesta cidade, na rua ...., n. ......, CEP ...., vem respeitosamente perante este juízo, por seu procurador firmatário (doc. 1), advogado inscrito na OAB ......, sob n. ......, endereço eletrônico ...., com escritório na rua ...., n. ......, nesta cidade, onde recebe intimações, com fundamento no art. 19 do Código de Processo Civil, c/c os arts. 769 e 791 da Consolidação das Leis do Trabalho, requerer a este juízo a presente

AÇÃO DECLARATÓRIA

em desfavor de ...., estabelecimento industrial com sede nesta cidade, na rua ...., n. ......, CNPJ n. ...., a fim de que seja declarada por sentença sua vinculação empregatícia, tendo em vista os motivos seguintes.

1. O reclamante foi admitido ao serviço da reclamada na data de ...., para exercer a função de ...., ora percebendo o salário mensal de R$ ....

2. Todavia, em que pese o fato de se encontrar trabalhando para a reclamada há mais de ...... meses, mediante o pagamento de salários com recibos avulsos, sem constar da respectiva folha de pagamento, bem como do registro de empregados, e sem o preenchimento de sua carteira de trabalho, não são feitos pela mesma os respectivos descontos previdenciários nem o recolhimento devido ao FGTS.

3. Assim, para efeito de dirimir dúvidas futuras com a ocorrência de graves prejuízos para o reclamante, move a presente ação declaratória para que seja declarada judicialmente sua relação de emprego com a reclamada e, consequentemente, com a sua condenação ao recolhimento das contribuições previdenciárias e do FGTS devidos desde a data de sua admissão, em ....

Em face do exposto, requer a citação da reclamada para responder aos termos da presente ação, cuja procedência espera, por ser de direito e merecida JUSTIÇA.

O reclamante protesta por prova testemunhal e pelo exame pericial na contabilidade da reclamada, para constatar os pagamentos que lhe foram feitos desde a época em que foi admitido.

Dá-se à causa o valor de R$ ....

E. deferimento.

......................., ... de .... de 20.....

Advogado(a)

OAB/...... n. ......

AÇÃO DE CONSIGNAÇÃO EM PAGAMENTO

AO JUÍZO DO TRABALHO DA VARA DE ....

......................., estabelecimento industrial com sede nesta cidade, na rua ...., n. ......, CNPJ n. ...., por seu advogado que esta subscreve, ..., com escritório na rua ...., n. ......, nesta cidade, onde advogado inscrito na OAB ......, sob n. ......, endereço eletrônico ...., com escritório na rua ...., n. ......, nesta cidade, onde recebe intimações, vem perante este juízo para, nos termos dos arts. 769 da Consolidação das Leis do Trabalho e 539 e seguintes do Código de Processo Civil, requerer a presente

AÇÃO DE CONSIGNAÇÃO EM PAGAMENTO

pelos seguintes fatos e fundamentos.

1. Na data de ...... de .... de 20......, a requerente rescindiu o contrato de trabalho que havia firmado com o empregado ...., sem justa causa.

2. A requerente, em face das circunstâncias da rescisão, e de acordo com as normas legais, propõe-se a pagar ao requerido todas as verbas que lhe são devidas, como descreve:

a) aviso-prévio, R$ ....

b) 13º salário proporcional, R$ ....

c) salário do último mês, R$ ....

d) férias proporcionais, R$ ....

e) horas extras, R$ ....

Total: R$ ....

3. Ocorre que o requerido se escusou a receber os valores acima, até a presente data, apesar de ter sido comunicado que os mesmos estão à sua disposição, bem como a liberação de seu FGTS.

4. Que, diante da recusa do requerido, a requerente se vê compelida a promover a presente consignatória com o fim de efetuar o depósito, neste juízo, da importância de R$ ...., referente aos débitos acima relacionados.

Pelo exposto, e em conformidade com o que dispõe o art. 769 da Consolidação das Leis do Trabalho e os arts. 539 e seguintes do Código de Processo Civil, requer:

a) a citação de ...., residente na rua ...., n. ......, para vir receber, nesta vara, em dia e hora designados por este juízo, a importância de R$ ...., sob pena de ser efetuado o depósito de tal valor judicialmente;

b) a citação do requerido para, querendo, contestar a presente, sob pena de revelia e confissão;

c) a procedência da ação e a condenação do requerido ao pagamento das custas e honorários de advogado;

d) a produção de todas as provas em direito admitidas.

Valor da causa: R$ ....

Nestes termos, pede deferimento.

......................., ... de .... de 20......

Advogado(a)

OAB/...... n. ......

ADICIONAL DE TRANSFERÊNCIA DE LOCAL DE TRABALHO

AO JUÍZO DO TRABALHO DA VARA DE ....

......................., brasileiro, casado, mecânico de manutenção, RG n. ...., CPF n. ...., CTPS n. ...., endereço eletrônico ...., residente e domiciliada nesta cidade, na rua ...., n. ......, CEP ...., vem respeitosamente perante este juízo, por seu procurador firmatário (doc. 1), advogado inscrito na OAB ......, sob n. ......, endereço eletrônico ...., com escritório na rua ....

..........., n. ......, nesta cidade, onde recebe intimações, com fulcro nos arts. 469 e 470 da Consolidação das Leis do Trabalho, promover a presente

RECLAMATÓRIA TRABALHISTA

em desfavor de ...., estabelecimento industrial com sede nesta cidade, na rua ...., n. ......, CNPJ n. ...., conforme os termos seguintes.

1. O reclamante foi admitido pela reclamada em ...., para o cargo de mecânico de manutenção, percebendo atualmente o salário mensal de R$ ....

2. Entretanto, na data de ...., a reclamada, unilateralmente, transferiu o reclamante para sua filial de ...., sem a remuneração do adicional de ......%, previsto no art. 469, § 3º, da Consolidação das Leis do Trabalho.

ANTE O EXPOSTO, requer a citação da reclamada para, querendo, contestar a reclamatória, sob pena de revelia e confissão, pedindo sua condenação ao pagamento do adicional respectivo sobre o salário, desde o momento da transferência, repercutindo nas férias, no 13º e no Fundo de Garantia por Tempo de Serviço (FGTS), com as cominações de lei. Protesta por todo gênero de provas aplicáveis à espécie, inclusive depoimento pessoal da reclamada.

Dá à causa o valor de R$ ....

Termos em que
espera deferimento.
......................., ... de .... de 20......
Advogado(a)
OAB/...... n. ......

ANOTAÇÃO NA CARTEIRA DE TRABALHO

AO JUÍZO DO TRABALHO DA VARA DE ....

......................., brasileiro, solteiro, auxiliar geral, RG n. ...., CPF n. ...., CTPS n. ...., endereço eletrônico ...., residente e domiciliada nesta cidade, na Rua ...., n. ......, CEP ...., vem respeitosamente perante este juízo, por seu procurador firmatário (doc. 1), advogado inscrito na OAB ......, sob n. ......, endereço eletrônico ...., com escritório na rua ....,

n. ......, nesta cidade, onde recebe intimações, com fulcro nos arts. 461 e 791 da Consolidação das Leis do Trabalho, promover a presente

RECLAMATÓRIA TRABALHISTA

em desfavor de ...., estabelecimento comercial com sede nesta cidade, na rua ...., n. ......, CNPJ n. ...., consoante o que passa a seguir a expor:

1. O reclamante foi admitido como empregado do reclamado em ...., na função de ...., percebendo atualmente o salário mensal de R$ .... (........................).

2. O reclamado, entretanto, desde aquele dia até agora, ainda não regularizou a anotação da Carteira de Trabalho e Previdência Social (CTPS) do reclamante, o que lhe tem causado intranquilidade no desempenho de suas tarefas.

3. É a presente reclamatória, portanto, para requerer a este juízo que ordene a anotação imediata da CTPS, conforme as informações fornecidas pelo reclamante.

Requer a citação do requerido para que apresente sua defesa e que seja, ao final, condenado a cumprir a ordem de anotação da CTPS na forma da lei.

Protesta por todo gênero de provas, oral, pericial e documental, inclusive depoimento do reclamado.

Valor da causa: R$ ....

P. deferimento.

........................, ... de .... de 20......

Advogado(a)

OAB/...... n. ....

ARRESTO DE BENS

AO JUÍZO DO TRABALHO DA 2ª VARA DE ....

Processo n. ....

Reclamante: ....

Reclamada: ....

........................., devidamente qualificado no processo em epígrafe, por seu advogado infra-assinado, advogado inscrito na OAB ......, sob n. ......, endereço eletrônico

..........., com escritório na rua ...., n. ......, nesta cidade, onde recebe intimações, vem, com fundamento nos arts. 300 e 301 do Código de Processo Civil, requerer

ARRESTO DE BENS

do reclamado, tendo em vista os motivos que passa a expor.

1. O reclamante foi admitido pela reclamada na data de ...., no cargo de ...., e despedido em ...., quando percebia o ordenado mensal de R$ ....

2. A dispensa do reclamante foi por acordo e, na ocasião, encontrando-se impossibilitado de pagar, de imediato, o montante dos direitos rescisórios do seu contrato de trabalho no valor de R$ ...., o reclamado firmou a declaração anexa, confessando-se devedor da referida quantia e prometendo pagá-la no prazo de trinta dias.

3. Sucede que, agora, o reclamante teve conhecimento, pelos jornais (comprovante incluso), de anúncio do reclamado colocando à venda o único imóvel de sua propriedade, no qual mantém sua sede, já totalmente vazia, comprovando-se assim a dilapidação total do seu patrimônio.

4. O reclamante, oportunamente, caso o reclamado não cumpra o compromisso assumido, ajuizará a competente reclamatória trabalhista para receber do reclamado os direitos rescisórios do seu contrato de trabalho.

Em face do exposto, com apoio nos dispositivos legais inicialmente apontados, após cumpridas as formalidades processuais, requer a este juízo a medida cautelar de arresto do prédio sito à rua ...., n. ......, que foi anunciado para venda pelo reclamado.

Protesta-se por todo gênero de provas admissíveis no feito, inclusive depoimento pessoal do reclamado.

Dá-se à causa o valor de R$ ....

Termos em que
espera deferimento.

......................., ... de .... de 20......

Advogado(a)
OAB/...... n. ......

ATENTADO
(Medida cautelar)

AO JUÍZO DO TRABALHO DA 3ª VARA DE ....

Processo n. ....

Reclamante: ....

Reclamada: ....

........................, nos autos da reclamatória trabalhista que move em desfavor de ...., por seu procurador firmatário, vem, com fundamento no art. 77, VI e § 2º, do Código de Processo Civil, denunciar a este juízo ATENTADO contra o reclamado, para o que expõe e requer o seguinte:

1. O reclamante, ora denunciante, propôs ação nesta MM. Vara Trabalhista contra o reclamado, por ter sido dispensado de seus serviços sem justa causa, conforme provará com o exame técnico da máquina em que trabalhava.

2. Ocorre que, agora, para justificar a dispensa do reclamante, o reclamado contratou técnicos para reformar a máquina, danificada pelo seu próprio uso e por falta de indispensável conservação.

3. Mediante exame pericial, a ser procedido na aludida máquina, poderá ser constatado que a culpa pelo seu estrago foi do próprio reclamado e não do reclamante.

4. O procedimento do reclamado, inovando no feito com o pretendido conserto da máquina que será objeto de perícia técnica, caracteriza a figura do atentado, com os requisitos previstos no art. 77, VI e § 2º, do Código de Processo Civil, sujeitando-se, portanto, às sanções respectivas.

Em face do exposto, requer a citação do reclamado para, no prazo de cinco dias, responder aos termos do presente, no qual se pede que, reconhecido o atentado, retorne a máquina ao seu estado anterior, para poder ser examinada pelo perito, com as cominações legais.

Termos em que
espera deferimento.

........................, ... de .... de 20......

Advogado(a)

OAB/...... n. ......

BUSCA E APREENSÃO
(Tutela cautelar)

AO JUÍZO DO TRABALHO DA 2ª VARA DE ....

Autos n. ....

Reclamante: ....

Reclamada: ....

........................., nos autos da reclamação trabalhista em que contende com ...., vem, com fundamento no art. 305 do Código de Processo Civil, requerer a este juízo tutela cautelar de BUSCA E APREENSÃO dos livros e documentos da reclamada, tendo em vista os motivos seguintes.

1. Na audiência de conciliação e julgamento realizada em .... (data), foi deferida a prova pericial nos livros contábeis e documentos da reclamada, a fim de avaliar o montante de comissões a que tem direito o reclamante.

2. No entanto, segundo o que informou o perito nomeado, a reclamada recusa-se a apresentar os seus livros e documentos para serem examinados e a consequente realização da perícia.

Em face do exposto, requer a este juízo a busca e apreensão dos livros e documentos da reclamada, indispensáveis à perícia, depositando-os na secretaria desta MM. Vara à disposição do perito.

Termos em que
espera deferimento.

........................, ... de .... de 20......

Advogado(a)
OAB/...... n. ......

INCIDENTE PROCESSUAL
(Falsidade de documento)

AO JUÍZO DO TRABALHO DA 5ª VARA DE ....

Processo n. ....

Reclamante: ....

Reclamada: ....

........................., nos autos do processo supra, em que figura como reclamante, sendo o reclamado ...., vem, com fundamento no art. 430 do Código de Processo Civil, opor arguição de falsidade de documento, conforme a seguir relata.

1. O reclamado juntou, às fls. ...... dos autos, recibos firmados pelo reclamante para efeito de comprovar R$ ...., que o mesmo teria recebido a título de salário.

2. Há, entretanto, fundadas razões para crer que a assinatura constante dos documentos é falsa, uma vez que ....

Em face do exposto, para reconhecimento da falsidade documental e, consequentemente, nulidade de pleno direito do documento, requer o reclamante o processamento do incidente com vistas à declaração de falsidade, sob as cominações legais, além da notificação do reclamado.

Protesta, para embasar suas alegações, pela produção da prova pericial, para a qual requer a nomeação de perito.

Termos em que
pede deferimento.

........................, ... de .... de 20......

Advogado(a)

OAB/...... n. ......

INDENIZAÇÃO DE HORAS EXTRAS

AO JUÍZO DO TRABALHO DA VARA DE ....

........................, brasileiro, solteiro, auxiliar geral, RG n. ...., CPF n. ...., CTPS n. ...., endereço eletrônico ...., residente e domiciliada nesta cidade, na rua ...., n. ......, CEP ...., vem respeitosamente perante este juízo, por seu procurador firmatário (doc. 1), advogado inscrito na OAB ......, sob n. ......, endereço eletrônico ...., com escritório na rua ...., n. ......, nesta cidade, onde recebe intimações, com fulcro nos arts. 59 e 791 da Consolidação das Leis do Trabalho, promover a presente

RECLAMATÓRIA TRABALHISTA

em desfavor de ...., estabelecimento industrial com sede nesta cidade, na rua ...., n. ......, CNPJ ...., conforme a seguir expõe.

1. O reclamante foi contratado pela reclamada na data de ...., no cargo de ...., percebendo atualmente o salário de R$ ....

2. Todavia, a partir de ...., a reclamada, sem nenhum ajuste formal, passou a exigir do reclamante trabalhos diários no total de duas horas, excedentes à jornada normal, sem a correspondente contraprestação.

Pelo exposto, requer a citação da reclamada para, querendo, contestar a reclamatória, sob pena de revelia e confissão, e pede sua condenação no pagamento das horas extraordinárias, desde o momento em que iniciou o serviço excedente ao horário normal, calculadas sobre sua remuneração, mais a integralização do Fundo de Garantia por Tempo de Serviço (FGTS) e demais cominações de direito.

Protesta por prova testemunhal e depoimento pessoal da reclamada.

Dá à causa o valor de R$ ....

Termos em que
espera deferimento.

........................, ... de .... de 20......

Advogado(a)

OAB/...... n. ......

INQUÉRITO JUDICIAL
(Para demissão de empregado estável)

AO JUÍZO DO TRABALHO DA VARA DE ....

.........................., estabelecimento industrial com sede nesta cidade, na rua ...., n. ......, CNPJ n. ...., por seu advogado infraescrito, endereço eletrônico ...., com escritório à rua ...., n. ......, onde poderá receber intimações, vem, com fundamento nos arts. 494 e 853 da Consolidação das Leis do Trabalho (CLT), requerer a este juízo a abertura de

INQUÉRITO JUDICIAL

em desfavor do .... (qualificação e endereço), para apuração de falta grave capitulada nos incisos do art. 482 da citada CLT, que constitui justa causa para a rescisão do seu contrato de trabalho, tendo em vista os motivos seguintes.

1. O requerido foi admitido nos serviços da requerente na data de ...., exercendo atualmente o cargo de ...., com o ordenado mensal de R$ ....

2. Ocorre que, ultimamente, vem se portando de maneira desidiosa, faltando ao serviço e, mais grave, aproveitando-se do seu cargo e do contato direto com os clientes da requerente para promover ilícita concorrência, oferecendo-lhes produtos de outras empresas, já tendo sido, por isso, suspenso por diversas vezes, sem contudo melhorar o seu procedimento.

3. Referida situação, criada pelo requerido, torna-se insustentável e traz graves prejuízos morais e materiais para a requerente, sendo certo que as faltas graves praticadas pelo requerido, que admitem sua dispensa por justa causa, estão capituladas nas letras *b*, *c* e *h* do art. 482 da CLT.

Em face do exposto, requer a este juízo a notificação do requerido para responder aos termos do presente inquérito, sob pena de revelia e confissão, no qual se pede que seja constatada a falta grave e, consequentemente, autorizada sua dispensa por justa causa.

Protesta-se por todo gênero de provas admissíveis no feito, inclusive depoimento pessoal do requerido.

Valor da causa: R$ ....

Termos em que
espera deferimento.

........................., ... de .... de 20......

Advogado(a)

OAB/...... n. ......

MODIFICAÇÕES NAS CONDIÇÕES DE TRABALHO

AO JUÍZO DO TRABALHO DA VARA DE ....

........................., brasileiro, solteiro, auxiliar geral, RG n. ...., CPF n. ...., CTPS n. ...., endereço eletrônico ...., residente e domiciliada nesta cidade, na rua ...., n. ......, CEP ...., vem respeitosamente perante este juízo, por seu procurador firmatário (doc. 1), advogado inscrito na OAB ......, sob n. ......, endereço eletrônico ...., com escritório na rua ...., n. ......, nesta cidade, onde recebe intimações, com fulcro nos arts. 483 e 791 da Consolidação das Leis do Trabalho, promover a presente

RECLAMATÓRIA TRABALHISTA

em desfavor de ...., estabelecimento industrial com sede nesta cidade, na rua ...., n. ......, CNPJ n. ...., conforme os fatos adiante expostos.

1. O reclamante foi admitido pela reclamada, mediante contrato de trabalho determinado, com prazo de vigência de ...., na função de ...., ora percebendo remuneração mensal de R$ ....

2. Todavia, na data de ...., a reclamada, unilateralmente, modificou as condições do contrato, passando o reclamante de mensalista para diarista, obrigando-o ainda a exercer a sua função em serviço perigoso, hipótese não contida no ajuste do emprego, violando expressamente o art. 483, *a*, *c* e *d*, da Consolidação das Leis do Trabalho.

Isso posto, considerando rescindido o seu contrato de trabalho, requer:

a) férias e 13º salário proporcionais;

b) liberação das guias do Fundo de Garantia por Tempo de Serviço (FGTS), código ...., com os acréscimo de lei.

Requer, ainda, a citação da reclamada para, querendo, contestar a reclamatória, sob pena de revelia e confissão, e, ao final, a sua condenação, na forma do pedido.

Protesta por provas testemunhal, documental, pericial e depoimento pessoal da reclamada.

Dá à causa o valor de R$ ....

E. deferimento.

........................, ... de .... de 20......

Advogado(a)

OAB/...... n. ......

PRODUÇÃO ANTECIPADA DE PROVA
(Exame pericial)

AO JUÍZO DO TRABALHO DA VARA DE ....

........................, brasileiro, solteiro, auxiliar geral, RG n. ...., CPF n. ...., CTPS n. ...., endereço eletrônico ...., residente e domiciliado nesta cidade, na rua ...., n. ......, CEP ...., vem respeitosamente perante este juízo, por seu advogado signatário, com endereço eletrônico .... e escritório à rua ...., n. ......, onde poderá receber intimações, vem, com fundamento no art. 381 do Código de Processo Civil, requerer como ANTECIPAÇÃO DE PROVA para efeito de reclamatória trabalhista que pretende ajuizar contra ...., empresa do ramo metalúrgico, CNPJ n. ...., com sede nesta cidade na rua ...., n. ......, na pessoa de seu Diretor, exame pericial nos livros contábeis do referido empregador, para o que expõe o seguinte:

1. O requerente é empregado da empresa requerida desde ...., percebendo o ordenado mensal fixo de R$ ...., acrescido de ...... (%) de comissão nas vendas efetuadas, pois ocupa o cargo de vendedor na praça.

2. Pelo fato de ter reclamado diferença nas comissões, a requerida dispensou-o na data de ...., mediante pré-aviso, que se acha em curso.

3. Conforme tem tido oportunidade de verificar, é visto e notório que grande parte de suas comissões está sendo sonegada pela requerida, fato esse que somente poderá ser devidamente provado com o exame pericial em sua contabilidade.

Em face do exposto, com arrimo nos dispositivos inicialmente apontados, requer a este juízo a designação de perito para proceder ao exame nos livros contábeis da requerida, para a apuração das comissões devidas ao requerente desde a data de sua admissão, a fim de instruir oportuna reclamatória trabalhista contra a requerida.

Termos em que
espera deferimento.

........................, ... de .... de 20......

Advogado(a)

OAB/...... n. ......

REINTEGRAÇÃO DE EMPREGADO ESTÁVEL

AO JUÍZO DO TRABALHO DA VARA DE ....

Processo n. ....

Reclamante: ....

Reclamada: ....

........................., brasileiro, solteiro, auxiliar geral, RG n. ...., CPF n. ...., CTPS n. ...., endereço eletrônico ...., residente e domiciliado nesta cidade, na rua ...., n. ......, CEP ...., vem respeitosamente perante este juízo, por seu advogado abaixo subscrito, nos autos do inquérito judicial promovido por sua empregadora, ..., estabelecimento industrial com sede nesta cidade, na rua ...., n. ......, CNPJ n. ...., expor o que segue.

1. A empregadora instaurou contra o empregado, em ...., inquérito para a apuração de falta grave, que culminou com a sentença proferida em ...., transitada em julgado, que entendeu improcedente a pretensão da empregadora, descaracterizando a falta e a consequente dispensa do empregado, considerado estável.

2. Vencida entretanto no seu propósito de demitir o empregado, via inquérito judicial, a empregadora persiste em não readmiti-lo no emprego, incorrendo assim nas sanções dos arts. 495 e 729 da Consolidação as Leis do Trabalho.

Pelo exposto, requer a este juízo a expedição de mandado de reintegração em sua função originária, com direito à percepção dos salários referentes ao pedido da suspensão.

Nestes termos,
pede deferimento.

........................., ... de .... de 20......

Advogado(a)

OAB/...... n. ......

RÉPLICA DO RECLAMANTE

AO JUÍZO DO TRABALHO DA 2ª VARA DE ....

Autos n. ....

Reclamante: ....

Reclamada: ....

........................., nos autos do processo supra, em que figura como reclamante, sendo a reclamada ...., vem, tempestivamente, por seu procurador infra-assinado, apresentar RÉPLICA À CONTESTAÇÃO, conforme os fundamentos a seguir expendidos.

1. A contestação deve ser impugnada, tanto sob o aspecto da preliminar arguida quanto pelo mérito da causa.

2. Assim, relativamente à PRELIMINAR, a alegação de nulidade da citação não procede, porquanto o comparecimento espontâneo do réu supre a falta de citação, nos precisos termos do art. 239, § 1º, do Código de Processo Civil.

3. Quanto ao MÉRITO, é relevante dizer que os recibos acostados pela reclamada efetivamente existem e são válidos como prova de pagamento. Todavia, é de todo evidente que referida quitação nada tem a ver com as verbas ora pleiteadas, uma vez que a mesma tão somente diz respeito ao pagamento de salário relativo a período anterior ao que está sendo reclamado, conforme comprova com o incluso documento.

4. Conclui-se, pois, que a reclamada, na ausência de outros argumentos mais válidos que possam efetivamente elidir a pretensão do reclamante, nada mais faz que tumultuar o processo, com evidentes interesses procrastinatórios.

ISSO POSTO, requer:

a) seja a presente recebida e juntada aos autos, para os fins legais;

b) a procedência da reclamatória, com o atendimento integral dos pedidos formulados na peça exordial.

E. deferimento.

........................., ... de .... de 20......

Advogado(a)

OAB/...... n. ......

RESCISÃO IMOTIVADA
(Contrato de trabalho de prazo determinado)

AO JUÍZO DO TRABALHO DA VARA DE ....

........................, brasileiro, solteiro, auxiliar geral, RG n. ...., CPF n. ...., CTPS n. ...., endereço eletrônico ...., residente e domiciliada nesta cidade, na rua ...., n. ......, CEP ...., vem respeitosamente perante este juízo, por seu procurador firmatário (doc. 1), advogado inscrito na OAB ......, sob n. ......, endereço eletrônico ...., com escritório na rua ...., n. ......, nesta cidade, onde recebe intimações, com fulcro nos arts. 479 e 791 da Consolidação das Leis do Trabalho, promover a presente

RECLAMATÓRIA TRABALHISTA

em desfavor de ...., estabelecimento industrial com sede nesta cidade, na rua ...., n. ......, CNPJ n. ...., conforme os termos seguintes.

1. O reclamante foi admitido pela reclamada, mediante contrato de trabalho determinado, com prazo de vigência de ...., na função de ...., percebendo remuneração (mensal ou diária) de R$ ....

2. Todavia, na data de ...., antes do término do ajuste e inexistente justa causa, a reclamada dispensou o reclamante sem o indenizar nos termos do art. 479 da CLT.

Pelo exposto, verificada a rescisão imotivada, pleiteia o pagamento de:

a) metade da remuneração a que faria jus até o término do contrato;

b) férias e 13º proporcionais;

c) liberação de guias do Fundo de Garantia por Tempo de Serviço (FGTS), com os acréscimos legais.

Requer a citação da reclamada para, querendo, contestar a reclamatória, sob pena de revelia e confissão, e, ao final, sua condenação na forma do pedido.

Protesta por provas testemunhal, documental e depoimento pessoal da reclamada.

Dá à causa o valor de R$............

Termos em que
espera deferimento.

........................, ... de .... de 20......

Advogado(a)

OAB/...... n. ......

RESCISÃO INDIRETA POR REDUÇÃO DE SALÁRIO

AO JUÍZO DO TRABALHO DA VARA DE ....

........................., brasileiro, solteiro, auxiliar geral, RG n. ...., CPF n. ...., CTPS n. ...., endereço eletrônico ...., residente e domiciliado nesta cidade, na rua ...., n. ......, CEP ...., vem respeitosamente perante este juízo, por seu procurador firmatário (doc. 1), advogado inscrito na OAB ......, sob n. ......, endereço eletrônico ...., com escritório na rua ...., n. ......, nesta cidade, onde recebe intimações, com fulcro no art. 483, *g*, da Consolidação das Leis do Trabalho, promover a presente

RECLAMATÓRIA TRABALHISTA

em desfavor de ...., estabelecimento industrial com sede nesta cidade, na rua ...., n. ......, CNPJ n. ...., conforme os seguintes fatos e fundamentos.

1. O reclamante foi admitido pela reclamada na data de ...., na função de ...., percebendo salário fixo de R$ ...., mais R$ .... por peça produzida, o que lhe assegura, atualmente, remuneração mensal de R$ ...., em média.

2. Entretanto, desde ...., a reclamada vem reduzindo sensivelmente as tarefas do reclamante, prejudicando a totalidade de sua remuneração mensal, o que lhe permite, com fulcro na lei, a rescisão do contrato de trabalho, pleiteando:

a) férias e 13º proporcionais;

b) liberação das guias do Fundo de Garantia por Tempo de Serviço (FGTS) (Código ....), com os acréscimos legais.

Protesta por provas testemunhal, documental e depoimento pessoal da reclamada.

Requer, pelo exposto, a citação de reclamada para contestar, querendo, a presente reclamatória, sob pena de ser declarada revel e confessa, e, julgada a procedência do pedido, sua condenação na forma legal.

Dá à causa o valor de R$ ....

P. deferimento.

........................, ... de .... de 20......

Advogado(a)

OAB/...... n. ......

SEQUESTRO DE BENS
(Tutela cautelar)

AO JUÍZO DO TRABALHO DA VARA DE ....

........................, brasileiro, solteiro, auxiliar geral, RG n. ...., CPF n. ...., CTPS n. ...., endereço eletrônico ...., residente e domiciliado nesta cidade, na rua ...., n. ......, CEP ...., vem respeitosamente perante este juízo, por seu procurador firmatário (doc. 1), advogado inscrito na OAB ......, sob n. ......, endereço eletrônico ...., com escritório na rua ...., n. ......, nesta cidade, onde recebe intimações, com fulcro no art. 769 da Consolidação das Leis do Trabalho e nos arts. 305 e seguintes do Código de Processo Civil, promover tutela cautelar de SEQUESTRO DE BENS em desfavor de ...., estabelecimento industrial com sede nesta cidade, na rua ...., n. ......, CNPJ n. ...., conforme a seguir expõe, para ao final pedir.

1. O reclamante foi admitido pela reclamada na data de ...., na função de ...., percebendo atualmente o salário mensal de R$ ...., encontrando-se em período de aviso-prévio.

2. Quando da contratação, todavia, considerando que a reclamada não possuía o computador modelo ...., necessário para a execução do serviço, o reclamante colocou seu aparelho, com os respectivos acessórios, à disposição da empregadora.

3. Presentemente, entretanto, após o pré-aviso, a reclamada, estranhamente, vem alegando ser proprietária do equipamento, o que poderá causar confusão no momento da rescisão do vínculo laboral. Os documentos ora exibidos provam a propriedade do requerente.

Ex positis, visando a salvaguardar seu direito, requer o sequestro do aparelho e de seus acessórios, que se encontram na ...., cumpridas as formalidades legais.

Protesta por todo gênero de provas aplicável à espécie.

Dá à causa o valor de R$ ....

Termos em que
espera deferimento.

......................., ... de .... de 20......

Advogado(a)

OAB/...... n. ......

RAZÕES FINAIS

AO JUÍZO DO TRABALHO DA 2ª VARA DE ....

Processo n. ....

Reclamante: ....

Reclamada: ....

M.M. Juiz:

Conforme pode ser constatado nos autos, tanto pela peça vestibular do reclamante como pelas alegações da reclamada, ficou suficientemente provada a procedência da presente reclamatória em face das razões que seguem.

1. O Reclamante pleiteou:

a) férias, R$ ....

b) 13º salário, R$ ....

c) salário-família, R$ ....

d) horas extras, R$ ....

2. A reclamada, em sua contestação de fls. ......, apenas se limitou a negar os fatos alegados na inicial, sem no entanto trazer aos autos qualquer documento que comprove ter saldado seus compromissos com o reclamante.

Diante do exposto, espera o reclamante a procedência da presente reclamatória, com a condenação da reclamada no pagamento das verbas pleiteadas, com juros e correção monetária.

Nestes termos, pede deferimento.

........................, ... de .... de 20......

Advogado(a)

OAB/...... n. ......

Defesa do reclamado

Nas ações trabalhistas a defesa somente será oferecida em audiência, no caso de a conciliação resultar infrutífera. Portanto, não havendo acordo e após a leitura da reclamação, quando esta não for dispensada por ambas as partes, o reclamado procederá a defesa em até vinte minutos (art. 847 da CLT). A resposta do reclamado, além da possibilidade do reconhecimento da procedência do pedido, consiste em contestação ou reconvenção.

Como regra geral de defesa, cumpre ao reclamado observar o princípio da eventualidade, pelo qual se obriga a expor, na contestação, toda a matéria de defesa que tiver e a manifestar-se precisamente sobre as alegações de fato constantes da petição inicial, presumindo-se verdadeiras as não impugnadas (art. 341 do CPC), não se admitindo, portanto, a chamada "contestação por negativa geral".

Assim, mesmo entendendo que alguma preliminar de mérito possa descaracterizar as pretensões do autor, deverá o reclamado desenvolver todos os demais argumentos jurídicos, principalmente os de mérito, para que, na eventualidade de não prevalecer a preliminar, sua defesa seja aceita pelo ataque ao mérito.

Na sua defesa poderá o reclamado atacar o processo ou o mérito da ação. Na primeira hipótese lhe é facultado oferecer, em **preliminar**, ou seja, antes de discutir o mérito (art. 337 do CPC):

> I – inexistência ou nulidade da citação;
> II – incompetência absoluta e relativa;
> III – incorreção do valor da causa;
> IV – inépcia da petição inicial;
> V – perempção;
> VI – litispendência;
> VII – coisa julgada;
> VIII – conexão;
> IX – incapacidade da parte, defeito de representação ou falta de autorização;
> X – convenção de arbitragem;
> XI – ausência de legitimidade ou de interesse processual;
> XII – falta de caução ou de outra prestação que a lei exige como preliminar;
> XIII – indevida concessão do benefício de gratuidade de justiça.

Já na **defesa contra o mérito,** poderá o reclamado negar os fatos ou consequências jurídicas, mediante ataque aos fundamentos de fato e de direito constantes da inicial. Poderá, igualmente, opor fatos extintivos, modificativos ou impeditivos, tais como a prescrição e a compensação.

Em relação à prescrição, convém esclarecer que o trabalhador dispõe de dois anos para reivindicar os créditos dos últimos cinco anos do contrato de trabalho, contados da data de extinção do contrato, e não cinco anos anteriores ao ajuizamento da ação.

Reconvenção. "No processo trabalhista, a reconvenção é a ação do reclamado em face do reclamante promovida no bojo da reclamatória em que está sendo demandado. Não se trata, portanto, de ação acessória, mas sim de ação autônoma, tanto assim que, se houver desistência da reclamatória, a reconvenção correrá normalmente. Deve ser aplicado, dessa feita, o disposto no art. 317 do CPC [1973]: a desistência da ação, ou a existência de qualquer causa que a extinga, não obsta ao prosseguimento da reconvenção"[2].

---

2 CARRION, Valentin. *Comentários à Consolidação das Leis do Trabalho*, 2000, p. 648.

Se, por exemplo, na ação de consignação de pagamento o empregador estiver consignando verbas rescisórias pela despedida por justa causa, poderá o consignado alegar a não integralidade do depósito, por faltarem outras parcelas rescisórias, como aviso-prévio indenizado, férias e FGTS, não há necessidade de o empregado apresentar reconvenção, pois poderá, em contestação alegar a não integralidade do depósito. Se, porém, pretender o recebimento de outras parcelas, como horas extras e adicional de insalubridade, deverá oferecer reconvenção.[3]

Ainda, importante ressaltar que, dentre as demais inovações da Lei n. 13.467/2017, o § 5º do art. 791-A da CLT aponta que: "São devidos honorários de sucumbência na reconvenção".

CONTESTAÇÃO

AO JUÍZO DO TRABALHO DA 3ª VARA DE ......

Autos n.: ....

Reclamante: ....

Reclamada: ....

......................., pessoa jurídica de direito privado, CNPJ n. ...., com sede nesta cidade, na rua ...., n. ......, CEP ...., neste ato representado por seu Diretor .... (comprovante anexo), nos autos da Reclamação Trabalhista que lhe move ...., já qualificado, vem perante este juízo, por seu procurador regularmente constituído, advogado inscrito na OAB ......, sob n. ......, endereço eletrônico ...., com escritório na rua ...., n. ......, nesta cidade, onde recebe intimações, oferecer

CONTESTAÇÃO

pelos fatos e fundamentos adiante aduzidos:

PRELIMINARMENTE:

Coisa julgada

Há coisa julgada quando se repete ação que já foi decidida por decisão transitada em julgado (art. 337 do CPC). É o que ocorre no presente caso, eis que o reclamante nada mais faz que repetir o pedido feito no processo de n. ...., sendo a ação, na oportunidade, declarada improcedente (cópia da sentença inclusa).

Em face do exposto, requer, preliminarmente (art. 337, VII, do CPC) que este juízo julgue o reclamante carecedor de ação e, consequentemente digne-se de decretar a extinção

3 RAMOS, Alexandre; MIQUELUZZI, Oswaldo. Ob. cit,. p. 159.

do processo, sem a resolução do mérito, nos termos do art. 485, V, do Código de Processo Civil, com a consequente condenação do reclamante nas custas e honorários de advogado da reclamada.

MÉRITO

Na hipótese de, *ad argumentandum tantum*, não for acolhida a preliminar suscitada, no mérito melhor sorte não assiste ao reclamante, como se demonstra:

1. DA COMPENSAÇÃO/DEDUÇÃO

Consoante comprova com documento incluso (doc. n. ......) a resilição contratual deu-se por iniciativa do reclamante na data de .... , o qual, na oportunidade, optou por não cumprir o aviso prévio regulamentar. Nesse caso, à toda evidência, tem o empregador direito de compensar o valor correspondente ao aviso prévio não cumprido, com as demais parcelas por ele devidas, que remonta o valor de R$ .... (..................), conforme estatui o art. 487, § 2º, da CLT.

2. DAS FÉRIAS PROPORCIONAIS

A reclamada pagou ao Reclamante o valor correspondente a férias proporcionais dos meses em que trabalhou. Descabida, portanto, a pretensão do reclamante em receber ...... meses de férias, eis que não trabalhou no período.

3. DO 13º SALÁRIO PROPORCIONAL

Improcede, igualmente, a pretensão do reclamante em receber ...... meses de 13º salário, porquanto, como mencionado acima, não trabalhou este período.

4. DO FGTS

O reclamante alega o não recebimento dos depósitos e do valor da multa de 40% do FGTS, parcelas que, de acordo com a lei, somente são devidas em caso de dispensa por justa causa, o que não é o caso dos presentes autos, vez que foi o reclamante quem pediu demissão.

Conclui-se, assim, que, compensado o valor de R$ ...., relativo ao aviso prévio não cumprido, a reclamada deve ao reclamante apenas o valor de R$ ...., correspondente às verbas de .... e de ...., como requerido na inicial.

Diante do exposto, requer a este juízo que seja acolhida a preliminar acima aduzida, extinguindo-se o processo sem resolução do mérito, ou se assim não entender, seja o pedido julgado improcedente em parte, pelas razões acima aduzidas.

Requer provar o alegado por todos os meios de prova em direito admitidos, notadamente documental, pericial, testemunhal e depoimento pessoal do reclamante sob pena de confesso.

Termos em que

pede deferimento.

........................, ... de .... de 20......

Advogado(a)

OAB/...... n. ......

Audiência de julgamento

A regra trabalhista versa sobre a obrigatoriedade da presença das partes à primeira audiência, na qual é apresentada a defesa do reclamado.

O empregado comparece pessoalmente ou por intermédio do gerente ou preposto (que não precisa ser empregado da reclamada); o empregado, quando impossibilitado de comparecer por motivo de força maior, pode ser representado por outro empregado que pertença à mesma profissão, ou pelo sindicato (art. 843, § 2º, da CLT).

O reclamante e o reclamado comparecerão à audiência acompanhados das suas testemunhas, apresentando, nessa ocasião, as demais provas.

A justificativa da ausência da parte à audiência, quando for caso de doença, deve ser feita mediante atestado médico com referência expressa ao nome da doença e à impossibilidade de locomoção do enfermo, o qual deverá ser imediatamente apresentado em juízo.

Caso o autor deixe de comparecer sem justificativa, ainda que compareça o advogado, a consequência será o arquivamento do processo (art. 844 da CLT); sendo o reclamado o ausente, será ele considerado revel e confesso, mas somente em relação à matéria de fato.

Na hipótese de ausência do reclamante, este será condenado ao pagamento das custas calculadas na forma do art. 789, ainda que beneficiário da justiça gratuita, salvo se comprovar, no prazo de quinze dias, que a ausência ocorreu por motivo legalmente justificável (§ 2º do art. 844 da CLT).

Já a revelia produzida pela ausência da reclamada não importa o arquivamento da reclamação na ocorrência de um dos seguintes casos (§ 4º do art. 844 da CLT):

> I – havendo pluralidade de reclamados, algum deles contestar a ação;
>
> II – o litígio versar sobre direitos indisponíveis;
>
> III – a petição inicial não estiver acompanhada de instrumento que a lei considere indispensável à prova do ato;
>
> IV – as alegações de fato formuladas pelo reclamante forem inverossímeis ou estiverem em contradição com prova constante dos autos.
>
> § 5º Ainda que ausente o reclamado, presente o advogado na audiência, serão aceitos a contestação e os documentos eventualmente apresentados.

Homologação de acordo extrajudicial

Acordo extrajudicial é a convenção extra autos feita pelas partes com a finalidade de por termo ao processo, necessitando, para sua validade, ser homologado pelo juiz. Segundo redação do art. 855-B da CLT o processo de homologação de acordo terá início por petição conjunta, sendo obrigatória a representação das partes por advogados, vedada a representação por advogado comum.

No prazo de quinze dias a contar da distribuição da petição, o juiz analisará o acordo e, se entender necessário, designará audiência e proferirá sentença (art. 855-D da CLT).

A petição de homologação de acordo extrajudicial suspende o prazo prescricional da ação quanto aos direitos nela especificados, voltando a fluir no dia útil seguinte ao do trânsito em julgado da decisão que negar a homologação do acordo (art. 855-E da CLT).

A audiência obedece aos seguintes atos sucessivos:

1. Abertura da audiência pelo juiz ou presidente, que proporá conciliação. *Havendo acordo* lavrar-se-á termo, assinado pelo presidente e pelos litigantes, consignando-se o prazo e demais condições para seu cumprimento, entre essas a de ficar a parte que não cumprir o acordo obrigada a satisfazer integralmente o pedido ou pagar uma indenização convencionada, sem prejuízo do cumprimento do acordo.
2. *Não havendo acordo,* leitura da reclamação, quando esta não for dispensada por ambas as partes (art. 847 da CLT).
3. Defesa do reclamado em até vinte minutos.
4. Concluída a defesa, instrução do processo, podendo o presidente, *ex officio* ou a requerimento de qualquer juiz temporário, interrogar os litigantes.
5. Findo o interrogatório, poderá qualquer dos litigantes retirar-se, prosseguindo a instrução com o seu representante.
6. Oitiva das testemunhas, do perito e dos técnicos, se houver.
7. Apresentação de razões finais pelas partes, em prazo não excedente de 10 (dez) minutos para cada uma.
8. Renovação da proposta de conciliação pelo juiz.
9. Não havendo conciliação, o juiz proferirá a sentença.

Da decisão serão os litigantes notificados, pessoalmente, ou por seu representante, na própria audiência. No caso de revelia, a notificação far-se-á pela forma estabelecida no § 1º do art. 841 (art. 852 da CLT).

PROCEDIMENTO SUMARÍSSIMO NA JUSTIÇA DO TRABALHO

O procedimento sumaríssimo na Justiça do Trabalho é restrito aos dissídios individuais cujo valor não exceda a quarenta vezes o salário mínimo vigente na data do ajuizamento da reclamação (art. 852-A da CLT), com exclusão das demandas em que é parte a Administração Pública direta, autárquica e fundacional.

As reclamações sob o procedimento sumaríssimo submetem-se às seguintes regras (art. 852-B):

> I – o pedido deverá ser certo ou determinado e indicará o valor correspondente;
>
> II – não se fará citação por edital, incumbindo ao autor a correta indicação do nome e endereço do reclamado;

III — a apreciação da reclamação deverá ocorrer no prazo máximo de quinze dias do seu ajuizamento, podendo constar de pauta especial, se necessário, de acordo com o movimento judiciário da Junta de Conciliação e Julgamento.

Resta consignado que o não atendimento, pelo reclamante, do disposto nos incisos I e II importará no arquivamento da reclamação e condenação ao pagamento de custas sobre o valor da causa.

Em relação ao prazo para defesa do reclamado o entendimento predominante é o de que seja concedido o direito de cinco dias entre a citação e a audiência na qual se fara á defesa.

Audiência

As demandas sujeitas a rito sumaríssimo serão instruídas e julgadas em audiência única, sob a direção de juiz presidente ou substituto, que poderá ser convocado para atuar simultaneamente com o titular (art. 852-C). Aberta a sessão, o juiz esclarecerá as partes presentes sobre as vantagens da conciliação e usará os meios adequados de persuasão para a solução conciliatória do litígio, em qualquer fase da audiência.

Todas as provas serão produzidas na audiência de instrução e julgamento, ainda que não requeridas previamente, sendo decididos, de plano, todos os incidentes e exceções que possam interferir no prosseguimento da audiência e do processo. As demais questões serão decididas na sentença (arts. 852-G e 852-H da CLT).

Sobre os documentos apresentados por uma das partes manifestar-se-á imediatamente a parte contrária, sem interrupção da audiência, salvo absoluta impossibilidade, a critério do juiz.

As testemunhas, até o máximo de duas para cada parte, comparecerão à audiência de instrução e julgamento independentemente de intimação. Somente será deferida intimação de testemunha que, comprovadamente convidada, deixar de comparecer. Não comparecendo a testemunha intimada, o juiz poderá determinar sua imediata condução coercitiva.

A prova técnica, como exceção, somente será deferida quando a prova do fato o exigir, ou for legalmente imposta, incumbindo ao juiz, desde logo, fixar o prazo, o objeto da perícia e nomear perito.

Interrompida a audiência, o seu prosseguimento e a solução do processo dar-se-ão no prazo máximo de trinta dias, salvo motivo relevante justificado nos autos pelo juiz da causa.

As partes serão intimadas da sentença na própria audiência em que prolatada.

SENTENÇAS TRABALHISTAS

Vistos etc.

Trata-se de reclamatória trabalhista sob rito sumaríssimo. Relatório dispensado.

Vieram os autos conclusos para julgamento.

FUNDAMENTOS

Alega o reclamante que foi contratado em 01.04.2010, na função de auxiliar administrativo, sendo despedido sem justa causa em 04.02.2011, com salário de R$ 1.200,00 mensais.

Aduz que, desligado em 04.02.2011, o pagamento do TRCT deveria ter ocorrido até 15.02.2011, mas tal se deu apenas em 18.03.2011, portanto fora do prazo do art. 477 consolidado.

Incontroverso que após seu desligamento o réu efetuou dentro do prazo o pagamento da referida multa em favor do autor, fato reconhecido pelo reclamante na assentada inicial, confirmando-se também no documento de fls. 50 dos autos. O pagamento do réu foi feito após o ajuizamento da presente reclamatória. Assim, julgo extinto o pleito com fulcro no art. 487, III, *a*, do CPC.

Na exordial, pleiteou o reclamante o pagamento da multa convencional, prevista na cláusula 18, § 7º, da Convenção Coletiva, ao argumento de que a reclamada não procedeu ao pagamento do reajuste salarial previsto na Convenção no prazo estipulado no parágrafo citado.

A cláusula convencional em comento estipula o pagamento da multa em razão do não cumprimento do prazo para pagamento de diferenças apuradas na rescisão do contrato, de 10 (dez) dias "após a homologação ou conhecimento do fato gerador de tais diferenças, sob pena da multa de um salário mínimo".

A legalidade decorre do imperativo de aplicação da norma convencional ao contrato em tela. Defiro ao reclamante o pagamento de multa no valor de um salário mínimo.

Considerando a parcela postulada e reconhecida pelo réu, já paga, e também a condenação supra, condeno a reclamada em honorários assistenciais no valor de R$ 261,75 (15% do total da condenação).

A correção monetária tem a sua incidência a partir da publicação da sentença, devendo os juros incidirem a partir do ajuizamento da ação na forma do art. 883 da CLT e da Súmula n. 200 do TST.

O índice da correção monetária a ser aplicado aos débitos trabalhistas incide sobre as parcelas devidas a partir do quinto dia útil do mês subsequente ao vencido, vale dizer, a época própria para o cômputo da correção monetária é a do mês subsequente ao da prestação laboral. Súmula n. 381 da SDI-1 do Col. TST.

A Lei n. 8.177/91, art. 39, § 1º, determina que os juros devem ser calculados a partir da data do ajuizamento da ação, aplicando-se *pro rata die*, 1% ao mês, calculados de maneira simples e não capitalizados, sobre o valor da condenação, corrigidos monetariamente, os quais não são aplicados pelas instituições financeiras.

A retenção dos valores devidos a título de Imposto de Renda está ligada à disponibilidade dos rendimentos, de forma que o seu cálculo deve ser realizado sobre o total dos valores a serem pagos ao reclamante, advindos dos créditos trabalhistas sujeitos à contribuição fiscal, excetuando-se somente o desconto de Imposto de Renda se o valor recebido não constituir rendimento tributável, seja por sua natureza (art. 46, § 1º, I a III, da Lei n. 8.541/92) ou por seu valor (faixa coberta pela isenção).

Em virtude de sua natureza jurídica, os juros moratórios não estão sujeitos à incidência do Imposto de Renda, pois os créditos no processo trabalhista não representam investimento do trabalhador, e os juros objetivam apenas indenizar a mora, não se confundindo com juros de natureza compensatória ou remuneratória de capital aplicado. Exclusão determinada pelo art. 46, § 1º, I, da Lei n. 8.541/92, sendo certo que as disposições do Decreto n. 9.580/2018 extrapolaram sua competência regulamentar, criando tributo em violência ao expresso comando legal regulamentado (arts. 5°, II, e 150, I, da CF). Nesse sentido, a Súmula n. 368, II, do Col. TST, ao assentar que a incidência do desconto fiscal deve ser limitada à parcela tributável do crédito.

É da reclamada a integral responsabilidade relativamente ao recolhimento dos depósitos previdenciários e fiscais, tendo-se em vista a condição de mora a que o empregado não deu causa. E isso com fulcro nos suficientes fundamentos legais insculpidos no art. 33, § 5º, da Lei n. 8.212/91 e interpretação da Lei n. 8.541/92, à luz dos princípios de isonomia e progressividade contidos nos arts. 150, II, e 153, § 2º, da Constituição Federal. Até porque não se pode prescindir da equitativa distribuição da justiça, em razão da qual o recolhimento integral do imposto incumbe ao responsável pela retenção na fonte que violou o crédito de confiança antecipado pelo órgão arrecadador, fez mau uso do tributo que custodiava e colheu o usufruto das importâncias de que indevidamente se apropriou.

Com fundamento no art. 404 do Código Civil de 2002, que considera os juros perdas e danos, sem fazer qualquer diferenciação entre juros de mora incidentes sobre parcelas de natureza remuneratória ou indenizatória, indevida a incidência do imposto de renda sobre os juros de mora.

Aplica-se, ainda, o disposto no art. 523 do CPC, assim redigido:

> Art. 523. No caso de condenação em quantia certa, ou já fixada em liquidação, e no caso de decisão sobre parcela incontroversa, o cumprimento definitivo da sentença far-se-á a requerimento do exequente, sendo o executado intimado para pagar o débito, no prazo de 15 (quinze) dias, acrescido de custas, se houver.
>
> § 1º Não ocorrendo pagamento voluntário no prazo do *caput*, o débito será acrescido de multa de dez por cento e, também, de honorários de advogado de dez por cento.

§ 2º Efetuado o pagamento parcial no prazo previsto no *caput*, a multa e os honorários previstos no § 1º incidirão sobre o restante.

§ 3º Não efetuado tempestivamente o pagamento voluntário, será expedido, desde logo, mandado de penhora e avaliação, seguindo-se os atos de expropriação.

Deverá pagar o valor da condenação dentro de 15 (quinze) dias, a contar do trânsito em julgado da decisão, sob pena de acréscimo à conta da multa de 10% (dez por cento) e imediata penhora de bens, de ofício (CLT, art. 878, *caput*, princípio *inquisitivo* ou *da incoação do juiz*), independentemente de mandado de citação, com prévio encaminhamento dos autos ao setor de cálculos, para os fins de direito (CLT, arts. 765 e 832, § 1º).

Não existe parcela suscetível de compensação.

Concedo à parte reclamante os benefícios da Justiça gratuita.

EX POSITIS, julgo:

PROCEDENTE, em parte, os pedidos da reclamatória para condenar a reclamada CONTEST CONTROLE TECNOLÓGICO DE CONCRETO E SOLOS LTDA. a pagar ao reclamante as parcelas relacionadas na fundamentação acima que integra este *decisum*. Liquidação por cálculos.

Custas pela reclamada no valor de R$ 16,00, calculadas sobre o valor arbitrado de R$ 800,00.

Ante a procedência parcial do pedido, nos termos do art. 791-A, § 3º, da CLT, fixo em R$ 1.000,00 reais a verba honorária sucumbencial devida aos advogados de cada parte, suspensa a exigibilidade junto à Reclamante, nos termos do § 4º do mesmo dispositivo.

Cientes as partes.

Encerrada às 17:51 horas.

U.R.P.L.,
Juiz do Trabalho

Vistos etc.

I – RELATÓRIO

C. J. S., qualificado na inicial, ajuizou reclamatória trabalhista em desfavor de C. COMÉRCIO DE EQUIPAMENTOS DE SEGURANÇA LTDA., dizendo-se admitido pela reclamada em 04.06.2008, na função de instalador de sistema de segurança; afirma que nos últimos meses a empresa empregadora tem feito o pagamento dos salários com dez ou mais dias de atraso, deixando-o em uma situação difícil de honrar seus compromissos; relata que desde o início do pacto laboral a reclamada não depositou regularmente o FGTS, só o fazendo em relação ao mês de junho de 2008; assevera que mesmo diante da situação relatada continuou a desempenhar suas atividades normais, permanecendo até a presente data. Por fim afirma que ultimamente o encarregado não o tem levado no carro da empresa para desempenhar suas atividades. Postula a rescisão indireta do seu contrato de trabalho e as verbas elencadas às fls. 06/07. Atribuiu à causa o valor de R$ 4.894,86. Juntou documentos.

Em sua defesa, aduz em suma a empresa reclamada que o autor foi admitido em 04.06.2008, para exercer a função de instalador, recebendo como último salário R$ 500,00, sendo que desde 01.04.2009 não comparece à empresa para desempenhar suas atividades. Contesta uma a uma as verbas vindicadas e pede a improcedência da reclamatória. Juntou documentos.

Sobre a defesa e documentos trazidos aos autos pela reclamada, manifestou-se a reclamante às fls. 85/86.

Tomou-se o depoimento pessoal das partes e, sem outros elementos, foi encerrada a instrução processual.

Razões finais orais remissivas.

Sem êxito a conciliação.

É o relatório.

DECIDE-SE:

II – FUNDAMENTOS DA DECISÃO

DO MÉRITO

Do pedido de rescisão indireta

In casu, o litígio apresenta um pilar básico sobre o qual descasam todos os pleitos elencados na inicial e impugnados na peça contestatória, ou seja, a ocorrência ou não de falta grave do empregador, justificando a rescisão oblíqua do pacto laboral.

À luz dos elementos probatórios constantes nos autos, entende este juízo que o triunfo é da tese obreira, quanto à existência de falta grave capaz de autorizar a rescisão indireta do pacto laboral.

A reclamante postulou a decretação da dissolução do contrato de trabalho, pela via oblíqua, pelo descumprimento, pela parte empresarial, das obrigações do contrato, com pagamento atrasado de salários e ausência de recolhimentos fundiários em diversos meses.

Já a empresa reclamada acena com o abandono de emprego, de maneira eufêmica, sustentando que o reclamante deixou de comparecer ao serviço, sem justificativa, desde 01.04.2009.

Como é sabido, a rescisão indireta do contrato de trabalho é a modalidade de cessação do contrato de trabalho por decisão do empregado em razão da falta grave praticada pelo empregador (art. 483 da CLT). Para sua configuração, faz-se necessário que a falta cometida seja de tal monta que abale ou torne impossível a continuidade do contrato.

Pelo extrato da conta bancária do autor de fls. 90/91, restou comprovado o atraso no pagamento do salário dos meses de dezembro de 2008 e janeiro, fevereiro e março de 2009, sendo que os pagamentos foram efetuados nos dias 14/01, 11/02, 16/03 e 13/04 respectivamente.

Com relação ao descumprimento pela reclamada das obrigações contratuais concernentes aos pagamentos de salários, tem-se que tal conduta ostenta a gravidade necessária para ensejar o reconhecimento da justa causa do empregador.

Os empregados, por definição do art. 3º da CLT, dependem economicamente dos empregadores, ou seja, extraem a fonte de sua subsistência do produto da sua força de trabalho. A mora reiterada no pagamento dos salários produz consequências inegavelmente danosas, a ponto de tornar impossível o liame empregatício. Ademais, o simples fato de o autor ter recebido os salários a destempo não afasta o ilícito patronal.

Quanto à ausência de recolhimentos fundiários, pelo extrato da conta vinculada do autor (fls. 19) pode-se notar a ausência dos recolhimentos apontados na inicial e denunciados, recolhimentos que só foram procedidos em 25.05.2009, de uma única vez, pela reclamada após o ajuizamento da reclamatória datada de 23.04.2009. Portanto, está provada a inadimplência quanto aos depósitos fundiários.

O prejuízo advindo da falta do empregador resta patente diante das diversas possibilidades de movimentação da conta vinculada mesmo durante o vínculo empregatício. Cite-se, como exemplo, a possibilidade de o Autor valer-se dos recursos do FGTS para amortizar financiamento imobiliário, doenças e outras situações (art. 20 da Lei n. 8.036/90).

De outro lado, a jurisprudência do Tribunal Superior do Trabalho vem se firmando no sentido de que a ausência dos depósitos do FGTS é suficiente para caracterizar a despedida indireta, conforme os seguintes julgados:

> Recurso de revista. Rescisão indireta. Ausência dos depósitos do FGTS. Inobservância da data-limite ao pagamento dos salários. Art. 483, *d*, da CLT. A falta do recolhimento dos depósitos do FGTS pelo empregador configura ato faltoso de gravidade suficiente a ensejar a rescisão indireta do pacto laboral, forte no art. 483, *d*, da CLT, sopesadas, inclusive, as diferentes hipóteses previstas em lei autorizadoras do seu levantamento no curso do contrato, a inviabilizarem seja minimizando o prejuízo potencial ao empregado advindo do inadimplemento patronal, e extreme de dúvida que as obrigações de origem legal impostas ao empregador, o chamado contrato mínimo de trabalho, constituído pela tutela legal –, se incorporam ao contrato de trabalho e, enquanto tais, também se qualificam como obrigações contratuais. Recurso de revista conhecido e provido. (RR n. 723.029/2001.6, rel. designada Min. Rosa Maria Weber Candiota da Rosa, *DJU* 29.02.2008)

> Recurso de revista. Rescisão indireta. Ausência de depósito do FGTS e atraso no pagamento das férias. Rescisão indireta. Caracterização. As obrigações trabalhistas a que estão sujeitas as partes na relação de emprego são tão relevantes que o legislador previu que o seu descumprimento ensejaria o desfazimento do contrato, por justa causa, conforme dispõem os arts. 482 e 483 da CLT. Assim, não se sustenta o entendimento de que a falta de depósitos relativos ao FGTS não inviabiliza o contrato de trabalho, pois somente após o término do contrato é que o empregado, dependendo do

caso, teria direito ao levantamento. Isso porque o empregado, ao se enquadrar nas hipóteses de levantamento dos depósitos (art. 20 da Lei n. 8.036/90), não os teria disponibilizados de imediato, principalmente em casos de doença, em que a necessidade premente dessa garantia constitucional demonstra a obrigatoriedade e a seriedade com que esses depósitos devem ser regularmente efetuados. E, ademais, nessas hipóteses, a Lei não proíbe que o empregado movimente a conta somente quando extinto o contrato de trabalho, o que demonstra a possibilidade de saque no curso do pacto. (RR n. 327/2006-004-04-00, rel. designado Min. Horácio Senna Pires, *DJ* 13.06.2008)

Registre-se por fim, que o reclamante somente tomou conhecimento da irregularidade em sua conta fundiária por meio de consulta à Caixa Econômica Federal, que, segundo o extrato de fls. 19, deu-se em 17.03.2009, sendo a presente reclamação trabalhista ajuizada em 23.04.2009. Logo, a ciência da violação referente ao FGTS deu-se em abril de 2009, tendo reagido imediatamente o Reclamante. Atendido, portanto, o requisito da imediatidade exigido para a configuração da justa causa patronal.

Diante do exposto, tenho que o reclamante desvencilhou-se a contento do ônus que lhe competia de demonstrar a presença dos requisitos necessários à configuração da justa causa imputada ao empregador e tomou as providências cabíveis a tempo, tendo-se como rompido o contrato em 23.04.2007, data do ajuizamento da reclamatória.

Por fim, ressalta-se que, ao contrário do sustentado na defesa, não houve qualquer abandono de emprego por parte do obreiro, conforme confissão direta do preposto da reclamada, que afirmou em seu depoimento pessoal que o autor estava dispensado de trabalhar até o ajuizamento da reclamatória, comparecendo a empresa dia sim, dia não, em razão de não ter a reclamada veículo para que o autor exercesse suas atividades (fls. 87/88).

DOS PEDIDOS

Reconhecida a falta grave imputada à empresa, condena-se a reclamada a pagar ao reclamante as verbas a seguir elencadas, bem como cumprir as obrigações de fazer determinadas:

– saldo de salário, correspondente a 23 dias do mês de abril de 2009;

– aviso-prévio;

– férias fracionadas (11/12) + 1/3;

– indenização compensatória (40%) do FGTS;

– confeccionar e liberar as guias para saque do FGTS, comprovada a regularidade dos depósitos, inclusive no tocante ao 13º salário;

– confeccionar e liberar as guias para o benefício do seguro-desemprego.

Deverá a reclamada, ainda, efetuar a baixa na CTPS obreira com data de 23.04.2009.

DOS DEMAIS PEDIDOS

Multa do art. 477 da CLT

Tenho por indevido o pagamento da multa prevista no art. 477 da CLT quando houver controvérsia instaurada nos autos quanto à modalidade da rescisão contratual.

A discussão em torno da possibilidade de se caracterizar ou não a rescisão indireta é matéria controvertida. As verbas rescisórias só passaram a ser devidas com o pronunciamento judicial, pelo que descabe a sanção legal pretendida.

Aplicação do art. 467 da CLT

Denega-se em face da evidente e razoável controvérsia lavrada.

Justiça gratuita

O autor declarou-se juridicamente pobre (fls. 09). À falta de prova em contrário, defere-se a ele o benefício da Justiça gratuita.

III – CONCLUSÃO

Ante o exposto e considerando o mais que dos autos consta, julgo PROCEDENTES, em parte, os pedidos constantes da reclamatória trabalhista proposta por C. J. S., desfavor de C. Comércio de Equipamentos de Segurança Ltda., condenando-se a reclamada a pagar ao reclamante as parcelas acima deferidas, obedecidos os comandos da fundamentação que passa a integrar o presente dispositivo em todos os seus termos.

Custas, pela reclamada, no importe de R$ 50,00, calculadas sobre R$ 2.500,00, valor arbitrado provisoriamente à condenação.

Ante a procedência parcial do pedido, nos termos do art. 791-A, § 3º, da CLT, fixo em R$ 1.000,00 reais a verba honorária sucumbencial devida aos advogados de cada parte, suspensa a exigibilidade junto à Reclamante, nos termos do § 4º do mesmo dispositivo.

Quantum debeatur a ser apurado em liquidação de sentença.

Incidem juros e correção monetária, na forma da lei e das Súmulas ns. 200 e 381 do Col. TST.

Comprovará a reclamada os recolhimentos previdenciários e fiscais, nos termos da legislação vigente.

Tem natureza salarial para fins previdenciários as verbas concedidas a título de salário e 13º salário.

Intimem-se as partes.

Nada mais.

A. C. A. S. B.

Juiz do Trabalho

Vistos etc.

Relatório dispensado na forma do art. 852, I, da Consolidação das Leis do Trabalho.

FUNDAMENTAÇÃO

Período de vínculo. *Dies a quo*

Alegando a reclamante que iniciou a prestação de atividade laborativa na data de 05.11.2010, inobstante a CTPS somente tenha recebido anotação em 10.11.2010, veio a reclamada a negar o fato, sob o argumento de que o termo inicial do período de vigência contratual coincidiu com a data constante dos registros em assentamentos funcionais.

As anotações da CTPS gozam de presunção *juris tantum* de veracidade (art. 29 da CLT). Diante disso, incumbia à reclamante a prova de que o dia consignado em ato escrito não corresponde à realidade dos fatos.

E desse ônus a parte não se desincumbiu, já que não trouxe à colação do juízo qualquer elemento de convicção no passo da veracidade de sua afirmação.

Considera-se, pois, para quaisquer efeitos provenientes da presente decisão, que o pacto laboral foi iniciado em 10.11.2010, não havendo retificação a se proceder nas anotações de CTPS.

FGTS

O extrato de fls. 53 atesta que as contribuições fundiárias referentes ao período de vinculação foram integralmente depositadas em conta vinculada à trabalhadora.

Solvida a obrigação primária da empregadora, nada mais é devido à autora sob tal rubrica.

Obrigações rescisórias

O pacto de prova, celebrado por 30 (trinta) dias, foi licitamente prorrogado por igual período, conforme se verifica da anotação de fls. 46.

Conclui-se, portanto, que a rescisão contratual foi fundada em término do período de experiência.

Pelo exposto, indevido o aviso-prévio indenizado (art. 487 da CLT, *a contrario sensu*), improcedendo, por idênticos fundamentos, os pleitos da projeção do período para efeito de cálculo de 13º salário e férias proporcionais, devidas ao término da relação (arts. 92 e 95 do CCB). Indefere-se, do mesmo modo, o pleito de indenização de 40% do saldo da conta fundiária – obrigação devida apenas nos casos de iniciativa patronal para resilição de pacto celebrado por prazo indeterminado e, portanto, diversa da presentemente discutida.

Assim sendo, a quitação efetivada no ato rescisório equivale à exoneração da reclamada de sua dívida, por conta de haveres rescisórios.

Verifica-se, contudo, que o depósito do FGTS relativo ao mês de novembro de 2010 foi efetivado em momento posterior ao ajuizamento da reclamatória, circunstância que, evidentemente, impediu a reclamante de sacar a importância respectiva.

Deverá a reclamada entregar à reclamante instrumento complementar apto à movimentação da conta do FGTS.

Multa do art. 477 da CLT

Reconhecida a extinção do pacto, não precedida de aviso-prévio trabalhado, na data de 08.01.2011 e pagos os consectários rescisórios na mesma data – presunção extraída da omissão em indicação de outra data no TRCT de fls. 12 –, patente a observância do disposto no art. 477, § 6°, da CLT.

Improcede o pedido de multa moratória calcado no § 8° do citado dispositivo cogente.

Horas extras

A reclamante alegou o cumprimento da seguinte jornada de trabalho: das 9h até as 19h, em segundas, quartas e quintas-feiras, e das 8h até as 19h, às sextas e sábados, com uma hora de intervalo. Sustenta a prática habitual de sobrejornada, não remunerada ou compensada, vindo a reclamar o pertinente pagamento.

A reclamada ofertou resistência à pretensão, declinando que a empregada, no período destacado, praticava atividade de 9h às 18h, até quinta-feira e até 19h, às sextas e sábados. Defende a inexistência de trabalho em horário excedente à carga horária legal semanal, refutando o pleito do pagamento respectivo.

Subsiste controvérsia fática nos presentes autos, relativamente ao(s) horário(s) de entrada/saída do trabalho.

A repartição do ônus probatório na matéria obedece aos critérios definidos pelo art. 74 da Consolidação das Leis do Trabalho. O dispositivo, interpretado de modo uniforme pela jurisprudência especializada (Súmula n. 338 do TST), deixa assentado que incumbe ao empregador que conta com 10 (dez) ou mais empregados a manutenção de controle de ponto instrumentalizado, de caráter individual. Deixando de apresentar os pertinentes instrumentos em juízo ou, ainda, verificando-se a imprestabilidade dos registros ali consignados, em correspondência com a realidade, assume o ônus probatório pela demonstração dos fatos impeditivos, modificativos ou extintivos de direito invocados. De outra parte, sendo inexigível a manutenção de instrumento de controle de jornada individualizado ou em face da exibição da prova documental, incumbe ao empregado comprovar a execução de atividade nos horários de trabalho apontados na peça de ingresso – constituição do direito vindicado –, salvo se as anotações em tais instrumentos indicarem a prática de horários inflexíveis – ditos *britânicos*. Nesta última hipótese, a improbabilidade de verossimilhança da prática de atividade diária em idênticos horários torna o documento inválido, conferindo-lhe o mesmo tratamento da inexistência de registro.

No caso concreto, assumiu a reclamante o encargo de demonstrar suas alegações, dado que a reclamada possuía menos de dez empregados em seus quadros funcionais, o que a desobriga da manutenção de controle individualizado de ponto. Resta apurar, meramente, se a parte foi bem-sucedida neste mister.

A reclamante não logrou comprovar, por qualquer meio, que tenha prestado trabalho em horários excedentes.

Indemonstrada a execução de sobrejornada por prorrogação, improcede o pleito.

Idêntico destino é conferido aos reflexos pretendidos, os quais, de natureza acessória, acompanham o rumo do principal (arts. 92 e 95 do CCB).

Vale-refeição

A cláusula sétima da CCT, celebrada pelos representantes das categorias profissional e econômica dos sujeitos da demanda, estabeleceu que os trabalhadores que auferissem salário com valor correspondente ao piso normativo, não acrescido de comissões, seriam beneficiários da vantagem almejada na presente reclamatória, e é certo que o salário mínimo da categoria, nos moldes da cláusula quarta do pacto coletivo, equivale a 1,5 salário mínimo legal, ou, em outras palavras, a R$ 765,00 em dezembro de 2010 e R$ 810,00 em janeiro de 2011.

A reclamada tenta se esquivar ao cumprimento da obrigação alegando, para tanto, que a reclamante auferia salário variável, prestado por unidade de produção.

Diversa, contudo, é a realidade da relação continuada, atestada a partir dos recibos de pagamento carreados aos autos pela própria ré – dos quais se infere que a reclamante recebia remuneração fixa, fundada em unidade de tempo (docs. fls. 42/43).

A reclamante se apresenta credora de vale-refeição, no importe de R$ 8,00 a cada dia trabalhado entre 10.11.2010 e 08.01.2011, o que equivale às seguintes importâncias mensais:

Mês	N. de dias trabalhados	Valor devido (R$)
11/2010	15	120,00
12/2010	22	176,00
01/2011	05	40,00
Total		336,00

Condena-se a reclamada a pagar à reclamante a importância de R$ 336,00 a título de vale-refeição do período contratual.

Acréscimo do art. 467 da CLT

A natureza das parcelas objeto de condenação neste feito afasta a incidência do acréscimo previsto no art. 467 da CLT.

Rejeita-se.

Juros e correção monetária

Deverá o débito ora apurado sofrer os efeitos de juros e correção monetária, a teor da Súmula n. 211 do Col. TST e do art. 322 do Código de Processo Civil, observando-se que a mora, para efeito da incidência de juros, tem início com a propositura da reclamação, a partir da dispensa, nesta Justiça Especializada, da aposição de despacho liminar positivo à peça exordial (art. 240 do CPC c/c art. 841 da CLT).

O termo inicial da contagem da correção monetária será o mês subsequente ao do vencimento da obrigação, pois que apenas após o 5° dia útil deste – quando a obrigação é devida – pode-se constituir o devedor em mora (art. 459, parágrafo único, da CLT).

Na liquidação do julgado, os juros moratórios devem ser excluídos da base de cálculo do Imposto de Renda da Pessoa Física, visto que não sinalizam acréscimo patrimonial do trabalhador, constituindo, por diverso, penalidade imposta ao empregador que o indeniza pelo retardo na quitação de pagamentos devidos (OJ n. 400 da SBDI-I do TST).

Gratuidade da Justiça

A impossibilidade do exercício do direito subjetivo público de demandar sem prejuízo do próprio sustento foi declarada com a observância dos ditames da Lei n. 7.115/83.

Atendidos os pressupostos do art. 790, § 3°, da CLT, concede-se à reclamante o benefício de Justiça gratuita.

Compensação

O objeto da condenação não atinge nenhuma obrigação comprovadamente prestada pela reclamada; inexiste suporte jurídico ao deferimento da postulação da peça de resistência, no passo da incidência à espécie da *exceptio compensationis*.

Rejeita-se.

DISPOSITIVO

Posto isso, decide a 16ª Vara do Trabalho de Brasília/DF julgar o pedido PROCEDENTE EM PARTE, para condenar a reclamada a prestar à reclamante as obrigações de pagar, deferidas na fundamentação da presente decisão, que fica fazendo parte integrante desta disposição e que são as seguintes:

a) vale-refeição (R$ 336,00).

Juros e correção monetária, como de direito.

Deverá a reclamada, ainda, adimplir a seguinte obrigação de fazer:

b) entregar à reclamante instrumento complementar apto à movimentação da conta do FGTS, acompanhado de chave de conectividade social.

Concede-se à reclamante o benefício de gratuidade de Justiça.

Custas, pela reclamada, no importe de R$ 10,64 (dez reais e sessenta e quatro centavos), calculadas sobre o valor arbitrado à condenação, da ordem de R$ 336,00 (trezentos e trinta e seis reais), que deverão ser pagas no prazo assinalado para cumprimento desta decisão.

Ante a procedência parcial do pedido, nos termos do art. 791-A, § 3º, da CLT, fixo em R$ 1.000,00 reais a verba honorária sucumbencial devida aos advogados de cada parte, suspensa a exigibilidade junto à Reclamante, nos termos do § 4º do mesmo dispositivo.

Declara-se que não há, no objeto da condenação, obrigação suscetível de incidência previdenciária – art. 832, § 3º, da CLT c/c Lei n. 8.212/91, art. 28, § 9º, *a contrario sensu*.

As partes estão cientes da presente decisão em audiência (Súmula n. 197 do TST).

Audiência encerrada às 16h31min.

Nada mais.

S. B. C. G.
Juíza do Trabalho Substituta

Vistos etc.

Trata-se de reclamatória trabalhista entre as partes em destaque acima. Petição inicial fls. 02/06, postulando em suma a condenação patronal ao pagamento de horas extras e reflexos, verbas rescisórias, multas, entrega de guias, adicional de insalubridade e Justiça gratuita. Deu à causa o valor de R$ 89.924,04.

Procuração e documentos, fls. 07/44.

Audiência inicial, fls. 51.

Contestação, fls. 52/64.

Manifestou-se a parte autora sobre a defesa e documentos, petição de fls. 161/166.

Audiência de instrução, fls. 167/170. As partes prestaram depoimento pessoal. Interrogada uma testemunha do autor.

Laudo pericial, fls. 185/197.

Audiência, fls. 198, abrindo vista do laudo às partes.

Audiência de encerramento, fls. 210.

Frustradas as propostas conciliatórias.

Vieram os autos conclusos para julgamento.

É o relatório.

FUNDAMENTOS

A presente ação foi ajuizada em 25.05.2010, fls. 02 dos autos.

O contrato de trabalho, segundo alegado na inicial, ocorreu no período de maio de 2002 a abril de 2010.

Por força do disposto no art. 7º, XXIX, da Constituição Federal, tem-se *in verbis* que:

> São direitos dos trabalhadores urbanos e rurais, além de outros que visem à melhoria de sua condição social: [...] ação, quanto aos créditos resultantes das relações de trabalho, com pra-

zo prescricional de cinco anos para os trabalhadores urbanos e rurais, até o limite de dois anos após a extinção do contrato de trabalho;

A CLT, no seu art. 11, que também trata da prescrição quinquenal, dispõe que: "A pretensão quanto a créditos resultantes das relações de trabalho prescreve em cinco anos para os trabalhadores urbanos e rurais, até o limite de dois anos após a extinção do contrato de trabalho".

O art. 487, parágrafo único, do CPC é plenamente aplicável ao processo do trabalho, nos termos do art. 769 da CLT. A norma em comento é imperativa e não confere faculdade ao juiz para reconhecer a prescrição de ofício, mas o obriga a pronunciá-la *ex officio*, a qualquer tempo e grau de jurisdição.

Dessa forma, restam extintas as parcelas anteriores a 25.05.2005, com fulcro no art. 487, II, do CPC.

Alega o reclamante que foi contratado pela reclamada em 05.05.2002, para a função de motorista, sendo despedido sem justa causa em 29.04.2010, restando afastado por benefício previdenciário em razão de acidente no período de 19.08.2005 a 10.02.2009.

Em primeiro lugar, aduz que trabalhava das 4:25 às 20:20 horas, com intervalo das 9:30 às 13:00 horas, das quais duas horas para repouso, e ainda nos sábados trabalhava das 13 às 20:00 horas sem intervalo.

Afirma que durante a semana ficava à disposição da empresa, ou em hora *in itinere*, das 4:25 às 5:25 horas, reclamando o pagamento das horas excedentes a 6:20 horas diárias, conforme previsão dos parágrafos da cláusula 31ª da CCT aplicável.

Expressamente rechaçada a tese de horas *in itinere*, em razão do fornecimento de transporte pela empresa para o deslocamento do autor até o local de trabalho, como excetua a cláusula 60ª da CCT, fls. 140 dos autos.

A ré contesta a jornada indicada na inicial, descrevendo diversos horários do autor, tanto com produtividade como sem ela, fls. 58/59 dos autos.

No seu depoimento o autor disse que: antes de abrir o ponto, o depoente, diariamente, realizava duas viagens e meia, que eram remuneradas, na forma de produtividade. As viagens realizadas no regime de produtividade eram integralmente registradas no verso das folhas de ponto. O depoente fechava a folha de ponto no horário real do término da jornada.

Considerando o acima exposto, bem como a falta de indicação de registros nos controles de horário do autor e respectivos pagamentos, tenho que foi o autor corretamente remunerado pela jornada prestada. Ademais, a testemunha, vizinho, que o trouxe não ratificou a versão da inicial de labor diário nos horários da exordial, ao contrário, descreveu situação bem diversa, inclusive incompatível com sua própria rotina de trabalho, detendo conhecimento precário e insuficiente a ensejar a condenação postulada. Tampouco produziu o autor prova da ausência de intervalo intrajornada nos sábados.

Portanto, julgo improcedentes os pedidos dos itens D e E, fls. 04/05, dos autos.

Em segundo lugar, postula o autor o pagamento de verbas rescisórias por imotivada despedida.

A ré contesta o pedido, alegando que o reclamante, no dia 06.04.2010, envolveu-se de forma negligente em um acidente de tráfego ao colidir com outro ônibus da empresa Planeta, daí foi despedido por justa causa, segundo dispõe o art. 482, *e*, da CLT.

A justa causa, resultante da prática de falta grave pelo empregado, é a pena máxima aplicada ao trabalhador faltoso, pelo que deve ser robustamente provada. Entre as espécies de justa causa está a desídia, que, segundo os ensinamentos de Délio Maranhão, se caracteriza pelo descumprimento das obrigações contratuais de prestação de serviços de forma produtiva, quantitativa e qualitativamente. E, embora se configurem, em regra, pela prática ou omissão de vários atos, essas faltas, por devidamente punidas com penas de advertências e suspensões, não servem de motivo autorizador da ruptura contratual de iniciativa do empregador, por justa causa, sob pena de caracterização de dupla penalização. Em outras palavras, as faltas já punidas com advertências e suspensões não podem servir de motivo para a justa causa, sendo que somente o cometimento de nova falta pelo reclamante pode ensejar sua despedida motivada pela caracterização da desídia.

Não há prova nos autos de que o reclamante tenha concorrido dolosa ou culposamente para o acidente com o veículo que dirigia. Embora admitido pelo empregado o seu envolvimento na ocorrência do referido acidente de trânsito, não há nos autos prova de que o infortúnio tenha decorrido de sua culpa ou dolo.

Dessa forma, afasto a justa causa aplicada, para determinar a baixa da CTPS do autor com data de 29.04.2010, deferindo ao autor os pedidos dos itens f, g, h, i, j, mais a incidência do FGTS e multa de 40%, com a entrega de guias para saque do FGTS e também formulários de seguro-desemprego.

A ausência de indícios mínimos a respeito da tese de dispensa por justa causa desperta a ausência de razoável controvérsia a respeito do não pagamento de qualquer verba rescisória, justificando-se o pedido de multa do art. 477, § 8º, da CLT. Defiro.

Não prospera o pedido de indenização adicional. O autor foi despedido em 29.04.2010, daí que diante da inexorável projeção do aviso-prévio (matéria sumulada pelo TST), o término do contrato projeta-se além da data base, 1º de maio, fls. 15, pelo que julgo improcedente a reclamatória no particular.

Reconhecidas as infrações de trânsito, documentadas pela reclamada, conforme expresso termo de depoimento pessoal do autor, tenho por regulares os descontos praticados pela ré em fevereiro e março de 2010. Improcedente.

Aduz que trabalhava em condições insalubres, porque na posição onde ficava (motorista), tinha ao seu lado o motor do ônibus, que produzia muito barulho e calor, requerendo o pagamento do adicional de insalubridade.

Como o próprio nome diz, insalubre é algo não salubre, doentio, que pode causar doenças ao trabalhador por conta de sua atividade laboral.

A insalubridade é definida pela legislação em função do tempo de exposição ao agente nocivo, levando em conta ainda o tipo de atividade desenvolvida pelo empregado no curso de sua jornada de trabalho, observados os limites de tolerância, as taxas de metabolismo e respectivos tempos de exposição.

Assim, são consideradas insalubres as atividades ou operações que por sua natureza, condições ou métodos de trabalho, expõem o empregado a agentes nocivos à saúde, acima dos limites de tolerância fixados em razão da natureza, da intensidade do agente e o tempo de exposição aos seus efeitos.

A Perita do Juízo concluiu que o autor ficou exposto de forma contínua a ruídos que ensejam o pagamento do adicional requerido, segundo prevê o Anexo 1 da NR-15, que é então deferido em grau médio de 20%. A base de cálculo do adicional de insalubridade é o salário mínimo até que sobrevenha legislação específica dispondo em outro sentido.

Defiro, pois, o pedido do item c, fls. 04, dos autos, no importe de 20% sobre o salário mínimo, durante a vigência do contrato de trabalho, período não prescrito enquanto não suspenso o contrato.

Sucumbente o réu quanto ao objeto da perícia, condeno a Viplan a pagar honorários de perito no valor de R$ 2.500,00.

Controversas as parcelas deferidas, inaplicável o disposto no art. 467 da CLT.

A correção monetária tem a sua incidência a partir da publicação da sentença, devendo os juros incidirem a partir do ajuizamento da ação na forma do art. 883 da CLT e da Súmula n. 200 do TST.

> O índice da correção monetária a ser aplicado aos débitos trabalhistas incide sobre as parcelas devidas a partir do quinto dia útil do mês subsequente ao vencido, vale dizer, a época própria para o cômputo da correção monetária é a do mês subsequente ao da prestação laboral. Orientação Jurisprudencial n. 124 da SDI-1 do Col. TST [convertida na Súmula n. 381]. (TRT-2ª Região, Ac. n. 20050123372, 1ª T., rel. Beatriz de Lima Pereira, j. 15.03.2005)

A Lei n. 8.177/91, art. 39, § 1º, determina que os juros devem ser calculados a partir da data do ajuizamento da ação, aplicando-se, *pro rata die*, 1% ao mês, calculado de maneira simples e não capitalizado, sobre o valor da condenação, corrigido monetariamente, índice este que não é aplicado pelas instituições financeiras.

A retenção dos valores devidos a título de Imposto de Renda está ligada à disponibilidade dos rendimentos, de forma que o seu cálculo deve ser realizado sobre o total dos valores a serem pagos ao reclamante, advindos dos créditos trabalhistas sujeitos à contribuição fiscal, excetuando-se somente o desconto de imposto de renda se o valor recebido não constituir rendimento tributável, seja por sua natureza (art. 46, § 1º, I a III, da Lei n. 8.541/92) ou por seu valor (faixa coberta pela isenção).

Em virtude de sua natureza jurídica, os juros moratórios não estão sujeitos à incidência do Imposto de Renda, pois os créditos no processo trabalhista não representam investimento do trabalhador, e os juros objetivam apenas indenizar a mora, não se confundindo com juros de natureza compensatória ou remuneratória de capital aplicado. Exclusão determinada pelo art. 46, § 1º, I, da Lei n. 8.541/92. Nesse sentido, a Súmula n. 368, II, do Col. TST, ao assentar que a incidência do desconto fiscal deve ser limitado à parcela tributável do crédito.

É da reclamada a integral responsabilidade relativamente ao recolhimento dos depósitos previdenciários e fiscais, tendo em vista a condição de mora a que o empregado não deu causa. E isso com fulcro nos suficientes fundamentos legais insculpidos no art. 33, § 5º, da Lei n. 8.212/91 e interpretação da Lei n. 8.541/92, à luz dos princípios de isonomia e progressividade contidos nos arts. 150, II, e 153, § 2º, da Constituição Federal. Até porque não se pode prescindir da equitativa distribuição da Justiça, em razão da qual o recolhimento integral do imposto incumbe ao responsável pela retenção na fonte que violou o crédito de confiança antecipado pelo órgão arrecadador, fez mau uso do tributo que custodiava e colheu o usufruto das importâncias de que indevidamente se apropriou.

Com fundamento no art. 404 do Código Civil de 2002, que considera os juros perdas e danos, sem fazer qualquer diferenciação entre juros de mora incidentes sobre parcelas de natureza remuneratória ou indenizatória, indevida a incidência do imposto de renda sobre os juros de mora.

Aplica-se, ainda, o disposto no art. 523 do CPC, assim redigido:

> Art. 523. No caso de condenação em quantia certa, ou já fixada em liquidação, e no caso de decisão sobre parcela incontroversa, o cumprimento definitivo da sentença far-se-á a requerimento do exequente, sendo o executado intimado para pagar o débito, no prazo de 15 (quinze) dias, acrescido de custas, se houver.
>
> § 1º Não ocorrendo pagamento voluntário no prazo do *caput*, o débito será acrescido de multa de dez por cento e, também, de honorários de advogado de dez por cento.
>
> § 2º Efetuado o pagamento parcial no prazo previsto no *caput*, a multa e os honorários previstos no § 1º incidirão sobre o restante.
>
> § 3º Não efetuado tempestivamente o pagamento voluntário, será expedido, desde logo, mandado de penhora e avaliação, seguindo-se os atos de expropriação.

Deverá pagar o valor da condenação dentro de 15 (quinze) dias, a contar do trânsito em julgado da decisão, sob pena de acréscimo à conta da multa de 10% (dez por cento) e imediata penhora de bens, de ofício (CLT, art. 878, *caput*, princípio *inquisitivo* ou *da incoação do juiz*), independentemente de mandado de citação, com prévio encaminhamento dos autos ao setor de cálculos, para os fins de direito (CLT, arts. 765 e 832, § 1º).

Concedo à parte reclamante os benefícios da Justiça gratuita.

EX POSITIS, julgo:

EXTINTA a reclamatória quanto as parcelas anteriores a 25.05.2005, com fulcro no art. 487, II, do CPC.

PROCEDENTES, em parte, os pedidos da reclamatória para condenar a reclamada V. V. P. LTDA., a dar baixa na CTPS do autor, entregar guias e pagar ao reclamante, no prazo legal, as parcelas deferidas acima, que integram este *decisum*.

Intime-se a reclamada ao pagamento de honorários periciais, arbitrados em R$ 2.500,00.

Custas pela reclamada no valor de R$ 200,00, calculadas sobre o valor arbitrado de R$ 10.000,00.

Ante a procedência parcial do pedido, nos termos do art. 791-A, § 3º, da CLT, fixo em R$ 1.000,00 reais a verba honorária sucumbencial devida aos advogados de cada parte, suspensa a exigibilidade junto à Reclamante, nos termos do § 4º do mesmo dispositivo.

Cientes as partes.

U. R. P. L.
Juiz da 8ª Vara do Trabalho

Vistos etc.

CONSÓRCIO S. D. F./DF, reclamante, qualificado na inicial, ajuizou consignação em pagamento em face de W. J. R., igualmente qualificado, aduzindo que admitiu o consignando em 18.03.2008, na função de auxiliar de serviço externo, mediante remuneração de R$ 609,69; que, no dia 10.11.2009, rescindiu o contrato do consignado por justa causa, com fundamento no art. 482, *h*, da CLT; que o reclamante se recusou a receber a quantia devida em face da sua dispensa por justa causa, no valor de R$ 190,17.

Em face do exposto, formulou os pedidos de fls. 05, que ficam fazendo parte integrante deste relatório.

Deu à causa o valor de R$ 190,17.

Juntou procuração e documentos.

Inconciliados.

O consignado, por meio das razões de fls. 45/47, pugnou pela improcedência da consignação em pagamento ajuizada, eis que não houve justa causa, mas sim um acidente de trabalho que impediu o reclamante de comparecer regularmente ao trabalho. Informou, ainda, ter ajuizado reclamação trabalhista em face da consignante.

Por meio do despacho de fls. 48, foi determinada a reunião da reclamatória trabalhista com a consignação em pagamento.

Aduziu o autor em sua reclamatória trabalhista (fls. 50/62) que foi admitido pela reclamada em 18.03.2008, para exercício do mister de motoqueiro, sendo que em 31.07.2008 sofreu um acidente quando estava em serviço; que em razão do acidente sofrido, teve de realizar uma cirurgia no tornozelo esquerdo, recebendo auxílio-acidente por três meses; que, desde o acidente, a reclamada assedia moralmente o reclamante, lançando arbitrariamente faltas em sua folha de ponto, bem como aplicando advertências, em função de atrasos de apenas 5 (cinco) minutos; que em 06.11.2009 foi dispensado, sob a falsa acusação de justa causa (desídia); aduziu, ainda, laborar em sobrejornada e sob condições de periculosidade e insalubridade.

A reclamada-consignante apresentou réplica às fls. 103/109.

Nova contestação do reclamante-consignado às fls. 112/114.

A reclamada apresentou defesa escrita à reclamatória trabalhista às fls. 126/154, pugnando pela sua total improcedência, eis que o reclamante-consignado agiu com desídia. Afirmou, ainda, não ter o reclamante laborado em condições perigosas ou insalubres.

Réplica pelo reclamante às fls. 234/237 e pela reclamada às fls. 238/239.

O reclamante-consignado, embora intimado às fls. 111, não compareceu à audiência de instrução de fls. 240, razão pela qual requereu a reclamada-consignante a aplicação da pena de confissão ficta, decisão que o juízo remeteu à sentença.

Na audiência de fls. 111, foi homologado o pedido de desistência do adicional de insalubridade.

Sem outras provas, foi encerrada a instrução processual.

Inconciliados.

É o relatório.

FUNDAMENTAÇÃO

I – QUESTÕES PROCESSUAIS

DA APLICAÇÃO DA PENA DE CONFISSÃO

Embora intimado às fls. 111 a comparecer na audiência em prosseguimento para prestar depoimento pessoal, sob pena de confissão (TST, Súmula n. 74), deixou o reclamante-consignado de comparecer à audiência de fls. 240.

Em decorrência, declaro o reclamante-consignado confesso quanto à matéria fática controvertida, por força do que dispõe o art. 343, §§ 1º e 2º, do CPC c/c art. 769 da CLT e Súmula n. 74 do Col. TST.

II – MÉRITO

Reclamação trabalhista (Processo n. 630/2010)

Da justa causa/do assédio moral

Alegou o reclamante ter sido admitido em 18.03.2008, na função de motociclista, e ter sido dispensado arbitrariamente, por justa causa, em 06.11.2009, quando recebia remuneração no valor de R$ 575,00.

Aduziu, também, que sofreu acidente de trabalho em 31.07.2008 e que, desde então, sofre assédio moral, eis que a empresa lança arbitrariamente faltas em sua folha de ponto, não respeitando os atestados médicos apresentados, além de aplicar-lhe punições por atrasos de apenas 5 (cinco) minutos.

A ré contestou o pedido de verbas rescisórias próprias da despedida imotivada, ao argumento de que o contrato de trabalho do autor foi rescindido por justa causa em 10.11.2009, em razão das inúmeras faltas e atrasos injustificados ao serviço. Com relação ao assédio moral, negou a existência dos fatos alegados pelo autor, afirmando que o reclamante não sofreu qualquer assédio moral, eis que todas as punições foram aplicadas em razão de suas faltas e atrasos injustificados.

Em que pese a pena de confissão aplicada ao autor, não considero provada a justa causa alegada pela empresa.

Primeiro, porque a pena de confissão foi aplicada no momento processual posterior à juntada da defesa à consignatória e da réplica à reclamatória. Tendo a ré alegado, como justa causa para a rescisão, a desídia do autor, razão de faltas injustificadas ao trabalho, a questão deve ser dirimida primeiramente pela análise da prova documental, consistente nos cartões de ponto nos quais se registram as faltas e nos atestados médicos.

No caso presente, os cartões de ponto de fato registram inúmeras faltas e atrasos ao trabalho, entretanto há também inúmeros atestados e declarações médicos juntados aos autos, relativos inclusive às faltas e atrasos que foram objetos das advertências e suspensão aplicadas ao autor.

Ora, havendo muitas faltas e muitos atestados médicos e tratando-se de matéria a ser dirimida por prova documental, cabia à empresa ter indicado, de forma específica, quais foram de fato as faltas injustificadas, com base nas quais pretende ver reconhecida pela Justiça a justa causa. Não o fez e, além de não tê-lo feito, juntou com a ação de consignação, a declaração, assinada pelo representante legal da empresa, datada de 10.11.2009 – exatamente a data da despedida do autor por justa causa afirmando que *não consta em seus arquivos nada que possa desabonar a conduta do reclamante e que ele* ***sempre se pautou pela pontualidade*** *e honestidade em seu setor de trabalho,* sendo, portanto, *digno de uma grande responsabilidade.* Concluiu, enfatizando que não há documento que possa desabonar sua conduta moral, *profissional* ou pessoal (grifos meus, fls. 11).

O princípio da continuidade que rege o contrato de trabalho faz presumir, em prol do obreiro, a despedida imotivada. Sendo a justa causa a penalidade máxima passível de ser aplicada ao empregado e que implica a perda da maior parte de seus direitos trabalhistas, esta é reconhecida pela Justiça apenas quando se mostra indene de dúvida.

Não é o caso dos autos, em que a própria reclamada, com a declaração que juntou ao processo, fez cair por terra a sua tese de existência de justa causa para a despedida com base no art. 482 da CLT.

Assim, reconheço a despedida imotivada em 10.11.2009 e julgo procedentes os pedidos do autor constantes dos itens 01, 02, 04 e 05, 08, 09 e 17 da inicial de fls. 61.

As obrigações de fazer acima deferidas deverão ser cumpridas no prazo de cinco dias, após o trânsito em julgado da presente decisão, contados da intimação. A baixa na CTPS deverá ser realizada com data de 10.12.2009, dada a projeção do aviso-prévio indenizado.

Indeferem-se as férias integrais de 08/2009, tendo em vista que a defesa afirmou que o reclamante gozou as referidas férias no período de 01.09.2009 a 30.09.2009, conforme controles de horários juntados aos autos. Ademais, a confissão ficta aplicada ao autor reforça a tese patronal.

Por não haver respeitado o prazo legal para o pagamento das verbas rescisórias, deve a ré pagar ao autor a multa do art. 477 da CLT.

Inaplicável a multa do art. 467 da CLT, ante a ausência de condenação em verbas rescisórias incontroversas não pagas na primeira audiência.

Relativamente ao pedido de indenização por danos morais, em que pese haver sido afastada a justa causa aplicada, não considero provada a alegação do autor de que a empresa lançava faltas de forma arbitrária em seus cartões de ponto, punindo, em atitude discriminatória, seus pequenos atrasos. De se consignar ainda que o alegado assédio moral foi impugnado na contestação e a confissão ficta que pesa contra o reclamante faz presumir verdadeira a versão da defesa a respeito do fato.

Das horas extras e dos reflexos

Cabia ao reclamante provar o alegado labor extraordinário não pago pela ré. Esta impugnou o horário de trabalho declinado pelo autor na inicial e juntou aos autos os cartões de ponto, ao argumento de que espelham a realidade das jornadas efetivamente laboradas. O autor, em réplica, impugnou os cartões de ponto, porém incorreu em confissão ficta, dada a sua ausência na audiência de instrução em que iriam ser dirimidas as questões controvertidas. Logo, prevalece a tese da empresa de que não existem horas rescisórias laboradas e não pagas.

Improcede.

Da consignação em pagamento (Processo n. 2.079/2009)

Uma vez afastada a justa causa aplicada, não se configura a necessária recusa indevida do empregado ao recebimento das verbas rescisórias apta a justificar a consignação em juízo, razão pela qual julgo improcedente a ação de consignação em pagamento.

Da Justiça gratuita

Deferem-se ao reclamante/consignado os benefícios da Justiça gratuita, por presentes os requisitos estabelecidos pelas Leis ns. 1.060/50 e 7.115/83.

Dispositivo

À luz de todo o expendido, julgo IMPROCEDENTE a ação de consignação em pagamento e PROCEDENTES EM PARTE os pedidos formulados em reclamação trabalhista por W. J. R., para condenar a ré CONSÓRCIO S. D. F./DF a pagar ao autor as verbas deferidas na fundamentação e a cumprir as obrigações de fazer lá determinadas, tudo nos termos da fundamentação que fica fazendo parte integrante do presente dispositivo.

Os valores ilíquidos serão apurados em liquidação de sentença, por cálculos, observando-se os parâmetros expostos na fundamentação.

Juros e correção monetária na forma da lei.

Recolhimentos fiscais e previdenciários na forma da legislação em vigor e da Súmula n. 368 do TST, sendo que os recolhimentos previdenciários incidirão apenas sobre o 13º salário proporcional.

Custas relativas à consignação em pagamento, no importe de R$ 10,64, calculadas sobre o valor da causa de R$ 190,00, a cargo da consignante.

Custas relativas à reclamatória trabalhista de 2% sobre o valor ora arbitrado à condenação de R$ 8.000,00, no importe de R$ 160,00, a cargo da reclamada.

Ante a procedência parcial do pedido da reclamatória trabalhista, nos termos do art. 791-A, § 3º, da CLT, fixo em R$ 1.000,00 reais a verba honorária sucumbencial devida aos advogados de cada parte, suspensa a exigibilidade junto à Reclamante, nos termos do § 4º do mesmo dispositivo. Já por conta da improcedência da Ação Consignatória, condeno a Consignante ao pagamento de verba honorária sucumbencial equivalente a 10% do valor consignado.

Intimem-se as partes.

Cumpra-se.

Nada mais.

E. P. V.
Juíza do Trabalho

Vistos etc.

Relatório

M. C. F. L. M. ajuizou reclamatória trabalhista em desfavor da CAIXA ECONÔMICA FEDERAL – CEF, ambas qualificadas na exordial, aduzindo que prestou serviços à reclamada no período de 03.11.1981 a 16.03.2010, tendo sido irregularmente enquadrada na hipótese do art. 224, § 2º, da CLT, embora exercesse funções meramente técnicas. Pleiteia o pagamento das parcelas discriminadas às fls. 07. Juntou documentos e atribuiu à causa o valor de R$ 30.000,00.

A reclamada apresentou defesa escrita às fls. 398/439, arguindo a prescrição do direito de ação do autor e, no mérito, contestando os pedidos. Juntou documentos acerca dos quais o reclamante se manifestou regularmente.

Foram realizadas audiências de conciliação e instrução (atas de fls. 397 e 994/996), com a oitiva dos depoimentos das partes.

Sem outras provas, declarou-se encerrada a instrução processual.

Razões finais remissivas.

Restaram frustradas as tentativas conciliatórias.

Fundamentação

I – Prescrição

A reclamada arguiu a prescrição total do direito de ação do reclamante, visto que já decorreram mais de cinco anos da aprovação pela Diretoria Colegiada do Plano de Cargos Comissionados da empresa. Ocorre que a contagem do prazo prescricional, no presente caso, não tem como referencial a aprovação do PCCS da reclamada, até porque o reclamante sequer era seu funcionário na época, devendo ser observada a prescrição quinquenal estabelecida no art. 7º da Constituição Federal, que dispõe o seguinte: "XXIX – ação, quanto aos créditos resultantes das relações de trabalho, com prazo prescricional de cinco anos para os trabalhadores urbanos e rurais, até o limite de dois anos após a extinção do contrato".

Assim, tendo sido a presente reclamatória trabalhista ajuizada em 04.05.2010, declara-se a prescrição do direito de ação do reclamante com relação às parcelas anteriores a 04.05.2005, desde que exigíveis, de acordo com o princípio da *actio nata,* extinguindo-se o processo com resolução do mérito com relação a tais parcelas, nos termos do art. 7º, XXIX, da *Lex Fundamentalis* c/c art. 487, II, do CPC.

II – Mérito

A reclamante afirma, na inicial, que a partir de 01.03.2000 passou a exercer a função de Analista Pleno, lotada na SUCON-GEINC, em 01.12.2001 passou à função de Analista Sênior e em 13.02.2007 logrou a função de Consultor Interno, exercendo sempre atribuições estritamente técnicas ligadas à área de contabilidade, não detendo nenhuma fração de poder de decisão nem possuindo subordinados. Pede o pagamento da sétima e da oitava hora como extras.

III – Justiça gratuita/honorários assistenciais

Defiro à reclamante a concessão dos benefícios da Justiça gratuita, tendo em vista o preenchimento dos requisitos previstos no art. 790, § 3º, da CLT.

Defiro, também, o pagamento de honorários assistenciais na razão de 10% sobre o valor da condenação, uma vez que restaram preenchidos os requisitos estabelecidos na Súmula n. 219 do Col. Tribunal Superior do Trabalho.

IV – Juros de mora/correção monetária

Por ocasião da liquidação de sentença, deverá ser observado que os juros de mora deverão ser calculados a partir do ajuizamento da ação (art. 883 da CLT c/c art. 39, § 1º, da Lei n. 8.177/91).

Incide também a correção monetária (art. 39, *caput*, da Lei n. 8.177/91), observadas as épocas próprias de vencimento de cada obrigação, e com relação às verbas salariais, deverá ser observado o primeiro dia útil do mês subsequente ao trabalhado (Súmula n. 381 do TST).

Deverá, ainda, ser observado o disposto na Súmula n. 200 do Col. Tribunal Superior do Trabalho.

Aplicam-se os mesmos índices aos recolhimentos de FGTS (Orientação Jurisprudencial n. 302 da SDI-1/TST).

Conclusão

Diante do exposto, resolve a MM. 5ª Vara do Trabalho de Brasília/DF:

a) extinguir o processo com resolução do mérito com relação às parcelas anteriores a 05.05.2005, nos termos do art. 7°, XXIX, da *Lex Fundamentalis* c/c art. 487, II, do CPC;

b) julgar PROCEDENTES EM PARTE os pedidos iniciais e condenar a reclamada CAIXA ECONÔMICA FEDERAL a pagar ao reclamante M. C. F. M., tão logo esta sentença transite em julgado, horas extras (sétima e oitava horas) e reflexos, nos termos da fundamentação que é parte integrante deste *decisum*, com juros e correção monetária, a serem calculados em regular liquidação de sentença, observando-se o disposto na Súmula n. 381 do Col. Tribunal Superior do Trabalho.

O cálculo dos recolhimentos previdenciários deverá ser realizado pela contadoria deste Juízo, observando-se a natureza jurídica das parcelas deferidas, nos termos do disposto no art. 28 da Lei n. 8.212/91, com redação alterada pela Lei n. 9.528/97, e do disposto na Lei n. 10.035/2000, no Decreto n. 9.580/2018 e na Súmula n. 368 do Col. Tribunal Superior do Trabalho.

A reclamada deverá comprovar nos autos os pagamentos previdenciários e fazendários sobre as parcelas deferidas, sob pena de execução, nos termos do art. 114, § 3º, da Constituição Federal.

Ficam autorizados os descontos do crédito da autora em favor da Funcef, bem como o cálculo da quota-parte do reclamado que deverá ser acrescido à condenação, tendo em vista que o recolhimento é devido para ambas as partes, já que o fato gerador (horas extras) está vinculado a esta sentença.

Custas processuais no importe de R$ 200,00 calculadas sobre R$ 10.000,00, valor arbitrado provisoriamente à condenação, pela reclamada.

Ante a procedência parcial do pedido, nos termos do art. 791-A, § 3º, da CLT, fixo em R$ 1.000,00 reais a verba honorária sucumbencial devida aos advogados de cada parte.

Publique-se.

E. S.
Juíza do Trabalho

Vistos etc.

I – Relatório

T. C. N. S., qualificada na inicial, ajuizou reclamatória trabalhista em desfavor de SOCIEDADE COMERCIAL E IMPORTADORA HERMES S.A., alegando, em síntese, que começou a trabalhar para a empresa reclamada em 29.11.2006, como suposta franqueada, para desenvolver pretensa atividade autônoma, mas que se revelou completamente subordinada, abrangendo a captação de 212 novas revendedoras, tendo como atribuições o envio de pedidos semanais, o estabelecimento de metas, a entrega de catálogo mensal de produtos, o gerenciamento dos eventuais problemas das consultoras, como devolução de mercadorias com defeitos, atraso na entrega de produtos, reativação de revendedoras inativas, negociação de pagamentos em atraso e participação em reuniões bimestrais promovidas pela gerência regional; afirma que recebia comissões de 14% sobre a venda das revendedoras, recebendo em média R$ 2.200,00, cujo pagamento era feito mediante depósito em conta-corrente, sendo dispensada em 18.08.2009 por questionar a empresa acerca da imposição de assinatura de contrato de franquia; sustenta que cumpria jornada de trabalho das 8 às 22h às segundas-feiras, das 8 às 17h às terças-feiras, das 8 às 18h, quartas, quintas e sextas-feiras e aos sábados das 8 às 12h. Pleiteia o reconhecimento do vínculo empregatício de 29.11.2006 a 18.08.2009 e as verbas elencadas às fls. 12/13. Atribuiu à causa o valor de R$ 70.512,81. Juntou documentos.

Em sua defesa, argúi a empresa reclamada, preliminarmente, inépcia da petição inicial. Meritoriamente aduz que a própria reclamante reconhece que firmou com a empresa contrato de franquia para revenda de produtos da marca Hermes, tornando-se uma franqueada; afirma que o contrato firmado teve como objeto a concessão de uma franquia para operação de uma unidade de distribuição, na qual os produtos fornecidos ou aprovados pela franqueadora seriam distribuídos ou comercializados a terceiros, denominados revendedores autônomos ou clientes finais; assevera que a empresa atua no mercado de venda de produtos por catálogo, além de funcionar em suas diversas lojas situadas no Estado do Rio de Janeiro; aduz que as franqueadas ficam com 14% de cada item vendido; relata que a autora manteve contrato de franquia até o dia 18.08.2009, sendo que a partir dessa data a reclamante optou por não renovar o contrato existente entre as partes; sustenta que não havia qualquer horário predeterminado de trabalho. Contesta uma a uma as verbas vindicadas e requer a improcedência da reclamatória. Juntou documentos.

Sobre a defesa e documentos trazidos aos autos pela reclamada, manifestou-se o reclamante às fls. 669/676.

Tomou-se o depoimento pessoal das partes e, sem mais provas a produzir, foi encerrada a instrução processual.

Razões finais orais remissivas

Sem êxito a conciliação.

É o relatório.

DECIDE-SE:

II – Fundamentos da decisão

Das preliminares

Inépcia da petição inicial

Afasta-se, porquanto os pedidos se encontram regulares, não havendo quaisquer dos vícios do art. 330, § 1º, do CPC.

O art. 840 da CLT exige apenas que o reclamante faça uma breve exposição dos fatos e a seguir formule os seus pedidos.

Ademais, no presente caso, foram narrados os fatos e fundamentos do pedido, não trazendo nenhum prejuízo à defesa.

Preenchidos os requisitos do § 1º do art. 840 da CLT e, sobretudo, não tendo os termos da exordial inviabilizado o exercício do contraditório, não há que se falar em inépcia.

Do indeferimento da produção de prova testemunhal

Tendo em vista a ausência de controvérsia acerca dos principais fatos relatados na inicial e farta prova documental produzida pela autora, fez-se desnecessária a produção de prova testemunhal, conforme consignado na ata de fls. 678/680.

Do mérito

Do vínculo laboral

In casu, o litígio apresenta um pilar básico sobre o qual descansam todos os pleitos formulados na peça vestibular e impugnados na peça contestatória, ou seja, a existência ou não de vínculo empregatício entre as partes no período de 29.11.2006 a 18.08.2009.

No caso em tela, a análise minuciosa dos elementos probatórios encontrados nos autos leva-nos à constatação de que não assiste razão à autora quanto aos requisitos caracterizadores de vínculo empregatício, senão vejamos:

Sustenta a autora que foi admitida pela empresa reclamada em 29.11.2006, sob a suposta condição de franqueada, com remuneração média mensal de R$ 2.200,00, decorrente de comissões de 14%, e dispensada imotivadamente em 18.08.2009.

A empresa reclamada, por sua vez, nega a existência de qualquer liame empregatício com a reclamante, afirmando a existência de um contrato de franquia.

Pois bem. Conforme doc. de fls. 667, a empresa reclamada tem como objeto social:

> O comércio, a exportação e importação de artigos de adorno e de uso pessoal, tais como, exemplificativamente, tecidos e outros artefatos têxteis, calçados, artefatos de couro, artefatos de madeira, artefatos de papel, artefatos plásticos, artefatos de metal, produtos de informática e comunicação de dados, artigos de cama e mesa, cutelaria, artigos de cerâmica, louças, bijuterias, material escolar, fitas e discos, máquinas e aparelhos mecânicos, material fotográfico, material de ótica e instrumentos musicais, perfumaria, cosméticos, aparelhos registradores e reprodutores de som e seus pertences, aparelhos científicos e mecânicos, relógios e joias, material de limpeza e higiene, artigos de *bombonière*.

Por outro lado, a definição do contrato de franquia está no art. art. 1º da Lei n. 13.966/2019, *verbis*:

> Esta Lei disciplina o sistema de franquia empresarial, pelo qual um franqueador autoriza por meio de contrato um franqueado a usar marcas e outros objetos de propriedade intelectual, sempre associados ao direito de produção ou distribuição exclusiva ou não exclusiva de produtos ou serviços e também ao direito de uso de métodos e sistemas de implantação e administração de negócio ou sistema operacional desenvolvido ou detido pelo franqueador, mediante remuneração direta ou indireta, sem caracterizar relação de consumo ou vínculo empregatício em relação ao franqueado ou a seus empregados, ainda que durante o período de treinamento.

A propósito da relação jurídica estabelecida entre a franqueada e a franqueadora, é oportuno citar a lição de Fran Martins, que conceitua o contrato mercantil de *franchising* como:

> [...] contrato que liga uma pessoa a uma empresa para que esta, mediante condições especiais, conceda à primeira o direito de comercializar marcas ou produtos de sua propriedade sem que, contudo, a esses esteja ligada por vínculo ou subordinação. O franqueado, além dos produtos que vai comercializar, recebe do franqueador permanente assistência técnica e comercial, inclusive no que se refere à publicidade dos produtos (in *Contratos e obrigações comerciais*. 8. ed. Rio de Janeiro, Forense, p. 567).

Com efeito, leciona Paulo Emílio Ribeiro de Vilhena, em seu livro *Relação de emprego*: estrutura legal e supostos. 2.ed. LTr, que:

"A nota substancialmente característica do contrato de *franchise* reside em exercer o franqueado – ao ser-lhe transferida ou cometida uma franquia, em um espaço físico operacional ajustado com o franqueador – uma atividade por conta própria, assumindo-lhe os riscos e os resultados."

Mais adiante, acrescenta o autor, citando Ana Paula Ribeiro que:

"O franqueado não presta qualquer atividade ao franqueador nem este remunera aquele. O franqueado não atua sob ordens ou poder de direção do franqueador e fiscalização exercida não se confunde como poder de direção patronal (fls. 51)".

Nos contratos de franquia típicos, por intermédio dos quais o franqueador autoriza o uso de marca ou patente, associado ao direito de distribuição de produtos ou serviços, o franqueador consegue distribuir e comercializar seus produtos de forma ágil, assumindo a obrigação de prestar serviços de consultoria ao franqueado. Este, por seu turno, adquire os meios de trabalhar com uma marca de prestígio, já testada e aprovada pelo mercado de consumo. Em contrapartida, deverá suportar o pagamento da taxa de filiação e os *royalties* pelos serviços que receberá do franqueador.

Lina Fernandes, em monografia sobre o assunto, frisa a inteira ausência de relação de dependência entre as partes, nessa forma contratual, visto que ambas mantêm mera parceria comercial, cada uma assumindo o risco do respectivo empreendimento e responsabilizando-se por todas as despesas de manutenção (*Do contrato de franquia*. Belo Horizonte, Del Rey, 2000).

Tal posicionamento, contudo, não prevalece quando se constata o desvirtuamento do contrato de franquia, mediante inserção de atribuições ao franqueado de obrigações de prestar serviços ao franqueador, revelando que a intenção deste último era transferir ao primeiro a execução de uma parcela da sua atividade empresarial.

Se é certo que a imposição de limite mínimo de vendas também não descaracteriza o contrato de franquia, pois, se a franqueada não possui um padrão de vendas razoável, evidentemente não será do interesse da franqueadora a manutenção do contrato, não menos certo que o contrato de franquia regula a utilização da estrutura comercial da marca e do nome que individualizam e identificam uma empresa, um produto ou uma linha de produtos, inexistindo subordinação jurídica entre franqueador e franqueado, pagando este os *royalties* pelo uso das informações e conhecimentos, detidos por aquele.

Em outras palavras, há isenção na administração do franqueado, concedendo o franqueador os meios necessários à comercialização de seus produtos. Trata-se, sem dúvida, de pessoas distintas e independentes uma da outra, apesar de o franqueador poder exigir que o franqueado siga certas normas de produção ou comercialização.

Relevante notar que em cada caso concreto o contrato de franquia pode ser típico, mas também pode dar-se de forma simulada. Assim sendo, é preciso verificar, segundo o princípio trabalhista da primazia da realidade, bem como de acordo com o Código Civil, se há ou não vínculo de emprego ou se é apenas contrato de natureza civil, tais como a representação comercial, o arrendamento etc.

De acordo com a Lei n. 13.966/2019, não há vínculo de emprego entre o franqueado e o franqueador. No entanto, essa assertiva não pode ser tomada de forma absoluta, pois retrata apenas o contrato de franquia típico. Havendo as características da relação de emprego, tais como subordinação, continuidade, onerosidade e pessoalidade com o franqueador, haverá sempre vínculo de emprego por observância ao contrato-realidade.

No contrato de franquia empresarial típico não há subordinação entre o franqueador e o franqueado, observado de forma distinta; porém, o poder de gerência do franqueador que abrange somente a preservação da marca e da qualidade.

No caso em tela, considero que os termos ajustados desvirtuaram a modalidade contratual eleita pelas partes.

Pela farta prova documental produzida pela autora, constata-se que ela funcionava como mera supervisora da empresa, atuando junto às consultoras, fazendo a ponte entre as vendedoras e a reclamada, sofrendo total ingerência na empresa nas suas atividades diárias, com o encaminhamento de cadastros de consultores para serem aprovados pela demandada (doc. de fls. 28/174), confecção e encaminhamento de relatórios de pedidos de produtos faturados (fls. 176/222), recebimento e encaminhamento de documentação de interesse da empresa para instruir processos judiciais junto à Justiça comum do DF, enviados pelo Departamento Jurídico da empresa (fls. 228); troca de *e-mails* relativos a entrega de mercadorias diretamente da empresa para consultoras e mudanças de endereço da vendedoras (fls. 229/231); *e-mail* com pedido de instruções acerca de negociações com consultores com boletos em atraso (fls. 270); *e-mail* sobre créditos de vendas efetuados diretamente pela empresa (fls. 270), entre outros.

Ademais, a própria empresa confessa que pagava à autora comissão de 14% sobre as vendas realizadas pelas consultoras, sendo o crédito realizado mediante depósito bancário, conforme extrato requeridos pelo juízo ao Banco do Brasil (fls. 705/768).

Ora, pagando o franqueador à franqueada, mensalmente, percentuais a título de comissão mercantil, fica descaracterizado o contrato de franquia, já que a franqueada passa a funcionar como mera intermediadora da empresa na sua atividade de venda junto às consultoras.

O exame minucioso da documentação carreada aos autos ampara o pedido da exordial de reconhecimento do vínculo empregatício com a empresa reclamada.

Encontram-se provadas tanto a **pessoalidade** nos serviços como a **não eventualidade**, haja vista o lapso da prestação do trabalho.

A respeito da **subordinação**, vale citar a lição de Maurício Godinho Delgado, em *Curso de direito do trabalho*. 4.ed. São Paulo, LTr, 2005, p. 301-2:

> [...] De fato, a subordinação é que marcou a diferença específica da relação de emprego perante as tradicionais modalidades de relação de produção que já foram hegemônicas na história dos sistemas socioeconômicos ocidentais (servidão e escravidão). Será também a subordinação o elemento principal de diferenciação entre a relação de emprego e o segundo grupo mais relevante de fórmulas de contratação de prestação de trabalho no mundo contemporâneo (as diversas modalidades de trabalho autônomo).
>
> Efetivamente, a importância da subordinação é tamanha na caracterização da relação de emprego que já houve juristas, como o italiano Renato Corrado, que insistiram que não importava à conceituação do contrato empregatício, o conteúdo mesmo da prestação de serviços, mas, sim, a forma pela qual tais serviços eram prestados, isto é, se o eram subordinadamente ou não. [...]

Para a moderna ótica da subordinação jurídica, torna-se irrelevante a ausência de requisitos ostensivos que demonstrem a subordinação, com rigidez, importando encontrar-se o trabalhador à disposição do tomador de seus serviços a partir da essencialidade dos serviços prestados.

Vale citar a este respeito a lição de Paulo Emílio Ribeiro de Vilhena, in *Relação de emprego*. São Paulo, Saraiva, 1975, p. 227-8:

[...] O encontro de energias, a do trabalhador e a dos demais elementos componentes da empresa em sua dinâmica, assim como a garantia desse encontro é que formam o ponto de intersecção entre o mundo livre, da atividade incondicionada, autônoma, e o mundo da subordinação, da atividade vinculada e/ou expectada, que garante o regular e contínuo funcionamento de uma empresa. Neste sentido, a ciência do Direito do Trabalho abre perspectivas ao reequacionamento do conceito de subordinação, partindo-se dos suportes objetivos da relação de trabalho. Nessa tônica, vem se sustentando, com propriedade inicial, que a subordinação é uma exigência técnica e funcional e não pessoal, ou, como pontualiza Ardau, como uma forma de conduta instrumentalmente voltada para um procedimento produtivo. [...] A subordinação, elementarmente, parte da atividade e se concentra na atividade.

A respeito da franquia, assim leciona Fábio Ulhoa Coelho, em *Manual de direito comercial*. 16.ed. São Paulo, Saraiva, 2005, p. 439-41:

A franquia é um contrato pelo qual um empresário (franqueador – *franchisor*) licencia o uso de sua marca a outro (franqueado – *franchisee*) e presta-lhe serviços de organização empresarial, com ou sem venda de produtos. Através desse tipo de contrato, uma pessoa com algum capital pode estabelecer-se comercialmente, sem precisar proceder ao estudo e equacionamento de muitos dos aspectos do empreendimento, basicamente os relacionados com a estruturação administrativa, treinamento de funcionários e técnicas de *marketing*. Isso porque tais aspectos encontram-se já suficiente e devidamente equacionados pelo titular de uma marca de comércio ou serviço e ele lhe fornece os subsídios indispensáveis à estruturação do negócio.

A franquia consiste, pois, na conjugação de dois contratos: o de licenciamento de uso de marca e o de organização empresarial. Normalmente, o franqueado dispõe de recursos e deseja constituir uma empresa comercial ou de prestação de serviços. Contudo, não tem os conhecimentos técnicos e de administração e economia geralmente necessários ao sucesso do empreendimento nem os pretende ter. Do outro lado, há o franqueador, titular de uma marca já conhecida dos consumidores, que deseja ampliar a oferta do seu produto ou serviço, mas sem as despesas e riscos inerentes à implantação de filiais. Pela franquia, o franqueado adquire do franqueador os serviços de organização empresarial e mantém com os seus recursos, mas com estrita observância das diretrizes estabelecidas por este último, um estabelecimento que comercia os produtos ou presta os serviços da marca do franqueador. Ambas as partes têm vantagens, posto que o franqueado já se estabelece negociando produtos ou serviços já trabalhados junto ao público consumidor, através de técnicas de *marketing* testadas e aperfeiçoadas pelo franqueador; e este, por sua vez, pode ampliar a oferta da sua mercadoria ou serviço, sem novos aportes de capital.

Paulo Emílio Ribeiro de Vilhena, na obra mencionada, assim refere nas p. 577-9:

Pela índole especial do contrato, pela íntima ligação da atividade do franqueado com o êxito do negócio, para o qual contribuem decisivamente as estratégias que visam à sempre maior captação de clientela e à credibilidade do produto, da marca ou da insígnia colocados no mercado, reserva-se ao franqueador a condução logística geral do negócio e das atividades dos franqueados, o que [...] importa na intervenção daquele por meio de conselhos, de ajuda, em geral com o concurso de visitas periodicamente efetuadas pelo franqueador, o regular exame de documentos enviados pelo franqueado nas condições contratualmente previstas, o que não significa, de maneira nenhuma, na conversão do contrato de *franchise* em contrato de trabalho ou outro similar qualquer.

[...] não pode o investigador deixar de trazer à tona a decisiva figura da subordinação (*in abstracto*, a jurídica), que atua com a iniludível tônica na configuração da relação de emprego, mas que, seja paralela seja centralmente, comparece sob outra face no contrato de *franchise* por meio do controle do franqueado pelo franqueador.

Como visto, a situação acima descrita não deixa dúvidas de ter efetivamente a reclamada terceirizado à reclamante sua atividade-fim, funcionando esta como mera supervisora das atividades de venda da empresa, sem qualquer autonomia, sem pagamento de *royalties* ou qualquer remuneração previamente combinada, sequer existindo um contrato formal de franquia.

No caso em tela, incontroverso que as atividades realizadas pela reclamante dizem respeito à atividade-fim da reclamada e que o trabalho era realizado em conjunto, havendo forte ingerência da franqueadora nas atividades realizadas pela autora, pessoa física, inclusive na aprovação de consultoras, negociação de boletos em atraso (dívidas), além de atividades sequer ligadas à área de venda, com apoio ao departamento jurídico como acima relatado.

Dessa forma, entende-se descaracterizado o contrato verbal de franquia. As tarefas realizadas pela autora estavam diretamente ligadas à atividade-fim da reclamada, caracterizando a inserção do reclamante nos objetivos econômicos da primeira reclamada.

Em consequência, ilegal a terceirização das atividades essenciais da reclamada, mediante simulada franquia, em fraude à legislação trabalhista, à luz dos arts. 3º e 9º da CLT, concluindo-se pela existência de vínculo de emprego entre a reclamante e a empresa reclamada no período de 29.11.2006 a 18.08.2009.

Da forma de terminação do pacto laboral

Conforme confissão direta da empresa, *vide* depoimento do preposto da reclamada, fls. 679/680, a desvinculação da autora decorreu da imposição de assinatura de contrato de franquia, sendo que ela permaneceu três anos sem qualquer contrato de franquia com a empresa.

Por outro lado, a autora, em seu depoimento pessoal, afirmou que para assinatura do contrato de franquia havia exigência de constituição de pessoa jurídica, de um ponto comercial e outros requisitos.

Portanto, resta claro que foi da reclamada a iniciativa do rompimento do contrato pelo não atendimento da autora das imposições empresariais, pelo que resta caracterizado, mediante vínculo empregatício reconhecido, a dispensa imotivada.

Do salário contratual

Os extratos bancários trazidos aos autos por requisição judicial comprovam que a remuneração mensal da autora variava entre R$ 1.800,00 e R$ 2.200,00, pelo que fixa a remuneração mensal da obreira em R$ 2.000,00 para efeitos de cálculo das verbas trabalhistas, objeto de condenação.

Dos pedidos

Reconhecidos o vínculo empregatício, a dispensa imotivada e não havendo o pagamento das verbas vindicadas, condena-se a empresa reclamada a pagar à autora as verbas a seguir elencadas:

– aviso-prévio;

– 13º salário proporcional (1/12)-2006, integral 2007, 2008 e proporcional (9/12)-2009;

– férias integrais 2006/2007 (em dobro), 2007/2008 (simples) e fracionadas (10/12), todas acrescidas do terço constitucional;

– multa rescisória (40% do FGTS);

– confeccionar e liberar as guias para saque do FGTS, comprovada a regularidade dos depósitos durante todo o pacto laboral, sob pena de indenização equivalente;

– confeccionar e liberar as guias para o benefício do seguro-desemprego, sob pena de indenização substitutiva.

A reclamada deverá promover, ainda, a anotação do contrato de trabalho na CTPS da reclamante (obrigação de fazer), para constar do aludido documento a data de admissão, **29.11.2006**, e data de dispensa, **18.09.2009** (já com a projeção do aviso-prévio), e a função de supervisora.

Dos demais pedidos

Horas extras: integração e reflexos

Sustenta a reclamante que cumpria jornada de trabalho das 8 às 22h, nas segundas-feiras, das 8 às 17h às terças-feiras, das 8 às 18h, quartas, quintas e sextas-feiras, e aos sábados das 8 às 12h, sem o recebimento do trabalho extraordinário.

Ora, conforme confissão da autora, *vide* depoimento pessoal de fls. 678/679, a esta exercia suas atividades em sua própria residência e, externamente, apenas para fazer entregas de catálogos às consultoras e, portanto, sem nenhum controle ou ingerência da empresa no cumprimento de jornada de trabalho, pelo que se tem por improcedente o pedido, seguindo a mesma sorte a integração e reflexos postulados.

Multa do art. 477 da CLT

Em que pese o cancelamento da OJ n. 351 da SBDI-1 do TST, segue este juízo o entendimento de ser indevido o pagamento da multa prevista no art. 477 da CLT quando houver controvérsia instaurada nos autos quanto à existência de relação de emprego, pelo que se indefere a sanção legal pretendida.

Multa do art. 47 da CLT

A multa a que se refere o art. 47 da CLT é de caráter administrativo, aplicada pelos órgãos de fiscalização das relações de trabalho aos empregadores por descumprimento da legislação trabalhista e não se revertem para o trabalhador, pelo que se tem por improcedente a sanção legal pretendida.

Multa de obrigação de fazer (arts. 536, § 4º, e 814 do CPC)

A execução de obrigação de fazer decorrente de título executivo judicial rege-se pelo art. 536, § 4º, do CPC, que remete ao art. 525 do CPC, que, por sua vez, permite a apresentação de impugnação.

Entretanto, ao juiz não é dado fixar, desde logo – seja no processo de conhecimento ou no despacho que determina a citação da executada para o cumprimento de obrigação de fazer decorrente de título executivo judicial –, multa por eventual e provável atraso no cumprimento da obrigação, no prazo então fixado.

Se, posteriormente à citação, a obrigação não for cumprida, no prazo assinado, caberá imposição de multa pelo descumprimento.

Aplicação do art. 467 da CLT

Denega-se, em face de evidente e razoável controvérsia lavrada.

Justiça gratuita

A reclamante declarou-se juridicamente pobre (fls. 15). À falta de prova em contrário, defere-se a ela o benefício da Justiça gratuita.

III – Conclusão

Ante o exposto e considerando o mais que dos autos consta, DECIDO julgar PROCEDENTES, EM PARTE, os pedidos constantes da reclamatória trabalhista proposta por T. C. N. S. em desfavor de SOCIEDADE COMERCIAL E IMPORTADORA HERMES S.A., condenando-se a empresa reclamada a pagar ao reclamante as parcelas acima deferidas, como for apurado em liquidação de sentença, obedecidos aos comandos da fundamentação supra que passa a integrar o presente dispositivo em todos os seus termos.

Custas pela reclamada, no importe de R$ 400,00, calculadas sobre R$ 20.000,00, valor arbitrado provisoriamente à condenação.

Ante a procedência parcial do pedido, nos termos do art. 791-A, § 3º, da CLT, fixo em R$ 1.000,00 reais a verba honorária sucumbencial devida aos advogados de cada parte, suspensa a exigibilidade junto à Reclamante, nos termos do § 4º do mesmo dispositivo.

Incidem juros e correção monetária, na forma da lei e das Súmulas ns. 200 e 381 do Col. TST.

Incidem contribuições previdenciárias sobre a verba deferida a título de 13º salário.

Intimem-se as partes.

Nada mais.

A. C. A. S. B.
Juiz do Trabalho – Titular da 15ª VT

RECURSOS TRABALHISTAS

Sistemática recursal

A sistemática recursal a ser observada na Justiça do Trabalho é a prevista na Consolidação das Leis do Trabalho (CLT), inclusive em relação à nomenclatura, à alçada, aos prazos e às competências (Instrução Normativa n. 27/2005 do TST).

Depósito recursal. Para recorrer, exige-se depósito judicial.[4] Esse depósito, a que se refere o art. 899 da CLT, é exigível como requisito extrínseco do recurso quando houver condenação em pecúnia (Instrução Normativa n. 27/2005 do TST). Trata-se do depósito prévio, que cumpre ser feito pelo empregador condenado em sentença, do valor da condenação e das custas, estas no prazo de cinco dias da interposição, sob pena de deserção. A finalidade do depósito é garantir a execução da sentença e o pagamento da condenação, se houver.

O depósito recursal constitui exigência somente para o empregador, como destaca o seguinte julgado:

> EXIGÊNCIA DE DEPÓSITO RECURSAL POR PARTE DO RECLAMANTE. IMPOSSIBILIDADE. O depósito recursal não tem natureza jurídica de taxa de recurso, mas de garantia do juízo recursal (Instrução Normativa n. 3/93 do TST), ou seja, objetiva garantir o cumprimento da condenação. A medida é voltada exclusiva-

4 Os valores limites para depósito recursal, a partir de 13 de julho de 2017, são: Recurso Ordinário: R$ 9.189,00; Ação Rescisória, Recurso de Revista, Embargos e Recurso Extraordinário R$ 18.378,00. Esses valores serão reduzidos pela metade para entidades sem fins lucrativos, empregadores domésticos, microempreendedores individuais, microempresas e empresas de pequeno porte (art. 899, § 9º, da CLT).

mente para atender o interesse do trabalhador que, embora tendo de aguardar o julgamento do recurso interposto, terá a certeza de que ao menos parte do valor da condenação imposta encontra-se reservado para a execução da sentença. Ademais, embora o *caput* do art. *899* da *CLT* não declare expressamente que o depósito recursal é exigido apenas do recorrente empregador, tal conclusão é facilmente extraída dos §§ 4º e 5º do mencionado dispositivo legal, quando estabelecem que o depósito far-se-á na conta vinculada do trabalhador, que deverá ser aberta em seu nome, se ainda não a tiver. Recurso de revista conhecido e provido. (TST, RR n. 633005-82.2000.5.10.5555, 5ª T., rel. Rider de Brito, j. 17.12.2003, *DJ* 26.03.2004)

Para efeito de efetivação do depósito recursal, caso o valor da condenação em primeira instância seja menor que o valor exigido para a interposição do Recurso Ordinário no TRT, a empresa empregadora deverá recolher somente quantia no valor limite da condenação.

Assim, se, por exemplo, em uma reclamatória a empresa é condenada ao pagamento de R$ 20.000,00 e pretende recorrer da decisão mediante recurso ordinário, o valor do depósito recursal para recorrer ao TRT é de R$ 9.189,00, pois este é o valor-limite. Caso a condenação fosse de R$ 8.000,00, o depósito recursal seria limitado ao valor da condenação, ou seja, os mesmos R$ 8.000,00. Portanto, quando o valor da condenação em primeira instância for menor que o valor-limite para interposição do Recurso Ordinário junto ao TRT, a empresa deve recolher somente até o limite da condenação, caso contrário, o valor a ser recolhido será o de R$ 9.189,00.

Caso seja mantido o valor da condenação pelo TRT e a empresa resolver reverter o valor da condenação mediante a interposição de recurso de revista perante o TST, deverá complementar o depósito recursal pela diferença entre a condenação (R$ 20.000,00) e o valor já recolhido quando da interposição de Recurso Ordinário (R$ 9.189,00), ou seja, R$ 10.811,00. É o que se permite deduzir da Instrução Normativa n. 2/93:

> II – [...] *b)* depositado o valor total da condenação, nenhum depósito será exigido nos recursos das decisões posteriores, salvo se o valor da condenação vier a ser ampliado; *c)* se o valor constante do primeiro depósito, efetuado no limite legal, é inferior ao da condenação, será devida complementação de depósito em recurso posterior, observado o valor nominal remanescente da condenação e/ou os limites legais para cada novo recurso; [...]

> Agravo de instrumento. A lei exige um depósito para cada recurso, não se admitindo a simples complementação do depósito recursal já efetuado até alcançar o valor devido para o novo recurso. Não se exigirá o depósito integral do limite legal previsto para o novo recurso, apenas quando o somatório do depósito já efetuado e o devido para o novo recurso ultrapassar o valor da condenação, hipótese em que a

parte deverá fazer o depósito complementar até alcançar o valor da condenação, nos termos da alínea *b*, *in fine*, do inciso II, da Instrução Normativa n. 3/93 desta Eg. Corte, o que não ocorreu no caso em exame. Agravo de instrumento a que se nega provimento. (AIRR n. 458370/1998.0, 1ª T., rel. Juiz Conv. Fernando Eizo Ono, j. 19.05.1999, *DJ* 04.06.1999)

O valor do depósito far-se-á em conta vinculada ao juízo e corrigido com os mesmos índices da poupança. Para tanto, a empresa poderá se utilizar da Guia de Recolhimento do FGTS e Informações à Previdência Social – GFIP ou por intermédio da GFIP avulsa, devidamente preenchida. Também está disponível no sítio da Caixa a emissão da Guia por meio da internet através da função "GRF Web – Depósito Recursal".

Ainda a respeito do depósito recursal se pode acrescentar:

1. Quando o valor da condenação, ou o arbitrado para fins de custas, exceder o limite de dez vezes o salário mínimo da região, o depósito para fins de recursos será limitado a este valor (art. 899, § 6º).

2. No ato de interposição do agravo de instrumento, o depósito recursal corresponderá a 50% do valor do depósito do recurso ao qual se pretende destrancar (art. 899, §§ 7º e 8º), exceto quando tiver a finalidade de destrancar recurso de revista que se insurge contra decisão que contraria a jurisprudência uniforme do Tribunal Superior do Trabalho, consubstanciada nas suas súmulas ou em orientação jurisprudencial, situação na qual não haverá obrigatoriedade de se efetuar o depósito.

3. São isentos do depósito recursal os beneficiários da justiça gratuita, as entidades filantrópicas e as empresas em recuperação judicial (art. 899, § 10).

4. O depósito recursal poderá ser substituído por fiança bancária ou seguro garantia judicial (art. 899, § 11).

Sendo o empregado o recorrente, e não tendo ele recebido os benefícios da justiça gratuita,[5] deverá efetuar o pagamento prévio das custas.

De acordo com o Tribunal Superior do Trabalho, em virtude da Lei n. 13.467/2017 (Reforma Trabalhista), que alterou o art. 899 da CLT, o depósito recursal deverá ser realizado mediante Guia de Depósito Judicial.[6]

DEPÓSITO PARA RECURSOS NA JUSTIÇA DO TRABALHO

Instrução Normativa n. 3, de 1993

Alterada pela Resolução Administrativa n. 2.048/2018 – *DeJT* 19.12.2018.

---

5 Se o empregado receber remuneração inferior a dois salários mínimos ou for evidentemente pobre, poderá requerer isenção do pagamento a que tiver sido condenado, desde que o faça logo que iniciado o prazo para o recurso.

6 Maiores informações disponíveis em: <http://www.tst.jus.br/depositos-recursais>.

Interpreta o art. 8º da Lei n. 8.542, de 23 de dezembro de 1992 (*DOU* 24.12.1992), que trata do depósito para recurso nas ações na Justiça do Trabalho e a Lei n. 12.275, de 29 de junho de 2010, que altera a redação do inciso I do § 5º do art. 897 e acresce o § 7º ao art. 899, ambos da Consolidação das Leis do Trabalho – CLT, aprovada pelo Decreto-lei n. 5.452, de 1º de maio de 1943.

I – Os depósitos de que trata o art. 40 e seus parágrafos, da Lei n. 8.177/91, com a redação dada pelo art. 8º da Lei n. 8.542/92, e o depósito de que tratam o § 5º, I, do art. 897 e o § 7º do art. 899, ambos da CLT, com a redação dada pela Lei n. 12.275, de 29.06.2010, não têm natureza jurídica de taxa de recurso, mas de garantia do juízo recursal, que pressupõe decisão condenatória ou executória de obrigação de pagamento em pecúnia, com valor líquido ou arbitrado.

II – No processo de conhecimento dos dissídios individuais o valor do depósito é limitado a R$ 10.059,15 (dez mil e cinquenta e nove reais e quinze centavos), ou novo valor corrigido, para o recurso ordinário, e a R$ 20.118,30 (vinte mil e cento e dezoito reais e trinta centavos), ou novo valor corrigido, para cada um dos recursos subsequentes, isto é, de revista e de embargos, bem como para recurso em ação rescisória observando-se o seguinte: *(Redação dada pela Resolução n. 222, de 26.10.2020.)*

a) para o recurso de agravo de instrumento, o valor do "depósito recursal corresponderá a 50% (cinquenta por cento) do valor do depósito do recurso ao qual se pretende destrancar";

b) depositado o valor total da condenação, nenhum depósito será exigido nos recursos das decisões posteriores, salvo se o valor da condenação vier a ser ampliado;

c) se o valor constante do primeiro depósito, efetuado no limite legal, é inferior ao da condenação, será devida complementação de depósito em recurso posterior, observado o valor nominal remanescente da condenação e/ou os limites legais para cada novo recurso;

d) havendo acréscimo ou redução da condenação em grau recursal, o juízo prolator da decisão arbitrará novo valor à condenação, quer para a exigibilidade de depósito ou complementação do já depositado, para o caso de recurso subsequente, quer para liberação do valor excedente decorrente da redução da condenação;

e) nos dissídios individuais singulares o depósito será efetivado pelo recorrente em conta vinculada ao juízo, por meio de guia de depósito judicial; (*Redação dada pela Resolução Administrativa n. 2.048, de 17.12.2018.*)

f) nas reclamações trabalhistas plúrimas e nas em que houver substituição processual, será arbitrado o valor total da condenação, para o atendimento da exigência legal do depósito recursal, em conformidade com as alíneas anteriores;

g) a expedição de Mandado de Citação Penhora e Avaliação em fase definitiva ou provisória de execução deverá levar em conta a dedução dos valores já depositados nos autos, em especial o depósito recursal;

h) com o trânsito em julgado da decisão que absolveu o demandado da condenação, ser-lhe-á autorizado o levantamento do valor depositado e seus acréscimos;

i) destinando-se o agravo de instrumento a destrancar recurso de revista que se insurge contra decisão que contraria a jurisprudência uniforme do Tribunal Superior do Trabalho, consubstanciada em súmulas ou em orientação jurisprudencial, não haverá obrigatoriedade de se efetuar o depósito recursal; *(Acrescentada pela Resolução Administrativa n. 2.048, de 17.12.2018.)*

j) o valor do depósito recursal será reduzido pela metade para entidades sem fins lucrativos, empregadores domésticos, microempreendedores individuais, microempresas e empresas de pequeno porte; *(Acrescentada pela Resolução Administrativa n. 2.048, de 17.12.2018.)*

k) são isentos do depósito recursal os beneficiários da justiça gratuita, as entidades filantrópicas e as empresas em recuperação judicial. *(Acrescentada pela Resolução Administrativa n. 2.048, de 17.12.2018.)*

II-A – Ato Conjunto da Presidência do Tribunal Superior do Trabalho e da Corregedoria-Geral da Justiça do Trabalho definirá os requisitos para a admissibilidade do seguro garantia judicial e da fiança bancária em substituição ao depósito recursal. *(Acrescentado pela Resolução Administrativa n. 2.048, de 17.12.2018.)*

III – Julgada procedente ação rescisória e imposta condenação em pecúnia, será exigido apenas um depósito recursal, com valor máximo equivalente ao do depósito em recurso de revista, dispensado novo depósito para os recursos subsequentes, salvo o depósito do agravo de instrumento, previsto no § 7° do art. 899 da CLT, observando-se o seguinte: *(Redação dada pela Resolução Administrativa n. 2.048, de 17.12.2018.)*

a) o depósito será efetivado pela parte recorrente vencida, em conta vinculada ao juízo da causa, mediante guia de depósito judicial; *(Redação dada pela Resolução Administrativa n. 2.048, de 17.12.2018.)*

b) com o trânsito em julgado da decisão, se condenatória, o valor depositado e seus acréscimos serão considerados na execução; se absolutória, será liberado o levantamento do valor do depositado e seus acréscimos.

IV – A exigência de depósito no processo de execução observará o seguinte:

a) a inserção da vírgula entre as expressões "...aos embargos" e "à execução..." é atribuída a erro de redação, devendo ser considerada a locução "embargos à execução";

b) dada a natureza jurídica dos embargos à execução, não será exigido depósito para a sua oposição quando estiver suficientemente garantida a execução por depósito recursal já existente nos autos, efetivado no processo de conhecimento, que permaneceu vinculado à execução, e/ou pela nomeação ou apreensão judicial de bens do devedor, observada a ordem preferencial estabelecida em lei;

c) garantida integralmente a execução nos embargos, só haverá exigência de depósito em qualquer recurso subsequente do devedor se tiver havido elevação do valor do débito, hipótese em que o depósito recursal corresponderá ao valor do acréscimo, sem qualquer limite;

d) o depósito previsto no item anterior será efetivado pelo executado recorrente, mediante guia de depósito judicial, em conta vinculada ao juízo da execução; *(Redação dada pela Resolução Administrativa n. 2.048, de 17.12.2018.)*

e) nos dissídios individuais singulares o depósito será efetivado pelo recorrente em conta vinculada ao juízo, por meio de guia de depósito judicial; (*Redação dada pela Resolução Administrativa n. 2.048/2018* – DeJT *19.12.2018*)

V – Nos termos do § 3º do art. 40 da Lei n. 8.177/91, não é exigido depósito para recurso ordinário interposto em dissídio coletivo, uma vez que a regra aludida atribui apenas valor ao recurso, com efeitos limitados, portanto, ao cálculo das custas processuais. *(Redação dada pela Resolução Administrativa n. 2.048, de 17.12.2018.)*

VI – Os valores alusivos aos limites de depósito recursal serão reajustados anualmente pela variação acumulada do INPC do IBGE dos doze meses imediatamente anteriores, e serão calculados e publicados no Diário Eletrônico da Justiça do Trabalho por ato do Presidente do Tribunal Superior do Trabalho, tornando-se obrigatória a sua observância a partir do quinto dia seguinte ao da publicação.

VII – Toda decisão condenatória ilíquida deverá conter o arbitramento do valor da condenação. O acréscimo de condenação em grau recursal, quando ilíquido, deverá ser arbitrado também para fins de depósito.

VIII – O depósito recursal, realizado em estabelecimento bancário oficial em conta vinculada ao juízo, mediante guia de depósito judicial, e corrigido com os mesmos índices da poupança (art. 899, § 4º, da CLT), será da responsabilidade da parte quanto à exatidão dos valores depositados e deverá ser comprovado, nos autos, pelo recorrente, no prazo do recurso a que se refere, independentemente da sua antecipada interposição, observado o limite do valor vigente na data da efetivação do depósito, bem como o contido no item VI. No caso de agravo de instrumento, o depósito recursal deverá ser comprovado no ato de interposição do recurso, nos ternos do art. 899, § 7º, da CLT, com a redação da Lei n. 12.275/2010. *(Redação dada pela Resolução Administrativa n. 2.048, de 17.12.2018.)*

IX – É exigido depósito recursal para o recurso adesivo, observados os mesmos critérios e procedimentos do recurso principal previsto nesta Instrução Normativa.

X – Não é exigido depósito recursal, em qualquer fase do processo ou grau de jurisdição, dos entes de direito público externo e das pessoas de direito público contempladas no Decreto-lei n. 779, de 21.08.1969, bem assim da massa falida e da herança jacente.

XI – Não se exigirá a efetivação de depósito em qualquer fase ou grau recursal do processo, fora das hipóteses previstas nesta Instrução Normativa.

XII – Havendo acordo para extinção do processo, as partes disporão sobre o valor depositado. Na ausência de expressa estipulação dos interessados, o valor disponível será liberado em favor da parte depositante.

XIII – Em caso de recolhimento insuficiente do depósito recursal, somente haverá deserção do recurso se, concedido o prazo de 5 (cinco) dias previsto no § 2º do art. 1.007 do CPC de 2015, o recorrente não complementar e comprovar o valor devido. *(Acrescentado pela Resolução Administrativa n. 2.048, de 17.12.2018.)*

XIV – Em caso de equívoco no preenchimento da guia de recolhimento do depósito recursal, o relator deverá conceder o prazo de 5 (cinco) dias previsto no § 7º do art. 1.007 do CPC de 2015 para o recorrente sanar o vício, sob pena de deserção. *(Acrescentado pela Resolução Administrativa n. 2.048, de 1712.2018.)*

Com o advento da Lei n. 13.467/2017, sobreveio a possibilidade de os depósitos recursais serem substituídos por cártula de fiança bancária ou apólice de seguro de garantia judicial, assim regrando os novos textos do art. 882 e do § 11 do art. 899, ambos da CLT:

> Art. 882. O executado que não pagar a importância reclamada poderá garantir a execução mediante depósito da quantia correspondente, atualizada e acrescida das despesas processuais, apresentação de seguro-garantia judicial ou nomeação de bens à penhora, observada a ordem preferencial estabelecida no art. 835 da Lei n. 13.105, de 16 de março de 2015 – Código de Processo Civil.
>
> Art. 899. (...)
>
> § 11. O depósito recursal poderá ser substituído por fiança bancária ou seguro garantia judicial.

Bem por isso, a título de adequação e organização dos procedimentos judiciários, o TRIBUNAL SUPERIOR DO TRABALHO, o CONSELHO SUPERIOR DA JUSTIÇA DO TRABALHO e a CORREGEDORIA-GERAL DA JUSTIÇA DO TRABALHO editaram o Ato Conjunto n. 1, assim regrando a matéria em todas as instâncias da Justiça Especializada:

Ato Conjunto TST.CSJT.CGJT n. 1, de 16 de outubro de 2019 (republicação)

Dispõe sobre o uso do seguro garantia judicial e fiança bancária em substituição a depósito recursal e para garantia da execução trabalhista.

O PRESIDENTE DO TRIBUNAL SUPERIOR DO TRABALHO e do CONSELHO SUPERIOR DA JUSTIÇA DO TRABALHO e o CORREGEDOR-GERAL DA JUSTIÇA DO TRABALHO, no uso de suas atribuições legais e regimentais,

considerando que compete à Corregedoria-Geral da Justiça do Trabalho fiscalizar, disciplinar e orientar a administração da Justiça do Trabalho sobre os Tribunais Regionais do Trabalho, seus Juízes e serviços judiciários;

considerando as modificações introduzidas pela Lei n. 13.467/2017, em especial no art. 882 e no § 11 do art. 899 da CLT;

considerando o entendimento consubstanciado na Orientação Jurisprudencial 59 da Subseção Especializada em Dissídios Individuais II do TST;

considerando as diretrizes previstas na Circular n. 477 da Superintendência de Seguros Privados – SUSEP e no seu Anexo VI;

considerando a necessidade de padronização dos procedimentos de recepção de apólices de seguro garantia judicial e de cartas de fiança bancária para substituição a depósitos recursais e para garantia da execução trabalhista;

considerando a importância de emprestar maior efetividade às decisões judiciais e às execuções dessas decisões; e

considerando o disposto no item II-A da Instrução Normativa n. 3 do TST, inserido pela Resolução Administrativa n. 2.048, de 17 de dezembro de 2018,

RESOLVEM

Art. 1º O seguro garantia judicial para a execução trabalhista e o seguro garantia judicial em substituição a depósito recursal visam garantir o pagamento de débitos reconhecidos em decisões proferidas por órgãos da Justiça do Trabalho, constituindo, no caso do segundo, pressuposto de admissibilidade dos recursos.

Parágrafo único. As regras previstas neste Ato Conjunto aplicam-se à fiança bancária para garantia de execução trabalhista ou para substituição de depósito recursal, observadas as peculiaridades do respectivo instrumento.

Art. 2º Aplicam-se ao seguro garantia previsto no art. 1º as seguintes definições:

I – Apólice: documento assinado pela seguradora que representa formalmente o contrato de seguro garantia judicial;

II – Expectativa de sinistro: verificação pelo segurado da possibilidade de ocorrência de sinistro;

III – Indenização: pagamento pelas seguradoras das obrigações cobertas pelo seguro, a partir da caracterização do sinistro;

IV – Prêmio: importância devida pelo tomador à seguradora em razão da cobertura do seguro;

V – Segurado: o reclamante ou o exequente;

VI – Seguradora: a sociedade de seguros garantidora, nos termos da apólice, do cumprimento das obrigações assumidas pelo tomador perante os órgãos da Justiça do Trabalho;

VII – Seguro garantia judicial para substituição a depósito recursal: modalidade destinada a oferecer garantia real de satisfação da condenação;

VIII – Seguro garantia judicial para garantia de execução: modalidade destinada a garantir o juízo da execução, assegurando o pagamento das condenações trabalhistas;

IX – Sinistro: o inadimplemento das obrigações do tomador cobertas pelo seguro ou a determinação judicial para recolhimento dos valores correspondentes à apólice;

X – Tomador: devedor de obrigações trabalhistas que deve prestar garantia no processo judicial;

XI – Cláusula de renovação automática: obrigação da Seguradora de renovar automaticamente a apólice do seguro garantia por período igual ao incialmente contratado, enquanto durar o processo judicial garantido, nos termos do Ofício 23/2019/SUSEP/DICON/CGCOM/COSET.

Art. 3º A aceitação do seguro garantia judicial de que trata o art. 1º, prestado por seguradora idônea e devidamente autorizada a funcionar no Brasil, nos termos da legislação aplicável, fica condicionada à observância dos seguintes requisitos, que deverão estar expressos nas cláusulas da respectiva apólice:

I – no seguro garantia judicial para execução trabalhista, o valor segurado deverá ser igual ao montante original do débito executado com os encargos e os acréscimos legais, inclusive honorários advocatícios, assistenciais e periciais, devidamente atualizado pelos índices legais aplicáveis aos débitos trabalhistas na data da realização do depósito, acrescido de, no mínimo, 30% (Orientação Jurisprudencial 59 da SBDI-II do TST);

II – no seguro garantia para substituição de depósito recursal, o valor segurado inicial deverá ser igual ao montante da condenação, acrescido de, no mínimo, 30%, observados os limites estabelecidos pela Lei n. 8.177 e pela Instrução Normativa n. 3 do TST;

III – previsão de atualização da indenização pelos índices legais aplicáveis aos débitos trabalhistas;

IV – manutenção da vigência do seguro, mesmo quando o tomador não houver pago o prêmio nas datas convencionadas, com base no art. 11, § 1º, da Circular 477 da SUSEP e em renúncia aos termos do art. 763 do Código Civil e do art. 12 do Decreto-lei 73, de 21 de novembro de 1966;

V – referência ao número do processo judicial;

VI – o valor do prêmio;

VII – vigência da apólice de, no mínimo, 3 (três) anos;

VIII – estabelecimento das situações caracterizadoras da ocorrência de sinistro nos termos do art. 9º deste Ato Conjunto;

IX – endereço atualizado da seguradora;

X – cláusula de renovação automática.

§ 1º Além dos requisitos estabelecidos neste artigo, o contrato de seguro garantia não poderá conter cláusula de desobrigação decorrente de atos de responsabilidade exclusiva do tomador, da seguradora ou de ambos, tampouco cláusula que permita sua rescisão, ainda que de forma bilateral.

§ 2º No caso de seguro garantia judicial para substituição de depósito recursal, o recorrente deverá observar as diretrizes previstas no item II da Instrução Normativa n. 3 do TST, no que diz respeito à complementação em caso de recursos sucessivos, quando não atingido o montante da condenação, ou em casos de sua majoração.

§ 3º Na hipótese do parágrafo anterior, a complementação de depósito em espécie poderá ser feita mediante seguro garantia.

Art. 4º As apólices apresentadas permanecerão válidas independentemente do pedido de renovação da empresa tomadora, enquanto houver o risco e/ou não for substituída por outra garantia aceita pelo juízo.

Parágrafo único. As hipóteses de não renovação da apólice são exclusivamente aquelas descritas nos itens 4.1.1 e 4.2 do Anexo VI da Circular SUSEP n. 477.

Art. 5º Por ocasião do oferecimento da garantia, o tomador deverá apresentar a seguinte documentação:

I – apólice do seguro garantia;

II – comprovação de registro da apólice na SUSEP;

III – certidão de regularidade da sociedade seguradora perante a SUSEP.

§ 1º A idoneidade a que alude o *caput* do art. 3º será presumida mediante a apresentação da certidão da SUSEP referida no inc. III deste artigo que ateste a regularidade da empresa seguradora.

§ 2º Ao receber a apólice, deverá o juízo conferir a sua validade mediante cotejo com o registro constante do sítio eletrônico da SUSEP no endereço https://www2.susep.gov.br/safe/menumercado/regapolices/pesquisa.asp.

§ 3º Considerar-se-á garantido o juízo somente quando o valor da apólice satisfizer os requisitos previstos no art. 3º, incs. I e II, deste Ato Conjunto, conforme o caso.

§ 4º O prazo para apresentação da apólice é o mesmo da prática do ato processual que ela visa garantir.

Art. 6º A apresentação de apólice sem a observância do disposto nos arts. 3º, 4º e 5º implicará:

I – no caso de seguro garantia judicial para garantia de execução trabalhista, o não conhecimento de eventuais embargos opostos e a determinação de penhora livre de bens;

II – no caso de seguro garantia judicial para substituição a depósito recursal, o não processamento ou não conhecimento do recurso, por deserção.

Parágrafo único. A utilização da mesma apólice para garantia de mais de um processo judicial ou o uso de apólices falsas ou adulteradas implicará, além das consequências previstas no *caput*, a imposição de multa pela prática de litigância de má-fé ao reclamado ou ao executado (art. 793-B, incs. II, III e V, da CLT), sem prejuízo da correspondente representação criminal para apuração da possível prática de delito.

Art. 7º O executado que não pagar a importância reclamada poderá garantir a execução trabalhista mediante apresentação de seguro garantia judicial (art. 882 da CLT, com redação dada pela Lei n. 13.467/2017). (*Alteração introduzida pelo Ato Conjunto TST.CSJT.CGJT n. 1, de 29 de maio de 2020*)

Parágrafo único. Para fins de substituição da penhora, equiparam-se a dinheiro a fiança bancária e o seguro garantia judicial, desde que atendidos os requisitos deste Ato Conjunto (art. 835, § 2º, do CPC). (*Alteração introduzida pelo Ato Conjunto TST.CSJT.CGJT n. 1, de 29 de maio de 2020*)

Art. 8º O depósito recursal poderá ser substituído por fiança bancária ou seguro garantia judicial (art. 899, § 11, da CLT, incluído pela Lei n. 13.467/2017), observados os requisitos deste Ato Conjunto. (*Alteração introduzida pelo Ato Conjunto TST.CSJT.CGJT N. 1, de 29 de maio de 2020*)

Parágrafo único. O requerimento de substituição do depósito recursal por seguro garantia judicial será dirigido ao Juiz ou Relator, competente para decidir o pedido na fase em que se encontrar o processo, na origem ou em instância recursal. (*Alteração introduzida pelo Ato Conjunto TST.CSJT.CGJT n. 1, de 29 de maio de 2020*)

Art. 9º Admitido o seguro garantia judicial, sua substituição somente poderá ser determinada pelo Juízo caso o seguro deixe de satisfazer os critérios estabelecidos neste Ato Conjunto.

Art. 10. Fica caracterizada a ocorrência de sinistro, gerando a obrigação de pagamento de indenização pela seguradora:

I – no seguro garantia judicial para execução trabalhista: a) com o não pagamento pelo tomador do valor executado, quando determinado pelo juiz; b) com o não cumprimento da obrigação de, até 60 (sessenta) dias antes do fim da vigência da apólice, comprovar a renovação do seguro garantia ou apresentar nova garantia suficiente e idônea.

II – no seguro garantia em substituição a depósito recursal: a) com o trânsito em julgado de decisão ou em razão de determinação judicial, após o julgamento dos recursos garantidos; b) com o não cumprimento da obrigação de, até 60 (sessenta) dias antes do fim da vigência da apólice, comprovar a renovação do seguro garantia ou apresentar nova garantia suficiente e idônea.

Parágrafo único. A comprovação da renovação da apólice constitui incumbência do recorrente ou do executado, sendo desnecessária a sua intimação para a correspondente regularização.

Art. 11. Configurado o sinistro, o magistrado que estiver na direção do processo determinará à seguradora o pagamento da dívida executada, devidamente atualizada, no prazo 15 (quinze) dias, sob pena de contra ela prosseguir a execução nos próprios autos, sem prejuízo de eventuais sanções administrativas ou penais pelo descumprimento da ordem judicial.

Art. 12. Ao entrar em vigor este Ato, suas disposições serão aplicadas aos seguros garantias judiciais e às cartas de fiança bancária apresentados após a vigência da Lei n. 13.467/2017, devendo o magistrado deferir prazo razoável para a devida adequação. (*Alteração introduzida pelo Ato Conjunto TST.CSJT.CGJT n. 1, de 29 de maio de 2020*)

Art. 13. O Sistema do PJe-JT deverá conter funcionalidade que permita a anotação pelo recorrente do uso de seguro garantia judicial ou de fiança bancária em substituição a depósito recursal, bem como a indicação do número da apólice, do valor segurado e da data da sua vigência.

Parágrafo único. A adaptação referida no *caput* não é condição para a observância dos dispositivos deste Ato.

Art. 14. Este Ato Conjunto entra em vigor na data de sua publicação.

JOÃO BATISTA BRITO PEREIRA – Ministro Presidente do Tribunal Superior do Trabalho e do Conselho Superior da Justiça do Trabalho

LELIO BENTES CORRÊA – Ministro Corregedor-Geral da Justiça do Trabalho

Competência dos Tribunais Regionais do Trabalho

Os Tribunais Regionais do Trabalho julgam recursos ordinários contra decisões de Varas do Trabalho, ações originárias (dissídios coletivos de categorias de sua área de jurisdição – sindicatos patronais ou de trabalhadores organizados em nível regional), ações rescisórias de decisões suas ou das Varas e os mandados de segurança contra atos de seus juízes.

A Justiça do Trabalho conta com 24 Tribunais Regionais do Trabalho e, segundo o art. 112 da Constituição Federal, "A lei criará varas da Justiça do Trabalho, podendo, nas comarcas não abrangidas por sua jurisdição, atribuí-la aos juízes de direito, com recurso para o respectivo Tribunal Regional do Trabalho".

Consoante previsão do art. 893 da CLT, os recursos admitidos na Justiça do Trabalho são os seguintes:

I – embargos;

II – recurso ordinário;

III – recurso de revista;

IV – agravo.

Embargos declaratórios

Caberão embargos de declaração da sentença ou do acórdão, no prazo de cinco dias, nos casos de omissão e contradição no julgado e manifesto equívoco no exame dos pressupostos extrínsecos do recurso. O julgamento dos embargos deve ocorrer na primeira audiência ou sessão subsequente a sua apresentação, registrado na certidão, admitido efeito modificativo da decisão (art. 897-A da CLT).

Assim, à semelhança do que ocorre com as ações cíveis, cabem embargos de declaração para (art. 1.022, *caput*, do CPC):

a) esclarecer obscuridade ou eliminar contradição;

b) suprir omissão de ponto ou questão sobre o qual devia se pronunciar o juiz de ofício ou a requerimento;

c) corrigir erro material.

Considera-se omissa a decisão que: deixe de se manifestar sobre tese firmada em julgamento de casos repetitivos ou em incidente de assunção de competência aplicável ao caso sob julgamento; incorra em qualquer das condutas descritas no art. 489, § 1º ("Art. 489. São elementos essenciais da sentença: I – o relatório, que conterá os nomes das partes, a identificação do caso, com a suma do pedido e da contestação, e o registro das principais ocorrências havidas no andamento do processo; [...]").

Os embargos de declaração interrompem o prazo para interposição de outros recursos, por qualquer das partes, salvo quando intempestivos, irregular a representação da parte ou ausente a sua assinatura (art. 897-A, § 3º, da CLT).

Além da utilidade da propositura dos embargos para sanar eventuais omissões, obscuridades e contradições da decisão judicial, o próprio TST cristalizou na Súmula n. 184 que "ocorre preclusão quando não forem opostos embargos declaratórios para suprir omissão apontada em recurso de revista ou de embargos". Ademais, os embargos declaratórios são imprescindíveis para caracterizar o prequestionamento, requisito indispensável para que o Tribunal Superior do Trabalho conheça do recurso especial ou extraordinário, como pacificado em sua Súmula n. 297: "I – Diz-se prequestionada a matéria ou questão quando na decisão impugnada haja sido adotada, explicitamente, tese a respeito. II – Incumbe à parte interessada [...] opor embargos declaratórios objetivando o pronunciamento sobre o tema, sob pena de preclusão".[7]

---

7 No mesmo sentido, a Súmula n. 356 do STF: "O ponto omisso da decisão, sobre o qual não foram opostos embargos declaratórios, não pode ser objeto de recurso extraordinário, por faltar o requisito do prequestionamento".

MODELO

AO JUÍZO DO TRABALHO DA 2ª VARA DE ....

........................., por seu advogado abaixo firmado, nos autos da reclamatória movida contra ...., interpõe os presentes EMBARGOS DECLARATÓRIOS contra a decisão proferida por este juízo, em face das razões adiante deduzidas.

Na inicial, o embargante, alegando despedida injusta, formulou pedido de pagamento das parcelas devidas, entre as quais se inclui o aviso-prévio.

A veneranda decisão reconheceu a despedida injusta e a procedência da reclamatória. Todavia, o nobre julgador laborou em equívoco ao não incluir em seu *decisum* a condenação ao pagamento de aviso-prévio, sem nenhuma referência ao fato.

Ocorreu, desse modo, nítida omissão do julgador, suprível pela via de embargos para completar a prestação jurisdicional.

Isso posto, requer a este juízo que sejam recebidos e providos estes embargos, para acrescentar-se à condenação imposta pela decisão embargada a parcela de aviso-prévio, correspondente a trinta dias de salário, consoante pedido formulado na inicial.

P. deferimento.

........................, ... de .... de 20......

Advogado(a)

OAB/...... n. ......

Embargos no Tribunal Superior do Trabalho

Cabem embargos no Tribunal Superior do Trabalho para a Seção de Dissídios Individuais no prazo de oito dias, a contar da publicação do acórdão (art. 894 da CLT):

a) de decisão não unânime de julgamento que conciliar, julgar ou homologar conciliação em dissídios coletivos que excedam a competência territorial dos Tribunais Regionais do Trabalho e estender ou rever as sentenças normativas do Tribunal Superior do Trabalho, nos casos previstos em lei;

b) das decisões das Turmas que divergirem entre si, ou das decisões proferidas pela Seção de Dissídios Individuais, ou contrárias à súmula ou orientação jurisprudencial do Tribunal Superior do Trabalho ou súmula vinculante do Supremo Tribunal Federal.

Assim, se, à guisa de exemplo, uma turma do Tribunal Superior do Trabalho houver decidido que não cabe pagamento de despesa de transporte decorrente de transferência de empregado, o empregado pode embargar indicando acórdão de outra turma no sentido de que a referida despesa é devida. Todavia, em se tratando de acórdão que não conheceu o recurso de revista, os embargos devem deixar patente que o referido acórdão conflitou com lei federal ou contrariou jurisprudência do TST em face de matéria especificamente relacionada com os requisitos de admissibilidade, nada sendo decidido no tocante ao mérito.

Anote-se, ainda, que a divergência apta a ensejar os embargos deve ser atual, não se considerando tal a ultrapassada por súmula do Tribunal Superior do Trabalho ou do Supremo Tribunal Federal, ou superada por iterativa e notória jurisprudência do Tribunal Superior do Trabalho.

Recebido o recurso pelo ministro relator, este denegará seguimento nas hipóteses de:

a) a decisão recorrida estar em consonância com súmula da jurisprudência do Tribunal Superior do Trabalho ou do Supremo Tribunal Federal, ou com iterativa, notória e atual jurisprudência do Tribunal Superior do Trabalho, cumprindo-lhe indicá-la;

b) intempestividade, deserção, irregularidade de representação ou de ausência de qualquer outro pressuposto extrínseco de admissibilidade.

Da decisão denegatória dos embargos caberá agravo, no prazo de oito dias (art. 894, II e § 4º, da CLT).

A *petição* dos embargos deve ser dirigida ao presidente da turma que julgou o recurso de revista no órgão embargado, ao passo que as *razões* serão endereçadas à Seção de Dissídios Individuais.

Finalmente, cabe acrescer que a Súmula n. 353 do TST, revendo a Súmula n. 335[8] do mesmo tribunal, cristalizou o entendimento de que:

> Não cabem embargos para a Seção de Dissídios Individuais de decisão de Turma proferida em agravo, salvo:
>
> *a)* da decisão que não conhece de agravo de instrumento ou de agravo pela ausência de pressupostos extrínsecos;
>
> *b)* da decisão que nega provimento a agravo contra decisão monocrática do Relator, em que se proclamou a ausência de pressupostos extrínsecos de agravo de instrumento;
>
> *c)* para revisão dos pressupostos extrínsecos de admissibilidade do recurso de revista, cuja ausência haja sido declarada originariamente pela Turma no julgamento do agravo;
>
> *d)* para impugnar o conhecimento de agravo de instrumento;
>
> *e)* para impugnar a imposição de multas previstas nos arts. 1.021, § 4º, do CPC de 2015 ou 1.026, § 2º, do CPC de 2015 (art. 538, parágrafo único, do CPC de 1973, ou art. 557, § 2º, do CPC de 1973).
>
> *f)* contra decisão de Turma proferida em agravo em recurso de revista, nos termos do art. 894, II, da CLT.

---

8 Súmula n. 183: "São incabíveis embargos para o Tribunal Pleno contra decisão em agravo de instrumento oposto a despacho denegatório de recurso de revista, inexistindo ofensa ao art. 153, § 4º, da Constituição Federal".

EMBARGOS: REQUERIMENTO DE INTERPOSIÇÃO

TRIBUNAL SUPERIOR DO TRABALHO

AO PRESIDENTE DA TURMA ....

Recorrente ....

Recorrido ....

Acórdão ....

........................, não se podendo resignar, *data venia*, com a respeitável decisão de fl. ......, proferida pela ...... Turma, a qual confirmou a decisão de 2º grau desfavorável ao ora embargante, vem, por seu procurador signatário, perante este egrégio tribunal para, nos termos do art. 894 da Consolidação das Leis do Trabalho interpor EMBARGOS, mediante as inclusas razões, as quais requer a este juízo sejam devidamente encaminhadas à Seção de Dissídios Individuais do Tribunal Superior do Trabalho.

Espera deferimento.

........................, ... de .... de 20......

Advogado(a)

OAB/...... n. ......

EMBARGOS: RAZÕES DO RECORRENTE

TRIBUNAL SUPERIOR DO TRABALHO

À Seção de Dissídios Individuais

RAZÕES DO EMBARGANTE

Eméritos julgadores,

I – Trata-se de reclamatória na qual o reclamante, em face de ter sido demitido pela reclamada, pleiteia o saque do FGTS relativamente ao período de dois dos quatro anos em que nesta exerceu suas atividades.

II – Ocorre que, conquanto tenha permanecido na reclamada por quatro anos, o reclamante somente havia feito a opção regular, com o consentimento da reclamada, após dois anos de empresa. Alega, todavia, que fez opção retroativa aos dois primeiros anos e que, por essa razão, faz jus ao respectivo saque do FGTS.

III – Julgando o feito, o juízo da ...... Vara do Trabalho decidiu pela procedência da reclamatória na parte relativa ao pedido retroativo do FGTS, conforme requerido pelo reclamante.

IV – Contra referida decisão, insurgiu-se a reclamada através de recurso de revista ao TRT da ...... Região, no qual a Egrégia Turma confirmou a decisão *a quo*.

V – Todavia, referida decisão deve ser reformada, porquanto diverge frontalmente de decisão da ...... Turma do mesmo TRT, no sentido de que, "mesmo na vigência da Lei n. 8.036/90, revela-se indispensável a anuência do empregador para que o empregado possa optar retroativamente pelo sistema do Fundo de Garantia por Tempo de Serviço".

Nos termos aduzidos, espera o recorrente que este Colendo Tribunal conheça dos embargos por divergência jurisprudencial e lhes dê provimento para, reformando a decisão recorrida, declarar nula a opção retroativa pelo Fundo de Garantia por Tempo de Serviço e, consequentemente, excluir da condenação os valores correspondentes.

P. deferimento.

........................, ... de .... de 20......

Advogado(a)

OAB/...... n. ......

Recurso ordinário

Cabe recurso ordinário das decisões definitivas (sentenças) das varas do Trabalho e de juízes e dos Tribunais Regionais em processo de sua competência originária no prazo de oito dias. Esse recurso, que guarda correlação com o recurso de apelação na Justiça comum, deve ser interposto perante o Tribunal Regional do Trabalho ou Tribunal Superior do Trabalho, conforme o caso, para efeito de reexame da prova e da aplicação da lei.

Dessa forma, à semelhança da apelação cível, toda decisão que julgar procedente ou improcedente o pedido, ou que o reclamante é carecedor de ação, pode ser objeto de recurso ordinário. Incluem-se, nesses casos, as sentenças que:

a) julgam improcedente a reclamação porque consideraram correto o pagamento das verbas rescisórias pelo empregador;

b) julgam procedente a reclamação para condenar a reclamada ao pagamento das verbas pleiteadas no pedido inicial;

c) julgam o reclamante carecedor de ação por não ser provada a existência de relação de emprego.

De outra parte, não são consideradas definitivas as decisões que julgam a Justiça do Trabalho incompetente para apreciar a reclamatória, como nos casos de contrato de empreitada e de funcionários públicos regidos por estatutos.

RECURSO ORDINÁRIO
(Requerimento)

AO JUÍZO DO TRABALHO DA VARA DE ....
Autos n. ....

...................., nos autos da reclamatória que move contra ...., inconformado, *data venia,* com a veneranda sentença que declarou improcedente a ação, vem, por seu procurador firmatário, com fundamento no art. 895 da Consolidação das Leis do Trabalho, interpor RECURSO ORDINÁRIO, requerendo que as inclusas razões sejam recebidas, processadas e remetidas para julgamento ao Egrégio Tribunal Regional do Trabalho.

P. deferimento.

......................., ... de .... de 20......

Advogado(a)

OAB/...... n. ......

RAZÕES DO RECORRENTE (EM PEÇA SEPARADA)

EGRÉGIA TURMA DO TRIBUNAL REGIONAL DO TRABALHO
Autos n. ....
Ação de ....
Vara de origem: ....
RECORRENTE: ....
RECORRIDO: ....

RAZÕES DO RECORRENTE

EGRÉGIO TRIBUNAL:

PRELIMINARMENTE, há que ser anulado o processo, a partir da dispensa da prova testemunhal do recorrente (fls. ......), em face das infundadas alegações de que as testemunhas seriam amigas íntimas do recorrente quando, na realidade, constituem apenas colegas de trabalho.

NO MÉRITO, o douto juiz *a quo* logrou, *data venia*, em inescusável equívoco, ao não sopesar devidamente as provas acostadas, porquanto desconsiderou o direito do recorrente de somente ser demitido por falta grave após ser submetido a inquérito administrativo, com direito a ampla defesa, consoante assevera o art. ...... do regimento interno da empresa recorrida (fls. ......).

Destarte, não pode o *decisum* de primeiro grau prosperar, merecendo, por isso mesmo, apurado reexame de parte deste Egrégio Tribunal, o qual, espera-se, decidirá por sua reforma e pela procedência da ação.

ISSO POSTO, requer a Vossas Excelências que se dignem receber e apreciar o presente recurso, dando provimento ao mesmo para efeito de reformar a sentença de primeiro grau, declarando a sua procedência, como medida garantidora de JUSTIÇA!

Nestes termos,

pede e espera provimento.

........................, ... de .... de 20......

Advogado(a)

OAB/...... n. ......

Recurso de revista

O recurso de revista, que tem como precípua finalidade a uniformização da jurisprudência e da interpretação das leis, segundo os ditames do art. 896 da CLT,[9] é o recurso cabível perante o Tribunal Superior do Trabalho contra decisões proferidas em grau de recurso ordinário, em dissídio individual, pelos Tribunais Regionais do Trabalho:

a) que derem ao mesmo dispositivo de lei federal interpretação diversa da que lhe houver dado outro Tribunal Regional do Trabalho, no seu Pleno ou Turma, ou a Seção de Dissídios Individuais do Tribunal Superior do Trabalho, ou contrariarem súmula de jurisprudência uniforme dessa Corte ou súmula vinculante do Supremo Tribunal Federal;

b) que derem ao mesmo dispositivo de lei estadual, convenção coletiva de trabalho, acordo coletivo, sentença normativa ou regulamento empresarial de observância obrigatória em área territorial que exceda a jurisdição do Tribunal Regional prolator da decisão recorrida interpretação divergente, na forma da alínea *a*;

c) proferidas com violação literal de disposição de lei federal ou afronta direta e literal à Constituição Federal;

d) por violação a lei federal, por divergência jurisprudencial e por ofensa à Constituição Federal nas execuções fiscais e nas controvérsias da fase de execução que envolvam a Certidão Negativa de Débitos Trabalhistas (CNDT), criada pela Lei n. 12.440, de 7 de julho de 2011 (art. 896, § 10, da CLT).[10]

Tem-se, assim, como primeiro fundamento do recurso de revista, a existência de *interpretações divergentes*. Deve o recorrente, nesse caso, provar que a in-

9 Conforme redação determinada pela Lei n. 9.756, de 17.12.1998.

10 Conforme redação determinada pela Lei n. 13.015, de 21.07.2014.

terpretação dada a lei ou a artigo de lei, no acórdão, diverge frontalmente daquela que tenha sido adotada pelo mesmo ou por outro Tribunal Regional ou pela Seção de Dissídios Individuais do TST. Para esse efeito, cumpre juntar certidão ou cópia autenticada do acórdão paradigma ou citar a fonte oficial ou repositório em que foi publicado e transcrever, nas razões recursais, as ementas e/ou os trechos dos acórdãos trazidos à configuração do dissídio, mencionando as teses que identifiquem os casos confrontados, ainda que os acórdãos já se encontrem nos autos ou venham a ser juntados com o recurso (Enunciado n. 337 do TST). Impende acrescer que a divergência apta a ensejar o recurso de revista deve ser atual, não se considerando como tal a ultrapassada por súmula do Tribunal Superior do Trabalho ou do Supremo Tribunal Federal, ou superada por iterativa e notória jurisprudência do Tribunal Superior do Trabalho (art. 896, § 7º).[11]

O segundo fundamento para a interposição do recurso de revista é a *violação* ou *infringência de lei federal* ou afronta direta e literal à Constituição Federal. Nessa hipótese, cabe ao recorrente provar que o acórdão adotou, como razão de decidir, fundamento incompatível com o que dispõe a lei. Em outras palavras, a decisão foi tomada em sentido oposto ao que expressa a lei ou prevê a Constituição Federal. Insta esclarecer, todavia, que em execução de sentença, inclusive em processo incidente de embargos de terceiro, não caberá recurso de revista, salvo nos casos de ofensa direta e literal de norma da Constituição Federal, consoante observa o art. 896, § 2º, da CLT.

O recurso de revista, dotado de efeito apenas devolutivo, será interposto perante o presidente do Tribunal Regional do Trabalho, que, por decisão fundamentada, poderá recebê-lo ou denegá-lo (art. 896, § 1º, da CLT).

Alerte-se que, sob pena de não conhecimento do recurso, incumbe à parte: indicar o trecho da decisão recorrida que consubstancia o prequestionamento da controvérsia objeto do recurso de revista; indicar, de forma explícita e fundamentada, contrariedade a dispositivo de lei, súmula ou orientação jurisprudencial do Tribunal Superior do Trabalho que conflite com a decisão regional; expor as razões do pedido de reforma, impugnando todos os fundamentos jurídicos da decisão recorrida, inclusive mediante demonstração analítica de cada dispositivo de lei, da Constituição Federal, de súmula ou orientação jurisprudencial cuja contrariedade aponte; transcrever na peça recursal, no caso de suscitar preliminar de nulidade de julgado por negativa de prestação jurisdicional, o trecho dos embargos declaratórios em que foi pedido o pronunciamento do tribunal sobre questão veiculada no recurso ordinário e o trecho da decisão regional que rejeitou os embargos quanto ao pedido, para cotejo e verificação, de plano, da ocorrência da omissão (art. 896, § 1º-A).

Nas causas sujeitas ao procedimento sumaríssimo, somente será admitido recurso de revista por contrariedade a súmula de jurisprudência uniforme do Tribunal Superior do Trabalho ou a súmula vinculante do Supremo Tribunal Federal e por violação direta da Constituição Federal (art. 896, § 9º).

Da decisão denegatória ao recurso caberá agravo, no prazo de oito dias (§ 12).

---

11 Conforme redação determinada pela Lei n. 13.015, de 21.07.2014.

No Tribunal Superior do Trabalho, as regras relativas ao processamento das petições de recurso de revista, previstas na Instrução Normativa n. 23/2003, são as seguintes:

I – Recomendar sejam destacados os tópicos do recurso e, ao demonstrar o preenchimento dos seus pressupostos extrínsecos, sejam indicadas as folhas dos autos em que se encontram:

a) a procuração e, no caso de elevado número de procuradores, a posição em que se encontra(m) o(s) nome(s) do(s) subscritor(es) do recurso;

b) a ata de audiência em que o causídico atuou, no caso de mandato tácito;

c) o depósito recursal e as custas, caso já satisfeitos na instância ordinária;

d) os documentos que comprovam a tempestividade do recurso (indicando o início e o termo do prazo, com referência aos documentos que o demonstram).

II – Explicitar que é ônus processual da parte demonstrar o preenchimento dos pressupostos intrínsecos do recurso de revista, indicando:

a) qual o trecho da decisão recorrida que consubstancia o prequestionamento da controvérsia trazida no recurso;

b) qual o dispositivo de lei, súmula, orientação jurisprudencial do TST ou ementa (com todos os dados que permitam identificá-las) que atrita com a decisão regional.

III – Reiterar que, para comprovação da divergência justificadora do recurso, é necessário que o recorrente:

a) junte certidão ou cópia autenticada do acórdão paradigma ou cite a fonte oficial ou repositório em que foi publicado;

b) transcreva, nas razões recursais, as ementas e/ou os trechos dos acórdãos trazidos à configuração do dissídio, demonstrando os conflitos de teses que justifiquem o conhecimento do recurso, ainda que os acórdãos já se encontrem nos autos ou venham a ser juntados com o recurso.

IV – Aplica-se às contrarrazões o disposto nesta Instrução, no que couber.

No Tribunal Superior do Trabalho, se for constatada, de ofício ou mediante provocação de qualquer das partes ou do Ministério Público do Trabalho, a existência de decisões atuais e conflitantes no âmbito do mesmo Tribunal Regional do Trabalho sobre o tema objeto de recurso de revista, será determinado o retorno dos autos à Corte de origem, a fim de que proceda à uniformização da jurisprudência.

RECURSO DE REVISTA: REQUERIMENTO DE INTERPOSIÇÃO

AO TRIBUNAL SUPERIOR DO TRABALHO

Recorrente: ....

Recorrido: ....

Recurso ordinário n. ....

........................, nos autos do recurso ordinário n. ...., em que contende com ...., não se podendo conformar, *data venia*, com o venerando acórdão de fls. ......, prolatado pela ...... Turma do Tribunal Regional do Trabalho da ...... Região, vem, por seu advogado infra-assinado, interpor RECURSO DE REVISTA, com fulcro no art. 896 da Consolidação das Leis do Trabalho, requerendo a este Tribunal se digne a admiti-lo, fazê-lo processar e subir, com as inclusas razões do recorrente, para julgamento por Turma do Egrégio Tribunal Superior do Trabalho.

........................, ... de .... de 20......

Advogado(a)

OAB/...... n. ......

RECURSO DE REVISTA: RAZÕES DO RECORRENTE

À TURMA DO TRIBUNAL SUPERIOR DO TRABALHO

Recorrente: ....

Recorrido: ....

Recurso ordinário n. ....

Colenda Turma

O recorrente, não se podendo conformar, *data venia*, com o venerando acórdão de fls. ......, prolatado pela ...... Turma do Tribunal Regional do Trabalho da ... Região, vem, por seu advogado infra-assinado, perante esta colenda Turma, interpor RECURSO DE REVISTA, com fulcro no art. 896 da Consolidação das Leis do Trabalho, em face dos seguintes fatos e fundamentos:

I – O RECURSO

O recurso, além de previsto no art. 896 da CLT, e tempestivo, funda-se em divergência jurisprudencial (art. 896, *a*) e em violação de lei (art. 896, *c*), como se demonstrará a seguir.

II – DIVERGÊNCIA JURISPRUDENCIAL

Decidiu a Egrégia ......Turma:

....

Ora, essa decisão contrasta com o seguinte acórdão do Egrégio TRT da ...... Região que diz, expressamente, o contrário, *verbis*: ....

III – VIOLAÇÃO DA LEI

Na verdade, a grande violação ocorreu com relação ao art. 489, III, do Código de Processo Civil. É que a questão colocada ao exame da egrégia corte, por força do recurso ordinário, foi a seguinte: o recorrente ingressou na recorrida na data de 20 de março de 2009, na qualidade de estagiário. Nessa condição, sem relação de emprego, permaneceu até a data de sua formatura, que ocorreu em 12 de dezembro de 2011. Nada obstante, apesar de não ser mais estudante, continuou recebendo igual tratamento, até 15 de agosto de 2013, ocasião em que foi admitido, expressamente, como empregado.

Em vista disso, pediu reconhecimento da existência de relação de emprego desde a data em que se formou.

A Egrégia Turma, no entanto, ao proferir seu julgamento, decidiu a respeito de matéria diversa, não proposta pelo recorrente, qual seja, que é estagiário aquele que está aprendendo e que, nessa condição, não possui vínculo empregatício.

Como se infere, houve, pois, a violação arguida ao dispositivo do Código de Processo Civil.

Nos termos aduzidos, espera o recorrente que o seu recurso seja provido para que se reconheça a existência de contrato de trabalho entre as partes desde a data de 12 de dezembro de 2011, com a consequente invalidade da opção pelo FGTS e condenação da reclamada ao pagamento de indenização em dobro por todo o tempo trabalhado, como posto na inicial, com a integral procedência do pedido.

EX POSITIS, espera recebimento e processamento para final provimento, como de direito e, sobretudo, de JUSTIÇA!

........................., ... de .... de 20......

Advogado(a)

OAB/...... n. ......

Recurso de agravo

Na Justiça do Trabalho há possibilidade de se interpor as seguintes modalidades de agravo, todos no prazo de oito dias (art. 897 da CLT):

a) agravo de petição;

b) agravo de instrumento;

c) agravo interno.

Agravo de petição

O *agravo de petição*, que guarda similitude com o agravo retido do Código de Processo Civil de 1973, é cabível contra decisão de juiz ou presidente, nas execuções, independentemente de garantia de juízo, devendo ser interposto por petição, nos próprios autos. Para esse efeito, também se considera decisão a sentença que julga os embargos à penhora. Todavia, o recurso somente será recebido quando o agravante delimitar, justificadamente, as matérias e os valores impugnados, permitida a execução imediata da parte remanescente até o final, nos próprios autos ou por carta de sentença (art. 897, § 1º).

Assim, entre outros, poderão ser fundamento de agravo de petição os seguintes casos:

a) erro de cálculo;

b) nulidade da penhora;

c) substituição do bem penhorado;

d) ausência de vista do cálculo.

AGRAVO DE PETIÇÃO: RAZÕES DO AGRAVANTE

AO JUÍZO DO TRABALHO DA 4ª VARA DE ....

Autos n. ....

........................, inconformado com a decisão deste juízo, que julgou subsistente a penhora nos autos da reclamatória em que contende com ...., por seu procurador signatário, vem dela AGRAVAR DE PETIÇÃO para o Egrégio Tribunal Regional do Trabalho desta região, pelas seguintes razões:

I – Conforme se verifica dos embargos à execução, a tese esposada pelo ora agravante é que o cálculo de fls. ......, efetivado contrariamente à respeitável decisão exequenda, está equivocado porque mandou contar correção monetária e juros desde a data da inicial, ou seja, 10.09.2012, quando o certo é que o reclamante, pretendendo rescisão indireta, permaneceu no emprego até 23.05.2014, data em que se afastou e foi proferida a decisão que reconheceu a dita rescisão.

II – Por via de consequência, é forçoso concluir que os juros e a correção monetária devem ser contados a partir de 23.05.2014, porquanto só desse dia em diante se caracterizou a condição a que se refere o § 1º do art. 39 da Lei n. 8.177/91, com redação dada pela MP n. 905/2019.

Nesses termos, espera-se que, ouvida a parte contrária, sejam os autos remetidos ao Egrégio Tribunal Regional do Trabalho desta região, para o devido processamento e julgamento na forma da lei.

Pede e espera deferimento.

......................., ... de .... de 20......

Advogado(a)

OAB/...... n. ......

Agravo de instrumento

O *agravo de instrumento* cabe contra despachos que denegarem a interposição de recursos, como nas hipóteses de intempestividade, deserção (falta de pagamento das custas) e representação irregular (ausência de procuração ou petição sem assinatura do advogado).

O agravo de instrumento no processo trabalhista segue as diretrizes da Instrução Normativa n. 16/99 do TST:

> I – O agravo de instrumento se rege, na Justiça do Trabalho, pelo art. 897, *b*, §§ 2º, 4º, 5º, 6º e 7º, da Consolidação das Leis do Trabalho, pelos demais dispositivos do direito processual do trabalho e, no que omisso, pelo direito processual comum, desde que compatível com as normas e princípios daquele, na forma desta Instrução. [...]
>
> II – Limitado o seu cabimento, no processo do trabalho, aos despachos que denegarem a interposição de recurso (art. 897, *b*, da CLT), o agravo de instrumento será dirigido à autoridade judiciária prolatora do despacho agravado, no prazo de oito dias de sua intimação, e processado em autos apartados.

O agravo de instrumento, que será processado em autos apartados, obedecerá às seguintes etapas:

I – A petição será dirigida diretamente ao juiz prolator do despacho agravado, no prazo de oito dias da intimação, acompanhada das razões do recurso, que conterá:

a) a exposição do fato e do direito;

b) as razões do pedido de reforma da decisão;

c) o nome e o endereço completo dos advogados, constantes do processo;

d) cópia da decisão agravada;

e) cópia da certidão da intimação da decisão agravada;

f) cópia da decisão originária;

g) cópia das procurações outorgadas aos advogados do agravante e do agravado;

h) cópia da petição inicial;

i) cópia da contestação;

j) cópia do depósito recursal referente ao recurso que se pretende destrancar;

k) cópia do comprovante do recolhimento das custas e do depósito recursal, correspondente a 50% do valor do depósito do recurso ao qual se pretende destrancar (art. 899, § 7º, da CLT);

l) cópia de outras peças do processo que o agravante entender úteis ao deslinde da matéria de mérito controvertida.

II – Protocolização e autuação da petição em autos apartados.

III – Conclusão ao juiz prolator do despacho agravado, para reforma ou confirmação da decisão impugnada.

IV – Mantida a decisão agravada, notificação ao recorrido para oferecer resposta ao agravo e ao recurso principal, no prazo de oito dias, instruindo-a com as peças que considerar necessárias ao julgamento de ambos os recursos.

V – Remessa ao tribunal para apreciação.

VI – Julgamento do recurso. Caso seja provido o agravo, a turma deliberará sobre o recurso principal, observando-se, se for o caso, daí em diante, o procedimento relativo a esse recurso, e procederá ao imediato julgamento do recurso denegado (art. 897, § 7º).

Cumpre destacar que quando o agravo de instrumento tiver a finalidade de destrancar recurso de revista que se insurge contra decisão que contraria a jurisprudência uniforme do Tribunal Superior do Trabalho, consubstanciada nas suas súmulas ou em orientação jurisprudencial, não haverá obrigatoriedade de se efetuar o depósito referido no item *k* (art. 899, § 8º, da CLT).

AGRAVO DE INSTRUMENTO: RAZÕES DO AGRAVANTE

AO TRIBUNAL REGIONAL DO TRABALHO DA ...... REGIÃO

Autos n. ....

Ação de ....

Vara de origem: ....

AGRAVANTE: .... (qualificação e endereço), por seu procurador infra-assinado, inscrito na OAB/......, sob n. ......, com endereço profissional sito na .... (endereço completo, inclusive CEP).

AGRAVADA: ...., CNPJ .... (endereço), representada por seu procurador infra-assinado, inscrito na OAB/......, sob n. ......, com endereço profissional sito na .... (endereço completo, inclusive CEP).

RAZÕES DO AGRAVANTE

COLENDO TRIBUNAL

O agravante acima qualificado, não se conformando, *data venia*, com a decisão proferida nos autos da reclamatória trabalhista em epígrafe ......, quer, com fundamento no art. 1.015 do Código de Processo Civil, interpor

AGRAVO DE INSTRUMENTO

pelas razões que passa a expor.

1. Conforme se pode inferir deste instrumento de agravo, tendo o agravante requerido que as testemunhas arroladas fossem ouvidas em audiência, entendeu por bem o preclaro juízo *a quo*, sem nenhum fundamento lógico, indeferir referida providência.

2. Entretanto, ... (argumentar) ....

....

3. Consoante se verifica das peças trasladadas, a decisão que indeferiu o pedido de oitiva das testemunhas deve ser reformada, porquanto, além de ferir direito inquestionável do agravante, a medida se mostra imprescindível para o deslinde dos fatos e, consequentemente, para a decisão do mérito da ação.

Pelo exposto de fato e de direito, confia o agravante em que esta Egrégia Câmara dará provimento ao presente recurso, para o fim de determinar que o douto magistrado reforme a respeitável decisão, ou seja, admita o depoimento das testemunhas, necessário à elucidação dos fatos articulados às fls. ..., condenando-se a agravada nas custas e honorários de advogado do agravante, decorrentes do presente incidente, como forma de se promover a verdadeira JUSTIÇA.

........................, ... de .... de 20......

Advogado(a)

OAB/...... n. ......

AGRAVO DE INSTRUMENTO: COMPROVANTE DE INTERPOSIÇÃO

AO PRESIDENTE DO TRIBUNAL REGIONAL DO TRABALHO DA ...... REGIÃO

Autos n. ....

.... (qualificação e endereço), por seu procurador infra-assinado, vem, tempestiva e respeitosamente, perante este juízo requerer a juntada aos autos da ação ...., processo n. ...., da inclusa cópia da petição de agravo de instrumento e respectivo comprovante de sua interposição perante o Tribunal Regional do Trabalho da ...... Região, bem como a juntada da relação dos documentos que instruíram o referido recurso, tudo em conformidade com o art. 1.017 do Código de Processo Civil.

Termos em que

requer juntada.

........................, ... de .... de 20......

Advogado(a)

OAB/...... n. ......

Agravo interno

O *agravo interno*, anteriormente denominado agravo regimental, de exclusiva interposição perante os tribunais superiores, destina-se a impugnar decisão proferida pelo relator, devendo ser julgado pelo respectivo órgão colegiado, observadas, quanto ao processamento, as regras do regimento interno do tribunal (art. 1.021 do CPC).

Do novo Regimento do Tribunal Superior do Trabalho consta:

> Art. 76. Compete ao Órgão Especial:
>
> I – em matéria judiciária:
>
> [...]
>
> *h)* julgar os agravos internos interpostos contra decisões proferidas pelo Corregedor-Geral da Justiça do Trabalho;
>
> *i)* julgar os agravos internos interpostos contra decisões que denegam seguimento a recurso extraordinário por ausência de repercussão geral da questão constitucional debatida; [...]
>
> Art. 77. À Seção Especializada em Dissídios Coletivos compete: [...]
>
> *e)* julgar os agravos internos contra decisões não definitivas, proferidas pelo Presidente do Tribunal, ou por qualquer dos Ministros integrantes da Seção Especializada em Dissídios Coletivos; [...]
>
> Art. 78. À Seção Especializada em Dissídios Individuais, em composição plena ou dividida em duas Subseções, compete: [...]
>
> II – à Subseção I:
>
> [...] *c)* julgar os agravos internos interpostos contra decisão monocrática exarada em processos de sua competência ou decorrentes do juízo de admissibilidade da Presidência de Turmas do Tribunal;

> Art. 265. Cabe agravo interno contra decisão dos Presidentes do Tribunal e das Turmas, do Vice-Presidente, do Corregedor-Geral da Justiça do Trabalho ou de relator, nos termos da legislação processual, no prazo de 8 (oito) dias úteis, pela parte que se considerar prejudicada.
>
> Parágrafo único. Ressalvam-se os casos em que haja recurso próprio ou decisão de caráter irrecorrível, nos termos do Regimento ou da lei.
>
> Art. 266. Após a intimação do agravado para manifestar-se sobre o recurso no prazo de 8 (oito) dias úteis, o agravo interno será concluso ao prolator da decisão monocrática, que poderá reconsiderá-lo ou determinar sua inclusão em pauta visando apreciação do Colegiado competente para o julgamento da ação ou do recurso em que exarada a decisão, com exceção daquele interposto contra a decisão do Presidente de Turma que denegar seguimento a embargos à Subseção I da Seção Especializada em Dissídios Individuais, que será diretamente distribuído entre os demais integrantes desta Subseção. *(Redação dada pela Emenda Regimental n. 1, de 26 de outubro de 2020.)*
>
> § 1º Os agravos internos contra ato ou decisão do Presidente do Tribunal, do Vice-Presidente e do Corregedor-Geral da Justiça do Trabalho, desde que interpostos

no período do respectivo mandato, serão por eles relatados. Os agravos internos interpostos após o término da investidura no cargo do prolator do ato ou decisão serão conclusos ao Ministro sucessor.

§ 2º Os agravos internos interpostos contra decisão monocrática do relator, na hipótese de seu afastamento temporário ou definitivo, serão conclusos, em relação aos processos de Turmas, ao Desembargador convocado ou ao Ministro nomeado para a vaga, conforme o caso, e, nos processos das Seções Especializadas, ao Ministro que ocupar a vaga, ou redistribuídos na forma dos §§ 1º e 2º do art. 107 deste Regimento.

§ 3º Os agravos internos interpostos contra decisão monocrática do Presidente do Tribunal, proferida durante o período de recesso forense e férias coletivas, serão julgados pelo relator do processo principal, salvo nos casos de competência específica da Presidência da Corte.

§ 4º Se o Ministro relator for vencido no resultado do agravo interno ou quanto ao fundamento determinante da decisão, mesmo que prevalecente o resultado, será designado redator do acórdão o Ministro prolator do primeiro voto vencedor, a quem devem ser redistribuídos os embargos, promovendo-se a compensação.

§ 5º Quando o agravo interno for declarado manifestamente inadmissível ou improcedente em votação unânime, o órgão colegiado, em decisão fundamentada, condenará o agravante a pagar ao agravado multa fixada entre 1 e 5% (um e cinco por cento) do valor atualizado da causa.

§ 6º A interposição de qualquer outro recurso está condicionada ao depósito prévio do valor da multa prevista no parágrafo anterior, à exceção da Fazenda Pública e do beneficiário da gratuidade da justiça, que farão o pagamento ao final.

Ainda em relação à competência da Seção Especializada em Dissídios Coletivos do Tribunal Superior do Trabalho, especialmente à Subseção I, consta do art. 77 que cabe à referida Seção julgar os agravos interno contra decisões não definitivas, proferidos pelo Presidente do Tribunal, ou por qualquer dos Ministros integrantes da Seção Especializada em Dissídios Coletivos (art. 77 do Regimento Interno do TST).

No Tribunal Superior do Trabalho, ao contrário do que ocorre no Superior Tribunal de Justiça e no Supremo Tribunal Federal, que tem prazo estipulado de cinco dias, o prazo de interposição do agravo interno é de oito dias,[12] consoante prescreve o *caput* do art. 265 do novo Regimento Interno.

O agravo, interposto mediante petição, na qual o recorrente impugnará especificadamente os fundamentos da decisão, será dirigido ao relator, que intimará o agravado para manifestar-se sobre o recurso no prazo de quinze dias, ao final do

12 "Art. 1º [...] § 2º O prazo para interpor e contra-arrazoar todos os recursos trabalhistas, inclusive agravo interno e agravo regimental, é de oito dias (art. 6º da Lei n. 5.584/70 e art. 893 da CLT), exceto embargos de declaração (CLT, art. 897-A). [...] Art. 3º Sem prejuízo de outros, aplicam-se ao Processo do Trabalho, em face de omissão e compatibilidade, os preceitos do Código de Processo Civil que regulam os seguintes temas: [...] XXIX – art. 1.021 (salvo quanto ao prazo do agravo interno)." (Instrução Normativa n. 39/2016)

qual, não havendo retratação, o relator levá-lo-á a julgamento pelo órgão colegiado, com inclusão em pauta (art. 1.021, § 2º, do CPC).

Se aplicado o atual Regimento Interno do TST, neste tribunal a petição será juntada aos próprios autos e sendo o recurso concluso ao prolator do despacho, que poderá reconsiderá-lo ou determinar sua inclusão em pauta para a apreciação do colegiado competente para o julgamento da ação ou do recurso em que for exarado o despacho, salvo o previsto no art. 266, *caput*, que será diretamente distribuído entre os demais integrantes da Subseção I da Seção Especializada em Dissídios Individuais (art. 266 do RI).

A teor do § 4º do art. 1.021, se o agravo interno for declarado manifestamente inadmissível ou improcedente em votação unânime, o órgão colegiado, em decisão fundamentada, condenará o agravante a pagar ao agravado multa fixada entre 1 e 5% do valor atualizado da causa.

JULGAMENTO DE RECURSOS REPETITIVOS NO TST

Quando houver multiplicidade de recursos de revista fundados em idêntica questão de direito, a questão poderá ser afetada à Seção Especializada em Dissídios Individuais ou ao Tribunal Pleno, por decisão da maioria simples de seus membros, mediante requerimento de um dos Ministros que compõem a Seção Especializada, considerando a relevância da matéria ou a existência de entendimentos divergentes entre os ministros dessa seção ou das turmas do tribunal (art. 896-C da CLT).

Nesse caso, o Presidente da Turma ou da Seção Especializada afetará um ou mais recursos representativos da controvérsia para julgamento pela Seção Especializada em Dissídios Individuais ou pelo Tribunal Pleno, sob o rito dos recursos repetitivos. Em prosseguimento, deverá expedir comunicação aos demais presidentes de turma ou de seção especializada, que poderão afetar outros processos sobre a questão para julgamento conjunto, a fim de conferir ao órgão julgador visão global da questão.

Incumbe ao presidente do Tribunal Superior do Trabalho oficiar os presidentes dos Tribunais Regionais do Trabalho para que suspendam os recursos interpostos em casos idênticos aos afetados como recursos repetitivos, até o pronunciamento definitivo do Tribunal Superior do Trabalho.

Em relação aos recursos que serão encaminhados ao Tribunal Superior do Trabalho, caberá ao presidente do tribunal de origem admitir um ou mais recursos representativos da controvérsia, ficando suspensos os demais recursos de revista até o pronunciamento definitivo do Tribunal Superior do Trabalho.

No Tribunal Superior do Trabalho, o recurso repetitivo será distribuído a um dos ministros membros da seção especializada ou do Tribunal Pleno e a um ministro revisor. O relator nomeado poderá determinar a suspensão dos recursos de revista ou de embargos que tenham como objeto controvérsia idêntica à do recurso afetado como repetitivo. Também poderá: solicitar, aos Tribunais Regionais do Trabalho, informações a respeito da controvérsia a serem prestadas no prazo de 15 dias; admitir manifestação de pessoa, órgão ou entidade com interesse na controvérsia, inclusive como assistente simples, na forma do Código de Processo Civil.

Recebidas as informações e, se for o caso, após cumprido o disposto no § 7º do art. 896-C, terá vista o Ministério Público pelo prazo de 15 dias. Transcorrido o prazo para o Ministério Público e remetida cópia do relatório aos demais ministros, o processo será incluído em pauta na seção especializada ou no Tribunal Pleno, devendo ser julgado com preferência sobre os demais feitos.

Publicado o acórdão do Tribunal Superior do Trabalho, os recursos de revista suspensos na origem:

I – terão seguimento denegado na hipótese de o acórdão recorrido coincidir com a orientação a respeito da matéria no Tribunal Superior do Trabalho; ou

II – serão novamente examinados pelo Tribunal de origem na hipótese de o acórdão recorrido divergir da orientação do Tribunal Superior do Trabalho a respeito da matéria. Nessa hipótese, mantida a decisão divergente pelo Tribunal de origem, far-se-á o exame de admissibilidade do recurso de revista.

Por último, caso a questão afetada e julgada sob o rito dos recursos repetitivos também contenha questão constitucional, a decisão proferida pelo Tribunal Pleno não obstará o conhecimento de eventuais recursos extraordinários sobre a questão constitucional.

Atualmente, segundo informação disponibilizada pelo TST (disponível em: http://www.tst.jus.br/nsa_t/-/asset_publisher/NJUolncy2M4v/content/jurisprudencia-tabela-de-recursos-repetitivos-pendentes), encontram-se pendentes de julgamento seis Recursos Repetitivos, assim elencados:

Jurisprudência – Tabela de Recursos Repetitivos – Pendentes

Quantidade de julgados: 11

Quantidade de pendentes: 6

Total: 17

INCIDENTES DE RECURSOS REPETITIVOS PENDENTES	
Tema n.	Descrição sucinta do tema Número do(s) Processo(s) Paradigma(s)
3	Honorários Advocatícios sucumbenciais. 341-06.2013.5.04.0011 (Recursos não suspensos nos TRTs e no TST – decisão disponibilizada no *DEJT* de 30.06.2016)
8	Agente de Apoio Socioeducativo da Fundação Casa. Adicional de Insalubridade. Laudo Pericial. Súmula 448, I, do TST. 1086-51.2012.5.15.0031 (Recursos suspensos nos TRTs e recursos de revista e embargos suspensos no TST – decisão disponibilizada no *DEJT* de 01.09.2017)

(continua)

INCIDENTES DE RECURSOS REPETITIVOS PENDENTES (*continuação*)	
Tema n.	Descrição sucinta do tema Número do(s) Processo(s) Paradigma(s)
9	Repouso semanal remunerado – RSR – integração das horas extraordinárias habituais – repercussão nas demais parcelas salariais – *bis in idem* – edição de Súmula do TRT da 5ª Região contrária a jurisprudência iterativa e notória do Tribunal Superior do Trabalho (Orientação Jurisprudencial 394 da SBDI-1 do TST). 10169-57.2013.5.05.0024 (Recursos suspensos nos TRTs – decisão disponibilizada no *DEJT* de 25.04.2017)
11	Validade da dispensa do empregado em face de conteúdo de norma interna da empresa WMS, que previu no programa denominado "Política de Orientação para Melhoria" procedimentos específicos que deveriam ser seguidos antes da dispensa de seus trabalhadores. 872-26.2012.5.04.0012 (Recursos suspensos nos TRTs e agravos de instrumento, recursos de revista e embargos suspensos no TST – decisão disponibilizada no *DEJT* de 19.12.2017)
15	Possibilidade de cumulação do "Adicional de Atividade de Distribuição e/ou Coleta Externa – AADC" com o "Adicional de Periculosidade", previsto no § 4º do art. 193 da CLT aos empregados da Empresa Brasileira de Correios e Telégrafos – ECT, que desempenham a função de carteiro motorizado (Função Motorizada "M" e "MV"), utilizando-se de motocicletas. 1757-68.2015.5.06.0371 (Recursos suspensos nos TRTs e recurso de revista e embargos suspensos no TST – decisão disponibilizada no *DEJT* de 26.06.2017)
16	Adicional de Periculosidade. Art. 193, II, da CLT. Fundação Casa. Agente de Apoio Socioeducativo. Atividades e Operações Perigosas. Anexo 3 da NR 16 (Portaria 1.885/2013 – Ministério do Trabalho). 1001796-60.2014.5.02.0382 (Recursos suspensos nos TRTs e recursos de revista e embargos suspensos no TST – decisão disponibilizada no *DEJT* de 01.09.2017)

12

Advocacia criminal

GENERALIDADES

A advocacia criminal, diferentemente da advocacia cível, cujo objeto são questões diretamente relacionadas aos direitos patrimoniais privados, tem por escopo a defesa da pessoa à qual se imputa a prática de algum delito previsto no Código Penal ou em outra lei penal extravagante. Outro ponto diferencial que se permite apontar diz respeito às partes que integram a lide criminal: não se trata de ação de uma pessoa física ou jurídica contra outra de igual categoria. Trata-se, isso sim, de ação do Estado contra o cidadão, razão pela qual, em princípio, inexiste petição inicial nos moldes do processo civil.

Em regra, a atuação do advogado criminalista se dá na defesa do cliente ao qual foi imputada a autoria de algum delito, não lhe cabendo, em regra, a iniciativa do processo, pois a grande maioria deles tem como fundamento ações penais públicas, ou seja, Estado *versus* acusado. Assim, somente nas ações penais públicas condicionadas, nas penais privadas e nas ações penais privadas subsidiárias da pública se vislumbra a possibilidade de outro interessado que não seja o Estado provocar a intervenção do Judiciário mediante petição. Em algumas situações concretas, no entanto, a vítima, seja ela pessoa física ou jurídica, necessitará do auxílio de um advogado criminal, que atuará como assistente de acusação, requerendo a instauração de inquérito policial, propondo medidas cautelares ou atuando em auxílio ao Ministério Público nas ações penais públicas e, até mesmo, ajuizando ações penais privadas na defesa dos interesses de seu cliente.

Entre as *ações penais públicas*, há as condicionadas e as incondicionadas. As *ações condicionadas* são movidas pelo Ministério Público depois de manifestação de vontade do ofendido ou de requisição do ministro da Justiça. A manifestação de vontade do ofendido para que o Judiciário se movimente em direção à condenação ou absolvição chama-se representação. A representação é exigida pela lei em alguns casos específicos, como no crime de ameaça. As ações *incondicionadas* são promovidas pelo Ministério Público depois de apurados o crime e seu autor.

As *ações penais privadas*, que têm por objeto, entre outros, os crimes contra a honra, ou seja, calúnia, injúria e difamação, dependem do oferecimento de queixa-crime pelo ofendido. São requisitos da queixa-crime, conforme consta do art. 41 do Código de Processo Penal: exposição do fato com todas as suas circunstâncias; qualificação do acusado ou esclarecimentos pelos quais seja possível identificá-lo; classificação do crime; rol de testemunhas, quando necessário.

> A queixa-crime deve descrever os fatos de maneira precisa e completa, para propiciar ao querelado o exercício da ampla defesa, direito de índole fundamental. Ainda que a tipificação possa estar incorreta, pois indica a regra *milhi factum dabo tibi jus*, é imprescindível que os fatos sejam narrados com todas as suas circunstâncias, até para permitir exato enquadramento do pretenso delito. Quando o Estado conferiu ao particular o direito de acionar diretamente o infrator do crime contra a honra, também transmitiu o encargo de elaborar peça técnica, tanto que indispensável o profissional dotado de capacidade postulatória. Queixa-crime com inexata descrição e desacompanhada de elementos de plausibilidade da imputação lançada sobre o querelado merece rejeição. (*RJDTACrim* 31/361)

Quando o ofendido for menor de 18 anos, o direito de queixa ou representação pode ser exercido por pais, tutores, curadores ou curadores especiais nomeados de ofício pelo juiz (art. 33 do CPP).

O direito de queixa ou representação deve ser exercido no prazo de seis meses, que começa a fluir do dia em que o ofendido ou seu representante legal tomarem conhecimento da autoria do fato criminoso (art. 38 do CPP). O ofendido pode, ainda, propor ação penal subsidiária da pública quando o representante do Ministério Público se omitir ou for negligente, como consta do art. 29 do Código de Processo Penal: "Será admitida ação privada nos crimes de ação pública, se esta não for intentada no prazo legal".

Portanto, a diferença básica entre a ação penal pública (incondicionada), a ação penal privada e a ação penal condicionada seria apenas quanto à legitimidade de agir: naquela é do Estado; nestas é do ofendido, que possui a faculdade de propor ou não a ação segundo sua conveniência. Sem sua iniciativa, não se permite lavrar o auto de prisão em flagrante, não se instaura inquérito policial e muito menos a ação penal. Assim, a queixa-crime é considerada a petição inicial da ação penal privada; a representação, a petição inicial da ação penal subsidiária e da ação penal condicionada.

É relevante acrescentar, por último, que tanto o pedido de queixa-crime quanto o de representação devem ser feitos por intermédio de advogado devidamente constituído por procuração com poderes específicos (arts. 39 e 44 do CPP).

AÇÃO PENAL PRIVADA
(Queixa-crime)

AO JUÍZO DE DIREITO DA VARA CRIMINAL
Comarca de ....

.... (qualificação e endereço), portador do RG n. .... e do CPF n. ...., por seu procurador infra-assinado, regularmente inscrito na OAB/......, sob n. ......, endereço eletrônico ...., com escritório na rua ...., n. ......, nesta cidade, onde recebe intimações, conforme instrumento de mandato anexo, vem respeitosamente perante este juízo oferecer QUEIXA-CRIME contra .... (qualificação e endereço), pelos fatos e argumentos que passa a expor:

1. Na data de ...., após uma discussão banal entre o querelante e o querelado, o querelado afirmou, perante diversas testemunhas, que o querelante não exercia atividade honesta e que tudo o que possuía era resultado de trapaça ou roubo.

2. Ocorre que, evidentemente, tais afirmações não condizem com a verdade, pois o querelante é pessoa idônea, nunca tendo sido denunciado pela prática de nenhum delito, seja na cidade em que reside, seja em qualquer outra.

3. Referida afirmação do querelado, como se faz evidente, caracteriza o delito de calúnia, conforme expressamente tipificado no Código Penal.

4. Assim agindo, incidiu o querelado nas penas do art. 138 do Código Penal Brasileiro, pelo que requer o querelante que instalado processo para apuração do ato delituoso para efeito de o querelado ser processado e, ao final, condenado pelo delito praticado.

5. Requer, ademais, que, recebida a queixa-crime, seja o querelado intimado para interrogatório e eventual defesa, prosseguindo-se nas demais fases pertinentes à espécie.

6. Por último, requerendo toda e qualquer diligência conveniente à comprovação do alegado, oferece abaixo o rol de testemunhas.

Rol de testemunhas:

1. ...., brasileiro, casado, comerciário, ... anos de idade, CPF n. ...., RG n. ...., com endereço residencial na rua ...., n. ...... e profissional na rua ...., n. ......, nesta cidade.

2. ...., brasileira, casada, do lar, ... anos de idade, CPF n. ...., RG n. ...., com endereço residencial na rua ...., n. ...... e profissional na rua ...., n. ......, nesta cidade.

Nestes termos,
pede e espera deferimento.
........................., ... de .... de ......
Advogado(a)
OAB/...... n. ......

AÇÃO PENAL CONDICIONADA (Representação)

ILMO. SR. DELEGADO DA ...... DELEGACIA DE ....

........................, brasileiro, solteiro, comerciário, portador do RG n. .... e do CPF n. ...., residente e domiciliado nesta cidade e comarca de ...., na rua ...., n. ......, vem, por seu advogado com poderes especiais (doc. 1), inscrito na OAB/......, sob n. ......, endereço eletrônico ...., com escritório na rua ...., n. ......, nesta cidade, onde recebe intimações, com quem também esta subscreve, à presença de Vossa Senhoria oferecer

REPRESENTAÇÃO,

nos termos do § 1º do art. 39 do Código de Processo Penal, em face de ...., brasileiro, casado, motorista, também residente nesta cidade e comarca, na rua ...., n. ......, a quem se imputa o crime de ameaça, definido no *caput* do artigo supracitado, conforme demonstra a seguir.

1. O suplicante, modesto marceneiro que trabalha na empresa de móveis ...., localizada nesta cidade, à rua ...., n. ......, foi procurado dias atrás pelo suplicado, que lhe pediu empréstimo em dinheiro, o que lhe foi negado pelo suplicante em razão de seu parco salário.

2. Desde então, o suplicante tem sido sistematicamente esperado pelo suplicado à saída de seu local de trabalho, após encerrado o expediente, e, na presença das testemunhas abaixo arroladas, algumas vezes foi pelo suplicado empurrado e outras vezes ameaçado de agressão.

3. Entende o suplicante que referida situação não pode perdurar, uma vez que, além de lhe tirar a tranquilidade, vem transtornando sua vida e a de sua família.

ISSO POSTO, tendo o suplicado ajustado sua conduta à figura delituosa típica estampada no *caput* do art. 147 do Código Penal, o suplicante vem representar a Vossa Senhoria contra o mesmo, a fim de possibilitar a instauração de inquérito policial, como exige o art. 5º, § 4º, do Código de Processo Penal, objetivando apurar o fato e sua autoria, de forma a permitir ao Ministério Público o oferecimento da denúncia.

N. termos, pede deferimento.

........................, ... de ....de 20......

Advogado(a)

OAB/...... n. ......

Representante

Rol de testemunhas

1. ...., brasileiro, casado, comerciário, ... anos de idade, CPF n. ...., RG n. ...., com endereço residencial na rua ...., n. ...... e profissional na rua ...., n. ......, nesta cidade.

2. ...., brasileira, casada, do lar, ... anos de idade, CPF n. ...., RG n. ...., com endereço residencial na rua ...., n. ...... e profissional na rua ...., n. ......, nesta cidade.

AÇÕES PENAIS RELATIVAS A DELITOS DE TRÂNSITO

Ação penal

A ação penal, que deve ser promovida perante o juízo criminal, já referido, será instaurada pela autoridade competente contra o condutor do veículo automotor que praticar qualquer dos crimes de trânsito definidos no Código de Trânsito Brasileiro, a saber:

a) praticar homicídio culposo na direção de veículo automotor (art. 302);

b) praticar lesão corporal culposa (art. 303);

c) deixar de prestar imediato socorro à vítima (art. 304);

d) afastar-se o condutor do veículo do local do sinistro para fugir à responsabilidade penal ou civil que lhe possa ser atribuída (art. 305, com redação dada pela Lei n. 14.599, de 2023);

e) conduzir veículo com capacidade psicomotora alterada em razão da influência de álcool ou de outra substância psicoativa que determine dependência (art. 306);

f) violar a suspensão ou a proibição de dirigir (art. 307);

g) participar de corrida, disputa ou competição ou ainda de exibição ou demonstração de perícia em manobra de veículo automotor, não autorizada (art. 308);

h) dirigir sem a devida permissão para dirigir ou sem habilitação (art. 309);

i) permitir, confiar ou entregar a direção a pessoa não habilitada, com habilitação cassada ou com direito de dirigir suspenso, ou, ainda, a quem, por seu estado de saúde, física ou mental, ou por embriaguez, não esteja em condições de conduzi-lo com segurança (art. 310);

j) trafegar em velocidade incompatível com a segurança nas proximidades de escolas, hospitais, estações de embarque de passageiros, logradouros estreitos, ou onde haja grande concentração de pessoas (art. 311);

k) inovar artificiosamente, em caso de sinistro automobilístico com vítima, na pendência do respectivo procedimento policial preparatório, inquérito policial ou processo penal, o estado de lugar, de coisa ou de pessoa, a fim de induzir a erro o agente policial, o perito ou o juiz (art. 312, com redação dada pela Lei n. 14.599, de 2023).

Ação penal por lesões corporais culposas

Não sendo hipótese de morte, qualquer outra modalidade de ferimento ou lesão de menor gravidade, causada a ocupante do veículo acidentado, é considerada crime de lesão corporal. O Código Penal brasileiro, no art. 129, considerando a gravidade da lesão, classifica as lesões corporais em leves, graves, gravíssimas e lesão corporal seguida de morte. Todavia, o Código de Trânsito Brasileiro (Lei n. 9.503/97), especificamente em relação aos acidentes de trânsito, não adota o mesmo critério, abreviando a classificação para homicídio culposo e lesão corporal culposa (arts. 302 e 303).

Assim, relativamente à lesão corporal, o Código consigna:

> Art. 303. Praticar lesão culposa na direção do veículo automotor:
>
> Penas – detenção, de seis meses a dois anos e suspensão ou proibição de se obter a permissão ou habilitação para dirigir veículo automotor.
>
> § 1º Aumenta-se a pena de 1/3 (um terço) à metade, se ocorrer qualquer das hipóteses do § 1º do art. 302.
>
> § 2º A pena privativa de liberdade é de reclusão de dois a cinco anos, sem prejuízo das outras penas previstas neste artigo, se o agente conduz o veículo com capacidade psicomotora alterada em razão da influência de álcool ou de outra substância psicoativa que determine dependência, e se do crime resultar lesão corporal de natureza grave ou gravíssima.

Desse modo, constituem agravantes para o delito de lesão corporal culposa (§ 1º do art. 302):

> I – não possuir Permissão para Dirigir ou Carteira de Habilitação;
>
> II – praticá-lo em faixa de pedestre ou calçada;
>
> III – deixar de prestar socorro, quando possível fazê-lo sem risco pessoal, à vítima do sinistro;
>
> IV – no exercício de sua profissão ou atividade estiver conduzindo veículo de transporte de passageiros.

Para efeito da lei, considera-se culposa a lesão não desejada, isto é, a lesão praticada sem a intenção do autor, o qual não desejou o resultado, nem o procurou (diz-se, nesse caso, que ele não agiu com dolo ou dolosamente), mas agiu com negligência, imprudência ou imperícia na direção do veículo. Assim, a culpa se verifica quando o autor das lesões não quer o resultado, mas vem a produzi-lo porque, não tendo empregado a cautela, a atenção ou a diligência necessária, deixou de prever um resultado provável ou evitável. Isso caracteriza o que a doutrina denomina de culpa inconsciente.

Considerando o critério subjetivo da culpabilidade, na qual se insere a culpa inconsciente, também se pode constatar a existência da culpa consciente, do dolo eventual e do dolo direto. A culpa consciente, consoante ensinamento de Antônio José Fabrício Leiria,[1] evidencia-se quando "o autor da ação, embora prevendo as consequências ou resultado da mesma, acredita, de modo sincero, na possibilidade de contornar situações e evitar o evento lesivo ao direito". É o caso de: "Eu sei que estou dirigindo em alta velocidade e ali adiante existe uma escola, mas se aparecer uma criança eu acredito que posso evitar atropelá-la".

Em prosseguimento à escala ascendente da culpabilidade (e não da culpa), surge logo acima da culpa consciente o dolo eventual. Este se caracteriza pela indiferença do autor da ação em relação a um resultado que pode ocorrer em consequência do seu ato, o qual assume com inteira responsabilidade: "Eu sei que estou dirigindo em alta velocidade e acima do limite permitido dentro da cidade e posso vir a atropelar alguém ou colidir com outro veículo, mas não me importo com isso e assumo a responsabilidade do que possa acontecer".

O dolo direto, no grau mais alto da culpabilidade, surge no momento em que o autor alia sua vontade ao resultado ilícito. Em outras palavras, ocorre quando o sujeito realmente tem a intenção de ferir ou matar alguém por meio do atropelamento ou da colisão. O dolo direto, em acidente de trânsito, é muito difícil de ser provado em juízo, a não ser que se possa comprovar a existência de anterior animosidade entre a vítima e o autor do acidente.

Não obstante, a culpa consciente, o dolo eventual e o dolo direto não isentam totalmente o réu de penalidade, como ocorre no caso da culpa inconsciente, sendo a sua punição feita na mesma proporção da vontade do autor por ocasião da prática do delito.

Relativamente ao processamento, aos crimes de lesões corporais culposas aplicam-se os dispositivos contidos nos arts. 74, 76 e 88 da Lei dos Juizados Especiais (art. 291 do CTB), os quais produzem os seguintes efeitos:

a) permite que a vítima intente a composição dos danos civis com o autor do fato mediante acordo escrito, o qual, após homologado pelo juiz, terá eficácia de título judicial a ser executado no juízo cível competente. O referido acordo inviabiliza a ação penal (art. 74 e parágrafo único da Lei n. 9.099/95);

b) viabiliza, na hipótese de inexitosa a transação, que a vítima manifeste a intenção de responsabilizar criminalmente o autor, mediante a competente representação, outorgando o Ministério Público legitimidade para o início da ação penal (art. 88 da Lei n. 9.099/95);

c) possibilita ao Ministério Público propor a aplicação imediata da pena restritiva de direitos e multas, bem como propor a transação penal (art. 76 da Lei n. 9.099/95).

1 LEIRIA, Antônio José Fabrício. *Delitos de Trânsito*, 1976, p. 23.

Ressalve-se, porém, que não têm aplicação as hipóteses supramencionadas quando aquele que tiver causado a lesão estiver: I – sob influência de álcool ou qualquer outra substância psicoativa que determine dependência; II – participando, em via pública, de corrida, disputa ou competição automobilística, de exibição ou demonstração de perícia em manobra de veículo automotor, não autorizada pela autoridade competente; III – transitando em velocidade superior à máxima permitida para a via em 50 km/h.

Acrescente-se, ademais, que o art. 89 da Lei n. 9.099/95 faculta ao juiz conceder a suspensão condicional do processo quando a pena mínima cominada não ultrapasse um ano, como no caso da lesão corporal culposa.

Entretanto, para que a referida medida seja adotada, é necessário que o Ministério Público, ao oferecer a denúncia, apresente a proposta de suspensão do processo por 2 a 4 anos, atendidas as demais condições estabelecidas na referida norma, ou seja, não estar o acusado sendo processado ou já ter sido condenado por outro crime e presentes os demais requisitos que autorizariam a suspensão condicional da pena (em conformidade com o disposto no art. 77 do CP). Aceita a proposta pelo acusado e seu defensor, na presença do juiz, este recebendo a denúncia, poderá suspender o processo, submetendo o acusado a período de prova, sob as condições elencadas no § 1º do já citado art. 89:

> I – reparação do dano, salvo impossibilidade de fazê-lo;
>
> II – proibição de frequentar determinados lugares;
>
> III – proibição de ausentar-se da comarca onde reside, sem autorização do juiz;
>
> IV – comparecimento pessoal e obrigatório a juízo, mensalmente, para informar e justificar suas atividades.

Convém lembrar que a suspensão do processo será revogada se, no curso do prazo o beneficiário: a) vier a ser processado por outro crime; b) não efetuar, sem motivo justificado, a reparação do dano: vier a ser processado, no curso do prazo, por contravenção, ou descumprir qualquer outra condição imposta.

Expirado o prazo sem revogação, o juiz declarará extinta a punibilidade.

Em que pese a crítica da maioria dos criminalistas, as lesões causadas em acidentes de trânsito são, reiteradamente, julgadas como lesões corporais culposas, sujeitando o autor à pena de detenção de seis meses a dois anos, com a aplicação do *sursis* para o caso de réus primários.

Ressalte-se, todavia, que somente o juiz do processo, após examinar detidamente a prova material e a testemunhal, terá condições de julgar se o réu agiu com culpa (negligência, imprudência ou imperícia) ou com dolo, para efeito de estabelecer a pena que deverá ser imposta ao réu. Não obstante, se restar comprovado que foi a própria vítima quem concorreu para a ocorrência do acidente, por exemplo, nos casos de atropelamento nos qual a vítima atravessa a rua com negligência ou imprudência e nos casos de colisão, em que a própria vítima agiu com culpa, ao juiz se impõe o dever de absolver o réu com fundamento no art. 386, IV e VI, do Código de Processo Penal, que assim prescreve:

> Art. 386 – O juiz absolverá o réu mencionando a causa na parte dispositiva, desde que reconheça:
> [...] V – não existir prova de ter o réu concorrido para a infração penal;
> [...] VII – não existir prova suficiente para a condenação.

Por último, cabe acrescentar que o art. 291 do Código de Trânsito Brasileiro, ao determinar a aplicação do art. 74 da Lei dos Juizados Especiais Criminais, possibilita que nos processos decorrentes de lesões corporais culposas a composição dos danos seja reduzida a escrito e, sendo homologada pelo juiz, mediante sentença irrecorrível, possa ser executada no juízo cível competente.

Com isso, suprime-se a ação cível de reparação de danos, porquanto, desde logo, ter-se-á à mão um título executivo judicial.

Porém, a composição de danos não tem aplicação quando o agente, ao praticar a lesão, estiver: I – sob influência de álcool ou qualquer outra substância psicoativa que determine dependência; II – participando, em via pública, de corrida, disputa ou competição automobilística, de exibição ou demonstração de perícia em manobra de veículo automotor, não autorizada pela autoridade competente; III – transitando em velocidade superior à máxima permitida para a via em 50 km/h (cinquenta quilômetros por hora).

Ação penal por homicídio

Se do acidente de trânsito resultar morte de alguém, seja em caso de atropelamento, seja na hipótese de pessoa transportada, o autor do delito deverá responder processo por homicídio doloso ou culposo, de acordo com a mesma escala de culpabilidade utilizada para os delitos de lesões corporais.

Configurando-se homicídio doloso, aplica-se a pena prevista no Código Penal; sendo caso de homicídio culposo, incidem as penas consignadas no Código de Trânsito Brasileiro, a saber:

> Art. 302. Praticar homicídio culposo na direção de veículo automotor.
> Penas – detenção, de dois a quatro anos, e suspensão ou proibição de se obter a permissão ou a habilitação para dirigir veículo automotor.
> § 1º No homicídio culposo cometido na direção de veículo automotor, a pena é aumentada de 1/3 (um terço) à metade, se o agente:
> I – não possuir Permissão para Dirigir ou Carteira de habilitação;
> II – praticá-lo em faixa de pedestres ou na calçada;
> III – deixar de prestar socorro, quando possível fazê-lo sem risco pessoal, à vítima do sinistro;

IV – no exercício de sua profissão ou atividade, estiver conduzindo veículo de transporte de passageiros.

Como se infere do *caput* do artigo, o referido diploma restringe crimes de homicídio de trânsito àqueles praticados na direção de veículo automotor.

Levando-se em linha de consideração que a regra não permite interpretação extensiva, somos levados a concluir que, salvo melhor juízo, os crimes praticados por condutores na direção de veículos elétricos, de propulsão humana (bicicleta) e de tração animal, não se constituem crimes de trânsito, excluindo-se, portanto, da égide das normas do Código de Trânsito Brasileiro.

A tendência dos nossos tribunais de considerarem de maneira quase absoluta os homicídios de trânsito como homicídios culposos e não dolosos tem motivado a repulsa de alguns juristas. Nesse sentido, a justa crítica do eminente professor Antônio José Fabrício Leiria:[2]

> Revelam os fatos e a experiência da vida demonstra que, nas infrações de trânsito, na maioria das vezes, o elemento subjetivo do crime constituído pela culpa consciente ou pelo eventual, não sendo de todo desprezíveis as hipóteses de dolo direto. Esta constatação envolve, como imediata consequência prática, uma questão de competência. Pois, frente à nossa lei positiva, em se tratando de delitos dolosos contra a vida, consumados ou tentados, seja por dolo direito, seja por dolo eventual, a competência para o julgamento é do Tribunal do Júri por força de disposição Constitucional [...]. Com efeito, no que tange à competência, juridicamente, nenhuma distinção ou privilégio deverá haver para os crimes de trânsito, perpetrados por forma do dolo eventual. Como crimes dolosos contra a vida que são, ao Tribunal do Júri compete o julgamento dos mesmos, por força de disposição legal. E a subtração desta competência, para levar todos os delitos de trânsito, sem distinção do elemento subjetivo, para a vala comum do acidente culposo, conforme tem sido feito por algumas decisões judiciais, inclusive do Supremo Tribunal Federal, constitui uma benevolência nociva à segurança social.

Perdão judicial

Na hipótese de condenação, há de se considerar, ainda, que se do acidente porventura resultarem para o réu consequências tão graves que a sanção penal se torne desnecessária, poderá o juiz deixar de aplicar a pena, concedendo o perdão judicial (CP, art. 121, § 5º). Assim, se, por exemplo, o réu no acidente a que deu causa, também tiver causado a morte do cônjuge ou de um filho, este fato, por constituir-se castigo bastante para o infrator (dano moral), justifica por si só a concessão do perdão judicial.[3]

---

2 LEIRIA, Antônio José Fabrício. *Delitos de Trânsito*, 1976.

3 Súmula n. 18 do STJ: "A sentença concessiva do perdão judicial e declaratória da extinção da punibilidade, não subsistindo qualquer efeito condenatório".

Homicídio culposo no trânsito. Art. 302, *caput*, da Lei n. 9.503/97. Perdão judicial. Art. 121, § 5º, do Código Penal. Vínculo afetivo entre réu e vítima. Necessidade. 1. O texto do § 5º do art. 121 do Código Penal não definiu o caráter das consequências, mas não deixa dúvidas quanto à forma grave com que essas devem atingir o agente, ao ponto de tornar desnecessária a sanção penal. 2. Não há empecilho a que se aplique o perdão judicial nos casos em que o agente do homicídio culposo – mais especificamente nas hipóteses de crime de trânsito – sofra sequelas físicas gravíssimas e permanentes, como, por exemplo, ficar tetraplégico, em estado vegetativo, ou incapacitado para o trabalho. 3. A análise do grave sofrimento, apto a ensejar, também, a inutilidade da função retributiva da pena, deve ser aferido de acordo com o estado emocional de que é acometido o sujeito ativo do crime, em decorrência da sua ação culposa. 4. A melhor doutrina, quando a avaliação está voltada para o sofrimento psicológico do agente, enxerga no § 5º a exigência de um vínculo, de um laço prévio de conhecimento entre os envolvidos, para que seja "tão grave" a consequência do crime ao agente. A interpretação dada, na maior parte das vezes, é no sentido de que só sofre intensamente o réu que, de forma culposa, matou alguém conhecido e com quem mantinha laços afetivos. 5. Entender pela desnecessidade do vínculo seria abrir uma fenda na lei, que se entende não haver desejado o legislador, pois, além de difícil aferição – o tão grave sofrimento –, serviria como argumento de defesa para todo e qualquer caso de delito de trânsito, com vítima fatal. 6. O que se pretende é conferir à lei interpretação mais razoável e humana, sem jamais perder de vista o desgaste emocional (talvez perene) que sofrerá o acusado dessa espécie de delito, que não conhecia a vítima. Solidarizar-se com o choque psicológico do agente não pode, por outro lado, conduzir a uma eventual banalização do instituto, o que seria, no atual cenário de violência no trânsito – que tanto se tenta combater –, no mínimo, temerário. 7. Recurso especial a que se nega provimento. (REsp n. 1.455.178/DF, 6ª T., rel. Min. Rogerio Schietti Cruz, j. 05.06.2014, *DJe* 06.06.2014)

Embriaguez e responsabilidade penal

O uso de qualquer substância psicoativa ou de álcool em nível igual ou superior a 6 dg/L de sangue ou igual ou superior a 0,3 mg de álcool/L de ar alveolar ou sinais que indiquem, na forma disciplinada pelo Contran, alteração da capacidade psicomotora, sujeita o condutor infrator às penas previstas no art. 306 do Código de Trânsito Brasileiro para os crimes em espécie, isto é, detenção de seis meses a três anos, multa e suspensão ou proibição de obter a permissão ou a habilitação para dirigir veículo automotor.

A Resolução n. 432, de 23 de janeiro de 2013, expedida pelo Contran, disciplina o uso de medidores da alcoolemia e a pesquisa de substâncias entorpecentes no organismo humano, estabelecendo os procedimentos a serem adotados pelas autoridades de trânsito e seus agentes. Para esse efeito, o art. 3º prescreve que a confirmação da alteração da capacidade psicomotora em razão da influência de álcool ou de outra substância psicoativa que determine dependência dar-se-á por meio de pelo menos um dos seguintes procedimentos a serem realizados no condutor de veículo automotor:

De acordo com o art. 7º da Resolução n. 432/2013, o crime previsto no art. 306 do CTB será caracterizado por qualquer um dos seguintes procedimentos:

> I – exame de sangue que apresente resultado igual ou superior a 6 (seis) decigramas de álcool por litro de sangue (6 dg/L);
>
> II – teste de etilômetro com medição realizada igual ou superior a 0,34 miligrama de álcool por litro de ar alveolar expirado (0,34 mg/L), descontado o erro máximo admissível nos termos da "Tabela de Valores Referenciais para Etilômetro" constante no Anexo I;
>
> III – exames realizados por laboratórios especializados, indicados pelo órgão ou entidade de trânsito competente ou pela Polícia Judiciária, em caso de consumo de outras substâncias psicoativas que determinem dependência;
>
> IV – sinais de alteração da capacidade psicomotora obtido na forma do art. 5º.

Ao passo que o art. 306 do CTB refere-se exclusivamente a crime praticado nas condições em que explicita, o art. 165 se aplica à infração administrativa, que consiste na aplicação de multa e no recolhimento do documento de habilitação e retenção do veículo.

A infração administrativa prevista no art. 165 do CTB será caracterizada por:

> I – exame de sangue que apresente qualquer concentração de álcool por litro de sangue;
>
> II – teste de etilômetro com medição realizada igual ou superior a 0,05 miligrama de álcool por litro de ar alveolar expirado (0,05 mg/L), descontado o erro máximo admissível nos termos da "Tabela de Valores Referenciais para Etilômetro" constante no Anexo I;
>
> III – sinais de alteração da capacidade psicomotora obtidos na forma do art. 5º.
>
> Parágrafo único. Serão aplicadas as penalidades e medidas administrativas previstas no art. 165 do CTB ao condutor que recusar a se submeter a qualquer um dos procedimentos previstos no art. 3º, sem prejuízo da incidência do crime previsto no art. 306 do CTB caso o condutor apresente os sinais de alteração da capacidade psicomotora. [art. 6º da Resolução n. 432/2013]

No caso de recusa do condutor à realização dos testes e dos exames previstos nos arts. 6º e 7º da Resolução n. 432, na forma do art. 277 do CTB, serão aplicadas as penalidades e medidas administrativas previstas no art. 165-A do CTB, sem prejuízo da incidência do crime previsto no art. 306 do CTB.

> Art. 277. O condutor de veículo automotor envolvido em sinistro de trânsito ou que for alvo de fiscalização de trânsito poderá ser submetido a teste, exame clínico,

perícia ou outro procedimento que, por meios técnicos ou científicos, na forma disciplinada pelo Contran, permita certificar influência de álcool ou outra substância psicoativa que determine dependência.

[...] § 2º A infração prevista no art. 165 também poderá ser caracterizada mediante imagem, vídeo, constatação de sinais que indiquem, na forma disciplinada pelo Contran, alteração da capacidade psicomotora ou produção de quaisquer outras provas em direito admitidas.

De qualquer modo, releva frisar que as penalidades e as medidas administrativas previstas no art. 165 deverão ser aplicadas sem prejuízo da incidência do crime previsto no art. 306.

É obrigatória a realização do exame de alcoolemia para as vítimas mortas em acidentes de trânsito (art. 11 da Resolução n. 432/2013).

Questão de relevante interesse para o direito penal é saber o porquê da não exclusão da culpabilidade do sujeito que pratica um delito em estado de embriaguez não acidental ou não provocada por caso fortuito ou força maior, ao fundamento de que no momento da conduta delitiva, por não ter a capacidade de entendimento do caráter criminoso do fato, nem a capacidade de determinar sua conduta, o sujeito não poderia ser considerado imputável.

Conquanto o Código Penal não tenha definido o instituto da imputabilidade, seu conceito é extraído do *caput* do art. 26, que trata da inimputabilidade, assim dispondo: "Art. 26. É isento de pena o agente que, por doença mental ou desenvolvimento mental incompleto ou retardado, era, ao tempo da ação ou da omissão, inteiramente incapaz de entender o caráter ilícito do fato ou de determinar-se de acordo com esse entendimento".

Ocorre que o Código Penal, no art. 28, determina que apenas a embriaguez fortuita completa é causa de exclusão da imputabilidade, afastando expressamente este benefício para os casos de embriaguez voluntária ou culposa, mediante a aplicação da teoria da *actio libera in causa* (ação livre na sua causa), ao fundamento de que não deixa de ser imputável aquele que se colocou em situação de inconsciência ou de incapacidade de autocontrole, dolosa ou culposamente, e nessa situação comete o crime.

A embriaguez fortuita completa exclui a imputabilidade porque o agente não se embriagou por vontade própria, sendo que o delito fora praticado no momento em que não tinha capacidade de entender o caráter criminoso do fato, nem de determinar-se de acordo com esse entendimento. Sendo incompleta a embriaguez fortuita será uma causa de diminuição da pena, uma vez que o sujeito conserva, de forma diminuída, sua capacidade de entendimento e autodeterminação.

Entretanto, há os que entendem que para os casos de embriaguez voluntária ou culposa, nos quais o sujeito não quis, não previu, nem havia elementos para a previsão da ocorrência do resultado criminoso – hipótese de imprevisibilidade –, mostra-se inaplicável a citada imputabilidade, uma vez que falta o elemento subjetivo na fase de imputabilidade. Faltaria ao agente, assim, o elemento subjetivo em relação a um crime certo e determinado, uma vez que, no momento em que se embriaga, não tem sequer a previsão de que irá cometer um delito. O elemento subjetivo existe somente em relação à embriaguez (o ato de embriagar-se é livre), porém, esta não é causa do delito.

Produção de prova. Autoincriminação

A questão inserida no princípio segundo o qual ninguém é obrigado a se autoincriminar no caso de submissão de motorista ao teste de "bafômetro" foi objeto de julgamento do Superior Tribunal de Justiça, que assim decidiu:

> Averiguação do índice de alcoolemia em condutores de veículos. Vedação à autoincriminação. 1. O entendimento adotado pelo Excelso Pretório, e encampado pela doutrina, reconhece que o indivíduo não pode ser compelido a colaborar com os referidos testes do "bafômetro" ou do exame de sangue, em respeito ao princípio segundo o qual ninguém é obrigado a se autoincriminar (*nemo tenetur se detegere*). Em todas essas situações prevaleceu, para o STF, o direito fundamental sobre a necessidade da persecução estatal. 2. Em nome de adequar-se a lei a outros fins ou propósitos não se pode cometer o equívoco de ferir os direitos fundamentais do cidadão, transformando-o em réu, em processo-crime, impondo-lhe, desde logo, um constrangimento ilegal, em decorrência de uma inaceitável exigência não prevista em lei. 3. O tipo penal do art. 306 do Código de Trânsito Brasileiro é formado, entre outros, por um elemento objetivo, de natureza exata, que não permite a aplicação de critérios subjetivos de interpretação, qual seja, o índice de 6 decigramas de álcool por litro de sangue. 4. O grau de embriaguez é elementar objetiva do tipo, não configurando a conduta típica o exercício da atividade em qualquer outra concentração inferior àquela determinada pela lei, emanada do Congresso Nacional. 5. O decreto regulamentador, podendo elencar quaisquer meios de prova que considerasse hábeis à tipicidade da conduta, tratou especificamente de 2 (dois) exames por métodos técnicos e científicos que poderiam ser realizados em aparelhos homologados pelo Contran, quais sejam, o exame de sangue e o etilômetro. 6. Não se pode perder de vista que numa democracia é vedado ao judiciário modificar o conteúdo e o sentido emprestados pelo legislador, ao elaborar a norma jurídica. Aliás, não é demais lembrar que não se inclui entre as tarefas do juiz, a de legislar. 7. Falece ao aplicador da norma jurídica o poder de fragilizar os alicerces jurídicos da sociedade, em absoluta desconformidade com o garantismo penal, que exerce missão essencial no estado democrático. Não é papel do intérprete-magistrado substituir a função do legislador, buscando, por meio da jurisdição, dar validade à norma que se mostra de pouca aplicação em razão da construção legislativa deficiente. 8. Os tribunais devem exercer o controle da legalidade e da constitucionalidade das leis, deixando ao legislativo a tarefa de legislar e de adequar as normas jurídicas às exigências da sociedade. Interpretações elásticas do preceito legal incriminador, efetivadas pelos juízes, ampliando-lhes o alcance, induvidosamente, violam o princípio

da reserva legal, inscrito no art. 5º, inciso II, da Constituição de 1988: "ninguém será obrigado a fazer ou deixar de fazer alguma coisa senão em virtude de lei". 9. Recurso especial a que se nega provimento. (REsp n. 1.111.566/DF, 3ª T., rel. Min. Marco Aurélio Bellizze, j. 28.03.2012, *DJe* 04.09.2012)

Processamento da ação penal

As ações penais públicas que tiverem por objeto homicídio culposo decorrente de acidente de trânsito (art. 302 do CTB) serão processadas pelo rito sumário, descrito nos arts. 531 a 538 do Código de Processo Penal. Todavia, as ações fundadas *em lesões corporais culposas* (art. 303 do CTB), *embriaguez ao volante* ou *influência de qualquer outra substância psicoativa* (art. 306 do CTB) e participação em competição não autorizada (art. 308 do CTB) deverão ser promovidas, mediante representação do ofendido, perante os Juizados Especiais Criminais, conforme estatui o art. 291 do Código de Trânsito Brasileiro que, para esses casos, determina a aplicação dos arts. 74, 76 e 88 da Lei n. 9.099/95. Porém, não se aplicam tais dispositivos quando demonstrado estar o agente, no momento da prática do ilícito: I – sob a influência de álcool ou qualquer outra substância psicoativa que determine dependência; II – participando, em via pública, de corrida, disputa ou competição automobilística, de exibição ou demonstração de perícia em manobra de veículo automotor não autorizada pela autoridade competente; III – transitando em velocidade superior à máxima permitida para a via em 50 km/h.

Acordo de não persecução penal

Nos crimes praticados sem violência ou grave ameaça e cujas penas mínimas sejam inferiores a quatro anos, não sendo o caso de arquivamento do inquérito policial, o Ministério Público poderá propor acordo de não persecução penal, desde que necessário e suficiente para reprovação e prevenção do crime, mediante as seguintes condições ajustadas cumulativa e alternativamente (art. 28-A do Código de Processo Penal): I – reparar o dano ou restituir a coisa à vítima, exceto na impossibilidade de fazê-lo; II – renunciar voluntariamente a bens e direitos indicados pelo Ministério Público como instrumentos, produto ou proveito do crime; III – prestar serviço à comunidade ou a entidades públicas por período correspondente à pena mínima cominada ao delito diminuída de um a dois terços, em local a ser indicado pelo juízo da execução, na forma do art. 46 do Decreto-lei n. 2.848, de 7 de dezembro de 1940 (Código Penal); IV – pagar prestação pecuniária, a ser estipulada nos termos do art. 45 do Decreto-lei n. 2.848, de 7 de dezembro de 1940 (Código Penal), a entidade pública ou de interesse social, a ser indicada pelo juízo da execução, que tenha, preferencialmente, como função proteger bens jurídicos iguais ou semelhantes aos aparentemente lesados pelo delito; ou V – cumprir, por prazo determinado, outra condição indicada pelo Ministério Público, desde que proporcional e compatível com a infração penal imputada.

Contudo, esse benefício não será aplicável (art. 28-A, § 2º): I – se for cabível transação penal de competência dos Juizados Especiais Criminais, nos termos da lei; II – se o investigado for reincidente ou se houver elementos probatórios que indiquem conduta criminal habitual, reiterada ou profissional, exceto se insignificantes as infrações penais pretéritas; III – ter sido o agente beneficiado nos cinco anos anteriores ao cometimento da infração, em acordo de não persecução penal, transação penal ou suspensão condicional do processo; e IV – nos crimes praticados no âmbito de violência doméstica ou familiar, ou praticados contra a mulher por razões da condição de sexo feminino, em favor do agressor.

Se o membro do Ministério Público se recusar a propor o acordo de não persecução penal, o investigado poderá requerer a remessa dos autos a órgão superior dessa instituição, na forma do art. 28 deste Código (art. 28-A, § 14).

A formalização desse acordo, que será voluntário e facultativo por parte do réu/investigado, será realizada em audiência na qual o juiz deverá verificar os pressupostos de legalidade, podendo o magistrado recusar a homologação e devendo os autos ser remetidos ao Ministério Público para a análise de complementação ou alteração das condições da proposta de acordo, ou da necessidade de complementação das investigações ou, ainda, para o oferecimento da denúncia.

Se quaisquer das condições estipuladas no acordo de não persecução penal for desrespeitada, o Ministério Público deverá comunicar ao juízo, para fins de sua rescisão e posterior oferecimento de denúncia (art. 28-A, § 10). Por outro lado, se cumprido integralmente o acordo de não persecução penal, o juízo competente decretará a extinção de punibilidade (art. 28-A, § 13).

Por fim, oportuno esclarecermos que a celebração e o cumprimento do acordo de não persecução penal não constarão de certidão de antecedentes criminais, exceto para os fins previstos no inciso III do § 2º deste artigo (art. 28-A, § 12).

PETIÇÕES CRIMINAIS DIVERSAS

REVOGAÇÃO DE PRISÃO TEMPORÁRIA

AO JUÍZO DE DIREITO DA ...... VARA CRIMINAL DESTA COMARCA

.... (qualificação e endereço) vem respeitosamente perante este juízo, por seu procurador, advogado inscrito na OAB/......, sob n. ......, endereço eletrônico ...., com escritório na rua ...., n. ......, nesta cidade, onde recebe intimações, expor e requerer a REVOGAÇÃO DA PRISÃO TEMPORÁRIA, conforme segue.

1. O Sr. Dr. Delegado de Polícia ...., titular do ...... Distrito Policial desta cidade e comarca, sob o argumento de ser imprescindível para as investigações do

inquérito policial, requereu a este juízo, com fundamento no inciso I do art. 1º da Lei n. 7.960/89, a decretação da PRISÃO TEMPORÁRIA do requerente.

2. Referido pedido de prisão cautelar foi deferido (fls. ......) na data de ontem por este juízo, acatando manifestação do Ministério Público.

3. Entretanto não há, *venia concessa*, de ser mantido tal pedido de prisão provisória, porquanto o suplicante em momento algum criou dificuldades ou entraves ao normal andamento do inquérito, tanto é assim que, intimado a comparecer àquela delegacia de polícia, lá esteve prontamente em dia e hora assim assinalados pela autoridade policial, ocasião em que foi identificado e qualificado regularmente, tendo prestado declarações.

4. Trata-se de pessoa que tem domicílio certo (doc. 2), tem família regularmente constituída (docs. 3 e 4), não registra antecedentes criminais (doc. 5) e tem emprego fixo (doc. 6).

Assim, diante da ausência de qualquer motivo que justifique a manutenção da prisão, uma vez que não existe nenhum fato grave que possa fazer subsistir a odiosa custódia, que, se mantida, implicará graves prejuízos para o suplicante, requer, respeitosamente, a este juízo que se digne revogar o decreto de prisão cautelar, expedindo-se desde logo contramandado de prisão.

N. termos,
pede deferimento.
........................, ... de .... de 20......
Advogado(a)
OAB/...... n. ......

REVOGAÇÃO DA PRISÃO PREVENTIVA

AO JUÍZO DE DIREITO DA ...... VARA CRIMINAL
Comarca de ....
Autos n. ....

........................, brasileiro, solteiro, comerciário, portador do RG n. .... e do CPF n. ...., residente e domiciliado nesta cidade e comarca de ...., na rua ...., n. ......, vem, por seu advogado, com procuração inclusa (doc. 1), inscrito na OAB/......, sob n. ......, endereço eletrônico ...., com escritório na rua ...., n. ......, nesta cidade, onde recebe intimações, perante este juízo requerer a

REVOGAÇÃO DA PRISÃO PREVENTIVA

pelos seguintes fatos e fundamentos.

1. A autoridade policial representou pela decretação da prisão preventiva do requerente, fundamentando o pedido na conveniência da instrução criminal, nos termos do art. 312 do Código de Processo Penal, sob alegação de ameaça à testemunha ....

2. O Ministério Público manifestou-se a favor da medida extrema, tendo este douto juízo acatado o pedido.

3. Ocorre, Excelência, que a testemunha citada, em razão de mal súbito, faleceu na data de ...., conforme prova o documento incluso.

Diante do exposto, requer seja revogada a prisão preventiva, expedindo-se o competente alvará de soltura em favor do requerente.

Nestes termos,
pede deferimento.
........................, ... de .... de 20......
Advogado(a)
OAB/...... n. ......

LIBERDADE PROVISÓRIA COM FIANÇA

AO JUÍZO DE DIREITO DA ...... VARA CRIMINAL
Comarca de ....
Autos n. ....

........................, brasileiro, solteiro, comerciário, portador do RG n. .... e do CPF n. ...., residente e domiciliado nesta cidade e comarca de ...., na rua ...., n. ......, vem, por seu advogado, com procuração inclusa (doc. 1), inscrito na OAB/......, sob n. ......, endereço eletrônico ...., com escritório na rua ...., n. ......, nesta cidade, onde recebe intimações, perante este juízo requerer

LIBERDADE PROVISÓRIA COM ARBITRAMENTO DE FIANÇA

pelos seguintes fatos e fundamentos.

1. Em data de ...., o requerente foi preso em flagrante por haver furtado mercadorias na loja ...., incidindo nas penas do art. 155 do Código Penal, cuja pena cominada é de um a quatro anos de detenção.

2. Segundo prescreve o art. 322 do Código de Processo Penal, pode ser concedida fiança nos casos de infração cuja pena privativa de liberdade máxima não seja superior a 4 (quatro) anos.

3. Ademais, o requerente é primário, tem domicílio certo (doc. 2), tem família regularmente constituída (docs. 3 e 4), não registra antecedentes criminais (doc. 5) e tem emprego fixo (doc. 6).

4. Por derradeiro, cumpre assinalar que inexiste qualquer dos fundamentos do art. 312 do Código de Processo Penal, o que justificaria a manutenção da prisão.

Diante do exposto, requer a concessão da liberdade provisória, arbitrando-se fiança, nos termos do art. 325 do Código de Processo Penal, expedindo-se o competente alvará de soltura em favor do requerente.

Nestes termos,
pede deferimento.
........................, ... de .... de 20......
Advogado(a)
OAB/...... n. ......

LIBERDADE PROVISÓRIA SEM FIANÇA

AO JUÍZO DE DIREITO DA ...... VARA CRIMINAL
Comarca de ....
Autos n. ....

........................, brasileiro, solteiro, industriário, portador do RG n. .... e do CPF n. ...., residente e domiciliado nesta cidade e comarca de ...., na rua ...., n. ......, vem, por seu advogado, com procuração inclusa (doc. 1), inscrito na OAB/......, sob n. ......, endereço eletrônico ...., com escritório na rua ...., n. ......, nesta cidade, onde recebe intimações, perante este juízo requerer

LIBERDADE PROVISÓRIA SEM ARBITRAMENTO DE FIANÇA

pelos seguintes fatos e fundamentos.

1. Em data de ...., o requerente foi preso em flagrante por haver furtado mercadorias na loja ...., incidindo nas penas do art. 155 do Código Penal, cuja pena cominada é de um a quatro anos de detenção.

2. Segundo prescreve o art. 322 do Código de Processo Penal, pode ser concedida fiança nos casos de infração cuja pena privativa de liberdade máxima não seja superior a 4 (quatro) anos.

3. Ademais, o requerente é primário, tem domicílio certo (doc. 2), tem família regularmente constituída (docs. 3 e 4), não registra antecedentes criminais (doc. 5) e tem emprego fixo (doc. 6).

4. Por derradeiro, cumpre assinalar que o requerente é pessoa humilde e de precária situação econômica, percebendo pouco mais de um salário mínimo para sustentar a família, composta de 4 (quatro) pessoas (doc. 7), fato que, nos termos do art. 350 do Código de Processo Penal, permite ao juiz conceder a liberdade provisória sem fiança.

Diante do exposto, e considerando que inexiste qualquer dos fundamentos do art. 312 do Código de Processo Penal, o que justificaria a manutenção da prisão, requer a concessão da liberdade provisória, sem arbitramento de fiança, nos termos do art. 350 do Código de Processo Penal, expedindo-se o competente alvará de soltura em favor do requerente.

Nestes termos,
pede deferimento.
........................, ... de .... de 20......
Advogado(a)
OAB/...... n. ......

ADIAMENTO DE AUDIÊNCIA POR MOTIVO DE DOENÇA

ILMO. SR. DELEGADO DO ...... DISTRITO POLICIAL DA CIDADE DE ....

........................, qualificado às fls. ...... dos autos do inquérito policial n. ......, em que aparece como vítima, e que tem curso por esta Delegacia de Polícia e foi instaurado contra ...., indiciado, também qualificado às fls. ......, vem por meio de seu advogado (doc. 1) perante V. Sa. dizer o seguinte:

1. Foi intimado para prestar declarações, naqueles autos, no dia ....../....../............, às ...... h.

2. Ocorre, Excelência, que naquele dia e hora o suplicante deverá sofrer uma intervenção cirúrgica já há muito tempo agendada, no Hospital ...., para ...., conforme faz prova com o atestado médico (doc. 2) anexo.

Assim, requer, respeitosamente, a este juízo, que se digne designar nova data e horário para a tomada de suas declarações, quando comparecerá independentemente de nova intimação.

N. termos,
pede deferimento.
........................, ... de .... de 20......
Advogado(a)
OAB/...... n. ......

EXAME PERICIAL DE DEPENDÊNCIA TOXICOLÓGICA

AO JUÍZO DE DIREITO DA ...... VARA CRIMINAL
Comarca de ....
Autos n. ....

........................, qualificado às fls. ...... dos autos do processo-crime n. ..../...... que contra ele move a Justiça pública desta comarca, pela Vara Criminal e Cartório do ...... Ofício Criminal, por seu defensor adiante assinado, inscrito na OAB/......, sob n. ......, endereço eletrônico ...., com escritório na rua ...., n. ......, nesta cidade, onde recebe intimações, vem, muito respeitosamente, perante este juízo para expor e requerer o quanto segue.

1. O acusado foi denunciado naquele processo-crime como incurso no art. 33 da Lei n. 11.343/2006.

2. Ouvido em interrogatório, neste egrégio juízo (fls.), declarou-se, após advertido por este juízo na forma do § 5º do art. 22 daquela lei, usuário de drogas que causam dependência física e psíquica.

Não obstante, este juízo não determinou a realização do exame de dependência.

3. Assim, no interesse da defesa, há necessidade de verificar, por meio de perícia médico-legal específica, se realmente o acusado é portador de dependência e, em caso positivo, se sua capacidade de entendimento ou capacidade de determinação estão comprometidas ou se, ao contrário, goza de plena higidez mental.

Pelo exposto, requer, respeitosamente, a este juízo que se digne determinar a realização urgente do exame de dependência, adotando-se todas as demais providências cabíveis na espécie.

N. termos, pede deferimento.
........................, ... de .... de 20......
Advogado(a)
OAB/...... n. ......

PAGAMENTO DE FIANÇA PARA EFEITO DE LIBERDADE PROVISÓRIA

AO JUÍZO DE DIREITO DA ...... VARA CRIMINAL

Comarca de ....

Autos n. ....

........................, brasileiro, solteiro, industriário, residente nesta cidade e comarca, na rua ...., n. ......, vem, por intermédio de seu advogado (doc. 1), inscrito na OAB/......, sob n. ......, endereço eletrônico ...., com escritório na rua ...., n. ......, nesta cidade, onde recebe intimações, respeitosamente, perante este juízo para expor e requerer o quanto segue.

1. O requerente foi indiciado no inquérito policial n. ...., instaurado pela delegacia de polícia desta cidade, no qual se lhe imputa o crime do art. 129 do Código Penal.

2. Trata-se, no caso, de crime afiançável.

3. Todavia, o senhor delegado de polícia, embora lhe tivesse sido requerida, recusa-se a arbitrar fiança, o que permitiria ao suplicante se ficar solto.

Pelo exposto, requer, respeitosamente, a este juízo, nos termos do art. 335 do Código de Processo Penal, que ouça aquela autoridade após o que se conceda fiança ao suplicante.

N. termos, pede deferimento.

......................., ... de .... de 20......

Advogado(a)

OAB/...... n. ......

HABEAS CORPUS
(Extinção da punibilidade)

AO JUÍZO DE DIREITO DA ...... VARA CRIMINAL

Comarca de ....

Autos n. ....

.... (qualificação e domicílio) vem, por seu procurador firmatário (procuração anexa), inscrito na OAB/......, sob n. ......, endereço eletrônico ...., com escritório na rua ...., n. ......, nesta cidade, onde recebe intimações, ..., com fundamento no art. 5º, LXVIII, da Constituição Federal e no art. 647 do Código de Processo Penal, requerer a este juízo a concessão de

HABEAS CORPUS,

mediante os seguintes fundamentos:

1. O requerente foi preso na data de .... pelos agentes policiais da ...... Delegacia de Polícia, mediante ordem de prisão expedida pelo juiz da ...... Vara Criminal, com condenação judicial à revelia, pelo delito de ...., previsto no art. ...... do Código Penal.

2. A sentença transitou em julgado por ausência de apelação.

3. Tratando-se de crime apenado com pena privativa de liberdade inferior a um ano, faz jus o requerente ao benefício da extinção da punibilidade, declarando-se a prescrição da pretensão punitiva.

4. Para comprovar o alegado, exibe-se certidão negativa dos distribuidores criminais da comarca, além da cópia autenticada da sentença transitada em julgado.

Diante do exposto e da prova irrefutável da ilegalidade, requer a concessão da ordem de *habeas corpus*, expedindo-se o competente alvará de soltura.

T. em que
pede deferimento.
......................., ... de .... de 20......
Advogado(a)
OAB/...... n. ......

HABEAS CORPUS
(Citação irregular)

AO PRESIDENTE DO EGRÉGIO TRIBUNAL DE JUSTIÇA DO ESTADO ....

Autos n. ....

Origem: ....

Réu: ....

.... (qualificação e domicílio) vem, por seu procurador firmatário (procuração anexa), inscrito na OAB/......, sob n. ......, endereço eletrônico ...., com escritório na rua ...., n. ......, nesta cidade, onde recebe intimações, ..., com fulcro nos arts. 564, III, e 648, VI, do Código de Processo Penal, requerer a este juízo a concessão de

HABEAS CORPUS,

mediante os seguintes fundamentos:

1. O requerente foi denunciado, processado e condenado por infringência do art. ...... do Código Penal, aplicando-se-lhe a pena de ...... anos de detenção.

2. O processo, que tomou o número .... na ...... Vara Criminal, condenou-o à revelia, uma vez que a citação, realizada por edital, não chegou a seu conhecimento. O oficial de justiça, responsável pela citação, certificou, por não tê-lo encontrado em seu endereço de trabalho, que o réu se encontrava em lugar incerto e não sabido.

3. Todavia, é manifestamente írrita referida citação. Ocorre que, ou agindo de má-fé ou em face de negligência, o escrivão que emitiu o mandado não consignou o endereço do acusado, facilmente constatável em seu boletim individual, constante do inquérito policial.

4. Tanto a doutrina quanto a jurisprudência dominantes sustentam a tese de que é nula a citação por edital, a partir do ato citatório, se não esgotadas todas as diligências necessárias para a localização do réu, implicando prejuízo da ampla defesa.

Ante o exposto, requer o paciente a concessão de *habeas corpus*, expedindo-se imediato alvará de soltura.

P. deferimento.

......................., ... de .... de 20......

Advogado(a)

OAB/...... n. ......

PEDIDO DE ACOMPANHAMENTO DE INQUÉRITO POLICIAL

ILMO. SR. DELEGADO DE POLÍCIA DA ....

......................., indiciado nos autos do inquérito policial n. ...., que tramita por esta delegacia de polícia e no qual figura como ofendido ...., qualificado às fls. ......, vem respeitosamente por seu procurador perante este juízo dizer que pretende acompanhar o desenvolvimento daquele inquérito até o final, requerendo, com base no art. 14 do Código de Processo Penal, o que entender cabível.

Diante do exposto, requer, desde já, vista dos autos, em cartório.

N. termos,

pede deferimento.

......................., ... de .... de 20......

Advogado(a)

OAB/...... n. ......

PEDIDO PARA OUVIR TESTEMUNHA NÃO INDICADA PELAS PARTES

AO JUÍZO DE DIREITO DA ...... VARA DO JÚRI

Comarca de ....

Autos n. ....

........................, qualificado às fls. ...... dos autos do processo-crime n. ... ., que contra ele move a Justiça pública desta comarca por esta Vara do Júri, vem respeitosamente por seu advogado perante este juízo para, com fundamento no art. 209 do Código de Processo Penal, requer, não obstante encerrada a instrução criminal, a oitiva da testemunha adiante qualificada.

Tal providência se justifica, *venia permissa*, em benefício do esclarecimento da verdade e pelo fato de não ter podido a defesa, por circunstâncias alheias à sua vontade, arrolá-la no devido momento processual.

N. termos, pede deferimento.

........................, ... de .... de 20......

Advogado(a)

OAB/...... n. ......

Testemunha

.................., brasileiro, casado, comerciário, ... anos de idade, CPF n. ...., RG n. ...., com endereço residencial na rua ...., n. ...... e profissional na rua ...., n. ......, nesta cidade.

PRESCRIÇÃO RETROATIVA DA AÇÃO PENAL

AO JUÍZO DE DIREITO DA ...... VARA CRIMINAL

Comarca de ....

Autos n. ....

........................, qualificando às fls. ...... dos autos do processo-crime n. ...., que contra ele moveu, por este egrégio juízo, a Justiça pública desta comarca vem respeitosamente perante este juízo, por seu procurador, inscrito na OAB/......, sob n. ......, endereço eletrônico ...., com escritório na rua ...., n. ......, nesta cidade, onde recebe intimações, expor e requerer o que segue.

1. Na data de ...., o suplicante foi condenado (fls. ......) a 1 ano e 4 meses de prisão (pena *in concreto*).

2. Sucede, Excelência, que, entre o recebimento da denúncia (fls. ......), em ...., e a muito respeitosa sentença (fls. ......), de ...., fluiu tempo superior a 6 (seis) anos.

3. Não houve recurso do representante do Ministério Público (fls. ......).

É, pois, *data maxima venia*, de decretar, nos termos da Súmula n. 146 do pretório excelso, a prescrição da pretensão punitiva penal que foi aplicada *in concreto* (1 ano e 4 meses), fls. ......, cujo período de prescrição é de 4 (quatro) anos (art. 109, V, do Código Penal).

Isso posto, vem requerer, respeitosamente, a este juízo que se digne, com fundamento no art. 109, V, primeira figura, daquele Código, decretar a extinção da punibilidade do sentenciado ......, expedindo-se contramandado de prisão.

N. termos,

espera deferimento.

......................., ... de .... de 20......

Advogado(a)

OAB/...... n. ......

PROVIDÊNCIAS CONTRA COAÇÃO DO RÉU

AO JUÍZO DE DIREITO DA ...... VARA CRIMINAL

Comarca de ....

Autos n. ....

.... e ...., vítimas e assistentes nos autos do processo-crime n. ...., em que é réu ...., todos qualificados às fls. ...... daqueles autos, que têm curso por esta vara criminal, vêm, por intermédio de seu advogado, muito respeitosamente, perante este juízo para expor e requerer o quanto segue.

1. Foi realizada, no dia 5 do mês fluente, audiência, nestes autos, para a oitiva das vítimas e de quatro testemunhas da denúncia, tendo todas sido ouvidas por este juízo na presença do réu.

2. Ocorre que, no dia seguinte à audiência, a testemunha dita de acusação Sr. .... (fls. ......) passou a receber insistentes telefonemas do réu ameaçando-o de morte e, inclusive, de ser procurado em seu local de trabalho, pois que estava inconformado e revoltado com o depoimento da citada testemunha.

3. O mesmo fato, Excelência, aconteceu com as demais testemunhas que depuseram em juízo. Aliás, esclareça-se, *data maxima venia*, que esse tipo de conduta do réu já vinha se verificando antes mesmo de as referidas testemunhas prestarem depoimento em juízo e é, agora, reiterado com mais ênfase e insistência.

4. Referido comportamento da parte do réu é definido como crime de coação no curso do processo, conforme o art. 344 do Estatuto Penal.

Requerem, assim, respeitosamente, a este juízo, se adotem todas as providências cabíveis na espécie, mesmo porque um dos sujeitos passivos do crime em tela é o Estado, ficando assim a administração da Justiça violada e comprometida.

N. termos,
pede deferimento.
........................, ... de .... de 20......
Advogado(a)
OAB/...... n. ......

DEFESA PRÉVIA

AO JUÍZ DE DIREITO DA ...... VARA CRIMINAL
Comarca de ....
Processo n. ....

........................, qualificado na ação penal que lhe move o Ministério Público do Estado de ...., vem, respeitosamente, perante este juízo, por seu bastante procurador (procuração inclusa) para, nos termos dos arts. 396 e 396-A do Código de Processo Penal, oferecer

DEFESA PRÉVIA

sustentando para tanto que é inocente da acusação que lhe é imputada, fato que restará provado no decorrer da instrução.

Na oportunidade requer a juntada dos seguintes documentos:

....

....

Ao ensejo oferece, ainda, o seguinte rol de testemunhas:

....

....

Termos em que,

Pede deferimento.

........................., ... de .... de 20......

Advogado(a)

OAB/........... n. ......

RECURSOS CRIMINAIS

Recursos no processo penal

Em face de expressa disposição do Código de Processo Penal (art. 574), os recursos criminais serão voluntários, salvo nos casos em que deverão ser interpostas, *ex officio*, pelo juiz:

a) sentença concessiva de *habeas corpus*;

b) sentença que absolver desde logo o réu com fundamento na existência de circunstância que exclua o crime ou isente o réu da pena, nos termos do art. 415 do Código de Processo Penal.[4]

O diploma processual penal admite a propositura dos recursos de apelação, recurso em sentido estrito, carta testemunhável, embargos infringentes, embargos de declaração, correição parcial, agravo, recurso extraordinário e recurso especial.

Ao reverso do processo civil, portanto, as decisões interlocutórias não são agraváveis, com as exceções previstas no art. 581 do Código de Processo Penal (recurso em sentido estrito), no processo penal. Desse modo, referidas decisões somente poderão ser reexaminadas por ocasião da interposição do recurso específico, salvo aquelas que possam causar danos irreparáveis, as quais poderão ser objeto de *habeas corpus*, mandado de segurança, correição parcial ou reclamação.

Legitimidade para recorrer

O recurso poderá ser interposto pelo Ministério Público, pelo querelante[5] ou réu, por intermédio de seu procurador ou defensor (art. 577 do CPP), por petição ou por termo nos autos, assinado pelo recorrente ou por seu representante

4 "Art. 415. O juiz, fundamentadamente, absolverá desde logo o acusado, quando: I – provada a inexistência do fato; II – provado não ser ele autor ou partícipe do fato; III – o fato não constituir infração penal; IV – demonstrada causa de isenção de pena ou de exclusão do crime." "Art. 416. Contra a sentença de impronúncia ou de absolvição sumária caberá apelação."

5 Nos crimes de calúnia, injúria e difamação.

(art. 578).[6] Como se infere, diferentemente do que ocorre nos recursos cíveis, a lei faculta ao réu interpor recursos, independentemente da intervenção de advogado constituído no processo penal.

Destacamos, ainda, que, nos termos do art. 271 do Código de Processo Penal, o assistente de acusação poderá, também, recorrer nas hipóteses de apelação ou recurso em sentido estrito (neste último caso em face da sentença de impronúncia ou da que decretar a prescrição ou julgar, por outro modo, extinta a punibilidade).

Como salienta Ada Pellegrini Grinover (*Recurso no processo civil*, p. 79), a inovação do Código de Processo Penal em relação aos esquemas normais de capacidade postulatória e da legitimação explica-se mercê de diversas circunstâncias, entre elas a relevância social do direito de defesa, de que o direito de recorrer é uma das manifestações, facilitando-se, então, a interposição do recurso diretamente pelo réu (quando preso, pode ele ter dificuldade de comunicar ao advogado sua vontade de recorrer).

No tocante ao recurso do Ministério Público, este se funda em sua função de fiscal da lei, de sorte que o zelo pela correta aplicação da lei não só deve abarcar o recurso que vise à majoração da pena, quando for o caso, mas igualmente o recurso que vier a beneficiar o réu, com absolvição ou redução da pena. Todavia, essa regra comporta exceção, pois a jurisprudência é no sentido de não poder o Ministério Público recorrer com relação aos crimes de ação penal exclusivamente privada se a sentença foi absolutória e o querelante não recorreu.[7]

O réu poderá desistir do recurso que haja interposto, mas o mesmo direito não assiste ao Ministério Público, *ex vi* do art. 576, embora tenha ele a faculdade de não recorrer.

Vedação da majoração da pena

O ordenamento jurídico, quer na área cível, quer na área penal, não admite a *reformatio in pejus*, isto é, o agravamento da situação do réu, seja do ponto de vista quantitativo (pena maior), seja do qualitativo (regime prisional). Em outras palavras, é vedado ao tribunal *ad quem* proferir decisão mais desfavorável que aquela proferida pelo órgão *a quo*. A única exceção a essa regra é no tocante ao recurso do Ministério Público, para efeito de aumento da pena do réu, quando dissentir da pena imposta pelo juízo de primeiro grau.

Recursos em espécie

Recurso em sentido estrito

O recurso em sentido estrito, ou recurso *stricto sensu*, no crime guarda correspondência com o recurso de agravo no cível. São ambos cabíveis nos casos ta-

---

6 "Não sabendo ou não podendo o réu assinar o nome, o termo será assinado por alguém, a seu rogo, na presença de duas testemunhas" (art. 578, § 1º).

7 *RT* 553/375 e 558/336.

xativamente previstos em lei e, em geral, de despachos interlocutórios. Por outro lado, têm rito semelhante, podendo ser a decisão de que se recorre ou agrave reformada pelo próprio juiz que a proferiu.[8] Desse modo, caberá recurso, no sentido estrito, de decisão, despacho ou sentença (art. 581):

> I – que não receber a denúncia ou a queixa;
> II – que concluir pela incompetência do juízo;
> III – que julgar procedentes as exceções, salvo a de suspeição;
> IV – que pronunciar o réu;
> V – que conceder, negar, arbitrar, cassar ou julgar inidônea a fiança, indeferir requerimento de prisão preventiva ou revogá-la, conceder liberdade provisória ou relaxar a prisão em flagrante;
> VI – (*Revogado*.)
> VII – que julgar quebrada a fiança ou perdido o seu valor;
> VIII – que decretar a prescrição ou julgar, por outro modo, extinta a punibilidade;
> IX – que indeferir o pedido de reconhecimento da prescrição ou de outra causa extintiva da punibilidade;
> X – que conceder ou negar a ordem de *habeas corpus*;[9]
> XI – que conceder, negar ou revogar a suspensão condicional da pena;
> XII – que conceder, negar ou revogar livramento condicional;
> XIII – que anular o processo da instrução criminal, no todo ou em parte;
> XIV – que incluir jurado na lista geral ou desta o excluir;
> XV – que denegar a apelação ou a julgar deserta;
> XVI – que ordenar a suspensão do processo, em virtude de questão prejudicial;
> XVII – que decidir sobre a unificação de penas;
> XVIII – que decidir o incidente de falsidade;
> XIX – que decretar medida de segurança, depois de transitar a sentença em julgado;
> XX – que impuser medida de segurança por transgressão de outra;
> XXI – que mantiver ou substituir a medida de segurança, nos casos do art. 774;
> XXII – que revogar a medida de segurança;
> XXIII – que deixar de revogar a medida de segurança, nos casos em que a lei admita a revogação;
> XXIV – que converter a multa em detenção ou em prisão simples;
> XXV – que recusar homologação à proposta de acordo de não persecução penal, previsto no art. 28-A desta Lei.

O prazo de interposição é, em regra, de cinco dias. Todavia, quando o recurso se destinar a impugnar inclusão ou exclusão de jurado da lista geral, o prazo é de

---

8 ABREU, Florêncio. *Comentários ao Código de Processo Penal*, p. 179, nota 233.

9 Atualmente, segundo a Constituição Federal, cabe recurso ordinário, para o STF e o STJ, de decisões denegatórias de *habeas corpus* proferidas por outros tribunais (arts. 102, II, *a*, e 105, II, *a*). Das decisões que concedem, poderá, conforme o caso, caber recurso especial ou extraordinário.

vinte dias. Outra exceção é a que promana do art. 584, § 1º: quando se tratar de recurso interposto de sentença de impronúncia e de decisão que decretar a prescrição ou julgar, por outro modo, extinta a punibilidade, o prazo será de quinze dias.

Em relação ao processamento, há de apontar duas formas de interposição do recurso:

a) **aquela em que ele se forma nos próprios autos do processo** (art. 583 do CPP), com a remessa dos autos ao órgão julgador. Segundo prescreve o art. 583, subirão nos próprios autos os recursos:

I – quando interpostos de ofício;

II – nos casos do art. 581, I, III, IV, VIII e X, ou seja:

- não recebimento de denúncia ou queixa;
- procedência de exceção, salvo a de suspeição;
- pronúncia do réu;
- de decretação da prescrição ou extinção da punibilidade;
- de concessão ou denegação de *habeas corpus*.

III – quando o recurso não prejudicar o andamento do processo;

b) **aquela na qual os recursos sobem em instrumento** (art. 587 do CPP).

Nos demais casos não arrolados anteriormente, os recursos subirão por instrumento, incumbindo à parte indicar, na petição, no termo ou em requerimento avulso, as peças que pretenda trasladar (art. 587 do CPP). Contudo, serão trasladadas, obrigatoriamente, a decisão recorrida e a certidão de sua intimação, podendo o juiz instruir o traslado com outras peças que julgar necessárias (art. 589 do CPP). Seja qual for a forma de interposição do recurso, as partes têm dois dias para oferecer suas razões mediante a competente intimação.

O recurso em sentido estrito será endereçado ao Tribunal Regional Federal ou Tribunal de Justiça, conforme for o caso e determinarem as normas de organização judiciária, salvo:

a) nas decisões que concederem, negarem, arbitrarem, cassarem ou julgarem inidônea a fiança, ou indeferirem requerimento de prisão preventiva, no caso do art. 312, *b*, e concederem ou negarem ordem de *habeas corpus*, cujos recursos, se proferidos por pretores, deverão ser encaminhados ao juiz de direito;

b) nas decisões que incluírem ou excluírem jurados da lista, quando deverá o recurso ser interposto perante o presidente do Tribunal de Justiça. Tratando-se de decisão proferida em Juizado Especial Criminal, o recurso deverá ser dirigido à Turma de primeiro grau (art. 82 da Lei n. 9.099/95).

O recurso da pronúncia subirá em traslado quando, havendo dois ou mais réus, qualquer deles se conformar com a decisão ou nem todos tiverem sido ainda intimados da pronúncia.

Ainda relativamente ao processamento, pode-se acrescer que, após manifestação das partes, os autos serão conclusos ao juiz, que, no prazo de dois dias, poderá reformar ou sustentar sua decisão (art. 589 do CPP):

a) ocorrendo a reforma, a parte contrária poderá, por simples petição, recorrer da nova decisão desde que cabível o recurso, sendo defeso ao juiz modificá-la (art. 589, parágrafo único);

b) mantida a decisão, o recurso será encaminhado ao tribunal competente para julgá-lo. O mesmo procedimento se adotará se a reforma for parcial.

Chegando os autos originais, ou o instrumento, ao tribunal, o procedimento será o seguinte (art. 610 do CPP):

a) vista ao procurador de Justiça, pelo prazo de cinco dias;

b) vista ao relator, pelo prazo de cinco dias, que pedirá a designação de dia para julgamento;

c) julgamento do recurso, mediante exposição do feito pelo relator, seguido da concessão da palavra, por dez minutos, aos advogados ou às partes que a solicitarem e ao procurador de Justiça.

O recurso em sentido estrito possui, em regra, somente o efeito devolutivo. Terá, todavia, efeito suspensivo nos casos de perda da fiança, de concessão de livramento condicional, de denegação da apelação ou naqueles em que ela for julgada deserta, de decisão sobre a unificação de penas e de conversão de multa em detenção ou em prisão simples (art. 584 do CPP). Contudo, sendo hipótese de recurso de pronúncia, suspender-se-á somente o julgamento (art. 584, § 2º). Ademais, se o réu foi impronunciado ou foi declarada extinta a punibilidade, será ele posto em liberdade se estiver preso, não produzindo efeito suspensivo o recurso interposto (art. 584, § 1º).

RECURSO POR TERMO NOS AUTOS

TERMO DE RECURSO

Aos ...... dias do mês de .... do ano de ......, nesta cidade, compareceu perante mim, escrivão do ...... Cartório Criminal desta comarca, o Dr. ...., inscrito na OAB ...... sob o n. ......, procurador do réu ...., dizendo não se conformar com a decisão de fls. ......, proferida nos autos do processo n. ...., que tramita por este juízo; que, assim, vem, no prazo de lei, recorrer ao Tribunal de ...., com fulcro no art. 581, inciso ......, do Código de Processo Penal.

Requereu, outrossim, o traslado das peças de fls. ......, que instruirão o recurso.

Nada mais restando a relatar, procedeu-se à lavratura do presente termo, que, lido e achado conforme, foi devidamente assinado.

Eu, ..., escrivão, o lavrei e assino.

Assinatura do escrivão

RECURSO POR INSTRUMENTO

REQUERIMENTO

AO JUÍZO DE DIREITO DA EGRÉGIA VARA DO JÚRI

Comarca de ....

........................, qualificado às fls. ...... nos autos do processo-crime n. ..../94 que contra o qual move a Justiça pública desta comarca, por esta egrégia Vara do Júri e Cartório do Júri, não se conformando, *data maxima venia*, com a muito r. sentença, de fls. ...... às fls. ...... dos autos, que o pronunciou como autor de homicídio qualificado (art. 121, § 2º, II e IV, do Código Penal) que teria praticado contra a pessoa de ...., fls. ......, vem, *venia concessa*, com base no art. 581, X, do Código de Processo Penal, recorrer, no SENTIDO ESTRITO, daquela sentença de pronúncia ao egrégio Tribunal de Justiça.

Apresenta desde já suas razões, requerendo respeitosamente a este juízo, caso seja mantida sua r. decisão, adotadas todas as providências pertinentes à espécie, que suba o presente ao egrégio juízo *ad quem*.

N. termos,

pede deferimento.

........................, ... de ....de 20......

Advogado(a)

OAB/...... n. ......

RAZÕES DO RECORRENTE

EGRÉGIO TRIBUNAL DE JUSTIÇA DO ESTADO ....

COLENDA CÂMARA CRIMINAL

Processo criminal n. ....

Recorrente: ....

RAZÕES DE RECURSO

EMÉRITOS JULGADORES,

A sentença de pronúncia de fls. ......, que decidiu que o recorrente praticou homicídio qualificado em razão de .... [detalhar], deve ser reformada, eis que integralmente equivocada.

Do exame das provas e de tudo o mais que dos autos consta, é induvidoso que o réu não cometeu homicídio qualificado, porquanto, conforme expressiva jurisprudência, não caracteriza a motivação torpe o fato do ex-marido praticar o delito sob o fundamento de que a vítima se prostituía antes do casamento e que o traía na constância deste. A propósito, os seguintes julgados:

....

Outra corrente jurisprudencial defende que a existência de uma discussão "forte", precedente ao crime (como consta dos autos), afasta o motivo fútil, ainda que a discussão tenha se iniciado por motivo de pequena importância, pois entende-se que a causa do homicídio foi a discussão e não o motivo anterior que a havia originado. Nesse sentido, as decisões dos seguintes tribunais:

....

Destarte, requer o recorrente a este juízo que se digne reformar a decisão recorrida ou, não o fazendo, determine a subida do recurso ao juízo *ad quem*, conforme determina a lei.

Termos em que
espera deferimento.
........................, ... de .... de 20......
Advogado(a)
OAB/...... n. ......

Recurso da apelação

O recurso de apelação, na qualidade de recurso ordinário por excelência, é o que mais se presta à incidência e ao exercício do duplo grau de jurisdição. Sua interposição permite amplo reexame de questões de fato e de direito, ainda que não apreciadas pelo juiz, não estando adstritas à fundamentação vinculada.[10]

Caberá apelação, no prazo de cinco dias (art. 593 do CPP),[11] ao tribunal competente (tratando-se de decisão proferida em juizado especial criminal, a apelação deverá ser dirigida à Turma de primeiro grau, conforme o art. 82 da Lei n. 9.099/95):

10 GRINOVER, Ada Pellegrini, et al. *Recursos no processo penal*, p. 112.

11 São igualmente apeláveis as seguintes decisões nos Juizados Especiais: a que acolhe a proposta do Ministério Público de aplicação imediata de pena de multa ou pena restritiva (art. 76, § 5º, c/c arts. 76, § 4º, e 82); a de rejeição de queixa ou denúncia (art. 82); a sentença condenatória ou absolutória (art. 82).

I – das sentenças definitivas de condenação ou absolvição proferidas por juiz singular;[12]

II – das decisões definitivas, ou com força de definitivas, proferidas por juiz singular nos casos nos casos não previstos no Capítulo anterior;[13]

III – das decisões do Tribunal do Júri, quando:

a) ocorrer nulidade posterior à pronúncia;

b) for a sentença do juiz-presidente contrária à lei expressa ou à decisão dos jurados;[14]

c) houver erro ou injustiça no tocante à aplicação da pena ou da medida de segurança;[15]

d) for a decisão dos jurados manifestamente contrária à prova dos autos.[16]

As apelações poderão ser interpostas em relação a todo o julgado (total) ou a parte dele (parcial).

Com a revogação do art. 594 do Código de Processo Penal pela Lei n. 11.719/2008, que determinava o recolhimento do réu à prisão para apelar, o entendimento atual é o de que o recurso do réu deve ser recebido independentemente do seu recolhimento ao cárcere. Em caso de sentença absolutória, havendo apelação pelo Ministério Público, esse fato não impedirá que o réu seja posto imediatamente em liberdade (art. 596 do CPP).

Em qualquer hipótese, se à sentença não for interposta apelação pelo Ministério Público no prazo legal, o ofendido ou qualquer das pessoas enumeradas no art. 31 do CPP,[17] ainda que não se tenha habilitado como assistente, poderá interpor apelação, que não terá, porém, efeito suspensivo (art. 598 do CPP). O prazo para a interposição desse recurso será de quinze dias e correrá a partir do dia em que terminar o prazo do Ministério Público.

O Supremo Tribunal Federal, recepcionando o princípio da fungibilidade recursal, declarou cabível a interposição do recurso de apelação em vez de protesto

12 *Vide* arts. 386 e 387. Todavia, tratando-se de absolvição sumária dos processos do júri (art. 415 do CPP), o recurso cabível é o recurso de apelação.

13 Ressalve-se, no entanto, que, nas hipóteses de rejeição da denúncia ou queixa (art. 581, I), de acolhimento de exceção de coisa julgada, de ilegitimidade da parte ou de litispendência (art. 581, III), de impronúncia (art. 581, IV) e de extinção de punibilidade (art. 581, IX), não cabe apelação, e sim recurso em sentido estrito.

14 "Se a sentença do juiz-presidente for contrária à lei expressa ou divergir das respostas dos jurados aos quesitos, o tribunal *ad quem* fará a devida retificação" (§ 1º).

15 Interposta a apelação com esse fundamento, o tribunal *ad quem* retificará a aplicação da pena ou da medida de segurança se lhe der provimento (§ 2º).

16 Se a apelação se fundar nesse dispositivo e o tribunal *ad quem* se convencer de que a decisão dos jurados é manifestamente contrária à prova dos autos, dar-lhe-á provimento para sujeitar o réu a novo julgamento. Não se admite, porém, pelo mesmo motivo, segunda apelação (§ 3º).

17 "Art. 31. No caso de morte do ofendido ou quando declarado ausente por decisão judicial, o direito de oferecer queixa ou prosseguir na ação passará ao cônjuge, ascendente, descendente ou irmão."

por novo julgamento, com fundamento no art. 579 do Código de Processo Penal (*HC* n. 75.293-4/SP, 2ª T., rel. Min. Carlos Velloso, j. 16.12.1997, *DJU* 06.03.1998, *RT* 752/513).

O processamento do recurso se dará da seguinte forma:

1. Interposição do recurso, mediante requerimento acompanhado das razões, no prazo de cinco dias, por petição ou termo.

2. Exame, pelo juiz, dos pressupostos de admissibilidade:

a) se inadmitido o recurso, cabe recurso em sentido estrito (art. 581, XV);

b) se admitido, o juiz dá seguimento ao recurso sob pena de recurso de carta testemunhável (art. 639, II, do CPP).

3. Assinado o termo de apelação, o apelante e, depois dele, o apelado terão o prazo de oito dias cada um para oferecer razões, salvo nos processos de contravenção, nos quais o prazo será de três dias. Havendo assistente, este arrazoará no prazo de três dias após o Ministério Público. Igual prazo será concedido ao Ministério Público na hipótese de ação penal movida pela parte ofendida (art. 600, §§ 1º e 2º, do CPP). Quando forem dois ou mais os apelantes ou apelados, os prazos serão comuns (§ 3º).[18]

A apresentação das razões pelo defensor é indispensável, sob pena de afronta ao princípio da ampla defesa em razão do evidente prejuízo ao acusado. Todavia lhe é facultado arrazoar na superior instância desde que, na petição da apelação, declare essa intenção (art. 600, § 4º). Verificando-se a hipótese, o entendimento é que não há necessidade de retorno dos autos à origem para que o Ministério Público apresente as contrarrazões, pois estas poderão ser oferecidas diretamente no tribunal *ad quem* (*RT* 720/530).

4. Remessa dos autos ao tribunal. A apelação subirá nos próprios autos originais, permanecendo em cartório apenas o traslado dos termos essenciais do processo, incluindo-se o da intimação da sentença e o da interposição do recurso (art. 603 do CPP).

No tribunal, o recurso, conforme as circunstâncias, obedecerá ao procedimento ordinário ou sumário:

a) **procedimento sumário:** tem aplicação às infrações não punidas com a pena de reclusão, seguindo as diretrizes do art. 610:

1. registro do recurso;

2. distribuição e sorteio do relator;

3. vista dos autos ao Ministério Público pelo prazo de cinco dias;

---

18 O advogado do réu, constituído ou dativo, bem como o do assistente devem ser intimados, mas o defensor constituído pelo acusado e o advogado do querelante são intimados pela imprensa (art. 370, § 1º), enquanto o defensor nomeado deverá ser intimado pessoalmente (art. 370, § 4º).

4. remessa dos autos ao relator, pelo prazo de cinco dias, o qual pedirá data para julgamento;

5. intimação das partes;

6. sessão de julgamento com exposição do relator seguida da manifestação dos procuradores das partes e do Ministério Público, por dez minutos, se assim o desejarem;

7. votação dos membros da turma julgadora;

b) **procedimento ordinário:** abrange os crimes punidos com reclusão, obedecendo à regulamentação do art. 613. Nesses casos, o procedimento será semelhante ao sumário, com as seguintes ressalvas:

1. remessa dos autos ao revisor após exame pelo relator, cabendo ao primeiro a designação de dia para julgamento;

2. os prazos serão contados em dobro;

3. período de debates de 1/4 de hora.

Como sabido, todo recurso possui efeito devolutivo, somente variando o âmbito da devolução, o qual depende, fundamentalmente, da extensão da impugnação formulada pelo recorrente. Segundo autorizada doutrina, para que seja fixado o limite da devolução, deve o apelante, na petição ou no termo, indicar a extensão de sua irresignação; sendo que, nada existindo, será considerada ampla a apelação interposta, transferindo-se ao tribunal o conhecimento de toda a matéria decidida. Exceção constitui a apelação contra decisão do Tribunal do Júri, na qual são obrigatórias a indicação expressa do dispositivo legal invocado e a referência à matéria impugnada.[19]

O efeito suspensivo dependerá, basicamente, do resultado do julgamento. Importa dizer, por outras palavras, que:

a) a apelação interposta contra sentença absolutória não terá efeito suspensivo e, consequentemente, deve o réu ser posto imediatamente em liberdade (arts. 596 e 669, II, do CPP);

b) a apelação de sentença condenatória terá efeito suspensivo, salvo a aplicação provisória de interdições de direitos e de medidas de segurança (arts. 374 e 378 do CPP) e o caso de suspensão condicional de pena (art. 597 do CPP).

19 GRINOVER, et al. Op. cit., p. 155.

APELAÇÃO: REQUERIMENTO

AO JUÍZO DE DIREITO DA ...... VARA CRIMINAL
Autos n. ....
Réu recorrente: ....

........................, já qualificado nos autos do processo-crime contra o qual lhe move a Justiça pública, por este juízo, vem tempestiva e respeitosamente perante este juízo, por seu procurador firmatário, salientar que, não se conformando, *data venia*, com a sentença exarada por este juízo, pretende interpor RECURSO DE APELAÇÃO, como lhe faculta o art. 593, I, do Código de Processo Penal, dentro do quinquênio legal, juntando as razões de apelação e requerendo o preparo dos autos que, uma vez concluídos, devem ser remetidos ao tribunal competente.

Termos em que
espera deferimento.
........................, ... de .... de 20......
Advogado(a)
OAB/...... n. ......

APELAÇÃO: RAZÕES DO APELANTE

EGRÉGIO TRIBUNAL DE JUSTIÇA DO ESTADO DE ....
Autos n. ....
Apelante: ....
Código Penal: art. ......
Origem: ....

COLENDA CÂMARA CRIMINAL:

1. A sentença do juiz *a quo* que condenou o réu a ...... meses de detenção, ainda que exarada por magistrado de alto saber jurídico, decididamente desconsiderou a robustez das provas contidas nos autos.

2. Conforme se pode inferir dos autos, nenhuma culpa coube ao réu para que o evento danoso ocorresse. As testemunhas confirmaram categoricamente a imprudência da vítima, que, inopinadamente, adentrou a pista asfáltica, saindo por detrás do ônibus do qual acabara de desembarcar, sem prestar atenção ao movimento de veículos.

3. No caso *sub judice* estamos, em verdade, diante de um acidente motivado exclusivamente pela vítima, o que exclui o réu de qualquer culpa, conforme consigna o seguinte acórdão:

"..

...."

4. Ademais, o acidente ocorreu na data de ...... e a douta sentença foi prolatada na data de ...., portanto mais de dois anos depois do evento de trânsito, o que implica não só a prescrição punitiva, nos termos dos arts. 107, IV, 109, VI, e 110 do CP, mas também da própria ação penal, devendo o nome do réu ser excluído do rol de culpados e cancelada sua condenação nas custas.

Em face de todo o exposto, vem o recorrente pleitear a reforma total da sentença da 1ª instância por ter ela desconsiderado o laudo pericial adotando seu livre convencimento.

Assim decidindo, este egrégio tribunal poderá sentir-se convicto de estar cumprindo o honroso mister de fazer, ainda uma vez, JUSTIÇA!

........................, ... de .... de 20......

Advogado(a)

OAB/...... n. ......

Recurso de embargos de declaração

Embargo de declaração é o recurso que pode ser oposto às sentenças e aos acórdãos proferidos pelos tribunais de apelação, câmaras ou turmas, no prazo de dois dias, contado de sua publicação, quando houver na sentença ou no acórdão ambiguidade, obscuridade, contradição ou omissão (arts. 382 e 619 do CPP). Conquanto o Código se limite a citar sentenças e acórdãos como decisões embargáveis, expressiva doutrina manifesta-se no sentido de que os embargos de declaração podem ser opostos a qualquer decisão judicial, o que torna passíveis de embargos também as decisões interlocutórias.[20]

Quando omissa a sentença, máxime em relação à motivação da decisão, os embargos são costumeiramente utilizados com a finalidade de prequestionar a matéria, para efeito de interposição de recurso especial ou extraordinário, como recomenda a Súmula n. 356 do Supremo Tribunal Federal: "O ponto omisso da

20 GRINOVER et al., op. cit., p.229.

decisão, sobre o qual não foram opostos embargos declaratórios, não pode ser objeto de recurso extraordinário, por faltar o requisito do prequestionamento".

Nos juízos de primeiro grau, os embargos deverão ser deduzidos em requerimento de que constem os pontos nos quais a sentença ou o acórdão são ambíguos, obscuros, contraditórios ou omissos endereçado ao juiz. Na hipótese de acórdão, o requerimento será dirigido ao relator e julgado, independentemente de revisão, na primeira sessão seguinte. Em caso de ser manifestamente incabíveis, serão desde logo indeferidos pelo relator.

EMBARGOS OPOSTOS À SENTENÇA

AO JUÍZO DE DIREITO DA ...... CRIMINAL DESTA COMARCA

Autos n. ....

Embargante: ....

........................, já qualificado nos autos do processo-crime contra o qual lhe move a Justiça pública, por este juízo, vem tempestiva e respeitosamente perante este juízo, por seu procurador firmatário, para, com fundamento no art. 382 do Código de Processo Penal, interpor EMBARGOS DE DECLARAÇÃO pelos motivos que passa a expor.

1. Conforme consta da sentença de fls. ......, o embargante foi denunciado e condenado por furto qualificado, sendo-lhe imputado 2 (dois) anos de reclusão em regime inicial aberto. Tal pena foi substituída por uma pena restritiva de liberdade e multa.

2. Ocorre, todavia, que da fundamentação da sentença, às fls. ......, foi consignado que se tratava de furto privilegiado previsto no § 2º do art. 155 do Código Penal, porque o prejuízo da vítima era de pequena monta.

3. Assim, como o embargante é primário e de bons antecedentes, deveria ser condenado à pena mínima.

Ante o exposto, espera o embargante que os presentes embargos sejam recebidos e submetidos a julgamento na forma legal, a fim de que seja sanada a contradição, reconhecendo-se o privilégio constante do § 2º do art. 155 do CP.

Termos em que
pede deferimento.

........................, ... de .... de 20......

Advogado(a)

OAB/...... n. ......

EMBARGOS OPOSTOS A ACÓRDÃO

TRIBUNAL DE JUSTIÇA DO ESTADO DE ....
AO RELATOR DA APELAÇÃO CRIMINAL N. ....
Autos n. ....
Embargante: ....

........................, nos autos da apelação criminal n. ...., julgada em sessão do dia ...... pela Egrégia 2ª Câmara Criminal, vem, no prazo legal, opor ao venerando acórdão, cujas conclusões foram publicadas no Diário da Justiça do dia ......, os presentes EMBARGOS DECLARATÓRIOS, com fundamento nos arts. 619 e 620 do Código de Processo Penal, por ter havido omissão quanto a ponto relevante.

O ora embargante fora condenado, em 1ª instância, ao cumprimento da pena de três meses de detenção, como incurso nas sanções do art. 129 do Código Penal, concedida, desde logo, a suspensão condicional da pena. No entanto, a Egrégia 2ª Câmara Criminal, ao julgar a apelação interposta pelo suplicante, houve por bem dar-lhe provimento, em parte, para substituir a pena de detenção pela de multa, de acordo com o disposto no § 5º, II, do mencionado art. 129, sem que haja determinado, por evidente omissão, o valor da multa.

Em tais condições, omisso o respeitável acórdão embargado no tocante ao ponto indicado, quer o embargante que seja a decisão devidamente aclarada, a fim de que determine a colenda Câmara Julgadora o valor da multa imposta, para que possa o suplicante recolhê-la como de direito, conformado que está com a justa solução adotada, pelo que pede sejam os presentes embargos apresentados na primeira sessão para o devido julgamento, obedecidas as normas regimentais, dando-se-lhe, afinal, provimento, para que seja corrigida a omissão apontada, como de JUSTIÇA.

......................., ... de .... 20......
Advogado(a)
OAB/...... n. ......

Recurso de carta testemunhável

A carta testemunhável, que será requerida ao escrivão[21] ou ao secretário do tribunal, conforme o caso, nas 48 horas[22] seguintes ao despacho que denegar o re-

21 "Art. 641. O escrivão, ou o secretário do tribunal, dará recibo da petição à parte e, no prazo máximo de cinco dias, no caso de recurso no sentido estrito, ou de sessenta dias, no caso de recurso extraordinário, fará entrega da carta devidamente conferida e concertada."

22 Na prática, considera-se o prazo de dois dias, contados da data em que a parte tiver ciência, porquanto constitui tarefa muito difícil o advogado saber a hora exata em que o juiz proferiu a decisão.

curso, indicando o requerente as peças do processo que deverão ser trasladadas, pode ser interposta:

"I – da decisão que denegar o recurso;

II – da que, admitindo embora o recurso, obstar a sua expedição e seguimento para o juízo *ad quem*" (art. 639).

Como se infere, conquanto não haja consenso sobre sua natureza jurídica, a carta testemunhável contém todas as características de recurso. Constitui, assim, o remédio legal cabível contra decisão denegatória de recurso criminal ou contra qualquer outra decisão que obstar o seguimento do recurso. Todavia, desde logo fica evidente que a carta somente merecerá acolhimento quando não houver outro meio impugnativo à decisão obstativa do recurso. Desse modo, excluem-se de sua incidência a decisão que não recebe a apelação ou a declare deserta (cabe recurso em sentido estrito) e as que inadmitem recurso especial ou extraordinário (cabe agravo). O que se observa, na prática, é a carta ser utilizada quase exclusivamente para atacar decisões que não recebem recurso em sentido estrito.

"Extraído e autuado o instrumento, observar-se-á o disposto nos arts. 588 a 592, no caso de recurso em sentido estrito, ou o processo estabelecido para o recurso extraordinário, se deste se tratar" (art. 643 do CPP). Tratando-se, pois, de não recebimento de recurso em sentido estrito, após ter recebido o instrumento, a parte apresentará suas razões em dois dias (art. 588 do CPP), sendo igual prazo oferecido, depois, à outra parte para suas contrarrazões (art. 589 do CPP). Recebidos os autos conclusos, o juiz poderá manter ou reformar sua decisão.

Na hipótese de subir ao tribunal, a câmara ou turma à qual competir o julgamento da carta mandará processar o recurso ou, se estiver suficientemente instruída, decidirá logo *de meritis* (art. 644 do CPP). Na instância superior, a carta testemunhável será julgada de acordo com as normas processuais e regimentais do recurso denegado e não terá efeito suspensivo (arts. 645 e 646 do CPP).

CARTA TESTEMUNHÁVEL: REQUERIMENTO

ILMO. SENHOR ESCRIVÃO DO JUÍZO DA ...... VARA CRIMINAL DESTA COMARCA

........................., por seu advogado, nos autos do processo-crime contra o qual lhe promove a Justiça pública, em curso por este cartório, tendo sido denegado pelo meritíssimo juiz em exercício o *recurso em sentido estrito* que interpôs contra a respeitável decisão de fls. ......, vem requerer a extração de CARTA TESTEMUNHÁVEL, nos termos do art. 639, I, do Código de Processo Penal, no prazo legal, apresentando desde logo suas razões recursais.

Requer, uma vez processado o presente recurso, com a extração das peças ao final indicadas, a formação do instrumento e a conclusão para o juiz prolator da decisão para o juízo de retratação, nos termos do art. 643 do Código de Processo Penal, ou, caso isso não ocorra, a remessa à Superior Instância para reexame da matéria.

Indica as seguintes peças a serem trasladadas:

a) ....;

b) ....;

c) ....

Nesses termos,
pede deferimento.
......................., ... de .... de 20......
Advogado(a)
OAB/...... n. ......

CARTA TESTEMUNHÁVEL: RAZÕES DO RECORRENTE

EGRÉGIO TRIBUNAL DE JUSTIÇA DO ESTADO DE ....

Processo criminal n. ....

Testemunhante: ....

Comarca de origem: ....

RAZÕES DE CARTA TESTEMUNHÁVEL

EMÉRITOS JULGADORES,

......................., devidamente qualificado às fls. ...... nos autos do processo-crime em epígrafe n. ....../94 que contra o qual move a Justiça pública da comarca de ...., não se conformando, *data maxima venia*, com a r. sentença, de fls. ...... a fls. ...... dos autos, que o pronunciou como autor de homicídio qualificado que teria praticado contra a pessoa de ...., houve por bem oferecer RECURSO DE APELAÇÃO daquela sentença de pronúncia ao Egrégio Tribunal de Justiça.

Ocorre, todavia, que somente após 3 (três) dias da protocolização do requerimento de interposição, o testemunhante requereu a juntada das razões do recurso. Em razão desse fato, o magistrado decidiu não receber a apelação ao fundamento da intempestividade da juntada das razões de apelação.

Não se conformando com a referida decisão, o testemunhante ingressou com RECURSO EM SENTIDO ESTRITO, que também foi indeferido pelo magistrado.

Ora, o art. 644 do Código de Processo Penal dispõe que estando suficientemente instruída a Carta Testemunhável, pode o Tribunal, a Câmara ou Turma decidir desde logo o seu mérito. Portanto, interposto o recurso, deve o mesmo ser recebido e processado, ainda que desprovido de razões, como confirma o seguinte julgado:

> CARTA TESTEMUNHÁVEL. RECURSO EM SENTIDO ESTRITO CONTRA DECISÃO DE NÃO RECEBIMENTO DE APELAÇÃO, POR INTEMPESTIVIDADE DAS RAZÕES.
>
> Cabível a Carta Testemunhável, pois presentes os pressupostos legais e, encontrando-se a mesma suficientemente instruída, passa-se ao julgamento também do Recurso em Sentido Estrito. O art. 644 do Código de Processo Penal dispõe que estando suficientemente instruída a Carta Testemunhável, pode o Tribunal, a Câmara ou Turma decidir desde logo o seu mérito. Interposto o recurso, deve o mesmo ser recebido e processado, ainda que desprovido de razões. A apresentação das razões de recurso fora do prazo prescrito em lei não prejudica o conhecimento da inconformidade, face ao princípio constitucional da ampla defesa, expresso no art. 5º, LV, da Constituição Federal, que prevalece. Admitido e conhecido do recurso em sentido estrito para determinar o processamento do recurso de apelação interposto pela Defensoria Pública. CARTA TESTEMUNHÁVEL PROVIDA PARA CONHECER DO RECURSO EM SENTIDO ESTRITO, DANDO-LHE PROVIMENTO, AO EFEITO DE RECEBER O RECURSO DE APELAÇÃO, DETERMINANDO O SEU REGULAR PROCESSAMENTO. (Carta Testemunhável n. 71.002.445.211, Turma Recursal Criminal do RS, Turmas Recursais, Relatora: Angela Maria Silveira, julgado em 26.04.2010.)

Diante do exposto, requer o testemunhante o conhecimento e o provimento da presente, para o fim de ser decidido desde logo o seu mérito ou, caso isso não seja possível, seja determinado o processamento do recurso em sentido estrito denegado, nos termos do art. 644 do Código de Processo Penal.

Nesses termos,
pede deferimento.
........................., ... de ....de 20......
Advogado(a)
OAB/...... n. ......

Recurso de embargos infringentes

O recurso de embargos infringentes na área penal, como sói acontecer com a matéria cível, guarda relação com a falta de unanimidade no julgamento de câmara ou turma do tribunal. Assim é o comando do parágrafo único do art. 609 do CPP:

> Quando não for unânime a decisão de segunda instância, desfavorável ao réu, admitem-se embargos infringentes e de nulidade, que poderão ser opostos dentro de 10 (dez) dias, a contar da publicação do acórdão, na forma do art. 613. Se o desacordo for parcial, os embargos serão restritos à matéria objeto de divergência.

Em outras palavras, é imprescindível que, entre os votos formulados pela turma do tribunal, pelo menos um deles tenha sido favorável ao réu.

Consoante bem elucida Grinover[23] em relação aos embargos infringentes, trata-se de "impugnação privativa da defesa, cuja previsão parece ser fundada no receio de que possa cristalizar-se, contra o réu, um julgamento injusto, pois a existência de um voto mais favorável constitui indício de que a solução dada à causa, no mínimo, não é pacífica". Mediante a ampliação do número de componentes da turma julgadora, propiciada pela interposição dos embargos, o reexame da matéria sempre abre a possibilidade de que o voto divergente venha a merecer acolhida de sorte a melhorar a situação do réu. Em geral, a turma julgadora é composta de um relator e de um revisor dos embargos, acrescida dos três integrantes da turma julgadora da decisão recorrida.

Importa sublinhar que nos tribunais de segundo grau somente podem ser objeto de embargos infringentes os acórdãos proferidos em sede de recurso em sentido estrito e de apelação. Ademais, conforme a melhor doutrina, como as turmas recursais dos Juizados Especiais Criminais não são consideradas equivalentes às dos tribunais, não se admite a interposição dos embargos contra suas decisões, ainda que proferidas no âmbito de apelação ou de recurso em sentido estrito. Outro óbice que se colaciona à interposição dos embargos infringentes perante os juizados especiais é que a matéria não poderá ser reapreciada unicamente pelos mesmos julgadores, sendo imprescindível a participação de outros julgadores por ocasião do reexame do acórdão atacado, o que não ocorre com as turmas recursais, que são compostas de apenas três juízes.

Já no STF, conforme estatui seu Regimento Interno (art. 333), cabem embargos infringentes à decisão não unânime do plenário ou da turma:

> I – que julgar procedente a ação penal;
> II – que julgar improcedente a revisão criminal;
> III – que julgar a ação rescisória;
> IV – que julgar a representação de inconstitucionalidade;
> V – que, em recurso criminal ordinário, for desfavorável ao acusado.

23 Op. cit., p. 217.

Conforme expressam os arts. 609 e 613 do CPP, os embargos deverão ser opostos no prazo de dez dias, contado a partir da publicação das conclusões do acórdão no *Diário Oficial*, em petição na qual se configure a vontade de recorrer e se determinem as razões do inconformismo com expressa menção ao conteúdo do voto divergente. Recebidos os autos, estes deverão ser encaminhados ao procurador-geral, no prazo de dez dias, sendo, em seguida, remetidos ao relator para proceder ao relatório em igual prazo e, por último, encaminhados ao revisor, o qual, nos mesmos dez dias, pedirá a designação de dia para julgamento. Na sessão de julgamento, o tempo dos debates será de 1/4 de hora.

REQUERIMENTO

AO DESEMBARGADOR-RELATOR DO ACÓRDÃO EMBARGADO

........................, brasileiro, solteiro, industriário, residente e domiciliado nesta cidade, na rua ...., vem tempestiva e respeitosamente por seu procurador infra-assinado (proc. fls. ......), nos autos da apelação criminal n. ......, da Col. ...... Câmara Cível do Egrégio Tribunal de Justiça deste estado, com fundamento no art. 613 do CPP, interpor os presentes EMBARGOS INFRINGENTES ao venerando acórdão proferido em ...... (fls. ......), que, por maioria de votos, negou provimento ao recurso de apelação, oferecendo, para tanto, as inclusas razões.

Requer, uma vez recebidos e processados estes embargos segundo o rito previsto em lei, o encaminhamento ao Grupo Criminal competente para o julgamento.

Termos em que
espera deferimento.
........................, ... de .... de 20......
Advogado(a)
OAB/...... n. ......

RAZÕES DO EMBARGANTE

EGRÉGIO TRIBUNAL DE JUSTIÇA DO ....
COLENDO ...... GRUPO CRIMINAL
Apelação n. ....
Embargante: ....

EMÉRITOS JULGADORES,

.... vem respeitosamente perante este colendo tribunal interpor os presentes EMBARGOS INFRINGENTES contra o venerando acórdão proferido na Apelação de n. ...., pelas razões adiante expendidas.

1. O embargante foi pronunciado, nos termos da denúncia, como incurso nas sanções do art. 121, § 2º, II, do CP, por autor do homicídio de .... irresignado, interpôs recurso em sentido estrito alegando nulidade do processo e, no mérito, pleiteou a desclassificação do fato para homicídio simples.

2. Apreciado o recurso, a Eg. ...... Câmara Criminal, por unanimidade, rejeitou as nulidades e, por maioria – vencido o Desembargador .... –, negou provimento, entendendo que a qualificadora deveria permanecer, dada a desproporção entre o agir e sua razão.

3. O eminente Desembargador Dr. ...., em voto vencido, dissentiu da maioria porque entendeu que a qualificadora, como elemento integral do tipo, deve estar plenamente provada, enquanto os votos vencedores ainda consideravam que, se não estava provada a alegada desproporção, haveria a dúvida e, *in casu*, deveria prevalecer seu reconhecimento para apreciação pelo júri, o julgador do fato.

4. Afora isso, encontra-se provada nos autos a existência de discussão anterior entre réu e vítima, o que afasta a qualificadora do motivo fútil, segundo lição de julgado deste mesmo tribunal, *verbis*:

> Pronúncia. Homicídio simples, art. 121, *caput*, do CP. Recurso criminal interposto pelo representante do Ministério Público. Pretendida a desclassificação para a figura do art. 129, § 3º, do CP. Impossibilidade, ferimentos causados na vítima que não são compatíveis com o crime de lesões corporais seguidas de morte. Acusado que, no mínimo, assumiu o risco de matar, decisão afeta ao Tribunal do Júri. Não há que reconhecer a qualificadora do motivo fútil se entre a vítima e o acusado havia séria divergência anterior, tendo a vítima provocado e chamado o acusado para a briga.

5. Na mesma linha do eminente voto vencido, é razoável afirmar que o motivo fútil, ainda que não possa ser confundido com motivo justo, e a surpresa deixam de existir quando entre acusado e vítima impera um estado de animosidade e o ato é precedido de ameaça, desafio e discussão entre as partes, como ocorrente nos autos.

EX POSITIS, espera-se que esta colenda Câmara julgadora se digne a admitir, conhecer e prover este recurso, restaurada a r. sentença de 1ª instância, com base no douto voto vencido, cumpridas as necessárias formalidades legais, como medida de inteira justiça.

......................., ... de .... de 20......

Advogado(a)

OAB/...... n. ......

Recurso extraordinário

A Constituição Federal, no art. 102, III, *a* a *c*, atribui competência ao Supremo Tribunal Federal para julgar, mediante recurso extraordinário, as causas decididas em única ou última instância, quando a decisão recorrida:

a) contrariar dispositivo desta Constituição;

b) declarar a inconstitucionalidade de tratado ou lei federal;

c) julgar válida lei ou ato do governo local contestado em face desta Constituição;

d) julgar válida lei local contestada em face de lei federal.

Como se pode do todo inferir, o recurso extraordinário na área penal cabe nas mesmas situações e obedece à mesma sistemática do recurso extraordinário do processo civil. Esse recurso constitucional permite, no entanto, acrescer e registrar a vedação do exame de provas. Assim, tanto o recurso extraordinário como o recurso especial são inadmitidos para reexame de questões de fato cuja elucidação dependa exclusivamente da avaliação de provas. É o que restou consolidado pelo Supremo Tribunal Federal e pelo Superior Tribunal de Justiça, respectivamente, por suas Súmulas n. 279 ("Para simples reexame de prova não cabe recurso extraordinário") e n. 7 ("A pretensão de simples reexame de prova não enseja recurso especial").

O processamento se dará da seguinte forma:

1. Petição escrita (requerimento), acompanhada das razões, no prazo de quinze dias contados da intimação da decisão recorrida, interposta perante o presidente do tribunal recorrido (Tribunal de Justiça ou Tribunal Regional Federal).

2. Intimação do recorrido para, no prazo de quinze dias, apresentar suas contrarrazões.

3. Recebimento pelo presidente ou vice-presidente do tribunal recorrido que poderá (art. 1.030 do CPC):

I – negar seguimento:

a) a recurso extraordinário que discuta questão constitucional à qual o Supremo Tribunal Federal não tenha reconhecido a existência de repercussão geral ou a recurso extraordinário interposto contra acórdão que esteja em conformidade com entendimento do Supremo Tribunal Federal exarado no regime de repercussão geral;

b) a recurso extraordinário interposto contra acórdão que esteja em conformidade com entendimento do Supremo Tribunal Federal ou do Superior Tribunal de Justiça, respectivamente, exarado no regime de julgamento de recursos repetitivos;

II – encaminhar o processo ao órgão julgador para realização do juízo de retratação, se o acórdão recorrido divergir do entendimento do Supremo Tribunal Federal ou do Superior Tribunal de Justiça exarado, conforme o caso, nos regimes de repercussão geral ou de recursos repetitivos;

III – sobrestar o recurso que versar sobre controvérsia de caráter repetitivo ainda não decidida pelo Supremo Tribunal Federal ou pelo Superior Tribunal de Justiça, conforme se trate de matéria constitucional ou infraconstitucional;

IV – selecionar o recurso como representativo de controvérsia constitucional ou infraconstitucional, nos termos do § 6º do art. 1.036 do CPC;

V – realizar o juízo de admissibilidade e, se positivo, remeter o feito ao Supremo Tribunal Federal ou ao Superior Tribunal de Justiça, desde que:

a) o recurso ainda não tenha sido submetido ao regime de repercussão geral ou de julgamento de recursos repetitivos;

b) o recurso tenha sido selecionado como representativo da controvérsia; ou

c) o tribunal recorrido tenha refutado o juízo de retratação.

Contra decisão de inadmissibilidade proferida com fundamento no inciso V do art. 1.030 do CPC caberá *agravo* ao tribunal superior, nos termos do art. 1.042; contra a decisão proferida com fundamento nos incisos I e III do art. 1.030 do CPC caberá *agravo interno*, nos termos do art. 1.021.

4. Remessa dos autos ao Supremo Tribunal Federal.

5. Autos conclusos ao relator no STF para o exame do requisito da repercussão geral, podendo este:

a) reconhecer a repercussão geral, determinando a suspensão do processamento de todos os processos pendentes, individuais ou coletivos, que versem sobre a questão e tramitem no território nacional;

b) negar a repercussão geral, caso em que o presidente ou o vice-presidente do tribunal de origem negará seguimento aos recursos extraordinários sobrestados na origem que versem sobre matéria idêntica.

6. Julgamento do recurso, caso atenda ao requisito de repercussão geral, no prazo de um ano, tendo preferência sobre os demais feitos, ressalvados os que envolvam réu preso e os pedidos de *habeas corpus*. Não ocorrendo o julgamento no prazo de um ano a contar do reconhecimento da repercussão geral, cessa, em todo o território nacional, a suspensão dos processos, que retomarão seu curso normal.

Contra decisão que inadmitir o recurso extraordinário, salvo a que decide a respeito do reconhecimento de repercussão geral ou julgamento de recursos repetitivos, cabe o recurso de agravo no prazo de quinze dias (arts. 1.003, § 5º, e 1.042 do CPC).[24]

---

24 Em que pese o CPC/2015 consignar que não admitido o recurso caberá agravo no prazo de 15 dias, em princípio este prazo não se aplica à matéria penal. Ocorre que o STF, antes da edição do novo CPC, sedimentou o entendimento de que o prazo para interposição de agravo, quando o recurso extraordinário não for admitido em matéria penal, é de cinco dias, conforme previsto na Súmula n. 699 do STF. Portanto, convém aguardar se, após a entrada em vigor do novo CPC, a posição do STF será mantida.

RAZÕES DO RECORRENTE

EGRÉGIO SUPREMO TRIBUNAL FEDERAL

COLENDA TURMA CRIMINAL

Autos n. ....

Recorrente: ....

RAZÕES DO RECORRENTE

EMÉRITOS JULGADORES

O recorrente, no presente processo criminal, é acusado de apropriar-se de verba oriunda da União destinada à construção de obras no município de ...., em decorrência de convênio.

Por entender tratar-se de competência da Justiça estadual, o recorrente, insurgindo-se contra a fixação da competência da Justiça federal para o processamento e julgamento do processo, interpôs recurso perante o Tribunal Regional Federal da ...... Região.

No referido tribunal, entenderam os eméritos julgadores, no venerando acórdão de fls. ......, que competente seria a Justiça federal, já que se trata de delito cometido em detrimento de interesse da União, tendo em vista o art. 109, IV, da Carta Magna. Entenderam, ainda, que o convênio realizado entre a União e o município cria naquela a expectativa de que este venha a cumprir o pactuado. E, não o fazendo, age contra interesse do convenente, isto é, da União Federal, que é o de ver seu dinheiro empregado no objetivo pactuado.

Todavia, *data venia*, o acórdão concebido nos termos acima expostos contraria frontalmente o art. 102, III, *a*, da Constituição Federal.

Sobre a questão, já pacificara o Egrégio Supremo Tribunal Federal posição que se coaduna com a adotada pelo órgão fracionário do Tribunal Regional Federal da ...... Região, como referem os arestos a seguir:

> PROCESSO-CRIME CONTRA EX-PREFEITO. INVOCAÇÃO DO DL n. 201/67. COMPETÊNCIA. Não cabe aplicar-se o DL n. 201/67 quando o prefeito já deixou o exercício do cargo. Desvio de verba entregue ao município, mediante convênio, para a construção de centro educacional. Cabe à Justiça estadual processar e julgar a ação penal contra prefeito acusado de malversação de fundos distribuídos pela União Federal ao município e já na disponibilidade deste. Recurso extraordinário não conhecido (STF, Pleno, RE n. 76.789/RN, rel. Min. Thompson Flores, *DJ* 14.05.1976).
>
> COMPETÊNCIA. São da competência da Justiça do Estado o processo e julgamento de prefeito acusado de ter-se apropriado de verbas oriundas do Ministério da Educação e Cultura destinadas, em virtude de convênio, à construção de escolas primárias no município. Verbas incorporadas à receita e ao patrimônio do município. Recurso extraordinário não conhecido (STF, Pleno, RE n. 78.125/RN, rel. Min. Oswaldo Trigueiro, *DJ* 11.06.1976).

Compete ao Supremo Tribunal Federal julgar, mediante recurso extraordinário, as causas decididas em última instância quando a decisão recorrida contrariar dispositivo da Constituição (art. 102, III, *a*).

Pelas razões expostas, espera o recorrente que o Egrégio Supremo Tribunal Federal conheça do presente recurso e lhe dê provimento para o efeito de reformar a decisão recorrida por ser de direito e merecida JUSTIÇA.

..........................., ... de .... de 20......

Advogado(a)

OAB/...... n. ......

Recurso especial

À semelhança do recurso extraordinário, o recurso especial em relação ao processo penal segue as mesmas diretrizes do recurso de mesmo nome no processo civil. Destarte, por força constitucional, o recurso especial deve ser interposto perante o Superior Tribunal de Justiça, ao qual cabe julgá-lo, quando se tratar de causas decididas em única ou última instância pelos tribunais regionais federais ou pelos tribunais dos estados e do Distrito Federal, quando a decisão recorrida:

a) contrariar tratado ou lei federal, ou negar-lhes vigência;

b) julgar válidos lei ou ato de governo local contestados em face de lei federal;

c) der à lei federal interpretação divergente da que lhe haja atribuído outro tribunal.

Na hipótese de recursos fundados no art. 105, III, *c*, da Constituição Federal, consoante prescreve o art. 255, § 1º, do Regimento Interno do Superior Tribunal de Justiça, a comprovação da divergência será feita:

> § 1º Quando o recurso fundar-se em dissídio jurisprudencial, o recorrente fará a prova da divergência com a certidão, cópia ou citação do repositório de jurisprudência, oficial ou credenciado, inclusive em mídia eletrônica, em que houver sido publicado o acórdão divergente, ou ainda com a reprodução de julgado disponível na internet, com indicação da respectiva fonte, devendo-se, em qualquer caso, mencionar as circunstâncias que identifiquem ou assemelhem os casos confrontados.

O processamento se dará da seguinte forma:

1. Petição escrita, no prazo de quinze dias, interposta perante o presidente ou o vice-presidente do tribunal recorrido (Tribunal de Justiça ou Tribunal Regional Federal).

2. Intimação do recorrido para, no prazo de quinze dias, apresentar contrarrazões.

3. Recebimento pelo presidente ou vice-presidente do tribunal recorrido que poderá:

I – negar seguimento a recurso especial interposto contra acórdão que esteja em conformidade com entendimento do Supremo Tribunal Federal ou do Superior Tribunal de Justiça, respectivamente, exarado no regime de julgamento de recursos repetitivos;

II – encaminhar o processo ao órgão julgador para realização do juízo de retratação, se o acórdão recorrido divergir do entendimento do Supremo Tribunal Federal ou do Superior Tribunal de Justiça exarado, conforme o caso, nos regimes de repercussão geral ou de recursos repetitivos;

III – sobrestar o recurso que versar sobre controvérsia de caráter repetitivo ainda não decidida pelo Supremo Tribunal Federal ou pelo Superior Tribunal de Justiça, conforme se trate de matéria constitucional ou infraconstitucional;

IV – selecionar o recurso como representativo de controvérsia constitucional ou infraconstitucional, nos termos do § 6º do art. 1.036;

V – realizar o juízo de admissibilidade e, se positivo, remeter o feito ao Supremo Tribunal Federal ou ao Superior Tribunal de Justiça, desde que:

a) o recurso ainda não tenha sido submetido ao regime de repercussão geral ou de julgamento de recursos repetitivos;

b) o recurso tenha sido selecionado como representativo da controvérsia; ou

c) o tribunal recorrido tenha refutado o juízo de retratação.

Contra decisão de inadmissibilidade proferida com fundamento no inciso V do art. 1.030 do CPC caberá *agravo* ao tribunal superior, nos termos do art. 1.042; contra a decisão proferida com fundamento nos incisos I e III do art. 1.030 do CPC caberá *agravo interno*, nos termos do art. 1.021.

4. Remessa dos autos ao Superior Tribunal de Justiça.

5. Autos conclusos e distribuição ao relator no STJ.

6. Admitido o recurso especial o STJ julgará o processo, aplicando o direito [*sic*].

Contra decisão que inadmitir o recurso especial, cabe recurso de agravo (art. 1.042 do CPC).

REQUERIMENTO

AO PRESIDENTE DO TRIBUNAL REGIONAL FEDERAL DA ...... REGIÃO

........................, por seu advogado que esta subscreve, nos autos da ação penal n. ......, não se conformando com o v. acórdão de fls. ......, que por unanimidade negou provimento à apelação, vem respeitosamente, perante este tribunal, por seu procurador firmatário, com fulcro no art. 105, III, *a*, da Constituição Federal, interpor RECURSO ESPECIAL perante o Superior Tribunal de Justiça da decisão do acórdão que contrariou o disposto no art. 44 do Código Penal.

Ante o exposto, requer a este tribunal o recebimento e o processamento do recurso na conformidade da lei, apresentando, para embasá-lo, as inclusas razões, para as quais requer sejam remetidas ao Superior Tribunal de Justiça.

Termos em que
espera deferimento.
........................, ... de ....de 20.....
Advogado(a)
OAB/...... n. ......

RAZÕES DO RECORRENTE

EGRÉGIO SUPERIOR TRIBUNAL DE JUSTIÇA
COLENDA TURMA CRIMINAL
Autos n. ....
Recorrente: ....
Origem: ....

RAZÕES DO RECORRENTE

EMÉRITOS JULGADORES,

I – DOS FATOS

1. O recorrente foi condenado em primeiro grau de jurisdição a pena de ......, como incurso no art. 129, § 1º, I, do Código Penal, em razão da agressão praticada contra ...., no dia ......, na cidade de ...., neste Estado.

2. Inconformado com a sentença, foram interpostos embargos de declaração para efeito de suprir a *omissão* do julgador, o qual desconsiderou a causa de diminuição de pena no cálculo da sanção penal prevista no art. 129, § 4º, do Código Penal.

3. Rejeitados os embargos, o recorrente ajuizou recurso de apelação ao Egrégio Tribunal de Justiça do Estado de ...., sob o mesmo fundamento dos embargos declaratórios.

4. Ao julgar a apelação aquele Tribunal decidiu por negar-lhe provimento por unanimidade de votos. Consta do acórdão atacado que não havia qualquer ofensa ou negativa de vigência à lei federal, porquanto fora correta a dosimetria da pena realizada pelo juiz de 1º grau.

II – DO PREQUESTIONAMENTO

5. A matéria foi devidamente prequestionada, vez que tanto nos embargos de declaração opostos contra a decisão monocrática, como no próprio pleito apelação, o recorrente sustentou a negativa de vigência de lei federal (art. 129, § 4º, do Código Penal), requerendo que os julgadores se manifestassem sobre essa questão federal.

III – DO PEDIDO

Diante do exposto, requer seja admitido e provido o presente recurso, de modo a determinar a redução da pena em um terço, em consonância com o § 4º do art. 129, do Código Penal.

Termos em que
pede deferimento.
........................, ... de .... de 20......
Advogado(a)
OAB/...... n. ......

AÇÕES AUTÔNOMAS IMPUGNATIVAS

Revisão criminal

A revisão criminal é ação autônoma de impugnação, muito embora esteja elencada no Código de Processo Penal no Título referente aos recursos. Assim, dispõe o diploma processual penal que a revisão dos processos findos será admitida (art. 621):

> I – quando a sentença condenatória for contrária ao texto expresso da lei penal ou à evidência dos autos;
>
> II – quando a sentença condenatória se fundar em depoimentos, exames ou documentos comprovadamente falsos;

> III – quando, após a sentença, se descobrirem novas provas de inocência do condenado ou de circunstância que determine ou autorize diminuição especial da pena.

A revisão[25] poderá ser requerida a qualquer tempo, mesmo após o trânsito em julgado da sentença, antes da extinção da pena ou depois, pelo próprio réu ou por procurador legalmente habilitado ou, no caso de morte do réu, por cônjuge, ascendente, descendente ou irmão. Todavia, não será admissível a reiteração do pedido, salvo se fundado em novas provas. Com efeito, ensina Fernando da Costa Tourinho Filho[26] que:

> pouco importa esteja o réu cumprindo pena, que já a tenha cumprido, haja ou não ocorrido causa extintiva da punibilidade. A finalidade da revisão não é evitar o cumprimento de uma pena imposta injustamente, mas, precipuamente, corrigir uma injustiça, restaurando-se, assim, com a rescisão do julgado, o *status dignitatis* do condenado.

No atinente à competência para processar e julgar as revisões, assevera o art. 624 que serão elas processadas e julgadas: "I – pelo Supremo Tribunal Federal, quanto às condenações por ele proferidas; II – pelo Tribunal Federal de Recursos [leia-se: Tribunal Regional Federal], Tribunais de Justiça[27] ou de Alçada [estes extintos pela EC n. 45/2004], nos demais casos".

Para processamento e tramitação do recurso, prescreve o art. 625 do Código de Processo Penal o seguinte:

> Art. 625. O requerimento será distribuído a um relator e a um revisor, devendo funcionar como relator um desembargador que não tenha pronunciado decisão em qualquer fase do processo.
>
> § 1º O requerimento será instruído com a certidão de haver passado em julgado a sentença condenatória e com as peças necessárias à comprovação dos fatos arguidos.
>
> § 2º O relator poderá determinar que se apensem os autos originais, se daí não advier dificuldade à execução normal da sentença.

---

25 Nos Tribunais de Justiça, o julgamento será efetuado pelas câmaras ou turmas criminais, reunidas em sessão conjunta, quando houver mais de uma, e, se não houver, pelo Tribunal Pleno (art. 624, § 2º). Nos tribunais onde houver quatro ou mais câmaras ou turmas criminais, poderão ser constituídos dois ou mais grupos de câmaras ou turmas para julgamento de revisão, obedecido o que for estabelecido no respectivo regimento interno (art. 624, § 3º).

26 TOURINHO FILHO, Fernando da Costa. *Prática de processo penal,* p. 481.

27 RISTF: "Art. 333. Cabem embargos infringentes à decisão não unânime do Plenário ou da Turma: I – que julgar procedente a ação penal; II – que julgar improcedente a revisão criminal; III – que julgar a ação rescisória; IV – que julgar a representação de inconstitucionalidade; V – que, em recurso criminal ordinário, for desfavorável ao acusado".

§ 3º Se o relator julgar insuficientemente instruído o pedido e inconveniente ao interesse da Justiça que se apensem os autos originais, indeferi-lo-á *in limine*, dando recurso para as câmaras reunidas ou para o tribunal, conforme o caso (art. 624, parágrafo único).

§ 4º Interposto o recurso por petição e independentemente de termo, o relator apresentará o processo em mesa para o julgamento e o relatará, sem tomar parte na discussão.

§ 5º Se o requerimento não for indeferido *in limine*, abrir-se-á vista dos autos ao procurador-geral, que dará parecer no prazo de 10 (dez) dias. Em seguida, examinados os autos, sucessivamente, em igual prazo, pelo relator e revisor, julgar-se-á o pedido na sessão que o presidente designar.

Se julgada procedente a revisão, o tribunal poderá alterar a classificação da infração, absolver o réu, modificar a pena ou anular o processo. Todavia, de qualquer maneira, não poderá ser agravada a pena imposta pela decisão revista (art. 626 do CPP). De outra parte, quando for caso de revisão criminal interposta perante o Supremo Tribunal Federal, a decisão não unânime do plenário ou da turma que julgar improcedente a revisão poderá ser impugnada por recurso de embargos infringentes (art. 333, II, do RISTF).[28] Havendo a absolvição, esta implicará o restabelecimento de todos os direitos perdidos em virtude da condenação, devendo o tribunal, se for o caso, impor a medida de segurança cabível (art. 627 do CPP).[29]

PEDIDO DE REVISÃO AO PRESIDENTE DO TRIBUNAL DE JUSTIÇA DO ESTADO DE ....

.... (qualificar), por seu advogado, tendo sido condenado ao cumprimento da pena de ...... anos de reclusão, como incurso nas sanções do art. ...... do Código Penal, por decisão proferida pelo MM. Juiz da ...... Vara Criminal [ou por decisão do Tribunal do Júri, em sessão realizada no dia ......], confirmada pelo acórdão unânime da 1ª Câmara Criminal, publicado no *Diário da Justiça* [ou no órgão oficial] de ...., vem solicitar a REVISÃO de seu processo, nos termos do art. 621, III, do Código de Processo Penal, pelos fatos e fundamentos que passa a expor.

I – O processo a que respondeu o suplicante, que se acha cumprindo a condenação imposta na Penitenciária ...., está findo, não cabendo recurso de nenhuma

---

28 *Vide* nota anterior.

29 Poderá o tribunal, a pedido do interessado, reconhecer o direito a uma justa indenização pelos prejuízos sofridos. Por essa indenização, que será liquidada no juízo cível, responderá a União, se a condenação tiver sido proferida pela Justiça do Distrito Federal ou de Território, ou o Estado, se o tiver sido pela respectiva justiça. Todavia, não caberá indenização: a) se o erro ou a injustiça da condenação proceder de ato ou falta imputável ao próprio impetrante, como a confissão ou a ocultação de prova em seu poder; b) se a acusação houver sido meramente privada (art. 630 do CPP).

natureza contra a última decisão proferida, fato que atende o primeiro pressuposto do recurso;

II – O presente pedido de revisão é o primeiro apresentado pelo suplicante, não constituindo reiteração vedada, de molde a atender a seu segundo pressuposto;

III – Encontra-se a petição devidamente instruída com as peças indispensáveis à comprovação dos fatos ora arguidos, acompanhando-a, ainda, a certidão comprobatória de que a decisão recorrida transitou em julgado (documentos anexos);

IV – A decisão condenatória resultou de flagrante equívoco judiciário, como ora será plenamente comprovado.

Efetivamente, conforme é de conhecimento público, eis que amplamente noticiado nos meios de comunicação em geral (documentos inclusos), na data de ......, foi preso o indivíduo ...., que espontaneamente confessou, perante a autoridade policial (...... Delegacia de Homicídios) ter cometido o crime que ao réu foi falsamente imputado e pelo qual foi condenado.

Em tais condições, demonstrado que condenação do réu ora requerente resultou de lamentável equívoco judiciário, requer o suplicante que este juízo admita o recurso, determinando seu regular processamento, nos termos do art. 625, § 5º, do Código de Processo Penal, para que, ao final, seja julgada procedente a revisão ora interposta pelas colendas Câmaras Criminais Reunidas [ou pelo órgão competente], sendo absolvido o suplicante e, consequentemente, restabelecidos todos os seus direitos perdidos em virtude da condenação (art. 627), expedido o alvará de soltura e cumprido o disposto no art. 629.

Requer, ainda, o recorrente que as Egrégias Câmaras Reunidas lhe reconheçam desde logo o direito a uma justa indenização pelos prejuízos sofridos, a ser liquidada no juízo cível (art. 630), tudo por ser providência irrecusável de restabelecimento da lei e da JUSTIÇA.

........................, ... de .... de 20......

Advogado(a)

OAB/...... n. ......

Habeas corpus

O *habeas corpus*,[30] também denominado "remédio heroico" previsto na Constituição Federal (art. 5º, LXVIII), é a medida judicial passível de concessão sempre que alguém sofrer ou se achar ameaçado de sofrer violência ou coação em sua

30 "Art. 667. No processo e julgamento do *habeas corpus* de competência originária do Supremo Tribunal Federal, bem como nos de recurso das decisões de última ou única instância, denegatórias de *habeas corpus*, observar-se-á, no que lhe for aplicável, o disposto nos artigos anteriores, devendo o regimento interno do tribunal estabelecer as regras complementares" (CPP). O mesmo procedimento é preconizado pelos arts. 244 a 246 do Regimento Interno do STJ.

liberdade de locomoção por ilegalidade ou abuso de poder. Observe-se, contudo, que, conquanto seja tido por muitos como recurso, o *habeas corpus* constitui, em verdade, ação autônoma de impugnação, como também o são o mandado de segurança e a ação rescisória.[31]

Garantia constitucional que é, porquanto constitui instrumento destinado a remediar e prevenir toda e qualquer restrição ilegal ou abusiva da liberdade de ir e vir, o *habeas corpus* encontra regulamentação no Código de Processo Penal (arts. 647 a 667).[32] Conforme o pedido seja oferecido antes ou depois de praticado o ato ilegal ou abusivo, o *habeas corpus* classifica-se em preventivo e liberatório. Dá-se o primeiro quando o paciente pede a tutela de forma antecipada, para evitar que a ameaça de prisão ou de restrição à liberdade se consuma. Ocorre o segundo quando a violência ou coação ilegal em relação à liberdade de ir e vir do paciente já se consumou.

Consoante prescrição do art. 654, primeira parte, do CPP, o *habeas corpus* poderá ser impetrado por qualquer pessoa em seu favor ou de outrem. Portanto, extrai-se a possibilidade da participação de duas figuras: a do impetrante, do que requer a concessão; e a do paciente, do que sofre ou está ameaçado de sofrer o constrangimento ilegal ou abusivo. Assim, quando for o próprio paciente o impetrante, as duas figuras estarão reunidas em uma única pessoa. Quando for o advogado a impetrar o pedido em favor de seu cliente, o primeiro será o impetrante e o segundo, o paciente. Não obstante, o que deve ficar claro é que qualquer pessoa pode ser impetrante, independentemente de ter formação jurídica, desde que comprovado o interesse de agir. Não só o advogado mas qualquer cidadão, e inclusive o Ministério Público (art. 654 do CPP), possuem legitimidade para a impetração do *habeas corpus.*[33]

Ao reverso do que ocorre com o mandado de segurança, o qual deve ser impetrado contra o órgão público a cujos quadros pertença o coator, na hipótese de *habeas corpus* o pedido deve ser endereçado contra o próprio coator, isto é, contra a pessoa responsável pelo ato ilegal ou abusivo que atente contra a liberdade

---

31 "O traço característico entre os recursos e as ações de impugnação deve ser buscado em outro elemento: pelo recurso, não se instaura uma nova relação processual (um novo processo), operando-se por ele um mero prosseguimento da relação processual já existente. Ao contrário, o meio autônomo de impugnação configura sempre o exercício de uma nova ação, dando vida a uma diversa relação jurídica processual" (Cf. GRINOVER et al. *Recursos no processo penal*, p. 30).

32 Uma exceção que não permite a concessão de *habeas corpus* é a que contém o art. 142, § 2º, da CF: "Não caberá *habeas corpus* em relação a punições disciplinares militares". Nada obstante, decidiu o TJSP que referida regra não é absoluta, pois "o que não pode ser apreciado através do remédio heroico é a infração disciplinar em seu conteúdo específico, ou a justiça ou a injustiça da punição. Todavia, não se excluem da apreciação judicial a legalidade do ato, o conhecimento e a verificação da competência da autoridade que impôs a pena. Se ilegal a punição ou incompetente a autoridade que a aplicou, não há mais cogitar-se de transgressão disciplinar e o *habeas corpus* é autorizado" (*RJTJSP* 29/349).

33 O próprio Estatuto da Advocacia, no art. 1º, § 1º, exclui a impetração de *habeas corpus* dos atos privativos da advocacia.

de locomoção do paciente. É o que se extrai da doutrina de Ada Pellegrini Grinover,[34] que adita:

> Assim, se o paciente se encontra recolhido em estabelecimento penitenciário, o diretor deste será apenas *detentor* do preso e não será parte na ação de *habeas corpus*, pois essa qualidade pertence à autoridade (delegado de polícia, juiz, tribunal etc.) que determinou o encarceramento.

Todavia, conquanto o usual seja a impetração do *writ* contra o agente do órgão público, a jurisprudência vem admitindo a concessão para atacar atos de violação da liberdade praticados por particulares, como nos seguintes casos: para liberar paciente indevidamente internado por descendentes em estabelecimento psiquiátrico; para liberar paciente impedido de deixar hospital ao argumento de falta de pagamento das despesas.

Segundo mandamento constitucional, insculpido no art. 102, I, *d*, cabe ao Supremo Tribunal Federal processar e julgar, originariamente, além de outras ações, o *habeas corpus*, sendo paciente o presidente da República, o vice-presidente, os membros do Congresso Nacional, seus próprios ministros, o procurador-geral da República, os ministros de estado, os membros dos tribunais superiores, os do Tribunal de Contas da União e os chefes de missão diplomática de caráter permanente. A teor do mesmo artigo e inciso, alínea *i*, compete-lhe igualmente julgar *habeas corpus* quando esteja na condição de coator um tribunal superior, ou quando o coator ou o paciente forem autoridade ou funcionário cujos atos estejam sujeitos diretamente à jurisdição do Supremo Tribunal Federal, ou se trate de crime sujeito à mesma jurisdição em uma única instância.[35]

No concernente ao Superior Tribunal de Justiça, compete-lhe processar e julgar, originariamente, *habeas corpus* quando o coator ou o paciente forem governador de estado e do Distrito Federal, desembargador dos tribunais de justiça dos estados e do Distrito Federal, membro dos tribunais de contas dos estados e do Distrito Federal, os dos tribunais regionais federais, dos tribunais regionais eleitorais e do trabalho e membros dos conselhos ou tribunais de contas dos municípios, e os membros do Ministério Público da União que oficiem perante tribunais, quando o coator for tribunal sujeito a sua jurisdição ou ministro de Estado, ressalvada a competência da Justiça Eleitoral (art. 105, I, *c*, da CF).[36]

---

34 Cf. GRINOVER et al., op. cit., p. 356.

35 Conforme redação determinada pela Emenda Constitucional n. 22/99.

36 Conforme redação determinada pela Emenda Constitucional n. 23/99.

HABEAS CORPUS PREVENTIVO

AO JUÍZO DE DIREITO DA ...... VARA CRIMINAL
Comarca de ....

........................, brasileiro, casado, advogado, vem respeitosamente perante este juízo para, com fulcro nos arts. 5º, LXVIII, da Constituição Federal, e 647 do Código de Processo Penal, requerer *HABEAS CORPUS* PREVENTIVO em favor do paciente .... (qualificação e endereço), pelos fatos adiante deduzidos:

1. O paciente, quase diariamente, costuma reunir-se com amigos no período da tarde junto à Praça da Independência, defronte à ... Delegacia de Polícia, para conversar sobre futebol e outras futilidades.

2. Ocorre que, já há alguns dias, o sr. delegado ...., talvez se sentindo incomodado com as referidas conversas, ameaçou o paciente e seus amigos com prisão por vadiagem, caso não cessassem suas conversações naquele local.

3. A acusação não tem nenhuma procedência, uma vez que o requerente, conforme comprova com o documento incluso, trabalha na empresa .... no período da noite, no horário das ...... às ...... horas, além de ter residência fixa e não possuir antecedentes criminais.

4. Em tais condições, demonstrado que o justo receio do paciente se funda em precedentes e razões relevantes, e configurada a constante ameaça de prisão, requer a concessão de *habeas corpus* preventivo, expedindo-se imediato salvo-conduto, para que ele possa livremente continuar a exercer seu direito constitucional de ir, vir e permanecer.

Termos em que
pede deferimento.

........................, ... de ....de 20......
Advogado(a)
OAB/...... n. ......

HABEAS CORPUS LIBERATÓRIO

AO JUÍZO DE DIREITO DA ...... VARA CRIMINAL

Comarca de ....

........................, brasileiro, casado, advogado, vem respeitosamente perante este juízo para, com fulcro nos arts. 5º, LXVIII, da Constituição Federal, e 647 do Código de Processo Penal, requerer *HABEAS CORPUS* em favor do paciente .... (qualificação e endereço), pelos fatos que passa a expor:

1. O paciente, por determinação do sr. delegado de polícia ...., encontra-se preso ilegalmente na ...... Delegacia de Polícia de Furtos, nesta cidade, desde a data de ...., sofrendo injusta coação em sua liberdade.

2. A ilustre autoridade coatora, além de não declinar o motivo da prisão, excedeu o prazo de dez dias previstos em lei para a conclusão do inquérito, transgredindo, dessa forma, a regra expressa no art. 10 do Código de Processo Penal.

3. Ademais, é fato provado que o paciente não foi preso em flagrante delito, nunca sofreu condenação em processo criminal nem foi alvo de prisão preventiva ou provisória.

4. Destarte, manifesta a ilegalidade do constrangimento, impetra o requerente o presente pedido de *habeas corpus*, esperando sua concessão e a consequente expedição imediata do competente alvará de soltura.

Termos em que

pede deferimento.

........................, ... de ....de 20......

Advogado(a)

OAB/...... n. ......

Recurso ordinário em *habeas corpus*

Trata-se de recurso constitucional previsto para a hipótese de denegação da ordem, a ser impetrado perante o Superior Tribunal de Justiça ou o Supremo Tribunal Federal. Consoante prescrição do art. 105, II, *a*, da Constituição Federal, cabe recurso ordinário para o Superior Tribunal de Justiça das decisões denegatórias de *habeas corpus* proferidas pelos tribunais federais ou pelos tribunais dos estados e do Distrito Federal. No Superior Tribunal de Justiça, o recurso, atendendo ao que dispõem os arts. 30 a 32 da Lei n. 8.038/90, obedece ao seguinte processamento:

a) interposição, no prazo de cinco dias, com as razões do pedido de reforma;

b) distribuição do recurso pela secretaria;

c) vista ao Ministério Público, pelo prazo de dois dias;

d) conclusão dos autos ao relator, que submeterá o feito a julgamento na primeira sessão que se seguir à data da conclusão, independentemente de pauta.

O recurso ordinário será dirigido ao Supremo Tribunal Federal quando o *habeas corpus* tiver sido julgado em única instância pelos tribunais superiores, de acordo com a previsão constitucional do art. 102, II, *a*. Nessa corte, o recurso vem disciplinado pelos arts. 310 a 312 de seu Regimento Interno (RISTF), determinando ser processado da seguinte forma:

a) interposição, no prazo de cinco dias, nos próprios autos em que tiver sido proferida a decisão recorrida com as razões do pedido de reforma;

b) distribuição do recurso pela secretaria;

c) vista ao procurador-geral, pelo prazo de dois dias;

d) conclusão ao relator, que submeterá o feito a julgamento pelo plenário ou turma, conforme o caso.

INTERPOSIÇÃO PERANTE O SUPERIOR TRIBUNAL DE JUSTIÇA

REQUERIMENTO

AO PRESIDENTE DO TRIBUNAL DE JUSTIÇA
ESTADO DE ....
Autos n. ....

........................, nos autos do recurso de apelação em epígrafe, não se podendo resignar, *data venia*, com o respeitável acórdão que denegou o pedido de *habeas corpus*, quer, por seu procurador signatário, interpor o presente RECURSO ORDINÁRIO, no prazo legal, para a egrégia instância superior, conforme lhe facultam o art. 105, II, *a*, da Constituição Federal e o art. 30 da Lei n. 8.038/90, para o que solicita a este tribunal que o receba e determine seu processamento, remetendo-o, oportunamente, ao Superior Tribunal de Justiça, tudo segundo a exposição e as razões que adiante seguem.

Termos em que
espera deferimento.
........................, ... de ....de 20......
Advogado(a)
OAB/...... n. ......

RAZÕES DO RECORRENTE

EGRÉGIO SUPERIOR TRIBUNAL DE JUSTIÇA

Autos n. ....

Recorrente: ....

Origem: ....

RAZÕES DO RECORRENTE

EMÉRITOS JULGADORES,

1. No processo em epígrafe, o recorrente foi condenado, pela Segunda Vara Criminal da comarca de ...., à pena de detenção pelo período de três anos e seis meses.

2. Irresignado, o recorrente interpôs recurso de apelação, cujo processo foi julgado pela Terceira Câmara Criminal daquele colendo tribunal.

3. Ocorre que o senhor desembargador relator ...., ao redigir o acórdão, em ato isolado, fixou um regime de cumprimento de pena mais severo, ou seja, ..., na hipótese em que, pela pena aplicada, deveria ser mais ameno. Afora isso, deixou de fundamentar adequadamente sua decisão, como exige a lei.

4. Inconformado, o recorrente ingressou com pedido de *habeas corpus*, de pronto indeferido pelo referido Tribunal de Justiça.

5. Nos termos expostos, entende o impetrante encontrar-se na iminência de sofrer violência em sua liberdade de locomoção, por ilegalidade ou abuso do poder da autoridade citada, nos termos do art. 5º, LXVIII, da Constituição Federal.

Pelas razões expostas, espera o impetrante que este egrégio tribunal dê provimento ao presente recurso para anular a sentença e o acórdão confirmatório, na parte da fixação do regime prisional, para que aquele que vier a ser fixado tenha a devida justificação por ser de direito e merecida JUSTIÇA.

........................, ... de ....de 20......

Advogado(a)

OAB/...... n. ......

INTERPOSIÇÃO PERANTE O SUPREMO TRIBUNAL FEDERAL

REQUERIMENTO

AO PRESIDENTE DO TRIBUNAL DE JUSTIÇA
ESTADO DO ....
Autos n. ....

........................., nos autos do recurso de apelação em epígrafe, não se podendo resignar, *data venia*, com a respeitável decisão que rejeitou embargos declaratórios que objetivavam a alteração do regime de cumprimento de pena, quer, por seu procurador signatário, interpor o presente RECURSO ORDINÁRIO DE *HABEAS CORPUS*, no prazo legal, para a egrégia instância superior, conforme lhe faculta o art. 102, II, *a*, da Constituição Federal e o art. 310 do RISTF, para o que solicita a este TRIBUNAL que o receba e determine seu processamento, remetendo-o, oportunamente, ao Supremo Tribunal Federal, tudo segundo a exposição e as razões que adiante seguem.

Termos em que
espera deferimento.
........................., ... de .... de 20......
Advogado(a)
OAB/...... n. ......

RAZÕES DO RECORRENTE

EGRÉGIO SUPREMO TRIBUNAL FEDERAL
Autos n. ....
Recorrente: ....
Origem: ....

RAZÕES DO RECORRENTE

EMÉRITOS JULGADORES,

1. No processo em epígrafe, o recorrente foi condenado, pela 1ª Vara Criminal da comarca de ...., à pena de oito anos de reclusão em regime semiaberto pela prática de homicídio privilegiado.

2. Irresignado, o recorrente interpôs recurso de apelação, cujo processo foi julgado pela Quarta Câmara Criminal do colendo Tribunal de Justiça do ...., que reduziu a pena aplicada de oito para quatro anos.

3. Ocorre que o tribunal *a quo*, conquanto tenha procedido à referida redução da pena, manteve o mesmo regime para seu cumprimento.

4. O paciente deduziu embargos declaratórios no referido recurso de apelação, objetivando, por essa via, a detratação penal e, também, a alteração do regime de cumprimento de pena do semiaberto para o aberto. Todavia, os embargos foram rejeitados, com a manutença do regime semiaberto.

5. Insurge-se o ora paciente não só contra essa decisão, mas também porque o período em que esteve sujeito à prisão cautelar não foi computado no *quantum* definitivo resultante da pena privativa de liberdade.

6. Ademais, a fixação do regime inicial de cumprimento da pena deve ser feita, fundamentadamente, com estrita observância dos critérios previstos no art. 59 do CP, o que no presente caso não ocorreu. Consequentemente, a imposição de regime penal mais gravoso desacompanhada de adequada e suficiente justificação fulmina a decisão penal condenatória autorizando sua invalidação.

7. Nos termos expostos, entende o paciente estar sofrendo manifesto constrangimento ilegal, amparado por *habeas corpus*, nos termos do art. 5º, LXVIII, da Constituição Federal.

Pelas razões expostas, espera o impetrante que este egrégio tribunal dê provimento ao presente recurso para anular o acórdão confirmatório, na parte da fixação da pena e do regime prisional, para que aquele que vier a ser fixado tenha a devida justificação por ser de direito e merecida JUSTIÇA.

......................., ... de ....de 20.....

Advogado(a)

OAB/...... n. ......

Recurso de agravo regimental no Superior Tribunal de Justiça e no Supremo Tribunal Federal

Consoante previsão do art. 39 da Lei n. 8.038/90, do art. 317 do Regimento Interno do Supremo Tribunal Federal e do art. 258 do Regimento Interno do STJ, o agravo regimental pode ser utilizado em matéria penal, e o prazo de interposição é de cinco dias corridos.[37] Esse recurso é cabível, a depender do tribunal em

37 AgInt no AREsp 943.297/ES, Rel. Min. Rogerio Schietti Cruz, Sexta Turma, j. 27.06.2017, *DJe* 01.08.2017.

que tramite, contra decisão do Presidente do Tribunal, de Presidente de Turma, de Corte Especial, de Seção ou do relator do caso. O recurso deverá ser interposto dentro de cinco dias, e a parte poderá requerer a apresentação do feito em mesa relativo à matéria penal em geral, para que a Corte Especial, a Seção ou a Turma sobre ela se pronuncie, confirmando-a ou reformando-a. Todavia, não cabe agravo regimental nos casos de indeferimento de liminar em procedimento de *habeas corpus* e recurso ordinário em *habeas corpus* (art. 258 do RI).

O órgão do Tribunal competente para conhecer do agravo é o que seria competente para o julgamento do pedido ou recurso.

O art. 258 do Regimento Interno do STJ, que trata do agravo regimental, está assim redigido:

CAPÍTULO III
DOS RECURSOS DE DECISÕES PROFERIDAS NO TRIBUNAL

Seção I
Do Agravo Regimental em Matéria Penal

Art. 258. A parte que se considerar agravada por decisão do Presidente da Corte Especial, de Seção, de Turma ou de relator, à exceção do indeferimento de liminar em procedimento de *habeas corpus* e recurso ordinário em *habeas corpus*, poderá requerer, dentro de cinco dias, a apresentação do feito em mesa relativo à matéria penal em geral, para que a Corte Especial, a Seção ou a Turma sobre ela se pronuncie, confirmando-a ou reformando-a.

§ 1º O órgão do Tribunal competente para conhecer do agravo é o que seria competente para o julgamento do pedido ou recurso.

§ 2º Não cabe agravo regimental da decisão do relator que der provimento a agravo de instrumento, para determinar a subida de recurso não admitido.

§ 3º O agravo regimental será submetido ao prolator da decisão, que poderá reconsiderá-la ou submeter o agravo ao julgamento da Corte Especial, da Seção ou da Turma, conforme o caso, computando-se também o seu voto.

§ 4º Se a decisão agravada for do Presidente da Corte Especial ou da Seção, o julgamento será presidido por seu substituto, que votará no caso de empate.

O art. 317 do Regimento Interno do Supremo Tribunal Federal, por sua vez, assim dispõe:

Seção II
Do Agravo Regimental

Art. 317. Ressalvadas as exceções previstas neste Regimento, caberá agravo regimental, no prazo de cinco dias de decisão do Presidente do Tribunal, de Presidente de Turma ou do Relator, que causar prejuízo ao direito da parte.

RISTF: art. 305 (remessa de julgamento ao Pleno e provimento de AI).

CPC: art. 545 (5 dias) e § 2º do art. 557 (multa: agravo regimental infundado).

Lei n. 8.038/99: § 5º do art. 28 (5 dias).

Lei n. 9.868/99: parágrafo único do art. 4º (ADI) – parágrafo único do art. 15 (ADC).

Lei n. 9.882/99: § 2º do art. 4º (ADPF).

Resolução/STF n. 186/99: Regula recolhimento da multa prevista no § 2º do art. 557 do CPC.

§ 1º A petição conterá, sob pena de rejeição liminar, as razões do pedido de reforma da decisão agravada.

§ 2º O agravo regimental será protocolado e, sem qualquer outra formalidade, submetido ao prolator do despacho, que poderá reconsiderar o seu ato ou submeter o agravo ao julgamento do Plenário ou da Turma, a quem caiba a competência, computando-se também o seu voto.

RISTF: art. 6º, II, *d* (Pleno: AgR) – art. 8º, I (Pleno e Turmas) – art. 21, § 3º (em mesa) – art. 72 (Relator de AgR).

§ 3º Provido o agravo, o Plenário ou a Turma determinará o que for de direito.

RISTF: art. 83, III (independe de pauta) – art. 93, parágrafo único (dispensa acórdão).

CPC: art. 544, § 4º (conversão em RE).

§ 4º O agravo regimental não terá efeito suspensivo.

§ 5º O agravo interno poderá, a critério do Relator, ser submetido a julgamento por meio eletrônico, observada a respectiva competência da Turma ou do Plenário (*incluído pela Emenda Regimental n. 51, de 22.06.2016*).

13

Notificações judiciais e extrajudiciais

GENERALIDADES

Notificação é o ato pelo qual uma pessoa dá a conhecer à outra a sua intenção ou a existência de um fato que seja de seu interesse, com o fim de preservar ou de oportunizar o exercício de um direito.

Assevera o parágrafo único do art. 397 do Código Civil que, não havendo prazo assinalado para o cumprimento da obrigação, o devedor somente incorre em mora após a interpelação judicial ou extrajudicial. Em que pese a omissão do artigo em relação à notificação, subentende-se que esta também se inclui no dispositivo citado, vez que também constitui uma forma de caracterizar a mora do devedor.

Assim é que a notificação tem sua fonte mais copiosa nas obrigações derivadas de contratos de prazo indeterminado, em que é mister a denúncia do contrato, por meio da notificação premonitória.

A propósito do tema, o Tribunal de Justiça do Estado de São Paulo editou a Súmula 22, assim posta:

> Em casos de notificação premonitória desacompanhada de procuração, consideram-se ratificados os poderes para a prática do ato com a juntada do competente instrumento de mandato ao ensejo da propositura da ação. (Retif. *DJE* 03.06.2011, p. 1.)

Há também notificações cuja obrigatoriedade decorre da própria lei, *v.g.*, a que é destinada a assegurar o direito de preferência na aquisição do imóvel ao locatário, ao arrendatário e ao condômino, como se verá adiante.

As notificações podem ser judiciais ou extrajudiciais. Em nosso entender as *judiciais* classificam-se em duas espécies: notificação *stricto sensu* e notificação *lato sensu.* A primeira corresponde às notificações efetivadas regularmente no âmbito do processo e tem como destinatário as partes litigantes, a Advocacia Pública, a Defensoria Pública e o Ministério Público. A segunda espécie refere-se às notificações promovidas via judicial por interessados que não contendem em juízo, na forma do art. 726 do Código de Processo Civil:

> Art. 726. Quem tiver interesse em manifestar formalmente sua vontade a outrem sobre assunto juridicamente relevante poderá notificar pessoas participantes da mesma relação jurídica para dar-lhes ciência de seu propósito.

Notificações judiciais

A leitura do art. 726 do CPC permite inferir que o interessado pode notificar judicialmente participantes da mesma relação jurídica, fato que, em nosso entender, não impede que a notificação também possa ser efetivada de forma extrajudicial. Entenda-se, pois, que a via judicial é opcional, não sendo impedimento para a utilização da notificação extrajudicial.

Já a opção não se aplica à hipótese de pedido de notificação no qual se requer seja procedida mediante publicação de edital sendo, nesse caso, obrigatória a notificação judicial.

Há também exigência expressa do Código Civil de que a notificação se processe judicialmente nos seguintes casos:

a) notificação do donatário, assinando-lhe prazo razoável para que cumpra o encargo previsto na doação onerosa, sob pena de revogação da doação (art. 562 do CC);

b) notificação dos credores hipotecários que não forem de qualquer modo partes na execução, para efeito de extinção da hipoteca devidamente registrada, arrematação ou adjudicação (art. 1.501 do CC).

De qualquer sorte, ajuizado o pedido o requerido somente será previamente ouvido antes do deferimento da notificação ou do respectivo edital nos casos de suspeita de que o requerente pretende alcançar fim ilícito e se tiver sido requerida a averbação da notificação em registro público (art. 728 do CPC).

Deferida e realizada a notificação judicial, os autos serão entregues ao requerente (art. 729 do CPC).

NOTIFICAÇÃO JUDICIAL PARA REVOGAÇÃO DE PROCURAÇÃO

AO JUÍZO DE DIREITO DA VARA CÍVEL

Comarca de ....

........................, brasileiro, casado, comerciante, RG n. ...., CPFn. ...., e sua mulher, ..., brasileira, do lar, RG n. ...., CPF n. ...., ambos residentes nesta cidade, à rua ...., n. ......, endereço eletrônico ...., , por seu procurador infra-assinado (doc. 1), advogado inscrito na OAB ...., sob n. ......, endereço eletrônico ...., com escritório na rua ...., n. ......, nesta cidade, onde recebe intimações, vem respeitosamente perante este juízo para requerer

NOTIFICAÇÃO PARA REVOGAÇÃO DE PROCURAÇÃO

Em desfavor de ...., brasileiro, casado, administrador, residente na rua ...., n. ......, nesta cidade, pelos seguintes fundamentos:

1. Consoante comprova com o documento incluso, o requerente, em data de ...., conferiu ao requerido procuração por instrumento particular para administrar imóveis de sua propriedade localizados neste município, conforme comprova com a cópia inclusa.

2. Entretanto, não mais convindo ao requerente a continuidade do referido mandato pelo requerido, vez que os últimos atos praticados pelo requerido vieram a causar-lhe prejuízos, pretende o requerente revogá-lo expressamente como lhe permite o art. 682, combinado com o art. 686 do Código Civil.

Diante do exposto, com fundamento no art. 726 do CPC, requer a este juízo se digne determinar a notificação do requerido mediante edital a ser publicado no órgão de imprensa de maior circulação deste município, dando-lhe ciência da revogação do mandato, para efeito de não só o requerido abster-se de praticar outros atos decorrentes do mandado, mas também tantos quanto tomarem conhecimento da revogação, absterem-se de realizar transações com o requerido.

Valor da causa: R$ ....

T. em que
espera deferimento.

....................., ... de .... de 20......

Advogado(a)

OAB/...... n.

NOTIFICAÇÃO JUDICIAL AO COMPROMISSÁRIO-COMPRADOR PARA RECEBER ESCRITURA

AO JUÍZO DE DIREITO DA ...... VARA CÍVEL

Comarca de ....

........................, brasileiro, bancário, RG n. ...., CPF n............., endereço eletrônico ...., e sua mulher, ..., brasileira, do lar, RG n. ...., CPF n. ...., endereço eletrônico ...., domiciliados nesta cidade e residentes na rua ...., n. ......, por seu procurador infra-assinado (doc. 1), vêm perante este juízo para, com fulcro no art. 17 do Decreto-lei n. 58/37, requerer

NOTIFICAÇÃO PARA RECEBIMENTO DE ESCRITURA

de ...., brasileiro, solteiro, analista de sistemas, domiciliado nesta cidade e residente na av. ...., n. ......, apto. ......, pelos seguintes fatos e fundamentos:

1. Na data de ...... de .... do corrente ano, os requerentes contrataram com o requerido, mediante compromisso de compra e venda devidamente averbado no Registro de Imóveis da ...... Zona, deste município, a venda, pelo valor de R$ ...., mediante pagamento em 12 (doze) prestações iguais e mensais de R$ ...., do imóvel urbano, sem benfeitorias, com área de 350 m², constituído pelo lote n. 10 da quadra n. 810, sito nesta cidade, na rua Padre Anchieta, bairro Industrial, conforme prova com o incluso contrato (doc. 2).

2. Ocorre que, tendo transcorrido mais de um mês da data de vencimento da última prestação, que se deu no dia ...... de .... do corrente, no valor de R$ .... (........................), o requerido, embora reiteradas solicitações dos requerentes, até a presente data não compareceu ao tabelionato para a assinatura da escritura pública de compra e venda do imóvel objeto do contrato.

3. Em razão de tais fatos, pretendem os requerentes, com o fim de eximir-se de qualquer responsabilidade futura, que o requerido seja compelido a vir receber a escritura de compra e venda, conforme lhes faculta a lei.

Diante do exposto, e com fundamento nos arts. 726 do CPC e 17 do Decreto-lei n. 58/37, requerem a este juízo que se digne determinar a intimação do requerido para, no prazo de trinta dias, comparecer ao .... Tabelionato desta cidade, no horário das ...., e vir receber a escritura definitiva do lote comprometido, sob pena de depósito judicial do mesmo, por sua conta e risco.

Valor da causa: R$ ....

T. em que
espera deferimento.
...................., ... de .... de 20......
Advogado (a)
OAB/...... n.

Notificações extrajudiciais

São *extrajudiciais* as notificações não promovidas por via judicial, ou seja, as notificações feitas pelo Cartório de Registro de Títulos e Documentos ou por meio de carta com aviso de recebimento (AR).

Na prática as hipóteses mais usuais de notificações extrajudiciais, todas decorrentes de lei ou de jurisprudência são:

a) notificação do comodante ao comodatário para desocupar o imóvel dado em comodato no contrato de prazo indeterminado;[1]

b) notificação do locatário ao locador para denunciar a locação por prazo indeterminado (art. 6º da Lei n. 8.245/91);

c) notificação do locatário ao locador manifestando interesse na sublocação (§ 2º do art. 13 da Lei n. 8.245/91);

d) notificação do nu-proprietário ao locatário denunciando a locação, nos casos de extinção do usufruto ou de fideicomisso (art. 7º da Lei n. 8.245/91);

e) notificação do adquirente do imóvel ao locatário caso o imóvel seja alienado a terceiro durante a locação (art. 7º da Lei n. 8.245/91);

---

1 Ação de reintegração de posse. Comodato/cessão. Pedido de desocupação. Ausência de prazo. Impossibilidade de eternização do comodato. "Dado em comodato o imóvel, mediante contrato verbal, onde, evidentemente, não há prazo assinalado, bastante à desocupação a notificação ao comodatário da pretensão do comodante, não se lhe exigindo prova de necessidade imprevista e urgente do bem" (REsp n. 605.137/PR, 4ª T., rel. Min. Aldir Passarinho Junior, j. 18.05.2004, *DJ* 23.08.2004, p. 251) (Ag. Reg. no REsp n. 1.424.390/PB, 3ª T., rel. Min. Paulo de Tarso Sanseverino, j. 12.02.2015, *DJe* 24.02.2015); Ação de reintegração de posse de imóvel cedido em comodato por prazo determinado. Notificação extrajudicial do comodatário sobre o desinteresse do comodante em manter a avença. [...] 3. A temporariedade é uma das características estruturais do comodato, uma vez consabido que a entrega gratuita de bem sem intenção de restituição caracteriza o contrato de doação e não o de empréstimo. Não há, portanto, que se falar em comodato vitalício ou perpétuo. [...] 5. De outro giro, cuidando-se de comodato precário – isto é, sem termo certo –, o comodante, em regra, somente poderá invocar o direito de retomada (hipótese de resilição unilateral ou denúncia) após o transcurso do intervalo suficiente à utilização do bem, pelo comodatário, conforme sua destinação. A constituição do devedor em mora reclamará, no caso, a prévia notificação judicial ou extrajudicial (*mora ex persona*), com a estipulação de prazo razoável para a restituição da coisa, cuja inobservância implicará a caracterização do esbulho autorizador do interdito possessório. (REsp n. 1.327.627/RS, 4ª T., rel. Min. Luis Felipe Salomão, j. 25.10.2016, *DJe* 01.12.2016)

f) notificação do locador ao locatário para que este exerça o direito de preferência no caso de venda do imóvel locado (art. 27 da Lei n. 8.245/91);

g) notificação do locador ao locatário para denunciar a locação por prazo determinado prorrogada por prazo indeterminado (art. 46 da Lei n. 8.245/91);

h) notificação do locador ao locatário para denunciar a locação por prazo indeterminado (art. 57 da Lei n. 8.245/91);

i) notificação do locador ao locatário requerendo o imóvel locado para uso próprio ou de familiar (art. 47, III, da Lei n. 8.245/91);

j) notificação do arrendador ao arrendatário para que este exerça o direito de preferência na renovação do contrato (art. 22 do Decreto n. 59.566/66);

k) notificação do arrendador ao arrendatário comunicando a intenção de explorar o imóvel pessoalmente ou por intermédio de descendente (art. 22, § 2º, do Decreto n. 59.566/66);

l) notificação do arrendador ao arrendatário para que este exerça o direito de preferência na compra do imóvel arrendado (art. 45 do Decreto n. 59.566/66);

m) notificação do arrendatário ao arrendador comunicando seu desinteresse na continuidade do contrato (art. 22, § 1º, do Decreto n. 59.566/66);

n) notificação do compromissário-vendedor ao compromissário-comprador para constituí-lo em mora no caso de inadimplemento (art. 14 do Decreto-lei n. 58/37);

o) notificação do compromissário-vendedor ao compromissário-comprador para vir receber escritura (art. 17 do Decreto-lei n. 58/37);

p) notificação do credor ao devedor para, na homologação do penhor legal, pagar o débito ou impugnar sua cobrança (art. 703, § 2º, do CPC);[2]

q) notificação para o exercício do direito de resposta ou retificação do ofendido em matéria divulgada, publicada ou transmitida por veículo de comunicação social (art. 3º da Lei n. 13.188/2015).

---

2 "Art. 703. Tomado o penhor legal nos casos previstos em lei, requererá o credor, ato contínuo, a homologação. § 1º Na petição inicial, instruída com o contrato de locação ou a conta pormenorizada das despesas, a tabela dos preços e a relação dos objetos retidos, o credor pedirá a citação do devedor para pagar ou contestar na audiência preliminar que for designada. § 2º A homologação do penhor legal poderá ser promovida pela via extrajudicial mediante requerimento, que conterá os requisitos previstos no § 1º deste artigo, do credor a notário de sua livre escolha. § 3º Recebido o requerimento, o notário promoverá a notificação extrajudicial do devedor para, no prazo de 5 (cinco) dias, pagar o débito ou impugnar sua cobrança, alegando por escrito uma das causas previstas no art. 704, hipótese em que o procedimento será encaminhado ao juízo competente para decisão. § 4º Transcorrido o prazo sem manifestação do devedor, o notário formalizará a homologação do penhor legal por escritura pública."

HIPÓTESES DE NOTIFICAÇÕES EXTRAJUDICIAIS

Notificação no comodato por prazo indeterminado

Comodato é o "empréstimo gratuito de coisas não fungíveis" (art. 579 do CC). Portanto, a teor do referido dispositivo de lei, o empréstimo gratuito de um imóvel também se constitui em contrato de comodato. Este poderá ser feito com prazo determinado, estipulando-se data certa para a devolução do imóvel, ou com prazo indeterminado, sem a fixação do *dies a quo* para a devolução.

Havendo esta última hipótese, entende a melhor orientação jurisprudencial que, pretendendo o comodante obter a devolução do imóvel, deverá ele proceder à denúncia do contrato. Tal denúncia consiste na notificação do comodatário, na qual o comodante manifesta sua intenção de ver o imóvel desocupado e concede ao comodatário prazo razoável para a desocupação. Dessa forma, a denúncia do contrato, pela notificação, tem por escopo tornar o contrato anteriormente firmado por prazo indeterminado como de prazo determinado.

Assim, se concedido o prazo de noventa dias para a desocupação, prazo que começa a fluir a partir do recebimento da notificação, este será o novo prazo do contrato. Não se verificando a desocupação do imóvel no prazo referido, caracterizada ficará a mora do comodatário, a teor da segunda parte do art. 397 do Código Civil. Nesse caso, o comodatário passa a praticar esbulho possessório, atacável por meio de ação de reintegração de posse.

Ainda quanto ao prazo a ser concedido para a desocupação do imóvel, na hipótese aventada, por analogia ao § 2º do art. 576 do Código Civil, deverá ser de noventa dias, no mínimo: "§ 2º Em se tratando de imóvel, e ainda no caso em que o locador não esteja obrigado a respeitar o contrato, não poderá ele despedir o locatário, senão observado o prazo de noventa dias após a notificação".

NOTIFICAÇÃO PARA DENUNCIAR DE CONTRATO DE COMODATO POR PRAZO INDETERMINADO

........................, ... de .... de 20......

Ilmo. Sr. ....

Nesta cidade

Prezado senhor

Pela presente, e na condição de proprietário do imóvel ora ocupado por V. Sª, comunico que, não mais me convindo continuar com o contrato de comodato de prazo indeterminado firmado com V. Sª, pretendo a devolução do mesmo imóvel, no prazo improrrogável de 90 (noventa) dias, a contar do recebimento desta.

Atenciosamente,
Comodante

Notificações no âmbito do contrato de locação

A Lei n. 8.245/91, a Lei do Inquilinato, que rege as locações de imóveis urbanos em geral, prevê diversas situações nas quais o locador deve notificar o locatário ou o locatário deve notificar o locador, para o fim de assegurar um direito à outra parte, quando não seja para assegurar seus próprios direitos. As hipóteses de notificação, incluindo a que se destina à retomada do imóvel locado, previstas na referida lei são as seguintes:

a) *do locatário ao locador, para denunciar a locação por prazo indeterminado:* dispõe o art. 6º que o locatário poderá denunciar a locação por prazo indeterminado mediante aviso por escrito ao locador, com antecedência mínima de trinta dias, sob pena de pagamento de quantia correspondente a um mês de aluguel e encargos, vigentes na época da resilição;

NOTIFICAÇÃO PARA DENUNCIAR LOCAÇÃO POR PRAZO INDETERMINADO

......................., ... de .... de 20.....

Ilmo. Sr.
....
Rua .... n. ......
Nesta cidade

Prezado senhor

Pela presente, e na qualidade de locatário do imóvel de propriedade de V. Sª, cuja locação vigora por prazo indeterminado, venho comunicar-lhe, em atenção ao que dispõe o art. 6º da Lei n. 8.245/91, que não pretendo continuar a locação e que desocuparei o imóvel locado no prazo de trinta dias, a contar do recebimento desta.

Atenciosamente,
Locatário

b) *do locador, solicitando consentimento para sublocação do imóvel locado*: o art. 13 veda expressamente a cessão da locação, a sublocação e o empréstimo do imóvel pelo locatário, sem o consentimento prévio e escrito do locador. O pedido de consentimento deve ser feito pelo locatário por meio de notificação (§ 2º), tendo o locador o prazo de trinta dias para manifestar formalmente sua oposição. Não havendo manifestação presumir-se-á o consentimento;

SOLICITAÇÃO DE CONSENTIMENTO PARA SUBLOCAÇÃO

.........................., ... de .... de 20......

Ilmo. Sr.

....

Nesta cidade

Prezado senhor

Pela presente, e na condição de locatário do imóvel de sua propriedade, sito na rua Barão do Rio Branco, n. 275, venho perante V. Sª para, com respaldo no art. 13, § 2º, da Lei n. 8.245/91, comunicar que pretendo sublocar parte do referido imóvel ao Sr. ...., razão pela qual solicito o seu consentimento ou manifestação no prazo legal.

Atenciosamente,

Locatário

c) *ao locatário, do nu-proprietário*: nos casos de extinção do usufruto ou de fideicomisso, o art. 7º faculta ao nu-proprietário promover a denúncia da locação, concedendo o prazo de trinta dias para a desocupação do imóvel, na hipótese de o usufrutuário figurar como locador no contrato de locação. Tal direito deverá ser exercido no prazo de noventa dias, contados da extinção do fideicomisso ou da averbação da extinção do usufruto, sob pena de presumir-se a concordância na manutenção da locação (parágrafo único);

DENÚNCIA DE LOCAÇÃO FEITA PELO NU-PROPRIETÁRIO (usufrutuário)

........................, ... de .... de 20......

Ilmo. Sr.

....

Nesta cidade

Prezado senhor

Na condição de proprietário do imóvel que se encontra locado a V. Sª pelo usufrutuário do mesmo imóvel, Sr. ...., comunico que, tendo-se operado a extinção do usufruto em razão do falecimento do mesmo, ocorrido na data de ...., pretendo que V. Sª desocupe o imóvel locado no prazo de trinta dias, a contar do recebimento desta, conforme me faculta o art. 7º da Lei n. 8.245/91.

Atenciosamente,

Proprietário

d) *do adquirente do imóvel ao locatário, para denunciar o contrato*: conforme dispõe o art. 8º, se o imóvel for alienado a terceiro durante a locação, poderá o adquirente denunciar o contrato de prazo indeterminado, com prazo de noventa dias. Entretanto, não poderá fazê-lo se a locação for por tempo determinado e o contrato contiver cláusula de vigência em caso de alienação e estiver averbado na matrícula do imóvel, no Registro Imobiliário;

DENÚNCIA DA LOCAÇÃO PELO ADQUIRENTE DO IMÓVEL LOCADO

........................, ... de .... de 20......

Ilmo. Sr.

....

Rua ...., n. ......

Nesta cidade

Prezado senhor

Pela presente, e na qualidade de novo proprietário do imóvel locado a V. Sª, cuja locação vigora por prazo indeterminado, venho comunicar-lhe, com fulcro no art. 8º da Lei n.

8.245/91, que pretendo residir no imóvel locado, razão pela qual lhe concedo o prazo de noventa dias, a contar do recebimento desta, para a desocupação do mesmo.

Atenciosamente,

Caril Borges

e) *do locador ao locatário, para que exerça o direito de preferência:* trata o art. 27 da preferência legal, ou seja, do direito do locatário de ser preferido como comprador na hipótese de o imóvel locado ser posto à venda pelo locador. Assim, para evitar posterior reclamação judicial do locatário, caso pretenda locar a terceiro, cumpre-lhe dar conhecimento do negócio mediante notificação judicial, extrajudicial ou por qualquer outro meio de ciência inequívoca. Complementa o parágrafo único do referido artigo que a notificação "deverá conter as condições do negócio e, em especial, o preço, a forma de pagamento, a existência de ônus reais, bem como o local e horário em que pode ser examinada a documentação pertinente";

NOTIFICAÇÃO AO LOCATÁRIO PARA QUE EXERÇA DIREITO DE PREFERÊNCIA

........................., ... de .... de 20......

Ilmo. Sr.

....

Rua .... n. ......

Nesta cidade

Prezado senhor

Na condição de locador e proprietário do imóvel ora locado a V. Sª, e tendo decidido alienar o referido imóvel, venho, em atenção ao que prescreve o art. 27 da Lei n. 8.245/91, conceder-lhe o prazo de trinta dias, a contar do recebimento desta, para que V. Sª exerça o seu direito de preferência na aquisição do imóvel locado, que será posto à venda mediante as seguintes condições:

a) valor do imóvel: R$ 100.000,00;

b) condições de pagamento: cinco pagamentos mensais de R$ 20.000,00, corrigidos mensalmente pela taxa referencial;

c) inexistem ônus reais sobre o imóvel;

d) local e horário para exame da documentação: dia ...... de ...., às 20 horas, em minha residência, sita na rua .... n. ......

Atenciosamente,

Proprietário

f) *do locador ao locatário, para denunciar a locação por prazo indeterminado*: a locação feita por escrito e por prazo igual ou superior a trinta meses poderá ser desfeita tão logo expire o prazo contratual, independentemente de qualquer notificação (art. 46 da Lei n. 8.245/91). Entretanto, se tal locação for prorrogada por prazo indeterminado, em razão da falta de oposição do locador, este poderá denunciar o contrato a qualquer tempo, desde que conceda o prazo de trinta dias para a desocupação (§§ 1º e 2º);

DENÚNCIA DA LOCAÇÃO POR PRAZO INDETERMINADO

......................., ... de .... de 20......

Ilmo. Sr.

....

Rua .... n. ......

Nesta cidade

Prezado senhor

Na condição de locador do imóvel ora ocupado por V. Sª, cuja locação passou a vigorar por prazo indeterminado desde a data de ...., venho comunicar, com fundamento no art. 46, § 2º, da Lei n. 8.245/91, que, não mais me convindo continuar com a referida locação, pretendo a devolução do imóvel locado, no prazo improrrogável de trinta dias, a contar do recebimento desta.

Atenciosamente,

Locador

g) *do locador ao locatário, para denunciar a locação não residencial*: a denúncia vazia, anteriormente existente para a locação de imóveis não residenciais, permanece na nova lei, eis que se encontra contemplada no art. 57. Assim, pode a locação por prazo indeterminado, a qualquer tempo, ser denunciada por escrito, pelo locador, concedidos ao locatário trinta dias para a desocupação do imóvel;

DENÚNCIA DE LOCAÇÃO NÃO RESIDENCIAL

......................., ... de .... de 20......

Ilmo. Sr.

....

Rua .... n. ......

Nesta cidade

Prezado senhor

Na condição de proprietário e locador do imóvel no qual V. Sª desenvolve suas atividades comerciais, sito na rua Princesa Isabel, 715, cuja locação passou a vigorar por prazo indeterminado desde a data de ...., venho à presença de V. Sª para, com fulcro no art. 57 da Lei n. 8.245/91, comunicar que não tenho interesse em continuar a referida locação, razão pela qual pretendo a devolução do imóvel locado no prazo improrrogável de trinta dias, a contar do recebimento desta.

Atenciosamente,

Locador

h) *do locatário ao locador, para manifestar-se sobre a sublocação*: sendo notificado pelo locatário para pronunciar-se sobre a possibilidade da sublocação do imóvel locado, o locador terá o prazo de trinta dias para manifestar formalmente a sua oposição (art. 13, § 2º, da Lei n. 8.245/91). Não havendo nenhuma manifestação no referido prazo, presume-se concedido tal consentimento;

COMUNICAÇÃO DE NÃO CONSENTIMENTO NA SUBLOCAÇÃO

......................., ... de .... de 20......

Ilmo. Sr.

....

Rua .... n. ......

Nesta cidade

Prezado senhor

Na qualidade de proprietário e locador do imóvel ocupado por V. Sª, e tendo em vista a sua comunicação de que pretende sublocar parte do imóvel a terceiro, venho, dentro do prazo previsto no art. 13, § 2º, da Lei n. 8.245/91, informar que não consinto na referida sublocação.

Atenciosamente,

Locador

i) *do locador ao locatário, para solicitar imóvel para uso próprio ou de familiar*: o art. 47, III, assegura ao locador o direito de retomar o imóvel para uso próprio ou para uso de cônjuge, de companheira, de ascendente ou de descendente. Para tanto, é de todo conveniente que o locador, antes de adotar medida extrema, que é a ação de despejo, tente a retomada extrajudicial, notificando ao locatário sua intenção em obter a devolução do imóvel.

SOLICITAÇÃO DE IMÓVEL PARA USO DE DESCENDENTE

......................., ... de .... de 20......

Ilmo. Sr.

....

Rua .... n. ......

Nesta cidade

Prezado senhor

Pela presente, e na qualidade de proprietário e locador do imóvel ora ocupado por V. Sª, cuja locação vigora por prazo indeterminado, comunico que pretendo a desocupação do imóvel locado, no prazo de trinta dias, a contar do recebimento desta, tendo em vista que o referido imóvel será destinado à residência de meu filho .... após o seu casamento, que se realizará no mês de .... do corrente ano, conforme direito que me assegura o art. 47, III, da Lei n. 8.245/91.

Atenciosamente,

Locador

Notificações decorrentes do contrato de arrendamento rural

O Decreto n. 59.566/66, que regulamenta a Lei n. 4.504/64 (Estatuto da Terra) na matéria concernente aos contratos de arrendamento e de parceria rural, estabelece algumas hipóteses de notificação durante o transcurso do contrato de arrendamento, sobre as quais passaremos a discorrer:

a) *do arrendador ao arrendatário, para que exerça direito de preferência na renovação do contrato*: o art. 22 do Decreto n. 59.566 assegura ao arrendatário a preferência à renovação do contrato de arrendamento. Assim, para evitar posterior reclamação judicial do arrendatário, caso pretenda arrendar a terceiro, cumpre-lhe notificar ao arrendatário as propostas recebidas, no prazo de seis meses que antecedem o vencimento do contrato;

CONCESSÃO DE PREFERÊNCIA NA RENOVAÇÃO DO CONTRATO DE ARRENDAMENTO

........................, ... de .... de 20......

Ilmo. Sr.

....

Rua .... n. ......

Nesta cidade

Prezado senhor

Na condição de proprietário arrendador do imóvel que se encontra arrendado a V. Sª, sirvo-me da presente para, em atenção ao que prescreve o art. 22 do Decreto n. 59.566/66, conceder-lhe preferência na renovação do vigente contrato de arrendamento, uma vez que recebi de terceiros as seguintes propostas para arrendamento do mesmo imóvel, cujas cópias seguem anexas:

1. Proposta do Sr. ...., no valor de R$ .... anuais, com reajuste baseado na taxa referencial anual.

2. Proposta do Sr. ...., no valor de R$ .... anuais, com reajustes baseados nos índices da caderneta de poupança.

Atenciosamente,
Arrendador

b) *do arrendador ao arrendatário, comunicando a intenção de explorar o imóvel pessoalmente ou por intermédio de descendentes*: tal como ocorre na locação, em que o locador pode retomar o imóvel para uso próprio ou de descendente, no arrendamento o arrendador poderá retomar o imóvel rural para explorá-lo pessoalmente ou por meio de descendente, devendo o mesmo declarar sua intenção, por via de notificação, no prazo de até seis meses antes do vencimento do contrato, segundo estatui o art. 22, § 2º, do Decreto n. 59.566/66;

SOLICITAÇÃO DE DESOCUPAÇÃO DE IMÓVEL RURAL PARA EXPLORÁ-LO PESSOALMENTE

........................, ... de .... de 20......

Ilmo. Sr.

....

Rua .... n. ......

Nesta cidade

Prezado senhor

Na condição de proprietário arrendador do imóvel ora arrendado a V. Sª, venho comunicar, em cumprimento ao que dispõe o art. 22, § 2º, do Decreto n. 59.566/66, que pretendo explorar pessoalmente o imóvel arrendado, razão pela qual solicito a desocupação do mesmo após o término do prazo contratual, ou após a ultimação da colheita.

Atenciosamente,
Arrendador

c) *do arrendador ao arrendatário, para que exerça o direito de preferência na aquisição do imóvel*: o direito de preempção para a aquisição do imóvel arrendado, em igualdade de condições com terceiros, está assegurado ao arrendatário em face do art. 45 do Decreto n. 59.566/66. Pretendendo o arrendador alienar o imóvel, deverá o mesmo manifestar sua vontade, através da competente notificação, concedendo o prazo de trinta dias ao arrendatário para que exerça o seu direito;

NOTIFICAÇÃO AO ARRENDATÁRIO PARA QUE EXERÇA DIREITO DE PREFERÊNCIA

........................, ... de .... de 20......

Ilmo. Sr.

....

Rua .... n. ......

Nesta cidade

Prezado senhor

Na condição de proprietário arrendador do imóvel ora arrendado a V. Sª, tendo decidido alienar o referido imóvel, venho, com fulcro no art. 45 do Decreto n. 59.566/66, conceder-lhe o prazo de trinta dias, a contar do recebimento desta, para que V. Sª exerça o seu direito de preferência na aquisição do imóvel arrendado, cuja venda será feita pelo valor de R$ ...., pagável em cinco prestações mensais de R$ ...., corrigidas mensalmente pela variação da taxa referencial.

Atenciosamente,

Arrendador

d) *do arrendatário ao arrendador, para comunicar a desistência da continuidade do contrato*: não havendo interesse na renovação automática do contrato de arrendamento por parte do arrendatário, deverá este manifestar-se, notificando ao arrendador a sua desistência no prazo de trinta dias após o vencimento do contrato, conforme determina o art. 22, § 1º, do Decreto n. 59.566/66.

NOTIFICAÇÃO COMUNICANDO A DESISTÊNCIA DO CONTRATO

......................., ... de .... de 20......

Ilmo. Sr.

....

Rua .... n. ......

Nesta cidade

Prezado senhor

Pela presente e na condição de arrendatário do imóvel de propriedade de V. Sª, cujo contrato de arrendamento vigorará até a data de ...., venho comunicar, em razão do disposto no art. 22, § 1º, do Decreto n. 59.566/66, que não tenho interesse na renovação do referido contrato e que desocuparei o imóvel arrendado após a conclusão da colheita.

Atenciosamente,

Arrendatário

Notificação ao condômino para assegurar o direito de preferência

Não pode um condômino em coisa indivisível vender a sua parte a estranhos, se um dos condôminos quiser adquiri-la pelas mesmas condições oferecidas a terceiros. É o que dispõe a norma proibitiva contida no art. 1.322 do Código Civil. Trata-se de mais uma das hipóteses de preferência legal, que exige do condômino alienante a obrigação de dar conhecimento da venda ao outro consorte, sob pena de este, depositando o preço pelo qual foi a coisa vendida, haver para si a parte vendida a estranho.

Aplica-se o referido dispositivo às coisas indivisíveis, que, segundo os arts. 87 e 88 do Código Civil, são aquelas que não se podem fracionar sem alterar a sua substância (exemplo: uma casa pertencente a diversas pessoas) ou as que, embora naturalmente divisíveis, se consideram indivisíveis por lei (exemplo: o art. 65 da Lei n. 4.504/64, Estatuto da Terra, proíbe a divisão do imóvel rural em fração inferior à do módulo).

NOTIFICAÇÃO AO CONDÔMINO PARA QUE EXERÇA DIREITO DE PREFERÊNCIA

......................., ... de .... de 20......

Ilmo. Sr.

....

Rua .... n. ......

Nesta cidade

Prezado senhor

Na condição de condômino do imóvel rural com área de ...... hectares sito neste município, na localidade denominada ...., sirvo-me da presente para comunicar, conforme preceitua o art. 1.322 do Código Civil, que pretendo alienar a parte ideal que me cabe no referido imóvel pelo valor de R$ ...., à vista, razão pela qual concedo a V. Sª o prazo de trinta dias, a contar do recebimento desta, para exercer o seu direito de preferência na aquisição da fração posta à venda.

Atenciosamente,

Estácio Rodrigues

Notificação para o exercício da preferência convencional

Dispõe o art. 513 do Código Civil sobre a preempção ou preferência, como cláusula especial convencional do contrato de compra e venda. Mediante referida cláusula, o comprador de uma coisa móvel ou imóvel se obriga a oferecê-la ao vendedor, na hipótese de eventual venda, em igualdade de condições à de terceiros. Assevera ainda o art. 518 que o comprador responderá por perdas e danos, se ao vendedor não der ciência do preço nem das vantagens que lhe oferece pela coisa.

Verificando-se a notificação, o vendedor terá o prazo de três dias, se a coisa for móvel, ou de sessenta dias, se a coisa for imóvel, para exercer o seu direito de preempção (art. 516 do CC).

NOTIFICAÇÃO AO VENDEDOR DE IMÓVEL PARA QUE EXERÇA DIREITO DE PREFERÊNCIA

........................, ... de .... de 20......

Ilmo. Sr.

....

Rua .... n. ......

Nesta cidade

Prezado senhor

Pela presente, e na condição de proprietário do imóvel urbano, sem benfeitorias, com área de 350 m^2, constituído pelo lote n. 8 da quadra n. 120, sito nesta cidade, na rua Independência, bairro São Cristóvão, adquirido de V. S^a na data de ...., tendo decidido alienar o referido imóvel, venho, em cumprimento ao que prescreve o art. 513 do Código Civil, e em respeito à cláusula de preferência constante da escritura de compra e venda, conceder-lhe o prazo de trinta dias, a contar do recebimento desta, para que V. S^a exerça o seu direito de preferência na aquisição do imóvel, cuja venda será feita pelo valor de R$ ...., à vista.

Atenciosamente,

Virgilio de Souza

Notificações nos compromissos de compra e venda de imóveis

Nos contratos que versem a respeito da compra e venda de imóveis em prestações, permite-se vislumbrar a possibilidade de duas modalidades de notificação, a saber:

a) *notificação do compromissário-vendedor ao compromissário-comprador para constituí-lo em mora*: nos compromissos de compra e venda de imóveis com pagamento em prestações, com fulcro no Decreto-lei n. 58/37, o não cumprimento de uma das prestações no vencimento não é suficiente para caracterizar a mora do devedor. A teor do art. 14, o devedor somente será constituído em mora após a intimação (notificação), feita pelo oficial do registro, para vir satisfazer as prestações vencidas e as que vencerem até a data do pagamento. Não ocorrendo o pagamento, o contrato será considerado rescindido trinta dias após a notificação do devedor.

A notificação deverá ser feita em três vias, das quais uma será encaminhada ao compromissário-comprador (devedor), uma será restituída ao compromitente-vendedor com o ciente do devedor e a certidão da intimação e a terceira será arquivada em cartório (art. 14, § 3º, do Decreto n. 3.079/38);

b) *notificação judicial do compromissário-vendedor ao compromissário-comprador para vir receber escritura*: com fundamento no art. 17 do citado Decreto-lei, também é facultado ao compromitente-vendedor a intimação (notificação) judicial do compromissário-comprador para, havendo demora em assinar a escritura, após o pagamento integral do preço, vir receber a escritura de compra e venda, no prazo de trinta dias. Se ainda assim houver negativa do compromissário, poderá o compromitente depositar o lote comprometido em juízo, por conta e risco do compromissário, respondendo este também pelas despesas judiciais e custas do depósito (art. 17, parágrafo único, do Decreto n. 3.079/38).

Seja qual for a forma que se empregue para a notificação, esta deverá sempre ser redigida em duas vias, permanecendo uma via em poder do notificando, sendo a outra devolvida, com o seu ciente, à pessoa notificadora.

NOTIFICAÇÃO PARA CARACTERIZAR A MORA DO COMPROMISSÁRIO-COMPRADOR

........................, ... de .... de 20......

Ilmo. Sr.

....

Rua .... n. ......

Nesta cidade

Prezado senhor

Pela presente, e na condição de compromitente-vendedor do imóvel urbano, sem benfeitorias, com área de 350 m^2, constituído pelo lote n. 10 da quadra n. 810, sito nesta cidade, na rua Padre Anchieta, bairro Industrial, prometido à venda a V. Sª na data de ...., e tendo constatado o inadimplemento em relação ao pagamento das prestações referentes aos meses de .... e .... do corrente ano, no valor de R$ .... cada uma, venho perante V. Sª para, nos termos do art. 14 do Decreto-lei n. 58/37, conceder-lhe o prazo de trinta dias, a contar do recebimento desta, para satisfazer as referidas prestações, sob pena de rescisão contratual.

Atenciosamente,

Compromitente-vendedor

Notificação para o exercício do direito de resposta ou retificação do ofendido em matéria divulgada, publicada ou transmitida por veículo de comunicação social

Nos termos da chamada "Lei do Direito de Resposta" (Lei n. 13.188/2015), todo aquele que se sentir ofendido em matéria divulgada, publicada ou transmitida por veículo de comunicação social (art. 1º) tem direito de exigir o direito de resposta ou retificação, gratuito e proporcional ao agravo (art. 2º). Para tanto, deverá notificar o veículo de comunicação em até 60 dias contados da divulgação, publicação ou transmissão da matéria ofensiva (art. 3º), exigindo seu desagravo. Caso tal não ocorra em até 7 dias contados da notificação, terá o notificante interesse jurídico para a distribuição de ação judicial (art. 5º).

NOTIFICAÇÃO DE DIREITO DE RESPOSTA

........................, ... de .... de 20...

Ao

....

A/c Sr. ...., Editor-chefe

Ref.: Direito de resposta relativo a matéria veiculada no ...., em .../.../.....

Prezados,

Foi com muita indignação e espanto que, em .../.../......, tive conhecimento da menção ao meu nome em matéria jornalística veiculada no jornal ...., atribuindo-me fatos desabonadores da minha conduta profissional e honra pessoal.

Em tal matéria, ...

Assim, uma vez que não me fora dada a chance de expor a efetiva realidade dos fatos, bem como de me opor à falaciosa e desabonadora narrativa que me fora atribuída, valho-me da presente para, expressamente e para todos os fins e efeitos de Direito, com fulcro nos dispositivos da Lei n. 13.188/2015, expressamente NOTIFICAR Vossas Senhorias a, no prazo de até sete dias contados do recebimento da presente, veicularem, no mesmo jornal e com o mesmo destaque, a "Nota à Imprensa" abaixo transcrita:

....

Caso assim não procedam Vossas Senhorias, quer quanto ao conteúdo, quer quanto ao prazo, ficam desde logo advertidos de que será judicializada a questão, nos termos da lei de regência mencionada.

Sendo o que cumpria para o momento, despeço-me,

Atenciosamente.

....

14

Pós-graduação em Direito: informações relevantes

GENERALIDADES

Pesquisas demonstram que, após a conclusão do curso de graduação em Direito, a maioria dos formados prefere desde logo, e após a obtenção da carteira da OAB, exercer a profissão de advogado. Há outros, no entanto, que decidem voltar-se à carreira acadêmica, em especial a do magistério e a da pesquisa jurídica.

As universidades devem obrigatoriamente ter em seu corpo docente professores cuja formação mínima seja a de especialista, com ênfase naqueles que possuem títulos de mestrado e doutorado. Assim, há, basicamente, duas razões para as universidades manterem em seus quadros professores pós-graduados: a primeira é a exigência feita pela Lei de Diretrizes e Bases da Educação (LDB) de que as faculdades reúnam pelo menos 1/3 de mestres e doutores em seu quadro e 1/3 do corpo docente em regime de tempo integral (art. 52 da LDB); a segunda diz respeito à fiscalização das instituições de ensino superior feita pelo Instituto Nacional de Estudos e Pesquisas Educacionais (Inep), vinculado ao MEC, que pontua melhor os estabelecimentos educacionais que apresentarem quadro docente mais qualificado considerando, para tanto, a titulação acadêmica. Em vista disso, as faculdades, em busca de excelência, procuram basicamente professores com mestrado e doutorado.

Os programas de pós-graduação em Direito têm como objetivo a formação de pesquisadores, docentes e outros profissionais na área do saber jurídico mediante a crítica, a sistematização filosófica e o estudo aprofundado das questões jurídicas para o desenvolvimento da ciência do Direito. Diante disso, os cursos buscam formar pesquisadores e operadores jurídicos com espírito crítico, comprometidos com a solução dos problemas que a realidade social lhes oferece.

Os cursos de pós-graduação dividem-se em duas categorias: *lato sensu* e *stricto sensu.*

Lato sensu é a pós-graduação restrita aos cursos de especialização. Já a pós-graduação *stricto sensu* compõe-se de mestrado e doutorado. O mestrado é, em geral, a opção inicial para quem deseja dedicar-se à carreira acadêmica, lecionar e fazer pesquisa. Para tanto, o aluno deve desenvolver uma dissertação sobre um tema escolhido, completando o processo num período que não deve ultrapassar os trinta meses. O doutorado, por sua vez, é a etapa posterior ao mestrado, dura em torno de 48 meses e exige maior aprofundamento no tema estudado, com a elaboração de uma tese, que deve ser defendida perante uma banca sempre composta de especialistas no assunto.

Embora o doutorado também esteja voltado para preparar o aluno para a carreira acadêmica, o nível de exigência centra-se mais na qualificação do doutorando para torná-lo autônomo na pesquisa, comprovando sua capacidade de conduzi-la de forma independente. Isso envolve habilidade para orientar e formar recursos humanos, elaborar projetos de pesquisa e submetê-los às agências de fomento, propor uma política de pesquisa e pós-graduação em ambientes universitários, entre outras competências.

Apesar de não ser comum, em alguns casos o aluno pode ingressar diretamente no doutorado, sem a necessidade de elaboração e defesa da dissertação de mestrado. Para tanto, o que vale é o seu currículo e desempenho acadêmico.

CURSO DE ESPECIALIZAÇÃO (PÓS-GRADUAÇÃO *LATO SENSU*)

Características

Curso de curta duração que foca temas em evidência no mercado; sua proposta é aprimorar conhecimentos adquiridos na graduação. Visa a atender às demandas reais do mercado de trabalho, em que se necessita preencher tanto a estrutura do cenário corporativo das empresas quanto a das instituições de educação, notadamente demandas que tratam de setores emergentes.

Objetivos

Intensificar o domínio científico e técnico do profissional e especializá-lo em uma área do saber.

Duração

A carga horária mínima é de 360 horas-aula, não incluídas as aulas de orientação para o trabalho de conclusão.

Processo seletivo

Os processos seletivos variam de acordo com a instituição. Geralmente são analisados o histórico escolar e o currículo do candidato, que ainda pode passar por uma entrevista pessoal com o coordenador do departamento da instituição de ensino.

Trabalho de conclusão

O trabalho de conclusão de curso é uma monografia em que se demonstram conhecimentos científicos e técnicos adquiridos durante o programa. Os alunos costumam dar preferência a tema que combine com seu objetivo profissional e seja útil no mercado. Após desenvolverem o projeto, os alunos o apresentam perante a banca de examinadores.

MESTRADO ACADÊMICO

Características

Programa que confere ao aluno o título de mestre, que lhe permite lecionar em instituições de ensino superior e ingressar no doutorado.

Formado como pesquisador, o mestre em direito atua no ensino, na pesquisa e na extensão universitária, principalmente dos cursos de graduação.

Sendo considerado o grau de ingresso na carreira acadêmica, o mestrado também prepara o profissional para a pesquisa independente, exigida para a obtenção do grau de doutor em direito. Embora a maioria dos mestres em direito atue como operadores jurídicos, isto é, como juízes, promotores e advogados, a finalidade do mestrado é qualificar o aluno para uma carreira acadêmica, ou seja, a formação de professores universitários que atuarão nos cursos de graduação em direito.

Objetivos

Aprofundar a experiência científica e tecnológica e preparar o aluno para o doutorado e para as atividades de pesquisa. É indicado para quem pretende cursar doutorado, seguir a carreira acadêmica ou realizar pesquisas; o conhecimento também beneficia profissionais de mercado.

Duração

O curso dura em média dois anos, período em que o aluno cursa disciplinas correlatas à área escolhida, realiza atividades extras e elabora a dissertação a ser apresentada perante a banca examinadora. Cada instituição aprova na Capes um número mínimo de créditos a ser cumpridos.

Processo seletivo

O processo seletivo varia de acordo com a instituição. Geralmente, avaliam-se histórico escolar, currículo e projeto de pesquisa e aplicam-se provas escritas de conhecimento jurídico e de idioma, além de entrevista perante banca de professores.

Conclusão

O aluno elabora uma dissertação, sob a supervisão de um professor orientador, e a apresenta a uma banca examinadora, geralmente composta de três professores, sendo dois da própria instituição e um convidado de outra instituição. A dissertação deve conter revisão da bibliografia consultada, alguns capítulos que mostrem o que já se fez na área em questão e a contribuição daquele trabalho para a comunidade científica.

MESTRADO PROFISSIONALIZANTE

Características

Mestrado profissional é a designação do curso que enfatiza estudos e técnicas voltados diretamente ao desempenho profissional no mercado de trabalho. A preocupação é com o alto nível de qualificação profissional daquele que já está integrado ao mercado e busca maior complexidade de conhecimento em sua área. Essa ênfase é a única diferença entre este mestrado e o acadêmico. Mas ele confere o mesmo grau de formação e prerrogativas idênticas, inclusive para o exercício da docência, e, como todo programa de pós-graduação *stricto sensu*, tem a validade nacional do diploma condicionada ao reconhecimento prévio do curso.

É um misto de programa acadêmico e de formação profissional, outorgando também título de mestre a quem pretender cursar doutorado ou lecionar. Ao focar estudos e técnicas específicos de determinada área de atuação, o mestrado profissional visa a atender à demanda de nichos profissionais não contemplados com o enfoque dos mestrados acadêmicos, bem como ampliar a interface com setores não acadêmicos da sociedade. Por ser condizente com o alto padrão da pós-graduação *stricto sensu*, o mestrado profissional tem como alvo a formação de mestres para o exercício de profissões outras que não a de docente pesquisador.

Duração

Não há um prazo específico de duração. A maioria prevê um período de um a três anos, dependendo da carga semanal.

Processo seletivo

Os processos seletivos diferem de acordo com a universidade. O comum é a realização de uma prova de conhecimentos (inclusive de língua estrangeira), de entrevista, além da avaliação de currículo. Alguns exigem projeto de pesquisa e orientador; outros aceitam que ambos sejam indicados durante o curso.

Conclusão

Pode variar conforme o programa. Geralmente o aluno desenvolve um projeto nos moldes do que é estabelecido no mestrado acadêmico (dissertação sob a supervisão de um professor orientador) e o apresenta a uma banca de examinadores com formação em mestrado e doutorado.

DOUTORADO

Características

Curso que confere o título de doutor a quem desenvolve um projeto de pesquisa que resulte em uma tese inédita. Visa formar pesquisadores capazes de desenvolver, com independência intelectual e inventividade, a investigação científica de alto nível nas áreas do conhecimento jurídico.

Duração

Em média 48 meses, podendo se estender mais; o período é preenchido com aulas e elaboração da tese.

Processo seletivo

Além da exigência do curso de mestrado, o processo envolve análise de currículo baseada em critérios acadêmicos: atividades complementares de formação (como iniciação científica), cartas de recomendação, desempenho nas disciplinas de graduação e pós-graduação, participação em conferências e prêmios acadêmicos recebidos. Alguns programas exigem a apresentação de pré-projeto de tese e aplicam provas. O aluno deve dominar ao menos dois idiomas, pois deve consultar bibliografia estrangeira.

Conclusão

O aluno elabora uma tese sob a supervisão de um professor orientador e a apresenta a uma banca examinadora, geralmente composta de três professores/doutores, sendo dois da própria instituição e um convidado.

PÓS-DOUTORADO

Características

Programa de atualização para quem concluiu o doutorado e atua na universidade, dando aulas e orientando alunos. O pesquisador participa de um programa em instituição diferente daquela da qual faz parte. O curso também é conhecido por estágio pós-doutoral.

Duração

De um mês a um ano, período em que o aluno cumpre o cronograma de atividades de pesquisa proposto por ele à instituição educacional e à agência de fomento.

Perfil do aluno

Quem recebeu o título de doutor há menos de sete anos ingressa no pós-doutorado júnior; os que concluíram o doutorado há mais de sete anos, no pós-doutorado sênior.

Processo seletivo

O pesquisador pode propor sua participação em um novo grupo ou ser convidado. Nesse grupo, ele terá um supervisor, com quem combinará um modelo de trabalho. É obrigatório ter bolsa de estudos patrocinada por alguma agência de fomento.

Conclusão

Não há exigência de elaboração de dissertação ou de tese: o pesquisador faz apenas um relatório final com os resultados de seu trabalho, contendo avaliação sobre a adaptação à cultura do país – quando for em país estrangeiro –, a qualidade do laboratório e o acesso à infraestrutura da universidade ou do centro de pesquisa (laboratório, biblioteca, computador, fax, telefone, entre outros), críticas e sugestões. O relatório deve ser entregue à agência de fomento patrocinadora de sua bolsa e à instituição na qual realizou o programa. Além disso, a Capes, quando patrocinadora da bolsa, exige um parecer do professor colaborador sobre o trabalho desenvolvido.

Instituições brasileiras que concedem bolsas

As principais instituições nacionais que operam com concessão de bolsas são a Coordenação de Aperfeiçoamento de Nível Superior (CAPES), o Conselho Nacional de Desenvolvimento Científico e Tecnológico (CNPq) e a Fundação de Amparo à Pesquisa do Estado de São Paulo (FAPESP).

Programas mantidos pela CAPES no país

A Capes concede bolsas de estudo no Brasil, visando a estimular a formação de recursos humanos de alto nível, consolidando assim os padrões de excelência imprescindíveis ao desenvolvimento do país. Essas ações são coordenadas pela Diretoria de Programas e Bolsas no País (DPB).

DINTER Novas Fronteiras

Programa de formação, em nível de doutorado no país, dos docentes das Instituições de Ensino Superior (IES), federais ou estaduais, pertencentes às Regiões Norte, Nordeste ou Centro-Oeste.

Programa de Demanda Social (DS) e Programa de Apoio à Pós-Graduação (PROAP)

Concedem bolsas a cursos de pós-graduação *stricto sensu* (mestrado e doutorado).

MINTER e DINTER – CAPES/SETEC

Programa de formação, em nível de pós-graduação *stricto sensu* no país, dos integrantes do quadro de pessoal permanente das IES pertencentes à Rede Federal de Educação Profissional, Científica e Tecnológica (RFEPT).

Programa de Apoio a Eventos no País (PAEP)

Concede recursos a eventos de caráter científico, tecnológico e cultural de curta duração.

Programa Institucional de Qualificação Docente para a Rede Federal de Educação Profissional e Tecnológica (PIQDTEC)

Apoia a formação, no nível de pós-graduação *stricto sensu* no país, de docentes e técnicos administrativos em educação da RFEPT.

Programa Nacional de Pós-Doutorado (PNPD-CAPES-2013)

O Programa Nacional de Pós-Doutorado (PNPD/CAPES-2013) realiza apoio a atividades de estágio pós-doutoral destinado a Programas de Pós-Graduação *stricto sensu* acadêmicos recomendados pela CAPES.

Plano Nacional de Pós-Doutorado (PNPD)

O edital do Programa Nacional de Pós-Doutorado (PNPD) deve integrar pesquisas desenvolvidas entre universidades e empresas. Uma das ações do Plano de Desenvolvimento da Educação (PDE), o programa estimula a atuação de recém-

-doutores em projetos de desenvolvimento científico em áreas estratégicas, a formação de recursos humanos e a inovação tecnológica.

Programa de Apoio a Projetos Institucionais com a Participação de Recém-Doutores (PRODOC)

Complementa a formação de recém-doutores, estimulando o desenvolvimento de projetos institucionais e a melhoria do desempenho dos programas brasileiros de pós-graduação.

Programa de Formação Doutoral Docente (PRODOUTORAL)

Programa de formação, em nível de doutorado no país, dos docentes das Instituições Federais de Ensino Superior (IFES) que favorece a mobilidade dos bolsistas e seus orientadores.

Programa de Excelência Acadêmica (Proex)

Mantém o padrão de qualidade dos programas de pós-graduação com nota 6 ou 7.

Programa de Suporte à Pós-graduação de Instituições de Ensino Particulares (PROSUP)

Apoia a pós-graduação *stricto sensu* (mestrado e doutorado) das instituições de ensino superior particulares.

Programa Professor Visitante Nacional Sênior (PVNS)

Programa de apoio à consolidação das IFES criadas a partir do ano 2000, bem como daquelas participantes do programa REUNI, com campi fora de sede.

Programa Professor Visitante Sênior (PVS Capes-UNILA)

Programa de apoio à consolidação da estrutura acadêmica da Universidade Federal da Integração Latino-Americana (UNILA).

Programas mantidos pela CAPES no exterior

Doutorado

Destinado a candidatos de comprovado desempenho acadêmico e que se dirijam a instituições de excelência e prestígio internacional, em áreas de reconhecida carência de grupos consolidados no país.

Programa de Doutorado-sanduíche no Exterior (PDSE)

Programa institucional com o objetivo de qualificar recursos humanos de alto nível por meio da concessão de cotas de bolsas de doutorado-sanduíche às IES brasileiras que possuam curso de doutorado recomendado e reconhecido com nota igual ou superior a 3. As bolsas serão destinadas aos alunos brasileiros regularmente matriculados nos cursos de doutorado das IES participantes, com potencial científico para o desenvolvimento dos estudos propostos no exterior.

Pesquisa pós-doutoral

Destina-se à realização de estudos avançados por pesquisador com o título de Doutor há menos de 8 anos para complementar a formação com desenvolvimento de projetos conjuntos e em parceria com instituições de excelência no exterior, desde que nos últimos três anos não tenha realizado estudos/pesquisas no exterior da mesma natureza.

Estágio sênior

Destina-se a pesquisadores doutores, com vínculo empregatício em instituição brasileira de ensino ou pesquisa no Brasil, que possuam título de doutor há oito anos ou mais, quando da inscrição/candidatura no programa, com o objetivo de contribuir para o estabelecimento de intercâmbio científico e/ou tecnológico e abertura de novas linhas de pesquisa de relevância para o desenvolvimento das diversas áreas no país.

Apoio a Eventos no Exterior (AEX)

Apóia a apresentação de trabalhos científicos de professores e pesquisadores em eventos no exterior.

Programa de Áreas Estratégicas e Institutos Nacionais de Ciência e Tecnologia

Concede bolsas no exterior, em várias modalidades, em apoio aos projetos de pesquisa integrantes do Programa Nacional de Apoio ao Ensino e à Pesquisa em Áreas Estratégicas e aos Institutos Nacionais de Ciência e Tecnologia.

Grande Prêmio CAPES de Teses

Apoio restrito aos ganhadores do Grande Prêmio CAPES de Teses para realização de estágio pós-doutoral no exterior e aos seus respectivos orientadores para a apresentação de trabalhos científicos em eventos no exterior.

Valores das bolsas no país

Mestrado	R$ 2.100,00
Doutorado	R$ 3.100,00
Pós-doutorado	R$ 5.200,00
Professor Visitante Nacional Sênior	R$ 8.905,42

CNPq

Valores de bolsas no país

Modalidade	Sigla	Categoria/nível	Valor R$
Apoio Técnico à Pesquisa	AT	NS	770,00
		NM	560,00
Desenvolvimento Científico e Tecnológico Regional	DCR	A	7.750,00
		B	6.500,00
		C	5.250,00
Doutorado	GD	-	3.100,00
Doutorado-sanduíche	SWP	-	3.100,00
Doutorado-sanduíche Empresarial	SWI	-	3.100,00
Iniciação Científica	IC	-	700,00
Iniciação Científica Júnior	ICJ	-	300,00
Iniciação Tecnológica (PIBITI)	BIT	-	700,00
Mestrado	GM	-	2.100,00
Pesquisador Visitante	PV	1	6.500,00
Pós-doutorado Sênior	PDS	-	5.500,00
Pós-doutorado Júnior	PDJ	-	5.200,00
Pós-doutorado Empresarial	PDI	-	5.200,00
Atração de Jovens Talentos	BJT	A	7.000,00
		B	4.100,00
Pesquisador Visitante Especial	PVE	-	14.000,00

Valores das bolsas no exterior – última atuallização 02.03.2023 (https://www.gov.br/cnpq/pt-br/acesso-a-informacao/bolsas-e-auxilios/copy_of_modalidades)

FAPESP

Mestrado

A bolsa de mestrado se destina a alunos regularmente matriculados em programas de pós-graduação de mestrado acadêmico *stricto sensu* de instituições de ensino superior públicas ou privadas do Estado de São Paulo, para o desenvolvimento de projeto de pesquisa que resulte em dissertação. O orientador deve ter título de doutor ou qualificação equivalente, avaliado por sua súmula curricular. A responsabilidade pelo projeto cabe principalmente ao orientador, mas o candidato deve participar intensamente de sua elaboração e estar capacitado para discuti-lo e analisar os seus resultados.

A solicitação da bolsa pode ser feita antes do término do curso precedente (graduação), respeitando-se os prazos definidos pela FAPESP, mas a apresentação dos comprovantes correspondentes à sua conclusão é imprescindível por ocasião da confirmação de interesse na bolsa.

Considerando que as bolsas de pós-graduação visam principalmente à formação de novos quadros para o sistema de pesquisa do Estado, a FAPESP adota, na análise das solicitações, prioridade para candidato recém-formado e que tenha concluído o curso de graduação dentro do prazo normal de sua duração, com excelente histórico escolar e, preferencialmente, com estágio bem-sucedido de iniciação científica.

A duração máxima da bolsa de mestrado é de 24 meses, com início sempre no dia primeiro de cada mês, e a bolsa é concedida em dois níveis (MS-I e MS-II). Não se concede bolsa por período inferior a seis meses.

Durante a vigência da bolsa de mestrado, o aluno poderá usufruir de interrupção da bolsa pelo período de até seis meses, para participar de programa de bolsa no exterior, recebida de outra agência ou outro tipo de financiamento que não onere a FAPESP, mediante solicitação de autorização feita pelo orientador à FAPESP, incluindo justificativa circunstanciada. Caso seja autorizada a interrupção, o tempo utilizado para essa atividade não será descontado do tempo total da bolsa concedida.

Componentes da bolsa

A bolsa consiste no recebimento de mensalidades em valor definido na Tabela de Valores de Bolsas FAPESP e auxílio-instalação para bolsistas que precisem se mudar para a cidade onde se localiza a instituição sede da pesquisa. O auxílio consiste em:

a) uma mensalidade adicional, a ser paga juntamente com a primeira mensalidade da bolsa;

b) despesas de transporte, quando houver deslocamento por distância superior a 350 km.

Requisitos do candidato

a) Dá-se preferência ao recém-formado e ao candidato que tiver concluído a graduação dentro do prazo normal, com excelente histórico escolar e, preferencialmente, com estágio bem-sucedido de iniciação científica.

b) Durante a vigência da bolsa, deve estar matriculado em programa de pós-graduação.

c) A bolsa pressupõe dedicação exclusiva ao curso e à pesquisa (exceto mediante autorização da FAPESP, nas condições previstas na Portaria PR n. 5/2012).

d) Não ter vínculo empregatício nem receber, durante toda a vigência da bolsa, bolsa de outra entidade, salário ou remuneração decorrente do exercício de atividades de nenhuma natureza (exceto nas condições previstas na Portaria PR n. 5/2012). A critério da FAPESP poderão ser consideradas situações nas quais o candidato tenha vínculo empregatício e uma licença para afastamento da instituição de origem, com ou sem vencimentos, e que permita a dedicação exclusiva ao projeto de pesquisa especificada no terceiro item.

e) Estar em dia com a FAPESP (emissão de pareceres e devolução de processo, entrega de Relatório Científico e Prestação de Contas) sob pena de bloqueio na liberação de recursos. Não serão habilitadas para análise as propostas cujo beneficiário ou responsável esteja em débito com a FAPESP há mais de 60 dias.

Obrigações do candidato

a) Dedicação exclusiva ao curso e à pesquisa.

b) Não receber bolsa de outra entidade, salário ou remuneração decorrente do exercício de atividades de nenhuma natureza.

c) Consultar a FAPESP antes de aceitar qualquer apoio financeiro de outra fonte de financiamento, pública ou privada, para o desenvolvimento do projeto de pesquisa a que concerne a bolsa concedida.

d) Não fazer modificações no projeto (plano inicial, datas etc.) sem prévio consentimento da Fundação.

e) Apresentar relatórios científicos e relatórios de aplicação dos recursos de reserva técnica dentro dos prazos previstos no Termo de Outorga (TO), acompanhados da documentação solicitada.

f) Criar vínculo com a instituição localizada no Estado de São Paulo e demonstrar suficiente grau de elevada interação acadêmica com o orientador/supervisor e com a comunidade acadêmica da instituição sede do projeto.

g) Não se afastar da instituição em que desenvolve o projeto de pesquisa sem antes obter autorização explícita da FAPESP mediante solicitação justificada apresentada pelo orientador/supervisor.

h) Fazer referência ao apoio da FAPESP em teses, artigos, livros, resumos de trabalhos apresentados em reuniões e qualquer outra publicação ou forma de divulgação de atividades que resultem, total ou parcialmente, de bolsas da Fundação.

i) Indicar, também, o apoio de outras fontes de financiamento público ou privado que possam existir.

j) Informar e fazer referência expressa a apoio financeiro de qualquer outra fonte de financiamento, pública ou privada, com a identificação clara de sua fonte, em todas as formas de divulgação mencionadas no item anterior.

Doutorado

Destina-se a alunos regularmente matriculados em programas de pós-graduação *stricto sensu* de instituições públicas ou privadas do Estado de São Paulo para o desenvolvimento de projeto de pesquisa que resulte em tese.

A solicitação de bolsa pode ser feita antes do término do curso precedente (graduação ou mestrado), respeitando-se os prazos definidos pela FAPESP, mas a apresentação dos comprovantes correspondentes à sua conclusão é imprescindível por ocasião da confirmação de interesse na bolsa.

Considerando que as bolsas de pós-graduação visam principalmente à formação de novos quadros para o sistema de pesquisa do Estado, a FAPESP adota, na análise das solicitações, prioridade para candidato que tenha recém-concluído o mestrado, dentro do prazo normal de sua duração, com excelente histórico escolar na graduação e na pós-graduação.

Duração

A duração ordinária da bolsa de doutorado é de 36 meses, com início sempre no dia primeiro de cada mês, podendo ser prorrogada, em condições excepcionais e muito bem definidas e justificadas, por período não superior a 12 meses, dependendo da análise de mérito. Não se concede bolsa por período inferior a seis meses.

A bolsa é concedida em dois níveis (DR-I, com duração máxima de um ano, e DR-II, com duração de dois anos, podendo ser prorrogada, excepcionalmente, por mais 12 meses). Caso a bolsa seja concedida, será descontado da duração máxima o tempo já usufruído de bolsa em modalidade equivalente concedida pela FAPESP ou por outra agência.

Durante a vigência da bolsa de doutorado, o aluno poderá usufruir de interrupção da bolsa pelo período de até 12 meses, para participar de programa de doutorado-sanduíche no exterior, com bolsa de outra agência ou outro tipo de financiamento que não onere a FAPESP, mediante solicitação de autorização feita pelo orientador à FAPESP, incluindo justificativa circunstanciada. Caso seja autorizada a interrupção, o tempo utilizado para essa atividade não será descontado do tempo total da bolsa concedida.

Componentes da bolsa

A bolsa consiste no recebimento de mensalidades em valor definido na Tabela de Valores de Bolsas FAPESP e auxílio-instalação para bolsistas que precisem se mudar para a cidade onde se localiza a instituição sede da pesquisa. O auxílio consiste em:

a) uma mensalidade adicional, a ser paga juntamente com a primeira mensalidade da bolsa;

b) despesas de transporte, quando houver deslocamento por distância superior a 350 km.

Requisitos do candidato

a) Durante a vigência da bolsa, deve estar matriculado em programa de pós-graduação.

b) Deve ter potencial como pesquisador e mestrado recém-concluído no prazo normal com excelente histórico escolar.

c) Dedicação exclusiva ao curso e à pesquisa.

d) Não ter vínculo empregatício nem receber, durante toda a vigência da bolsa, bolsa de outra entidade, salário ou remuneração decorrente do exercício de atividades de qualquer natureza.

e) Estar em dia com a FAPESP (emissão de pareceres e devolução de processo, entrega de Relatório Científico e Prestação de Contas) sob pena de bloqueio na liberação de recursos.

Obrigações do candidato

a) Dedicar-se exclusivamente ao curso e à pesquisa (exceções requerem autorização da FAPESP).

b) Não receber bolsa de outra entidade, salário ou remuneração decorrente do exercício de atividades de nenhuma natureza.

c) Consultar a FAPESP antes de aceitar qualquer apoio financeiro de outra fonte de financiamento, pública ou privada, para o desenvolvimento do projeto de pesquisa a que concerne a bolsa concedida.

d) Não fazer modificações no projeto (plano inicial, datas, etc.) sem prévio consentimento da Fundação.

e) Apresentar relatórios científicos e relatórios de aplicação dos recursos de reserva técnica dentro dos prazos previstos no Termo de Outorga (TO), acompanhados da documentação solicitada.

f) Criar vínculo com a Instituição localizada no Estado de São Paulo e demonstrar suficiente grau de elevada interação acadêmica com o orientador/supervisor e com a comunidade acadêmica da instituição sede do projeto.

g) Não se afastar da instituição em que desenvolve o projeto de pesquisa sem antes obter autorização explícita da FAPESP mediante solicitação justificada apresentada pelo orientador/supervisor.

h) Fazer referência ao apoio da FAPESP em teses, artigos, livros, resumos de trabalhos apresentados em reuniões e qualquer outra publicação ou forma de divulgação de atividades que resultem, total ou parcialmente, de bolsas da Fundação.

i) Indicar, também, o apoio de outras fontes de financiamento público ou privado que possam existir.

j) Caso o desenvolvimento do projeto de pesquisa a que concerne a bolsa concedida tenha recebido apoio financeiro de qualquer outra fonte de financiamento, pública ou privada, o pesquisador obriga-se a informar e fazer referência expressa a esse apoio, com a identificação clara de sua fonte, em todas as formas de divulgação mencionadas no item anterior.

Doutorado direto

Destina-se a alunos regularmente matriculados em programas de pós-graduação *stricto sensu* de instituições de ensino superior públicas ou privadas do Estado de São Paulo, sem o título de mestre, para o desenvolvimento de projeto de pesquisa que resulte em tese.

Pode ser solicitada antes do término do curso precedente (graduação) ou quando de passagem do mestrado para o doutorado direto, respeitando-se os prazos definidos pela FAPESP, mas a apresentação dos comprovantes correspondentes à sua conclusão é imprescindível na ocasião da confirmação de interesse na bolsa.

Considerando que as bolsas de pós-graduação visam principalmente à formação de novos quadros para o sistema de pesquisa do estado, a FAPESP, na análise das solicitações de bolsa de doutorado direto, prioriza candidato que tenha recém-concluído a graduação, dentro do prazo normal de sua duração com excelente histórico escolar e, preferencialmente, estágio bem-sucedido de iniciação científica.

Qualificam-se para pleitear a bolsa de doutorado direto:

- alunos inscritos em programas de doutorado e que ainda não tenham usufruído de bolsas de pós-graduação de nenhuma agência;
- alunos já portadores de bolsa de outra agência só em condições excepcionais terão sua solicitação aceita, e o tempo já usufruído da bolsa será descontado do total;
- os bolsistas de mestrado da FAPESP poderão ter suas bolsas convertidas em bolsas de doutorado direto (DD) se tiverem sido aceitos em programas de doutorado, após avaliação favorável da assessoria *ad hoc* da FAPESP. Para essa conversão, que poderá ser solicitada em qualquer momento, serão necessários:
  - documento de aprovação do programa de doutorado;
  - relatório científico do período usufruído da bolsa de mestrado;
  - formulário de solicitação de bolsa de DD acompanhado da documentação pertinente.

Caso a solicitação seja aprovada, o bolsista passará a receber bolsa de DD no nível compatível com o tempo já usufruído de bolsa de mestrado.

Duração

No caso da bolsa de DD, a duração ordinária é de 48 meses, com início sempre no dia primeiro de cada mês, podendo ser prorrogada, em condições excepcionais e muito bem definidas e justificadas, por período não superior a doze meses, dependendo da análise de mérito. Não se concede bolsa por período inferior a seis meses.

A bolsa é concedida em quatro níveis: DD-I, com duração máxima de um ano; DD-II, com duração máxima de um ano, DD-III, com duração máxima de um ano; DD-IV, com duração máxima de um ano.

Caso a bolsa seja concedida, será descontado da duração máxima o tempo já usufruído de bolsa em modalidade equivalente concedida pela FAPESP ou por outra agência.

Durante a vigência da bolsa de doutorado, o aluno poderá usufruir de interrupção da bolsa pelo período de até doze meses, para participar de programa de doutorado-sanduíche no exterior, com bolsa de outra agência ou outro tipo de financiamento que não onere a FAPESP, mediante solicitação de autorização feita pelo orientador à FAPESP, incluindo justificativa circunstanciada. Caso seja autorizada a interrupção, o tempo utilizado para essa atividade não será descontado do tempo total da bolsa concedida.

Componentes da bolsa

A bolsa consiste no recebimento de mensalidades em valor definido na Tabela de Valores de Bolsas FAPESP e auxílio-instalação para bolsistas que precisem se mudar para a cidade onde se localiza a instituição sede da pesquisa. O auxílio consiste em:

a) uma mensalidade adicional, a ser paga juntamente com a primeira mensalidade da bolsa;

b) despesas de transporte, quando houver deslocamento por distância superior a 350 km.

Requisitos do candidato

a) Ter potencial como pesquisador.

b) Ter graduação recém-concluída e no prazo normal, com excelente histórico escolar e, preferencialmente, estágio bem-sucedido de iniciação científica.

c) Candidato transferido do mestrado para DD.

d) Dedicação exclusiva ao curso e à pesquisa (exceções requerem autorização da FAPESP).

e) Não ter vínculo empregatício ou receber, durante toda a vigência da bolsa, bolsa de outra entidade, salário ou remuneração decorrente do exercício de atividades de nenhuma natureza.

f) Estar em dia com a FAPESP (emissão de pareceres e devolução de processo, entrega de Relatório Científico e Prestação de Contas) sob pena de bloqueio na liberação de recursos.

Obrigações do candidato

a) Dedicar-se exclusivamente ao curso e à pesquisa.

b) Não receber bolsa de outra entidade, salário ou remuneração decorrente do exercício de atividades de nenhuma natureza.

c) Consultar a FAPESP antes de aceitar qualquer apoio financeiro de outra fonte de financiamento, pública ou privada, para o desenvolvimento do projeto de pesquisa a que concerne a bolsa concedida.

d) Não fazer modificações no projeto (plano inicial, datas etc.) sem prévio consentimento da Fundação.

e) Apresentar relatórios científicos e relatórios de aplicação dos recursos de reserva técnica dentro dos prazos previstos no TO, acompanhados da documentação solicitada.

f) Criar vínculo com a Instituição localizada no Estado de São Paulo e demonstrar suficiente grau de elevada interação acadêmica com o orientador/supervisor e com a comunidade acadêmica da instituição sede do projeto.

g) Não se afastar da instituição em que desenvolve o projeto de pesquisa sem antes obter autorização explícita da FAPESP mediante solicitação justificada apresentada pelo orientador/supervisor.

h) Fazer referência ao apoio da FAPESP em teses, artigos, livros, resumos de trabalhos apresentados em reuniões e qualquer outra publicação ou forma de divulgação de atividades que resultem, total ou parcialmente, de bolsas da Fundação.

i) Indicar, também, o apoio de outras fontes de financiamento público ou privado que possam existir.

j) Caso o desenvolvimento do projeto de pesquisa a que concerne a bolsa concedida tenha recebido apoio financeiro de qualquer outra fonte de financiamento, pública ou privada, o pesquisador obriga-se a informar e fazer referência expressa a esse apoio, com a identificação clara de sua fonte, em todas as formas de divulgação mencionadas no item anterior.

k) Toda correspondência deve vir assinada pelo orientador ou supervisor.

Pós-doutorado

Destina-se a portador de título de doutor obtido há menos de sete anos no país ou no exterior, com destacado desempenho, para o desenvolvimento de pesquisa em instituição localizada no Estado de São Paulo. Tem por objetivo criar as condições para a incorporação temporária a grupos de pesquisa ativos no Estado de São Paulo de cientistas muito promissores e que sejam aprovados no rigoroso processo de seleção da FAPESP.

Componentes da bolsa

A bolsa consiste no recebimento de mensalidades em valor definido na Tabela de Valores de Bolsas FAPESP e auxílio-instalação para bolsistas que precisem se mudar para a cidade onde se localiza a instituição sede da pesquisa. O auxílio consiste em:

a) uma mensalidade adicional, a ser paga juntamente com a primeira mensalidade da bolsa;

b) despesas de transporte, quando houver deslocamento por distância superior a 350 km.

Duração da bolsa

a) Pode ser solicitada inicialmente para prazos de até 24 meses, com início sempre no dia primeiro de cada mês.

b) O prazo máximo de cada renovação é de doze meses, desde que o período total não exceda o tempo máximo de duração da bolsa, que é o seguinte: 1) até 48 meses para bolsas vinculadas a Projetos Temáticos, CEPID e Jovens Pesquisadores, desde que dentro da vigência do projeto a que está vinculada; 2) até 36 meses para todas as demais bolsas PD.

Requisitos do candidato

a) Ter concluído o doutoramento há menos de sete anos.

b) Dedicação exclusiva ao projeto de pesquisa.

c) Não ter vínculo empregatício nem receber, durante toda a vigência da bolsa, bolsa de outra entidade, salário ou remuneração decorrente do exercício de atividades de nenhuma natureza.

Obrigações do candidato

a) Dedicação exclusiva ao projeto de pesquisa (exceto mediante autorização da FAPESP).

b) Não receber bolsa de outra entidade, salário ou remuneração decorrente do exercício de atividades de nenhuma natureza (exceto mediante autorização da FAPESP).

c) Consultar a FAPESP antes de aceitar qualquer apoio financeiro de outra fonte de financiamento, pública ou privada, para o desenvolvimento do projeto de pesquisa a que concerne a bolsa concedida.

d) Não fazer modificações no projeto (plano inicial, datas etc.) sem prévio consentimento da Fundação.

e) Apresentar relatórios científicos e relatórios de aplicação dos recursos de reserva técnica dentro dos prazos previstos no TO, acompanhados da documentação solicitada.

f) Criar vínculo com a Instituição localizada no Estado de São Paulo e demonstrar suficiente grau de elevada interação acadêmica com o orientador/supervisor e com a comunidade acadêmica da instituição sede do projeto.

g) Não se afastar da instituição em que desenvolve o projeto de pesquisa sem antes obter autorização explícita da FAPESP mediante solicitação justificada apresentada pelo orientador/supervisor.

h) Fazer referência ao apoio da FAPESP em teses, artigos, livros, resumos de trabalhos apresentados em reuniões e qualquer outra publicação ou forma de divulgação de atividades que resultem, total ou parcialmente, de bolsas ou auxílios apoiados pela Fundação.

i) Caso o desenvolvimento do projeto de pesquisa a que concerne a bolsa concedida tenha recebido apoio financeiro de qualquer outra fonte de financiamento, pública ou privada, o pesquisador se obriga a informar e fazer referência expressa a esse apoio, com a identificação clara de sua fonte, em todas as formas de divulgação mencionadas no item anterior.

j) Zelar pela adequada proteção dos direitos de propriedade intelectual que possam resultar do projeto apoiado pela FAPESP.

k) Emitir pareceres de assessoria gratuitamente e no prazo especificado pela Fundação em assuntos de sua especialidade, quando solicitados pela FAPESP.

Tabela de valores de bolsas no país (última atualização em 10.08.2018 em: https://fapesp.br/3162/tabela-de-valores-de-bolsas-no-pais)

Bolsas regulares da Fapesp	Valores vigentes a partir de 01.06.2023	Valores vigentes até 31.05.2023
Iniciação Científica (IC)	R$ 853,80	R$ 800,10
Mestrado I (MS-I) e Doutorado Direto I (DD I)	R$ 2.507,10	R$ 2.349,60
Mestrado II (MS-II) e Doutorado Direto II (DD II)	R$ 2.661,60	R$ 2.494,20
Doutorado I (DR-I) e Doutorado Direto III (DD III)	R$ 3.694,80	R$ 3.462,60
Doutorado II (DR-II) e Doutorado Direto IV (DD-IV)	R$ 4.572,90	R$ 4.285,50
Pós-Doutorado (PD-BR)	R$ 9.047,40	R$ 8.479,20

Fonte: https://fapesp.br/valores/bolsasnopais.

15

Advocacia em tempos de Covid-19

Mauricio Schaun Jalil[1]

PRINCIPAIS ALTERAÇÕES LEGISLATIVAS

O ano de 2020, infelizmente, será eternizado na história da humanidade: a pandemia global de Covid-19 (abreviação de *Corona VIrus Disease* – "doença causada pelo vírus Corona", em tradução literal da língua inglesa), gerada pelo vírus SARS-CoV-2, ceifou um número extraordinário de vidas, mudou radicalmente o cotidiano de milhões de pessoas, assombrou governos, enfim, desregulou o funcionamento das sociedades como um todo.

A estrondosa crise perpetrou incontáveis consequências e, em razão disso, exigiu medidas emergenciais, inúmeras delas, obviamente, no âmbito legislativo.

Dentre os diplomas editados, merecem destaque:

a) **Lei n. 13.979, de 6 de fevereiro de 2020:**

a.1) o art. 2º considera: ***isolamento***, a separação de pessoas doentes ou contaminadas, ou de bagagens, meios de transporte, mercadorias ou encomendas postais afetadas, de outros, de maneira a evitar a contaminação ou a propagação do coronavírus; ***quarentena***, a restrição de atividades ou separação de pessoas sus-

1 Advogado e Procurador do Município. Professor universitário. Pós-graduado em Direito Penal pela Escola Paulista da Magistratura – EPM. Pós-graduado em Direito Penal Econômico e Europeu pela Universidade de Coimbra – Portugal. Pós-graduado em *Compliance* pela FGV-Law. Mestre em Direito Penal pela Faculdade de Direito da Universidade de São Paulo – FDUSP. Foi Membro da Comissão de Direito Penal e Processo Penal do Instituto dos Advogados de São Paulo – IASP. Foi Membro da Comissão de Direito Criminal, da Comissão de Política Criminal e Penitenciária, do Tribunal de Ética, entre outros, todos da OAB/SP. Foi Membro do Comitê de Ética em Pesquisa da Secretaria de Administração Penitenciária de São Paulo.

peitas de contaminação das pessoas que não estejam doentes, ou de bagagens, contêineres, animais, meios de transporte ou mercadorias suspeitos de contaminação, de maneira a evitar a possível contaminação ou a propagação do coronavírus;

a.2) prescreve ainda o art. 3º, entre outras providências, que "as autoridades poderão adotar, no âmbito de suas competências, entre outras, as seguintes medidas: I – isolamento; II – quarentena; III – determinação de realização compulsória de: *a)* exames médicos; *b)* testes laboratoriais; *c)* coleta de amostras clínicas; *d)* vacinação e outras medidas profiláticas; ou e) tratamentos médicos específicos; III-A – uso obrigatório de máscaras de proteção individual; IV – estudo ou investigação epidemiológica; V – exumação, necropsia, cremação e manejo de cadáver [...]";

a.3) o art. 3º-A define a obrigatoriedade de "manter boca e nariz cobertos por máscara de proteção individual, conforme a legislação sanitária e na forma de regulamentação estabelecida pelo Poder Executivo federal, para circulação em espaços públicos e privados acessíveis ao público, em vias públicas e em transportes públicos coletivos" (salvo exceção prevista no § 7º dessa mesma norma);[2]

a.4) o art. 3º-B, § 1º, comina multa em caso de descumprimento da regra acima;

a.5) o art. 4º trouxe a polêmica e temporária (enquanto perdurar a pandemia) possibilidade de dispensa "de licitação para aquisição ou contratação de bens, serviços, inclusive de engenharia, e insumos destinados ao enfrentamento da emergência de saúde pública de importância internacional", aliás, essa permissão legal ocasionou, infelizmente, malversação de dinheiro público por parte de gestores, conforme reiteradamente noticiado. A dispensa irrestrita nas contratações públicas não pode se confundir com a aceitável flexibilização em tempos de pandemia, desde que observados parâmetros mínimos legais e justificáveis;

a.6) o art. 5º-A não suspende "os prazos processuais, a apreciação de matérias, o atendimento às partes e a concessão de medidas protetivas que tenham relação com atos de violência doméstica e familiar cometidos contra mulheres, crianças, adolescentes, pessoas idosas e pessoas com deficiência" (inc. I) e permite registro de ocorrência por meio eletrônico "de violência doméstica e familiar contra a mulher e de crimes cometidos contra criança, adolescente, pessoa idosa ou pessoa com deficiência" (inc. II), considerando, ainda, de natureza urgente os processos decorrentes de tais hipóteses;

b) **Medida Provisória n. 927, de 22 de março de 2020:**

b.1) apesar de ter expirado em 19 de junho de 2020, projetou efeitos imprescindíveis para a economia e a vida de milhões de brasileiros, já que dispôs sobre medidas trabalhistas que poderiam ser adotadas por empregadores com o intuito de preservar empregos, renda e o próprio funcionamento de empresa, evitando-se um colapso social;

2 Esse artigo é objeto da ADPF n. 714 do STF.

b.2) o art. 2º flexibilizava as regras trabalhistas para, durante o período de calamidade pública, permitir-se que um acordo individual escrito, entre as duas partes que compõem as relações trabalhistas, formalizasse regramento especial para garantir o vínculo empregatício, evitando-se demissão;

b.3) o art. 3º, dentre outras medidas que poderiam ser adotadas pelos empregadores, estabelecia o "teletrabalho, a antecipação de férias, a concessão de férias coletivas, o aproveitamento e a antecipação de feriados, o banco de horas, a suspensão de exigências administrativas em segurança e saúde do trabalho, o direcionamento do trabalhador para qualificação e o diferimento do recolhimento do Fundo de Garantia do Tempo de Serviço – FGTS";

c) **Lei n. 14.010, de 10 de junho de 2020** (versando sobre o Regime Jurídico Emergencial e Transitório das relações jurídicas de Direito Privado – RJET – nesse período pandêmico):

c.1) em seu art. 3º, prevê a suspensão ou impedimento de transcorrer os "prazos prescricionais, conforme o caso, a partir da entrada em vigor desta Lei até 30 de outubro de 2020", não se aplicando essa regra "enquanto perdurarem as hipóteses específicas de impedimento, suspensão e interrupção dos prazos prescricionais previstas no ordenamento jurídico nacional";

c.2) no âmbito das pessoas jurídicas de direito privado, o art. 5º permite a realização, por meio eletrônico, de assembleias gerais, independentemente de previsão dessa modalidade nos atos constitutivos da empresa, inclusive, possibilitando a participação também pela mesma via digital;

c.3) o art. 8º suspende, até 30 de outubro de 2020, "a aplicação do art. 49 do Código de Defesa do Consumidor na hipótese de entrega domiciliar (*delivery*) de produtos perecíveis ou de consumo imediato e de medicamentos";

c.4) o art. 10 também suspende "os prazos de aquisição para a propriedade imobiliária ou mobiliária, nas diversas espécies de usucapião, a partir da entrada em vigor desta Lei até 30 de outubro de 2020";

c.5) nos condomínios edilícios, o art. 12 prevê que "a assembleia condominial, inclusive para os fins dos arts. 1.349 e 1.350 do Código Civil, e a respectiva votação poderão ocorrer, em caráter emergencial, até 30 de outubro de 2020, por meios virtuais, caso em que a manifestação de vontade de cada condômino será equiparada, para todos os efeitos jurídicos, à sua assinatura presencial", especificando, também, que, "não sendo possível a realização de assembleia condominial por meio virtual, os mandatos de síndico vencidos a partir de 20 de março de 2020 ficam prorrogados até 30 de outubro de 2020";

c.6) o art. 15 estabelece que a prisão civil por dívida alimentícia (*vide* art. 528, § 3º, do CPC) "deverá ser cumprida exclusivamente sob a modalidade domiciliar, sem prejuízo da exigibilidade das respectivas obrigações";

c.7) para sucessões abertas a partir de 1º de fevereiro de 2020, nos termos do art. 16, o termo inicial será dilatado para 30 de outubro de 2020 e, por outro lado, o prazo em relação ao encerramento dos inventários e partilhas, a partir da entrada em vigor desta Lei até 30 de outubro de 2020, caso iniciado antes de 1º de fevereiro de 2020, ficará suspenso;

d) **Lei n. 14.034, de 5 de agosto de 2020:**

d.1) esse diploma versa sobre as medidas emergenciais relacionadas à aviação civil brasileira, em razão de suspensão e cancelamento de voos;

d.2) o art. 3º contempla ao consumidor: o direito de reembolso,[3] no prazo de 12 (doze) meses, contado da data do voo cancelado, se a viagem estiver compreendida entre 19 de março de 2020 e 31 de dezembro de 2020;[4] a opção de receber crédito de valor maior ou igual ao da passagem aérea, a ser utilizado, em nome próprio ou de terceiro, para a aquisição de produtos ou serviços oferecidos pelo transportador, em até 18 (dezoito) meses, contados de seu recebimento; a possibilidade de reacomodação em outro voo, próprio ou de terceiro, e de remarcação da passagem aérea, sem ônus, mantidas as condições aplicáveis ao serviço contratado; ou, se preferir, a obtenção de crédito de valor correspondente ao da passagem aérea, sem incidência de quaisquer penalidades contratuais;

d.3) as alternativas antes elencadas independem de ter sido o pagamento da passagem efetuado em pecúnia, crédito, pontos ou milhas;

e) **Lei n. 14.043, de 19 de agosto de 2020:**[5]

e.1) o art. 1º institui o Programa Emergencial de Suporte a Empregos, para autorizar operações de crédito com taxas especiais com a finalidade de auxiliar o pagamento de folha salarial de empregados ou verbas trabalhistas referentes a empresários, sociedade simples, sociedades empresárias e sociedades cooperativas (exceto sociedade de crédito), organizações da sociedade civil, definidas no art. 2º, *caput*, I, da Lei n. 13.019/2014, e no art. 44, *caput*, IV, do Código Civil, e empregadores rurais (*vide* art. 3º da Lei n. 5.889/73), que tivessem receita bruta anual entre R$ 360.000,000 a R$ 50.000.000.00, calculadas com base no exercício de 2019;

f) **Lei n. 14.046, de 24 de agosto de 2020:**

---

3 Eventualmente poderão ser aplicadas penalidades contratuais (multa).

4 Esse ressarcimento deverá sofrer atualização monetária, reservando-se ao consumidor, ainda, se necessário, a prestação de assistência material.

5 Na mesma linha de auxílio financeiro, também temos: a Lei n. 14.042, de 19.08.2020, que altera as Leis n. 12.087, de 11.11.2009, e 13.999, de 18.05.2020, e institui o "Programa Emergencial de Acesso a Crédito" (Peac); a Lei n. 14.045, de 20.08.2020, que alterou a Lei n. 13.999/2020, para instituir linha de crédito destinada aos *profissionais liberais* que atuem como pessoa física, durante o estado de calamidade pública.

f.1) diploma que regula adiamentos e cancelamentos de serviços, de reservas e de eventos dos setores de turismo e de cultura em razão da calamidade pública (art. 1º), desobrigando prestadores de serviço ou sociedades empresárias de reembolsar valores pagos pelos consumidores, desde que permitissem a remarcação de seus serviços, reservas, ou eventos adiados, ou disponibilizassem crédito para uso ou abatimento na compra de outros serviços, reservas ou eventos disponíveis (art. 2º);

g) **Lei n. 14.147, de 26 de abril de 2021**: Esse diploma cria o Programa Pró-Leitos, com aplicação enquanto perdurar a emergência de saúde pública decorrente da pandemia da Covid-19;

h) **Lei n. 14.152, de 19 de maio de 2021**: Diploma que dispõe sobre a extensão do prazo de validade de prescrições médicas e de pedidos de exames complementares de diagnóstico emitidos para gestantes e puérperas, e sobre o acesso facilitado a cuidados intensivos e à internação em leitos de unidade de terapia intensiva (UTI) enquanto perdurar a pandemia de Covid-19;

i) **Lei n. 14.179, de 30 de junho de 2021**: Essa lei estabelece normas para facilitação de acesso a crédito e para mitigação dos impactos econômicos decorrentes da pandemia da Covid-19 [...];

j) **Decreto n. 10.751, de 22 de julho de 2021**: Essa lei altera o Decreto n. 10.464, de 17 de agosto de 2020, para dispor sobre as ações emergenciais destinadas ao setor cultural a serem adotadas em decorrência dos efeitos econômicos e sociais da pandemia da Covid-19;

k) **Lei n. 14.215, de 7 de outubro de 2021**: Lei que institui normas de caráter transitório aplicáveis a parcerias celebradas pela administração pública durante a vigência de medidas restritivas relacionadas ao combate à pandemia de Covid-19, e dá outras providências;

l) **Lei n. 14.217, de 13 de outubro de 2021**: Lei que dispõe sobre medidas excepcionais para a aquisição de bens e de insumos e para a contratação de serviços, inclusive de engenharia, destinados ao enfrentamento da pandemia da Covid-19.

Esses regramentos normativos apontados acima impactaram sobremaneira o cotidiano das pessoas e, consequentemente, a prática forense nas áreas cível, trabalhista, criminal e consumerista.

AUDIÊNCIAS E JULGAMENTOS VIRTUAIS

Durante alguns meses de 2020, o Poder Judiciário suspendeu os serviços presenciais e a tramitação e respectivos prazos de processos eletrônicos e físicos (*vide* **Resoluções ns. 313, 314, 318, 322** e **Portaria n. 79, de 22 de maio de 2020, todas do Conselho Nacional de Justiça** - **CNJ**), contemplando-se de forma gradual e sistematizada o retorno das atividades jurisdicionais e administrativas regulares, desde que observada a implementação das medidas mínimas como forma de prevenção ao contágio da Covid-19.

O conturbado período vivenciado, por óbvio, restringiu o acesso e a aglomeração de pessoas em espaços públicos, forçando tribunais a adotar planos emergenciais para continuar a desenvolver a prestação jurisdicional.[6] Paralelamente ao modelo de "trabalho em casa" (*home office*) envolvendo magistrados e serventuários da justiça, foram implemantados modelos para audiências e julgamentos no meio digital. Assim, tribunais e demais órgãos públicos têm adotado, quase em sua totalidade, dois sistemas operacionais para realização de reuniões virtuais: o Microsoft Teams e o Cisco Webex Meetings.

A **Corregedoria-Geral do Tribunal de Justiça do Estado de São Paulo**, por exemplo, editou o **Comunicado CG n. 284/2020** externado as seguintes orientações básicas:

1) As audiências poderão ser realizadas por meio de videoconferência, a critério do magistrado responsável, utilizando a ferramenta Microsoft Teams (que não precisa estar instalada no computador das partes, advogados e testemunhas), via computador ou *smartphone*, sendo vedada a atribuição de responsabilidade aos advogados e procuradores a providenciarem o comparecimento de partes e testemunhas a qualquer localidade; 2) As partes serão intimadas da realização da audiência virtual por seus procuradores ou por *e-mail* pessoal, caso desacompanhadas de advogados (Juizados Especiais e CEJUSC). A audiência será realizada pelo *link* de acesso à reunião virtual, enviado ao endereço eletrônico de todos os participantes, o que é suficiente para o ingresso na audiência virtual; 3) O convite para a audiência virtual não dispensa a intimação respectiva; 4) A audiência virtual será organizada pelo magistrado ou servidor por ele designado, que a agendará, informando no título: Audiência de ______. Ao salvar o agendamento todas as partes receberão o *link* de acesso por *e-mail.* A unidade judicial poderá enviar às partes, por *e-mail*, o manual de participação em audiências virtuais disponível em: http://www.tjsp.jus.br/CapacitacaoSistemas/CapacitacaoSistemas/

6 O Conselho Nacional de Justiça (CNJ), por meio da Resolução n. 329, de 30.07.2020, considerando a necessidade de uniformizar, nacionalmente, o funcionamento do Poder Judiciário em face desse quadro excepcional e emergencial, estabeleceu orientações gerais sobre audiências e julgamentos virtuais, ressaltando, inclusive, as seguintes hipóteses em que os atos presenciais deveriam ser mantidos: a) depoimento de criança e adolescente vítima ou testemunha de violência, caso não seja possível garantir a sua segurança; b) retratação de representação da ofendida; c) audiência de custódia que consta nos arts. 287 e 310 do Código de Processo Penal e na Resolução n. 213 do CNJ.

ComoFazer Audiência Virtual-Participar de uma Audiência Virtual; 5) Após o envio do *e-mail* que viabiliza a participação na audiência virtual é importante configurar nas opções de reunião, no item "quem pode ignorar o *lobby*", a seleção "pessoas da minha organização". Isso permitirá manter os participantes externos em espera, ingressando na audiência apenas após a autorização de algum participante que integre a instituição; 6) No dia e horário agendados, todas as partes deverão ingressar na audiência virtual pelo *link* informado, com vídeo e áudio habilitados, inclusive o magistrado ou conciliador, e o servidor que iniciará a gravação da audiência, caso o magistrado não prefira ele próprio realizar o registro do ato; 7) Como primeiro ato da audiência os integrantes deverão exibir documento de identificação pessoal com foto; 8) No caso de oitiva de partes ou testemunhas separadamente deverá ser usado o recurso de deixar os participantes aguardando no *lobby*, conforme explicitado no manual de capacitação. O recurso permite o ingresso ou remoção da sala de reunião virtual conforme dinâmica da audiência, lembrando que a gravação será feita em arquivo único. O magistrado zelará para que seja garantida a incomunicabilidade de testemunhas, nos termos do art. 456 do CPC e art. 210 do CPP; 8.1) Caso o defensor informe que não conseguiu se comunicar previamente com o réu, o magistrado determinará que na "sala virtual" permaneçam exclusivamente o advogado ou defensor público e seu representado para contato prévio, preferencialmente por meio de fone que garanta o sigilo da comunicação. Terminada a reunião privada, o que será informado pelo "*chat*" da própria ferramenta em mensagem escrita, o magistrado retornará para a "sala virtual" e autorizará o ingresso dos demais participantes, dando início à audiência. Ao final, caso seja requerida, nova entrevista entre defesa e réu se dará nos mesmos moldes; 9) Quando da consulta sobre a concordância da realização da audiência virtual as partes deverão ser indagadas sobre eventual existência de testemunha/vítima que pretenda prestar depoimento sem a visualização por outras partes, ocasião em que deverá ser agendada a audiência virtual separadamente para esta oitiva (outro convite apenas com a testemunha e os participantes indicados pelo magistrado); 10) No caso de testemunha/vítima protegida, a identificação pessoal com a exibição do documento original com foto, deverá ser feita em gravação separada, apenas com a participação do Juiz ou servidor por ele indicado, ocasião em que será orientada a permanecer com o vídeo desabilitado durante a oitiva, que será gravada em outro arquivo, no qual a imagem não será exibida. O acesso à gravação com a identificação da testemunha/vítima protegida poderá ser solicitado ao magistrado e será encaminhado por *e-mail* apenas à parte autorizada com *link* exclusivo, não se aplicando a esta gravação o disposto no item 12; 11) Acaso seja proferida sentença em audiência o termo deverá ser compartilhado para visualização pela própria ferramenta, exceto em caso de dispensa pelas partes; 12) O arquivo com a gravação da audiência deverá ser salvo em pasta devidamente identificada no OneDrive e armazenado até extinção do processo, com disponibilização imediata para as partes por meio de *link* de acesso, sempre que possível no próprio termo de audiência (o manual para envio de mídia digital está disponível em: http://www.tjsp.jus.br/CapacitacaoSistemas/CapacitacaoSistemas/ComoFazer); 13) No sistema SAJ deverá ser emitido Termo de Audiência constando a informação de que foi realizada excepcionalmente por meio virtual, diante da Pandemia do Covid-19 e da impossibilidade de acesso de pessoas ao prédio do fórum, mencionado as partes que participaram da videoconferência e o local em que a gravação ficará armazenada; 14) É possível o agendamento de "reuniões testes" pelo servidor designado antes do agendamento regular para configurações de vídeo e áudio dos participantes, especialmente recomendado no caso de testemunhas que não terão sua imagem exibida; 15) Nos casos de falha de transmissão de dados entre as estações de trabalho serão preservados os atos até então praticados e registrados em gravação, cabendo ao magistrado avaliar as condições para a continuidade do ato, possível pelo mesmo *link*, ou sua redesignação. No caso de falha na conexão que impeça a continuidade da audiência, uma vez iniciada a gravação ela será salva automaticamente pelo sistema até o momento da queda da conexão. Importante que o magistrado ou servidor designado disponha do contato telefônico das partes para informar sobre eventual continuidade ou resignação da audiência. No caso de mais de um vídeo gravado para a mesma audiência deverá ser renomeado como "parte 1", "parte 2", e assim sucessivamente; 16) O manual de capacitação completo sobre o uso da ferramenta Microsoft Teams está disponível em: [https://www.tjsp.jus.br/ – buscar "Como fazer audiência virtual"]; 17) Dúvidas operacionais encaminhadas ao *e-mail* trabalhoespecial@tjsp.jus.br. O serviço de suporte técnico aos usuários poderá ser feito: pelo telefone 0800 770 2779, das 9h00 às 19h00; pelo portal no endereço http://www.tjsp.jus.br/suporte; canal de suporte *on-line* no Teams, das 9h00 às 19h00.

O TRT da 2ª e da 15ª Regiões (*vide*, respectivamente, **Ato GP n. 07/2020, Resolução Administrativa n. 20/2019 e Portaria Conjunta GP-VPA-CPJ-CR n. 004/2020 e demais disposições normativas posteriores**) e o **TRF da 3ª Região (Resolução PRES n. 343/2020)** adotaram regramentos semelhantes, viabilizando solução tecnológica para efetivar a prática de audiências e julgamentos.

O **Conselho Nacional de Justiça** já se pronunciou sobre o tema por meio da **Resolução n. 337, de 29.09.2020**, orientando que cada tribunal "[...] deverá, no prazo máximo de 90 (noventa) dias, a contar da entrada em vigor desta Resolução, adotar um sistema de videoconferência para suas audiências e atos oficiais, devendo comunicar ao Conselho Nacional de Justiça o nome da solução adotada e o endereço eletrônico em que pode ser acessada" (art. 1º), esclarecendo, ainda, que o "[...] sistema de videoconferência deverá garantir a segurança, a privacidade e a confidencialidade das informações compartilhadas" (art. 3º).[7]

7 Merece destaque, porém, o texto da **Resolução n. 341** desse órgão colegiado, de **07.10.2020**, a qual "determina aos tribunais brasileiros a disponibilização de salas para depoimentos em audiências por sistema de videoconferência, a fim de evitar o contágio pela Covid-19".

Aliás, esse mesmo órgão municiado de dados estatísticos e opinativos favoráveis à experiência vivenciada, sobretudo em razão do inegável aumento de produtividade confirmado pelos tribunais, editou a **Resolução n. 345, de 09.10.2020**, incentivando a manutenção dessa nova modalidade de realização de audiências e julgamentos mesmo após esse período pandêmico. Vejamos a redação do art. 1º, que autoriza "[...] a adoção, pelos tribunais, das medidas necessárias à implementação do 'Juízo 100% Digital' no Poder Judiciário". Esse diploma, a par de reiterar a necessidade de racionalização dos recursos orçamentários, reforça a prática de atos processuais por meio eletrônico, a teor do que prescreve o art. 196 do Código de Processo Civil.

Posteriormente, esse posicionamento inovador, reconhecendo o ganho de produtividade, eficiência e celeridade dos novos instrumentos tecnológicos, foi ratificado na **Resolução n. 358, de 02.12.2020**, a qual definiu, em seu art. 1º, que os "[...] tribunais deverão, no prazo de até 18 (dezoito) meses a contar da entrada em vigor desta Resolução, disponibilizar sistema informatizado para a resolução de conflitos por meio da conciliação e mediação (SIREC)".

Contudo, salientamos que essa solução tecnológica trouxe, também, alguns desafios ao cotidiano forense: inúmeros são os relatos de testemunhas sendo instruídas (materializando deslealdade processual e ensejando possível punição por litigância de má-fé[8]); interrupção de acesso dos *links* (muitas vezes como forma de obter alguma vantagem em instruções cujo desenrolar se tornam problemáticos para os interesses de partes); dificuldade no contato visual entre magistrados, testemunhas e partes envolvidas (o que, a partir dessa eventual comunicação ocular deficitária, pode suprimir um evidente e necessária impressão, ainda que subjetiva, acerca da veracidade dos fatos e das informações relatadas); ausência de certificação acerca da correta identidade das partes, testemunhas e advogados que participam dos atos (o que pode facilitar fraudes); comunicação entre testemunhas e partes (*vide* normas que prescrevem a incomunicabilidade de testemunhas – art. 456 do Código de Processo Civil e art. 210 do Código de Processo Penal); enfim, percalços normais, os quais, ainda que aceitáveis nos primeiros meses do sistema virtual implementado, se não enfrentados, podem se tornar obstáculo talvez intransponível ao devido processo legal e, acima de tudo, à realização da efetiva justiça ambicionada.

ASPECTOS RELACIONADOS À ADVOCACIA CRIMINAL

Nesse período pandêmico, com a interrupção de atendimento e até de atividades de alguns órgãos públicos, algumas delegacias policiais e varas criminais ficaram abrangidas, ao menos por um breve intervalo de tempo, pelo espectro da crise, comprometendo o regular andamento de inquéritos e ações penais. Percebeu-se uma redução da criminalidade em determinadas áreas.

8 *Vide* art. 80, V, do Código de Processo Civil.

Como forma de atender às peculiaridades da área criminal, o CNJ editou resoluções importantes:

a) **Resolução n. 329, de 30.07.2020** – o art. 3º autoriza, durante o período de Covid-19, para fins de manter-se a tramitação regular de feitos, realizar-se videoconferência em processos criminais, inclusive execuções penais, afastando-se essa flexibilização se houver formalização escrita de óbice que demonstre a impossibilidade técnica ou instrumental de participação por algum dos envolvidos, inclusive vedando-se ao magistrado aplicar qualquer penalidade ou destituir a defesa nessa hipótese;

b) **Resolução n. 330, de 23.08.2020** – seu art. 2º permite, de forma excepcional, quando não for possível a realização do de audiência na forma presencial, durante a pandemia, utilizar a videoconferência em processos de apuração de infrações e medidas socioeducativas relacionadas ao Estatuto da Criança de Adolescente;

c) **Resolução n. 357, de 26.11.2020** – o art. 1º alterou o art. 19 da Resolução n. 329/2020, admitindo-se, portanto, a realização de videoconferência para as audiências de custódia, desde que não seja possível a realização desse ato processual em até 24 horas da prisão em flagrante (*vide* arts. 287 e 310, ambos do Código de Processo Penal).

No dia 17 de março de 2020, a **Portaria Interministerial n. 5** (Ministro da Justiça e Ministro da Saúde) dispôs sobre a compulsoriedade das medidas de enfrentamento da emergência de saúde pública previstas na Lei n. 13.979, de 06.02.2020. Nesse diploma, o art. 5º previa que o desrespeito da medida de *quarentena* (*vide* art. 3º, *caput*, II, da Lei n. 13.979/2020) poderia, se o fato praticado não se enquadrasse em crime mais grave, configurar os seguintes delitos previstos no Código Penal: arts. 268 (infringir determinação do poder público, destinada a impedir introdução ou propagação de doença contagiosa) e 330 (desobediência).

Após grande celeuma e dificuldade em sua aplicação concreta, esse ato normativo, no entanto, foi revogado pela **Portaria Interministerial n. 9, de 27.05.2020,** editada pelas mesmas pastas.

A título de curiosidade a respeito deste tópico, infrações penais outrora esquecidas, como as acima mencionadas, voltaram a ser estudadas sob o enfoque desse momento:

a) **Código Penal – art. 131, "perigo de contágio de moléstia grave"** (o agente ter ciência de que está contaminado com o vírus Covid-19 e, ainda assim, praticar ato capaz de produzir o contágio a outra pessoa ou coletividade); **art. 132, "perigo para a vida ou saúde de outrem"** (o autor expõe a vida ou a saúde de outrem a perigo direto e iminente, no caso, contágio do vírus); **art. 267, "epidemia"** (determinada pessoa, ciente de estar contaminada pelo vírus – germes patogênicos – promove deliberadamente a transmissão da doença a outros, provocando epidemia); **art. 273, "falsificação, corrupção, adulteração ou alteração de produto destinado a fins terapêuticos ou medicinais"** (o sujeito ativo, deliberadamente, pratica quaisquer das modalidades previstas no tipo, modificando estrutura ativa de determinado produto utilizado, por exemplo, para o tratamento de pessoa infectada pela vírus);

b) **Lei n. 1.521/51 – art. 3º, VI, "... provocar a alta ou baixa de preços de mercadorias, títulos públicos, valores ou salários por meio de notícias falsas, operações fictícias ou qualquer outro artifício"** (atitude comercial desleal e injustificada, aproveitando-se de momento conturbado de emergência e calamidade pública, a qual materializa aumento indevido do preço de determinados produtos, muitas vezes sob a falaciosa escusa de que esse mesmo produto "está em falta do mercado");

c) **Lei n. 8.078/90 – art. 66, "fazer afirmação falsa ou enganosa, ou omitir informação relevante sobre a natureza, característica, qualidade, quantidade, segurança, desempenho, durabilidade, preço ou garantia de produtos ou serviços..."** (aqui a intenção é ludibriar o consumidor ao fazer constar dados característicos incorretos ou deixar de exibir informação relevante sobre determinado produto ou serviço colocado à disposição nesse período de crise).

APONTAMENTOS FINAIS

Certamente o cotidiano social retornará à sua normalidade e vacinas terão êxito em imunizar a população. Contudo, forçoso reconhecermos que essa crise mundial nos trouxe inúmeras reflexões, modificando, inclusive, o futuro de todos. Teremos novos hábitos e comportamentos, setores dos mais diversos modificarão a sua pauta estrutural, organizacional, as rotinas regulares de atividades sofrerão alterações sensíveis. Essa nova dinâmica e a nova realidade, obviamente, atingem, também, o cotidiano forense, projetam consequências para o futuro. A utilização dos instrumentos tecnológicos expostos anteriormente, talvez em razão da necessidade atual, precisou ser antecipada, porém, ao menos até agora, mostrou-nos uma realidade favorável, animadora, levando a crer que o sol brilhará pela estrada da vida.

APÊNDICES

TERMOS EMPREGADOS PARA AS PARTES NAS DIVERSAS AÇÕES

Ações	Nomes das partes	
	AUTOR	RÉU
Em geral	Requerente Suplicante Demandante	Requerido Suplicado Demandado
Agravo de instrumento	Agravante	Agravado
Alimentos	Alimentando	Alimentante
Assistência	Assistente	Assistido
Cobrança	Credor	Devedor
Consignação em pagamento	Consignante	Consignado
Curatela	Curador	Curatelado
Denunciação à lide	Denunciante	Denunciado
Desapropriação	Desapropriante	Desapropriado
Embargos do devedor Embargos de terceiro Embargos infringentes	Embargante	Embargado
Evicção	Evencente	Evicto
Execução	Exequente Credor	Executado Devedor
Interpelação	Interpelante	Interpelado
Inventário	Inventariante	

(continua)

(continuação)

Mandado de segurança	Impetrante	Impetrado
Nomeação à autoria	Nomeante	Nomeado
Notificação	Notificante	Notificado
Nunciação de obra nova	Nunciante	Nunciado
Oposição	Opoente	Oposto
Reconvenção	Autor reconvindo	Réu reconvindo
Recursos em geral	Recorrente	Recorrido
Recurso de apelação	Apelante	Apelado
Reivindicação	Reivindicante	Reivindicando
Tutela	Tutor	Tutelando
Usucapião	Usucapiente	Usucapiendo

PRAZOS NO CÓDIGO DE PROCESSO CIVIL

Como se contam (art. 224 do CPC/2015):

a) exclui-se o dia do começo e inclui-se o do vencimento;

b) os dias do começo e do vencimento serão prorrogados para o primeiro dia útil seguinte;

c) começam a correr a partir do primeiro dia útil que seguir ao da publicação da intimação (considera-se como data de publicação o primeiro dia útil seguinte ao da disponibilização da informação no *Diário da Justiça eletrônico*);

d) os dias do começo e do vencimento serão prorrogados se coincidirem com dia em que o expediente forense for encerrado antes ou iniciado depois da hora normal ou houver indisponibilidade da comunicação eletrônica;

e) computam-se somente os dias úteis (art. 219 do CPC).

Prazos para:

- apresentar contestação: 15 dias;
- apresentar oposição: 15 dias;
- apresentar reconvenção: 15 dias;
- *prazo em dobro*: havendo litisconsortes, cada qual com seu advogado, o prazo será contado em dobro (30 dias).

Prazos para contestar:

- ação de consignação em pagamento: 10 dias;
- ação de demarcação: 15 dias;
- ação de divisão: 15 dias;
- ação de exigir contas: 15 dias;
- ações nas tutelas cautelares: 5 dias, em geral;

- embargos de terceiros: *v.* art. 675 do CPC/2015;
- embargos à execução: 15 dias.

Prazos para recursos:

- recursos em geral: 15 dias;
- recurso adesivo: 15 dias;
- agravo de instrumento: 15 dias;
- embargos de divergência: 15 dias;
- embargos de declaração: 5 dias;
- embargos infringentes: 15 dias;
- recurso extraordinário: 15 dias;
- recurso especial: 15 dias.

Prazos para contrarrazões de:

- agravo de instrumento: 15 dias;
- apelação: 15 dias;
- recurso extraordinário: 15 dias;
- embargos infringentes: 15 dias.

Prazos para impugnar:

- embargos à execução: 15 dias;
- pedido de assistência: 15 dias;
- recurso extraordinário: 15 dias.

Prazos para manifestação:

- sobre contestação (réplica): 15 dias;
- sobre documentos e outros: 5 dias.

Prazos para:

- nomeação à autoria: o mesmo da contestação;
- para propor ação principal, depois de obtida tutela cautelar: 30 dias;
- para razões em recurso extraordinário: 15 dias.

Outros: inexistindo preceito legal ou prazo determinado pelo juiz: 5 dias (art. 218, § 3º, do CPC/2015).

Expressões latinas usuais

A contrario sensu pela razão contrária; ao contrário.

A fortiori expressão latina que, partindo da referência expressa a uma razão menos evidente, é utilizada para argumentar de forma mais concludente ou com mais razão.

A non domino expressão latina que indica alienação de uma coisa feita por quem não é seu legítimo proprietário, ou seja, feita por quem não possui o domínio sobre a coisa.

A posteriori locução latina: filosoficamente, indica conhecimento decorrente da experiência; nos meios forenses, é empregada no sentido geral de "depois", em contraposição à *a priori.*

A priori expressão que, em filosofia, tem por significado conhecimento anterior à experiência; em Direito, indica o oposto à expressão *a posteriori*, ou seja, o "que vem antes" ou "o anterior".

A quo expressão latina que designa juiz ou tribunal de instância inferior (1ª instância) de cuja sentença se recorre.

A rogo assinatura feita por terceiro a pedido de pessoa que não saiba ou não possa, momentaneamente, assinar.

Ab alto expressão latina que significa "por alto"; "por presunção"; "por suspeita".

Ab initio desde o início.

Ab intestato diz-se de quem faleceu sem deixar testamento.

Aberratio delicti expressão que, no Direito Penal, designa o erro do agente quanto ao bem jurídico que desejaria ofender. O mesmo que *aberratio criminis.*

Aberratio ictus expressão que, no Direito Penal, designa o erro na execução do delito quanto à pessoa da vítima.

Aberratio personae expressão que, no Direito Penal, também é conhecida como *error in persona*, designa o erro de representação cometido pelo agente criminoso.

Ad argumentandum tantum somente para argumentar.

Ad cautelam por cautela, para prevenir.

Ad corpus venda em que se transmite coisa certa dentro de limites declarados sem especificar a área. Contrário de *ad mensuram.*

Ad exemplum por exemplo.

Ad hoc para o caso; nomeado para certo fim processual ou legal.

Ad instar à semelhança de; à maneira de.

Ad judicia para o juízo; procuração somente para atuar em juízo e que não inclui os poderes especiais de receber, transigir e dar quitação.

Ad litteram ao pé da letra, literalmente. É usada quando se pretende reproduzir um artigo ou um pensamento doutrinário na íntegra.

Ad mensuram indica a venda de um imóvel quando feita mediante a especificação de suas medidas e do seu preço total ou preço por medida de extensão. Alienação de imóvel com limites, rumos e marcos encerrando área certa.

Ad negotia cláusula que confere ao mandatário poderes para praticar atos extrajudiciais ou relativos aos negócios do mandante em geral.

Ad nutum conforme a vontade; pela vontade ou arbítrio de uma parte.

Ad perpetuam rei memoriam prova que se produz judicialmente para perpetuação ou conservação de direito.

Ad probationem locução latina utilizada para indicar o ato que pode ser provado informalmente, ou seja, diferentemente da forma solene (*ad solemnitatem*), que a lei exige para certos casos. Desse modo, a validade das declarações de vontade não dependerá de forma especial, senão quando a lei expressamente a exigir (art. 107 do CC).

Ad quem tribunal para o qual o recurso é dirigido.

Ad referendum dependendo de aprovação de outrem.

Ad solemnitatem ato praticado de acordo com as formalidades indicadas em lei que são necessárias para sua validade.

Ad valorem expressão latina: conforme o valor. Tem efeito na carga tributária feita de acordo com o valor da mercadoria importada ou vendida, não por seu volume, peso ou quantidade.

Animus ato volutivo ou intenção consciente e deliberada de praticar um ato.

Animus domini intenção ou ânimo de dono.

Apud à vista de, junto de. Expressão latina usada para dar a conhecer que a citação que se faz em obra pertence originariamente a outro autor, cujo nome é precedido por *apud*.

Apud acta apud (junto) e *acta* (ação, autos) expressão usada para designar a procuração lavrada junto aos autos judiciais, ou seja, lavrada em audiência, nos autos de um processo, pelo próprio escrivão, perante o juiz.

Bis in idem duas vezes a mesma coisa.

Caução *de rato* compromisso do advogado em apresentar procuração em juízo no prazo que lhe for dado.

Causa debendi causa da dívida; origem, fundamento da obrigação.

Causa mortis por causa da morte; imposto que se paga sobre a importância líquida transmitida aos herdeiros por inventário.

Causa petendi ato ou fato que constitui o fundamento jurídico da ação.

Citra petita diz-se da sentença que não resolve completamente a lide.

Conditio sine qua non condição sem a qual não; requisito essencial.

Data venia com a devida vênia. Expressão respeitosa com que se inicia uma argumentação, ou opinião, divergente da de outrem, principalmente do juiz de direito.

De cujus expressão usada em inventários para designar aquele de cuja sucessão se trata.

Erga omnes efeito ou eficácia conferido a um documento ou decisão oponível contra todos.

Error in judicando designa o erro ou equívoco cometido pelo juiz no julgamento do processo.

Error in persona erro sobre a pessoa, que ocorre quando o agente, de forma dolosa, atinge pessoa diferente daquela que pretendia atingir.

Error in procedendo erro de natureza processual praticado pelo juiz.

Ex adverso diz-se do advogado da parte contrária.

Ex expositis do que ficou exposto.

Ex lege pela lei.

Ex nunc agora, presentemente; ato cujos efeitos começam a vigorar desde a sua prática ou celebração, sem retroatividade.

Ex officio por dever do cargo; ato oficial que se realiza sem provocação das partes.

Ex positis posto isto; em face do exposto. Expressão usada em final de sentença, petição ou contestação.

Ex tunc efeito a partir de; com efeito retroativo.

Ex vi por força de.

Ex vi legis por força da lei.

Exequatur execute-se; cumpra-se.

Extra petita extra ou fora do pedido; diz-se da sentença, quando em desacordo com o pedido.

Honoris causa por motivo honorífico, para render homenagem.

In initio litis antes de propor a ação.

In limine preliminarmente; na forma de liminar.

In pari causa em caso semelhante.

In statu quo ante no mesmo estado anterior.

In verbis nestas palavras.

Inaudita altera pars sem ouvir a outra parte.

Intuitu personae em consideração à pessoa.

Ipsis litteris textualmente; pelas mesmas letras.

Ipsis verbis com as mesmas palavras ou *sic*.

Ipso facto por isso mesmo.

Iura novit curia o juiz conhece o direito.

Juris et de jure presunção absoluta.

Juris tantum presunção relativa.

Jus (*ius*) direito.

Lato sensu sentido geral, amplo.

Leading case caso guia; caso líder; caso paradigmático.

Leasing arrendamento mercantil.

Legitimatio ad causam qualidade para agir; o verdadeiro sujeito ativo ou passivo de uma relação jurídica.

Legitimatio ad processum capacidade para agir ou reagir em juízo, por si ou representado por outrem.

Maxime principalmente, mormente.

More uxoris com a aparência ou costume de casados. União estável.

Onus probandi obrigação de provar.

Pari passu de perto, a par.

Periculum in mora Perigo na demora.

Portable pagamento que deve ser efetuado no domicílio do credor.

Prima facie à primeira vista; que se pode verificar de pronto sem ser preciso maior exame.

Pro indiviso diz-se dos bens que não estão divididos.

Pro labore Pelo trabalho.

Pro rata Na razão do que deve caber, proporcionalmente, a cada uma das partes.

Quérable pagamento que, na ausência de indicação em contrário, deve ser feito no domicílio do devedor.

Quid iuris? Qual o direito? Indagação que se faz a respeito da solução jurídica a ser utilizada para o deslinde de uma questão ou controvérsia.

Quota litis cláusula estabelecida em contrato de honorários que concede ao advogado o direito a uma determinada parte do resultado da causa.

Rebus sic stantibus cláusula contratual que tem como premissa o fato de que o contrato somente deve ser cumprido pelo devedor se subsistirem as condições econômicas existentes na data em que foi firmado.

Reformatio in pejus reforma de decisão judicial em desfavor do recorrente de forma a prejudicá-lo em relação à primeira sentença.

Res judicata coisa julgada.

Sic assim, deste modo. Usa-se entre parênteses após transcrição.

Stricto jure refere-se ao rigor do Direito, ao rígido formalismo legal do ato jurídico que não permite a ampliação do sentido da norma que o regulamenta.

Stricto sensu no sentido literal, estrito, exato, que não permite interpretação extensiva.

Ultra petita fora do pedido, que vai além do pedido.

Usque até.

Ut como.

Ut infra como abaixo.

Ut retro como atrás.

Ut supra como acima.

Vis major força maior.

Vocabulário jurídico

A

A contrario sensu Pela razão contrária; ao contrário. Brocardo latino usado para afirmar que as razões expendidas pela outra parte não possuem força de convicção suficiente para elidir ou refutar argumentos já apresentados.

A fortiori Expressão latina que, partindo da referência expressa a uma razão menos evidente, é utilizada para argumentar de forma mais concludente ou com mais razão. Exemplo: "Se os tribunais aceitam pacificamente aquela tese, *a fortiori* (com muito mais razão) deverão aceitar esta".

A non domino Expressão latina: indica alienação de uma coisa feita por quem não é seu legítimo proprietário, ou seja, feita por quem não possui o domínio sobre a coisa. Venda *a non domino*. Assim, feita por quem não seja proprietário, a tradição não alheia a propriedade (art. 1.268 do CC).

À ordem Cláusula inserida no texto de um título de crédito possibilitando a seu beneficiário transferir a terceiro o direito de receber a importância nele consignada por meio de endosso. Nota promissória, duplicata, letra de câmbio e cheque contêm a cláusula à ordem.

A posteriori Locução latina: filosoficamente, indica conhecimento decorrente da experiência; nos meios forenses, é empregada no sentido geral de "depois", em contraposição à *a priori*. Exemplos: "É vedada ao recorrente a alteração *a posteriori* de suas teses recursais, como meio de tentar afastar os fundamentos adotados na decisão atacada"; "Não tendo a parte se insurgido oportunamente contra o conhecimento de recurso sem assinatura, não pode, *a posteriori*, alegar a sua inexistência, em virtude da preclusão".

A priori Expressão que, em filosofia, tem por significado conhecimento anterior à experiência; em Direito, indica o oposto à expressão *a posteriori*, ou seja, o "que vem antes" ou "o anterior". As expressões *a priori* e *a posteriori* são utilizadas pela filosofia, especialmente pela epistemologia, para designar dois tipos diferentes de conhecimento: *a priori* designa um conhecimento ou argumento anterior à experiência e *a posteriori*, um fato sobre a sua base.

A quo Expressão latina: designa juiz ou tribunal de instância inferior (primeira instância) de cuja sentença se recorre. A expressão também é utilizada para significar o dia a partir do qual principia a correr um prazo (*dies a quo*).

A rogo Assinatura feita por terceiro a pedido de pessoa que não saiba ou não possa, momentaneamente, assinar um documento (art. 37, § 1º, da LRP).

Ab alto Expressão latina que significa "por alto"; "por presunção"; "por suspeita".

Ab initio Locução latina que tem como significado "desde o início", de começo (p. ex., à vista do exposto, dá-se provimento à apelação para reformar integralmente a sentença, decretando-se a nulidade do processo de inventário *ab initio*).

Ab intestato Locução latina pela qual se indica que determinada pessoa faleceu sem deixar testamento. Em tal caso, a sucessão *ab intestato* se contrapõe à "sucessão testamentária" (*v. Sucessão*).

Ab-rogação Revogação geral ou total das normas que regulam determinadas situações, proposta por nova lei, decreto ou regulamento. "Ficam revogadas as disposições em contrário" é a forma como comumente aparece representada.

Abaixo-assinado Documento com características de requerimento ou petição subscrito por um número ilimitado de pessoas, pelo qual se reivindicam providências a respeito de determinado assunto. É endereçado à pessoa que tem competência para decidir sobre o tema.

Abalroamento Choque entre veículos terrestres. Colisão entre aeronaves, no ar, ou em manobras terrestres. Colisão de embarcações em movimento, ou uma delas estacionada. O causador do abalroamento ou colisão pode ser responsabilizado a indenizar por ação própria (*v. Ação de reparação de danos*).

Abalroamento de veículos Choque entre veículos que caracteriza uma das modalidades de acidente de trânsito. O causador do acidente pode ser responsabilizado civilmente por meio de ação própria denominada "ação de reparação de dano sofrido em razão de acidente de veículos", com fundamento nos arts. 186 e 927 do Código Civil.

Abandono da causa Renúncia de direito pelo autor da ação. Configura-se o abandono da causa quando o autor, por um período de trinta dias, deixar de promover atos e diligências que lhe competirem no processo (art. 485, III, do CPC).

Abandono da coisa Coisa que o dono abandona com intenção de renunciar. A coisa volta a não ter dono e sujeita-se à apropriação (art. 1.275, III, do CC).

Abandono da herança Renúncia da herança. Recusa voluntária do herdeiro em receber a herança para não ser obrigado a pagar dívidas e legados do espólio, que passam à responsabilidade dos coerdeiros, legatários e credores. A renúncia deve constar, expressamente, de escritura pública ou termo judicial (art. 1.806 do CC).

Abandono da posse Uma das causas da perda da posse das coisas previstas no Código Civil. Perde-se a posse ao cessar, embora contra a vontade do possuidor, algum dos poderes inerentes à propriedade (art. 1.196 do CC).

Abandono da propriedade imóvel Abandono praticado pelo proprietário que acarreta perda da propriedade imóvel. A propriedade pode ser arrecadada e passar ao domínio do Estado, do Território ou do Distrito Federal três anos depois de arrecadada (art. 1.276 do CC).

Abandono de ascendente Ato pelo qual filhos ou netos deixam de prover a subsistência de pais ou avós. Os descendentes, maiores e capazes, têm o dever de ajudá-los e ampará-los com a obrigação irrenunciável de assisti-los e alimentá-los até o final de suas vidas (art. 1.694 do CC). Além de ser causa para a deserdação (art. 1.962, IV, do CC), o abandono sem justa causa é considerado crime (art. 244 do CP).

Abandono de descendente Não cumprimento pelos pais dos deveres inerentes à qualidade de autoridade paterna, como educar, assistir e zelar pela saúde e pela moral dos filhos. O abandono de descendente menor sem justa causa é considerado crime (art. 244 do CP).

Abandono de emprego Ausência do empregado ao emprego por período superior a trinta dias que enseja a despedida por justa causa (art. 482, *i*, da CLT e art. 138 da Lei n. 8.112/90, que dispõe sobre o regime jurídico dos servidores públicos civis da União, das autarquias e das fundações públicas federais).

Abandono de pessoa idosa Abandono de ascendente com idade superior a 60 anos. O tipo mais comum de abandono é a internação da pessoa idosa, pelos filhos, em hospital, casa de saúde ou asilo, sem a sua concordância, e posterior desamparo, ou a negligência em prover suas necessidades básicas. O abandono, nessas condições, é considerado crime pelo Código Penal (art. 133) e pelo Estatuto da Pessoa Idosa (art. 98).

Abandono de incapaz Deixar de cumprir os deveres de vigiar e cuidar dos filhos menores ou de incapazes sob seus cuidados, sua guarda, vigilância ou autoridade (pais ou responsáveis). O mesmo que abandono de pessoa e abandono de menor (art. 133 do CP).

Abandono de recém-nascido Deixar exposto ou abandonado recém-nascido para ocultar desonra própria. Constitui crime previsto no Código Penal (art. 134).

Abandono do lar Afastamento de um dos cônjuges do lar conjugal com a intenção de não mais retornar. Abandono voluntário do lar conjugal durante um ano contínuo (art. 1.573, IV, do CC).

Abandono intelectual Negligência dos pais, ou de quem conserva a guarda, em relação à educação de menores, deixando de lhes assegurar instrução escolar até a conclusão do ensino fundamental. O abandono intelectual constitui crime previsto na lei penal (arts. 246 e 247 do CP).

Abatimento Redução ou desconto concedidos pelo credor de uma dívida em razão de mera liberalidade ou decorrentes do fato de o devedor efetuar o pagamento à vista. Pode também derivar-se de imposição legal, como se verifica na hipótese de vícios redibitórios que afetam a coisa adquirida. Nesse caso, tanto o Código Civil como o Código de Defesa do Consumidor asseguram ao comprador o direito de rejeitar a coisa, redibindo o contrato, ou reclamar abatimento no preço (arts. 442 do CC e 19, I, do CDC).

Aberratio delicti O mesmo que *aberratio criminis*. Locução latina que designa o erro do agente quanto ao bem jurídico que desejaria ofender. O agente, com sua ação, obtém resultado diverso do pretendido. Exemplo: "A" pretende apenas destruir o muro da residência de "B", porém o muro, ao ruir, fere o transeunte "C".

Aberratio ictus Locução latina que, no direito penal, designa o erro na execução do delito quanto à pessoa da vítima. Ocorre, por exemplo, quando "A" deseja atirar em "B", erra o alvo e acerta, porém, involuntariamente, "C". Consistindo numa falha à própria execução do delito, a *aberratio ictus* não se confunde com a *aberratio delicti*, nem com a *aberratio personae* (*error in persona*) (art. 73 do CP).

Aberratio personae Locução latina, também conhecida como *error in persona*, designa o erro de representação cometido pelo agente criminoso. Exemplo: "A", no escuro, atira em "B", presumindo ter atirado em "C".

Abertura da sucessão Expressão jurídica que indica o ato de disponibilidade da herança, em decorrência do falecimento de uma pessoa que tenha deixado bens. A abertura da sucessão hereditária e a consequente transmissão da herança ocorrem no momento mesmo da morte daquele cujos bens serão objeto de inventário e partilha (art. 1.784 do CC). A sucessão abre-se no lugar do último domicílio do falecido e pode ser definitiva ou provisória.

Abertura de inventário Procedimento judicial ou extrajudicial, exigido por lei, de quem estiver na posse e administração do espólio, destinado a inventariar e posteriormente partilhar entre os herdeiros, os bens deixados por pessoa falecida. Incumbe, portanto, a quem estiver na posse e administração do espólio, no prazo do art. 611 do Código de Processo Civil de 2015, requerer o inventário e a partilha, sendo o requerimento instruído com a certidão de óbito do autor da herança (art. 615 do CPC).

Abigeato Furto de semoventes; furto de animais; furto de gado. Subtração A de coisa móvel, punível com a pena de reclusão, de 1 a 4 anos, e multa (art. 155 do CP).

Abonar Ato de provar, justificar, tomar a responsabilidade, afiançar, garantir.

Absolutamente incapaz Pessoa impedida de exercer pessoalmente os atos da vida civil em razão de insuficiência de idade. A lei diz que são absolutamente incapazes os menores de 16 anos, por serem incapazes de exercer pessoalmente os atos da vida civil (art. 3º do CC). Os absolutamente incapazes não podem praticar atos jurídicos, pois devem ser representados por seus pais, tutores ou curadores (art. 71 do CPC).

Absolvição criminal Do latim *absolvere*, desatar, desembaraçar, resgatar, perdoar. Ato judicial que declara o réu inocente ou meramente isento de sanção. No plano do processo penal, denomina-se sentença absolutória aquela que julga improcedente a acusação.

Absolvição de instância Instituto processual que identificava a liberação do réu da demanda a que estava submetido, o que não obstava, contudo, a propositura de nova ação, sobre o mesmo objeto, pelo autor. A expressão *absolvição da instância* foi substituída, com o advento do vigente CPC, pela *extinção do processo sem resolução do mérito*.

Abuso de poder Exercício excessivo de poder que determinadas pessoas praticam em razão dos cargos que ocupam. A Constituição Federal assegura a todos, independentemente do pagamento de taxas, o direito de petição aos poderes públicos em defesa de direitos ou contra ilegalidade ou abuso de poder (art. 5º, XXXIV) da mesma forma que concede o mandado de segurança quando o responsável pelo abuso de poder for autoridade pública ou agente de pessoa jurídica no exercício de atribuições do poder público (LXIX).

Abuso do poder familiar Exercício irregular ou exorbitante da autoridade paterna sobre os filhos. Configura-se abuso do poder familiar o castigo imoderado ao menor ou o fato de os pais o deixarem em situação que caracterize o estado de abandono. O abuso do poder familiar é sancionado com a perda do poder familiar (art. 1.638 do CC).

Ação (1) Meio ou instrumento processual que a lei assegura à parte para que ela possa requerer, em juízo, o reconhecimento do direito que alega ter; meio processual pelo qual se pode reclamar à Justiça reconhecimento, declaração, atribuição ou efetivação de um direito.

Ação (2) Cota ou capital; título de propriedade, negociável, representativo de uma fração do capital de uma sociedade anônima.

Ação acessória Ação proposta antes ou no curso da causa principal, sendo desta dependente. A ação acessória pode ser de natureza preparatória, quando visa a instruir ou fundamentar propositura da lide principal (separação de corpos); de natureza preventiva, quando tem por finalidade evitar fraudes, assegurando a futura efetivação de direito (arrolamento de bens, sequestro) ou de natureza incidente, quando surge durante a demanda (reconvenção, oposição, embargos de terceiro). "A ação acessória deve ser proposta perante o juiz competente para a ação principal" (art. 61 do CPC).

Ação autônoma de impugnação Instrumento de impugnação decorrente de uma nova ação, representada pelo *habeas corpus*, mandado de segurança e ação rescisória.

Ação civil pública Ação que compete ao Ministério Público ou a qualquer interessado e tem por objetivo a proteção do patrimônio público e social, do meio ambiente e de outros interesses difusos e coletivos (art. 129, III, da CF).

Ação cominatória Ação pela qual o titular de um direito requer ao juiz que alguém cumpra uma obrigação, preste ou se abstenha de praticar algum ato que lhe traga prejuízo sob pena de sanção ou pagamento de multa (pena pecuniária) (arts. 536 e 537 do CPC). O art. 14

da Lei n. 9.609/98 prevê expressamente a ação para o autor de programas de computador proibir ao infrator a prática do ato incriminado com a cominação de pena pecuniária para o caso de transgressão do preceito.

Ação condenatória Ação em que o autor visa a obter uma sentença que imponha ao réu a obrigação de prestar alguma coisa devida ao autor. A ação condenatória constitui título executivo judicial que serve de instrumento para fundamentar uma posterior ação de execução.

Ação conexa Ação que, encerrando certa analogia ou identidade com outra, deve ser promovida simultaneamente, sempre que haja imperiosa necessidade de um único julgamento para ambas as causas, para evitar eventual prestação jurisdicional conflitante sobre a mesma causa de pedir (art. 55 do CPC).

Ação confessória Ação que compete ao titular do direito real de servidão (proprietário, enfiteuta ou usufrutuário do prédio dominante) para requerer o reconhecimento da existência da servidão e a proibição de o réu embaraçar seu livre exercício.

Ação constitutiva Ação que, sem limitar a simples declaração de um direito e sem estatuir condenação ao cumprimento de uma prestação, cria, modifica ou extingue uma relação jurídica.

Ação cumulada Ação proposta simultaneamente e em conjunto com outra ação em razão de o objeto ou a causa de pedir ser comum em ambas (conexão, art. 55 do CPC).

Ação de adjudicação compulsória Medida judicial que tem por objetivo obter a transferência da propriedade de uma coisa móvel ou imóvel do patrimônio de uma pessoa, nos casos em que a lei especifica. A medida visa a obter o suprimento judicial da vontade recusada pelo vendedor, ou seja, o suprimento da vontade de outorgar a escritura definitiva e a consequente transferência do domínio do imóvel compromissado.

Ação de alimentos Ação que permite aos parentes exigirem, uns dos outros, os alimentos de que necessitam para subsistir (art. 1.694 do CC). O direito à prestação de alimentos é recíproco entre pais e filhos, e extensivo a todos os ascendentes (art. 1.696 do CC). A ação de alimentos encontra-se regulada pela Lei n. 5.478/68.

Ação de anulação Ação que possibilita à parte interessada obter anulação do ato jurídico constituído em obedecer às formalidades legais ou fundado em erro, dolo, coação, simulação, fraude ou do qual participe pessoa relativamente incapaz (art. 171 do CC).

Ação de arrolamento Modalidade especial da ação de inventário, que se diferencia deste pelo rito sumário pelo qual é processado, em razão do suprimento de diversos atos processuais exigidos no processamento do inventário normal (art. 660 do CPC).

Ação de atentado Tutela cautelar. Medida acessória ou incidente que cabe à parte que, no curso de um processo, repute-se lesada por qualquer inovação ou alteração na coisa objeto da lide praticada pela outra parte. Comete atentado a parte que, no curso do processo, viola penhora, arresto, sequestro ou imissão na posse; prossegue em obra embargada; pratica outra qualquer inovação ilegal no estado de fato (art. 77, VI, do CPC).

Ação de busca e apreensão Tutela cautelar. Medida que tem por finalidade a apreensão de determinada coisa ou pessoa que se encontre ilegalmente em poder de outrem a fim de ser guardada até que o juiz determine a quem deve ser ela entregue em definitivo (art. 806, § 2º, CPC).

Ação declaratória Ação pela qual, mediante simples declaração, sem força executória, o juiz proclama existência (declaratória positiva) ou inexistência (declaratória negativa) de uma relação jurídica, falsidade ou autenticidade de um documento (art. 19 do CPC).

Ação de comisso Ação que, a teor do art. 692, II, do CC/1916, facultava ao senhorio mover contra o foreiro para anulação ou extinção da enfiteuse. Somente poderia ser proposta na hipótese de o foreiro deixar de pagar as pensões devidas por três anos consecutivos. Embora extinta pelo CC/2002 (art. 2.038), a enfiteuse permanece em uso para os terrenos da União, conforme dispõe a Lei n. 9.636, de 15.05.1998.

Ação de consignação em pagamento Ação que permite ao devedor depositar em juízo a coisa devida para valer como pagamento nas hipóteses previstas em lei (arts. 334 do CC e 539 do CPC). Entre outros casos arrolados pelo art. 335 do CC, cabe a ação de consignação: se o credor, sem justa causa, recusar receber o pagamento ou dar quitação na devida forma; se o credor não for, nem mandar receber a coisa no lugar, tempo e condição devido; se o credor for incapaz de receber, for desconhecido, estiver declarado ausente ou residir em lugar incerto, de acesso perigoso ou difícil; se ocorrer dúvida sobre quem deva legitimamente receber o objeto do pagamento; e se pender litígio sobre o objeto de pagamento. Quando o objeto da consignatória for o pagamento de aluguéis, o consignante encontra ação específica (ação de consignação de aluguéis) no art. 67 da Lei n. 8.245/91 (Lei do Inquilinato).

Ação de cumprimento de sentença Ação, fundada em título executivo judicial (art. 513 do CPC), que, de conformidade com o art. 523 do CPC, exige simples petição na qual o credor requer a intimação do devedor para que efetue o pagamento no prazo de quinze dias, sob pena do acréscimo de 10% de multa e de expedição de mandado de penhora e avaliação.

Ação de *damno infecto* Ação pela qual a pessoa, estando na expectativa de sofrer dano eventual ou iminente, requer que quem estiver na iminência de causá-lo preste caução. A ação, também conhecida por caução de dano iminente ou caução de dano infecto, cabe ao proprietário ou inquilino de um prédio, em que alguém tem direito de fazer obras (art. 1.281 do CC), e nos casos dos arts. 1.280 e 1.305, parágrafo único, do Código Civil.

Ação de demarcação Ação que tem por objeto delimitar a área de um imóvel e seus novos limites ou aviventar os limites já apagados (art. 569 do CPC). Pode ser cumulada com a ação de divisão (art. 570 do CPC).

Ação de desapropriação Ação que compete ao órgão público competente, destinada a subtrair, do particular, propriedade imóvel que considere de utilidade pública ou de interesse social para utilizá-la em benefício da coletividade, mediante prévia e justa indenização. A competência para promover a desapropriação de imóveis rurais para fins de reforma agrária é privativa da União (art. 184 da CF).

Ação de despejo de imóvel rural Ação que compete ao arrendador (no contrato de arrendamento rural) ou ao parceiro-outorgante (no contrato de parceria rural), que tanto poderão ser o próprio proprietário do imóvel quanto o simples possuidor, o usufrutuário, o usuário ou o administrador que tenha poderes específicos para contratar, contra o arrendatário ou parceiro-outorgado, a fim de compeli-lo a desocupar o imóvel nos casos permitidos em lei (art. 32 do Decreto n. 59.566/66).

Ação de despejo de imóvel urbano Ação que compete ao locador, que tanto poderá ser o proprietário quanto o administrador ou quem possua poderes específicos para locar, o usufrutuário ou os herdeiros do locador (art. 5º da Lei n. 8.245/91), contra o locatário, a fim de compeli-lo a desocupar o imóvel nas hipóteses previstas em lei (arts. 46 e 47 da Lei n. 8.245/91).

Ação de divisão Ação que cabe ao condômino para obrigar os demais consortes a partilhar a coisa comum (arts. 569, II, e 588 do CPC). Consubstancia-se esta ação no direito que o condômino possui de, a todo tempo, exigir a divisão da coisa comum assegurado pelo art. 1.320 do Código Civil. A ação de divisão tem por finalidade atribuir, a cada condômino ou coproprietário do imóvel, o quinhão que lhe cabe na mesma propriedade, definindo perfeitamente sua localização, suas medidas e suas confrontações.

Ação de divisão e de demarcação Ação na qual se cumula os pedidos de divisão e demarcação para se obter não só a divisão da propriedade, atribuindo-se a cada condômino seu quinhão, mas também a demarcação do terreno por seus limites exteriores, ou seja, em relação às propriedades confrontantes pertencentes a terceiros (art. 570 do CPC).

Ação de divórcio Ação promovida por um dos cônjuges, ou por ambos, quando consensual, com o fim de dissolver definitivamente a sociedade conjugal (art. 1.580 do CC). A Emenda Constitucional deu nova redação ao § 6º do art. 226 da Constituição Federal, que dispõe sobre a dissolubilidade do casamento civil pelo divórcio, suprimindo o requisito de prévia separação judicial por mais de um ano ou de comprovada separação de fato por mais de dois anos.

Ação de evicção Ação pela qual o adquirente de coisa certa, que vier a perdê-la em razão de sentença que atribui sua propriedade a outrem, pretende o reconhecimento de seu direito de obter indenização do preço e demais despesas que sofrer daquele que lhe alienou a coisa (art. 447 do CC).

Ação de execução Ação fundada em título executivo extrajudicial destinada a compelir o devedor inadimplente a satisfazer o direito reconhecido pela sentença, ou a obrigação, quando ele deixar de fazê-lo de forma espontânea. O mesmo que ação executiva ou execução forçada (arts. 771 e 824 do CPC).

Ação de execução de alimentos Ação pela qual o credor promove contra o devedor inadimplente a execução de sentença que o condena ao pagamento de prestação alimentícia (art. 911 do CPC).

Ação de execução de obrigação de fazer Ação destinada a compelir o devedor inadimplente a satisfazer a obrigação de fazer em certo prazo, sob pena de ser ela executada à custa do devedor ou convertida em indenização (art. 815 do CPC).

Ação de execução de obrigação de não fazer Ação conferida ao credor para obter do devedor, em determinado prazo, o desfazimento de um ato do qual devia abster-se por determinação legal ou contratual sob pena de mandar desfazê-lo a sua custa ou responder por perdas e danos (art. 822 do CPC).

Ação de execução para entrega de coisa certa Ação fundada em título executivo extrajudicial que visa condenar o réu a entregar coisa certa, sob pena da decretação de emissão de posse (bem imóvel) ou busca e apreensão (coisa imóvel) (art. 806 do CPC).

Ação de execução para entrega de coisa incerta Ação fundada em título executivo extrajudicial destinada a compelir o devedor a entregar coisa incerta quando a execução recair sobre coisa determinada pelo gênero e pela quantidade (art. 811 do CPC).

Ação de execução por quantia certa Ação fundada em título líquido, certo e exigível, do credor contra o devedor, que tem por fim obter o cumprimento de obrigação que o devedor deixou de satisfazer espontaneamente sob pena da expropriação de bens (arts. 771 e 824 do CPC).

Ação de exigir contas Ação pela qual o interessado pretende prestar contas a quem de direito, ou exige que alguém as preste, nos casos previstos em lei ou em razão de convenção entre as partes (art. 550 do CPC).

Ação de exoneração de alimentos Ação judicial posta à disposição do alimentante para pleitear a extinção de sua obrigação ou dever de prestar alimentos, quando sobrevier mudança na sua situação financeira ou na de quem recebe os alimentos (art. 1.699 do CC). "O cancelamento de pensão alimentícia de filho que atingiu a maioridade está sujeito à decisão judicial, mediante contraditório, ainda que nos próprios autos" (Súmula n. 358 do STJ).

Ação de exoneração de fiança Ação de iniciativa do fiador contra o locador que tem por objetivo obter declaração de estar o fiador desobrigado de continuar prestando fiança a determinada pessoa (art. 835 do CC).

Ação de falência Ação promovida pelo credor contra comerciante que, sem relevante razão de Direito, não paga no vencimento obrigação líquida constante de título que legitime a ação executiva (art. 94 da Lei n. 11.101/2005).

Ação de imissão de posse Ação que cabe ao proprietário adquirente para pleitear posse direta sobre imóvel que ainda se encontra na posse de outrem.

Ação de inconstitucionalidade Ação destinada a obter declaração de inconstitucionalidade de lei, decreto ou qualquer ato emanado de uma autoridade pública, em razão de afronta aos dispositivos constitucionais. Compete ao Supremo Tribunal Federal, como guarda da Constituição, processar e julgar, originariamente, a ação direta de inconstitucionalidade de lei ou ato normativo federal ou estadual (art. 102, *a*, da CF).

Ação de indenização Ação que tem por finalidade assegurar a alguém o ressarcimento de prejuízos ou a reparação do dano causado por outrem em razão de ação ou missão voluntária, negligência ou imprudência (arts. 186 e 927 do CC). O mesmo que ação de reparação de dano.

Ação de interdito proibitório Ação preventiva que visa a impedir a concretização de uma ameaça à posse do possuidor através de ato de turbação ou esbulho (art. 567 do CPC).

Ação de inventário Ação que visa a arrecadação, descrição e partilha de bens pertencentes a uma pessoa falecida (art. 1.796 do CC e art. 610 do CPC).

Ação de investigação de paternidade Ação que cabe à pessoa nascida fora da relação de casamento para obter reconhecimento de sua filiação. Na ação de investigação, além de pedido de reconhecimento de filho, poderá ser formulado, cumulativamente, pedido de alimentos provisionais ou definitivos para o reconhecido que deles necessite (art. 7º da Lei n. 8.560/92).

Ação de mandado de segurança Ação que tem por objetivo proteção de direito líquido e certo quando o responsável pela ilegalidade ou pelo abuso de poder for autoridade pública ou agente de pessoa jurídica no exercício de atribuições do Poder Público (art. 5º, LXIX e LXX, da CF e art. 1º da Lei n. 12.016/2009).

Ação de manutenção de posse Ação que tem por objetivo manter o possuidor na posse quando vier a sofrer turbação (art. 560 do CPC).

Ação de notificação Ação pela qual uma pessoa dá a conhecer a outra sua intenção, ou comunica existência de um fato que seja de seu interesse, com objetivo de preservar ou oportunizar o exercício de um direito (art. 726 do CPC).

Ação de nulidade Ação pela qual se busca em juízo decretação de nulidade ou ineficácia de ato jurídico nulo. A nulidade de ato jurídico pode ser alegada por qualquer interessado ou pelo Ministério Público e deve ser pronunciada pelo juiz quando ele conhecer de seus efeitos e as encontrar provadas (art. 168 do CC).

Ação de nunciação de obra nova Ação cabível ao proprietário ou possuidor a qualquer título (nunciante), para impedir que proprietário, possuidor do imóvel vizinho ou condômino (nunciado) prossiga na edificação de obra prejudicial a seu prédio (art. 1.301 do CC).

Ação de petição de herança Ação própria para que o herdeiro possa haver a quota herdada ou que lhe coube por disposição testamentária, em posse da qual ainda não ingressou (art. 1.824 do CC).

Ação de preferência (perempção) Ação que cabe ao preterido em seu direito de ser preferido como comprador a fim de haver para si a propriedade da coisa vendida (arts. 504 e 513 do CC; art. 27 da Lei n. 8.245/91; art. 92, § 3º, do Estatuto da Terra).

Ação de reintegração de posse Ação conferida ao possuidor para retomar posse de um imóvel do qual foi despojado por ato de esbulho (art. 1.210 do CC e art. 560 do CPC).

Ação de reparação de danos Ação pela qual se visa a obter ressarcimento de danos ou prejuízos sofridos em razão de ato ilícito praticado por determinada pessoa (art. 927 do CC).

Ação de reparação de dano causado em acidente de veículos Ação pela qual o autor visa a obter indenização de danos causados a seu veículo em decorrência de acidente de trânsito provocado pelo réu com fundamento nos arts. 186 e 927 do CC e art. 53, V, do CPC.

Ação de repetição de indébito Ação pela qual aquele que pagou a mais do que devia requer restituição da quantia paga indevidamente (art. 876 do CC).

Ação de retrovenda Ação que cabe ao vendedor que, tendo firmado contrato de compra e venda com cláusula de retrovenda, pretende reaver o imóvel retrovendido, se este tiver sido vendido pelo comprador a terceiro antes de vencido o prazo estipulado para o exercício de seu direito de recompra (arts. 505 e 507 do CC).

Ação de separação judicial Ação pela qual um dos cônjuges (ou ambos) visa obter a separação do casal para pôr termo aos deveres do matrimônio e ao regime matrimonial de bens (art. 1.572 do CC). A Emenda Constitucional n. 66/2010, que deu nova redação ao § 6º do art. 226 da Constituição Federal dispondo sobre a dissolubilidade do casamento civil pelo divórcio, suprimiu o requisito de prévia separação judicial por mais de 1 (um) ano ou de comprovada separação de fato por mais de 2 (dois) anos.

Ação de sonegados Ação que compete ao herdeiro ou a qualquer outra pessoa interessada na herança para que sejam trazidos à partilha bens que, em razão de ocultação, não foram inventariados (art. 1.992 do CC e art. 669, I, do CPC).

Ação de usucapião Ação que cabe ao possuidor para obter o domínio de um imóvel sobre o qual tenha exercido, sem oposição, posse contínua durante certo tempo previsto em lei (arts. 1.238 a 1.244 do CC).

Ação declaratória Ação pela qual, mediante simples declaração, sem força executória, o juiz proclama existência (declaratória positiva) ou inexistência (declaratória negativa) de uma relação jurídica, falsidade ou autenticidade de um documento (art. 19 do CPC).

Ação *ex empto* Ação fundada na venda de imóvel em que se tiver estipulado preço por medida de extensão ou por área certa pela qual o comprador reivindica complementação da área que tiver encontrado a menor (art. 500 do CC).

Ação executiva Ação fundada em título líquido, certo e exigível movida pelo credor contra o devedor inadimplente destinada a compelir o devedor a satisfazer a obrigação. O mesmo que ação de execução ou execução forçada.

Ação imobiliária Toda ação que tem por objeto reivindicação ou defesa de um bem imóvel ou de direitos reais a ele concernentes. São assim consideradas as ações de imissão de posse, manutenção de posse, reintegração de posse, e a ação reivindicatória.

Ação judicial Ato ou meio processual pelo qual o titular de um direito se dirige à Justiça para formular demanda ou solicitar prestação jurisdicional. Difere a ação, ou processo, judicial do processo administrativo; pois, enquanto o primeiro é promovido perante o Poder Judiciário, o segundo é efetivado junto aos órgãos administrativos integrantes do Poder Executivo.

Ação monitória Ação que compete a quem pretender, com base em prova escrita sem eficácia de título executivo, pagamento de soma em dinheiro, entrega de coisa fungível ou de determinado bem móvel.

Ação nominativa Título representativo da cota-unidade de capital da sociedade anônima que contém o nome de seu proprietário ou acionista originário. Também chamada ação nominal.

Ação ordinária Ação submetida a rito ou procedimento ordinário, ou procedimento comum a todas as ações que não possuem procedimento especial ou de execução.

Ação pauliana Ação que cabe aos credores para obterem anulação de atos praticados pelo devedor consistentes em alienar ou onerar, de forma dolosa ou sob fraude, bens que poderiam ser usados para pagamento das dívidas (art. 158 do CC). Essa ação possui caráter pessoal e é também conhecida por *ação revogatória* ou *revocatória*.

Ação penal privada Ações que têm por objeto crimes contra a honra, ou seja, calúnia, injúria e difamação. Dependem do oferecimento de queixa-crime pelo ofendido, sendo esta considerada a petição inicial da ação penal privada. São requisitos da queixa-crime: exposição do fato com todas as suas circunstâncias; qualificação do acusado ou esclarecimentos pelos quais seja possível identificá-lo; classificação do crime; rol de testemunhas quando necessário (art. 41 do CPP).

Ação penal pública condicionada Ação movida pelo Ministério Público depois de manifestação de vontade do ofendido ou de requisição do Ministro da Justiça. A manifestação de vontade do ofendido para que o Judiciário se movimente em direção à condenação ou absolvição chama-se representação, considerada a petição inicial da ação. A representação é exigida pela lei em alguns casos específicos, como no crime de ameaça.

Ação pessoal Ação fundada em direito pessoal pela qual o autor requer o cumprimento de uma obrigação.

Ação petitória Ação fundada na prova do domínio que tem por fim obter a defesa do direito da propriedade ou de qualquer outro direito real (art. 1.228 do CC). São consideradas petitórias as ações reivindicatórias e as de imissão de posse porque o requisito para sua propositura é a prova do domínio (*jus possidendi*).

Ação popular Ação que assiste a qualquer cidadão para pleitear, perante o Judiciário, anulação de ato lesivo ao patrimônio público ou entidade da qual o Estado participe, à moralidade administrativa, ao meio ambiente e ao patrimônio histórico e cultural (art. 5º, LXXIII, da CF; Lei n. 4.717/65).

Ação possessória Ação que assiste a todo possuidor, proprietário ou não, para efeito de defender sua posse contra atos de usurpação ou violência (art. 1.228 do CC e art. 554 do CPC).

Ação preparatória Tutela cautelar movida antes de outra ação, considerada principal, para evitar lesão grave e de difícil reparação ao direito da parte (art. 305 do CPC).

Ação principal Ação que contém o objetivo principal da demanda e a qual se vinculam, em regra, as ações acessórias. Pedido principal. Efetivada a tutela cautelar, o pedido principal terá de ser formulado pelo autor no prazo de trinta dias, caso em que será apresentado nos mesmos autos em que deduzido o pedido de tutela cautelar (art. 308 do CPC).

Ação *quanti minoris* Ação que assiste ao comprador para haver do vendedor o abatimento do preço da coisa adquirida em virtude de defeito oculto e a consequente diminuição do seu valor (arts. 441 e 442 do CC). Também dita estimatória ou redibitória.

Ação real Ação fundada em direito real destinada a defender ou assegurar a propriedade ou um direito que a garanta. Pode ser objeto da ação real tanto a propriedade de bem móvel quanto de bem imóvel. Assim, consideram-se ações reais: imissão de posse, reivindicatória, hipotecária, de servidão e de usufruto.

Ação redibitória Ação do adquirente contra o vendedor com o fim de responsabilizá-lo pelos vícios redibitórios encontrados na coisa vendida (art. 441 do CC). São vícios redibitórios os defeitos ocultos que tornem a coisa imprópria ao uso a que é destinada ou lhe diminuam o valor.

Ação regressiva Ação para haver de outrem a importância despendida para cumprir obrigação que a este competia. Funda-se essa ação no direito de regresso que a lei, em certos casos, assegura a quem cumpre obrigação alheia. Assim, entre outros, possuem direito regressivo: o adquirente que sofrer evicção contra o vendedor; o endossante da letra de câmbio contra o sacador ou aceitante; o empregador que indenizou prejuízos causados pelo empregado; a seguradora contra o causador do dano ou contra o construtor da obra; o proprietário do imóvel contra o construtor; o que pagou indevidamente contra o devedor verdadeiro e seu fiador; o incumbido de guardar a coisa que perecer contra o terceiro culpado; o comerciante contra o fabricante quando tiver que indenizar produto defeituoso (art. 13 do CDC).

Ação reipersecutória Ação em que o autor reclama o que se lhe deve ou lhe pertence, e que se acha fora de seu patrimônio, inclusive interesses e penas convencionais. É toda ação em que se busca a entrega de alguma coisa, podendo o pedido se fundar em um direito real ou pessoal. Exemplo: ação de despejo, que é fundada em um direito pessoal e é reipersecutória.

Ação reivindicatória Ação movida pelo proprietário não possuidor contra o possuidor não proprietário para reaver a posse do imóvel (art. 1.228 do CC). Trata-se de ação petitória, fundada no domínio, movida contra pessoa que não possuindo qualquer título, ou possuindo título de legitimidade discutível, exerce posse injusta sobre o imóvel.

Ação renovatória de locação Ação que assiste ao locatário de imóvel não residencial para obter a renovação do contrato de locação por igual prazo do contrato em vigor (arts. 51 e 71 da Lei n. 8.245/91).

Ação rescisória Ação destinada a rescindir ou anular sentença de mérito transitada em julgado nos casos aos quais a lei se refere (art. 966 do CPC). Tem por objetivo anulação de uma decisão judicial passada em julgado em razão de ter sido ela proferida contra expressa disposição de lei ou de ter violado direito expresso para efeito de se restabelecer a verdade jurídica.

Ação revisional de alimentos Ação que assiste ao alimentante ou ao alimentado que requererem a exoneração, a redução ou o aumento, respectivamente, do valor dos alimentos em vigor, na hipótese da mudança na fortuna de quem os supre ou na de quem os recebe (art. 1.699 do CC). As sentenças que decidem sobre alimentos trazem ínsita a cláusula *rebus sic stantibus*, obstativa do trânsito em julgado do *quantum* na sentença estabelecida (art. 15 da Lei de Ação de Alimentos).

Ação revisional de aluguéis Ação que tem por finalidade ajustar o valor do aluguel em curso aos preços compatíveis com o mercado quando estiver defasado e não houver possibilidade de acordo entre locador e locatário (arts. 19 e 68 da Lei n. 8.245/91).

Ação revogatória Ação que assiste aos credores para anulação dos atos praticados pelo devedor consistente em alienar ou onerar, de forma dolosa ou sob fraude, bens que poderiam ser usados para o pagamento das dívidas (art. 158 do CC). Também chamada ação pauliana.

Ação sumaríssima Ação resumida, breve, concisa, sintética. O rito sumaríssimo encontra-se, hoje, restrito aos juizados especiais cíveis, que têm por características oralidade, simplicidade, informalidade, economia processual e celeridade.

Acareação Ato pelo qual, por iniciativa do juiz ou a pedido das partes, duas ou mais testemunhas são colocadas frente a frente para dirimir declarações divergentes sobre fato determinado que possa influir na decisão da causa (art. 461, II, do CPC).

Aceitação Ato pelo qual uma pessoa manifesta sua concordância aos termos essenciais de uma proposta de contrato tornando-o perfeito, acabado. O mesmo que consentimento, anuência ou aprovação.

Aceitação expressa Aceitação decorrente de ato categórico, ou seja, que se materializa por escrito ou declaração verbal (*expressis verbis*).

Aceitação tácita Aceitação inferida de atos inequívocos ou circunstâncias que a presumam, embora inexistente por escrito.

Aceite Expressão correntia no direito comercial que significa o ato pelo qual uma pessoa se vincula a uma obrigação cambial mediante assinatura no título convencionado a prazo. A data do vencimento deverá ser contada da data do aceite.

Acessão Modo de aquisição de coisa pertencente a outrem, por ser considerada acessória em relação à do adquirente, tida como a coisa principal (art. 1.248 do CC). A acessão pode ser natural ou artificial. É natural, ou física, quando resultar de evento natural sem participação da vontade humana. Será artificial se promovida em virtude de ato consciente e intencional do homem.

Acessória Aquilo que se junta ao objeto principal, ou é dependente deste. Coisa cuja existência supõe a da principal (art. 92 do CC).

Acessório Possui o mesmo significado de acessória, sendo a expressão utilizada para indicar tudo o que se ligou ao principal ou faz parte dele.

Acidente Acontecimento imprevisto decorrente de ato involuntário do qual resulta dano causado à coisa (dano material) ou à pessoa (dano pessoal). É passível de indenização ou reparação o acidente decorrente da prática de ato ilícito, ou seja, quando o agente age com imperícia, imprudência ou negligência, circunstâncias que caracterizam a responsabilidade ou o crime culposo, se houver danos pessoais (arts. 186, 187 e 927 do CC).

Acidente de trajeto Espécie de acidente de trabalho. Acidente de trajeto, de percurso ou *in itinere*, é o acidente ocorrido fora do ambiente de trabalho, durante o deslocamento do segurado entre sua residência e o local de trabalho, e vice-versa, que, não obstante, é considerado acidente de trabalho. Equipara-se a acidente de trabalho o ocorrido no percurso da residência para o local de trabalho ou deste para aquela, qualquer que A seja o meio de locomoção, inclusive veículo de propriedade do segurado (art. 21, II, *d*, da Lei n. 8.213/91).

Acidente de trânsito Acontecimento ocorrido com veículos automotores em via pública do qual resulte danos materiais ou pessoais. Os acidentes de trânsito mais ocorrentes são atropelamento, colisão, capotamento, tombamento e queda. Acidentes decorrentes da prática de ato ilícito, ou seja, quando o agente age com imperícia, imprudência ou negligência, circunstâncias que caracterizam a responsabilidade ou o crime culposo, se houver danos pessoais, são passíveis de indenização ou reparação (arts. 186, 187 e 927 do CC).

Acidente do trabalho Acidente que ocorre pelo exercício do trabalho a serviço da empresa provocando lesão corporal ou perturbação funcional que cause morte, perda ou redução, permanente ou temporária, da capacidade para o trabalho (art. 2º da Lei n. 6.367/76).

Acionar Propor ou ajuizar uma ação ou demanda contra uma pessoa, em defesa de um direito subjetivo. Demandar. Processar.

Acionista Pessoa proprietária de ações de uma sociedade anônima ou de uma sociedade em comandita por ações. Sócio.

Ações conexas Duas ou mais ações que possuem o mesmo objeto ou a mesma causa de pedir (art. 55 do CPC). Havendo conexão ou continência, o juiz, de ofício ou a requerimento de qualquer das partes, pode ordenar a reunião de ações propostas em separado, a fim de que sejam decididas simultaneamente. Correndo em separado ações conexas perante juízes que têm a mesma competência territorial, considera-se prevento aquele que despachou em primeiro lugar (*v. Conexão*).

Ações de cognição Ações que tendem à determinação da norma a valer no caso concreto amplamente examinada.

Ações inestimáveis Ações que não possuem conteúdo econômico imediato. Determinadas ações, de caráter personalíssimo, por não conterem ou não gerarem benefício patrimonial, são tidas como ações de valor inestimável: investigação de paternidade, interdição, alteração de registro civil, dano estético, acidente de trabalho, anulação de casamento e as cautelares em geral.

Ações possessórias Ações asseguradas ao possuidor, proprietário ou não de imóvel, para efeito de ser mantido na posse em caso de turbação, restituído no de esbulho, e segurado de violência iminente, se tiver justo receio de ser molestado (art. 1.210 do CC). Faculta a lei que tanto o possuidor indireto (o proprietário) quanto o possuidor direto (comodatário, arrendatário, depositário, locatário, usufrutuário) podem utilizar-se das ações possessórias. As ações possessórias, asseguradas pelo Código de Processo Civil de 2015 nos arts. 560 a 568, são a manutenção de posse, a reintegração de posse e o interdito proibitório.

Acórdão Decisão proferida por grupos de juízes pertencentes aos tribunais superiores em razão de pedido de reexame de sentença de primeiro grau feito pela parte em grau de recurso. O conjunto de acórdãos dos tribunais dá origem à jurisprudência.

Acordar Firmar um acordo, convencionar. Concordar com as condições de um ajuste ou com as cláusulas de um contrato.

Acordo Convergência de duas ou mais vontades. Convenção, ajuste ou contrato entre duas ou mais pessoas nos quais se estabelecem condições que se obrigam a cumprir. A expressão também é usada no sentido de transação ou negociação.

Acordo coletivo de trabalho (ACT) Conjunto de cláusulas que regulamentam a relação de trabalho de uma categoria de empregados resultante de processo de negociação entre o sindicato da categoria e as empresas correspondentes, com validade para os 12 meses subsequentes. Requer homologação na Delegacia Regional do Trabalho (DRT), após o que passa a ter caráter e força de lei entre as partes.

Acordo de leniência Acordo celebrado por autoridade máxima de órgão ou entidade pública com pessoas jurídicas responsáveis administrativa e civilmente pela prática de atos contra a administração pública, nacional ou estrangeira, mediante efetiva colaboração com as investigações e o processo administrativo. Em contrapartida, a pessoa jurídica será isentada das sanções previstas nos arts. 6º, II, e 19, IV, da Lei n. 12.846/2013, e terá reduzida em até 2/3 (dois terços) o valor da multa aplicável (*v. Colaboração premiada* e *Delação premiada*).

Acordo extrajudicial Convenção que, quando não derivada de contrato, resulta de documento firmado pelas partes interessadas, com o intuito de resolver pendência ou evitar uma demanda judicial.

Acordo judicial Autocomposição. Acordo firmado pelas partes ou por seus advogados mediante concessões recíprocas, durante a tramitação de processo judicial, com a finalidade de dar por encerrado o processo antes que o mesmo seja submetido a julgamento. Pode ocorrer voluntariamente, por meio de petição firmada por ambas as partes, ou na audiência de conciliação, devendo ser homologado pelo juiz. O termo de conciliação, assinado pelas partes e homologado pelo juiz, terá valor de sentença (art. 334, § 11, do CPC).

Acostado Expressão usada no meio forense para indicar juntada ou anexação de um documento aos autos.

Actio libera in causa Teoria que sustenta o fato de que o agente que, conscientemente, se põe em estado de inimputabilidade, e nessa condição comete fato típico previsível ao tempo da imputabilidade, deve ser responsabilizado, seja porque quis o resultado, uma vez que o prevendo não o evitou, seja porque, não o prevendo, deveria tê-lo feito. Tem-se, no primeiro caso, que o agente agiu com culpa; no segundo, que praticou dolo eventual (art. 28, II, do CP).

Acumular ações Ato de promover e processar, no mesmo pedido, duas ou mais ações conexas para economia processual. O mesmo que cumular ações. Exemplos: ação de rescisão de contrato cumulada com imissão de posse; ação de divisão e demarcação.

Acumular pedidos Faculdade que a lei (art. 327 do CPC) oferece ao autor de formular mais de um pedido na petição inicial, desde que sejam compatíveis entre si. Exemplo: manutenção de posse com pedidos de perdas e danos, cominação de pena para caso de nova turbação, indenização dos frutos ou desfazimento de construção (art. 555 do CPC).

Ad argumentandum tantum Admitamos. Somente para argumentar. Expressão utilizada em peças processuais, principalmente contestações arrazoadas, para ressalvar que, embora se possa admitir certo fato, alegação ou decisão, ainda assim a posição ou alegação sustentada prevalece.

Ad cautelam Locução latina: cautela ou precaução.

Ad corpus Locução latina empregada para indicar a venda de um imóvel feita por certo preço e como corpo certo, dentro de limites perfeitamente definidos.

Ad hoc Locução latina: para o caso. Nomeado para tal fim processual ou legal. Indica o substituto ocasional para a prática de um ato em razão de ausência ou impedimento do titular do cargo.

Ad instar Locução latina: à semelhança de, à maneira de.

Ad judicia Locução latina derivada de *judicium* (juízo), que significa "para o juízo" e que, quando contida em um mandato, indica a cláusula que confere ao mandatário poderes para representar o mandante em juízo. A cláusula *ad judicia* dá ao advogado poder geral para o foro, como indica o art. 105 do Código de Processo Civil de 2015 (*v. Procuração* e *Mandato*).

Ad judicia et extra Locução latina empregada para indicar cláusula de instrumento de mandato que atribui poderes ao mandatário para o foro em geral cumulados com poderes para praticar atos extrajudiciais, ou seja, poderes de representação e defesa perante repartições públicas e pessoas físicas e jurídicas.

Ad litteram Locução latina: ao pé da letra, literalmente. É usada quando se pretende reproduzir um artigo ou um pensamento doutrinário na íntegra.

Ad mensuram Locução latina empregada para indicar a venda de um imóvel quando feita mediante a especificação de suas medidas e do seu preço total ou preço por medida de extensão (art. 500, primeira parte, do CC). A venda *ad mensuram* implica a determinação do preço por unidade ou por medida de extensão, constituindo-se a área como condição do preço. Por consequência, todo imóvel que for vendido pelo valor de "tanto por metro quadrado", por hectare ou por alqueire caracteriza a venda *ad mensuram*.

Ad negotia Cláusula que, quando inserida em contrato de mandato, confere ao mandatário poderes para praticar atos extrajudiciais ou relativos aos negócios do mandante em geral.

Ad nutum Expressão que indica a possibilidade de determinado ato ser revogado ou tornado sem efeito, a qualquer tempo, pela vontade de apenas uma das pessoas que dele participam. Assim, os cargos públicos, em comissão ou de confiança, e outros que não são garantidos por estabilidade, são passíveis de destituição ou demissão *ad nutum*, decorrente do livre arbítrio do agente público ou empregador. Nesse sentido está o art. 37, II, da Constituição Federal, que consigna que os cargos em comissão são de livre nomeação e exoneração.

Ad perpetuam rei memoriam Locução latina utilizada para indicar vistoria, ou exame prévio, a ser realizado sobre coisa ou pessoa, com caráter de perpetuidade, quando se verificar receio de que as provas a serem obtidas possam desaparecer. A produção antecipada da prova pode consistir em interrogatório da parte, inquirição de testemunhas e exame pericial (art. 846 do CPC) (*v. Antecipação de provas*).

Ad probationem Locução latina utilizada para indicar o ato que pode ser provado informalmente, ou seja, diferentemente da forma solene (*ad solemnitatem*), que a lei exige para certos casos. Desse modo, a validade das declarações de vontade não dependerá de forma especial, senão quando a lei expressamente a exigir (art. 107 do CC).

Ad quem Expressão latina de duplo significado. Assim, pode ser usada como indicativo de juiz ou tribunal de segunda instância ao qual se remete, em grau de recurso, o processo decidido pelo juiz *a quo* (instância inferior), como para designar o termo final de um prazo ou o dia em que se esgota um prazo (*dies ad quem*).

Ad referendum Locução empregada para indicar ato ou decisão provisória que, para terem plena validade, ainda dependem de aprovação ou *referendum* de órgão ou autoridade superior que possua competência para praticá-lo de forma legal.

Ad solemnitatem Expressão latina: ato praticado de acordo com as formalidades indicadas em lei que são necessárias para sua validade. Opõe-se a *ad probationem*, referente a atos que não exigem formalidade especial. Diz-se, então, que o ato de compra e venda de imóveis é ad solemnitatem, porque para a sua realização a forma (escritura) é essencial (art. 108 do CC).

Ad usum Expressão latina: segundo o uso ou costume.

Ad valorem Expressão latina: conforme o valor. Tem efeito na carga tributária feita de acordo com o valor da mercadoria importada ou vendida, e não por seu volume, peso ou quantidade.

Adágio Provérbio, máxima, aforismo, axioma, brocardo; parêmia. São sentenças geralmente formuladas em latim e compostas de poucas palavras que expressam princípios admitidos universalmente como justos e conformes à razão. Tais sentenças ou frases são usuais no meio jurídico, porquanto costumam fazer parte da linguagem dos juristas e dos escritos forenses (petições iniciais, contestações, recursos, sentenças, acórdãos).

Adendo Aquilo que se acrescenta à obra, contrato ou documento com o fim de completá-los. Apêndice, suplemento, aditamento; aditivo. O adendo se mostra útil na medida em que evita que se elabore um novo contrato apenas para acrescentar ou alterar uma cláusula, como a da vigência contratual ou a do valor do contrato. O autor da ação pode aditar o pedido, desde que o faça antes da citação do réu.

Adesão Ato de aderir ou concordar. Consentimento, aceitação, anuência. No referente a contratos, a adesão se caracteriza pelo fato de uma das partes estabelecer as cláusulas, unilateralmente, sem que a outra possa discutir ou modificar substancialmente seu conteúdo (art. 54 do CDC).

Adesivo Diz-se do que adere ou se une a determinada coisa. Em processo civil, o recurso adesivo consiste na faculdade do réu e do autor, quando ambos forem vencidos na ação, aderirem ao recurso que for interposto pelo outro (art. 997, § 2º, do CPC) (*v. Recurso adesivo*).

Adiamento Transferência para outro dia ou designação de outra data para a efetivação de um ato, audiência ou diligência com data já marcada. A lei processual civil admite o adiamento da audiência por convenção das partes ou quando, por motivo justificado, não puderem comparecer o perito, as partes, as testemunhas ou os advogados (art. 362, I, do CPC).

Adiantamento da legítima Trata-se de doação *inter vivos* na qual posse e domínio dos bens doados se transferem ao donatário, quando ainda vivo o doador, a título de adiantamento ou avanço da herança. A doação dos pais aos filhos importa adiantamento da legítima (art. 544 do CC).

Adimplemento Pagamento de uma dívida ou cumprimento de uma obrigação.

Adimplente Aquele que cumpre a obrigação em tempo e lugar devidos.

Adimplir Cumprir uma obrigação ou saldar uma dívida.

Aditamento Procedimento pelo qual se adita ou se adiciona alguma coisa com o objetivo de complementar ou completar outra que lhe guarda correspondência. Exemplos: "aditamento de um contrato"; "aditamento da inicial"; "termo aditivo".

Aditamento da denúncia Procedimento de competência de membro do Ministério Público cuja finalidade é complementar fatos ou inserir circunstâncias novas que não fazem parte da peça acusatória. O Ministério Público, verificando que houve omissão na denúncia, pode aditá-la, a todo tempo, antes da sentença final (art. 569 do CPP). O mesmo ocorre em relação à queixa, ainda quando a ação penal for privativa do ofendido, cabendo ao Ministério Público intervir em todos os termos subsequentes do processo (art. 45 do CPP).

Aditamento da inicial Faculdade que possui o autor da ação para aditar o pedido, desde que o faça antes da citação do réu, correndo à sua conta as custas acrescidas em razão dessa iniciativa (art. 329 do CPC). Na denunciação da lide, feita a denunciação pelo autor, o denunciado, comparecendo, assumirá a posição de litisconsorte do denunciante e poderá aditar a petição inicial, procedendo-se em seguida à citação do réu (art. 127 do CPC).

Aditar Ato de realizar aditamento. Adicionar, complementar. Pode-se aditar um contrato por meio de um termo aditivo, no qual se acrescenta ou se modifica determinada cláusula, como a data de vigência do contrato. O autor da ação pode aditar o pedido da inicial, desde que o faça antes da citação do réu.

Adjeto Pacto adjeto. Qualidade do que é dependente ou acessório de outra coisa, considerada principal. Assim, o pacto adjeto pode ser um contrato acessório (fiança) ou uma cláusula acessória (a preferência, a retrovenda, o penhor, a hipoteca).

Adjudicação Ato judicial que tem por objetivo transferir a propriedade de uma coisa móvel ou imóvel do patrimônio de uma pessoa para o de outra nos casos em que a lei especifica (art. 876 do CPC).

Adjudicação compulsória Adjudicação forçada ou obrigatória, como nas questões que tenham por objeto a promessa de compra e venda de imóveis e Decreto-lei n. 58/37. Nesse particular, a ação de adjudicação compulsória é a medida que visa a obter o suprimento judicial da vontade recusada pelo vendedor, ou seja, o suprimento da vontade de outorgar a escritura definitiva e a consequente transferência do domínio do imóvel compromissado.

Adjudicar Transferir, por ato judicial, da propriedade de uma pessoa para a de outra, bens que a esta pertencem por imposição legal ou contratual.

Adjunto Expressão empregada para pessoa que atua como auxiliar ou substituto de outra no exercício de determinada função.

Adoção Ato, decorrente de sentença judicial, pelo qual uma pessoa, maior de 18 anos, independentemente de seu estado civil, adota outra pessoa como filho (art. 1.618 do CC).

Adolescente É a pessoa cuja idade situa-se entre 12 e 18 anos (art. 2º da Lei n. 8.069/90 – ECA).

Adquirente Diz-se da pessoa que, a qualquer título, adquire a propriedade de uma determinada coisa. A aquisição pode operar-se por ato *inter vivo* ou *causa mortis*. A primeira ocorre por meio de compra e venda, troca, doação, usucapião, arrematação e adjudicação; a segunda se dá por meio de inventário ou testamento.

Advocacia Exercício da profissão de advogado legalmente habilitado perante a Ordem dos Advogados do Brasil (art. 3º, Estatuto da Advocacia e a OAB).

Advocacia de partido Diz-se dos serviços profissionais prestados pelo advogado a empresa ou pessoa jurídica de direito privado em horário integral ou parcial.

Advocacia em causa própria Diz-se dos atos de advocacia exercidos pelo advogado, em nome próprio, nas causas em que figure como autor ou réu. A lei lhe faculta postular em causa própria, quando tiver habilitação legal ou, não a tendo, no caso de falta de advogado no lugar, recusa ou impedimento dos que houver (art. 103, parágrafo único, do CPC).

Advocacia extrajudicial Atividade desempenhada pelo advogado consistente em atos de administração ou representação dos clientes perante repartições públicas e pessoas físicas e jurídicas, em geral, fora dos tribunais. Também consiste em advocacia extrajudicial as atividades relacionadas com a elaboração de contratos, os encaminhamentos de escrituras públicas e a interposição de recursos de natureza administrativa.

Advocacia judicial Serviços prestados pelo advogado na representação do cliente em juízo, ajuizando ações em seu nome ou promovendo sua defesa nos processos em que for réu.

Advogado Profissional com formação específica obtida em faculdade de Direito devidamente inscrito nos quadros da Ordem dos Advogados do Brasil. Procurador; constituído; mandatário; patrono.

Advogado dativo Advogado nomeado pelo juiz para promover a defesa do réu em processo criminal quando este não tiver recursos para constituição de profissional que lhe represente. O advogado, que também pode ser indicado pela Ordem dos Advogados ou pelo serviço de Assistência Jurídica oferecido pelo Estado, não poderá escusar-se, salvo justo motivo, de patrocinar gratuitamente a causa do necessitado (art. 34, XII, do Estatuto da Advocacia e a OAB).

A fortiori Expressão latina que designa "com mais razão".

Afiançado (civil) Pessoa que, na qualidade de devedor, figura como beneficiária da fiança prestada por outrem com o fim de garantir o pagamento de dívida perante o credor. Aquele que, tendo contraído dívida e não podendo adimpli-la, tem o pagamento desta garantido por terceiro, o fiador. O afiançado, no contrato de locação, é o locatário (Lei n. 8.245/91).

Afiançado (penal) Réu ou indiciado em processo criminal beneficiado com liberdade provisória, mediante pagamento de certa soma em dinheiro, nos casos de infração cuja pena privativa de liberdade máxima não seja superior a quatro anos (art. 322 do CPP). O pagamento da fiança permite ao indiciado responder ao processo em liberdade. A fiança tomada por termo obrigará o afiançado a comparecer perante a autoridade todas as vezes que for intimado para atos do inquérito e da instrução criminal e para o julgamento. Quando o réu não comparecer, a fiança será havida como quebrada (art. 327 do CPP) (*v. Fiança penal*).

Aforado Expressão forense utilizada para indicar o ajuizamento de uma ação. Também é empregada com o significado de imóvel submetido a contrato de enfiteuse (extinto pelo Código Civil de 2002), mediante o qual o proprietário cede o domínio útil de seu imóvel a outrem.

Aforamento Também denominada emprazamento, indica o contrato de enfiteuse (extinto pelo Código Civil de 2002), pelo qual o proprietário cede a outrem o domínio útil de seu imóvel mediante pagamento de uma pensão ou foro anual.

Aforismo Axioma ou sentença de conteúdo moral e reflexivo que estabelece regra ou princípio a ser seguido por todos; máxima.

Ágio Diferença que o comprador paga a mais sobre o valor nominal de título ou mercadoria quando a oferta é menor do que a procura. Juro de dinheiro emprestado. Assim, diz-se agiota o que pratica ato de agiotagem ou usura, ou seja, empréstimo de dinheiro mediante cobrança de juros exorbitantes acima da taxa legal (juros onzenários).

Agravantes Circunstâncias desabonatórias relativas à conduta do acusado, previstas no Código Penal, para o agravamento ou aumento da pena. As circunstâncias agravantes, de aplicação obrigatória, estão previstas nos arts. 61 e 62 do CP.

Agravo de instrumento Recurso cabível contra decisões interlocutórias proferidas pelo juiz no processo. É o recurso próprio contra decisões não definitivas ou não terminativas do processo (art. 1.015 do CPC).

Agravo em recurso especial ou extraordinário Recurso interposto contra decisão de presidente ou de vice-presidente do tribunal que indeferir pedido formulado com base no art. 1.035, § 6º, ou no art. 1.036, § 2º, de inadmissão de recurso especial ou extraordinário intempestivo, que inadmitir, com base no art. 1.040, I, recurso especial ou extraordinário sob o fundamento de que o acórdão recorrido coincide com a orientação do tribunal superior ou que inadmitir recurso extraordinário, com base no art. 1.035, § 8º, ou no art. 1.039, parágrafo único, sob o fundamento de que o Supremo Tribunal Federal reconheceu a inexistência de repercussão geral da questão constitucional discutida (art. 1.042 do CPC).

Agravo interno Recurso admissível contra decisão proferida pelo relator em processo que tramite no tribunal, perante o respectivo órgão colegiado e processado de acordo com as regras do regimento interno do tribunal (art. 1.021 do CPC).

Alçada Competência dos juízes decorrente de valor atribuído à causa no momento de sua propositura (competência *ratione valori*). Limite da jurisdição.

Álea Expressão que indica um fato ou resultado futuro e incerto, de modo a ensejar tanto a possibilidade de vantagem quanto a de prejuízo para as partes. Segundo consta, a expressão tem origem na célebre frase de Júlio César, pronunciada ao atravessar o rio Rubicon: "*Alea jacta est*" ("a sorte está lançada").

Aleatório Do latim *aleatorius*: aquilo que depende do acaso ou da eventualidade de que algo venha a ocorrer. É o ato que depende da realização de um evento futuro e incerto.

Alegações Afirmações, argumentos ou razões expendidas pelas partes no processo em que contendem, ou pelo juiz em suas decisões.

Alegações finais Também denominada razões finais, são os argumentos apresentados pelos advogados das partes nas causas de procedimento sumário depois de finda a instrução e antes do juiz proferir a sentença (art. 364 do CPC).

Algemas Objetos de metal, na forma de pulseira, utilizados para manietar presos ou pessoas detidas pela polícia, a fim de dificultar sua fuga quando conduzidos fora do lugar de confinamento.

Alienação Fato decorrente do ato de alienar, ou seja, de transferir a propriedade de uma para outra pessoa. Desse modo, consistem em atos de alienação os relativos a compra e venda, troca, doação, legado, usucapião, arrematação e adjudicação.

Alienação fiduciária Contrato pelo qual uma pessoa (credor fiduciário) empresta certo valor em dinheiro a outra (devedor, fiduciante ou alienante) para o fim de adquirir um certo bem imóvel de terceiro mediante a condição de permanecer com o domínio e a posse indireta do bem enquanto permanecer o débito do devedor (art. 1º do Decreto-lei n. 911/69).

Alienação fraudulenta Alienação de bens que poderiam ser usados para saldar dívidas, com o intuito de fraudar ou prejudicar seus credores feita por proprietário devedor a terceiros. Comprovada a alienação dolosa, os credores poderão ajuizar a ação pauliana com o fim de anular os atos praticados pelo devedor.

Alienação judicial É a alienação, feita em juízo, de certos bens ou bens pertencentes a certas pessoas que a lei especifica, com o fim de evitar-lhes prejuízos ou solucionar pendência resultante de desacordo em relação ao modo como se deve realizar a alienação do bem (art. 730 do CPC).

Alienação parental Ato de interferência na formação psicológica da criança ou do adolescente promovida ou induzida por um dos genitores, pelos avós ou pelos que tenham a criança ou adolescente sob a sua autoridade, guarda ou vigilância para que repudie genitor ou que cause prejuízo ao estabelecimento ou à manutenção de vínculos com este (art. 2º da Lei n. 12.318/2010). Alienação parental ou Síndrome de Alienação Parental – SAP – consiste em situações em que pai, mãe ou ambos orientam seus filhos para o rompimento de laços afetivos com o outro genitor, criando fortes sentimentos de ansiedade e temor em relação ao genitor infamado. São, na verdade, atos com forte tendência vingativa de iniciativa de cônjuges que não aceitam a ruptura da vida em comum.

Alimentos Pensão ou quantia que uma pessoa está obrigada por lei a conceder à outra, a título de manutenção, para prover suas necessidades alimentícias e de habitação. Pensão alimentícia. O direito à prestação de alimentos é recíproco entre pais e filhos (art. 1.696 do CC), sendo fixados proporcionalmente às necessidades do reclamante (alimentando) e aos recursos da pessoa obrigada (alimentante) (art. 1.694, § 1º, do CC).

Alimentos gravídicos Alimentos que compreendem os valores suficientes para cobrir as despesas adicionais do período de gravidez e que sejam dela decorrentes, da concepção ao parto, inclusive as referentes a alimentação especial, assistência médica e psicológica, exames complementares, internações, parto, medicamentos e demais prescrições preventivas e terapêuticas indispensáveis, a juízo do médico, além de outras que o juiz considere pertinentes (Lei n. 11.804/2008).

Alimentos provisionais Alimentos requeridos e concedidos pelo juiz antes da decisão final da ação de alimentos, ocasião na qual eles serão fixados em valores definitivos.

Alimentos transitórios Alimentos de cunho resolúvel prestados notadamente entre ex-cônjuges, ou ex-companheiros, em que o credor, em regra pessoa com idade apta para o trabalho, necessita de alimentos temporários, ou seja, até que se projete determinada condição ou ao final de certo tempo, circunstância em que a obrigação se extinguirá automaticamente. Geralmente são concedidos até o momento em que o alimentando atinja sua autonomia financeira, o que costuma ocorrer com o exercício de uma atividade remunerada.

Alíquota Expressão utilizada no âmbito do direito tributário para designar o percentual ou valor fixo a ser aplicado sobre a base de cálculo para determinação do valor de um tributo. A alíquota será um percentual quando a base de cálculo for um valor econômico, e será um valor quando a base de cálculo for uma unidade não monetária.

Alternativo Novo enfoque do Direito, assentado sobre uma visão global e antidogmática, pelo qual alguns juristas progressistas propõem que os juízes, ao aplicarem lei omissa, lacunosa ou contraditória, façam-no de maneira a favorecer os mais fracos e oprimidos, tendo em vista a adoção de um conceito mais amplo de fins sociais e bem comum.

Aluguel Valor pago pelo locatário ao locador, em retribuição ao uso da coisa decorrente do contrato de locação. Também é conhecido pela expressão *aluguer*.

Aluvial Terreno cuja formação se processou por força do aluvião, isto é, em virtude da acessão natural (art. 1.250 do CC).

Aluvião Acréscimos que, sucessiva e imperceptivelmente, formarem-se para a parte do mar e das correntes, aquém do ponto a que chega a preamar média, ou do ponto médio das enchentes ordinárias, bem como a parte do álveo que se descobrir pelo afastamento das águas (art. 1.250 do CC).

Alvará Documento expedido por uma autoridade judicial ou administrativa que contém ordem ou concede licença, ou autorização, para que alguém pratique determinado ato ou exercite um direito (alvará de soltura, alvará para construção, alvará para porte de arma etc.).

Alvedrio Vontade própria; arbítrio da parte ou do juiz.

Álveo Superfície que as águas cobrem sem transbordar para o solo natural e ordinariamente enxuto (art. 1.252 do CC).

Ambiguidade Expressão derivada de ambíguo, ou seja, do que não é suficientemente claro, ensejando equívoco ou dúvida em sua interpretação.

Ameaça Demonstração ou sinal evidente de que um ato de violência contra uma coisa ou pessoa está na eminência de concretizar-se (art. 147 do CP).

Amicus curiae "Amigo da Corte". Intervenção assistencial, requerida ao juiz ou relator, por pessoa natural ou jurídica, órgão ou entidade especializada, com representatividade adequada, nos casos de relevância da matéria, especificidade do tema objeto da demanda ou repercussão social da controvérsia (art. 138 do CPC). Intervenção assistencial em processos de quem pretenda manifestar-se, solicitar ou admitir a participação de pessoa natural ou jurídica, órgão ou entidade especializada, com representatividade adequada, no prazo de 15 (quinze) dias de sua intimação. Não são partes do processo; atuam apenas como interessados na causa. Para o plural usa-se *amici curiae* (amigos da Corte). No Supremo Tribunal Federal é admitida a intervenção do *amicus curie*, por força do § 2º do art. 7º da Lei n. 9.868/99.

Amigável Denominação atribuída ao ato de consenso das partes usado para evitar ou dar fim a uma pendência judicial ou extrajudicial. Acordo, transação ou composição amigável (p. ex., divórcio judicial consensual). Na prática forense, a composição amigável é o ato originado da vontade das partes que dá por encerrada a demanda judicial em andamento.

Amortização Extinção gradativa de uma dívida feita pelo pagamento em prestações. Abatimento ou pagamento antecipado de parcela de uma dívida.

Analogia Derivação de análogo, aquilo que é semelhante, comparável ou afim. Nesta concepção, a analogia é uma das fontes do Direito da qual deve se socorrer o juiz para aplicação da lei com o fim de suprir lacunas ou omissões porventura nela existentes. Origina-se daí a interpretação extensiva ou indutiva feita em razão da semelhança com outro artigo de lei.

Anatocismo O mesmo que capitalização de juros, ou seja, cobrança de juros sobre juros. O anatocismo é vedado por nosso Direito, mesmo que expressamente convencionado.

Anencefalia Morte cerebral ou parada total e irreversível das funções encefálicas em consequência de processo irreversível e de causa conhecida, ainda que o tronco cerebral esteja temporariamente funcionante. O diagnóstico de anencefalia é feito por exame ultrassonográfico realizado a partir da 12ª semana de gestação e deve conter: duas fotografias, identificadas e datadas: uma com a face do feto em posição sagital; a outra com a visualização do polo cefálico no corte transversal, demonstrando a ausência da calota craniana e de parênquima cerebral identificável; laudo assinado por dois médicos capacitados para tal diagnóstico (art. 2º da Resolução n. 1.989/2012 do CFM).

Ânimo Do latim *animus*: ato volutivo ou intenção consciente e deliberada de praticar um ato. O *animus* pressupõe a vontade manifestada de forma espontânea, isenta de coação.

Animus domini Intenção ou ânimo de dono.

Anistia Em matéria fiscal ou de direito tributário, significa perdão concedido pelo órgão arrecadador de tributos ao contribuinte por infrações por ele cometidas contra o Fisco. Na área político-criminal, a anistia corresponde ao perdão concedido a todos que, no período compreendido entre 02.09.1961 e 15.08.1979, cometeram crimes políticos ou conexos com eles e crimes eleitorais, aos que tiveram seus direitos políticos suspensos e aos servidores da administração direta e indireta, de fundações vinculadas ao poder público, aos servidores dos Poderes Legislativo e Judiciário, aos militares e aos dirigentes e representantes sindicais punidos com fundamento em Atos Institucionais e Complementares (Lei n. 6.683/79).

Antecipação da tutela Medida judicial que tem por objetivo obter a antecipação dos efeitos da sentença que o demandante procura alcançar por meio da ação ajuizada, mediante prova inequívoca e verossimilhança (aparência de verdadeiro; *fumus boni iuris*) das alegações e fundado receio de dano irreparável ou de difícil reparação (*periculum in mora*) (art. 294 do CPC).

Antecipação de provas A medida cautelar de produção antecipada de provas corresponde à vistoria ou exame prévio, a ser realizada sobre coisa ou pessoa, com caráter de perpetuidade, quando se evidenciar receio de que as provas a serem obtidas possam desaparecer. A produção antecipada da prova, também denominada vistoria *ad perpetuam rei memoriam*, pode consistir em interrogatório da parte, inquirição de testemunhas e exame pericial (art. 381 do CPC).

Antenupcial Antes dos nubentes contraírem núpcias; período que antecede ao casamento (*v. Pacto antenupcial*).

Anteprojeto Esboço ou proposta de lei que antecede o projeto de lei.

Anterioridade Precedência temporal de um fato em relação a outro. Princípio segundo o qual não se cobrará tributo novo no mesmo ano civil em que haja sido publicada a lei que o instituiu ou aumentou.

Anticrese Direito real de garantia pelo qual o devedor, conservando ou não a posse do imóvel, concede ao credor, como garantia de pagamento da dívida, frutos e rendimentos produzidos por tal imóvel (art. 1.506 do CC).

Anticrético Diz-se do que se relaciona com anticrese. Assim, o credor, na anticrese, é denominado credor anticrético.

Antinomia Indica contradição ou conflito entre duas leis ou dois artigos de lei de maneira a ensejar dúvidas em sua interpretação.

Anuência Consentimento externado por uma pessoa na reutilização de um contrato ou para que outra pessoa pratique determinado ato em seu nome. Aprovação; autorização; aceitação.

Anulabilidade Qualidade do que pode ser anulado em razão de descumprimento às prescrições legais. A anulabilidade tem por objetivo o ato anulável, isto é, o ato cujo vício ou defeito pode ser suprido (ratificado) antes da arguição de anulabilidade.

Apelação Recurso cabível contra decisões definitivas de primeira instância, que extingue o processo com ou sem resolução do mérito, a ser interposto perante tribunal de segunda instância (art. 1.009 do CPC).

Apensamento Ato pelo qual se apensa ou anexa os autos de um processo aos autos de outro processo já extinto ou em andamento e que com ele tenha relação.

Aplicação da lei Um dos deveres do juiz, que consiste na solução do caso concreto, submetido a sua apreciação, de conformidade com a prescrição das normas legais. O juiz não se exime de sentenciar ou despachar alegando lacuna ou obscuridade da lei (art. 140 do CPC).

Aplicação da pena Ato praticado pelo juiz criminal, o qual, atendendo à culpabilidade, aos antecedentes, à conduta social, à personalidade do agente, aos motivos, às circunstâncias e consequências do crime, bem como ao comportamento da vítima, fixa a pena do condenado (art. 59 do CPP).

Apógrifo Expressão que designa o documento falso; o que não é legítimo ou verdadeiro.

Apólice Instrumento ou documento que consigna riscos assumidos, valor do objeto seguro, prêmio devido ou pago pelo segurado e que, após ser remetido ao segurado, aperfeiçoa o contrato de seguro firmado entre segurado e segurador (art. 758 do CC).

Apologia Defesa ou justificação da pátria de um ato. Manifestação ou discurso feito para louvar, elogiar ou exaltar. A lei penal considera crime a apologia do crime feita publicamente (art. 287 do CP).

Aposentadoria Afastamento voluntário ou compulsório do trabalho ou das funções exercidas, mediante o recebimento pelo órgão previdenciário de certa remuneração vitalícia, nas hipóteses especificadas em lei. O mesmo que reforma para os militares. A aposentadoria pode se dar por invalidez, por idade ou por tempo de contribuição.

Aposentadoria complementar Benefício opcional, disponibilizado ao trabalhador, que lhe proporciona um seguro previdenciário adicional, de acordo com suas possibilidades e necessidades. Aposentadoria voluntária, contratada para garantir uma renda extra ao trabalhador ou a seu beneficiário, mediante o pagamento mensal de quantia fixada conforme sua disponibilidade. O valor do benefício é aplicado pela entidade gestora, com base em cálculos atuariais. O saldo acumulado poderá ser resgatado integralmente ou recebido mensalmente, como uma pensão ou aposentadoria tradicional.

Aposentadoria compulsória Aposentadoria obrigatória a que estão sujeitos os segurados da Previdência Social que tenham completado 70 anos de idade, se do sexo masculino, ou 65 anos de idade, se do sexo feminino, podendo ser requerida pelo próprio empregador (art. 51 da Lei n. 8.213/91).

Apostila Aditamento a um ato administrativo anterior para fins de retificação ou atualização. O mesmo que anotar à margem, emendar, corrigir. É a complementação de um ato. Trata-se de ato aditivo, confirmatório a de alterações de direitos, regalias ou vantagens, exarado em documento oficial, com finalidade de atualizá-lo. A apostila tem por objeto a correção de dados constantes em atos administrativos anteriores ou o registro de alterações na vida funcional de um servidor, tais como promoções, lotação em outro setor, majoração de vencimentos, aposentadoria, reversão à atividade, entre outros.

Aprazar Conceder prazo. Assinar prazo para alguma coisa ou para que alguém pratique determinado ato. Também possui o sentido de marcar ou designar.

Apreciação Submeter fato, pedido ou causa a exame, opinião ou decisão do juiz.

Apreensão Ato pelo qual uma pessoa toma ou retoma de outrem uma coisa que lhe pertence e da qual foi despojada injustamente ou uma coisa que seja objeto de litígio.

Apregoar Chamar ou convocar as partes e seus procuradores para participarem da audiência.

Apropriação Ato pelo qual uma pessoa toma posse de alguma coisa que anteriormente se encontrava na posse de outrem. Apossamento, ocupação ou apoderamento. A apropriação será ilícita ou indébita quando decorrer da falta de consentimento do proprietário da coisa, ou seja, quando for violenta, clandestina ou precária.

Apud Expressão latina: à vista de, junto de. É usada pelo autor de um texto quando deseja dar a conhecer que a citação que faz em sua obra pertence originariamente a outro autor, cujo nome é precedido por *apud*. É empregada na citação de autores, enquanto *in* é usada para a citação de obras.

Apud acta Expressão que designa a procuração lavrada junto aos autos judiciais, ou seja, lavrada em audiência, nos autos de um processo, pelo próprio escrivão, perante o juiz e assinada pelo outorgante.

Aquestos Diz-se dos bens adquiridos na constância do casamento. A Súmula n. 377 do STF adita: "No regime de separação legal de bens, comunicam-se os adquiridos na constância do casamento".

Aquiliana Expressão originada da Lei de Aquília, de autoria de Lúcio Aquílio, que tornava obrigatório o ressarcimento dos prejuízos por parte daquele que, de qualquer forma, tivesse causado danos a outrem. Origina-se daí a expressão "culpa aquiliana", que até hoje se emprega em nosso Direito para caracterizar a culpa extracontratual e a responsabilidade de indenizar dela decorrente, com fulcro nos arts. 186, 187 e 927 do Código Civil.

Aquisição Expressão derivada de adquirir, que significa o ato pelo qual uma pessoa obtém de outra a propriedade ou o domínio de alguma coisa.

Aquisição a título gratuito É a que se dá sem que o alienante exija do adquirente qualquer contraprestação pecuniária, como ocorre na doação.

Aquisição a título oneroso É a aquisição pela qual o adquirente se obriga a uma prestação equivalente ao valor do bem adquirido, ou seja, ao pagamento do preço estipulado pelo alienante, como se verifica na compra e venda.

Aquisição a título universal É a que se processa por sucessão hereditária, ou seja, por meio do inventário de uma pessoa falecida. O mesmo que aquisição *causa mortis*.

Aquisição *causa mortis* Aquela cuja efetividade depende da morte da pessoa que transmite o direito ou a coisa. Decorre da sucessão hereditária, isto é, em consequência da morte do proprietário dos bens e da abertura do inventário.

Aquisição da posse Adquire-se a posse desde o momento em que se torna possível o exercício, em nome próprio, de qualquer dos poderes inerentes à propriedade (art. 1.204 do CC). A posse pode ser adquirida pela própria pessoa que a pretende ou por seu representante; por terceiro sem mandato, dependendo de ratificação.

Aquisição *inter vivos* Transferência da propriedade por meio de ato praticado, em vida, pelos próprios alienantes.

Aquisição prescritiva Funda-se na prescrição aquisitiva, ou seja, na posse exercida pelo adquirente, por um certo tempo, findo o qual se extingue ou prescreve o direito de ação do proprietário da coisa para reavê-la. O mesmo que aquisição por usucapião ou *ad usucapionem*.

Arbitragem Processo extrajudicial utilizado para dar solução a pendência ou controvérsia havida entre duas ou mais pessoas. A arbitragem decorre da formação do juízo arbitral, pelo qual, com fundamento em compromisso escrito, as partes submetem suas pendências judiciais ou extrajudiciais a um árbitro escolhido de comum acordo (Lei n. 9.307/96).

Arbitramento Procedimento judicial para estabelecer valor de determinada coisa ou serviço prestado quando inexistirem elementos expressos de valoração.

Arbitrário Ato ou deliberação fundada no arbítrio ou na vontade unilateral de alguém, contrariando lei ou regra existente. Contra ato arbitrário praticado pela autoridade constituída cabe *habeas corpus* ou mandado de segurança. Arbitrariedade é, portanto, o conjunto de atos arbitrários praticados por pessoa, órgão público ou governante que impliquem prejuízos ao direito ou à liberdade de pessoas.

Arbítrio Poder ou faculdade que alguém possui de, segundo suas próprias razões e direito de escolha, realizar uma opção. Alvedrio; vontade própria. Difere o ato arbitrário do arbítrio porque, naquele, o ato praticado se encontra defeso em lei. Assim, o juiz possui livre-arbítrio para apreciar os elementos de prova constantes do processo a fim de firmar seu livre convencimento (art. 371 do CPC).

Árbitro Juiz de fato e de direito, ao qual poderão louvar-se, mediante compromisso escrito, as pessoas capazes de contratar, para resolverem suas pendências judiciais ou extrajudiciais de qualquer valor, concernentes a direitos patrimoniais sobre os quais a lei admite transação (Lei n. 9.307/96). É a pessoa escolhida de comum acordo pelas partes, com fundamento em compromisso que as mesmas assumem, para que lhes decida uma controvérsia. Pessoa responsável por dirigir e fazer cumprir as regras da modalidade do jogo ou do esporte ao qual estão submetidos, intervindo sempre que uma regra é violada.

Área *non aedificandi* Área não sujeita a edificação por determinação legal. A regra, geralmente contemplada nos planos diretores dos municípios e em legislações ambientais, visa à proibição de construção em áreas de preservação permanente, áreas de risco, áreas contaminadas, áreas de mananciais e encostas de rios, entre outras.

Aresto Decisão proferida por um tribunal de instância superior através de suas turmas ou colegiados. O mesmo que acórdão.

Arguir Ato de alegar, ponderar ou apontar argumentos que convêm aos interesses da parte que o faz ou contrários ao interesse da outra parte com quem contende ou alegação da impossibilidade de o juiz atuar no processo. A parte interessada deverá arguir o impedimento ou a suspeição, em petição fundamentada e devidamente instruída na primeira oportunidade em que lhe couber falar nos autos (art. 148, § 1º, do CPC).

Arma Instrumento usado para defender, atacar ou ameaçar um bem, um animal ou uma pessoa. Costuma ser usada tanto em ataque como na autodefesa. Pode também ser empregada na caça e na pesca. As armas mais conhecidas são de dois tipos: a) arma branca, como a faca ou o punhal; b) arma de fogo, como o revólver. A Lei n. 10.826, de 22.12.2003, dispõe sobre registro, posse e comercialização de armas de fogo e munição, sobre o Sistema Nacional de Armas e define crimes.

Arras Quantia em dinheiro que um contratante entrega a outro com o fim de garantir o cumprimento de um contrato. Sinal ou princípio de pagamento. O sinal, ou arras, dado por um dos contraentes, firma a presunção de acordo final e torna obrigatório o contrato (art. 417 do CC).

Arrazoado Diz-se do conjunto de ponderações, razões e contrarrazões oferecidas, respectivamente, pelo recorrente e pelo recorrido nos recursos interpostos perante os tribunais.

Arrazoar Ato pelo qual a parte apresenta ou expõe alegações ou razões de ataque ou defesa em relação à decisão da causa.

Arrecadação de bens Arrecadação ou apreensão de bens judicialmente para que fiquem sob vigilância da autoridade judiciária nos casos em que a lei especifica (art. 26 do CC e arts. 738 e 745 do CPC).

Arrematação Aquisição, feita por aquele que der maior lanço (arrematante), da coisa alienada judicialmente, em hasta pública, nos casos especificados em lei (art. 901 do CPC).

Arrendamento mercantil (*leasing*) Negócio jurídico realizado entre pessoa jurídica, na qualidade de arrendadora, e pessoa física ou jurídica, na qualidade de arrendatária, e que tenha por objeto o arrendamento de bens adquiridos pela arrendadora, segundo especificações da arrendatária e para uso próprio desta. O mesmo que *leasing*. Podem ser objeto de arrendamento mercantil bens imóveis e móveis, de produção nacional ou estrangeira, tais como veículos, máquinas, computadores, equipamentos, entre outros. Findo o contrato, pode a locatária optar entre a devolução do bem, a renovação da locação ou a compra pelo preço residual fixado no momento da firmatura do contrato (Lei n. 6.099/74 e Resolução n. 980/84).

Arrendamento rural Contrato agrário mediante o qual uma pessoa (arrendador) se obriga a ceder a outra (arrendatário), por tempo determinado ou não, uso e gozo de imóvel rural para exploração de atividade agrícola, pecuária, agroindustrial, extrativa ou mista mediante certa retribuição ou aluguel (art. 3º do Decreto n. 59.566/66).

Arrependimento Ato praticado por um contratante, resultante da mudança de vontade que consiste em voltar atrás ou retirar seu consentimento a um negócio ou contrato ajustado. Se o arrependimento verificar-se antes de concluído o contrato e acarretar prejuízos à outra parte, esta tem direito a exigir perdas e danos, salvo disposição em contrário (art. 420 do CC).

Arresto Tutela cautelar judicial que tem por finalidade a apreensão dos bens do devedor como forma de garantir ao credor a cobrança de seu crédito, evitando que sejam alienados como fraude à futura execução (art. 301 do CPC).

Arribada forçada Entrada de um navio em um porto por circunstâncias alheias à vontade do capitão. Desta maneira, a arribada forçada ocorre quando um navio, por necessidade imperiosa, entra em algum porto ou lugar distinto daqueles determinados na viagem a que se propusera (art. 740 do CCom).

Arrimo Expressão que designa a pessoa que tem sob sua responsabilidade o sustento de pessoas da família. Amparo; segurança; proteção. Arrimo é também usado para designar muro ou estacas construídos para servir de apoio ou de segurança a uma construção.

Arrogar Ato pelo qual alguém atribui para si direito sobre determinada coisa que não lhe pertence ou autoria de um determinado ato praticado por outrem.

Arrolamento Ato ou efeito de arrolar, ou seja, de incluir alguma coisa em rol ou em lista. Fazer uma relação; relacionar; listar; inventariar.

Arrolamento de bens (1) Modalidade de inventário submetido a um processo sumário em razão do suprimento de diversos atos processuais exigidos para o processamento do inventário comum (art. 660 do CPC).

Arrolamento de bens (2) Tutela de urgência de natureza cautelar, promovida por quem tenha interesse na conservação de bens, com a finalidade de apreensão e depósito de bens sempre que houver fundado receio de extravio ou dissipação (art. 301 do CPC).

Arrombamento Abertura forçada ou violenta de alguma coisa, feita em razão de ordem judicial, para possibilitar o cumprimento de uma diligência. No processo de execução, o juiz poderá expedir ordem de arrombamento quando o devedor fechar as portas da casa a fim de obstar a penhora de bens (art. 846 do CPC).

Artifício Processo ardiloso ou fraudulento utilizado na prática de um ato com o fim deliberado de causar prejuízo a outrem ou induzir alguém a praticar um determinado ato. Assim, constitui artifício, simulação ou *frau legis* a atitude do devedor que põe ou tenta pôr seus bens em nome de terceiros a fim de frustrar execução ou lesar credores (art. 792 do CPC).

Artigo Cada uma das partes ou dos dispositivos numerados que contém uma lei ou um Código. Os artigos são numerados em ordem crescente na forma ordinal do primeiro até o nono, e na forma cardinal a partir do décimo artigo.

Ascendente Pessoa de quem se descende. Antepassado, ancestral, avós, pais. Ascendentes naturais provêm da igualdade de sangue (consanguinidade), enquanto os civis originam-se do instituto da doação.

Assédio moral Conduta abusiva praticada pelo empregador, ou pessoa a ele subordinada, contra empregados no ambiente de trabalho, de modo a sujeitá-los a situações humilhantes e constrangedoras. O mesmo que *Mobbing*, espécie de *bullying* no local de trabalho, ou seja, situações de assédio moral, coação psicológica e violência emocional, uma severa forma de estresse psicológico resultante de comunicações hostis ou atos dirigidos de forma sistemática a um indivíduo com dificuldades em defender-se. Caracteriza-se pela degradação deliberada das condições de trabalho em que prevalecem atitudes e condutas negativas dos chefes em relação a seus subordinados, acarretando prejuízos práticos e emocionais para o trabalhador.

Assédio processual Espécie do gênero assédio moral que se caracteriza pela prática de atos que, afrontando a boa-fé e a lealdade processuais e no manifesto abuso de direito, visam a retardar o cumprimento e a concretização da prestação jurisdicional, com o manifesto propósito de prejudicar a parte contrária. Caracteriza-se pelo abuso e excessivo emprego de instrumentos processuais, ainda que legalmente contemplados pelo ordenamento jurídico, com fins meramente procrastinatórios, atentando contra a celeridade processual.

Assédio sexual Constrangimento provocado na vítima, na busca de favor sexual, mediante a utilização de poderes concedidos por situação hierárquica superior. Conduta intimidatória do empregador que assedia sexualmente empregado seu, valendo-se da sua condição de provedor do vínculo empregatício. Pode ocorrer de forma intimidatória (ameaça de dispensa) ou por meio de chantagem (promessa de promoção ou aumento de salário) [art. 216-A do CP].

Assembleia Reunião ou congregação de pessoas que integram uma determinada entidade (sociedade civil ou comercial, sindicato etc.), com o fim de deliberarem sobre certas questões de interesse comum. São denominadas ordinárias as assembleias anuais com datas previstas nos estatutos, geralmente destinadas à prestação de contas ou para eleição de nova diretoria; são extraordinárias quando convocadas para deliberação de questões imprevistas que requerem solução imediata.

Assembleia constituinte Reunião de políticos (deputados e senadores) especialmente eleitos por sufrágio universal direto para o fim específico de elaborar a Constituição de um país.

Assentada Denominação que se atribui ao ato pelo qual se lavram os fatos ocorridos em audiência, bem como, por extenso, os despachos e a sentença, se esta for proferida no ato. O mesmo que termo, como o que é lavrado o ocorrido nas inquirições de testemunhas. A autocomposição obtida será reduzida a termo e homologada por sentença (art. 334 do CPC).

Assentamento Providência que consiste em assentar, lançar ou registrar um ato jurídico ou fatos que ocorrem em uma audiência ou inquérito policial. A expressão é também usada para designar o ato pelo qual os beneficiários da reforma agrária são imitidos na posse dos imóveis desapropriados para tal fim (art. 17 da Lei n. 8.629/93).

Assentimento Consentimento, aceitação, anuência.

Assento Diz-se do termo pelo qual se promove o registro, ou o lançamento, de determinados atos perante o Registro Civil das Pessoas Naturais (Lei n. 6.015/73). Dessa forma, perante o referido registro proceder-se-ão os assentos: do nascimento (art. 54), dos matrimônios (art. 70) e dos óbitos (art. 77).

Assessoria jurídica Conjunto de pessoas ou empresas constituídas por advogados ou juristas cuja finalidade é a prestação de serviços de aconselhamento ou consultoria a outros órgãos ou empresas.

Assinação Concessão de prazo; aprazamento para alguém praticar um determinado ato ou manifestar-se.

Assinatura Ato pelo qual uma pessoa apõe seu nome por extenso, ou abreviado, por caracteres próprios, em papel ou documento para obrigar-se ou manifestar sua anuência sobre os termos nele contidos. Assinatura também equivale à firma.

Assinatura a rogo Assinatura aposta por estranho em documento do qual não participa, a pedido de uma das partes que é analfabeta ou está fisicamente impossibilitada de assinar. Nos atos relativos ao Registro Civil, exige-se que, na assinatura a rogo de analfabeto, tome-se a impressão datiloscópica deste (art. 37, § 1º, da LRP). Também se exige a assinatura de duas testemunhas quando o assinante não for conhecido do tabelião ou não puder identificar-se por documento.

Assinatura digital (eletrônica) Modalidade de assinatura eletrônica resultante de uma operação matemática que utiliza a criptografia e permite aferir, com segurança, a origem e a integridade do documento. A teor da Lei n. 11.419/2006, constituem assinatura eletrônica as seguintes formas de identificação inequívoca do signatário: a) assinatura digital baseada em certificado digital emitido por autoridade certificadora credenciada, na forma de lei específica; b) assinatura mediante cadastro de usuário no Poder Judiciário, conforme disciplinado pelos órgãos respectivos.

Assistência Ato pelo qual se presta auxílio ou se ampara alguém suprindo suas necessidades de manutenção ou subsistência. Compete ao marido, com a colaboração da mulher, prover a manutenção da família, entendida esta como dever de assistência, subministrando aos filhos os meios necessários para sua educação e subsistência. Compete também aos pais prestar assistência aos filhos maiores de 16 anos, no ato da vida civil em que os forem partes, da mesma forma que cabe aos tutores em relação aos tutelados (art. 1.634 do CC).

Assistência judiciária Diz-se da assistência judiciária prestada gratuitamente às pessoas comprovadamente necessitadas, que tenham que pleitear ou defender-se em juízo, por órgãos públicos (defensoria pública) ou por advogados nomeados pela OAB ou pelo próprio juiz. O direito à gratuidade da justiça é previsto pela Lei n. 1.060/50 e pelo CPC/2015 em relação à pessoa natural ou jurídica, brasileira ou estrangeira, com insuficiência de recursos para pagar as custas, as despesas processuais e os honorários advocatícios (art. 98 do CPC).

Assistência processual Possibilidade de um terceiro, com interesse jurídico em que a sentença seja favorável a uma das partes que contendem em juízo, intervir no processo para assisti-la na qualidade de assistente (art. 119 do CPC).

Assistente Aquele que presta assistência. O que acompanha na prática de um ato jurídico. Ajudante, auxiliar, adjunto. São assistentes, entre outros, pais e tutores em relação aos atos praticados por filhos ou tutelados incapazes (arts. 1.690 e 1.747, I, do CC).

Assistente técnico Aquele que, no processo em que é requerida perícia, é indicado pela parte para representá-lo e para acompanhar os trabalhos do perito e manifestar-se a respeito do laudo pericial. No sistema do Código de Processo Civil, ao lado do perito, de nomeação do juiz, institui-se a figura do assistente técnico da parte. A distinção entre perito e assistente técnico está na nomenclatura e emerge do sujeito processual que o nomeia: o primeiro é nomeado pelo juiz; o segundo é indicado pela parte.

Associação Entidade ou agremiação destinada a reunir, aproximar ou congregar pessoas com objetivos comuns previamente determinados. Segundo a Constituição Federal, é plena a liberdade de associação para fins lícitos, vedada a de caráter paramilitar (art. 5º, XVII).

Assunção Ato pelo qual uma pessoa assume um cargo ou uma obrigação; ato de assumir.

Astreinte Medida compulsória que consiste na condenação judicial de uma pessoa ao pagamento de prestação periódica e, às vezes, progressiva, enquanto não cumprir a obrigação a que está sujeita.

Ata Documento redigido em uma reunião ou assembleia no qual se faz constar todos os atos, as questões e as deliberações nela ocorridos. A lavratura da ata é imprescindível para registro e conservação das deliberações tomadas em determinada reunião, podendo ser utilizada como prova escrita em qualquer processo judicial se necessário.

Atentado Todo ato praticado por uma das partes, no curso do processo, que viole penhora, arresto, sequestro ou imissão na posse, prossegue em obra embargada ou que ocasione qualquer outra inovação ilegal no estado de fato (art. 77, VI, do CPC).

Atentado violento ao pudor Prática de ato diverso da conjunção carnal, como acariciar as partes íntimas de uma pessoa após havê-la subjugado de alguma forma, pelo emprego de arma ou outra violência. O crime de atentado violento ao pudor, descrito no art. 214 do Código Penal, vigorou até o advento da Lei n. 12.015/2009, que o revogou. Porém, ao revogar o art. 214, ampliou a abrangência do crime de estupro, de modo a incorporar o antigo crime de atentado violento ao pudor. De qualquer modo, o atentado violento ao pudor não deixou de ser crime, apenas passou a ser tipificado como estupro em outro dispositivo legal (art. 213 do CP).

Atenuante Aquilo que atenua ou que diminui a gravidade de uma falta ou de um crime. Circunstâncias abonatórias, relativas à conduta do acusado, previstas no Código Penal e que contribuem para a redução da pena. As circunstâncias atenuantes, de aplicação obrigatória, estão previstas nos arts. 65 do Código Penal.

Atestado Documento que certifica alguma coisa; declaração escrita e assinada por quem a faz para servir de documento a outrem, para firmar ou certificar a existência ou verdade de um fato, estado ou qualidade pelo conhecimento pessoal ou por causa de cargo ou ofício que exerce.

Atipicidade Diz-se dos fatos que não contêm os elementos constitutivos do delito; não interessando, portanto, ao direito penal.

Ato anulável Negócio realizado por pessoa relativamente incapaz ou que contém vício resultante de dolo, erro, coação, fraude ou simulação (art. 171 do CC).

Ato ilícito Ação ou omissão, dolosa ou culposa, que viola direito alheio ou causa prejuízo a outrem, passível de indenização (arts. 186, 187 e 927 do CC).

Ato jurídico Ato lícito que tem por objetivo resguardar, adquirir, modificar, transferir ou extinguir direitos.

Ato nulo Ato que não tem efeito jurídico por estar viciado ou por ter nulidade absoluta prevista em lei (art. 166 do CC).

Ato obsceno Ato imoral e ofensivo ao decoro público praticado em lugar público. O delito se tipifica quando o agente, em lugar público ou aberto ou exposto ao público, exprime manifestação corpórea, de cunho sexual, que ofende o pudor público. De qualquer modo, é necessário que a conduta tenha cunho sexual, erótico, lascivo ou impudico. Pode revelar-se por gestos ou por palavras, como nos casos de simulação de masturbação ou de ato sexual e exibição das nádegas e dos órgãos sexuais. O ato obsceno constitui crime previsto no art. 233 do Código Penal.

Ato unilateral Ato que resulta da declaração de vontade de uma só parte (arts. 538 e 1.857 do CC).

Ausência Situação fática caracterizada pelo desaparecimento de uma pessoa do seu domicílio sem que dela se tenha notícia e não tendo deixado procurador com poderes para administrar seus bens (art. 22 do CC). A ausência, para fins de direitos, especialmente hereditários, pode ser declarada judicialmente a requerimento de qualquer interessado ou do Ministério Público. Para fins previdenciários, a morte presumida do segurado, declarada pela autoridade judicial competente, depois de 6 (seis) meses de ausência, possibilita a concessão de pensão provisória (art. 78 da Lei n. 8.213/91).

Autarquia Serviço autônomo, criado por lei, com personalidade jurídica, patrimônio e receita próprios, para executar atividades típicas da Administração Pública, que requeiram, para seu melhor funcionamento, gestão administrativa e financeira descentralizada (art. 5º do Decreto-lei n. 200/67).

Autenticação de documento Ato que consiste em conferir e dar validade à cópia de um documento. A cópia de um documento, devidamente autenticada, tem fé pública e possui a mesma força probante que o original.

Autenticar Ato de declarar autêntica, ou seja, declarar que a cópia reprográfica de um documento confere com o original, conferindo-lhe a mesma validade. Somente podem declarar a autenticidade de um documento as pessoas dotadas de fé pública, como os notários e escrivães dos cartórios judiciais. A exceção fica por conta dos advogados, aos quais é permitido declarar a validade de cópias extraídas de peças processuais, com o objetivo de instruir um recurso. A lei, em geral, veda a autenticação de cópia de documento não original, ainda que autenticado.

Autêntico Qualidade ou condição daquilo ou de quem é original ou revestido das formalidades legais. Fidedigno. Sem adulteração. Documento autêntico, verdadeiro ou legítimo.

Auto de infração Ato administrativo, materializado por escrito pela autoridade competente, para efeito de caracterizar a ocorrência de infração à legislação específica, no âmbito federal, estadual ou municipal. O auto de infração, no qual se expõe os fatos ilícitos atribuídos ao autuado e se indica a legislação infringida, serve como fundamento para a instauração do processo administrativo.

Autópsia Exame cadavérico. Exame pericial feito no cadáver para se descobrir a *causa mortis*. O mesmo que necrópsia. Embora etimologicamente necrópsia signifique "exame de uma pessoa morta" e autópsia tenha o significado de "exame de si mesmo", os dois termos costumam ser usados como sinônimos, indistintamente.

Autor Aquele que provoca a atividade judicial, iniciando a ação para satisfação de uma pretensão.

Autos Conjunto das peças que formam um processo.

Autotutela Fiscalização exercida pela Administração Pública sobre seus bens e atos para bom uso deles.

Autuação Ato do escrivão ou o chefe de secretaria consistente na formação dos autos de um processo mencionando o juízo, a natureza do processo, o número de seu registro, os nomes das partes e a data de seu início (art. 206 do CPC).

Auxiliar de justiça Funcionário público que exerce cargo ou função de escrivão, chefe de secretaria, oficial de justiça, perito, depositário, administrador, intérprete, tradutor, mediador, conciliador judicial, partidor, distribuidor, contabilista e regulador de avarias (art. 149 do CPC).

Auxílio-doença Benefício concedido ao segurado impedido de trabalhar por doença ou acidente por mais de quinze dias consecutivos. No caso dos trabalhadores com carteira assinada, os primeiros quinze dias são pagos pelo empregador e a Previdência Social paga a partir do 16º dia de afastamento do trabalho.

Auxílio emergencial Benefício financeiro concedido pelo Governo Federal destinado a trabalhadores informais, microempreendedores individuais (MEI), autônomos e desempregados, com o objetivo de fornecer proteção emergencial no período de enfrentamento à crise causada pela pandemia do Coronavírus – Covid-19.

Auxílio-reclusão Benefício devido aos dependentes do segurado recolhido à prisão, que não receber remuneração da empresa nem estiver em gozo de auxílio-doença, de aposentadoria ou de abono de permanência em serviço, durante o período em que estiver preso sob regime fechado ou semiaberto.

Aval Garantia de pagamento de título de crédito. Termo que designa uma garantia dada por uma terceira pessoa ou entidade (o avalista) ao credor de um crédito concedido. Obrigação cambiária assumida por alguém no intuito de garantir o pagamento de um título de crédito nas mesmas condições de outro obrigado (art. 14 do Decreto n. 2.044/1908).

Avalista Pessoa que presta aval para garantir o pagamento de dívida contraída por outro mediante título de crédito. A exigência quanto ao avalista, de parte do credor, geralmente é a de que ele demonstre idoneidade financeira, para o caso de eventual execução judicial. O avalista equipara-se àquele cujo nome indicar; na falta de indicação, ao emitente ou devedor final. Pagando o título, tem o avalista ação de regresso contra o seu avalizado e demais coobrigados anteriores (art. 899 do CC). Salvo no caso de suprimento da outorga conjugal, nenhum dos cônjuges pode, sem autorização do outro, exceto no regime da separação absoluta, prestar fiança ou aval (art. 1.647 do CC).

Aviso-prévio Denominação dada à comunicação antecipada e obrigatória que o empregador ou empregado deve fazer quando, em uma relação de emprego sem prazo determinado, pretender rescindir sem justa causa o contrato de trabalho. O aviso deverá ser formulado com antecedência mínima de oito dias, se o pagamento for efetuado por semana ou tempo inferior; trinta dias aos que perceberem por quinzena ou mês, ou que tenham mais de doze meses de serviço na empresa (arts. 487 a 489 da CLT).

B

Bacharel em Direito Aquele que conclui o curso de Direito e ainda não está habilitado legalmente a exercer a advocacia, devendo prestar o exame de admissão à OAB.

Baixa dos autos Expressão que significa a volta dos autos ao juízo originário após interposto o último recurso (art. 1.006 do CPC e art. 637 do CPP).

Banimento Medida judicial que determina a perda da nacionalidade de um cidadão, com a obrigação de deixar o país e a proibição de retornar. A Constituição Federal veda, de modo absoluto, a pena de banimento (art. 5º, XLVII, *d*).

Bastonário Designação usada, em Portugal, para designar o presidente de uma associação pública profissional, denominada "ordem", como ocorre com a Ordem dos Advogados.

Beca Vestimenta usada por advogado, professor universitário, funcionário judicial e formado de terceiro grau no ato da colação.

Bem comum Conjunto de situações capazes de realizar e assegurar o bem-estar social (art. 5º da LINDB). Ao aplicar o ordenamento jurídico, o juiz atenderá aos fins sociais e às exigências do bem comum, resguardando e promovendo a dignidade da pessoa humana e observando a proporcionalidade, a razoabilidade, a legalidade, a publicidade e a eficiência (art. 8º do CPC).

Bem de família Imóvel destinado pelo chefe de família para sua moradia, de seus filhos e cônjuge isento de execução por dívida (art. 1.711 do CC e Lei n. 8.009/90, que dispõe sobre a impenhorabilidade do bem de família).

Bem indivisível Bem que não pode ser dividido sem se alterar sua substância ou aquele que, embora divisível, é considerado indivisível por disposição legal ou vontade das partes (arts. 87, 88 e 1.320 do CC; art. 65 da Lei n. 4.504/64).

Benefício Aquilo que beneficia ou favorece uma pessoa. Denominação dada à contribuição pecuniária prestada pela Previdência Social destinada a assegurar aos seus beneficiários meios indispensáveis de manutenção, por motivo de incapacidade, desemprego involuntário, idade avançada, tempo de serviço, encargos familiares e prisão ou morte daqueles de quem dependiam economicamente.

Benefício da assistência judiciária gratuita Benefício prestado gratuitamente pela defensoria pública, por advogados nomeados pela OAB ou pelo próprio juiz às pessoas comprovadamente necessitadas que tenham de pleitear ou defender-se em juízo (Lei n. 1.060/50) (*v. Assistência judiciária gratuita*).

Benefício da progressão de regime Medida judicial destinada a beneficiar, com regime menos rigoroso, o apenado que preencher os requisitos exigidos em lei. A progressão para o regime menos rigoroso pressupõe o preenchimento, simultâneo, dos requisitos objetivo e subjetivo (art. 112 da LEP). O primeiro consiste no resgate de certa quantidade de pena, prevista em lei, no regime anterior, que poderá ser de um sexto para os crimes comuns e dois quintos (se o apenado for primário) ou três quintos (se o apenado for reincidente), para os crimes hediondos ou equiparados, nos termos da Lei n. 11.464/2007; o segundo refere-se ao bom comportamento carcerário, atestado por certidão emitida pelo diretor da unidade prisional em que o apenado encontrar-se recolhido.

Benefício de ordem Direito assegurado por lei ao fiador de exigir que o locador acione primeiramente o sdevedor principal e que os bens deste sejam executados antes dos seus. O fiador demandado pelo pagamento da dívida tem direito a exigir, até a contestação da lide, que sejam primeiro executados os bens do devedor (art. 827 do CC). No que concerne à pessoa jurídica, também há entendimento de que o benefício de ordem beneficia os sócios para efeito de primeiramente responderem os bens da empresa pela dívida, e, após, os dos sócios.

Benefício de prestação continuada Benefício concedido pela Previdência Social que consiste na garantia de um salário mínimo mensal à pessoa portadora de deficiência e à pessoa idosa com 65 anos ou mais que comprovem não possuir meios de prover a própria manutenção nem de tê-la provida por sua família. Para efeito de recebimento do benefício, a família deve ser composta do requerente, do cônjuge ou companheiro, dos pais e, na ausência de um deles, da madrasta ou do padrasto, dos irmãos solteiros, dos filhos e enteados solteiros e dos menores tutelados, desde que vivam sob o mesmo teto (art. 20 da Lei n. 8.742/93).

Benfeitoria Obra realizada na estrutura de um bem com a finalidade de conservá-lo, melhorá-lo ou proporcionar prazer a seu proprietário, possuidor ou detentor. As benfeitorias podem ser voluptuárias, úteis ou necessárias. São voluptuárias as de mero deleite ou recreio, que não aumentam o uso habitual do bem, ainda que o tornem mais agradável ou sejam de elevado valor; são úteis as que aumentam ou facilitam o uso do bem; são necessárias as que têm por fim conservar o bem ou evitar que se deteriore (art. 96 do CC).

Bigamia Crime instantâneo contra a família que consiste em alguém, sendo casado, contrair novo casamento; estado da pessoa que se casa duas vezes sem que o primeiro matrimônio esteja desfeito legalmente.

Bilateral Relativo a dois lados ou, juridicamente, à participação de duas pessoas em um determinado ato negocial. O mesmo que *sinalagmático*. Contrapõe-se à *unilateral*. Diz-se do contrato que origina direitos e obrigações recíprocas aos contratantes. Assim, o contrato de compra e venda é bilateral ou sinalagmático porque comprador e vendedor são, reciprocamente, credores e devedores um do outro: o comprador é devedor do preço acordado e obriga-se a pagá-lo, com direito ao recebimento da coisa; o vendedor é devedor da entrega da coisa, obrigando-se a entregá-la, com direito ao recebimento do preço.

Bis in idem Expressão que indica "duas vezes sobre a mesma coisa". Em direito tributário ocorre quando uma pessoa jurídica de direito público tributa mais de uma vez o mesmo sujeito passivo sobre o mesmo fato gerador. No direito penal a proibição do *bis in idem* significa que ninguém pode ser processado ou punido duas vezes pelo mesmo fato.

Boa-fé Indica a conduta desprovida de dolo que motiva alguém à prática de um ato. Considerado princípio jurídico, é amplamente utilizado como fundamento para a manutenção de um ato viciado por alguma irregularidade.

Boa-fé objetiva Sentimento de lealdade ou modelo de conduta ao qual tem o poder-dever de ajustar-se toda pessoa honesta, escorreita e leal. A boa-fé objetiva tem previsão expressa no art. 422 do Código Civil.

Boa-fé subjetiva Sentimento que se revela na pessoa que presume ser titular de um direito que, na verdade, só existe na aparência. Nessa condição, o indivíduo se mostra ignorante em relação à realidade dos fatos e de eventual lesão que possa ser causada a direito alheio, como ocorre no casamento putativo ou na posse de boa-fé.

Boletim de ocorrência Instrumento do qual a autoridade policial se utiliza para proceder ao registro de uma ocorrência policial, seja de ofício, seja a pedido da parte interessada. Emite-se o boletim de ocorrência (BO) para, entre outros casos, registrar um acidente de trânsito, uma tentativa de agressão, uma ameaça, um furto, o desaparecimento de uma pessoa etc.

Bons costumes Conjunto de regras e de práticas de vida que, em dado meio e em certo momento histórico, as pessoas honestas, corretas e de boa-fé adotam como maneira de ser. Em consideração a esse fato, um ato ou o exercício de um direito apresentam-se contrários aos bons costumes quando envolverem conotações de imoralidade ou de violação das normas elementares normalmente aceitas e impostas pela sociedade como um todo (arts. 13 e 1.638 do CC).

Brocardo Princípio ou axioma jurídico, expresso em latim, que corresponde a um conceito ou regra de abrangência geral ou universal. Máxima; axioma; adágio. *Lex posterior derogat priori* (A lei posterior revoga a anterior); *Dormientibus non succurrit jus* (O direito não socorre os que dormem); *Dura lex, sed lex* (A lei é dura, mas é a lei).

Busca e apreensão No processo civil, é a medida cautelar destinada a busca e apreensão de pessoas ou coisas. A busca é anterior à apreensão; esta decorre de ato voluntário ou de coação se houver negativa na entrega de coisa (art. 536, §§ 1º e 2º, do CPC).

C

Cadeia Estabelecimento penal. Prisão. Local em que são confinadas preventivamente as pessoas indiciadas na prática de um delito ou para cumprir pena os indivíduos definitivamente condenados pela Justiça.

Cadeia dominial Histórico da propriedade imóvel obtido junto ao Cartório de Registro de Imóveis, que consiste em apontar a sequência cronológica em que se operaram os registros e a legitimidade de todas as transmissões de determinada propriedade imóvel, desde o primeiro até o último registro.

Caducidade Perda de um direito pelo decurso de prazo legal exigido para que fosse exercido.

Calúnia Crime contra a honra consistente em imputar falsamente a alguém fato definido como crime (art. 557, III, do CC; arts. 138, 144 e 145 do CP; arts. 513 e 518 do CPP).

Cancelamento de protesto Ato de cancelar o protesto mediante pagamento do título pelo devedor, entregando-o ao oficial do cartório. Com o cancelamento, as certidões expedidas contra o devedor ficarão inutilizadas (Lei n. 6.690/79) (*v.* Lei n. 9.492/97 que dispõe sobre protesto de títulos).

Capacidade de fato Permite o exercício de direitos pelo próprio titular. Confunde-se com o autodiscernimento ou consciência dos próprios atos. Trata-se, portanto, de uma aptidão que não depende de determinação legal, sendo mero atributo da personalidade moral.

Capacidade jurídica Possibilita à pessoa adquirir e exercer direitos, e contrair obrigações (art. 5º do CC).

Capacidade plena Aquela atribuída a todas as pessoas aptas a exercer direitos, isto é, as que completam 18 anos (art. 5º do CC).

Capacidade processual Aquela que habilita a pessoa para ingressar em juízo, como autor ou réu, defendendo seus interesses. Toda pessoa que se encontre no exercício de seus direitos tem capacidade para estar em juízo (art. 70 do CPC).

Carga de autos Ônus imposto aos advogados na retirada de autos do cartório, tornando-os responsáveis por eles. Em cada cartório, existe um Livro de carga que formaliza tais retiradas (art. 107, III, do CPC).

Carta de adjudicação Formalização do ato pelo qual o credor, em execução ou inventário, transfere um bem para si com o objetivo de saldar a dívida ou parte dela (art. 877 do CPC).

Carta de arrematação Documento pelo qual um terceiro ou o próprio credor adquire bem penhorado na execução (art. 901 do CPC).

Carta de ordem Documento, redigido pelo escrivão e assinado pelo presidente do tribunal, endereçado a juiz de instância inferior para que este pratique determinado ato ou diligência de origem. São requisitos essenciais da carta de ordem: a indicação dos juízes de origem e de cumprimento do ato; o inteiro teor da petição, do despacho judicial e do instrumento do mandato conferido ao advogado; a menção do ato processual, que lhe constitui o objeto; o encerramento com a assinatura do juiz (art. 260 do CPC).

Carta precatória Comunicação entre juízes de qualquer categoria para que um ato processual possa ser praticado em local diferente do foro da causa (art. 260 do CPC; arts. 354, 356 e 368 do CPP).

Carta rogatória Pedido que a autoridade jurídica de um país faz à de outro para que sejam cumpridas determinadas providências processuais fora de sua jurisdição (art. 260 do CPC; arts. 784 a 786 do CPP).

Carta testemunhável Requerida ao escrivão ou secretário do tribunal nas 48 horas após o despacho que denegar o recurso, devendo o requerente indicar as peças do processo penal a serem trasladas (arts. 639 a 646 do CPP).

Caso fortuito Fato ou acontecimento imprevisto, decorrente da natureza ou de ação humana, impeditivo para a realização de um ato capaz de gerar efeitos jurídicos. O caso fortuito ou de força maior verifica-se no fato necessário, cujos efeitos não era possível evitar ou impedir. O devedor não responde pelos prejuízos resultantes de caso fortuito ou força maior, se expressamente não se houver por eles responsabilizado (art. 393 do CC).

Caução Do latim *cautio*; ato de se acautelar; precaução. Cautela que alguém tem ou toma como garantia de indenização de algum dano possível ou de eventual falta de cumprimento de alguma obrigação.

Causa Meio ou instrumento processual que a lei assegura à parte para que ela possa requerer, em juízo, o reconhecimento do direito que alega ter; meio processual pelo qual se pode reclamar à Justiça reconhecimento, declaração, atribuição ou efetivação de um direito. Processo; lide; demanda; causa.

Causa própria Diz-se dos atos de advocacia exercidos pelo advogado, em nome próprio, nas causas em que figure como autor ou réu. A lei faculta ao advogado postular em causa própria, quando tiver habilitação legal ou, não a tendo, no caso de falta de advogado no lugar ou recusa ou impedimento dos que houver (art. 103, parágrafo único, do CPC).

Celetista Empregado cujas condições de trabalho são regidas pela Consolidação das Leis do Trabalho (CLT).

Certidão Documento fornecido por oficial público, escrivão, serventuário ou funcionário competente, na qual se reproduz, textualmente e de forma autenticada, escrito original, assento, extraído de livro de registro, notas públicas, peças judiciais etc.

Certificação digital Processo eletrônico utilizado para garantir o sigilo de documentos e a privacidade nas comunicações de pessoas e instituições públicas e privadas. A certificação digital impede a adulteração dos documentos nos meios eletrônicos, entre eles a internet, e assegura-lhes curso legal. É considerada equivalente eletrônico das carteiras de identidade, passaportes e cartões de associados, que identificam de maneira segura tanto pessoas físicas como jurídicas.

Cessão de crédito Ato realizado através de instrumento público ou particular, transcrito em registro público, pelo qual o credor transfere ou cede a outrem o direito sobre seu crédito (art. 286 do CC).

Cessão de direitos Contrato, a título gratuito ou oneroso, pelo qual a pessoa titular de direitos (cedente) os transfere a outra (cessionária), tornando-se a cessionária sub-rogada em todos os direitos do cedente. A cessão de direitos configura sub-rogação convencional, a qual ocorre quando o credor recebe o pagamento de terceiro e expressamente lhe transfere todos os direitos, ações, privilégios e garantias do primitivo, em relação à dívida, contra o devedor principal e os fiadores (arts. 347 e 349 do CC).

Cessão de direitos hereditários Cessão, por escritura pública, que se permite ao herdeiro fazer, do quinhão que lhe cabe na herança, após a abertura da sucessão (arts. 426 e 1.793 do CC). Permite-se a cessão da quota apenas, não de qualquer bem da herança considerado individualmente. A quota não poderá ser cedida a terceiro antes de ser dada preferência ao coerdeiro (art. 1.794 do CC).

Chamamento ao processo Meio processual pelo qual o réu faz com que devedor ou fiador, não acionados na inicial, respondam judicialmente pelo débito intervindo no processo (art. 130 do CPC).

Cheque Ordem de pagamento escrita e de quantia certa. Três são as partes que aparecem no cheque: o emitente (emite, passa ou saca a ordem); o sacado (estabelecimento bancário que recebe a ordem para o pagamento); e o tomador (pessoa a favor da qual é sacado o cheque) (Lei n. 7.357/85 – Lei do Cheque; arts. 784, I, e 856 do CPC; art. 171, § 2º, VI, do CP).

Cheque ao portador Cheque que não contém expressamente o beneficiário, sendo pago a quem o apresentar (art. 17 da Lei n. 7.357/85).

Cheque cruzado Aquele que, por ter no título um cruzamento, não pode ser sacado, só depositado em estabelecimento bancário.

Cheque nominativo Aquele que deve ser pago a pessoa determinada (art. 8º da Lei n. 7.357/85).

Cheque pós-datado Cheque com data futura. Esta data fica sem efeito, visto o cheque ser uma ordem de pagamento à vista (art. 32 da Lei n. 7.357/85).

Cheque visado Aquele que tem o visto do sacado, garantindo ter o eminente fundos suficientes para o pagamento do cheque (art. 7º da Lei n. 7.357/85; art. 477, § 4º, da CLT).

Circunscrição Divisão territorial, de caráter administrativo, destinada a delimitar o alcance das atribuições de um órgão público.

Circunstâncias agravantes Circunstâncias desabonatórias, relativas à conduta do acusado, utilizadas pelo juiz para o agravamento ou aumento da pena. As circunstâncias agravantes, de aplicação obrigatória, estão previstas nos arts. 61 e 62 do Código Penal.

Circunstâncias atenuantes Aquilo que atenua ou que diminui a gravidade de uma falta ou de um crime. Circunstâncias abonatórias, relativas à conduta do acusado, previstas no

Código Penal e que contribuem para a redução da pena. As circunstâncias atenuantes, de aplicação obrigatória, estão previstas nos arts. 65 e 66 do Código Penal.

Citação Ato processual pelo qual a autoridade judiciária competente dá o conhecimento ao réu da ação sobre a qual ele deve se manifestar. É o ato pelo qual são convocados o réu, o executado ou o interessado para integrar a relação processual. A citação será efetivada em até 45 dias a partir da propositura da ação (art. 238 do CPC; arts. 351 a 369 do CPP; art. 880 da CLT).

Citação circunduta Diz-se da citação anulável por algum ato ou fato previsto em lei.

Citação com hora certa Quando o réu estiver se ocultando para não ser citado, o oficial de justiça marcará com familiares ou vizinhos a hora em que voltará para fazer a citação (art. 253 do CPC).

Citação pessoal Forma de citação na qual o réu é citado pessoalmente ou na pessoa de seu representante legal (art. 154 do CPC).

Citação por mandado Espécie de citação que é feita pelo oficial de justiça, que devo procurar o réu, onde este se encontrar, e citá-lo pessoalmente (arts. 250 do CPC; art. 351 do CPP).

Citação por precatória Citação realizada por meio de carta precatória enviada de um para outro juízo ou outra comarca diferente (art. 260 do CPC).

Citação postal Forma de citação pelo correio, realizada por meio de carta registrada com recibo de volta, remetida pelo escrivão ao réu, anexando a petição inicial com o despacho do juiz (art. 246, § 1º-A, I, do CPC).

Cível Termo que denomina o próprio direito privado, incluindo o direito civil, o direito comercial e o direito de trabalho. Nesse sentido, diz-se juízo cível, que engloba as ações cíveis de toda natureza, trabalhistas e mercantis, distinguindo-as do juízo criminal.

Civil Termo referente a todos os atos e ações pertinentes ao direito civil propriamente dito, com exclusão do direito de trabalho e do direito comercial.

Cláusula à ordem Cláusula existente em títulos de crédito significando que eles ensejam transferência ou endosso (art. 17 da Lei n. 7.357/85 – Lei do Cheque).

Cláusula acessória A que complementa o contrato; sua inexistência não lhe tira o efeito.

Cláusula *ad judicia* Cláusula consistente no instrumento de mandato que autoriza o advogado a praticar todos os atos do processo (art. 105 do CPC).

Cláusula compromissória Convenção por meio da qual as partes em um contrato comprometem-se a submeter à arbitragem os litígios que possam surgir relativamente a tal contrato (art. 4º da Lei n. 9.307/96).

Cláusula *constituti* Convenção expressa ou tácita pela qual se entende efetivada a tradição da coisa alienada, ainda que a mesma continue em poder do alienante ou de terceiro, a título de detenção. O mesmo que *constituto possessório*. É *expressa* quando resulta de cláusula contratual; é *tácita* quando se infere das cláusulas contratuais incompatíveis com a transferência material do imóvel para o comprador.

Cláusula írrita Cláusula contratual conflitante com lei ou com o próprio contrato. É eivada de nulidade.

Cláusula leonina Cláusula contratual que atribui, a um dos contratantes, vantagens injustificáveis prejudiciais ao outro (art. 1.008 do CC).

Cláusula penal Cláusula acessória em que se estipula pena ou multa para o contratante que descumprir a obrigação principal (art. 408 do CC).

Cláusula pétrea Norma constitucional que impede, de forma absoluta, revogação ou modificação de determinados artigos da Constituição Federal.

Cláusula *rebus sic stantibus* Cláusula que no direito privado serve de fundamento para a resolução do contrato de execução continuada ou diferida caso a prestação de uma das partes se torne excessivamente onerosa, com extrema vantagem para a outra, em virtude de acontecimentos extraordinários e imprevisíveis (art. 478 do CC) (*v. Teoria da imprevisão*).

Cláusula resolutória Condição constante de contrato pela qual o não cumprimento da obrigação por uma das partes autoriza a outra a rescindir a convenção.

Cláusula testamentária Cláusula do testamento que inclui, precisamente, a última vontade do testador a respeito de seus bens.

Coabitação Convivência legítima sob o mesmo teto; diz-se da vida em comum de homem e mulher, efetivação do congresso sexual no sentido estrito. É uma das obrigações impostas pelo matrimônio da qual decorrem efeitos jurídicos.

Coação Pressão, ameaça exercida sobre alguém para que faça ou deixe de fazer algo. É a chamada *vis compulsiva*. Pode ser legal quando exercida pelo próprio poder público ou com sua autorização, e ilegal quando vedada por lei.

Coautoria Também denominada codelinquência ou coparticipação, configura a participação de mais de um agente na prática do delito, cada qual chamado de coautor.

Codicilo Escrito de última vontade, feito por instrumento particular, datado e assinado pela própria pessoa, pelo qual o testador pode dispor sobre seu enterro, sobre esmolas de pouca monta a certas e determinadas pessoas ou, indeterminadamente, aos pobres de certo lugar, assim como legar móveis, roupas ou joias, não muito valiosas, de seu uso pessoal (art. 1.881 do CC).

Coerção Violência física, emprego da força. Será legal quando exercida pelo próprio Estado; por exemplo: condução coercitiva de testemunha, imposição de prisão ou prisão levada a efeito por particular como tolerância da lei (legítima defesa, defesa da posse em caso de esbulho). Será ilegal quando a coerção não é coberta pela lei.

Cognição exauriente Exauriente ou completa é a cognição que permite ao juiz emitir seu provimento baseado num juízo de certeza decorrente de aprofundado exame das alegações e das provas, como ocorre no processo de conhecimento.

Cognição limitada Limitação relativa ao aspecto de abrangência da cognição, ou seja, quando algum dos elementos do trinômio "pressupostos processuais-condições da ação-mérito" não fizer parte da atividade cognitiva do juiz.

Cognição plena Cognição caracterizada quando todos os elementos do trinômio (pressupostos processuais, condições da ação e mérito), que constitui o objeto da cognição, estiverem submetidos à atividade cognitiva do juiz, como se dá no processo de conhecimento, no qual a sentença examinará a questão da forma mais completa possível.

Cognição sumária Configura-se quando o provimento jurisdicional é concedido com base num juízo de probabilidade, assim como ocorre ao se examinar um pedido de antecipação de tutela ou uma medida cautelar.

Coisa abandonada Coisa que o dono abandona com intenção de renunciar, sujeitando-se à apropriação (art. 1.275, III, do CC). Abandonada, a coisa torna-se *res nullius*, coisa de ninguém, sendo suscetível de ocupação.

Coisa acessória A que para existir depende da coisa principal (art. 92 do CC).

Coisa consumível Bem móvel cujo uso importa destruição imediata da própria substância (art. 86 do CC).

Coisa divisível A que pode ser dividida em porções diversas, formando cada qual um todo perfeito (art. 87 do CC).

Coisa fungível Coisa móvel que pode ser substituída por outra de mesma espécie, quantidade e qualidade (art. 85 do CC).

Coisa julgada Relação jurídica já apreciada e decidida judicialmente. Sentença transitada em julgado da qual não cabe mais recurso (art. 337, § 4º, do CPC).

Colaboração premiada Diz-se da colaboração ou denúncia voluntária feita pelo indiciado em crime praticado em concurso, com a finalidade de colaborar com a investigação e o processo criminal e de obtenção de benefício penal. Nesse caso, o juiz poderá conceder o perdão judicial, reduzir em até 2/3 a pena privativa de liberdade ou substituí-la por restritiva de direitos (Lei n. 12.850/2013) (*v. Delação premiada*).

Colateral Grau de parentesco em linha transversal; por exemplo, os primos (art. 1.592 do CC).

Colendo Forma de tratamento solene que se usa, na redação de recursos, ao se dirigir às câmaras e às turmas de um tribunal.

Comandita Capital de sócio não administrador (arts. 311 a 314 do CCom; Decreto n. 3.708/19; e arts. 280 a 284 da Lei n. 6.404/76).

Comarca Território que delimita o âmbito de atuação de um magistrado. Circunscrição territorial adstrita a um ou mais municípios onde o Poder Judiciário desenvolve suas funções.

Cominação Sanção imposta para conduta ilícita ou por inadimplemento da obrigação (art. 567 do CPC).

Comoriência Diz-se da morte simultânea de duas ou mais pessoas, presumível sempre que não se possa determinar a ordem em que houve essas mortes para efeito de sucessão (art. 8º do CC).

Companheiro(a) Pessoa livre que vive exclusivamente como se casada fosse com pessoa de sexo diferente, solteira, viúva ou divorciada, sob o mesmo teto e sob sua dependência econômica na maioria dos casos (art. 1.723 do CC).

Competência Atribuição conferida por lei ou regulamento a uma pessoa para, no exercício da função ou profissão, desempenhar certos atos. Juridicamente, representa as atribuições ou poderes concedidos por lei a um juiz para processar e julgar certos feitos ou questões.

Composse Caracteriza-se pela existência de um só imóvel, porém com vários sujeitos titulares de direitos possessórios. Também conhecida pela sinonímia de condomínio ou copropriedade, a composse é entendida como uma coisa pertencente a vários proprietários (art. 1.199 do CC). Na composse, cada compossuidor é proprietário de apenas uma parte ideal de um todo.

Compromisso arbitral Convenção por meio da qual as partes submetem um litígio à arbitragem de uma ou mais pessoas, podendo ser judicial ou extrajudicial (art. 9º da Lei n. 9.307/96).

Compromisso de ajustamento de conduta Também conhecido como termo de ajustamento de conduta (TAC), é o instrumento jurídico pelo qual o causador de um dano à criança, ao adolescente ou ao consumidor coletivamente considerado, assume o compromisso de adequar sua conduta às exigências legais, sob pena de sanções fixadas no próprio termo de ajustamento de conduta. É considerado título executivo extrajudicial de obrigação de fazer, não fazer ou de indenizar (*v. Termo de ajustamento de conduta*).

Comunhão parcial de bens Regime de bens entre os cônjuges no qual entram os bens estipulados no art. 1.660 do Código Civil, sendo excluídos os bens enumerados no art. 1.659.

Comunhão universal de bens Regime de bens entre os cônjuges no qual há comunicação de todos os bens presentes e futuros de cada cônjuge, assim como suas dívidas passivas, com as exceções do art. 1.668 do Código Civil.

Comutação da pena Substituição de uma pena mais grave imposta ao réu por outra mais branda (arts. 738 e 739 do CPP).

Concessão Autorização dada pelo poder público a pessoa particular para exploração de atividade que dependa dessa autorização para ser explorada (art. 175 da CF).

Conciliação Meio pelo qual as partes, fazendo concessões, chegam a um acordo pondo fim à demanda (art. 166 do CPC; arts. 831, 835, 847 e 868 a 872 da CLT).

Conclusos Expressão usada para indicar os autos remetidos ao despacho do juiz (art. 228 do CPC).

Concubinato União de homem e mulher não desimpedidos para o casamento (art. 1.727 do CC).

Concurso de agentes Participação de mais de uma pessoa em um crime (art. 29 do CP).

Concurso de crimes Prática de mais de uma ação ou omissão delituosa por uma só pessoa (arts. 69 e 70 do CP).

Concussão Crime contra a administração pública consistente em exigir, para si ou para outrem, vantagem indevida fora de sua função ou antes de assumi-la (art. 316 do CP).

Condição potestativa Aquela em que o seu implemento depende da exclusiva e arbitrária vontade de uma das partes. Em outras palavras: uma das partes se sujeita ao domínio da vontade da outra e se torna mero expectador, em permanente expectativa, enquanto a outra parte se reveste de irrestritos poderes para decidir como bem lhe aprouver (STJ, REsp n. 291.631/SP, 3ª T., rel. Min. Castro Filho, j. 07.11.2002, *DJ* 16.12.2002).

Condição resolutiva A que extingue o direito a que ela se propõe (art. 474 do CC).

Condição suspensiva A que suspende os efeitos do ato jurídico durante o período em que determinado evento não ocorre (art. 125 do CC).

Condomínio Diz-se do direito de propriedade exercido ao mesmo tempo por diversas pessoas sobre um mesmo objeto, incidindo referido direito em um quinhão ideal (art. 1.314 do CC; Lei n. 4.591/64).

Conexão Característica de duas ou mais ações que possuem o mesmo pedido ou a mesma causa de pedir (art. 55 do CPC).

Confisco Apreensão de bens de alguém por violação da lei. Apreensão de bens particulares, pelo Estado, a título punitivo.

Confissão Meio de prova, judicial ou extrajudicial, pelo qual o confitente revela a ocorrência de fatos prejudiciais a ele.

Confissão presumida Confissão não expressa, tacitamente convencendo-se o juiz dos fatos alegados pelo silêncio ou pela dedução (arts. 334, 344, 345 e 400 do CPC).

Confissão tácita O mesmo que confissão presumida. Dá-se também o nome de confissão ficta.

Conflito de competências O conflito de competências ocorre quando dois ou mais juízes se declaram competentes (conflito positivo) ou incompetentes (conflito negativo) para decidir a lide.

Conflito de leis Concorrência de duas leis sobre o mesmo fato no tempo ou espaço. Se o conflito se dá no tempo, configura-se o problema da retroatividade ou irretroatividade da lei. Se ocorre no espaço, surge o problema da territorialidade ou extraterritorialidade da lei.

Confusão Reunião dos bens móveis de donos diferentes sem o consentimento deles (art. 381 do CC).

Conivência É o ato de ajudar, de algum modo, para a ocorrência de um ato ilícito (art. 29 do CP).

Consanguinidade Ligações de parentesco de pessoas que pertencem ao mesmo tronco familiar. Pessoas ligadas por laços de sangue (art. 1.593 do CC).

Consentimento Ato de consentir. Acordo, por livre manifestação da vontade, com outras pessoas, para que se forme ato jurídico. Pode ser expresso se é verbal, por escrito ou por meio de sinais inequívocos; e tácito se resulta de ato que revela a intenção do agente de consentir.

Consignação Espécie de contrato de comissão; consiste na entrega de mercadoria ao consignatário, que deve vendê-las, pagando-as após um prazo determinado, retirada sua comissão. Contrato estimatório.

Consignação em pagamento Depósito judicial ou em estabelecimento bancário da coisa devida destinado a extinguir a obrigação em casos e formas legais (art. 334 do CC).

Consolidação Fusão de todas as leis sobre uma mesma matéria originando uma única lei que, todavia, não traz qualquer inovação. Nisto difere da codificação, pois esta inova.

Consórcio Reunião de pessoas naturais e jurídicas em grupo, com prazo de duração e número de cotas previamente determinados, promovida por administradora de consórcio, com a finalidade de propiciar a seus integrantes, de forma isonômica, a aquisição de bens ou serviços, por meio de autofinanciamento (art. 2º da Lei n. 11.795/2008).

Constituto possessório *Constitutum possessorium.* Convenção expressa ou tácita pela qual se entende efetivada a tradição da coisa alienada, ainda que a mesma continue em poder do alienante ou de terceiro, a título de detenção (parágrafo único do art. 1.267 do CC). O mesmo que cláusula *constituti*. É expresso quando resulta de cláusula contratual; é tácito quando se infere as cláusulas contratuais incompatíveis com a transferência material do imóvel para o comprador.

Constrangimento ilegal Crime contra a liberdade individual consistente em constranger alguém, mediante violência ou grave ameaça, ou depois de lhe haver reduzido, por qualquer outro meio, a capacidade de resistência, a não fazer o que a lei permite ou a fazer o que ela não manda (art. 146 do CP).

Consuetudinário Diz-se do que se refere ao costume. Costumeiro.

Contestação Uma das formas de resposta do réu, na qual este impugna o pedido do autor formulado na petição inicial (art. 335 do CPC).

Continência de causas Ocorre continência de causas quando, entre duas ou mais ações, houver identidade das partes e da causa de pedir, porém o pedido de uma, por ser mais amplo, abrange o das demais (art. 56 do CPC).

Contradita Direito que tem a parte de refutar em juízo o que foi dito pela parte adversária ou por testemunha (art. 457, § 1º, do CPC e art. 214 do CPP).

Contraditório Princípio que assegura a igualdade das partes perante o Judiciário, permitindo ao acusado o direito à ampla defesa (art. 5º, LV, da CF).

Contrafação Crime consistente na imitação de assinatura, produto ou registro público de valor (arts. 272, 293, 296 a 298 e 306, parágrafo único, do CP).

Contrafé Cópia da petição inicial que o oficial de justiça deverá entregar ao réu no momento da citação (art. 251 do CPC e art. 357 do CPP).

Contraminuta Razões escritas aduzidas pelo agravado em processo ou petição do agravo requerido pela parte contrária.

Contraprestação Prestação a que se obriga uma das partes, nos contratos bilaterais, que corresponde à prestação de outra parte (art. 798, I, *d*, do CPC).

Contrato Acordo lícito visando a transferência de direitos ou sua aquisição.

Contrato acessório O que pressupõe a existência de outro, do qual depende e para o qual, normalmente, serve de garantia (p. ex., fiança); pacto adjeto.

Contrato aleatório Aquele no qual o cumprimento da obrigação é incerto por depender de evento futuro. A denominação vem do latim, *alea*, sorte, destino (arts. 458 a 461 do CC).

Contrato anulável Aquele que, viciado por incapacidade da parte, erro, dolo, coação, simulação ou fraude, tem eficácia até o momento de sua anulação (arts. 138 e segs. do CC).

Contra atípico Aquele que não se encontra catalogado em um tipo legal expressamente previsto, embora de licitude inquestionável.

Contrato benéfico Aquele em que apenas uma das partes promete ou transfere direitos a outra, não assumindo esta qualquer obrigação em contrapartida. Também denominado contrato a título gratuito, encontra exemplos marcantes na doação, no usufruto e na fiança.

Contrato comutativo Aquele de natureza bilateral e onerosa cujas obrigações são perfeitamente equivalentes. Exemplo típico é a compra e venda, na qual uma das partes transfere a coisa vendida mediante recebimento de um preço equivalente ao valor da coisa.

Contrato consigo mesmo Aquele que se efetiva pela presença de uma só pessoa, que representa as duas partes, exprimindo em nome de ambas a vontade de contratar.

Contrato de adesão Aquele cujas cláusulas são elaboradas unilateralmente por uma das partes, cabendo à outra aceitá-lo em ditos termos sem modificações. São exemplos deste tipo de contrato os elaborados por financeiras ou imobiliárias, os quais, no mais das vezes, já vêm impressos.

Contrato de empreitada Contrato pelo qual uma das partes (empreiteiro) se obriga perante a outra (dono da obra) a realizar determinada obra ou serviço, mediante o recebimento de certo preço, sem guardar qualquer relação de dependência. O empreiteiro pode contribuir para ela só com seu trabalho ou com ele e os materiais. Caso contribua somente com o trabalho, tem-se como caracterizada a empreitada de lavor (arts. 610 e seguintes do CC).

Contrato de execução diferida Também conhecido por contrato de execução retardada. É aquele cuja execução fica subordinada a um termo futuro. Exemplo: as partes convencionam a venda de um bem que somente será entregue pelo vendedor e pago pelo comprador em determinada data.

Contrato de risco Aquele em que o contratante é isento de qualquer responsabilidade pelo eventual insucesso do negócio perante o contrato.

Contrato inominado Espécie de contrato não previsto de maneira expressa, formalmente na lei, embora perfeitamente lícita. São exemplos a hospedagem, a doação mista e o fornecimento.

Contrato *intuitu personae* Aquele cujo objeto acha-se essencialmente ligado às partes, sendo personalíssimo (p. ex., contrato da fiança).

Contrato leonino Aquele que favorece de forma imoral uma das partes em evidente prejuízo da outra.

Contrato sinalagmático Aquele no qual as respectivas obrigações apresentam mútua dependência, isto é, uma obrigação é causa, pressuposto de outra.

Contrato solene Aquele que exige requisitos, solenidades essenciais; sem estas, o contrato é eivado de nulidade (art. 107 do CC).

Contravenção penal Infração tipificada em lei, que, sendo menos grave do que o crime, é apenada mais brandamente (art. 4º da LCP).

Contumácia Ausência da parte (autor ou réu) em juízo sem justificativa, deixando o processo correr à revelia.

Convenção de arbitragem Meio de solução de litígios submetido ao juízo arbitral mediante a utilização da cláusula compromissória ou do compromisso arbitral (art. 3º da Lei n. 9.307/96).

Convenção de condomínio Convenção ou acordo escrito, elaborado e aprovado pelos condôminos de unidade residencial, mediante assinaturas de titulares de direitos que representem, no mínimo, 2/3 das frações ideais que compõem o condomínio, que estabelece as normas de convivência, de administração e de deliberação a serem adotadas pelos condôminos (art. 9º da Lei n. 4.591/64).

Convênio Acordo firmado por entidades públicas de qualquer espécie, ou entre estas e organizações particulares, para a realização de objetivos de interesse comum dos partícipes. Embora seja um acordo, o convênio não é contrato, pois no contrato as partes têm interesses diversos e opostos, ao passo que no convênio as partes têm interesses comuns e coincidentes.

Convite Modalidade de licitação utilizada para contratações de menor vulto, ou seja, para a aquisição de materiais e serviços até o limite de 80 mil reais e para a execução de obras e serviços de engenharia até o valor de 150 mil reais. A licitação se dá entre interessados do ramo pertinente ao seu objeto, cadastrados ou não, escolhidos e convidados em número mínimo de três pela unidade administrativa, que afixará, em local apropriado, cópia do instrumento convocatório e o estenderá aos demais cadastrados na correspondente especialidade que manifestarem seu interesse com antecedência de até 24 horas da apresentação das propostas (art. 22, § 3º, da Lei n. 8.666/93). Atualmente encontra-se vigente a Lei n. 14.133/2021, com regras de transição e revogação progressiva da Lei n. 8.666/93.

Cooperativa Sociedade de pessoas com forma e natureza jurídica próprias, de caráter civil e não sujeita a falência, constituída para prestar serviços aos associados (art. 4º da Lei n. 5.764/71).

Coronavírus Grande família de vírus comuns em espécies diferentes de animais, incluindo camelos, gado, gatos e morcegos. Alguns deles podem afetar os seres humanos, causando sintomas de resfriado ou, no caso do MERS-CoV e do SARS-CoV, problemas respiratórios mais sérios. Recentemente, em dezembro de 2019, houve a transmissão de um novo coronavírus (SARS-CoV-2), identificado em Wuhan, na China, causando a Covid-19. Em seguida, a doença passou a ser disseminada e transmitida pessoa a pessoa (Ministério da Saúde, 2020).

Corretagem Contrato pelo qual uma pessoa, não ligada a outra em virtude de mandato, de prestação de serviços ou por qualquer relação de dependência, obriga-se a obter para a segunda um ou mais negócios, conforme as instruções recebidas (art. 722 do CC).

Corretor Pessoa que, não ligada a outra em virtude de mandato, de prestação de serviços ou por qualquer relação de dependência, obriga-se a obter para a segunda um ou mais negócios, conforme as instruções recebidas (art. 722 do CC). Aquele que, mediante remuneração, agencia ou intermedeia, aproximando duas pessoas para a efetivação de um negócio. A remuneração é devida ao corretor uma vez que tenha conseguido o resultado previsto no contrato de mediação, ou ainda que este não se efetive em virtude de arrependimento das partes (art. 725 do CC).

Corréu Copartícipe. Corresponsável. Aquele que, juntamente com outro agente, como parte passiva responde ao mesmo processo civil ou criminal. No crime, o corréu participa de alguma forma para a prática do delito. No cível, o fato de ser corréu pode resultar da responsabilidade solidária.

Cota Embora se empregue a forma quota, esta deve ser abandonada, pois apresenta um arcaísmo. Cota pode designar a parte proporcional com que cada um de vários indivíduos contribui para um fim determinado ou, ainda, pode significar o lançamento feito nos autos pelo advogado, informando ou esclarecendo o juiz e a parte contrária de algo que interesse à causa.

Covid-19 Doença causada pelo vírus SARS-CoV-2, que apresenta um espectro clínico variando de infecções assintomáticas a quadros graves (Ministério da Saúde, 2020).

Credor Sujeito ativo da obrigação; o titular de um crédito, com direito a exigir a prestação; portador de título de crédito; pessoa a cujo favor a dívida foi constituída.

Crime Toda ação ou omissão ilícita, culpável, tipificada em lei, que ofenda valores sociais básicos de um dado momento histórico em determinada sociedade (art. 1º do CP).

Culpa Elemento subjetivo do crime consistente em negligência, imperícia e imprudência (art. 18, II, do CP).

Culpa aquiliana Culpa extracontratual, assim denominada em razão de não decorrer de obrigação preexistente em contrato (art. 186 do CC).

Culpa concorrente Culpa recíproca imputada em maior ou menor grau ao lesante e ao lesado pela prática do evento danoso. Verifica-se quando a vítima tiver concorrido culposamente para o evento danoso. Nesse caso, a sua indenização será fixada tendo-se em conta a gravidade de sua culpa em confronto com a do autor do dano (art. 945 do CC).

Culpa consciente Culpa que se manifesta no momento em que "o autor da ação, embora prevendo as consequências ou o resultado da mesma, acredita, de modo sincero, na possibilidade de contornar situações e evitar o evento lesivo ao direito" (LEIRIA, Antônio Fabrício. *Delitos de trânsito*. Porto Alegre, Síntese, 1976, p.23).

Culpa *in eligendo* Resulta da escolha malfeita, e ocorre em relação às seguintes pessoas: o patrão por seus empregados, serviçais e prepostos, no exercício do trabalho que lhes competir, ou por ocasião dele; os donos de hotéis, hospedarias, casas ou estabelecimentos, onde se albergue por dinheiro, mesmo para fins de educação, por seus hóspedes, moradores e educandos (art. 932 do CC).

Culpa *in vigilando* Decorre da falta de vigilância ou atenção a que estão obrigadas certas pessoas em relação a outras como: os pais em relação aos filhos que estiverem sob seu poder e em sua companhia; o tutor e o curador pelos pupilos e curatelados que se acharem nas mesmas condições (art. 932 do CC).

Cumprimento de sentença Procedimento judicial destinado a obter o pagamento de valores fixados em sentença condenatória originada de processo de conhecimento. O cumprimento de sentença, previsto no art. 523 do CPC, exige simples petição na qual o credor requer a intimação do devedor para que efetue o pagamento no prazo de quinze dias, sob pena do acréscimo de 10% de multa e de expedição de mandado de penhora e avaliação.

Cumulação de pedidos Faculdade dada ao autor de formular, no mesmo processo, mais de um pedido contra o réu, mesmo não conexos, por economia e rapidez processual (art. 327 do CPC).

Curador a lide Pessoa investida por lei da incumbência de zelar pelos interesses de incapaz em caso de este não possuir representante legal.

Curatela Incumbência conferida pelo juiz a alguém para cuidar dos interesses de outrem que não pode fazê-lo pessoalmente (art. 1.767 do CC).

Custas Despesas, encargos, gastos acarretados com promoção ou realização de atos forenses, processuais ou de registros públicos, que se somam e devem ser ressarcidos pela parte vencida no processo. Consistem, ainda, na remuneração dos serviços prestados por serventuários de justiça, nos emolumentos etc.

D

Dação em pagamento Acordo realizado com o objetivo de extinguir uma obrigação pela qual o credor recebe coisa que não seja dinheiro em substituição da prestação que lhe era devida (arts. 356 a 359 do CC).

Dano Prejuízo ou perda de um bem juridicamente protegido. Pode ser real ou material quando atingir um bem cujo valor possa ser apurado; ou moral quando recair sobre bens de natureza moral. O dano pode constituir crime.

Dano culposo Aquele provocado por imperícia, negligência ou imprudência do autor (art. 186 do CC).

Dano emergente Dano que realmente ocorreu e provocou a real diminuição do patrimônio de outrem.

Dano estético Dano físico permanente que uma pessoa sofre em relação à sua imagem ou aparência, em decorrência da prática de ato ilícito de outrem. Em muitos casos representa uma alteração de caráter pejorativo nas feições do indivíduo, reduzindo sua capacidade de atração em relação aos demais. Os atos lesivos estéticos são geralmente causados por acidentes de trânsito e erros médicos, como os resultantes de cirurgias plásticas malsucedidas. A indenização por lesão estética é uma forma de compensar os danos que o defeito ou aleijão causará na autoestima da vítima e na sua aceitação perante a sociedade.

Dano material É aquele que atinge diretamente um bem ou o patrimônio das pessoas físicas ou jurídicas. É o prejuízo financeiro efetivamente sofrido pela vítima, causando diminuição do seu patrimônio. Pode ser mensurado pelo que o lesado efetivamente sofreu de prejuízo, dano emergente, e pelo que razoavelmente deixou de ganhar, lucro cessante.

Dano moral Ofensa a direito personalíssimo, ou seja, a direitos extrapatrimoniais (art. 186 do CC).

Dar provimento Ato pelo qual as câmaras ou turmas dos tribunais deferem ou acatam o pedido do recorrente formulado em recurso.

Data venia Expressão latina: com a devida permissão. O advogado a usa, por deferência, ao contrapor-se à opinião de um juiz ou de seu *ex adverso* que ele respeita, mas do qual discorda. O mesmo que *permissa venia* ou *concessa venia*.

Debate oral Arguição verbal dos advogados das partes, feita em juízo, com o objetivo de demonstrar seus direitos (art. 364 do CPC).

Decadência Perda de um direito pelo fato de seu titular não exercê-lo no prazo legal (art. 207 do CC).

Decisão interlocutória Todo pronunciamento judicial de natureza decisória que não se enquadre no conceito de sentença (art. 302, § 2º, do CPC).

Decisão monocrática Decisão final em um processo, tomada por um juiz ou, no caso do Supremo Tribunal Federal, por um ministro.

No STF, podem ser decididos monocraticamente pedidos ou recursos manifestamente intempestivos, incabíveis ou improcedentes, ou que contrariem a jurisprudência predominante no tribunal, ou, ainda, em que for evidente sua incompetência.

Declaração da vontade Meio, expresso ou tácito, pelo qual alguém manifesta sua vontade com objetivo de produzir efeitos jurídicos (art. 112 do CC).

De fato Oposto do que é de direito porque não se refere à lei, mas à circunstância material.

Defensor dativo Advogado nomeado pelo juiz ao réu para defendê-lo por este não possuir meios de contratar um defensor. É o defensor público.

Defensoria Pública Órgão estatal a que estão vinculados os defensores públicos e para o qual prestam serviços. À Defensoria Pública incumbe, em regra, prestar assistência jurídica integral e gratuita às pessoas carentes ou hipossuficientes, que não têm condições de contratar os serviços de um advogado (arts. 134 da CF e 185 do CPC). Atua no âmbito da União e dos estados e tem em cada situação atribuições específicas. Também atua na defesa dos acusados que não constituíram advogado para a apresentação de defesa e nos casos de curatela especial, conhecida como curadoria à lide.

Defesa prévia Alegações apresentadas pelo réu no prazo de três dias após o interrogatório em juízo. Na defesa prévia, podem-se arrolar testemunhas (art. 395 do CPP).

Delação premiada Denúncia voluntária feita ao juiz, pelo indiciado em crime praticado em concurso, com a finalidade de colaborar com a investigação e o processo criminal. Ocorre quando o indiciado imputa a autoria do crime a um terceiro, coautor ou partícipe, ou fornece às autoridades informações a respeito das práticas delituosas promovidas pelo grupo criminoso, auxiliando a localização de uma vítima ou a recuperação do produto do crime (arts. 159 do CP e 13 da Lei n. 9.807/99).

Demanda Ato de demandar ou ajuizar uma ação. Lide, disputa ou litígio judicial.

Denegar Ato de negar alguma coisa. Também tem por significado recusar ou indeferir um pedido.

Denúncia Ato pelo qual alguém comunica a uma autoridade pública, órgão policial ou judiciário a prática de um delito de que tenha conhecimento. No direito civil, corresponde ao ato em que se dá ciência a alguém, por meio de notificação, de que não há mais interesse em continuar a relação contratual, concedendo prazo determinado em lei para o término da relação. Em direito penal, é o ato pelo qual o representante do Ministério Público (promotor público ou procurador) apresenta sua acusação perante a autoridade judicial competente para julgar o crime ou a contravenção descrita na peça acusatória. A denúncia é a peça inicial dos processos criminais que envolvam crimes de ação pública, ou seja, aqueles em que a iniciativa do processo judicial é do Ministério Público (art. 41 do CPP).

Denúncia cheia Denúncia obrigatoriamente motivada da locação do imóvel. O imóvel que teve sua locação prorrogada automaticamente, findo o prazo estabelecido, só pode ser retomado se for pedido para uso próprio, residencial de ascendente ou descendente que não disponha, assim como cônjuge ou companheiro, de imóvel residencial próprio e outras hipóteses que a lei determina.

Denunciação da lide Ato pelo qual o autor da ação chama um terceiro para intervir na demanda a fim de defendê-lo e garantir o direito à evicção (art. 125 do CPC).

De ofício Realização de um ato processual pelo juiz sem requerimento das partes.

De pleno direito Em virtude ou por força de lei. Constituir-se-á de pleno direito o título executivo judicial, independentemente de qualquer formalidade, se não realizado o pagamento e não apresentados os embargos na ação monitória (art. 701, § 2º, do CPC).

Depoente Pessoa que vem a juízo para depor como testemunha.

Depoimento pessoal Depoimento do autor ou do réu em audiência (art. 385 do CPC).

Depositário Pessoa a quem se entrega ou a quem se confia alguma coisa em depósito.

Depositário infiel Aquele que se recusa a devolver a coisa que lhe foi confiada em depósito. O depositário infiel está sujeito à prisão civil.

Depositário judicial Funcionário da Justiça encarregado da custódia de valores ou coisas consignadas ou depositadas em juízo. A guarda e a conservação de bens penhorados, arrestados, sequestrados ou arrecadados serão confiadas a depositário ou a administrador, não dispondo a lei de outro modo (art. 159 do CPC).

Deprecado Juiz ou juízo para o qual foi endereçada carta precatória e onde deve ser ela cumprida.

Deprecante Autoridade judiciária que expede a carta precatória.

Derrogação Revogação parcial de uma lei (art. 2º da LINDB).

Desagravo Reparação civil ou retratação de ofensa ou dano moral. No caso de ofensa a advogado, cabe ao Conselho da OAB promover o desagravo público do ofendido sem prejuízo da responsabilidade criminal em que incorrer o infrator (art. 7º, § 5º, do Estatuto da Advocacia e a OAB).

Desaposentação Renúncia de aposentadoria anterior para efeito de obter nova aposentação contando o tempo de trabalho posteriormente prestado. Instituto que se mostra de interesse daqueles que se aposentam proporcionalmente, mas continuam a trabalhar e a contribuir. Ao completar o tempo integral, desfazem a aposentadoria proporcional e se reaposentam com o valor integral.

Desapropriação Transferência de um bem particular para o domínio do Estado, por necessidade, utilidade pública ou interesse social, mediante prévia e justa indenização (art. 184 da CF).

Desapropriação indireta Apossamento de imóvel de particular pelo poder público sem a devida observância dos requisitos da declaração e indenização prévias. Procedimento pelo qual o órgão do Poder Executivo, embora propriamente não desaproprie o bem, restringe o proprietário do seu direito de propriedade. Nesse caso, a ocupação do imóvel pela administração pública dá-se sem existência do ato declaratório de utilidade pública e, principalmente, sem o pagamento da justa e prévia indenização, sendo este o fator diferencial entre a desapropriação direta e a indireta. Embora a desapropriação indireta não esteja regulada por lei, ela está amparada por inúmeras decisões das diversas instâncias, inclusive do Supremo Tribunal Federal.

Descaminho Espécie de fraude fiscal consistente no não pagamento de tributo devido por particular ao Estado, por entrada, saída ou consumo de mercadoria permitida no país (art. 334 do CP).

Descendente Pessoa que possui parentesco com outra, que descende (filho, neto, bisneto) de outra.

Desconsideração da pessoa jurídica (*disregard doctrine* ou *disregard of legal entity*) Teoria jurídica pela qual, quando descumpre sua finalidade, uma pessoa jurídica deve ser considerada ente abstrato, meramente racional, a fim de imputar responsabilidade pessoal aos sócios. “O juiz poderá desconsiderar a personalidade jurídica da sociedade quando, em detrimento do consumidor, houver abuso de direito, excesso de poder, infração da lei, fato ou ato ilícito ou violação dos estatutos ou contrato social” (art. 28 do CDC).

Desentranhamento Ato de retirar algum documento do corpo dos autos.

Deserção Falta de preparo ou de pagamento de despesas e custas judiciais necessários à interposição de um recurso (art. 997, III, CPC). Refere-se também ao abandono de qualquer uma das partes da causa ou ao não comparecimento do advogado à audiência de instrução e julgamento. No ato de interposição do recurso, o recorrente comprovará, quando exigido pela legislação pertinente, o respectivo preparo, inclusive porte de remessa e de retorno, sob pena de deserção (art. 1.007 do CPC). Refere-se também ao abandono de qualquer uma das partes da causa ou ao não comparecimento do advogado à audiência de instrução e julgamento.

Deserdação Exclusão da sucessão de algum herdeiro necessário nos casos previstos em lei (arts. 1.814 e 1.962 do CC).

Desídia Desleixo com que o empregado realiza seus serviços. Constitui justa causa para demissão do empregado pelo empregador (art. 482, *e*, da CLT).

Desoneração Liberação ou desobrigação de ônus ou obrigação.

Despacho Pronunciamento do juiz praticado no processo, de ofício ou a requerimento da parte, diferente da decisão interlocutória e da sentença. Ato do juiz destinado a impulsionar ou dar andamento ao processo, como os que determinam a citação do réu, o de deferimento ou indeferimento da petição inicial (art. 203, § 3º, do CPC).

Despacho saneador Despacho do juiz, proferido quando não for hipótese de resolução antecipado do mérito ou extinção do processo, mediante o qual o juiz examina as condições da ação e resolve as questões processuais pertinentes. É nesse momento que o juiz decide sobre as provas a serem produzidas e designa a audiência de conciliação e julgamento (art. 357 do CPC).

Despejo do imóvel Expulsão judicial de inquilino ocupante do prédio locado quando se recusa a restituí-lo ao proprietário (arts. 47 e 59 da Lei n. 8.245/91).

Despesas judiciais Despesas destinadas a promover o andamento de um processo a que se obrigam a pagamento as partes no processo. Abrangem, além de custas processuais, pagamento de peritos, comissões, taxas, conduções e remuneração do assistente técnico (art. 82 do CPC).

Devido processo legal Princípio constitucional que consagra a garantia de que ninguém será processado sem que existam, previamente, normas processuais cabíveis ao caso. Também conhecido pela expressão inglesa *due process of law*, é previsto no art. 5º, LIV, da Constituição Federal.

Devolutivo Efeito do recurso, principalmente da apelação, que devolve à instância superior o exame da matéria decidida pelo juízo decorrido (art. 1.013 do CPC).

Difamação Crime consistente em imputar a alguém fato ofensivo a sua reputação (art. 139 do CP).

Dilação Efeito de aumentar o prazo da feitura de um ato.

Direito absoluto Direito *erga omnes*, isto é, aquele que se opõe a todos. São direitos absolutos os personalíssimos, os reais e os de família.

Direito adjetivo Conjunto de leis que determinam a forma pela qual se devem exercitar os direitos; conjunto de leis reguladoras dos atos judiciários; direito processual, direito judiciário, direito formal.

Direito adquirido É aquele que seu titular, ou alguém por ele, pode exercer, como aquele cujo começo do exercício tenha termo prefixo, ou condição preestabelecida inalterável a arbítrio de outrem (art. 5º, XXXVI, da CF).

Direito alternativo Doutrina referente à aplicação do Direito, surgida em uma facção de magistratura do Rio Grande do Sul, pela qual o juiz deve ter ampla liberdade na solução dos litígios, podendo mesmo, em certas circunstâncias, decidir *contra legem* desde que o interesse social assim exija.

Direito de ação Aquele pelo qual o titular de um direito pode recorrer ao Poder Judiciário para defendê-lo contra terceiros, pedir sua declaração ou seu restabelecimento quando violado (art. 5º, XXV, da CF).

Direito de defesa Direito que o acusado possui de produzir provas, fazer alegações em seu favor e utilizar de todos os recursos e meios para defender-se da acusação feita contra ele. O mesmo que direito ao contraditório e à ampla defesa.

Direito de preferência Direito, previsto em cláusula de compra e venda, de ser preferido na aquisição da coisa. O mesmo que direito de preempção. A preempção, ou preferência, impõe ao comprador a obrigação de oferecer ao vendedor a coisa que aquele vai vender, ou dar em pagamento, para que este use de seu direito de prelação na compra, tanto por tanto. O prazo para exercer o direito de preferência não poderá exceder a 180 dias, se a coisa for móvel, ou a dois anos, se imóvel (art. 513 do CC).

Direito de vizinhança Conjunto de regras impostas pela lei com o objetivo de regular as relações de vizinhança entre os prédios (art. 1.277 do CC).

Direito líquido e certo Direito evidente, claro; aquele contra o qual não se podem opor controvérsias. O direito líquido e certo independe de prova, sua existência se verifica de plano (art. 5º, LXIX, da CF).

Direito natural Conjunto de normas de convivência criadas pela própria natureza, precedendo, portanto, a lei escrita ou o direito positivo. O direito natural está colocado acima da lei positiva.

Direito objetivo Conjunto de todas as normas jurídicas em vigor no Estado. São normas de direito objetivo a Constituição, o Código Civil, os contratos e os atos administrativos.

Direito personalíssimo Direito individual, inato, que não pode ser transferido nem alienado, por exemplo, a honra e a liberdade individual.

Direito positivo Conjunto de regras de Direito de caráter obrigatório, podendo, para seu cumprimento, utilizar-se o Estado de coerção.

Direito processual Conjunto de normas que determinam andamento e decisão dos pedidos formulados em juízo.

Direito real Direito que uma pessoa tem sobre uma coisa determinada. Classifica-se em propriedade, superfície, servidão, usufruto, uso, habitação, direito do promitente comprador de imóvel, penhor, hipoteca, concessão de uso especial para fins de moradia, anticrese e concessão de direito real de uso (arts. 1.225 a 1.227 do CC).

Direito real de laje Modalidade de propriedade, na qual o titular adquirente torna-se proprietário de unidade imobiliária autônoma consistente de espaço aéreo ou subsolo de terrenos públicos ou privados, tomados em projeção vertical, não contemplando as demais áreas edificadas ou não pertencentes ao proprietário da construção-base (art. 1.510-A do CC).

Direito regressivo Direito que tem o pagador de cobrar dos coobrigados a importância paga ao devedor; direito das pessoas jurídicas de direito público interno de reaver do agente causador do dano a terceiro a importância que despendeu no ressarcimento do dano (arts. 43, 934 e 935 do CC).

Direito subjetivo Prerrogativa conferida e disciplinada pelo direito positivo. O Estado permite que a pessoa defenda um interesse seu tutelado pela norma jurídica. Portanto, o direito subjetivo nada mais é do que a permissão dada pela norma jurídica para o exercício de uma pretensão; direito de ação assegurado pela ordem pública.

Direito substantivo O próprio direito material ou complexo de normas que regem as relações jurídicas, definindo a sua matéria. Por exemplo, direito civil, direito penal, direito comercial etc. Contrapõem-se ao direito adjetivo ou formal, que representa o direito processual.

Dissídio Conflito de interesses propostos perante o juízo trabalhista entre empregados e empregadores.

Dissolução Rompimento de um contrato ou acordo de sociedade conjugal, parceria, sociedade mercantil ou civil, cooperativa etc.

Distrato Acordo feito entre as partes contratantes a fim de extinguir o vínculo estabelecido pelo contrato (art. 472 do CC).

Divergência Contrariedade; discordância; desacordo. Diferença de opinião ou pensamento. Ausência de unanimidade.

Divisa Todo marco que estabelece os limites de uma propriedade imóvel.

Divórcio Modo de extinção da sociedade conjugal liberando os cônjuges para contraírem novas núpcias (art. 1.580 do CC).

Doação Contrato pelo qual, por liberalidade, uma pessoa transfere a outra parte de seu patrimônio (art. 538 do CC).

Doação inoficiosa Aquele que excede a legítima e mais a metade disponível (art. 2.007 do CC).

Documento eletrônico Todo registro que tem como meio físico um suporte eletrônico. Documento obtido mediante digitalização em meio eletrônico, de forma a manter a integridade, a autenticidade e, se necessário, a confidencialidade do documento digital, com o emprego de certificado digital emitido no âmbito da Infraestrutura de Chaves Públicas Brasileira (ICP) (art. 3º da Lei n. 12.682/2012).

Documento particular Documento feito por particular sem intervenção de oficial público (art. 212, II, do CC).

Documento público Documento redigido por tabelião ou notário dotado de fé pública (art. 215 do CC).

Dolo Ardil ou artifício empregado para enganar ou induzir alguém à prática de um ato prejudicial a si mesmo que, no entanto, beneficia o autor do dolo (arts. 145 a 150 do CC).

Dolo direto Aquele em que o agente do crime quis o resultado intencionalmente (art. 18 do CP).

Dolo eventual Aquele em que o agente, não querendo o resultado, assume o risco de produzi-lo.

Dolo processual O dolo processual se caracteriza por meio de ações praticadas pelas partes que contrariem a boa-fé, ou seja, afirmando coisas falsas, provocando incidentes manifestamente infundados, portando-se de modo temerário, com o objetivo de protelar o julgamento do feito. Responde por perdas e danos aquele que pleitear de má-fé como autor, réu ou interveniente (art. 79 do CPC).

Domicílio Local onde a pessoa fixa sua residência com ânimo definitivo (art. 70 do CC).

Domínio Poder que alguém tem de usar e dispor do que é seu. É a relação direta que o indivíduo exerce sobre a coisa. Integram o domínio o *jus utendi*, *fruendi* e *disponendi*, independentemente da propriedade.

Due process of law Devido processo legal. Derivado direto do *law of the land* do ordenamento inglês, e a ele comparável, o *due process of law* foi definido em 1855 pela Corte Suprema dos Estados Unidos.

Duplo grau de jurisdição Princípio processual entendido como a possibilidade de reexame ou reapreciação de uma sentença proferida por um órgão jurisdicional inferior por outro órgão de jurisdição de hierarquia superior. Não existe obrigatoriedade dos litigantes usufruírem do direito ao duplo grau de jurisdição, ou seja, de apelarem de uma sentença proferida no juízo de primeiro grau (art. 496 do CPC).

Dúvida inversa Procedimento pelo qual o apresentante ou interessado, não se conformando com as exigências que negam o registro que pretende, requer diretamente ao juiz diretor do foro ou da vara de registros públicos que se manifeste a respeito. Nesse caso, o juiz competente encaminhará o expediente ao oficial de registro de imóveis para que protocole o título e, no prazo de quinze dias, apresente as razões para o indeferimento do registro (art. 198, § 1º, III, da Lei n. 6.015/73).

E

Edital Ato escrito oficial contendo aviso, determinação, notificação, citação ou intimação, mandado publicar por autoridade competente, no órgão oficial ou outros órgãos de imprensa, ou, ainda, afixado em lugares públicos, onde seja de fácil acesso e leitura.

Editalício Referente a edital.

Efeito devolutivo Efeito do recurso, principalmente da apelação, pelo qual se devolve à instância superior o conhecimento da matéria impugnada no juízo recorrido (art. 1.013 do CPC).

Efeito diferido Efeito, em matéria recursal, incidente sempre que o conhecimento de um recurso depender da admissibilidade de outro. Ocorre, na prática, nas hipóteses do recurso adesivo, que depende do conhecimento do recurso principal.

Efeito *erga omnes* Efeito ou eficácia conferido a um documento ou decisão oponível contra todos. Diferencia-se de efeito *inter partes*, ou seja, produz efeito somente entre as partes.

Efeito *ex nunc* Efeito produzido a partir de agora. Efeito da lei ou sentença que somente se produz em relação a fatos futuros, não retroagindo a fatos ou atos passados.

Efeito *ex tunc* Efeito a partir de então. Efeito da lei ou sentença que se produz retroativamente, ou seja, alcançando fatos ou atos praticados no passado.

Efeito imediato da lei Aquele que permite que a lei seja aplicada aos fatos ainda não consumados.

Efeito repristinatório da lei Permite a restauração de um dispositivo legal anteriormente revogado.

Efeito suspensivo Suspensão dos efeitos da execução da sentença até que seja decidido o recurso interposto (art. 1.012 do CPC).

Egrégio Nome usado para designar o tratamento do tribunal, como instituição, incluindo câmaras e turmas.

Emancipação Instituto pelo qual o indivíduo tem antecipação da maioridade civil feita voluntariamente ou legalmente (art. 5º, I, do CC).

Embargos à execução Defesa facultada ao executado, no processo de execução. O executado, independentemente de penhora, depósito ou caução, poderá opor-se à execução por meio de embargos (art. 914 do CPC). O mesmo que *embargos do devedor*.

Embargos de declaração Pedido que se faz ao juiz ou tribunal que emitiu a sentença para que ele esclareça dúvidas e omissões nela contidas (art. 1.022 do CPC).

Embargos de terceiro Medida processual facultada a quem, não sendo parte no processo, sofrer constrição ou ameaça de constrição sobre bens que possua ou sobre os quais tenha direito incompatível com o ato constritivo, para efeito de que lhe sejam manutenidos ou restituídos (art. 674 do CPC).

Emenda da mora Faculdade conferida ao locatário de, no âmbito da ação de despejo por falta de pagamento, evitar o despejo mediante pagamento do débito atualizado, independentemente de cálculo e mediante depósito judicial (art. 62, II, da Lei n. 8.245/91). A expressão substitui a antiga "purga da mora" prevista na lei anterior.

Ementa Resumo do conteúdo do articulado da lei inserido imediatamente após a epígrafe.

Empreitada Contrato de locação de serviços no qual o empreiteiro se obriga a fazer ou mandar fazer certa obra mediante retribuição (art. 610 do CC).

Encargo Cláusula acessória na doação ou no testamento impondo ônus ao favorecido para aquisição ou exercício do direito (art. 136 do CC).

Endosso Inscrição que o endossante faz no verso em branco do título que tem por efeito transferir a propriedade deste, remanescendo o endossante como um coobrigado solidário no cumprimento da obrigação.

Enfiteuse Contrato bilateral, oneroso, perpétuo, no qual, por ato *inter vivos* ou disposição de última vontade, o proprietário atribui a outrem o domínio do imóvel mediante pagamento de uma pensão anual invariável denominada foro. Esse instituto foi extinto pelo atual Código Civil.

Entrância Diz-se da graduação do cargo que o magistrado exerce em determinado momento. Serve também para designar o lugar de ordem das jurisdições em que o juiz exerce a magistratura.

Entre vivos (*inter vivos*) Diz-se do ato jurídico que se processa entre pessoas vivas.

Enunciado Nome usado atualmente para designar a súmula de jurisprudência elaborada pelo TST.

Equidade Aplicação ideal da norma ao caso concreto; a justiça aplicada ao caso particular.

Erga omnes Contra ou perante todos. Efeito *erga omnes*.

Erro na execução Ou *aberratio ictus*. Erro que se verifica quando o agente pretende atingir determinada pessoa a qual visualiza, erra o golpe ou o disparo, vindo ofender outra. Nesse caso o agente não se engana quanto à vítima, mas, por erro, atinge outra pessoa (art. 73 do CP).

Error in judicando Expressão que designa o erro ou equívoco cometido pelo juiz no julgamento do processo. Um exemplo desse erro consiste no equívoco na valoração da prova. O *error in judicando* pode ser atacado por recurso objetivando a reforma da decisão e a prolação de nova decisão sobre a mesma questão decidida pelo provimento impugnado, devendo este novo pronunciamento substituir o provimento recorrido.

Error in persona Erro sobre a pessoa. Ato pelo qual o agente, de forma dolosa, atinge pessoa diferente daquela que pretendia atingir (art. 20, § 3º, do CP).

Error in procedendo Erro no proceder praticado pelo juiz. Expressão que designa o erro ou equívoco de natureza processual cometido pelo juiz na decisão judicial, como no caso de omissão ou decisão obscura. Quando interposto recurso para invalidar a decisão, busca-se obter outra decisão que anule o pronunciamento impugnado, retirando-a do processo, com a determinação de que o órgão que a prolatou profira nova decisão sobre a mesma questão.

Esbulho possessório Retirada violenta de uma coisa que se encontra na posse do legítimo possuidor (art. 1.210 do CC).

Escritura Instrumento que formaliza a celebração de um contrato. Pode ser pública, quando lavrada por tabelião, no Livro de Notas, ou particular, quando feita pelas partes interessadas.

Estelionato Crime praticado por alguém visando a obter, para si ou para outrem, vantagem ilícita, em prejuízo alheio, induzindo ou mantendo alguém em erro, mediante artifício, ardil ou qualquer outro meio fraudulento (art. 171 do CP).

Estupro Crime consistente em constranger alguém, mediante violência ou grave ameaça, a ter conjunção carnal ou a praticar ou permitir que com ele se pratique ato libidinoso (art. 213 do CP).

Estupro coletivo Estupro mediante concurso de 2 (dois) ou mais agentes (art. 226, IV, *a*, do CP).

Estupro corretivo Estupro para controlar o comportamento social ou sexual da vítima (art. 226, IV, *b*, do CP).

Eutanásia Ato de provocar a morte de alguém com o objetivo de eliminar seu sofrimento por não haver chances de sobrevivência.

Evicção Perda da coisa, total ou parcial, pelo adquirente em consequência de reivindicação judicial promovida pelo verdadeiro dono ou possuidor (art. 447 do CC).

Ex adverso Diz-se do advogado da parte contrária.

Exarar Ato de consignar ou registrar por escrito. Ato de o juiz proferir uma sentença. O mesmo que prolatar.

Exceção da verdade Possibilidade de o autor da calúnia provar que aquilo que foi afirmado por ele é realmente verdade. A exceção da verdade somente se admite se o ofendido é funcionário público e a ofensa é relativa ao exercício de suas funções (art. 139, parágrafo único, do CP).

Exceção de domínio Arguição do domínio, ou da condição de proprietário do imóvel objeto da ação possessória, como defesa ou como fundamento para manter-se ou reintegrar-se na posse. Referida arguição é vedada pelo ordenamento jurídico, ou seja, na pendência do processo possessório é defeso, assim ao autor como ao réu, intentar ação de reconhecimento de domínio (art. 932 do CC). Não obsta à manutenção ou reintegração na posse a alegação de propriedade, ou de outro direito sobre a coisa (art. 1.210, § 2º, do CC).

Excussão Ato de excutir, que significa executar judicialmente os bens do devedor principal. O mesmo que benefício de ordem. Execução da obrigação em que há garantia real, ou seja, em que há entrega da coisa, dada especialmente para a segurança do crédito, principalmente nos contratos de penhor e de hipoteca (art. 1.422 do CC).

Execução Medida judicial pela qual se busca concretizar o cumprimento de uma determinada obrigação ou compelir alguém a cumprir uma obrigação assumida.

Execução forçada Processo pelo qual o credor, judicialmente, exige do devedor o cumprimento de obrigação resultante de sentença transitada em julgado ou de título extrajudicial com efeitos executivos (art. 778 do CPC).

Exegese Análise e interpretação de um texto, de uma lei ou de artigo de lei, que faz o intérprete ou exegeta.

Exequatur Execute-se; cumpra-se. Expressão que indica a autorização concedida pelo Superior Tribunal de Justiça para que se cumpra a carta rogatória. A competência para se conceder o *exequatur* às cartas rogatórias é do Superior Tribunal de Justiça, de acordo com o art. 105, I, *i*, da CF.

Exoneração Afastamento definitivo do funcionário público sem caráter punitivo.

Expectativa de direito Situação fática na qual um direito subjetivo ainda não se perfez pela não concretização de um requisito essencial.

Expropriação Ação ou efeito de expropriar ou retirar bens da propriedade de um particular nos casos especificados em lei. Ato praticado pelo juiz com a finalidade de transferir bens do devedor a outra pessoa, a fim de satisfazer o direito do credor (art. 824 do CPC).

Extra petita Extra ou fora do pedido. É vedado o julgamento *extra petita*, isto é, o juiz conceder coisa ou prestação diversa da que foi pedida pelo autor na petição inicial (art. 492 do CPC). Por exemplo, não pode o juiz conceder a condenação do réu na indenização de danos morais e danos estéticos se o pedido do autor limitou-se aos danos morais.

Extradição Entrega forçada do acusado ao Estado onde tenha praticado o delito para que seja julgado.

Extrajudicial Ato praticado fora do juízo, voluntariamente, sem formalidade processual ou judicial, mas com capacidade de produzir efeitos jurídicos.

F

Factoring Contrato que consiste em cessão de crédito, a título oneroso, feita pelo faturizado em favor do faturizador, responsabilizando-se aquele pela existência do crédito.

Falência Execução realizada contra o comerciante que descumpriu suas obrigações mercantis, tornando-se insolvente (Lei n. 11.101/2005).

Fato jurídico Ocorrência, natural ou humana, capaz de produzir efeitos jurídicos (arts. 104 a 232 do CC).

Fato notório Aquele de conhecimento geral, certo e inegável, dispensando prova (art. 374, I, do CPC).

Fatura Documento expedido pelo vendedor, que relaciona as compras a prazo efetuadas em determinado espaço de tempo e que servirá de base à extração de duplicata.

Fatura comercial Documento fiscal representativo do contrato de compra e venda mercantil entre partes domiciliadas no território brasileiro, com prazo não inferior a trinta dias, contado da data da entrega ou despacho das mercadorias, extraído pelo vendedor para apresentação ao comprador. É o documento fiscal pelo qual o vendedor formaliza a transferência da propriedade de um bem para o comprador (Lei n. 5.474/68).

Fé pública Confiança emanada dos atos praticados por autoridades e serventuários públicos (cartórios judiciais e extrajudiciais) na feitura de documentos e na prática de certos atos de cunho oficial. Exprime-se pela expressão *dou fé* aposta no final dos documentos públicos.

Feminicídio homicídio cometido contra a mulher por razões da condição de sexo feminine (art. 121, § 2º, VI, do CP).

Fiança civil Contrato assessório pelo qual uma pessoa – o fiador – garante satisfazer ao credor uma obrigação assumida pelo devedor, caso este não a cumpra (arts. 818 a 839 do CC e 37 da Lei n. 8.245/91).

Fiança penal Pagamento geralmente em dinheiro, feito pelo indiciado que estiver preso, ou por terceiro em seu favor, para que aquele seja solto e possa responder ao processo em liberdade, nos casos especificados em lei (arts. 322 e seguintes do CPP).

Fideicomisso Instituto jurídico; uma das formas de substituição autorizada pelo direito sucessório. Nela, o fideicominente transmite ao herdeiro ou legatário temporário, o fiduciário ou gravado certos bens, impondo a obrigação de, por sua morte, após um certo tempo ou sob condição estabelecida, transmiti-lo ao segundo beneficiário, seu substituto, o fideicomissário (art. 1.951 do CC).

Fiduciário Legatário ou herdeiro instituído em primeiro grau que fica com a propriedade restrita e resolúvel do bem recebido em fideicomisso para transmiti-lo ao fideicomissário após certo tempo ou em certa condição (art. 1.953 do CC).

Firma Nome da pessoa; assinatura completa ou abreviada. No sentido técnico, é um nome comercial, pessoa jurídica, que não se confunde com sociedade nem casa de comércio ou empresa.

Força maior Fato não previsto decorrente de ação humana que gera efeitos jurídicos para uma relação jurídica independente da vontade das partes (art. 393 do CC).

Forense Que pertence ao foro judicial ou nele é usado. Relativo a juízes e tribunais.

Foro Instituição do Poder Judiciário onde se ajuízam, se processam e se julgam as ações judiciais. Delimitação da ação do juiz em razão da matéria.

Franquia *Franchising*. Modalidade negocial pela qual um franqueador cede ao franqueado o direito de uso de marca ou patente, associado ao direito de distribuição exclusiva ou semiexclusiva de produtos ou serviços e, eventualmente, também ao direito de uso de tecnologia de implantação e administração de negócios ou sistema operacional desenvolvidos ou detidos pelo franqueador, mediante remuneração direta ou indireta, sem que, no entanto, fique caracterizado vínculo empregatício.

Fraude Má-fé, artifício malicioso usado para prejudicar dolosamente direito ou interesses de terceiro (art. 158 do CC).

Fraude à execução A fraude que se configura quando o executado, após a citação, desfaz-se de seus bens, impossibilitando a penhora e a satisfação do crédito do exequente. Considera-se fraude de execução a alienação ou oneração de bens: quando sobre eles pender ação fundada em direito real; quando, ao tempo da alienação ou oneração, corria contra o devedor demanda capaz de reduzi-lo à insolvência; nos demais casos expressos em lei (art. 792 do CPC).

Fraude contra credores Alienação antecipada de bens com o objetivo de fraudar credor. Transferência gratuita ou onerosa de bens, que poderiam ser usados para saldar dívidas, com o intuito de fraudar ou prejudicar credores, feita por proprietário devedor a terceiros, caracterizando a fraude contra credor (art. 158 do CC).

Fundação Pessoa jurídica constituída por um complexo de bens destinados à realização de determinados fins (arts. 62 a 69 do CC).

Fundamento jurídico do pedido Motivo que justifica existência da ação baseado em leis ou princípios de ordem jurídica (art. 319 do CPC).

Fungibilidade Característica do que é fungível, dos bens que podem substituir-se por outros da mesma espécie, qualidade e quantidade, como ocorre com o mútuo (art. 85 do CC).

Princípio que admite um recurso ser recebido por outro, mediante certas condições, como ausência de má-fé, não existência de erro grosseiro e observância do prazo (*v. Princípio da fungibilidade*).

Fungível Bens móveis que podem substituir-se por outros da mesma espécie, qualidade e quantidade (art. 85, CC). São bens que podem ser substituídos por outros equivalentes. São bens fungíveis, entre outros, um botijão de gás, um galão de gasolina, uma saca de cimento de determinada marca, uma saca de trigo, um garrafão de vinho de uma determinada categoria e marca. A fungibilidade também diz respeito ao mútuo, o qual, de acordo com o art. 586 do Código Civil, é o empréstimo de coisas fungíveis. Pelo contrato de mútuo, o mutuário é obrigado a restituir ao mutuante o que dele recebeu em coisa do mesmo gênero, qualidade e quantidade.

Furto Crime contra o patrimônio consistente em subtrair, para si ou para outrem, coisa alheia móvel (art. 155 do CP).

G

Garantia Segurança prestada pelo devedor ao credor por meio da indicação de um bem ou de terceiro que garante o pagamento da dívida ou o cumprimento da obrigação na hipótese de o devedor não cumpri-la (hipoteca, penhor, caução, aval, fiança).

Genocídio Extermínio em massa por motivos étnicos ou religiosos.

Gestão de negócios Ato de gerir negócio de terceiro, espontaneamente, sem que para isso seja dada autorização deste (art. 861 do CC).

Governança interfederativa Compartilhamento de responsabilidades e ações entre entes da Federação em termos de organização, planejamento e execução de funções públicas de interesse comum (art. 2º, IV, da Lei n. 13.089/2015).

Gratuidade da justiça Benefício que se concede a certas pessoas de não pagarem as despesas processuais, em determinadas condições, assegurado pela Lei n. 1.060/50 (Lei de Assistência Judiciária Gratuita) e pelo art. 98 do Código de Processo Civil de 2015.

Grau de jurisdição Hierarquia obedecida entre juízes e tribunais. A jurisdição se divide em superior, que reexamina a causa já decidida em instância anterior, através de recurso, e inferior, que decide em primeira instância.

Grau de parentesco Relação existente entre as pessoas unidas por parentesco. É a distância entre os parentes (art. 1.594 do CC).

Gravado Toda coisa que possui ônus ou encargo por força de lei, disposição contratual ou testamentária.

Gravame Tributo, ônus. Encargo que recai sobre uma coisa, como penhor, hipoteca, anticrese, inalienabilidade. Direito real sobre coisa alheia.

Guarda compartilhada Guarda dos filhos pela qual se determina a responsabilização conjunta e o exercício de direitos e deveres do pai e da mãe que não vivam sob o mesmo teto, concernentes ao poder familiar dos filhos comuns (art. 1.583, § 1º, do CC). Quando não houver acordo entre a mãe e o pai quanto à guarda do filho, será aplicada, sempre que possível, a guarda compartilhada (art. 1.584, § 2º, do CC).

H

Habeas corpus Remédio jurídico que tem por objetivo proteger o direito de ir, vir ou permanecer, isto é, o direito de locomoção contra a coação ilegal de autoridade. Pode ser preventivo, quando o paciente se encontra na iminência de sofrer a coação; e liberativo, quando o paciente já sofreu a coação (art. 5º, LXVIII, da CF).

Habeas data Garantia constitucional aos direitos a intimidade, vida privada, honra e imagem da pessoa. Tutela a prestação de informações que se encontram no banco de dados das entidades públicas (art. 5º, LXXII, da CF).

Habilitação de credores Apresentação de declaração do credor ao falido ou ao juízo em que ocorre a falência com o intuito de demonstrar seu crédito (Lei n. 11.101/2005).

Habilitação de herdeiro Ocorre quando alguém se declara herdeiro do *de cujus*, e faz prova disso, no juízo em que ocorre o inventário (art. 1.824 do CC).

Habilitação no processo Habilitação no curso do processo objetivando a substituição de uma das partes por outra, em caso de falecimento, podendo ser requerida: pela parte, em relação aos sucessores do falecido; pelos sucessores do falecido, em relação à parte (art. 687 do CPC).

Hasta pública Alienação judicial pela qual são alienados bens do devedor para que, com o valor apurado, possam ser pagos o credor, as custas e as despesas do processo de execução (art. 730 do CPC). Leilão.

Herança Conjunto de bens deixados pelo *de cujus* incluindo patrimônio ativo e passivo.

Herança jacente Herança deixada para herdeiros que não se conhecem (art. 1.819 do CC).

Herança vacante Herança que não possui herdeiros, sendo devolvida ao Estado (art. 1.820 do CC).

Herdeiro concorrente Concorrente ou facultativo é o herdeiro chamado à sucessão na falta ou inexistência de herdeiros necessários, como os colaterais, o município, o Distrito Federal e a União. Para excluir da sucessão os herdeiros colaterais, basta que o testador disponha de seu patrimônio sem os contemplar (art. 1.850 do CC).

Herdeiro legítimo É o herdeiro instituído por lei ou integrante do rol da ordem da vocação hereditária (art. 1.829 do CC). Os herdeiros legítimos compreendem duas classes: os *necessários* e os *concorrentes*, ou *facultativos*.

Herdeiro necessário É o descendente, ascendente ou cônjuge do autor da herança. Pertence aos herdeiros necessários, de pleno direito, a metade dos bens da herança, constituindo a legítima (arts. 1.845 e 1.846 do CC).

Herdeiro testamentário É o herdeiro, necessário ou não, instituído por disposição de última vontade ou testamento. O herdeiro necessário, a quem o testador deixar a sua parte disponível, ou algum legado, não perderá o direito à legítima (art. 1.849 do CC).

Hermeneuta Aquele que é versado em hermenêutica. Intérprete da lei, jurista.

Hermenêutica jurídica Ciência da interpretação de textos da lei. Tem por objetivo estudo e sistematização dos processos a serem aplicados para afixar sentido e alcance das normas jurídicas e seu conhecimento adequado, adaptando-as aos fatos sociais.

Hipossuficiente Pessoa de escassos recursos econômicos, de pobreza constatada, que deve ser auxiliada pelo Estado, incluindo assistência jurídica.

Hipoteca Direito real de garantia sobre imóvel que permanece na posse de seu proprietário (art. 1.473 do CC).

Hipoteca judiciária Efeito secundário ou anexo da sentença ou do acórdão que condenam a parte ao pagamento de uma prestação em dinheiro ou em coisa. A sentença que condenar o réu ao pagamento de uma prestação, em dinheiro ou em coisa, valerá como título constitutivo de hipoteca judiciária, cuja inscrição será ordenada pelo juiz na forma prescrita na Lei de Registros Públicos (art. 495 do CPC).

Homicídio Ato pelo qual uma pessoa destrói, ilicitamente, a vida de outra (art. 121 do CP).

Homicídio culposo É aquele causado sem dolo, ou sem a intenção de matar, decorrente de ato de imperícia, negligência ou imprudência (art. 18 do CP).

Homicídio doloso O que é decorrente de ato do agente que quis o resultado ou assumiu o risco de produzi-lo (art. 18 do CP).

Homicídio qualificado Homicídio doloso cometido: mediante paga ou promessa de recompensa, ou por outro motivo torpe; por motivo fútil; com emprego de veneno, fogo, explosivo, asfixia, tortura ou outro meio insidioso ou cruel, ou que possa resultar perigo comum; à traição, por emboscada, ou mediante dissimulação ou outro recurso que dificulte ou torne impossível a defesa do ofendido; para assegurar a execução, a ocultação, a impunidade ou vantagem de outro crime; contra a mulher por razões da condição de sexo feminino; contra autoridade ou agente descrito nos arts. 142 (Forças Armadas) e 144 (polícia federal, polícia rodoviária federal, polícia ferroviária federal, polícias civis, polícias militares e corpos de bombeiros militares) da Constituição Federal, integrantes do sistema prisional e da Força Nacional de Segurança Pública, no exercício da função ou em decorrência dela, ou contra seu cônjuge, companheiro ou parente consanguíneo até terceiro grau, em razão dessa condição (art. 121, § 2º, do CP).

Homicídio simples Aquele que é praticado sem que ocorra nenhum dos agravantes que o classifique como crime qualificado ou privilegiado. É o praticado por motivo de relevante valor social ou moral, ou sob o domínio de violenta emoção, logo em seguida a injusta provocação da vítima, com possibilidade de redução da pena de um sexto a um terço (art. 121, § 1º, do CP).

Homologação Ato pelo qual o juiz aprova, confirma ou ratifica um ato processual conferindo-lhe validade jurídica.

Homologação de penhor legal Medida judicial concedida, a requerimento do credor pignoratício depois da efetivação de penhor, nas hipóteses previstas em lei, como forma de caracterizar a dívida do devedor (art. 703 do CPC).

Honorários de advogado Pagamento devido ao advogado pela parte vencida na ação. Os honorários são de, no mínimo, 10% e, no máximo, 20% sobre o valor em que for condenado o vencido (art. 85 do CPC).

Honoris causa Por motivo honorífico, para render homenagem. Título honorífico dado a pessoa ilustre nacional ou estrangeira.

I

Ignorância Ausência de conhecimento, não se confundindo com o erro, que é o conhecimento falso.

Ilegitimidade Característica do que é ilegítimo; a que faltam qualidades, condições ou requisitos legais para sua validade, admissão ou reconhecimento.

Ilegitimidade para a causa (ilegitimidade *ad causam*) Diz-se da ilegitimidade para ser autor (ilegitimidade ativa) ou do réu (ilegitimidade passiva) para ser demandante ou demandado em uma ação judicial ou para postular em juízo (art. 17 do CPC).

Ilícito Proibido por lei, o que contraria o Direito e a justiça, os bons costumes, a moral social ou a ordem pública e é suscetível de penalidade civil ou criminal. Pode dar-se por omissão ou ação (art. 186 do CC).

Imissão de posse Ato judicial que concede a posse a uma pessoa de alguma coisa a que ela faz jus e da qual estava privada.

Impedimento Obstáculo legal que impede alguém de praticar ato ou exercício de seu cargo ou função. Impossibilidade do juiz atuar no processo nos casos previstos em lei (art. 144 do CPC).

Impenhorabilidade Garantia especial a bens patrimoniais que não podem ser objeto de penhora por credores em virtude de disposição legal, testamentária ou por convenção (art. 1.711 do CC, art. 833 do CPC e Lei n. 8.009/90).

Imperícia Falta de habilidade ou de perícia. Ausência de preparo ou de técnica adequada para a realização de uma atividade. A imperícia, tal como a negligência e a imprudência, pode caracterizar a prática de ato ilícito (art. 186 do CC).

Impetrante Aquele que interpõe ou impetra medida jurídica para salvaguardar direitos, como no mandado de segurança. Autor ou requerente do mandado de segurança.

Impetrar Pedir algo com veemência; implorar. Em que pese juridicamente o fato de o termo possuir significado que se aproxima de interpor, na prática emprega-se impetrar para o mandado de segurança e interpor para recursos.

Importunação sexual praticar contra alguém e sem a sua anuência ato libidinoso com o objetivo de satisfazer a própria lascívia ou a de terceiro (art. 215-A do CP).

Imposto Espécie de tributo que não enseja uma contraprestação individualizada para aqueles que o recolhem, distinguindo-se, por isso, da taxa e da contribuição.

Imprescritibilidade Caráter do direito ou da ação que não estão sujeitos à prescrição.

Improbidade Relativo ao que não é probo ou à conduta que se revela inadequada sob o ponto de vista da índole, idoneidade ou honestidade. Nas relações de trabalho a improbidade é fundamento para a despedida por justa causa (art. 482, I, da CLT).

Improbidade administrativa As ações de ressarcimento do erário por danos decorrentes de atos de improbidade administrativa são imprescritíveis. A conclusão da Segunda Turma do Superior Tribunal de Justiça foi tomada durante o julgamento de um recurso especial, seguindo, por unanimidade, o entendimento do Ministro Herman Benjamin, relator da questão (STJ, REsp n. 1.069.779/SP).

Impugnação Oposição, contestação, repulsa. Conjunto de razões com que se impugna ou contraria pedido, ação, decisão ou recurso judicial.

Imputabilidade Qualidade do que é imputável, passível de imputação. Conjunto de circunstâncias especiais ou de condições necessárias que demonstram existência de nexo causal entre o delito e seu presumível autor.

Imunidade fiscal Proibição constitucional da imposição de tributos sobre coisas, negócio, fato ou pessoa (art. 150, VI, da CF).

Inadimplência Atraso no pagamento de prestação vencida ou de cumprimento de cláusula contratual.

Inalienabilidade Qualidade ou condição daquilo que não pode ser alienado. A cláusula de inalienabilidade, imposta aos bens por ato de liberalidade, implica impenhorabilidade e incomunicabilidade (art. 1.911 do CC).

Inamovibilidade Garantia que têm os magistrados de se manterem na comarca a que servem e de onde só serão removidos a pedido, por promoção aceita ou pelo voto de 2/3 dos juízes efetivos do tribunal superior competente se assim o exigir o interesse público.

Incapacidade jurídica Ausência de capacidade para o exercício de direitos determinados pela lei.

Incapaz Pessoa considerada absoluta ou relativamente incapacitada para exercer pessoalmente os atos da vida civil. Para esse efeito, são absolutamente incapazes os menores de 16 anos. São relativamente incapazes: os maiores de 16 e menores de 18 anos; os ébrios habituais, os viciados em tóxicos, os que, por causa transitória ou permanente, não puderem exprimir sua vontade e os pródigos (arts. 3º e 4º do CC).

Incesto União sexual entre homem e mulher parentes por consanguinidade em grau vedado ao casamento.

Incompetência Ausência ou falta de competência, habilidade ou autorização legal para praticar determinado ato ou exercer determinada função. Juridicamente, significa a falta de poder de um juiz ou tribunal para processar e julgar uma determinada lide. A incompetência do juiz pode resultar do local onde exerce as funções, da matéria objeto da controvérsia ou do valor atribuído à causa.

Incompetência absoluta Impossibilidade jurídica do juiz para atuar em determinado processo, decorrente da contrariedade aos critérios relativos à matéria e à hierarquia (art. 64 do CPC).

Incompetência relativa Falta de competência ou atribuição legal do juiz para processar e julgar causas que não correspondam à competência que lhe é atribuída em razão do território (*ratione loci*) ou do valor da causa (*ratione valore*) (art. 65 do CPC).

Incomunicabilidade Relativo ao bem que não pode ser comunicado ou coparticipado com outra pessoa. Nos regimes matrimoniais de bens, há regras específicas a respeito dos bens comunicáveis e incomunicáveis, ou seja: no regime de comunhão parcial são incomunicáveis os bens descritos no art. 1.659 do Código Civil; no regime de comunhão universal, os bens arrolados no art. 1.668.

Inconstitucionalidade Qualidade de ato ou lei que contraria a Constituição Federal.

Incontinência Imoderação, abuso, excesso, falta de continência.

Incontinência de conduta Ato do empregado, que constitui justa causa para a resolução do contrato de trabalho pelo empregador, que se revela pelos excessos ou imoderações, entendendo-se a inconveniência de hábitos e costumes e imoderação de linguagem ou de gestos. Configura-se quando o empregado comete ofensa ao pudor, pornografia ou obscenidade, desrespeito aos colegas de trabalho e à empresa (art. 482 da CLT).

Incorporação imobiliária Atividade exercida com o objetivo de promover e realizar edificações ou conjunto de edificações compostas de unidades autônomas (Lei n. 4.591/64).

Incurso Aquele que incorreu em infração penal; que se tornou passível de sanção punitiva.

Indiciado Nome usado para designar aquele de quem se apura, mediante indícios, a prática de uma infração penal.

Indício Toda circunstância conhecida e provada que, tendo relação com o fato, autorize, por indução, concluir a existência de outra circunstância.

Indução Induzimento, instigação. Raciocínio pelo qual se infere uma coisa de outra, partindo do particular para o geral.

Indulto Ato do Poder Executivo que extingue a punibilidade sem referência expressa a cada beneficiado pela medida e sem que cessem todos os efeitos da condenação (art. 84, XII, da CF).

Inépcia da petição inicial Defeito da petição inicial que a torna confusa, contraditória e, portanto, não apta, em qualquer caso, a produzir efeitos (art. 330, § 1º, do CPC).

Infanticídio Crime contra a vida consistente em matar, sob influência do estado puerperal, o próprio filho durante o parto ou logo após (art. 123 do CP).

Infortunística Parte da medicina forense que cuida do estado da incidência de acidentes do trabalho, de moléstias profissionais, causas e efeitos e meios adotados para preveni-las ou remediá-las.

Infração Violação da norma penal, delito, contravenção, transgressão, falta de cumprimento.

Inicial Petição inicial. Diz-se do requerimento, endereçado a um juiz ou tribunal, no qual a parte, denominado autor ou demandante, expondo os fundamentos de fato e de direito, requer o reconhecimento da sua pretensão, proporcionando o início de um processo. Exordial; peça preambular.

Injúria Crime contra a honra consistente em injuriar alguém, ofendendo-lhe a dignidade ou o decoro (art. 140 do CP).

Inoficioso Não oficioso, indevido ou que se dá em prejuízo de alguém. O que excede ou extrapola o exercício de um direito. Na doação inoficiosa, por exemplo, o doador, no momento da liberalidade, abre mão de bens ou valores que excedem a metade disponível, ou seja, valores superiores aos que legalmente poderia doar. A lei veda esse tipo de liberalidade para assegurar que seja respeitada a legítima dos herdeiros (art. 549 do CC).

Inquérito policial Conjunto de diligências realizadas pela polícia judiciária destinadas à reunião de elementos acerca de uma infração penal.

Inquilino Pessoa que mora em imóvel cedido mediante locação; locatário.

Inquirição Questionamento ou indagações feitas às testemunhas integrantes de um processo judicial ou inquérito policial, pela autoridade policial ou judiciária, sobre fatos relacionados à causa ou ao delito que tenham conhecimento.

Insanável Defeito do ato jurídico que não pode ser sanado, confirmado ou convalidado. O negócio jurídico nulo não é suscetível de confirmação, nem convalesce pelo decurso do tempo (art. 169 do CC). Já o negócio anulável pode ser confirmado pelas partes, salvo direito de terceiro (art. 172 do CC).

Insanidade mental Loucura, demência, falta de integridade mental. No direito penal, é causa de inimputabilidade do agente.

Insolvência Estado daquele que não possui bens livres e desembaraçados para pagar suas dívidas.

Inspeção judicial Observação de fatos, pessoas e coisas que são objetivos da lide, pelo juiz, diretamente, para formar sua convicção.

Instância Termo que significa grau de jurisdição, decorrente da hierarquia existente no Poder Judiciário (Justiça de primeira instância ou primeiro grau; Justiça de segunda instância ou segundo grau).

Instaurar Dar início ou tomar a iniciativa de requerer ou promover determinada providência ou medida judicial ou extrajudicial. Instauram-se um inquérito, um procedimento administrativo, um dissídio coletivo, uma CPI, uma auditoria etc.

Instrução Expressão que indica a soma de atos e diligências que podem ou devem ser praticados no processo, de modo que se esclareçam fatos ou questões objeto da demanda ou do litígio. Representa, assim, a reunião de provas que determinam a procedência ou não dos fatos alegados. Portanto, instrução equivale a elucidação, esclarecimento. A instrução costuma ser realizada pelo juiz durante a audiência de instrução e julgamento, antecedendo ao julgamento (art. 364 do CPC).

Intempestividade Fora do tempo; fora do prazo; qualidade do que é intempestivo.

Interdição Medida judicial que impede alguém de gerir seus bens e sua pessoa (art. 1.768 do CC e art. 747 do CPC).

Interdito possessório Instituto jurídico pelo qual se concedem diversas formas de proteção e defesa da posse contra sua turbação ou esbulho.

Interdito proibitório Medida possessória preventiva que tem por objetivo impedir que uma ameaça à posse do possuidor venha a concretizar-se, seja por turbação, seja por esbulho (art. 567 do CPC).

Interpelação judicial Medida cautelar consistente na manifestação formal de comunicação de vontade, tendo por fim prevenir responsabilidades e eliminar a possibilidade de alegação futura de ignorância (art. 727 do CPC).

Interpor Ato de ingressar ou ajuizar um recurso.

Interpretação da lei Determinação do sentido e do alcance da lei.

Interpretação extensiva Aquela aplicada quando o caso requer ampliação do alcance das palavras da lei para que a letra corresponda à vontade do texto.

Interpretação progressiva Técnica de interpretação da lei que procura adaptar os dizeres da norma às transformações sociais, científicas e morais.

Interpretação restritiva Aquela que procura restringir o texto que foge aos limites desejados pelo legislador.

Interpretação sistemática Método de interpretação que consiste em comparar o dispositivo sujeito à interpretação com outros do mesmo ordenamento ou de leis diversas, mas que tenham relação com o mesmo objeto. Nessa técnica, leva-se em consideração que os dispositivos legais se interdependem e se inter-relacionam, cumprindo ser analisadas em conexão e não isoladamente.

Intervenção de terceiro Intervenção assistencial em causa pendente entre duas ou mais pessoas, de terceiro juridicamente interessado em que a sentença seja favorável a uma delas (art. 119 do CPC).

Intestato Que não fez testamento, que faleceu sem deixar testamento. O mesmo que *ab intestato*.

Intimação Ordem dada por autoridade pública a alguém para que faça ou deixe de fazer algo.

Intransmissível Diz-se da coisa gravada com cláusula de inalienabilidade ou legalmente indisponível.

Intuitu personae Em consideração à pessoa. Motivo que determina vontade ou consentimento de certa pessoa para com outra, a quem quer favorecer ou com quem contrata, pelo apreço que ela lhe merece.

Invenção Achado de coisa alheia perdida pelo dono ou possuidor, obrigando o inventor a restituí-la (art. 1.233 do CC).

Inventário Procedimento especial, de natureza civil, destinado a relacionar, avaliar e partilhar os bens do *de cujus* entre seus herdeiros ou legatários (art. 610 do CPC).

Irrenunciabilidade Relativo ao que é irrenunciável. De acordo com a lei são irrenunciáveis os direitos de personalidade, o direito à meação e o direito a alimentos (arts. 11, 1.682 e 1.707 do CC).

Irretroatividade da lei Princípio que determina que a lei só deve dispor para o futuro, o que é inerente à própria lei, pois esta só pode ser conhecida após sua publicação.

Isolamento No contexto da Covid-19, separação de pessoas doentes ou contaminadas, ou de bagagens, meios de transporte, mercadorias ou encomendas postais afetadas, de outros, de maneira a evitar a contaminação ou a propagação do coronavírus (art. 2º, I, da Lei n. 13.979/2020).

Isonomia jurídica Princípio que determina a igualdade de todos perante a lei (art. 5º da CF).

Iura novit curia O juiz conhece o direito. Expressão que indica o dever que o juiz tem de conhecer a norma jurídica e aplicá-la por sua própria autoridade, independentemente de a parte citar o dispositivo legal. Assim, a jurisprudência majoritária dos tribunais é no sentido de que a inexistência ou mesmo a indicação errônea do dispositivo legal não tornam inepta a inicial, até porque é dispensável essa referência. Esse brocardo é complementado por outro: da *mihi factum, dabo tibi ius* (exponha o fato, direi o direito).

J

Jacente Diz-se da herança cujos herdeiros não são conhecidos ou renunciaram a ela (art. 1.819 do CC).

Juiz de direito Magistrado que tem por função administrar a justiça; o que exerce atividade jurisdicional como membro do Poder Judiciário.

Juiz de paz Juiz leigo, eleito pelo voto direto, universal e secreto, com mandato de quatro anos e competência para, na forma da lei, celebrar casamentos, verificar, de ofício ou em face de impugnação apresentada, o processo de habilitação e exercer atribuições conciliatórias, sem caráter jurisdicional, além de outras previstas na legislação.

Juizados especiais cíveis e criminais Órgãos da justiça ordinária, podendo ser criados nos Estados e no Distrito Federal, para processo e julgamento, por opção do autor, de causas de reduzido valor econômico não excedentes ao valor de quarenta vezes o salário mínimo vigente no país (Lei n. 9.099/95).

Juízo Opinião, conceito. O foro; o tribunal constituído; o juiz, as partes e seus advogados, provisionados, solicitadores, estagiários e outros auxiliares da justiça. Lugar onde o juiz exerce suas funções.

Juízo arbitral Órgão julgador criado pela vontade das partes que litigam em juízo ou extrajudicialmente a respeito de direitos patrimoniais que admitem transação (Lei n. 9.307/96).

Juízo de exceção Juízo criado contingencial e excepcionalmente com grave risco para as liberdades individuais.

Julgado Decisão proferida por juízo singular ou coletivo a respeito do que foi objeto do litígio.

Julgamento antecipado do mérito Julgamento ou sentença antecipada, proferida pelo juiz da causa, quando a questão de mérito for unicamente de direito, ou, sendo de direito e de fato, não houver necessidade de produzir prova em audiência e quando se verificar a revelia (art. 355 do CPC).

Julgamento *extra petita* Julgamento ou sentença na qual o juiz, declarando procedente a ação, concede ao autor mais do que por ele foi pedido na petição inicial.

Juntada Termo usado em cartório que serve para indicar inclusão de petição ou documentos nos autos.

Jurado Diz-se do cidadão escolhido, devido a sua notória idoneidade, para compor o Tribunal do Júri.

Júri Nome dado ao tribunal formado por cidadãos alistados, sorteados e escolhidos para que, sob juramento, decidam, de fato, sobre a culpabilidade dos acusados.

Jurisdição Poder pertencente aos magistrados de aplicar o Direito. A jurisdição civil será regida pelas normas processuais brasileiras, ressalvadas as disposições específicas previstas em tratados, convenções ou acordos internacionais de que o Brasil seja parte e é exercida pelos juízes e pelos tribunais em todo o território nacional. A jurisdição se divide em: contenciosa, que tem por objetivo resolver os litígios; e voluntária, que se dedica à homologação de pedidos que não impliquem litígio (arts. 13 e 16 do CPC).

Jurisprudência Fonte secundária do Direito consistente em aplicar a casos semelhantes orientação uniforme dos tribunais.

Juros Remuneração do capital. Remuneração paga pelo tomador de um empréstimo ao detentor do capital emprestado, banco, instituição financeira ou particular.

Justificação administrativa Procedimento destinado a suprir a falta ou insuficiência de documento ou fazer prova de fato ou circunstância do interesse do requerente perante o INSS.

Justo título Elemento essencial para adquirir ou transferir a propriedade. Para declarar-se o usucapião ordinário, a lei civil exige que se tenha o justo título (art. 1.242 do CC).

L

Lacunas da lei Falta de disposição legal aplicável ao caso concreto. Ausência de disposição que regule especialmente certa matéria ou caso, ausência de disposição para um caso-fim ou omissão completa a respeito da disciplina jurídica ou de um instituto.

Latrocínio Crime hediondo consistente em roubo empregando-se violência, resultando morte ou lesão corporal grave (art. 157, § 3º, do CP).

Laudo Exposição, feita por escrito pelos peritos, das conclusões obtidas em relação ao que foram consultados.

Leading case Caso guia; caso líder; caso paradigmático. Refere-se a uma questão jurídica complexa e inédita, a qual, depois de julgada, passa a servir de precedente ou como paradigma para o julgamento de questões futuras semelhantes.

Leasing Arrendamento mercantil. Negócio jurídico realizado entre pessoa jurídica, na qualidade de arrendadora, e pessoa física ou jurídica, na qualidade de arrendatária, e que tenha por objeto o arrendamento de bens adquiridos pela arrendadora, segundo especificações da arrendatária e para uso próprio desta.

Legado Disposição a título gratuito na qual o testador deixa para aquele que não é herdeiro, o legatário, parte de herança (art. 1.912 do CC).

Legítima Parte da herança do testador reservada por lei aos herdeiros em linha reta, também denominados herdeiros necessários, que não pode ser objeto de doação ou legado (arts. 549 e 1.846 do CC).

Legitimidade para o processo Reúne a condição de legítimo interesse e a capacidade para agir em juízo, por si ou representado por outrem, com outorga de mandato a advogado habilitado Para postular em juízo é necessário ter interesse e legitimidade (art. 17 do CPC).

Lei Norma escrita, elaborada por órgão competente, com forma estabelecida, por meio da qual as regras jurídicas são criadas, modificadas ou extintas.

Leis cogentes Aquelas que impõem ação ou omissão, sendo o oposto das leis dispositivas, que são optativas.

Leis de ordem pública São as leis que derrogam convenções entre particulares, sobrepondo o interesse social à vontade de contratar.

Lesão corporal Crime contra a pessoa consistente em ofender a integridade corporal ou a saúde de outrem (art. 129 do CP).

Libelo Libelo acusatório. Manifestação escrita e articulada do fato criminoso e das suas circunstâncias, não só as elementares como as agravantes, através da qual o Ministério Público conclui pela declaração da pena a que na forma da lei deve o réu ser condenado.

Liberdade provisória Liberdade concedida pelo juiz ao indivíduo para que este possa defender-se solto, com ou sem o pagamento de fiança (art. 321 do CPP).

Licitação Concorrência feita pela Administração Pública direta ou indireta entre aqueles que se habilitam na compra ou alienação de bens ou na concessão de serviço ou obra pública (Lei n. 14.133/2021).

Lide Demanda; litígio; pleito judicial; questão que se decide na justiça; conflito de interesse suscitado em juízo.

Lide temerária Lide incabível, absurda, destinada apenas a causar incômodo ou prejuízo a terceiro, sujeitando o seu autor à penalidade por litigância de má-fé (art. 142 do CPC). Em caso de lide temerária, o advogado será solidariamente responsável com seu cliente, desde que coligado com este para lesar a parte contrária, o que será apurado em ação própria (art. 32 do EAOAB).

Liminar Medida judicial de urgência, concedida antes da apreciação do feito pelo juiz, em caso de comprovado risco de dano grave ou de difícil reparação, diante do receio de ineficácia do provimento final. Pode ser concedida nos casos de pedido de antecipação da tutela, de medidas cautelares e de ações possessórias.

Litigante Aquele que litiga, que é parte, ativa ou passiva, de um processo no juízo contencioso; demandante.

Litigante de má-fé Aquele que, na condição de autor, réu ou interveniente, age com atitude consciente de lesar interesse alheio (art. 80 do CPC). No âmbito do Judiciário o litigante de má-fé responde pelo pagamento de multa.

Litígio Desavença ou pendência posta em juízo para ser processada e julgada. Contencioso. Litigioso.

Litisconsórcio Reunião, em um mesmo processo, de vários autores e vários réus ligados pelo mesmo direito material discutido (art. 113 do CPC).

Litispendência Repetição de ação que está em curso. A litispendência não significa identidade de causas, mas sim pressuposto da arguição da identidade de causas (art. 332, § 3º, do CPC).

Livramento condicional Permissão dada ao condenado que já cumpriu determinado período de pena privativa de liberdade e, preenchendo os requisitos legais, pode ser libertado antecipadamente (art. 710 do CPP).

Locupletamento O mesmo que enriquecimento ilícito, injustificado, à custa alheia ou de situação da qual não se devia tirar proveito pessoal (art. 884 do CC).

Lucro cessante Ganho que alguém deixou de obter sobre coisa a que tinha direito por culpa ou inexecução de obrigação por outrem. Privação de lucro previsto; efeito danoso, imediato e indireto, de ato ilícito (arts. 403 e 949 do CC).

Lustro Período de cinco anos.

M

Má-fé Atitude consciente de lesar interesse alheio. Considera-se litigante de má-fé aquele que, entre outros atos: deduzir pretensão ou defesa contra texto expresso de lei ou fato incontroverso; alterar a verdade dos fatos; usar do processo para conseguir objetivo ilegal (art. 80 do CPC).

Magistrado No sentido estrito, é o juiz, que tem poderes para julgar (excetuados os juízes de fato, como os jurados e outros). Membro do Poder Judiciário; juiz togado.

Magistratura Classe dos magistrados que formam a ordem judiciária. Carreira ou função de magistrado; a própria duração de seu cargo.

Majoração da pena O ordenamento jurídico, quer na área cível, quer na área penal, não admite a *reformatio in pejus*, isto é, o agravamento da situação do réu, seja do ponto de vista quantitativo (pena maior), seja do qualitativo (regime prisional).

Mandado Ato escrito de autoridade pública competente, judicial ou administrativa, determinando a prática de ato ou diligência.

Mandado de injunção Processo em que se requer a regulamentação de uma norma da Constituição, quando os Poderes competentes não o fizeram, para efeito de garantir o direito de quem estiver sendo prejudicado pela omissão (arts. 5º, LXXI, e 102, I, *q*, da CF).

Mandado de segurança Garantia constitucional para proteção de um direito líquido e certo que se expressa mediante uma ação de natureza cível e sumária (art. 5º, LXIX, da CF).

Mandato Contrato feito pelo mandante para que o mandatário atue em seu nome praticando determinados atos (art. 653 do CC).

Matricida Aquele que mata a própria mãe, que comete matricídio.

Meação Direito que uma pessoa tem, em relação à outra, à metade dos bens em comunhão. As pessoas casadas pelo regime da comunhão universal de bens têm direito à metade do patrimônio, que constitui sua meação.

Mediação Ato pelo qual se reaproximam duas partes contratantes com o objetivo de orientá-las mediante comissão a ser paga por um ou ambos os interessados. Ocorre mediação no contrato de corretagem e no procedimento de arbitragem.

Medida cautelar Procedimento judicial que visa a prevenir, conservar, defender ou assegurar a eficácia de um direito. Ato de prevenção requerido pelo interessado no caso de ameaça a direito e receio de lesão, e quando houver fundado receio de que uma parte, antes do julgamento da lide, cause ao direito da outra lesão grave e de difícil reparação.

Medida cautelar penal Medida judicial de caráter cautelar ou preventivo, decretada pelo juiz ao indiciado, com fundamento na necessidade para aplicação da lei penal, para a investigação ou a instrução criminal ou para evitar a prática de infrações penais ou na adequação da medida à gravidade do crime, circunstâncias do fato e condições pessoais do indiciado ou acusado (art. 282 do CPP). Algumas medidas cautelares são diversas da pena de prisão, como as arroladas no art. 319 do Código de Processo Penal.

Medida de segurança Medida judicial aplicada pelo juiz da condenação àqueles que praticam crimes e que, por serem portadores de doenças mentais, não são considerados responsáveis pelos seus atos. A medida de segurança não é considerada pena, e sim uma forma de tratamento a que deve ser submetido o autor de crime, com o fim de curá-lo ou, no caso de tratar-se de portador de doença mental incurável, de torná-lo apto a conviver em sociedade. As medidas de segurança consistem em: internação em hospital de custódia e tratamento psiquiátrico ou, à falta, em outro estabelecimento adequado; sujeição a tratamento ambulatorial. Se o agente for inimputável, o juiz determinará sua internação (art. 26 do CP). Se, todavia, o fato previsto como crime for punível com detenção, poderá o juiz submetê-lo a tratamento ambulatorial (arts. 96 e 97 do CP).

Meeiro Aquele que possui ou tem direito à metade de uma coisa ou de certos bens, como cada cônjuge em relação ao patrimônio comum do casal sob regime de comunhão universal de bens.

Memoriais Razões finais. Peças escritas nas quais as partes apresentam suas razões, após instrução do processo, quando a causa apresentar questões complexas de fato e de direito em substituição ao debate oral (art. 364, § 2º, do CPC).

Menor Pessoa que não atingiu a maioridade civil (18 anos) e não alcançou, em virtude de idade, a capacidade jurídica plena.

Menoridade Período de vida em que a pessoa, por causa da idade, não tem capacidade jurídica plena. A incapacidade do menor é absoluta quando tem menos de 16 anos; e relativa, se maior de 16 e menor de 18. Tal incapacidade pode cessar pela emancipação.

Meritíssimo De grande mérito. Tratamento dispensado aos juízes togados de primeira instância. Abrevia-se MM. Nos arrazoados aos tribunais, preferem-se as expressões *egrégia câmara* ou *colendo tribunal.*

Metrópole espaço urbano com continuidade territorial que, em razão de sua população e relevância política e socioeconômica, tem influência nacional ou sobre uma região que configure, no mínimo, a área de influência de uma capital regional, conforme os critérios adotados pela Fundação Instituto Brasileiro de Geografia e Estatística – IBGE (art. 2º, V, Lei n. 13.089/2015).

Ministério Público Instituição permanente incumbida de defender e fiscalizar a aplicação e a execução das leis, representando os interesses da sociedade.

Mobilidade urbana Condição em que se realizam os deslocamentos de pessoas e cargas no espaço urbano (art. 4º, II, Lei n. 12.587/2012).

Moção Proposta de apoio ou de repulsa em relação a uma ideia ou questão decidida ou em debate, de iniciativa de uma assembleia, entidade ou grupo de pessoas. A moção pode ser de aplauso, pesar, simpatia, desagrado, apelo, repúdio.

Mora Impontualidade no cumprimento de uma obrigação por parte do devedor ou do credor (art. 394 do CC). À primeira dá-se o nome de mora *debendi*; à segunda, de mora *accipiendi* ou *credendi.*

Multa Pena desfavorável consistente no pagamento de importância em dinheiro.

Multipropriedade regime de condomínio em que cada um dos proprietários de um mesmo imóvel é titular de uma fração de tempo, à qual corresponde a faculdade de uso e gozo, com exclusividade, da totalidade do imóvel, a ser exercida pelos proprietários de forma alternada (art. 1.358-C do CC).

Mutuário Pessoa que recebe coisa fungível por empréstimo, obrigando-se a restituir outra de mesmos gênero, qualidade e quantidade. Pessoa que contrai empréstimo de dinheiro a juros; prestamista de casa própria financiada pela Caixa Econômica Federal (art. 586 do CC).

Mútuo Empréstimo de coisas fungíveis, pelo qual o mutuário se obriga a restituir ao mutuante o que dele recebeu em coisa do mesmo gênero, qualidade e quantidade (art. 586 do CC). Exemplos: dinheiro; combustíveis; produtos agrícolas.

Mútuo feneratício Mútuo ou empréstimo de dinheiro mediante o pagamento de juros legais. Mútuo oneroso (art. 591 do CC).

N

Nascituro Nome dado ao ser humano já concebido que se encontra em estado fetal dentro do ventre materno. O direito à vida do nascituro é tutelado pela lei penal que pune o aborto. Os direitos do nascituro são resguardados por lei desde sua concepção (art. 2º do CC).

Necropsia Exame pericial feito no cadáver para se descobrir a *causa mortis.*

Negligência Descuido empregado na realização de um ato. Um dos componentes da culpa aquiliana (art. 186 do CC).

Negócio jurídico Expressão usada para identificar o ato de vontade do indivíduo que tem como objetivo produzir efeitos jurídicos admitidos pelo ordenamento jurídico (art. 104 do CC).

Nexo causal Relação existente entre causa e consequência de uma conduta criminosa tipificada pela norma jurídica.

Nomeação à autoria Ato processual por meio do qual aquele que detiver, por meio de outrem, a coisa demandada, chama o verdadeiro proprietário para que em sua pessoa seja feita a citação (art. 62 do CC).

Non aedificandi Expressão que indica a impossibilidade de construir em determinada área ou terreno. Área não sujeita a edificação por determinação legal. A regra, geralmente contemplada nos planos diretores dos municípios e em legislações ambientais, visa à proibição de construção em áreas de preservação permanente, áreas de risco, áreas contaminadas, áreas de mananciais e encostas de rios, entre outras. Nas rodovias federais, a figura da faixa *non aedificandi* tem por finalidade proibir a construção de qualquer natureza em zonas urbanas, suburbanas, de expansão urbana ou rural em faixa de reserva de 15 metros adjacente a cada lado da área de domínio da rodovia.

Non liquet Expressão do latim; não está claro. Aplicada aos casos em que o juiz não encontra no ordenamento jurídico uma norma específica para proceder ao julgamento da causa e, por essa razão, considera-se desobrigado de julgar. O *non liquet* é vedado em nosso direito, porquanto o juiz não se exime de sentenciar ou despachar alegando lacuna ou obscuridade da lei. No julgamento da lide caber-lhe-á aplicar as normas legais; não as havendo, recorrerá à analogia, aos costumes e aos princípios gerais de direito (art. 140 do CPC).

Norma jurídica Preceito obrigatório de Direito que pode ser exigido por meio de força física ou coerção.

Norma penal em branco A que necessita de outra norma para completá-la.

Nota promissória Título de crédito consistente na promessa de pagamento, feita pelo emitente ao credor, de certa importância em dinheiro, na data avençada.

Notificação Medida preventiva facultada a quem tiver interesse em manifestar formalmente sua vontade a outrem, participante da mesma relação jurídica, sobre assunto juridicamente relevante, dando-lhe ciência de seu propósito (art. 726 do CPC).

Notitia criminis Comunicação feita a uma autoridade da prática de um crime de maneira informal.

Novação Substituição de uma dívida por outra, tornando extinta a primeira (art. 360 do CC).

Nulidade Atestação legal que tem por objetivo declarar que certos atos não produzem efeitos jurídicos.

Nulidade absoluta Penalidade que, diante da gravidade do atentado à ordem jurídica, priva de eficácia jurídica o ato ou negócio jurídico praticado desde a sua origem. É inerente ou resulta do ato nulo de pleno direito, nos casos expressamente indicados na lei.

Nulidade relativa A nulidade relativa ou anulabilidade refere-se a negócios que se acham inquinados de vício capaz de lhes determinar a ineficácia, mas que poderá ser eliminado, restabelecendo-se a sua normalidade, de modo que o negócio produz efeitos até a declaração de invalidade. Refere-se aos atos anuláveis, os quais se permitem serem sanados ou convalidados pela vontade das partes.

Nu-proprietário Diz-se daquele que, no usufruto, tem o domínio direto da coisa que outrem tem o domínio útil (art. 1.390 do CC).

O

Obrigação Relação jurídica pela qual alguém deve dar, fazer ou não fazer alguma coisa de valor economicamente apurável.

Obrigação natural Diz-se da "obrigação" resultante exclusivamente da vontade de uma das partes. Não resulta de lei ou contrato, sendo considerado, acima de tudo, mero dever moral ou assistencial que, ao arbítrio do devedor, pode cessar a qualquer tempo. Por exemplo, ninguém está obrigado por lei a pagar dívida de jogo, porém, se o devedor decidir pagar, estará prestando uma obrigação natural.

Obrigação solidária É a que se verifica quando, na mesma obrigação, concorre mais de um credor, ou mais de um devedor, cada um com direito, ou obrigado, à dívida toda. A solidariedade não se presume; resulta da lei ou da vontade das partes (arts. 264 e 265 do CC).

Ofendículos Maneira de se exercer o direito da inviolabilidade do domicílio, instalando meios de defesa na propriedade, como arame farpado, eletrificação de maçanetas, cacos de garrafas em muro, cercas de ferro pontiagudas etc.

Oneroso Característica do instrumento jurídico pelo qual se estabelece prestações recíprocas entre o que adquire e o que transmite o direito.

Oposição Uma das modalidades de intervenção de terceiros que pode ser utilizada por terceiro (opoente) para intervir no processo, quando tiver interesse, no todo ou em parte, à coisa ou ao direito sobre que controvertem autor e réu (art. 682 do CPC).

Organização jurídica Conjunto de regras que determinam a composição e a competência de tribunais, juízes e auxiliares do juízo. Cada estado do Brasil possui seu Código de Organização Judiciária.

Outorga conjugal Autorização a que está obrigado cada um dos cônjuges em relação ao outro para a prática de determinados atos previstos em lei. Diz-se *outorga uxória* em relação à autorização prestada pela mulher e *outorga marital* em relação à prestada pelo marido.

Outorga marital Autorização que o marido dá à mulher para a prática de certos atos da vida civil (art. 1.647 do CC).

Outorga uxória Autorização dada pela mulher ao marido para a prática de certos atos que, sem seu consentimento, não seria possível (art. 1.647 do CC).

P

Pacto adjeto Contrato acessório (fiança) ou cláusula acessória (preferência, retrovenda, penhor, hipoteca).

Pacto antenupcial Acordo feito por escritura pública antes do casamento, pelos contraentes, dispondo sobre o regime de bens que vigorará durante a vida em comum (art. 1.653 do CC).

Paradigma Nome dado ao empregado que possui situação funcional na empresa, representando o patrão, para servir de base para a equiparação salarial dos demais empregados (art. 461 da CLT).

Parecer Opinião fundamentada, estudo de aspectos de uma lei ou caso jurídico. Conselho ou esclarecimento dado por advogado ou jurisconsulto sobre questão de fato ou de Direito submetida a seu juízo.

Parentesco Vínculo jurídico e pessoal decorrente da relação de consanguinidade, adoção, afinidade, reprodução assistida heteróloga ou socioafetividade (art. 1.593 do CC).

Parquet Membro ou representante do Ministério Público. A designação *parquet* tem origem na França antiga, onde os procuradores do rei ocupavam um espaço sobre o assoalho (*parquet*) da sala de audiências, e não sobre o estrado ao lado do juiz como acontece nos dias atuais.

Partilha de bens Forma de divisão de bens em porções ou quinhões entre pessoas que a eles faz jus em razão de casamento, união estável, sociedade ou direitos hereditários.

Patrimônio Complexo de bens, materiais ou não, direitos, ações e outros bens de valor econômico apreciável que uma pessoa é detentora.

Peculato Crime contra a Administração Pública cometido pelo servidor público, consistente na apropriação indevida de dinheiro, valor ou qualquer bem imóvel, público ou particular, dos quais tenha a posse em razão de cargo, ou em seu desvio em proveito próprio ou alheio (arts. 312 e 313 do CP).

Pedido Solicitação ou requerimento que o demandante na lide formula ao juiz, na petição inicial, referente ao que pretende obter do demandado mediante a prestação jurisdicional. Postulação. O pedido deve ser certo ou determinado, sendo porém lícito formular pedido genérico nos casos especificados em lei (arts. 322 e 324 do CPC).

Pedido alternativo Solicitação ou requerimento que o demandante formula ao juiz para efeito de obter do demandado uma coisa ou, não sendo isso possível, seja-lhes concedida outra. O pedido será alternativo, quando, pela natureza da obrigação, o devedor puder cumprir a prestação de mais de um modo (art. 325 do CPC).

Pedido cumulado É o que se verifica quando num único processo, contra o mesmo réu, vários pedidos são formulados pelo autor, ainda que entre eles não haja conexão (art. 327 do CPC).

Pedido genérico Pedido formulado quando houver impossibilidade de lhe atribuir certeza e determinação, ou quando não se puder, desde logo, mensurar o seu valor (art. 324, § 1º, do CPC).

Pena Punição imposta por lei ao causador de uma infração penal, civil, administrativa ou fiscal com o objetivo de reparação de dano ou de reprimir o infrator.

Penas alternativas Penas substitutivas às penas privativas de liberdade (prisão, reclusão), representadas pelas penas restritivas de direito.

Penas restritivas de direito As que substituem as penas privativas de liberdade nos casos especificados em lei (art. 44 do CP). Também conhecidas como "penas e medidas alternativas", são destinadas a infratores de baixo potencial ofensivo com base no grau de culpabilidade, nos antecedentes, na conduta social e na personalidade.

Penhor Direito real sobre bens móveis alheios entregues para garantir cumprimento de uma obrigação de forma privilegiada entre os demais credores (art. 1.431 do CC).

Penhora de bens Apreensão judicial feita no processo executivo dos bens do devedor para garantir pagamento da dívida (art. 845 do CPC).

Pensão Pagamento ou contribuição sucessiva e continuada feito por alguém ou por uma instituição a uma pessoa em razão de lei, obrigação ou encargo.

Pensão alimentícia Pagamento ou contribuição sucessiva e continuada de certa quantia em dinheiro que uma pessoa, por decisão judicial, faz a outra em razão de parentesco ou de dever de assistência, destinado a prover sua subsistência.

Pensão previdenciária Benefício de prestação sucessiva e continuada de certa quantia em dinheiro que a entidade previdenciária deve pagar ao conjunto dos dependentes do segurado que falecer, aposentado ou não.

Perdão judicial Medida facultada ao juiz criminal de conceder ao réu a não aplicação da pena, quando do delito lhe resultarem consequências tão graves que torne a pena desnecessária (art. 121, § 5º, do CP). Ocorre, na prática, quando por culpa (imperícia ou imprudência) o réu vem a ocasionar acidente no qual perece o cônjuge ou descendente.

Perdas e danos Prejuízo patrimonial efetivo, por perda certa ou que deixou de ganhar por culpa de outro que não cumpriu obrigação (arts. 389 e 404 do CC).

Perempção Extinção de relação processual pela perda de um prazo definido e definitivo (arts. 240, § 4º, 275, 337, IV, 485 e 486 do CPC).

Perícia Meio de prova consistente no parecer técnico de pessoa habilitada (art. 464 do CPC).

Periculum in mora Perigo na demora. Situação de fato que se caracteriza pela iminência de um dano decorrente de demora de providência que o impeça.

Personalidade jurídica Qualidade jurídica que se traduz na capacidade de uma pessoa exercer direitos e contrair obrigações. Toda pessoa, ao nascer, adquire personalidade jurídica. A personalidade civil da pessoa começa do nascimento com vida; mas a lei põe a salvo, desde a concepção, os direitos do nascituro (art. 2º do CC).

Pessoa física Pessoa natural. Ser humano ou indivíduo, singularmente considerado, sujeito de direitos e obrigações.

Petição inicial Peça escrita na qual o autor formula seu pedido, expondo os fatos e os fundamentos jurídicos do pedido, dando início ao processo (art. 319 do CPC).

Pignoratício Que diz respeito ao penhor; credor garantido com penhor (art. 1.433 do CC).

Plenos poderes Cláusula ampla que o mandante dá ao mandatário para que aja em seu nome e por sua conta.

Poder de polícia Poder atribuído ao Estado para adotar as medidas necessárias à manutenção e garantia da ordem social e jurídica. Costuma ser exercido de modo a preservar os interesses do Estado em detrimento às liberdades e interesses individuais.

Poder familiar Direitos e deveres que têm os pais no interesse de seus filhos menores, legítimos, legitimados ou adotivos (art. 1.630 do CC).

Portaria Ato normativo de autoridade pública consistente na determinação de providências para o bom andamento do serviço público.

Posse Exercício pleno, ou não, de alguns dos poderes inerentes a domínio ou propriedade (art. 1.196 do CC). No direito administrativo, significa o ato pelo qual o servidor público assume o exercício das funções para as quais foi nomeado.

Postulação Pedido, petição, reivindicação, requerimento. Exposição do fato e alegação do direito que a parte apresente a juízo, fundamentando pretensão sua ou refutando a de outrem.

Precatório Espécie de requisição de pagamento de determinada quantia, que se faz à Fazenda Pública, em decorrência da condenação da União, estado ou município em processo judicial, para valores totais acima de sessenta salários mínimos por beneficiário.

Precedente Aquilo que antecede ou vem antes de alguma coisa. Juridicamente significa decisão judicial anterior sobre determinada questão jurídica, posta em juízo, que poderá ser aplicada a um caso atual semelhante.

Preclusão Caducidade de um direito, termo ou faculdade processual não exercitados no prazo fixado. A nulidade dos atos deve ser alegada na primeira oportunidade em que couber à parte falar nos autos, sob pena de preclusão (art. 278 do CPC).

Preclusão consumativa É a que ocorre quando a faculdade processual já foi exercida validamente, tendo o caráter de fato extintivo. Verifica-se sempre que for realizado ou consumado o ato processual, sendo impedimento para o interessado realizá-lo novamente.

Precluso Resultante do efeito da preclusão. Diz-se do ato ou do direito que não foi praticado pela parte no prazo assinalado pelo juiz ou pela lei.

Preempção Cláusula especial do contrato de compra e venda que estipula o direito de preferência do vendedor de um bem em adquiri-lo novamente caso o comprador deseje vendê-lo (art. 513 do CC).

Preferência Direito de alguém ser preferido em igualdade de condições com terceiro na aquisição de uma coisa. O mesmo que preempção.

Pregão Anúncio em voz alta feito por leiloeiro ou porteiro dos auditórios de coisa levada a praça ou leilão e dos lances que os licitantes fizerem. Comunicação pública; proclamação. Modo de chamada das partes e das testemunhas, feita pelo escrivão ou escrevente judicial, para adentrarem à sala de audiência. Modalidade de licitação, prevista por lei para aquisição de bens e serviços comuns especificados em lei, em que a disputa pelo fornecimento é feita em sessão pública, por meio de propostas e lances, para classificação e habilitação do licitante com a proposta de menor preço.

Preliminar Aquilo que antecede o principal. Argumentos que visam a apontar vícios processuais ou fatos impeditivos do regular andamento da ação, facultado ao réu oferecer no corpo da contestação, antes de adentrar no mérito da causa (art. 337 do CPC).

Preparo Ato de recolhimento ou pagamento das custas judiciais, por quem é parte no processo, indispensável para a prática de um determinado ato judicial e o prosseguimento do feito.

Preposto Nome dado à pessoa que realiza negócio ou operação em nome de outrem, geralmente empregado ou funcionário público; representante do empregador na audiência trabalhista (art. 843, § 1º, da CLT).

Prequestionamento Exigência do STF e do STJ para conhecimento do recurso: é necessário ter-se levantado previamente a questão controvertida perante o juízo de origem, mesmo através de embargos declaratórios, quando omissa a decisão *a quo*.

Prescrição Perda de um direito em razão da inércia de seu titular e do decurso de tempo (art. 189 do CC).

Prescrição aquisitiva Modalidade de aquisição da propriedade móvel ou imóvel pelo decurso de prazo. Funda-se na posse mansa e pacífica, sem oposição, exercida pelo possuidor, por determinado tempo, findo o qual prescreve o direito do proprietário de reivindicar a coisa. A aquisição da propriedade por esse modo se processa e se aperfeiçoa por meio da ação de usucapião (art. 1.238 do CC).

Presunção Consideração das consequências que a lei ou o juiz formulam perante certos fatos conhecidos.

Prevaricação Crime praticado pelo servidor público consistente em retardar ou praticar, indevidamente, ato de ofício, ou praticá-lo contra disposição expressa de lei para satisfazer interesse ou sentimento pessoal (art. 319 do CP).

Prevenção Ato de conhecer ou receber o processo em primeiro lugar. Diz-se prevento o juiz ou juízo em cuja ação, a ele submetida, a citação se processou validamente.

Princípio Disposição ou regra geral que exprime um valor e serve de fundamento e referência para conferir racionalidade a um sistema normativo.

Princípios gerais do Direito Preceitos gerais e abstratos de Direito que decorrem do próprio fundamento da legislação positiva, constituindo os pressupostos lógicos necessários das normas legislativas.

Prisão Ato de prender alguém privando-o da liberdade. Em outro sentido, significa estabelecimento penal, penitenciária ou presídio, local onde são recolhidas as pessoas condenadas criminalmente à pena restritiva da liberdade.

Prisão cautelar Toda prisão efetuada para garantia da ordem pública, da aplicação da lei penal ou por conveniência da instrução criminal, entre elas a prisão preventiva.

Prisão civil Prisão ou restrição à liberdade imposta a uma pessoa em razão de cometimento de ilícito civil. Segundo a Constituição Federal não haverá prisão civil por dívida, salvo a do responsável pelo inadimplemento voluntário e inescusável de obrigação alimentícia e a do depositário infiel (art. 5º, LXVII, da CF).

Prisão em flagrante É a prisão de alguém flagrado cometendo um delito; logo após cometê-lo; é perseguido após cometê-lo ou é encontrado logo depois, com instrumentos, armas, objetos ou papéis que façam presumir ser ele autor da infração.

Prisão preventiva Prisão decretada como garantia da ordem pública, da ordem econômica, por conveniência da instrução criminal, ou para assegurar a aplicação da lei penal, quando houver prova da existência do crime e indício suficiente de autoria, em qualquer fase da investigação policial ou do processo penal (arts. 311 e 312 do CPP).

Prisão provisória As prisões provisórias existentes no ordenamento jurídico brasileiro dividem-se basicamente em prisão em flagrante, prisão temporária e prisão preventiva.

Prisão temporária Modalidade de prisão efetivada de modo temporário para que a polícia ou o Ministério Público possam coletar as provas necessárias para embasar o pedido de prisão preventiva.

Procedência Conformidade com o Direito, contendo fundamento legal; que atende aos requisitos da ação; acolhimento; deferimento; origem.

Procedimento Forma pela qual o processo se desenvolve em qualquer de suas espécies (art. 318 do CPC).

Processo Juridicamente, indica a série ordenada e sucessiva de atos praticados pelas partes e pelo juiz, que tem início com a propositura da ação e culmina com a sentença transitada em julgado.

Procrastinar Ato praticado por aquele que incorre em procrastinação, ou seja, ato de protelar ou adiar sistematicamente a realização de uma atividade. Implica deixar que as tarefas de menor prioridade antecipem as de maior prioridade. Juridicamente significa a prática, por qualquer das partes do processo, de atos com objetivos meramente protelatórios, com a finalidade de retardar o cumprimento das decisões judiciais.

Procuração Instrumento que comprova a celebração de um pacto, ou seja, do contrato de mandato (art. 653 do CC).

Procuração *ad judicia* Procuração outorgada a advogado para que este represente o outorgante em atos judiciais, concedendo-lhe plenos poderes para o foro em geral. A procuração com a cláusula *ad judicia* habilita o advogado para o foro em geral, ou seja, para praticar todos os atos do processo, mas não inclui poderes como receber a citação inicial, confessar, reconhecer a procedência do pedido, transigir, desistir, renunciar ao direito sobre o qual se funda a ação, receber, dar quitação e firmar compromisso (art. 105 do CPC).

Procurador Pessoa que recebe poderes para atuar em nome de outrem (art. 653 do CC).

Pródigo Aquele que faz, habitualmente, gastos injustificáveis, imoderados, sem proveito; o que dissipa seu patrimônio a ponto de arruinar-se; o que esbanja sua fortuna (art. 1.767, V, do CC).

Progenitor Na acepção usual, refere-se ao pai; originalmente referia-se ao avô, a pessoa que procria antes do pai. Deve-se usar, com mais acerto, a palavra *genitor* quando se referir ao pai.

Progressão de regime Progressão do regime prisional do apenado para regime menos rigoroso que aquele a que foi condenado. Essa progressão pressupõe o preenchimento simultâneo dos requisitos objetivo e subjetivo (art. 112 da LEP).

Pro labore Pelo trabalho. Remuneração que alguém recebe por serviço eventual que presta a outrem.

Prolatar Ato do juiz proferir ou redigir uma sentença.

Promissário Promitente comprador. Aquele a quem é prometida a venda da coisa pelo promitente vendedor. Este pode exigir do promitente vendedor, ou de terceiros, a quem os direitos deste forem cedidos, a outorga da escritura definitiva de compra e venda, conforme o disposto no instrumento preliminar e, havendo recusa, requerer ao juiz a adjudicação do imóvel (arts. 1.417 e 1.418 do CC).

Promitente Aquele que promete ou assume obrigação de fazer ou não fazer, aquele que se obriga com o estipulante a realizar certa prestação em benefício de terceiro. Também se diz compromitente.

Promoção de migração illegal promover, por qualquer meio, com o fim de obter vantagem econômica, a entrada ilegal de estrangeiro em território nacional ou de brasileiro em país estrangeiro (art. 232-A do CP).

Pronúncia Sentença declaratória judicial, que acolhe a denúncia ou a queixa, determinando o dispositivo legal em que o réu está incurso, recomendando-o à prisão (art. 413 do CPP).

Pro rata Na razão do que deve caber, proporcionalmente, a cada uma das partes.

Protesto cambiário Protesto promovido perante o Cartório de Protestos de títulos motivado por falta de aceite ou pagamento de título cambiário (nota promissória, letra de câmbio, cheque e duplicata).

Protesto judicial Medida de caráter preventivo que não suscita efeitos coercitivos ao destinatário, limitando-se a tornar pública a manifestação de vontade do interessado (art. 726 do CPC).

Prova Todo meio legal, usado no processo, capaz de demonstrar a verdade dos fatos alegados em juízo (art. 369 do CPC).

Prova antecipada Produção antecipada de provas, requerida por meio de medida cautelar de produção antecipada de provas, que corresponde à vistoria ou exame prévio, a ser realizada sobre coisa ou pessoa, com caráter de perpetuidade, quando se evidenciar receio de que as provas a serem obtidas possam desaparecer (art. 381 do CPC).

Pupilo Menor, órfão de pai e mãe, submetido à tutela enquanto não atingir a maioridade, não for emancipado ou não for reconhecido ou adotado. O mesmo que tutelado.

Purgação da mora Antiga expressão usada nas questões locatícias, substituída pela Lei n. 8.245/91 (Lei do Inquilinato) por "emenda da mora". Ato de o locatário, no âmbito da ação de despejo por falta de pagamento, evitar o despejo mediante pagamento do débito atualizado independentemente de cálculo e mediante depósito judicial (art. 401 do CC).

Putativo Aquilo que, no entendimento equivocado de uma pessoa, se demonstra como real e legal. Resulta do pensar, crer ou imaginar a licitude de um ato ou fato declaradamente ilegal, como ocorre no casamento putativo e na legítima defesa putativa.

Q

Quanti minoris Expressão latina que designa preço menor, utilizada na ação *quanti minoris*, cujo objetivo é obter uma redução do preço da coisa adquirida proporcional aos defeitos nela encontrados.

Quarentena Expressão usada no âmbito do Poder Judiciário para indicar o período no qual aos juízes é vedado o exercício da advocacia no tribunal no qual se aposentou ou se exonerou, após a sua exoneração ou aposentadoria. No contexto da Covid-19, restrição de atividades ou separação de pessoas suspeitas de contaminação das pessoas que não estejam doentes, ou de bagagens, contêineres, animais, meios de transporte ou mercadorias suspeitos de contaminação, de maneira a evitar a possível contaminação ou a propagação do coronavírus (art. 2º, II, da Lei n. 13.979/2020).

Queixa-crime Instrumento jurídico utilizado pelo interessado (querelante) para promover a denúncia de um fato criminoso junto à autoridade policial.

Quesitos Questões feitas sobre o fato criminoso que irão auxiliar os jurados na decisão da causa (art. 485, § 2º, do CPP). No processo civil, constituem perguntas que deverão ser formuladas pelas partes ao perito, que servirão de base para a elaboração do laudo pericial (art. 421, § 1º, II, do CC).

***Quid iuris*?** Qual o direito? Indagação que se faz a respeito da solução jurídica a ser utilizada para o deslinde de uma questão ou controvérsia.

Quinhão Parte que cabe a cada um na divisão de coisa comum; cota-parte de cada herdeiro na partilha.

Quinto constitucional Mecanismo que prevê que um quinto dos membros de determinados tribunais brasileiros – quais sejam o Superior Tribunal de Justiça, os tribunais de justiça estaduais, do Distrito Federal, dos territórios, o TRF, o TST e o TRT – seja composto de advogados e membros do Ministério Público. Exige-se, para tanto, que os candidatos contem pelo menos dez anos de exercício profissional e tenham reputação ilibada, além de notório saber jurídico (art. 94 da CF).

Quirografário Documento assinado apenas pelo devedor. Significa, também, aquele credor que, na falência, não possui garantia real para o pagamento de seu crédito.

Quitação Ato escrito do credor certificando que recebeu a prestação do devedor, liberando-o da obrigação (art. 320 do CC).

Quorum Número mínimo de membros presentes para que funcione um tribunal ou assembleia, deliberando regularmente. Maioria de votos proferidos em julgamento de corte judiciária. No Legislativo, a presença de um mínimo regimental de deputados e senadores é indispensável em certas votações.

Quota Porção ou fração proporcional do capital social que cabe a cada sócio na constituição de uma sociedade. Na constituição de uma sociedade limitada, o capital social divide-se em quotas, iguais ou desiguais, cabendo uma ou diversas a cada sócio, ficando a responsabilidade de cada sócio restrita ao valor de suas quotas (arts. 1.052 e 1.055 do CC).

Quota litis Cláusula estabelecida em contrato de honorários que concede ao advogado o direito a uma determinada parte do resultado da causa. Quando adotada, deve ser necessariamente representada por pecúnia (art. 38 do Código de Ética e Disciplina da OAB).

R

Rábula Advogado de poucos conhecimentos que usa recursos pouco convencionais em juízo; chicaneiro. Diz-se também daquele que advoga sem ser formado. Estão em desuso a palavra e a figura.

Ratificação Confirmação, aprovação, consentimento expresso ou tácito pelo qual se confirma ou se valida o ato anterior, suscetível de nulidade por vício.

Razões finais Exposição das questões de direito e de fato apontadas nos autos, feita por escrito, tendo cada uma das partes o direito de fazê-la após instrução do processo e antes da prolação da sentença, em substituição ao debate oral (art. 364, § 2º, do CPC).

Rebus sic stantibus Locução latina que designa a cláusula contratual que tem como premissa o fato de que o contrato somente deve ser cumprido pelo devedor se subsistirem as condições econômicas existentes na data em que foi firmado.

Receptação Crime contra o patrimônio consistente em adquirir, receber ou ocultar, em proveito próprio ou alheio, coisa que se sabe ser produto de crime, ou inferir para que terceiro, de boa-fé, adquira-a, receba-a ou a oculte (art. 180 do CP).

Reclamado Nome dado ao réu no processo trabalhista.

Reclamante Denominação dada ao autor na reclamação trabalhista.

Reclamatória O mesmo que reclamação, expressão que designa ação proposta no foro trabalhista.

Reclusão Pena aplicada a crimes mais graves cumprida em regime fechado, semiaberto ou aberto (art. 33 do CP).

Reconciliação Termo usado no direito de família para indicar restabelecimento da sociedade conjugal após separação judicial requerida ao juiz para homologação (art. 1.577 do CC).

Reconhecimento de firma Declaração que o notário ou tabelionato faz da autoria de assinatura aposta em documento. O reconhecimento pode ser feito por autenticação, quando o subscritor for reconhecido ou identificado pelo tabelião e assinar na sua presença, ou por semelhança, quando o tabelião confrontar a assinatura com outra existente em seus livros ou cartões de autógrafos e verificar a similitude.

Reconvenção Nova ação promovida pelo réu contra o autor da ação principal, no mesmo processo, desde que seja conexa com a ação principal ou com o fundamento da defesa (art. 343 do CPC).

Recurso Meio pelo qual o vencido pode obter anulação ou reforma, total ou parcial, de uma decisão (art. 994 do CPC).

Recurso adesivo Modalidade de recurso pela qual uma parte adere ao recurso da outra, aplicando-se aos casos em que autor e réu são vencidos parcialmente (art. 997, § 2º, do CPC).

Recurso repetitivo Situação jurídica que se revela pela multiplicidade de recursos interpostos em um tribunal com fundamento em idêntica questão de direito. Nesse caso, cabe ao presidente do tribunal de origem admitir um ou mais recursos representativos da controvérsia e encaminhá-los ao Superior Tribunal de Justiça, permanecendo os demais suspensos até o pronunciamento definitivo do tribunal (art. 1.036 do CPC).

Redibitórios Diz-se dos vícios ou defeitos ocultos da coisa adquirida que serve de fundamentação à *ação redibitória*, destinada à obtenção de abatimento do preço ou à rejeição da coisa (art. 441 do CC) [*v. Vício redibitório*].

Reexame necessário Obrigatoriedade de reexame, pelos tribunais de Justiça ou pelo Tribunal Regional Federal, de certas sentenças previstas em lei, as quais somente pruduzem efeito depois de confirmadas pelo tribunal. Duplo grau de jurisdição (art. 496 do CPC).

Reformatio in pejus Reforma de decisão judicial em desfavor do recorrente de forma a prejudicá-lo em relação à primeira sentença, fato não admitido pelo direito positivo.

Regime de bens Conjunto de princípios e normas que rege a situação patrimonial dos cônjuges e suas relações econômicas com terceiros durante a vigência do casamento. Os regimes de bens previstos pelo Código Civil são: comunhão universal de bens; comunhão parcial de bens; separação de bens; participação final nos aquestos (arts. 1.639 e segs. do CC).

Regime disciplinar diferenciado Regime disciplinar a que estão sujeitos o preso provisório e o preso condenado pela prática de crime doloso capaz de ocasionar subversão da ordem ou disciplina internas. Tal regime consistirá no seu recolhimento em cela individual; em visitas de duas pessoas, no máximo (sem contar as crianças), por duas horas semanais; e em duas horas de banho de sol por dia, pelo prazo máximo de 360 dias, sem prejuízo da repetição da sanção por nova falta grave da mesma espécie, até o limite de um sexto da pena estabelecida (art. 52, §§ 1º e 2º, da LEP).

Regime fechado Regime privativo da liberdade no qual a execução da pena ocorre em estabelecimento de segurança máxima ou média (art. 33 do CP).

Regime semiaberto Regime privativo da liberdade no qual a execução da pena ocorre em colônia agrícola, industrial ou estabelecimento similar (art. 33 do CP).

Registro Assentamento, em livro próprio, de ato jurídico praticado ou títulos e documentos.

Reincidência Prática de um delito ou infração penal por quem já praticou delito anterior. Recidiva. Sua caracterização exige que o crime anterior tenha sido objeto de sentença condenatória transitada em julgado. A reincidência constitui uma agravante e é, por isso, fator de agravamento da pena.

Reipersecutória Que acompanha; que segue ou persegue. Ação pessoal reipersecutória. Ação que possibilita ao autor retomar ao seu patrimônio o que lhe pertence, porém se encontra em poder de terceiro ou do réu que não cumpriu uma obrigação contratual. Pode ser proposta contra a pessoa obrigada ou contra o possuidor da coisa.

Reivindicatória Ação judicial pela qual se reivindica ou se reclama alguma coisa que se encontra indevidamente em poder de uma pessoa. Também conhecida por ação petitória. Ação movida pelo proprietário não possuidor contra o possuidor não proprietário para reaver a posse do imóvel (art. 1.228 do CC) [*v. Ação reivindicatória*].

Relativamente incapazes Categoria de pessoas que, em razão de menoridade, de vício, de impossibilidade ou dificuldade de exprimir sua vontade e de prodigalidade são impedidas, por lei, de exercer individualmente certos atos (art. 4º do CC). Os relativamente incapazes podem praticar atos jurídicos desde que assistidos por seus pais, tutores ou curadores (art. 71 do CPC).

Relator Nome usado para designar o magistrado (desembargador ou ministro) encarregado de relatar e expor perante os demais magistrados componentes da câmara ou da turma os fundamentos do recurso a ser julgado.

Remição Ato ou efeito de remir. Resgate de dívida; liberação de ônus, de obrigação, de um direito.

Remissão Perdão, renúncia. Desobrigação feita espontaneamente, sendo causa de extinção de obrigações, não se confundindo, porém, com remição (art. 385 do CC).

Representação É a instituição de que se derivam poderes que investem uma determinada pessoa de autoridade para praticar certos atos ou exercer certas funções, em nome de alguém (arts. 115 a 120 do CC).

Repristinação da lei Restauração de uma lei revogada.

Res judicata Coisa julgada. Relação jurídica já apreciada e decidida judicialmente. Sentença transitada em julgado da qual não cabe mais recurso (art. 502 do CPC). De acordo com a Constituição Federal, "a lei não prejudicará o direito adquirido, o ato jurídico perfeito e a coisa julgada" (art. 5º, XXXVI).

Rescisão de contrato Interrupção do vínculo contratual por uma das partes. Trata-se de iniciativa unilateral.

Rescisão de sentença Desfazimento judicial da sentença de mérito transitada em julgado nos casos especificados em lei (*v. Ação rescisória*).

Reserva de domínio Cláusula do contrato de compra e venda de coisa móvel pela qual o vendedor reserva para si a propriedade, até que o preço esteja integralmente pago (art. 521 do CC). A cláusula de reserva de domínio deve ser estipulada por escrito e depende de registro no domicílio do comprador para valer contra terceiros (art. 522 do CC).

Resilição de contrato Dissolução do contrato feita por ambas as partes, que demonstram o desejo de romper o pacto.

Resolução de contrato Dissolução do contrato por sentença judicial.

Responsabilidade civil Reparação do dano causado a outrem em decorrência de obrigação assumida ou por inobservância de norma jurídica (art. 927 do CC).

Responsabilidade limitada Responsabilidade dos sócios de sociedade limitada, restrita ao valor de suas respectivas quotas, e na qual todos respondem solidariamente pela integralização do capital social (art. 1.052 do CC). Na empresa individual de responsabilidade limitada, a responsabilidade da pessoa titular é restrita ao capital social devidamente integralizado (art. 980-A do CC, revogado pela MP n. 1.085, de 27.12.2021). Na sociedade em comandita simples, uma categoria de sócios, os comanditários, podem ser obrigados somente pelo valor de sua quota (art. 1.045 do CC).

Responsabilidade objetiva Responsabilidade fundada na premissa de que basta a ocorrência do fato para imputar ao autor a responsabilidade pelo devido ressarcimento, sendo desnecessária a comprovação da culpa.

Responsabilidade solidária Responsabilidade atribuída a mais de um devedor ou obrigado, quando ambos concorrem na mesma obrigação, cada um obrigado à dívida toda (art. 264 do CC).

Restauração dos autos Renovação total ou parcial de autos inutilizados, extraviados ou indevidamente retidos (art. 712 do CPC).

Restritivamente Refere-se a restrito ou limitado. De modo restritivo; com restrição. Sentido estrito (*stricto*). Interpretação restritiva é a que se contrapõe à interpretação extensiva.

Retenção Direito de reter coisa alheia, assegurado a uma das partes, até que a outra satisfaça determinada obrigação (arts. 578 e 1.219 do CC).

Retratação Revogação, desfazimento, desmentido. Retirada voluntária da declaração de vontade, cessando seus efeitos.

Retratabilidade Qualidade de ato ou contrato sujeito à retrovenda ou que pode ser renovado ou desfeito pela vontade apenas das partes.

Retroatividade Atividade no passado, efeito que abrange o tempo anterior. Influência de lei nova, decisão ou negócio jurídico sobre situações passadas.

Retrovenda Cláusula de contrato de compra e venda na qual se estipula que o vendedor poderá resgatar a coisa vendida, dentro de um prazo determinado, pagando o mesmo preço ou diverso previamente convencionado (art. 505 do CC).

Revel Diz-se da parte que, citada legalmente, não comparece em juízo; réu ou reconvindo que não comparece quando deveria apresentar sua defesa, incorrendo em revelia.

Revelia Não comparecimento do réu aos termos do processo, tornando-o revel (art. 344 do CPC).

Revogação da lei Substituição de uma lei por outra. Quando a revogação é total, dá-se o nome de ab-rogação; quando é parcial, diz-se que houve uma derrogação da lei.

Revogação expressa Revogação da lei anterior feita pelo legislador, em cláusula específica, no próprio corpo da nova lei. A cláusula de revogação deverá enumerar, expressamente, as leis ou disposições legais revogadas (art. 9º da Lei Complementar n. 95/80).

Revogação tácita Revogação da lei anterior decorrente da incompatibilidade ou divergência normativa entre a lei nova e a lei anterior.

Rito Sequência de fases de um processo; seu andamento; procedimento.

Rol de testemunhas Indicação de dez testemunhas, no máximo, que cada parte apresentará para oitiva na audiência (art. 450 do CPC).

Roubo Crime contra o patrimônio consistente na subtração clandestina de coisa alheia móvel para si ou para outrem mediante grave ameaça ou violência à pessoa, ou reduzindo-a à impotência para agir (art. 157 do CP).

Rufianismo tirar proveito da prostituição alheia, participando diretamente de seus lucros ou fazendo-se sustentar, no todo ou em parte, por quem a exerça (art. 230 do CP).

S

Sacado Banco ou pessoa contra quem são sacados letra de câmbio, cheque ou qualquer ordem de pagamento.

Saisine Expressão francesa, considerada uma ficção jurídica, que autoriza a transmissão imediata do domínio dos bens do *de cujus* ao herdeiro legítimo ou testamentário a partir do momento da morte do autor da herança, ainda que se desconheça esta.

Salvados Diz-se do que escapa ileso de acidente de grandes proporções, como mercadorias recolhidas de naufrágio, incêndio e inundação.

Sanção (1) Pena ou recompensa com que se tenta garantir o cumprimento de uma lei. Consequência favorável ou desfavorável decorrente de cumprimento ou descumprimento a uma norma jurídica (art. 3º da Lei de Introdução às normas do Direito Brasileiro e art. 32 do CP).

Sanção (2) Aprovação dada a uma lei pelo chefe do Poder Executivo.

Saneamento Ato de sanear. Eliminação de irregularidades ou vícios em um processo. O CPC trata do saneamento do processo como "despacho saneador" (art. 357 do CPC).

SARS-CoV-2 Abreviação de ***Corona VIrus Disease***, doença causada pelo vírus Corona – Covid-19, em tradução literal da língua inglesa, ou simplesmente "Coronavírus".

Seguro Contrato pelo qual o segurador se obriga, mediante o pagamento do prêmio, a garantir interesse legítimo do segurado, relativo a pessoa ou a coisa, contra riscos predeterminados (art. 757 do CC).

Sentença Decisão proferida por juiz competente que põe termo ao processo, julgando ou não o mérito da causa (art. 203, § 1º, do CPC).

Sentido estrito De modo restritivo ou estrito (*stricto*); com restrição; limitado; apertado. Contrapõe a sentido amplo ou extensivo (*lato*).

Separação de corpos Medida judicial através da qual um dos cônjuges requer autorização judicial para afastar-se do lar em razão da inexistência de condições favoráveis ao convívio comum. Medida liminar preparatória à ação de separação judicial ou de divórcio (art. 1.562 do CC).

Separação judicial Forma de extinção da sociedade conjugal (arts. 1.572 e 1.574 do CC).

Sequestro Tutela cautelar consistente em apreensão e depósito de bens móveis, imóveis ou semoventes do proprietário para resguardar o direito do requerente (art. 301 do CPC).

Servidão Restrições que sofre o proprietário em seu direito de uso e gozo do prédio em favor de outro proprietário, para favorecê-lo aumentando-lhe a utilidade (art. 1.378 do CC).

Servidão de passagem Direito concedido ao proprietário do prédio dominante de trafegar pelo prédio serviente se não houver outro caminho (art. 1.285 do CC).

Sic Expressão latina: emprega-se entre parênteses, no final de uma citação ou no meio de uma frase para indicar reprodução textual do original ou chamar atenção para o que se afirma, por errado ou estranho que pareça. Assim; desta forma.

Silogismo Raciocínio dedutivo que se forma com três proposições: premissa maior, enunciado de um juízo; premissa menor, declaração de caso particular contido na premissa maior; e conclusão, derivada de maneira lógica e cabal das duas primeiras.

Simulação Defeito do ato jurídico consistente em não manifestar a vontade real (art. 167, § 1º, do CC).

Sinalagmático O que é bilateral, importando em igualdade de direitos e deveres para as partes contratantes.

Sindicância Procedimento de competência de órgão estatal ou administrativo com a finalidade de, mediante diligências, apurar irregularidades praticadas por servidores públicos no âmbito da administração pública.

Sinecura Emprego ou cargo que exige pouco ou nenhum trabalho em relação à remuneração obtida.

Sobrepartilha Nova partilha, feita nos mesmos autos do inventário, para distribuição de bens remanescentes que não tinham sido descritos ou partilhados, por não se saber que o *de cujus* os tinha, ou eram remotos, litigiosos, sonegados ou de difícil e morosa liquidação (art. 2.022 do CC).

Sociedade anônima Companhia ou sociedade cujo capital é dividido em ações e nas quais a responsabilidade dos sócios ou acionistas é limitada ao preço de emissão das ações subscritas ou adquiridas (art. 1º da Lei n. 6.404/76).

Sociedade comercial Sociedade feita por meio de contrato no qual as pessoas acordam em contribuir com bens ou indústria para formação do capital social com o fim de desenvolver atividade comercial (art. 981 do CC).

Sociedade de capital e indústria Aquela constituída por duas ou mais pessoas, na qual algumas contribuem com capital e outras com a indústria (arts. 317 a 324 do CCom).

Sociedade de economia mista Pessoa jurídica de direito privado com participação majoritária ou minoritária do Estado. Reveste-se, necessariamente, da natureza de sociedade anônima.

Sociedade em comandita simples Sociedade formada por duas espécies de sócios: comanditados, com responsabilidade solidária e ilimitada; e comanditários, com responsabilidade limitada (art. 1.045 do CC).

Sociedade em conta de participação Sociedade que apresenta duas categorias de sócios: ocultos e ostensivos. Os sócios ostensivos são os únicos responsáveis perante terceiros (art. 991 do CC).

Sociedade em nome coletivo Sociedade formada de uma só classe de sócios, solidária e limitadamente responsável pelas obrigações sociais sob firma ou razão social (art. 1.039 do CC).

Sociedade por cotas de responsabilidade limitada Sociedade em que a responsabilidade dos sócios é limitada ao montante das cotas subscritas por cada um (art. 1.052 do CC).

Solidariedade Vinculação jurídica pela qual, na mesma obrigação, concorrem vários credores ou devedores, cada qual com direito ou obrigação na dívida toda (art. 264 do CC).

Sonegação de bens Ocultação dolosa de bens que deveriam constar do inventário. Pode ser praticada pelo inventariante ou pelos herdeiros (art. 1.992 do CC).

Sonegados Diz-se dos bens que deveriam constar do inventário e que foram ocultos ou subtraídos dolosamente pelo inventariante ou por qualquer dos herdeiros (art. 1.992 do CC).

Stricto sensu No sentido literal, estrito, exato, que não permite interpretação extensiva.

Stricto jure Refere-se ao rigor do Direito, ao rígido formalismo legal do ato jurídico que não permite a ampliação do sentido da norma que o regulamenta (art. 104 do CC e art. 73 do CPC).

Sub-rogação Ato pelo qual, por força de lei ou convenção, uma pessoa ou coisa é substituída por outra, a qual fica sub-rogada nos direitos a ela inerentes. No direito das obrigações, o pagamento com sub-rogação é utilizado para se efetuar o pagamento de uma dívida, substituindo-se o sujeito da obrigação, porém sem extingui-la (arts. 346 a 351 do CC).

Sublocação de imóvel Contrato firmado com o verdadeiro locatário feito sublocador. Sublocar um imóvel é alugar a um terceiro, estranho ao contrato de locação, uma parte daquele. A sublocação exige autorização expressa do locador (arts. 13 a 16 da Lei n. 8.245/91 – Lei do Inquilinato).

Subsidiariedade Um dos princípios aplicados para resolver os conflitos aparentes das normas, isto é, quando dois preceitos legais parecem incidir sobre um fato delituoso sendo necessário escolher o mais adequado.

Substabelecimento Transferência do exercício do mandato do mandatário para um terceiro (arts. 665 e 667 do CC).

Subsunção Enquadramento do caso concreto à norma legal em abstrato aplicável.

Sucessão Transmissão de direitos feita por ato *inter vivos* ou *mortis causa*. No primeiro caso, é a substituição do titular do direito, como no caso da compra e venda. No segundo caso, a transmissão se dá em razão da morte do titular (arts. 1.784 e segs. do CC).

Sucessão *ab intestato* É a sucessão decorrente de lei, sem que incidam disposições testamentárias. Sucessão sem testamento. Opõe-se à sucessão testamentária.

Sucessão definitiva Sucessão em caráter definitivo de bens deixados por pessoa desaparecida e declarada ausente que se abre a pedido dos interessados, dez anos depois de passada em julgado a sentença que concede a abertura da sucessão provisória (art. 37 do CC).

Súmula Conjunto de, no mínimo, três acórdãos de um mesmo tribunal, adotando a mesma interpretação de preceito jurídico em tese.

Supérstite Expressão usada para designar o cônjuge sobrevivente.

Superveniência Circunstância de um fato ocorrer após outro tomado como referência.

Suprimento Ato de suprir falha ou omissão, de completar ato, de corrigir uma irregularidade.

Sursis Diz-se da suspensão condicional da pena imposta ao réu quando presentes alguns pressupostos legais. Benefício que o juiz concede ao condenado primário, isentando-o do cumprimento da pena de reclusão ou detenção sob certas condições e prazo determinados (art. 696 do CPP).

Suspeição Uma das espécies de exceção que podem ser opostas contra o juiz da causa, as testemunhas e os peritos (art. 145 do CPC).

Suspensão condicional da pena O mesmo que *sursis*. Suspensão pelo juiz, por tempo não inferior a 2 nem superior a 6 anos, da execução das penas de reclusão e de detenção que não excedam a 2 anos, ou, por tempo não inferior a 1 nem superior a 3 anos, da execução da pena de prisão simples.

Suspensão condicional do processo Medida judicial alternativa, no âmbito do processo penal, que, nos crimes em que a pena mínima cominada é igual ou inferior a um ano, suspende o processo por 2 a 4 anos, desde que o acusado não esteja sendo processado ou não tenha sido condenado por outro crime, presentes os demais requisitos que autorizariam a suspensão condicional da pena (art. 89 da Lei n. 9.099/95).

Suspensão da execução Suspensão do processo de execução nos casos previstos em lei. Suspende-se a execução: no todo ou em parte, quando recebidos com efeito suspensivo os embargos à execução; nas hipóteses previstas no art. 921, I a V, Código de Processo Civil de 2015, entre elas, quando o devedor não possuir bens penhoráveis.

Suspensão do processo Paralisação ou cancelamento temporário do trâmite processual por convenção das partes ou em virtude de lei (art. 313 do CPC).

Sustentação oral Exposição oral dos advogados, no recurso, das alegações do recorrente e do recorrido na sessão de julgamento (art. 937 do CPC).

T

Tabelião Tabelião ou notário é o profissional do direito, dotado de fé pública, a quem é delegado o exercício da atividade notarial e de registro. Também conhecido como notário.

Tabelionato Denominação dada ao estabelecimento ou local onde os tabeliães ou notários exercem suas atividades profissionais. Também conhecida como cartório. Recebem denominação de acordo com sua especialidade:

Tabelionato ou cartório de notas; Tabelionato ou cartório de protestos.

Tácito Diz-se daquilo que não é expresso, que está subentendido.

Tarifa Valor que o usuário paga por algum serviço público prestado por empresas concessionárias de serviços públicos.

Taxa Tributo pago pelo contribuinte para que haja uma prestação do Estado por meio de serviços públicos.

Teletrabalho Ou trabalho remoto, é a prestação de serviços fora das dependências do empregador, de maneira preponderante ou não, com a utilização de tecnologias de informação e de comunicação que, por sua natureza, não se configure como trabalho externo (art. 75-B da CLT).

Temerário Ousado, imprudente, abusivo. Diz-se temerária a lide incabível, absurda, destinada apenas a causar incômodo ou prejuízo a terceiro e que sujeita seu autor à penalidade por litigância de má-fé.

Teoria da imprevisão Teoria que corresponde à cláusula *rebus sic stantibus* do direito privado, que permite a resolução do contrato de execução continuada ou diferida se a prestação de uma das partes se tornar excessivamente onerosa, com extrema vantagem para a outra, em virtude de acontecimentos extraordinários e imprevisíveis (art. 478 do CC).

Teratológica Diz-se da decisão aberrante ou anormal, que contraria a lógica e o bom senso. Não há entendimento unânime acerca do que seja uma decisão teratológica ou aberrante, ficando o critério a mercê do subjetivismo de cada julgador.

Termo Indicação do prazo que se inicia e se extingue em negócio jurídico, isto é, *dies a quo* e *dies ad quem*. Pode significar também redução à forma escrita de um ato jurídico.

Termo circunstanciado Documento elaborado pela autoridade policial com a finalidade de substituir o auto de prisão em flagrante delito, especificamente, nas ocorrências em que for constatada infração de menor potencial ofensivo.

Termo de Ajustamento de Conduta (TAC) Também conhecido como Compromisso de Ajustamento de Conduta, é o instrumento jurídico destinado a colher, do causador de dano à criança e ao adolescente ou de dano ao consumidor coletivamente considerado, um título executivo extrajudicial de obrigação de fazer, não fazer ou de indenizar, mediante o qual o compromitente assume a obrigação de adequar sua conduta às exigências legais, sob pena de sanções fixadas no próprio Termo de Ajustamento de Conduta.

Terras devolutas Terras não aproveitadas pertencentes ao patrimônio público. Não são destinadas ao uso público nem concedidas a particulares.

Testador Aquele que, por meio de declarações de última vontade expressas em testamento, dispõe sobre seus bens para depois de sua morte. Toda pessoa capaz pode dispor, por testamento, da totalidade dos seus bens, ou de parte deles, para depois de sua morte (art. 1.857 do CC).

Testamenteiro Pessoa designada por testador ou juiz para fazer cumprir disposições de última vontade mediante testamento ou codicilo; o que executa um testamento; o mesmo que testamentário (art. 1.976 do CC).

Testamento Ato unilateral, gratuito, solene e revogável, pelo qual alguém dispõe de seu patrimônio, depois de morte, ou faz outras declarações de última vontade (art. 1.857 do CC).

Testemunha Pessoa que preenche os requisitos legais para ser convocada a depor, judicial ou extrajudicialmente, sobre ato ou fato de que tem conhecimento (art. 228 do CC e art. 442 do CPC).

Título Documento jurídico pelo qual se outorga um direito ou se estabelece uma obrigação. Documento financeiro que representa uma dívida pública ou valor comercial. Modo de transmissão ou aquisição de direitos e da propriedade.

Toga Espécie de vestimenta preta que os magistrados dos tribunais usam durante os julgamentos e aqueles que colam grau em curso universitário. Beca; vestes talares.

Togado Que usa toga; que faz parte da magistratura. Diz-se também dos magistrados de carreira.

Tombamento Declaração feita pelo poder público quanto a valor histórico, artístico, paisagístico, turístico, cultural ou científico de coisas ou locais que, por isso, precisam ser preservados de acordo com inscrição em livro próprio. Forma de proteção ao patrimônio público garantida pela Constituição Federal.

Tradição Entrega da coisa pela qual a pessoa adquire o domínio do bem (art. 1.267 do CC).

Tráfico de pessoas agenciar, aliciar, recrutar, transportar, transferir, comprar, alojar ou acolher pessoa, mediante grave ameaça, violência, coação, fraude ou abuso, com a finalidade de remover-lhe órgãos, tecidos ou partes do corpo; submetê-la a trabalho em condições análogas à de escravo; submetê-la a qualquer tipo de servidão; adoção ilegal; ou exploração sexual (art. 149-A do CP).

Tramitação Andamento de processo seguindo formalidades legais e de praxe; trâmite; rito processual.

Transação Ato jurídico pelo qual as partes previnem ou extinguem obrigações litigiosas mediante concessões mútuas (art. 840 do CC).

Translado Nome dado à cópia do que está escrito no livro de notas.

Transmissão *causa mortis* Transmissão ou transferência de bens aos herdeiros ou sucessores decorrente do falecimento de uma pessoa, o *de cujus*, que deixa bens a serem inventariados e transmitidos. Decorre da sucessão hereditária, isto é, em consequência da morte do proprietário dos bens e da consequente abertura do inventário.

Transmissão *inter vivos* Transmissão ou transferência de bens que uma pessoa viva faz a outra. A transmissão pode ocorrer mediante contrato de compra e venda, doação ou adjudicação. A transmissão da coisa móvel se opera com a tradição; já a transmissão de imóvel somente se consolida mediante o registro do título translativo no Cartório de Registro de Imóveis (arts. 1.227 e 1.245 do CC).

Traslado Nome dado à cópia extraída por tabelião ou oficial de registro de instrumentos ou documentos lançados em suas notas.

Tréplica Diz-se da resposta a uma réplica. No júri, é o direito da defesa de responder a questões da acusação.

Tribunal Corpo de juízes, de superior instância, que se reúnem para julgar, cumulativamente, causas originárias e recursos de decisões de instância inferior.

Tribunal do júri Presidido por magistrado de carreira e composto por vinte e um juízes de fato (leigos) ou jurados, sete dos quais são escolhidos para compor o Conselho de Sentença.

Tributo Toda prestação pecuniária compulsória, em moeda, ou cujo valor nela se possa exprimir, que não seja sanção de ato ilícito, instituída em lei e cobrada mediante atividade administrativa plenamente vinculada.

Troca Permuta. Contrato pelo qual um dos contratantes se obriga a transferir a outro a propriedade de uma coisa, mediante o recebimento da propriedade de outra que não seja dinheiro (art. 533 do CC).

Turbação (da posse) Ato externo ou fato material que impede ou atenta contra o exercício da posse por seu legítimo possuidor (art. 1.210 do CC).

Tutela Encargo civil conferido por lei à pessoa juridicamente capaz para administrar os bens e cuidar da conduta de pessoa menor de idade que está fora do poder familiar, representando-a nos atos da vida civil (art. 1.728 do CC).

Tutela cautelar Medida de natureza preparatória ou preventiva que a lei faculta à parte promover, antes ou no curso do processo principal, quando houver receio de que a outra parte, antes do julgamento da lide principal, cause lesão grave e de difícil reparação a seu direito (art. 301 do CPC).

Tutela da evidência Medida judicial concedida independentemente da demonstração de perigo de dano ou de risco ao resultado útil do processo, quando, entre outras hipóteses, ficar caracterizado o abuso do direito de defesa ou o manifesto propósito protelatório da parte (art. 311 do CPC).

Tutela de urgência Medida judicial concedida quando houver elementos que evidenciem a probabilidade do direito e o perigo de dano ou o risco ao resultado útil do processo. Pode ser concedida liminarmente ou após justificação prévia. A tutela de urgência de natureza cautelar pode ser efetivada mediante arresto, sequestro, arrolamento de bens, registro de protesto contra alienação de bem e qualquer outra medida idônea para asseguração do direito (arts. 300 e 301 do CPC).

Tutor Pessoa investida da tutela, por lei, nomeação em testamento ou por determinação judicial (art. 1.731 do CC).

U

Ultra petita Fora do pedido, que vai além do pedido. A sentença não deve decidir além do que foi pedido pelo autor, nem aquém (*citra petita*), nem fora da questão proposta na inicial (*extra petita*).

Ultratividade da lei Aplicação dos dispositivos da lei após cessada sua vigência, incidindo sobre fatos ocorridos sob seu império.

Usucapião Modo originário de aquisição da propriedade móvel e imóvel por alguém pelo decurso do tempo. Funda-se na posse continuada e de boa-fé, durante o período fixado em lei (arts. 1.238 e segs. do CC).

Usucapião especial de imóvel urbano Aquisição da propriedade imóvel, mediante sentença declaratória, por aquele que possuir como sua área ou edificação urbana de até 250 metros quadrados, por cinco anos, ininterruptamente e sem oposição, utilizando-a para sua moradia ou de sua família, desde que não seja proprietário de outro imóvel urbano ou rural (art. 9º da Lei n. 10.257/2001 – Estatuto da Cidade).

Usucapião extraordinário Aquisição da propriedade imóvel, mediante sentença declaratória, por aquele que possuir, por quinze anos, sem interrupção nem oposição, um imóvel como seu, independentemente de título e boa-fé. O prazo será reduzido a dez anos se o possuidor houver estabelecido no imóvel a sua moradia habitual, ou nele realizado obras ou serviços de caráter produtivo (art. 1.238 do CC).

Usucapião ordinário Aquisição da propriedade imóvel, mediante sentença declaratória, por quem contínua e incontestadamente, com justo título e boa-fé, possuir um imóvel por dez anos. No entanto, será de cinco anos o prazo se o imóvel houver sido adquirido onerosamente, com base no registro constante do respectivo cartório, cancelado posteriormente, desde que os possuidores nele tiverem estabelecido a sua moradia, ou realizado investimentos de interesse social e econômico (art. 1.242 do CC).

Usucapião rural Aquisição de propriedade imóvel, mediante sentença declaratória, por aquele que, não sendo proprietário de imóvel rural ou urbano, possuir como sua, por cinco anos ininterruptos, sem oposição, área de terra em zona rural não superior a 50 hectares, tornando-a produtiva por seu trabalho ou de sua família, tendo nela sua moradia (art. 1.239 do CC).

Usucapião urbano Aquisição da propriedade imóvel, mediante sentença declaratória, por aquele que possuir como sua área urbana de até 250 metros quadrados por cinco anos, ininterruptamente e sem oposição, utilizando-a para sua moradia ou de sua família, desde que não seja proprietário de outro imóvel urbano ou rural (art. 1.240 do CC).

Usufruto Direito real pelo qual o usufrutuário pode usar coisa alheia e até patrimônio alheio, durante certo tempo, retirando frutos, utilidades e vantagens que o bem, móvel ou imóvel, produza. São partes no usufruto: o nu-proprietário, o dono do bem do qual se destacam os direitos de uso; e o usufrutuário, o beneficiário, aquele que usufrui desse direito (art. 1.390 do CC).

Usura Pecuniária ou real, é crime consistente em cobrar juros, comissões ou descontos percentuais sobre dívidas em dinheiro superiores à taxa permitida por lei.

Utilidade pública Proveito ou vantagem que se retira de alguma coisa em benefício do interesse público ou coletivo e que constitui um dos fundamentos para a desapropriação de imóvel urbano particular (art. 182, § 3º, da CF).

V

Vacância Qualidade do que está vago. Diz-se da herança jacente quando não aparecem herdeiros para os bens (art. 1.820 do CC).

Vacatio legis Período que decorre do dia da publicação da lei à data em que entra em vigência, durante o qual vigora a lei anterior sobre o mesmo assunto.

Valor da causa O valor da causa é o *quantum* em dinheiro que o autor pede ao réu. A determinação do valor da causa tem como objeto a determinação do rito processual e da competência, por isso deverá sempre constar da petição inicial (art. 291 do CPC).

Vara Nome dado à circunscrição em que o juiz exerce sua jurisdição. É um órgão de primeira instância.

Varão Referente ao homem ou ao sexo masculino. "Cônjuge varão".

Variação de recurso Modificação ou alteração de um recurso, mediante a substituição do recurso correto por outro, desde que interposto no mesmo prazo exigido para o recurso correto e que parte não incorra em má-fé ou em erro grosseiro. É também conhecido por fungibilidade de recurso, ou recurso fungível.

Varoa Diz-se do cônjuge do sexo feminino. Virago. A expressão *virago*, amplamente utilizada no meio jurídico, é contestada pelos eruditos, para quem o correto é cônjuge varoa.

Venda a contento Cláusula especial da compra e venda que se entende realizada sob condição suspensiva ainda que a coisa tenha sido entregue ao comprador (art. 519 do CC).

Venda *ad corpus* Venda que se caracteriza pela fixação de um preço único para a totalidade do imóvel vendido, com divisas e confrontações certas, considerando-se meramente enunciativa a referência às suas dimensões. Nesta modalidade de venda, o imóvel é alienado como corpo certo e individualizado, como sói acontecer com o terreno que possua divisas e confrontações certas e determinadas (art. 500, § 3º, do CC).

Venda *ad mensuram* Venda que implica a determinação do preço por unidade ou por medida de extensão, constituindo-se a área como condição do preço. Por consequência, todo imóvel que for vendido pelo valor de "tantos por metro quadrado, por hectare ou por alqueire", caracteriza a venda *ad mensuram*.

Venda *a non domino* Venda de coisa alheia ou daquilo que não é proveniente do dono. A anulação da venda, nesse caso, decorre do princípio de direito que somente pode dar em compra e venda quem é proprietário ou o seu legítimo representante para este fim.

Venda com reserva de domínio Determina que a coisa vendida voltará a integrar o patrimônio do vendedor se o preço avençado não for pago (art. 521 do CC).

Vênia conjugal Autorização de um dos cônjuges ao outro para que este pratique isoladamente ato para o qual se exige a participação ou consentimento de ambos (art. 1.647 do CC).

Veredicto Sentença proferida pelo Tribunal do Júri.

Verossimilhança Qualidade ou caráter de verossímil. Semelhante à verdade; que parece verdadeiro; provável.

Vias de fato Contravenção penal consistente em empregar força física contra outra pessoa, sem, contudo, causar-lhe lesão corporal (art. 129 do CP e art. 21 da LCP).

Vício redibitório Vício ou defeito oculto da coisa recebida, em razão de contrato comutativo, já existente antes da celebração do negócio jurídico, que impede que ela seja utilizada ou desvalorizada (art. 441 do CC).

Vintena Antiga denominação que se dava ao prêmio no valor de 1 a 5%, que o testador fixa em testamento ou o juiz arbitra, que se confere ao testamenteiro pela execução do testamento.

Virago Diz-se do cônjuge do sexo feminino. Embora vastamente utilizada no meio jurídico, a expressão *virago* é contestada pelos eruditos, para quem o correto é *cônjuge varoa*.

Vista dos autos Ato pelo qual as partes tomam conhecimento do conteúdo de um ato processual para sobre ele se manifestarem. O advogado tem direito a requerer, como procurador, vista dos autos de qualquer processo, pelo prazo de cinco dias (art. 107 do CPC).

Vistoria Meio de prova consistente no exame *in loco* de alguma coisa ou local, feito pessoalmente pelo juiz, pelo oficial de justiça ou por perito, para esclarecimento de fatos controvertidos (art. 872 do CPC).

Vistoria *ad perpetuam* Modalidade de prova antecipada, requerida como medida cautelar específica por quem pretenda documentar algum fato cujo desaparecimento seja provável, com o objetivo de utilizar essa prova em processo futuro. É também denominada *ad perpetuam rei memoriam*, podendo consistir no interrogatório da parte, na inquirição de testemunhas ou no exame pericial (art. 381 do CPC).

Vitaliciedade Garantia constitucional de que gozam os juízes. No primeiro grau, só será adquirida após dois anos de exercício, dependendo a perda do cargo, neste período, de libertação do tribunal a que o juiz estiver vinculado e, nos demais casos, de sentença judicial transitada em julgado (art. 95, I, da CF).

Vocação hereditária Ordem de chamamento ou convocação das pessoas com direito à sucessão para efeito de virem se habilitar ao quinhão que na herança lhes cabe (art. 1.798 do CC).

W

Warrant Conhecimento de depósito. Título de crédito, à ordem, transmissível, emitido pelas companhias de armazéns gerais, representativo das mercadorias dadas em depósito. Confere ao depositante a possibilidade de negociar as mercadorias em depósito. Assim, em vez de as mercadorias circularem, circulam os títulos que as representam.

X

Xavecar Agir de forma ilícita ou desonesta; praticar atos fraudulentos.

Xenofilia Estima ou simpatia excessiva a culturas, pessoas ou coisas estrangeiras.

Xenofobia Aversão a pessoas e coisas estrangeiras. Antipatia, desconfiança, temor ou rejeição por pessoas estranhas a seu meio e à sua cultura.

Xenófobo Aquele que tem xenofobia. Quem tem aversão a coisas ou pessoas estrangeiras.

Z

Zona Área, região ou espaço limitado. Área delimitada natural ou artificialmente.

Zona contígua Zona contígua brasileira que compreende uma faixa que se estende das 12 às 24 milhas marítimas, contadas a partir das linhas de base que servem para medir a largura do mar territorial. Na zona contígua, o Brasil poderá tomar as medidas de fiscalização necessárias para: evitar as infrações às leis e aos regulamentos aduaneiros, fiscais, de imigração ou sanitários, no seu território, ou no seu mar territorial; reprimir as infrações às leis e aos regulamentos, no seu território ou no seu mar territorial (arts. 4º e 5º da Lei n. 8.617/93).

Zona de fronteira Área considerada indispensável à Segurança Nacional correspondente à faixa interna de 150 km de largura, paralela à linha divisória terrestre do território nacional, que é designada como Faixa de Fronteira (art. 1º da Lei n. 6.634/79).

Zona de livre comércio Área de livre comércio criada por um grupo de países que concordou em eliminar as tarifas, quotas e barreiras alfandegárias e comerciais que recaem sobre a maior parte dos bens importados e exportados entre aqueles países, com o objetivo de estimular o comércio entre os países participantes. Nas zonas de livre comércio, cada país mantém a sua própria pauta aduaneira e as suas políticas comerciais para com terceiros países. As zonas de livre comércio possuem um Tratado de Livre Comércio (TLC), que é o acordo internacional entre determinados países, para conceder uma série de benefícios de forma mútua, caracterizando um livre comércio.

Zona de proteção ambiental Área em geral extensa, com um certo grau de ocupação humana, dotada de atributos abióticos, bióticos, estéticos ou culturais especialmente importantes para a qualidade de vida e o bem-estar das populações humanas, e tem como objetivos básicos proteger a diversidade biológica, disciplinar o processo de ocupação e assegurar a sustentabilidade do uso dos recursos naturais (art. 15 da Lei n. 9.985/2000).

Zona de segurança nacional Área correspondente à faixa interna de 150 km de largura, paralela à linha divisória terrestre do território nacional, que é designada como Faixa de Fronteira (art. 1º da Lei n. 6.634/79).

Zona econômica exclusiva Zona econômica exclusiva brasileira que compreende uma faixa que se estende das doze às duzentas milhas marítimas, contadas a partir das linhas de base que servem para medir a largura do mar territorial (arts. 6º e 7º da Lei n. 8.617/93).

Zona eleitoral Região geograficamente delimitada dentro de um Estado, gerenciada pelo cartório eleitoral, que centraliza e coordena os eleitores ali domiciliados. Pode ser composta por mais de um município, ou por parte dele.

Zona franca Área ou região determinada de um país na qual, por medida legal, há redução ou ausência de determinados impostos e tarifas, especialmente alfandegárias, como meio de incentivar o comércio e o desenvolvimento da região. São regiões onde o governo estimula a criação de empresas e indústrias com os impostos abaixo dos valores normais, além de ajudar com o capital financeiro.

Zona residencial Parte ou região de uma cidade, designada por Plano Diretor, destinada a construções residenciais horizontais, com permissão de apenas uma edificação por lote, vedadas as construções de prédios e o funcionamento de estabelecimentos comerciais ou de serviços.

Zona rural Designação de região ou área não urbanizada, ou não integrada à zona urbana, destinada a atividades de agricultura e pecuária, turismo rural, silvicultura ou conservação ambiental.

Zona urbana Zona definida em lei municipal, observando o requisito mínimo da existência de pelo menos dois melhoramentos, construídos ou mantidos pelo poder público: meio-fio ou calçamento, com canalização de águas pluviais; abastecimento de água; sistema de esgotos sanitários; rede de iluminação pública, com ou sem posteamento para distribuição domiciliar; escola primária ou posto de saúde a uma distância máxima de três quilômetros do imóvel considerado (art. 32, § 1º, do CTN).

Lei n. 8.906, de 04 de julho de 1994

Dispõe sobre o Estatuto da Advocacia e a Ordem dos Advogados do Brasil – OAB.

O PRESIDENTE DA REPÚBLICA:

Faço saber que o CONGRESSO NACIONAL decreta e eu sanciono a seguinte Lei:

TÍTULO I
DA ADVOCACIA

CAPÍTULO I
DA ATIVIDADE DA ADVOCACIA

▪ **Art. 1º** São atividades privativas de advocacia:

I – a postulação a órgão do Poder Judiciário e aos juizados especiais;

A ADIn n. 1.127-8 (*DOU* 26.05.2006) do STF declarou a inconstitucionalidade da expressão "qualquer" deste inciso.

II – as atividades de consultoria, assessoria e direção jurídicas.

§ 1º Não se inclui na atividade privativa de advocacia e impetração de *habeas corpus* em qualquer instância ou tribunal.

§ 2º Os atos e contratos constitutivos de pessoas jurídicas, sob pena de nulidade, só podem ser admitidos a registro, nos órgãos competentes, quando visados por advogados.

§ 3º É vedada a divulgação de advocacia em conjunto com outra atividade.

▪ **Art. 2º** O advogado é indispensável à administração da justiça.

§ 1º No seu ministério privado, o advogado presta serviço público e exerce função social.

§ 2º No processo judicial, o advogado contribui, na postulação de decisão favorável ao seu constituinte, ao convencimento do julgador, e seus atos constituem múnus público.

§ 2º-A. No processo administrativo, o advogado contribui com a postulação de decisão favorável ao seu constituinte, e os seus atos constituem múnus público.

Parágrafo acrescentado pela Lei n. 14.365, de 02.06.2022.

§ 3º No exercício da profissão, o advogado é inviolável por seus atos e manifestações, nos limites desta Lei.

▪ **Art. 2º-A.** O advogado pode contribuir com o processo legislativo e com a elaboração de normas jurídicas, no âmbito dos Poderes da República.

Artigo acrescentado pela Lei n. 14.365, de 02.06.2022.

▪ **Art. 3º** O exercício da atividade de advocacia no território brasileiro e a denominação de advogado são privativos dos inscritos na Ordem dos Advogados do Brasil – OAB.

§ 1º Exercem atividade de advocacia, sujeitando-se ao regime desta Lei, além do regime próprio a que se subordinem, os integrantes da Advocacia-Geral da União, da Procuradoria da Fazenda Nacional, da Defensoria Pública e das

Procuradorias e Consultorias Jurídicas dos Estados, do Distrito Federal, dos Municípios e das respectivas entidades de administração indireta e fundacional.

§ 2º O estagiário de advocacia, regularmente inscrito, pode praticar os atos previstos no art. 1º, na forma do Regulamento Geral, em conjunto com advogado e sob responsabilidade deste.

▪ **Art. 3º-A.** Os serviços profissionais de advogado são, por sua natureza, técnicos e singulares, quando comprovada sua notória especialização, nos termos da lei.

Artigo acrescentado pela Lei n. 14.039, de 04.07.2020.

Parágrafo único. Considera-se notória especialização o profissional ou a sociedade de advogados cujo conceito no campo de sua especialidade, decorrente de desempenho anterior, estudos, experiências, publicações, organização, aparelhamento, equipe técnica ou de outros requisitos relacionados com suas atividades, permita inferir que o seu trabalho é essencial e indiscutivelmente o mais adequado à plena satisfação do objeto do contrato.

▪ **Art. 4º** São nulos os atos privativos de advogado praticados por pessoa não inscrita na OAB, sem prejuízo das sanções civis, penais e administrativas.

Parágrafo único. São também nulos os atos praticados por advogado impedido – no âmbito do impedimento –, suspenso, licenciado ou que passar a exercer atividade incompatível com a advocacia.

▪ **Art. 5º** O advogado postula, em juízo ou fora dele, fazendo prova do mandato.

§ 1º O advogado, afirmando urgência, pode atuar sem procuração, obrigando-se a apresentá-la no prazo de 15 dias, prorrogável por igual período.

§ 2º A procuração para o foro em geral habilita o advogado a praticar todos os atos judiciais, em qualquer juízo ou instância, salvo os que exijam poderes especiais.

§ 3º O advogado que renunciar ao mandato continuará, durante os dez dias seguintes à notificação da renúncia, a representar o mandante, salvo se for substituído antes do término desse prazo.

§ 4º As atividades de consultoria e assessoria jurídicas podem ser exercidas de modo verbal ou por escrito, a critério do advogado e do cliente, e independem de outorga de mandato ou de formalização por contrato de honorários.

Parágrafo acrescentado pela Lei n. 14.365, de 02.06.2022.

CAPÍTULO II
DOS DIREITOS DO ADVOGADO

▪ **Art. 6º** Não há hierarquia nem subordinação entre advogados, magistrados e membros do Ministério Público, devendo todos tratar-se com consideração e respeito recíprocos.

§ 1º As autoridades e os servidores públicos dos Poderes da República, os serventuários da Justiça e os membros do Ministério Público devem dispensar ao advogado, no exercício da profissão, tratamento compatível com a dignidade da advocacia e condições adequadas a seu desempenho, preservando e resguardando, de ofício, a imagem, a reputação e a integridade do advogado nos termos desta Lei.

Antigo parágrafo único com redação dada pela Lei n. 14.365, de 02.06.2022, e renumerado pela Lei n. 14.508, de 27.12.2022.

§ 2º Durante as audiências de instrução e julgamento realizadas no Poder Judiciário, nos procedimentos de jurisdição contenciosa ou voluntária, os advogados do autor e do requerido devem permanecer no mesmo plano topográfico e em posição equidistante em relação ao magistrado que as presidir.

Parágrafo acrescentado pela Lei n. 14.508, de 27.12.2022.

▪ **Art. 7º** São direitos do advogado:

I – exercer, com liberdade, a profissão em todo o território nacional;

II – a inviolabilidade de seu escritório ou local de trabalho, bem como de seus instrumentos de trabalho, de sua correspondência escrita, eletrônica, telefônica e telemática, desde que relativas ao exercício da advocacia;

Inciso com redação dada pela Lei n. 11.767, de 07.08.2008.

III – comunicar-se com seus clientes, pessoal e reservadamente, mesmo sem procuração, quando estes se acharem presos, detidos ou recolhidos em estabelecimentos civis ou militares, ainda que considerados incomunicáveis;

IV – ter a presença de representante da OAB, quando preso em flagrante, por motivo ligado ao exercício da advocacia, para lavratura do auto respectivo, sob pena de nulidade e, nos demais casos, a comunicação expressa à seccional da OAB;

V – não ser recolhido preso, antes de sentença transitada em julgado, senão em sala de Estado Maior, com instalações e comodidades condignas, assim reconhecidas pela OAB, e, na sua falta, em prisão domiciliar;

A ADIn n. 1.127-8 (*DOU* 26.05.2006) do STF declarou a inconstitucionalidade da expressão "assim reconhecidas pela OAB" deste inciso.

VI – ingressar livremente:

a) nas salas de sessões dos tribunais, mesmo além dos cancelos que separam a parte reservada aos magistrados;

b) nas salas e dependências de audiência, secretarias, cartórios, ofícios de justiça, serviços notariais e de registro, e, no caso de delegacias e prisões, mesmo fora da hora de expediente e independentemente da presença de seus titulares;

c) em qualquer edifício ou recinto em que funcione repartição judicial ou outro serviço público onde o advogado deva praticar ato ou colher prova ou informação útil ao exercício da atividade profissional, dentro do expediente ou fora dele, e ser atendido, desde que se ache presente qualquer servidor ou empregado;

d) em qualquer assembleia ou reunião de que participe ou possa participar o seu cliente, ou perante a qual este deva comparecer, desde que munido de poderes especiais;

VII – permanecer sentado ou em pé e retirar-se de quaisquer locais indicados no inciso anterior, independentemente de licença;

VIII – dirigir-se diretamente aos magistrados nas salas e gabinetes de trabalho, independentemente de horário previamente marcado ou outra condição, observando-se a ordem de chegada;

IX – (*Vide* ADIn n. 1.127-8) (*Vide* ADIn n. 1.105-7.)

A ADIn n. 1.105 (*DOU* 19.09.2011) do STF declarou a inconstitucionalidade deste inciso.

IX-A – (*Vetado.*)

Inciso acrescentado pela Lei n. 14.365, de 02.06.2022.

X – usar da palavra, pela ordem, em qualquer tribunal judicial ou administrativo, órgão de deliberação coletiva da administração pública ou comissão parlamentar de inquérito, mediante intervenção pontual e sumária, para esclarecer equívoco ou dúvida surgida em relação a fatos, a documentos ou a afirmações que influam na decisão;

Inciso com redação dada pela Lei n. 14.365, de 02.06.2022.

XI – reclamar, verbalmente ou por escrito, perante qualquer juízo, tribunal ou autoridade, contra a inobservância de preceito de lei, regulamento ou regimento;

XII – falar, sentado ou em pé, em juízo, tribunal ou órgão de deliberação coletiva da Administração Pública ou do Poder Legislativo;

XIII – examinar, em qualquer órgão dos Poderes Judiciário e Legislativo, ou da Administração Pública em geral, autos de processos findos ou em andamento, mesmo sem procuração, quando não estiverem sujeitos a sigilo ou segredo de justiça, assegurada a obtenção de cópias, com possibilidade de tomar apontamentos;

Inciso com redação dada pela Lei n. 13.793, de 03.01.2019.

XIV – examinar, em qualquer instituição responsável por conduzir investigação, mesmo sem procuração, autos de flagrante e de investigações de qualquer natureza, findos ou em andamento, ainda que conclusos à autoridade, podendo copiar peças e tomar apontamentos, em meio físico ou digital;

Inciso com redação dada pela Lei n. 13.245, de 12.01.2016.

XV – ter vista dos processos judiciais ou administrativos de qualquer natureza, em cartório ou na repartição competente, ou retirá-los pelos prazos legais;

XVI – retirar autos de processos findos, mesmo sem procuração, pelo prazo de dez dias;

XVII – ser publicamente desagravado, quando ofendido no exercício da profissão ou em razão dela;

XVIII – usar os símbolos privativos da profissão de advogado;

XIX – recusar-se a depor como testemunha em processo no qual funcionou ou deva funcionar, ou sobre fato relacionado com pessoa de quem seja ou foi advogado, mesmo quando autorizado ou solicitado pelo constituinte, bem como sobre fato que constitua sigilo profissional;

XX – retirar-se do recinto onde se encontre aguardando pregão para ato judicial, após trinta minutos do horário designado e ao qual ainda não tenha comparecido a autoridade que deva presidir a ele, mediante comunicação protocolizada em juízo;

XXI – assistir a seus clientes investigados durante a apuração de infrações, sob pena de nulidade absoluta do respectivo interrogatório ou depoimento e, subsequentemente, de todos os elementos investigatórios e probatórios dele decorrentes ou derivados, direta ou indiretamente, podendo, inclusive, no curso da respectiva apuração:

Inciso acrescentado pela Lei n. 13.245, de 12.01.2016.

a) apresentar razões e quesitos;

Alínea acrescentada pela Lei n. 13.245, de 12.01.2016.

b) (*Vetado*).

Alínea acrescentada pela Lei n. 13.245, de 12.01.2016.

§ 1º (*Revogado pela Lei n. 14.365, de 02.06.2022.*)

§ 2º (*Revogado pela Lei n. 14.365, de 02.06.2022.*)

§ 2º-A. (*Vetado.*)

§ 2º-B. Poderá o advogado realizar a sustentação oral no recurso interposto contra a decisão monocrática de relator que julgar o mérito ou não conhecer dos seguintes recursos ou ações:

Parágrafo e incisos acrescentados pela Lei n. 14.365, de 02.06.2022.

I – recurso de apelação;

II – recurso ordinário;

III – recurso especial;

IV – recurso extraordinário;

V – embargos de divergência;

VI – ação rescisória, mandado de segurança, reclamação, *habeas corpus* e outras ações de competência originária.

§ 3º O advogado somente poderá ser preso em flagrante, por motivo de exercício da profissão, em caso de crime inafiançável, observado o disposto no inciso IV deste artigo.

§ 4º O Poder Judiciário e o Poder Executivo devem instalar, em todos os juizados, fóruns, tribunais, delegacias de polícia e presídios, salas especiais permanentes para os advogados, com uso e controle assegurados à OAB.

A ADIn n. 1.127-8 (*DOU* 26.05.2006) do STF declarou a inconstitucionalidade da expressão "e controle" deste inciso.

§ 5º No caso de ofensa a inscrito na OAB, no exercício da profissão ou de cargo ou função de órgão da OAB, o conselho competente deve promover o desagravo público do ofendido, sem prejuízo da responsabilidade criminal em que incorrer o infrator.

§ 6º Presentes indícios de autoria e materialidade da prática de crime por parte de advogado, a autoridade judiciária competente poderá decretar a quebra da inviolabilidade de que trata o inciso II do *caput* deste artigo, em decisão motivada, expedindo mandado de busca e apreensão, específico e pormenorizado, a ser cumprido na presença de representante da OAB, sendo, em qualquer hipótese, vedada a utilização dos documentos, das mídias e dos objetos pertencentes a clientes do advogado averiguado, bem como dos demais instrumentos de trabalho que contenham informações sobre clientes.

Parágrafo acrescentado pela Lei n. 11.767, de 07.08.2008.

§ 6º-A. A medida judicial cautelar que importe na violação do escritório ou do local de trabalho do advogado será determinada em hipótese excepcional, desde que exista fundamento em indício, pelo órgão acusatório.

Parágrafo acrescentado pela Lei n. 14.365, de 02.06.2022.

§ 6º-B. É vedada a determinação da medida cautelar prevista no § 6º-A deste artigo se fundada exclusivamente em elementos produzidos em declarações do colaborador sem confirmação por outros meios de prova.

Parágrafo acrescentado pela Lei n. 14.365, de 02.06.2022.

§ 6º-C. O representante da OAB referido no § 6º deste artigo tem o direito a ser respeitado pelos agentes responsáveis pelo cumprimento do mandado de busca e apreensão, sob pena de abuso de autoridade, e o dever de zelar pelo fiel cumprimento do objeto da investigação, bem como de impedir que documentos, mídias e objetos não relacionados à investigação, especialmente de outros processos do mesmo cliente ou de outros clientes que não sejam pertinentes à persecução penal, sejam analisados, fotografados, filmados, retirados ou apreendidos do escritório de advocacia.

Parágrafo acrescentado pela Lei n. 14.365, de 02.06.2022.

§ 6º-D. No caso de inviabilidade técnica quanto à segregação da documentação, da mídia ou dos objetos não relacionados à investigação, em razão da sua natureza ou volume, no momento da execução da decisão judicial de apreensão ou de retirada do material, a cadeia de custódia preservará o sigilo do seu conteúdo, assegurada a presença do representante da OAB, nos termos dos §§ 6º-F e 6º-G deste artigo.

Parágrafo acrescentado pela Lei n. 14.365, de 02.06.2022.

§ 6º-E. Na hipótese de inobservância do § 6º-D deste artigo pelo agente público responsável pelo cumprimento do mandado de busca e apreensão, o representante da OAB fará o relatório do fato ocorrido, com a inclusão dos nomes dos servidores, dará conhecimento à autoridade judiciária e o encaminhará à OAB para a elaboração de notícia-crime.

Parágrafo acrescentado pela Lei n. 14.365, de 02.06.2022.

§ 6º-F. É garantido o direito de acompanhamento por representante da OAB e pelo profissional investigado durante a análise dos documentos e dos dispositivos de armazenamento de informação pertencentes a advogado, apreendidos ou interceptados, em todos os atos, para assegurar o cumprimento do disposto no inciso II do *caput* deste artigo.

Parágrafo acrescentado pela Lei n. 14.365, de 02.06.2022.

§ 6º-G. A autoridade responsável informará, com antecedência mínima de 24 (vinte e quatro) horas, à seccional da OAB a data, o horário e o local em que serão analisados os documentos e os equipamentos apreendidos, garantido o direito de acompanhamento, em todos os atos, pelo representante da OAB e pelo profissional investigado para assegurar o disposto no § 6º-C deste artigo.

Parágrafo acrescentado pela Lei n. 14.365, de 02.06.2022.

§ 6º-H. Em casos de urgência devidamente fundamentada pelo juiz, a análise dos documentos e dos equipamentos apreendidos poderá acontecer em prazo inferior a 24 (vinte e quatro) horas, garantido o direito de acompanhamento, em todos os atos, pelo representante da OAB e pelo profissional investigado para assegurar o disposto no § 6º-C deste artigo.

Parágrafo acrescentado pela Lei n. 14.365, de 02.06.2022.

§ 6º-I. É vedado ao advogado efetuar colaboração premiada contra quem seja ou tenha sido seu cliente, e a inobservância disso importará em processo disciplinar, que poderá culminar com a aplicação do disposto no inciso III do *caput* do art. 35 desta Lei, sem prejuízo das penas previstas no art. 154 do Decreto-Lei n. 2.848, de 7 de dezembro de 1940 (Código Penal).

Parágrafo acrescentado pela Lei n. 14.365, de 02.06.2022.

§ 7º A ressalva constante do § 6º deste artigo não se estende a clientes do advogado averiguado que estejam sendo formalmente investigados como seus partícipes ou coautores pela prática do mesmo crime que deu causa à quebra da inviolabilidade.

Parágrafo acrescentado pela Lei n. 11.767, de 07.08.2008.

§§ 8º e 9º *(Vetados.)*

Parágrafos acrescentados pela Lei n. 11.767, de 07.08.2008.

§ 10. Nos autos sujeitos a sigilo, deve o advogado apresentar procuração para o exercício dos direitos de que trata o inciso XIV.

Parágrafo acrescentado pela Lei n. 13.245, de 12.01.2016.

§ 11. No caso previsto no inciso XIV, a autoridade competente poderá delimitar o acesso do advogado aos elementos de prova relacionados a diligências em andamento e ainda não documentados nos autos, quando houver risco de comprometimento da eficiência, da eficácia ou da finalidade das diligências.

Parágrafo acrescentado pela Lei n. 13.245, de 12.01.2016.

§ 12. A inobservância aos direitos estabelecidos no inciso XIV, o fornecimento incompleto de autos ou o fornecimento de autos em que houve a retirada de peças já incluídas no caderno investigativo implicará responsabilização criminal e funcional por abuso de autoridade do responsável que impedir o acesso do advogado com o intuito de prejudicar o exercício da defesa, sem prejuízo do direito subjetivo do advogado de requerer acesso aos autos ao juiz competente.

Parágrafo acrescentado pela Lei n. 13.245, de 12.01.2016.

§ 13. O disposto nos incisos XIII e XIV do *caput* deste artigo aplica-se integralmente a processos e a procedimentos eletrônicos, ressalvado o disposto nos §§ 10 e 11 deste artigo.

Parágrafo acrescentado pela Lei n. 13.793, de 03.01.2019.

§ 14. Cabe, privativamente, ao Conselho Federal da OAB, em processo disciplinar próprio, dispor, analisar e decidir sobre a prestação efetiva do serviço jurídico realizado pelo advogado.

Parágrafo acrescentado pela Lei n. 14.365, de 02.06.2022.

§ 15. Cabe ao Conselho Federal da OAB dispor, analisar e decidir sobre os honorários advocatícios dos serviços jurídicos realizados pelo advogado, resguardado o sigilo, nos termos do Capítulo VI desta Lei, e observado o disposto no inciso XXXV do *caput* do art. 5º da Constituição Federal.

Parágrafo acrescentado pela Lei n. 14.365, de 02.06.2022.

§ 16. É nulo, em qualquer esfera de responsabilização, o ato praticado com violação da competência privativa do Conselho Federal da OAB prevista no § 14 deste artigo.

Parágrafo acrescentado pela Lei n. 14.365, de 02.06.2022.

▪ **Art. 7º-A.** São direitos da advogada:

Artigo acrescentado pela Lei n. 13.363, de 25.11.2016.

I – gestante:

a) entrada em tribunais sem ser submetida a detectores de metais e aparelhos de raios X;

b) reserva de vaga em garagens dos fóruns dos tribunais;

II – lactante, adotante ou que der à luz, acesso a creche, onde houver, ou a local adequado ao atendimento das necessidades do bebê;

III – gestante, lactante, adotante ou que der à luz, preferência na ordem das sustentações orais e das audiências a serem realizadas a cada dia, mediante comprovação de sua condição;

IV – adotante ou que der à luz, suspensão de prazos processuais quando for a única patrona da causa, desde que haja notificação por escrito ao cliente.

§ 1º Os direitos previstos à advogada gestante ou lactante aplicam-se enquanto perdurar, respectivamente, o estado gravídico ou o período de amamentação.

§ 2º Os direitos assegurados nos incisos II e III deste artigo à advogada adotante ou que der à luz serão concedidos pelo prazo previsto no art. 392 do Decreto-lei n. 5.452, de 1º de maio de 1943 (Consolidação das Leis do Trabalho).

§ 3º O direito assegurado no inciso IV deste artigo à advogada adotante ou que der à luz será concedido pelo prazo previsto no § 6º do art. 313 da Lei n. 13.105, de 16 de março de 2015 (Código de Processo Civil).

▪ **Art. 7º-B.** Constitui crime violar direito ou prerrogativa de advogado previstos nos incisos II, III, IV e V do *caput* do art. 7º desta Lei:

Pena – detenção, de 2 (dois) a 4 (quatro) anos, e multa.

Artigo com redação dada pela Lei n. 14.365, de 02.06.2022.

CAPÍTULO III
DA INSCRIÇÃO

▪ **Art. 8º** Para inscrição como advogado é necessário:

I – capacidade civil;

II – diploma ou certidão de graduação em direito, obtido em instituição de ensino oficialmente autorizada e credenciada;

III – título de eleitor e quitação do serviço militar, se brasileiro;

IV – aprovação em Exame de Ordem;

V – não exercer atividade incompatível com a advocacia;

VI – idoneidade moral;

VII – prestar compromisso perante o Conselho.

§ 1º O Exame de Ordem é regulamentado em provimento do Conselho Federal da OAB.

§ 2º O estrangeiro ou brasileiro, quando não graduado em direito no Brasil, deve fazer prova do título de graduação, obtido em instituição estrangeira, devidamente revalidado, além de atender aos demais requisitos previstos neste artigo.

§ 3º A inidoneidade moral, suscitada por qualquer pessoa, deve ser declarada mediante decisão que obtenha no mínimo dois terços dos votos de todos os membros do conselho competente, em procedimento que observe os termos do processo disciplinar.

§ 4º Não atende ao requisito de idoneidade moral aquele que tiver sido condenado por crime infamante, salvo reabilitação judicial.

▪ **Art. 9º** Para inscrição como estagiário é necessário:

I – preencher os requisitos mencionados nos incisos I, III, V, VI e VII do art. 8º;

II – ter sido admitido em estágio profissional de advocacia.

§ 1º O estágio profissional de advocacia, com duração de dois anos, realizado nos últimos anos do curso jurídico, pode ser mantido pelas respectivas instituições de ensino superior, pelos Conselhos da OAB, ou por setores, órgãos jurídicos e escritórios de advocacia credenciados pela OAB, sendo obrigatório o estudo deste Estatuto e do Código de Ética e Disciplina.

§ 2º A inscrição do estagiário é feita no Conselho Seccional em cujo território se localize seu curso jurídico.

§ 3º O aluno de curso jurídico que exerça atividade incompatível com a advocacia pode frequentar o estágio ministrado pela respectiva instituição de ensino superior, para fins de aprendizagem, vedada a inscrição na OAB.

§ 4º O estágio profissional poderá ser cumprido por bacharel em Direito que queira se inscrever na Ordem.

§ 5º Em caso de pandemia ou em outras situações excepcionais que impossibilitem as atividades presenciais, declaradas pelo poder público, o estágio profissional poderá ser realizado no regime de teletrabalho ou de trabalho a distância em sistema remoto ou não, por qualquer meio telemático, sem configurar vínculo de emprego a adoção de qualquer uma dessas modalidades.

Parágrafo acrescentado pela Lei n. 14.365, de 02.06.2022.

§ 6º Se houver concessão, pela parte contratante ou conveniada, de equipamentos, sistemas e materiais ou reembolso de despesas de infraestrutura ou instalação, todos destinados a viabilizar a realização da atividade de estágio prevista no § 5º deste artigo, essa informação deverá constar, expressamente, do convênio de estágio e do termo de estágio.

Parágrafo acrescentado pela Lei n. 14.365, de 02.06.2022.

▪ **Art. 10.** A inscrição principal do advogado deve ser feita no Conselho Seccional em cujo território pretende estabelecer o seu domicílio profissional, na forma do Regulamento Geral.

§ 1º Considera-se domicílio profissional a sede principal da atividade de advocacia, prevalecendo, na dúvida, o domicílio da pessoa física do advogado.

§ 2º Além da principal, o advogado deve promover a inscrição suplementar nos Conselhos Seccionais em cujos territórios passar a exercer habitualmente a profissão, considerando-se habitualidade a intervenção judicial que exceder de cinco causas por ano.

§ 3º No caso de mudança efetiva de domicílio profissional para outra unidade federativa, deve o advogado requerer a transferência de sua inscrição para o Conselho Seccional correspondente.

§ 4º O Conselho Seccional deve suspender o pedido de transferência ou de inscrição suplementar, ao verificar a existência de vício ou ilegalidade na inscrição principal, contra ela representando ao Conselho Federal.

▪ **Art. 11.** Cancela-se a inscrição do profissional que:

I – assim o requerer;

II – sofrer penalidade de exclusão;

III – falecer;

IV – passar a exercer, em caráter definitivo, atividade incompatível com a advocacia;

V – perder qualquer um dos requisitos necessários para inscrição.

§ 1º Ocorrendo uma das hipóteses dos incisos II, III e IV, o cancelamento deve ser promovido, de ofício, pelo Conselho competente ou em virtude de comunicação por qualquer pessoa.

§ 2º Na hipótese de novo pedido de inscrição – que não restaura o número de inscrição anterior – deve o interessado fazer prova dos requisitos dos incisos I, V, VI e VII do art. 8º.

§ 3º Na hipótese do inciso II deste artigo, o novo pedido de inscrição também deve ser acompanhado de provas de reabilitação.

▪ **Art. 12.** Licencia-se o profissional que:

I – assim o requerer, por motivo justificado;

II – passar a exercer, em caráter temporário, atividade incompatível com o exercício da advocacia;

III – sofrer doença mental considerada curável.

▪ **Art. 13.** O documento de identidade profissional, na forma prevista no Regulamento Geral, é de uso obrigatório no exercício da atividade de advogado ou de estagiário e constitui prova de identidade civil para todos os fins legais.

▪ **Art. 14.** É obrigatória a indicação do nome e do número de inscrição em todos os documentos assinados pelo advogado, no exercício de sua atividade.

Parágrafo único. É vedado anunciar ou divulgar qualquer atividade relacionada com o exercício da advocacia ou o uso da expressão "escritório de advocacia", sem indicação expressa do nome e do número de inscrição dos advogados que o integrem ou o número de registro da sociedade de advogados na OAB.

CAPÍTULO IV
DA SOCIEDADE DE ADVOGADOS

▪ **Art. 15.** Os advogados podem reunir-se em sociedade simples de prestação de serviços de advocacia ou constituir sociedade unipessoal de advocacia, na forma disciplinada nesta Lei e no regulamento geral.

Caput com redação dada pela Lei n. 13.247, de 12.01.2016.

§ 1º A sociedade de advogados e a sociedade unipessoal de advocacia adquirem personalidade jurídica com o registro aprovado dos seus atos constitutivos no Conselho Seccional da OAB em cuja base territorial tiver sede.

Parágrafo com redação dada pela Lei n. 13.247, de 12.01.2016.

§ 2º Aplica-se à sociedade de advogados e à sociedade unipessoal de advocacia o Código de Ética e Disciplina, no que couber.

Parágrafo com redação dada pela Lei n. 13.247, de 12.01.2016.

§ 3º As procurações devem ser outorgadas individualmente aos advogados e indicar a sociedade de que façam parte.

§ 4º Nenhum advogado pode integrar mais de uma sociedade de advogados, constituir mais de uma sociedade unipessoal de advocacia, ou integrar, simultaneamente, uma sociedade de advogados e uma sociedade unipessoal de advocacia, com sede ou filial na mesma área territorial do respectivo Conselho Seccional.

Parágrafo com redação dada pela Lei n. 13.247, de 12.01.2016.

§ 5º O ato de constituição de filial deve ser averbado no registro da sociedade e arquivado no Conselho Seccional onde se instalar, ficando os sócios, inclusive o titular da sociedade unipessoal de advocacia, obrigados à inscrição suplementar.

Parágrafo com redação dada pela Lei n. 13.247, de 12.01.2016.

§ 6º Os advogados sócios de uma mesma sociedade profissional não podem representar em juízo clientes de interesses opostos.

§ 7º A sociedade unipessoal de advocacia pode resultar da concentração por um advogado das quotas de uma sociedade de advogados, independentemente das razões que motivaram tal concentração.

Parágrafo acrescentado pela Lei n. 13.247, de 12.01.2016.

§ 8º Nas sociedades de advogados, a escolha do sócio-administrador poderá recair sobre advogado que atue como servidor da administração direta, indireta e fundacional, desde que não esteja sujeito ao regime de dedicação exclusiva, não lhe sendo aplicável o disposto no inciso X do caput do art. 117 da Lei nº 8.112, de 11 de dezembro de 1990, no que se refere à sociedade de advogados.

Parágrafo acrescentado pela Lei n. 14.365, de 02.06.2022.

§ 9º A sociedade de advogados e a sociedade unipessoal de advocacia deverão recolher seus tributos sobre a parcela da receita que efetivamente lhes couber, com a exclusão da receita que for transferida a outros advogados ou a sociedades que atuem em forma de parceria para o atendimento do cliente.

Parágrafo acrescentado pela Lei n. 14.365, de 02.06.2022.

§ 10. Cabem ao Conselho Federal da OAB a fiscalização, o acompanhamento e a definição de parâmetros e de diretrizes da relação jurídica mantida entre advogados e sociedades de advogados ou entre escritório de advogados sócios e advogado associado, inclusive no que se refere ao cumprimento dos requisitos norteadores da associação sem vínculo empregatício autorizada expressamente neste artigo.

Parágrafo acrescentado pela Lei n. 14.365, de 02.06.2022.

§ 11. Não será admitida a averbação do contrato de associação que contenha, em conjunto, os elementos caracterizadores de relação de emprego previstos na Consolidação das Leis do Trabalho (CLT), aprovada pelo Decreto-Lei n. 5.452, de 1º de maio de 1943.

Parágrafo acrescentado pela Lei n. 14.365, de 02.06.2022.

§ 12. A sociedade de advogados e a sociedade unipessoal de advocacia podem ter como sede, filial ou local de trabalho espaço de uso individual ou compartilhado com outros escritórios de advocacia ou empresas, desde que respeitadas as hipóteses de sigilo previstas nesta Lei e no Código de Ética e Disciplina.

Parágrafo acrescentado pela Lei n. 14.365, de 02.06.2022.

▪ **Art. 16.** Não são admitidas a registro nem podem funcionar todas as espécies de sociedades de advogados que apresentem forma ou características de sociedade empresária, que adotem denominação de fantasia, que realizem atividades estranhas à advocacia, que incluam como sócio ou titular de sociedade unipessoal de advocacia pessoa não inscrita como advogado ou totalmente proibida de advogar.

Caput com redação dada pela Lei n. 13.247, de 12.01.2016.

§ 1º A razão social deve ter, obrigatoriamente, o nome de, pelo menos, um advogado responsável pela sociedade, podendo permanecer o de sócio falecido, desde que prevista tal possibilidade no ato constitutivo.

§ 2º O impedimento ou a incompatibilidade em caráter temporário do advogado não o exclui da sociedade de advogados à qual pertença e deve ser averbado no registro da sociedade, observado o disposto nos arts. 27, 28, 29 e 30 desta Lei e proibida, em qualquer hipótese, a exploração de seu nome e de sua imagem em favor da sociedade.

Parágrafo com redação dada pela Lei n. 14.365, de 02.06.2022.

§ 3º É proibido o registro, nos cartórios de registro civil de pessoas jurídicas e nas juntas comerciais, de sociedade que inclua, entre outras finalidades, a atividade de advocacia.

§ 4º A denominação da sociedade unipessoal de advocacia deve ser obrigatoriamente formada pelo nome do seu titular, completo ou parcial, com a expressão "Sociedade Individual de Advocacia".

Parágrafo acrescentado pela Lei n. 13.247, de 12.01.2016.

▪ **Art. 17.** Além da sociedade, o sócio e o titular da sociedade individual de advocacia respondem subsidiária e ilimitadamente pelos danos causados aos clientes por ação ou omissão no exercício da advocacia, sem prejuízo da responsabilidade disciplinar em que possam incorrer.

Artigo com redação dada pela Lei n. 13.247, de 12.01.2016.

▪ **Art. 17-A.** O advogado poderá associar-se a uma ou mais sociedades de advogados ou sociedades unipessoais de advocacia, sem que estejam presentes os requisitos legais de vínculo empregatício, para prestação de serviços e participação nos resultados, na forma do Regulamento Geral e de Provimentos do Conselho Federal da OAB.

Artigo acrescentado pela Lei n. 14.365, de 02.06.2022.

▪ **Art. 17-B.** A associação de que trata o art. 17-A desta Lei dar-se-á por meio de pactuação de contrato próprio, que poderá ser de caráter geral ou restringir-se a determinada causa ou trabalho e que deverá ser registrado no Conselho Seccional da OAB em cuja base territorial tiver sede a sociedade de advogados que dele tomar parte.

Artigo acrescentado pela Lei n. 14.365, de 02.06.2022.

Parágrafo único. No contrato de associação, o advogado sócio ou associado e a sociedade pactuarão as condições para o desempenho da atividade advocatícia e estipularão livremente os critérios para a partilha dos resultados dela decorrentes, devendo o contrato conter, no mínimo:

I – qualificação das partes, com referência expressa à inscrição no Conselho Seccional da OAB competente;

II – especificação e delimitação do serviço a ser prestado;

III – forma de repartição dos riscos e das receitas entre as partes, vedada a atribuição da totalidade dos riscos ou das receitas exclusivamente a uma delas;

IV – responsabilidade pelo fornecimento de condições materiais e pelo custeio das despesas necessárias à execução dos serviços;

V – prazo de duração do contrato.

CAPÍTULO V
DO ADVOGADO EMPREGADO

▪ **Art. 18.** A relação de emprego, na qualidade de advogado, não retira a isenção técnica nem reduz a independência profissional inerentes à advocacia.

§ 1º O advogado empregado não está obrigado à prestação de serviços profissionais de interesse pessoal dos empregadores, fora da relação de emprego.

Parágrafo acrescentado pela Lei n. 14.365, de 02.06.2022.

§ 2º As atividades do advogado empregado poderão ser realizadas, a critério do empregador, em qualquer um dos seguintes regimes:

Parágrafo e incisos acrescentados pela Lei n. 14.365, de 02.06.2022.

I – exclusivamente presencial: modalidade na qual o advogado empregado, desde o início da contratação, realizará o trabalho nas dependências ou locais indicados pelo empregador;

II – não presencial, teletrabalho ou trabalho a distância: modalidade na qual, desde o início da contratação, o trabalho será preponderantemente realizado fora das dependências do empregador, observado que o comparecimento nas dependências de forma não permanente, variável ou para participação em reuniões ou em eventos presenciais não descaracterizará o regime não presencial;

III – misto: modalidade na qual as atividades do advogado poderão ser presenciais, no estabelecimento do contratante ou onde este indicar, ou não presenciais, conforme as condições definidas pelo empregador em seu regulamento empresarial, independentemente de preponderância ou não.

§ 3º Na vigência da relação de emprego, as partes poderão pactuar, por acordo individual simples, a alteração de um regime para outro.

Parágrafo acrescentado pela Lei n. 14.365, de 02.06.2022.

▪ **Art. 19.** O salário mínimo profissional do advogado será fixado em sentença normativa, salvo se ajustado em acordo ou convenção coletiva de trabalho.

▪ **Art. 20.** A jornada de trabalho do advogado empregado, quando prestar serviço para empresas, não poderá exceder a duração diária de 8 (oito) horas contínuas e a de 40 (quarenta) horas semanais.

Caput com redação dada pela Lei n. 14.365, de 02.06.2022.

§ 1º Para efeitos deste artigo, considera-se como período de trabalho o tempo em que o advogado estiver à disposição do empregador, aguardando ou executando ordens, no seu escritório ou em atividades externas, sendo-lhe reembolsadas as despesas feitas com transporte, hospedagem e alimentação.

§ 2º As horas trabalhadas que excederem a jornada normal são remuneradas por um adicional não inferior a cem por cento sobre o valor da hora normal, mesmo havendo contrato escrito.

§ 3º As horas trabalhadas no período das vinte horas de um dia até as cinco horas do dia seguinte são remuneradas como noturnas, acrescidas do adicional de vinte e cinco por cento.

▪ **Art. 21.** Nas causas em que for parte o empregador, ou pessoa por este representada, os honorários de sucumbência são devidos aos advogados empregados.

Parágrafo único. Os honorários de sucumbência, percebidos por advogado empregado de sociedade de advogados são partilhados entre ele e a empregadora, na forma estabelecida em acordo.

A ADIn n. 1.194-4 do STF, em liminar concedida em 14.02.1996, limitou a aplicação deste parágrafo aos casos em que não exista disposição contratual em contrário.

CAPÍTULO VI
DOS HONORÁRIOS ADVOCATÍCIOS

▪ **Art. 22.** A prestação de serviço profissional assegura aos inscritos na OAB o direito aos honorários convencionados, aos fixados por arbitramento judicial e aos de sucumbência.

§ 1º O advogado, quando indicado para patrocinar causa de juridicamente necessitado, no caso de impossibilidade da Defensoria Pública no local da prestação de serviço, tem direito aos honorários fixados pelo Juiz, segundo tabela organizada pelo Conselho Seccional da OAB, e pagos pelo Estado.

§ 2º Na falta de estipulação ou de acordo, os honorários são fixados por arbitramento judicial, em remuneração compatível com o trabalho e o valor econômico da questão, observado obrigatoriamente o disposto nos §§ 2º, 3º, 4º, 5º, 6º, 6º-A, 8º, 8º-A, 9º e 10 do art. 85 da Lei n. 13.105, de 16 de março de 2015 (Código de Processo Civil).

Parágrafo com redação dada pela Lei n. 14.365, de 02.06.2022.

§ 3º Salvo estipulação em contrário, 1/3 (um terço) dos honorários é devido no início do serviço, outro terço até a decisão de primeira instância e o restante no final.

§ 4º Se o advogado fizer juntar aos autos o seu contrato de honorários antes de expedir-se o mandado de levantamento ou precatório, o Juiz deve determinar que lhe sejam pagos diretamente, por dedução da quantia a ser recebida pelo constituinte, salvo se este provar que já os pagou.

§ 5º O disposto neste artigo não se aplica quando se tratar de mandato outorgado por advogado para defesa em processo oriundo de ato ou omissão praticada no exercício da profissão.

§ 6º O disposto neste artigo aplica-se aos honorários assistenciais, compreendidos como os fixados em ações coletivas propostas por entidades de classe em substituição processual, sem prejuízo aos honorários convencionais.

Parágrafo acrescentado pela Lei n. 13.725, de 04.10.2018.

§ 7º Os honorários convencionados com entidades de classe para atuação em substituição processual poderão prever a faculdade de indicar os beneficiários que, ao optarem por adquirir os direitos, assumirão as obrigações decorrentes do contrato originário a partir do momento em que este foi celebrado, sem a necessidade de mais formalidades.

Parágrafo acrescentado pela Lei n. 13.725, de 04.10.2018.

§ 8º Consideram-se também honorários convencionados aqueles decorrentes da indicação de cliente entre advogados ou sociedade de advogados, aplicada a regra prevista no § 9º do art. 15 desta Lei.

Parágrafo acrescentado pela Lei n. 14.365, de 02.06.2022.

▪ **Art. 22-A.** Fica permitida a dedução de honorários advocatícios contratuais dos valores acrescidos, a título de juros de mora, ao montante repassado aos Estados e aos Municípios na forma de precatórios, como complementação de fundos constitucionais.

Artigo acrescentado pela Lei n. 14.365, de 02.06.2022.

Parágrafo único. A dedução a que se refere o *caput* deste artigo não será permitida aos advogados nas causas que decorram da execução de título judicial constituído em ação civil pública ajuizada pelo Ministério Público Federal.

▪ **Art. 23.** Os honorários incluídos na condenação, por arbitramento ou sucumbência, pertencem ao advogado, tendo este direito autônomo para executar a sentença nesta parte, podendo requerer que o precatório, quando necessário, seja expedido em seu favor.

Veja ADI n. 6.053.

▪ **Art. 24.** A decisão judicial que fixar ou arbitrar honorários e o contrato escrito que os estipular são títulos executivos e constituem crédito privilegiado na falência, concordata, concurso de credores, insolvência civil e liquidação extrajudicial.

§ 1º A execução dos honorários pode ser promovida nos mesmos autos da ação em que tenha atuado o advogado, se assim lhe convier.

§ 2º Na hipótese de falecimento ou incapacidade civil do advogado, os honorários de sucumbência, proporcionais ao trabalho realizado, são recebidos por seus sucessores ou representantes legais.

§ 3º (*Vide* ADI n. 1.194-4.)

§ 3º-A. Nos casos judiciais e administrativos, as disposições, as cláusulas, os regulamentos ou as convenções individuais ou coletivas que retirem do sócio o direito ao recebimento dos honorários de sucumbência serão válidos somente após o protocolo de petição que revogue os poderes que lhe foram outorgados ou que noticie a renúncia a eles, e os honorários serão devidos proporcionalmente ao trabalho realizado nos processos.

Parágrafo acrescentado pela Lei n. 14.365, de 02.06.2022.

§ 4º O acordo feito pelo cliente do advogado e a parte contrária, salvo aquiescência do profissional, não lhe prejudica os honorários, quer os convencionados, quer os concedidos por sentença.

§ 5º Salvo renúncia expressa do advogado aos honorários pactuados na hipótese de encerramento da relação contratual com o cliente, o advogado mantém o direito aos honorários proporcionais ao trabalho realizado nos processos judiciais e administrativos em que tenha atuado, nos exatos termos do contrato celebrado, inclusive em relação aos eventos de sucesso que porventura venham a ocorrer após o encerramento da relação contratual.

Parágrafo acrescentado pela Lei n. 14.365, de 02.06.2022.

§ 6º O distrato e a rescisão do contrato de prestação de serviços advocatícios, mesmo que formalmente celebrados, não configuram renúncia expressa aos honorários pactuados.

Parágrafo acrescentado pela Lei n. 14.365, de 02.06.2022.

§ 7º Na ausência do contrato referido no § 6º deste artigo, os honorários advocatícios serão arbitrados conforme o disposto no art. 22 desta Lei.

Parágrafo acrescentado pela Lei n. 14.365, de 02.06.2022.

▪ **Art. 24-A.** No caso de bloqueio universal do patrimônio do cliente por decisão judicial, garantir-se-á ao advogado a liberação de até 20% (vinte por cento) dos bens bloqueados para fins de recebimento de honorários e reembolso de gastos com a defesa, ressalvadas as causas relacionadas aos crimes previstos na Lei n. 11.343, de 23 de agosto de 2006 (Lei de Drogas), e observado o disposto no parágrafo único do art. 243 da Constituição Federal.

Artigo acrescentado pela Lei n. 14.365, de 02.06.2022.

§ 1º O pedido de desbloqueio de bens será feito em autos apartados, que permanecerão em sigilo, mediante a apresentação do respectivo contrato.

§ 2º O desbloqueio de bens observará, preferencialmente, a ordem estabelecida no art. 835 da Lei n. 13.105, de 16 de março de 2015 (Código de Processo Civil).

§ 3º Quando se tratar de dinheiro em espécie, de depósito ou de aplicação em instituição financeira, os valores serão transferidos diretamente para a conta do advogado ou do escritório de advocacia responsável pela defesa.

§ 4º Nos demais casos, o advogado poderá optar pela adjudicação do próprio bem ou por sua venda em hasta pública para satisfação dos honorários devidos, nos termos do art. 879 e seguintes da Lei n. 13.105, de 16 de março de 2015 (Código de Processo Civil).

§ 5º O valor excedente deverá ser depositado em conta vinculada ao processo judicial.

▪ **Art. 25.** Prescreve em 5 (cinco) anos a ação de cobrança de honorários de advogado, contado o prazo:

I – do vencimento do contrato, se houver;

II – do trânsito em julgado da decisão que os fixar;

III – da ultimação do serviço extrajudicial;

IV – da desistência ou transação;

V – da renúncia ou revogação do mandato.

▪ **Art. 25-A.** Prescreve em cinco anos a ação de prestação de contas pelas quantias recebidas pelo advogado de seu cliente, ou de terceiros por conta dele (art. 34, XXI).

Artigo acrescentado pela Lei n. 11.902, de 12.01.2009.

▪ **Art. 26.** O advogado substabelecido, com reserva de poderes, não pode cobrar honorários sem a intervenção daquele que lhe conferiu o substabelecimento.

Parágrafo único. O disposto no *caput* deste artigo não se aplica na hipótese de o advogado substabelecido, com reservas de poderes, possuir contrato celebrado com o cliente.

Parágrafo acrescentado pela Lei n. 14.365, de 02.06.2022.

CAPÍTULO VII
DAS INCOMPATIBILIDADES E IMPEDIMENTOS

▪ **Art. 27.** A incompatibilidade determina a proibição total, e o impedimento, a proibição parcial do exercício da advocacia.

▪ **Art. 28.** A advocacia é incompatível, mesmo em causa própria, com as seguintes atividades:

I – chefe do Poder Executivo e membros da Mesa do Poder Legislativo e seus substitutos legais;

II – membros de órgãos do Poder Judiciário, do Ministério Público, dos tribunais e conselhos de contas, dos juizados especiais, da justiça de paz, juízes classistas, bem como de todos os que exerçam função de julgamento em órgãos de deliberação coletiva da administração pública direta ou indireta;

A ADIn n. 1.127-8 (*DOU* 26.05.2006) do STF determina que sejam excluídos da abrangência deste inciso os juízes eleitorais e seus suplentes.

Veja art. 83 desta Lei.

III – ocupantes de cargos ou funções de direção em órgãos da Administração Pública direta ou indireta, em suas fundações e em suas empresas controladas ou concessionárias de serviço público;

IV – ocupantes de cargos ou funções vinculados direta ou indiretamente a qualquer órgão do Poder Judiciário e os que exercem serviços notariais e de registro;

V – ocupantes de cargos ou funções vinculados direta ou indiretamente a atividade policial de qualquer natureza;

VI – militares de qualquer natureza, na ativa;

VII – ocupantes de cargos ou funções que tenham competência de lançamento, arrecadação ou fiscalização de tributos e contribuições parafiscais;

VIII – ocupantes de funções de direção e gerência em instituições financeiras, inclusive privadas.

§ 1º A incompatibilidade permanece mesmo que o ocupante do cargo ou função deixe de exercê-lo temporariamente.

§ 2º Não se incluem nas hipóteses do inciso III os que não detenham poder de decisão relevante sobre interesses de terceiro, a juízo do Conselho competente da OAB, bem como a administração acadêmica diretamente relacionada ao magistério jurídico.

§ 3º As causas de incompatibilidade previstas nas hipóteses dos incisos V e VI do *caput* deste artigo não se aplicam ao exercício da advocacia em causa própria, estritamente para fins de defesa e tutela de direitos pessoais, desde que mediante inscrição especial na OAB, vedada a participação em sociedade de advogados.

Parágrafo acrescentado pela Lei n. 14.365, de 02.06.2022.

Veja ADI n. 7.227.

§ 4º A inscrição especial a que se refere o § 3º deste artigo deverá constar do documento profissional de registro na OAB e não isenta o profissional do pagamento da contribuição anual, de multas e de preços de serviços devidos à OAB, na forma por ela estabelecida, vedada cobrança em valor superior ao exigido para os demais membros inscritos.

Parágrafo acrescentado pela Lei n. 14.365, de 02.06.2022.

Veja ADI n. 7.227.

▪ **Art. 29.** Os Procuradores Gerais, Advogados Gerais, Defensores Gerais e dirigentes de órgãos jurídicos da Administração Pública direta, indireta e fundacional são exclusivamente legitimados para o exercício da advocacia vinculada à função que exerçam, durante o período da investidura.

▪ **Art. 30.** São impedidos de exercer a advocacia:

I – os servidores da administração direta, indireta e fundacional, contra a Fazenda Pública que os remunere ou à qual seja vinculada a entidade empregadora;

O Provimento n. 114, de 10.10.2006, do Conselho da OAB determina que a aposentadoria do advogado público faz cessar o impedimento tratado neste inciso.

II – os membros do Poder Legislativo, em seus diferentes níveis, contra ou a favor das pessoas jurídicas de direito público, empresas públicas, sociedades de economia mista, fundações públicas, entidades paraestatais ou empresas concessionárias ou permissionárias de serviço público.

Parágrafo único. Não se incluem nas hipóteses do inciso I os docentes dos cursos jurídicos.

CAPÍTULO VIII
DA ÉTICA DO ADVOGADO

▪ **Art. 31.** O advogado deve proceder de forma que o torne merecedor de respeito e que contribua para o prestígio da classe e da advocacia.

§ 1º O advogado, no exercício da profissão, deve manter independência em qualquer circunstância.

§ 2º Nenhum receio de desagradar a magistrado ou a qualquer autoridade, nem de incorrer em impopularidade, deve deter o advogado no exercício da profissão.

▪ **Art. 32.** O advogado é responsável pelos atos que, no exercício profissional, praticar com dolo ou culpa.

Parágrafo único. Em caso de lide temerária, o advogado será solidariamente responsável com seu cliente, desde que coligado com este para lesar a parte contrária, o que será apurado em ação própria.

▪ **Art. 33.** O advogado obriga-se a cumprir rigorosamente os deveres consignados no Código de Ética e Disciplina.

Parágrafo único. O Código de Ética e Disciplina regula os deveres do advogado para com a comunidade, o cliente, o outro profissional e, ainda, a publicidade, a recusa do patrocínio, o dever de assistência jurídica, o dever geral de urbanidade e os respectivos procedimentos disciplinares.

CAPÍTULO IX
DAS INFRAÇÕES E SANÇÕES DISCIPLINARES

▪ **Art. 34.** Constitui infração disciplinar:

I – exercer a profissão, quando impedido de fazê-lo, ou facilitar, por qualquer meio, o seu exercício aos não inscritos, proibidos ou impedidos;

II – manter sociedade profissional fora das normas e preceitos estabelecidos nesta Lei;

III – valer-se de agenciador de causas, mediante participação nos honorários a receber;

IV – angariar ou captar causas, com ou sem a intervenção de terceiros;

V – assinar qualquer escrito destinado a processo judicial ou para fim extrajudicial que não tenha feito, ou em que não tenha colaborado;

VI – advogar contra literal disposição de lei, presumindo-se a boa-fé quando fundamentado na inconstitucionalidade, na injustiça da lei ou em pronunciamento judicial anterior;

VII – violar, sem justa causa, sigilo profissional;

VIII – estabelecer entendimento com a parte adversa sem autorização do cliente ou ciência do advogado contrário;

IX – prejudicar, por culpa grave, interesse confiado ao seu patrocínio;

X – acarretar, conscientemente, por ato próprio, a anulação ou a nulidade do processo em que funcione;

XI – abandonar a causa sem justo motivo ou antes de decorridos 10 (dez) dias da comunicação da renúncia;

XII – recusar-se a prestar, sem justo motivo, assistência jurídica, quando nomeado em virtude de impossibilidade da Defensoria Pública;

XIII – fazer publicar na imprensa, desnecessária e habitualmente, alegações forenses ou relativas a causas pendentes;

XIV – deturpar o teor de dispositivo de lei, de citação doutrinária ou de julgado, bem como de depoimentos, documentos e alegações da parte contrária, para confundir o adversário ou iludir o juiz da causa;

XV – fazer, em nome do constituinte, sem autorização escrita deste, imputação a terceiro de fato definido como crime;

XVI – deixar de cumprir, no prazo estabelecido, determinação emanada do órgão ou autoridade da Ordem, em matéria da competência desta, depois de regularmente notificado;

XVII – prestar concurso a clientes ou a terceiros para realização de ato contrário à lei ou destinado a fraudá-la;

XVIII – solicitar ou receber de constituinte qualquer importância para aplicação ilícita ou desonesta;

XIX – receber valores, da parte contrária ou de terceiro, relacionados com o objeto do mandato, sem expressa autorização do constituinte;

XX – locupletar-se, por qualquer forma, à custa do cliente ou da parte adversa, por si ou interposta pessoa;

XXI – recusar-se, injustificadamente, a prestar contas ao cliente de quantias recebidas dele ou de terceiros por conta dele;

XXII – reter, abusivamente, ou extraviar autos recebidos com vista ou em confiança;

XXIII – deixar de pagar as contribuições, multas e preços de serviços devidos à OAB, depois de regularmente notificado a fazê-lo;

XXIV – incidir em erros reiterados que evidenciem inépcia profissional;

XXV – manter conduta incompatível com a advocacia;

XXVI – fazer falsa prova de qualquer dos requisitos para inscrição na OAB;

XXVII – tornar-se moralmente inidôneo para o exercício da advocacia;

XXVIII – praticar crime infamante;

XXIX – praticar, o estagiário, ato excedente de sua habilitação;

XXX – praticar assédio moral, assédio sexual ou discriminação.

Inciso acrescentado pela Lei n. 14.612, de 03.07.2023.

§ 1º Inclui-se na conduta incompatível:

Antigo parágrafo único renumerado pela Lei n. 14.612, de 03.07.2023.

a) prática reiterada de jogo de azar, não autorizado por lei;

b) incontinência pública e escandalosa;

c) embriaguez ou toxicomania habituais.

§ 2º Para os fins desta Lei, considera-se:

Parágrafo e incisos acrescentados pela Lei n. 14.612, de 03.07.2023.

I – assédio moral: a conduta praticada no exercício profissional ou em razão dele, por meio da repetição deliberada de gestos, palavras faladas ou escritas ou comportamentos que exponham o estagiário, o advogado ou qualquer outro profissional que esteja prestando seus serviços a situações humilhantes e constrangedoras, capazes de lhes causar ofensa à personalidade, à dignidade e à integridade psíquica ou física, com o objetivo de excluí-los das suas funções ou de desestabilizá-los emocionalmente, deteriorando o ambiente profissional;

II – assédio sexual: a conduta de conotação sexual praticada no exercício profissional ou em razão dele, manifestada fisicamente ou por palavras, gestos ou outros meios, proposta ou imposta à pessoa contra sua vontade, causando-lhe constrangimento e violando a sua liberdade sexual;

III – discriminação: a conduta comissiva ou omissiva que dispense tratamento constrangedor ou humilhante a pessoa ou grupo de pessoas, em razão de sua deficiência, pertença a determinada raça, cor ou sexo, procedência nacional ou regional, origem étnica, condição de gestante, lactante ou nutriz, faixa etária, religião ou outro fator.

▪ **Art. 35.** As sanções disciplinares consistem em:

I – censura;

II – suspensão;

III – exclusão;

IV – multa.

Parágrafo único. As sanções devem constar dos assentamentos do inscrito, após o trânsito em julgado da decisão, não podendo ser objeto de publicidade a de censura.

▪ **Art. 36.** A censura é aplicável nos casos de:

I – infrações definidas nos incisos I a XVI e XXIX do art. 34;

II – violação a preceito do Código de Ética e Disciplina;

III – violação a preceito desta Lei, quando para a infração não se tenha estabelecido sanção mais grave.

Parágrafo único. A censura pode ser convertida em advertência, em ofício reservado, sem registro nos assentamentos do inscrito, quando presente circunstância atenuante.

▪ **Art. 37.** A suspensão é aplicável nos casos de:

I – infrações definidas nos incisos XVII a XXV XXX do *caput* do art. 34 desta Lei;

Inciso com redação dada pela Lei n. 14.612, de 03.07.2023.

II – reincidência em infração disciplinar.

§ 1º A suspensão acarreta ao infrator a interdição do exercício profissional, em todo o território nacional, pelo prazo de trinta dias a doze meses, de acordo com os critérios de individualização previstos neste capítulo.

§ 2º Nas hipóteses dos incisos XXI e XXIII do art. 34, a suspensão perdura até que satisfaça integralmente a dívida, inclusive com correção monetária.

§ 3º Na hipótese do inciso XXIV do art. 34, a suspensão perdura até que preste novas provas de habilitação.

▪ **Art. 38.** A exclusão é aplicável nos casos de:

I – aplicação, por três vezes, de suspensão;

II – infrações definidas nos incisos XXVI a XXVIII do art. 34.

Parágrafo único. Para a aplicação da sanção disciplinar de exclusão é necessária a manifestação favorável de dois terços dos membros do Conselho Seccional competente.

▪ **Art. 39.** A multa, variável entre o mínimo correspondente ao valor de uma anuidade e o máximo de seu décuplo, é aplicável cumulativamente com a censura ou suspensão, em havendo circunstâncias agravantes.

▪ **Art. 40.** Na aplicação das sanções disciplinares são consideradas, para fins de atenuação, as seguintes circunstâncias, entre outras:

I – falta cometida na defesa de prerrogativa profissional;

II – ausência de punição disciplinar anterior;

III – exercício assíduo e proficiente de mandato ou cargo em qualquer órgão da OAB;

IV – prestação de relevantes serviços à advocacia ou à causa pública.

Parágrafo único. Os antecedentes profissionais do inscrito, as atenuantes, o grau de culpa por ele revelada, as circunstâncias e as consequências da infração são considerados para o fim de decidir:

a) sobre a conveniência da aplicação cumulativa da multa e de outra sanção disciplinar;

b) sobre o tempo de suspensão e o valor da multa aplicáveis.

▪ **Art. 41.** É permitido ao que tenha sofrido qualquer sanção disciplinar requerer, um ano após seu cumprimento, a reabilitação, em face de provas efetivas de bom comportamento.

Parágrafo único. Quando a sanção disciplinar resultar da prática de crime, o pedido de reabilitação depende também da correspondente reabilitação criminal.

▪ **Art. 42.** Fica impedido de exercer o mandato o profissional a quem forem aplicadas as sanções disciplinares de suspensão ou exclusão.

▪ **Art. 43.** A pretensão à punibilidade das infrações disciplinares prescreve em cinco anos, contados da data da constatação oficial do fato.

§ 1º Aplica-se a prescrição a todo processo disciplinar paralisado por mais de três anos, pendente de despacho ou julgamento, devendo ser arquivado de ofício, ou a requerimento da parte interessada, sem prejuízo de serem apuradas as responsabilidades pela paralisação.

§ 2º A prescrição interrompe-se:

I – pela instauração de processo disciplinar ou pela notificação válida feita diretamente ao representado;

II – pela decisão condenatória recorrível de qualquer órgão julgador da OAB.

TÍTULO II DA ORDEM DOS ADVOGADOS DO BRASIL

CAPÍTULO I DOS FINS E DA ORGANIZAÇÃO

▪ **Art. 44.** A Ordem dos Advogados do Brasil – OAB, serviço público, dotada de personalidade jurídica e forma federativa, tem por finalidade:

I – defender a Constituição, a ordem jurídica do Estado democrático de direito, os direitos humanos, a justiça social, e pugnar pela boa aplicação das leis, pela rápida administração da justiça e pelo aperfeiçoamento da cultura e das instituições jurídicas;

II – promover, com exclusividade, a representação, a defesa, a seleção e a disciplina dos advogados em toda a República Federativa do Brasil.

§ 1º A OAB não mantém com órgãos da Administração Pública qualquer vínculo funcional ou hierárquico.

§ 2º O uso da sigla "OAB" é privativo da Ordem dos Advogados do Brasil.

▪ **Art. 45.** São órgãos da OAB:

I – o Conselho Federal;

II – os Conselhos Seccionais;

III – as Subseções;

IV – as Caixas de Assistência dos Advogados.

§ 1º O Conselho Federal, dotado de personalidade jurídica própria, com sede na capital da República, é o órgão supremo da OAB.

§ 2º Os Conselhos Seccionais, dotados de personalidade jurídica própria, têm jurisdição sobre os respectivos territórios dos Estados-membros, do Distrito Federal e dos Territórios.

§ 3º As Subseções são partes autônomas do Conselho Seccional, na forma desta Lei e de seu ato constitutivo.

§ 4º As Caixas de Assistência dos Advogados, dotadas de personalidade jurídica própria, são criadas pelos Conselhos Seccionais, quando estes contarem com mais de mil e quinhentos inscritos.

§ 5º A OAB, por constituir serviço público, goza de imunidade tributária total em relação a seus bens, rendas e serviços.

§ 6º Os atos, as notificações e as decisões dos órgãos da OAB, salvo quando reservados ou de administração interna, serão publicados no Diário Eletrônico da Ordem dos Advogados do Brasil, a ser disponibilizado na internet, podendo ser afixados no fórum local, na íntegra ou em resumo.

Parágrafo com redação dada pela Lei n. 13.688, de 03.07.2018.

▪ **Art. 46.** Compete à OAB fixar e cobrar, de seus inscritos, contribuições, preços de serviços e multas.

Parágrafo único. Constitui título executivo extrajudicial a certidão passada pela diretoria do Conselho competente, relativa a crédito previsto neste artigo.

▪ **Art. 47.** O pagamento da contribuição anual à OAB isenta os inscritos nos seus quadros do pagamento obrigatório da contribuição sindical.

▪ **Art. 48.** O cargo de conselheiro ou de membro de diretoria de órgão da OAB é de exercício gratuito e obrigatório, considerado serviço público relevante, inclusive para fins de disponibilidade e aposentadoria.

▪ **Art. 49.** Os Presidentes dos Conselhos e das Subseções da OAB têm legitimidade para agir, judicial e extrajudicialmente, contra qualquer pessoa que infringir as disposições ou os fins desta Lei.

Parágrafo único. As autoridades mencionadas no *caput* deste artigo têm, ainda, legitimidade para intervir, inclusive como assistentes, nos inquéritos e processos em que sejam indiciados, acusados ou ofendidos os inscritos na OAB.

▪ **Art. 50.** Para os fins desta Lei, os Presidentes dos Conselhos da OAB e das Subseções podem requisitar cópias de peças de autos e documentos a qualquer tribunal, magistrado, cartório e órgão da Administração Pública direta, indireta e fundacional.

A ADIn n. 1.127-8 (*DOU* 26.05.2006) do STF dá interpretação a este artigo, sem redução de texto, nos seguintes termos: "de modo a fazer compreender a palavra 'requisitar' como dependente de motivação, compatibilização com as finalidades da lei e atendimento de custos desta requisição. Ficam ressalvados, desde já, os documentos cobertos por sigilo".

CAPÍTULO II
DO CONSELHO FEDERAL

▪ **Art. 51.** O Conselho Federal compõe-se:

I – dos conselheiros federais, integrantes das delegações de cada unidade federativa;

II – dos seus ex-presidentes, na qualidade de membros honorários vitalícios.

§ 1º Cada delegação é formada por três conselheiros federais.

§ 2º Os ex-presidentes têm direito apenas a voz nas sessões.

§ 3º O Instituto dos Advogados Brasileiros e a Federação Nacional dos Institutos dos Advogados do Brasil são membros honorários, somente com direito a voz nas sessões do Conselho Federal.

Parágrafo acrescentado pela Lei n. 14.365, de 02.06.2022.

▪ **Art. 52.** Os presidentes dos Conselhos Seccionais, nas sessões do Conselho Federal, têm lugar reservado junto à delegação respectiva e direito somente a voz.

▪ **Art. 53.** O Conselho Federal tem sua estrutura e funcionamento definidos no Regulamento Geral da OAB.

§ 1º O Presidente, nas deliberações do Conselho, tem apenas o voto de qualidade.

§ 2º O voto é tomado por delegação, e não pode ser exercido nas matérias de interesse da unidade que represente.

§ 3º Na eleição para a escolha da Diretoria do Conselho Federal, cada membro da delegação terá direito a 1 (um) voto, vedado aos membros honorários vitalícios.

Parágrafo acrescentado pela Lei n. 11.179, de 22.09.2005.

▪ **Art. 54.** Compete ao Conselho Federal:

I – dar cumprimento efetivo às finalidades da OAB;

II – representar, em juízo ou fora dele, os interesses coletivos ou individuais dos advogados;

III – velar pela dignidade, independência, prerrogativas e valorização da advocacia;

IV – representar, com exclusividade, os advogados brasileiros nos órgãos e eventos internacionais da advocacia;

V – editar e alterar o Regulamento Geral, o Código de Ética e Disciplina, e os Provimentos que julgar necessários;

VI – adotar medidas para assegurar o regular funcionamento dos Conselhos Seccionais;

VII – intervir nos Conselhos Seccionais, onde e quando constatar grave violação desta Lei ou do Regulamento Geral;

VIII – cassar ou modificar, de ofício ou mediante representação, qualquer ato, de órgão ou autoridade da OAB, contrário a esta Lei, ao Regulamento Geral, ao Código de Ética e Disciplina, e aos Provimentos, ouvida a autoridade ou o órgão em causa;

IX – julgar, em grau de recurso, as questões decididas pelos Conselhos Seccionais, nos casos previstos neste Estatuto e no Regulamento Geral;

X – dispor sobre a identificação dos inscritos na OAB e sobre os respectivos símbolos privativos;

XI – apreciar o relatório anual e deliberar sobre o balanço e as contas de sua diretoria;

XII – homologar ou mandar suprir relatório anual, o balanço e as contas dos Conselhos Seccionais;

XIII – elaborar as listas constitucionalmente previstas, para o preenchimento dos cargos nos tribunais judiciários de âmbito nacional ou interestadual, com advogados que estejam em pleno exercício da profissão, vedada a inclusão de nome de membro do próprio Conselho ou de outro órgão da OAB;

XIV – ajuizar ação direta de inconstitucionalidade de normas legais e atos normativos, ação civil pública, mandado de segurança coletivo, mandado de injunção e demais ações cuja legitimação lhe seja outorgada por lei;

XV – colaborar com o aperfeiçoamento dos cursos jurídicos, e opinar, previamente, nos pedidos apresentados aos órgãos competentes para criação, reconhecimento ou credenciamento desses cursos;

XVI – autorizar, pela maioria absoluta das delegações, a oneração ou alienação de seus bens imóveis;

XVII – participar de concursos públicos, nos casos previstos na Constituição e na lei, em todas as suas fases, quando tiverem abrangência nacional ou interestadual;

XVIII – resolver os casos omissos neste Estatuto;

XIX – fiscalizar, acompanhar e definir parâmetros e diretrizes da relação jurídica mantida entre advogados e sociedades de advogados ou entre escritório de advogados sócios e advogado associado, inclusive no que se refere ao cumprimento dos requisitos norteadores da associação sem vínculo empregatício;

Inciso acrescentado pela Lei n. 14.365, de 02.06.2022.

XX – promover, por intermédio da Câmara de Mediação e Arbitragem, a solução sobre questões atinentes à relação entre advogados sócios ou associados e homologar, caso necessário, quitações de honorários entre advogados e sociedades de advogados, observado o disposto no inciso XXXV do *caput* do art. 5º da Constituição Federal.

Inciso acrescentado pela Lei n. 14.365, de 02.06.2022.

Parágrafo único. A intervenção referida no inciso VII deste artigo depende de prévia aprovação por dois terços das delegações, garantido o amplo direito de defesa do Conselho Seccional respectivo, nomeando-se diretoria provisória para o prazo que se fixar.

▪ **Art. 55.** A diretoria do Conselho Federal é composta de um Presidente, de um Vice-Presidente, de um Secretário-Geral, de um Secretário-Geral Adjunto e de um Tesoureiro.

§ 1º O Presidente exerce a representação nacional e internacional da OAB, competindo-lhe convocar o Conselho Federal, presidi-lo, representá-lo ativa e passivamente, em juízo ou fora dele, promover-lhe a administração patrimonial e dar execução às suas decisões.

§ 2º O Regulamento Geral define as atribuições dos membros da Diretoria e a ordem de substituição em caso de vacância, licença, falta ou impedimento.

§ 3º Nas deliberações do Conselho Federal, os membros da diretoria votam como membros de suas delegações, cabendo ao Presidente, apenas, o voto de qualidade e o direito de embargar a decisão, se esta não for unânime.

CAPÍTULO III
DO CONSELHO SECCIONAL

▪ **Art. 56.** O Conselho Seccional compõe-se de conselheiros em número proporcional ao de seus inscritos, segundo critérios estabelecidos no Regulamento Geral.

§ 1º São membros honorários vitalícios os seus ex-presidentes, somente com direito a voz em suas sessões.

§ 2º O Presidente do Instituto dos Advogados local é membro honorário, somente com direito a voz nas sessões do Conselho.

§ 3º Quando presentes às sessões do Conselho Seccional, o Presidente do Conselho Federal, os Conselheiros Federais integrantes da respectiva delegação, o Presidente da Caixa de Assistência dos Advogados e os Presidentes das Subseções têm direito a voz.

▪ **Art. 57.** O Conselho Seccional exerce e observa, no respectivo território, as competências, vedações e funções atribuídas ao Conselho Federal, no que couber e no âmbito de sua competência material e territorial, e as normas gerais estabelecidas nesta Lei, no Regulamento Geral, no Código de Ética e Disciplina, e nos Provimentos.

▪ **Art. 58.** Compete privativamente ao Conselho Seccional:

I – editar seu Regimento Interno e Resoluções;

II – criar as Subseções e a Caixa de Assistência dos Advogados;

III – julgar, em grau de recurso, as questões decididas por seu Presidente, por sua diretoria, pelo Tribunal de Ética e Disciplina, pelas diretorias das Subseções e da Caixa de Assistência dos Advogados;

IV – fiscalizar a aplicação da receita, apreciar o relatório anual e deliberar sobre o balanço e as contas de sua diretoria, das diretorias das Subseções e da Caixa de Assistência dos Advogados;

V – fixar a tabela de honorários, válida para todo o território estadual;

VI – realizar o Exame de Ordem;

VII – decidir os pedidos de inscrição nos quadros de advogados e estagiários;

VIII – manter cadastro de seus inscritos;

IX – fixar, alterar e receber contribuições obrigatórias, preços de serviços e multas;

X – participar da elaboração dos concursos públicos, em todas as suas fases, nos casos previstos na Constituição e nas leis, no âmbito do seu território;

XI – determinar, com exclusividade, critérios para o traje dos advogados, no exercício profissional;

XII – aprovar e modificar seu orçamento anual;

XIII – definir a composição e o funcionamento do Tribunal de Ética e Disciplina, e escolher seus membros;

XIV – eleger as listas, constitucionalmente previstas, para preenchimento dos cargos nos tribunais judiciários, no âmbito de sua competência e na forma do Provimento do Conselho Federal, vedada a inclusão de membros do próprio Conselho e de qualquer órgão da OAB;

XV – intervir nas Subseções e na Caixa de Assistência dos Advogados;

XVI – desempenhar outras atribuições previstas no Regulamento Geral;

XVII – fiscalizar, por designação expressa do Conselho Federal da OAB, a relação jurídica mantida entre advogados e sociedades de advogados e o advogado associado em atividade na circunscrição territorial de cada seccional, inclusive no que se refere ao cumprimento dos requisitos norteadores da associação sem vínculo empregatício;

Inciso acrescentado pela Lei n. 14.365, de 02.06.2022.

XVIII – promover, por intermédio da Câmara de Mediação e Arbitragem, por designação do Conselho Federal da OAB, a solução sobre questões atinentes à relação entre advogados sócios ou associados e os escritórios de advocacia sediados na base da seccional e homologar, caso necessário, quitações de honorários entre advogados e sociedades de advogados, observado o disposto no inciso XXXV do *caput* do art. 5º da Constituição Federal.

Inciso acrescentado pela Lei n. 14.365, de 02.06.2022.

▪ **Art. 59.** A diretoria do Conselho Seccional tem composição idêntica e atribuições equivalentes às do Conselho Federal, na forma do Regimento Interno daquele.

CAPÍTULO IV
DA SUBSEÇÃO

▪ **Art. 60.** A Subseção pode ser criada pelo Conselho Seccional, que fixa sua área territorial e seus limites de competência e autonomia.

§ 1º A área territorial da Subseção pode abranger um ou mais municípios, ou parte de município, inclusive da capital do Estado, contando com um mínimo de quinze advogados, nela profissionalmente domiciliados.

§ 2º A Subseção é administrada por uma diretoria, com atribuições e composição equivalentes às da diretoria do Conselho Seccional.

§ 3º Havendo mais de cem advogados, a Subseção pode ser integrada, também, por um Conselho em número de membros fixado pelo Conselho Seccional.

§ 4º Os quantitativos referidos nos parágrafos primeiro e terceiro deste artigo podem ser ampliados, na forma do Regimento Interno do Conselho Seccional.

§ 5º Cabe ao Conselho Seccional fixar, em seu orçamento, dotações específicas destinadas à manutenção das Subseções.

§ 6º O Conselho Seccional, mediante o voto de dois terços de seus membros, pode intervir nas Subseções, onde constatar grave violação desta Lei ou do Regimento Interno daquele.

▪ **Art. 61.** Compete à Subseção, no âmbito de seu território:

I – dar cumprimento efetivo às finalidades da OAB;

II – velar pela dignidade, independência e valorização da advocacia, e fazer valer as prerrogativas do advogado;

III – representar a OAB perante os poderes constituídos;

IV – desempenhar as atribuições previstas no Regulamento Geral ou por delegação de competência do Conselho Seccional.

Parágrafo único. Ao Conselho da Subseção, quando houver, compete exercer as funções e atribuições do Conselho Seccional, na forma do Regimento Interno deste, e ainda:

a) editar seu Regimento Interno, a ser referendado pelo Conselho Seccional;

b) editar resoluções, no âmbito de sua competência;

c) instaurar e instruir processos disciplinares, para julgamento pelo Tribunal de Ética e Disciplina;

d) receber pedido de inscrição nos quadros de advogado e estagiário, instruindo e emitindo parecer prévio, para decisão do Conselho Seccional.

CAPÍTULO V
DA CAIXA DE ASSISTÊNCIA DOS ADVOGADOS

▪ **Art. 62.** A Caixa de Assistência dos Advogados, com personalidade jurídica própria, destina-se a prestar assistência aos inscritos no Conselho Seccional a que se vincule.

§ 1º A Caixa é criada e adquire personalidade jurídica com a aprovação e registro de seu Estatuto pelo respectivo Conselho Seccional da OAB, na forma do Regulamento Geral.

§ 2º A Caixa pode, em benefício dos advogados, promover a seguridade complementar.

§ 3º Compete ao Conselho Seccional fixar contribuição obrigatória devida por seus inscritos, destinada à manutenção do disposto no parágrafo anterior, incidente sobre atos decorrentes do efetivo exercício da advocacia.

§ 4º A diretoria da Caixa é composta de cinco membros, com atribuições definidas no seu Regimento Interno.

§ 5º Cabe à Caixa a metade da receita das anuidades recebidas pelo Conselho Seccional, considerado o valor resultante após as deduções regulamentares obrigatórias.

§ 6º Em caso de extinção ou desativação da Caixa, seu patrimônio se incorpora ao do Conselho Seccional respectivo.

§ 7º O Conselho Seccional, mediante voto de dois terços de seus membros, pode intervir na Caixa de Assistência dos Advogados, no caso de descumprimento de suas finalidades, designando diretoria provisória, enquanto durar a intervenção.

CAPÍTULO VI
DAS ELEIÇÕES E DOS MANDATOS

▪ **Art. 63.** A eleição dos membros de todos os órgãos da OAB será realizada na segunda quinzena do mês de novembro, do último ano do mandato, mediante cédula única e votação direta dos advogados regularmente inscritos.

§ 1º A eleição, na forma e segundo os critérios e procedimentos estabelecidos no Regulamento Geral, é de comparecimento obrigatório para todos os advogados inscritos na OAB.

§ 2º O candidato deve comprovar situação regular perante a OAB, não ocupar cargo exonerável *ad nutum*, não ter sido condenado por infração disciplinar, salvo reabilitação, e exercer efetivamente a profissão há mais de 3 (três) anos, nas eleições para os cargos de Conselheiro Seccional e das Subseções, quando houver, e há mais de 5 (cinco) anos, nas eleições para os demais cargos.

Parágrafo com redação dada pela Lei n. 13.875, de 20.09.2019.

▪ **Art. 64.** Consideram-se eleitos os candidatos integrantes da chapa que obtiver a maioria dos votos válidos.

§ 1º A chapa para o Conselho Seccional deve ser composta dos candidatos ao Conselho e à sua Diretoria e, ainda, à delegação ao Conselho Federal e à Diretoria da Caixa de Assistência dos Advogados para eleição conjunta.

§ 2º A chapa para a Subseção deve ser composta com os candidatos à diretoria, e de seu Conselho quando houver.

▪ **Art. 65.** O mandato em qualquer órgão da OAB é de três anos, iniciando-se em 1º de janeiro do ano seguinte ao da eleição, salvo o Conselho Federal.

Parágrafo único. Os conselheiros federais eleitos iniciam seus mandatos em 1º de fevereiro do ano seguinte ao da eleição.

▪ **Art. 66.** Extingue-se o mandato automaticamente, antes do seu término, quando:

I – ocorrer qualquer hipótese de cancelamento de inscrição ou de licenciamento do profissional;

II – o titular sofrer condenação disciplinar;

III – o titular faltar, sem motivo justificado, a três reuniões ordinárias consecutivas de cada órgão deliberativo do Conselho ou da diretoria da Subseção ou da Caixa de Assistência dos Advogados, não podendo ser reconduzido no mesmo período de mandato.

Parágrafo único. Extinto qualquer mandato, nas hipóteses deste artigo, cabe ao Conselho Seccional escolher o substituto, caso não haja suplente.

▪ **Art. 67.** A eleição da Diretoria do Conselho Federal, que tomará posse no dia 1º de fevereiro, obedecerá às seguintes regras:

I – será admitido registro, junto ao Conselho Federal, de candidatura à presidência, desde seis meses até um mês antes da eleição;

II – o requerimento de registro deverá vir acompanhado do apoiamento de, no mínimo, seis Conselhos Seccionais;

III – até um mês antes das eleições, deverá ser requerido o registro da chapa completa, sob pena de cancelamento da candidatura respectiva;

IV – no dia 31 de janeiro do ano seguinte ao da eleição, o Conselho Federal elegerá, em reunião presidida pelo conselheiro mais antigo, por voto secreto e para mandato de 3 (três) anos, sua diretoria, que tomará posse no dia seguinte;

Inciso com redação dada pela Lei n. 11.179, de 22.09.2005.

V – será considerada eleita a chapa que obtiver maioria simples dos votos dos Conselheiros Federais, presente a metade mais 1 (um) de seus membros.

Inciso com redação dada pela Lei n. 11.179, de 22.09.2005.

Parágrafo único. Com exceção do candidato a Presidente, os demais integrantes da chapa deverão ser conselheiros federais eleitos.

TÍTULO III
DO PROCESSO NA OAB

CAPÍTULO I
DISPOSIÇÕES GERAIS

▪ **Art. 68.** Salvo disposição em contrário, aplicam-se subsidiariamente ao processo disciplinar as regras da legislação processual penal comum e, aos demais processos, as regras gerais do procedimento administrativo comum e da legislação processual civil, nessa ordem.

▪ **Art. 69.** Todos os prazos necessários à manifestação de advogados, estagiários e terceiros, nos processos em geral da OAB, são de quinze dias, inclusive para interposição de recursos.

§ 1º Nos casos de comunicação por ofício reservado ou de notificação pessoal, considera-se dia do começo do prazo o primeiro dia útil imediato ao da juntada aos autos do respectivo aviso de recebimento.

Parágrafo com redação dada pela Lei n. 14.365, de 02.06.2022.

§ 2º No caso de atos, notificações e decisões divulgados por meio do Diário Eletrônico da Ordem dos Advogados do Brasil, o prazo terá início no primeiro dia útil seguinte à publicação, assim considerada o primeiro dia útil seguinte ao da disponibilização da informação no Diário.

Parágrafo com redação dada pela Lei n. 13.688, de 03.07.2018.

CAPÍTULO II
DO PROCESSO DISCIPLINAR

▪ **Art. 70.** O poder de punir disciplinarmente os inscritos na OAB compete exclusivamente ao Conselho Seccional em cuja base territorial tenha ocorrido a infração, salvo se a falta for cometida perante o Conselho Federal.

§ 1º Cabe ao Tribunal de Ética e Disciplina, do Conselho Seccional competente, julgar os processos disciplinares, instruídos pelas Subseções ou por relatores do próprio Conselho.

§ 2º A decisão condenatória irrecorrível deve ser imediatamente comunicada ao Conselho Seccional onde o representado tenha inscrição principal, para constar dos respectivos assentamentos.

§ 3º O Tribunal de Ética e Disciplina do Conselho onde o acusado tenha inscrição principal pode suspendê-lo preventivamente, em caso de repercussão prejudicial à dignidade da advocacia, depois de ouvi-lo em sessão especial para a qual deve ser notificado a comparecer, salvo se não atender à notificação. Neste caso, o processo disciplinar deve ser concluído no prazo máximo de noventa dias.

▪ **Art. 71.** A jurisdição disciplinar não exclui a comum e, quando o fato constituir crime ou contravenção, deve ser comunicado às autoridades competentes.

▪ **Art. 72.** O processo disciplinar instaura-se de ofício ou mediante representação de qualquer autoridade ou pessoa interessada.

§ 1º O Código de Ética e Disciplina estabelece os critérios de admissibilidade da representação e os procedimentos disciplinares.

§ 2º O processo disciplinar tramita em sigilo, até o seu término, só tendo acesso às suas informações as partes, seus defensores e a autoridade judiciária competente.

▪ **Art. 73.** Recebida a representação, o Presidente deve designar relator, a quem compete a instrução do processo e o oferecimento de parecer preliminar a ser submetido ao Tribunal de Ética e Disciplina.

§ 1º Ao representado deve ser assegurado amplo direito de defesa, podendo acompanhar o processo em todos os termos, pessoalmente ou por intermédio de procurador, oferecendo defesa prévia após ser notificado, razões finais após a instrução e defesa oral perante o Tribunal de Ética e Disciplina, por ocasião do julgamento.

§ 2º Se, após a defesa prévia, o relator se manifestar pelo indeferimento liminar da representação, este deve ser decidido pelo Presidente do Conselho Seccional, para determinar seu arquivamento.

§ 3º O prazo para defesa prévia pode ser prorrogado por motivo relevante, a juízo do relator.

§ 4º Se o representado não for encontrado, ou for revel, o Presidente do Conselho ou da Subseção deve designar-lhe defensor dativo.

§ 5º É também permitida a revisão do processo disciplinar, por erro de julgamento ou por condenação baseada em falsa prova.

▪ **Art. 74.** O Conselho Seccional pode adotar as medidas administrativas e judiciais pertinentes, objetivando a que o profissional suspenso ou excluído devolva os documentos de identificação.

CAPÍTULO III
DOS RECURSOS

▪ **Art. 75.** Cabe recurso ao Conselho Federal de todas as decisões definitivas proferidas pelo Conselho Seccional, quando não tenham sido unânimes ou, sendo unânimes, contrariem esta Lei, decisão do Conselho Federal ou de outro Conselho Seccional e, ainda, o Regulamento Geral, o Código de Ética e Disciplina e os Provimentos.

Parágrafo único. Além dos interessados, o Presidente do Conselho Seccional é legitimado a interpor o recurso referido neste artigo.

▪ **Art. 76.** Cabe recurso ao Conselho Seccional de todas as decisões proferidas por seu Presidente, pelo Tribunal de Ética e Disciplina, ou pela diretoria da Subseção ou da Caixa de Assistência dos Advogados.

▪ **Art. 77.** Todos os recursos têm efeito suspensivo, exceto quando tratarem de eleições (arts. 63 e seguintes), de suspensão preventiva decidida pelo Tribunal de Ética e Disciplina, e de cancelamento da inscrição obtida com falsa prova.

Parágrafo único. O Regulamento Geral disciplina o cabimento de recursos específicos, no âmbito de cada órgão julgador.

TÍTULO IV
DAS DISPOSIÇÕES GERAIS E TRANSITÓRIAS

▪ **Art. 78.** Cabe ao Conselho Federal da OAB, por deliberação de dois terços, pelo menos, das delegações, editar o Regulamento Geral deste Estatuto, no prazo de seis meses, contados da publicação desta Lei.

▪ **Art. 79.** Aos servidores da OAB, aplica-se o regime trabalhista.

§ 1º Aos servidores da OAB, sujeitos ao regime da Lei n. 8.112, de 11 de dezembro de 1990, é concedido o direito de opção pelo regime trabalhista, no prazo de noventa dias a partir da vigência desta Lei, sendo assegurado aos optantes o pagamento de indenização, quando da aposentadoria, correspondente a cinco vezes o valor da última remuneração.

§ 2º Os servidores que não optarem pelo regime trabalhista serão posicionados no quadro em extinção, assegurado o direito adquirido ao regime legal anterior.

▪ **Art. 80.** Os Conselhos Federal e Seccionais devem promover trienalmente as respectivas Conferências, em data não coincidente com o ano eleitoral, e, periodicamente, reunião do colégio de presidentes a eles vinculados, com finalidade consultiva.

▪ **Art. 81.** Não se aplicam aos que tenham assumido originariamente o cargo de Presidente do Conselho Federal ou dos Conselhos Seccionais, até a data da publicação desta Lei, as normas contidas no Título II, acerca da composição desses Conselhos, ficando assegurado o pleno direito de voz e voto em suas sessões.

▪ **Art. 82.** Aplicam-se as alterações previstas nesta Lei, quanto a mandatos, eleições, composição e atribuições dos órgãos da OAB, a partir do término do mandato dos atuais membros, devendo os Conselhos Federal e Seccionais disciplinarem os respectivos procedimentos de adaptação.

Parágrafo único. Os mandatos dos membros dos órgãos da OAB, eleitos na primeira eleição sob a vigência desta Lei, e na forma do Capítulo VI do Título II, terão início no dia seguinte ao término dos atuais mandatos, encerrando-

-se em 31 de dezembro do terceiro ano do mandato e em 31 de janeiro do terceiro ano do mandato, neste caso com relação ao Conselho Federal.

▪ **Art. 83.** Não se aplica o disposto no art. 28, inciso II, desta Lei, aos membros do Ministério Público que, na data de promulgação da Constituição, se incluam na previsão do art. 29, § 3º, do seu Ato das Disposições Constitucionais Transitórias.

▪ **Art. 84.** O estagiário, inscrito no respectivo quadro, fica dispensado do Exame de Ordem, desde que comprove, em até dois anos da promulgação desta Lei, o exercício e resultado do estágio profissional ou a conclusão, com aproveitamento, do estágio de "Prática Forense e Organização Judiciária", realizado junto à respectiva faculdade, na forma da legislação em vigor.

▪ **Art. 85.** O Instituto dos Advogados Brasileiros, a Federação Nacional dos Institutos dos Advogados do Brasil e as instituições a eles filiadas têm qualidade para promover perante a OAB o que julgarem do interesse dos advogados em geral ou de qualquer de seus membros.

Artigo com redação dada pela Lei n. 14.365, de 02.06.2022.

▪ **Art. 86.** Esta Lei entra em vigor na data de sua publicação.

▪ **Art. 87.** Revogam-se as disposições em contrário, especialmente a Lei n. 4.215, de 27 de abril de 1963, a Lei n. 5.390, de 23 de fevereiro de 1968, o Decreto-lei n. 505, de 18 de março de 1969, a Lei n. 5.681, de 20 de julho de 1971, a Lei n. 5.842, de 06 de dezembro de 1972, a Lei n. 5.960, de 10 de dezembro de 1973, a Lei n. 6.743, de 05 de dezembro de 1979, a Lei n. 6.884, de 09 de dezembro de 1980, a Lei n. 6.994, de 26 de maio de 1982, mantidos os efeitos da Lei n. 7.346, de 22 de julho de 1985.

Brasília, 04 de julho de 1994;
173º da Independência e 106º da República.

ITAMAR FRANCO
Alexandre de Paula Dupeyrat Martins

Regulamento Geral do Estatuto da Advocacia e da OAB

Dispõe sobre o Regulamento Geral previsto na Lei n. 8.906, de 04 de julho de 1994.

O CONSELHO FEDERAL DA ORDEM DOS ADVOGADOS DO BRASIL, no uso das atribuições conferidas pelos arts. 54, V, e 78 da Lei n. 8.906, de 04 de julho de 1994,

RESOLVE:

TÍTULO I
DA ADVOCACIA

CAPÍTULO I
DA ATIVIDADE DE ADVOCACIA

Seção I
Da Atividade de Advocacia em Geral

▪ **Art. 1º** A atividade de advocacia é exercida com observância da Lei n. 8.906/94 (Estatuto), deste Regulamento Geral, do Código de Ética e Disciplina e dos Provimentos.

▪ **Art. 2º** O visto do advogado em atos constitutivos de pessoas jurídicas, indispensável ao registro e arquivamento nos órgãos competentes, deve resultar da efetiva constatação, pelo profissional que os examinar, de que os respectivos instrumentos preenchem as exigências legais pertinentes. (NR)

Parágrafo único. Estão impedidos de exercer o ato de advocacia referido neste artigo os advogados que prestem serviços a órgãos ou entidades da Administração Pública direta ou indireta, da unidade federativa a que se vincule a Junta Comercial, ou a quaisquer repartições administrativas competentes para o mencionado registro.

▪ **Art. 3º** É defeso ao advogado funcionar no mesmo processo, simultaneamente, como patrono e preposto do empregador ou cliente.

▪ **Art. 4º** A prática de atos privativos de advocacia, por profissionais e sociedades não inscritos na OAB, constitui exercício ilegal da profissão.

Parágrafo único. É defeso ao advogado prestar serviços de assessoria e consultoria jurídicas para terceiros, em sociedades que não possam ser registradas na OAB.

▪ **Art. 5º** Considera-se efetivo exercício da atividade de advocacia a participação anual mínima em cinco atos privativos previstos no art. 1º do Estatuto, em causas ou questões distintas.

Parágrafo único. A comprovação do efetivo exercício faz-se mediante:

a) certidão expedida por cartórios ou secretarias judiciais;

b) cópia autenticada de atos privativos;

c) certidão expedida pelo órgão público no qual o advogado exerça função privativa do seu ofício, indicando os atos praticados.

▪ **Art. 6º** O advogado deve notificar o cliente da renúncia ao mandato (art. 5º, § 3º, do Estatuto), preferencialmente mediante carta com aviso de recepção, comunicando, após, o Juízo.

▪ **Art. 7º** A função de diretoria e gerência jurídicas em qualquer empresa pública, privada ou paraestatal, inclusive em instituições financeiras, é privativa de advogado, não podendo ser exercida por quem não se encontre inscrito regularmente na OAB.

▪ **Art. 8º** A incompatibilidade prevista no art. 28, II, do Estatuto não se aplica aos advogados que participam dos órgãos nele referidos, na qualidade de titulares ou suplentes, como representantes dos advogados. (NR)

§ 1º Ficam, entretanto, impedidos de exercer a advocacia perante os órgãos em que atuam, enquanto durar a investidura.

§ 2º A indicação dos representantes dos advogados nos juizados especiais deverá ser promovida pela Subseção ou, na sua ausência, pelo Conselho Seccional.

Seção II
Da Advocacia Pública

▪ **Art. 9º** Exercem a advocacia pública os integrantes da Advocacia-Geral da União, da Defensoria Pública e das Procuradorias e Consultorias Jurídicas dos Estados, do Distrito Federal, dos Municípios, das autarquias e das fundações públicas, estando obrigados à inscrição na OAB, para o exercício de suas atividades.

Parágrafo único. Os integrantes da advocacia pública são elegíveis e podem integrar qualquer órgão da OAB.

▪ **Art. 10.** Os integrantes da advocacia pública, no exercício de atividade privativa prevista no art. 1º do Estatuto, sujeitam-se ao regime do Estatuto, deste Regulamento Geral e do Código de Ética e Disciplina, inclusive quanto às infrações e sanções disciplinares.

Seção III
Do Advogado Empregado

▪ **Art. 11.** Compete a sindicato de advogados e, na sua falta, a federação ou confederação de advogados, a representação destes nas convenções coletivas celebradas com as entidades sindicais representativas dos empregadores, nos acordos coletivos celebrados com a empresa empregadora e nos dissídios coletivos perante a Justiça do Trabalho, aplicáveis às relações de trabalho.

▪ **Art. 12.** Para os fins do art. 20 da Lei n. 8.906/94, considera-se de dedicação exclusiva o regime de trabalho que for expressamente previsto em contrato individual de trabalho. (NR)

Parágrafo único. Em caso de dedicação exclusiva, serão remuneradas como extraordinárias as horas trabalhadas que excederem a jornada normal de oito horas diárias.

▪ **Art. 13.** *(Revogado.)*

▪ **Art. 14.** Os honorários de sucumbência, por decorrerem precipuamente do exercício da advocacia e só acidentalmente da relação de emprego, não integram o salário ou a remuneração, não podendo, assim, ser considerados para efeitos trabalhistas ou previdenciários.

Parágrafo único. Os honorários de sucumbência dos advogados empregados constituem fundo comum, cuja destinação é decidida pelos profissionais integrantes do serviço jurídico da empresa ou por seus representantes.

CAPÍTULO II
DOS DIREITOS E DAS PRERROGATIVAS

Seção I
Da Defesa Judicial dos Direitos e das Prerrogativas

▪ **Art. 15.** Compete ao Presidente do Conselho Federal, do Conselho Seccional ou da Subseção, ao tomar conhecimento de fato que possa causar, ou que já causou, violação de direitos ou prerrogativas da profissão, adotar as providências judiciais e extrajudiciais cabíveis para prevenir ou restaurar o império do Estatuto, em sua plenitude, inclusive mediante representação administrativa.

Parágrafo único. O Presidente pode designar advogado, investido de poderes bastantes, para as finalidades deste artigo.

▪ **Art. 16.** Sem prejuízo da atuação de seu defensor, contará o advogado com a assistência de representante da OAB nos inquéritos policiais ou nas ações penais em que figurar como indiciado, acusado ou ofendido, sempre que o fato a ele imputado decorrer do exercício da profissão ou a este vincular-se. (NR)

▪ **Art. 17.** Compete ao Presidente do Conselho ou da Subseção representar contra o responsável por abuso de autoridade, quando configurada hipótese de atentado à garantia legal de exercício profissional, prevista na Lei n. 4.898, de 09 de dezembro de 1965.

Seção II
Do Desagravo Público

▪ **Art. 18.** O inscrito na OAB, quando ofendido comprovadamente em razão do exercício profissional ou de cargo ou função da OAB, tem direito ao desagravo público promovido pelo Conselho competente, de ofício, a seu pedido ou de qualquer pessoa.

§ 1.º O pedido será submetido à Diretoria do Conselho competente, que poderá, nos casos de urgência e notoriedade, conceder imediatamente o desagravo, *ad referendum* do órgão competente do Conselho, conforme definido em regimento interno. (NR)

§ 2.º Nos demais casos, a Diretoria remeterá o pedido de desagravo ao órgão competente para instrução e decisão, podendo o relator, convencendo-se da existência de prova ou indício de ofensa relacionada ao exercício da profissão ou de cargo da OAB, solicitar informações da pessoa ou autoridade ofensora, no prazo de quinze dias, sem que isso configure condição para a concessão do desagravo. (NR)

§ 3º O relator pode propor o arquivamento do pedido se a ofensa for pessoal, se não estiver relacionada com o exercício profissional ou com as prerrogativas gerais do advogado ou se configurar crítica de caráter doutrinário, político ou religioso.

§ 4º Recebidas ou não as informações e convencendo-se da procedência da ofensa, o relator emite parecer que é submetido ao órgão competente do Conselho, conforme definido em regimento interno. (NR)

§ 5º Os desagravos deverão ser decididos no prazo máximo de sessenta dias. (NR)

§ 6º Em caso de acolhimento do parecer, é designada a sessão de desagravo, amplamente divulgada, devendo ocorrer, no prazo máximo de trinta dias, preferencialmente, no local onde a ofensa foi sofrida ou onde se encontre a autoridade ofensora. (NR)

§ 7º Na sessão de desagravo o Presidente lê a nota a ser publicada na imprensa, encaminhada ao ofensor e às autoridades e registrada nos assentamentos do inscrito e no Registro Nacional de Violações de Prerrogativas. (NR)

§ 8º Ocorrendo a ofensa no território da Subseção a que se vincule o inscrito, a sessão de desagravo pode ser promovida pela diretoria ou conselho da Subseção, com representação do Conselho Seccional .(NR)

§ 9º O desagravo público, como instrumento de defesa dos direitos e prerrogativas da advocacia, não depende de concordância do ofendido, que não pode dispensá-lo, devendo ser promovido a critério do Conselho. (NR)

▪ **Art. 19.** Compete ao Conselho Federal promover o desagravo público de Conselheiro Federal ou de Presidente de Conselho Seccional, quando ofendidos no exercício das atribuições de seus cargos e ainda quando a ofensa a advogado se revestir de relevância e grave violação às prerrogativas profissionais, com repercussão nacional.

Parágrafo único. O Conselho Federal, observado o procedimento previsto no art. 18 deste Regulamento, indica seus representantes para a sessão pública de desagravo, na sede do Conselho Seccional, salvo no caso de ofensa a Conselheiro Federal.

CAPÍTULO III
DA INSCRIÇÃO NA OAB

▪ **Art. 20.** O requerente à inscrição principal no quadro de advogados presta o seguinte compromisso perante o Conselho Seccional, a Diretoria ou o Conselho da Subseção:

"Prometo exercer a advocacia com dignidade e independência, observar a ética, os deveres e prerrogativas profissionais e defender a Constituição, a ordem jurídica do Estado Democrático, os direitos humanos, a justiça social, a boa aplicação das leis, a rápida administração da justiça e o aperfeiçoamento da cultura e das instituições jurídicas."

§ 1º É indelegável, por sua natureza solene e personalíssima, o compromisso referido neste artigo.

§ 2º A conduta incompatível com a advocacia, comprovadamente imputável ao requerente, impede a inscrição no quadro de advogados. (NR)

▪ **Art. 21.** O advogado pode requerer o registro, nos seus assentamentos, de fatos comprovados de sua atividade profissional ou cultural, ou a ela relacionados, e de serviços prestados à classe, à OAB e ao País.

▪ **Art. 22.** O advogado, regularmente notificado, deve quitar seu débito relativo às anuidades, no prazo de 15 dias da notificação, sob pena de suspensão, aplicada em processo disciplinar.

Parágrafo único. Cancela-se a inscrição quando ocorrer a terceira suspensão, relativa ao não pagamento de anuidades distintas. (NR)

▪ **Art. 23.** O requerente à inscrição no quadro de advogados, na falta de diploma regularmente registrado, apresenta certidão de graduação em direito, acompanhada de cópia autenticada do respectivo histórico escolar.

Parágrafo único. *(Revogado.)*

▪ **Art. 24.** Aos Conselhos Seccionais da OAB incumbe alimentar, automaticamente, por via eletrônica, o Cadastro Nacional dos Advogados – CNA, mantendo as informações correspondentes constantemente atualizadas. (NR)

§ 1º O CNA deve conter o nome completo de cada advogado, o nome social, o número da inscrição, o Conselho Seccional e a Subseção a que está vinculado, o número de inscrição no CPF, a filiação, o sexo, a autodeclaração de cor ou raça, a data de inscrição na OAB e sua modalidade, a existência de penalidades eventualmente aplicadas, estas em campo reservado, a fotografia, o endereço completo e o número de telefone profissional, o endereço do correio eletrônico e o nome da sociedade de advogados de que eventualmente faça parte, ou esteja associado, e, opcionalmente, o nome profissional, a existência de deficiência de que seja portador, opção para doação de órgãos, Registro Geral, data e órgão emissor, número do título de eleitor, zona, seção, UF eleitoral, certificado militar e passaporte. (NR)

§ 2º No cadastro são incluídas, igualmente, informações sobre o cancelamento das inscrições. (NR)

§ 3º O Conselho Seccional em que o advogado mantenha inscrição suplementar deverá registrar a punição disciplinar imposta por outra Seccional, no CNA, em até vinte e quatro horas, a contar da comunicação de que trata o art. 70, § 2º, do EAOAB. (NR)

▪ **Art. 24-A.** Aos Conselhos Seccionais da OAB incumbe alimentar, automaticamente e em tempo real, por via eletrônica, o Cadastro Nacional das Sociedades de Advogados – CNSA, mantendo as informações correspondentes constantemente atualizadas. (NR)

§ 1º O CNSA deve conter a razão social, o número de registro perante a seccional, a data do pedido de registro e a do efetivo registro, o prazo de duração, o endereço completo, inclusive telefone e correio eletrônico, nome, nome social e qualificação de todos os sócios e as modificações ocorridas em seu quadro social.

§ 2º Mantendo a sociedade filiais, os dados destas, bem como os números de inscrição suplementar de seus sócios (Provimento n. 112/2006, art. 7º, § 1º), após averbados no Conselho Seccional no qual se localiza o escritório sede, serão averbados no CNSA.

§ 3º São igualmente averbados no CNSA os ajustes de associação ou de colaboração.

§ 4º São proibidas razões sociais iguais ou semelhantes, prevalecendo a razão social da sociedade com inscrição mais antiga.

§ 5º Constatando-se semelhança ou identidade de razões sociais, o Conselho Federal da OAB solicitará, de ofício, a alteração da razão social mais recente, caso a sociedade com registro mais recente não requeira a alteração da sua razão social, acrescentando ou excluindo dados que a distinga da sociedade precedentemente registrada.

§ 6º Verificado conflito de interesses envolvendo sociedades em razão de identidade ou semelhança de razões sociais, em Estados diversos, a questão será apreciada pelo Conselho

Federal da OAB, garantindo-se o devido processo legal.

▪ **Art. 24-B.** Aplicam-se ao Cadastro Nacional das Sociedades de Advogados – CNSA as normas estabelecidas no Provimento n. 95/2000 para os advogados, assim como as restrições quanto à divulgação das informações nele inseridas. (NR)

▪ **Art. 25.** Os pedidos de transferência de inscrição de advogados são regulados em Provimento do Conselho Federal. (NR)

▪ **Art. 26.** O advogado fica dispensado de comunicar o exercício eventual da profissão, até o total de cinco causas por ano, acima do qual obriga-se à inscrição suplementar.

CAPÍTULO IV
DO ESTÁGIO PROFISSIONAL

▪ **Art. 27.** O estágio profissional de advocacia, inclusive para graduados, é requisito necessário à inscrição no quadro de estagiários da OAB e meio adequado de aprendizagem prática.

§ 1º O estágio profissional de advocacia pode ser oferecido pela instituição de ensino superior autorizada e credenciada, em convênio com a OAB, complementando-se a carga horária do estágio curricular supervisionado com atividades práticas típicas de advogado e de estudo do Estatuto e do Código de Ética e Disciplina, observado o tempo conjunto mínimo de 300 (trezentas) horas, distribuído em dois ou mais anos.

§ 2º A complementação da carga horária, no total estabelecido no convênio, pode ser efetivada na forma de atividades jurídicas no núcleo de prática jurídica da instituição de ensino, na Defensoria Pública, em escritórios de advocacia ou em setores jurídicos públicos ou privados, credenciados e fiscalizados pela OAB.

§ 3º As atividades de estágio ministrado por instituição de ensino, para fins de convênio com a OAB, são exclusivamente práticas, incluindo a redação de atos processuais e profissionais, as rotinas processuais, a assistência e a atuação em audiências e sessões, as visitas a órgãos judiciários, a prestação de serviços jurídicos e as técnicas de negociação coletiva, de arbitragem e de conciliação.

▪ **Art. 28.** O estágio realizado na Defensoria Pública da União, do Distrito Federal ou dos Estados, na forma do art. 145 da Lei Complementar n. 80, de 12 de janeiro de 1994, é considerado válido para fins de inscrição no quadro de estagiários da OAB.

▪ **Art. 29.** Os atos de advocacia, previstos no art. 1º do Estatuto, podem ser subscritos por estagiário inscrito na OAB, em conjunto com o advogado ou o defensor público.

§ 1º O estagiário inscrito na OAB pode praticar isoladamente os seguintes atos, sob a responsabilidade do advogado:

I – retirar e devolver autos em cartório, assinando a respectiva carga;

II – obter junto aos escrivães e chefes de secretarias certidões de peças ou autos de processos em curso ou findos;

III – assinar petições de juntada de documentos a processos judiciais ou administrativos.

§ 2º Para o exercício de atos extrajudiciais, o estagiário pode comparecer isoladamente, quando receber autorização ou substabelecimento do advogado.

▪ **Art. 30.** O estágio profissional de advocacia, realizado integralmente fora da instituição de ensino, compreende as atividades fixadas em convênio entre o escritório de advocacia ou entidade que receba o estagiário e a OAB.

▪ **Art. 31.** Cada Conselho Seccional mantém uma Comissão de Estágio e Exame de Ordem, a quem incumbe coordenar, fiscalizar e executar as atividades decorrentes do estágio profissional da advocacia. (NR)

§ 1º Os convênios de estágio profissional e suas alterações, firmados pelo Presidente do Conselho ou da Subseção, quando esta receber delegação de competência, são previamente elaborados pela Comissão, que tem poderes para negociá-los com as instituições interessadas. (NR)

§ 2º A Comissão pode instituir subcomissões nas Subseções.

§ 3º *(Revogado.)*

§ 4º Compete ao Presidente do Conselho Seccional designar a Comissão, que pode ser composta por advogados não integrantes do Conselho.

CAPÍTULO V
DA IDENTIDADE PROFISSIONAL

▪ **Art. 32.** São documentos de identidade profissional a carteira e o cartão emitidos pela OAB, de uso obrigatório pelos advogados e estagiários inscritos, para o exercício de suas atividades, os quais podem ser emitidos de forma digital. (NR)

Parágrafo único. O uso do cartão dispensa o da carteira.

▪ **Art. 33.** A carteira de identidade do advogado, relativa à inscrição originária, tem as dimensões de 7,00 (sete) x 11,00 (onze) centímetros e observa os seguintes critérios:

I – a capa, em fundo vermelho, contém as armas da República e as expressões "Ordem dos Advogados do Brasil" e "Carteira de Identidade de Advogado";

II – a primeira página repete o conteúdo da capa, acrescentado da expressão "Conselho Seccional de (...)" e do inteiro teor do art. 13 do Estatuto;

III – a segunda página destina-se aos dados de identificação do advogado, na seguinte ordem: número da inscrição, nome, nome social, filiação, naturalidade, data do nascimento, nacionalidade, data da colação de grau, data do compromisso e data da expedição, e à assinatura do Presidente do Conselho Seccional;

IV – a terceira página é dividida para os espaços de uma foto 3 (três) x 4 (quatro) centímetros, da impressão digital e da assinatura do portador;

V – as demais páginas, em branco e numeradas, destinam-se ao reconhecimento de firma dos signatários e às anotações da OAB, firmadas pelo Secretário-Geral ou Adjunto, incluindo as incompatibilidades e os impedimentos, o exercício de mandatos, as designações para comissões, as funções na OAB, os serviços relevantes à profissão e os dados da inscrição suplementar, pelo Conselho que a deferir;

VI – a última página destina-se à transcrição do art. 7º do Estatuto.

Parágrafo único. O nome social é a designação pela qual a pessoa travesti ou transexual se identifica e é socialmente reconhecida e será inserido na identificação do advogado mediante requerimento. (NR)

▪ **Art. 34.** O cartão de identidade tem o mesmo modelo e conteúdo do cartão de identificação pessoal (registro geral), com as seguintes adaptações, segundo o modelo aprovado pela Diretoria do Conselho Federal:

I – o fundo é de cor branca e a impressão dos caracteres e armas da República, de cor vermelha;

II – o anverso contém os seguintes dados, nesta sequência: Ordem dos Advogados do Brasil, Conselho Seccional de (...), Identidade de Advogado (em destaque), n. da inscrição, nome, nome social, filiação, naturalidade, data do nascimento e data da expedição, e a assinatura do Presidente, podendo ser acrescentados os dados de identificação de registro geral, de CPF, eleitoral e outros;

III – o verso destina-se à fotografia, observações e assinatura do portador. (NR)

§ 1º No caso de inscrição suplementar o cartão é específico, indicando-se: "N. da Inscrição Suplementar:" (em negrito ou sublinhado).

§ 2º Os Conselhos Federal e Seccionais podem emitir cartão de identidade para os seus membros e para os membros das Subseções, acrescentando, abaixo do termo "Identidade de Advogado", sua qualificação de conselheiro ou dirigente da OAB e, no verso, o prazo de validade, coincidente com o mandato.

§ 3º O cartão de identidade profissional digital dos advogados e estagiários, constituindo versão eletrônica de identidade para todos os fins legais (art. 13 da Lei n. 8.906/94 – EAOAB), submete-se à disciplina prevista no presente artigo. (NR)

▪ **Art. 35.** O cartão de identidade do estagiário tem o mesmo modelo e conteúdo do cartão de identidade do advogado, com a indicação de "Identidade de Estagiário", em destaque, e do prazo de validade, que não pode ultrapassar três anos nem ser prorrogado.

Parágrafo único. O cartão de identidade do estagiário perde sua validade imediatamente após a prestação do compromisso como advogado. (NR)

▪ **Art. 36.** O suporte material do cartão de identidade é resistente, devendo conter dispositivo para armazenamento de certificado digital. (NR)

CAPÍTULO VI
DAS SOCIEDADES DE ADVOGADOS

▪ **Art. 37.** Os advogados podem constituir sociedade simples, unipessoal ou pluripessoal, de prestação de serviços de advocacia, a qual deve ser regularmente registrada no Conselho Seccional da OAB em cuja base territorial tiver sede. (NR)

§ 1º As atividades profissionais privativas dos advogados são exercidas individualmente, ainda que revertam à sociedade os honorários respectivos. (NR)

§ 2º As sociedades unipessoais e as pluripessoais de advocacia são reguladas em Provimento do Conselho Federal. (NR)

▪ **Art. 38.** O nome completo ou abreviado, ou o nome social de, no mínimo, um advogado responsável pela sociedade consta obrigatoriamente da razão social, podendo permanecer o nome ou o nome social de sócio falecido se, no ato constitutivo ou na alteração contratual em vigor, essa possibilidade tiver sido prevista. (NR)

▪ **Art. 39.** A sociedade de advogados pode associar-se com advogados, sem vínculo de emprego, para participação nos resultados.

Parágrafo único. Os contratos referidos neste artigo são averbados no registro da sociedade de advogados.

▪ **Art. 40.** Os advogados sócios e os associados respondem subsidiária e ilimitadamente pelos danos causados diretamente ao cliente, nas hipóteses de dolo ou culpa e por ação ou omissão, no exercício dos atos privativos da advocacia, sem prejuízo da responsabilidade disciplinar em que possam incorrer.

▪ **Art. 41.** As sociedades de advogados podem adotar qualquer forma de administração social, permitida a existência de sócios-gerentes, com indicação dos poderes atribuídos.

▪ **Art. 42.** Podem ser praticados pela sociedade de advogados, com uso da razão social, os atos indispensáveis às suas finalidades, que não sejam privativos de advogado.

▪ **Art. 43.** O registro da sociedade de advogados observa os requisitos e procedimentos previstos em Provimento do Conselho Federal. (NR)

TÍTULO II
DA ORDEM DOS ADVOGADOS DO BRASIL (OAB)

CAPÍTULO I
DOS FINS E DA ORGANIZAÇÃO

▪ **Art. 44.** As finalidades da OAB, previstas no art. 44 do Estatuto, são cumpridas pelos Conselhos Federal e Seccionais e pelas Subseções, de modo integrado, observadas suas competências específicas.

▪ **Art. 45.** A exclusividade da representação dos advogados pela OAB, prevista no art. 44, II, do Estatuto, não afasta a competência própria dos sindicatos e associações sindicais de advogados, quanto à defesa dos direitos peculiares da relação de trabalho do profissional empregado.

▪ **Art. 46.** Os novos Conselhos Seccionais serão criados mediante Resolução do Conselho Federal.

▪ **Art. 47.** O patrimônio do Conselho Federal, do Conselho Seccional, da Caixa de Assistência dos Advogados e da Subseção é constituído de bens móveis e imóveis e outros bens e valores que tenham adquirido ou venham a adquirir.

▪ **Art. 48.** A alienação ou oneração de bens imóveis depende de aprovação do Conselho Federal ou do Conselho Seccional, competindo à Diretoria do órgão decidir pela aquisição de qualquer bem e dispor sobre os bens móveis.

Parágrafo único. A alienação ou oneração de bens imóveis depende de autorização da maioria das delegações, no Conselho Federal, e da maioria dos membros efetivos, no Conselho Seccional.

▪ **Art. 49.** Os cargos da Diretoria do Conselho Seccional têm as mesmas denominações atribuídas aos da Diretoria do Conselho Federal.

Parágrafo único. Os cargos da Diretoria da Subseção e da Caixa de Assistência dos Advogados têm as seguintes denominações: Presidente, Vice-Presidente, Secretário, Secretário Adjunto e Tesoureiro.

▪ **Art. 50.** Ocorrendo vaga de cargo de diretoria do Conselho Federal ou do Conselho Seccional, inclusive do Presidente, em virtude de perda do mandato (art. 66 do Estatuto), morte ou renúncia, o substituto é eleito pelo Conselho a que se vincule, dentre os seus membros.

▪ **Art. 51.** A elaboração das listas constitucionalmente previstas, para preenchimento dos cargos nos tribunais judiciários, é disciplinada em Provimento do Conselho Federal.

▪ **Art. 52.** A OAB participa dos concursos públicos, previstos na Constituição e nas leis, em todas as suas fases, por meio de representante do Conselho competente, designado pelo Presidente, incumbindo-lhe apresentar relatório sucinto de suas atividades.

Parágrafo único. Incumbe ao representante da OAB velar pela garantia da isonomia e da integridade do certame, retirando-se quando constatar irregularidades ou favorecimentos e comunicando os motivos ao Conselho.

▪ **Art. 53.** Os conselheiros e dirigentes dos órgãos da OAB tomam posse firmando, juntamente com o Presidente, o termo específico, após prestar o seguinte compromisso: "Prometo manter, defender e cumprir os princípios e finalidades da OAB, exercer com dedicação e ética as atribuições que me são delegadas e pugnar pela dignidade, independência, prerrogativas e valorização da advocacia".

▪ **Art. 54.** Compete à Diretoria dos Conselhos Federal e Seccionais, da Subseção ou da Caixa de Assistência declarar extinto o mandato, ocorrendo uma das hipóteses previstas no art. 66 do Estatuto, encaminhando ofício ao Presidente do Conselho Seccional.

§ 1º A Diretoria, antes de declarar extinto o mandato, salvo no caso de morte ou renúncia, ouve o interessado no prazo de quinze dias, notificando-o mediante ofício com aviso de recebimento.

§ 2º Havendo suplentes de Conselheiros, a ordem de substituição é definida no Regimento Interno do Conselho Seccional.

§ 3º Inexistindo suplentes, o Conselho Seccional elege, na sessão seguinte à data do recebimento do ofício, o Conselheiro Federal, o diretor do Conselho Seccional, o Conselheiro Seccional, o diretor da Subseção ou o diretor da Caixa de Assistência dos Advogados, onde se deu a vaga.

§ 4º Na Subseção onde houver conselho, este escolhe o substituto.

CAPÍTULO II
DA RECEITA

▪ **Art. 55.** Aos inscritos na OAB incumbe o pagamento das anuidades, contribuições, multas e preços de serviços fixados pelo Conselho Seccional. (NR)

§ 1º As anuidades, contribuições, multas e preços de serviços previstos no *caput* deste artigo serão fixados pelo Conselho Seccional, devendo seus valores ser comunicados ao Conselho Federal até o dia 30 de novembro do ano anterior, salvo em ano eleitoral, quando serão determinadas e comunicadas ao Conselho Federal até o dia 31 de janeiro do ano da posse, podendo ser estabelecidos pagamentos em cotas periódicas. (NR)

§ 2º *(Revogado.)*

§ 3º O edital a que se refere o *caput* do art. 128 deste Regulamento divulgará a possibilidade de parcelamento e o número máximo de parcelas.

▪ **Art. 56.** As receitas brutas mensais das anuidades, incluídas as eventuais atualizações monetárias e juros, serão deduzidas em 60% (sessenta por cento) para seguinte destinação: (NR)

I – 10% (dez por cento) para o Conselho Federal; (NR)

II – 3% (três por cento) para o Fundo Cultural; (NR)

III – 2% (dois por cento) para o Fundo de Integração e Desenvolvimento Assistencial dos Advogados – FIDA, regulamentado em Provimento do Conselho Federal.

IV – 45% (quarenta e cinco por cento) para as despesas administrativas e manutenção do Conselho Seccional.

§ 1º Os repasses das receitas previstas neste artigo efetuam-se em instituição financeira, indicada pelo Conselho Federal em comum acordo com o Conselho Seccional, através de compartilhamento obrigatório, automático e imediato, com destinação em conta-corrente específica deste, do Fundo Cultural, do Fundo de Integração e Desenvolvimento Assistencial dos Advogados – FIDA e da Caixa de Assistência dos Advogados, vedado o recebimento na Tesouraria do Conselho Seccional, exceto quanto às receitas de preços e serviços, e observados os termos do modelo aprovado pelo Diretor-Tesoureiro do Conselho Federal, sob pena de aplicação do art. 54, VII, do Estatuto da Advocacia e da OAB.

§ 2º O Fundo Cultural será administrado pela Escola Superior de Advocacia, mediante deliberação da Diretoria do Conselho Seccional.

§ 3º O Fundo de Integração e Desenvolvimento Assistencial dos Advogados – FIDA será administrado por um Conselho Gestor designado pela Diretoria do Conselho Federal.

§ 4º Os Conselhos Seccionais elaborarão seus orçamentos anuais considerando o limite disposto no inciso IV para manutenção da sua estrutura administrativa e das subseções, utilizando a margem resultante para suplementação orçamentária do exercício, caso se faça necessária.

§ 5º Qualquer transferência de bens ou recursos de um Conselho Seccional a outro depende de autorização do Conselho Federal. (NR)

▪ **Art. 57.** Cabe à Caixa de Assistência dos Advogados a metade da receita das anuidades, incluídas as eventuais atualizações monetárias e juros, recebidas pelo Conselho Seccional, considerado o valor resultante após as deduções obrigatórias, nos percentuais previstos no art. 56 do Regulamento Geral. (NR)

§ 1º Poderão ser deduzidas despesas nas receitas destinadas à Caixa Assistência, desde que previamente pactuadas.

§ 2º A aplicação dos recursos da Caixa de Assistência deverá estar devidamente demonstrada nas prestações de contas periódicas do Conselho Seccional, obedecido o disposto no § 5º do art. 60 do Regulamento Geral.

▪ **Art. 58.** Compete privativamente ao Conselho Seccional, na primeira sessão ordinária do ano, apreciar o relatório anual e deliberar sobre o balanço e as contas da Diretoria do Conselho Seccional, da Caixa de Assistência dos Advogados e das Subseções, referentes ao exercício anterior, na forma de seu Regimento Interno.

§ 1º O Conselho Seccional elege, dentre seus membros, uma comissão de orçamento e contas para fiscalizar a aplicação da receita e opinar previamente sobre a proposta de orçamento anual e as contas.

§ 2º O Conselho Seccional pode utilizar os serviços de auditoria independente para auxiliar a comissão de orçamento e contas.

§ 3º O exercício financeiro dos Conselhos Federal e Seccionais encerra-se no dia 31 de dezembro de cada ano.

▪ **Art. 59.** Deixando o cargo, por qualquer motivo, no curso do mandato, os Presidentes do Conselho Federal, do Conselho Seccional, da Caixa de Assistência e da Subseção apresentam, de forma sucinta, relatório e contas ao seu sucessor.

▪ **Art. 60.** Os Conselhos Seccionais aprovarão seus orçamentos anuais, para o exercício seguinte, até o mês de outubro e o Conselho Federal até a última sessão do ano, permitida a alteração dos mesmos no curso do exercício, mediante justificada necessidade, devidamente aprovada pelos respectivos colegiados.

§ 1º O orçamento do Conselho Seccional, incluindo as Subseções, estima a receita, fixa a despesa e prevê as deduções destinadas ao Conselho Federal, ao Fundo Cultural, ao Fundo de Integração e Desenvolvimento Assistencial dos Advogados – FIDA e à Caixa de Assistência, e deverá ser encaminhado, mediante cópia, até o dia 10 do mês subsequente, ao Conselho Federal, podendo o seu Diretor-Tesoureiro, após análise prévia, devolvê-lo à Seccional, para os devidos ajustes. (NR)

§ 2º Aprovado o orçamento e, igualmente, as eventuais suplementações orçamentárias, encaminhar-se-á cópia ao Conselho Federal, até o dia 10 do mês subsequente, para os fins regulamentares. (NR)

§ 3º O Conselho Seccional recém empossado deverá promover, se necessário, preferencialmente nos dois primeiros meses de gestão, a reformulação do orçamento anual, encaminhando cópia do instrumento respectivo ao Conselho Federal, até o dia 10 do mês de março do ano em curso. (NR)

§ 4º A Caixa de Assistência dos Advogados aprovará seu orçamento para o exercício seguinte, até a última sessão do ano. (NR)

§ 5º O Conselho Seccional fixa o modelo e os requisitos formais e materiais para o orçamento, o relatório e as contas da Caixa de Assistência e das Subseções. (NR)

▪ **Art. 61.** O relatório, o balanço e as contas dos Conselhos Seccionais e da Diretoria do Conselho Federal, na forma prevista em Provimento, são julgados pela Terceira Câmara do Conselho Federal, com recurso para o Órgão Especial.

§ 1º Cabe à Terceira Câmara fixar os modelos dos orçamentos, balanços e contas da Diretoria do Conselho Federal e dos Conselhos Seccionais.

§ 2º A Terceira Câmara pode determinar a realização de auditoria independente nas contas do Conselho Seccional, com ônus para este, sempre que constatar a existência de graves irregularidades.

§ 3º O relatório, o balanço e as contas dos Conselhos Seccionais do ano anterior serão remetidos à Terceira Câmara até o final do quarto mês do ano seguinte. (NR)

§ 4º O relatório, o balanço e as contas da Diretoria do Conselho Federal são apreciados pela Terceira Câmara a partir da primeira sessão ordinária do ano seguinte ao do exercício.

§ 5º Os Conselhos Seccionais só podem pleitear recursos materiais e financeiros ao Conselho Federal se comprovadas as seguintes condições:

a) remessa de cópia do orçamento e das eventuais suplementações orçamentárias, no prazo estabelecido pelo § 2º do art. 60;

b) prestação de contas aprovada na forma regulamentar; e

c) repasse atualizado da receita devida ao Conselho Federal, suspendendo-se o pedido, em caso de controvérsia, até decisão definitiva sobre a liquidez dos valores correspondentes. (NR)

CAPÍTULO III
DO CONSELHO FEDERAL

Seção I
Da Estrutura e do Funcionamento (NR)

▪ **Art. 62.** O Conselho Federal, órgão supremo da OAB, com sede na Capital da República, compõe-se de um Presidente, dos Conselheiros Federais integrantes das delegações de cada unidade federativa e de seus ex-presidentes.

§ 1º Os ex-presidentes têm direito a voz nas sessões do Conselho, sendo assegurado o direito de voto aos que exerceram mandato antes de 05 de julho de 1994 ou em seu exercício se encontravam naquela data. (NR)

§ 2º O Presidente, nas suas relações externas, apresenta-se como Presidente Nacional da OAB.

§ 3º O Presidente do Conselho Seccional tem lugar reservado junto à delegação respectiva e direito a voz em todas as sessões do Conselho e de suas Câmaras.

▪ **Art. 63.** O Presidente do Instituto dos Advogados Brasileiros e os agraciados com a "Medalha Rui Barbosa" podem participar das sessões do Conselho Pleno, com direito a voz.

▪ **Art. 64.** O Conselho Federal atua mediante os seguintes órgãos:

I – Conselho Pleno;

II – Órgão Especial do Conselho Pleno;

III – Primeira, Segunda e Terceira Câmaras;

IV – Diretoria;

V – Presidente.

Parágrafo único. Para o desempenho de suas atividades, o Conselho conta também com comissões permanentes, definidas em Provimento, e com comissões temporárias, todas designadas pelo Presidente, integradas ou não por Conselheiros Federais, submetidas a um regimento interno único, aprovado pela Diretoria do Conselho Federal, que o levará ao conhecimento do Conselho Pleno. (NR)

▪ **Art. 65.** No exercício do mandato, o Conselheiro Federal atua no interesse da advocacia nacional e não apenas no de seus representados diretos.

§ 1º O cargo de Conselheiro Federal é incompatível com o de membro de outros órgãos da OAB, exceto quando se tratar de ex-presidente do Conselho Federal e do Conselho Seccional, ficando impedido de debater e votar as matérias quando houver participado da deliberação local.

§ 2º Na apuração da antiguidade do Conselheiro Federal somam-se todos os períodos de mandato, mesmo que interrompidos.

▪ **Art. 66.** Considera-se ausente das sessões ordinárias mensais dos órgãos deliberativos do Conselho Federal o Conselheiro que, sem motivo justificado, faltar a qualquer uma.

Parágrafo único. Compete ao Conselho Federal fornecer ajuda de transporte e hospedagem aos Conselheiros Federais integrantes das bancadas dos Conselho Seccionais que não tenham capacidade financeira para suportar a despesa correspondente. (NR)

▪ **Art. 67.** Os Conselheiros Federais, integrantes de cada delegação, após a posse, são distribuídos pelas três Câmaras especializadas, mediante deliberação da própria delegação, comunicada ao Secretário-Geral, ou, na falta desta, por decisão do Presidente, dando-se preferência ao mais antigo no Conselho e, havendo coincidência, ao de inscrição mais antiga.

§ 1º O Conselheiro, na sua delegação, é substituto dos demais, em qualquer órgão do Conselho, nas faltas ou impedimentos ocasionais ou no caso de licença.

§ 2º Quando estiverem presentes dois substitutos, concomitantemente, a preferência é do mais antigo no Conselho e, em caso de coincidência, do que tiver inscrição mais antiga.

§ 3º A delegação indica seu representante ao Órgão Especial do Conselho Pleno.

▪ **Art. 68.** O voto em qualquer órgão colegiado do Conselho Federal é tomado por delegação, em ordem alfabética, seguido dos ex-presidentes presentes, com direito a voto.

§ 1º Os membros da Diretoria votam como integrantes de suas delegações.

§ 2º O Conselheiro Federal opina, mas não participa da votação de matéria de interesse específico da unidade que representa.

§ 3º Na eleição dos membros da Diretoria do Conselho Federal, somente votam os Conselheiros Federais, individualmente. (NR)

▪ **Art. 69.** A seleção das decisões dos órgãos deliberativos do Conselho Federal é periodicamente divulgada em forma de ementário.

▪ **Art. 70.** Os órgãos deliberativos do Conselho Federal podem cassar ou modificar atos ou deliberações de órgãos ou autoridades da OAB, ouvidos estes e os interessados previamente, no prazo de quinze dias, contado do recebimento da notificação, sempre que contrariem o Estatuto, este Regulamento Geral, o Código de Ética e Disciplina e os Provimentos.

▪ **Art. 71.** Toda matéria pertinente às finalidades e às competências do Conselho Federal da OAB será distribuída automaticamente no órgão colegiado competente a um relator, mediante sorteio eletrônico, com inclusão na pauta da sessão seguinte, organizada segundo critério de antiguidade. (NR)

§ 1º Se o relator determinar alguma diligência, o processo é retirado da ordem do dia, figurando em anexo da pauta com indicação da data do despacho.

§ 2º Incumbe ao relator apresentar na sessão seguinte, por escrito, o relatório, o voto e a proposta de ementa.

§ 3º O relator pode determinar diligências, requisitar informações, instaurar representação incidental, propor ao Presidente a redistribuição da matéria e o arquivamento, quando for irrelevante ou impertinente às finalidades da OAB, ou o encaminhamento do processo ao Conselho Seccional competente, quando for de interesse local.

§ 4º Em caso de inevitável perigo de demora da decisão, pode o relator conceder provimento cautelar, com recurso de ofício ao órgão colegiado, para apreciação preferencial na sessão posterior.

§ 5º O relator notifica o Conselho Seccional e os interessados, quando forem necessárias suas manifestações.

§ 6º Compete ao relator manifestar-se sobre as desistências, prescrições, decadências e intempestividades dos recursos, para decisão do Presidente do órgão colegiado.

▪ **Art. 72.** O processo será redistribuído automaticamente caso o relator, após a inclusão em pauta, não o apresente para julgamento na sessão seguinte ou quando, fundamentadamente e no prazo de 05 (cinco) dias, a contar do recebimento do s autos, declinar da relatoria. (NR)

§ 1º O presidente do colegiado competente poderá deferir a prorrogação do prazo de apresentação do processo para julgamento estipulado no *caput*, por 01 (uma) sessão, mediante requerimento por escrito e fundamentado do relator. (NR)

§ 2º Redistribuído o processo, caso os autos encontrem-se com o relator, o presidente do órgão colegiado determinará sua devolução à secretaria, em até 05 (cinco) dias. (NR)

▪ **Art. 73.** Em caso de matéria complexa, o Presidente designa uma comissão em vez de relator individual.

Parágrafo único. A comissão escolhe um relator e delibera coletivamente, não sendo considerados os votos minoritários para fins de relatório e voto.

Seção II
Do Conselho Pleno

▪ **Art. 74.** O Conselho Pleno é integrado pelos Conselheiros Federais de cada delegação e pelos ex-presidentes, sendo presidido pelo Presidente do Conselho Federal e secretariado pelo Secretário-Geral.

▪ **Art. 75.** Compete ao Conselho Pleno deliberar, em caráter nacional, sobre propostas e indicações relacionadas às finalidades institucionais da OAB (art. 44, I, do Estatuto) e sobre as demais atribuições previstas no art. 54 do Estatuto, respeitadas as competências privativas dos demais órgãos deliberativos do Conselho Federal, fixadas neste Regulamento Geral, e ainda:

I – eleger o sucessor dos membros da Diretoria do Conselho Federal, em caso de vacância;

II – regular, mediante resolução, matérias de sua competência que não exijam edição de Provimento;

III – instituir, mediante Provimento, comissões permanentes para assessorar o Conselho Federal e a Diretoria. (NR)

Parágrafo único. O Conselho Pleno pode decidir sobre todas as matérias privativas de seu órgão Especial, quando o Presidente atribuir-lhes caráter de urgência e grande relevância.

▪ **Art. 76.** As proposições e os requerimentos deverão ser oferecidos por escrito, cabendo ao relator apresentar relatório e voto na sessão seguinte, acompanhados de ementa do acórdão. (NR)

§ 1º No Conselho Pleno, o Presidente, em caso de urgência e relevância, pode designar relator para apresentar relatório e voto orais na mesma sessão.

§ 2º Quando a proposta importar despesas não previstas no orçamento, pode ser apreciada apenas depois de ouvido o Diretor Tesoureiro quanto às disponibilidades financeiras para sua execução.

▪ **Art. 77.** O voto da delegação é o de sua maioria, havendo divergência entre seus membros, considerando-se invalidado em caso de empate.

§ 1º O Presidente não integra a delegação de sua unidade federativa de origem e não vota, salvo em caso de empate.

§ 2º Os ex-Presidentes empossados antes de 5 de julho de 1994 têm direito de voto equivalente ao de uma delegação, em todas as matérias, exceto na eleição dos membros da Diretoria do Conselho Federal. (NR)

▪ **Art. 78.** Para editar e alterar o Regulamento Geral, o Código de Ética e Disciplina e os Provimentos e para intervir nos Conselhos Seccionais é indispensável o *quorum* de dois terços das delegações.

Parágrafo único. Para as demais matérias prevalece o *quorum* de instalação e de votação estabelecido neste Regulamento Geral.

▪ **Art. 79.** A proposta que implique baixar normas gerais de competência do Conselho Pleno ou encaminhar projeto legislativo ou emendas aos Poderes competentes somente pode ser deliberada se o relator ou a comissão designada elaborar o texto normativo, a ser remetido aos Conselheiros juntamente com a convocação da sessão.

§ 1º Antes de apreciar proposta de texto normativo, o Conselho Pleno delibera sobre a admissibilidade da relevância da matéria.

§ 2º Admitida a relevância, o Conselho passa a decidir sobre o conteúdo da proposta do texto normativo, observados os seguintes critérios:

a) procede-se à leitura de cada dispositivo, considerando-o aprovado se não houver destaque levantado por qualquer membro ou encaminhado por Conselho Seccional;

b) havendo destaque, sobre ele manifesta-se apenas aquele que o levantou e a comissão relatora ou o relator, seguindo-se a votação.

§ 3º Se vários membros levantarem destaque sobre o mesmo ponto controvertido, um, dentre eles, é eleito como porta-voz.

§ 4º Se o texto for totalmente rejeitado ou prejudicado pela rejeição, o Presidente designa novo relator ou comissão revisora para redigir outro.

▪ **Art. 80.** A OAB pode participar e colaborar em eventos internacionais, de interesse da advocacia, mas somente se associa a organismos internacionais que congreguem entidades congêneres.

Parágrafo único. Os Conselhos Seccionais podem representar a OAB em geral ou os advogados brasileiros em eventos internacionais ou no exterior, quando autorizados pelo Presidente Nacional.

▪ **Art. 81.** Constatando grave violação do Estatuto ou deste Regulamento Geral, a Diretoria do Conselho Federal notifica o Conselho Seccional para apresentar defesa e, havendo necessidade, designa representantes para promover verificação ou sindicância, submetendo o relatório ao Conselho Pleno.

§ 1º Se o relatório concluir pela intervenção, notifica-se o Conselho Seccional para apresentar defesa por escrito e oral perante o Conselho Pleno, no prazo e tempo fixados pelo Presidente.

§ 2º Se o Conselho Pleno decidir pela intervenção, fixa prazo determinado, que pode ser prorrogado, cabendo à Diretoria designar diretoria provisória.

§ 3º Ocorrendo obstáculo imputável à Diretoria do Conselho Seccional para a sindicância, ou no caso de irreparabilidade do perigo pela demora, o Conselho Pleno pode aprovar liminarmente a intervenção provisória.

▪ **Art. 82.** As indicações de ajuizamento de ação direta de inconstitucionalidade submetem-se ao juízo prévio de admissibilidade da Diretoria para aferição da relevância da defesa dos princípios e normas constitucionais e, sendo admitidas, observam o seguinte procedimento:

I – o relator, designado pelo Presidente, independentemente da decisão da Diretoria, pode levantar preliminar de inadmissibilidade perante o Conselho Pleno, quando não encontrar norma ou princípio constitucional violados pelo ato normativo;

II – aprovado o ajuizamento da ação, esta será proposta pelo Presidente do Conselho Federal; (NR)

III – cabe à assessoria do Conselho acompanhar o andamento da ação.

§ 1º Em caso de urgência que não possa aguardar a sessão ordinária do Conselho Pleno, ou durante o recesso do Conselho Federal, a Diretoria decide quanto ao mérito, *ad referendum* daquele.

§ 2º Quando a indicação for subscrita por Conselho Seccional da OAB, por entidade de caráter nacional ou por delegação do Conselho Federal, a matéria não se sujeita ao juízo de admissibilidade da Diretoria.

▪ **Art. 83.** Compete à Comissão Nacional de Educação Jurídica do Conselho Federal opinar previamente nos pedidos para criação, reconhecimento e credenciamento dos cursos jurídicos referidos no art. 54, XV, do Estatuto. (NR)

§ 1º O Conselho Seccional em cuja área de atuação situar-se a instituição de ensino superior interessada será ouvido, preliminarmente, nos processos que tratem das matérias referidas neste artigo, devendo a seu respeito manifestar-se no prazo de 30 (trinta) dias. (NR)

§ 2º A manifestação do Conselho Seccional terá em vista, especialmente, os seguintes aspectos:

a) a verossimilhança do projeto pedagógico do curso, em face da realidade local;

b) a necessidade social da criação do curso, aferida em função dos critérios estabelecidos pela Comissão de Ensino Jurídico do Conselho Federal;

c) a situação geográfica do município sede do curso, com indicação de sua população e das condições de desenvolvimento cultural e econômico que apresente, bem como da distância em relação ao município mais próximo onde haja curso jurídico;

d) as condições atuais das instalações físicas destinadas ao funcionamento do curso;

e) a existência de biblioteca com acervo adequado, a que tenham acesso direto os estudantes. (NR)

§ 3º A manifestação do Conselho Seccional deverá informar sobre cada um dos itens mencionados no parágrafo anterior, abstendo-se, porém, de opinar, conclusivamente, sobre a conveniência ou não da criação do curso. (NR)

§ 4º O Conselho Seccional encaminhará sua manifestação diretamente à Comissão de Ensino Jurídico do Conselho Federal, dela não devendo fornecer cópia à instituição interessada ou a terceiro antes do pronunciamento final do Conselho Federal. (NR)

Seção III
Do Órgão Especial do Conselho Pleno

▪ **Art. 84.** O Órgão Especial é composto por um Conselheiro Federal integrante de cada delegação, sem prejuízo de sua participação no Conselho Pleno, e pelos ex-Presidentes, sendo presidido pelo Vice-Presidente e secretariado pelo Secretário-Geral Adjunto.

Parágrafo único. O Presidente do Órgão Especial, além de votar por sua delegação, tem o voto de qualidade, no caso de empate, salvo quando se tratar de procedimento disciplinar passível de aplicação de sanção prevista no art. 35 do EAOAB, caso em que, quando houver empate de votos, o Presidente votará apenas por sua delegação, prevalecendo a decisão mais favorável ao advogado representado. (NR)

▪ **Art. 85.** Compete ao Órgão Especial deliberar, privativamente e em caráter irrecorrível, sobre:

I – recurso contra decisões das Câmaras, quando não tenham sido unânimes ou, sendo unânimes, contrariem a Constituição, as leis, o Estatuto, decisões do Conselho Federal, este Regulamento Geral, o Código de Ética e Disciplina ou os Provimentos; (NR)

II – recurso contra decisões unânimes das Turmas, quando estas contrariarem a Constituição, as leis, o Estatuto, decisões do Conselho Federal, este Regulamento Geral, o Código de Ética e Disciplina ou os Provimentos; (NR)

III – recurso contra decisões do Presidente ou da Diretoria do Conselho Federal e do Presidente do Órgão Especial;

IV – consultas escritas, formuladas em tese, relativas às matérias de competência das Câmaras especializadas ou à interpretação do Estatuto, deste Regulamento Geral, do Código de Ética e Disciplina e dos Provimentos, devendo todos os Conselhos Seccionais ser cientificados do conteúdo das respostas;

V – conflitos ou divergências entre órgãos da OAB;

VI – determinação ao Conselho Seccional competente para instaurar processo, quando, em autos ou peças submetidos ao conhecimento do Conselho Federal, encontrar fato que constitua infração disciplinar.

§ 1º Os recursos ao Órgão Especial podem ser manifestados pelo Presidente do Conselho Federal, pelas partes ou pelos recorrentes originários.

§ 2º O relator pode propor ao Presidente do Órgão Especial o arquivamento da consulta, quando não se revestir de caráter geral ou não tiver pertinência com as finalidades da OAB, ou o seu encaminhamento ao Conselho Seccional, quando a matéria for de interesse local.

▪ **Art. 86.** A decisão do Órgão Especial constitui orientação dominante da OAB sobre a matéria, quando consolidada em súmula publicada na imprensa oficial.

Seção IV
Das Câmaras

▪ **Art. 87.** As Câmaras são presididas:

I – a Primeira, pelo Secretário-Geral;

II – a Segunda, pelo Secretário-Geral Adjunto;

III – a Terceira, pelo Tesoureiro.

§ 1º Os Secretários das Câmaras são designados, dentre seus integrantes, por seus Presidentes.

§ 2º Nas suas faltas e impedimentos, os Presidentes e Secretários das Câmaras são substituídos pelos Conselheiros mais antigos e, havendo coincidência, pelos de inscrição mais antiga.

§ 3º O Presidente da Câmara, além de votar por sua delegação, tem o voto de qualidade, no caso de empate, salvo quando se tratar de procedimento disciplinar passível de aplicação de sanção prevista no art. 35 do EAOAB, caso em que, quando houver empate de votos, o Presidente votará apenas por sua delegação, prevalecendo a decisão mais favorável ao advogado representado. (NR)

▪ **Art. 88.** Compete à Primeira Câmara:

I – decidir os recursos sobre:

a) atividade de advocacia e direitos e prerrogativas dos advogados e estagiários;

b) inscrição nos quadros da OAB;

c) incompatibilidades e impedimentos;

II – expedir resoluções regulamentando o Exame de Ordem, para garantir sua eficiência e padronização nacional, ouvida a Comissão Nacional de Exame de Ordem; (NR)

III – julgar as representações sobre as matérias de sua competência; (NR)

IV – propor, instruir e julgar os incidentes de uniformização de decisões de sua competência; (NR)

V – determinar ao Conselho Seccional competente a instauração de processo quando, em autos ou peças submetidas ao seu julgamento, tomar conhecimento de fato que constitua infração disciplinar;

VI – julgar os recursos interpostos contra decisões de seu Presidente.

▪ **Art. 89.** Compete à Segunda Câmara:

I – decidir os recursos sobre ética e deveres do advogado, infrações e sanções disciplinares;

II – promover em âmbito nacional a ética do advogado, juntamente com os Tribunais de Ética e Disciplina, editando resoluções regulamentares ao Código de Ética e Disciplina;

III – julgar as representações sobre as matérias de sua competência; (NR)

IV – propor, instruir e julgar os incidentes de uniformização de decisões de sua competência; (NR)

V – determinar ao Conselho Seccional competente a instauração de processo quando, em autos ou peças submetidas ao seu julgamento, tomar conhecimento de fato que constitua infração disciplinar; (NR)

VI – julgar os recursos interpostos contra decisões de seu Presidente; (NR)

VII – eleger, dentre seus integrantes, os membros da Corregedoria do Processo Disciplinar, em número máximo de três, com atribuição, em caráter nacional, de orientar e fiscalizar a tramitação dos processos disciplinares de competência da OAB, podendo, para tanto, requerer informações e realizar diligências, elaborando relatório anual dos processos em trâmite no Conselho Federal e nos Conselhos Seccionais e Subseções.

▪ **Art. 89-A.** A Segunda Câmara será dividida em três Turmas, entre elas repartindo-se, com igualdade, os processos recebidos pela Secretaria.

§ 1° Na composição das Turmas, que se dará por ato do Presidente da Segunda Câmara, será observado o critério de representatividade regional, de sorte a nelas estarem presentes todas as Regiões do País.

§ 2° As Turmas serão presididas pelo Conselheiro presente de maior antiguidade no Conselho Federal, admitindo-se o revezamento, a critério dos seus membros, salvo a Turma integrada pelo Presidente da Segunda Câmara, que será por ele presidida.

§ 3º Das decisões não unânimes das Turmas caberá recurso para o Pleno da Segunda Câmara. (NR)

§ 4º No julgamento do recurso, o relator ou qualquer membro da Turma poderá propor que esta o afete ao Pleno da Câmara, em vista da relevância ou especial complexidade da matéria versada, podendo proceder do mesmo modo quando suscitar questões de ordem que impliquem a adoção de procedimentos comuns pelas Turmas. (NR)

▪ **Art. 90.** Compete à Terceira Câmara:

I – decidir os recursos relativos à estrutura, aos órgãos e ao processo eleitoral da OAB;

II – decidir os recursos sobre sociedades de advogados, advogados associados e advogados empregados;

III – apreciar os relatórios anuais e deliberar sobre o balanço e as contas da Diretoria do Conselho Federal e dos Conselhos Seccionais;

IV – suprir as omissões ou regulamentar as normas aplicáveis às Caixas de Assistência dos Advogados, inclusive mediante resoluções;

V – modificar ou cancelar, de ofício ou a pedido de qualquer pessoa, dispositivo do Regimento Interno do Conselho Seccional que contrarie o Estatuto ou este Regulamento Geral;

VI – julgar as representações sobre as matérias de sua competência; (NR)

VII – propor, instruir e julgar os incidentes de uniformização de decisões de sua competência; (NR)

VIII – determinar ao Conselho Seccional competente a instauração de processo quando, em autos ou peças submetidas ao seu julgamento, tomar conhecimento de fato que constitua infração disciplinar;

IX – julgar os recursos interpostos contra decisões de seu Presidente.

Seção V
Das Sessões

▪ **Art. 91.** Os órgãos colegiados do Conselho Federal reúnem-se ordinariamente nos meses de fevereiro a dezembro de cada ano, em sua sede no Distrito Federal, nas datas fixadas pela Diretoria. (NR)

§ 1º Em caso de urgência ou no período de recesso (janeiro), o Presidente ou um terço das delegações do Conselho Federal pode convocar sessão extraordinária. (NR)

§ 2º A sessão extraordinária, em caráter excepcional e de grande relevância, pode ser convocada para local diferente da sede do Conselho Federal.

§ 3º As convocações para as sessões ordinárias são acompanhadas de minuta da ata da sessão anterior e dos demais documentos necessários.

§ 4º Mediante prévia deliberação do Conselho Pleno, poderá ser dispensada a realização da sessão ordinária do mês de julho, sem prejuízo da regular fruição dos prazos processuais e regulamentares. (NR)

▪ **Art. 92.** Para instalação e deliberação dos órgãos colegiados do Conselho Federal da OAB exige-se a presença de metade das delegações, salvo nos casos de *quorum* qualificado, previsto neste Regulamento Geral.

§ 1º A deliberação é tomada pela maioria de votos dos presentes.

§ 2º Comprova-se a presença pela assinatura no documento próprio, sob controle do Secretário da sessão.

§ 3º Qualquer membro presente pode requerer a verificação do *quorum*, por chamada.

§ 4º A ausência à sessão, depois da assinatura de presença, não justificada ao Presidente, é contada para efeito de perda do mandato.

▪ **Art. 93.** Nas sessões observa-se a seguinte ordem:

I – verificação do *quorum* e abertura;

II – leitura, discussão e aprovação da ata da sessão anterior;

III – comunicações do Presidente;

IV – ordem do dia;

V – expediente e comunicações dos presentes.

Parágrafo único. A ordem dos trabalhos ou da pauta pode ser alterada pelo Presidente, em caso de urgência ou de pedido de preferência.

▪ **Art. 94.** O julgamento de qualquer processo ocorre do seguinte modo:

I – leitura do relatório, do voto e da proposta de ementa do acórdão, todos escritos, pelo relator;

II – sustentação oral pelo interessado ou seu advogado, com o prazo de quinze minutos, a qual, em se tratando de embargos de declaração, somente será admitida se estes tiverem efeitos infringentes, caso em que a sustentação se dará no limite de cinco minutos, tendo o respectivo processo preferência no julgamento;

III – discussão da matéria, dentro do prazo máximo fixado pelo Presidente, não podendo cada Conselheiro fazer uso da palavra mais de uma vez nem por mais de três minutos, salvo se lhe for concedida prorrogação;

IV – votação da matéria, não sendo permitidas questões de ordem ou justificativa oral de voto, precedendo as questões prejudiciais e preliminares às de mérito;

V – a votação da matéria será realizada me diante chamada em ordem alfabética das bancadas, iniciando-se com a delegação integrada pelo relator do processo em julgamento; (NR)

VI – proclamação do resultado pelo Presidente, com leitura da súmula da decisão. (NR)

§ 1º Os apartes só serão admitidos quando concedidos pelo orador. Não será admitido aparte: (NR)

a) à palavra do Presidente;

b) ao Conselheiro que estiver suscitando questão de ordem.

§ 2º Se durante a discussão o Presidente julgar que a matéria é complexa e não se encontra suficientemente esclarecida, suspende o julgamento, designando revisor para sessão seguinte.

§ 3º A justificação escrita do voto pode ser encaminhada à Secretaria até quinze dias após a votação da matéria.

§ 4º O Conselheiro pode pedir preferência para antecipar seu voto se necessitar ausentar-se justificadamente da sessão.

§ 5º O Conselheiro pode eximir-se de votar se não tiver assistido à leitura do relatório.

§ 6º O relatório e o voto do relator, na ausência deste, são lidos pelo Secretário.

§ 7º Vencido o relator, o autor do voto vencedor lavra o acórdão.

▪ **Art. 95.** O pedido justificado de vista por qualquer Conselheiro, quando não for em mesa, não adia a discussão, sendo deliberado como preliminar antes da votação da matéria.

Parágrafo único. A vista concedida é coletiva, permanecendo os autos do processo na Secretaria, com envio de cópias aos que as solicitarem, devendo a matéria ser julgada na sessão ordinária seguinte, com preferência sobre as demais, ainda que ausentes o relator ou o Conselheiro requerente.

▪ **Art. 96.** As decisões coletivas são formalizadas em acórdãos, assinados pelo Presidente e pelo relator, e publicadas.

§ 1º As manifestações gerais do Conselho Pleno podem dispensar a forma de acórdão.

§ 2º As ementas têm numeração sucessiva e anual, relacionada ao órgão deliberativo.

▪ **Art. 97.** As pautas e decisões são publicadas no Diário Eletrônico da OAB, ou comunicadas pessoalmente aos interessados, e afixadas em local de fácil acesso na sede do Conselho Federal. (NR)

▪ **Art. 97-A.** Será admitido o julgamento de processos dos órgãos colegiados em ambiente telepresencial, denominado Sessão Virtual, observando-se, quando cabíveis, as disposições dos arts. 91 a 97 deste Regulamento Geral.

§ 1º Poderão ser incluídos nas sessões virtuais processos que tenham sido pautados em sessões ordinárias ou extraordinárias presenciais anteriores, para início ou continuidade de julgamento.

§ 2º As sessões virtuais serão convocadas pelos presidentes dos órgãos colegiados, com, pelo menos, quinze dias úteis de antecedência.

§ 3º As partes, os interessados e seus procuradores serão notificados pelo Diário Eletrônico da OAB de que o julgamento se dará em ambiente telepresencial.

§ 4º Nas hipóteses regulamentares em que couber sustentação oral, facultada à parte, ao interessado ou a seus procuradores, esta, com duração de, no máximo, quinze minutos, será realizada na sessão virtual, após a leitura do relatório e do voto pelo Relator.

§ 5º A sustentação oral de que trata o parágrafo anterior, bem como a participação telepresencial, deverá ser previamente requerida pela parte, pelo interessado ou por seus procuradores, em até vinte e quatro horas antes do início da sessão virtual.

§ 6º O requerimento previsto no parágrafo anterior deverá ser realizado por correio eletrônico ou petição nos autos, com a identificação do processo, do órgão julgador, da data da sessão virtual de julgamento e do endereço eletrônico do requerente, será utilizado para incluí-lo na respectiva sessão.

§ 7º A sustentação oral ou a participação telepresencial será realizada por videoconferência, com a utilização de plataforma disponibilizada pelo Conselho Federal, sendo de inteira responsabilidade da parte, do interessado ou de seus advogados toda a infraestrutura tecnológica necessária para sua participação na sessão virtual.

§ 8º Não serão incluídos na sessão virtual, ou dela serão excluídos, os seguintes processos:

I – os indicados pelo Relator, mediante despacho fundamentado, para julgamento em sessão presencial;

II – os destacados por um ou mais conselheiros para julgamento em sessão presencial, após o encerramento da fase de debates, mediante acolhimento ou não do presidente do órgão colegiado correspondente;

III – os que tiverem pedido de sustentação oral presencial e os destacados por quaisquer das partes, dos interessados ou de seus procuradores, desde que requerido em até vinte e quatro horas antes do início da sessão virtual, e deferido pelo relator.

§ 9º Os julgamentos em sessão virtual serão públicos e poderão ser acompanhados pela rede mundial de computadores (internet), exceto no tocante aos processos que tramitam em sigilo, aos quais terão acesso somente as partes, os interessados e seus procuradores. (NR)

Seção VI
Da Diretoria do Conselho Federal

▪ **Art. 98.** O Presidente é substituído em suas faltas, licenças e impedimentos pelo Vice-Presidente, pelo Secretário-Geral, pelo Secretário-Geral Adjunto e pelo Tesoureiro, sucessivamente.

§ 1º O Vice-Presidente, o Secretário-Geral, o Secretário-Geral Adjunto e o Tesoureiro substituem-se nessa ordem, em suas faltas e impedimentos ocasionais, sendo o último substituído pelo Conselheiro Federal mais antigo e, havendo coincidência de mandatos, pelo de inscrição mais antiga.

§ 2º No caso de licença temporária, o Diretor é substituído pelo Conselheiro designado pelo Presidente.

§ 3º No caso de vacância de cargo da Diretoria, em virtude de perda do mandato, morte ou renúncia, o sucessor é eleito pelo Conselho Pleno.

§ 4º Para o desempenho de suas atividades, a Diretoria contará, também, com dois representantes institucionais permanentes, cujas funções serão exercidas por Conselheiros Federais por ela designados, *ad referendum* do Conselho Pleno, destinadas ao acompanhamento dos interesses da Advocacia no Conselho Nacional de Justiça e no Conselho Nacional do Ministério Público. (NR)

▪ **Art. 99.** Compete à Diretoria, coletivamente:

I – dar execução às deliberações dos órgãos deliberativos do Conselho;

II – elaborar e submeter à Terceira Câmara, na forma e prazo estabelecidos neste Regulamento Geral, o orçamento anual da receita e da despesa, o relatório anual, o balanço e as contas;

III – elaborar estatística anual dos trabalhos e julgados do Conselho;

IV – distribuir e redistribuir as atribuições e competências entre os seus membros;

V – elaborar e aprovar o plano de cargos e salários e a política de administração de pessoal do Conselho, propostos pelo Secretário-Geral;

VI – promover assistência financeira aos órgãos da OAB, em caso de necessidade comprovada e de acordo com previsão orçamentária;

VII – definir critérios para despesas com transporte e hospedagem dos Conselheiros, membros das comissões e convidados;

VIII – alienar ou onerar bens móveis;

IX – resolver os casos omissos no Estatuto e no Regulamento Geral, *ad referendum* do Conselho Pleno.

▪ **Art. 100.** Compete ao Presidente:

I – representar a OAB em geral e os advogados brasileiros, no país e no exterior, em juízo ou fora dele;

II – representar o Conselho Federal, em juízo ou fora dele;

III – convocar e presidir o Conselho Federal e executar suas decisões;

IV – adquirir, onerar e alienar bens imóveis, quando autorizado, e administrar o patrimônio do Conselho Federal, juntamente com o Tesoureiro;

V – aplicar penas disciplinares, no caso de infração cometida no âmbito do Conselho Federal;

VI – assinar, com o Tesoureiro, cheques e ordens de pagamento;

VII – executar e fazer executar o Estatuto e a legislação complementar.

▪ **Art. 101.** Compete ao Vice-Presidente:

I – presidir o órgão Especial e executar suas decisões;

II – executar as atribuições que lhe forem cometidas pela Diretoria ou delegadas, por portaria, pelo Presidente.

▪ **Art. 102.** Compete ao Secretário-Geral:

I – presidir a Primeira Câmara e executar suas decisões;

II – dirigir todos os trabalhos de Secretaria do Conselho Federal;

III – secretariar as sessões do Conselho Pleno;

IV – manter sob sua guarda e inspeção todos os documentos do Conselho Federal;

V – controlar a presença e declarar a perda de mandato dos Conselheiros Federais;

VI – executar a administração do pessoal do Conselho Federal;

VII – emitir certidões e declarações do Conselho Federal.

▪ **Art. 103.** Compete ao Secretário-Geral Adjunto:

I – presidir a Segunda Câmara e executar suas decisões;

II – organizar e manter o cadastro nacional dos advogados e estagiários, requisitando os dados e informações necessários aos Conselhos Seccionais e promovendo as medidas necessárias;

III – executar as atribuições que lhe forem cometidas pela Diretoria ou delegadas pelo Secretário-Geral;

IV – secretariar o Órgão Especial.

▪ **Art. 104.** Compete ao Tesoureiro:

I – presidir a Terceira Câmara e executar suas decisões;

II – manter sob sua guarda os bens e valores e o almoxarifado do Conselho;

III – administrar a Tesouraria, controlar e pagar todas as despesas autorizadas e assinar cheques e ordens de pagamento com o Presidente;

IV – elaborar a proposta de orçamento anual, o relatório, os balanços e as contas mensais e anuais da Diretoria;

V – propor à Diretoria a tabela de custas do Conselho Federal;

VI – fiscalizar e cobrar as transferências devidas pelos Conselhos Seccionais ao Conselho Federal, propondo à Diretoria a intervenção nas Tesourarias dos inadimplentes;

VII – manter inventário dos bens móveis e imóveis do Conselho Federal, atualizado anualmente;

VIII – receber e dar quitação dos valores recebidos pelo Conselho Federal.

§ 1º Em casos imprevistos, o Tesoureiro pode realizar despesas não constantes do orçamento anual, quando autorizadas pela Diretoria.

§ 2º Cabe ao Tesoureiro propor à Diretoria o regulamento para aquisições de material de consumo e permanente.

CAPÍTULO IV
DO CONSELHO SECCIONAL

▪ **Art. 105.** Compete ao Conselho Seccional, além do previsto nos arts. 57 e 58 do Estatuto:

I – cumprir o disposto nos incisos I, II e III do art. 54 do Estatuto;

II – adotar medidas para assegurar o regular funcionamento das Subseções;

III – intervir, parcial ou totalmente, nas Subseções e na Caixa de Assistência dos Advogados, onde e quando constatar grave violação do Estatuto, deste Regulamento Geral e do Regimento Interno do Conselho Seccional;

IV – cassar ou modificar, de ofício ou mediante representação, qualquer ato de sua diretoria e dos demais órgãos executivos e deliberativos, da diretoria ou do conselho da Subseção e da diretoria da Caixa de Assistência dos Advogados, contrários ao Estatuto, ao Regulamento Geral, aos Provimentos, ao Código de Ética e Disciplina, ao seu Regimento Interno e às suas Resoluções;

V – ajuizar, após deliberação:

a) ação direta de inconstitucionalidade de leis ou atos normativos estaduais e municipais, em face da Constituição Estadual ou da Lei Orgânica do Distrito Federal;

b) ação civil pública, para defesa de interesses difusos de caráter geral e coletivos e individuais homogêneos; (NR)

c) mandado de segurança coletivo, em defesa de seus inscritos, independentemente de autorização pessoal dos interessados;

d) mandado de injunção, em face da Constituição Estadual ou da Lei Orgânica do Distrito Federal.

Parágrafo único. O ajuizamento é decidido pela Diretoria, no caso de urgência ou recesso do Conselho Seccional.

▪**Art. 106.** Os Conselhos Seccionais são compostos de conselheiros eleitos, incluindo os membros da Diretoria, proporcionalmente ao número de advogados com inscrição concedida, observados os seguintes critérios:

I – abaixo de 3.000 (três mil) inscritos, até 30 (trinta) membros;

II – a partir de 3.000 (três mil) inscritos, mais um membro por grupo completo de 3.000 (três mil) inscritos, até o total de 80 (oitenta) membros. (NR)

§ 1º Cabe ao Conselho Seccional, observado o número da última inscrição concedida, fixar o número de seus membros, mediante resolução, sujeita a referendo do Conselho Federal, que aprecia a base de cálculo e reduz o excesso, se houver.

§ 2º O Conselho Seccional, a delegação do Conselho Federal, a diretoria da Caixa de Assistência dos Advogados, a diretoria e o conselho da Subseção podem ter suplentes, eleitos na chapa vencedora, em número fixado entre a metade e o total de conselheiros titulares. (NR)

§ 3º Não se incluem no cálculo da composição dos elegíveis ao Conselho seus ex-Presidentes e o Presidente do Instituto dos Advogados.

▪**Art. 107.** Todos os órgãos vinculados ao Conselho Seccional reúnem-se, ordinariamente, nos meses de fevereiro a dezembro, em suas sedes, e para a sessão de posse no mês de janeiro do primeiro ano do mandato.

§ 1º Em caso de urgência ou nos períodos de recesso (janeiro), os Presidentes dos órgãos ou um terço de seus membros podem convocar sessão extraordinária. (NR)

§ 2º As convocações para as sessões ordinárias são acompanhadas de minuta da ata da sessão anterior e dos demais documentos necessários.

▪**Art. 108.** Para aprovação ou alteração do Regimento Interno do Conselho, de criação e intervenção em Caixa de Assistência dos Advogados e Subseções e para aplicação da pena de exclusão de inscrito, é necessário *quorum* de presença de dois terços dos conselheiros.

§ 1º Para as demais matérias, exige-se *quorum* de instalação e deliberação de metade dos membros de cada órgão deliberativo, não se computando no cálculo os ex-Presidentes presentes, com direito a voto.

§ 2º A deliberação é tomada pela maioria dos votos dos presentes, incluindo os ex-Presidentes com direito a voto.

§ 3º Comprova-se a presença pela assinatura no documento próprio, sob controle do Secretário da sessão.

§ 4º Qualquer membro presente pode requerer a verificação do *quorum*, por chamada.

§ 5º A ausência à sessão depois da assinatura de presença, não justificada ao Presidente, é contada para efeito de perda do mandato.

▪**Art. 109.** O Conselho Seccional pode dividir-se em órgãos deliberativos e instituir comissões especializadas, para melhor desempenho de suas atividades.

§ 1º Os órgãos do Conselho podem receber a colaboração gratuita de advogados não conselheiros, inclusive para instrução processual, considerando-se função relevante em benefício da advocacia.

§ 2º No Conselho Seccional e na Subseção que disponha de conselho é obrigatória a instalação e o funcionamento da Comissão de Direitos Humanos, da Comissão de Orçamento e Contas e da Comissão de Estágio e Exame de Ordem.

§ 3º Os suplentes podem desempenhar atividades permanentes e temporárias, na forma do Regimento Interno.

§ 4º As Câmaras e os órgãos julgadores em que se dividirem os Conselhos Seccionais para o exercício das respectivas competências serão integradas exclusivamente por Conselheiros eleitos, titulares ou suplentes. (NR)

▪**Art. 110.** Os relatores dos processos em tramitação no Conselho Seccional têm competência para instrução, podendo ouvir depoimentos, requisitar documentos, determinar diligências e propor o arquivamento ou outra providência porventura cabível ao Presidente do órgão colegiado competente.

▪ **Art. 111.** O Conselho Seccional fixa tabela de honorários advocatícios, definindo as referências mínimas e as proporções, quando for o caso.

Parágrafo único. A tabela é amplamente divulgada entre os inscritos e encaminhada ao Poder Judiciário para os fins do art. 22 do Estatuto.

▪ **Art. 112.** O Exame de Ordem será regulamentado por Provimento editado pelo Conselho Federal. (NR)

§ 1º O Exame de Ordem é organizado pela Coordenação Nacional de Exame de Ordem, na forma de Provimento do Conselho Federal. (NR)

§ 2º Às Comissões de Estágio e Exame de Ordem dos Conselhos Seccionais compete fiscalizar a aplicação da prova e verificar o preenchimento dos requisitos exigidos dos examinandos quando dos pedidos de inscrição, assim como difundir as diretrizes e defender a necessidade do Exame de Ordem. (NR)

▪ **Art. 113.** O Regimento Interno do Conselho Seccional define o procedimento de intervenção total ou parcial nas Subseções e na Caixa de Assistência dos Advogados, observados os critérios estabelecidos neste Regulamento Geral para a intervenção no Conselho Seccional.

▪ **Art. 114.** Os Conselhos Seccionais definem nos seus Regimentos Internos a composição, o modo de eleição e o funcionamento dos Tribunais de Ética e Disciplina, observados os procedimentos do Código de Ética e Disciplina.

§ 1º Os membros dos Tribunais de Ética e Disciplina, inclusive seus Presidentes, são eleitos na primeira sessão ordinária após a posse dos Conselhos Seccionais, dentre os seus integrantes ou advogados de notável reputação ético-profissional, observados os mesmos requisitos para a eleição do Conselho Seccional.

§ 2º O mandato dos membros dos Tribunais de Ética e Disciplina tem a duração de três anos.

§ 3º Ocorrendo qualquer das hipóteses do art. 66 do Estatuto, o membro do Tribunal de Ética e Disciplina perde o mandato antes do seu término, cabendo ao Conselho Seccional eleger o substituto.

CAPÍTULO V
DAS SUBSEÇÕES

▪ **Art. 115.** Compete às subseções dar cumprimento às finalidades previstas no art. 61 do Estatuto e neste Regulamento Geral.

▪ **Art. 116.** O Conselho Seccional fixa, em seu orçamento anual, dotações específicas para as subseções, e as repassa segundo programação financeira aprovada ou em duodécimos.

▪ **Art. 117.** A criação de Subseção depende, além da observância dos requisitos estabelecidos no Regimento Interno do Conselho Seccional, de estudo preliminar de viabilidade realizado por comissão especial designada pelo Presidente do Conselho Seccional, incluindo o número de advogados efetivamente residentes na base territorial, a existência de comarca judiciária, o levantamento e a perspectiva do mercado de trabalho, o custo de instalação e de manutenção.

▪ **Art. 118.** A resolução do Conselho Seccional que criar a Subseção deve:

I – fixar sua base territorial;

II – definir os limites de suas competências e autonomia;

III – fixar a data da eleição da diretoria e do conselho, quando for o caso, e o início do mandato com encerramento coincidente com o do Conselho Seccional;

IV – definir a composição do conselho da Subseção e suas atribuições, quando for o caso.

§ 1º Cabe à Diretoria do Conselho Seccional encaminhar cópia da resolução ao Conselho Federal, comunicando a composição da diretoria e do conselho.

§ 2º Os membros da diretoria da Subseção integram seu conselho, que tem o mesmo Presidente.

▪ **Art. 119.** Os conflitos de competência entre subseções e entre estas e o Conselho Seccional são por este decididos, com recurso voluntário ao Conselho Federal.

▪ **Art. 120.** Quando a Subseção dispuser de conselho, o Presidente deste designa um de seus membros, como relator, para instruir processo de inscrição no quadro da OAB, para os residentes em sua base territorial, ou processo disciplinar, quando o fato tiver ocorrido na sua base territorial.

§ 1º Os relatores dos processos em tramitação na Subseção têm competência para instrução, podendo ouvir depoimentos, requisitar documentos, determinar diligências e propor o arquivamento ou outra providência ao Presidente.

§ 2º Concluída a instrução do pedido de inscrição, o relator submete parecer prévio ao conselho da Subseção, que pode ser acompanhado pelo relator do Conselho Seccional.

§ 3º Concluída a instrução do processo disciplinar, nos termos previstos no Estatuto e no Código de Ética e Disciplina, o relator emite parecer prévio, o qual, se homologado pelo Conselho da Subseção, é submetido ao julgamento do Tribunal de Ética e Disciplina.

§ 4º Os demais processos, até mesmo os relativos à atividade de advocacia, incompatibilidades e impedimentos, obedecem a procedimento equivalente.

CAPÍTULO VI
DAS CAIXAS DE ASSISTÊNCIA DOS ADVOGADOS

▪ **Art. 121.** As Caixas de Assistência dos Advogados são criadas mediante aprovação e registro de seus estatutos pelo Conselho Seccional.

▪ **Art. 122.** O estatuto da Caixa define as atividades da Diretoria e a sua estrutura organizacional.

§ 1º A Caixa pode contar com departamentos específicos, integrados por profissionais designados por sua Diretoria.

§ 2º O plano de empregos e salários do pessoal da Caixa é aprovado por sua Diretoria e homologado pelo Conselho Seccional.

▪ **Art. 123.** A assistência aos inscritos na OAB é definida no estatuto da Caixa e está condicionada à:

I – regularidade do pagamento, pelo inscrito, da anuidade à OAB;

II – carência de um ano, após o deferimento da inscrição;

III – disponibilidade de recursos da Caixa.

Parágrafo único. O estatuto da Caixa pode prever a dispensa dos requisitos de que cuidam os incisos I e II, em casos especiais.

▪ **Art. 124.** A seguridade complementar pode ser implementada pela Caixa, segundo dispuser seu estatuto.

▪ **Art. 125.** As Caixas promovem entre si convênios de colaboração e execução de suas finalidades.

▪ **Art. 126.** A Coordenação Nacional das Caixas, por elas mantida, composta de seus presidentes, é órgão de assessoramento do Conselho Federal da OAB para a política nacional de assistência e seguridade dos advogados, tendo seu Coordenador direito a voz nas sessões, em matéria a elas pertinente.

▪ **Art. 127.** O Conselho Federal pode constituir fundos nacionais de seguridade e assistência dos advogados, coordenados pelas Caixas, ouvidos os Conselhos Seccionais.

CAPÍTULO VII
DAS ELEIÇÕES

▪ **Art. 128.** O Presidente do Conselho Seccional, *ad referendum* da Diretoria, em até 45 (quarenta e cinco) dias contínuos, antes da data da eleição, no último ano do mandato, convoca os advogados e advogadas regularmente inscritos e adimplentes para a votação direta e obrigatória, mediante edital publicado, em forma resumida, no Diário Eletrônico da OAB. (NR)

I a VII – (*Revogados.*)

§§ 1º a 4º (*Revogados.*)

§ 5º As eleições nos Conselhos Seccionais, Subseções e Caixas de Assistência dos Advogados serão regulamentadas por Provimento editado pelo Conselho Federal. (NR)

▪ **Art. 128-A.** (*Revogado.*)

▪ **Arts. 129 a 136.** (*Revogados.*)

▪ **Art. 137.** A eleição para a Diretoria do Conselho Federal observa o disposto no art. 67 do Estatuto.

§§ 1º a 6 (*Revogados.*)

§ 7º A eleição no Conselho federal será regulamentada por Provimento editado pelo Conselho Federal. (NR)

▪**Arts. 137-A e 137-B.** (*Revogados.*)

▪**Art. 137-C.** Na ausência de normas expressas no Estatuto e neste Regulamento, ou em Provimento, aplica-se, supletivamente, no que couber, a legislação eleitoral. (NR)

CAPÍTULO VIII
DAS NOTIFICAÇÕES E DOS RECURSOS

▪**Art. 137-D.** A notificação inicial para a apresentação de defesa prévia ou manifestação em processo administrativo perante a OAB deverá ser feita através de correspondência, com aviso de recebimento, enviada para o endereço profissional ou residencial constante do cadastro do Conselho Seccional. (NR)

§ 1º Incumbe ao advogado manter sempre atualizado o seu endereço residencial e profissional no cadastro do Conselho Seccional, presumindo-se recebida a correspondência enviada para o endereço nele constante.

§ 2º Frustrada a entrega da notificação de que trata o *caput* deste artigo, será a mesma realizada através de edital, a ser publicado no Diário Eletrônico da OAB. (NR)

§ 3º Quando se tratar de processo disciplinar, a notificação inicial feita através de edital deverá respeitar o sigilo de que trata o art. 72, § 2º, da Lei n. 8.906/94, dele não podendo constar qualquer referência de que se trate de matéria disciplinar, constando apenas o nome completo do advogado, nome social, o seu número de inscrição e a observação de que ele deverá comparecer à sede do Conselho Seccional ou da Subseção para tratar de assunto de seu interesse. (NR)

§ 4º As demais notificações no curso do processo disciplinar serão feitas através de correspondência, na forma prevista no *caput* deste artigo, ou através de publicação no Diário Eletrônico da OAB, devendo as publicações observar que o nome e o nome social do representado deverão ser substituídos pelas suas respectivas iniciais, indicando-se o nome completo do seu procurador ou os seus, na condição de advogado, quando postular em causa própria. (NR)

§ 5º A notificação de que trata o inc. XXIII, do art. 34, da Lei n. 8.906/94 será feita na forma prevista no *caput* deste artigo ou através de edital coletivo publicado no Diário Eletrônico da OAB. (NR)

▪**Art. 138.** À exceção dos embargos de declaração, os recursos são dirigidos ao órgão julgador superior competente, embora interpostos perante a autoridade ou órgão que proferiu a decisão recorrida.

§ 1º O juízo de admissibilidade é do relator do órgão julgador a que se dirige o recurso, não podendo a autoridade ou órgão recorrido rejeitar o encaminhamento.

§ 2º O recurso tem efeito suspensivo, exceto nas hipóteses previstas no Estatuto.

§ 3º Os embargos de declaração são dirigidos ao relator da decisão recorrida, que lhes pode negar seguimento, fundamentadamente, se os tiver por manifestamente protelatórios, intempestivos ou carentes dos pressupostos legais para interposição.

§ 4º Admitindo os embargos de declaração, o relator os colocará em mesa para julgamento, independentemente de inclusão em pauta ou publicação, na primeira sessão seguinte, salvo justificado impedimento.

§ 5º Não cabe recurso contra as decisões referidas nos §§ 3º e 4º.

§ 6º Excetuando-se os processos ético-disciplinares, nos casos de nulidade ou extinção processual para retorno dos autos à origem, com regular prosseguimento do feito, o órgão recursal deve logo julgar o mérito da causa, desde que presentes as condições de imediato julgamento. (NR)

▪**Art. 139.** Todos os prazos processuais necessários à manifestação de advogados, estagiários e terceiros, nos processos em geral da OAB, são de quinze dias, computados somente os dias úteis e contados do primeiro dia útil seguinte, seja da publicação da decisão no Diário Eletrônico da OAB, seja da data do recebimento da notificação, anotada pela Secretaria do órgão da OAB ou pelo agente dos Correios. (NR)

§ 1º O recurso poderá ser interposto via *fac-simile* ou similar, devendo o original ser entregue até 10 (dez) dias da data da interposição.

§ 2º Os recursos poderão ser protocolados nos Conselhos Seccionais ou nas Subseções nos quais se originaram os processos correspondentes, devendo o interessado indicar a quem recorre e remeter cópia integral da peça, no prazo de 10 (dez) dias, ao órgão julgador superior competente, via sistema postal rápido, fac-símile ou correio eletrônico. (NR)

§ 3º Entre os dias 20 e 31 de dezembro e durante o período de recesso (janeiro) do Conselho da OAB que proferiu a decisão recorrida, os prazos são suspensos, reiniciando-se no primeiro dia útil após o seu término. (NR)

§ 4º A contagem dos prazos processuais em dias úteis prevista neste artigo passará a vigorar a partir de 01.01.2017, devendo ser adotada nos processos administrativos em curso. (NR)

▪ **Art. 140.** O relator, ao constatar intempestividade ou ausência dos pressupostos legais para interposição do recurso, profere despacho indicando ao Presidente do órgão julgador o indeferimento liminar, devolvendo-se o processo ao órgão recorrido para executar a decisão.

Parágrafo único. Contra a decisão do Presidente, referida neste artigo, cabe recurso voluntário ao órgão julgador.

▪ **Art. 141.** Se o relator da decisão recorrida também integrar o órgão julgador superior, fica neste impedido de relatar o recurso.

▪ **Art. 142.** Quando a decisão, inclusive dos Conselhos Seccionais, conflitar com orientação de órgão colegiado superior, fica sujeita ao duplo grau de jurisdição.

▪ **Art. 143.** Contra decisão do Presidente ou da Diretoria da Subseção cabe recurso ao Conselho Seccional, mesmo quando houver conselho na Subseção.

▪ **Art. 144.** Contra a decisão do Tribunal de Ética e Disciplina cabe recurso ao plenário ou órgão especial equivalente do Conselho Seccional.

Parágrafo único. O Regimento Interno do Conselho Seccional disciplina o cabimento dos recursos no âmbito de cada órgão julgador.

▪ **Art. 144-A.** Para a formação do recurso interposto contra decisão de suspensão preventiva de advogado (art. 77, Lei n. 8.906/94), dever-se-á juntar cópia integral dos autos da representação disciplinar, permanecendo o processo na origem para cumprimento da pena preventiva e tramitação final, nos termos do art. 70, § 3º, do Estatuto. (NR)

▪ **Art. 144-B.** Não se pode decidir, em grau algum de julgamento, com base em fundamento a respeito do qual não se tenha dado às partes oportunidade de se manifestar anteriormente, ainda que se trate de matéria sobre a qual se deva decidir de ofício, salvo quanto às medidas de urgência previstas no Estatuto. (NR)

▪ **Art. 144-C.** Fundamentado em razões de segurança jurídica ou de excepcional interesse social da OAB, poderá o órgão julgador recursal competente, por maioria de seus membros, restringir os efeitos da decisão ou decidir que esta só tenha eficácia a partir de seu trânsito em julgado ou de outro momento que venha a ser fixado. (NR)

CAPÍTULO IX
DAS CONFERÊNCIAS E DOS COLÉGIOS DE PRESIDENTES

▪ **Art. 145.** A Conferência Nacional da Advocacia Brasileira é órgão consultivo máximo do Conselho Federal, reunindo-se trienalmente, no segundo ano do mandato, tendo por objetivo o estudo e o debate das questões e problemas que digam respeito às finalidades da OAB e ao congraçamento da advocacia. (NR)

§ 1º As Conferências da Advocacia dos Estados e do Distrito Federal são órgãos consultivos dos Conselhos Seccionais, reunindo-se trienalmente, no segundo ano do mandato. (NR)

§ 2º No primeiro ano do mandato do Conselho Federal ou do Conselho Seccional, decidem-se a data, o local e o tema central da Conferência.

§ 3º As conclusões das Conferências têm caráter de recomendação aos Conselhos correspondentes.

▪ **Art. 146.** São membros das Conferências:

I – efetivos: os Conselheiros e Presidentes dos órgãos da OAB presentes, os advogados e estagiários inscritos na Conferência, todos com direito a voto;

II – convidados: as pessoas a quem a Comissão Organizadora conceder tal qualidade, sem direito a voto, salvo se for advogado.

§ 1º Os convidados, expositores e membros dos órgãos da OAB têm identificação especial durante a Conferência.

§ 2º Os estudantes de direito, mesmo inscritos como estagiários na OAB, são membros ouvintes, escolhendo um porta-voz entre os presentes em cada sessão da Conferência.

▪ **Art. 147.** A Conferência é dirigida por uma Comissão Organizadora, designada pelo Presidente do Conselho, por ele presidida e integrada pelos membros da Diretoria e outros convidados.

§ 1º O Presidente pode desdobrar a Comissão Organizadora em comissões específicas, definindo suas composições e atribuições.

§ 2º Cabe à Comissão Organizadora definir a distribuição do temário, os nomes dos expositores, a programação dos trabalhos, os serviços de apoio e infraestrutura e o regimento interno da Conferência.

▪ **Art. 148.** Durante o funcionamento da Conferência, a Comissão Organizadora é representada pelo Presidente, com poderes para cumprir a programação estabelecida e decidir as questões ocorrentes e os casos omissos.

▪ **Art. 149.** Os trabalhos da Conferência desenvolvem-se em sessões plenárias, painéis ou outros modos de exposição ou atuação dos participantes.

§ 1º As sessões são dirigidas por um Presidente e um Relator, escolhidos pela Comissão Organizadora.

§ 2º Quando as sessões se desenvolvem em forma de painéis, os expositores ocupam a metade do tempo total e a outra metade é destinada aos debates e votação de propostas ou conclusões pelos participantes.

§ 3º É facultado aos expositores submeter as suas conclusões à aprovação dos participantes.

▪ **Art. 150.** O Colégio de Presidentes dos Conselhos Seccionais é regulamentado em Provimento.

Parágrafo único. O Colégio de Presidentes das subseções é regulamentado no Regimento Interno do Conselho Seccional.

TÍTULO III
DAS DISPOSIÇÕES GERAIS E TRANSITÓRIAS

▪ **Art. 151.** Os órgãos da OAB não podem se manifestar sobre questões de natureza pessoal, exceto em caso de homenagem a quem tenha prestado relevantes serviços à sociedade e à advocacia.

Parágrafo único. As salas e dependências dos órgãos da OAB não podem receber nomes de pessoas vivas ou inscrições estranhas às suas finalidades, respeitadas as situações já existentes na data da publicação deste Regulamento Geral.

▪ **Art. 152.** A "Medalha Rui Barbosa" é a comenda máxima conferida pelo Conselho Federal às grandes personalidades da advocacia brasileira.

Parágrafo único. A Medalha só pode ser concedida uma vez, no prazo do mandato do Conselho, e será entregue ao homenageado em sessão solene.

▪ **Art. 153.** Os estatutos das Caixas criadas anteriormente ao advento do Estatuto serão a ele adaptados e submetidos ao Conselho Seccional, no prazo de cento e vinte dias, contado da publicação deste Regulamento Geral.

▪ **Art. 154.** Os Provimentos editados pelo Conselho Federal complementam este Regulamento Geral, no que não sejam com ele incompatíveis.

Parágrafo único. Todas as matérias relacionadas à Ética do advogado, às infrações e sanções disciplinares e ao processo disciplinar são regulamentadas pelo Código de Ética e Disciplina.

▪ **Art. 155.** Os Conselhos Seccionais, até o dia 31 de dezembro de 2007, adotarão os documentos de identidade profissional na forma prevista nos arts. 32 a 36 deste Regulamento. (NR)

§ 1º Os advogados inscritos até a data da implementação a que se refere o *caput* deste artigo deverão substituir os cartões de identidade até 31 de janeiro de 2009. (NR)

§ 2º Facultar-se-á ao advogado inscrito até 31 de dezembro de 1997 o direito de usar e permanecer exclusivamente com a carteira de identidade, desde que, até 31 de dezembro de 1999, assim solicite formalmente. (NR)

§ 3º O pedido de uso e permanência da carteira de identidade, que impede a concessão de uma nova, deve ser anotado no documento profissional, como condição de sua validade. (NR)

§ 4º Salvo nos casos previstos neste artigo, findos os prazos nele fixados, os atuais documentos perderão a validade, mesmo que permaneçam em poder de seus portadores. (NR)

▪ **Art. 156.** Os processos em pauta para julgamento das Câmaras Reunidas serão apreciados pelo Órgão Especial, a ser instalado na primeira sessão após a publicação deste Regulamento Geral, mantidos os relatores anteriormente designados, que participarão da respectiva votação.

▪ **Art.156-A.** Excetuados os prazos regulados pelo Provimento n. 102/2004, previstos em editais próprios, ficam suspensos até 1º de agosto de 2010 os prazos processuais iniciados antes ou durante o mês de julho de 2010. (NR)

▪ **Art. 156-B.** As alterações das regras estabelecidas no art. 131, *caput* e §§ 1º, 2º, 3º, 4º e 6º, deste Regulamento Geral, promovidas em 2020 e 2021, passarão a vigorar a partir das eleições de 2021, inclusive, e, no caso do percentual mínimo de 30% estipulado de cotas raciais para advogados negros e advogadas negras, valerão pelo prazo de dez mandatos. (NR)

▪ **Art. 156-C.** As eleições nos Conselhos Seccionais e nas Subseções em 2021 e no Conselho Federal em 2022 serão regidas pelas regras do Provimento n. 146/2011 e deste Regulamento Geral, vigentes em 2021. (NR)

▪ **Art. 156-D.** O uso de meio eletrônico na tramitação de processos administrativos, comunicação de atos e transmissão de peças processuais será admitido mediante instituição de Sistema de Processo Eletrônico, nos termos de ato normativo a ser editado pelo Conselho Pleno do Conselho Federal da OAB. (NR)

▪ **Art. 157.** Revogam-se as disposições em contrário, especialmente os Provimentos de ns. 1, 2, 3, 5, 6, 7, 9, 10, 11, 12, 13, 14, 15, 16, 17, 18, 19, 20, 21, 22, 24, 25, 27, 28, 29, 30, 31, 32, 33, 34, 35, 36, 38, 39, 40, 41, 46, 50, 51, 52, 54, 57, 59, 60, 63, 64, 65, 67 e 71, e o Regimento Interno do Conselho Federal, mantidos os efeitos das Resoluções ns. 1/94 e 2/94.

▪ **Art. 158.** Este Regulamento Geral entra em vigor na data de sua publicação.

Sala das Sessões, em Brasília, 16 de outubro e 6 de novembro de 1994.

JOSÉ ROBERTO BATOCHIO – *Presidente*
PAULO LUIZ NETTO LÔBO – *Relator*
[Comissão Revisora: Conselheiros Paulo Luiz Netto Lôbo (AL) – Presidente; Álvaro Leite Guimarães (RJ); Luiz Antônio de Souza Basílio (ES); Reginaldo Oscar de Castro (DF); Urbano Vitalino de Melo Filho (PE)]

Código de Ética e Disciplina da Ordem dos Advogados do Brasil

RESOLUÇÃO N. 2/2015

Aprova o Código de Ética e Disciplina da Ordem dos Advogados do Brasil – OAB.

O CONSELHO FEDERAL DA ORDEM DOS ADVOGADOS DO BRASIL, no uso das atribuições que lhe são conferidas pelos arts. 33 e 54, V, da Lei n. 8.906, de 04 de julho de 1994 – Estatuto da Advocacia e da OAB, e considerando o decidido nos autos da Proposição n. 49.0000.2015.000250-3/COP;

Considerando que a realização das finalidades institucionais da Ordem dos Advogados do Brasil inclui o permanente zelo com a conduta dos profissionais inscritos em seus quadros;

Considerando que o advogado é indispensável à administração da Justiça, devendo guardar atuação compatível com a elevada função social que exerce, velando pela observância dos preceitos éticos e morais no exercício de sua profissão;

Considerando que as mudanças na dinâmica social exigem a inovação na regulamentação das relações entre os indivíduos, especialmente na atuação do advogado em defesa dos direitos do cidadão;

Considerando a necessidade de modernização e atualização das práticas advocatícias, em consonância com a dinamicidade das transformações sociais e das novas exigências para a defesa efetiva dos direitos de seus constituintes e da ordem jurídica do Estado Democrático de Direito;

Considerando que, uma vez aprovado o texto do novo Código de Ética e Disciplina, cumpre publicá-lo para que entre em vigor 180 (cento e oitenta) dias após a data de sua publicação, segundo o disposto no seu art. 79;

Considerando que, com a publicação, tem-se como editado o Código de Ética e Disciplina da Ordem dos Advogados do Brasil – OAB:

RESOLVE:

▪ **Art. 1º** Fica aprovado o Código de Ética e Disciplina da Ordem dos Advogados do Brasil – OAB, na forma do Anexo Único da presente Resolução.

▪ **Art. 2º** Esta Resolução entra em vigor na data da sua publicação, revogadas as disposições em contrário.

Brasília, 19 de outubro de 2015.
Marcus Vinicius Furtado Coêlho
Presidente Nacional da OAB

CÓDIGO DE ÉTICA E DISCIPLINA DA OAB

O CONSELHO FEDERAL DA ORDEM DOS ADVOGADOS DO BRASIL, ao instituir o Código de Ética e Disciplina, norteou-se por princípios que formam a consciência profissional do advogado e representam imperativos de sua conduta, os quais se traduzem nos seguintes mandamentos: lutar sem receio pelo primado da Justiça; pugnar pelo cumprimento da Constituição e pelo respeito à Lei, fazendo com que o ordenamento jurídico seja interpretado com retidão, em perfeita sintonia com os fins sociais a que se dirige e as exigências do bem comum; ser fiel à verdade para poder servir à Justiça como um de seus elementos essenciais; proceder com lealdade e boa-fé em suas relações profissionais e em todos os atos do seu ofício; empenhar-se na defesa das causas confiadas ao seu patrocínio, dando ao constituinte o amparo do Direito, e proporcionando-lhe a realização prática de seus legítimos interesses; comportar-se, nesse mister, com independência e altivez, defendendo com o mesmo denodo humildes e poderosos; exercer a advocacia com o indispensável senso profissional, mas também com desprendimento, jamais permitindo que o anseio de ganho material sobreleve a finalidade social do seu trabalho; aprimorar-se no culto dos princípios éticos e no domínio da ciência jurídica, de modo a tornar-se merecedor da confiança do cliente e da sociedade como um todo, pelos atributos intelectuais e pela probidade pessoal; agir, em suma, com a dignidade e a correção dos profissionais que honram e engrandecem a sua classe.

Inspirado nesses postulados, o Conselho Federal da Ordem dos Advogados do Brasil, no uso das atribuições que lhe são conferidas pelos arts. 33 e 54, V, da Lei n. 8.906, de 04 de julho de 1994, aprova e edita este Código, exortando os advogados brasileiros à sua fiel observância.

TÍTULO I
DA ÉTICA DO ADVOGADO

CAPÍTULO I
DOS PRINCÍPIOS FUNDAMENTAIS

▪ **Art. 1º** O exercício da advocacia exige conduta compatível com os preceitos deste Código, do Estatuto, do Regulamento Geral, dos Provimentos e com os princípios da moral individual, social e profissional.

▪ **Art. 2º** O advogado, indispensável à administração da Justiça, é defensor do Estado Democrático de Direito, dos direitos humanos e garantias fundamentais, da cidadania, da moralidade, da Justiça e da paz social, cumprindo-lhe exercer o seu ministério em consonância com a sua elevada função pública e com os valores que lhe são inerentes.

Parágrafo único. São deveres do advogado:

I – preservar, em sua conduta, a honra, a nobreza e a dignidade da profissão, zelando pelo caráter de essencialidade e indispensabilidade da advocacia;

II – atuar com destemor, independência, honestidade, decoro, veracidade, lealdade, dignidade e boa-fé;

III – velar por sua reputação pessoal e profissional;

IV – empenhar-se, permanentemente, no aperfeiçoamento pessoal e profissional;

V – contribuir para o aprimoramento das instituições, do Direito e das leis;

VI – estimular, a qualquer tempo, a conciliação e a mediação entre os litigantes, prevenindo, sempre que possível, a instauração de litígios;

VII – desaconselhar lides temerárias, a partir de um juízo preliminar de viabilidade jurídica;

VIII – abster-se de:

a) utilizar de influência indevida, em seu benefício ou do cliente;

b) vincular seu nome a empreendimentos sabidamente escusos;

Alínea com redação dada pela Res. n. 7/2016.

c) emprestar concurso aos que atentem contra a ética, a moral, a honestidade e a dignidade da pessoa humana;

d) entender-se diretamente com a parte adversa que tenha patrono constituído, sem o assentimento deste;

e) ingressar ou atuar em pleitos administrativos ou judiciais perante autoridades com as quais tenha vínculos negociais ou familiares;

f) contratar honorários advocatícios em valores aviltantes.

IX – pugnar pela solução dos problemas da cidadania e pela efetivação dos direitos individuais, coletivos e difusos;

X – adotar conduta consentânea com o papel de elemento indispensável à administração da Justiça;

XI – cumprir os encargos assumidos no âmbito da Ordem dos Advogados do Brasil ou na representação da classe;

XII – zelar pelos valores institucionais da OAB e da advocacia;

XIII – ater-se, quando no exercício da função de defensor público, à defesa dos necessitados.

▪ **Art. 3º** O advogado deve ter consciência de que o Direito é um meio de mitigar as desigualdades para o encontro de soluções justas e que a lei é um instrumento para garantir a igualdade de todos.

▪ **Art. 4º** O advogado, ainda que vinculado ao cliente ou constituinte, mediante relação empregatícia ou por contrato de prestação permanente de serviços, ou como integrante de departamento jurídico, ou de órgão de assessoria jurídica, público ou privado, deve zelar pela sua liberdade e independência.

Parágrafo único. É legítima a recusa, pelo advogado, do patrocínio de causa e de manifestação, no âmbito consultivo, de pretensão concernente a direito que também lhe seja aplicável ou contrarie orientação que tenha manifestado anteriormente.

▪ **Art. 5º** O exercício da advocacia é incompatível com qualquer procedimento de mercantilização.

▪ **Art. 6º** É defeso ao advogado expor os fatos em Juízo ou na via administrativa falseando deliberadamente a verdade e utilizando de má-fé.

▪ **Art. 7º** É vedado o oferecimento de serviços profissionais que implique, direta ou indiretamente, angariar ou captar clientela.

CAPÍTULO II
DA ADVOCACIA PÚBLICA

▪ **Art. 8º** As disposições deste Código obrigam igualmente os órgãos de advocacia pública, e advogados públicos, incluindo aqueles que ocupem posição de chefia e direção jurídica.

§ 1º O advogado público exercerá suas funções com independência técnica, contribuindo para a solução ou redução de litigiosidade, sempre que possível.

§ 2º O advogado público, inclusive o que exerce cargo de chefia ou direção jurídica, observará nas relações com os colegas, autoridades, servidores e o público em geral, o dever de urbanidade, tratando a todos com respeito e consideração, ao mesmo tempo em que preservará suas prerrogativas e o direito de receber igual tratamento das pessoas com as quais se relacione.

CAPÍTULO III
DAS RELAÇÕES COM O CLIENTE

▪ **Art. 9º** O advogado deve informar o cliente, de modo claro e inequívoco, quanto a eventuais riscos da sua pretensão, e das consequências que poderão advir da demanda. Deve, igualmente, denunciar, desde logo, a quem lhe solicite parecer ou patrocínio, qualquer circunstância que possa influir na resolução de submeter-lhe a consulta ou confiar-lhe a causa.

▪ **Art. 10.** As relações entre advogado e cliente baseiam-se na confiança recíproca. Sentindo o advogado que essa confiança lhe falta, é recomendável que externe ao cliente sua impressão e, não se dissipando as dúvidas existentes, promova, em seguida, o substabelecimento do mandato ou a ele renuncie.

▪ **Art. 11.** O advogado, no exercício do mandato, atua como patrono da parte, cumprindo-

-lhe, por isso, imprimir à causa orientação que lhe pareça mais adequada, sem se subordinar a intenções contrárias do cliente, mas, antes, procurando esclarecê-lo quanto à estratégia traçada.

▪ **Art. 12.** A conclusão ou desistência da causa, tenha havido, ou não, extinção do mandato, obriga o advogado a devolver ao cliente bens, valores e documentos que lhe hajam sido confiados e ainda estejam em seu poder, bem como a prestar-lhe contas, pormenorizadamente, sem prejuízo de esclarecimentos complementares que se mostrem pertinentes e necessários.

Parágrafo único. A parcela dos honorários paga pelos serviços até então prestados não se inclui entre os valores a ser devolvidos.

▪ **Art. 13.** Concluída a causa ou arquivado o processo, presume-se cumprido e extinto o mandato.

▪ **Art. 14.** O advogado não deve aceitar procuração de quem já tenha patrono constituído, sem prévio conhecimento deste, salvo por motivo plenamente justificável ou para adoção de medidas judiciais urgentes e inadiáveis.

▪ **Art. 15.** O advogado não deve deixar ao abandono ou ao desamparo as causas sob seu patrocínio, sendo recomendável que, em face de dificuldades insuperáveis ou inércia do cliente quanto a providências que lhe tenham sido solicitadas, renuncie ao mandato.

▪ **Art. 16.** A renúncia ao patrocínio deve ser feita sem menção do motivo que a determinou, fazendo cessar a responsabilidade profissional pelo acompanhamento da causa, uma vez decorrido o prazo previsto em lei (EAOAB, art. 5º, § 3º).

§ 1º A renúncia ao mandato não exclui responsabilidade por danos eventualmente causados ao cliente ou a terceiros.

§ 2º O advogado não será responsabilizado por omissão do cliente quanto a documento ou informação que lhe devesse fornecer para a prática oportuna de ato processual do seu interesse.

▪ **Art. 17.** A revogação do mandato judicial por vontade do cliente não o desobriga do pagamento das verbas honorárias contratadas, assim como não retira o direito do advogado de receber o quanto lhe seja devido em eventual verba honorária de sucumbência, calculada proporcionalmente em face do serviço efetivamente prestado.

▪ **Art. 18.** O mandato judicial ou extrajudicial não se extingue pelo decurso de tempo, salvo se o contrário for consignado no respectivo instrumento.

▪ **Art. 19.** Os advogados integrantes da mesma sociedade profissional, ou reunidos em caráter permanente para cooperação recíproca, não podem representar, em juízo ou fora dele, clientes com interesses opostos.

▪ **Art. 20.** Sobrevindo conflitos de interesse entre seus constituintes e não conseguindo o advogado harmonizá-los, caber-lhe-á optar, com prudência e discrição, por um dos mandatos, renunciando aos demais, resguardado sempre o sigilo profissional.

▪ **Art. 21.** O advogado, ao postular em nome de terceiros, contra ex-cliente ou ex-empregador, judicial e extrajudicialmente, deve resguardar o sigilo profissional.

▪ **Art. 22.** Ao advogado cumpre abster-se de patrocinar causa contrária à validade ou legitimidade de ato jurídico em cuja formação haja colaborado ou intervindo de qualquer maneira; da mesma forma, deve declinar seu impedimento ou o da sociedade que integre quando houver conflito de interesses motivado por intervenção anterior no trato de assunto que se prenda ao patrocínio solicitado.

▪ **Art. 23.** É direito e dever do advogado assumir a defesa criminal, sem considerar sua própria opinião sobre a culpa do acusado.

Parágrafo único. Não há causa criminal indigna de defesa, cumprindo ao advogado agir, como defensor, no sentido de que a todos seja concedido tratamento condizente com a dignidade da pessoa humana, sob a égide das garantias constitucionais.

▪ **Art. 24.** O advogado não se sujeita à imposição do cliente que pretenda ver com ele atuando outros advogados, nem fica na contingência de aceitar a indicação de outro profissional para com ele trabalhar no processo.

▪ **Art. 25.** É defeso ao advogado funcionar no mesmo processo, simultaneamente, como patrono e preposto do empregador ou cliente.

▪ **Art. 26.** O substabelecimento do mandato, com reserva de poderes, é ato pessoal do advogado da causa.

§ 1º O substabelecimento do mandato sem reserva de poderes exige o prévio e inequívoco conhecimento do cliente.

§ 2º O substabelecido com reserva de poderes deve ajustar antecipadamente seus honorários com o substabelecente.

CAPÍTULO IV
DAS RELAÇÕES COM OS COLEGAS, AGENTES POLÍTICOS, AUTORIDADES, SERVIDORES PÚBLICOS E TERCEIROS

▪ **Art. 27.** O advogado observará, nas suas relações com os colegas de profissão, agentes políticos, autoridades, servidores públicos e terceiros em geral, o dever de urbanidade, tratando a todos com respeito e consideração, ao mesmo tempo em que preservará seus direitos e prerrogativas, devendo exigir igual tratamento de todos com quem se relacione.

§ 1º O dever de urbanidade há de ser observado, da mesma forma, nos atos e manifestações relacionados aos pleitos eleitorais no âmbito da Ordem dos Advogados do Brasil.

§ 2º No caso de ofensa à honra do advogado ou à imagem da instituição, adotar-se-ão as medidas cabíveis, instaurando-se processo ético-disciplinar e dando-se ciência às autoridades competentes para apuração de eventual ilícito penal.

▪ **Art. 28.** Consideram-se imperativos de uma correta atuação profissional o emprego de linguagem escorreita e polida, bem como a observância da boa técnica jurídica.

▪ **Art. 29.** O advogado que se valer do concurso de colegas na prestação de serviços advocatícios, seja em caráter individual, seja no âmbito de sociedade de advogados ou de empresa ou entidade em que trabalhe, dispensar-lhes-á tratamento condigno, que não os torne subalternos seus nem lhes avilte os serviços prestados mediante remuneração incompatível com a natureza do trabalho profissional ou inferior ao mínimo fixado pela Tabela de Honorários que for aplicável.

Parágrafo único. Quando o aviltamento de honorários for praticado por empresas ou entidades públicas ou privadas, os advogados responsáveis pelo respectivo departamento ou gerência jurídica serão instados a corrigir o abuso, inclusive intervindo junto aos demais órgãos competentes e com poder de decisão da pessoa jurídica de que se trate, sem prejuízo das providências que a Ordem dos Advogados do Brasil possa adotar com o mesmo objetivo.

CAPÍTULO V
DA ADVOCACIA *PRO BONO*

▪ **Art. 30.** No exercício da advocacia *pro bono*, e ao atuar como defensor nomeado, conveniado ou dativo, o advogado empregará o zelo e a dedicação habituais, de forma que a parte por ele assistida se sinta amparada e confie no seu patrocínio.

§ 1º Considera-se advocacia *pro bono* a prestação gratuita, eventual e voluntária de serviços jurídicos em favor de instituições sociais sem fins econômicos e aos seus assistidos, sempre que os beneficiários não dispuserem de recursos para a contratação de profissional.

§ 2º A advocacia *pro bono* pode ser exercida em favor de pessoas naturais que, igualmente, não dispuserem de recursos para, sem prejuízo do próprio sustento, contratar advogado.

§ 3º A advocacia *pro bono* não pode ser utilizada para fins político-partidários ou eleitorais, nem beneficiar instituições que visem a tais objetivos, ou como instrumento de publicidade para captação de clientela.

CAPÍTULO VI
DO EXERCÍCIO DE CARGOS E FUNÇÕES NA OAB E NA REPRESENTAÇÃO DA CLASSE

▪ **Art. 31.** O advogado, no exercício de cargos ou funções em órgãos da Ordem dos Advogados do Brasil ou na representação da classe junto a quaisquer instituições, órgãos ou comissões, públicos ou privados, manterá conduta consentânea com as disposições deste Código e que revele plena lealdade aos interesses, direitos e prerrogativas da classe dos advogados que representa.

▪ **Art. 32.** Não poderá o advogado, enquanto exercer cargos ou funções em órgãos da OAB ou representar a classe junto a quaisquer instituições, órgãos ou comissões, públicos ou privados, firmar contrato oneroso de prestação de serviços ou fornecimento de produtos com tais entidades nem adquirir bens imóveis ou móveis infungíveis de quaisquer órgãos da OAB, ou a estes aliená-los.

Caput com redação dada pela Res. n. 4/2016.

Parágrafo único. Não há impedimento ao exercício remunerado de atividade de magistério na Escola Nacional de Advocacia – ENA, nas Escolas de Advocacia – ESAs e nas Bancas do Exame de Ordem, observados os princípios da moralidade e da modicidade dos valores estabelecidos a título de remuneração.

Parágrafo acrescentado pela Res. n. 4/2016.

▪ **Art. 33.** Salvo em causa própria, não poderá o advogado, enquanto exercer cargos ou funções em órgãos da OAB ou tiver assento, em qualquer condição, nos seus Conselhos, atuar em processos que tramitem perante a entidade nem oferecer pareceres destinados a instruí-los.

Parágrafo único. A vedação estabelecida neste artigo não se aplica aos dirigentes de Seccionais quando atuem, nessa qualidade, como legitimados a recorrer nos processos em trâmite perante os órgãos da OAB.

▪ **Art. 34.** Ao submeter seu nome à apreciação do Conselho Federal ou dos Conselhos Seccionais com vistas à inclusão em listas destinadas ao provimento de vagas reservadas à classe nos tribunais, no Conselho Nacional de Justiça, no Conselho Nacional do Ministério Público e em outros colegiados, o candidato assumirá o compromisso de respeitar os direitos e prerrogativas do advogado, não praticar nepotismo nem agir em desacordo com a moralidade administrativa e com os princípios deste Código, no exercício de seu mister.

CAPÍTULO VII
DO SIGILO PROFISSIONAL

▪ **Art. 35.** O advogado tem o dever de guardar sigilo dos fatos de que tome conhecimento no exercício da profissão.

Parágrafo único. O sigilo profissional abrange os fatos de que o advogado tenha tido conhecimento em virtude de funções desempenhadas na Ordem dos Advogados do Brasil.

▪ **Art. 36.** O sigilo profissional é de ordem pública, independendo de solicitação de reserva que lhe seja feita pelo cliente.

§ 1º Presumem-se confidenciais as comunicações de qualquer natureza entre advogado e cliente.

§ 2º O advogado, quando no exercício das funções de mediador, conciliador e árbitro, se submete às regras de sigilo profissional.

▪ **Art. 37.** O sigilo profissional cederá em face de circunstâncias excepcionais que configurem justa causa, como nos casos de grave ameaça ao direito à vida e à honra ou que envolvam defesa própria.

▪ **Art. 38.** O advogado não é obrigado a depor, em processo ou procedimento judicial, administrativo ou arbitral, sobre fatos a cujo respeito deva guardar sigilo profissional.

CAPÍTULO VIII
DA PUBLICIDADE PROFISSIONAL

▪ **Art. 39.** A publicidade profissional do advogado tem caráter meramente informativo e deve primar pela discrição e sobriedade, não podendo configurar captação de clientela ou mercantilização da profissão.

▪ **Art. 40.** Os meios utilizados para a publicidade profissional hão de ser compatíveis com a diretriz estabelecida no artigo anterior, sendo vedados:

I – a veiculação da publicidade por meio de rádio, cinema e televisão;

II – o uso de *outdoors*, painéis luminosos ou formas assemelhadas de publicidade;

III – as inscrições em muros, paredes, veículos, elevadores ou em qualquer espaço público;

IV – a divulgação de serviços de advocacia juntamente com a de outras atividades ou a indicação de vínculos entre uns e outras;

V – o fornecimento de dados de contato, como endereço e telefone, em colunas ou artigos literários, culturais, acadêmicos ou jurídicos, publicados na imprensa, bem assim quando de eventual participação em programas de rádio ou televisão, ou em veiculação de matérias pela internet, sendo permitida a referência a *e-mail*;

VI – a utilização de mala direta, a distribuição de panfletos ou formas assemelhadas de publicidade, com o intuito de captação de clientela.

Parágrafo único. Exclusivamente para fins de identificação dos escritórios de advocacia, é permitida a utilização de placas, painéis luminosos e inscrições em suas fachadas, desde que respeitadas as diretrizes previstas no art. 39.

▪ **Art. 41.** As colunas que o advogado mantiver nos meios de comunicação social ou os textos que por meio deles divulgar não deverão induzir o leitor a litigar nem promover, dessa forma, captação de clientela.

▪ **Art. 42.** É vedado ao advogado:

I – responder com habitualidade a consulta sobre matéria jurídica, nos meios de comunicação social;

II – debater, em qualquer meio de comunicação, causa sob o patrocínio de outro advogado;

III – abordar tema de modo a comprometer a dignidade da profissão e da instituição que o congrega;

IV – divulgar ou deixar que sejam divulgadas listas de clientes e demandas;

V – insinuar-se para reportagens e declarações públicas.

▪ **Art. 43.** O advogado que eventualmente participar de programa de televisão ou de rádio, de entrevista na imprensa, de reportagem televisionada ou veiculada por qualquer outro meio, para manifestação profissional, deve visar a objetivos exclusivamente ilustrativos, educacionais e instrutivos, sem propósito de promoção pessoal ou profissional, vedados pronunciamentos sobre métodos de trabalho usados por seus colegas de profissão.

Parágrafo único. Quando convidado para manifestação pública, por qualquer modo e forma, visando ao esclarecimento de tema jurídico de interesse geral, deve o advogado evitar insinuações com o sentido de promoção pessoal ou profissional, bem como o debate de caráter sensacionalista.

▪ **Art. 44.** Na publicidade profissional que promover ou nos cartões e material de escritório de que se utilizar, o advogado fará constar seu nome ou o da sociedade de advogados, o número ou os números de inscrição na OAB.

Caput com redação dada pela Res. n. 7/2016.

§ 1º Poderão ser referidos apenas os títulos acadêmicos do advogado e as distinções honoríficas relacionadas à vida profissional, bem como as instituições jurídicas de que faça parte, e as especialidades a que se dedicar, o endereço, *e-mail*, *site*, página eletrônica, *QR code*, logotipo e a fotografia do escritório, o horário de atendimento e os idiomas em que o cliente poderá ser atendido.

§ 2º É vedada a inclusão de fotografias pessoais ou de terceiros nos cartões de visitas do advogado, bem como menção a qualquer emprego, cargo ou função ocupado, atual ou pretérito, em qualquer órgão ou instituição, salvo o de professor universitário.

▪ **Art. 45.** São admissíveis como formas de publicidade o patrocínio de eventos ou publicações de caráter científico ou cultural, assim como a divulgação de boletins, por meio físico ou eletrônico, sobre matéria cultural de interesse dos advogados, desde que sua circulação fique adstrita a clientes e a interessados do meio jurídico.

▪ **Art. 46.** A publicidade veiculada pela internet ou por outros meios eletrônicos deverá observar as diretrizes estabelecidas neste capítulo.

Parágrafo único. A telefonia e a internet podem ser utilizadas como veículo de publicidade, inclusive para o envio de mensagens a destinatários certos, desde que estas não impliquem o oferecimento de serviços ou representem forma de captação de clientela.

▪ **Art. 47.** As normas sobre publicidade profissional constantes deste capítulo poderão ser complementadas por outras que o Conselho Federal aprovar, observadas as diretrizes do presente Código.

▪ **Art. 47-A.** Será admitida a celebração de termo de ajustamento de conduta no âmbito dos Conselhos Seccionais e do Conselho Federal para fazer cessar a publicidade irregular praticada por advogados e estagiários.

Artigo acrescentado pela Res. n. 4, de 27.10.2020.

Parágrafo único. O termo previsto neste artigo será regulamentado mediante edição de provimento do Conselho Federal, que estabelecerá seus requisitos e condições.

CAPÍTULO IX
DOS HONORÁRIOS PROFISSIONAIS

▪ **Art. 48.** A prestação de serviços profissionais por advogado, individualmente ou integrado em sociedades, será contratada, preferentemente, por escrito.

§ 1º O contrato de prestação de serviços de advocacia não exige forma especial, devendo estabelecer, porém, com clareza e precisão, o seu objeto, os honorários ajustados, a forma de pagamento, a extensão do patrocínio, esclarecendo se este abrangerá todos os atos do processo ou limitar-se-á a determinado grau de jurisdição, além de dispor sobre a hipótese de a causa encerrar-se mediante transação ou acordo.

§ 2º A compensação de créditos, pelo advogado, de importâncias devidas ao cliente, somente será admissível quando o contrato de prestação de serviços a autorizar ou quando houver autorização especial do cliente para esse fim, por este firmada.

§ 3º O contrato de prestação de serviços poderá dispor sobre a forma de contratação de profissionais para serviços auxiliares, bem como sobre o pagamento de custas e emolumentos, os quais, na ausência de disposição em contrário, presumem-se devam ser atendidos pelo cliente. Caso o contrato preveja que o advogado antecipe tais despesas, ser-lhe-á lícito reter o respectivo valor atualizado, no ato de prestação de contas, mediante comprovação documental.

§ 4º As disposições deste capítulo aplicam-se à mediação, à conciliação, à arbitragem ou a qualquer outro método adequado de solução dos conflitos.

§ 5º É vedada, em qualquer hipótese, a diminuição dos honorários contratados em decorrência da solução do litígio por qualquer mecanismo adequado de solução extrajudicial.

§ 6º Deverá o advogado observar o valor mínimo da Tabela de Honorários instituída pelo respectivo Conselho Seccional onde for realizado o serviço, inclusive aquele referente às diligências, sob pena de caracterizar-se aviltamento de honorários.

§ 7º O advogado promoverá, preferentemente, de forma destacada a execução dos honorários contratuais ou sucumbenciais.

▪ **Art. 49.** Os honorários profissionais devem ser fixados com moderação, atendidos os elementos seguintes:

I – a relevância, o vulto, a complexidade e a dificuldade das questões versadas;

II – o trabalho e o tempo a ser empregados;

III – a possibilidade de ficar o advogado impedido de intervir em outros casos, ou de se desavir com outros clientes ou terceiros;

IV – o valor da causa, a condição econômica do cliente e o proveito para este resultante do serviço profissional;

V – o caráter da intervenção, conforme se trate de serviço a cliente eventual, frequente ou constante;

VI – o lugar da prestação dos serviços, conforme se trate do domicílio do advogado ou de outro;

VII – a competência do profissional;

VIII – a praxe do foro sobre trabalhos análogos.

▪ **Art. 50.** Na hipótese da adoção de cláusula *quota litis*, os honorários devem ser necessariamente representados por pecúnia e, quando acrescidos dos honorários da sucumbência, não podem ser superiores às vantagens advindas a favor do cliente.

§ 1º A participação do advogado em bens particulares do cliente só é admitida em caráter excepcional, quando esse, comprovadamente, não tiver condições pecuniárias de satisfazer o débito de honorários e ajustar com o seu patrono, em instrumento contratual, tal forma de pagamento.

§ 2º Quando o objeto do serviço jurídico versar sobre prestações vencidas e vincendas, os honorários advocatícios poderão incidir sobre o valor de umas e outras, atendidos os requisitos da moderação e da razoabilidade.

▪ **Art. 51.** Os honorários da sucumbência e os honorários contratuais, pertencendo ao advogado que houver atuado na causa, poderão ser por ele executados, assistindo-lhe direito autônomo para promover a execução do capítulo da sentença que os estabelecer ou para postular, quando for o caso, a expedição de precatório ou requisição de pequeno valor em seu favor.

§ 1º No caso de substabelecimento, a verba correspondente aos honorários da sucumbência será repartida entre o substabelecente e o substabelecido, proporcionalmente à atuação de cada um no processo ou conforme haja sido entre eles ajustado.

§ 2º Quando for o caso, a Ordem dos Advogados do Brasil ou os seus Tribunais de Ética e Disciplina poderão ser solicitados a indicar mediador que contribua no sentido de que a distribuição dos honorários da sucumbência, entre advogados, se faça segundo o critério estabelecido no § 1º.

§ 3º Nos processos disciplinares que envolverem divergência sobre a percepção de honorários da sucumbência, entre advogados, deverá ser tentada a conciliação destes, preliminarmente, pelo relator.

▪ **Art. 52.** O crédito por honorários advocatícios, seja do advogado autônomo, seja de sociedade de advogados, não autoriza o saque de duplicatas ou qualquer outro título de crédito de natureza mercantil, podendo, apenas, ser emitida fatura, quando o cliente assim pretender, com fundamento no contrato de prestação de serviços, a qual, porém, não poderá ser levada a protesto.

Parágrafo único. Pode, todavia, ser levado a protesto o cheque ou a nota promissória emitido pelo cliente em favor do advogado, depois de frustrada a tentativa de recebimento amigável.

▪ **Art. 53.** É lícito ao advogado ou à sociedade de advogados empregar, para o recebimento de honorários, sistema de cartão de crédito, mediante credenciamento junto a empresa operadora do ramo.

Parágrafo único. Eventuais ajustes com a empresa operadora que impliquem pagamento antecipado não afetarão a responsabilidade do advogado perante o cliente, em caso de rescisão do contrato de prestação de serviços, devendo ser observadas as disposições deste quanto à hipótese.

▪ **Art. 54.** Havendo necessidade de promover arbitramento ou cobrança judicial de honorários, deve o advogado renunciar previamente ao mandato que recebera do cliente em débito.

TÍTULO II
DO PROCESSO DISCIPLINAR

CAPÍTULO I
DOS PROCEDIMENTOS

▪ **Art. 55.** O processo disciplinar instaura-se de ofício ou mediante representação do interessado.

§ 1º A instauração, de ofício, do processo disciplinar dar-se-á em função do conhecimento do fato, quando obtido por meio de fonte idônea ou em virtude de comunicação da autoridade competente.

§ 2º Não se considera fonte idônea a que consistir em denúncia anônima.

▪ **Art. 56.** A representação será formulada ao Presidente do Conselho Seccional ou ao Presidente da Subseção, por escrito ou verbalmente, devendo, neste último caso, ser reduzida a termo.

Parágrafo único. Nas Seccionais cujos Regimentos Internos atribuírem competência ao Tribunal de Ética e Disciplina para instaurar o processo ético disciplinar, a representação poderá ser dirigida ao seu Presidente ou será a este encaminhada por qualquer dos dirigentes referidos no *caput* deste artigo que a houver recebido.

▪ **Art. 57.** A representação deverá conter:

I – a identificação do representante, com a sua qualificação civil e endereço;

II – a narração dos fatos que a motivam, de forma que permita verificar a existência, em tese, de infração disciplinar;

III – os documentos que eventualmente a instruam e a indicação de outras provas a ser produzidas, bem como, se for o caso, o rol de testemunhas, até o máximo de cinco;

IV – a assinatura do representante ou a certificação de quem a tomou por termo, na impossibilidade de obtê-la.

▪ **Art. 58.** Recebida a representação, o Presidente do Conselho Seccional ou o da Subseção, quando esta dispuser de Conselho, designa relator, por sorteio, um de seus integrantes, para presidir a instrução processual.

§ 1º Os atos de instrução processual podem ser delegados ao Tribunal de Ética e Disciplina, conforme dispuser o regimento interno do Conselho Seccional, caso em que caberá ao seu Presidente, por sorteio, designar relator.

§ 2º Antes do encaminhamento dos autos ao relator, serão juntadas a ficha cadastral do representado e certidão negativa ou positiva sobre a existência de punições anteriores, com menção das faltas atribuídas. Será providenciada, ainda, certidão sobre a existência ou não de representações em andamento, a qual, se positiva, será acompanhada da informação sobre as faltas imputadas.

§ 3º O relator, atendendo aos critérios de admissibilidade, emitirá parecer propondo a instauração de processo disciplinar ou o arquivamento liminar da representação, no prazo de 30 (trinta) dias, sob pena de redistribuição do feito pelo Presidente do Conselho Seccional ou da Subseção para outro relator, observando-se o mesmo prazo.

§ 4º O Presidente do Conselho competente ou, conforme o caso, o do Tribunal de Ética e Disciplina, proferirá despacho declarando instaurado o processo disciplinar ou determinando o arquivamento da representação, nos termos do parecer do relator ou segundo os fundamentos que adotar.

§ 5º A representação contra membros do Conselho Federal e Presidentes de Conselhos Seccionais é processada e julgada pelo Conselho Federal, sendo competente a Segunda Câmara reunida em sessão plenária. A representação contra membros da diretoria do Conselho Federal, Membros Honorários Vitalícios e detentores da Medalha Rui Barbosa será processada e julgada pelo Conselho Federal, sendo competente o Conselho Pleno.

§ 6º A representação contra dirigente de Subseção é processada e julgada pelo Conselho Seccional.

§ 7º Os Conselhos Seccionais poderão instituir Comissões de Admissibilidade no âmbito dos Tribunais de Ética e Disciplina, compostas por seus membros ou por Conselheiros Seccionais, com atribuição de análise prévia dos pressupostos de admissibilidade das representações ético-disciplinares, podendo propor seu arquivamento liminar.

Parágrafo acrescentado pela Res. n. 4/2016.

▪ **Art. 58-A.** Nos casos de infração ético-disciplinar punível com censura, será admissível a celebração de termo de ajustamento de conduta, se o fato apurado não tiver gerado repercussão negativa à advocacia.

Artigo acrescentado pela Res. n. 4, de 27.10.2020.

Parágrafo único. O termo de ajustamento de conduta previsto neste artigo será regulamentado em provimento do Conselho Federal da OAB.

▪ **Art. 59.** Compete ao relator do processo disciplinar determinar a notificação dos interessados para prestar esclarecimentos ou a do representado para apresentar defesa prévia, no prazo de 15 (quinze) dias, em qualquer caso.

§ 1º A notificação será expedida para o endereço constante do cadastro de inscritos do Conselho Seccional, observando-se, quanto ao mais, o disposto no Regulamento Geral.

§ 2º Se o representado não for encontrado ou ficar revel, o Presidente do Conselho competente ou, conforme o caso, o do Tribunal de Ética e Disciplina designar-lhe-á defensor dativo.

§ 3º Oferecida a defesa prévia, que deve ser acompanhada dos documentos que possam instruí-la e do rol de testemunhas, até o limite de 5 (cinco), será proferido despacho saneador e, ressalvada a hipótese do § 2º do art. 73 do EAOAB, designada, se for o caso, audiência para oitiva do representante, do representado e das testemunhas.

§ 4º O representante e o representado incumbir-se-ão do comparecimento de suas testemunhas, salvo se, ao apresentarem o respectivo rol, requererem, por motivo justificado, sejam elas notificadas a comparecer à audiência de instrução do processo.

§ 5º O relator pode determinar a realização de diligências que julgar convenientes, cumprindo-lhe dar andamento ao processo, de modo que este se desenvolva por impulso oficial.

§ 6º O relator somente indeferirá a produção de determinado meio de prova quando esse for ilícito, impertinente, desnecessário ou protelatório, devendo fazê-lo fundamentadamente.

§ 7º Concluída a instrução, o relator profere parecer preliminar, a ser submetido ao Tribunal de Ética e Disciplina, dando enquadramento legal aos fatos imputados ao representado.

§ 8º Abre-se, em seguida, prazo sucessivo de 15 (quinze) dias, ao interessado e ao representado, para apresentação de razões finais.

Parágrafo com redação dada pela Resolução n. 9/2021.

▪ **Art. 60.** O Presidente do Tribunal de Ética e Disciplina, após o recebimento do processo, devidamente instruído, designa, por sorteio, relator para proferir voto.

§ 1º Se o processo já estiver tramitando perante o Tribunal de Ética e Disciplina ou perante o Conselho competente, o relator não será o mesmo designado na fase de instrução.

§ 2º O processo será incluído em pauta na primeira sessão de julgamento após a distribuição ao relator.

Parágrafo com redação dada pela Res. n. 1/2016.

§ 3º O representante e o representado são notificados pela Secretaria do Tribunal, com 15 (quinze) dias de antecedência, para comparecerem à sessão de julgamento.

§ 4º Na sessão de julgamento, após o voto do relator, é facultada a sustentação oral pelo tempo de 15 (quinze) minutos, primeiro pelo representante e, em seguida, pelo representado.

▪ **Art. 61.** Do julgamento do processo disciplinar lavrar-se-á acórdão, do qual constarão, quando procedente a representação, o enquadramento legal da infração, a sanção aplicada, o quórum de instalação e o de deliberação, a indicação de haver sido esta adotada com base no voto do relator ou em voto divergente, bem como as circunstâncias agravantes ou atenuantes consideradas e as razões determinantes de eventual conversão da censura aplicada em advertência sem registro nos assentamentos do inscrito.

▪ **Art. 62.** Nos acórdãos serão observadas, ainda, as seguintes regras:

§ 1º O acórdão trará sempre a ementa, contendo a essência da decisão.

§ 2º O autor do voto divergente que tenha prevalecido figurará como redator para o acórdão.

§ 3º O voto condutor da decisão deverá ser lançado nos autos, com os seus fundamentos.

§ 4º O voto divergente, ainda que vencido, deverá ter seus fundamentos lançados nos autos, em voto escrito ou em transcrição na ata de julgamento do voto oral proferido, com seus fundamentos.

§ 5º Será atualizado nos autos o relatório de antecedentes do representado, sempre que o relator o determinar.

▪ **Art. 63.** Na hipótese prevista no art. 70, § 3º, do EAOAB, em sessão especial designada pelo Presidente do Tribunal, serão facultadas ao representado ou ao seu defensor a apresentação de defesa, a produção de prova e a sustentação oral.

▪ **Art. 64.** As consultas submetidas ao Tribunal de Ética e Disciplina receberão autuação própria, sendo designado relator, por sorteio, para o seu exame, podendo o Presidente, em face da complexidade da questão, designar, subsequentemente, revisor.

Parágrafo único. O relator e o revisor têm prazo de 10 (dez) dias cada um para elaboração de seus pareceres, apresentando-os na primeira sessão seguinte, para deliberação.

▪ **Art. 65.** As sessões do Tribunal de Ética e Disciplina obedecerão ao disposto no respectivo Regimento Interno, aplicando-se-lhes, subsidiariamente, o do Conselho Seccional.

▪ **Art. 66.** A conduta dos interessados, no processo disciplinar, que se revele temerária ou caracterize a intenção de alterar a verdade dos fatos, assim como a interposição de recursos com intuito manifestamente protelatório, contrariam os princípios deste Código, sujeitando os responsáveis à correspondente sanção.

▪ **Art. 67.** Os recursos contra decisões do Tribunal de Ética e Disciplina, ao Conselho Seccional, regem-se pelas disposições do Estatuto da Advocacia e da Ordem dos Advogados do Brasil, do Regulamento Geral e do Regimento Interno do Conselho Seccional.

Parágrafo único. O Tribunal dará conhecimento de todas as suas decisões ao Conselho Seccional, para que determine periodicamente a publicação de seus julgados.

▪ **Art. 68.** Cabe revisão do processo disciplinar, na forma prevista no Estatuto da Advocacia e da Ordem dos Advogados do Brasil (art. 73, § 5º).

§ 1º Tem legitimidade para requerer a revisão o advogado punido com a sanção disciplinar.

§ 2º A competência para processar e julgar o processo de revisão é do órgão de que emanou a condenação final.

§ 3º Quando o órgão competente for o Conselho Federal, a revisão processar-se-á perante a Segunda Câmara, reunida em sessão plenária.

§ 4º Observar-se-á, na revisão, o procedimento do processo disciplinar, no que couber.

§ 5º O pedido de revisão terá autuação própria, devendo os autos respectivos ser apensados aos do processo disciplinar a que se refira.

§ 6º O pedido de revisão não suspende os efeitos da decisão condenatória, salvo quando o relator, ante a relevância dos fundamentos e o risco de consequências irreparáveis para o requerente, conceder tutela cautelar para que se suspenda a execução.

Parágrafo acrescentado pela Res. n. 4/2016.

§ 7º A parte representante somente será notificada para integrar o processo de revisão quando o relator entender que deste poderá resultar dano ao interesse jurídico que haja motivado a representação.

Parágrafo acrescentado pela Res. n. 4/2016.

▪ **Art. 69.** O advogado que tenha sofrido sanção disciplinar poderá requerer reabilitação, no prazo e nas condições previstos no Estatuto da Advocacia e da Ordem dos Advogados do Brasil (art. 41).

§ 1º A competência para processar e julgar o pedido de reabilitação é do Conselho Seccional em que tenha sido aplicada a sanção disciplinar. Nos casos de competência originária do Conselho Federal, perante este tramitará o pedido de reabilitação.

§ 2º Observar-se-á, no pedido de reabilitação, o procedimento do processo disciplinar, no que couber.

§ 3º O pedido de reabilitação terá autuação própria, devendo os autos respectivos ser apensados aos do processo disciplinar a que se refira.

§ 4º O pedido de reabilitação será instruído com provas de bom comportamento, no exercício da advocacia e na vida social, cumprindo à Secretaria do Conselho competente certificar, nos autos, o efetivo cumprimento da sanção disciplinar pelo requerente.

§ 5º Quando o pedido não estiver suficientemente instruído, o relator assinará prazo ao requerente para que complemente a documentação; não cumprida a determinação, o pedido será liminarmente arquivado.

CAPÍTULO II
DOS ÓRGÃOS DISCIPLINARES

Seção I
Dos Tribunais de Ética e Disciplina

▪ **Art. 70.** O Tribunal de Ética e Disciplina poderá funcionar dividido em órgãos fracionários, de acordo com seu regimento interno.

▪ **Art. 71.** Compete aos Tribunais de Ética e Disciplina:

I – julgar, em primeiro grau, os processos ético-disciplinares;

II – responder a consultas formuladas, em tese, sobre matéria ético-disciplinar;

III – exercer as competências que lhe sejam conferidas pelo Regimento Interno da Seccional ou por este Código para a instauração, instrução e julgamento de processos ético-disciplinares;

IV – suspender, preventivamente, o acusado, em caso de conduta suscetível de acarretar repercussão prejudicial à advocacia, nos termos do Estatuto da Advocacia e da Ordem dos Advogados do Brasil;

V – organizar, promover e ministrar cursos, palestras, seminários e outros eventos da mesma natureza acerca da ética profissional do advogado ou estabelecer parcerias com as Escolas de Advocacia, com o mesmo objetivo;

VI – atuar como órgão mediador ou conciliador nas questões que envolvam:

a) dúvidas e pendências entre advogados;

b) partilha de honorários contratados em conjunto ou decorrentes de substabelecimento, bem como os que resultem de sucumbência, nas mesmas hipóteses;

c) controvérsias surgidas quando da dissolução de sociedade de advogados.

Seção II
Das Corregedorias-Gerais

▪ **Art. 72.** As Corregedorias-Gerais integram o sistema disciplinar da Ordem dos Advogados do Brasil.

§ 1º O Secretário-Geral Adjunto exerce, no âmbito do Conselho Federal, as funções de Corregedor-Geral, cuja competência é definida em Provimento.

§ 2º Nos Conselhos Seccionais, as Corregedorias-Gerais terão atribuições da mesma natureza, observando, no que couber, Provimento do Conselho Federal sobre a matéria.

§ 3º A Corregedoria-Geral do Processo Disciplinar coordenará ações do Conselho Federal e dos Conselhos Seccionais voltadas para o objetivo de reduzir a ocorrência das infrações disciplinares mais frequentes.

TÍTULO III
DAS DISPOSIÇÕES GERAIS E TRANSITÓRIAS

▪ **Art. 73.** O Conselho Seccional deve oferecer os meios e o suporte de apoio material, logístico, de informática e de pessoal necessários ao pleno funcionamento e ao desenvolvimento das atividades do Tribunal de Ética e Disciplina.

§ 1º Os Conselhos Seccionais divulgarão, trimestralmente, na internet, a quantidade de processos ético-disciplinares em andamento e as punições decididas em caráter definitivo, preservadas as regras de sigilo.

§ 2º A divulgação das punições referidas no parágrafo anterior destacará cada infração tipificada no art. 34 da Lei n. 8.906/94.

▪ **Art. 74.** Em até 180 (cento e oitenta) dias após o início da vigência do presente Código de Ética e Disciplina da OAB, os Conselhos Seccionais e os Tribunais de Ética e Disciplina deverão elaborar ou rever seus Regimentos Internos, adaptando-os às novas regras e disposições deste Código. No caso dos Tribunais de Ética e Disciplina, os Regimentos Internos serão submetidos à aprovação do respectivo Conselho Seccional e, subsequentemente, do Conselho Federal.

▪ **Art. 75.** A pauta de julgamentos do Tribunal é publicada no Diário Eletrônico da OAB e no quadro de avisos gerais, na sede do Conselho Seccional, com antecedência de 15 (quinze) dias, devendo ser dada prioridade, nos julgamentos, aos processos cujos interessados estiverem presentes à respectiva sessão.

Artigo com redação dada pela Resolução n. 5/2018.

▪ **Art. 76.** As disposições deste Código obrigam igualmente as sociedades de advogados, os consultores e as sociedades consultoras em direito estrangeiro e os estagiários, no que lhes forem aplicáveis.

▪ **Art. 77.** As disposições deste Código aplicam-se, no que couber, à mediação, à conciliação e à arbitragem, quando exercidas por advogados.

▪ **Art. 78.** Os autos do processo disciplinar podem ter caráter virtual, mediante adoção de processo eletrônico.

Parágrafo único. O Conselho Federal da OAB regulamentará em Provimento o processo ético-disciplinar por meio eletrônico.

▪ **Art. 79.** Este Código entra em vigor a 1º de setembro de 2016, cabendo ao Conselho Federal e aos Conselhos Seccionais, bem como às Subseções da OAB, promover-lhe ampla divulgação.

Artigo com redação dada pela Res. n. 3/2016.

▪ **Art. 80.** Fica revogado o Código de Ética e Disciplina editado em 13 de fevereiro de 1995, bem como as demais disposições em contrário.

Brasília, 19 de outubro de 2015.

Marcus Vinicius Furtado Coêlho
Presidente Nacional da OAB

Paulo Roberto de Gouvêa Medina
Relator originário e para sistematização final

Humberto Henrique Costa Fernandes do Rêgo
Relator em Plenário

Provimento n. 205, de 15 de julho de 2021

O CONSELHO FEDERAL DA ORDEM DOS ADVOGADOS DO BRASIL, no uso das atribuições que lhe são conferidas pelo art. 54, V, da Lei n. 8.906, de 4 de julho de 1994, e considerando as normas sobre publicidade e informação da advocacia constantes no Código de Ética e Disciplina, no Provimento n. 94/2000, em resoluções e em assentos dos Tribunais de Ética e Disciplina dos diversos Conselhos Seccionais; considerando a necessidade de ordená-las de forma sistemática e de especificar adequadamente sua compreensão; e considerando o decidido nos autos da Proposição n. 49.0000.2021.001737-6/COP,

RESOLVE:

▪ **Art. 1º** É permitido o *marketing* jurídico, desde que exercido de forma compatível com os preceitos éticos e respeitadas as limitações impostas pelo Estatuto da Advocacia, Regulamento Geral, Código de Ética e Disciplina e por este Provimento.

§ 1º As informações veiculadas deverão ser objetivas e verdadeiras e são de exclusiva responsabilidade das pessoas físicas identificadas e, quando envolver pessoa jurídica, dos sócios administradores da sociedade de advocacia que responderão pelos excessos perante a Ordem dos Advogados do Brasil, sem excluir a participação de outros inscritos que para ela tenham concorrido.

§ 2º Sempre que solicitado pelos órgãos competentes para a fiscalização da Ordem dos Advogados do Brasil, as pessoas indicadas no parágrafo anterior deverão comprovar a veracidade das informações veiculadas, sob pena de incidir na infração disciplinar prevista no art. 34, inciso XVI, do Estatuto da Advocacia e da OAB, entre outras eventualmente apuradas.

▪ **Art. 2º** Para fins deste provimento devem ser observados os seguintes conceitos:

I – *Marketing* jurídico: Especialização do *marketing* destinada aos profissionais da área jurídica, consistente na utilização de estratégias planejadas para alcançar objetivos do exercício da advocacia;

II – *Marketing* de conteúdos jurídicos: estratégia de *marketing* que se utiliza da criação e da divulgação de conteúdos jurídicos, disponibilizados por meio de ferramentas de comunicação, voltada para informar o público e para a consolidação profissional do(a) advogado(a) ou escritório de advocacia;

III – Publicidade: meio pelo qual se tornam públicas as informações a respeito de pessoas, ideias, serviços ou produtos, utilizando os meios de comunicação disponíveis, desde que não vedados pelo Código de Ética e Disciplina da Advocacia;

IV – Publicidade profissional: meio utilizado para tornar pública as informações atinentes ao exercício profissional, bem como os dados do perfil da pessoa física ou jurídica inscrita na Ordem dos Advogados do Brasil, utilizando os meios de comunicação disponíveis, desde que não vedados pelo Código de Ética e Disciplina da Advocacia;

V – Publicidade de conteúdos jurídicos: divulgação destinada a levar ao conhecimento do público conteúdos jurídicos;

VI – Publicidade ativa: divulgação capaz de atingir número indeterminado de pessoas, mesmo que elas não tenham buscado informações acerca do anunciante ou dos temas anunciados;

VII – Publicidade passiva: divulgação capaz de atingir somente público certo que tenha buscado informações acerca do anunciante ou dos temas anunciados, bem como por aqueles que concordem previamente com o recebimento do anúncio;

VIII – Captação de clientela: para fins deste provimento, é a utilização de mecanismos de *marketing* que, de forma ativa, independentemente do resultado obtido, se destinam a angariar clientes pela indução à contratação dos serviços ou estímulo do litígio, sem prejuízo do estabelecido no Código de Ética e Disciplina e regramentos próprios.

▪ **Art. 3º** A publicidade profissional deve ter caráter meramente informativo e primar pela discrição e sobriedade, não podendo configurar captação de clientela ou mercantilização da profissão, sendo vedadas as seguintes condutas:

I – referência, direta ou indireta, a valores de honorários, forma de pagamento, gratuidade ou descontos e reduções de preços como forma de captação de clientes;

II – divulgação de informações que possam induzir a erro ou causar dano a clientes, a outros(as) advogados(as) ou à sociedade;

III – anúncio de especialidades para as quais não possua título certificado ou notória especialização, nos termos do parágrafo único do art. 3º-A do Estatuto da Advocacia;

IV – utilização de orações ou expressões persuasivas, de autoengrandecimento ou de comparação;

V – distribuição de brindes, cartões de visita, material impresso e digital, apresentações dos serviços ou afins de maneira indiscriminada em locais públicos, presenciais ou virtuais, salvo em eventos de interesse jurídico.

§ 1º Entende-se por publicidade profissional sóbria, discreta e informativa a divulgação que, sem ostentação, torna público o perfil profissional e as informações atinentes ao exercício profissional, conforme estabelecido pelo § 1º, do art. 44, do Código de Ética e Disciplina, sem incitar diretamente ao litígio judicial, administrativo ou à contratação de serviços, sendo vedada a promoção pessoal.

§ 2º Os consultores e as sociedades de consultores em direito estrangeiro devidamente autorizadas pela Ordem dos Advogados do Brasil, nos termos do Provimento n. 91/2000, somente poderão realizar o *marketing* jurídico com relação às suas atividades de consultoria em direito estrangeiro correspondente ao país ou Estado de origem do profissional interessado. Para esse fim, nas peças de caráter publicitário a sociedade acrescentará obrigatoriamente ao nome ou razão social que internacionalmente adote a expressão “Consultores em direito estrangeiro” (art. 4º do Provimento 91/2000).

▪ **Art. 4º** No *marketing* de conteúdos jurídicos poderá ser utilizada a publicidade ativa ou passiva, desde que não esteja incutida a mercantilização, a captação de clientela ou o emprego excessivo de recursos financeiros, sendo admitida a utilização de anúncios, pagos ou não, nos meios de comunicação, exceto nos meios vedados pelo art. 40 do Código de Ética e Disciplina e desde que respeitados os limites impostos pelo inciso V do mesmo artigo e pelo Anexo Único deste provimento.

§ 1º Admite-se, na publicidade de conteúdos jurídicos, a identificação profissional com qualificação e títulos, desde que verdadeiros e comprováveis quando solicitados pela Ordem dos Advogados do Brasil, bem como com a indicação da sociedade da qual faz parte.

§ 2º Na divulgação de imagem, vídeo ou áudio contendo atuação profissional, inclusive em audiências e sustentações orais, em processos judiciais ou administrativos, não alcançados por segredo de justiça, serão respeitados o sigilo e a dignidade profissional e vedada a referência ou menção a decisões judiciais e resultados de qualquer natureza obtidos em procedimentos que patrocina ou participa de alguma forma, ressalvada a hipótese de manifestação espontânea em caso coberto pela mídia.

§ 3º Para os fins do previsto no inciso V do art. 40 do Código de Ética e Disciplina, equiparam-se ao e-mail, todos os dados de contato e meios de comunicação do escritório ou advogado(a), inclusive os endereços dos *sites*, das redes sociais e os aplicativos de mensagens instantâneas, podendo também constar o logotipo, desde que em caráter informativo, respeitados os critérios de sobriedade e discrição.

§ 4º Quando se tratar de venda de bens e eventos (livros, cursos, seminários ou congressos), cujo público-alvo sejam advogados(as), estagiários(as) ou estudantes de direito, poderá ser utilizada a publicidade ativa, observadas as limitações do *caput* deste artigo.

§ 5º É vedada a publicidade a que se refere o *caput* mediante uso de meios ou ferramentas que influam de forma fraudulenta no seu impulsionamento ou alcance.

▪ **Art. 5º** A publicidade profissional permite a utilização de anúncios, pagos ou não, nos meios de comunicação não vedados pelo art. 40 do Código de Ética e Disciplina.

§ 1º É vedado o pagamento, patrocínio ou efetivação de qualquer outra despesa para viabilizar aparição em *rankings*, prêmios ou qualquer tipo de recebimento de honrarias em eventos ou publicações, em qualquer mídia, que vise destacar ou eleger profissionais como detentores de destaque.

§ 2º É permitida a utilização de logomarca e imagens, inclusive fotos dos(as) advogados(as) e do escritório, assim como a identidade visual nos meios de comunicação profissional, sendo vedada a utilização de logomarca e símbolos oficiais da Ordem dos Advogados do Brasil.

§ 3º É permitida a participação do advogado ou da advogada em vídeos ao vivo ou gravados, na internet ou nas redes sociais, assim como em debates e palestras virtuais, desde que observadas as regras dos arts. 42 e 43 do CED, sendo vedada a utilização de casos concretos ou apresentação de resultados.

▪ **Art. 6º** Fica vedada, na publicidade ativa, qualquer informação relativa às dimensões, qualidades ou estrutura física do escritório, assim como a menção à promessa de resultados ou a utilização de casos concretos para oferta de atuação profissional.

Parágrafo único. Fica vedada em qualquer publicidade a ostentação de bens relativos ao exercício ou não da profissão, como uso de veículos, viagens, hospedagens e bens de consumo, bem como a menção à promessa de resultados ou a utilização de casos concretos para oferta de atuação profissional.

▪ **Art. 7º** Considerando que é indispensável a preservação do prestígio da advocacia, as normas estabelecidas neste provimento também se aplicam à divulgação de conteúdos que, apesar de não se relacionarem com o exercício da advocacia, possam atingir a reputação da classe à qual o profissional pertence.

▪ **Art. 8º** Não é permitido vincular os serviços advocatícios com outras atividades ou divulgação conjunta de tais atividades, salvo a de magistério, ainda que complementares ou afins.

Parágrafo único. Não caracteriza infração ético-disciplinar o exercício da advocacia em locais compartilhados (*coworking*), sendo vedada a divulgação da atividade de advocacia em conjunto com qualquer outra atividade ou empresa que compartilhem o mesmo espaço, ressalvada a possibilidade de afixação de placa indicativa no espaço físico em que se desenvolve a advocacia e a veiculação da informação de que a atividade profissional é desenvolvida em local de *coworking*.

▪ **Art. 9º** Fica criado o Comitê Regulador do *Marketing* Jurídico, de caráter consultivo, vinculado à Diretoria do Conselho Federal, que nomeará seus membros, com mandato concomitante ao da gestão, e será composto por:

I – 05 (cinco) Conselheiros(as) Federais, um(a) de cada região do país, indicados(as) pela Diretoria do CFOAB;

II – 01 (um) representante do Colégio de Presidentes de Seccionais.

III – 01 (um) representante indicado pelo Colégio de Presidentes dos Tribunais de Ética e Disciplina;

IV – 01 (um) representante indicado pela Coordenação Nacional de Fiscalização da Atividade Profissional da Advocacia; e

V – 01 (um) representante indicado pelo Colégio de Presidentes das Comissões da Jovem Advocacia.

§ 1º O Comitê Regulador do *Marketing* Jurídico se reunirá periodicamente para acompanhar a evolução dos critérios específicos sobre *marketing*, publicidade e informação na advocacia constantes do Anexo Único deste provimento, podendo propor ao Conselho Federal a alteração, a supressão ou a inclusão de novos critérios e propostas de alteração do provimento.

§ 2º Com a finalidade de pacificar e unificar a interpretação dos temas pertinentes perante os Tribunais de Ética e Disciplina e Comissões de Fiscalização das Seccionais, o Comitê poderá propor ao Órgão Especial, com base nas disposições do Código de Ética e Disciplina e pelas demais disposições previstas neste provimento, sugestões de interpretação dos dispositivos sobre publicidade e informação.

▪ **Art. 10.** As Seccionais poderão conceder poderes coercitivos à respectiva Comissão de Fiscalização, permitindo a expedição de notificações com a finalidade de dar efetividade às disposições deste provimento.

▪ **Art. 11.** Faz parte integrante do presente provimento o Anexo Único, que estabelece os critérios específicos sobre a publicidade e informação da advocacia.

▪ **Art. 12.** Fica revogado o Provimento n. 94, de 05 de setembro de 2000, bem como as demais disposições em contrário.

Parágrafo único. Este provimento não se aplica às eleições do sistema OAB, que possui regras próprias quanto à campanha e à publicidade.

▪ **Art. 13.** Este Provimento entra em vigor no prazo de 30 (trinta) dias a contar da data de sua publicação no Diário Eletrônico da OAB.

Brasília, 15 de julho de 2021.

Felipe de Santa Cruz Oliveira Scaletsky
Presidente do Conselho Federal da OAB

Sandra Krieger Gonçalves
Relatora

Anuários	Somente é possível a participação em publicações que indiquem, de forma clara e precisa, qual a metodologia e os critérios de pesquisa ou de análise que justifiquem a inclusão de determinado escritório de advocacia ou advogado(a) na publicação, ou ainda que indiquem que se trata de mera compilação de escritórios ou advogados(as). É vedado o pagamento, patrocínio ou efetivação de qualquer outra despesa para viabilizar anúncios ou aparição em publicações como contrapartida de premiação ou ranqueamento.
Aplicativos para responder consultas jurídicas	Não é admitida a utilização de aplicativos de forma indiscriminada para responder automaticamente consultas jurídicas a não clientes por suprimir a imagem, o poder decisório e as responsabilidades do profissional, representando mercantilização dos serviços jurídicos.

(continua)

(continuação)

Aquisição de palavra-chave a exemplo do Google Ads	Permitida a utilização de ferramentas de aquisição de palavra-chave quando responsivo a uma busca iniciada pelo potencial cliente e desde que as palavras selecionadas estejam em consonância com ditames éticos. Proibido o uso de anúncios ostensivos em plataformas de vídeo.
Cartão de visitas	Deve conter nome ou nome social do(a) advogado(a) e o número da inscrição na OAB e o nome da sociedade, se integrante de sociedade. Pode conter número de telefone, endereço físico/eletrônico, QR *Code* que permita acesso aos dados/*site*. Pode ser físico e eletrônico.
Chatbot	Permitida a utilização para o fim de facilitar a comunicação ou melhorar a prestação de serviços jurídicos, não podendo afastar a pessoalidade da prestação do serviço jurídico, nem suprimir a imagem, o poder decisório e as responsabilidades do profissional. É possível, por exemplo, a utilização no *site* para responder as primeiras dúvidas de um potencial cliente ou para encaminhar as primeiras informações sobre a atuação do escritório. Ou ainda, como uma solução para coletar dados, informações ou documentos.
Correspondências e comunicados (mala-direta)	O envio de cartas e comunicações a uma coletividade ("mala-direta") é expressamente vedado. Somente é possível o envio de cartas e comunicações se destinadas a clientes e pessoas de relacionamento pessoal ou que os solicitem ou os autorizem previamente, desde que não tenham caráter mercantilista, que não representem captação de clientes e que não impliquem oferecimento de serviços.
Criação de conteúdo, palestras, artigos	Deve ser orientada pelo caráter técnico informativo, sem divulgação de resultados concretos obtidos, clientes, valores ou gratuidade.
Ferramentas tecnológicas	Podem ser utilizadas com a finalidade de auxiliar os(as) advogados(as) a serem mais eficientes em suas atividades profissionais, sem suprimir a imagem, o poder decisório e as responsabilidades do profissional.
Grupos de "whatsapp"	Permitida a divulgação por meio de grupos de "whatsapp", desde que se trate de grupo de pessoas determinadas, das relações do(a) advogado(a) ou do escritório de advocacia e seu conteúdo respeite as normas do Código de Ética e Disciplina e do presente provimento.
Lives nas redes sociais e Youtube	É permitida a realização de *lives* nas redes sociais e vídeos no Youtube, desde que seu conteúdo respeite as normas do Código de Ética e Disciplina e do presente provimento.
Patrocínio e impulsionamento nas redes sociais	Permitido, desde que não se trate de publicidade contendo oferta de serviços jurídicos.
Petições, papéis, pastas e materiais de escritório	Pode conter nome e nome social do(a) advogado(a) e da sociedade, endereço físico/eletrônico, número de telefone e logotipo.
Placa de identificação do escritório	Pode ser afixada no escritório ou na residência do(a) advogado(a), não sendo permitido que seja luminosa tal qual a que se costuma ver em farmácias e lojas de conveniência. Suas dimensões não são preestabelecidas, bastando que haja proporcionalidade em relação às dimensões da fachada do escritório ou residência, sempre respeitando os critérios de discrição e moderação.
Redes sociais	É permitida a presença nas redes sociais, desde que seu conteúdo respeite as normas do Código de Ética e Disciplina e do presente provimento.

(*DEOAB*, a. 3, n. 647, 21.07.2021, p. 1)

Referências bibliográficas

AMORIM, Sebastião; OLIVEIRA, Euclides de. *Inventário e partilhas*. 9. ed. São Paulo, Leud, 1995.

ARNAUT, António. *Iniciação à advocacia*. Coimbra, Coimbra, 1993.

ASSIS, Araken de. *Da execução de alimentos e prisão do devedor*. 5. ed. São Paulo, RT, 2000.

________________. *Exceção de pré-executividade: matéria de ordem pública no processo de execução*. 2. ed. Porto Alegre, Sérgio Antônio Fabris, 1999.

BARBI, Celso Agrícola. *Comentários ao Código de Processo Civil*. Rio de Janeiro, Forense, v. 1, t. II.

BARBOSA MOREIRA, José Carlos. *O novo processo civil brasileiro*. 12. ed. Rio de Janeiro, Forense, 1992.

________________. *Comentários ao Código de Processo Civil*. 6. ed. Rio de Janeiro, Forense, 1993, v. V.

BARROS, Hamilton de Moraes. *Comentários ao Código de Processo Civil*. 2. ed. Rio de Janeiro, Forense, 1977, v. IX.

BITTENCOURT, Edgard de Moura. *Concubinato*. 2. ed. São Paulo, Leud, 1980.

________________. *Família*. Rio de Janeiro, Alba.

BOJUNGA, Luiz Eduardo. *A exceção de pré-executividade*. *RePro* 55/63. São Paulo, RT.

CAHALI, Yussef Said. *Dos alimentos*. 2. ed. São Paulo, RT, 1993.

________________. *Divórcio e separação*. 6. ed. São Paulo, RT, 1998, t. I.

________________. *Honorários advocatícios*. 2. ed. São Paulo, RT, 1999.

CALMON DE PASSOS, José Joaquim. *Comentários ao Código de Processo Civil*. 3. ed. Rio de Janeiro, Forense, 1979, v. 3.

CARNEIRO, Athos Gusmão. *Jurisdição e competência*. 5. ed. São Paulo, Saraiva, 1993.

________________. *O novo Código de Processo Civil nos tribunais do Rio Grande do Sul e Santa Catarina*, v. III. Coleção Ajuris.

CASTRO, Carlos A. Pereira de; LAZZARI, João Batista. *Manual de direito previdenciário*. 11. ed. Florianópolis, Conceito, 2009.

CASTRO FILHO, José Olympio de. *Prática forense*. 2. ed. Rio de Janeiro, Forense, 1977, v. I e II.

CORREA, Orlando de Assis. *Sentença cível, elaboração-nulidades*. 3. ed. Rio de Janeiro, Aide, 1985.

COSTA MACHADO, Antônio Cláudio da. *Código de Processo Civil interpretado*. 11. ed. Barueri, Manole, 2012.

COSTA MACHADO, Antônio Cláudio da. *Código de Processo Civil interpretado e anotado*. 4. ed. Barueri, Manole, 2012.

DANTAS, San Tiago. *Direito de família e das sucessões*. 2. ed. Rio de Janeiro, Forense, 1991.

DIAS, Maria Berenice. *O direito sucessório na união estável*. CD-ROM Doutrinas. Porto Alegre, Plenum, 1996.

DINIZ, Maria Helena. *Curso de direito civil brasileiro. Direito das sucessões*. 18. ed. São Paulo, Saraiva, 2004, v. 6.

DOWER, Nelson Godoy Bassil. *Curso moderno de direito processual*. São Paulo, 1986, v. I.

FABRÍCIO, Adroaldo Furtado. "A coisa julgada nas ações de alimentos". In: *RF* 313/5.

________________. "Réu revel não citado, *querela nullitatis* e ação rescisória. In: *Rev. da Ajuris* 42/29.

FACHIN, Luiz Edson. "Aspectos jurídicos da união de pessoas do mesmo sexo". *RT* 732/50, out./1996.

FERREIRA, Carlos Renato de Azevedo. "Exceção de pré-executividade". *RT* 654/243-6.

FERREIRA, Pinto. *Da resposta do réu*. São Paulo, Saraiva, 1986.

GRINOVER, Ada Pellegrini et al. *Recursos no processo penal*. 2. ed. São Paulo, RT, 1998.

LACERDA, Galeno. *Comentários ao Código de Processo Civil.* 3. ed. Rio de Janeiro, Forense, v. 3.

LEIRIA, Antônio Fabrício. *Delitos de trânsito.* Porto Alegre, Síntese, 1976.

LIEBMAN, Enrico Tullio. *Estudos sobre o processo civil brasileiro.* São Paulo, Saraiva, 1947.

LIMA, Domingos Sávio Brandão. "O abandono do lar conjugal como causa de dissolução matrimonial". In: *Rev. de Informação Legislativa* 57/178.

LUCON, Paulo Henrique dos Santos. "O controle dos atos executivos e a efetividade da execução: análises e perspectivas". In: Síntese, *Revista Jurídica* n. 253.

LUZ, Valdemar P. da. *Estágio em direito: manual do estagiário.* Barueri, Manole, 2008.

______________. *Manual de direito de família.* Barueri, Manole, 2008.

______________. *Manual de iniciação à advocacia.* 7. ed. Florianópolis, OAB/SC, 2004.

______________. *Manual prático das contestações judiciais.* 7. ed. Florianópolis, OAB/SC, 2006.

MADALENO, Rolf. *Direito de família, aspectos polêmicos.* 2. ed. Porto Alegre, Livraria do Advogado, 1999.

______________. "Revisão dos alimentos liminares". In: *Revista Brasileira de Direito de Família.* Porto Alegre, v. 4, n. 15, p. 17, out./nov./dez. 2002.

MALTA, Christovão Piragibe Tostes. *Prática do processo trabalhista.* 32. ed. São Paulo, LTr, 2004.

MARQUES, José Frederico. *Manual de direito processual civil.* 2. ed. São Paulo, Saraiva, 1974.

MATTOS FILHO, J. Lélio de. "Perito em investigação de paternidade", *IOB* 12/93, p. 231.

MIRANDA, Pontes de. *Comentários ao Código Civil de 1939,* v. 4.

MONTENEGRO, Cesar. *Dicionário de prática processual civil.* São Paulo, Sugestões Literárias, 1974.

MOREIRA, J.C. Carlos Barbosa. *Comentários ao Código de Processo Civil.* 6. ed. Rio de Janeiro, Forense, 1993.

NEGRÃO, Theotonio. *Código de Processo Civil.* 21. ed. São Paulo, Saraiva, 1996.

NERY JUNIOR, Nelson et al. *Código de processo civil comentado.* 2. ed. São Paulo, RT, 1996.

______________. "Condição da ação". In: *Revista de Processo,* v. 16, n. 64, out./dez. 1991.

______________. *Os princípios fundamentais dos recursos cíveis.* 4. ed. São Paulo, RT, 1997.

OLIVEIRA, Basílio de. *Alimentos: revisão e exoneração.* 3. ed. Rio de Janeiro, Aide, 1994.

PEREIRA, Sérgio Gischkow. *Ação de alimentos.* Porto Alegre, Sérgio Antônio Fabris, 1983.

______________. "Algumas reflexões sobre a igualdade dos cônjuges". In: TEIXEIRA, Sálvio de Figueiredo (coord.). *Direitos de família e do menor.* 3. ed. Belo Horizonte, Del Rey, 1993.

PETRY JÚNIOR, Henry. *A separação com causa culposa.* Florianópolis, Conceito, 2007.

PORTO, Sérgio Gilberto. *Doutrina e prática dos alimentos.* 3. ed. São Paulo, RT, 2003.

RAITANI, Francisco. *Prática de processo civil.* São Paulo, Saraiva, 1974, v. I e II.

RIZZARDO, Arnaldo. *Direito de família.* Rio de Janeiro, Aide, 1994.

RODRIGUES, Silvio. *Direito civil.* 4. ed. São Paulo, Saraiva, 1972.

SCHAFER, Jairo Gilberto. "Restrições a direitos fundamentais". In: DOBROWOLSKI, Silvio (org.). *A Constituição no mundo globalizado.* Florianópolis, Diploma Legal, 2000.

SILVA, De Plácido e. *Comentários ao Código de Processo Civil,* 4. ed. Rio de Janeiro, Forense, 1956

______________. *Vocabulário jurídico.* Rio de Janeiro, Forense, 1993, v. I.

SILVA, Ovídio Batista. *Curso de processo civil.* 2. ed. Porto Alegre, Sérgio Antônio Fabris, 1991, v. I.

SILVA, Regina Beatriz Tavares da. In: FIÚZA, Ricardo (coord.). *Novo Código Civil comentado.* São Paulo, Saraiva, 2003.

SILVEIRA, Alípio. *Da separação litigiosa à anulação do casamento.* São Paulo, EUD, 1983.

SOUZA, Antônio F. de. "Teste de paternidade pela análise do DNA". Disponível em: <www.ufv.br/B10240/TP103.htm>. Acesso: 15.06.2005.

TEIXEIRA, Sálvio de Figueiredo. *Código de Processo Civil anotado.* 3. ed. São Paulo, Saraiva, 1994.

______________. *Direitos de família e do menor.* 3. ed. Belo Horizonte, Del Rey, 1993.

______________. *Inovações e estudos do Código de Processo Civil.* São Paulo, Saraiva, 1976.

THEODORO JR., Humberto. *A defesa nas ações do Código do Consumidor.* CD-ROM Doutrinas. Caxias do Sul, Plenum Informática, 1998.

______________. "A garantia fundamental do devido processo legal e o exercício do poder de cautela, no direito processual civil". São Paulo, *RT* n. 665, 1991.

______________. *Comentários ao Código de Processo Civil,* v. V. Rio de Janeiro, Forense, 1996.

______________. *Curso de direito processual civil.* 4. ed. Rio de Janeiro, Forense, 1988.

______________. *Processo cautelar.* 16. ed. São Paulo, Leud, 1995.

TOURINHO FILHO, Fernando da Costa. *Prática de processo penal.* 25. ed. São Paulo, Saraiva, 2002.

VILLELA, João Baptista. "Alimentos e sucessão entre companheiros: apontamentos críticos sobre a Lei n. 8.971/94". *Rep. IOB de Jurisprudência* 7/95.

Índice alfabético-remissivo

B